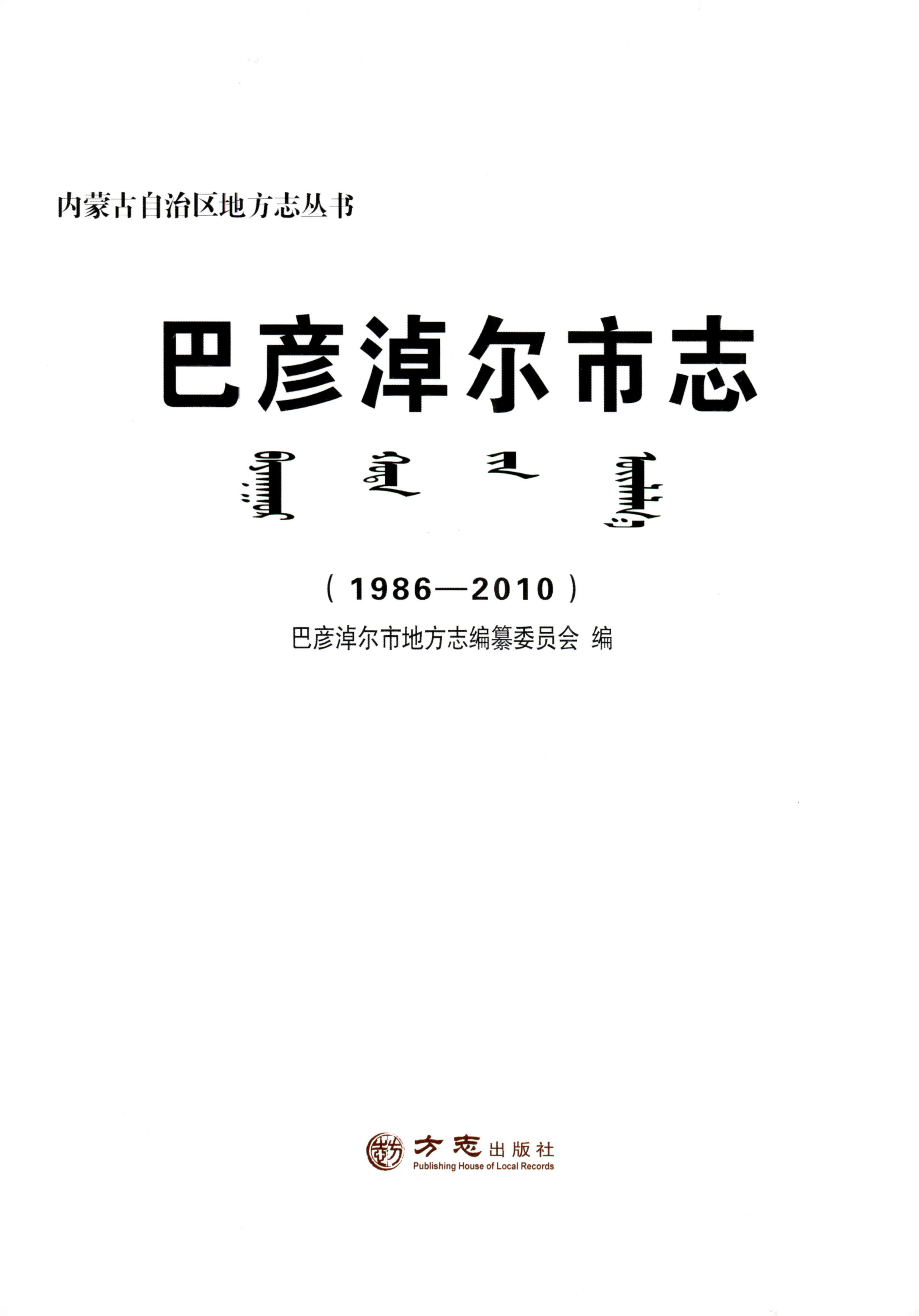

内蒙古自治区地方志丛书

巴彦淖尔市志

（1986—2010）

巴彦淖尔市地方志编纂委员会 编

方志出版社
Publishing House of Local Records

图书在版编目（CIP）数据

巴彦淖尔市志 ：1986—2010 / 巴彦淖尔市地方志编纂委员会编.—北京 ：方志出版社，2022.12
ISBN 978-7-5144-4706-4

Ⅰ. ①巴… Ⅱ. ①巴… Ⅲ. ①巴彦淖尔市－地方志－1986-2010 Ⅳ. ①K292.63

中国版本图书馆 CIP 数据核字(2022)第 256339 号

责任编辑：范静
责任校对：张玉霞
责任印制：梅中英
出 版 者：方志出版社
地　　址：北京市朝阳区潘家园东里 9 号（国家方志馆 4 层）
邮　　编：100021
网　　址：http://www.zgfzcb.cn
发　　行：方志出版社图书营销中心（010-67110500）
印　　刷：呼和浩特市毓秀印务有限公司
开　　本：889 毫米×1194 毫米　1/16
印　　张：80
字　　数：1589 千字
版　　次：2022 年 12 月第 1 版
印　　次：2022 年 12 月第 1 次印刷
定　　价：698.00 元

审图号：蒙S（2020）059 号 二〇二〇年十一月

在这片6.51万平方公里的土地上，一山（阴山）担两原（河套平原、乌拉特草原），山水林田湖草沙相融共生，物华天宝，人杰地灵。南部的河套平原土地肥沃，渠道纵横，灌排配套，物产丰富，是国家重要的商品粮油基地，全国最大的有机奶、脱水菜生产基地和全国第二大番茄种植加工基地；中部阴山山脉，矿产资源丰富，铁、铝、锌、铜储量在全国占重要地位；也是国家命名的“二狼山白绒山羊”基地，被誉为“钻石纤维”；北部的乌拉特草原是国家重要的畜牧业基地，草原红驼的原产地和鸿雁的故乡。

乌拉特中旗石林景观

乌拉山一角

乌拉特后旗宝音图风蚀景观

壮美的乌拉山

黄河三盛公水利枢纽工程全景图

巴彦淖尔发达的水利灌溉网

黄河G6大桥段流凌景观

乌拉特前旗境内的乌拉山白桦林

京藏高速公路乌拉特前旗段林网化

巴彦淖尔机场路绿化

河套田园

葵园暮色

葵花的海洋

中国农业科学院干召庙镇现代农业、科研示范园区

富饶的河套平原丰收田野

生态园

丰收的喜悦

双河镇进步村高产示范田

乌梁素海风光

乌梁素海湿地鸟类

鸟类的乐园

乌拉特中旗牧羊海湿地景观

纳林湖之秋

河套湿地公园夜景

杭锦后旗润昇湖湿地

乌拉特中旗韩乌拉水库景观

临河区镜湖水源地

磴口县北海湿地公园

五原县城区公园

临河区河套公园

金川河水系景观一角

乌兰布和沙漠

乌拉特之春

二狼山白山羊

骄傲的戈壁红驼

中国红驼之乡　乌拉特草原

2017年11月1日，巴彦淖尔市被列入国家园林城市名单

巴彦淖尔市党政办公大楼夜景图

巴彦淖尔市市中心

繁华的市中心夜景

五原县隆兴昌镇联星村村庄

五原县新公中镇永联二社

乌拉特后旗蒙汉中心村村屯

2018年5月10日，巴彦淖尔首列中欧班列启动仪式在临河货运站举行

临策铁路大桥

甘其毛都口岸

甘泉铁路2019年5月17日交工验收

巴彦淖尔机场

2019年5月17日，京新高速（巴彦淖尔境内）陕坝、青山连接线完成交工验收，标志着G7京新高速巴彦淖尔段全部完工。

乌拉特后旗紫金矿业有限公司厂区

民隆公司

工艺装置区

太平矿业露天采坑全景图

团羊水泥有限公司

齐华矿业公司

建兴矿业公司

蒙牛乳业公司

圣牧高科公司

紫金公司

河套酒厂区景点

河套酒厂储酒库

河套特色产品

羊绒衫

金川啤酒

牛肉干

葵花炒货

圣牧有机牛奶

面粉

面制品

苁蓉制品

展厅

发达的农牧产品购销电商网络一角

科技育秧

中国农业科学院乌兰图克镇现代畜牧业科研示范园区

巴彦淖尔文博馆

内蒙古兵团博物馆（位于巴彦淖尔市磴口巴彦套海农场）

五原农耕文化博物馆

2018年1月1日，丝绸之路·第二届乌拉特后旗国际骆驼文化旅游节在拉特后旗潮格温都尔镇红驼体育场开幕点燃圣火

阴山岩画

2019年春火烈鸟光顾巴彦淖尔市

巴彦淖尔市境内的秦始皇长城遗存

乌拉特草原上的古长城

俯瞰高阙塞

祭敖包

纳林湖沙雕

蒙古大营

青少年参观巴彦淖尔科技馆

知识竞赛

市民在绿意环绕的公园晨练

巴彦淖尔国际铁人三项赛在临河区多蓝湖开赛

百舸争流

摔跤

“儿童快乐家园”落地仪式

“周末妈妈”关爱留守儿童活动

快乐的儿童

蒙古族民间艺术-绣香包

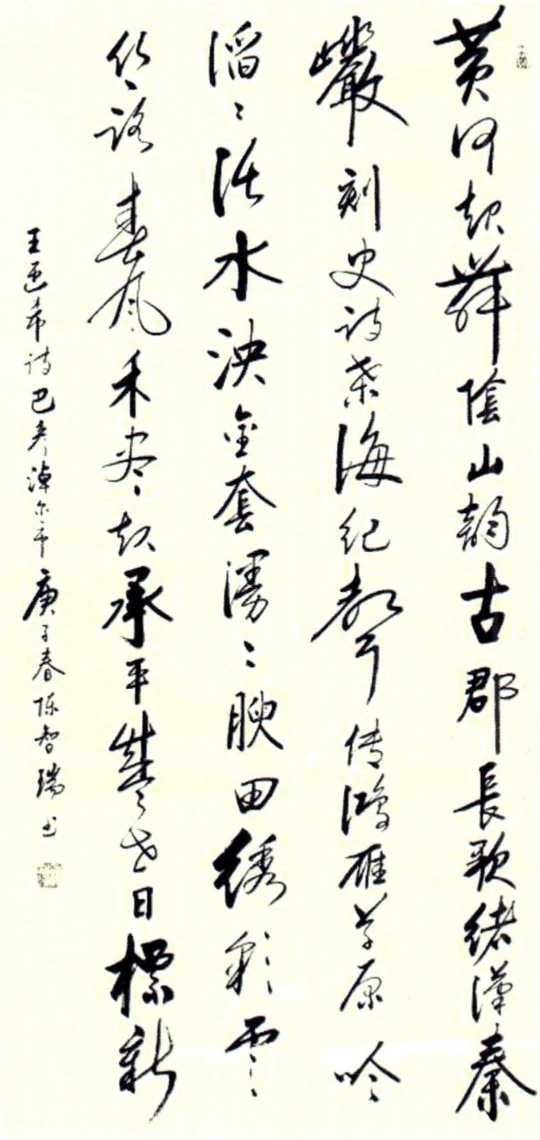

陈智瑞书法作品

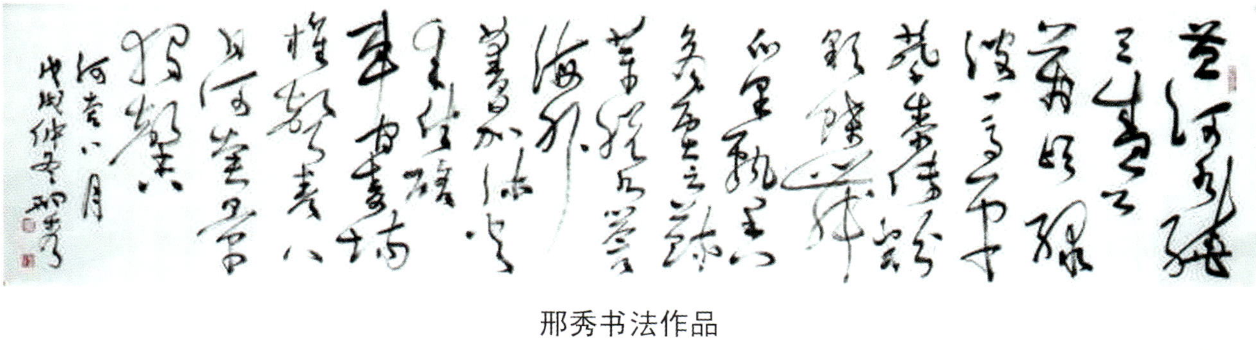

邢秀书法作品

志稿评审委员

《巴彦淖尔市志(1986—2010)》评审委员会

主任委员 贺　彪

副主任委员 查干浪涛　尹兆平　冯泉海

委　　员 赵在旺　韩　泽　罗和林　张建斌　李　炯　郝文强　徐媛英　秦倩倩　董丽娜

《巴彦淖尔市志(1986—2010)》编修人员

主　编 刘景平

统　稿 刘景平　徐　云

编　辑 罗和林　张建斌　陈智瑞　王志东　秦　东　王嘉良　王文军　萨日娜

审　校 马维刚　秦　东　王嘉良　萨日娜　渠广义　蔺振中　徐　会　窦永刚　高　明　李　吉　李玉梅

序　　言

巴彦淖尔市第二部志书《巴彦淖尔市志(1986—2010)》,历经6年编纂之后,终于出版问世,可喜可贺。

盛世修志,志载盛世。地方志是市情的载体。修编市志是承上启下、继往开来、服务当代、垂鉴后世的千秋伟业。2014年,巴彦淖尔市委、市政府认真贯彻自治区第二轮志书编纂工作会议精神,全面启动市志编纂工作。全体编纂人员坚持辩证唯物主义和历史唯物主义的观点,以实事求是的态度,字斟句酌、数易其稿,做了大量艰苦细致的工作,终于完成编纂工作。第二部志书门类齐全、内容丰富、文字凝练,堪称我市“地方百科全书”,客观反映巴彦淖尔市25年来的发展变化,详细记录全市自然、经济、社会、文化等方面的发展情况,是各级领导干部研究了解市情、科学决策的历史借鉴,也是社会各界人士了解地方发展的重要参考。同时,志书可作为置业向导、投资指南、旅游手册和城市便览,让广大朋友在较短时间里全面系统了解巴彦淖尔市情。市志编纂工作自启动以来,全市各部门给予了大力支持,全体编纂人员付出了大量心血。在此,我们向所有参与、关心和支持市志编纂出版的各界朋友表示衷心的感谢!

当前,巴彦淖尔市在习近平新时代中国特色社会主义思想的指导下,坚定不移地走以生态优先、绿色发展为导向的绿色高质量发展路子,以“天赋河套”品牌为引领,大力发展现代农业,全力推进河套全域绿色有机高端农畜产品生产加工服务输出基地建设,统筹推进乌梁素海流域山水林田湖草综合治理,大力发展口岸经济,努力把巴彦淖尔市建设成为现代化生态田园城市,奋力实现塞上江南、绿色崛起。在全市170万名各族干部群众的共同努力下,巴彦淖尔市一定能够谱写新时代发展的辉煌篇章。

中共巴彦淖尔委员会书记　常志刚

中共巴彦淖尔市委员会副书记、巴彦淖尔市人民政府市长　张晓兵

2020年1月6日

凡　例

一、《巴彦淖尔市志(1986—2010年)》以马克思列宁主义、毛泽东思想、邓小平理论、“三个代表”重要思想、科学发展观、习近平新时代中国特色社会主义思想为指导,坚持辩证唯物主义和历史唯物主义的立场、观点和方法,实事求是地记述巴彦淖尔市25年来自然、环境、政治、经济、文化、社会等各方面的发展变化和取得的成就。

二、本志为首部《巴彦淖尔盟志》的续志,记述年限以2004年巴彦淖尔撤盟设市为界,上限为1986年1月1日,下限至2010年12月31日。为记述事物的连续和完整性,个别章节内容作适当上溯。本志图片下延至2019年。

三、志书采用述、记、志、传、图、表、录7种体裁,以志为主。遵循“事以类聚、类为一志”的基本要求和现实社会分工结合的基本原则,横排事类,纵述史实。为突出时代和地方特色,改革内容贯穿始终,并在附录中专载有主要经济体制改革文件和抗击“非典”日志。结构层次按篇、章、节、目编排。

四、本志大事记内容,为巴彦淖尔市政治、经济、文化、社会影响较大事件。以编年体为主,记事本末体为辅。

五、本志人物设传略、简介两部分,入志人物坚持“生不立传”和本籍原则,选录了下限前对巴彦淖尔有突出贡献和重大影响者,以出生年先后排列4位人物传略;简介收录革命烈士。

六、志书按规定使用规范的现代语书面语言,词语以《现代汉语词典》为标准;标点符号、数字和计量单位按国家标准出版物规定执行。志书数据一般采用统计部门公布的法定数据,法定数据缺失的,使用经有关部门核实确认的数据;中华民国成立后的纪年,均使用公元纪年,如出现历史纪年加注公元纪年。

七、行文涉及组织、机构、会议、文件、职务、地名等,按当时的称谓,一般用全称。再次使用同一名称时,一般有简称的括号里注明使用简称。如“巴彦淖尔盟”(以下简称“巴盟”)。不同时期国家、团体、机构、职务等名称,均用当时名称加今名括注。

八、本志资料来源,以各承编单位提供资料和档案资料、历年政府年鉴为主,部分资料为编者查阅书刊及其他文献所得,一般不注明出处。

九、数据性表格中缺失的数字用空格表示或以“—”表示。

目　录

（上册）

第九篇　政协地方委员会

第十篇　军　事

第十二篇　检察　审判

第十三篇　民政　扶贫

第十四篇　人力资源与社会保障

第十五篇 经济综述

第十六篇 城乡建设环境保护

概　　述

概　述

“巴彦淖尔”系蒙古语，“巴彦”意“富饶”，“淖尔”意“湖泊、海子”，词义为“富饶的湖泊”。巴彦淖尔市是内蒙古自治区西部的一座新兴城市，位于黄河“几”字弯北侧的后套平原和乌拉特草原上，东接草原钢城包头市，西与阿拉善盟接壤，南隔黄河，与鄂尔多斯市相望，北至中蒙国界，地理坐标在北纬40°13′～42°28′，东经105°12′～109°53′之间；东西长约378千米，南北宽约238千米，总面积约6.51万平方千米。巴彦淖尔市先后被评为国家园林城市、全国双拥模范城市、国土资源节约模范市和国家第一批生态文明建设先行示范区。

一

建置延续。早在原始社会，市境内阴山以北就有人类活动。夏、商、周时，北方的游牧部落有鬼方、国方、危方及春秋时的猃狁部落等民族居住活动。战国赵武灵王时，沿阴山（古称阳山）筑长城延伸到现狼山的西端，并筑高阙塞，阴山以南地区属赵之九原县地，隶云中郡辖领；阴山以北属匈奴游牧地。秦朝建立后，巴彦淖尔现辖阴山段以南地区属秦九原郡辖境；阴山以北属匈奴游牧地。汉武帝时分出秦之九原郡西部地，设置朔方郡，又改秦之九原郡为五原郡，并先后几次大规模移民这里屯田实边，得黄河灌溉之便，乌兰布和地区阡陌纵横、鸡犬相闻。至王莽篡汉，天下大乱，匈奴南侵“河南”地，移民内归，土地沙化，终成乌兰布和沙漠。隋开皇三年（583年），巴彦淖尔地区归属丰州辖境。其丰州府址设在汉之广牧县地（今五原县南黄河北岸的西土城子）。唐贞观元年（627年），归属关内道丰州九原郡。宋、金、西夏鼎立时，乌梁素海以东属金之西京路云内州西部地，以西为西夏国属地。清雍正、乾隆时，归绥道萨拉齐厅辖领。光绪二十九年（1903年），辟萨拉齐厅之西部后套地区设五原厅，隶山西省节制。1913年，脱离山西省，归属绥远特别行政区。1939年2月，傅作义部进入后套，在陕坝成立绥远临时省政府，五原、临河两县隶绥远。1949年1月18日在陕坝成立绥远省绥西行署，辖五原、临河、米仓、狼山、晏江、安北6县和县级陕坝镇。

1949年9月19日，绥远省和平解放。1950年3月20日，绥远省陕坝专员行署成立，统领后套6县1镇。1954年6月，撤销绥远省划归内蒙古自治区，陕坝专员行署改为河套行政区。1956年6月1日，将甘肃省所辖巴音浩特蒙古自治州和额济纳自治旗划归内蒙古自治区。同年，成立巴彦淖尔盟，辖阿拉善旗、额济纳旗、磴口县和巴彦浩特市，盟府驻巴彦浩特。1958年4月,乌兰察布盟领西部之乌拉特前旗、乌拉特中后联合旗划归河套行政区。“乌拉”,意为工匠,“特”,意为众多。史书载:成吉思汗攻金时,俘虏众多工匠,命其制作火炮、兵器。攻破撒尔汗后,再得3万多名工匠,分赏贵族,游牧于呼伦贝尔大草原。后金时,归顺努尔哈赤,在灭明战争中,屡建奇功,赐封领地,部落西迁至现地,分为乌拉特前、中、后3旗,史称“三公旗”。1958年7月,撤销河套行政区,并入巴彦淖尔盟(自治区派出机构),同时撤销狼山县并入杭锦后旗和临河县,撤销达拉特后旗并入五原县,撤销安北县并入乌拉特前旗,陕坝降为乡镇级,归属杭锦后旗。7月19日,巴彦淖尔盟党政机构移迁巴彦高勒镇。1970年迁驻临河,将乌拉特中后联合旗西部置潮格旗,辖临河县、五原县、磴口县、杭锦后旗、乌拉特前旗、乌拉特中旗、潮格旗。1981年改潮格旗为乌拉特后旗;1984年,撤临河县设临河市(县级)。2003年12月1日,经国务院批准,巴彦淖尔撤盟设市,临河市改设为区。2004年8月,巴彦淖尔市正式宣布成立,由自治区派出机构转变为地级政权。市辖县级行政区7个,其中1个区(临河区),4个旗(乌拉特前旗、乌拉特中旗、乌拉特后旗、杭锦后旗),2个县(五原县、磴口县);乡级行政区58个,其中,镇40个,苏木8个,办事处10个。截至2010年,巴彦淖尔市辖4旗2县1区。县域单位以下缩减至48个乡镇、苏木,12个办事处,640个村嘎查,150个居民委员会。总计580972户,1669915人。全盟民族构成为蒙古族占4.88%,汉族为多数,占93.66%,其他少数民族41个,人口占1.46%。

二

历史传承。在巴彦淖尔市这片美丽富饶的土地上,历代人民繁衍生息,创造了灿烂辉煌的历史文化,是古河套人发祥地、鄂尔多斯青铜器为代表的北方青铜器的原料来源及冶炼制作地之一;特别是世界古岩画数量最多、内容最丰富、分布最集中的地区之一;并且是赵武灵王“胡服骑射”,秦国大将军蒙恬“荡胡平匈奴”、“筑高阙”、修长城之地;也是西汉大将卫青、李息出“云中”至“高阙”收复阴山南北,汉武帝移民、屯田实边,成为“阡陌纵横、鸡犬之声相闻”的繁庶地和汉宣帝接受呼韩邪单于受降归附汉朝之地,从此统一大漠南北、汉匈两族和睦友好之始。冯玉祥于1926年9月17日在绥远省五原县誓师,率部加入国民革命军开始北伐的起始地;傅作义部于1939年2月由山西进入后套成立绥远临时省政府,成为开展了一系列抗日救亡活动的大本营;1926年恩克巴雅尔建立“红党”,次年7月中共绥远特别区地委派刘进仁建立第一个支部;1938年5月,中共陕甘宁边区党委和绥蒙工委在此建立和恢复3个县委,辖10个区委、45个党支部、发展到600余名党员,开展“红色”革命之地。

新中国成立后,巴彦淖尔人民在中国共产党的领导下,开创了三大壮举:1959年的黄河截流建闸到1967年完成的万众开挖总干渠，解决河套地区集中开口引黄灌溉，形成全国最大的一首制灌区；1975年，根治盐碱，全民动员，十几万人上阵，疏浚总排干，解决河套地区水位过高导致盐碱化问题；河套灌区1000多万亩农田灌排渠沟开始基本配套。据《巴彦淖尔盟志》记载，三盛公水利枢纽总计完成土方599.35万立方米，石方38.24万立方米，混凝土7.99万立方米；人工开挖的总干渠长230千米，调集沿河5个旗县3万余民工锹挖、箩筐担，先后开挖土方1977万立方米；开挖总排干全长248千米，上渠人数15万多人，大干80多天，开挖土方1600多万立方米；在解决灌排总渠沟的同时，1000多万亩农田的灌排配套成为摆在河套人民面前的持久硬仗，灌渠分为干（13条、总长834千米）、分干（43条、总长1044.2千米）、支（379条、总长2571千米）、斗、农、毛六级，排沟分为总（1条248千米）、干沟（12条、总长510千米）、分干沟（68条、总长1204.3千米）、支沟（329条、总长2018千米）四级，遍布河套大地；据统计1950—1985年间，水利工程建设完成总土方量达7.35亿立方米，民间配套渠沟土方量达到9.3亿立方米。此三大壮举真正成就了河套"旱涝保丰收""塞外米粮川"美誉，奠定了国家重要的商品粮、油、糖生产基地地位。

三

地理生态环境。巴彦淖尔一山（阴山）担两原（河套平原、乌拉特草原），物华天宝，人杰地灵。南部的河套平原，土地肥沃，渠道纵横，灌排配套，物产丰富，被誉为"塞上江南"，是国家重要的商品粮、油基地，全国最大的有机原奶、葵花籽、脱水菜生产基地和全国第二大番茄种植加工基地，黄河似一条金色的哈达从其南边飘过。北部是广袤无垠的乌拉特天然草原，是重要的畜牧业基地、草原红驼的原产地，是鸿雁的故乡。中部阴山山脉沟壑纵横，矿产资源丰富，是支撑巴彦淖尔矿山经济的脊梁，也是国家命名的"二狼山白绒山羊"基地，羊绒纤维洁白细长，被誉为"钻石纤维"。西部乌兰布和（蒙古语：红色的公牛）沙漠，是沙生植物的王国，"中草药之王"王爷地甘草、"沙漠人参"肉苁蓉的主产地；乌兰布和这头"发疯的公牛"正俯视着东部的河套平原，随时准备侵吞这块秀水良田；经过几代河套人封沙、治沙的顽强拼搏，呈现出"人进沙退"、荒漠变绿洲的奇迹；被驯服的"公牛"，正"披绿挂红"迎接着五湖四海的客人。东部两山（乌拉山、色尔腾山）、一海（乌梁素海）、两川（小佘太川、明安川），一平原（三湖河平原）；山水林田湖草、群峰叠峦玉翠、风景优美壮观；乌拉山国家森林公园——大桦背"雄、奇、险、秀、幽、旷"之美让人赞叹，令人流连忘返，是名副其实的北国生态氧吧；北麓小佘太秦长城，似一条巨龙，盘蜒于崇山峻岭之中，会让人感受秦皇汉武挥戈北征之气势；山的西麓就是"塞外明珠"乌梁素海，是黄河流域最大的功能性湿地和世界八大候鸟迁徙地。

四

气候物候环境。巴彦淖尔地处北温带大陆性季风气候,四季分明、光照时间长、昼夜温差大,水土光热组合条件良好,冬少严寒、夏无酷暑、气候宜人,是北疆少有的最适宜人居的地区之一。年平均气温在5.7℃~9.0℃之间,日照时数年均3100.8~3278.7小时之间,年平均降水在100~250毫米之间,年平均相对湿度在42%~50%之间,山地丘陵区森林覆盖率为8.31%。河套平原森林覆盖率12.84%,境内渠道纵横、绿树成荫,渠沟路林田配套、粮油瓜果菜交错,现代化农机具广泛应用;湖海密布、水系成网,鱼翔浅底、鸟搏蓝天;车水人流景观道,高楼林立白云间,呈现出一幅五谷丰登、欣欣向荣的塞上江南画卷。

五

经济转型、综合实力增强。巴彦淖尔是个传统的农牧经济型地区。1986—2010年间,经济发展经历了三次大的转型。实现了"七五""以农为主,协调发展",向"八五"时期的"重视农业基础地位、改善生产和生态条件、适度发展工业生产,逐步增强经济实力"的转变。围绕延伸农业产业链建设的几大糖厂及面粉、制油、化肥等企业,改变了巴彦淖尔单一农牧经济,开始向二、三产业延伸,实现了经济的第一次腾飞。"九五"期间"农牧业为本,工业立盟,产业化推进"向"十五"期间"以资源转换和特色经济为主的产业和产品的升级向追求经济质量和效益"的转变。随着改革开放、经济转型、企业转制的全面开展,原有的延伸农牧业链条经济模式、公有制主导的经济体制被淘汰,迎来了巴彦淖尔以市场为导向,多种经济成分并存,一、二、三产业协调发展的第二次转型,2004年第二产业增加值第一次超过第一产业,实现了由传统农牧业主导型经济向工业主导型经济的历史性重大转变。"十一五"期间"突出工业化,提升产业化,推进城镇化,三化互动,协调发展",第一次提出走"工业化、城镇化"道路。围绕"保增长、抓项目、调结构、建基地"的工业发展目标,快速构建起自治区级、盟市级、旗县级工业园区协同发展的布局,以大联合、大建设、大开放为目标,形成一批产业集聚度高、特色鲜明、规模效益显著的特色工业园区,初步实现工业经济再次的突飞猛进。巴彦淖尔发生了翻天覆地的变化,全市经济进入全面高速发展时期。从1986年到2010年,地区工业增加值由12.87亿元增长到603.3亿元,增长了45.88倍;三次产业构成比例由61.69:15.62:22.69演进为19.7:56.3:24.0;社会商品零售总额从7.45亿元增长到124.3亿元;财政收入从7038万元增长到68.89亿元。

农牧业经济。在农牧区实行家庭联产承包责任制后,各级认真贯彻党的各项惠农政策,加大农牧业资金和科技投入,粮食安全以农产品增产增效为目标。全盟小麦亩产从1990年的269千克,增长到2000年的359千克;玉米亩产由1990年的495千克增长到

2000年的678千克；2000年创下粮食总产达13.46亿千克的业绩，但也出现了农产品难卖和增产不增效的问题。进入新世纪，巴彦淖尔盟及时调整思路，以农牧业增产增效、农牧民增收为目标，加大农牧结构调整步伐，保障农产品有效供给，同时扶持发展龙头企业，促进农产品深加工，大力发展订单、设施和绿色农业等现代农牧业，确保农牧业增效、农牧民增收。截至2010年，粮食总产达24.5亿千克，牲畜改良率达98%，大小牲畜存栏728.09万头（只），出栏814.96万头（只）。

优化工业结构。主要经历了三个时期。1986—1998年为基础工业体系的形成期。经历了甜菜制糖工业、化肥工业的兴衰，制油（食用油）工业的兴盛，恒丰面粉的“红极一时”，绒毛加工业的崛起，基本奠定了工业框架和基础，同时体制机制转轨中的困难和问题也出现了。各级党委、政府以攻坚克难的工作精神和作风，攻克体制、机制改革的难点、重点，以建立现代企业制度为目标，全市112户国有企业全部完成转制，其中列入国家和自治区的八大企业也完成改制任务。经过改制后，巴彦淖尔市工业企业进入从单一公有经济向公有、股份制、私营、个体、“三资”多元化稳步发展轨道。2004年撤盟设市，初步构建以工业园区布局，以重点项目支撑，不断培育壮大支柱产业，形成符合区位特点、资源特色的工业基础。2004—2007年为工业经济主导地位确立期。固定资产投资年均增长40%。先后引进建成飞尚铜冶炼、紫金锌冶炼等一批重点项目。全市工业增加值由28亿元跃升到195亿元，年均递增38%。初步形成了矿山及冶金业、电力行业、农畜产品、化学工业四大支柱产业，共实现产值335亿元，占到全部规模以上工业总产值的94%。2010年，全市工业实现工业增加值285.8亿元，占地区生产总值的47.4%，工业已成为全市的主导战略产业。

六

城乡建设、基础设施改善。1986年，巴彦淖尔盟屈指可数的几栋楼成为城市标志性建筑；农牧区土木结构房舍仍是主体，个别偏远村落不通水电。2004年巴彦淖尔市成立后，行政中心西移，新市区综合开发建设全面启动。按照“突出特色、完善功能、丰富内涵、提升品位”的思路，改造老旧区、建设市新区，全力推进城市建筑、交通、通信、能源、水电气以及街道硬化、绿化、美化等公共设施建设，使城市总体功能、承载力、辐射力和整体形象大为提升。2010年，全市主要城镇建成区面积达到108.7平方千米，人均拥有硬化道路面积13.93平方米，自来水普及率88.46%，集中供热率58%，生活垃圾无害化处理率76.5%，绿化覆盖率达25.1%，天然气入户累计1.5万户，城镇居民人均住房面积30.4平方米，农民27.14平方米，牧民24.7平方米。

交通信息产业迅猛发展。1987年，110国道境内全长321千米开始改造升级；2005年，京藏高速境内全长245千米建成通车；2000年后，巴彦淖尔市各级政府采取政府收费还贷和参照BOT方式,加快公路建设,先后改造、新建完成S311、S312、S212、S213、S215五条省道,总长529千米;新建、改建县级公路23条,总里程1852千米;2004—2010年,实施公路村村通工程,政府加大投资,群众积极投劳,新筑村级公路2000多千米,改建村级公路7000多千米。村级公路总里程达到13782千米,其中上等级公路为9050千米,占总里程的65.7%。村嘎查通公路率达100%。2010年,全市有乡镇公路137条,通车里程为2021千米。其中,三级以上483千米,四级1425千米,等外113千米,分别占乡镇道总里程的23.9%、70.5%和5.6%。铁路有包兰、临策铁路(临河—策克)、西甘铁路(西小召—甘其毛道口岸)境内近700千米。2006年,巴彦淖尔机场被国家民航列入"十一五"建设规划,2010年,经国家批准开工建设。通信信息化建设步伐加快,公共信息网络已覆盖全市所有乡镇,2010年全市3G网络覆盖率达到85%。

七

深化改革,扩大对外开放。巴彦淖尔市通过完善20世纪80年代初的农村土地改革、牧区"双承包制"经营和90年代末的牧区"双权一制"改革,以及税制、粮食流通体制改革后,又在全自治区率先推行中小企业和国有企业等系列改革,加之系列的计划、机构、商贸、财税、科教、文卫、金融、投资、住房、就业和社会保障等配套改革的推进,较早形成社会主义初级阶段所有制结构和市场机制,各项事业焕发出勃勃生机。

撤盟设市后,依托资源和优势,开放步伐不断加快。2004年与蒙古国南戈壁省签署政府间等九个方面的合作协议。编制《巴彦淖尔市口岸"十一五"发展规划》,实施完成口岸疏港公路、联检海关大楼等一批基础设施,并将甘其毛道列为国家和自治区重点支持发展口岸,2008年实现进口过煤63万吨。2009年由季节性口岸正式实现常年开放,并列入国家口岸"十一五"规划。引进神华集团参加蒙古国塔本陶勒盖煤矿(TT矿)合作开发,与加拿大艾芬豪公司签订《谅解备忘录》,邀请神华集团、加拿大艾芬豪公司合作开采蒙古国奥云陶勒盖铜矿(OT矿);2005—2010年,全市累计实施招商引资项目1444项,投资总额2419亿元,引进国内资金到位1083亿元,占全市固定资产投资总额的51.5%。其中,投资总额超过亿元的项目328个,总投资额1559亿元,到位资金687亿元。包括引进福建紫金、深圳飞尚、西部矿业、宁夏太平矿业、包钢、河南豫光等企业,构建起内蒙古西部铅、锌、铜、铁、贵金属五大金属冶炼基地;引进鄂尔多斯、维信集团等企业,建成内蒙古乃至国家最大绒纺基地和绒毛集散地;引进香港联邦公司一期、二期、三期生物制药项目,中粮、新疆中基番茄项目;上海佳格、蒙牛、伊利、山东得利斯、鲁花等知名品牌企业入驻,建成中国西北重要的农畜产品精深加工基地;引进河北金牛能源集团、山东鲁能、国电龙源、富汇、中电投等十几家风电企业落户及并网发电,成为新型工业能源基地。

八

教育科技文化事业。经过多年不断加大教育经费投入,加快教育设施更新,全面推进素质教育,努力提高教育教学质量,1999 年,圆满完成“两基”(基本普及九年义务教育、基本扫除青壮年文盲)验收达标。2010 年,市内有高等综合教育学院 1 所,中等专业学院 6 所,高级中学 16 所,初级中学 44 所,小学 119 所。在校学生 20 余万名,教职工 15808 人。

2004 年,市委、市政府召开全市文化工作会议,确立了建设民族文化大市、构建和谐巴彦淖尔的战略目标。2005 年开始整合巴彦淖尔文化资源、打造河套文化品牌,每年举办一届中国·河套文化艺术节和河套文化研讨会;四级公共文化服务体系扎实推进,基础设施建设得到了较大改善;专业艺术屡获全国大奖;群众文化多元并进,天天有活动,月月有比赛。1986—2010 年期间,巴彦淖尔市文化事业不断繁荣发展,科学技术取得更大进步,迈步走向新时代的历史时期。巴彦淖尔市科研成果获国家级奖励 7 项,其中国家发明奖 1 项,国家科技进步二等奖 1 项、科技进步三等奖 5 项。获自治区级奖励 43 项,其中科技进步一等奖 3 项、二等奖 9 项、三等奖 31 项。科技成果转化率达 60% 以上。全市科研成果授权专利总数 875 件,其中发明专利 190 件、实用新型专利 513 件、外观设计专利 172 件。专利实施率达 60% 以上。

九

社会保障体系。就业形势总体稳定,社会救助广泛开展,城乡低保标准和补助水平不断提高,农村牧区扶贫帮扶工作扎实有效,弱势群体基本生活得到保障。到 2010 年,全市有卫生机构 1492 所,其中:医院、卫生院 141 个,其他医疗卫生机构 1351 个。有医疗卫生技术人员 10059 人。新农合覆盖率 100%,参合农牧民 94.6 万人,占常住农牧业人口的 98.2%。启动年满 16 周岁不满 60 周岁的农牧区居民社会保险,参加城镇企业职工基本养老保险的各类人员达 24.8 万人,基本医疗保险各类人员为 61.5 万人,工伤保险企业职工 10.4 万人,生育保险参保人数达 12.1 万人。

十

人民生活水平。1986—2010 年,城镇居民人均可支配收入从 717.29 元提高到 14421 元,增长 20.1 倍;农牧民人均纯收入从 565 元提高到 8240 元,增长 14.6 倍。家用汽车、摩托车等高档消费品进入普通百姓家庭,城镇居民每百户拥有家用汽车 4.52 辆、摩托车 50.66 辆、移动电话 179.98 部、计算机 24.2 台;农民每百户拥有摩托车 79.2 辆、彩电 102.4 台、移动电话 183.4 部;牧民每百户拥有摩托车 97.8 辆、彩电 76.9 台、移动电话 193.1 部。

大　事　记

大 事 记

1986 年

1 月

1 日　临河市委市政府自筹资金 33 万元建成的电视台于晚间开始播出，效果良好。

3—14 日　全盟乡（苏木）长学习班在临河市举办。学习班集中学习了中央〔86〕一号文件，学习管理方法和社会主义商品经济知识。盟委领导傅守正、杜凤华、何俊士分别就全国党代会精神，农村牧区第二步改革和生产建设作了辅导讲话。

8—10 日　全盟地方志编修工作总结会议召开。会议通报三年来地方志编修工作的情况，评选出 8 个先进集体和 37 名先进个人，盟行署领导向先进集体颁发“盛世修志，振兴中华”锦旗。

13 日　下午，巴盟卫星地面接收站竣工剪彩仪式在临河市举行。杜凤华为接收站剪彩。巴盟卫星地面接收站是自治区西部区第一个建成并投入使用的地面接收站，对巴盟广播电视事业的发展将起到积极的推动作用。

23 日　全盟首次人民调解工作会议在临河市丹达乡召开。丹达乡西海村人民调解委员会荣获司法部奖励。

2 月

1 日　为期 3 天的内蒙古自治区室内田径邀请赛在呼和浩特闭幕，巴彦淖尔盟体育健儿共获得 7 项冠军，1 项亚军和 6 项第三名。

25 日　全盟端正党风工作交流暨表彰会议在临河市召开，各旗县市委、纪委书记，盟直各部委办、局党组、纪检组负责人，群众团体及中央、自治区驻巴盟单位负责人共 300 多人参加会议。盟委书记杨志荣、副书记王富祥讲话。盟纪委书记李同岗、副书记文格分别致开、闭幕词，会议还通过了与会全体代表发起的倡议书。

3 月

14—15 日　全盟党史工作总结表彰会议召开。会议表彰奖励五原县党史办等 7 个先进集体（单位）和张孝等 17 名先进个人，安排落实 1986 年全盟党史征研工作的重点和任务。

25—31 日　由内蒙古自治区党委宣传部、自治区工会、自治区团委和自治区妇联联合组织的全区先进模范人物报告团一行到巴彦淖尔盟作巡回报告。在 5 天的时间里，报告团先后在临河、杭锦后旗和磴口县作报告 7 场，听众万余人，受到盟、旗县市领导、干部职工和各界群众的热烈欢迎，对全盟两个文明建设具有重要的现实意义。

31日至4月2日　为期三天的全盟安全生产暨表彰会议闭幕，全盟各厂矿、企业在安全生产中做出显著成绩的先进集体和先进个人，各旗县市委、盟直有关部门的负责人100多人参加会议。会议决定，全年全盟要将矿山、建筑材料、交通、锅炉、压力容器管理、尘毒治理和安全用电作为全年安全工作的重点，加强管理，促进全盟的安全工作。

4月

1日　盟委、行署召开盟直机关创建文明单位动员大会，号召盟直机关各部门、各单位的广大党员、干部、职工立即行动起来，广泛深入地开展创建文明单位活动，掀起一个“做文明人，创文明单位，建文明城市”的高潮，确定努力实现1987年把临河市建成文明城的奋斗目标。

2—5日　自治区党委书记张曙光由千奋勇陪同，一行九人赴巴彦淖尔盟前旗、五原、临河、杭锦后旗、磴口和乌兰布和地区考察工作，并对杭锦后旗梁玉搞的草田轮作、农牧结合的试点，给予高度评价和肯定。

9日　8时30分，乌拉特前旗煤矿二〇三号矿井发生瓦斯爆炸，正在井下作业的苗志强等8人全部遇难。事故发生后，盟、旗两级领导赶赴事故现场组织抢救工作，并成立以盟委副书记傅守正为组长、行署副盟长孟和为副组长的事故调查处理领导小组进行善后处理工作。

10日　盟委书记杨志荣在《巴彦淖尔报》发表文章《要把养畜业作为农业再翻番的主要战略措施来抓》，为全盟农牧业发展指明方向。

21—30日　内蒙古西部区蒙文骨干通讯员训练班在临河市举办，这次训练班是由内蒙古日报社、内蒙古广播电视厅、巴彦淖尔报社、巴盟广播电视处、鄂尔多斯报社、伊盟广播电视处、阿拉善报社联合举办，其他各盟市的60多名骨干通讯员参加培训。

5月

7日　临河工务段被国家铁道部命名为安全优质工务段，铁道部送匾仪式在临河工务段举行。全段线路质量达到铁道部一级安全优质工务段标准，成为全国31个安全优质工务段之一。

17—21日　盟政协七届三次会议召开，会议号召全体政协委员要在中国共产党的领导下，坚持“长期共存，互相监督，肝胆相照，荣辱与共”的方针，团结一致，群策群力，为全面完成“七五”计划和发展壮大爱国统一战线贡献力量。

21日　召开全盟党政军领导干部大会，举行全盟人武部移交地方建制签字仪式，盟委副书记王富祥、巴彦淖尔军分区司令员昭日格图分别在交接书上签了字。标志着人武部移交地方建制工作顺利结束。

29—31 日 全盟科学技术进步奖评审委员会召开第一次会议，对全盟 1982—1984 年的先进科技项目进行综合评定后，确定全盟首届科技进步奖特等奖 1 项、二等奖 8 项、三等奖 17 项。

6 月

10—14 日 全盟思想政治工作暨基层党组织建设工作经验交流会召开。参加会议的有各旗县市委分管书记、纪检书记、组织部部长、宣传部部长、政法委书记、工会主席、团委书记、妇联主任、教育局局长、司法局局长，盟直各部委办、处（局）、直属公司党组书记、纪检书记、政工干部，各大厂矿、国营农牧场、各大中专院校、盟直各中学、杭锦后旗一中党委（党组）书记，以及内蒙古自治区驻全盟企事业单位党委书记共 300 多人。

21—23 日 巴盟农业标准化专业技术委员会成立暨全盟首次农业标准化审议会议在临河市召开。会议通过了《农业标准化技术委员会章程》《农业标准化"七五"规划（草案）》，并认真审定甜菜地膜覆盖栽培技术等五项规程。对全盟组织农业现代化生产，促进农业高速度、高效益、高质量发展具有积极的现实意义。

7 月

2—5 日 全盟农区畜牧业暨农田基本建设工作会议在临河市召开。会议期间，与会同志参观典型示范点，听取七个典型经验介绍。盟委书记杨志荣作了题为《从实际出发，把发展农区畜牧业和农田基本建设当作保证和促进农业持续发展的战略措施来抓》的重要讲话。

5—8 日 日中友好协会副会长、东京艺术大学教授、日本画家平山郁夫一行四人，进行了为期四天的创作访问。平山郁夫一行参观了三盛公黄河水利枢纽工程、磴口防沙场、五原复兴乡三棵树黄河沿岸、格日旺沟阴山岩画和阿贵庙红羊洞，写生作画 30 余幅。

20 日 为了便于交通管理人员参加联合检查，根据自治区交通厅有关规定，全盟 136 名交通运输管理人员首次统一服装。着装后，为搞好交通运输管理工作带来有利条件。

8 月

1—5 日 全盟商业工作会议在临河市召开。参加会议的有各旗县市商业局局长、各专业公司经理、盟商业处直属公司的负责人。盟委副书记傅守正，行署副盟长何俊士、贾志中出席会议并讲话，会议就商业体制改革问题进行了认真讨论，提出要坚定改革信心，巩固改革成果，完善改革措施，发展横向经济联系，促进商品流通。

16 日 六省区（鲁、豫、陕、晋、蒙、宁）青年黄河防护林第三次协调会在临河市召开。团中央青农部部长江洪主持开幕式，巴盟行署盟长杜凤华在大会上讲话，自治区团委书记巴特尔致欢迎词。

25 日 自治区第六届运动会闭幕，巴彦淖尔盟运动员在 13 个项目的比赛中，共获得金牌 21.5（与外盟市联队 1 枚）枚，奖牌 216 枚，荣获团体总分第五名。

9 月

16—18 日　自治区人民政府在盟委礼堂召开西部区抗灾保畜办公会议。阿拉善盟、巴彦淖尔盟、伊克昭盟、乌兰察布盟、锡林郭勒盟、呼和浩特市、包头市等五盟二市的负责人和 13 个重灾旗县的领导，自治区商业厅、供销社、石油公司、农机公司、农行等 10 个有关部门的领导也参加会议，自治区党委副书记、政府主席布赫出席会议并作总结讲话。

25 日　河套大学举行主体工程落成剪彩暨开学典礼大会。自治区政府副主席赵志宏，中国人民银行原行长、河大名誉董事长乔培新，国家原驻外大使河大董事侯野烽，《人民日报》记者、河大董事刘时平，《人民日报》记者蒋如芝，内蒙古师范大学教授且大有、马列教研部主任尹正业，成员邓百晴、王文惠等出席大会。盟党政军主要领导出席大会。河大校长助理王登云宣读中共中央统战部副部长李贵和内蒙古师范大学、内蒙古农牧学院的贺信、贺电。盟委副书记、河大董事长杜凤华与河大校长、内蒙古师范大学教授陈良碧，以及赵志宏、乔培新分别讲话。

10 月

15—18 日　巴盟经济社会发展战略研讨会在临河市召开。盟党政军领导，自治区有关部门专家、学者，各旗县市委书记、旗县长，盟直、旗县市各有关部门的领导参加了会议。自治区来巴盟考察的专家、学者对《巴盟经济社会发展战略纲要（讨论稿）》中提出的巴盟经济社会发展的战略依据、战略目标、战略布局和战略措施，进行系统的论证，并提出修改意见，帮助与会者提高认识、开阔眼界、增长见识。对进一步补充完善巴盟经济社会发展战略纲要和第七个五年计划，按照自然规律和经济规律认识巴盟、建设巴盟提供有益的科学依据。

23 日　临河市临鄂合资油厂建成投产。临鄂合资油厂可加工葵花籽 1000 万千克，年产值可达 2000 万元以上，实现利税 250 万元左右。

11 月

12—13 日　荣获第四届世界女子柔道锦标赛冠军的巴盟运动员高凤莲回乡探亲，盟行署副盟长何俊士、秘书长林川令，盟妇联主任刘芝兰、临河市副市长赵胜利及盟市两级体委的负责人专程赴高凤莲的家乡新华乡新丰村慰问。13 日晚，盟市领导及有关部门负责人在临河市招待所举行座谈会，代表全盟人民欢迎世界柔道冠军高凤莲回到故乡，并祝愿她取得新成绩。高凤莲向领导汇报自己训练和战胜世界名将的搏击经过，并表示决不辜负领导和亲人的希望，有信心创造新的成绩，向家乡人民报喜。

12 月

3—5 日　全盟横向经济工作会议在临河召开。盟直、各旗县市领导以及全盟各经济系统有关人员160多人参加会议。盟委副书记、行署盟长杜凤华、行署副盟长贾志中出席会议并讲话。会议传达在张家口召开的晋、冀、内蒙古八地盟市经济协作情况，据统计，全盟已同全国80多个地区和单位建立经济网络联系，建立13个较为紧密的经济联合体，签订协作项目96项，引进资金191万元，引进技术人才146人次。

11日　由内蒙古农牧学院、农科院、畜牧局、气象厅以及巴盟农业、科技、情报、畜牧、气象方面的有关教授、专家、学者组成的鉴定组，对巴彦淖尔盟高寒牧区引进推广地膜覆盖玉米新技术通过鉴定，认为项目成果属于区内首创。

19—30日　盟直副处以上党员干部会议召开。会议认真学习了全区旗县委书记会议精神，学习中共十一届六中全会决定，围绕“安、富、草、畜”中心任务讨论研究全盟兴草兴牧，农牧结合的问题。同时讨论精神文明建设问题，安排1987年的工作。

1987年

1月

5—12日　全盟举办首届戏剧节。七台新编的大型戏剧，内容丰富，形式多样，富有强烈的时代精神和乡土气息，丰富了人民群众的文化生活，受到广大人民群众的喜爱。

13日　临河市胜利路改建工程竣工。改建后的胜利路，促进了城市交通的畅通，方便了群众的出行。

20—21日　全盟劳动模范代表大会在临河市召开。会议号召全盟各族人民，向劳动模范学习，积极进取，勇于改革，为“两个文明”建设做出更大贡献。

2月

10—13日　全盟旗县市委书记、旗县市长扩大会议在临河召开。会议的主要议程是贯彻落实全国省市长会议和自治区盟市长会议精神。按照中央和自治区部署和要求，统一思想认识，压缩经济过热，开展增产节约、增收节支运动，继续深化改革，促进全盟经济的发展。盟委书记杨志荣，盟委副书记、行署盟长杜凤华等领导在会上讲话。

3月

23—24日　自治区党委、政府在临河市召开现场会，讨论研究巴盟经济建设发展问题。现场会要求突出抓好粮食和畜牧业生产，扎扎实实根治盐碱，搞好商品粮基地建设。盟委书记杨志荣、行署盟长杜凤华作工作汇报，自治区党委书记张曙光、政府主席布赫在大会上讲话，自治区领导刘云山、刘作会及有关部门负责人参加现场会。

4月

15—17日　全盟纪检工作会议召开。会议强调旗帜鲜明地反对资产阶级自由化，保护促进经济体制改革顺利进行。

5 月

6—8 日　自治区教育厅副厅长徐文林赴河套大学考察工作，并对河套大学的办学思想、办学方针、管理体制各方面予以充分肯定，勉励河套大学学生珍惜时间，刻苦学习，实现德智体全面发展，同时要求河套大学教职员工继续努力，艰苦创业，将河套大学办好，为全盟培养实用人才。

22 日　中共内蒙古自治区顾问委员会委员、原中共巴彦淖尔盟委员会书记色楞道尔基骨灰安放仪式在巴彦淖尔盟委小礼堂举行，盟委副书记、盟长杜凤华主持仪式，盟委书记杨志荣介绍了色楞道尔基的生平事迹。

23—27 日　巴盟政协七届四次会议在临河召开。会议强调，委员们要自觉学习马列主义、毛泽东思想，坚持四项基本原则，反对资产阶级自由化，发扬艰苦奋斗的光荣传统，在“两个文明”建设中，在建设团结、富裕、文明的巴彦淖尔盟的过程中，发挥更大的作用。

6 月

3—5 日　全盟学校思想政治工作会议在临河召开。盟、旗县市两级宣传部、政法委、教育处（局）、团委、妇联的负责同志，全盟各完全中学、职业中学、教师进修学校的党支部书记，盟直各大中专院校、中小学的党委（支部）书记和旗县市小学教师代表参加大会，盟委书记杨志荣、行署盟长杜凤华出席大会并讲话。

26 日　全盟城镇房屋产权登记发证工作会议在临河召开。国务院决定从 1987 年开始，利用三年时间，开展城镇房屋产权登记发证工作，使房屋所有者凭证管理和使用房产的权利得到法律保护。

7 月

3—4 日　全盟外事旅游工作会议召开。对涉外工作中的方针、政策进行部署，尤其对外表态等方面必须与中央保护一致，坚持内外有别、以我为主、不卑不亢、内紧外松、身份对等、内部统一、一致对外的原则。

13—15 日　全盟个体劳动者第二次代表大会暨先进个体劳动者表彰会议召开。盟长杜凤华在会上作题为《认真总结经验，进一步促进个体经济的健康发展》的讲话。

20 日　为庆祝内蒙古自治区成立四十周年，由国家副主席乌兰夫题词，盟委书记杨志荣、盟长杜凤华作序的《巴彦淖尔在前进》一书出版，并在全盟各地陆续发行。

22—24 日　巴彦淖尔盟民族理论讨论会在临河召开。会议中 25 名代表发言，50 多人交了书面发言。盟委书记杨志荣在讲话中强调，正确处理民族问题，搞好民族工作，是关系到祖国统一、团结建设和边防巩固的全局性问题。

25 日　中央电视台第一套节目《周末文艺》播出由巴盟文体处、中央电视台联合录制的电视音乐风光片《巴彦淖尔——蜜的故乡》。

29日　盟委、行署、政协联合召开各界人士座谈会，共同庆祝内蒙古自治区成立四十周年。

31日　临河地区各界群众集会，庆祝内蒙古自治区成立四十周年，盟委书记杨志荣作重要讲话，盟长杜凤华宣读关于民族团结表彰的决定，临河市委书记杨尚主持庆祝活动。晚上，临河地区举办大型文艺、焰火晚会，盟党政军领导和数万名群众一起热烈庆祝自治区成立四十周年暨建军六十周年。

8月

7日　全国人大民委副主任李贵在自治区政协主席石生荣的陪同下，赴巴盟进行为时5天的视察工作。李贵先后到乌拉特前旗、临河、杭锦后旗及河套大学、教育学院、巴盟电大、盟师范学校进行视察。其间，李贵会见了各旗县市党政领导，听取了盟委、盟行署的工作汇报，对巴盟的建设和改革提出了宝贵的意见和建议。

26—27日　盟行署召开全盟物价管理、整顿市场秩序工作会议。研究部署在全盟开展活动的具体时间、任务和工作重点，会议要求各级党委、政府必须高度重视，主要领导亲自挂帅，集中时间、集中力量、统一行动，在短时间内将物价稳定、市场整顿作为主要工作任务。

9月

10日　由盟委从全盟各级经济管理部门选拔的20名中青年干部陆续赴经济发达地区学习改革开放搞活的先进经验，了解当前的经济形势，寻求经济联合目标，学习和引进经济管理的经验和方法。

21—25日　自治区党委书记王群、副书记千奋勇、秘书长刘云山及有关部门负责人到巴盟调查研究，了解牧区灾情，检查指导工作。

10月

7—11日　由中国科学院古脊椎动物古人类研究所副教授董枝明和加拿大国家博物馆副馆长查尔斯·格瑞奇博士率领的中加联合恐龙考察队，在巴盟北部地区考察时发现恐龙化石，填补了中国北方地区白垩纪哺乳动物的空白，使已发现的哺乳动物上限提前一千万年。

10日　安徽芜湖傻子瓜子厂与盛产葵花籽、籽瓜子的五原县合资兴建的联营分厂建成投产，这将使五原县的葵花籽、籽瓜子的产品优势变为商品优势。

11月

10日　中国共产党第十三届全国代表大会代表、盟委书记杨志荣在临河地区的盟市副处以上党员、干部大会上，传达中共十三大精神，安排部署学习宣传中共十三大文件和当前工作。

21 日　乌拉特前旗大佘太乡被国家体委授予“全国农村体育先进集体”的光荣称号。

12 月

22 日　临河火车站新站候车大楼建成。

28 日　内蒙古二狼山 212 只白山羊在临河市装车,由铁路运输到朝鲜落户。

是年　巴盟总干局科教科先后研究和完成了“ZP—I 型有线远传水位计”“弧形闸门升高数字显示仪”“总干渠群闸三遥邻近装置”“微电脑加装三遥仪”四项科研项目,一项荣获自治区科技进步四等奖,一项获巴盟科技成果一等奖,一项分别获国家、自治区、巴盟科技进步三等、二等、特等奖,为巴盟水利建设做出了巨大贡献。

是年　为庆祝内蒙古自治区成立四十周年,巴盟陆续举办了丰富多彩的文体娱乐活动。歌唱家蒋大为、关牧村,晋剧演员王媛媛、田桂兰等应邀为全盟观众作精彩表演。

是年　巴盟荣获自治区 1987 年度经济效益一等奖——金龙奖。

1988 年

1 月

7—9 日　全盟企业内部分配制度改革工作会议召开。会议以中共十三大精神为指导,提出打破分配制度,实行与经济效益挂钩的分配形式。

9 日　凌晨 3 点,临河市百货公司所属开源商场发生重大火灾事故,经济损失达商场年利润的三分之二。

19—23 日　中共巴盟委员会扩大会议召开。大会号召全盟上下步调一致,一条心、一股劲,为富民兴盟而努力奋斗。

23 日　临河百货大楼被共青团中央商业部命名为“全国城市商业服务业文明示范单位”,授匾仪式在百货大楼举行。

2 月

15 日　中共巴盟委员会、巴盟行政行署颁布《关于鼓励国家行政事业单位工作人员向基层流动和创办开发性事业的若干决定》,有效解决行政事业单位机构臃肿、人浮于事的弊端。

3 月

7 日　盟委、盟行署召开全盟深化企业改革电话会议。会议强调要进一步解放思想,把企业改革不断引向深入。

27—31 日　自治区中小学“一无两有”工作总结暨先进集体、先进个人表彰大会在临河举行,巴盟作为成绩显著盟市受到表彰并获得校舍建设投资 15 万元。

4 月

14 日 盟委、行署召开盟直企业厂长、经理座谈会，围绕深化改革，协商解决经营机制、人事制度、分配制度等问题。

16 日 盟行署召开临河地区住房制度改革试点工作动员大会，号召各有关部门、单位积极行动，通力协作搞好住房制度改革试点工作。

19—22 日 全盟经济工作、技术进步、横向经济协作会议召开。盟长杜凤华作讲话。

25 日 在全国民族团结进步先进集体、先进人物表彰大会上，巴盟乌前旗白彦花镇被评为先进集体，中旗医院医生李思伟、临河市新丰乡蒙古族社员巴金喜被评为先进个人。

26—30 日 全盟宣传工作会议召开。会议的中心任务是以中共十三大精神为指导，研究部署改革开放中的宣传和思想政治工作。盟委书记杨志荣作讲话。

27 日 盟委书记办公会议指示各地政法部门，要依法从重从快，主动出击，严厉打击各类刑事犯罪活动。

5 月

5 日 乌拉特后旗霍各乞（音译，后改为获各琦）铜矿隆重举行开工剪彩仪式，铜矿计划 1989 年 10 月 1 日正式投产，每年可实现税利 129.8 万元。

19—21 日 全盟监察工作会议召开。会议认为监察局是主管政纪的专门机构，负责对国家行政机关和机关工作人员的监督检查工作。

6 月

25—27 日 全盟教育工作会议召开。深化教育改革，提高办学效益是会议的中心任务。盟委书记杨志荣、盟行署副盟长宝音德力格尔出席会议并讲话。

8 月

1 日 《巴彦淖尔报》创刊三十周年庆祝大会召开。盟和旗县市党政领导、区内外兄弟报社、盟直有关部门负责人应邀参加庆祝活动。

10 日 盟委、盟行署召开信息发布会，介绍巴盟的经济资源情况及优惠政策，欢迎发达地区携手发展巴彦淖尔，区内外各代表团成员和各级新闻单位的记者出席会议。行署盟长杜凤华在会上讲话。

21 日 自治区党委副书记田聪明考察巴盟文化宣传工作。盟委书记杨志荣、盟长杜凤华、副盟长宝音德力格尔陪同考察。

30—31 日 临河地区遭受 30 年来未遇的暴雨袭击，一天内两次降雨达 136.3 毫米，工农业生产和人民生活受到一定损失。盟市两级领导立即动员群众进行抗灾抢险。31 日，盟委、行署召开紧急会议，部署抗灾工作。

9 月

10 日　教师节前夕,临河市被国家教委评为全国基础教育先进县(市),是内蒙古自治区首家受国家教委表彰的基础教育先进市。

10 月

25 日　盟委召开旗县市委书记会议,会议围绕治理经济环境,整顿经济秩序,全面深化改革等问题,联系巴盟实际进行了深入讨论。

11 月

3—5 日　纪念十一届三中全会十周年理论讨论会在临河召开。会议以改革和建设为主题,结合全盟实际,探讨巴盟经济发展战略和深化改革的新途径,盟委书记杨志荣等领导出席讨论会。

3—6 日　自治区体改委在临河主持召开为期 4 天的西部七盟市体改委(办)主任会议,会议以中央两会和自治区盟市委书记会议为中心,传达全国企业改革精神,交流各地体改情况。

10 日　中共巴盟委员会、巴盟行署颁布《关于鼓励发展私营经济和私营企业的决定》。

15—17 日　全区中等医学教育工作会议暨现场会在巴盟卫校举行。各盟市卫生处科教科负责人,全区各旗县市卫生学校校长,及部分旗县卫生职业学校校长参加现场会,共同探讨医学教育改革问题。

12 月

8—10 日　全盟党风建设组织工作会议在临河召开。会议强调要以改革的精神加强党的建设,保证治理整顿和经济建设顺利进行,盟委书记杨志荣出席会议并讲话。

23 日　全盟思想政治工作研究会成立暨第一届理事会第一次年会在临河举行。会议推举产生了第一届理事会正副会长、秘书长和常务理事。讨论并通过了研究会章程。

28 日　中国农工民主党内蒙古自治区临河支部正式成立。农工民主党临河支部有党员 24 人,属巴盟第一个经批准成立的民主党派基层组织。

是年　盟行署决定将每年的 8 月 10 日定为“河套蜜瓜节”。

是年　巴盟农牧区集镇居民储蓄突破亿元大关,总额达 11091 万元。

1989 年

1 月

26 日　盟行署召开全盟生产资料专营工作会议,研究部署化肥、农膜、农药实行专营问题,提出严格政策加强监督稳定市场措施。

3月

1—4日　全盟计划、财政工作会议在临河举行。会议传达全国计划体改工作会议及全区计划财政、科技、技改工作会议精神，回顾了1988年巴盟经济和社会发展情况，重点对1989年全盟国民经济和社会发展计划指标及主要工作进行安排部署。

16日　盟监察局举行新闻发布会，宣布自治区首家“巴彦淖尔盟行政监察举报中心”正式成立。

21—25日　全盟政法工作会议在临河举行，会议强调强化法制建设，严厉打击刑事犯罪和经济犯罪活动。

4月

10—11日　自治区团委、自治区林业局、水利局共同主持的内蒙古西部区黄河防护林现场协调会在巴盟召开。自治区、包头市、巴盟、乌海市及包头、巴盟沿黄河7个旗县市的有关负责人出席会议。

11—16日　全盟形势教育暨廉政建设会议在盟委小礼堂召开，研究部署形势任务教育和廉政建设工作。盟委书记杨志荣、行署盟长傅守正等领导出席会议。

5月

4日　下午，盟直单位450多名各族各界青年代表在盟委小礼堂隆重集会，纪念五四运动70周年。盟党政军及政协主要领导出席大会。会议号召广大青年继承五四光荣传统，争当爱国主义一代新人。

11—14日　自治区党委书记王群，党委常委、秘书长刘云山，政府副主席阿拉坦敖其尔等到巴彦淖尔盟检查指导工作。盟委书记杨志荣、行署盟长傅守正陪同检查。

23日　盟委、盟行署召开全盟副处以上干部大会，动员全盟各级干部和广大群众团结一致，反对动乱，制止动乱，盟委书记杨志荣同志在大会上作讲话。

24日　巴彦淖尔盟军分区召开干部、志愿兵和党员职工大会。坚决贯彻党中央、国务院的正确决策和果断措施，旗帜鲜明地反对动乱，稳定局势。军分区司令员昭日格图大校传达了自治区党委办公厅的传真电报，通报有关情况。政委赵明大校代表分区党委讲话。

6月

4日　盟委召开会议，盟行署召开临河地区大中专院校干部大会，盟政协召开主席扩大会议，认真落实自治区电话会议精神，号召干部群众、青年学生统一思想，明辨是非，用实际行动维护安定团结的政治局面。

24日　晚上，中共十三届四中全会公报发表，盟委立即召开扩大会议进行学习讨论，表示坚决拥护四中全会精神，决心带领全盟各族人民，紧密团结在党中央周围，全力做好思想政治工作和稳定局势工作，以实际行动为实现党的总目标和总任务而奋斗。

27 日　临河市委、市政府隆重召开了政法公安全体干警大会，表彰奖励侦破“5·3”特大银行抢劫案有功人员。

7 月

1 日　中共巴彦淖尔委员会通报表彰全盟各条战线涌现出的 18 个先进基层党组织，32 名优秀共产党员以及 20 名优秀党务工作者。

8—13 日　全区农村牧区职业技术教育经验交流现场会在临河召开，自治区政府副主席赵志宏主持会议，并在大会上作了讲话。

15—19 日　全区农牧结合现场会在巴盟召开。自治区政府副主席阿拉坦敖其尔、自治区农委主任宝音图出席会议。会议强调贯彻农牧结合，农牧林工协调发展方针，促进农村牧区经济发展。

24—28 日　政协巴盟八届一次全委会议隆重举行。会议传达学习中共十三届四中全会重要文件，听取盟委副书记、盟长傅守正的讲话，审议七届政协常委会的工作报告和提案工作情况报告。选举产生政协巴盟八届委员会主席、副主席、秘书长和常务委员，刘峥当选为主席。

8 月

1 日　中共巴彦淖尔委员会发文《关于在职盟级领导干部保持廉洁，防止腐败的若干规定》。

13—19 日　全区第四届中青年网球锦标赛在临河举行，巴彦淖尔盟一、二队顽强拼搏，共获八块奖牌。

21—23 日　自治区党委副书记、自治区人民政府主席布赫在盟委书记杨志荣，副书记、行署盟长傅守正等陪同下，深入巴盟工厂、农村，了解工人、农民的生产、生活情况，并和部分企业的负责人进行座谈，针对有关问题作重要讲话。

9 月

3 日　自治区党委书记王群在巴彦淖尔盟调研 5 天，认为巴盟的形势很好，政治上安定团结，经济上繁荣兴旺，各族各界人民团结一心，精神振奋，农区到处是丰收景象，看了令人鼓舞。

18 日　《巴彦淖尔盟 1987 年投入产出模型》在临河市通过鉴定，为科学决策和宏观管理提供重要依据，模型整体达到国内地盟级先进水平。

是月　国庆前夕，盟政协召开临河地区部分政协委员座谈会，庆祝中华人民共和国成立四十周年，纪念人民政协建立和绥远“九一九”起义四十周年，行署盟长傅守正出席会议。

10 月

7—11 日　全区盟市委政研室主任会议在临河召开,会议的中心议题是贯彻中共十三届四中全会精神,研究加强各级政研室的思想、组织和作风建设,更好地为各级党委的科学决策当好参谋和助手。自治区党委副书记千奋勇到会作讲话。

是月　下旬,在临河召开河套地区盐碱荒地开发利用规划方案论证会。邀请中国科学院,中国农科院草原站,自治区人大、农委、内蒙古大学、农牧学院、牧科院、草原站的专家教授参加。盟委书记杨志荣、行署盟长傅守正听取专家教授的论证。

12 月

9 日　历时 6 天的盟委扩大会议圆满结束,会议强调继续贯彻治理整顿和深化改革方针,保证全盟经济长期持续稳定协调发展。盟委书记杨志荣作报告,行署盟长傅守正作总结讲话。

14—16 日　全盟清理整顿公司领导小组办公室主任会议召开。各旗县市和交通、教育、粮油等 28 个盟直单位的清理整顿公司领导小组办公室主任参加会议,会议要求各部门协调配合,抓紧抓好撤并留公司工作。

20 日　内蒙古自治区人民政府内政函〔1989〕120 号文件批复,同意巴盟乌拉特中旗的甘其毛道口岸作为对蒙古国开展边境贸易临时过货点。

是年　临河化肥厂党委书记王汝奎被评为全国优秀企业思想政治工作者;巴盟师范常务书记兼校长王力川被评为全国先进青年思想教育工作者;原盟行署副盟长、离休干部叶青原被评为全区优秀青年思想教育工作者。巴盟运输公司被评为全区思想政治工作优秀企业。

是年　巴彦淖尔盟财政收入突破 1.5 亿元大关,超额 16.5% 完成计划任务,比上年增长 19.7%,创历史最高水平。

是年　巴彦淖尔盟农业生产特别是粮食生产获特大丰收,全盟粮食总产达 8.335 亿千克,其中小麦总产达 6.3 亿千克。

1990 年

1 月

11—16 日　自治区党委副书记、政府主席布赫,带领供销、银行、畜牧等部门的负责同志赴巴盟考察工作。考察期间,布赫主席一行深入基层,调查研究、体察民情、解决问题。在杭锦后旗酒厂考察时布赫主席亲笔题词"香满长城内外,味溢千里平川"。巴盟党政主要领导杨志荣、傅守正等全程陪同。

20—23 日　全盟计划经济财政工作会议召开。会议安排部署 1990 年经济社会发展计划和财税工作。

2月

20日　盟行署召开紧急电话会议,要求各地迅速开展打击假冒行为,取缔虚假广告活动。

3月

6日　盟妇联、文体处、盟直机关妇联联合举行纪念“三八”妇女节80周年文艺联欢暨表彰大会,会上表彰了15个“双学双比”先进协调组织,50名“女状元”和20个“五好家庭”,21个单位的业余文艺演出队表演了精彩的文艺节目。

4月

4日　盟行署召开全盟粮食、绒毛收购电话会议,着重解决绒毛、粮食“白头条子”问题。

7日　自治区政府副主席刘作会带领自治区政府调研室、研究中心、计委、经委、财政厅、人民银行、建材局等部门负责人,到巴盟深入调查研究现场办公,解决经济工作中存在的实际问题。

11日　巴盟卫校被卫生部评为全国卫生系统文明建设先进集体。

17日　全盟民族宗教事务局长会议召开。盟委书记杨志荣在讲话中强调,要把维护民族团结、祖国统一和边疆稳定当作长治久安的大事来抓。

23—26日　全盟体改工作会议召开。会议提议:体改工作的重点是按照“稳定、充实、调整、完善”方针搞好治理整顿和深化改革。

5月

8—10日　盟行署在临河市召开现场办公会。会议主要解决临河市工交、财贸系统存在的问题,在资金上、政策上、管理上帮助企业去克服困难,制止滑坡。行署盟长傅守正,副盟长贾志中、李振国参加并主持会议。

19日　中共中央政治局常委、中纪委书记乔石在自治区党委副书记、政府主席布赫,副书记张丁华陪同下到巴盟考察,乔石先后察看了临河干召庙供销社经营情况,访问农村专业户,参观三盛公黄河枢纽工程。

21日　盟委举行盟党校首期哲学培训班开学典礼暨全盟干部学哲学动员大会,盟委副书记王富祥在讲话中强调发扬理论联系实际的学风,促进政治稳定经济繁荣。

6月

1日　盟少工委、妇联、文体处、教育处在盟影剧院隆重集会,庆祝“六一”国际儿童节。盟党政军、政协主要领导出席大会。行署盟长傅守正讲话。

4—6日　全盟乡镇企业工作会议召开。会议提出:提高认识,稳定政策,引导乡镇企业健康发展。行署盟长傅守正出席会议并讲话。

10 日　中央赴内蒙古调查组到巴盟调查研究学习贯彻中共十三届六中全会精神落实情况。调查组先后深入到大佘太镇、向阳乡、马场地乡、盟面粉厂调研。

22—25 日　全盟城镇经济工作会议召开。盟委书记杨志荣、行署盟长傅守正等领导先后讲话。

29—30 日　全区盟市委书记、盟市长会议在巴盟召开。会议的中心内容是深入贯彻中共十三届六中全会精神,促进全区政治稳定、经济发展。

7 月

1 日　中共巴彦淖尔盟委员会通报表彰来自全盟各条战线的 28 个先进党组织,33 名优秀共产党员和 40 名党务工作者。

10 日　盟清欠办和盟人民银行牵头,组织召开了全盟各专业银行和旗县市人民银行、工商银行、农业银行参加的清理全盟范围内跨旗县市、跨系统"三角债"现场清欠会。

20—21 日　在自治区政府副主席刘作会的陪同下,交通部部长钱永昌到巴盟调查研究并考察了 110 国道和边防公路。考察期间盟党政领导杨志荣、傅守正汇报工作。

22—25 日　中共中央政治局常委宋平到巴盟考察,在自治区书记王群、常委刘云山、政府副主席裴英武陪同下,先后考察前旗、中旗、临河、五原县的农牧业生产。

8 月

17—21 日　全国政协副主席钱正英在巴盟考察时指出,河套灌区有条件、有责任成为全国的先进灌区。

19 日　日采选矿石 150 吨的内蒙古获各琦铜矿通过验收并正式投产,自治区政府副主席刘作会为大会剪彩。

31 日至 9 月 1 日　苏联"青春"民间歌舞团在临河演出,受到万余名观众热烈欢迎。盟领导傅守正、王富祥、贾志中观看演出并接见歌舞团全体成员。

9 月

10 日　临河地区干部群众喜迎亚运圣火,并举行盛况空前的"亚运之光"火炬接力传递活动。盟党政军、政协主要领导和广大人民群众一起在盟影剧院广场隆重举行火炬交接仪式。

是日　中国人民武装警察部队五三零三总厂一分厂投产剪彩仪式在临河举行。武警总部后勤部部长王国忠、军需处处长李幼生,武警内蒙古总队政委孟和、原总队长尼玛,巴盟盟委书记杨志荣,巴盟军分区副司令员王元厚,临河市委书记李树民,临河市市长王智德等领导参加剪彩活动。

17—19 日　以《求是》杂志社政治理论部主任李明三为团长,由新华通讯社、人民日报社、农民日报社、解放日报社的编辑、记者组成的中央和沿海省市新闻记者团一行 9 人对巴盟的农业生产进行采访。盟委书记杨志荣、行署盟长傅守正等领导会见了记者团成员并介绍情况。

10 月

12 日　港澳地区代表及全国人大、广东省人大代表参观团一行 39 人赴巴盟参观考察。

17—18 日　由美国驻华大使馆经济处一秘劳伦·莫里文蒂、日本驻华大使馆商务参赞广井和之、德国驻华大使馆经济合作处参赞亨里希、意大利大使馆商务随员德朱莉、世界银行驻华代表处顾问杨光辉组成的外交官参观团和联合检查组到巴盟考察中国北方灌溉项目——河套灌区配套工程。盟党政领导傅守正、刘峥、周礼明、朝鲁前往临河宾馆拜会参观团和检查组一行。

11 月

2 日　以蒙古人民共和国南戈壁省省长博·班迪为团长的南戈壁省政府代表团一行 6 人，结束对巴盟为期三天的正式友好访问。行署盟长傅守正等陪同，双方就合作意向交换了意见。

12 月

6 日　入冬后巴盟境内黄河沿岸出现了冲淘，多次出现险情。是日凌晨，五原县景阳林乡团结三社南段防护堤坝被淘断，出现了一条近百米长的决口，堤下 110 户农民受到洪水严重威胁。下午盟党政领导刘峥、周礼明与五原县领导赶赴现场组织抢险，慰问当地干部群众。

8 日　盟委、行署隆重召开民族团结表彰大会。大会表彰奖励 35 个民族团结进步先进集体和 63 名先进个人。盟党政军、政协主要领导参加大会，自治区民委主任云贵出席大会并作重要讲话。

是年　磴口县司法局荣获“全国普法先进集体”称号。

是年　磴口县建立书记、县长轮流接待群众制度。县委书记、县长逢周五上午在信访办轮流挂牌接待群众，公开请群众对县委、县政府工作提出批评和建议，欢迎群众检查、揭发、控告各级执行机关及国家工作人员存在的问题，并当场解决群众遇到的问题。

是年　巴盟油料生产创历史最新纪录，总产达 25700 万千克，单产达每公顷 283.5 千克。

是年　第四次人口普查结束，截至 7 月 1 日 0 时，巴盟总人口为 1562560 人。与 1982 年人口普查数据相比，总人口增加 208187 人，增长 15.37%。

1991 年

1 月

9—11 日　盟行署在临河召开全盟乡镇企业会议。会议的中心任务是加强领导，放宽政策，促进乡镇企业健康发展。

14 日　中共巴盟委员会作出决定，表彰全盟宣传战线先进集体 8 个和先进个人 50 名。

是日　巴盟残疾人联合会第一次代表大会召开。会议选举产生了第一次代表大会主席团主席、副主席和执行理事长，讨论通过《中国残疾人联合会章程》巴盟残联实施细则。

2 月

4—7 日　全盟计划、工交、财政、税务、物价工作会议在临河召开。会议以中共十三届七中全会和自治区党委扩大会议精神为指导，进一步推动全盟国民经济持续稳定协调发展。

26 日　全民学雷锋树新风表彰大会在临河举行，21 个先进集体和 62 名先进个人受盟委行署表彰。

3 月

15—19 日　自治区党委书记王群在巴盟检查指导工作、现场办公，解决农牧业生产中存在的问题。王群要求全盟广大干部群众要解放思想，实事求是，全力以赴夺取“八五”各项工作的新胜利。

4 月

4 日　巴盟红十字会第一次代表大会在临河召开。会议听取、审议并批准朝路代表巴盟红十字会理事会所作的《巴盟红十字会五年工作规划》，选举产生巴盟红十字会理事会、常务理事、会长、副会长、秘书长，推举产生名誉会长和志愿工作者委员会。

5 月

17 日　针对巴盟城镇经济滑坡的严峻形势，盟委、行署召开电话会议，就深入开展“质量、品种、效益”年活动作出安排部署。

22—25 日　全盟供销工作会议召开，会议强调正视严峻形势、完善服务体系，实现扭亏为盈。盟委书记杨志荣、行署盟长傅守正、副盟长贾志中分别讲话。

25—26 日　日本盐业株式会社营业部部长武藤忠及黑铅工业所专务董事健名邦夫在自治区及巴盟有关人员陪同下，到巴盟乌中旗考察石墨生产能力、生产条件及质量。

28 日　下午，政协巴盟八届三次会议举行大会，听取行署盟长傅守正作《关于国民经济和社会发展十年规划和“八五”计划》纲要报告。

6 月

1 日　庆祝“六一”儿童节暨中国少年先锋队巴盟第一次代表大会在临河开幕，盟党政军、政协领导及4500多名少先队员参加开幕式。盟委书记杨志荣题词“全社会都来关心重视少先队工作”。行署盟长傅守正题词:“重视关心少先队的成长,培养共产主义接班人”。

14—16日　在乌中旗甘其毛道成功地进行了一次大额度的过货贸易,双方营业额约300万法郎。

15日　全区首家私立敬老院——昭汉敬老院,在杭锦后旗陕坝镇成立。敬老院由个体医生马昭汉筹建,敬老院已接收5名孤寡老人,最大91岁,最小的72岁。

18日　自治区党委书记王群在自治区党委常委、秘书长刘云山,政研室、政府办公厅、财政厅等部门负责人陪同下,到巴盟检查指导工作。王群指出巴盟形势很好,但喜中有忧,各级领导应积极寻求解决困难的办法,打好“八五”计划的第一仗。

21—22日　盟委宣传部、盟党校、盟社联和盟党史办召开庆祝中国共产党建党七十周年理论讨论会,会议印发62篇相关论文。

7月

1日　盟委书记杨志荣在庆祝中国共产党成立七十周年大会上作《加强党的建设,坚持党的领导,为全面实现第二步战略目标建功立业》的讲话。

16日　盟委、行署召开紧急电话会议,动员全盟各族人民立即行动起来,支援安徽、江苏等地受灾人民群众战胜特大洪水灾害。截至7月23日,全盟城乡共捐款23.3万元,外币1万日元。

8月

1日　临河啤酒厂召开大会,庆祝啤酒厂产量突破万吨大关,动员全厂干部职工继续苦干实干,为繁荣巴盟经济做出贡献。

5日　自治区党委宣传部理论处和巴盟盟委宣传部主持召开历时四天的全盟理论科长联席会议,会议总结交流经验,促进全区宣传理论工作。

10日　全区首家番茄酱生产线在磴口县糖厂建成投产。

12—13日　盟行署召开全盟粮食工作会议,会议要求,保护农民利益,搞好粮食收购工作。

9月

7日　河北、山西、宁夏、内蒙古四省区九市五盟政协工作第五次横向联系会议在巴盟举行。

10日　全盟庆祝教师节暨教育系统表彰大会在盟影剧院隆重举行。行署盟长傅守正主持大会,盟委书记杨志荣在大会讲话。盟行署表彰奖励了全盟29名优秀教师,7名先进教育工作者,9名尊师重教先进个人,7个尊师重教先进集体。

16—19日　全盟旗县市委书记会议在临河召开。会议贯彻全区盟市委书记会议精神,要求各旗县市委书记广泛深入地开展社会主义思想教育,继续加快经济建设和改革开放步伐,实现第二步战略目标。

27—28 日　自治区党委常委、宣传部部长乌云其其格到巴盟考察指导工作。

是月　临河至陕坝专用公路主体工程国庆竣工,是内蒙古自治区第一条汽车专用公路,结束了内蒙古没有汽车专用公路的历史,是自治区标准最高的一条干线公路。

10 月

24—25 日　全盟清理三角债暨财政工作会议召开。会议的主要任务是统一认识,落实任务,正本清源,发展经济。

29—31 日　盟委召开工作会议,会议号召全盟搞好国营重点企业,努力提高经济效益。书记杨志荣在总结讲话中要求要总揽经济全局,转变经济工作的指导思想。抓住重点,突破难关,解决好影响企业的突出问题。

12 月

21 日　中国民主同盟内蒙古区委直属临河支部成立大会在临河隆重举行。

24 日　全盟年度利税百万元以上企业厂长经理座谈会在临河举行。会议总结、推广各企业先进经验,促进了巴盟城镇经济进一步的发展。

25—27 日　巴彦淖尔文学艺术节第四次代表大会隆重召开。大会通过民主选举,选出第四届文联委员会委员 29 人,选出第四届文联的名誉主席、主席、副主席和秘书长。

是年　临河市八一乡建起全自治区第一个农业示范基地——内蒙古河套灌区农业综合试验区。

是年　临河市林木覆盖率已达到 20%,荣获“全国造林绿化先进市”称号。

是年　乌兰布和沙区试种棉花喜获丰收。据科学测算,每公顷平均产量在 90 千克以上。

是年　临河百货大楼在全区零售商业第一家晋升为国家二级企业,此为国家零售商业的最高荣誉。

是年　巴盟粮食总产量超过 10 亿千克,达 10.58 亿千克,比上年增加 9844.5 万千克,增长 10.3%。

1992 年

1 月

1 日　临河地区第二届迎春艺术节在巴盟影剧院隆重开幕,盟直及临河市各界代表出席开幕式。行署副盟长朝路致开幕词。

15—18 日　盟委召开扩大会议,贯彻中共十三届八中全会和自治区党委扩大会议精神,联系巴盟实际,总结历史经验,确定奋斗目标,制定政策措施,动员全盟各族干部群众努力开创农牧业和农牧区工作新局面,盟委书记杨志荣作题为《深化改革闯新路,再鼓干劲奔小康,开创农牧业和农村牧区工作新局面》的讲话。

17 日　全盟纪检工作会议召开,会议要求纪检工作要坚定不移地为党的基本路线服务,切实加强党风党纪和廉政建设。

20—21 日　全盟旗县市委组织部部长、统战部部长会议在临河召开。会议强调在新的一年里,组织、统战部门一定要提高认识,坚定信心,开拓创新,扎实工作,高标准、高质量地完成各项工作。以富有成效的工作迎接党的十四大的召开。

23 日　盟委、行署的领导与 46 家企业的厂长、经理,9 名劳动模范及盟直 24 个单位的负责人欢聚一堂,共迎新春佳节。企业家们表示新的一年要更加努力拼搏,使各项事业更上一层楼,为全盟经济发展做出新的贡献。

25 日　在全盟经济工作会上行署盟长傅守正指出,今年全盟工作总的指导思想是解放思想、深化改革、调整结构、提高效益,促进全盟经济持续、稳定、协调发展。

2 月

21—25 日　自治区政协副主席乌力更和 10 名全国政协委员到巴盟考察工作。检查巴盟贯彻落实中共十三届八中全会精神情况。

3 月

8 日　盟委、行署表彰奖励"双学双比"活动中评选出的 22 名"三八"红旗手,5 个"三八"红旗集体,15 个先进协调组织及 50 名"女状元"。

19—21 日　自治区党委书记王群深入巴盟乌前旗大佘太镇,临河市乌兰图克乡、四季青菜市场、长春菜市场、农垦大世界进行实地考察后强调,要解放思想、实事求是,进一步加快改革步伐。

4 月

10—11 日　全盟政法工作会议在临河举行,会议重点研究政法工作如何围绕经济建设这个中心,进一步发挥职能作用,维护社会稳定,创造良好的法制环境,为经济建设和改革开放服务问题。

20 日　行署召开全盟清欠挖潜工作电话会议。部署清理"三角债",限产压库、压贷挂钩,扭亏增盈,清欠查库等项工作。

25 日　盟委、行署党政领导杨志荣、李振国、林川令与盟计委、经委、外事、商业、经贸、供销、二轻等 20 多个单位的负责人举行座谈会,围绕贯彻中央 2 号文件和自治区党委五届五次全委(扩大)会议精神,探索加快改革与发展新路子,为搞好外引内联创造条件。

5 月

1 日　临河地区长途自动电话交换网正式投入使用,首批获得使用权用户顺利进网。实现国内长途自动电话直拨。

6日　杭锦后旗供销系统以“四放开”为重点,加快体制改革,所属18个基层社和110个门店全部实行转售承包责任制。

13—14日　自治区政府副主席林用三到巴盟考察工作,在听取盟行署工作汇报后,林用三先后到临河地区多个企业和磴口县公地乡、乌兰布和地区进行考察。

18—21日　盟委召开全盟旗县市委书记会议,会议号召全盟旗县市委书记带领广大干部群众,真抓实干,开创大改革、大开放、大发展的新局面。

20日　全盟计划生育工作会议召开。各旗县市委书记和计生领导小组负责人参加了会议。盟委书记杨志荣出席会议并讲话,在会议上强调,控制人口增长是一项长期的战略任务,要认识计生工作的重要性、紧迫性、长期性、艰巨性。

23日　盟委宣传部、盟文联、盟文体处联合召开座谈会,纪念毛泽东同志《在延安文艺座谈会上的讲话》发表50周年,邀请临河地区宣传、文艺、新闻、理论界60余人,重温《讲话》精神,共商繁荣巴盟文艺事业大计。

26—27日　巴盟金融学会成立大会在临河召开。巴盟人民银行、工商银行、农业银行、中国银行、建设银行、保险公司的领导和代表参加会议,会议审议学会章程,选举产生第一届理事会、常务理事会;选举正副会长、正副秘书长。

29日　全国人大华侨委员会执检组到巴盟检查。检查组深入5户侨眷家中实地进行调查了解,鼓励侨眷们为当地经济建设充分发挥桥梁和纽带作用。

6月

1日　盟团委、教育处、少工委联合表彰奖励全盟少先队组织“学赶争”活动中取得优异成绩的少先队先进集体和个人。

19日　盟委、行署、巴彦淖尔军分区召开大会,纪念毛泽东主席关于民兵工作“三落实”指示发表30周年。

25日　中国甘其毛道口岸正式开通剪彩仪式在乌中旗甘其毛道隆重举行。盟委副书记、行署副盟长宝音德力格尔与蒙古南戈壁省执行署省长搏·班迪共同为口岸开通剪彩。

是月下旬　巴盟近50亩冬小麦试验田开镰收割,结束了河套灌区没有冬小麦的历史。冬小麦亩产200~250千克,比春小麦成熟提前15天左右,为巴盟充分利用自然资源,缩短套种作物共生期,提高复种指数创造了有利条件。

7月

11—13日　全盟供销社系统在临河召开扭亏为盈誓师大会,动员供销系统广大干部职工解放思想,统一认识,坚定信心,团结拼搏,打好供销社扭亏增盈攻坚战。

18日　自治区党委书记王群在包头青山宾馆专门听取了巴盟的工作汇报,与巴盟党政领导就改革开放和经济发展进行座谈和探讨,对巴盟工作做出指示:继续解放思想,加快改革开放,发挥地区优势,推动经济发展。

20日　巴盟首家个体经营者储金会——金川市场个体储金会成立并开始营业。开业当天吸收储蓄10万多元。

30日　庆祝建军60周年暨"双拥"模范命名表彰大会在临河隆重举行。内蒙古军区副政委照日格图、盟党政军及政协领导出席会议,盟委书记张国民讲话。

8月

2日　内蒙古自治区第六届中学生田径运动会在古镇陕坝隆重开幕,经过三天紧张激烈的比赛,在12个盟市为甲组的代表队中巴盟荣获总分第二名,在10所试点学校为乙组的代表队中,奋斗中学获总分第一名。

21—24日　政协巴盟八届四次全委员隆重举行,新任盟委书记张国民在会上作了《团结一致向前看,为巴盟经济再上新台阶做贡献》的讲话。会议补选原巴盟盟委书记杨志荣为新一任盟政协主席。

9月

10日　行署副盟长朝路发表电视讲话。他说振兴中华的希望在教育,振兴教育的希望在教师,重任在肩,任重道远。希望广大教师能够在党的领导下坚持改革,团结一致,抓住机遇,开拓进取,为培养社会主义接班人做出更大的贡献。

25日　盟农行举行会议,庆祝农村牧区信用社成立40周年。

10月

1日　自治区党委书记王群结束对巴盟四天的工作考察后指出:解放思想,大换脑筋,迅速掀起大调整、大开发、大转化、大流通的商品生产热潮,实现巴盟率先达小康的目标。

6日　自治区政府副主席林用三在巴盟考察时强调,顺应社会主义市场经济规律,坚持粮油购销放开经营。

23日　盟委召开会议,传达中央第十四次全国代表大会精神,听取了盟领导赴南方和国外的考察报告。盟委书记张国民就全盟如何贯彻落实中共十四大精神讲话。

是日　巴盟旅游总公司、巴彦淖尔旅行社举行隆重的开业庆典,自治区旅游局副局长马永胜、盟委副书记兼临河市委书记任亚平、行署副盟长朝路出席庆典,并为旅游总公司旅行社开业剪彩。

是月下旬　中国书法协会主席,著名书法家启功在首都为"河套宴酒"题名。

11月

12日　《巴彦淖尔报》刊登盟委书记张国民署名文章《积极引导农牧民走向市场》。文章以十四大报告为指针,联系巴盟实际,阐述了在大力发展社会主义市场经济中,如何将全盟农牧民引向市场,实现农业大盟、工业强盟、财政富盟,具有很强的指导意义。

26日至12月1日　国际名优酒博览会在法国首都巴黎举行。河套酒厂生产的“河套老窖”以窖香浓郁,入口绵甜,香味协调,回味悠长的独特风格赢得一致好评,获得金奖。

12月

5—8日　自治区政府副主席宋志民一行到巴盟了解工业企业情况。先后深入巴盟4个旗县市的13个工业企业参观生产现场,听取盟委行署、旗县市委、市政府的工作汇报,对近几年巴盟工业生产形势给予充分的肯定,并对今后工作提出意见。

19日　巴盟海外联谊会经过充分酝酿与准备正式成立,海外联谊会是巴盟各族各界人士同海外朋友、社团广泛联络,增进友谊的桥梁和纽带。盟政协副主席、盟统战部部长仁钦担任会长。

24日　盟委召开副处以上干部会议,盟委书记张国民作赴美考察报告。张国民在报告中说:通过考察更加坚定了走有中国特色社会主义道路的信心,增强了搞经济建设的紧迫感与责任感,学到一些有益的东西。张国民说,值得我们借鉴的是要按照市场需求安排生产,科技教育要与生产紧紧结合起来,必须有健全的法制。

是年　国家统计局发布了1991年油料百强名单,巴盟三旗县榜上有名,分别是五原县(第10名)、杭锦后旗(第21名)、乌前旗(第25名)。

是年　巴盟按照国家规定标准,对残疾人进行建档登记,发放残疾证8100个,为他们享受有关优惠、照顾提供了保证。

是年　巴盟乡镇企业发展迅速,产值达到5亿元。

1993年

1月

4日　巴盟中旗海流图开往蒙古国南戈壁省巴音敖包苏木的国际旅客班车正式开通。

8日　临河地区纪念延安双拥运动50周年大会在巴彦淖尔影剧院隆重举行。行署副盟长、盟双拥委员会副主任周礼明宣读盟委、行署、军分区关于命名双拥模范单位、双拥“十佳”模范个人和表彰双拥工作先进集体的决定。

10—14日　盟委扩大会议召开,会议号召全盟各级党组织和广大党员要以十四大精神为指针,增强历史责任感和时代紧迫感,团结和带领全盟各族人民,解放思想,更新观念,艰苦奋斗,真抓实干,为实现巴盟提前达小康经济超常规发展,跳跃式前进的战略目标而努力奋斗。

2月

19日　巴盟首批人民警察授衔仪式在公安处礼堂隆重举行。警衔制度是人民警察荣誉和责任的体现,寄托了党和人民对人民警察的重托和期望。

3 月

6 日　盟文明办、盟宣传部、盟行署办公室、军分区政治部、盟团委联合召开大会，纪念毛泽东等老一辈无产阶级革命家为雷锋同志题词 30 周年。

16 日　乌拉特前旗境内黄河防洪堤决口，5 个自然村被洪水淹没围困，行署盟长宝音德力格尔亲临现场指挥抢险。

18 日　全盟科技大会在临河召开。会议号召全盟广大科技工作者，解放思想，更新观念，抓住机遇，大胆实践，为开创全盟科技工作新局面而努力奋斗。

19—20 日　自治区副主席云布龙深入巴盟东升庙硫铁联矿、获各琦铜矿等厂矿企业调研，并与当地干部群众座谈，研究加快矿区开发问题。

4 月

1—3 日　全区商业零售企业转换经营机制研讨会在临河百货大楼会议室举行。会议要求全区商业系统广大干部职工要进一步解放思想，更新观念，认真探索商业企业转换经营机制改革的新路子，积极推进“国有民营”改革，尽快扭转商业企业亏损的局面。

15 日　《巴彦淖尔报》头版发表评论员文章《要把减轻农民负担当作一件大事切实抓出成效》，文章呼吁“我们的干部不要把向农民摊派当作壮大乡镇财源的手段”。

下旬　在四川成都召开的全国糖酒商品交易会上，河套酒厂进入首届中国糖酒企业全国 500 强，名列 135 位。

5 月

26 日至 6 月 1 日　中国航空科学技术公司专家到巴盟考察，与巴盟签订《中国航空工业科学技术公司与巴彦淖尔盟经济技术合作、协作协议》。

6 月

12 日　盟委书记张国民召集经贸、财政、工商、税务、金融等部门的负责同志座谈，分析当前巴盟城镇经济工作形势，探讨巴盟下一步城镇经济工作的意见和建议。

7 月

12—15 日　中共中央委员、卫生部部长陈敏章一行 8 人，在自治区政府副主席赵志宏和卫生厅领导的陪同下，到巴盟考察卫生工作，了解到卫生系统改革开放的具体情况及农村牧区的医疗现状。

18—19 日　交通部部长黄镇东到巴盟考察工作，自治区政府副主席沈淑济、自治区交通厅厅长郑长淮陪同，盟党政主要领导汇报了巴盟的工作，黄镇东部长对巴盟新建和改造 110 国道做出具体指示。

25 日　盟委书记张国民、副书记任亚平、行署副盟长李振国召集全盟重点企业的厂长、经理举行座谈，听取厂长、经理汇报，共同研究如何进一步加快全盟工业发展问题。

8月

1日　为期5天的磴口首届“华莱士节”胜利闭幕。“华莱士节”期间，在以瓜为媒、广交朋友、促进经贸、合作共荣为宗旨的思想指导下，经过产品展销，物资交流，经贸洽谈等活动，签订经贸和经济技术协议合作金额4100多万元。

11日　盟行署召开电话会议，部署在8月份开展《中华人民共和国农业法》和《中华人民共和国农业技术推广法》宣传月活动。行署副盟长贾文印讲话。

16—19日　本溪、吉林、齐齐哈尔、徐州、淄博、昆明、临河7城市统战工作会议在临河召开。会议主题是社会主义市场经济体制下的统战工作。

17—19日　新华社、人民日报社等8家新闻单位记者团到巴盟采访。记者团深入巴盟部分优秀企业和磴口、中旗、五原、临河等农牧区，掌握了大量的第一手资料。

22日　临河市内万门程控电话在0点时正式开通，标志着临河市电信通信跨入全国先进行列。

30日　临河有线电视开通，对丰富临河人民的精神文化生活，促进两个文明建设，起到积极的作用。

9月

9日　为庆祝第九个教师节，盟委、行署召开全盟尊师重教电话会议。行署盟长宝音德力格尔代表盟委行署讲话。

10日　由自治区党委宣传部、内蒙古《实践》杂志社及巴盟党委宣传部联合举行的“农民达小康模式”研讨会在临河召开。盟委书记张国民、自治区党委宣传部副部长于其德、《实践》杂志社总编辑宁宝才出席会议并讲话。

21日　巴盟师范学校隆重庆祝建校50周年。巴盟师范学校的前身是绥远省立陕坝师范，诞生于1943年，曾三迁校址，三更校名。

29日　以“加大改革力度，加快前进步伐，从理顺企业产权关系入手，通过落实企业自主权，加快政府职能转变和企业经营机制转换，创造出直接与市场经济对接的新的经营体制”为中心课题的全盟企业改革工作会议结束。张国民、宝音德力格尔发表重要讲话。

是月　巴盟聋哑学校在临河建成开学。

10月

29日　临河商品交易所成为西北地区首家规范化现货和期货市场，举行开业典礼。

11月

6日　盟委召开盟直副处以上和盟委机关副科以上党员干部大会，大会通报当前形势和全盟反腐败斗争的情况。会议要求全盟党员干部积极响应党中央决定立即掀起学习《邓小平文选》（第三卷）热潮。

8 日　自治区副主席赵志宏、卫生厅厅长魏力军、教育厅厅长韩荣久等一行在盟委书记张国民、行署副盟长朝路陪同下，深入杭锦后旗考察指导工作。

27—30 日　全盟农村牧区工作会议召开。会上强调，以建立健全社会化服务体系为重点，把农牧区经济引入市场经济轨道。

12 月

1 日　由盟委宣传部组织的《邓小平文选》（第三卷）临河地区首发式在盟新华书店门前隆重举行。盟委书记张国民、行署盟长宝音德力格尔为首发式剪彩。

是日　自治区交通厅厅长郑长淮一行结束对巴盟为期 4 天的检查指导。检查期间郑长淮一行深入巴盟前旗、五原、临河、杭锦后旗、磴口等地，认真了解公路建设和治理“三乱”情况。

9 日　盟行署发出“关于认真贯彻落实教师法，年底前彻底解决拖欠教师工资问题的紧急通知”。

10 日　三盛公黄河段决口，1306 户 6593 人遭受重灾，据民政部门统计，这次决口给磴口县造成直接经济损失 2500 多万元。

21—22 日　盟委宣传部、社科联联合举行座谈会，纪念毛泽东同志诞辰 100 周年。离休老干部、原巴盟行署副盟长叶青原向盟档案馆捐赠一批珍贵文献，以表达对毛泽东的敬仰缅怀之情。

30 日　临河地区万余名师生及有关人士在巴彦淖尔影剧院广场隆重集会，热烈庆祝《中华人民共和国教师法》颁布实施。

是年　盟委、行署作出《关于进一步放宽政策和加快发展个体和私营经济的决定》，要求各有关部门转变职能，强化对个体和私营经济的服务。

是年　新华社内蒙古信息社巴盟信息工作站成立。信息站根据需要，向全盟各行各业提供新华社内蒙古分社信息部掌握的政治、经济、文化、商品流通、市场供求等方面的信息，并提供信息咨询服务。

是年　盟委书记张国民提出今后一个时期全盟农村经济工作的总目标是“再造一个河套”。

是年　巴盟工业总产值突破 16 亿元。

是年　临河市曙光乡乡办企业深化改革，依靠优惠政策，全年产值达 10120 万元，成为巴盟第一个乡企总产值超亿元乡。人均收入达到 900 元，被誉为“巴盟腾飞的第一条龙”。

1994 年

1 月

1—3 日　盟委扩大会议在临河召开，盟委书记张国民作《统一思想认识，加大改革力度，促进全盟经济持续、快速、健康发展》的讲话。

4 日　巴盟治理乱收费领导小组通过《巴彦淖尔报》向社会公布第一批取消收费项目，涉及 9 个部分，共 51 项。

2 月

5 日　盟委、行署和驻军部队、武警官兵在巴彦淖尔军分区礼堂举行 1994 年军民迎春联谊晚会，盟委、行署、巴彦淖尔军分区的主要领导参加联谊晚会。

3 月

16 日　全盟政法工作会议召开。会议提出，加强领导，提高认识，认真做好社会政治稳定工作。

22—24 日　全盟企业改革暨城市工作汇报会议召开。行署副盟长李振国在会上指出，以现代企业制度为目标，加快经济发展步伐。

4 月

6—8 日　自治区党委书记王群在巴盟调查研究时强调，千方百计促进经济发展，不遗余力改善人民生活。

16—17 日　全盟宣传思想工作会议在临河召开。会议提出统一思想，振奋精神，把握大局，扎实工作，努力把新时期的宣传思想工作提高到新水平，新任盟委书记任亚平作重要讲话。

5 月

4 日　盟团委召开纪念五四运动 75 周年演讲大会，临河地区大中专院校、机关企事业单位、武警部队、巴彦淖尔军分区的部分团员和青年参加了大会，行署副盟长昝振英主持会议并讲话。

20 日　全区火箭增雨技术研讨会在临河召开，中国气象科学研究院人工影响天气所、自治区气象研究所及兴安盟、锡盟、乌盟、包头、伊盟、巴盟的 30 多名专家工作者出席会议。

26—28 日　盟委、行署召开全盟机构改革暨工资制度改革、社会养老保险改革工作会议。会议要求各级党政领导高度重视，各有关部门密切配合，全力完成三项改革任务。

6 月

7 日　全盟土地管理分局长会议召开。会议对如何依法管理土地资源、资产，坚持国有土地有偿使用问题提出具体要求。

20—21 日　自治区政府副主席沈淑济一行到巴盟考察工业生产情况。沈副主席一行先后到恒丰食品工业集团公司、临河天马纺织公司、临河第三毛纺厂、临河化肥厂、临河啤酒厂等企业考察了解生产经营情况。

30日　上午,盟委召开庆祝中国共产党成立73周年暨全盟党的建设先进集体、先进个人表彰大会。任亚平书记讲话。

7月

16—19日　自治区党委书记王群到巴盟检查指导工作。王群书记先后深入前旗大佘太镇、中旗德岭山和石兰计乡、临河干召庙和八一乡等地,访谈到户,深入基层了解实情。

21日　盟委召开全盟农村牧区社会治安综合治理工作会议,会议强调要动员各方力量,开展集中整治农牧区社会治安专项斗争。

15日　临河啤酒厂生产的"金川"牌啤酒在国家科委、中国国际科学中心组织的首届中国医药保健科技精品博览会上荣获金奖。中宣部副部长刘云山、自治区政府副主席赵志宏、人大常委会副主任伊钧华题词祝贺。

下旬　全盟职业教育研讨会在临河召开。

30—31日　在自治区政府副主席周维德、民政厅厅长任凤祥陪同下,民政部部长多吉才让到巴盟考察工作,对巴盟民政工作提出具体要求,盟委书记任亚平表示要动员全盟各界配合支持民政工作,使巴盟民政工作跃上新的高度。

8月

6日　上午,盟委、行署召开全盟抗灾救灾紧急电话会议。会议要求全盟上下,紧急动员,全力以赴,打一场抗灾救灾的人民战争,力争重灾之年夺丰收。

11日　全区第十届"健康杯"老年网球赛在盟委礼堂举行隆重开幕式,行署副盟长昝振英主持开幕式,盟委书记任亚平致开幕词。

21日　中国少数民族新闻研究会第六次年会在巴盟开幕,来自全国14个省市自治区的38个地区报社,14个民族的50多个会员资格单位参加了会议,是巴盟承办的第一个全国性新闻会议。

22日　自治区精神文明建设委员会正式批准临河市为自治区级文明城市。

25日　陕坝商品交易会在奋斗中学体育场隆重开幕,自治区和盟党政军、人大、政协领导出席祝贺。

9月

8日　上午,庆祝临河市建市10周年大会在巴彦淖尔影剧院广场隆重举行。临河市万余名各族群众和数百名嘉宾参加了庆祝大会,市委书记赵胜利致辞,盟委书记任亚平在大会上讲了话。

10日　临河巴彦淖尔影剧院隆重举行庆祝全盟第十个教师节暨教育系统表彰大会。

来自全盟各地的48名劳模、157名优秀教师、49名先进教育工作者、20个尊师重教先进集体代表和各旗县市教育系统以及全盟大中专院校和盟直中小学校师生共计1500余人参加大会。

10月

8日　盟委召集党政军政协六大班子中心组领导开会，座谈学习中共十四届四中全会文件精神。盟委书记任亚平主持会议。学习《中共中央关于加强党的建设几个重大问题的决定》，传达自治区党委书记刘明祖在区党委传达四中全会精神会议上的讲话。

18日　盟行署在巴盟体校举行隆重表彰大会，表彰奖励巴盟在全区第八届运动会上取得优异成绩的运动员和教练员及全体有功人员。在今年的“八运会”上，巴盟运动员田径总分以396分的优异成绩夺得该项目全区总分第一名，这是巴盟参加全区历届全运会及其他综合性运动取得的最好成绩。

11月

2日　自治区政府副书记王占及自治区政府办公厅、计委、经贸委、煤炭工业局、公安厅等部门的负责人结束了对巴盟为期三天的调研。在盟委书记任亚平、行署盟长宝音德力格尔陪同下，王占一行重点对巴盟部分知名企业进行调研，对巴盟的经济工作做出重要指示。

4日　盟委、行署、盟农牧区工作领导小组和盟党校联合举办的全盟乡镇、苏木党委书记培训班，在巴盟党校举行开学典礼。

12月

2—3日　全盟人大工作会议暨内蒙古自治区人大常委会巴盟工作委员会第一次会议召开。会议宣布自治区人大常务委员会关于设立巴盟工作委员会及其组成人员的任命决定，宣读盟人大工作委员会工作条例，举行挂牌揭幕仪式。

是年　全盟行政机关事业单位技术工人技术等级培训全面展开，培训于9月底结束，10月起技术工人按新的技术等级套改工资。

是年　为了表彰巴彦淖尔盟盟委、行署尊重科学的行动，中国科学技术协会授予巴盟尊重优秀建议伯乐奖，并颁发奖牌和证书，巴盟成为全国三家伯乐奖得主之一。

1995年

1月

16—18日　内蒙古自治区主席乌力吉、副主席包文发率领政府办公厅、商业厅、物价局、体改委负责人，到巴盟进行粮食生产、储备、加工、流通等问题的专项调查。

20日　下午，盟委、行署和巴彦淖尔军分区在临河召开全盟边防工作总结表彰暨慰问边防部队大会。盟委书记任亚平等主要领导出席会议,行署副盟长朝路、军分区司令员孟廷讲话。

2 月

25 日 盟委召开社会主义市场经济理论大学习、大讨论动员会。会议主题是思路决定出路,观念决定办法。

3 月

5 日 由盟团委组织的青年志愿者协会成立大会暨为青年志愿者服务队授旗仪式在盟影剧院广场举行。盟党政军领导出席并为 17 个志愿者服务队授旗。

13 日 9 时 58 分 23.2 秒,巴盟磴口县(东经 106°58′,北纬 40°25′)发生 ML4.8 级地震,10 时 57 分 15 秒杭锦后旗二道桥乡和乌兰乡交界处(东经 107°10’,北纬 40°45’)发生 ML4.7 级地震。

14—16 日 全盟工交经济工作会议召开。各旗县市分管旗县市长、经贸委主任、盟直各单位领导、银行、电业、邮电、交通和各企业厂长、经理参加会议。

4 月

3 日 自治区政府副主席张廷武带领自治区农业厅、水利厅、政府办及财政、计委、农行、农资公司的负责人,深入巴盟农家村社、田间地头实地考察春耕生产及农业综合开发等情况。

6 日 京呼银兰光缆通信工程内蒙古段开工典礼仪式在巴盟隆重举行。自治区党政军政协领导和施工部队负责人出席庆典仪式并讲话。

20 日 盟直和市直 90 多个机关、单位、部队的 4000 多人分别在八一乡和马道桥乡两个植树基地参加了义务植树活动。

23—28 日 自治区党委书记刘明祖带领自治区党委常委、秘书长韩茂华,农业厅厅长傅守正,畜牧厅厅长于铁夫,水利厅厅长云峰,乡企局局长吴凤德等领导到巴盟考察工作。

5 月

9—11 日 全盟召开乡镇企业工作会议,总结交流典型经验,研究探讨发展思路。自治区乡企局副局长陈毅民参加会议并讲话。盟委书记任亚平、行署盟长分别在会上讲话。

18 日 巴盟粮油集团总公司宣告成立,是巴盟深化粮油流通体制改革的重要举措,盟领导任亚平、自治区商务厅厅长高延青出席大会并为该公司挂牌剪彩。

25 日 盟市两级检察机关联合举行新闻发布会,就 1992 年以来全盟检察机关惩治腐败、打击经济犯罪和法纪犯罪的情况进行通报。

6 月

1 日 盟直机关机构改革后的新机构正式开始运行,盟委、行署将盟直党政机构由原有的 54 个机构精减为 35 个,精减幅度为 35.2%。

7月

7日　由盟委行署和五原县政府合拍的12集电视连续剧《五原烽火》在巴盟抗日战争战场之一的乌不浪口开拍，并举行开机仪式和新闻发布会，以纪念中国人民抗日战争胜利50周年。

31日　盟委、行署与临河市委、政府联合召开纪念中国人民解放军建军68周年暨抗日战争胜利50周年座谈会，10名老红军、老八路、临河地区驻军单位领导和为巴盟政治、经济建设做出过重大贡献的老干部、老领导及盟市两级双拥领导小组成员单位的领导应邀参加会议。

8月

9日　中国农村社会学研究会、《中国农民》杂志社、自治区农业厅和临河市人民政府共同举办的全国当代农民问题理论研讨会在临河举行。这次理论研讨会主要研究探讨新时期农民问题的实质及其特征，中国农民在社会现代化过程中的地位和作用。

9月

3日　自治区党委常委、宣传部部长周德海结束了对巴盟开展社会主义市场经济理论大学习、大讨论的情况进行为期4天的考察。

8日　巴盟获全国和自治区优秀教师称号的教师，巴盟人民教育基金会全体理事成员及人民教育基金会第一届优秀教师，盟直学校部分教师、学生，举行庆祝第十一个教师节暨巴盟人民教育基金会成立大会。行署副盟长昝振英代表盟委、行署向全盟广大教育工作者表示节日祝贺和亲切问候！

18—20日　自治区党委、政府委派以那德木德一行4人组成的反腐督查组对巴盟的反腐败工作进行督查。督查的主要工作包括领导干部廉洁自律工作、查处大案要案工作、纠风专项治理工作。

19—22日　自治区教育厅副厅长、内蒙古政协常委、教育文化委员会副主席刘国仁，率领评估验收团一行18人，对临河市实施九年义务教育和扫除青壮年文盲工作（即“两基”），进行全面细致的评估验收。经过评估后，临河市被认定为“两基”双达标的合格市。

25日　内蒙古河套大学建校十周年庆祝大会隆重举行，来自全国各地的校友及各界人士共1000多人参加大会。

10月

24—26日　自治区政府副主席王凤岐一行深入巴盟前旗、五原、临河、杭锦后旗30多家乡镇企业调查研究，指导工作。听取了巴盟乡镇企业经济协作工作情况汇报后，作重要讲话。

31日　为了保护菜农的种菜积极性，减少菜农损失，盟委、行署召开紧急会议，动员盟直单位干部职工购买爱民菜，以实际行动支援农业生产。

11 月

7 日　召开全盟税收、财务、物价大检查电话会议,盟委副书记、行署副盟长李树民对专项清查“小金库”取得的明显成效予以肯定,安排部署下一阶段检查工作。

18 日　盟委团委、宣传部、人劳局、教育局、报社、广播电视局等举办首届巴彦淖尔青年心中的五个“十佳”活动(即十佳名优产品、十佳信得过商场、十佳国营青年企业家、十佳民营企业家和十佳大中专学生)评选表彰颁奖大会在盟影剧院隆重举行。

23 日　自治区第一所土地管理干部培训学校落成典礼仪式在临河隆重举行,首期乡镇土地管理员培训班同时开学。

28 日　内蒙古自治区党委常委,内蒙古军区司令员彭翠峰,在盟委副书记李秀、巴盟军分区司令员孟廷陪同下,考察临河友谊乡二万圪坦段黄河险情。

12 月

3 日　自治区人大常委会副主任伊钧华,全国人大委员、《人民日报》副总编张云声带领的检查团到巴盟考察。就巴盟 1995 年国民经济和社会发展计划、财政预算的执行情况,1996 年国民经济计划、社会发展的安排意见及农业生产和对农业法的贯彻执行情况作了深入细致的调研。

12 日　盟委、行署公布《关于依靠科技进步,振兴巴盟经济的决定》。

13—15 日　全盟科学技术大会召开,盟六大班子主要领导出席会议,自治区政府副主席张廷武、自治区科委主任刘学敏参加会议并作讲话。

14 日　由中纪委委员赵宗鼐为组长的落实“两不准”(不准接受可能对公正执行公务有影响的宴请,不准参加用公款支付的营业性歌厅、舞厅、夜总会等娱乐活动)规定专项检查组一行 5 人到巴盟检查指导工作。中央专项检查组对巴盟的经济建设及“两不准”工作表示肯定。

26—28 日　全盟城镇经济发展战略研讨会召开。全盟各旗县市、盟直有关单位、农管系统和盟直部分企业的有关领导,理论工作者和经济界人士 130 人参加研讨会。

27 日　中共巴盟委员会、巴盟行政行署、巴彦淖尔军分区作出《关于开展向段永胜同志学习活动的决定》。段永胜是杭锦后旗三道桥镇永跃六社社员,生前任村民兵连长。1995 年 11 月 26 日下午因抢救村落水儿童英勇献身,年仅 38 岁。

是年　首批内蒙古名牌产品诞生,巴盟临河恒丰集团生产的河套牌雪花粉、河套酒厂生产的河套老窖、临河啤酒厂生产的金川牌矿泉保健啤酒、五原昭君绒毛制品有限责任公司生产的昭君牌防蛀储香健康驼绒被榜上有名。

是年　巴盟制定一系列优惠政策,鼓励各类人才从事企业工作。

1996 年

1 月

10 日　巴盟老干部活动中心暨河港文化娱乐城剪彩仪式隆重举行。

16 日　内蒙古巴彦淖尔盟黄河文化经济发展研究会成立。研究会的成立对于加快巴盟的改革及资源开发,促进黄河流域的经济、文化和社会进步,增强各民族团结,保持民族地区的社会稳定,具有重要的促进作用。

19—20 日　全盟农牧业工作会议召开,围绕盟委扩大会议提出的总体思路和奋斗目标,认真总结 1995 年巴盟农牧业工作,全面安排部署 1996 年工作。

4 月

3 日　临河城区创建星级文明城市暨“爱国卫生月”活动动员大会在盟影剧院举行。盟委副书记胡毅峰作重要讲话,临河市委副书记魏培作《以张家港为榜样,自加压力敢争先,努力把文明城市建设提高到一个新水平》的报告。

18 日　由盟委、行署组织的盟、旗县市和盟直经济综合部门主要领导赴沿海地区学习考察活动圆满完成各项考察任务,返回巴盟。考察历时 28 天,行程近万公里。考察的目的是转变认识,更新观念,宣传巴盟,推销自己,招商引资,多项合作。

30 日　盟工会召开部分企业劳动模范、厂长、经理、工会主席庆祝“五一”国际劳动节联谊座谈会。

5 月

3 日　据自治区地震台测定,11 时 33 分 45 秒在巴盟乌拉特前旗、包头市昆区、固阳县交界地区(北纬 40°45′,东经 109°43′)发生 6.4 级强烈地震,震源深度为 20.5 千米,造成了严重地震灾害。

6 日　根据自治区统一部署,巴盟公安机关于当晚 23 时至 5 月 8 日 23 时,在全盟范围内开展了为期三天的严打第一次集中搜捕统一行动,全员出动,全面出击。

9 日　自治区副主席王凤岐和民政部专员贺同兴,在盟旗两级领导陪同下,深入巴盟重灾区前旗沙德格苏木、朝阳乡、黑柳子乡实地察看震灾情况,并做出重要指示。

28—30 日　全盟首届红领巾艺术节暨少儿技能大赛在临河举行。

6 月

15 日　自治区副主席周维德、自治区人大常委会副主任刘珍到巴盟为解决环境突出问题召开现场办公会,对巴盟乱上小造纸厂和无组织采金选金所造成的资源破坏和严重的环境污染问题进行全面了解并做出重要指示。

18 日　在全区召开的首次维护社会治安见义勇为积极分子表彰大会上,自治区维护社会治安见义勇为基金会副会长、政府副主席王凤岐宣读了获奖者名单，介绍了巴盟临河市八岱乡棋盘一社社员、共青团员、基干民兵，在与犯罪分子搏斗中英勇牺牲的林文成为一等奖获得者。

27 日　全盟庆祝中国共产党成立 75 周年暨党建先进集体、优秀个人表彰大会在盟委小礼堂隆重举行。盟党政军、人大、政协主要领导出席会议。

7 月

5 日　盟委、行署在临河市乌兰图克乡召开全盟加强计划生育基层基础工作现场会，盟委行署主要领导、各旗县市主要领导和分管领导、计生局长及有关部门负责人参加了会议。

13 日　全盟农田草原基本建设大会战动员大会在五原隆重召开。会议要求，全党动员，全民动手，组织发动广大干部群众，在全盟掀起一个大搞农田草原基本建设的新高潮。中共巴盟委员会、巴盟行署发出《关于开展农田草原基本建设大会战的动员会》。

14—16 日　中央党校学员一行到巴盟参观考察，考察小组深入巴盟农牧区和工厂实地参观考察了巴盟工农牧业发展情况。

15—19 日　自治区政府副主席沈淑济到巴盟检查指导企业学邯钢抓管理工作。在深入企业调查研究的基础上，沈淑济组织召开全盟 26 家国有重点骨干企业的厂长经理座谈会，要求巴盟企业进一步抓好对邯钢经验的学习落实，为全区企业学邯钢做出示范。

26—28 日　山东潍坊市政府考察访问团到巴盟考察访问。经过两地党政领导和有关部门协商，巴盟 7 个旗县市和农管局与潍坊市对应区市结成友好市区。

8 月

10 日　香港新闻记者组团到巴盟采访，采访活动是为庆祝自治区成立 50 周年，加大外宣力度，进一步搞好改革开放而进行的。11 日，盟委书记任亚平向香港记者们介绍全盟社会经济、人民生活等方面的情况，并回答记者的提问。

26 日　盟领导任亚平、邬宝恒等率盟直机关、单位 7000 余名干部职工到杭锦后旗南渠乡沙海、南园境内的项目区参加农田水利基本建设大会战。

28—30 日　陕、甘、宁、蒙 4 省区毗邻地区工商行政管理协作会议在临河召开。4 省区 11 个地区、盟市，10 个旗县市工商行政管理局的代表参加会议。

9 月

6 日　磴口糖厂正式兼并陕坝糖厂。

7 日　全国人大常委会副委员长程思远率领全国人大教育法执法检查组在自治区人大常委会副主任于兴隆的陪同下赴巴盟，进行为期 4 天的执法检查。程思远对巴盟拖欠教师工资问题和一些工作失误而出现的问题表示关注。

17 日　全盟各民族代表座谈会在盟委小礼堂举行。会议主题是加强各民族大团结，实现共同繁荣进步，盟党政军领导李树明、胡毅峰、赵志达、杨茂林等参加座谈会。

10 月

4 日　全盟召开组织工作会议，会议的中心议题是：学好一篇讲话（江泽民在纪念"七一"座谈会上的讲话）、用好一个条例（《党的领导干部选拔作用工作条例》），结合巴盟实际，解决组织建设中存在的问题。

11 日　盟委、行署召开副处以上干部大会，传达中央扶贫工作会议精神，部署全盟扶贫攻坚任务，动员行政事业单位分流人员创办经济实体。

18 日　盟委召开纪念红军长征胜利六十周年报告会，老红军战士叶青元向参加会议的盟直行政、群团、各大企事业单位、大中专院校副处级以上干部讲述当年红军战士在长征中爬雪山过草地的艰难经历。

28 日　上午，巴盟公开选拔盟直部分单位副处级领导干部演讲答辩在临河举行，经过笔试合格选上来的 24 人参加答辩。

11 月

11—14 日　自治区党委书记刘明祖率自治区农业厅、财政厅、水利厅、扶贫办的负责人前往巴盟乌前旗、乌中旗、乌后旗和磴口县的 5 个工矿企业、3 个牧区苏木和乌兰布和沙漠的 2 个农场，了解巴盟工农牧业生产运行、扶贫脱贫和综合开发情况。

21 日　盟委召开盟六大班子领导座谈会，审议盟委扩大会议工作报告和关于加强社会主义精神文明建设实施意见稿。

22 日　临河市"严打"统一行动副总指挥，公安局党委书记、局长郝成龙，在指挥全市冬季严打清扫行动中，突遭歹徒报复行凶，在与歹徒英勇搏斗中壮烈牺牲。公安部、自治区公安厅分别发来唁电，表示沉痛哀悼，临河市委、市政府为他申报革命烈士。

30 日　郝成龙烈士追悼大会在临河殡仪馆隆重举行。

12 月

11 日　巴盟前旗物价局被评为全国工商系统先进集体，白音花工商所所长陈俊被评为全国工商系统先进工作者。陈俊代表前旗物价工商局出席在北京召开的表彰会，受到李鹏等国家领导人的亲切接见。

15 日　中国农业发展银行巴盟支行成立，盟党政和自治区农发行领导出席成立大会致贺。

16—21 日　盟委书记任亚平带领有关部门主要领导，深入临河、五原、杭锦后旗、前旗、磴口等 18 家工业企业和乡镇企业，调查了解生产、销售及企业效益情况，现场帮助企业解决生产和销售中存在的实际困难，为企业排忧解难。

是年　经国家经贸委、计委、统计局、财政部、劳动部、人事部六部委批准,内蒙古河套酒厂被评为国家大型企业。

是年　临河市粮食单产首次突破千斤大关,达到531千克,总产量比上年增长14.1%。

是年　巴盟临河、前旗财政收入突破亿元。临河市12454万元,比上年增加33.99%,前旗达到10035万元,比上年增长28.8%。为巴盟“九五”经济腾飞开了好头。

1997年

1月

9日　全盟经济工作会议在临河召开,会议确定“以农牧业为本,工业立盟,产业化推进”的经济发展新思路。

9—11日　自治区党委副书记乌云其木格、政府副主席宋志民带领自治区民政厅、农业厅及总工会的领导,到巴盟临河、杭锦后旗、前旗等地慰问贫困企业和贫困户。

17日　自治区政府副主席包文发带领自治区有关部门和五大联检的负责人专程到乌拉特中旗,就甘其毛道口岸开关以来,在运行中出现的新情况、新问题进行调查了解,并召开现场办公会,对能够解决的问题,现场决定,协调解决。

2月

24日　自治区党委组织部副部长、考核办主任王伟任组长的赴盟市考核第四组一行12人,开始对巴盟领导班子和领导成员进行1996年度工作实绩考核。这次考核采取集体总结、个人述职、民主测评和推荐年轻干部等方式进行。

28日　全盟发展个体私营经济总结表彰大会在临河召开。会议表彰奖励了1996年度全盟“超百万元纳税大户——维信羊绒实业有限公司”等10个“十佳明星私营企业”,王永华等100个“百佳”文明个体户和在扶持发展个体私营经济中做出突出贡献的先进旗县市、先进乡镇、先进部门、先进工作者。

3月

6日　全盟工业经济暨体改工作会议召开,会议全面分析巴盟工业经济和体改工作面临的形势,总结1996年工作,表彰奖励工业经济和体改工作成绩突出的地区、单位和个人,安排部署1997年工业经济和体改工作。

10—11日　自治区政府副主席张廷武带领农业厅、财政厅、计委、畜牧厅、银行、水利、生资公司等有关涉农单位负责人,深入巴盟部分旗县市检查春耕生产和防凌防汛、农业开发工作,并现场解决春耕生产中存在的困难和问题。

13日　全盟宣传思想工作会议召开。盟委书记任亚平在充分肯定1996年宣传思想工作的基础上,要求1997年宣传思想工作首先要突出主旋律,抓好重头戏。

4 月

13—15 日　自治区党委书记刘明祖对巴盟企业改革工作和农村工作进行检查指导。刘明祖评价巴盟企业改革工作力度大、效果好，走在全自治区的前列，为自治区企业改革开了个好头。

24 日　全盟“党员三结合致富链”现场会在临河市乌兰图克乡召开。任亚平、郄宝恒等党政领导参加会议，自治区党委宣传部副部长宁宝才和自治区党委组织部有关负责人出席会议，并对乌兰图克乡开展的“党员三结合致富链”活动给予充分肯定和高度评价。

29 日　全盟文学艺术界联合会第五次、新闻工作者协会第二次、哲学社会科学界联合会第三次代表大会在临河召开。盟委委员、宣传部部长赵志达主持大会，盟委书记任亚平出席会议并致祝贺词。

5 月

10—15 日　全国政协副主席钱正英率全国政协国有大中型水利灌区调查组在巴盟考察，钱正英指出河套灌区在内蒙古具有举足轻重的位置，在全国也是非常重要的农业基地，具有很大潜力，河套灌区一定能够建成“两高一优”农业综合开发基地，成为优质高产高效低耗的节水型农业示范区。

15 日　盟委、盟行署领导、盟直各单位的党员和领导干部及临河市六大班子领导成员和副科以上干部共 1 万多人聚集在盟影剧院广场，开展学习贯彻廉政准则和条例、做人民公仆签名活动。

6 月

18 日　临河市医院肿瘤放化疗中心成立暨直线加速器投入使用。临河医院肿瘤放化疗中心的成立暨医用电子加速器的投入使用，填补了自治区西部区高科技医治肿瘤的空白。

7 月

22 日　以邹家华为团长的中央代表团，圆满结束自治区 50 周年庆祝活动后，专程到临河考察工作，受到临河市各族人民的热烈欢迎。中央代表团全体成员及自治区党委书记刘明祖到黄灌总局和巴盟蒙古族中学、长胜乡长胜四社考察，并亲切接见水利和农牧业方面的专家、科研人员。

29 日　中午 1 时左右，临河市九个乡镇遭受冰雹和大风袭击，为巴盟近几十年来所罕见。盟委行署高度关注，行署盟长第一时间赶赴现场考察灾情，安抚受灾群众。

8 月

8 日　乌梁素海旅游度假村举行隆重的开业庆典剪彩仪式，自治区人民政府、自治区政府办公厅、旅游局、计委、财经学院、呼市、包头、哲盟、乌盟有关领导及巴盟党政领导郄宝恒等和各族各界群众 400 多人出席开业庆典剪彩仪式。

30日　全区最大的农田水利项目,河套灌区配套工程通过总体竣工验收。自治区副主席张廷武、水利部副部长严克强参加竣工验收。

9月

10日　巴盟国际公共关系协会在临河成立,会长由尚金城担任。协会是民间性外向型社会团体,其宗旨是推进巴盟公共事业在海内外的发展,联络海内外国际公共关系组织和各国相应的组织、人士,增进相互了解和发展友好合作,为巴盟引进人才、技术、资金和推销原料、产品牵线搭桥。

是日　奋斗中学举行建校55周年庆典。盟领导郄宝恒参加庆典。高4班校友、河北省副省长郭世昌专程回校参加校庆。为校庆发来贺信贺电的有:程思远、费孝通、田聪明、李贵、刘贵谦等。

23日　全盟传达贯彻中共十五大精神电话会议召开。会议强调,认真及时地组织好广大干部群众,深入学习和准确把握十五大会议精神,用十五大精神武装干部群众思想,指导我盟经济建设和社会发展是当前各级党组织的一项紧迫而重大的政治任务。

28日　巴彦淖尔盟行政行署驻北京联络处开业庆典在北京隆重举行。参加开业庆典活动的领导有布赫、刘云山、张丁华、田聪明、文精、郭世昌、刘珍、李贵、云世英等。

10月

8日　内蒙古河套酒业集团股份有限公司隆重举行成立大会。自治区政协副主席夏日,盟党政领导郄宝恒、胡毅峰等到会祝贺。

14—15日　盟委、行署召开全盟城镇经济形势分析暨企业改革再就业工作会议。盟党政主要领导出席会议。

22—23日　自治区人大常委会副主任刘珍、自治区人民政府巡视员安扶,以及自治区建设厅、环保局、土地局等部门负责人一行8人,到巴盟检查指导工作。检查组察看了巴盟部分乡镇的小康村规划,农业综合开发区、集镇建设情况和二排干、总排干清淤工程,二排干扬水站,总排干光林一级扬水站担水排泄情况,五川(五原—川井)公路的施工情况。

11月

5—7日　全区农村牧区精神文明建设座谈会在临河召开。自治区文明办及12个盟市的相关领导和代表参加了大会。会议期间代表们还到临河干召庙乡永丰五社、城关乡治丰五社、乌兰图克乡参观学习。

6日　盟领导郄宝恒、贺永华、朝路带领盟电业局、民政局、财政局、黄灌局、扶贫办、开发办、民族事务局在前旗金星乡召开扶贫现场办公会,为金星乡特别是金星乡牧民聚集居住的巴音村的脱贫致富寻找办法。

17日　巴盟国防动员委员会召开第一次全体会议,国防动员委员会全体成员及主任委员参加会议，盟委书记邬宝恒、军分区司令员孟廷分别在会上讲话。

23 日　由《中国环境报》《内蒙古日报》、内蒙古广播电台、内蒙古电视台组成的中华环保世纪行记者团到巴盟采访，记者团先后采访杭锦后旗南小召乡、临河干召庙镇、隆胜乡等乡镇、村社的农业综合开发区、小康村规划建设、蔬菜大棚、温棚生产等情况。

12 月

18 日　维信集团公司捐资帮助兴建的临河一中科技楼落成揭牌仪式隆重举行。

9—11 日　中共巴盟委员会扩大会议召开，会议深入学习中共十五大和自治区党委扩大会议精神，集中研究围绕建立社会主义市场经济体制，进一步解放思想，统一认识，抓住机遇，加大改革力度，促进全盟经济再上新台阶。

27—28 日　自治区纪检书记、工会主席尤仁，政府副主席沈淑济，民政厅副厅长达喜道尔吉等有关部门领导组成的自治区党委、政府慰问团，深入巴盟磴口、杭锦后旗慰问困难企业、困难户、地震灾区，并察看临河市蔬菜大棚和村镇建设。

28 日　内蒙古华章纸业集团正式成立并举行隆重庆典。自治区政府副主席沈淑济、自治区轻工业厅副厅长卢满仓及盟委行署领导等出席庆典致贺。华章纸业集团是自治区最大的造纸集团，国有资本占注册资本总额的 53.3％。

1998 年

1 月

6 日　巴盟出席内蒙古自治区九届人大第一次会议的 20 名代表，离开巴盟赴呼和浩特参加自治区人代会。

8 日　全盟扶贫工作研讨会在乌拉特前旗召开。中共巴盟盟委副书记胡毅峰、行署副盟长贾文印以及各旗、县、市分管扶贫工作的领导参加会议。全盟尚有 1123 户 4690 口贫困人口没有解决温饱问题。已经脱贫的有待巩固和提高，防止返贫现象。

18 日　全盟人事劳动暨再就业、统一企业职工基本养老保险制度工作会议在临河召开。截至 1997 年底，巴盟尚有 8000 多名企业下岗职工需要再就业。

19 日　盟委召集全盟骨干企业厂长、经理和银行、盟经贸委、体改办、宣传部、法院等单位，畅谈企业改革，共谋发展之路。

20 日　乌拉特中旗温更煤矿在拍卖会上被内部职工集体买断，经营了近 40 年的国营矿山企业，成为民营企业。这是巴盟首次拍卖的最大国有企业。

26 日　内蒙古河套农业种业集团总公司挂牌成立。内蒙古自治区政府副主席傅守正代表自治区政府发来贺电。行署副盟长、集团总公司名誉董事长贾文印，行署副盟长韩钢，以及盟人大工委、政协领导，自治区农业厅，农业部全国农技服务中心，中国农科院育种栽培研究所等有关负责人出席庆典祝贺。集团总公司由盟种子公司牵头，与7个旗县市种子公司、盟农研所、甜菜研究所、盟多种经营站组成。

26—27日　巴盟第九届全国人大代表赴北京，参加在北京召开的第九届全国人民代表大会。

是月　巴盟广播电视局高级工程师冯锦的科研成果“广播电视设备强放管工作状态的艾玛克设计、计算方法”，被科学技术文献出版社授予著作证书。

是月　巴盟累计实施光彩事业项目达到29个，投资总额为14541.84万元。参与光彩事业活动的非公有制经济人士近百人。全盟已有数百名非公有制经济人士积极投身于各项社会公益事业中，并为“希望工程”、抗灾抢险等公益事业捐赠款物达1000万元。

2月

4日　北大经济学教授于鸿君应盟委、行署的邀请，为盟直有关部门和经济界领导专题讲授国有企业改革。盟委、行署主要领导及盟直经济主管部门和企业界领导120多人聆听了专题讲授。

17日　中共内蒙古自治区委员会给中共巴彦淖尔盟委员会和巴彦淖尔盟行政行署发来贺电。贺电称：在实行两个转变、实现两个提高、完成两大历史性任务的进程中，巴盟提前整体解决温饱，到1997年底，巴盟1个自治区级贫困旗、7个重点贫困苏木乡全部达到整体解决温饱的验收标准。

19日　中组部组织局到巴盟检查指导基层党组织建设工作。对巴盟“党员三结合致富链”活动给予充分肯定。

25日　盟委书记邬宝恒在临河市个体、私营经济工作会议上指出，个体、私营经济已成为巴盟经济发展的重要增长点。

是月　磴口县被中国特产经济开发办公室命名为“中国华莱士蜜瓜之乡”。

3月

2日　自治区政府副主席傅守正对巴盟进行为期五天的工作检查结束。傅守正一行重点检查了巴盟防凌、春耕、黄河险工段治理工程。

4—5日　盟委、巴盟行署召开紧急会议，强调确保甜菜种植面积的落实。临河、陕坝、磴口、五原、中滩糖厂参加会议。

6—7日　内蒙古自治区水利厅厅长云峰在巴盟考察水情。由于去年黄河封河水位高，河床淤积严重，巴盟境内黄河开河水位已达到海拔1054米，出现30年来最高值。磴口县境内堤外河滩全部被淹，4个村进水，500多人受灾。

13—14日　全盟纪检监察工作会议召开。各旗县市分管领导、纪检局局长及盟直副处级以上领导参加了会议。按照规定全盟清理出违纪小汽车139辆，查出配备移动电话

571部，对公款大吃大喝问题进行自查自纠和重点检查。

19日　全盟水利工作会议在临河结束。中共巴盟盟委副书记胡毅峰、巴盟行署副盟长贾文印、郭宇出席会议。内蒙古河灌总局局长、巴盟行署副盟长韩钢在工作报告中指出1998年水利工作以排水工程建设为重点，大搞农田水利基本建设，疏通二排干和30条支沟，狠抓节水灌溉和防汛抗洪工作，强化水利管理，增加效益。

21—25日　内蒙古自治区人大常委会副主任王秀梅在巴盟检查"科教兴区战略"实施情况。盟人大工委副主任孟和吉德，行署副盟长昝振英、郭宇陪同。调研组视察巴盟3所职业中专、中学，两家种养专业户，3个民间生产协会，16处种养业科技综合开发、示范基地。

27日　全盟殡葬改革专项治理电话会议召开，会议强调，反对封建迷信，制止乱埋乱葬，促进殡葬事业健康发展。

4月

1日　盟委、行署工作人员正式挂胸牌上岗。挂牌上岗对内可增强约束力，对外可增加监督的透明度。同日，盟直机关党委、监察局、黄灌总局也开始统一挂牌上岗。

4日　中国农业大学副校长、党委副书记李里特博士及该校食品学院副院长薛文通博士、水利和土木工程学院副院长杨培明博士、车辆工程学院副院长鄂卓葳博士一行受盟委、巴盟行署邀请，到巴盟考察食品工业。

6日　总投资1257万元的临河—新华110千伏输变电工程启动运行。输电工程向西送电至杭锦后旗、磴口县、乌拉特后旗，向东送至五原县、乌拉特中旗，形成了以新华镇为中心的电网，对6旗县市经济发展和群众生活具有重要意义。

6—7日　内蒙古自治区党委副书记乌云其木格、党委副秘书长吴永刚，在盟委书记邬宝恒、盟委秘书长贺永华的陪同下，深入乌拉特前旗、临河市检查指导经济运行情况和农村工作。

7日　政协巴盟九届委员会第十八次常委会通过《关于召开政协巴盟九届委员会第五次会议的决定》，增补李树明、郭秀峰、徐世杰、刘永祥为政协巴盟九届委员会委员。

8—10日　政协巴盟九届委员会第五次会议在盟政协礼堂开幕。应到代表186人，实到145人。会议补选李树明为政协巴盟九届委员会主席，郭秀峰、徐世杰为副主席，苏木雅为秘书长。

13日　巴盟行署发出通知，将河套灌区农业水费价格由上年的每立方米23厘（斗渠口量水）上调为33厘。

17日　巴盟、临河市两级机关万名干部参加临河市新丰乡农田水利大会战。

22日　内蒙古自治区组织部宣布了自治区党委、政府的任免决定。决定任命盟委副书记胡毅峰任行署盟长;任命行署副盟长韩钢为盟委委员。

24 日　全盟安全生产工作会议在临河召开,行署副盟长王晓成出席会议并讲话。

5 月

1 日　恒丰、兆丰两公司合并组成内蒙古恒丰食品工业(集团)股份有限公司。

5 日　河套灌区总排干上游 31 千米扩建工程通过内蒙古自治区水利部门主持的验收。工程 1996 年 7 月开工,1997 年 7 月竣工并进入试运行。总投资 2270 万元。工程位于杭锦后旗和乌拉特后旗境内,流经呼和温都尔、大树湾、沙海、四支 4 个乡镇。

9 日　盟委、行署在北京大观园酒店会议中心隆重举行 1998 年在京乡友经济发展座谈联谊会。盟党政领导邬宝恒、孙国、莫日根、韩钢、吐嘎,以及各旗县市和盟直有关部门负责人参加座谈会。中宣部副部长刘云山、广电总局局长田聪明、财政部副部长李延龄、国家新闻出版署副署长梁衡、自治区党委宣传部部长张国民,以及曾在巴盟生活或工作过的在京乡友 50 多人应邀参加。

5 月上旬　内蒙古自治区司法厅厅长刘守禾与盟领导胡毅峰、孙国、邓秀英以及盟检察院检察长菅旺芝等视察巴盟先锋、新华、四分滩 3 所监狱。

11 日　盟党政领导在北京昌平和通州参观中国绿色食品总公司。同日,巴盟与中国农业大学科技合作签字仪式在中国农业大学举行。巴盟聘李里特教授为经济顾问。

12 日　行署盟长胡毅峰在临河考察下岗职工再就业工程。

15 日　自治区党委常委、组织部部长冯秦一行到巴盟调研干部实绩考核工作。

17 日　盟领导朝路、杨茂林与盟残联负责人逐户慰问特困残疾人。

20 日　临河市 8 个乡镇遭暴雨、冰雹袭击成重灾。24 户房屋倒塌,124 户无法居住,50 万亩农作物绝收,初步测算各项经济损失 1. 8 亿元,其中农村经济损失 1. 5 亿元,城区损失 0. 3 亿元。

21—26 日　全盟以吨粮田建设、中低产田改造、温室大棚种植、规模养殖、高效果树种植、池塘养鱼、种子工程建设、节水试验示范、二狼山白山羊增绒和牧区草库伦建设为内容的科技十项工程现场观摩会在临河召开。副盟长郭宇在总结讲话中指出,科技进步是经济社会发展的持续动力,是重要的经济增长点。要确立科技创新在经济社会发展中的主导地位,注重科技十项工程的速度、规模和效益,建立良好机制,使科技创新与农牧业生产结合,促进经济和科技再上新台阶。

22 日　内蒙古自治区“白求恩奖”获得者事迹报告团到巴盟作报告。

27 日　“金川杯”全盟青少年演讲、器乐、声乐竞赛圆满结束。

是日　巴盟境内遭受了罕见的降温霜冻灾害,造成直接经济损失达 2. 12 亿元。

是月　杭锦后旗被文化部命名为第六批全国文化工作先进县(旗)。

是月　全盟第一次农牧业普查圆满完成。《巴彦淖尔盟行政行署关于全盟农牧业普查主要数据汇总结果的公报》公布。

6 月

8—9 日　自治区党委书记刘明祖，党委常委、秘书长任亚平到巴盟考察工作时强调，当前工作的重点是工业经济的提速增效，难点是国有企业下岗职工基本生活保障和再就业、粮食流通改革。工作中要抓重点，抓难点，培育新的经济增长点。

10 日　临河市环境测监站发布告示，临河市大气属轻度污染，地面水严重污染，噪声严重超标。

15—17 日　自治区消防安全检查组到巴盟检查工作，对全盟工矿企业、集贸市场、公共娱乐场所、粮库、饭店、高层建筑等作全面检查。

16 日　全盟国有企业下岗职工基本生活保障和再就业工作现场会在乌拉特前旗召开，中共巴盟盟委书记邬宝恒、行署盟长胡毅峰作重要讲话，盟委副书记孙国主持会议。

18 日　杭锦后旗头道桥乡旅游度假村开业。旅游度假村占地 100 公顷，分 9 个园区，可为游人提供旅游、度假、中小型会议服务。

是日　永济游乐园开业。永济游乐园位于临河市北郊，占地 21 公顷。

是日　临河市国有长春菜市场拍卖，标底 466 万元，最后以 524 万元成交，买主为临河市个体户孙丽萍。

是日　临河市政府公开拍卖临河市黄金地段——金川市场南侧、市人民公园北墙长 300 米宽 12 米（合 5.4 亩）欧美廊柱式步行商贸一条街的开发土地权，拍卖底价 600 万元，巴盟热力公司、河套酒厂以 1150 万元的价格成交，这是巴盟首宗土地开发权的拍卖。

25 日　全盟粮食流通体制改革工作会议在临河召开。

27 日　内蒙古自治区百乡千村科技兴农示范工程现场会在巴盟召开。

29 日　全区西片农牧业形势分析会在临河召开，内蒙古自治区政协副主席、农村牧区工作领导小组副组长夏日参加会议并作了重要讲话。各盟市代表对巴盟农牧业生产特别是瓜果蔬菜生产基地、畜牧业养殖基本情况给予高度评价。

是月　巴盟落实草场“双权一制”通过内蒙古自治区检查验收。

7 月

1 日　盟委召开纪念“七一”暨党的基层组织建设工作会议召开，39 个先进集体、26 名优秀个人受表彰。

5 日　内蒙古获各琦（原霍各乞）铜矿全面完成转制工作。

7 日　盟委书记邬宝恒带领盟计委、畜牧局、建材局负责人，深入乌拉特后旗部分苏木检查指导工作。邬宝恒书记指出，要以市场为参照，以矿业为主导产业，从实际出发，调整乌拉特后旗经济结构,大力发展外向型经济;采取优惠政策,鼓励发展个体私营经济和第三产业。

9日　乌拉特后旗巴音布拉格镇7个社遭到冰雹、暴雨、山洪、狂风侵袭,农作物直接经济损失达350万元,并造成1人死亡、1人重伤。

16日　内蒙古恒丰食品工业(集团)股份有限责任公司举行创立大会,总股本6752万元,其中国家股占59.5%,临河国贸占8.6%,香港友桥占25%,职工持股占3.3%,分散股占1.9%,临河宏海占1.7%。

20日　总投资1050万元的110国道境内段拓宽改造工程动工。

21日　临河地区道路交通事故创伤急救中心在巴彦淖尔军分区医院挂牌成立。

22日　黄河内蒙古巴盟境内段三苗树、皮房圪旦、友谊险工段一期整治工程通过验收。

23日　全盟旗县级换届选举工作会议在临河召开,盟委书记、盟人大工委主任郇宝恒,盟委副书记、盟政协主席李树明等参加会议。会议认真讨论《全盟旗县市人大换届选举工作安排意见》和《巴盟旗县市人大、政府、政协领导班子换届工作方案》。

是月　《巴盟1998—2000年牲畜"种子工程"实施方案》出台。

是月　由巴盟财政资金局和内蒙古西部汽车贸易集团总公司共同集资入股成立的巴盟新宇租赁有限责任分公司挂牌开业。

是月　自治区化工厅管理的北方化学矿产工业公司、内蒙古黄河皮革化工总厂、乌拉山富兴化肥有限责任公司、磴口化肥厂、五原化肥厂等企业,下放巴盟管理。

是月　磴口县156名副科级以上领导干部与298户贫困户"攀亲结缘",有针对性地开展扶贫工作。

8月

1日　五原县生产的皇冠牌网纹香蜜瓜被内蒙古电视台通过卫星向十几个国家和地区广而告之。并在克林顿访华期间作为国宴食品。还打入了香港市场,产期销售紧俏。

4日　全国部分城市统战工作经济发展双交流会议在巴盟召开。

5日　总投资5950.8万元的临赛线大顺城至赛乌素段公路改建工程动工。

6日　由内蒙古河灌总局和巴盟电视台联合录制的6集电视系列专题片《命脉》在中央电视台7套《农村各地》栏目中陆续播出。

8日　临河市首届河套蜜瓜节暨1998年物资文化交流大会开幕,大会期间举行文化物资交流、蜜瓜销售、经贸洽谈和新闻发布等活动。

9日　自治区政协主席千奋勇到巴盟检查指导工作。千奋勇听取巴盟政协的工作汇报,详细询查巴盟政协开办实体、人员编制、工资、工务费用、老干部生活等情况,并解答提出的问题。

是日　巴盟公路管理局乌拉特后旗公路段筹建的“古道民俗第一村”在达拉盖山口建成,蒙古族纯朴的民俗风情和历史与现实的巧妙融合构成古道民俗第一村的独特风格。第一村的落成为周边苏木镇和邻近旗县的各界人士提供了休闲娱乐的场所,丰富了人们的业余文化生活。

14 日　巴盟已累计收购入库定购小麦 1.25 亿千克,圆满完成内蒙古自治区下达的小麦定购任务。

21 日　盟委、行署召开全盟经济形势通报会。盟委书记郇宝恒主持会议并作重要讲话。行署盟长胡毅峰在讲话中说,今年是全盟经受各种困难和考验的一年。经济结构性矛盾集中暴露,市场需求不旺,金融危机加剧,风灾、雨灾、雹灾袭击,给全盟经济工作带来巨大压力,我们要有打好攻坚战的准备和信心。

22 日　乌拉特前旗乌兰牧骑到达泰国首都曼谷演出。

25 日　全盟石材工业开发动员现场会在五原召开。巴盟行署副盟长王晓成、政协副主席徐世杰出席会议。会议学习推广五原县大力发展石材工业,积极培育新的经济增长点的成功做法和经验。

28 日　《巴彦淖尔报》蒙古文编辑部召开庆祝《巴彦淖尔报》蒙古文版创刊四十周年座谈会,盟纪检委、盟委办、行署办、盟宣传部、盟统战部等 20 多个党政、企事业单位的领导参加这次会议。

31 日　自治区政府副主席王凤岐到巴盟检查指导粮食流通体制改革及夏粮收购工作进展情况。

9 月

2 日　中共兴安盟盟委副书记白锁一行,专程到巴盟感谢巴盟各族人民对兴安盟抗洪救灾的支援。同日,继 8 月首批价值 40 多万元的救灾物资运抵灾区后,巴盟第二批价值 70 多万元的矿泉水、白糖、编织袋、中小学生用品等物品又启运兴安盟灾区。至此,共发往兴安盟灾区救灾款物达 180 万元。在援助长江中下游及内蒙古东部灾区中,全盟共捐款 230 万元,其中给兴安盟 112 万元。

5—6 日　在自治区党委副书记白志健、自治区人大常委会副主任包文发陪同下,全国人大常委会副委员长布赫率领的全国人大常委会农业法执法检查组到巴盟进行执法检查。

9 日　巴彦淖尔广播电台建台 40 周年,巴彦淖尔电视台建台 20 周年庆祝大会在盟广电局大楼隆重举行。国家广电总局向大会发来贺电,内蒙古电视台领导到会祝贺。

10 日　全盟庆祝教师节暨表彰大会在临河隆重召开。大会表彰奖励了 72 名优秀教师、15 名先进教育工作者、15 个尊师重教先进集体、16 名尊师重教先进个人。会上新华银行香港分行、河套酒业、中保人寿巴盟分公司、巴盟星月集团、维信(临河)公司,巴盟金店等单位向巴盟人民教育基金会捐了款。

15 日　巴盟新技术交易暨农牧业科技成果展示会在临河召开。自治区党委副书记王占,党委委员、纪检书记尤仁,畜牧厅厅长于铁夫,党委副秘书长闫华一行到巴盟检查 1—8 月全盟经济运行情况,并就年内既定的实现国民生产总值增长 10% 的目标进行督查与鼓励。

19—21 日　内蒙古自治区副主席郝益东在磴口县组织召开自治区移民扶贫开发工作暨招标会议。郝益东分别与乌盟、乌盟察右后旗、巴盟、巴盟磴口县签订移民开发责任状。将乌盟察右后旗部分农民迁入磴口县哈腾套海苏木,是内蒙古自治区首批试点移民开发扶贫工程。即日“乌盟村”建设工程动工,3 年内将 1.5 万名乌盟移民落户巴盟。

21 日　盟委召开扩大会议,分析研究前 8 个月全盟社会发展经济运行情况及后 4 个月的工作对策。

24 日　巴盟行署盟长胡毅峰在全盟农田草牧场水利基本建设电话会上强调,迅速掀起农田草牧场水利建设高潮,拉动经济快速发展。

25 日　盟委、巴盟行署召开完成全年经济目标任务“百日攻坚”动员会,行署盟长胡毅峰作重要讲话。

27 日　在内蒙古自治区交通厅厅长郝继业陪同下,交通部副部长李居昌考察临河绕城公路。

28 日　临河市利民西街欧式建筑风格商贸街主体工程竣工剪彩。

10 月

1 日　巴盟体育代表团在包头举行的全区九运会上以 766.5 分获团体总分第六名,有 2 人 4 项次破全区纪录,1 队(4 人)破 1 项全区少年纪录。

5 日　巴盟建行首次发放 500 万元个人住房贷款。

6—8 日　自治区政府副主席傅守正到巴盟检查工作。检查组一行深入乌拉特前旗、五原、临河、磴口、杭锦后旗等地,就当前巴盟农村工作作出指示,并对黄河治理、河套灌区节水工程、磴口县生态农业等提出指导意见。

8 日　在临河火车站举行“拳伟号”列车挂牌冠名剪彩仪式。将列车冠名,在巴盟属第一家。

9 日　头道桥国家粮食储备库扩建工程开工,国家投资 7400 万元。扩建后,粮库存储量将达到 1.5 亿千克。

13—17 日　蒙古国南戈壁省代表团应邀到巴盟访问,行署盟长胡毅峰会见代表团成员,双方签订友好合作纪要。

24 日　巴盟少儿代表队在全区首届“鹿城杯”少儿艺术节比赛中，取得较好成绩，在全区各盟市中名列第三。

28 日　全盟农村牧区经纪人经验交流现场会在杭锦后旗二道桥乡隆重召开。盟委行署与会领导鼓励农牧民积极加入流通队伍，力争在 20 世纪末在全盟范围内形成十万农牧民闯市场的良好态势。

11 月

1—2 日　中央委员、新华社社长郭超人，自治区党委常委、宣传部部长张国民到巴盟视察工作，在考察盟农业综合开发和节水灌溉示范区后，郭超人说，巴盟是个兴旺发达充满希望的地方，是社会主义的塞上江南。

5 日　中共巴盟委员会（扩大）会议在临河召开，会议的中心议题是深入贯彻中共十五届三中全会和自治区党委六届七次全委会精神，全面落实《中共中央关于农业和农村工作若干重大问题的决定》和区党委《贯彻意见》。

6 日　由维信（临河）羊绒实业有限公司等 30 多个羊绒梳洗、加工、纺织企业组成的临河地区绒毛产业协会在临河市万丰开发区成立。

10—12 日　自治区党委书记刘明祖，党委常委、政府副主席周德海，党委常委、秘书长任亚平和区经贸委主任云峰在巴盟进行了为期三天的调查研究工作。刘明祖书记对巴盟各项工作给予高度评价，指出十五届三中全会核心是提高农牧业效益，增加农牧民收入；强调加快小城镇建设步伐，转移农村剩余劳动力。

12 日　内蒙古国信寻呼公司巴彦淖尔分公司正式挂牌成立。

16 日　行署盟长胡毅峰在五原县现场办公时指出，制糖企业转制必须妥善安置下岗职工，确保农民“白条子”兑现。

19 日　中共巴盟盟委书记郅宝恒到乌拉特中旗同和太种畜场，检查饲料基地和种畜研究培养中心检查时指出，要抓好草场建设，增草才能增畜，让牲畜吃饱吃好，提高质量才能提高效益，避免超载放牧。种畜场作为良种繁育基地要搞好畜种的改良、引进和繁育。

20 日　深入巴音哈太苏木牧民家庭了解防灾、饲草料储备、棚圈建设、牧民收入等情况，对乌拉特中旗“双权一制”和“双增双提”工作表示满意。

到 10 月底　巴盟独立核算国有及国有控股工业企业亏损总额为 10156 万元，其中自治区属企业获各琦铜矿、电力实业总公司和下放巴盟的内蒙古 5 户企业亏损额达 5554 万元。

12 月

3 日　巴盟电力建设重点工程乌拉山—临河 220 千伏Ⅱ回输电线路开工。工程由内蒙古电力勘测设计院设计，线路长 135 千米，总投资 8000 万元，是内蒙古自治区“九五”期间在巴盟投资最大的电力工程。工程与临河东郊220千伏变电站1#主变增容工程相配套。工程由内蒙古送变电工程公司施工,建成后将使巴盟220千伏电网主网架形成双回路送电。

5日　三和集团成立,集团以内蒙古河港娱乐城有限公司为母公司,下设五原广丰农业综合公司、临河广垣羊绒有限公司、临河广垣工程安装公司、巴盟天利家具装潢公司、巴盟广贸有限公司5个子公司。

14—16日　黄河巴盟境内磴口县燕家圪旦、五原县建房圪旦、乌拉特前旗三湖河口三处险工段整治工程通过内蒙古自治区组织的竣工验收。

18日　自治区九届人大常委会巴盟工作委员会第一次会议在临河召开。盟委书记、盟人大工委主任邬宝恒主持会议并作讲话。会议传达自治区九届人大常委会第六次会议精神,听取中级人民法院、检察院分院教育整顿工作汇报。

是年　党的十五届三中全会作出延长土地承包期到30年不变的决定,巴盟农民赞扬党的好政策,给农民吃了定心丸。

1999年

1月

6—7日　巴盟经济工作会议在临河召开。盟四大班子领导出席会议,贯彻落实中央和自治区经济工作会议精神,总结分析巴盟经济工作面临的形势,研究部署了1999年全盟改革和发展的各项任务。

8日　杭锦后旗的内蒙古河曼酒业有限责任公司投产,结束巴盟不生产红葡萄酒的历史。

是日　临河—新华110千伏输变电二期工程建成并运行。

20日　内蒙古金川保健啤酒总厂举行新闻发布会,宣布该厂生产的金川牌保健啤酒和金川牌矿泉水获得世界吉尼斯之最证书。

26日　巴盟第一次城镇住房物业管理工作会议在临河召开,标志着巴盟物业管理步入了一个新阶段。至1998年底,全盟住宅楼总面积达170万平方米,占到居民住房总面积的22%。

2月

5日　中国林科院生态环境与保护研究所名誉所长、研究员蒋有绪一行在盟委小礼堂做加快生态建设步伐重塑巴盟秀美河山专题讲座,号召巴盟结合全国林业生态建设的部署,抓住国家利好黄河上中游地区、农牧区及草原区林业生态建设加快步伐的政策,巴盟可在林业生态建设上大显身手。巴盟确定了乌兰布和荒漠区治理、河套地区盐碱地枸杞生态林建设、乌拉山天然林保护工作及其他天然林与天然植被的保护4项重点工程。

9—10日　巴盟政法、综治工作会议在临河召开。

11日　巴盟计划、经贸、对外开放工作会议在临河召开。

24—26日　巴盟经济发展大学习、大讨论会议在临河召开,通过理论研讨,集思广益,深入探讨解决全盟经济发展中的突出矛盾和重大问题,攻克难点,进一步寻求全盟经济发展的新思路、新途径。

25日　内蒙古黄河防凌工作会在临河召开,自治区政府副主席傅守正听取了沿河各盟市的汇报,安排部署了凌汛期防凌工作的各项工作任务和措施。

27日　临河举行1999年农业生产信息发布会,引导和帮助农牧民按照市场要求安排农业生产。

28日　巴盟农业工作会议在临河召开,提早安排下年的农牧业生产。

3月

1日　巴盟召开全盟防凌防汛工作会。会议指出:1999年境内黄河开封河呈现出新的复杂性和艰巨性。一是开河时间早,是新中国成立以来最早的一年;二是封冻期为历史最短,封开河防凌汛连在一起;三是冰层为历史最薄,而河槽蓄水量最大,达9.8亿立方米;四是开封河均出现历史最高水位。

是日　巴盟春播第一耧小麦在杭锦后旗二道桥开播。杭锦后旗农艺师向现场群众详细介绍推广的11种高效种植模式和覆膜带型。

7日　自治区政府副主席周维德带队到巴盟检查经济体制改革、国有企业下岗职工生活保障及再就业工作。

15日　巴盟获得自治区著名商标的河套酒业集团公司、金川保健啤酒总厂、华章纸业集团、临河糖厂、恒丰食品工业集团公司、昌森食品公司、维信公司、五原土特产品实业公司、临河北环炒货厂11家企业联合在临河举行名牌名品新闻发布会。

31日　中国联通巴盟分公司在临河开通试营业。

4月

1日　河北农大校长王志刚、教授严俊杰及有关专家到巴盟调研并传授推广天牛虫害伐木桩嫁接毛白杨技术。

14—16日　全国政协副主席赵南起和全国政协委员、原林业部副部长蔡延松、沈茂成,原西北林学院院长、教授李广毅,国家林业局造林司司长雷加富,国家治沙办主任慈龙骏一行,在自治区政协主席千奋勇、副主席格日勒图等陪同下,到巴盟考察。

15日　巴盟体育馆新建工程举行奠基仪式。

21日　巴盟临河地区各行政、企事业单位、院校、部队出动5000多人,在盟长胡毅峰带领下分赴临河八一乡、五原景阳林乡黄河防洪堤参加“保护母亲河”义务植树活动。完成土方2400立方米,植树200亩2万株。

23日　巴盟直属机关单位6000余人到杭锦后旗红旗乡参加农田水利大会战。完成土方1.2万立方米。

27日　巴盟行署盟长胡毅峰带领有关人员到临河隆盛乡察看节水灌溉示范工程,此项水利工程是全盟1999年的重点工程之一,对于巴盟进一步争取国家水利项目,走节水灌溉农业之路,具有重要意义。

28日　经自治区水利厅批准的杭锦后旗黄河二八社险工段治理工程正式开工。

5月

4日　巴盟青年联合会第一次全体委员会议在临河召开,全盟各行业的173名青联委员共商巴盟跨世纪发展大计。

6—9日　自治区政府副主席郝益东率队到磴口县淘井、沟心庙、陶勒盖3个项目区视察内蒙古移民扶贫工程进展情况,并深入乌拉特中旗、五原县的乡镇苏木调研草牧场建设、节水灌溉农业、产业结构调整情况。

7日　盟委、巴盟行署举行会议,听取了盟审计局对全盟123个乡镇苏木预算外的财政财务收支情况的审计通报。同日,巴盟在临河隆重召开“讲学习、讲政治、讲正气”教育动员大会,在全盟开展“三讲”活动。

11—15日　巴盟举办企业家高级研讨班,特邀内蒙古经济促进会会长、北京大学光华管理学院党委副书记、经济学博士于鸿君,北大光华管理学院博士、金科集团总经理何志毅,丰收文化公司总经理陈惠湘,北大经济学院副教授、一汽大众顾问、著名品牌专家薛旭,内蒙古经济促进会常务副会长、北大光华学院博士、副教授王育民,内蒙古社科院经济研究所所长潘兆东等授课,提高巴盟企业家的素质。

17日　巴盟行署在临河召开全盟土地经营权证书发放会议,开始第二轮承包工作。届时全盟农区4246个村民小组已有4156个明确土地承包关系,签订延保合同19.6万份,占应签订合同的85%。

23—27日　内蒙古自治区黄河套区节水改造规划报告审查会议在临河召开。

是月　来自乌兰察布盟察右中旗的首批40户100多名贫困移民到巴盟磴口安家落户。迁入开发区的移民人均住房面积7平方米,户均土地21亩,其中包括人均3亩水浇地、户均1亩宅基地、人均2亩待开发地。

6月

1日　乌海众兴煤炭有限公司经理林来嵘向母校临河小召中学捐款20万元。

15日　盟主要领导在临河经济开发区调研,探讨开发区加快发展、以发挥带动本地区经济发展的龙头和窗口作用。

是日　自治区政府副主席王凤岐在乌拉特中旗召开口岸开放建设现场办公会议，就甘其毛道口岸的开发、建设、发展、规划等有关事宜进行现场办公。

27—29 日　政协巴盟十届一次会议在临河召开。政协巴盟十届一次会议第三次全委会召开，十届政协共有委员 183 人，167 人参加了大会，符合法定人数。李树明当选十届政协主席，杨乐山、武振耀、张建方、吐嘎、郭秀峰、苏木雅当选副主席，李铮当选为秘书长，马国杰等 21 位委员当选为常务委员。

是月　巴盟农村费改税试点工作全面启动。巴盟有关部门在深入杭锦后旗调研的基础上，制定出《农村公益事业建设税征收管理暂行办法》，经内蒙古农村牧区费改税试点工作领导小组批准组织实施。

是月　美国欣欣教育基金会向乌拉特前旗蒙古族小学捐款 1 万美元。

7 月

1 日　巴彦淖尔人民广播电台投资 50 万元进行全程数字化技术改造，并开始试播。由中波发射更新为调频立体声发射，发射功率 3 千瓦，发射频率 FM107。全天播出 13 小时，覆盖巴盟大部分地区和伊盟部分地区。

7 日　杭锦后旗沙海、南渠、三道桥、南小召、五星、四支、蛮会等乡镇和临河城关、干召庙、乌兰淖尔等乡镇遭受到 20 多年不遇的冰雹、暴风雨袭击。据统计，杭锦后旗受灾面积 14.8 万亩，占全旗总播面积的 15%；成灾 13.6 万亩，占总播面积的 14%，其中绝收 6.23 万亩，直接经济损失 10657 万元。临河 3 个乡镇绝收面积 9.17 万亩。

12 日　邬宝恒、胡毅峰、贺永华等盟领导带队深入杭锦后旗、临河部分乡镇察看灾情，指挥抗灾自救工作。

23 日　盟委机关报《巴彦淖尔报》制版采用激光照排印刷技术，印刷质量得到提高。

28—30 日　内蒙古全区农区畜牧业现场会在临河召开。自治区政府副主席郝益东主持会议并讲话。会议期间，现场观摩临河、五原、杭锦后旗部分先进典型乡镇，对各地在发展农区畜牧业中取得的典型经验进行总结推广，进一步探索内蒙古发展农区畜牧业的路子。

是月　内蒙古首家民办公助学校——临河市开发区中学建成。是由临河市迦南实业有限公司与临河教委合作创办的一所全日制完全中学。

是月　中原油田勘探局在乌拉特中旗巴音杭盖苏木境内探明石油储量 1740 多万吨。

8 月

5—6 日　全国人大常务委员、财经委副主任、中国民主同盟中央委员会副主席、北京大学光华学院院长厉以宁到巴盟考察。在盟委小礼堂作《当前宏观经济形势与巴盟经济发展战略》的学术报告。盟领导等400多人聆听报告。

11—12日　中央“三讲”教育检查团成员李志宏和自治区党委常委、组织部部长杨利民等到巴盟检查“三讲”活动开展情况。

15日　交通部副部长李居昌及自治区交通厅厅长郝继业到巴盟检查临河绕城公路建设情况。工程是内蒙古自治区“九五”重点项目之一，全长42千米，总投资2.62亿元，是巴盟公路建设史上标准最高、投资最大的工程。

19—20日　内蒙古农村牧区科技工作现场会在临河召开。自治区党委书记刘明祖作重要讲话，副书记乌云其木格主持大会，党委常委、党委秘书长任亚平，人大常委会副主任王秀梅，政协副主席罗锡恩出席会议。会后，参观了杭锦后旗黄河镇二八社的黄河控导工程和五原县皮房圪旦控导续建工程。

20日　全区乡镇企业形势分析会在临河结束。自治区党委副书记王占、自治区政府副主席傅守正出席会议，并于21日深入到临河对个体私营企业进行检查指导。

23日　杭锦后旗、临河市、乌中旗、磴口县、乌后旗5个旗县完成小麦定购任务。全盟共收购小麦11843万千克，完成总任务的94.7%。

27日　盟委扩大会议在临河召开。会议传达学习全国省部长经济工作座谈会、自治区党委六届八次全会和自治区国有企业改革发展座谈会的精神。

30日　巴盟农业科技电视制作中心挂牌揭幕。设置主要节目为农业百科，其中分为农业简讯、农事指导、致富信息、政策法规园地等栏目，以满足广大农牧民生产和生活需求。

9月

2—7日　盟委委员、行署副盟长韩刚带队深入磴口，乌拉特前、中、后三旗，23个牧区苏木、5个山旱区乡镇调研抗灾保畜工作。

3日　全盟第七次民族团结进步表彰大会在临河召开。盟委副书记、政协主席李树明讲话。

3—5日　由于气候异常，造成牧区、山旱区灾情严重。经调查，截至9月初，牧区草场受灾面积456万公顷，受灾人口34893人，受灾牲畜230万头（只）。山区农作物受灾面积8万公顷。

9日　盟委委员、行署副盟长韩刚召开行署盟长办公会，全面部署抗灾保畜工作。

12日　自治区政府主席云布龙、副主席郝益东到五原县胜丰乡、临河八一乡、隆胜乡，对小康村建设、农区畜牧业、生态农业、特色经济及节水灌溉工程等情况进行实地考察。

13—14日　全区移民扶贫开发现场会在磴口县召开。自治区政府主席云布龙讲话，副主席郝益东主持会议。巴盟领导胡毅峰、孙国，自治区扶贫、财政、计划、民政、水利、教育等部门负责人，阿拉善盟、乌兰察布盟行署及有关旗县负责人参加会议。

13—15日　内蒙古自治区合作医疗现场会在巴盟举行,行署副盟长昝振英在会上介绍了巴盟发展合作医疗的经验。

22日　乌拉特前旗草籽场第三次荣获中国国际农业博览会名牌产品奖。该场繁育培育的乌拉特1号黑壳苏丹草籽被誉为“养鱼青饲料之王”。

29日　盟委举行赴沪苏浙闽四省市学习报告会、盟委书记邬宝恒作学习考察报告,盟委副书记李村明主持会议并讲话,盟委副书记孙国等领导出席报告会。

是月　按照信息产业部关于组建中国移动通信集团公司的指导意见,临河分公司完成与中国电信的分营工作,自立门户挂牌营业。

10月

7日　盟委书记邬宝恒一行,深入鸣兴食品公司、红旗乡养殖场、团结乡枸杞基地、五星乡果品保鲜库和南小召乡、在干敖包乡等乡镇,调研了解农牧业产业结构调整情况及小康村建设情况。

10—13日　全国人大常委会农业与环境资源保护委员会副主任、原水利部部长杨振怀,水利部副部长张春园率领中国著名水利专家组成的高级考察组到巴盟对河套深区节水灌溉项目进行考察调研。

14日　盟委宣传部、团委、青联等八单位联合举行首届“巴彦淖尔盟十大杰出青年”表彰大会,王泉等十名青年荣获首届巴彦淖尔盟十大杰出青年称号。

15日　内蒙古自治区合作医疗现场会在临河闭幕。自治区副主席宝音德力格尔参加会议并讲话,全区各盟市分管领导和部分旗县领导参加。

18日　历时3年的临河绕城公路建成通车典礼隆重举行。

20日　巴盟召开重点国有企业解困工作现场会。会议期间,与会人员深入北化公司东升庙硫铁矿、黄河机械厂、乌化公司等6户重点税困企业进行现场观摩,听取8户重点脱困企业的解困方案及有关问题的汇报。

27日　巴盟行署和恒丰食品工业集团公司在呼和浩特市新城宾馆举行绿色高硒保健面粉新闻发布会。

是月　巴盟召开光彩事业促进会,会议表彰在开展光彩事业活动中做出突出贡献的乌拉特前统战部等4个先进单位和非公有制经济人士郝续宽、刘三维等15名先进个人。并对为巴盟光彩事业做出突出贡献的河北享豪企业集团总裁张江平、北京伯莱斯事业公司总裁魏凤彪等进行表彰。

11月

2日　巴盟邮政三级中心生产楼奠基仪式在临河举行。中心是全国189个三级中心之一,总投资2900万元。

3—6日　内蒙古自治区有关部门负责人深入巴盟乌拉特前旗、乌拉特中旗、五原县、临河市、杭锦后镇、磴口县等地，对1993年巴盟争取到的国家财政债券项目落实情况进行实地考察调研。

29日　巴盟召开国民经济和社会发展第十个五年计划和2015年远景规划讨论会。

12月

7日　由国家纺织工业局和中国服装设计师协会在北京共同主办的"1999年中国时装周"上，维信集团首席设计师张继成荣登"中国十佳设计师"金榜，标志着维信集团羊绒服装生产设计水平跨入国内时装生产设计先进企业行列。

2000年

1月

13日　巴盟127个苏木乡镇人大换届选举工作圆满结束。各苏木乡镇陆续召开新一届人民代表大会第一次会议，依法选举产生125名人大主席、126名苏木达和乡镇长、366名副苏木达和副乡镇长。

是月　巴盟保护生态环境的主要工程乌拉山封山育林育草首期生态工程全面启动。

2月

17—18日　巴盟召开全盟农村牧区工作会议。会议贯彻中央和自治区两级农村工作会议及盟委扩大会议精神，总结上年农牧业和农村牧区工作，研究农牧业和农村牧区经济结构战略性调整的基本政策，部署全盟的农村牧区工作。

28日　巴盟召开全盟计划生育工作会议。会议总结上一年的工作，部署2000年计划生育工作，并签订了计生目标责任状。

3月

7日　巴盟召开全盟经贸工作会议。会议总结上年度的工作，安排部署2000年度经贸工作，表彰奖励全盟工业经济先进地区、先进企业和优秀经理（厂长），签订2000年工业目标责任状。

10日　巴盟召开统战工作会议。会议传达贯彻全区统战部部长会议和全区台办主任会议精神，总结了上年全盟统战工作，部署2000年全盟统战工作任务。

15日　黄河干流上最大的一首制引水工程——内蒙古黄河三盛公水利枢纽安全度过开河凌汛。

23日　巴盟召开人劳暨事业单位人事改革会议。会议就全盟的人事劳动、社会保障和事业单位改革工作进行具体安排。

是月　杭锦后旗涉及全旗13个乡镇48个居民点的防砷改水工程全面开工。

4 月

3 日　巴盟召开全盟个私经济及乡镇企业工作会议。会议提出:要使个体私营经济和乡镇企业成为旗县经济的主导经济,成为工业立盟的支柱经济,成为农牧业产业化发展的龙头经济。2000 年全盟乡镇企业发展目标是:实现增加值 72.5 亿元,为农牧民人均提高收入 1000 元,就业人员达到 27 万人。

9 日　内蒙古炭窖口硫铁矿以“模拟股份合作制”形式恢复生产,使千名矿工重新上岗。

18 日　巴盟人大工委召开会议,听取农业局关于减轻农牧民负担情况的汇报,并就有关方面的内容进行研讨。

5 月

22 日　临河市佳兵羊绒制品有限公司董事长王过兵,将 10 万元现金捐给家乡的东济村小学,用于改善教学条件。“拉面王”厉恩海在巴盟恒丰集团现场献艺,用 500 克“河套牌”雪花粉拉出总长约 2538 千米的面条。

28 日　巴盟北方化学矿产工业公司和甘肃省新建实业有限公司就组建内蒙古东升庙矿业有限责任公司达成协议并签字。新组建的公司将以铅锌矿的开采、浮选、销售为主要经营范围,形成年产 20 万吨铅锌矿产的生产规模。

6 月

7 日　巴盟召开“全盟村村通”电视电话会议,会议传达全区电视电话会议精神,通报了“全盟村村通”工程的进展情况,安排部署下一步工作。

14 日　维信有限公司副董事长郝续宽为乌拉特中旗人民政府捐款 20 万元,用于飞机人工增雨抗灾,缓解草原旱情。

15 日　临河市阳光购物广场举行奠基仪式,广场总建设面积 3.4 万平方米,总投资 4500 万元。

8 月

是月　国家一级保护动物野驴由蒙古国迁徙到乌拉特中旗、乌拉特后旗,数量约 3 万头。

9 月

5 日　巴盟召开全盟思想政治工作暨精神文明建设工作会议。会议传达中央、内蒙古思想政治工作会议及全区小城镇精神文明建设经验交流会精神,总结交流加强全盟思想政治工作及抓好小城镇精神文明建设的经验,研究思想政治工作面临的新情况新问题,部署进一步加强全盟思想政治工作和小城镇精神文明建设的任务。

9 日　巴盟召开教育工作会议。会议总结“九五”全盟教育工作取得的成绩,分析当前教育工作面临的形势和存在的问题,提出全盟教育发展的目标任务和要求。

13—16 日　在上海举行上海内蒙古招商引资洽谈会上,巴盟与上海客商共签订合同协议 6 项,协议引资额为 4.9 亿元。

18 日　巴盟境内的 110 国道技术改造工程提前完工,全线通车,工程全线长 213 千米,总投资 2.9 亿元。赛临线乌拉特后旗赛乌素镇至杭锦后旗大顺城油路改建工程历经 3 年的紧张施工实现通车。工程全长 72.957 千米,总投资 6730 万元。

22 日　巴盟召开全盟事业单位人事制度改革会议。

10 月

8 日　经中国食品工业协会专家委员会评审,内蒙古河套酒业集团股份有限公司生产的“河套老窖”酒被认定为中国白酒著名品牌。

10 日　临河市 110 国道绕城公路正式通车。

11 月

15 日　盟长胡毅峰带领农业银行等单位负责人,深入得利斯公司、金川啤酒总厂、恒丰集团公司调查了解企业生产经营和转制情况,帮助企业现场解决存在的实际困难。

21 日　巴盟行署在临河召开《巴彦淖尔年鉴》1999 年卷(创刊号)出版发行新闻发布会暨全盟地方志工作会议。

30 日　巴盟农研所、畜研所、恒丰集团公司共同开发、研制、生产的生物工程领域高科技产品——“富硒生产素”荣获 2000 香港国际发明展览会铜奖。

12 月

13 日　在北京国际时装周上,维信集团公司制作的维信羊绒时装获“中国十大女装品牌金顶品牌”。公司首席设计师张继成荣获“中国十大设计师”第一名,即中国服装设计师最高奖“金顶奖”。

15 日　盟委、巴盟行署召开全盟关心下一代暨老干部工作会议。会议总结全盟关心下一代和老干部工作的先进经验,表彰奖励关心下一代和老干部工作的先进集体和个人,安排部署今后的工作。

2001 年

1 月

3 日　盟委在临河召开全盟农村牧区“三个代表”重要思想学习教育活动动员会,盟委书记郐宝恒作动员讲话。

4—5 日　自治区党委书记刘明祖,区党委常委、秘书长任亚平,区党委组织部副部长包俊臣,区环保厅厅长吴国忠等到巴盟检查指导农牧区“三个代表”重要思想教育活动。

6—7 日 中华全国总工会副主席、区党委常委、总工会主席尤仁到巴盟进行春节前慰问工作。

10 日 劳动和社会保障部副部长林用三受中共中央、国务院的委托,率慰问组在区政府副主席周维德的陪同下,到巴盟慰问下岗、离退休职工,并看望工作在社会保障第一线的干部职工。

16 日 盟委、行署在临河召开全盟经济工作会议,总结上年经济工作,分析当前经济运行中面临的问题和矛盾,确立了 2001 年经济工作的指导思想、总体要求和主要任务。

24 日 盟委、行署在巴盟宾馆举行春节团拜会,庆贺新世纪第一个新春佳节。

2 月

5—6 日 盟委、行署在临河召开全盟政法、综治工作会议。会议传达贯彻全国、全区政法工作会议精神,总结巴盟上年政法、综治工作,研究部署 2001 年全盟政法、综治工作。

12—13 日 重庆市万州区党政领导团到巴盟考察,并与巴盟结为友好盟区。

28 日 中国羊绒博览会暨中国羊绒企业联合会首届理事会在临河召开。

是月 盟委、行署在临河召开全盟农村牧区工作会议。会议指出,必须进一步巩固和加强农牧业基础地位,对农牧业和农村牧区经济结构进行战略性调整,千方百计增加农牧民收入。

3 月

2 日 盟委、行署在临河召开全盟经贸工作会议。会议传达贯彻全区经贸工作会议精神,全面总结"九五"期间及 2000 年全盟经贸工作和国有企业改革与脱困"三年两大目标"工作,总结交流巴盟企业改革、脱困及经贸工作的先进经验,研究部署"十五"期间及 2001 年全盟经贸工作。

6 日 盟委、行署召开联席会议,贯彻落实内蒙古自治区九届人大四次会议精神,并围绕如何在巴盟推进农村牧区税费改革进行讨论。

8 日 行署在临河召开安全生产工作会议。会议传达贯彻江泽民关于安全生产的重要指示和全国安全生产工作电视电话会议精神,回顾和总结巴盟 2000 年的安全生产工作,部署 2001 年安全生产工作的重要任务。

13 日 行署在临河召开计划工作会议。会议确定 2001 年巴盟国民经济和社会发展的主要目标是:国内生产总值增长 10.5%,全社会固定资产投资增长 15%,社会消费品零售总额增长 10%,进出口总额增长 10.03%,城镇居民人均可支配收入增长 7%,农牧民人均收入增长 6%。

16—17 日 区政府副主席傅守正带领自治区农业、林业、水利、计划等部门负责人到临河市、杭锦后旗、乌拉特前旗考察农村工作。

17—22 日　区人大常委会副主任张廷武到巴盟对《中华人民共和国乡镇企业法》和《内蒙古自治区乡镇企业条例》的实施情况进行专项执法调研。

21 日　历时 11 天,黄河凌汛安全通过巴盟境段。此次防凌,共落实抢险人员 18260 人,储土 14.8 万立方米,备砂 3600 立方米,备块石 10 万多立方米,铅丝 510 吨,草袋等 38400 条,柴草 5 万千克。

22 日　区政府副主席郝益东在巴盟考察工作,并指出要切实加大草原建设力度,搞好以水为中心的五配套草库伦建设,提高草原畜牧业抗灾能力;转变传统、粗放的畜牧业经营方式,走集约、高效的路子。

30 日　盟委、行署在临河召开全盟民族工作会议。会议的主要内容是,传达贯彻中央、内蒙古自治区民族工作会议精神,总结"九五"时期巴盟民族工作的成绩和经验,安排部署 2001 年全盟民族工作任务,研究讨论《关于贯彻自治区党委、政府〈关于进一步加强民族工作的决定〉的实施意见》。

4 月

6 日　乌拉特后旗遭受特大沙尘暴的袭击。沙尘暴毁坏房屋 114 处,刮断电杆 34 根,有 2.5 万头(只)牲畜丢失、死亡。

12 日　全盟调整撤并苏木乡镇工作进入实施阶段。临河市撤销 5 个乡镇办事处;五原县撤销 6 个乡镇;杭锦后旗、乌拉特前旗各撤销 5 个乡镇苏木;磴口县撤销 3 个苏木乡镇;乌拉特后旗撤销 2 个苏木,乌拉特中旗撤销 4 个乡镇苏木。共计撤销 25 个乡镇办事处、苏木乡镇。

13 日　巴盟农村牧区税费改革试点领导小组办公室召开工作会议,对农村牧区税费改革实施方案、建立乡镇苏木财政转移支付制度以及税费改革工作作出研究和安排。

26 日　巴盟直属机关 6000 多人赴临河市友谊黄河防洪堤参加义务植树活动。义务植树共栽植杨树 15000 株。

27—28 日　行署在临河召开全盟教育工作会议。会议提出,要积极推进教育改革,优化教育资源配置,推动巴盟教育事业再上新台阶。

28 日　巴盟人大工委在临河召开第九次会议。

是月　经国家林业局初审,国家环保总局终审评定,批准位于乌拉特后旗、乌拉特中旗境内的乌拉特梭梭林——蒙古野驴自然保护区晋升为国家级自然保护区。

5 月

1 日　杭锦后旗居民城市居民购粮证沿用半个世纪后正式取消。

10 日　巴盟首家具有税务代理资格的中介机构——正源税务师事务所在临河市成立。

16 日　盟委在临河召开全盟统战工作会议。会议传达贯彻全国、全区统战工作会议精神，总结上年全盟统战工作，部署今后一个时期全盟统战工作任务。

是月　夏灌行水期间，巴盟河套灌区有 250 条支、斗、农渠实行农民个人承包，彻底打破了“大锅饭”，变“官管”为“民管”，既节省了水量，又减少了农民的开支。

6 月

10 日　自治区第九届中学生运动会在临河市一中召开。

16 日　自治区灌区协会在临河成立。自治区水利厅、各盟市水利局、灌区管理局的 130 名代表出席灌区协会成立大会。灌区协会的成立主要是推进大中型灌区的改革，同时推动灌区之间开展技术、科研、管理等协作。

19 日　盟委、行署召开党政联席会议，传达全区盟市、旗县、苏木乡镇机构改革工作会议精神，研究党政机构改革方案。

26 日　盟委书记邬宝恒在乌拉特中旗检查抗旱工作时强调，2001 年牧区、山旱区大部分地区旱情持续发展，要求各地全力以赴做好抗旱救灾工作。

27—30 日　自治区政府副主席傅守正一行深入乌拉特中旗、乌拉特后旗等地，检查指导生态建设和抗旱工作。

29 日　巴盟体育馆(可容纳 4000 余人)落成剪彩。

是日　巴盟庆祝中国共产党成立 80 周年暨表彰大会在临河隆重召开。

是月　国务院侨办和北京市侨办联合组织的“送温暖”医疗队在巴盟开展义诊活动。

7 月

8—10 日　河北省人民政府副省长郭世昌率领省经贸委、办公厅负责人，在内蒙古党委委员王福祥的陪同下赴巴盟考察。

11 日　巴盟农业局在杭锦后旗召开优质小麦巴 96－4870 育成示范观摩现场会。巴 96－4870 小麦新品种是巴盟农研所经过 10 年的努力，在盟优质小麦生产基地项目建设中取得的农业科技成果。

21—22 日　自治区政府副主席傅守正带领自治区和各盟市农牧业负责人到巴盟观摩考察农牧业发展情况。

8 月

3 日　民营科研机构巴盟枸杞研究所试验基地生产的西红宝牌枸杞荣获中国绿色食品发展中心颁发的绿色食品证书，枸杞污染残留严重这一世界性难题被攻破。

6 日　巴盟党政军等领导邬宝恒、胡毅峰、李树明、王联、于福章、孟和吉德、吐嘎等带领盟民政局、财政局、双拥办负责人深入乌拉特中旗慰问内蒙古军区驻训部队。

8 日　维信集团有限公司捐资 200 万元赞助第二十一届世界大学生运动会。

28 日　乌拉特中旗甲胜盘铅锌硫铁矿举行投产仪式。已探明储量分别是:锌金属量 167.4 万吨,铅金属量 18.95 万吨,硫铁矿石量 4628.4 万吨。

是月　巴盟公安局组织销毁了 5778 枚废旧炮弹,爆破专家王百姓现场指导挖掘、销毁工作。

9 月

8 日　自治区党委组织部部长杨利民到巴盟就嘎查村“三个代表”重要思想学习教育活动试点工作进行调研。

10—11 日　自治区人大常委会主任刘明祖率自治区扶贫办负责人,在巴盟党政等领导郄宝恒、胡毅峰、张向阳、孟和吉德的陪同下深入乌拉特前旗维信生态科技园区、磴口县乌兰布和沙漠沟心庙移民区进行实地考察。

19 日　“反对邪教、崇尚文明”图片展在巴盟体育馆展出,各界人士踊跃观看展览。

28—29 日　盟委、行署在杭锦后旗召开全盟工业经济工作现场会。盟委书记郄宝恒,盟委副书记、行署盟长胡毅峰出席会议并讲话。会议传达全区经济运行形势会和工业经济工作座谈会精神,通报全盟 1—8 月工业经济运行情况。

30 日　盟委召开会议,传达贯彻中共十五届六中全会精神。盟六大班子党员领导干部、盟直属机关副处级以上干部及盟委机关党员干部参加会议。

10 月

9 日　乌拉特后旗建立巴音满都呼恐龙化石地质遗迹保护区。

10—12 日　自治区党委副书记、政府副主席岳福洪带领自治区有关部门负责人,先后深入乌拉特前旗、临河市、磴口县、杭锦后旗 4 个旗县市的企业,对巴盟工业经济的发展进行广泛深入的考察调研。岳福洪指出:巴盟区位独特,资源丰富;在西部大开发中,要全方位扩大开放,使各方面的优势得以淋漓尽致地发挥,推动经济快速发展。

19—21 日　自治区党委书记储波,自治区党委常委、秘书长任亚平,自治区政府副主席牛玉儒带领自治区有关部门负责人,先后深入巴盟磴口县、杭锦后旗、临河市的部分企业、乡镇、学校考察调研。

24 日　盟委在临河召开(扩大)会议。会议的主要议题是认真学习贯彻中共十五届六中全会和内蒙古党委六届十四次全委会精神,全面落实《中共中央关于加强和改进党的作风建设的决定》和自治区党委的贯彻落实意见,对巴盟党的作风建设进行部署。

30 日　临河至陕坝一级公路改建工程全线建成通车。改建工程是巴盟公路“十五”规划的重点工程之一,总投资 2.884 亿元(包括陕坝镇至大顺城一段)。是巴盟境内首次采用 BOT 方式(建设—经营—转让)兴建的公路。

11 月

5—9 日　巴盟农研所张万业、巴盟畜牧研究所田强等科技人员研究开发的富硒增产素，获中国杨凌农业高新科技成果博览会后稷金像奖（最高奖）。

14—15 日　内蒙古自治区政府副主席周维德率自治区建设厅厅长等负责人到巴盟就基础设施建设情况进行调研。周维德指出，要进一步加快城市基础设施建设步伐，促进地方经济和社会全面发展。

28 日　原河套大学、巴盟教育学院、巴盟师范学校合并组建的新的河套大学挂牌成立。

12 月

11 日　盟委召开盟直属机关副处级以上党员干部大会，传达学习自治区第七次党代会精神。

13 日　巴盟邮政三级邮件处理中心生产楼举行落成庆典。大楼总建筑规模为地上十层，地下一层，局部十二层，总高 47 米；面积 11379 平方米，是巴盟科技水平最高的处理中心。

24 日　盟委副书记、行署盟长胡毅峰，盟委副书记、行署副盟长韩钢带领内蒙古河灌总局负责人深入盟境内的黄河大堤部分险工段，了解并指导防凌防汛工作。

29—30 日　盟委在临河召开（扩大）会议。会议深入贯彻中共十五届六中全会、自治区第七次党代会和全区经济工作会议精神，总结 2001 年的工作，研究确定 2002 年全盟经济和社会发展的总体思路、奋斗目标。

是月　国家和自治区根据乌拉特中旗近年连续遭受自然灾害的实际，决定为乌拉特中旗免除农牧民农牧业税 974 万元，地方免税 20 万元，总计免税 994 万元。

2002 年

1 月

9 日　内蒙古金川保健啤酒高科技股份有限公司成立，公司由 9 家企业及自然人共同出资设立。全体股东参加成立仪式。

13 日　政协巴盟十届委员会第三次会议在临河闭幕，会议选举韩钢为盟政协主席，程树祥、郑宝青为盟政协副主席。

15 日　自治区党委副书记、政府主席乌云其木格，率领自治区总工会、民政厅、劳动和社会保障厅等部门负责人在巴盟慰问部分困难职工、考察部分工业企业。

16 日　自治区党委书记储波带领自治区“三个代表”学习教育活动办公室负责人，在乌拉特前旗了解嘎查村“三个代表”重要思想学教活动情况。

是日　巴盟环境保护局成立。

2 月

1 日　盟委书记郐宝恒带领盟委办、民政局、双拥办负责人对临河地区的武警、边防和驻盟部队进行慰问。

2 日　盟委副书记、行署盟长胡毅峰带领盟老干局、科技局等部门负责人,看望并慰问老干部和科技人员。

21 日　全盟农村牧区工作会议在临河召开。会议提出,2002 年全盟农牧业和农村牧区工作要始终坚持以农牧民增收为中心,切实推进农村牧区经济的战略性调整。盟领导胡毅峰等出席会议。

25 日　全盟加速工业化进程动员大会暨经贸工作会议在临河召开。会议确定巴盟加速工业化进程的总体思路是优化结构,突破重点,扩大总量,提高效益,三年翻番,五年工业立盟。

28 日　恒丰集团公司、金川啤酒有限公司与国际田联东亚地区发展中心体育产业联合会、国际田联地区发展中心实现合作。"国际田联·北京专用产品"金匾授予恒丰集团公司、金川啤酒有限公司。

3 月

21—25 日　自治区党委副书记陈光林在巴盟 7 个旗县市,15 家国有、民营企业,6 个乡镇苏木的 8 个嘎查、村,3 所大、中、小学校等地进行考察调研。

29 日　自治区交通厅在三盛公水利枢纽下游 2.5 千米处举行丹东—拉萨国道主干线磴口至巴拉贡段高速公路工程开工动员誓师大会。磴巴高速公路主线全长 17.2 千米,支线长 9 千米。

是日　巴盟国土资源局成立。该局由盟土地局和地矿局合并成立。

是月　巴盟退耕还林还草在全盟 6 个旗县市展开。退耕还林还草主要在山旱区、沙区和沿黄河北岸地区进行。

4 月

17 日　盟委书记郐宝恒在五原等地,调研节水改造工程建设、水利群管体制改革以及农民用水者协会的运行情况。

23 日　临河地区万余人在市郊参加义务植树活动。

5 月

16 日　盟、旗县市水务局成立仪式在临河举行,水利部副部长敬正书、内蒙古自治区政府副主席傅守正出席成立仪式。

17 日　全国人大华侨执法委员会、华侨委员会主任甘子玉在巴盟检查《中华人民共和国归侨侨眷权益保护法》及有关涉侨法律的执行情况。

20 日　全盟农村牧区税费改革动员大会在临河召开。

23—25 日　自治区党委书记储波，自治区政府副主席傅守正带领自治区农业厅、畜牧厅、计委、经贸委负责人，在乌拉特前旗、五原县、乌拉特中旗、乌拉特后旗等地的农村牧区、矿山、企业考察调研。

6 月

20 日　上海航天局向巴盟蒙古族中学赠送 25 套电脑设备。

7 月

1 日　巴盟会计核算中心成立并开始业务工作。

5 日　巴盟公益拍卖有限责任公司成功拍卖乌拉特前旗杨贵口砂场采矿权。这是全内蒙古自治区首次拍卖砂石矿产资源采矿权。

7 日　首届金川保健啤酒节在巴彦淖尔影剧院开幕，啤酒节的主题是“金啤与健康”。

28 日　国务院侨办副主任赵阳一行 4 人，在自治区侨办有关领导陪同下在巴盟调研侨务工作，并与王宏章等 5 位归侨侨眷进行座谈。

8 月

3—5 日　内蒙古自治区党委副书记杨利民，在乌拉特前旗、五原县、乌拉特后旗、杭锦后旗、临河市的企业、乡镇进行调研。

9—10 日　自治区人大常委会副主任包文发在乌拉特中旗和临河市了解草原生态建设情况和污水处理工程情况。

14 日　由北京市副市长刘海燕、林文漪，自治区党委副书记、政府副主席岳福洪，自治区政府副主席宝音德力格尔率领的生态建设考察团到乌拉特前旗考察。考察团先后了解阿力奔草原草场恢复情况、乌梁素海生态建设情况、维信高尔夫球场建设情况。

16 日　“金川—恒丰”杯中国居庸关长城国际攀登赛在京举行。盟委副书记、行署盟长胡毅峰出席比赛开幕式并讲话。参加此次比赛的有中国、日本、蒙古、朝鲜等近 10 个国家和地区的 130 余名选手。中央电视台、北京电视台等媒体报道了赛事。

24 日　清华大学博士生报告团一行在巴盟作报告，盟领导及盟直 500 余名干部认真聆听报告。报告会的主题是西部大开发与旅游资源利用、生态建设与可持续发展、项目管理等。

9 月

28 日　首届“中国河套葵花节”在五原县隆兴昌镇开幕。内蒙古自治区副主席傅守正出席开幕式。首届“中国河套葵花节”的主题是“宣传五原、扩大开放，招商引资、繁荣经济”，全面提高五原对外开放的层次和水平。

10 月

17—18 日　经济学家刘振邦、王凤林在巴盟作《世贸与中国农业》《积极推进农牧业组织化进程》学术报告。盟直副科以上干部和各旗县农牧林局长共 500 多人聆听报告。

22 日　巴盟临河地区行政服务中心在临河成立。首批进驻服务大厅的盟直单位有 31 个、市直单位 24 个。

11 月

4—7 日　自治区政府副主席郝益东带领自治区畜牧厅、扶贫办等部门的负责人,在巴盟 7 个旗县市 20 多个考察点考察调研。

12 月

10 日　盟委副书记、行署盟长胡毅峰对临河市境内的黄河各险工段防凌防汛情况进行检查,盟委委员、临河市市委书记弓占维,行署副盟长马祖融,以及盟水利部门、气象部门和临河市的有关领导陪同检查。

11 日　学习贯彻中共十六大精神宣讲团团长、内蒙古自治区党校副校长郜良在盟委礼堂作报告。盟委书记邬宝恒主持报告会,盟委、人大、行署、政协和巴彦淖尔军分区的领导出席会议,各旗县市党政一把手、临河地区各单位领导及离退休干部、大学生、工人代表聆听报告。

是月　《黄河三盛公水利枢纽工程志》出版。

2003 年

1 月

5 日　中共巴盟委员会(扩大)会议在临河召开。盟委书记邬宝恒作报告,盟委副书记、行署盟长胡毅峰讲话。

10 日　科特勒营销集团(KMG)的总裁米尔顿·科特勒到金川保健啤酒高科技股份有限公司,为企业做营销咨询,并签订投资入股和帮助企业建立营销战略规划合约。

25 日　盟委召开副处以上干部大会,宣布自治区党委对盟委、行署主要领导进行调整的决定。自治区党委副书记杨利民出席会议并讲话,自治区政协副主席邬宝恒主持会议,自治区党委组织部副部长董树君宣布关于任命郭启俊为巴盟盟委委员、盟委书记,免去邬宝恒巴盟盟委委员、盟委书记职务,免去胡毅峰巴盟盟委委员、盟委副书记、行署盟长职务的决定。

29 日　盟委书记郭启俊,盟委委员、军分区司令员王联,行署副盟长黄志江等,带领盟民政、双拥办负责人深入乌拉特中旗慰问看望部分困难群众、戍边部队和武警官兵,并送去慰问金、慰问品。

2 月

7 日　盟委书记郭启俊带领盟老干局、组织部负责人,看望慰问巴盟部分离退休老干部、老红军。

10—11 日　盟委中心组召开(扩大)学习会,盟委、人大、行署、政协领导,盟直有关单位负责人,各旗县(市)主要领导参加学习会。学习贯彻中央农村工作会议精神,共同商讨节水抗旱增收大计。盟委书记郭启俊主持学习会。

25 日　全盟农村牧区工作会议在临河召开。会议传达贯彻中央、自治区工作会议精神,安排部署今年全盟农牧区各项工作。盟委书记郭启俊在会上讲话。

26 日　全盟政法综治工作会议在临河召开。会议总结 2002 年政法综治工作,明确 2003 年全盟政法综治工作的指导思想和主要任务。

是日　巴盟参加第十届全国人民代表大会的代表维信公司总经理郝续宽、临河市检察院副检察长徐睿霞赴京参加全国人大会议。

3 月

21—23 日　水利部原副部长、中国国际咨询公司副书记张春园带队的水利专家对巴盟水利工作进行考察。

24—25 日　自治区政府副主席赵双连带领自治区调研组到巴盟调研,主要考察巴盟重点工业项目实施情况,探讨巴盟工业发展的出路。

26—27 日　自治区党委书记储波,自治区党委常委、秘书长任亚平,自治区政府副主席雷·额尔德尼,带领自治区财政厅、水利厅、农业厅的有关负责人到巴盟进行了考察调研。

28—29 日　自治区政府副主席牛玉儒带领自治区计委、外经贸厅等部门的负责人在巴盟考察调研对外开放和招商引资工作。

4 月

2 日　盟委召开副处以上领导干部大会,宣布自治区党委、政府关于乌兰同志任巴盟盟委副书记、行署盟长的决定。盟委书记郭启俊主持大会,自治区党委组织部副部长董树君讲话。

6 日　磴口县与蒙牛乳业公司合作建厂签约仪式暨奠基仪式在磴口县五号商务区举行。盟领导郭启俊、乌兰等参加签约奠基仪式。

10 日　国家林业局副局长马福、自治区林业厅厅长高锡龙一行在巴盟考察林业工作。

13 日　自治区政府副主席连辑一行在巴盟调研并指出,巴盟要继续深化教育体制改革,优化教育资源配置,拓宽办学思路,提高办学水平;要建立健全非典型肺炎预防体系,加强领导,抓好各项预防措施的落实。

15 日　盟直属机关干部职工在临河八一乡义务参加农田水利劳动。

16 日　全盟非典型肺炎防治工作会议在临河召开。会议听取了各旗县市非典型肺炎防治工作情况汇报,通报了全盟非典型肺炎患者病情及治疗情况,安排部署了全盟下一步非典型肺炎防治工作。盟委副书记、行署盟长乌兰讲话。

18 日　盟委召开扩大会议,专题研究部署非典型肺炎的预防和控制工作。盟委书记郭启俊主持会议并讲话。

26 日　盟委向到巴盟督查指导的国务院非典型肺炎防治工作督查组汇报巴盟近期传染性非典型肺炎防治情况。盟委书记郭启俊主持会议,行署盟长乌兰汇报防治工作。

27 日　由自治区党委副书记杨利民带队的防治非典型肺炎工作组一行到巴盟帮助、指导巴盟防治非典型肺炎工作。盟委、行署召开汇报会,盟委书记郭启俊主持会议并讲话,行署盟长乌兰汇报巴盟当前预防控制非典型肺炎的具体工作和采取的主要措施。

5 月

3 日　巴盟召开非典型肺炎疫情分析会。自治区党委副书记杨利民及自治区驻巴盟“非典”防治工作组、督查组成员出席会议。盟领导郭启俊、乌兰等参加会议。

4 日　巴盟 SARS 急救治疗中心在临河建成。

14 日　盟委、行署召开农村牧区防治“非典”工作及爱国卫生活动汇报会。盟委书记郭启俊主持会议并讲话。

16 日　自治区党委宣传部向巴盟防治“非典”指挥部捐赠仪式在临河举行。自治区党委常委、宣传部部长张国民带着中宣部、中央文明办,自治区党委宣传部、自治区文明办的关怀和问候,转赠捐助款和物资,并慰问和看望宣传系统抗击“非典”一线的干部职工。自治区党委副书记、自治区驻巴盟“非典”防治工作组组长杨利民,自治区人大常委会副主任云秀梅出席会议。

17 日　卫生部疫情分析报告督查组一行 3 人抵达巴盟,检查巴盟“非典”防治工作情况,并在汇报会上对一些具体工作提出意见。自治区、盟领导杨利民、郭启俊、乌兰等参加汇报会。

23 日　全国防治“非典”指挥部派出的督导组一行 5 人抵达巴盟,就巴盟“非典”防治工作进行督查指导。

26—27 日　盟委召开第四次盟委(扩大)会议。会议听取并审议行署党组 2003 年全盟国民经济和社会发展建议指标、2003 年盟本级财政预算安排、临河市 2003 年城市建设管理工作和城市新区规划建设方案以及关于调整临河城市规划、建设、管理体制的方案。

29—31 日　自治区党委副书记、政府代主席杨晶带领自治区政府秘书长乌兰巴特尔,自治区计委、财政厅、卫生厅、经贸委、统计局负责人在乌拉特前旗、五原县、临河市、乌拉特后旗、杭锦后旗进行考察调研。

6 月

5—6 日　自治区交通厅厅长郝继业深入巴盟乌拉特前旗、临河、磴口等地,检查 110

国道沿线的公路交通工作，对巴盟即将开工的哈德门至磴口段高速公路建设提出指导意见。

10日　农工党中央中国初级基金会、农工党内蒙古自治区委员会向巴盟捐赠价值6万元的药品和医疗器械。

16日　全盟领导干部大会在盟委小礼堂召开。盟委书记郭启俊作重要讲话，盟委副书记、行署盟长乌兰通报全盟“非典”防治工作及上半年经济运行情况，安排部署全盟下半年各项工作和目标任务。

19日　自治区政府副主席连辑带领自治区政府有关部门负责人深入巴盟磴口地区，检查指导“非典”防控工作。

26—27日　自治区党委书记储波，自治区党委常委、秘书长任亚平带领自治区经贸委、财政厅、计委负责人深入巴盟磴口、乌拉特后旗、杭锦后旗、临河市进行考察。

7月

6—9日　中央组织部和团中央选派到自治区挂职的“博士服务团”专家一行4人，在巴盟开展调研讲学活动。

17日　中国电信巴盟电信分公司成立。

是日　巴盟与蒙古国南戈壁省、加拿大艾芬豪矿业有限公司在蒙古国南戈壁省奥云陶勒盖超大型铜金矿的开发、运营的运输支持备忘录在呼和浩特市新城宾馆签订。

23—24日　国家发改委、水利部联合组成的调研组一行9人，在自治区计委、水利厅负责人的陪同下到巴盟，对河套灌区末级渠系改造进行专题调研。

25日　盟委召开扩大会议，传达自治区党委七届四次会议和全区对外开放会议精神，安排部署全盟贯彻落实两个会议精神。盟委书记郭启俊主持会议。

30日　巴盟新闻出版(版权)局挂牌成立仪式在临河举行。

8月

3日　全国抗击“非典”英雄模范事迹报告会在盟委小礼堂举行。由中宣部宣教局副局长刘晓航带队的来自北京、广东、山西各地的抗击“非典”英雄模范为巴盟500多名干部群众讲述了他们在抗击“非典”中的感人事迹。

3—5日　由自治区党委副秘书长、政研室主任布和朝鲁带队的自治区党委调研组先后深入磴口、杭锦后旗、临河，对各地农民增收情况、工业经济运行情况进行考察了解。

6日　自治区党委副书记杨利民、自治区政协副主席夏日带领自治区沙产业、草产业协会以及财政、农行等部门有关负责人组成的考察团到磴口县，对磴口县的沙产业、草产业进行考察。

8—9日　国务院侨办国内司司长周中栋一行在巴盟调研。

12 日　全区农村牧区思想政治工作座谈会在巴盟临河召开。自治区党委常委、宣传部长张国民参加开幕式并作重要讲话。

13 日　司法部部长张福森一行,在自治区党委常委、政法委书记胡中,司法厅厅长任英超的陪同下到巴盟调研。

16 日　巴运集团企业标志与"巴运情"服务品牌在国家工商管理总局注册。

22 日　全盟防治非典型肺炎工作总结表彰暨英模报告大会在临河隆重召开。大会总结全盟抗击"非典"阶段性胜利成果,表彰在巴盟防治"非典"工作中做出特别贡献的先进单位和个人。盟委书记郭启俊主持大会,行署盟长乌兰讲话。

9 月

1 日　自治区政协九届三次常委会议在巴盟召开。自治区政协主席王占主持开幕大会,自治区党委常委、统战部部长伏来旺,自治区政府副主席连辑等出席会议。

5 日　20 时 30 分,黄河乌拉特前旗段大河湾堤防决口,堤下数平方公里范围内的农田、村庄被淹。

10 日　国家防总副总工程师、黄委副主任苏茂林,自治区政府副主席雷·额尔德尼,水利厅厅长赵文元,在盟领导郭启俊、乌兰等陪同下,来到黄河乌拉特前旗大河湾段大堤抢险现场,察看大堤加固、二道防线防护排水泄洪等各项防汛抢险工程。

14 日　自治区政府副主席郭子明赴乌拉特前旗灾区检查救灾工作,慰问受灾群众。自治区民政厅厅长庞启,盟领导郭启俊、乌兰等陪同考察。

21—22 日　全区黄河防汛防凌工作现场会在巴盟召开。自治区政府副主席雷·额尔德尼,政府秘书长乌兰巴特尔,水利厅厅长赵文元等出席会议。会议认真分析黄河防汛防凌工作中出现的新情况、新问题,要求各级领导提高对黄河防汛防凌工作重要性和紧迫性的认识,研究制定科学有效、切实可行的治理措施,确保黄河在设防标准内不出问题。

24 日　自治区党委书记储波,党委常委、秘书长任亚平,政府副主席雷·额尔德尼,带领内蒙古军区,自治区财政厅、民政厅、水利厅负责人,到黄河乌拉特前旗大河湾段决口现场检查救灾工作,慰问受灾群众。

10 月

14 日　全盟再就业和社会保障工作会议在临河召开。会议贯彻落实全国、全区再就业工作会议精神,总结经验,分析研究再就业面临的新问题,就巴盟今后一个时期再就业和社会保障工作作出具体安排。盟委书记郭启俊讲话,行署盟长乌兰主持会议。

20 日　蒙古国前总理、现蒙古国大呼拉尔委员彭·扎斯来带领蒙古国工贸部、外交部、青年发展促进会等考察人员,在自治区政协副主席傅守正的陪同下赴巴盟考察。

27 日　盟委召开中心组第五次学习会,传达胡锦涛在中共十六届三中全会上的讲话。

盟委书记郭启俊主持会议。

11 月

3—5 日　河北省政府顾问郭世昌带领的由省人大、工经联合会负责人和省内重点工业企业负责人组成的经济考察团先后在乌拉特前旗、五原、临河、乌拉特后旗等地分别就农畜产品加工和矿产加工进行深入考察。

11 日　中国杭锦后旗沙漠治理国际示范基地揭幕。

11—16 日　行署盟长乌兰率领巴彦淖尔盟·神华集团经贸代表团出访蒙古国，在蒙古国首都乌兰巴托就合作开发蒙古国南戈壁省塔本陶勒盖煤矿事宜与蒙古国有关方面人士进行会谈，双方商定，计划签署正式协议。

15 日　全盟农业经济学术报告会在临河召开。经济学家、国家发改委农经司司长杜鹰作《农民收入与结构调整》的专题报告。

26—28 日　自治区政府副主席郝益东带领自治区建设厅、环保局的负责人先后深入磴口县、杭锦后旗、临河市、五原县、乌拉特前旗等地，就城建方面的供热、供水、污水处理、巷道治理、房地产开发等基础设施建设进行考察。

28 日　巴运汽车运输有限责任公司召开首届股东大会，选举产生首届董事会、监事会、董事长、监事会主席组成人员。

12 月

1 日　国务院正式批准撤销巴彦淖尔盟和县级临河市，设立巴彦淖尔市和县级临河区。

10 日　自治区党委副书记、政府副主席岳福洪带领自治区财政厅、发改委负责人深入巴盟调研，并要求更新观念、优化环境、加快工业化进程。盟委书记郭启俊汇报工作，自治区政府副主席、行署盟长乌兰参加汇报会。

是日　自治区交通厅厅长郝继业一行在巴盟调研并听取巴盟交通工作情况汇报。自治区政府副主席、行署盟长乌兰，盟委书记郭启俊等参加汇报会。

19 日　盟委召开扩大会议，研究部署“非典”预防和牲畜疫病预防工作。盟委书记郭启俊主持会议并讲话。

26 日　盟委、行署召开全盟领导干部大会，自治区党委组织部副部长王长聚宣读自治区党委对巴盟盟委、行署的人事调整决定：任命巴盟盟委副书记、行署盟长，乌兰不再担任巴盟盟委副书记、行署盟长，云飞不再担任盟委副书记。

30 日　由自治区党委常委、宣传部部长张国民，自治区政府副主席连辑带队的自治区党政慰问团一行到巴盟慰问，为部分做出突出贡献的单位、个人和生活困难的群众送去慰问金和慰问品。

2004年

1月

1日　《巴彦淖尔报》更名为《巴彦淖尔日报》。

2日　磴口县在5号食品工业园区为蒙牛磴口分公司举行落成并投入生产剪彩仪式。蒙牛磴口分公司一期工程投资2.6亿元,厂区占地15万平方米,日处理鲜奶180吨。

5日　盟委中心组召开2004年第一次学习会。会议传达了中央、自治区经济工作会议精神,分析2003年巴盟经济形势,研究讨论2004年的经济工作。盟领导郭启俊参加会议并传达中央、自治区经济工作会议精神。

17日　2004年"巴彦淖尔之春"春节文艺晚会在盟体育场隆重上演。自治区政协副主席邬宝恒、盟领导郭启俊等领导及3000多名群众观看演出。

29日　盟委、行署组织召开的全盟经济发展战略研讨会暨经济工作会议在市委礼堂举行。会议主要是贯彻中共十六大和十六届三中全会,自治区七届三、四、五次全委会和经济工作会议精神,分析巴盟经济发展和全盟发展的现状,进一步完善全盟经济社会发展的总体规划,科学确定工作总体目标,提出对策,实现巴盟经济社会全面、协调、可持续发展。

2月

2日　行署组织召开全盟加强高致病性禽流感预防暨春防工作会议,全面安排部署下一步预防禽流感工作和全盟春季动物疫病防治工作。

5—6日　盟委书记郭启俊带领盟畜牧部门负责人,深入杭锦后旗、临河市检查指导高致病禽流感预防工作。

10日　应巴盟盟委、行署邀请,巴盟与神华集团、加拿大艾芬豪公司共同开发蒙古国南戈壁省奥云陶勒盖铜矿有关事宜在北京神华大厦举行会谈。

13—14日　自治区党委常委、组织部部长陈朋山就如何加强新时期党的基层组织建设工作,在巴盟进行调研。

20日　盟委行署组织的全盟农村牧区工作会议在临河召开。会议传达中央和自治区农村工作会议精神,分析了全盟农牧区经济发展所面临的形势,研究确定今年巴盟农村牧区工作的发展规划、奋斗目标、主要任务和保障措施。

3月

8日　国家级乌拉山森林公园大桦背北坡失火,经过4个小时的奋力扑救后山火扑灭,火灾过火面积为97公顷,全部是2003年度未成林地,直接经济损失达22万元。

10日　内蒙古师范大学与河套大学联合共建的"内蒙古师范大学西部学院"成立大会在河套大学主校区举行。

16 日　内蒙古自治区政府副主席雷·额尔德尼带领水利厅等有关部门负责人赴巴盟察看黄河乌拉特前旗段、五原段、干渠挡黄闸等险工段及控导工程。

22—24 日　内蒙古自治区党委书记储波，党委常委、秘书长任亚平，自治区副主席雷·额尔德尼带领财政厅、发改委、农牧业厅负责人深入巴盟乌拉特前旗、五原县、杭锦后旗、磴口县、临河市，对各旗县市的重点项目建设和运行情况进行调研。

24 日　内蒙古自治区政府副主席乌兰一行，深入巴盟 3 个旗县市 8 个乡镇的 10 个村社，就河套高砷高氟地下饮用水对当地群众的危害情况进行为期 3 天的实地察看调研。

27—28 日　水利部部长汪恕诚深入巴盟考察水利重点工程建设和相关水利工作。

29 日　临河地区集购物、娱乐、餐饮、住宿为一体的综合型商城——国泰大厦开业。

4 月

12 日　内蒙古自治区第二届农牧业科技成果博览会在临河市星月广场隆重开幕。博览会由自治区科技厅、盟行署主办，由盟科技局、临河市政府、自治区科技会展中心承办，展会在 4 天中实现现场交易额 23 万元，达成和签订技术合作等各类协议 120 余项，协议金额 2.4735亿元。

12—14 日　河北省决策咨询委员会主任、省政府顾问郭世昌率河北省商务考察团在巴盟考察。全国政协常委、全国政协民族事务委员会副主任夏日陪同考察。

15 日　全盟干部、群众在中国杭锦后旗国际沙地治理试验示范基地（杭锦后旗太阳庙乡）进行义务植树活动。

20 日　盟委组织召开撤盟设市选举工作会议，安排部署巴彦淖尔市第一次党代会、第一届人代会代表选举工作及政协巴彦淖尔市第一届委员的组建委员会推荐工作。

28 日　盟委组织的全盟庆祝“五一”国际劳动节暨工会工作先进集体、先进个人表彰大会在盟委小礼堂隆重召开。

5 月

3 日　凌晨时，巴盟突发严重霜冻灾害，全盟 7 个旗、县、市 221000 公顷青苗受冻，重灾涉及小麦、葵花、玉米、番茄、青椒、蜜瓜等作物，直接经济损失近亿元。

11 日　行署组织的临河地区大中专学校布局调整工作会议在临河宾馆召开。会议传达了自治区政府、教育厅、编办对巴盟大中专学校布局调整的批复。

15—16 日　巴盟境内再次发生冻灾，26 个苏木乡镇受灾，农田成灾面积 32000 公顷。

28 日　台湾同胞、盟海外联谊会两届名誉会长黎祖森捐赠盟海外联谊会一台“全方位能量之源”治疗仪。盟海外联谊会又将治疗仪转赠盟医院。

6 月

3 日　国务院西部开发办副主任王志宝带领西部开发办、农业部、林业局等有关部门负责人就退耕还林、退牧还草工作在巴盟进行考察指导。

8 日　农业部畜牧兽医总站党委书记何新天率领的草原蝗虫防治督查组来到巴盟,对巴盟的灭蝗工作进行检查指导。

14 日　在巴盟宾馆多功能厅,盟委书记郭启俊在电脑上开通点击,巴彦淖尔新闻网正式开通。

18 日　中国银行业监督管理委员会巴彦淖尔监管分局正式成立。

20 日　行署组织的"巴彦淖尔市城市总体规划·城市水系规划研讨会"在临河市举行。会议对未来巴彦淖尔市城市总体规划初步设计方案进行研讨,对城市水系规划进行论证。

25—26 日　水利部防砷改水工作调研组深入巴盟五原、临河、杭锦后旗,调查了解部分防砷改水工程及砷氟病区的群众生产、生活情况。

7 月

2 日　中共巴彦淖尔市第一次代表大会在临河举行预备会议和主席团第一次会议。预备会议通过大会主席团和秘书长名单、代表资格审查委员成员名单;主席团会议审议通过主席团常务委员会名单、代表资格审查报告和大会日程等。

3 日　中国共产党巴彦淖尔市第一次代表大会在临河市开幕。大会主要任务是高举邓小平理论伟大旗帜,全面贯彻"三个代表"重要思想,树立和落实科学发展观,总结巴彦淖尔盟成立以来的建设成就和基本经验,确定今后几年全市经济社会发展战略目标和任务,动员全市共产党员和各族干部群众团结奋进、开拓创新、励精图治,再造经济社会新优势,努力实现新跨越,为全面建设小康社会奠定坚实基础。

5 日　中国共产党巴彦淖尔市第一届委员会第一次全体会议在盟宾馆举行。会议选举产生了中国共产党巴彦淖尔市第一届委员会常委、书记和副书记;通过了巴彦淖尔市纪律检查委员会第一次选举结果的报告。

8 日　巴彦淖尔市第一届人民代表大会第一次会议在盟宾馆开幕。会议选举产生了市人大常委会和市人民政府组成人员。

9 日　政协巴彦淖尔市一届一次会议在盟宾馆开幕。大会通过政协巴彦淖尔市第一届委员会第一次会议政治决议等。

23—24 日　中共巴彦淖尔市第一届委员会第二次全体会议在盟宾馆举行。会议的主要任务是贯彻落实自治区党委七届六次全委会和全区第三产业工作会议精神,以科学发展观为指导,分析形势,统一思想,总结全市上半年工作,对下一步工作进行研究部署。

8 月

2—3 日　市委书记郭启俊深入乌拉特前旗、乌拉特中旗调研部分村镇受洪灾情况。

23日　内蒙古自治区第24届盟市、企业报纸协作会议在临河召开。

25日　巴彦淖尔报社印刷设备技改投产采编大楼维修改造竣工。自治区党委常委、宣传部部长张国民等出席剪彩仪式。

26日　巴彦淖尔市成立庆典大会在市人民广场隆重召开。全国人大常委会原副委员长布赫和自治区、部分盟市领导出席大会，各族各界干部群众5000多人参加大会。

是日　自治区政府副主席乌兰带领自治区计生、卫生部门负责人前往杭锦后旗、乌拉特后旗，就计生、卫生方面的工作进行调研。

9月

1日　全区党的基层组织建设经验交流暨发展党员工作会议在临河区召开。自治区党委副书记杨利民讲话，自治区党委常委、组织部部长陈朋山主持会议。市领导郭启俊等参加会议。

9日　巴彦淖尔市人民政府第一次全体会议在临河区召开。会议深入分析全市经济社会发展面临的形势，围绕再造发展新优势、努力实现新跨越的奋斗目标，研究部署新形势下的政府工作。

10日　巴彦淖尔市蒙医医院举行建院20周年庆典暨“巴彦淖尔市第三医院”揭牌仪式。

11日　巴彦淖尔职业教育学院举行揭牌仪式暨开学典礼。学院是经自治区人民政府批准，由原巴盟技工学校、巴盟农牧业机械化学校合并组建而成。

10月

1日　市直各单位和学校2500余名职工和学生进入巴彦淖尔市人民广场参加庆祝中华人民共和国成立55周年“迎国庆”升国旗仪式。市领导郭启俊、张向阳、邓秀英、黄志江等参加仪式。

9日　北方联合电力公司加快电力建设动员大会暨乌拉山发电厂三期工程获国家发改委批复庆典在乌拉山电厂三期工地举行。自治区政府副主席赵双连、乌兰及党委政府办公厅有关领导，内蒙古电力公司党委书记王维维、北方电力公司董事长乌若思等出席庆典大会。

21日　巴彦淖尔市召开经济运行分析会，对全市前三季度经济运行情况进行分析，并对下一步经济工作作出安排部署。市委书记郭启俊主持会议，市委书记、市长分别讲话。

25—26日　以任克礼为组长的中央纪委、中央组织部巡视组一行8人在巴彦淖尔市巡视。市委书记郭启俊主持召开市委、人大、政府、政协领导成员与中央巡视组全体成员见面汇报会。市人大常委会主任贺永华等参加汇报会。

27日　市劳动和社会保障局在新落成的大楼前举行庆典，庆祝巴彦淖尔市劳动力技术培训交流综合大楼落成暨劳动力市场启用。自治区劳动和社会保障厅厅长冀秉峰等参加庆典。

31 日　市委书记郭启俊在市委副书记邓秀英，市委常委、秘书长蔺富民的陪同下，带领市委宣传部、文化局和磴口县的有关领导，到临河区、杭锦后旗、磴口县进行文化调研。

是日　总投资 4077 万元的磴口至吉兰泰县际公路巴哈(巴彦高勒镇至哈腾套海苏木)段全线竣工通车。

11 月

3 日　巴彦淖尔市安全生产监督管理局成立。

14—15 日　自治区人大常委会副主任陈瑞清、自治区人大常委会委员吴凤德、自治区人大常委会环境资源委员会副主任王明等一行 4 人到巴彦淖尔市检查工作，就发展循环经济和“双百万”京津北绿色屏障工程建设进行考察调研。

21 日　自治区政府副主席雷·额尔德尼带领自治区发改委、财政厅等部门负责人在巴彦淖尔市考察农牧业产业化情况。

22 日　市委召开全市文化工作会议，贯彻自治区文化工作会议、未成年人思想道德建设工作会议、两个文明建设经验交流会精神，研究部署全市文化和宣传思想工作。

23 日　市委宣传部组织召开全市宣传部长会议，贯彻落实中共十六届四中全会、市第一次党代会、全市文化工作会议精神，安排部署下一步全市宣传工作。

12 月

6 日　市政府召开了巴彦淖尔市第一次经济普查工作会议，各旗(县、区)的领导汇报了经济普查前期准备工作的开展情况，市经济普查领导小组负责人部署经济普查工作的下一步任务。

8—9 日　市政府全市城镇建设工作现场会在杭锦后旗召开。

13 日　内蒙古临海化工有限责任公司在西山咀镇举行建厂 12 周年庆典暨 6 万吨/年聚氯乙烯生产线投运剪彩仪式。自治区原党委常委、政府副主席周德海，自治区人大常委会副主任宝音德力格尔，市委书记郭启俊等领导参加庆典。

15 日　市委副书记杨志民主持召开全市领导干部学习牛玉儒同志先进事迹座谈会，贯彻落实胡锦涛及中央领导同志重要批示和自治区党委《关于向牛玉儒同志学习的决定》精神，在全市党员干部特别是领导干部中掀起向牛玉儒学习的高潮。

27 日　巴彦淖尔市妇联第一次代表大会在临河区隆重召开。全市各旗(县、区)、市直属机关以及中央、自治区驻地单位的 8 个代表团，共 200 多名代表、特邀代表、列席代表参加大会。大会选举产生巴彦淖尔市妇女联合会第一届执行委员会。

29 日　巴彦淖尔市工会第一届代表大会在临河区召开。大会选举产生了巴彦淖尔市总工会第一届委员会和经费审查委员会。

2005 年

1 月

25 日　巴彦淖尔市委召开常委会议，对全市开展保持共产党员先进性教育活动进行了专题研究。市委书记、市先进性教育活动领导小组组长郭启俊主持会议。

26 日　中宣部、中央文明办、国家广电总局“电视进万家”捐赠仪式在临河区举行。

2 月

16 日　中共巴彦淖尔市委第一届委员会第三次全体（扩大）会议在临河区开幕。

24 日　市政府组织的全市防震减灾工作领导小组会议在临河区召开，讨论修改了全市地震应急预案。

25 日　内蒙古河套酒业集团被内蒙古自治区地方税务局授予全区“地方税收纳税大户”“A 级纳税信用企业”光荣称号。

27 日　21 时 27 分、21 时 29 分，在乌拉特后旗乌盖苏木（北纬 41°08′，东经 107°35′）发生 4. 0 级、3. 1 级地震。21 时 26 分在临河区份子地（北纬 41°06′，东经 107°56′）发生 2. 4 级地震。

3 月

27—30 日　中国人民政治协商会议巴彦淖尔市第一届委员会第二次会议在市政协会堂召开。

28—31 日　巴彦淖尔市一届人大二次会议在巴彦淖尔影剧院召开。

4 月

月初　巴彦淖尔紫金有色金属有限公司年产 10 万吨电解锌项目一期工程在乌拉特后旗巴音宝力格镇破土动工。

12 日　内蒙古自治区第三届农牧业科技博览会在杭锦后旗伊利集团分公司隆重开幕。自治区政府副主席连辑等出席开幕式，并正式开通了“96048”农技服务热线电话。

是日　巴彦淖尔市政府与蒙古国南戈壁省政府合作项目签字仪式在市政协会堂举行。巴彦淖尔市市长，蒙古国南戈壁省省长色 · 策仁巴雅尔分别在《中华人民共和国内蒙古自治区巴彦淖尔市与蒙古国南戈壁省政府间合作协议》上签字。双方有关地区、部门、企业间签订 8 个配套协议。巴彦淖尔市与蒙古国南戈壁省签订的合作协议，涉及口岸和边境贸易、电热设施维修以及农牧业、旅游、文化、教育、卫生、建立友好城市等。

22 日　市委主持的全市劳动模范和先进工作者表彰大会在市委小礼堂隆重开幕。来自全市各条战线的 121 名劳动模范和先进工作者受到表彰。

28 日　巴彦淖尔市召开马勇严先进事迹报告会。马勇严生前系市民政局社会福利和社会事务科科长兼机关二支部书记。2005 年 2 月 28 日,因长期劳累过度,突发心脏病去世,享年 48 岁。

29 日　河套灌区第一届灌户代表大会在临河区召开。

5 月

12—13 日　全国人大常委会副委员长许嘉璐率领的全国人大常委会水污染防治法执法检查组先后深入乌拉特前旗、临河、磴口县、杭锦后旗,检查节水试验示范区、三盛公水利枢纽工程、水污染防治情况、企业污水治理情况和防砷改水情况。

是月　巴彦淖尔电业局高压管理所实现连续安全生产 3751 天无事故。

6 月

6—7 日　自治区党委书记、人大常委会主任储波先后考察乌拉特前旗大中矿业公司、临河富方泰药业公司、临河热电厂、维信(临河)羊绒制品有限公司、临河国际家具建材城建设工地、春雪羊绒制品有限公司等企业和建设工地。

12 日　巴彦淖尔市磴口蒙牛工业园区举行内蒙古盘古集团林浆纸一体化工程奠基仪式。内蒙古盘古集团在磴口县乌兰布和沙漠建立 80 万亩生态林建设基地,推进林浆纸一体化产业开发。

21 日　巴彦淖尔市政府"12345"市长热线电话正式开通。

26 日　香港富邦集团磴口分公司 10 万吨红柱石精选及 10 万吨硅铝冶炼项目在磴口县沙金套海苏木开工建设。

29 日　自治区人大常委会副主任宝音德力格尔深入巴彦淖尔市部分企事业单位,就巴彦淖尔市红十字会、输血献血、旅游业、矿山企业等各项工作展开调研。

7 月

6 日　五原县向乌拉特中旗遭受旱灾地区捐赠 5 万千克玉米。

18 日　乌拉特后旗发生强降雨,发生洪涝灾害。洪灾涉及 4 个乡镇苏木 31 个村民小组,受灾人口 1300 户 4702 人,受灾农作物面积 2.7 万亩,绝收面积 4300 亩。

24 日　内蒙古巴彦淖尔市、江苏泰兴市缔结友好城市暨巴彦淖尔市新区建设启动仪式在巴彦淖尔市临河区新华西街新区写字楼施工现场举行。

8 月

6—26 日　巴彦淖尔市举行中国·首届河套文化艺术节。

20—24 日　乌拉特后旗建旗 35 周年暨旗府搬迁那达慕大会在乌拉特后旗巴音宝力格镇举行。

9 月

28 日　恒丰集团公司在停产两年后又重新投入生产。

是月　由国家林业局审批通过哈腾套海自然保护区晋升为国家级自然保护区。

10 月

6 日　巴彦淖尔市紧急动物疫情防控指挥部下发通知,要求各地做好应对突发高致病禽流感疫情的各项准备工作。

11 月

22 日　自治区副主席郝益东深入临河区、乌拉特后旗、杭锦后旗等地,就城镇化工作、清理拖欠工程款和农民工工资情况进行调研。

25 日　丹拉国道主干线—哈德门至磴口高速公路通车试运行庆典仪式在乌拉特前旗白彦花镇北部高速路上举行。

12 月

19 日　巴彦淖尔市民族工作会议在临河隆重召开。

20 日　巴彦淖尔市苏木乡镇行政区划调整和机构改革完成。96 个苏木乡镇合并为 48 个。

24 日　巴彦淖尔市运通公司一辆少林客车,由临河区发往鄂尔多斯市杭锦旗吉日格朗图镇,客车从五原景阳林渡口过黄河浮桥后,沿黄河河漫滩冰面行车,致使客车压破冰层沉入水中,造成 28 人死亡的重特大交通责任事故。

是年　国家林业局批准乌拉特梭梭林—蒙古野驴自然保护区,被确定为全国陆生野生动物疫源疫病监测站点。

2006 年

1 月

5—6 日　自治区党委常委、组织部部长陈朋山,自治区政府副主席郭子明在巴彦淖尔市开展春节慰问活动。

24 日　中共巴彦淖尔市委书记郭启俊慰问驻临河地区各部队。

26 日　巴彦淖尔政府市长到乌拉特中旗骑兵某营、边防某团慰问。

2 月

6 日　中共巴彦淖尔市第一届委员会第五次全体会议在市政协会堂召开。

21 日　乌拉特前旗检察院在北京召开的全国检察系统先进集体、先进个人表彰大会上荣获集体一等功。

3 月

4 日　自治区副主席雷·额尔德尼深入巴彦淖尔市检查指导黄河防凌工作。

8 日　国家防汛办总指挥部办公室副主任邱瑞田到巴彦淖尔市黄河沿线各旗(县、区)检查黄河防凌防汛工作。

17 日　山东鲁花集团 10 万吨葵花精炼油项目落户临河区。

23 日　全国最大的沸腾焙烧炉——巴彦淖尔紫金公司沸腾焙烧炉在乌拉特后旗建成。也是世界第二大沸腾焙烧炉。日可处理 20 多吨铅锌精粉,年生产能力可达 10 万吨。

27—30 日　政协巴彦淖尔第一届委员会第二次会议在政协会堂隆重召开。

28—31 日　巴彦淖尔市第一届人民代表大会第三次会议召开。

4 月

6—7 日　自治区党委副书记、政府主席杨晶深入巴彦淖尔市考察指导工作。

11 日　乌拉特前旗污水暂存池受特强风暴灾害袭击造成溃坝,污水流入农田、村庄,给附近村民造成巨大的财产损失。

17 日　临河热电厂 1 号锅炉正式成功点火。

18 日　中兴·泰富商业广场举行开工奠基仪式。

21 日　金川啤酒高科技股份有限公司 10 万吨改扩建工程举行竣工典礼。

25 日　内蒙古远鑫镍业有限公司 1 万吨镍冶炼项目开工奠基仪式在乌拉特中旗金泉煤化工有色工业基地举行。

5 月

10 日　巴彦淖尔市委书记郭启俊深入杭锦后旗专题调研社会主义新农村建设情况。

15—16 日　自治区人大常委会副主任陈瑞清率自治区人大常委会执法检查组受全国人大委托,检查巴彦淖尔市固体废物污染环境防治法、水污染防治法、大气污染防治法贯彻情况。

26 日　临河热电联产项目通过国家核准,批准动态总投资 28.9 亿元。

6 月

1 日　杭锦后旗二道桥镇庆隆小学 11 岁的朱波为救游泳遇险的同学不幸遇难。7 月,团市委、市教育局、市少工委追授朱波“巴彦淖尔市优秀少先队员”荣誉称号。

6 日　自治区副主席赵双连深入杭锦后旗、乌拉特后旗、临河区、乌拉特中旗考察重点工业项目建设生产情况。

16 日　市民政局组织的全市农村牧区低保资金首发仪式在乌拉特中旗石哈河镇先锋村举行。

28 日　巴彦淖尔市庆祝中国共产党成立 85 周年暨先进性教育活动总结表彰大会在巴彦淖尔市影剧院隆重举行。

7 月

6 日　香港田氏化工有限公司董事长、田家炳基金会主席田家炳参加田家炳基金会捐资暨巴彦淖尔市田家炳实验中学庆典仪式。

11—12 日　巴彦淖尔市委书记郭启俊深入临河城乡各地就新农村建设、工业经济发展、重点项目进展等进行调研。

12日　巴彦淖尔紫金有色金属有限公司10万吨锌冶炼项目生产出第一批电解锌。

13日　内蒙古山路集团公司董事长倪明镜为乌拉特前旗一中捐资100万元。

下旬　全长133千米、投资近1.9亿元的省道212线(甘其毛道口岸至海流图公路,以下简称甘海公路)破土动工,甘海公路是连通与蒙古国的国际贸易通道。

24日　冰雹袭击临河农场一、四、五分场,黄瓜、番茄等10多种农作物受灾。

26日　乌拉特中旗石哈河镇白音厂汗四村15个村民小组遭受暴雨、冰雹灾害,山洪冲毁塘坝、农田、机电井。

28日　磴口黄河旅游文化节暨第十四届华莱士节在三盛公水利枢纽同心锁广场隆重举行。

是日　临河区、五原县、乌拉特中旗、乌拉特后旗48个嘎查村的农作物在大雨中受灾。

31日至8月2日　内蒙古自治区党委书记、人大常委会主任储波深入巴彦淖尔市工业园区、企业车间、村社农户、田间地头、学校,对落实科学发展观、促进经济社会全面发展进行调研。

8月

20日　2006年中国·河套文化艺术节开幕。艺术节上,不仅有各具特色的文艺会演,还有来自全国各地的奇石会展、书法、绘画等各类艺术的参展和竞赛活动。

26日　内蒙古天河化工有限责任公司在巴彦淖尔经济技术开发区(东区)临河热电厂厂区内举行2×20万吨二甲醚项目启动奠基仪式。

9月

19—20日　自治区副主席余德辉考察巴彦淖尔市矿产资源开发利用情况。

20日　全市48个苏木镇圆满完成换届选举工作任务。

是日　自治区农牧厅组织的全区"三农"服务业经验交流现场会在巴彦淖尔市召开,自治区政府副主席余德辉出席会议。

是日　自治区劳动厅组织的全区职业教育工作经验交流现场会在临河开幕。自治区党委副书记、政府常务副主席岳福洪,自治区政府副主席连辑出席会议。

25日　内蒙古河套酒业集团举行年产5000吨"河套王"原酒基地建成投产庆典仪式,基地被中国酿酒工业协会白酒技术委员会授予"北方第一窖"称号并挂牌。

10月

30日　中国共产党巴彦淖尔市第一届委员会第七次会议召开。会议通报中国共产党巴彦淖尔市第二次代表大会筹备情况,讨论党委、纪委工作报告,讨论并表决通过市委委员、候补委员、纪委委员候选人建议名单和出席自治区第八次党代会代表候选人预备人选建议名单，通过召开中国共产党巴彦淖尔市第二次代表大会的有关事项。

11 月

2—5 日　中国共产党巴彦淖尔市第二次代表大会在巴彦淖尔市召开，并召开第二届委员会第一次全体会议。

7—8 日　全区新型农村牧区合作医疗工作会议在巴彦淖尔市召开。内蒙古自治区政府副主席乌兰出席会议。

26 日　丹拉国道过境临河段主干线公路开工，全长约 52 千米，总投资近 22 亿元。

27—29 日　自治区党委副书记、政府副主席岳福洪，自治区政协副主席傅守正到五原县、乌拉特中旗调研工业经济发展情况。

28 日　总投资 42. 7 亿元的临策铁路开工建设。临策铁路途经巴彦淖尔市境内 150 多千米。临策铁路的建成结束了内蒙古西部沙漠地区无铁路的历史。

2007 年

1 月

18—19 日　内蒙古自治区政府副主席连辑率自治区政府办公厅、发改委、财政厅、教育厅、国家开发银行内蒙古分行负责人，在临河区专题调研河套大学扩建工作。

2 月

4 日　中国民主同盟巴彦淖尔市第一次盟员大会在巴彦淖尔市政协会堂召开。

3 月

7—8 日　自治区政府副主席雷·额尔德尼带领自治区发改委、财政厅、农牧业厅、水利厅、防汛办的领导，在巴彦淖尔市调研新农村新牧区建设和黄河防凌防汛工作。

25 日　中共巴彦淖尔市第二届委员会第二次全体会议在巴彦淖尔召开。

27—30 日　巴彦淖尔市政协第一届委员会第四次会议在巴彦淖尔举行。

28—31 日　巴彦淖尔市第一届人民代表大会第四次会议在巴彦淖尔举行。

31 日　国家发改委、水利部、黄河水利委员会组成的考察组到巴彦淖尔市，考察黄河防凌防汛工作。

4 月

3 日　五原抗日烈士陵园纪念碑落成，内蒙古自治区领导傅守正、李汉迎，市领导郭启俊、贺永华等出席纪念碑揭碑仪式。

16 日　6 时许，乌拉特前旗大佘太镇拴马桩沟的一个非法小煤矿发生塌方事故，4 人遇难。

18—19 日　自治区党委书记储波率领党委常委、秘书长符太增，自治区政府副主席雷·额尔德尼等，对巴彦淖尔市国民经济发展情况进行调研。

20 日　装机容量为 5 万千瓦的乌拉山电厂 1、2 号机组冷却塔被成功爆破拆除。内蒙古自治区政府副主席赵双连、市委书记郭启俊等出席爆破仪式。

5 月

18 日　全国政协常委、安徽省委原书记卢荣景，全国政协经济委员会副主任、陕西省原省长程安东率全国政协黄河沿岸经济社会协调发展常委视察团赴巴彦淖尔市视察。

23—24 日　自治区工商系统推进社会主义新农村新牧区建设经验交流会在巴彦淖尔市举行。

23—24 日　自治区副主席赵双连带领自治区政府办公厅、发改委、经委、财政厅、建设厅、农牧业厅、劳动和社会保障厅、环保局、国土资源厅、电力公司等部门负责人到巴彦淖尔市调研。

6 月

21—22 日　自治区政府组织的部分盟市及牧区旗市生态保护，提高农牧民收入水平与促进农村牧区经济发展工作座谈会分别在乌拉特中旗、乌拉特后旗召开，自治区政府主席出席会议并讲话。

25 日　自治区交通物流产业发展现场会在巴彦淖尔市召开。自治区政府副主席赵双连出席会议。

26 日　自治区淘汰高耗能高污染落后产能会议在巴彦淖尔市召开。

28 日　市领导考察临策铁路跨黄河总干渠、包兰线特大桥工程，并看望正在一线施工的工作人员。

是日　长庆气田—乌海—临河输气管道工程暨黄河穿越工程正式开工。

7 月

10 日　全市召开贯彻落实全国依法严肃处理环境违法行为工作会议，对全市整治环境违法行为和流域限批整改进行安排部署。

22 日　北京师范大学巴彦淖尔市教师队伍建设工程实验区启动仪式在市人民广场举行。

是日　中共通辽市委书记那顺孟和率领考察团到巴彦淖尔市考察。

8 月

3—5 日　国家环保总局环监局“流域限批”整改验收组在巴彦淖尔市检查验收流域限批整改工作。

10—11 日　全国政协副主席、中央统战部部长刘延东率中央代表团第四分团，到巴彦淖尔市看望各族干部群众。

11 日　中华全国总工会常务副主席孙春兰，在自治区政协主席陈光林等陪同下考察巴彦淖尔市工会工作。

14日　中央艺术团在巴彦淖尔市影剧院进行慰问演出。

18日　全市首届民营企业节在临河举行庆祝表彰大会。

18—19日　首届“中国·五原·河套番茄节”在五原葵花广场举行。

22日　国家发改委原副主任叶青、自治区原副主席周德海和国家有关部委及企业负责人到巴彦淖尔市考察乌拉特中旗煤炭资源情况。

25日　2007中国河套文化研究会暨河套文化研究会年会在临河召开。内蒙古自治区政府副主席连辑在开幕式上讲话。

29日　包头商业银行巴彦淖尔分行在临河挂牌成立。

9月

18日　巴彦淖尔市委、市政府召开新闻发布会,向新华社、自治区有关媒体,介绍阴山岩画抢救性保护普查活动相关情况,并举办阴山岩画文献合作签约仪式。

22日　中国甘其毛道口岸通关15周年暨海甘公路通车、百万风电首台机组并网发电大型庆典仪式在乌拉特中旗举行。

10月

23日　市政府主持的全市非金属矿产资源开发利用研讨会在北京召开。

26日　全市传达贯彻中共十七大精神干部大会在临河召开。市委书记郭启俊讲话。

31日　市委、市政府召开全市民族团结进步暨学习使用蒙古语文表彰大会。

11月

12—13日　市委书记郭启俊到部分县(旗)调研自治区节水改造专项工程进展情况。

18日　四川化工控股集团有限公司年产20万吨二甲醚项目投产庆典在临河举行。

是日　联邦制药国际控股有限公司年产5000吨6-APA项目投产仪式在临河举行。

23日　巴彦淖尔市农垦乌梁素海誉博食品公司与匈牙利霍尔多巴吉养鹅股份公司合资的4000万(只)肉鹅养殖加工项目在匈牙利驻华大使馆签约。

12月

3日　由自治区妇联组织的全国“12·4”法制宣传日妇女法制宣传行动全区启动仪式在乌拉特后旗潮格温都尔镇举行。

9日　市委书记郭启俊到临河区、杭锦后旗部分街道办事处、村镇,就社会治安综合治理和创建平安社区工作进行调研。

15日　巴彦淖尔市政府和自治区发改委、林业厅主办的《乌兰布和沙漠综合治理规划》研讨论证会在北京举行。

19日　自治区党委书记储波,党委常委、秘书长符太增率自治区发改委、经委、财政厅、民政厅、劳动和社会保障厅领导到巴彦淖尔市调研。

29 日　中共巴彦淖尔市第二届委员会第三次全体会议在临河召开。

2008 年

1 月

1—4 日　政协巴彦淖尔市第二届委员会第一次会议在市委报告厅召开。

2—5 日　巴彦淖尔市第二届人民代表大会第一次会议在市委报告厅召开。

8 日　省道 212 线甘其毛道至海流图一级公路通车。

12 日　上午,巴彦淖尔市富川饲料科技有限责任公司在开发区东区举行年产 18 万吨饲料生产线投产剪彩仪式。有效提高企业研发、生产、服务能力。

12—14 日　市委书记郭启俊在五原、临河、杭锦后旗、磴口等地部分镇村组调研新农村建设。

13 日　下午,临河区 1500 余名群众举行“迎奥运万人跑”活动。

15—16 日　市农牧业局在临河举行全市第一次农业污染源普查业务培训。参加人员有各旗(县、区)的分管领导、科研人员、市直相关部门。

28 日　巴彦淖尔市首家小额贷款公司内蒙古德鑫融小额贷款有限公司成立。

是日　由韩国政府援助的中国内蒙古巴彦淖尔市荒漠化防治示范项目专家团再次到乌兰布和沙区进行论证并完成项目的造林设计、种苗采购等准备工作,正式付诸实施。

2 月

5 日　国家批准巴彦淖尔市河套灌区 500 万亩中低产田改造建设项目正式实施,项目要求每年改造 50 万亩,资金由国家财政投入、地方政府配套和项目区农民投工投劳解决,2017 年完成。

7 日　乌拉特中旗巴音乌兰苏木东达乌素嘎查一户牧民家中发生电机尾气中毒事件,16 人中毒,6 人经抢救无效死亡。

3 月

1 日　中共巴彦淖尔市委员会召开全市干部大会,通报自治区党委任命决定,任命王波为巴彦淖尔市委委员、常委、市委副书记,提名为政府市长人选。

6 日　自治区政府副主席郭启俊带领自治区水利厅、防汛办负责人和内蒙古军区、内蒙古武警总队领导,到巴彦淖尔市检查黄河防凌工作。

28 日　巴彦淖尔紫金 20 万吨/年锌冶炼改扩建工程开工庆典仪式在乌拉特后旗举行。

4 月

15 日　自治区党委副书记岳福洪对黄河三盛公水利枢纽工程和城市建设进行考察。

16 日　市党、政、军领导与近万名市直机关干部群众、部队官兵到临河区乌兰图克云海秋林造林基地义务植树。

20—21 日　神华集团物资公司执行董事、总经理、党委书记冯宁到巴彦淖尔市考察，就合作推进现代物流业合作事宜与市政府领导进行座谈。

5 月

13 日　巴彦淖尔市红十字会向全市人民发出倡议书，向四川“5·12”地震灾区捐款。

13—14 日　内蒙古自治区政府副主席布小林对巴彦淖尔市的工业经济、口岸经济以及旅游产业发展进行考察。

19 日　14 时 28 分，在西区写字楼大厅内，市领导与楼内党政机关的工作人员默哀，表达对四川汶川大地震遇难同胞的深切哀悼。

26 日　巴彦淖尔市首批公路抢险队奔赴四川地震灾区。

27 日　巴彦淖尔市组成 19 名医务人员的医疗工作队启程赴四川地震灾区。

6 月

11 日　代市长王波在临河会见蒙古国南戈壁省省长色·额尔登巴图。

18 日　首届中国保健啤酒节在临河开幕。

25 日　2008 中国·内蒙古巴彦淖尔经济发展高端论坛在临河举行。

7 月

10 日　2008 阴山岩画年国际科考活动周夏令营开营仪式在磴口县格尔敖包沟岩画点举行。

是日　佳格集团多力葵花油生产基地二期工程奠基仪式在磴口县工业园区内隆重举行，是一期工程后的再次扩产。

11 日　由美国农业部副部长坎南率领的考察团考察巴彦淖尔市甜高粱制燃料乙醇情况。

16 日　市政府与建设银行内蒙古分行行长张勤座谈，探讨双方推进发展、拓宽合作领域等事宜。

17 日　自治区政府原副主席周德海、河北省原副省长郭世昌、中国国电电力发展股份有限公司总经理高嵩，在代市长王波陪同下，考察四川化工集团临河煤化工项目和临河新区建设。

23 日　全国政协常委、民族和宗教委员会主任、新华社原社长田聪明调研巴彦淖尔市民族宗教工作。

8 月

2 日　市体委组织的巴彦淖尔市第一届运动会在杭锦后旗奋斗中学体育场举行。

4—5 日　内蒙古自治区党委常委、纪委书记张力到巴彦淖尔市调研指导党风廉政建设工作。

18 日　市委、市政府在河北省石家庄市召开巴彦淖尔市煤化工项目总体推进会。冀中能源集团有限责任公司和河北正元化工有限责任公司参加会议。

28—30日 自治区党委常委、统战部部长伏来旺率自治区工商联、民委等部门负责人到巴彦淖尔市部分旗(县、区)调研指导工作。

9月

16日 自治区政府副主席郭启俊带领自治区水利厅厅长戈锋和政府代市长王波赴水利部,向水利部常务副部长鄂竟平汇报巴彦淖尔市水利改革发展情况。

18日 政府代市长王波与国电龙源电力集团公司总经理谢长军就国电龙源电力集团公司在乌拉特中旗建设1万千瓦光伏电站等事宜座谈。

21—23日 王波率团在蒙古国南戈壁省进行考察访问。

11月

7日 自治区国资委主任苏和,包钢(集团)公司董事长崔臣、总经理司永涛,内蒙古电力集团总经理张福生,调研巴彦淖尔市电力供求情况、与包钢合作事宜以及国资监管等。

11日 自治区党委常委、组织部部长陈朋山到巴彦淖尔市调研指导工作。

12日 国务院批准巴彦淖尔民用机场项目。

13—15日 自治区党委副书记、政府代主席巴特尔在巴彦淖尔市调研经济社会发展情况。

14日 内蒙古双利矿业有限公司120万吨/年球团项目奠基仪式在乌拉特后旗青科乐工业园区举行,自治区人民政府代主席巴特尔出席。

12月

3—4日 内蒙古自治区党委书记储波在巴彦淖尔市调研经济社会发展情况。

30日 巴彦淖尔市委第二届第七次全委(扩大)会议在临河召开,全面回顾总结一年来的工作、安排下年的主要任务。

2009年

1月

1日 中粮公司(生产番茄制品企业)集中租赁磴口县沙金套海苏木巴音毛道嘎查85户农牧民6000亩耕地20年,成为全市首创推广适度规模经营模式。

9日 神华甘泉铁路开工奠基仪式在乌拉特中旗金泉工业园区举行。自治区领导乌兰、郭启俊,神华集团董事长张喜武,市领导王波等,蒙古国驻华大使嘎乐桑·巴特苏赫,蒙古国南戈壁省省长博·巴达拉出席奠基仪式。

17日 自治区党委常委、宣传部部长乌兰到巴彦淖尔市调研指导宣传工作。

18日 巴彦淖尔市在京乡友会在人民大会堂内蒙古厅举行。全国人大常委会副委员长乌云其木格、全国人大常委员会原副委员长布赫莅临，市委书记致辞，市长王波主持。

28 日　市委、市政府在市宾馆举行乡友迎新春联谊会，自治区政府副主席连辑、自治区政府高级经济顾问郭世昌出席联谊会。

2 月

4 日　巴彦淖尔市改革开放 30 年成就展在人民广场举行。展出全市改革开放 30 年来各行各业成就图片资料等 2000 多件。

13 日　市文化体育局组织的巴彦淖尔市首届“乡村青年文化节”在临河区白脑包镇开幕。

3 月

5 日　市政府与中国银行内蒙古分行举行《全面金融服务合作协议》签字仪式。市委副书记、市长王波，中国银行内蒙古分行党委书记、行长张凤槐分别代表巴彦淖尔市政府、中国银行内蒙古分行在协议上签字。

6 日　自治区政府副主席郭启俊在巴彦淖尔市调研。

18 日　京藏高速公路临河过境线通车试运行，填补了全市境内没有高速公路的空白。

4 月

8 日　甘肃省白银市委书记、市人大常委会主任袁占亭，市委副书记、市长吴仰东率领白银市党政代表团到巴彦淖尔市考察，市委副书记、市长王波等陪同。

18 日　亚太旅游联合会、中华旅游促进会、中华民族文化促进会旅游文化研究中心联合授予巴彦淖尔市“中国文化生态旅游示范地”称号。

20 日　内蒙古中盛科技新材料有限公司年产 1500 吨多晶硅项目奠基仪式在五原县工业园区举行。

5 月

5 日　上午，大唐河北风力发电公司乌拉特后旗装机 60 万千瓦风电项目开工仪式在赛乌素举行，原内蒙古自治区政协副主席傅守正、大唐河北发电有限公司副总经理张福章出席开工仪式。

14 日　韩国国际协力团总裁朴大元赴巴彦淖尔市考察中韩合作乌兰布和沙漠治理项目实施情况。

6 月

3 日　乌拉特前旗大中矿业 4 号井突发矿难事故，两批 7 名工人下井作业，3 名矿工不幸遇难。

7 日　市风电产业园区开工奠基仪式在乌拉特中旗举行。

8 日　内蒙古大中矿业股份有限公司 120 吨/年氧化球团项目奠基仪式在乌拉特前旗

工业园区举行。

15日　自治区教育厅厅长李东升赴奋斗中学调研指导工作。

16日　世界品牌实验室发布2009年(第六届)《中国500最具价值品牌排行榜》。内蒙古河套酒业集团以9.68亿元的品牌价值再度入选,是内蒙古白酒行业唯一入选的企业。

18—19日　青海省委副书记骆惠宁率青海省考察团考察巴彦淖尔市畜牧业发展。

21日　临河黄河公路大桥项目举行奠基仪式,市长王波、市人大常委会主任贺永华等出席仪式。临河黄河公路大桥是临河至鄂尔多斯杭锦旗公路的重要组成部分,项目计划总投资6.5亿元。

23—25日　自治区党委书记、人大常委会主任储波赴巴彦淖尔市调研指导工作。

23—28日　市委副书记、市长王波率政府代表团对蒙古国进行考察访问,洽谈协议项目。

7月

7—8日　全区第二届新农村新牧区精神文明建设现场经验交流会在巴彦淖尔市举行。

13日　固察线青山至乌根高勒一级公路开工奠基仪式在乌拉特后旗举行。

15日　内蒙古中世联蓖麻油高科技有限公司10.5万吨/年蓖麻籽深加工综合利用项目奠基仪式在五原工业园区举行。

16日　首届中蒙口岸国际那达慕在甘其毛道口岸开幕。

22日　内蒙古同达建材有限责任公司日产4500吨水泥熟料项目奠基仪式在乌拉特前旗举行。

23日　市长王波赴安徽铜陵市考察洽谈铜冶炼项目及城市建设。

24日　市社会福利服务中心奠基仪式在临河举行,自治区政府副主席,自治区民政厅厅长吴金亮,市委书记等出席奠基仪式。

25日　中央电视台七套《每日农经》栏目“走进巴彦淖尔——魅力农畜产品播出周”开机仪式在临河区八一办事处联丰村举行。市委书记出席开机仪式。市委常委、宣传部部长张明中主持开机仪式。

8月

11日　自治区政府副主席连辑赴临河区考察基础教育设施建设。市长王波等陪同。

是日　自治区西部地区信访工作汇报会在巴彦淖尔市召开。自治区政府副主席连辑出席会议并讲话。市主要领导出席会议。

14日　北京大学光华管理学院名誉院长、教授、博士生导师,十一届全国政协常委、全国政协经济委员会副主任,中国民主同盟中央委员会原名誉副主席厉以宁到乌拉特前旗考察旅游等产业发展情况。

26日　市政府与交通银行内蒙古分行金融服务战略合作协议签订仪式在新区举行。

市长王波与交通银行内蒙古分行行长赵连祥代表双方签字。

28 日　中华人民共和国乌拉特海关挂牌开关仪式在乌拉特中旗海流图镇举行。市委书记和临河区书记、巴彦淖尔军分区皇甫建政委,自治区商务厅副厅长、自治区口岸办主任孟贵玺,蒙古国南戈壁省省长巴德拉出席。

9 月

1—2 日　自治区交通厅组织的全区农村牧区公路建设现场会在巴彦淖尔市召开,自治区交通厅厅长常海出席会议并讲话。

9—11 日　中央组织部原部长张景全考察巴彦淖尔市经济社会发展情况,市委书记陪同。

12 日　自治区党委原书记刘明祖考察巴彦淖尔市经济社会发展情况,自治区人大常委会副主任柳秀等陪同考察。

12—13 日　自治区政府副主席连辑调研巴彦淖尔市中小学校舍安全工程实施情况。

10 月

15 日　全市首次两个文明建设现场经验交流会议召开,参会人员观摩五原县、杭锦后旗、临河区两个文明建设成果。

18 日　在第十一届全运会马拉松比赛中,乌拉特前旗籍运动员韩刚以 2 小时 12 分 36 秒的成绩夺冠。

11 月

11 日　内蒙古盾安光伏科技有限公司揭牌暨 6000 吨多晶硅(一期 3000 吨)项目奠基仪式在乌拉特后旗工业园区隆重举行。市政府王波市长,中国再生能源协会副理事长、光伏分会主任赵玉文,盾安控股集团董事局主席姚新义、总经理吴子富等出席奠基仪式。

25 日　巴彦淖尔老年大学成立暨开学典礼仪式在市委党校报告厅举行,市委副书记、市长王波出席,并为巴彦淖尔老年大学成立揭牌。

12 月

7 日　全区第三批深入学习实践科学发展观活动西片座谈会在巴彦淖尔市举行,自治区党委副书记、自治区政府常务副主席任亚平出席并讲话。

8 日　自治区人大常委会副主任查干调研巴彦淖尔市 2009 年经济发展情况。

21 日　自治区政府副主席刘新乐率自治区文化体制改革和文化产业发展督察组到巴彦淖尔市调研指导工作。

31 日　巴彦淖尔市全面停止行政事业单位养老保险试点工作。市社保局安排部署停保、退费和人员移交工作。

是月　在全国第三次文物普查中,五原县文物部门在塔尔湖镇境内发现 1 处汉代古墓群和古城遗址。

2010 年

3 月

30 日　自治区党委书记、自治区人大常委会主任胡春华赴巴彦淖尔市调研前旗、五原城镇规划建设和工业园区建设，并考察中旺科技有限公司多晶硅项目和虹亚新城建设项目。研究巴彦淖尔市融入呼包鄂地区经济发展，共同开发沿黄经济带。

7 月

6 日　全市首次在临河区、五原县种植的 2000 亩冬小麦示范田开镰收割。

18 日　民建中央副主席王少阶赴巴彦淖尔市调研，民建巴彦淖尔市支部主委吐嘎等陪同。

是月　五原县文物部门在五原县城东 20 千米处、胜丰镇东侧、处于在建甘泉铁路线附近一片盐碱荒滩上发现 1 处汉代古墓群，分布面积约 1 平方千米。

8 月

6 日　120 名大学生“村干部”（其中 13 名为 2008 年选聘，期满延聘 2 年；107 名为新聘）陆续到旗（县、区）赴任。

9 月

3 日　民革内蒙古自治区委直属巴彦淖尔市总支部委员会成立，召开一届一次党员大会，金丽凤任总支委员会主任委员。

13 日　“中国北方浓香型白酒生产基地”授牌暨河套酒业万吨名优酒技改项目投产剪彩仪式在陕坝河套酒业集团举行。

是月　中蒙能源通道——西甘、甘泉铁路乌拉特中旗段建设全面开工。建设西甘铁路总投资 11.84 亿元，甘泉铁路投资 47 亿元，设 8 个货运转运作业站。建设铁路等级为国铁一级电气化铁路。

10 月

15 日　创刊于 2005 年的《巴彦淖尔晚报》更名为《黄河晚报》。

12 月

14—15 日　市委二届十次全委（扩大）会议在临河召开，审议通过《中共巴彦淖尔市委员会关于制定国民经济和社会发展第十二个五年规划的建议》。

21 日　境内 278.507 千米黄河防洪堤一级公路建设工程开始施工。

26—27 日　自治区党委书记、人大常委会主任胡春华先后赴乌拉特中旗、临河区调研口岸经济发展、加工园区规划建设、风电产业发展情况和棚户区改造建设情况。

是年　乌拉特前旗境内的独贵塔拉奎素黄河公路大桥建成通车。

第一篇

政　　区

第一章 行政区划

第一节 位置面积

巴彦淖尔市地处祖国北部边疆,位于内蒙古自治区西部,黄河“几”字弯北侧。地理坐标在北纬40°13′~42°28′,东经105°12′~109°53′;行政区东与包头市比邻,西与阿拉善盟相连,南隔黄河与鄂尔多斯市相望,北至中、蒙国界与蒙古国接壤,东西约378千米,南北约238千米,行政区划总面积6.51万平方千米,占内蒙古自治区总面积的5.56%。

第二节 建置沿革

巴彦淖尔名称来源于1954年4月宁夏省成立的蒙古自治区(专区级建制),辖阿拉善旗和磴口县。同年10月,宁夏省建制撤销并入甘肃省,蒙古自治区也隶属于甘肃省。1955年3月,改称甘肃省蒙古自治州,同年11月又改为甘肃省巴音浩特蒙古族自治州。1956年2月24日中央批复,4月3日国务院第26次全体会议通过《国务院关于设置巴彦淖尔盟和巴彦浩特市的决定》,正式成立巴彦淖尔盟,隶属于内蒙古自治区,辖阿拉善旗、额济纳旗、磴口县和巴音浩特市,盟行署驻巴音浩特。

巴彦淖尔建制源于1950年3月绥远省人民政府成立陕坝专员行署(河套行政区前身),辖五原县、临河县、安北县、狼山县、米仓县、晏江县及陕坝镇。1954年绥远省撤销,改隶内蒙古自治区,陕坝专员行署同时更名为内蒙古自治区河套行政区。行政区人民政府设在陕坝镇,辖五原县、临河县、安北县、狼山县、达拉特后旗、杭锦后旗、陕坝镇。

1958年7月,国务院第76次全体会议批准河套行政区、巴彦淖尔盟合并,成立新的巴彦淖尔盟(以下简称巴盟)。同月,内蒙古自治区人民委员会批复将乌兰察布盟的乌拉特中后联合旗、乌拉特前旗合并到巴彦淖尔盟,撤销了盟一级政权建制,改为巴彦淖尔盟行署,作为自治区人民委员会的派出机关。同年7月19日,巴彦淖尔盟党委、行署直属机构全部移迁三盛公(今巴彦高勒镇),时辖乌拉特前旗(撤安北县并入乌拉特前旗)、乌拉特中后联合旗、杭锦后旗(将陕坝镇并入,撤狼山县部分并入)、阿拉善旗(撤巴彦浩特市并入阿拉善旗)、额济纳旗、磴口县、临河县(撤狼山县部分并入)、五原县(撤达拉特后旗并入五原县)。

1960年1月,撤销磴口县,设立巴彦高勒市,为盟行政行署驻地;7月,乌拉特前旗划归包头市管辖。1961 年 5 月，撤销阿拉善旗，分设阿拉善右旗、阿拉善左旗；7 月，设县级乌达市。1963 年 11 月，乌拉特前旗划入巴彦淖尔盟。1964 年 7 月，撤销巴彦高勒市，恢复磴口县建制。1969 年 7 月，阿拉善左旗划入宁夏回族自治区，阿拉善右旗、额济纳旗划入甘肃省。1970 年 12 月，巴彦淖尔盟革命委员会由磴口县巴彦高勒镇迁临河，10 月，划出乌拉特中后联合旗部分区域设置潮格旗，时巴彦淖尔盟辖杭锦后旗、乌拉特前旗、乌拉特中后联合旗、潮格旗、五原县、临河县、磴口县、乌达市。1971 年 5 月，乌拉特前旗划归包头市管辖，6 月乌拉特前旗重新划入。1975 年 8 月，乌达市归乌海市。1978 年，巴彦淖尔盟革命委员会改为巴彦淖尔行政行署。1979 年 5 月，阿拉善左旗、阿拉善右旗、额济纳旗分别由宁夏回族自治区、甘肃省划入内蒙古自治区巴彦淖尔盟。12 月，阿拉善右旗、阿拉善左旗、额济纳旗划归新成立的阿拉善盟。1981 年乌拉特中后联合旗、潮格旗分别更名乌拉特中旗、乌拉特后旗，1984 年 12 月，临河县改设为临河市（县级）。

2004 年，巴彦淖尔撤盟设市，巴彦淖尔盟改称巴彦淖尔市（以下简称巴彦淖尔市），临河市改为临河区。

第三节　行政区划

1986 年，巴盟辖 4 旗 2 县 1 市，即乌拉特前旗、乌拉特中旗、乌拉特后旗、杭锦后旗、五原县、磴口县、临河市，共有乡镇级行政区 123 个，其中，镇 18 个、乡 82 个、苏木 23 个。

2001 年，巴盟对乡镇级机构进行了调整，撤并掉 17 个。全盟共有乡镇级行政区 106 个，其中乡 32 个、镇 45 个、苏木 19 个、办事处 10 个。

2004 年撤盟设市后，巴彦淖尔市对乡镇级行政区进行调整，市辖县级行政区 7 个，其中，1 个区（临河区）、4 个旗（乌拉特前旗、乌拉特中旗、乌拉特后旗、杭锦后旗）、2 个县（五原县、磴口县）；乡级行政区 58 个，其中，镇 40 个、苏木 8 个、办事处 10 个。截至 2010 年，巴彦淖尔市有县级行政区 7 个，乡级行政区 60 个，其中，镇 41 个、苏木 7 个、办事处 12 个。

第二章 旗(县、区)农垦概况

第一节 临河区

一、基本情况

临河区位于内蒙古自治区西部的河套平原腹地,隶属于巴彦淖尔市;地理位置在北纬40°34′~41°17′,东经107°06′~107°44′;行政区东以丰济渠与五原县毗邻,南隔黄河与鄂尔多斯市杭锦旗隔河相望,西与杭锦后旗、磴口县搭界,北至乌加河与乌拉特中旗接壤,东西36千米,南北64.7千米,总面积2354平方千米。

1984年,临河县改设为县级市,辖18个乡、2个镇、9个街道办事处。2001年,临河市对所辖乡镇进行调整。调整后,临河市辖乡镇级政区24个,其中乡3个、镇11个、办事处10个。2003年12月,随着巴彦淖尔撤盟设市,临河市改设为区。2005年,临河区对乡镇进行撤并。撤并后,临河区共辖乡镇级行政区17个,其中镇7个、办事处10个。截至2010年,临河区辖狼山、新华、双河、干召庙、乌兰图克、白脑包、城关7个镇和新华、东环、北环、西环、铁南、解放、团结、曙光、先锋、车站、汇丰、金川12个办事处。

1986年,临河市总户数为83566户,总人口374002人,其中农村人口269252人、城市人口104750人。总人口中:蒙古族人口6324人,回族人口5711人,满族人口678人。2010年,临河区总户数为170013户,人口535672人,其中农村人口228036人,城市人口307636人。总人口中:蒙古族人口18409人,回族人口7312人,满族人口1813人。

二、自然环境

临河区地处黄河冲积平原,地势平坦,冲积层深厚,宜农宜牧;地势由西南向东北轻微倾斜,海拔1029~1045米之间,坡降1/5000,高差16.6米。

气候属中温带大陆性季风气候,年平均气温7℃,年平均降水141毫米,年蒸发量2240毫米,相对湿度为51%,无霜冻期125~135天。

1986年,临河市有农耕地7.06万公顷,均为黄河水浇地,分布在包兰铁路、临陕公路、临五公路两侧及黄河防洪堤以南,总排干以北。土壤以灌淤土为主,包括灌淤红泥土、灌淤两黄土、灌淤沫土、灌淤沙土、盐化红泥、盐化两黄土、盐化沫土、盐化沙土8个土属27个土种。灌淤土灌溉有效层在50厘米左右,表土容量每平方厘米小于1.5克,总孔隙度44.46%,全氮0.068%,速效碳9.16ppm,速效钾2.45ppm,有机质1.05%,碳氮比为8:8.9。

由于引黄河水灌溉和耕作施肥,土壤层理不明显,结构良好,腐殖质含量较高。2010 年,临河区拥有耕地 14.45 万公顷,其中水浇地 13.84 万公顷。

临河区濒临黄河,黄河水是临河社会经济建设用水的主要来源。在多年引水灌溉作用下,地下水资源蕴藏丰富,含水层厚 60～120 米。以永济、黄济两大干渠为主体的引黄灌溉网,年引黄河水 11 亿立方米。河水不仅满足临河区人民生产、生活用水,同时通过灌溉渠道渗漏,每年补给地下水约 5 亿多立方米。

临河区光能资源丰富,年日照时数 3254 小时,总辐射量每平方厘米 153.13 千卡,有效辐射量每平方厘米为 75.28 千卡,占年总辐射量的 49.16%,其中作物生长季日照时数1806 小时,辐射总量每平方厘米为 115.3 千卡。

三、经济建设

1986 年,临河市播种面积 6.97 万公顷,其中粮豆播种面积 4.38 万公顷,粮豆总产 17.81 万千克。农业总产值 22624 万元。1996 年,临河市农作物播种面积 8.01 万公顷,其中小麦、玉米播种面积 5.32 万公顷,粮食总产 153.1 万千克,农业产值 124291.1 万元。2006 年,临河区农作物播种面积 10.27 万公顷,其中粮食作物播种面积 5.24 万公顷,粮食总产 40.08 万千克,农业总产值 184942.7 万元。2010 年,临河全区农作物播种面积 13.96 万公顷。其中:粮食作物播种面积 6.81 万公顷,粮食作物总产 58.22 万千克;油料作物播种面积 4.39 万公顷,油料总产 16.48 万千克。农业总产值 314327 万元。

1986 年,临河市大小牲畜存栏 33.92 万头(只),其中大畜 5.75 万头、小畜(羊)28.17 万只。全年出栏牲畜 7.56 万头,生产肉类 8430 万吨,养殖业总产值 9682 万元。1996 年,临河市存栏大小牲畜年末 69.14 万头,其中大畜 6.55 万头,小畜(羊)62.59 万只。全年出栏牲畜 38.5 万头(只),养殖业总产值 28130.6 万元。2006 年,临河区大小牲畜存栏 206.93 万头(只)。全年牲畜出栏 331.78 万头(只),养殖业总产值 143648.1 万元。2010 年,临河区大小牲畜存栏 156.62 万头(只),其中大畜 6.62 万头、小畜(羊)150 万只。全年牲畜出栏 295.63 万头(只),养殖业总产值 20.47 亿元。

1986 年,临河市主要工业有电力、化工、食品制造、食品加工、皮毛绒制品、机械制造、塑料制品、造纸等工业企业,工业总产值 11667.1 万元。其中:全民所有制工业产值为 8653.9 万元,集体所有制工业产值为 2230.3 万元,全民与私人合营工业产值 704.6 万元。1996 年,临河有农产品为原料的工业企业 325 个,非农产品为原料的工业企业 80 个,采掘业企业 82 个,原料业企业 49 个,加工业企业 242 个,工业总产值 131022 万元。其中,轻工业产值 99450 万元,重工业产值 31572 万元。2006 年,临河区有工业规模以上工业企业 63 个,规模以下工业企业 125 个,个体工业企业 1795 个,工业总产值 776373.3 万元。2010 年,临河区工业总产值为 244.9 亿元。

1986 年，临河市全民所有制商业占 37.5%，集体所有制商业占 48%，个体商业占 4.5%，有证商业网点达 2600 多个。商业零售 1.76 亿元，饮食业零售 523.09 万元，工业零售 659.89 万元，其他行业零售 504.27 万元。

1987—2002 年，临河市为满足城乡群众生活需求，以“菜篮子”工程建设和菜肉奶蛋基地建设为主，扩建百货大楼、商业大厦，新建成河套商厦，常青、金川市场和新华镇农贸集市等 20 多个批发零售市场，有形市场面积达到 107 万平方米，初步形成以城区、城镇为依托的工业品、农畜产品流通网络。

2003—2006 年，临河区注重传统服务业改造和现代服务业发展，提升经营业态，加快服务业体系建设，建成以百货大楼、商业大厦、蓝宇集团、河港商城、海天现代城、国泰大厦、富源商厦、乐广丰超市为代表的各具特色、竞争力强的商贸流通企业聚集区。同时建成西大批发市场、农管局批发市场、欧式街专业市场、四季青蔬菜批发市场、临河粮油批发市场、秋林活畜交易市场和以巴运物流为中心的物流市场。截至 2010 年，临河区实现社会消费品零售总额 56.2 亿元。其中：城市社会消费品零售额 48.8 亿元，农村社会消费品零售额 7.4 亿元。批发业实现零售额 10.5 亿元，零售业实现零售额 37.5 亿元，住宿餐饮业实现零售额 8.2 亿元。

四、社会事业

1986 年，临河市有幼儿园 31 所，小学 175 所，普通中学 29 所，在校生 22432 人；职业中学 4 所，在校生 1081 人；技工学校 5 所，在校生 1127 人；20 个乡镇中学全部办起“3 + 1”职业班，职业技术教育在校学生人数占高中阶段在校生人数的 43%。1995 年，临河市“基本普及九年义务教育、基本扫除青壮年文盲”教育达到国家规定标准。2003 年，临河市在继续巩固和提高“两基”教育的基础上，率先在巴彦淖尔盟建成远程教育城域网。同时，对教育资源进行整合，撤并设施设备、教学质量偏低的小学 30 所、中学 8 所，完成临河市三中与农管局中学合并，新组建市第九中学和第十中学。2005 年，临河区对辖区教育资源再次整合，调整农村学校布局，撤销农村中、小学 20 所。截至 2010 年，临河区有幼儿园 34 所，在园幼儿 13151 人；小学 31 所，在校学生 3.3 万人；普通中学 18 所，在校生 3.4 万人；有特殊教育学校 1 所。

1986 年，临河市有卫生医疗机构 149 个，床位 1288 张，每万人平均 34 张，卫生技术人员 2289 人。1990 年之后，临河市不断加强城乡三级医疗卫生服务网络建设。2010 年，临河区有医疗卫生机构 68 个。其中，医院 16 个，卫生院 19 个，社区卫生服务中心（站）26 所，妇幼保健院（所、站）2 个，专科疾病防治所 1 个，疾病预防控制中心 2 所，其他卫生机构 2 所。有标准床位 3474 张，卫生技术人员 3510 人，执业医师 1198 人，药师 224 人，检验师 151 人。新型农村合作医疗覆盖率和社区卫生服务覆盖率达到 90% 以上。

1986 年,临河市推广农业适用科学技术 24 项,其中地膜覆盖播种、小麦套种玉米使单位面积产量和产品质量大幅度提高。1990—1994 年,临河进一步健全和完善市、乡、村、社四级农业科技体系建设,集中推广缩垄增行、分层播种、标准化栽培、良种选育、新式农机具使用、配方施肥等 27 项农业科技适用技术,使科技推广由单项突破向联合攻关组装配套迈进。1995 年后,临河市先后重点推广以“吨粮田”“大棚蔬菜种植”“猪、羊科学饲养”等为主的 10 项农牧业产业化科技进步工程。2000 年,“育苗移栽”“开沟起垄覆膜栽培”“肉羊改良”“秸秆青贮”“反刍家畜 VM 营养缓释丸”“测土配方施肥”等一批农牧业产业化新技术被广泛用于生产实践中,并取得明显经济效益。2010 年,临河区建设 3 个农业科技示范园区和 7 个特色农业示范区,示范区面积达 666.67 公顷。试验示范新技术 46 项,引进推广各类农作物新品种 117 个,新品种推广应用率达到 95%。获得授权专利 68 项,发明专利 14 项,实用新型专利 42 项,外观设计专利 12 项。创办自治区级民营科技企业 13 家,其中 5 家被评为“优秀民营科技企业”,4 家企业的 4 项科技成果获自治区科技进步三等奖和第四届中国技术市场协会金桥奖。

1987 年,临河市启动职工社会保险统筹。1995 年,参加社会保险统筹的各类企业 82 个,社会保险统筹金累计结余 100 多万元。1991—2001 年,临河市先后将城市居民、农村社会养老、城市居民最低生活保障纳入社会保险。2002 年,临河市以城镇职工养老保险、失业保险、医疗保险为主要内容的社会保障,滚存积余养老金 8569 万元。2010 年,临河全区参加城镇职工基本养老保险 4.5 万人,参加农村养老保险 14.5 万人;城镇职工参加基本医疗保险 2.8 万人,城镇居民参加医疗保险 16 万人;参加工伤保险职工 2.1 万人,参加生育保险职工 2.3 万人,参加失业保险人数 1.6 万人。参加新型农村合作医疗保险 23.8 万人。有城镇低保户 6916 户 13989 人,约占城镇人口的 4.6%,月人均补助 245.3 元,全年发放城镇低保金 4420 万元。有农村低保户 9382 户 12143 人,约占农村人口的 5.3%,月人均补助 103.3 元,年发放农村低保金 1649.6 万元。有五保供养对象 1243 人,其中集中供养 221 人,分散供养 1022 人,集中供养率达到 18.0%。发放孤儿供养专项资金 85 万元,供养孤儿 79 人。五保对象实现应保尽保。

五、综合治理

(一)社会

1986 年,临河市深入开展“严打”斗争,侦破一大批大案,逮捕、劳教一批罪犯,依法从重从快判处一批严重破坏社会秩序,破坏改革和经济建设的犯罪分子。1991 年,临河市贯彻落实全国人大常委会委员、国务院《关于加强社会治安综合治理的决定》,成立“临河市社会治安综合治理委员会”,各乡、镇成立相应的办事机构,制定出台《关于切实做好临河地区社会治安综合治理的决定》《临河地区社会治安综合治理工作实施办法》等规范性文件,按照不同年度的社会特点，广泛开展社会治安综合治理宣传教育。1993—1994 年，临河市围绕维护社会稳定、不断巩固发展安定团结的政治局面，贯彻“两手抓，两手都要硬”的方针，强化“严打”斗争，开展反腐败斗争。成立“临河市青少年管理教育领导小组”，制定“青少年管理教育意见”，对轻微违法青少年进行帮教工作。1995—1999 年，临河市为加强社会治安管理，逐步建立健全联防机构，雇用专、兼职联防员，实行群防群治。2004 年，临河区以“打黑除恶”为重点，严厉打击“涉毒涉黄”“嫖娼卖淫”行为，取缔邪教和一切形式的传销活动。2005—2010 年，临河区各乡、镇、办事处建立社会治安综合治理工作中心 20 个，村、居委会建立社会治安综合治理工作站 202 个。区领导干部分别包干负责各乡、镇、办事处社会治安综合治理工作，协调解决群众矛盾纠纷，加大疑难复杂问题的攻坚，特别是对一些跨部门、跨行业的矛盾纠纷，发挥整合联动优势，协调督查督办。对一些困难群众提出的法度之外、情理之中的诉求，采取因事制宜、一案一策给予帮扶，争取矛盾纠纷得到满意解决。

（二）环境

1986 年，临河市面对城市粉尘和企业污水污染严重的环境，重点解决小锅炉各季采暖严重问题。1986—1990 年，更新改造锅炉 76 台，建集中供热站 14 个，建成市区 5 家医院污水处理工程。同时完成临河化工厂二氧化硫尾气回收、狼山造纸厂纸浆回收、临河糖厂 10 吨锅炉大修等治理项目。1991 年，按照国家和内蒙古自治区系列配套环境保护法律法规，临河市环境管理步入依法管理的轨道，相继完善各项规章制度，与严重污染单位签订治理目标责任状。1993 年，临河市区开始对“两街三路”各类污染进行治理，并将“两街三路”污染治理纳入市区经济、社会发展近远期规划。1994 年，临河市完成啤酒厂干酵酶回收治理项目和狼山造纸厂纸浆回收项目，并对 14 个污染严重的污染源进行限期治理。1996 年，临河市按照污染治理规划，关闭小造纸厂 3 家。2000—2003 年，临河区全面开展蓝天、碧水、绿色、安静、朝阳五大环保工程，全区共投资 7.5 亿元，先后建成临河污水处理厂、临河热源厂、城区雨污排水工程和占地 430 公顷的垃圾处理场。同时，开展“一控双达标”活动，使维信、金运糠醛、金河套乳业等 20 多家工业企业排放的污水得到综合治理。城区五大医院医用污水处理实现达标排放。2004 年，临河区对餐馆、饭店烟尘、污水、垃圾污染进行集中治理，拆除燃煤炉灶，使用清洁能源，油烟采取高空排放或者安装油烟净化设备。2010 年，临河区两项主要减排指标 SO_2 消减 880.6 吨，COD 消减 1674.8 吨。各类医疗机构垃圾全部实现无害化处置，10 吨以上锅炉全部配套除尘脱硫设施，城区水源地和农村水源地得到规范化管理，饮用水源水质达标率 100%。城区建成绿地 877 公顷，城市绿地率、绿化覆盖率分别为 19.3% 和 24.3%，人均公园绿地 6.1 平方米。市区空气质量在内蒙古自治区位居前列。

六、精神文明建设

1986年,临河市制定创建"文明村""文明社""文明单位"标准,全市掀起争优创先活动,经综合测评,命名文明单位99个,文明社23个,五好家庭4000多户。1987年,在"文明村""文明社"文明创建活动中,再命名市级文明单位86个、文明社区2个。1991年,临河市坚持两个文明一起抓,创建文明单位活动继续深入开展,并进一步细化"三优一学"评选原则和文明单位验收标准,评选文明单位38个。1992年,精神文明创建活动更深入各种社会活动中,在群众中广泛开展争创文明职工、班组、家庭等活动,命名文明班组100余个,文明家庭2100余户,建成市级文明单位13个。1994年,精神文明创建活动增加"十星"级小康文明户创评活动和学雷锋活动,全市评出五星级以上文明户13800户,涌现出学雷锋小组100多个。1995年,对50个市级文明单位进行复查,指导4个盟级文明单位进入内蒙古自治区级文明单位行列,评出"十星"级文明户18600户,并挂"星户牌匾"。

1997—1999年,临河开展"十星级文明城市"创建活动,获评自治区"三星级文明城市"。2002—2007年,临河市开展"公民道德教育",全面贯彻落实《公民道德建设实施纲要》。2008年,临河区以"公民道德教育"为主题,开展"和谐家庭""讲文明、树新风"创建以及"道德模范"评比活动。2010年,以"诚实守信"为主要内容,在社会中广泛开展学好人、做好人、尊重好人、关爱好人活动。

第二节　乌拉特前旗

一、基本情况

乌拉特前旗位于巴彦淖尔市东部,河套平原东南端,东与包头市毗邻,南与鄂尔多斯市隔黄河相望,西与五原县搭界,北与乌拉特中旗接壤;地理位置北纬40°28′~41°16′,东经108°11′~109°54′;政区南北143千米,东西85千米,总面积7476平方千米,旗政府驻西山嘴镇。

1986年,乌拉特前旗辖14个乡、3个苏木、5个镇。1989年,新建营盘湾镇。2001年,乌拉特前旗对乡、镇进行整合,全旗为18个乡镇级行政区,其中,乡、镇各8个、苏木2个。2002年乌拉山镇改称呼和布拉格镇。2005年,乌拉特前旗再次对乡镇苏木进行撤并。2010年,全旗辖8个镇1个苏木,分别为西小召镇、新安镇、大佘太镇、明安镇、白彦花镇、先锋镇、乌拉山镇、小佘太镇和额尔登布拉格苏木。

1986年,乌拉特前旗有居民66599户,总人口294222人。其中,非农业人口61210人;男155794人,女138428人。主要少数民族有蒙古族、回族、满族。少数民族总人口12356人,占总人口的4.2%。其中,蒙古族10764人,占总人口的3.66%;回族993人,占总人口的0.34%;满族462人。蒙古族集中在牧区苏木镇、乌拉山镇以及农区的两个牧业村(塔布村、西撅子村)。其他民族相对集中在乌拉山镇、大佘太镇、新安镇和乌梁素海渔场。1996年,全旗总户数为89034户，总人口345589人。其中，男178672人，女166917人；城镇人口53769人，农村人口291820人。蒙古族13248人，回族1327人，满族706人。2010年，乌拉特前旗有居民120022户，人口341642人。其中，城镇人口131621人，乡村人口210021人；男175078人，女166544人；蒙古族13866人，回族1232人，满族857人，其他民族297人。

二、自然环境

乌拉特前旗地貌可概括为三山两川一盆地两平原。

三山，即乌拉山、巴音查干山、查石太山，三山均属阴山山系。

乌拉山巍然屹立于旗行政区东南中部，东起包头昆都仑沟，西至西山卧阳台咀断裂带，东西长约90千米，南北约20千米，海拔在1055～2000米之间，相对高差1200米，最高点大桦背2322米，总面积1033平方千米。巴音查干山位于旗政区东中部，向东延伸到包头市固阳县，向西到乌拉特中旗与狼山相连，东西约81千米，南北约12千米，海拔在1400～1700米之间，相对高差330米，最高点海拔2001米。查石太山位于东北部，以山脊与乌拉特中旗为界，东西约54千米，南北约7千米，海拔在1330～1700米之间，相对高差370米，最高点海拔1761.9米。巴音查干山和查石太山统属色尔腾山，两山总面积1270平方千米。

三山前后形成两川一盆地，即明安川、小佘太川和大佘太盆地。明安川、小佘太川总面积7.89万公顷，海拔在1200～1330米之间，占全旗总面积的10.5%。大佘太盆地面积4.68万公顷，占全旗总面积的6.3%。环大佘太盆地三面海拔1200米，中西部海拔1020米，两平原，即河套平原和三湖河平原，总面积为18.11万公顷，占全旗总面积的24.2%。平原呈西高东低之势，海拔在1007～1026米之间，坡降分别为1/6000和1/4500。

乌拉特前旗气候属于中温带大陆性季风气候，年均气温8.4℃，年均降水216.8毫米。年均日照3175.4小时，年平均蒸发量2376.4毫米，年均风速每秒3.3米，年均无霜期为159天。

1986年，乌拉特前旗耕地面积为7.03万公顷，其中旱地6.94万公顷（其中机井、水库水浇地4.93万公顷）。耕地耕层有机质含量平均在0.8%～1.4%之间，全氮含量一般在0.06%～0.08%之间，全磷含量为0.11%～0.14%，全钾含量为2.05%～2.25%。1996年，全旗有耕地8.31万公顷，其中水浇地7.4万公顷。2006年有耕地14.14万公顷，其中水浇地10.80万公顷。2010年，全旗实有耕地16.16万公顷，其中水浇地15.42万公顷。

黄河流经政区南部边缘，是乌拉特前旗与鄂尔多斯市的界河，河岸长160千米，境内平均年径流量为246亿立方米，全旗年引黄河水5.58亿立方米。莫楞河是乌拉特前旗与乌拉特中旗的界河，河沟全长109.6千米，流域面积2455平方千米。昆都仑河是乌拉特前旗与包头市的界河，河沟长142.6千米，流域面积2761平方千米，其中清水基流0.35立方米/秒，多年平均径流总量6902万立方米。乌松图勒河长96.7千米，流域面积1871平方千米,其中清水基流0.45立方米每/秒,多年平均径流总量为2301万立方米。苏海河全长51.8千米,流域面积452平方千米,其中清水基流0.2立方米每/秒,多年平均径流总量407万立方米。另外,乌拉山有未名山沟53条,其中12条有清水基流,总流量为0.48立方米每/秒。白音查干山有未名沟29条,其中3条有清水基流,总流量0.26立方米每/秒。查石太山有未名沟22条,其中1条有清水基流,流量0.05立方米每/秒。境内有湖泊74处,总面积3.73万公顷。

乌拉特前旗境内矿藏丰富,已探明的矿有营盘湾煤矿,脑包沟、柳坝沟、甲浪沟金矿,书记沟、东五份子、三片沟、乌拉山铁矿,龙山、拴马桩石灰石矿,桃儿湾白云岩矿等。发现各类矿床点138处。其中,铁矿、锰矿、钼矿、金矿、硫铁矿、水泥灰岩、膨润土、大理岩、玻璃硅质原料的储量均居巴彦淖尔市前列。已开发利用的矿产资源有20余种,分别是煤、磁铁、硫铁、铅锌、金、钼、沸石、白云岩、石墨、金云母、石灰岩、石英岩、饰面花岗岩、膨润土、透闪岩、长石、建筑用砖瓦黏土和砂石料等。

三、经济建设

1986年,乌拉特前旗农业播种面积为6.31万公顷,其中粮食作物播种面积4.47万公顷,粮食总产量10.36万千克,种植业总产值9105万元。1990年,随着地膜、化肥、农药以及作物新品种的大量推广运用和水浇地面积的扩大,粮食作物单产、总产量大幅度提高。1996年,全旗农作物播种面积7.94公顷,其中小麦、玉米两项主粮播种面积5万公顷,粮食总产量30.85万千克,种植业总产值5亿元。2006年,全旗播种面积12.43万公顷,其中粮食作物播种面积6.09万公顷(其中小麦、玉米播种面积5.80万公顷),粮食总产量41.69万千克,种植业总产值141065.9万元。2010年,乌拉特前旗农作物播种面积14.41万公顷。其中:谷物6.25万公顷,谷类作物总产量50.19万千克;豆类播种面积1521公顷,豆类作物总产量3138千克;油类作物播种面积4.36万公顷,油料作物总产量13.29万千克。种植业总产值247755.5万元。

乌拉特前旗属于半农半牧区,草场面积占全旗总面积的一半以上。1986年,乌拉特前旗大小牲畜存栏15.02万头(只)。其中:大畜5554头(只),小畜(羊)14.46万只。全年出栏牲畜12.52万头(只),产肉量582.2万千克,畜牧业总产值2276.4万元。1990—1994年,乌拉特前旗被内蒙古自治区列为牧区防灾基地建设示范旗后,加大对草原基础设施建设,牧区4个苏木镇24个嘎查打机电井117眼,大口井127眼,发展保灌饲料地1626公顷,硬化渠道24千米,建成畜群草库伦1130处,建成塑料暖棚341座,饲草料加工厂(点)48个,建青贮窖池28个。2002—2003年,争取到农业综合开发国家级秸秆养羊示范项目资金355万元,为全旗1550户养殖示范户建青贮窖池、购置饲草料加工机具、调购种畜等,先后引进寒羊基础母羊25.2万(只),德美种公羊272只。2010年,全旗大小牲畜存栏100.23

万头(只),出栏牲畜 142.39 万头(只),出栏率 140.59%;肉、绒毛、皮张产量分别为 3.28 万千克、156.8 万千克和 137.83 万张。牧业产值 113310.1 万元。

1986 年,乌拉特前旗林业总产值 534.7 万元。1996 年全旗水果栽培、林木采伐,实现产值 11156.5 万元。2006 年,全旗生产苹果 496 吨、苹果梨 12.72 万千克,林业产值 4263.7 万元。2010 年林业实现产值 5128.3 万元。

1986 年,乌拉特前旗有各类工业企业 1469 个。其中:全民所有制企业 30 个,集体所有制企业 65 个,个体工业企业 1374 个。工业产业主要有采掘、电力、造纸、化工、建材、冶金、农机修理、食品、饲料、服装、塑料、印刷、机械工业等十几个门类,工业生产总值 11486.7 万元。1990 年,中共十四大胜利召开,社会主义市场经济体制确立,工业经济呈现出良好的发展势头。2005 年,全旗建成规模以上工业企业 34 个,其中,国有企业 1 个、有限责任公司 11 个、股份制企业 2 个、私营企业 18 个、外商投资企业 2 个,工业产值 26.5 亿元。2010 年,乌拉特前旗有各类工业企业 1246 个。其中,外商投资企业 2 个、股份制企业 128 个、集体企业 4 个、个体企业 1099 个。重工业在全部工业中占到 98.8%,工业总产值为 112.9 亿元。

1986 年,乌拉特前旗社会商品零售额为 11139.01 万元,其中商业零售 8277.8 万元,饮食业零售 618.37 万元,工业销售 1044.44 万元,其他行业销售 1198.4 万元。2006 年,全旗社会消费品零售总额为 84688.4 万元,其中限额以下零售额 19367.4 万元,个体零售额 54184.1 万元,餐饮业零售额 7799.8 万元,其他零售额 3373.1 万元。到 2010 年,乌拉特前旗社会消费品零售总额为 172722.3 万元,其中商品批发零售额 151318.6 万元,餐饮、住宿业零售额 21403.5 万元。

四、社会事业

1986 年,乌拉特前旗有幼儿园 21 所,小学 170 所,中学 27 所,普通高中 7 所,职高 2 所,在职教职工 4800 人,小学专任教师学历合格率 70.3%,中学专任教师学历合格率 28.7%。1999 年,乌拉特前旗为优化教育资源配置,提高教学质量,对学校布局进行合理调整,撤点并校,逐步减少农牧区学校数量,扩大城镇中小学办学规模;对教师进行公开招聘并通过离职进修、函授学习等方式提升教师业务能力。2010 年,全旗有幼儿园 51 所,小学 24 所,初级中学 7 所,高中 3 所;全旗有教职工 3279 人,其中初中专任教师学历合格率 98.7%,高中专任教师学历合格率 77.8%。

1986 年,乌拉特前旗有医疗卫生机构 34 个,医务人员 1057 人,其中高级医师 6 人,中级医师 68 人。2010 年,全旗有医疗卫生机构 209 所,其中旗直属医疗卫生机构 6 所,民营医院 1 所,基层卫生院 20 所,社区卫生服务中心 4 所,村卫生室 178 所,有病床 1195 张。初级职称 377 人,全旗平均每千人拥有卫生技术人员 2.87 人。

1987 年,乌拉特前旗启动城镇职工养老保险费用社会统筹。1996 年,启动个体工商户和灵活就业人员社会保险。1999年,启动行政事业单位养老保险。2001年后,随着失地农民日益增多和退牧还草移民工程的实施,乌拉特前旗先后为失地农牧民、刑满释放人员办理社会保险。2010年,乌拉特前旗全旗社会保险参保总人数14万人。

1998年,乌拉特前旗对实施近四十年的公费医疗制度进行改革,启动城镇职工医疗保险。2008年启动城镇居民医疗保险。2010年,乌拉特前旗基本医疗保险参保人数6.06万人。医保报销比例70%,最高支付限额由最初的3万元提高到8万元。

2004年,乌拉特前旗开始实施职工工伤保险和生育保险。2010年,全旗职工工伤保险参保人数9723人,职工生育保险参保人数6847人。累计征收工伤保险费376万元,生育保险费73万元。支付工伤保险251万元,支付生育保险37万元。

五、精神文明建设

1986—1988年,乌拉特前旗按照中共中央《关于社会主义精神文明建设指导方针的决议》,根据乌拉特前旗精神文明建设实际,在全旗广泛开展精神文明建设活动。首先在窗口行业开展"加强职业道德建设,树立行业新风"和军、警、民共建活动。在党政机关开展"机关干部良好形象工程";在商场、宾馆等行业开展优质服务、优秀服务员的评选;在农村开展"一乡二村一组十星级文明户"创建活动。

1989—1990年,乌拉特前旗开展以"六抓、六治、六变"(即抓生产发展、治穷变富;抓思想教育、治旧变新;抓文化科学,治愚变智;抓社会秩序,治乱变安;抓服务质量,治差变优;抓环境建设,治脏变美)为内容的文明村嘎查的评选竞赛活动。

1991—1994年,乌拉特前旗结合贯彻落实《爱国主义教育实施纲要》,在全旗开展以"热爱内蒙古,献身内蒙古、振兴内蒙古"为主题的爱国主义教育活动。同时开展建设中国特色社会主义理论学习教育和公民"三德"教育。1995年,全旗4个单位被评为内蒙古自治区级文明单位。西山咀镇获三星级文明城市荣誉。大佘太镇、白彦花镇和大佘太镇新建村、白彦花镇乌日图嘎查被评为二星级文明镇村。

1996年,乌拉特前旗在服务行业以"为人民服务,树行业新风"为主题,开展"文明杯"创建活动;在党政机关、执法部门开展"做人民满意的公仆"创建活动;在社区开展争做"十佳市民"创建活动;在广大农村牧区开展勤劳致富奔小康"十佳带头人"创建活动;在企业开展"爱本职工作,献身企业,创十佳职工标兵"竞赛活动。

1997—1998年,以迎"香港回归"和"庆内蒙古自治区成立50周年"为契机,在全旗广泛开展以"讲文明、树新风、迎回归、贺大庆"为主题的精神文明建设活动。重点解决"言行不文明、卫生习惯不好、不守交通规则"和服务质量等方面存在的突出问题,开展作时代新人创建活动。

1999—2004年,乌拉特前旗利用每年3月全区公民道德宣传月,开展"爱国守法、明礼诚信、团结友善、勤俭自强、敬业奉献”的公民基本道德规范教育活动。在活动中,乌拉山镇被评为全区四星级文明城市,西小召镇公田村获“全国文明村”荣誉称号。

2005—2007,围绕胡锦涛关于社会主义荣辱观的重要讲话,开展“八荣八耻”签名活动、“社会主义荣辱观”演讲比赛、“2007 年首届感动内蒙古人物”评选等活动。活动中,小佘太乡邮政所邮递员全二平被评为“2007 年首届感动内蒙古人物”。

2008—2010 年,乌拉特前旗组织参与“北京 2008 年奥运会”火炬传递;组成 200 人的合唱团,参加全市庆祝中华人民共和国成立 60 周年“盛世欢歌”爱国歌曲大家唱,并获得优秀组织奖。

第三节 乌拉特中旗

一、基本情况

乌拉特中旗位于巴彦淖尔市东部,北至中、蒙国界,东与包头市达尔罕茂明安联合旗、固阳县相邻,南与乌拉特前旗、五原县、临河区、杭锦后旗接壤,西与乌拉特后旗相邻,地理位置在北纬 41°07′~41°28′,东经 107°16′~109°42′之间,东西长约 203.8 千米,南北宽约 148.9 千米,总面积 23096 平方千米。旗人民政府驻地海流图镇。

1986 年,乌拉特中旗辖 9 个苏木、3 个镇、8 个乡,共有 121 个村嘎查。2001 年,乌拉特中旗对乡镇进行调整,全旗下辖 16 个乡镇级行政区,分别是乌梁素太、宏丰、石兰计乡,桑根达来、巴音、乌兰、巴音杭盖、川井、巴音哈太、新忽热、呼勒斯太苏木和海流图、温更、乌加河、德岭山、石哈河镇。2005 年,乌拉特中旗再次对苏木乡进行整合,撤销桑根达来苏木、巴音苏木、乌兰苏木,设置巴音乌兰苏木;撤销巴音杭盖苏木,并入川井苏木;撤销巴音哈太苏木,并入新忽热苏木;撤销温更镇,并入海流图镇;撤销石兰计乡、宏丰乡,并入乌加河镇;撤销乌梁素太乡,并入德岭山镇。到 2010 年,乌拉特中旗共有 8 个乡镇级行政区,其中 3 个苏木、5 个镇。

1986 年,乌拉特中旗人口总户数为 27072 户,总人口为 11.37 万人,其中,男 59444 人,非农业人口 23080 人,蒙古族 20373 人,回族 623 人。1996 年,全旗人口总户数为 37874 户,总人口 138981 人,其中,男 72463 人,城镇人口 25696 人,农村人口 113285 人,蒙古族人口 26867 人。2006 年,全旗总人口 13.75 万人,其中男 7.09 万人,城镇人口 5.16 万人,农村人口 8.59 万人,蒙古族 2.43 万人,其他少数民族 0.12 万人。2010 年,乌拉特中旗总人口 14.43 万人,其中,农村人口 10.51 万人,城镇人口 3.75 万人;蒙古族 2.76 万人,回族 793 人,满族、达斡尔族、藏族、朝鲜族、土家族等共 326 人。汉族占总人口的 80.19%。

二、自然环境

乌拉特中旗地处内蒙古高原,由阴山山脉东西走向的狼山、乌梁素太山、查石太山分割成南北不同地貌,依次为南部山前平原、中部山地、北部丘陵。三种地貌有明显的地域差异和过渡特征。

山前平原:在狼山山地与乌加河古河道之间为山前平原。平原由山前洪积扇与河套冲积平原组成,其南与河套沉积平原相接,其北以北部山区南麓为界,整个地势西高东低,南低北高,中间低,东西长120千米,南北宽2~10千米,海拔1020~1048米。平原区是乌拉特中旗的主要粮食、经济作物产区。

山地:山地分为两部分。乌不浪口以西为中低山,海拔在1600~1700米之间,最高峰哈拉阿拉山,海拔1912.1米。山体南侧陡峻,北坡舒缓,且向北延伸为丘陵。乌不浪口以东属低山,海拔在1400~1600米之间。山脉分为平行两支,北为哈达特山,南为查石太山。两山之间为海流图盆地和缓坡丘陵。山地为半农半牧及旱作农业区。

丘陵:北部为丘陵,海拔在1150~1350米之间,最高点索伦山海拔1393米。为牧业区。

乌拉特中旗深处内陆,远离海洋,全年均受蒙古高气压控制,属中温带大陆性季风气候。气候特点为四季分明,春季干旱多风,夏季短促炎热,秋季凉爽,冬季漫长寒冷,年降水量在115~250毫米之间,且降水分布不均。东南偏多,西北偏少。东部石哈河年均降水量在237.5~250.6毫米之间,西部川井年均降水在115~140毫米之间。全旗年平均气温为5.8℃,南北温差3.8℃,东西温差0.6℃~1.5℃。年平均日照时数为3098~3250小时,日照率为71%~73%。山地以南日照时数为3097.6小时,山后日照时数为3130~3215小时,北部牧区日照时数3215~3250小时。作物生长期(4—9月)光照时数1732~1809小时。全旗太阳辐射量每平方厘米93.398.0千卡。年均风速≥17.0米/秒日数为28~74天,最多为60~129天。主要气候灾害有干旱、冰雹、干热风、霜冻、大风、沙尘暴、白毛风、白灾、寒潮等。

1986年,乌拉特中旗总面积为227.47万公顷,其中可耕地面积3.55万公顷,其中水浇地1.26万公顷,草场185.4万公顷。1996年,全旗耕地3.97万公顷,其中水浇地2.05万公顷。2006年,全旗耕地6.82万公顷,其中水浇地4.80万公顷。2010年,乌拉特中旗拥有耕地8.9万公顷,其中水浇地7.2万公顷,草地面积210.22万公顷。

乌拉特中旗地表水以狼山山地丘陵与乌兰察布高原交接处为分水岭,划为两个水系。山脉南侧为黄河水系,北侧为内陆河水系。属黄河水系的有大小山沟45条,河流6条,流域面积是10875.612平方千米。内陆河水系主要有河流8条,流域面积12121.778平方千米。

2004年,内蒙古水事监理中心测定,乌拉特中旗水资源总量59461.13万立方米,其中地表水30345.53万立方米,地下水29115.6万立方米。地下水年可开采量19803.65万立方米，地表水年可利用量3575.02万立方米。2010年，全旗年实际用水量28666.04万立方米，其中，城镇生活用水139.24万立方米，农村生活用水818.73万立方米，农业用水27602.26万立方米，工业用水105.81万立方米。

乌拉特中旗矿藏初步探明矿产地326处，其中较大型矿床13处、中型矿床11处、小型矿床5处、矿点及矿化点297处。境内煤矿有烟煤、褐煤两种。石油产地在巴音杭盖苏木中北部凹陷区，向西可扩展到乌拉特后旗境内，向东可扩展到乌兰、巴音、桑根达来苏木境内。铁矿资源总储量8347万吨，保有储量8105万吨。境内铬铁矿位居全国第二位，主产区在中蒙国境线以南，西起巴音杭盖苏木东加干，东到桑根达来苏木阿布格的超基性岩带上，东西长130千米，南北宽2～4千米。黄金矿可分原生金矿和次生金矿两大类，分别为石英脉型、蚀变岩型、火山岩型和沙金型、砾岩金型、冰水堆积型各三种。除山前平原未发现金矿外，北部丘陵、沟谷、阶地金矿点遍布。铅锌硫铁矿位于内蒙古自治区第三位，是一个多金属矿床，具有工业价值的产地有两处，即石哈河镇甲胜盘和呼勒斯太苏木对门山。石墨矿有晶质石墨矿、非晶质石墨矿两种。晶质石墨矿产于新忽热铁面此老、德布斯格、巴音温都尔，呼勒斯太呼勒斯太沟、前达门沟、烂不残沟、敖云乌拉等地。非晶质石墨矿主要产在红旗店东西山，东西长7千米、南北宽2～3千米范围内。火山沉积岩矿产包括珍珠岩、沸石、膨润土、金矿4种。高档石材矿方面，境内有质量较好的石材原料矿。红色花岗岩产于乌梁素太、乌加河镇北山、新忽热等地；辉长岩、闪长岩、角岩等产于红旗店东西山；宝玉石矿有碧玺、海兰、锂辉石、黄玉、玛瑙、紫牙乌、水晶等，以碧玺、海兰、水晶为主。

三、经济建设

1986年，乌拉特中旗农作物播种面积2.37万公顷，其中粮食作物播种1.89万公顷，粮食总产量3019.7万千克。1987年，乌拉特中旗先后在全旗推广农作物覆膜技术、中晚熟农作物栽培技术、种子包衣技术以及温室大棚栽培、反季节蔬菜种植、节水灌溉等技术。同时，不断引进农作物新品种和推进农业现代化，使农作物单产、总产和种植效益大幅度提高。1996年，全旗播种面积3.1万公顷，其中粮食作物播种面积2.45万公顷，粮食总产量10868.9万千克，农业产值28308.4万元。2006年，播种面积5.7万公顷，其中粮食作物播种面积2.97万公顷，生产粮食17665.1万千克，农业总产值64923.5万元。2010年，全旗农作物种植面积7.63万公顷，其中粮食作物播种面积3.94万公顷，粮食总产量23813.5万千克，农业总产值为117039.31万元。

1986年，乌拉特中旗大小牲畜存栏94.84万头(只)，其中大畜6.18万头匹，小畜(羊)88.66万只。全年出栏牲畜34.61万头(只)，年生产肉类851万千克，畜牧业总产值3359万元。1988—1993年，乌拉特中旗在牧区全面开展饲草料基地建设，1994年，全旗建成畜群草库伦3193处，面积9111公顷，其中建成优质草库伦3007处，面积3018公顷。1998—

2001 年，乌拉特中旗以改良畜种、优化畜种、提高畜牧业经济效益，增加牧民收入为目标，加大畜牧业结构调整，适度发展山羊，提高牲畜母畜比例，使全旗优质羊种增长 1.69%，良种、改良种率达到 85%。2002 年，乌拉特中旗按照国家有关政策，草场实行轮牧休牧、禁牧，加之草原连年发生病虫害，使牧业生产遭受到许多困难。为应对暂时困境，乌拉特中旗采取扩建草库伦、发展饲草料地、外调饲草料、打井灌溉天然草原等措施，确保牧业持续发展。2009 年，全旗建成 8 个肉羊养殖专业村，发展专业养羊户 650 户。2010 年，全旗牲畜存栏 225.1 万只，其中羊存栏 143.9 万只，全年出栏羊 81.5 万只，牧业产值为 53401.49 万元。

1986 年，乌拉特中旗有工业企业 44 户，其中全民所有制企业 16 户、集体所有制企业 28 户，年产值 1742.3 万元。1994 年，企业进行改制，国有、集体工业企业相继转换经营机制，股份制、联合体、个体等多种经济体制快速发展。1998 年，乌拉特中旗有各类工业企业 2262 个，工业总产值为 3.09 亿元。1999—2005 年，乌拉特中旗围绕“工业强旗富民”战略的实施，进行内部经济结构调整，扩大对外开放，先后引进富汇公司 30 万千瓦风电场建设项目、山东鲁能集团 30 万千瓦风电场建设项目、中国电力投资公司华北公司 100 万千瓦风电场项目、500 千伏超高压输变电工程项目、核工业 1 万千伏安电石冶炼炉项目、金诺公司 1.25 万千伏安硅铁冶炼炉项目、荣华公司 10 万吨铁冶炼厂项目、宁夏太平矿业公司新忽热 217 金矿开发项目等一批大项目，逐步构建起以采掘、轻纺、食品、机械、电力及水生产为支柱的六大产业集群。2008 年，风电装机容量为 95 万千瓦，煤化工产业形成 1600 万吨的洗煤生产能力，矿山工业形成 12 万吨原油、5 吨黄金、100 万吨铅锌矿采选、130 万吨铁精粉和 100 万吨煤炭生产能力。规模以上工业企业发展到 37 个，规模以下工业企业 40 个，个体户 1207 个，工业总产值 70.44 亿元。2010 年，全旗有规模以上工业企业 39 家，规模以下工业企业 1 个，个体户 526 个，工业总产值 111.11 亿元。

1986 年，乌拉特中旗社会商品零售总额 4857.74 万元，其中，商业零售 3769.89 万元，饮食业零售 70.45 万元，工业零售 843.93 万元，其他行业零售 109.92 万元。1996 年，全旗社会商品零售总额 15372 万元。2006 年，全旗社会消费品零售总额 49756.2 万元，其中，限额以下零售 9455.1 万元，个体零售贸易 33732.2 万元；餐饮业零售 4822 万元，其他零售业零售 1755.9 万元。2010 年，全旗社会消费品零售总额 78713.3 万元，其中，零售贸易 67812.8 万元，餐饮业零售 10841.7 万元，住宿业零售 58.8 万元。

四、社会事业

1986 年，乌拉特中旗有学校 84 所，其中，中学 15 所，在校学生 22842 人（其中蒙古族学生 3042 人）；小学 133 所，在校学生 15308 人（其中蒙古族学生 2034 人），在职教职工 1726 人，教师学历平均合格率为 72.3%。1990—1993 年，乌拉特中旗为解决全旗教育“一无两有”状况,先后投资 177.32 万元,对所有中、小学进行翻建扩建重建,教育环境得到改善。1996 年,争取到世行贷款 60 万美元,为各学校配齐教学仪器、图书和电教设备。1999 年,财政投入 1400 万元,建成第一完全小学教学楼、职业中学教学楼、德岭山中心小学逸夫教学楼。“两基”教育工作顺利通过内蒙古自治区人民政府“两基”达标验收。2002 年,投资 95 万元,为 22 所学校安装现代远程教育网络卫星接收系统。2006—2007 年,乌拉特中旗落实农村牧区义务教育经费发放标准,在落实寄宿学生“两免”基础上,享受“一补”(“一补”小学生每生每年补助 150 元,初中生每生每年补助 210 元)。2010 年,乌拉特中旗对全旗中小学进行重新布局。经过整合,全旗建成公办中、小学 9 所,公办幼儿园 2 所。

1986 年,乌拉特中旗有医院 1 所,保健站 1 所,防疫站 1 所,乡苏木镇医院 18 所,集体医院 2 个,个体诊所 3 个。2006 年,乌拉特中旗在全旗实施新型农村牧区合作医疗制度,农牧民参合率达 90.7%。2010 年,全旗有医院 2 所,保健站 1 所,疾病预防控制中心 1 所,乡镇卫生院 13 所,村级卫生室 49 个,个体诊所 54 个,厂矿、学校卫生室 10 个。全旗有病床 350 张,卫生人员 600 多人。“四苗”(卡介苗、脊髓灰质炎、百白破、麻疹疫苗)全程接种率 100%。

1987 年,乌拉特中旗启动社会保障养老费统筹,1990 年,全旗共 39 户国营企业参与养老费统筹,参保职工 2396 人。1998 年,随着国企改革,私营、个体工业企业的发展,启动城镇私营企业职工和个体劳动者基本养老保险。2005 年,启动职工工伤保险、生育保险和失业保险。2008 年,启动城镇非职工居民医疗保险,将基本医疗保险范围扩大到全社会。2010 年,五大保险参保人数 11.5 万人,财政对社会保障的补助支出累计 5.4 亿元。

五、精神文明建设

1986—1988 年,乌拉特中旗根据内蒙古自治区有关文件精神,在全旗广泛深入开展“五讲四美三热爱”(讲文明、讲礼貌、讲卫生、讲秩序、讲道德;心灵美、语言美、行为美、环境美;热爱祖国、热爱社会主义、热爱中国共产党)、“文明礼貌月”“扫除文盲”等精神文明创建活动。1991—1995 年,乌拉特中旗贯彻落实《爱国主义教育实施纲要》,开展以“热爱中旗,献身中旗、振兴中旗”为主要内容的爱国主义教育活动。2000—2003 年,通过举办展览、文艺会演、专题演讲等形式,广泛开展中国特色社会主义宣传教育。2004—2006 年,乌拉特中旗将培养和树立正确的社会主义荣辱观作为思想道德建设的基础性工程,采取新闻宣传、文艺活动、举办报告会、在青少年中开展以“告别网吧”为主题的万人签名活动等多种形式,开展宣传教育。2007—2008 年,在全社会开展以“讲文明、树新风、促和谐”为主题的六大教育实践活动;在中小学生中开展“我承诺做一个有道德的人”网上签名活动。2009—2010 年,在全旗开展“文明市民”“爱岗敬业模范”“农牧民好榜样”“十星级文明户”等系列评比表彰活动。

第四节　乌拉特后旗

一、基本情况

乌拉特后旗位于巴彦淖尔市西北部,地理位置为北纬 40°41′30″～42°21′40″,东经 105°8′20″～107°38′20″;政区东与乌拉特中旗交界,西与阿拉善左旗毗邻,南与杭锦后旗、磴口县相连,北至中蒙两国国界,边境线长 195.25 千米,总面积 24925 平方千米,是巴彦淖尔市面积最大的旗县,旗人民政府驻巴音宝力格镇。

1986 年,乌拉特后旗辖 9 个苏木、44 个嘎查村、102 个独贵龙、1 个林场或苗圃。2001 年,撤销 2 个苏木。2005 年,撤销 5 个苏木、1 个镇。到 2010 年,乌拉特后旗辖 3 个镇、2 个苏木,共 51 个嘎查村、19 个居民委员会。

1986 年,乌拉特后旗居民总户数为 12324 户,总人口 43506 人,其中男 22844 人、女 20662 人;非农牧业人口 21763 人,蒙古族 11631 人,回族 58 人,达斡尔族 23 人,满族 75 人,其他少数民族 10 人。1996 年,全旗居民总户数 15748 户,总人口 53690 人,其中,男 28022 人,城镇人口 23432 人,非农业人口 33711 人,蒙古族 16460 人,其他少数民族 129 人。2010 年,全旗总人口 65541 人,其中,男 33545 人,农业人口 31487 人,非农业人口 34054 人,蒙古族 17318 人,回族 61 人,满族 178 人,其他少数民族 47 人。

二、自然环境

乌拉特后旗地貌分为三种类型,即冲积平原、高原边缘山地和高平原。

冲积平原位于狼山山地南麓与河套平原之间部位。平原由山地河谷山洪挟带的物质在山前堆积和黄河泥沙沉积而逐渐形成。因其形态特征、地质历史的不同,所以地貌类型可分为山麓洪积扇、洪积台地、河套冲积平原三类。

高原边缘山地位于冲积平原与高平原之间。高原边缘山地南坡陡立,断层明显,1030～2365.2 米,相对平均高差 600 米,最大高差 1300 米。北坡渐缓,海拔高度 1600～2365 米,相对高差 100～400 米之间。

高平原位于狼山以北,由碎屑岩组成缓倾斜和波状起伏地形,向北逐渐倾斜。由于地表形态不同,地貌组合类型为准平原化丘陵、山麓倾斜平原、砾石红土戈壁、复沙沙地、链垄沙丘、沙丘、盆地七种类型。三类地貌各约占全旗总面积的 15.1%、1.3% 和 86.3%。

乌拉特后旗属中温带大陆性季风气候区,年均气温 8.2℃,年均降水量 138.9 毫米,年平均风速每秒 5.1 米,七级以上大风日数 89.6 天,瞬间最大风速每秒 28 米。年均日照时数为 3279.1 小时,年均相对湿度 48%,无霜期在 174～218 天之间。

1986 年,乌拉特后旗拥有耕地 920 公顷,其中水浇地 700 公顷。1996 年,全旗有耕地 0.33 万公顷,全部为水浇地。2006 年,全旗实有耕地 0.54 万公顷,全部为水浇地。2010

年,乌拉特后旗实有耕地1.23万公顷,其中水浇地1.22万公顷。

乌拉特后旗天然草牧场分为九大类,即高平原荒漠草场类、高平原草原化荒漠草场类、丘陵荒漠草场类、丘陵草原化荒漠草场类、丘陵荒漠化草原草场类、山地草原化荒漠草场类、山地荒漠化草原草场类、山地草原草场类及河滩、湖盆洼地、低湿地草甸草场类。草场按五个等级分,四等草场占56%,三等草场占34%,五等草场占8%。

乌拉特后旗地表水系以山界分为南北水系。南为黄河水系,黄河年径流量1148.8万立方米,流域面积2298平方千米。北为内陆水系,有大小山沟92条,年径流量6442立方米,流域面积5293.2平方千米。地下水受地质、地层岩性与地形地貌等条件的影响形成三大类:一是松散岩类孔隙水;二是碎屑岩类裂隙孔隙层间水;三是基岩裂隙水。松散岩类孔隙水分布在山前、河谷、沙地一带,地下水埋深在2~15米之间,水量较丰富。碎屑岩类裂隙孔隙水分布在山间盆地,基岩裂隙水分布在低山区和丘陵区。因受多种矿藏长期淋滤、流运,故地下水所含铀、氟等有害元素较高,大部分地区超过人畜饮用标准。

乌拉特后旗矿产资源丰富,已探明的矿产资源有8大类46个品种118处矿点。各类矿产资源分布广、品质高、储量大,仅有色金属矿藏量就约占全区的50%以上,占全市的80%以上。非金属矿有玛瑙、萤石、石榴石、芒硝、大理石、石膏、云母、花岗岩等。有色金属矿探明储量铜104.03万吨,硫3亿吨,铁5267万吨,锌457万吨等。其中,霍各琦铜矿系全国六大铜矿之一,是铜、铅、锌、铁多金属共生矿。金属储量为:铜68万多吨,平均品位1.67%;锌81万吨,平均品位1.64%;铅95万吨,平均品位1.67%;铁矿石储量2400万吨。

三、经济建设

1986年,乌拉特后旗农作物播种面积933公顷,其中粮豆播种面积600公顷。平均单产(亩产)268千克,粮食总产量241.2万千克,农业产值149万元。1990—2002年,乌拉特后旗在农区启动"百千工程""种子工程""农业科技十项工程"。到1996年,种植面积扩大到3326公顷,粮食总产到1369.5万千克,产值为4531.5万元。2003—2008年,乌拉特后旗推广优质小麦综合配套栽培、优质饲用农作物综合配套栽培、葵花覆膜栽培、无公害绿色食品、麦后复种、钾肥增效、微肥增效等农业科技项目,引导农民合理调整种植结构,发展农区畜牧业、特色农业、订单农业,增加现金收入。2010年,全旗农作物总播面积为8637公顷,其中粮食作物播种面积5262公顷,生产粮食4041.7万千克,农业总产值142373.9万元。

1986年,乌拉特后旗草场面积为248.96万公顷,其中可利用草场面积209.87万公顷,占总面积的84.28%。牲畜主要是山羊、绵羊、骆驼等。全旗有大、小牲畜30.6万头(只)。1987—1990年,全旗建成塑料覆盖暖圈442座,建有水、草、林、机、料五配套畜群草库伦772处。狼山白绒山羊、戈壁红驼为内蒙古自治区优良畜种。1991—1999年,畜牧业遭受"大旱大灾,小旱小灾"严峻形势,乌拉特后旗大力发展草原水利建设和防灾减灾暖棚暖圈建设,使畜牧业生产步入持续、稳定的发展道路。2006年,乌拉特后旗全旗牲畜总数为43.91万头(只),年出栏大小牲畜29.86万头(只),畜牧业总产值9496.7万元。2010年,乌拉特后旗全旗牲畜存栏39.77万头(只),其中大畜1.67万头匹,小畜(羊)37.87万只,畜牧业产值18798.7万元。

1986年,乌拉特后旗有国营企业10家,旗办工业企业7家,乡镇工业企业13家,个体工业企业100余户。主要工业有建材、矿山、农畜产品加工等,工业总产值1340.8万元。1990—1998年,在市场经济的发展中乌拉特后旗工业企业由于管理、技术、设备落后,产品市场占有率明显下降,多数企业出现亏损。工业生产面临困境,乌拉特后旗从小企业入手,按照"两个脱钩、三个一块、四十一次"的思路,对国营、集体工业企业实施经营管理体制改革。1998年,全旗国营、集体工业企业全部转为民营。经营管理方式的转变,增强了企业活力,生产力得到提高,工业企业实现扭亏为盈,全部工业实现产值26321万元。1999—2004年,乌拉特后旗工业经济逐渐进入高速发展时期。在加强农牧业基础地位的同时,优化投资环境,扩大招商引资,发展矿山工业,培育新的经济增长点。2004年,全旗引进重点项目20项,引进资金56352万元。构建起以矿山、建材、农畜产品加工为结构的工业基础体系。各类独立核算工业企业34个,其中,规模以上企业14个,规模以下企业20个,工业总产值39156.6万元,其中,规模以上工业企业产值为28849.2万元,规模以下工业企业产值5759.7万元,个体工业产值4547.7万元。

2006—2010年,乌拉特后旗继续加大招商引资,五年引进重点工业项目69项,到位资金113.22亿元。2010年,乌拉特后旗共有各类工业企业255个,其中规模以上工业企业29个,规模以下企业15个,个体工业企业211个,工业总产值130.3亿元。

1986年,乌拉特后旗供销合作联社有土产、畜产两个公司,6个基层供销社,64个营业网点,分销店32个和供销三级站,群众生产生活用品均由供销社供给,销售总值2210.76万元。

1988—1989年,全旗供销社相继转制,个体、股份制商业迅速崛起,建成两个大型集贸市场。2004年,全旗有贸易个体经营户1181户,社会消费品零售总额10256万元,其中批发零售贸易8396万元,餐饮业零售额1348万元,其他零售额512万元。2010年,乌拉特后旗有个体经营户2217户,社会消费品零售总额42312.2万元,其中,零售贸易32367.2万元,餐饮业零售9915.2万元,住宿业零售29.8万元。

四、社会事业

1986年,乌拉特后旗有小学25所,在校学生5646人;中学5所,在校学生3421人。

2000年,乌拉特后旗针对山后牧区地广人稀、生源日益减少的实际,对全旗学校进行重新整合,先后撤销巴音前达门苏木小学、明星苏木小学、乌力吉苏木小学、那仁宝力格苏木小学、巴音戈壁苏木小学、宝音图苏木小学。将撤销学校的蒙古族学生全部安排到旗政府所在地蒙古族完小寄宿就读。汉族学生则在旗政府所在地的一完小、二完小就读。2003年,旗政府南迁巴音宝力格镇后,乌拉特后旗投资306万元,新建蒙古族中学一所。2010年,乌拉特后旗有中小学、幼儿园11所,在校小学生2972人、初中生1550人、高中生509人。有专任教师732人。

1986年,乌拉特后旗有旗人民医院2所,旗蒙医院1所,旗防疫、保健站各1所,苏木镇卫生院11个。有医疗卫生专业人员314人。2010年,全旗共有医疗卫生机构59个,其中,旗级综合医院1所、蒙医院1所、妇幼保健站1所、疾病预防控制中心1个,苏木镇卫生院10所,村嘎查卫生室28个。有执业(助理)医师133人,床位224张。

1987年,乌拉特后旗启动国营企业养老保险统筹。1994—1998年,将所有行政、企事业单位职工、个体工商户、城镇居民、退牧还草移民、失地农民全部纳入社会基本养老保险。2010年,乌拉特后旗全旗社会保险参保人数为16183人,征缴养老保险费9198万元。人均月发放养老金1355元。

2002年前,乌拉特后旗实行公费医疗制度,行政单位、企事业职工持公费医疗证到指定医院就医。重大疾病经卫生部门批准,可前往上级医院治疗。2002年,乌拉特后旗对公费医疗制度实施改革,将享受公费医疗的干部、职工统一交社保局管理,实行基本医疗保险制度。到2010年,全旗职工基本医疗保险参保人数13870人,征缴医疗保险费2314.3万元,基金累计结余751.2万元;城镇居民基本医疗保险参保人数16552人,征缴医疗保险费344.5万元。工伤保险参保8616人,生育保险参保10823人。

五、精神文明建设

1986年,乌拉特后旗在精神文明创建活动中,先后有90个单位被评为文明单位,其中内蒙古自治区级文明单位8个,盟市级文明单位34个,旗县级文明单位48个。

1990年,乌拉特后旗在全旗先后开展“星级文明城镇”“文明苏木”“文明村嘎查”“十星级文明户”“五好家庭”等创建活动。创建盟市级“四星文明城镇”1个,盟市级“六星文明城镇”3个,盟市级“四星文明苏木”4个,盟市级“三星文明苏木”3个,盟市级“五星文明嘎查”1个;旗县级“四星文明嘎查”9个,旗县级“三星文明嘎查”8个,旗县级“二星文明嘎查”6个,旗县级“十星级文明户”1341户。2010年,乌拉特后旗有内蒙古自治区级文明单位9个,市级文明单位11个,旗级文明单位70个。

第五节　五原县

一、基本情况

五原县位于河套腹地,巴彦淖尔市中部,地理位置在北纬40°46′~41°16′,东经107°35′~108°37′之间;东与乌拉特前旗搭界,西与临河区接壤,南隔黄河与鄂尔多斯杭锦旗相望,北以乌加河(总排干渠)与乌拉特中旗为界,东西长62.3千米,南北宽40千米,总面积2492.9平方千米,约占巴彦淖尔市总面积的3.8%,占内蒙古自治区面积的0.2%。

1986年,五原县辖3镇18乡,121个村,33个居委会,766个村民小组。1996年,撤销城关镇、城关乡,合并成立隆兴昌镇。2001年,撤销荣丰乡、沙河乡、乃日乡、丰裕乡、景阳林乡、锦旗乡。2005年,撤销向阳乡、和胜乡、美林乡、海子堰乡、复兴镇、城南乡、什巴乡。到2010年,五原县辖7镇,即隆兴昌镇、塔尔湖镇、天吉泰镇、银定图镇、新公中镇、套海镇、胜丰镇,共113个村、17个居委会。

1986年,五原县总户数为55042户,总人口为241065人,其中,男性126573人,非农人口40880人,人口自然增长率为9.66‰。少数民族有蒙古族、回族、满族、朝鲜族、达斡尔族。其中,蒙古族4663人,回族2857人,满族369人,朝鲜族2人,达斡尔族1人。1996年,五原县总户数72428户,总人口283832人,其中,男性145485人,非农人口73518人,人口自然增长率13.43‰。少数民族有蒙古族、回族、满族、朝鲜族、达斡尔族、鄂伦春族、壮族、藏族、苗族、土家族、彝族、维吾尔族。其中,蒙古族6528人,回族3196人,满族611人,朝鲜族23人,壮族24人,藏族30人,其他少数民族共45人。2006年,五原县总人口27.73万人,其中,男性14.18万人。城镇人口占总人口的30.4%,乡村人口占总人口的69.6%,蒙古族占总人口的0.55%,其他少数民族占总人口的0.46%。2010年,五原全县总人口为27.1万人,其中,男性13.8万人,农村人口16.8万人,城镇人口10.3万人。少数民族有蒙古族、回族、满族、藏族、朝鲜族、达斡尔族、壮族、彝族、瑶族、侗族、苗族、土家族。汉族人口占总人口的96%。

二、自然环境

五原县地处黄河冲积平原,地形微度倾斜,呈西南高,东北低,海拔在1019~1035.3米之间,自然坡降为1/5000~1/10000,海拔最高点1042米(塔尔湖镇境内)。

五原县属中温带大陆性季风气候,干燥多风,日照充足,蒸发量大,降水量少,昼夜温差大,无霜期短。气温由东南向西北递减,东西相差0.8℃。7月份平均气温22.7℃,1月份平均气温为-13.2℃。年均降水177毫米,降水集中在7~9月,占全年降水量的86.3%。年日照时数平均为3230.9小时,年蒸发总量为2039.2毫米。多年平均无霜期158天,最短99天,最长220天。主要气候灾害有冰雹、霜冻、雨涝、雪灾、风灾、干热风等。

1986年,五原县实有耕地6.44万公顷,所有耕地利用黄河水浇灌。1996年,全县耕地7.61万公顷。2006年,全县耕地12.06万公顷。2010年,五原全县耕地15.27万公顷,耕地全为水浇地。

黄河由西进入五原县,过境全长59.5千米,年平均流量为822米^3/秒。有人工灌溉干渠5条,即丰济渠、皂火渠、沙河渠、义和渠、通济渠。五条干渠年引黄河水8亿~11.6亿立方米。因引黄灌溉历史悠久，地下水补给充足。南部靠近黄河一带含水层深度 50 ~ 130 米，中部含水层埋深 130 ~ 210 米，北部含水层埋深 160 米。

三、经济建设

五原县处于黄灌区中部，水、土资源丰富，光照充足，发展农业生产得天独厚，自古有“黄河百害、唯富一套”和“天下黄河十八道湾，后大套是个米粮川”之称。这个“后大套米粮川”就是五原。1986 年，五原县农作物总播面积 6. 36 万公顷，粮食播种面积 4 万公顷，粮食总产量 1206. 5 万千克，农业产值 15314 万元。1996 年，农作物总播种面积 7. 58 万公顷，其中粮食作物播种面积 5 万公顷，粮食总产量 2746. 47 万千克，农业产值 39966. 4 万元。2001 年，五原县加大种植结构调整力度，在确保粮食生产丰收后，又扩大经济作物种植面积和优质饲草种植面积。全方位推广良种，引进先进生产技术，购置现代化农业机械，种植业结构逐步优化，农业生产得到稳步发展。2006 年，全县农作物播种面积 13. 1 万公顷，其中粮食作物播种面积 6. 09 万公顷，粮食总产量 39279. 6 万千克，农业产值46141. 7万元。2010 年，五原县农作物总播面积为 13. 14 万公顷，总播面积比 1986 年增加 6. 78 万公顷，比 1996 年增加 5. 56 万公顷。粮食作物播种面积 6. 32 万公顷，比 1986 年增加 2. 32 万公顷。经济作物中，仅葵花一项总播种面积 5. 19 万公顷，比 1986 年增加 2. 99 万公顷，比 1996 年增加 0. 93 万公顷，农业产值达 161876. 9 万元。

1986 年，全县存栏大小牲畜 30. 53 万头(只)，其中大牲畜 4. 81 万头(匹)，小牲畜 25. 73 万只，年出栏小牲畜 6. 95 万头(只)，产肉 670. 55 万千克，养殖业产值 2270 万元。1994—2004 年，为增加农民收入，满足市场对肉、蛋的需求，政府大力扶持养殖业，并倡导“种养结合”，利用农作物秸秆发展设施养殖。2005 年后，随着巴彦淖尔市农畜产品制造加工企业的落地生根，五原县全力实施“养殖突进”战略，全力发展养殖业，帮助农户建青贮池、购置饲草加工机具，无偿提供牲畜改良、疾病防治、人工配种技术服务。2010 年，全县大小牲畜存栏 118. 23 万头(只)，全年牲畜出栏 130. 66 万头(只)，其中出栏大牲畜 6600 头，出栏羊 118. 83 万只，生产肉类 3345. 1 万千克，养殖业年产值 93968. 3 万元。

1986—1994 年，五原县有各类所有制工业企业 13 家，主要工业产品有化肥、油脂、玻璃纤维制品、绒毛制品、绵糖、纸张、铁合金、面粉、饮料、瓜子、皮革制品等。其中，昭君绒毛制品实业有限公司生产的驼绒被等 6 大系列产品，远销欧美、日本和东南亚地区，连获国际、国内 6 项大奖；土特产实业有限公司生产的“美中达瓜子”荣获全国保健食品博览会金奖和第二届国际博览会银质奖；“阴山牌绵白糖”被评为区级优质产品；地毯厂生产的“手抽 80 道仿古地毯”出口海外。全部工业产值从 1986 年的 3565. 3 万元增加到 1994 年的 23613 万元。1995 年，五原县不断扩大对外开放，引进国内外先进技术和先进管理理念，搞活亏损企业、淘汰落后产能，产业结构逐步得到优化。2005 年，全县工业形成以粮油、炒货、番茄加工为支柱,电力、化工、金属冶炼并举的新格局。规模以上工业企业21个,规模以下工业企业47个,个体经营户1280个,工业产值139276.3万元。2006年,五原县实施"工业强兴"战略,全年引进区内外资金8.1亿元,完成固定资产投资4.5亿元。2010年,五原县构建起以农畜产品加工、食品制造、煤化工、电力、建材、新能源为主的"五大产业"工业体系,总产值达到64.57亿元。

1986年,五原县社会商品零售总额9184.74万元,其中商业零售7947.85万元,饮食业零售307.59万元,工业零售593.25万元,其他行业零售336.05万元。1996年,全县社会消费品零售总额为28494万元,其中批发零售18057万元,餐饮业零售4339万元,制造业零售2293万元,其他行业零售3859万元。2006年,全县消费品零售总额为76757.5万元,其中零售贸易67308.5万元,餐饮业零售6591万元,其他行业零售2858万元。2010年,五原县社会消费品零售总额为149573.7万元,其中批发业11442.2万元,零售贸易117241.8万元,餐饮业零售20785.7万元,住宿零售104万元。

四、社会事业

1986年,五原县有普通中学33所,中等专业学校1所,技术学校1所,小学129所,幼儿园13所。普通中学在校人数13201人,中等专业学校在校人数263人,职业中学在校人数818人,小学在校学生31561人,幼儿园幼儿1209人。中学教职工人数1105人,小学教职工人数1867人。2010年,全县有普通中学7所(其中完全高中1所)、职业中学1所、小学24所、幼儿园39所。中学在校学生13495人,职业中学在校人数2146人,小学在校人数15793人,幼儿园在校人数4668人。在职教职工2542人。幼儿入园率100%、小学入校率100%、巩固率100%、幼儿升学率100%;初中升学率100%、巩固率98%、升学率95%;高考本科上线率80.6%。

1986年,五原县有医疗卫生机构44所,其中,县级医院2所,乡级医疗机构18所,其他医院2所。乡以上医疗机构拥有床位464张,卫生技术人员667人。2000年,五原县将隆兴昌镇医院与县妇幼保健所合并,建成集医疗、保健、科研培训为一体的综合性医疗保健医院。2010年,全县共有医疗卫生机构216所,其中县级医院5所,乡级医疗机构19所,乡镇防保站20个,社区卫生服务中心8所,乡村卫生室117所,个体诊所47所。乡以上医疗机构拥有床位815张,卫生技术人员1109人。新型农村合作医疗参合人数为184259人,参合率为99.6%。

1987年,五原县在国营企业开始实施职工养老金统筹。1988年,全县有73个国营企业,4449名职工参加退休养老金统筹。1998年,五原县启动城镇私营企业职工和个体劳动者养老保险。1999年,启动行政机关、事业单位干部职工养老保险,缴费标准为工资的5%。2002年,启动职工工伤保险、生育保险和失业保险。2009年,停止行政机关、事业单位干部职工养老保险个人缴费。2010年,全县企业职工养老保险参保17017人,工伤保险参保5634人,生育保险参保4388人,失业保险参保8610人。

2002年,五原县对实行30多年的公费医疗制度实施改革,将144个行政事业单位所有职工全部纳入职工基本医疗保险。医疗保险缴费比例为单位6%、个人2%。参加基本医疗保险的职工住院时,若在县内医院住院,报销比例为60%;若到外地医院住院治疗,报销比例为50%。基本医疗保险报销封顶为2.5万元。2004年,五原县将灵活就业人员纳入基本医疗保险,同时启动特殊慢性病门诊医疗管理办法。2008年,将基本医疗保险范围扩大到全体城镇居民。2010年,五原县基本医疗保险实现了城镇居民全覆盖。

1986年,五原全县有五保对象673户735人。1994年,全县有五保对象726人。五保对象分散供养的人均年补助生活费720元。集中供养的年人均发放生活费补助800元。1998—2006年,五原分别启动城镇居民最低生活保障和农村居民最低生活保障,同时,在实施棚户区改造中,为使低保户得以安居,对低保户实行租赁房补贴政策。补贴标准按困难程度分类补助。到2010年,全县五保对象纳入城镇低保5252人,城镇低保对象每人每月补助275元,农村低保对象每人每年补助1700元。

五、精神文明创建

1986—1996年,五原县精神文明创建围绕培养"四有新人"展开,利用广播、电视、报纸等新闻媒介进行爱国主义教育、职业道德教育;采用报告会、演讲会的形式进行中国特色社会主义教育、法制教育;在广大农村开展"乡规民约"活动,"文明村镇"评选;开展"绿化美化达标""评选卫生之家""遵纪守法户""五好家庭""小康文明户"创建。1997—2002年,在全社会开展"十星级"奔小康文明户创建评选活动;在青少年中,广泛开展向英雄少年学习,树立远大革命理想,争做时代先锋活动。2003—2009年,全县深入宣传学习《公民道德建设实施纲要》,在全社会开展"北疆文明大通道"建设、"创和谐家庭、促和谐社区"创建活动;以文明社区建设为重点,开展"讲文明、树新风""学雷锋、学先进""巾帼建功""青年文明号""十佳道德模范"评选活动。2010年,全县建成区级"百佳十星级文明户""文明单位"24个,市级"文明单位"3个。

第六节 杭锦后旗

一、基本情况

杭锦后旗地处河套平原,位于巴彦淖尔市西部,东与临河区接壤,西傍乌兰布和沙漠与磴口县毗邻,南临黄河与鄂尔多斯市杭锦旗相望,北靠阴山与乌拉特后旗搭界;地理坐标在北纬40°26′~41°13′,东经106°34′~107°34′之间;政区南北约87千米,东西约52千米,总面积1751.53平方千米。杭锦后旗人民政府驻地陕坝镇,距临河30千米,距自治区首府

413千米。

1986年,杭锦后旗辖20个乡镇,共166个行政村。2001年,杭锦后旗对所辖乡镇进行调整。全旗区划为16个乡镇级行政区,其中,乡9个、镇7个,有138个行政村。2005年,再次撤乡并镇,将16个乡镇调整为8个镇,即陕坝镇、头道桥镇、二道桥镇、三道桥镇、双庙镇、沙海镇、蛮会镇、团结镇,有107个村,24个居委会。2010年,杭锦后旗辖8个镇,共107个行政村和14个居委会。

1986年,杭锦后旗总户数为60815户,总人口269486人(包括太阳庙农场人口),其中,男139696人,非农业人口39248人,人口自然增长率8.77‰。少数民族有蒙古族、回族、满族、朝鲜族。蒙古族1597人,回族1825人,满族186人,朝鲜族6人。1996年,杭锦后旗总户数为73740户,总人口300640人。其中,男154292人,非农业人口68610人,人口自然增长率10.17‰。少数民族有蒙古族、回族、满族、朝鲜族、达斡尔族、壮族、藏族、苗族、土家族、维吾尔族。蒙古族2057人,回族2101人,满族328人,其他少数民族共73人。2006年,杭锦后旗总人口29.19万人,其中,男14.86万人,城镇人口9.43万人,蒙古族0.26万人,其他少数民族0.19万人。2010年,杭锦后旗总户数为107673户,总人口325540人,其中,男163877人,城镇人口82504人,蒙古族3568人,占少数民族人口的52.61%。

二、自然环境

杭锦后旗地处河套平原,乌加河故道以南,地形由西南向东北倾斜,坡降约1/7000~1/10000,海拔最高点1050.4米。乌加河故道以北呈北高南低,坡降约1/3000。沿乌加河故道一线形成一条西高东低槽形地带,海拔最低处1031.3米。

气候属中温带大陆性季风气候,冬季漫长寒冷,夏季短促炎热,寒暑变化剧烈;多风少水,气候干燥,蒸发量大,日照时长,昼夜温差大。年平均气温9.0℃(1986—2010年),极端最高气温为40.3℃,极端最低气温为-26.8℃。年平均降水150.3毫米(1986—2010年),最高年降水240.1毫米,最低年降水84.6毫米。降水集中在6—8月、7—9月,降水占全年总降水量的65%。年平均相对湿度48%,最大湿度54%,最小为41%。年平均日照3186.3小时,日照率为73%。年平均蒸发量2445.5毫米,最大2862.8毫米,最小2109.5毫米。年均平均无霜期153天,平均初霜冻在9月下旬,最早在9月中旬,最晚在10月上旬。平均终霜冻在5月中旬,最早在4月下旬,最晚在5月下旬。

1986年,全旗耕地5.24万公顷,为黄河水浇地。1996年,全旗耕地5.65万公顷。2006年,耕地8.49万公顷,其中水浇地8.45万公顷。2010年,耕地9.04万公顷,全部为黄河水浇地。

黄河经旗界西南进入,河岸线长17.5千米,年均径流总量204.2亿立方米左右。杭锦后旗依乌拉河、杨家河、黄济渠构成的灌溉网,年引河水7亿~12.3亿立方米。

三、经济建设

1986—1991年,全旗农作物播种面积为5.18万公顷,其中粮食作物播种面积3.7万公顷,经济作物播种面积1.3万公顷,粮食总产量148850万千克,人均占有粮食486.54千克,种植业总产值15344万元。1992—1999年,社会主义市场经济确立,政府转变职能,实行土地承包经营,通过示范、引导实现经济结构宏观调控。同时,建立健全科技服务体系,引进优良品种和先进技术;组织科技人员深入田间地头,传授种植技术;利用冬闲,组织科技培训;制定农业倾斜政策,督促工业企业与农民签订种植合同。在保障粮、油生产的基础上,走"一乡一业""一村一品"规模化、产业化发展的路子。2002—2010年,进一步扩大优质农产品种植规模,优化种植结构,突出发展特色农业、订单农业、绿色农业、设施农业,加大反季节蔬菜、水果种植。2010年,全旗农作物总播面积8.8万公顷,其中,小麦播种面积2.53万公顷,玉米播种面积3.06万公顷,经济作物播种面积3.07万公顷,牧草播种面积1424.33公顷。全旗粮食总产量47308.4万千克,其中小麦总产量15573.2万千克,玉米总产量31614.2万千克,油料总产量5201.9万千克。种植业产值195768.3万元。

1986年,全旗大小牲畜存栏30.38万头(只),其中大牲畜存栏5.18万头(匹),小畜存栏25.20万只。全年出栏大小牲畜5.56万头(只),畜产品生产801.6万千克,养殖业产值3551万元。1996年,全旗大小牲畜存栏907811头(只),其中大牲畜存栏58883头(匹),小牲畜存栏61.60万只,出栏牲畜19.03万头(只),养殖业产值23463.1万元。2006年,全旗大小牲畜存栏153.32万头(只),其中大牲畜存栏7.95万头(匹),小畜牲145.37万头(只)。2010年,大小牲畜存栏121.49万头(只),其中,大牲畜存栏7.92万头(匹),小牲畜存栏113.57万头(只)。年肉类总产量5130.2万千克,养殖业产值170080.8万元。

1986年,全旗有工业企业88家,工业生产总值4722.2万元。其中:全民所有制工业企业产值2165.3万元,集体所有制工业产值1922.7万元,城镇个体工业产值22.5万元;农牧区村办工业85.3万元,农村合作经营工业产值43.6万元,农牧区个体工业产值482.8万元。1987—1991年,全旗在工业企业改革中,坚持扶大放小政策,引导小企业转换经营机制,推行企业经济效益与职工利益直接挂钩;重点支持利税大户技改,提升产品科技含量,扩大产品市场占有份额。1992—2000年,社会主义市场经济确立,杭锦后旗以市场为导向,以增强企业活力为目标,企业转制为重点工作。2001年,全旗有33个国营工业企业和98个集体企业转为民营。2001—2004年,面对工业体制改革遇到的问题"回头看",重新认识多种公有制形式存在的价值,大力发展壮大公有制经济,使公有经济始终支撑杭锦后旗经济社会发展。2005年,杭锦后旗有规模以上工业企业17个,其中12个企业盈利1个亏损。规模以上工业企业产值1923301万元,其中国有企业2个,实现产值183460万元，占全部规模以上工业企业产值的9.54%；集体企业1个，产值58312万元，占全部规模以上工业企业产值的3%；股份有限公司1个，产值610491万元，占全部规模以上工业企业产值的31.74%；有限责任公司13个，总产值1071038万元，占全部规模以上工业企业产值的55.69%。国有控股企业3个，总产值245304万元，占全部规模以上工业企业产值的12.75%。2010年，全旗有工业企业1001家，其中，国有企业1家，股份制企业22家，私营企业10家，个体户892家。全部工业企业中，国有企业产值占工业总产值的18.6%，股份制企业占总产值的34.1%，私营和个体工业企业占总产值的47.4%。

1986年，杭锦后旗商贸、服务业以国营、集体为主，社会商品零售额11360.78万元，其中商业零售3236.69万元，饮食业零售215.47万元，工业零售271.07万元，其他行业零售230.54万元。1992—2000年，社会主义市场经济确立，国营、集体经济相继转制，同时私营、个体经济崛起，1997年，全旗社会消费品零售总额为33071万元，其中国营企业零售3575.4万元，集体企业零售994.9万元，私营企业零售549万元，个体经营户零售24446.6万元。2006年，杭锦后旗社会消费品零售总额为80359.6万元，其中，限额以上企业商品零售1726万元，限额以下企业商品零售16819.1万元。2010年，杭锦后旗社会消费品零售总额为161123.2万元，其中，限额以上企业商品零售2784.2万元，限额以下企业及个体经营户零售129724.4万元；餐饮业零售19097.7万元，其中，限额以上企业零售818.7万元；住宿业零售102.6万元。

四、社会事业

1986年，杭锦后旗有普通中学23所，其中城镇中学23所，在校学生18967人；小学168所，在校学生31675人；幼儿园1所，在园幼儿288人。在职中小学教师3047人，其中专任教师2696人。1988—1992年，杭锦后旗按照“转变教育思想、端正办学方向、改革教学方法、提高教育质量”的战略方针，着力调整普通中、小学教学，在中、小学开设劳动课和劳动技术课，根据教育资源实际状况，创办职业高中和“3+1”初级农职中学。1993—1995年，杭锦后旗将“科教兴旗”落实到重点改变学校教育、教学环境方面，对全旗教育进行重新布局，新建翻建教室，增添教学设施设备，规范幼儿教材，增加教育经费投入，同时对全旗幼儿教育进行科学规划，合理布局。1999年，撤并一批中小学校。2000年，杭锦后旗在继续壮大公办中小学的同时，积极支持民办教育，扶持私立中学发展。2008—2010年，杭锦后旗为不断提高办学条件，提升教育质量，先后投资3亿元，补充各学校教学设备，完善多媒体教学。2010年，杭锦后旗共有中、小学43所。其中：普通小学30所，普通初中3所，九年一贯制学校7所，小学教学点37处，初中教学点11处；完全高中1所，职业高中1所，高中教学点1处。在校中小学生共14468人，有专职中小学教师967人。小升初升学率97.2%，初中升高中升学率91.5%，高考率98%。

1986年,杭锦后旗有医院42所,其中,县级医院1所,县级防疫站1个,县级妇幼保健站1所,乡镇、企业卫生院21个,村级医疗点175个,个体诊所11个。2006年,杭锦后旗在全旗推行新型农村合作医疗制度,完善农村大病医疗救助体系,农民参合率达到95%。2007—2010年,杭锦后旗投资改善全旗三级医疗卫生机构,相继建成旗医院门诊大楼和防疫站大楼,对6个重点乡镇卫生院进行重建扩建。2010年,全旗有各类卫生机构31个,个体诊所60家,村卫生室116个,有医疗卫生技术人员1132人。

1987年,杭锦后旗启动国营企业职工养老金统筹,统筹比例为本人工资的3%,所在企业为其缴纳本人工资的20%。1998年,启动城镇私营企业职工和个体劳动者基本养老保险。私营企业职工个人缴纳工资的5%,企业缴纳13%。个体劳动者缴纳基数按上年度职工平均工资60%~300%的范围内划分缴费档次,本人自选一档,按18%的比例缴费。同时启动行政机关、事业单位干部职工养老保险,缴费标准为工资的4%。2009年,行政机关、事业单位干部职工养老保险个人缴费停止。2010年,全旗基本养老保险参保人数19119人,其中企业在职职工参保人数11081人。

2001年,杭锦后旗改革公费医疗制度,规定:凡在旗范围内的旗直各单位、各企事业及驻旗各单位等均要参加职工基本医疗保险,缴费比例为:单位6%,个人2%,当年纳入基本医疗保险单位101个,参保人数12446人,收缴保费348万元。2004年,启动灵活就业人员基本医疗保险和大额医疗保险。2007年,对基本医疗保险享受待遇作了调整:在外地住院治疗报销比例由60%调整到65%;特殊检查报销由50%调整到60%;基本医疗费封顶线由2.5万元调整到3万元,大额医疗保险提高到10万元。2008年,基本医疗保险扩大到全体城镇居民。

2010年,杭锦后旗城镇居民基本医疗保险覆盖面100%,新型农村合作医疗参合人数18.19万人,参合率97.5%。城镇职工和居民医疗保险报销统一执行起付线300元的标准,报销比例由70%提高到80%,其中,60周岁以上老人提高到85%。

1998年,杭锦后旗启动城镇居民最低生活保障,保障标准为每人每月补助80元。2006年,启动农村最低生活保障,低保对象每人每年360元。2010年,将城镇居民最低生活保障标准提高到每人每月282元,农牧民最低生活保障提高到每人每年1640元。2010年,全旗共有城乡低保对象16875人,五保对象523人。有敬老院4所,集中供养五保老人69人。

五、精神文明创建

1986—2010年,在精神文明建设中,杭锦后旗围绕《公民道德建设实施纲要》,通过演讲比赛、知识竞赛、传统文化讲座、文学艺术活动、编发材料、签名活动、张贴挂图等方式,对公民实施社会公德、职业道德、家庭美德教育,大力提高全社会文明素质。

围绕《市民文明守则》,开展“文明新风双月评”“百佳文明市民评”“百佳文明单位评”“百佳服务明星评”“百佳执法标兵评”“百城万店无假货评”“十佳公务员评”“十佳执法标兵评”“十佳青年”“十佳园丁”“十佳科技致富标兵”“十佳社区工作者”等评选活动,树立市民文明榜样,促进社会精神文明进步。2010 年,全旗有国家级文明单位 1 个,省部级文明单位 1 个,市级文明标兵 3 个,市级文明单位 8 个。陕坝镇被评为内蒙古自治区星级文明县城。

第七节　磴口县

一、基本情况

磴口县位于巴彦淖尔市行政区西部,地处著名的后套平原,东北与杭锦后旗搭界,西北踞狼山与乌拉特后旗毗邻,西南与阿拉善盟阿拉善左旗接壤,东南隔黄河与鄂尔多斯市杭锦旗相望;地理坐标北纬 40°9′~40°57′,东经 106°9′~107°10′,东西约长 92 千米,南北约宽 65 千米,总面积 4167 平方千米,约占巴彦淖尔市总面积的 6.47%,约占内蒙古自治区总面积的 0.31%。巴彦高勒镇为人民政府驻地,位于县域西南,是全县政治、经济、文化、交通中心。1986 年,磴口县辖 10 个乡镇苏木,共 46 个行政村嘎查,253 个自然村(独贵龙),8 个居民委员会。1996 年,隆盛合乡改建为镇。1999 年,补隆淖乡、协成乡改建为镇。2001 年,撤销粮台乡并入巴彦高勒镇;撤销坝塄乡并入补隆淖镇;撤销小观井苏木并入沙金套海苏木。2005 年,哈腾套海苏木、沙金套海苏木合并;撤销公地乡、协成镇,并入隆盛合镇;撤销补隆淖镇,并入巴彦高勒镇;渡口乡改建为镇。2010 年,磴口县辖 3 镇 1 苏木 5 个市属国营农场,共有 45 个行政村嘎查,50 个国营农场分场。

1986 年,磴口总户数为 22556 户,总人口 96579 人,其中,男 49698 人,非农业人口 32236 人,人口自然增长率 8.36‰。少数民族有蒙古族、回族、满族、朝鲜族、达斡尔族等。其中,蒙古族 2441 人,占总人口的 2.53%;回族 4507 人,占总人口的 4.67%;其他少数民族共 2328 人。1996 年,全县总户数 29605 户,总人口 110035 人,其中男 56057 人,非农业人口 54982 人,人口自然增长率 7.32‰。少数民族有蒙古族、回族、满族、朝鲜族、达斡尔族、鄂温克族、藏族、维吾尔族等。其中:蒙古族 3341 人,回族 5083 人,满族 296 人,其他少数民族共 86 人。2006 年,全县总人口 12.11 万人,其中男 6.25 万人,城镇人口 7.1 万人,少数民族共 1.05 万人。人口自然增长率 2.47%。到 2010 年,全县总户数 41566 户,总人口 124219 人,其中,男 62778 人,非农业人口 54630 人,人口自然增长率 1.50‰。蒙古族占总人口的 4.2%,回族占 4.4%,其他少数民族占 0.4%。

二、自然环境

磴口县西北为山地,系阴山山脉狼山西段。山地呈西南—东北走向,海拔在 1246~

2046 米之间,山峰高差 800 米,总面积 9. 69 万公顷。东南部为平原,海拔在 1037 ~ 1053 米之间,总面积 287. 63 万公顷,其中沙漠面积 284. 6 公顷(平原中西部自西汉后逐渐风蚀成沙漠)。

气候属中温带大陆性季风气候,四季分明,冬长夏短,少雨多风,气候干燥,年平均气温 9℃(1986—2010 年平均值),最高年平均气温 10. 2℃,极端最高气温为 40. 3℃,极端最低气温为 -26. 8℃;年均风速每秒 2. 6 米,风季 8 个月;年均降水量 150. 3 毫米,降水集中在 7—8 月,最高年降水量 240. 1 毫米,最低年降水量 84. 6 毫米;年平均蒸发量为 2445. 5 毫米,最大为 2862. 8 毫米,最小为 2109. 5 毫米,蒸发量是降水量的 16 倍;年均日照 3186. 3 小时,日照率为 73%;年平均相对湿度 48%;初霜冻在 9 月下旬,终霜冻在 5 月中旬,无霜期平均 153 天。主要气候灾害有风沙、霜冻、冰雹、雪灾、水灾等。

1986 年,磴口县拥有耕地 1. 41 万公顷,全部为黄河水浇地。1996 年,有耕地 2. 01 万公顷。2006 年,全县实有耕地 3. 98 万公顷。2010 年,磴口县实有耕地 5. 01 万公顷,全部为水浇地。

黄河自巴彦高勒镇进入磴口县,经政区东南,由渡口镇出县境,河岸长 52 千米,年均径流总量在 280 亿立方米左右,最大径流总量 500 亿立方米,最小径流总量 180 亿立方米。磴口年引黄河水 4 亿 ~6 亿立方米。境内有大小湖泊(海子)200 余个,总面积约为 24 平方千米。湖泊水深多在 2 米以下,pH 值在 8 左右。

境内发现矿藏 20 余种,其中,金属矿有金、银、铜和铁;非金属矿有红柱石、白瓷石、大理石、花岗岩、硅石、毒砂、云母、石榴子石、钾长石等。探明中型铜矿平均品位为 1. 07%,储量约 168 万吨;中型红柱石矿,单矿物 Al_2O_3 平均含量 56. 71%,平均品位 8. 29%,远景储量大于 1 亿吨。

三、经济建设

1986 年,全县农作物播种面积 1. 36 万公顷,其中粮豆播种面积 7993. 33 公顷,粮食单产(亩产)266 千克,粮豆总产量 3154. 2 万千克。经济作物播种面积 4333. 33 公顷,杂粮作物种植面积 1266 公顷,种植业总产值 2147 万元。1996 年,磴口县播种面积 1. 97 万公顷,其中粮豆种植面积 1. 18 万公顷,粮食总产量 8477. 6 万千克;经济类作物种植面积 9713. 33 公顷,种植业产值 29320. 4 万元。1998 年,磴口县引进番茄生产企业,不断扩大番茄、葵花种植面积,推进良种化、设施化,集约化、产业化经营。到 2006 年,全县农作物播种 2. 76 万公顷,其中粮食播种面积 1. 42 万公顷,粮食总产量 10301. 5 万千克;油料作物种植面积 4823 公顷,种植业产值 35832. 5 万元。2010 年,全县农作物全部实现了良种化,设施农业达到 506 公顷。以龙头企业、农业合作社组织、家庭农场、种养大户等多种经营形式为主体的“企业 + 基地 + 农户”产业链基本形成,农作物种植面积为 4. 49 万公顷,其中,粮食作物播种面积1.86万公顷,农业产值59698.8万元,是1986年的27倍。

1986年,磴口县大小牲畜存栏14.64万头(只),其中,大牲畜存栏1.83万头(匹),小牲畜存栏(羊)12.82万只。年出栏大小牲畜2.85万头(只),其中大牲畜出栏951头,小畜出栏2.75万只,肉食生产238.8万千克,养殖业总产值415万元。1996年,全县大小牲畜存栏31.67万头(只),其中,大牲畜存栏2.24万头(匹),小牲畜存栏(羊)23.35万只。出栏大小牲畜9.95万头匹,出栏率为42.32%。2000年,人民生活不断提高,群众对肉、蛋、奶的需求量与日俱增,为满足市场供给,磴口县大力发展肉羊、肉牛、奶牛以及禽类养殖。全县大小牲畜存栏39.47万头(只),其中良种奶牛存栏18094头,出栏牲畜37.37万头(只),生产肉食913.5万千克,年产奶8354.4万千克,养殖业总产值34811万元。

1986—1994年,磴口县有盟级以上国营工业企业9个,乡级以上集体企业34个,私营、个体工业103个。工业产品主要有化工类、塑料纸品类、皮毛制品类、农产品加工和建材类等。工业总产值4095.4万元。1995—2002年,随着国营企业、集体企业相继拍卖、重组,股份制企业、合营企业、私人和个体企业迅速发展壮大,并逐渐形成规模。2003—2009年,磴口县发挥资源优势、区位优势,不断优化投资环境,扩大招商引资,先后引进蒙牛、佳格、中粮、富邦、金能、华润等一批国内外知名企业,构建起以食品、化工、电力、矿山为支柱的工业体系。2010年,磴口县有各类工业企业420个,其中规模以上工业企业16家,规模以下企业36个,个体经营户368个,工业总产值55.08亿元。其中,规模以上工业企业产值50.05亿元,规模以下工业企业产值4.09亿元,个体户工业产值0.98亿元。

1986年,磴口县社会商品零售总额4112.09万元,其中,商业零售3236.69万元,饮食业零售136.6万元,工业零售538.84万元,其他行业零售199.96万元。1992年,社会主义市场经济确立,国营、集体商品批零业、住宿、餐饮等服务业被私营、个体经营者所取代。1996年,全县社会消费品零售总额为16810万元。2010年,全县社会消费品零售总额为76008万元,其中批发2654.8万元,零售业60723.3万元,餐饮业12579万元,住宿50.1万元。

四、社会事业

1986年,磴口县有中小学75所,在校中小学生共18879人,在职教职工1472人。1987—1998年,磴口县制定出台《磴口县教育改革方案》,将乡办中小学由县教育局管理移交乡政府管理。乡政府管理后,各乡设学区,学区内教职工调配由乡政府研究决定;村级小学民办教师人选由乡级政府与村委会研究选拔;学区校长由教育局会同乡政府研究任命。县教育局负责各学校业务指导。教育经费包干到学区,不足部分自筹。1999—2004年,磴口县"两基"教育达标后,继续优化教育资源,提高教学质量,对教育资源进行优化,科学布局农村牧区学校,转民办学校为公办,将全县学校管理权归属教育局,减少行政资源浪费。

在调整全县教育的同时,按照“科教兴县”战略,以优惠政策招揽人才。对愿意到磴口任教者,凡具有大学专科以上学历的,一经聘用,即为其提供住房,提高工资待遇,优先安排子女就业,解决农转非户口。完善学校基础设施,改善教育环境,相继完成一批中小学校舍改建扩建,使磴口县中小学办学条件得到明显改善。2010 年,磴口县有中小学 19 所,在校中小学生 11488 人。小学适龄儿童入学率 100%,巩固率 100%,毕业率 100%。初中生入学率 100%,巩固率 95.8%,初中毕业生合格率 100%。高中入学率 60%,高考上线率 80.47%。小学师资学历合格率 100%,初中教师学历合格率 100%,高中教师学历合格率 98%。在职教职工 1138 人。

1986 年,磴口县有县级医疗卫生机构 4 个,乡级卫生院 9 个,村卫生室 46 个,个体诊所 56 个。全县有医疗卫生技术人员 167 人,其中,有高级职称技术人员 3 人,中级职称技术人员 17 人,初级职称技术人员 147 人。1987 年,县域经济增强,财政逐年加大对医疗卫生事业建设的投入,两次扩建县医院、中蒙医院,购置先进医疗设备,以优惠政策广泛招揽人才,优先解决其住房、子女安排和农转非户口;加强在职人员培训,对取得职称的人员及时兑现工资待遇,优先提拔任用;改善农村牧区医疗卫生院环境,多渠道筹措资金,扩建乡级卫生院,配备先进医疗设备,培训卫生人员,提高医疗技术水平。2000 年,全县共有医疗卫生人员 248 人,其中高级职称人员 11 人,中级职称人员 48 人,初级职称人员 184 人。2010 年,磴口县有县级医疗卫生机构 5 个,执业医护人员 527 人,其中,具有高级职称的 31 人,中级职称的 96 人。苏木、镇卫生院拥有 X 光机、心电图机、呼吸机、心电监护仪、B 超、离心机、生化分析仪、麻醉机以及救护车等。

1987 年,磴口县启动国营企业职工养老金统筹,统筹比例为:本人标准工资的 3%,企业缴纳本人工资的 20%。1988 年,企业参保人员 4036 人,养老金滚动结余 10 万元。1997 年,启动行政机关、事业单位干部职工养老保险缴纳工作,缴费标准为工资的 5%,全县社会保险参保人数共 4947 人,支出养老金 514 万元,滚动结余 450 万元。1998 年,启动城镇私营企业职工和个体劳动者基本养老保险缴纳工作,缴纳比例从 1998 年起,当年缴个人工资的 4%,此后每两年提高一个百分点,最高达 8%。2001 年,对在城镇建设中失去土地的农民参照职工待遇纳入养老保险。2009 年,行政机关、事业单位干部职工养老保险个人缴费停止。2010 年,全县参加职工养老保险人员共 13980 人,失地农民纳入养老保险 403 人。全县支出养老金 9150 万元,结余 8734 万元。

2000 年,对实行 30 多年的公费医疗制度实施改革,规定凡巴彦高勒镇范围内的县直各单位、各企事业及驻镇三级单位均参加职工医疗保险。基本医疗保险缴费比例为单位缴纳个人工资的 6%,个人再缴纳 2%。参加医疗保险人员住院时,在本地医院住院,医疗保险报销 60%;在外地医院住院,医疗保险报销 50%。基本医疗保险报销封顶 2.5 万元。2004 年,启动灵活就业人员基本医疗保险和大额医疗保险，规定行政机关、事业单位干部、职工大额医疗保险个人按 50% 缴纳，所在单位为其缴纳 50%；企业职工大额医疗保险全额由职工个人缴纳；灵活就业人员缴费标准参照社会平均工资，按照社会平均工资的 8% 缴纳，大额医疗保险按 100% 缴纳。2007 年，磴口县调整在外治疗报销比例，规定：参保人员在外地医院住院治疗，报销比例由 60% 调整到 65%，特殊检查报销由 50% 调整到 60%。基本医疗费封顶线由 2.5 万元调整到 3 万元。2008 年，将基本医疗保险范围扩大到城镇居民。职工基本医疗保险年度最高报销由 3 万元提高到 10 万元。职工在本地医院住院治疗，报销比例提高到 85% ~ 93%，转外地医院住院治疗报销比例提高到 80%。城镇居民基本医疗保险年度报销最高限额由 2.5 万元提高到 8 万元。城镇居民在本地医院住院治疗报销比例提高到 60% ~70%，转外地医院治疗报销比例提高到 60%。2010 年，全县基本医疗保险职工参保人数 16326 人，居民参保人数 23733 人。

1997 年，启动职工工伤保险和生育保险。2010 年，全县工伤保险参保人数 4961 人，累计结余工伤保险基金 253 万元。生育保险参保人数为 4021 人，累计结余生育保险基金 94 万元。

1998 年，磴口县启动城镇居民最低生活保障，城镇低保对象人均每月补助 39.96 元。1999 年，将城镇居民最低生活保障补助标准提高到每人每月 104 元。2003 年，提高“三无”人员、危重病人、严重残疾人、无劳动能力老年人、有上学子女的低保家庭补助标准，确保低保人员的基本生活。2006 年，启动农村牧区低保工作，农村牧区居民最低生活保障对象每年每人补助 360 元。2007 年，提高农牧区低保对象保障标准，提高到 438 元。2010 年，全县有城镇低保对象 5640 人，低保对象月人均补助 262.1 元。农牧区低保对象 4842 人，低保对象每人每年补助 2000 元。

五、精神文明建设

1986—1999 年，磴口县在共产党员、共青团员和青少年中广泛深入开展“学雷锋，树新风”活动。在城镇围绕《市民文明守则》开展“文明新风”“文明市民”“文明单位”“服务明星”“执法标兵”“百城万店无假货”“文明城镇”“文明小区”“文明街道”创建评选活动。在农牧区开展“遵纪守法光荣户”“五好家庭”“文明户”创建评选。

2000—2003 年，磴口县以创建文明社区活动为重点，广泛开展科普、文体、法律、卫生“四进社区”活动。同时按照《公民道德建设实施纲要》，围绕提高公民道德素质、突出社会公德、职业道德、家庭美德三项重点内容，在全县组织演讲比赛、知识竞赛、文艺演出、征文活动，编发资料、发放“公德卡”，悬挂《中小学生礼仪常规》《公民道德宣传》挂图，开展“十佳公务员、十佳执法标兵、十佳青年、十佳园丁、十佳科技致富标兵、十佳社区工作者”“干净人家”等一系列评选活动。

2004—2009 年，磴口县按照中共中央、国务院《关于进一步加强和改进未成年人思想道德建设的若干意见》，制定出台《关于进一步加强和改进未成年人思想道德建设的实施意见》，围绕未成年人思想道德建设实施意见，开展“文明单位”评选、“示范校风”创建和“希望工程”“春蕾计划”等社会公益活动。利用各种法定节日、传统节日以及重大历史事件、历史人物纪念日等，集中开展思想道德宣传教育。在重要场所和重大活动中举行升国旗、唱国歌和入团、入党宣誓仪式。2010 年，全县共建成国家级文明单位 1 个，省部级文明单位 1 个，省部级文明风景区 1 个，区级文明单位标兵 2 个，区级文明单位 10 个，市级文明行业 2 个，市级文明单位标兵 7 个，市级文明单位 24 个，市级文明示范窗口 6 个，市级文明社区 7 个。

第八节 农垦系统

一、基本情况

巴彦淖尔市农垦局辖区介于狼山、乌拉山山地与套区平原之间，分布于 6 个旗（县、区）内，地理位置在北纬 40°13′～42°28′，东经 105°12′～109°53′之间。

1969 年，北京军区在原巴盟劳改农场的基础上，组建成立内蒙古生产建设兵团。1975 年，内蒙古生产建设兵团撤销，成立巴盟农牧场管理局，隶属于内蒙古自治区农牧场管理局管理。1983 年，巴盟农牧场管理局移交巴盟管理，实行属地管理。1998 年，下属 18 个农牧渔场、1 个汽车站、3 个股份有限公司（齿轮厂、大世界商场、建筑公司）、6 个国有民营企业（商业总公司、机电公司、农垦宾馆、水产公司、农垦酒店、毛纺厂）、1 个民营公司（供销公司）、2 个事业单位（水电局、科研所）、3 个学校（农垦小学、中学、中专）。2002 年，巴盟农牧场管理局更名为巴盟农垦管理局。2004 年，巴彦淖尔撤盟建市，巴盟农垦管理局更名为巴彦淖尔市农垦管理局。局机关设在临河区，辖 14 个农牧渔场、1 个管区，155 个农牧渔业分场，总面积 20.80 万公顷。其中，耕地面积 3 万公顷，草牧场面积 7.47 万公顷，林地 7600 公顷，水域 3.31 万公顷。总人口 7.8 万人，其中国营职工 2.6 万人，离退休人员 5400 人。

二、经济建设

1986 年，农垦局有耕地 1.57 万公顷。农作物主要有小麦、玉米、高粱、糜黍、谷子、大豆、水稻、葵花、胡麻、甜菜、瓜果、蔬菜等，粮食总产量 1505 万千克，种植业产值 3950 万元。1990—1992 年，农管局在乌兰布和、巴彦套海、哈腾套海、包尔套勒盖、纳林套海农场开垦耕地 2665 公顷。1993 年，全局改造中低产田 1600 公顷，开垦宜农荒地 1066 公顷。1995 年，12 个分场被列入区、盟三期农业综合开发区，巴盟批准 7 个项目区实施，其中有 4 个项目区在乌兰布和垦区。1997 年，项目区开发建设累计投入资金 2429.7 万元，投工投劳 48.2 万工日，开挖排水渠 1030.1 千米，建水工建筑 2264 座，开垦宜农荒地 1867 公顷，改良中低产田 7000 公顷,营造农田防护林 820 公顷。

2010 年,全局有耕地 4.33 万公顷,播种面积 4.19 万公顷,粮食总产量 12917.4 万千克,种植业产值 135757 万元。

1986 年,农垦局有草牧场 5.93 万公顷,有大小牲畜 10.25 万头(只),生产肉类1031.3 吨,牧业产值 349.92 万元。2001 年后,农垦系统发挥资源优势,不断扩大养殖业规模,加快畜种改良,提高养殖效益。2010 年,农垦系统存栏大小牲畜 22.46 万头(只),年生产肉食品 843.2 万千克,生产牛奶 2517.2 万千克,羊毛、绒 29 万千克,牧业产值 27570 万元。

辖区内有众多湖泊(海子),分别是乌梁素海、牧羊海、纳林套海、乌兰布和、巴彦套海、太阳庙、哈腾套海、包尔套勒盖、临河、狼山农牧渔场。湖泊水质良好,均可用于水产养殖。1986 年,水产品总产量 51.34 万千克。1987—2001 年,由于连续几年降水偏少,各湖泊水位均有下降,水质变差,水产呈下降趋势。2001 年,全农垦系统水产下降到历史最低点,仅为 18.3 万千克。2001 年之后,各养殖场通过加大资金投入,疏通水路,引黄河水入湖,治理水污染,扩大养殖面积;引进先进养殖技术和适应本地养殖的良种水产物种,建立养殖示范区,实施集约化、规模化养殖,水产养殖最终突破瓶颈,养殖业快速发展。到 2010 年,全局水产量达到历史最高水平,为 309.8 万千克。

1986 年,农垦局有工业企业 28 个。工业门类有化工、煤炭、机械制造、建材、冶金铸造、机电、炼焦、制糖、食品及饲料加工。1990—2002 年,农垦局对所属企业进行挖潜改造、产品升级。化工产品远销澳大利亚、韩国、日本、俄罗斯、蒙古、伊朗、泰国、巴基斯坦等 20 多个国家和地区。2003 年,利用财税独立、计划单列的机遇,确立"工业兴垦"战略,制定招商引资优惠政策,全局个体、私营、场办企业迅猛发展,各类工业企业发展到 84 家。2007 年,加大对外开放力度,创新招商方式,新引进 1000 万元以上项目 24 个,引进到位资金 6.2 亿元,其中固定资产投资在 5000 万元以上的有 2 个。2008 年,农垦局实施总量不减、质量不降的原则,重点发展生态工业,引进对经济发展起推动作用的高科技、高附加值、高税收的大项目 32 个,其中 5000 万元以上项目 4 个,引进国内资金 2.86 亿元,区内资金 3.97 亿元。2010 年,垦区已构建起以中滩、临河、太阳庙、西山咀 4 大工业园区为支柱的工业经济发展基础,工业产值 260098 万元,占全局生产总值的 65.7%。

三、社会事业

1986 年,农垦系统有学校 108 所,其中,有技工学校 1 所、职业高中 1 所,中学 3 所,一贯制学校 15 所,小学 88 所(含教学点),在校生 10708 人。教职工 1066 人。1988 年,巴盟农管局技校改为巴盟农牧场职工中专。此后,巴盟农牧场职工中专列入成人中专统一招生序列。1998 年,巴盟农牧场职工中专增挂"巴盟农牧场技工学校"的牌子,实行"一个机构,两块牌子"的办学模式。技工学校招生纳入内蒙古自治区劳动技工学校招生范围,生源限于农牧场，学生毕业后在巴盟农牧场系统就业。2005 年，将农垦局所属 18 所中小学，174 个教学班，358 名教职工全部移交给学校所在旗（县、区）教育局管理。

1986 年，农垦局系统有卫生医疗机构 24 个，病床 511 张，医疗技术人员 300 余人。2006 年后，各农场分场所属医疗单位全部实行民营化改革，经营管理与农垦脱钩。改制后，由于资金、技术原因，医疗卫生事业相对萎缩。2010 年，农垦局投资 862 万元，新建农牧场卫生院 16 所。筹资 340 多万元，落实属地城镇居民基本医疗保险和新农合，农垦系统正式职工全部参加基本医疗保险，非农垦系统正式职工，户口在农垦的全部参加新型农村合作医疗。2004 年，农垦职工全员参加企业职工基本养老保险，退休职工人均养老金每月 217 元。2008 年，调整提高农牧场管理人员工资待遇。截至 2010 年，农垦系统退休职工养老金月人均 1302 元。

四、农牧渔场

乌兰布和农场　位于磴口县境内，巴彦高勒北 9 千米处。辖 8 个农业分场，总人口 4537 人。土地总面积 1.8 万公顷，其中耕地 2667 公顷，林草地 3333 公顷，天然水面 1000 公顷。农场有天然湖泊 20 多处，发展旅游、水产、养殖业潜力巨大。

2009 年，实现生产总值 9895 万元，人均纯收入 8625 元。2010 年，实现生产总值 11762 万元，固定资产投资完成 9601 万元，人均纯收入 9410 元。

巴彦套海农场　位于磴口县沙金套海苏木境内，地处乌兰布和沙漠东北边缘，河套平原西端。总面积 9333 公顷，其中耕地面积 2000 公顷，林地 533 公顷，湖泊面积 666.67 公顷。总户数 528 户，人口 2158 人，农场下设 9 个农业分场。

2009 年，实现生产总值 3407 万元。其中农业生产总值 2492 万元，牧业总产值 345 万元，人均纯收入 7761 元。2010 年，实现生产总值 3407 万元，人均纯收入 7761 元。

哈腾套海农场　位于磴口县境内，地处乌兰布和沙漠东北边缘。总面积 147 平方千米，耕地 0.31 万公顷、林地 0.53 万公顷、湿地 0.04 万公顷，可开发宜农荒地 0.33 万公顷。下设 10 个农业分场，总人口 5156 人。

2009 年，实现生产总值 8391 万元，职工人均纯收入 8490 元。2010 年实现生产总值 11316 万元，职工人均纯收入 8165 元。

太阳庙农场　位于杭锦后旗西部，下设 8 个农业分场，有人口 2100 人，总面积 1.87 万公顷，其中耕地面积 0.1 万公顷，未利用沙地、荒地 1.2 万公顷，林草地 0.33 万公顷，水域面积 0.23 万公顷。临策铁路、临哈公路和临哈高速公路经过，有临策铁路四团货站。

2009 年，实现生产总值 7970 万元，固定资产投资总额 7144 万元，人均纯收入 7490 元。2010 年，实现生产总值 11396 万元，固定资产投资总额 6758 万元，人均纯收入 8617 元。

包尔盖农场　全称包尔套勒盖农场。位于乌兰布和沙漠腹地。总面积 1.2 万公顷，其中,耕地3400公顷,林地1333公顷,水域面积165.2公顷。下辖9个农业分场,总户数1100余户,人口4000余人。

2009年,实现生产总值6000万元,人均纯收入7506元。2010年,国民生产总值11400万元,人均纯收入8633元。

纳林套海农场　位于乌兰布和沙漠东北边缘。总面积7333公顷,开发耕地3333公顷,林果地1333公顷,水域面积1000公顷。有9个农业分场,人口1081户3082人。境内的纳林湖长8千米、宽1千米,平均水深3.5米。“王爷地甘草”“纳林甜瓜”为自治区名牌产品,枸杞、苹果梨品质优良。

2009年,生产总值8400万元,固定资产投资9483.1万元,农场人均纯收入7580元。2010年,实现生产总值14403万元,固定资产投资9800万元,农场人均纯收入9131元。

西山咀农场　位于乌拉特前旗西部,河套平原东端。总面积6867公顷,其中,耕地面积2333公顷,苇片267公顷,林地面积833公顷。下设11个农业分场、1个奶牛养殖小区。总人口3800人。

2009年,生产总值1.2亿元,人均纯收入7800元。2010年,生产总值1.6亿元,固定资产投资1.9亿元,完成税收2603.5万元,人均纯收入9282元。

新安农场　位于乌拉特前旗新安镇境内,地处河套灌区下游。辖10个农业分场,总面积0.52万公顷,其中,耕地2333公顷,草原453公顷,林地596公顷,宜林地131公顷,水域面积187公顷,可垦荒地738公顷。有家庭农场586个,总人口2511人。

2009年,生产总值6888万元,人均纯收入7886元。2010年,生产总值11320万元,人均纯收入9083元,实现利润14.5万元。

苏独仑农场　位于乌拉特前旗境内,辖地0.8万公顷,有耕地0.46万公顷。辖11个农业分场、1个奶牛养殖小区,总人口3126人,总户数1042户。职工总数1680人。

2009年,生产总值1.1亿元,人均收入8300元,实现利润50万元。2010年,生产总值1.1亿元,人均纯收入9000多元。

建丰农场　位于五原县东北方向,距五原县城22千米。辖地面积0.53万公顷,其中,耕地面积0.36万公顷。有居住人口2893人,下辖10个农业分场和1个奶牛养殖小区。

2009年,生产总值7813万元,人均纯收入8560元。2010年生产总值11637万元,人均纯收入9196元。

牧羊海牧场　位于乌拉特中旗南部。全场总面积0.7万公顷,其中耕地面积0.23万公顷,水域和苇田面积0.27万公顷,草场及荒地0.2万多公顷。总人口1317人,在册职工574人。辖15个单位,其中5个农业分场和水产公司、编织厂、星光碳素厂、石墨厂、永耀矿业有限公司、飞利煤业有限责任公司、阴山雪纯净水厂等。

2009 年,生产总值 9390 万元,人均纯收入 8919 元,企业实现利润 30 万元。2010 年生产总值 10715 万元,人均纯收入 8925 元。

中滩农场 位于乌拉特前旗白彦花镇内,农场占地 0.47 万公顷(耕地 0.19 万公顷,宜农荒地 0.28 万公顷),总人口 4000 余人。下设 13 个农业分场和 1 个占地 267 公顷的工业园区。

2009 年,生产总值 2.2 亿元,利润 20 万元,上缴各项税金 1300 万元,人均纯收入 8500 元。2010 年,生产总值 24645 万元。固定资产投资 8116 万元,实现利税 673 万元,农场人均纯收入 9132 元。

大佘太牧场 位于乌拉特前旗东北方向的查尔斯太山脚下。总面积 2.24 万公顷。下设 4 个农牧业分场,总人口 1360 人。有大小牲畜 3.8 万头(只),其中,山羊 1.36 万只。有水浇地近万公顷,林地 120 公顷,以山榆为主的林木覆盖率 0.5%。

2009 年,生产总产值 9164 万元,人均纯收入 7860 元。2010 年,引进企业 19 家,其中,硅石企业 4 家,选厂 13 家,玻璃原料加工厂 1 家,选金企业 1 家,累计完成投资1.17亿元。牧场生产总值 11594 万元,人均纯收入 8460 元。

临河农场 位于临河北 8 千米处,总面积 0.33 万公顷,耕地面积 1373 公顷。总人口 5025 人,有 11 个农业分场、1 个奶牛养殖小区。

2009 年,生产总值 31517 万元,年创利税 1000 多万元,人均纯收入 9089 元。被评为自治区级文明单位。2010 年,生产总值 30980 万元,人均纯收入 9761 元。

狼山农场 总面积 0.83 万公顷,耕地面积 0.47 万公顷。下设 10 个农业分场。总人口 3812 人。有大罗素番茄厂、糠醛厂、脱水菜厂、酒花烤制厂、奶牛养殖园区、肉羊繁育场、木材加工厂、农产品收贮加工等企业 15 个。

2009 年,生产总值 9266 万元,职工人均收入 8671 元,利润实现户 100 万元,2010 年,生产总值 11910 万元,职工人均收入 9972 元,招商引资 1739 万元,税收 180 万元。

第二篇

自然环境

第一章　地质地貌

第一节　地　质

一、地层

中太古界乌拉山(岩)群下部为黑云斜长片麻岩夹含石榴石黑云斜长片麻岩、斜长角闪岩及磁铁石英岩、厚层状蛇纹石化大理岩等,变质程度深,是巴盟最古老的地层;上部为长石石英岩、变粒岩、浅粒岩夹大理岩、片麻岩。磁铁石英岩局部变成铁矿床。蛇纹石化大理岩具有石棉化,可形成石棉、大理石矿床。该群含多条伟晶岩脉,形成云母、蛭石、稀土稀有元素及宝玉石矿床,也是巴盟重要的晶质石墨矿床和岩金矿床的含矿层位。矿产群主要分布于乌拉特前旗乌拉山地区,乌拉特中旗、后旗亦有零星分布。此外零星见于河套平原边缘的钻孔中。

上太古界色尔腾山(岩)群为绿色片岩夹有角闪斜长片麻岩、变粒岩、大理岩和磁铁石英岩透镜体,为一套低角闪岩相—高绿片岩相组合,厚度为3718米,分布在色尔腾山北部和中部及乌拉特前旗东北,乌拉特后旗亦有零星分布。

下元古界宝音图群以灰黑色、银灰色十字云母片岩、石榴云母片岩、石英片岩、黄白色片状石英岩、灰褐色石英岩等组成,夹有灰绿色阳起石片岩、石英千枚岩及变质砂岩等。主要分布于狼山西段以北地区,即乌拉特后旗宝音图、明星地区,呈近西南—东北向展布的条带状。

中上元古界渣尔泰山群分布于乌拉特前旗渣尔泰山和狼山一带,横贯全区,长300多千米,以渣尔泰山一带最为发育,其岩石特征与白云鄂博群很相似。该群自下而上可划分四个岩组:书记沟组为含磁铁矿石的变质砾岩、含砾长石石英砂岩、石英岩等,厚度大于1500米,顶部含赤铁矿、磁铁矿层;增隆昌组为灰色,灰白色结晶灰岩、白云质结晶灰岩和白云岩,局部含少量硅质条带和石英砂岩及板岩夹层,厚度300~400米;阿古鲁沟组为深灰色、灰黑色炭质板岩,粉砂质板岩,泥砂质白云岩、云质泥灰岩,厚度1784米;刘洪湾组为变质长石石英砂岩、变质砾岩及白云岩透镜体,厚度3204米。

中上元古界白云鄂博群为一套巨厚的浅变质或未变质的沉积岩系。主要由石英砂岩、石英岩、板岩、千枚岩、条带状泥灰岩和结晶灰岩组成,总厚度大于3000米左右,该群共分六个岩组:都拉哈拉组为灰褐色变质厚层状长石石英砂岩、变质含砾石英岩等;尖山组为黑色、灰黑色铁锰质板岩、碳质板岩、变质长石石英砂岩、泥质板岩、灰岩等;哈拉霍疙特组变质砾岩、变质砂砾岩、变质泥质粉砂岩、结晶灰岩、硅质灰岩等;比鲁特组灰黑色板岩、砂质硅质板岩、细粒石英砂岩等;白音宝拉格组为灰绿色、灰色石英岩、变质粉砂岩、板岩等;呼吉尔图组为深灰色泥晶灰岩、绿帘石岩、变质砂岩。该区主要分布于乌拉特中旗新忽热、石哈河一带。

中上元古界温都尔庙群为绢云石英片岩、石英岩、含铁石英岩及拉斑玄武岩、辉长、辉绿岩的一套中级变质岩石组合,该群总厚1459米。

上元古界什那干群为一套稳定型浅海相沉积岩石组合。下部为砾岩及石英粗砂岩等不同粒级的陆缘碎屑岩;上部为灰白色厚层燧石条带灰岩、泥灰岩、白云质灰岩、硅质灰岩夹含砾石英岩,厚度800~1013米,主要分布于乌拉特前旗北东什那干一带。

寒武系为一套正常的滨浅海相沉积,局部为泻湖相沉积,下部以碎屑岩沉积为主,中、上部以碳酸盐沉积为主,岩石组合中产中晚寒武世三叶虫化石,厚度199米。巴彦淖尔市境内出露两个组:色麻沟组为一套滨浅海相石英砂岩、粉砂岩、页岩及粉砂质灰岩,并发育有底砾岩的陆缘碎屑岩组合,厚度82.8米;老孤山沟组下部以微晶灰岩和砂屑灰岩为主,上部为白云质灰岩、微晶灰岩夹薄层粉砂岩,总厚度116.2米。

奥陶系为一套浅海相碳酸盐岩沉积。主要岩性为灰岩、白云质灰岩及深灰色、褐色瘤状灰岩、中厚层微晶灰岩夹燧石团块和燧石条带灰岩,一般厚度139~227米。该岩分为三个组:山黑拉组为一套台缘型厚层块状灰岩和中薄层泥质灰岩为主的碳酸盐岩,厚度320米;二哈公组灰白色中厚层状白云质灰岩、白云岩,厚度128米;乌兰胡洞组深灰色、灰黑色厚层灰岩、瘤状灰岩夹少量泥质、砂质灰岩等,厚度294.5米。

志留系在中蒙边界线一带出露中下志留统徐尼乌苏组。主要岩性为灰色、灰紫色粉砂质千枚岩、石英绢云千枚岩夹石英岩及薄层灰岩透镜体、黑云母板岩、变质长石石英砂岩夹结晶灰岩,厚度1703米。

石炭系在东南部乌拉特前旗大佘太地区出露上统拴马桩组,为一套陆相山间盆地沉积。北部乌拉特中、后旗出露零星的上统阿木山组及中统本巴图组,为海相沉积地层。

二叠系主要为巨厚层的海相碎屑岩、碳酸盐岩、火山岩及类复理石沉积,该区仅出露下二叠统。在阴山分区出露下二叠统包特格组、大红山组;在北部草原分区出露下二叠统哲斯组。下二叠统包特格组滨、浅海相杂砂岩、砂砾岩、砾岩、火山质砾岩组合,夹少量生物碎屑灰岩,厚度975米。下二叠统哲斯组下部为灰褐色板岩、砂板岩、砂岩,底部为灰色厚层块状生物灰岩;上部为青灰色燧石条带灰岩。厚度大于1000米。零星分布于境内东北中蒙边界线一带。下二叠大红山组灰、灰黑色砾岩、砂砾岩、石英砂岩、斑点状空晶堇青角岩夹炭质变泥岩、泥灰岩、炭质板岩及煤层组合,厚度1742.4米。

侏罗系中、下统为一套河湖、沼泽相黑色含煤深积，是巴彦淖尔市重要的含煤层位。上统为一套巨厚的中基性—酸性火山岩、火山碎屑岩及河湖相红色粗粒碎屑岩建造，含油页岩、沸石、膨润土、珍珠岩等矿产。总厚度1700~5500米。主要分布于乌拉特前旗营盘湾、小佘太白庙子及乌拉特中旗温根地区一带。侏罗系中、下统石拐群为一套含煤碎屑岩地层，岩石特征为碎屑岩夹多层煤，靠上部夹灰岩透镜体，厚度达1685米。

白垩系为一套河湖相沉积，以泥岩、粉砂岩和沙砾岩为主，夹有油页岩、煤层。厚度220~1542米。是巴彦淖尔市重要的含油页岩、煤矿层位，白垩系在巴彦淖尔市分布较广。白垩系下统李三沟组为一套河湖相杂色碎屑岩，下部为灰白色砾岩，中部为灰绿色、紫色砂质泥岩夹砂砾岩，上部为灰绿、灰白色砂砾岩、砂岩、砂质泥岩，厚度达370米。白垩系下统固阳组含煤碎屑岩组合，下部为灰白色、黄褐色砾岩、砂砾岩和砂岩偶夹泥岩，中上部为灰黑色泥岩、页岩与黄灰、灰绿色砂岩、粉砂岩互层，常夹泥灰岩、石膏和可采煤层，厚度453米。白垩系下统白女羊盘组为一套中基性火山岩夹沉积岩。底部以玄武岩夹砂砾岩和凝灰岩为主，中部为安山岩，局部为粗面岩，顶部以流纹岩夹凝灰岩或泥灰岩为主，厚度418.8米。白垩系上统二连达布苏组为砖红色、紫红色粉砂岩、土黄色细砂岩。

第三系为一套陆相红色地层，在区内广泛分布。该区第三系主要发育于山间盆地及构造盆地中。为湖积、河流冲积、山麓相为主的红色砂泥岩沉积，厚度1300米。

第四系该地层沉积类型繁多，主要有湖积层、洪积层、冲洪积层、风积层、冰积及各种混合类型堆积层等，厚度几米到300余米不等。其中湖积层赋存盐类矿产；冲积、冲洪积层赋存砂金、砂铂等砂类矿产；风沙层广泛分布西部，形成著名的乌兰布和沙漠。

二、侵入岩

太古代侵入岩分早晚两次岩浆侵入活动。早期花岗岩化作用强烈，基性侵入活动微弱；晚期花岗岩化作用较弱，中性、酸性侵入活动较强。早期混合花岗岩呈“岩基”“岩株”或“岩带”产出，岩石类型单一，主要分布于乌拉山地区；晚期混合花岗岩呈岩带状产于太古界乌拉山群片麻岩中。晚期石英闪长岩和二长花岗岩呈大小不等的岩株分布于狼山——渣尔泰山褶皱断束中。

元古代侵入岩新元古代以中—酸性岩浆侵入活动为主，在狼山西段有零星基性侵入岩和混合花岗岩。早元古代的闪长岩类，呈岩株产出，侵入晚太古界色尔腾山（岩）群，被同期花岗岩侵入。主要分布于渣尔泰山、色尔腾山东部一带；花岗岩类与同期间闪长岩伴生，呈岩株产出。侵入色尔腾山（岩）群或同期闪长岩，岩石类型单一，分别为黑云母花岗岩或钾长花岗岩。

中元古代早期以酸性岩浆侵入活动为主，局部有碳酸盐岩浆侵入，花岗岩类呈大小不等的岩基、岩株产出，岩石普遍具有片麻状构造。分布于狼山—渣尔泰山地区，碳酸盐岩类仅见于乌拉特中旗东北部局部地区。晚期以超基性—基性和中酸性岩浆侵入活动为主，超基性岩零星分布乌拉特后旗北哈达呼舒等地，呈岩株产出，侵入元古界地层中，被华力西期石英闪长岩侵入，闪长岩类呈岩基、岩株、岩脉产出，分布于东升庙至呼勒斯太以东及小佘太地区，花岗岩类呈岩基产出，岩石具有片麻状构造。

早古生代侵入岩早期主要为超基性岩、辉长岩，呈岩株、岩脉产出，分布面积小，主要分布于阴山山脉的狼山西部地段；中期以中性侵入岩为主，岩石类型为闪长岩、石英闪长岩，呈岩基和岩株产出；晚期以酸性侵入岩为主，岩石类型为花岗岩、斜长、二长花岗岩，呈岩株、岩基产于乌拉特中旗东部地区。

晚古生代侵入岩晚古生代岩浆侵入活动在该区强烈而频繁，尤其是中、晚期侵入活动最为强烈。

晚古生代早期以酸性、中性侵入岩为主，岩石类型为花岗岩、二长花岗岩、闪长岩和石英闪长岩，呈岩株产出，面积不大，分布有限，主要分布于狼山中部地区。中期侵入岩广泛分布于巴彦淖尔市大部分地区。超基性至酸性侵入岩都有发育，超基性、基性岩呈岩株、岩盆、岩盖、岩脉状产于中蒙边境索伦山—白音查干一带。中性岩以石英闪长岩、黑云母石英闪长岩为主，呈岩基状分布于乌拉特后旗宝音图和乌拉特前旗乌拉山一带，侵入乌拉山（岩）群和宝音图群中。酸性岩主要分布于乌拉特后旗脑音乌拉、乌中旗角力格太及乌前旗乌拉山大桦背等地。西部主要为黑云母花岗岩、斜长花岗岩、花岗闪长岩、二长花岗岩、花岗岩，东部主要为花岗闪长岩、花岗岩。呈岩基、岩脉产出。晚期侵入岩分布较广，岩石种类较多，主要为酸性、超基性岩，其次为中性、基性和碱性岩。分布于巴彦淖尔市大部分地区，呈岩株状产出。超基性岩以脉状产出，岩石类型为单辉辉橄岩，侵入中、下志留统，主要分布于乌拉特后旗白音查干—乌中旗索伦山一带。基性岩类以角闪辉长岩、辉长岩和二辉长岩为主，分布于乌拉特中旗呼鲁斯太、巴音哈太及渣尔泰山一带。中性岩类以石英闪长岩、闪长岩为主，呈岩株、岩基侵入二叠纪地层中，分布于乌拉特中旗大部分地区及乌拉特后旗西北地区。酸性岩类以黑云母花岗岩、斜长、钾长花岗岩及花岗闪长岩为主，多呈岩基状侵入二叠系地层中，被侏罗系地层覆盖。该酸性岩有明显的流动构造，广泛分布于阴山以北地区。

中生代早期侵入岩以酸性岩类为主，其次为中性岩类。以似斑状黑云母花岗岩、二长花岗岩、斜长花岗岩为主，部分钾长花岗岩多呈岩基、岩株状分布于乌拉山和乌拉特中旗等地，岩体内捕虏体及派生脉岩发育，分带明显与围岩接触界线平直。

中生代中、晚期侵入岩以钾长花岗岩、花岗斑岩、二长花岗岩等酸性出类为主，以岩基、岩脉状侵入侏罗系地层中，被白垩系地层不整合覆盖，岩体相带不明显，与围岩接触面较陡，残留顶盖较多，片理发育，流面产状与围岩片理相一致，岩体蚀变较强，类型繁多，主要分布于狼山—渣尔泰山一带。

侏罗纪火山岩主要分布于乌拉特前旗王如地一带。火山活动旋回从侏罗纪早期开始，晚期达到高峰。岩石组合以玄武岩、安山岩、流纹岩为主。

白垩纪火山岩在该区较为发育，主要分布于乌拉特后旗巴音戈壁西北及乌拉特中旗杭盖戈壁金门一带，喷发面积约300平方千米，以中、基性熔岩为主。岩石类型主要为玄武安山岩、橄榄玄武岩、安山玄武岩、玄武质火山角砾岩、火山凝灰岩。可划分为溢流相、爆发亚相、火山通道相、次火山相。致密块状玄武岩与气孔状玄武岩相间重复出现达40余次，在地质构造变化中，火山曾经频繁喷发。

新生代期侵入岩浆活动在本市仅见喷出岩。

新生代火尚欠发育，火山活动不甚强烈，仅见乌拉特后旗局部零星分布。以基性熔岩为主，火山岩产状平缓，有沉积夹层。火山为裂隙式及中心式喷发，火山口保留较好。组成岩石以玄武岩为主。火山口附近有玄武质火山碎屑岩。

三、构造

巴彦淖尔市大地构造位置位于华北板块一级构造单元的北部，区域内由两个二级构造单元组成，即以阿拉善右旗—乌拉特后旗—白云鄂博—化德—赤峰大断裂为界，其北为华北板块北部活动陆缘增生带，其南为华北陆块。

根据不同构造特点，进一步划分成三级构造单元，南部有阴山隆起和鄂尔多斯坳陷；北部为宝音图—锡林浩特火山型被动陆缘。四级构造单元有宝音图地块；乌力吉古生代增生陆缘；白云鄂博中—新元古代裂谷带；渣尔泰山中—新元古代裂谷带；巴音诺尔公断隆；乌拉山—大青山断隆。在漫长的地质发展历史中，各构造单元经历不同的发展过程，表现出各具特色、彼此差异的构造特征。因而全区大地构造结构复杂，对各年代地层、沉积建造、岩浆活动及各类矿产的形成起控制作用。

第二节 地 貌

一、特征

巴彦淖尔市地形由北部高原、中部山地、南部平原三种类型地貌构成。阴山山脉横亘巴彦淖尔市中部，从阴山北麓至中蒙界为高原，海拔1000～1800米之间，地势由南向北倾斜，是广漠无垠的天然草牧场，俗称乌拉特草原，是巴彦淖尔市畜牧业主要基地。中部山地为阴山山脉，由西向东，分为狼山、色尔腾山、乌拉山三部分。阴山南麓至黄河北岸为河套平原，海拔1018～1050米，地势平坦，由西南向东北微倾，土地肥沃，渠道纵横，灌溉便利，素有“塞上江南”之称，是国家和内蒙古自治区商品粮、油、糖生产基地。

二、区分

高原位于巴彦淖尔市北部，以阴山山麓为界，南至阴山北麓丘陵，北至国界，面积约为30600多平方千米，海拔在1000～1400米，属内蒙古高原的一部分。主要由第三系河湖相红色砂岩和沙质泥岩及第四系沙砾层组成。地表剥蚀作用强烈，形成石质残丘与风蚀洼地，中蒙边境一带，分布着剥蚀残丘，断续相连。

狼山又名哈那林乌拉山（黑山之意），分布在阴山山脉的西端，长约280千米，宽约30～60千米，在东经107°30′，东西走向，呈弧形环抱后套平原。面积约7990平方千米，海拔一般在1500～2200米。最高峰呼和巴什格山海拔2335.2米，位于乌拉特后旗巴音宝力格镇境内，也是阴山山脉的最高峰。山脉岩石为元古代各类变质岩，山峰多呈屋脊状或齿状，悬崖峭壁多，岩石裸露，植被稀疏，仅在阴坡生长低矮杂草和灌木丛，狼山东段尚可见到林木，西段海拔降低没入荒漠之中。山间盆地海拔1200～1400米，第三系沉积层上覆盖第四系风沙层，面积较大的有海流图盆地、呼鲁斯太盆地。

狼山的沟谷较多，较大者有27条，如海流图、乌不浪沟、韩乌拉沟、前达门沟、胡鲁斯太沟、乌拉布龙更沟、东乌盖沟、西乌盖沟、大坝沟等，婉蜒曲折，两侧耸立，纵深长20～40千米，是山前、山后的交通要道。

狼山南北两侧不对称，南坡陡峻险要，像一道屏障矗立于后套平原之北，高出平原600多米，阻挡着寒潮与风沙，保护着后套平原的农业生产。山麓常见滑坡和较厚的山麓堆积以及断续相连的多级阶地，这些现象说明狼山的抬升作用仍在持续之中。狼山北坡比较平缓，一般坡度在40°左右，相对高差200～400米，南高北低，呈波状起伏的低山丘陵，向北逐渐过渡到乌拉特高平原。

色尔腾山位于狼山之东，以海流图盆地为界，面积约10100平方千米。大致在海流图以东山势展开，南北平行，分为三支。最北的一支叫哈达特山，位于海流图盆地的东北，长约120千米，最宽处55千米，面积约6100平方千米，海拔1600～1800米。多为平缓的低山与丘陵，山顶和阳坡岩石裸露，阴坡有稀疏的杂草。中间的一支叫渣尔泰山，位于海流图盆地之东，小佘太川之北，东西长90多千米，南北宽10～20千米，面积2500平方千米。海拔1300～1600米，相对高差240～320米。南坡陡峭，北坡平缓，变质岩石组成的山峰多呈屋脊状。花岗岩的山顶为浑圆状，干燥剥蚀显著，山坡覆盖着风化碎石，山间有河流与泉水，水质亦好，如石哈河、摩楞河等，给小佘太川的农牧林业提供了水源。最南的一支叫白云查汗山，位于小佘太川之南、明安川之北，东西长约90千米，南北宽10～20千米，面积约1500平方千米，海拔1300～1800米，相对高差120～500米，主峰白云查汗山海拔2001米。阳坡岩石裸露，阴坡有山地草场，沟谷两侧较陡，较大的沟谷有15条，有些是山地南北的通道。

乌拉山位于明安川之南，黄河之北，西起西山咀，东至昆都仑河，东西走向，长 94 千米，宽 12～20 千米，面积约 1100 平方千米，海拔 2000 米左右，相对高差 700～1000 米。主峰大桦背海拔 2324 米。在漫长的地壳运动中，山体轴部强烈上升，并引起强烈的侵蚀，形成山脊狭窄而险要、山峰陡峻的地质奇观。乌拉山森林覆盖率达 27.75%。较大的山沟有点力斯太沟、打拉盖沟、大坝沟等。山脉南坡具有明显的断层崖，山麓洪积扇群和多级阶地发育较好，山脉北坡亦有洪积扇群和阶地，但不如南坡明显。

乌兰布和沙漠分布在巴彦淖尔市境西南部，狼山与包兰铁路之间，包括磴口县大部分，杭锦后旗西南一部分，面积约 3400 平方千米，海拔 1050～1030 米，自东向西北逐渐降低，坡降比 1/5000。在第四系黄河冲积物和洪积物上覆盖着近代风成沙丘，沙丘的形态复杂，有新月形沙丘链、垅岗形沙丘、丘陵状沙丘和平坦沙地等。由于西南部是贺兰山与狼山之间的风口地区，主风向为西北和西南风，致使沙丘的分布是西南部多为流动沙丘，东北部为半固定、固定沙丘及平坦沙地，其方向为西南向东北。

后套平原西起巴彦高勒、隆盛合、太阳庙一线，东至乌梁素海和西山咀，北至狼山南麓，南至黄河，东西长约 180 千米，南北宽约 60 千米，呈一扇形，面积约 10000 平方千米，平均海拔 1050 米。后套平原是内蒙古黄河冲积平原的主体，约占黄河冲积平原总面积的 3/4，北以乌加河为界，南北宽 40～50 千米，地势平坦，西高东低，坡降 1/3000～1/5000，南高北低，坡降 1/40000～1/18000，仅局部地方微有起伏。后套平原组成物质为细砂、粉砂和亚砂土，亚黏土互层，沉积物的粗细分布是由北向南相间变化的，厚的粗粒物质多出现于黄河古道，以砂类沉积为主；古河道之间则为亚黏土沉积。在黄河沉积分选的作用下，使后套黄河冲积平原又有由西向东颗粒渐细的分布规律。据浅钻孔资料表明，地表 5 米左右的黏性土变化是：西部多为粉砂和亚砂土，局部夹 1.5 米左右的黏土；东部则以亚砂土、砂质黏土为主，黏土夹层多次出现，黏土厚度 2～3 米。5 米以下还有厚层的黏土存在。乌加河以北是山麓洪积平原，沿狼山、渣尔泰山南麓呈东西向分布。由一系列洪积扇群组成，是在长期间歇性水流作用下形成的。由于山麓沟谷大小不同以及携带物质堆积范围的不同，形成大小不一的洪积扇，在山地不断上升的情况下，出现重叠的现象。面积大者如石哈河、摩楞河、乌不浪沟、前达门沟、呼鲁斯太沟等扇形地。地形坡度较大，向南倾斜，坡度一般 3 度～7 度，海拔 1040～1200 米，相对高差 20～60 米。组成物质有明显的分带性，由扇顶至边缘，从粗逐渐变细，上部为砾石及碎石；中部为小砾石、粗砂、细砂及粉砂；前缘为黏质砂土和砂质黏土等。在洪积扇坡彼此交接处，常有南北向凹地，给地表径流活动创造了条件，久而久之造成冲沟和干谷。在黄河冲积平原和山麓洪积平原间的过渡地带是山前冲积洪积平原，是在河流冲积物上又堆积了洪积物，面积较窄。

明安川位于白云查汗山之南，乌拉山之北的山间盆地，西至乌梁素海，东至台梁，东西长约 50 千米,面积约 1800 平方千米。盆地中部为冲积平原,南北两侧为冲积洪积平原和山前洪积倾斜平原。

三湖河平原位于乌拉山与黄河之间,西起西山咀,东至包头市,东西长约 70 千米,南北宽 3 ~ 15 千米,面积约 700 平方千米,为一狭长地区。地势有两个倾斜方向,一是由山麓向黄河,二是由西向东与黄河流向一致。地面坡降平均 1/7000 左右,海拔 1025 ~ 1200 米。地貌分带性明显,从黄河到乌拉山可分河漫滩、黄河冲积平原、山前冲积洪积平原、山麓洪积平原四带。

山麓洪积平原在乌拉山南麓,包头—银川公路以北,由一连串的洪积扇构成起伏不平的平原。由北向南倾斜,海拔 1050 ~ 1200 米。由于乌拉山上升幅度较大,致使这一带出现明显的阶地,与冲积平原联系起来看,阶地可分三级:山前冲积洪积平原是一级阶地。二级阶地比一级阶地高 5 ~ 15 米,阶地坡面 30° ~ 45°,宽 100 ~ 200 米,由沙砾层和黏质砂土等组成。阶地表面因冲沟、干谷切割,比较破碎,坡脚下有泉水出露。三级阶地高出二级阶地 10 ~ 20 米,宽 200 ~ 800 米。阶坡较陡,在 40 度以上,组成物质为较厚的红土层和半胶结的粉砂、砾石以及砂砾等,阶地表面平坦,多被薄的坡积层、洪积层砂砾覆盖,由于冲刷切割,沟谷发育,沟间地则呈梁状或平台状。上阶地以三湖河平原的西北部最明显。

第二章　气　候

第一节　气候特征

巴彦淖尔市地处中纬度地区，深处内陆，远离海洋，属于中温带半干旱大陆性气候。冬寒夏炎，四季分明，降水少，蒸发量大，昼夜温差大，日照足，无霜期短，风沙天多，盛行西风。

第二节　气　温

1986—2010 年，年平均气温在 5.7～9.0℃之间。受气候变暖影响，年平均气温呈总体上升趋势。空间分布总体呈南部高北部低的趋势，西南部磴口县、临河区年平均气温均为 9.0℃，西北部乌拉特后旗的海力素年平均气温为 5.7℃。境内因阴山山脉的阻隔，南北气温差异显著，河套平原地区比后山地区平均偏高 3℃左右。

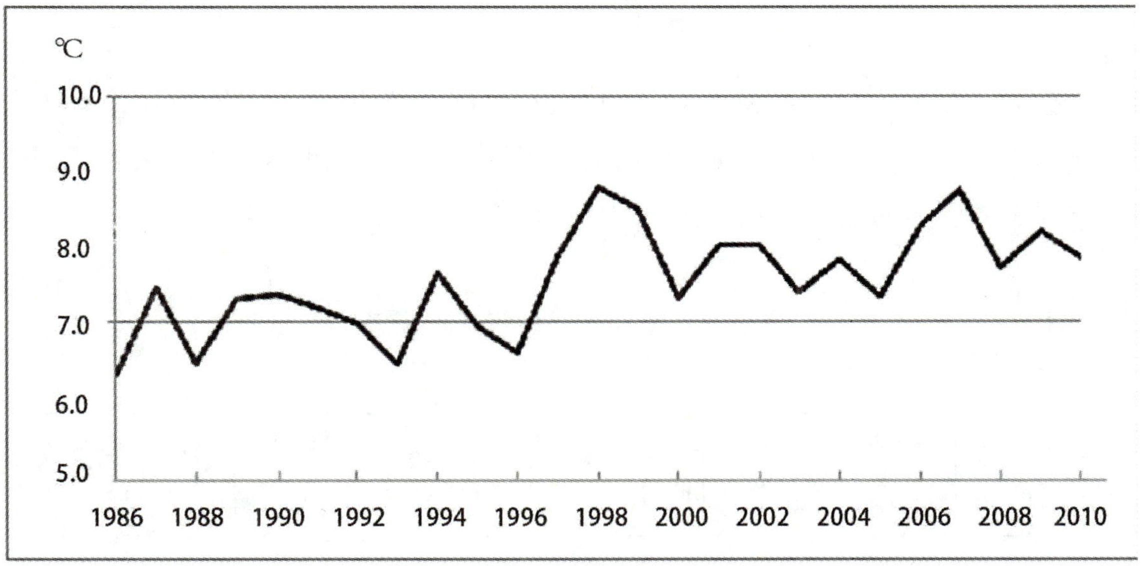

1986—2010 年年平均气温变化曲线图

1986—2010 年各月平均气温一览表

表 2－2－1

月份＼站名	海力素(℃)	乌拉特后旗(℃)	乌拉特中旗(℃)	五原县(℃)	大佘太(℃)	磴口县(℃)	杭锦后旗(℃)	乌拉特前旗(℃)	临河区(℃)	平均(℃)
1	－13.2	－12.2	－13.1	－10.8	－11.8	－9	－10.2	－10	－9.1	－11.0
2	－8.6	－9	－8.3	－5.9	－6.5	－4.5	－5.4	－5.2	－4.5	－6.4
3	－1.5	－2.5	－1	1.3	1	2.3	1.7	2	2.4	0.6
4	7.4	6.3	8	9.8	9.8	10.9	10.2	10.6	10.8	9.3
5	15	13.6	15.5	17.1	17.2	18.1	17.4	17.8	17.9	16.6
6	20.6	19	20.8	22.1	22.2	22.9	21.9	22.7	22.8	21.7
7	23.1	21.5	23.1	24.1	24.4	24.9	23.8	24.7	24.9	23.8
8	20.6	19	20.6	21.8	22.2	22.5	21.4	22.4	22.4	21.4
9	14.6	13.2	14.6	16.2	16.3	17	15.8	16.8	16.9	15.7
10	5.7	4.7	6	8.2	7.9	9.1	8.3	8.9	9	7.5
11	－4.1	－4.2	－3.9	－1.2	－1.9	0.1	－0.5	－0.3	0.1	－1.8
12	－11.1	－10.2	－10.9	－8.3	－9.2	－6.7	－7.6	－7.3	－6.6	－8.7
全年	5.7	4.9	6	7.9	7.6	9	8.1	8.6	8.9	7.4

第三节　气　压

巴彦淖尔市年平均气压在 834.3～900.4hPa 之间。境内地形起伏,海拔差异较大,气压大小随地形变化明显。总体呈现山后地区气压低于山前平原地区。一年之内,随着季节的变化气压有着明显的变化,冬季气压最大,夏季气压最小,春秋季居中。

各站 25 年各月平均气压一览表

表 2－2－2

月份＼站名	海力素(hPa)	乌拉特后旗(hPa)	乌拉特中旗(hPa)	五原县(hPa)	大佘太(hPa)	磴口县(hPa)	杭锦后旗(hPa)	乌拉特前旗(hPa)	临河区(hPa)	平均(hPa)
1	851.5	835.7	875.4	906.3	899.7	903.1	904.4	906.6	904.3	887.4
2	850.1	835.3	873.8	904.2	897.7	900.9	902.3	904.4	902.2	885.7
3	848.4	833.7	871.5	901.1	894.7	897.9	899.3	901.3	899.2	883.0
4	846.9	832.6	869.3	898	891.9	895.1	896.3	898.2	896.3	880.5
5	846	832.2	867.8	895.8	889.9	892.8	894.1	896	894.1	878.7
6	843.5	830.0	865.1	892.5	886.7	889.3	890.7	892.7	890.7	875.7

续表 2－2－2

站名 月份	海力素(hPa)	乌拉特后旗(hPa)	乌拉特中旗(hPa)	五原县(hPa)	大佘太(hPa)	磴口县(hPa)	杭锦后旗(hPa)	乌拉特前旗(hPa)	临河区(hPa)	平均(hPa)
7	843	829.6	864.5	891.6	885.8	888.3	889.8	891.7	889.7	874.9
8	845.8	832.4	867.7	895.1	889.3	891.7	893.2	895.3	893.2	878.2
9	849.8	836.1	872.1	900.1	894.2	896.8	898.2	900.3	898.2	882.9
10	852.8	838.5	875.5	904.4	898.2	901.3	902.6	904.6	902.5	886.7
11	852.8	837.7	875.9	905.8	899.4	902.9	904	906.1	904	887.6
12	852.6	837.4	876.2	906.9	900.4	903.9	905	907.2	904.9	888.3
全年	848.6	834.3	871.2	900.1	894	897	898.3	900.4	898.3	882.5

第四节　降　水

巴彦淖尔市年降水量在 129.5～229.9 毫米之间，且近 70% 的降水集中在 6—8 月，冬春季降水稀少，各月降水分布不均。

1986—2010 年各月平均降水量一览表

表 2－2－3

站名 月份	海力素(毫米)	乌拉特后旗(毫米)	乌拉特中旗(毫米)	五原县(毫米)	大佘太(毫米)	磴口(毫米)	杭锦后旗(毫米)	乌拉特前旗(毫米)	临河区(毫米)	平均(毫米)
1	1.3	1.1	1.6	1.4	1.9	0.5	0.7	1.2	0.8	1.2
2	1.2	1.1	1.9	2.8	2.3	1.1	1.6	2.6	1.3	1.8
3	3.4	2.4	4.4	4.9	5.7	3.8	3.1	5.6	3.4	4.1
4	4.5	2.7	3.5	4.2	6.6	5.8	3.6	5.3	3.9	4.5
5	13.3	12.6	14.3	13.7	20.7	14.5	12.2	18.8	15.4	15.1
6	21.5	17.7	25.7	20.2	29.7	23.3	19.7	23.8	19.4	22.3
7	35.9	37.7	51.4	39.6	57.1	25.9	31.4	56.1	27.2	40.3
8	32.9	30.6	58.5	47.5	57.8	37.8	34.5	58.4	48	45.1
9	15.3	15.5	27.7	25.9	32.2	21.8	22.7	31.3	21.9	23.8
10	5.2	5.2	8	7.9	11.6	6.2	5.8	9.9	6.4	7.4
11	2.8	1.7	2.1	2	2.4	1.6	1.5	1.8	1.8	2.0
12	2.3	1.2	1.6	0.9	1.9	0.8	1	1.2	1	1.3

第五节　蒸　发

巴彦淖尔市年蒸发量在 1984.9～3408 毫米之间，由东南向西北逐渐增大。蒸发量与风速、温度、日照、相对湿度等因素有关。蒸发量最大的是海力素，年蒸发量达 3408 毫米；最小的是杭锦后旗，年蒸发量 1984.9 毫米。在一年之中，春季蒸发量最为旺盛，冬季最弱。

各站全年各月累计蒸发量一览表

表 2－2－4

站名／月份	海力素（毫米）	乌拉特后旗（毫米）	乌拉特中旗（毫米）	五原县（毫米）	大佘太（毫米）	磴口县（毫米）	杭锦后旗（毫米）	乌拉特前旗（毫米）	临河区（毫米）	平均（毫米）
1	32	44.9	24.2	26.8	26.3	51	38.6	35.1	38.7	35.3
2	72.9	65.7	47.4	55.9	59.8	88.3	71.3	65.6	72.7	66.6
3	175	148.7	137.3	142.8	140.1	225.7	160.1	154.2	184.3	163.1
4	331.5	305.6	222.3	240.8	271	300.4	218	301.9	292	275.9
5	469.4	422.1	450	383.7	431.1	464.8	334.7	433.6	439.1	425.4
6	529.6	426.5	396.6	339.6	389	446.5	292.5	414	435	407.7
7	630.5	418.5	398.5	376.5	426.6	458.6	302.6	428.1	420.5	428.9
8	480.2	334.7	307.2	275.9	325.3	369.2	244.9	316.8	316.6	330.1
9	355.4	273.2	177	157.3	169.5	194.6	144.2	201.3	178	205.6
10	221.5	183.3	131.3	109.1	120	148	103.9	127.2	129.6	141.5
11	83.5	99.7	52.7	45.5	57.1	76	43.5	59.4	61	64.3
12	26.5	52.4	23.9	27.6	26.8	39.7	30.6	28	30.2	31.7

第六节　湿　度

巴彦淖尔市年平均相对湿度在 42%～50% 之间。由东南向西北逐渐减少。海力素相对湿度最小，年平均为 41%；五原县相对湿度最大，年平均为 52%。春季相对湿度最小，35% 左右，夏、秋季相对湿度最大，50% 左右。一日之中，相对湿度变化早晨最大，午后最小，入夜后逐渐回升。

各站全年各月平均相对湿度一览表

表2－2－5

站名 月份	海力素(%)	乌拉特后旗(%)	乌拉特中旗(%)	五原县(%)	大佘太(%)	磴口县(%)	杭锦后旗(%)	乌拉特前旗(%)	临河区(%)	平均(%)
1	59	52	61	60	56	53	55	55	54	56
2	48	46	51	51	47	46	46	47	45	47
3	36	38	41	45	40	41	41	41	39	40
4	26	27	31	37	31	33	33	34	32	32
5	27	30	33	38	34	35	37	36	34	34
6	31	35	39	45	42	42	48	42	40	40
7	40	44	49	55	52	51	58	53	50	50
8	44	51	55	60	55	56	63	57	56	55
9	40	44	53	56	52	53	58	55	52	51
10	40	42	51	56	49	50	55	52	50	49
11	49	46	56	61	53	51	58	52	52	53
12	57	52	60	60	56	52	56	53	52	55
全年	41	42	48	52	47	47	51	48	46	47

第七节　风向风速

受季节和阴山山脉地形共同影响，磴口和临河冬季半年以西南风为主，夏季半年以东北风为主。位于阴山脚下的杭锦后旗、五原、乌拉特前旗、乌拉特后旗除个别月份风向突变外，全年风向没有明显变化。杭锦后旗盛行风向为东北风，五原县盛行东北风，乌拉特前旗受地形影响强烈，以东南风为主导风向。位于明安川入口处的大佘太冬季盛行北、东北风，春季以偏西风为主，夏秋季以偏东风为主。乌拉特中旗秋季以东北风，冬季以西北风，春季以北、东北风，夏季以偏南风为主。乌拉特后旗赛乌素镇全年以西、西南风为主要盛行风向，只有夏季转为南、东南风，而阴山脚下的巴音镇受地形影响，全年盛行东北风。海力素全年以偏南风为主。

各站主导风向、各月最多和次多风向一览表

表2－2－6

月份＼站名	磴口	临河	杭锦后旗	五原	乌前旗	大佘太	乌中旗	乌后旗	赛乌素	海力素	最多风向	次多风向
1	SW	SW	NE	SW	SW	SW	NE	NE	SW	SW	SW	SW
2	WSW	ENE	ENE	WSW	NE	NE	ENE	ENE	ENE	WSW	WSW	WSW
3	NE	NE	NE	NNE	NNE	NE	NE	NE	NNE	NNE	WSW	NE
4	ENE	ENE	NE	WSW	WSW	ENE	ENE	ESE	NE	ENE	ENE	ENE
5	SSE	SSE	SSE	SSE	SSE	SSE	SSE	SSE	SSE	SSE	SSE	SSE
6	NNE	NNE	W	W	ESE	ESE	E	ESE	ESE	E	NNE	NNE
7	NW	NNW	NNE	NNE	NNE	SSW	S	S	NNE	NE	WNW	NW
8	NE	NE	NE	NE	NE	NE	NE	NE	NE	NE	NE	NE
9	WSW	WSW	WSW	WSW	W	SSE	SSE	SSE	WSW	WSW	WSW	WSW
10	S	SSE	S	WSW	SSE	SSE	SE	SE	SSE	SSE	S	S
11	NE	NE	NE	WSW	NE	NE	NE	NE	NE	NE	WSW	NE
12	SW	SSE	S	NNE	SSE	SSE	SSE	SSE	SSE	WSW	NE	ENE
全年	SW	ENE	NE	ENE	SSE	E	NNW	NE	WSW	SSE	ENE	SSE

各站全年各月平均风速情况表

表2－2－7

月份＼站名	海力素（米/秒）	乌拉特后旗（米/秒）	乌拉特中旗（米/秒）	五原县（米/秒）	大佘太（米/秒）	磴口县（米/秒）	杭锦后旗（米/秒）	乌拉特前旗（米/秒）	临河区（米/秒）	平均（米/秒）
1	5.3	5.7	2.1	1.4	1.4	2.7	1.7	2.2	1.5	2.7
2	5.3	5.1	2.6	1.8	2	2.6	2.1	2.6	1.7	2.9
3	5.6	5.5	3.2	2.3	2.5	2.9	2.7	3.1	2.1	3.3
4	6	6	3.8	2.7	2.9	3.1	2.9	3.4	2.3	3.7
5	6.1	5.6	3.8	2.5	2.8	2.9	2.6	3.2	2.2	3.5
6	5.6	5	3.4	2.2	2.4	2.5	2.1	3.1	2	3.1
7	5.2	4.5	3	1.9	2.1	2.3	1.9	2.8	1.9	2.8
8	4.9	4.2	2.6	1.8	2	2.2	1.7	2.7	1.7	2.6
9	5	4.5	2.6	1.7	2	2.1	1.8	2.7	1.6	2.7
10	5.1	5.2	2.6	1.6	1.9	2.3	1.8	2.6	1.5	2.7
11	5.6	6.2	2.4	1.6	1.8	2.9	2.2	2.6	1.7	3.0
12	5.6	6.3	2.2	1.4	1.5	3	2	2.4	1.7	2.9
全年	5.4	5.3	2.9	1.9	2.1	2.6	2.1	2.8	1.8	3.0

第八节　日　照

巴彦淖尔市光能资源是全国最丰富的地区之一，且资源品质优良。年日照累计时间在3078.0～3362.9小时之间。由于阴山山脉横贯中部，复杂的地形影响到日照的分布，导致中部山地以及东南部乌拉山地区日照具有明显的非地带性分布特征。阴山以南的河套平原，年平均日照时数在3078.0～3362.9小时之间。阴山以北的乌拉特高原日照呈现西部多于东部，年日照时数在3100.8～3278.7小时之间。

各站全年各月累计日照时数情况表

表2－2－8

站名 月份	海力素（小时）	乌拉特后旗（小时）	乌拉特中旗（小时）	五原县（小时）	大佘太（小时）	磴口县（小时）	杭锦后旗（小时）	乌拉特前旗（小时）	临河区（小时）	平均（小时）
1	227.3	234.1	206.7	202.4	231.4	232.1	221.4	217.5	203.8	219.6
2	225	228.5	206.8	209.2	231.5	225	222.2	218.8	207.9	219.4
3	264.4	270.5	254.7	257.3	278.9	263.4	269	261.2	248.4	263.1
4	280.7	287.6	276.1	281.5	299.8	285.3	287.3	285.9	271.7	284.0
5	316.6	326.1	314.6	319.8	335.2	318.2	326	318.6	311.7	320.8
6	307.2	316.5	307.5	317.2	327	309.5	313	310.9	305	312.6
7	303.8	312.6	305.3	315.8	327.7	308.2	308.7	309.2	306.5	310.9
8	296.8	298.1	292.3	297.4	314.5	297.7	293.6	290.2	289.6	296.7
9	276.7	281.1	268.5	267.9	285	272.8	266.8	263.6	261.2	271.5
10	269.5	269.5	255.2	259.6	275.3	269.6	268.2	260.3	259.4	265.2
11	229	234	215.9	216.4	236.9	236.2	230.1	225.1	218.4	226.9
12	211.3	220.1	197.1	193.9	219.6	222	212.3	205.1	194.5	208.4
全年	3208.2	3278.7	3100.8	3138.3	3362.9	3239.9	3218.7	3166.4	3078	3199.1

一年之中，夏季日照时间最长，冬季最短。日照百分率冬季最高，夏季最低。在温热同期的农作物生长季节（4—9月），每日的日照时数在10小时以上，日照百分率高于70%。

各站全年各月累计日照百分率表

表2－2－9

月份＼站名	海力素(%)	乌拉特后旗(%)	乌拉特中旗(%)	五原县(%)	大佘太(%)	磴口县(%)	杭锦后旗(%)	乌拉特前旗(%)	临河区(%)	平均(%)
1	77	79	70	68	78	78	75	73	69	74
2	75	77	69	70	77	75	74	73	69	73
3	72	73	69	70	76	71	73	71	67	71
4	70	72	69	71	75	72	72	72	68	71
5	71	73	70	71	75	71	73	71	70	72
6	68	70	68	70	72	69	70	69	68	69
7	66	68	67	69	72	68	68	68	67	68
8	70	70	68	70	74	70	69	68	68	70
9	74	75	72	72	77	73	72	71	70	73
10	79	79	75	76	80	78	78	76	76	77
11	78	79	73	73	80	79	78	76	74	77
12	74	77	69	68	77	77	74	72	68	73
全年	73	74	70	71	76	74	73	72	69	72

第九节　无霜期

巴彦淖尔市位于西风带，冷空气比较活跃，加上地势高，气温变化剧烈，有初霜冻来得早，终霜冻结束晚的特点。全年平均无霜日数在119～165天之间。其中乌拉特后旗霜冻来得最早，结束得最晚。临河区来得最晚，结束得最早。

各站全年无霜日数表

表2－2－10

站　名	海力素(天)	乌拉特后旗(天)	乌拉特中旗(天)	五原县(天)	大佘太(天)	磴口县(天)	杭锦后旗(天)	乌拉特前旗(天)	临河区(天)
无霜期日　数	132	119	138	154	141	159	149	157	165

注：由于乌拉特后旗2007年迁站至山前的巴音镇，因此乌拉特后旗的资料均采用1986—2006年赛乌素资料

第三章　水　文

第一节　过境河

黄河为巴彦淖尔市过境河，由磴口县沙拉毛道嘎查进入巴彦淖尔市境内。经磴口县、杭锦后旗、临河区、五原县至乌拉特前旗池家圪旦出境，境内全长345千米，水域面积226.40平方千米。水位随着季节的不同而变化。据巴彦高勒水文站观察，汛期6—9月最高水位1052米，枯水期最高水位1047.58米。年径流量在1269～251亿立方米之间，7—10月径流量占全年径流量的59.5%～66.9%。

巴彦淖尔市境内汇入黄河的支流有狼山和乌拉山山沟河流，狼山共有147条，积水面积1.3万平方千米，其中250平方千米以上的山沟15条，占积水面积的90%。由于降水少，各山沟年均径流量小，狼山西部多年平均深度3～5毫米，东部5～10毫米。有清水的山沟有40条，流量都很小，除苏乌图勒河、木伦河海流图河乌不浪沟、乌兰布拉格沟流量可达500升/秒外，其余山沟流量很小，并时流时断，大山沟汛期洪水频发，危害灌区。

乌拉山山沟共有28条，积水面积388平方千米，10平方千米以上的山沟11条，多年径流深度10～15毫米，山沟清水流量很小，一般在50升/秒以下，由于山口距三湖河干渠较近，汛期洪水有时危害三湖河干渠，危害灌区。

山洪沟多为季节性河流，平时清水流量很小，多为暴雨山洪，历时短。有清水的山沟52条，集水面积大于100平方千米的山洪沟有22条。

俗话说"河水一石，其泥六斗""黄河斗水，泥居其七"。据巴彦高勒水文站多年测量，黄河多年平均年输沙量为1.51亿吨，最大年输沙量为多年平均值2.42倍，最小年输沙量为多年平均值的8%。7—10月河水多年平均含沙量为每立方米33.2千克，最大年含沙量为多年平均值的2.19倍，最小年含沙量为多年平均值的14.8%。三湖河口水文站是三盛公水利枢纽工程的出库水控制站，据三湖河口水文站多年测算，年平均输沙量为1.47亿吨，最大年输沙量为多年平均值的2.21倍，最小年输沙量为多年平均值的14.5%。7—10月，河水输沙量在全年输沙量中占极大的比重，最大的高达82.2%，最小的是43.66%。

黄河巴彦淖尔市段处于黄河流域的最北端，由于河道流向自西南流向东北又折向东南，河流总的趋势呈弧形大弯曲，巴彦淖尔市处于黄河弯顶位置，在正常情况下于11月中旬流凌，12月上、中旬封冻，特殊年份到第二年1月上中旬封冻。封冻的天数一般平均为

100 天左右,最长可达 136 天。流凌封冻时水位平均抬高 1 米左右,整个巴彦淖尔市段槽蓄水量平均为 5 亿立方米(1999—2000 年封河期间为 8 亿立方米)。封冻 5 天后,流量即可达封冻前流量的 75% 左右,15 天后,即能恢复到封冻前流量。最大冰厚 1 米以上。解冻开河一般在 3 月中、下旬,少数年份在 4 月上旬。

黄河巴彦淖尔市段历年流凌、封冻前流速、流量、水位平均值表

表 2－3－1

<table>
<tr><th colspan="2">站
项目</th><th>巴彦高勒</th><th>三湖河口</th></tr>
<tr><td colspan="2">流凌前流速(/米秒)</td><td>1. 16</td><td>1. 26</td></tr>
<tr><td colspan="2">封冻时流速(米/秒)</td><td>0. 42</td><td>0. 43</td></tr>
<tr><td rowspan="3">封冻前一天流量
(立方米升/秒)</td><td>最少</td><td>300</td><td>290</td></tr>
<tr><td>平均</td><td>620</td><td>540</td></tr>
<tr><td>最大</td><td>930</td><td>830</td></tr>
<tr><td rowspan="3">封河时流量
(立方米每秒)</td><td>最少</td><td>181</td><td>118</td></tr>
<tr><td>平均</td><td>400</td><td>310</td></tr>
<tr><td>最大</td><td>667</td><td>570</td></tr>
<tr><td rowspan="3">封河前后同流量
推高水位(米)</td><td>最小</td><td>1. 04</td><td>0. 8</td></tr>
<tr><td>平均</td><td>1. 48</td><td>1. 33</td></tr>
<tr><td>最大</td><td>2. 50</td><td>1. 79</td></tr>
<tr><td rowspan="3">河段槽蓄水量
(亿立米)</td><td>最少</td><td>1. 01</td><td>3. 58</td></tr>
<tr><td>平均</td><td>1. 62</td><td>4. 75</td></tr>
<tr><td>最多</td><td>2. 36</td><td>8</td></tr>
<tr><td rowspan="3">封冻期最大冰盘
(亿立方米)</td><td>最少</td><td colspan="2">5. 73</td></tr>
<tr><td>平均</td><td colspan="2">8. 25</td></tr>
<tr><td>最多</td><td colspan="2">12. 8</td></tr>
<tr><td rowspan="3">封冻期水位
差(米)</td><td>最小</td><td>0. 36</td><td>0. 70</td></tr>
<tr><td>平均</td><td>1. 18</td><td>1. 36</td></tr>
<tr><td>最大</td><td>1. 87</td><td>2. 45</td></tr>
<tr><td rowspan="3">封冻期最大流量
(立方米/秒)</td><td>最少</td><td>376</td><td>378</td></tr>
<tr><td>平均</td><td>724</td><td>652</td></tr>
<tr><td>最多</td><td>1200</td><td>1100</td></tr>
<tr><td rowspan="3">封冻期来水量
(亿立方米)</td><td>最少</td><td>20. 16</td><td>21. 02</td></tr>
<tr><td>平均</td><td>38. 4</td><td>43. 4</td></tr>
<tr><td>最大</td><td>72. 64</td><td>81. 16</td></tr>
</table>

续表 2－3－1

项目 \ 站		巴彦高勒	三湖河口
解冻时流速(米/秒)		0.71	0.78
开河前抬高水位(米)		0.70	0.95
解冻时抬高水位(米)		0.55	0.67
开河时气温(℃)	最少	－0.4	－3.9
	平均	－3.5	4.4
	最多	10	12.8
开河时温度差(米)	最少	－0.7	－6.9
	最多	9.4	11.3
最大涨差(℃)	最大	2.33	2.65
	平均	0.89	1.53
	最小	－0.14	0.61
凌峰	最少	590	840
	平均	830	1336
	最多	1200	2220
凌汛总水量（亿立方米）	平均	1.93	2.73
	最大	3.39	3.77
槽蓄水释放时间	最早	3 月 12 日	3 月 17 日
	平均	3 月 21 日	3 月 23 日
	最晚	3 月 31 日	4 月 3 日

第二节　内陆河水系

巴彦淖尔市境内陆河水系分布于阴山山脉以北的高平原上，流域面积 3.1 万平方千米，占总面积的 47.7%。主要分布在乌拉特后旗和乌拉特中旗境内的山地丘陵区，共有山沟 34 条，大多为季节间歇性的河谷或河槽，一般时间河道干涸，有清水的约 10 条，而且流量很小，只有在发生较大降水和冰雪融化期才能产生径流。其径流的大小与降水的分布、历时、强度密切相关。流程一般较短，自南向北流入草原、沙漠、戈壁腹地，大部分渗补给地下，部分被蒸发而消失，只有少数的河沟流出国界。

内陆河水系汇入的淖尔、洼地又划分为若干水系。

桑根达来诺尔水系位于乌拉特中旗境内，主要有扎尔格楞河汇入。

查干陶勒盖诺尔水系位于乌拉特中旗境内，主要有西尼乌素河及乌力吉图河注入。

纳林河水系位于乌拉特后旗境内，向西北流出国境，进入蒙古国的东戈壁省腾格诺尔。主要支流有腰带格勒、乌兰额日格图河、乌珠尔呼舒河等，分别从西侧汇入。

阿尔沙图高勒水系发源于乌拉特中旗,向东北流出国境,上游支沟多,下游河床不明显,较大的支流有古尔班乌兰好来高勒,昌吉高勒、扎明淖尔浑迪、沙布根高勒。

包尔呼顺高勒水系发源于乌拉特中旗向西北流出国境,支流均从右侧汇入。

呼勒斯内高勒水系发源于乌拉特中旗,向西北流出国境。

和布特呼仍尼戈壁(洼地)水系位于乌拉特后旗境内,属中蒙边境地区的一个洼地,在国境内主要有毛德呼都格音高勒、巴音呼热高勒、阿布日和高勒、莫色德高勒、敷仑毛德高勒、巴格毛德高勒等注入。

保楞苏亥洼地水系位于乌拉特后旗境内,主要有迈马乌素高勒及苏根高勒注入。

阿拉戈壁水系位于阿拉善盟境内,主要有莫林河及支流居力格台高勒、哈尔木格台注入。

巴彦淖尔市内陆河水系主要河沟水文要素表

表2-3-2

河流名称	发源地	流域面积(平方千米)	沟长(千米)	清水流量(升/秒)
哈尔木格台高勒	乌拉特后旗那仁宝力格苏木	506.3	—	—
居力将台高勒	乌拉特后旗那仁宝力格苏木都贵山顶	449.1	70.4	上游有水
莫林河	乌拉特后旗那仁宝力格苏木岗嘎山顶	5799.4	134.7	中游有水
苏根高勒	乌拉特后旗巴音宝力格查干楚鲁山顶	748.7	124.2	上游有水
迈马乌素高斯	乌拉特旗潮格苏木巴音沙巴尔呼热山顶	1290.2	109.9	干河
巴格毛德高勒	乌拉特后旗巴音宝力格额热格山顶	1928.3	114.7	上游有水
数托毛德高勒	乌拉特后旗巴音宝力格推木尔图西南山顶	595.9	93.3	干河
阿布日和高勒	乌拉特后旗格苏木巴呼格东山顶	2742.4	17.2	干河
其色德高顿	乌拉特后旗前达门苏木沙尔楚鲁东山顶	383.2	53.6	干河

续表 2－3－2

河流名称	发源地	流域面积（平方千米）	沟长（千米）	清水流量（升/秒）
巴音苏苏高勒	乌拉特后旗前达门苏木日西呼都格南山顶	1190.3	78.5	干河
毛敦呼都格着高勒	乌拉特后旗前达门苏木查干德尔斯北山顶	477.2	81.4	干河
呼勒斯内高勒	乌拉特后旗潮格苏木查干陶力盖西	881.9	99	干河
包尔呼顺高勒	乌拉特中旗川井苏木莫日格钦浩少陶力盖	10482	95.7	干河
扎明淖尔浑迪	乌拉特中旗乌兰苏木温其东	549.5	60.6	干河
昌吉高勒	乌拉持中旗乌半苏木巴特尔敖包东山顶	1192.6	89.4	干河
沙布根高的协	乌拉特中旗川井苏木莫日格饮浩少陶力盖东北山顶	317.9	45.5	干河
吉尔班乌兰好素河	乌拉特中旗川井苏木乌补霍托勒	1525.7	89.8	干河
阿尔沙图河	乌拉特中旗川井苏木呼根乌兰	4752.1	106.6	干河
乌兰额日格图河	乌拉特中旗乌兰苏木曼达	2035.5	107.3	干河
乌球尔呼舒河	乌拉持中旗乌兰苏木热花山顶	875.7	65.6	上游有水
纳林河	乌拉持中旗新忽热苏木哈热图东南山顶	3127.3	94	下游有间歇水
乌水吉素河	乌拉特中旗新忽热苏木乌兰哈达山顶	167.3	47	有水
西尾乌素河	乌拉特中旗新忽热苏木扎尔格桥图	583.1	71.9	有水
扎尔格楞河	乌拉特中旗新桑根达来苏木文都尔敖包	2579.8	84.8	有水

第四章　土壤植被

第一节　土　壤

一、土壤类型

土壤普查数据显示,全市土壤类型有灌淤土、盐土、碱土、风沙土、潮土、新积土、沼泽土、灰土、栗钙土、棕钙土、灰漠土、灰棕漠土、石质土、粗骨土 14 个土类,32 个亚类,94 个土属,348 个土种。

二、土壤形成

巴彦淖尔市处于阴山山脉的西延,阴山山脉横亘境内,形成北部乌拉特高平原及坡地山谷、中部山地和西部乌兰布和沙漠。南部河套由于地貌复杂,各类土壤形成各不相同,主要有四种类型。

河流冲积物。黄河冲积物是全市土壤成土母质的主要类型。黄河流经黄土高原,水流湍急,因冲刷作用,河水携带大量泥沙,进入河套后,流速渐缓,冲积物按“静水沉积红泥,动水沉积沙”的规律,沉积层次明显。上游河滩、河床多为沙土或沙壤土,下游或洼地多为黏土。农民常有“远澄红泥近澄沙”的说法。

灌水淤积物。黄河水含有大量的泥沙,灌溉时泥沙随水流入,淤积农田,土层加厚。河套长期进行人工引黄河灌溉形成河套独特的农业土壤——灌淤土。

灌淤土是浅色草甸土,埋开垦后,经过长期耕作和灌水落淤等人为因素演变而成。主要代表土种有底沙土、漠儿土、两黄土、硬黄土、红泥土、白碱土、盐土等。河套黄河灌区西起乌兰布和地区,东至白彦花,南至黄河,北至狼山南麓,都有灌淤土的分布。

山洪冲积物。山洪冲积土是阴山山洪暴发,夹杂着砾石泥沙、牲畜粪便、枯枝落叶逐渐淤积而成的。洪积扇的上端以砾石和粗沙为主,洪积平原多为砾质沙壤至轻壤,土壤深厚肥沃。山洪淤积平原分布在乌加河以北和乌拉特前旗以东的沿山地带,呈带状分布,主要代表土壤为洪淤潮灌淤土。

风积物在风力的作用下形成风积土,主要分布在乌兰布和地区和白银查汗沙漠边缘及河套灌区零星沙丘附近。主要代表土壤为沙土和沙壤土。

残坡积土。包括栗钙土、棕钙土、灰漠土、灰褐土、灰棕漠土等土类。主要分布在乌拉特前旗额尔登布拉格、巴音花、沙德盖和呼和宝力格等地。普通灰褐土分布在以上地区。棕钙土,主要分布在乌拉特中旗半农半牧区和乌拉特前旗牧区。栗淤土主要分布在乌拉特前旗朝阳、明安等地。灌淤草甸栗钙土,主要分布在乌拉特前旗大佘太等地。

三、土壤分布

灌淤土面积375611.5公顷，占巴彦淖尔市耕地总面积的55.3%。灌淤土在各旗县均有分布，其中五原面积最大，临河、前旗次之。

盐土面积151613.3公顷，占巴彦淖尔市耕地总面积的22.3%。盐土分布在除乌拉特中旗以外的其他旗、县，其中临河面积最大，五原、前旗次之。

栗钙土面积62276公顷，占巴彦淖尔市耕地面积的9.2%，主要以乌拉特前旗最多，乌拉特中旗次之，农垦有少量分布。

草甸土面积37725.7公顷，占巴彦淖尔市耕地面积的5.6%。草甸土在乌拉特中旗的面积最大，其他旗县除临河区和杭锦后旗外，均有少量分布。

风沙土面积33740.7公顷，占巴彦淖尔市耕地面积的5%。风沙土以磴口面积最大，占风沙土总面积的63.5%。农垦占22.5%，其他旗县除临河和杭锦后旗外均有少量分布。

灰漠土面积10773.7公顷，占巴彦淖尔市耕地面积的1.6%。灰漠土主要分布在磴口县和农垦辖区，磴口县占73.4%，农垦占26.6%。

灰褐土面积4327.9公顷，占巴彦淖尔市耕地面积的0.6%。主要分布在乌拉特前旗和农垦辖区。乌拉特前旗占88.1%，农垦占11.9%。

碱土面积为1871.9公顷，占巴彦淖尔市耕地面积的0.3%。主要分布在临河区和五原县。临河区占85.0%，五原县占15.0%。

棕钙土面积为1660.4公顷，占巴彦淖尔市耕地面积的0.2%。主要分布在乌拉特后旗和乌拉特中旗，磴口县也有少量分布。乌拉特后旗占81.6%，乌拉特中旗占17.6%，农垦占0.8%。

黑垆土面积为28.4公顷，全部分布在农垦辖区。

巴彦淖尔市土类面积统计一览表

表2－4－1

土类	杭锦后旗（公顷）	临河（公顷）	磴口（公顷）	五原（公顷）	前旗（公顷）	中旗（公顷）	后旗（公顷）	农垦（公顷）	合计（公顷）	百分比（%）
灌淤土	58450.4	94929.3	5026.6	96658.4	82215.8	19752.4	3859	14719.6	375611.5	55.3
盐　土	22149.6	43121.8	5189.4	35919.7	28347.5	—	5119	11766.4	151613.3	22.3
栗钙土	—	—	—	—	30474.9	30427.6	—	1373.5	62276	9.2
草甸土	—	—	425.6	296.3	3263.2	33463.5	93.6	183.4	37725.7	5.6
风沙土	—	—	21439.6	312.4	810.3	2900.6	653.3	7624.4	33740.7	5
灰漠土	—	—	7905.9	—	—	—	—	2867.8	10773.7	1.6
灰褐土	—	—	—	—	3813	—	—	514.9	4327.9	0.6

续表2-4-1

土类	杭锦后旗(公顷)	临河(公顷)	磴口(公顷)	五原(公顷)	前旗(公顷)	中旗(公顷)	后旗(公顷)	农垦(公顷)	合计(公顷)	百分比(%)
碱　土	—	1591.9		279.9	—	—	—	—	1871.9	0.3
棕钙土	—	—	13.5	—	—	292.1	1354.8	—	1660.4	0.2
黑垆土	—	—	—	—	—	—	—	28.4	28.4	0.004
合　计	80600.0	139643.0	40000.6	133466.7	148924.7	86836.2	11147.1	39078.4	679696.7	—

四、土壤养分

巴彦淖尔市草甸土有机质含量为12.3克/千克,变幅在1.6~36.4毫克/千克之间;全氮含量为0.75克/千克,变幅在0.13~2.19毫克/千克之间;有效磷含量为12.2毫克/千克,变幅在2.1~62毫克/千克之间;速效钾含量为184.3毫克/千克,变幅在52~456毫克/千克之间。

风沙土有机质含量为10.4克/千克,变幅1.8~29.6克/千克;全氮含量为0.63克/千克,变幅0.14~1.78克/千克,有效磷含量为11.1毫克/千克,变幅2.4~47.4毫克/千克,速效钾含量为147.1毫克/千克,变幅30~444毫克/千克。

灌淤土有机质含量为13.5克/千克,变幅3.1~38.44克/千克,全氮含量为0.81克/千克,变幅0.07~2.11克/千克,有效磷含量为13.5毫克/千克,变幅1.32~71.15毫克/千克,速效钾含量为184.3毫克/千克,变幅42~532毫克/千克。

灰漠土有机质含量为8.5克/千克,变幅1.84~14.8克/千克,全氮含量为0.53克/千克,变幅0.13~0.89克/千克,有效磷含量为9.9毫克/千克,变幅3.5~29.16毫克/千克,速效钾含量为160.5毫克/千克,变幅54~273毫克/千克。

盐土有机质含量为13克/千克,变幅1.4~34.7克/千克,全氮含量为0.77克/千克,变幅0.08~1.68克/千克,有效磷含量为12.8毫克/千克,变幅1.5~75.8毫克/千克,速效钾含量为184.9毫克/千克,变幅52~596毫克/千克。

棕钙土有机质含量为10.5克/千克,变幅20.3~19.5克/千克,全氮含量为0.65克/千克,变幅0.22~1.29克/千克,有效磷含量为11.8毫克/千克,变幅2.47~33.6毫克/千克,速效钾含量为196毫克/千克,变幅86~31毫克/千克。

碱土有机质含量为12.7克/千克,变幅7.7~20克/千克,全氮含量为0.78克/千克,变幅0.41~1.19克/千克,有效磷含量为11.7毫克/千克,变幅3.1~30.1毫克/千克,速效钾含量为170毫克/千克,变幅87~312毫克/千克。

栗钙土有机质含量为12克/千克,变幅3.18~37.98克/千克,全氮含量为0.74克/千克,变幅0.22~2.26克/千克,有效磷含量为12.1毫克/千克,变幅1.4~59.9毫克/千克,速效钾含量为183.6毫克/千克,变幅41~499毫克/千克。

黑垆土有机质含量为13.6克/千克，变幅10.1～19.8克/千克，全氮含量为0.84克/千克，变幅0.67～1.05克/千克，有效磷含量为8.7毫克/千克，变幅3.7～21.3毫克/千克，速效钾含量为182毫克/千克，变幅119～288毫克/千克。

灰褐土有机质含量为11克/千克，变幅3.6～25.8克/千克，全氮含量为0.67克/千克，变幅0.27～1.47克/千克，有效磷含量为10.9毫克/千克，变幅2.42～47.65毫克/千克，速效钾含量为17.4毫克/千克，变幅72～318毫克/千克。

五、测土配方施肥

2005年，巴彦淖尔市实施测土配方施肥作业。通过对5.68万份土样测试分析，检测出在耕作土壤(0～20厘米之间)中养分平均值为：有机质含量为13.1毫克/千克，全氮含量为0.79毫克/千克，碱解氮含量为70.12毫克/千克，全磷含量为0.77毫克/千克，有效磷含量为14.6毫克/千克，全钾含量为20.72毫克/千克，缓效钾含量为676.73毫克/千克，速效钾含量为185.6毫克/千克，pH值为8.41。

巴彦淖尔市土壤养分平均含量表

表2－4－2

(县旗)名称	有机质(克/千克)	全氮(克/千克)	碱解氮(克/千克)	有效磷(克/千克)	速效钾(克/千克)	pH值	全磷(克/千克)	缓效钾(克/千克)	全钾(克/千克)
磴口县	9.88	0.59	53.73	11.24	144.49	8.53	0.69	672.3	25.55
杭锦后旗	14.77	0.86	70.75	16.67	166.37	8.41	0.82	882.5	17.94
临河区	13.35	0.83	74.31	17.57	183.76	8.26	0.84	323.1	10.61
乌拉特后旗	12.84	0.78	77.55	16.34	210.41	8.25	0.35	403.2	10.99
乌拉特前旗	13.25	0.83	74.22	11.30	210.20	8.65	0.70	756.7	38.14
乌拉特中旗	13.22	0.84	65.04	15.45	214.99	8.38	0.79	1175.6	17.13
五原县	14.87	0.85	91.14	15.95	197.33	8.44	0.93	712.2	19.76
巴彦淖尔市	13.10	0.79	70.12	14.61	186.53	8.41	0.77	676.7	20.72

第二节 植 被

一、森林植被

高平原区位于巴彦淖尔市北部、阴山以北的地区，包括乌拉特后旗的巴音前达门苏木、获各琦苏木、潮格温都尔镇三个苏木镇和乌拉特中旗的川井镇、巴音乌兰苏木和新忽热苏木、呼勒斯太苏木、海流图镇的部分地区。总面积369.47万公顷，占全市总土地面积的56%。林业用地面积141.53万公顷，宜林地面积106.46万公顷，森林覆盖率8.55%。

天然植被由西向东依次以锦鸡儿和丛生禾草为主的荒漠草原植被和以梭梭、藏锦鸡儿和针茅、红砂、珍珠为主的草原化荒漠植被。

山地丘陵区位于阴山山地和东部的丘陵旱作农业区，包括乌拉特前旗的大佘太镇、小余太镇、明安镇、白彦花镇、阿力奔苏木；乌拉特中旗的石哈河镇和新忽热、呼勒斯太、海流图镇的部分地区；乌拉特后旗的巴音宝力格苏木、呼和温都尔镇和农垦系统的牧羊海牧场、大佘太牧场。总面积 141. 62 万公顷，占全市总土地面积的 21. 5%。林业用地面积 47. 06 万公顷，宜林地面积 29. 33 万公顷，森林覆盖率 8. 31%。

山地丘陵大部分地区海拔在 2000 米以上，阴坡天然植被主要是针茅、锦鸡儿、灰榆、黄刺梅、狭叶鼠李等。海拔 1500 米以下，有针茅、蒙古扁桃、灰榆散生木分布。

乌兰布和沙区位于巴彦淖尔市西部，包括磴口县沙金套海苏木、巴彦高勒镇，杭锦后旗双庙镇，乌拉特后旗呼和温都尔镇部分地区。总面积 33. 73 万公顷，占全市总土地面积的 5. 1%。林业用地面积 23. 6 万公顷，宜林地面积 13. 67 万公顷，森林覆盖率 19. 96%。

沙区天然植被以沙生植物为主。流动沙丘的中下部多沙竹、沙米；固定半固定沙丘多白茨、籽蒿、沙蒿、沙拐枣、梭梭等；丘间低地的黏质土地带多沙冬青、霸王、珍珠、红砂；北部冲积扇上多柠条、锦鸡儿和针茅。

后套平原区位于巴彦淖尔市南部。包括临河区、五原县的全部，杭锦后旗的大部，磴口县渡口镇、隆盛合镇；乌拉特中旗的乌加河镇、德岭山镇；乌拉特前旗的乌拉山镇、新安镇、先锋镇、西小召镇和农垦系统的临河农场、狼山农场、西山咀农场、中滩农场、新安农场、乌梁素海渔场、苏独仑农场、建丰农场。总面积 114. 73 万公顷，占全市总土地面积的 17. 4%。林业用地面积 30. 33 万公顷，宜林地面积 11. 00 万公顷，林木绿化率 15%，森林覆盖率 12. 84%。

平原区天然植被属于荒漠化草原类型。主要是枳芨、白茨、柽柳和一些禾本科、蓼科、菊科植物。山前冲积扇有锦鸡儿、冷蒿等。

二、草原植被

草原植被是巴彦淖尔市天然草原属典型的荒漠、半荒漠草原类型，年均降水量不足 100 毫米，蒸发量为 2500～2800 毫米。草原植被自东向西分布为干草原、荒漠化草原、草原化荒漠、典型荒漠 4 大类型。其特征植物资源贫乏，群落结构单一，植被盖度低，土壤结构松散，受风蚀易沙化，草地生态环境极其脆弱。

干草原地带性植被的建群植物主要有克氏针茅、短花针茅、戈壁针茅、冷蒿、百里香、冰草、隐子草、葱类等伴生植物。

荒漠化草原地带性植被的建群植物有小针茅、沙生针茅、戈壁针茅、短花针茅、冰草、无芒隐子草、多根葱，其次是旱生小半灌木和葱类植物。

草原化荒漠植被主要有藏锦鸡儿、红砂、珍珠、霸王、沙冬青、绵刺、驼绒藜、白刺等多种灌木组成的群系，草本植物有沙生针茅、小针茅、多根葱、骆驼蓬、蒿类。

典型荒漠植被组成典型荒漠植被的群系主要有红砂、珍珠、球果白刺、梭梭、中间锦鸡儿、柠条锦鸡儿、霸王、绵刺、沙蒿、沙竹、黑柴、戈壁短舌菊、鹰爪柴、短叶假木贼、籽蒿等灌木。

第五章 自然资源

巴彦淖尔市独特的地貌,拥有山水林田湖草沙等各种地形,广义上的“河套”,范围较广,泛指西至贺兰山,东至山西偏关,北至狼山、大青山,南至鄂尔多斯高原的黄河冲积平原。包括:宁夏平原一带为“西套”,巴彦淖尔至包头、呼和浩特的平原区为“东套”。狭义上的“河套”一般指的是今巴彦淖尔的后套平原。巴彦淖尔地处黄河“几”字弯的最北端,其河套地区是黄河冲积平原,土地肥沃。虽然地处北部高寒干旱地带,却有黄河水系提供充沛水源,黄河流经市内五个旗(县、区),总长345千米,具有一首制自流灌溉的优势,在新中国成立后的几十年水利改造和灌排配套工程实施,成为名副其实的“天下黄河,唯富一套”的富足之地。巴彦淖尔地处农作物种植黄金带,适合多种形态的农业牧业。多样的地形和自然资源,生产出丰富和高品质的农产品。

巴彦淖尔市处于全国著名的狼山—渣尔泰山多金属成矿带上,矿产种类多、储量大、品位高。已发现矿产69种。丰富的矿产资源是矿山工业发展的重要基础。巴彦淖尔市是全国绿色能源最富集的地区之一,有效风时在2800小时以上,全市风功能资源总储量1亿千瓦,7个旗(县、区)均具备开发建设光伏发电的条件,太阳能年日照数3100小时,成为国内绿色清洁能源最具开发价值的地区之一。

第一节 耕地资源

1986年,巴盟实有耕地30.75万公顷,占总土地面积的4.8%,其中水浇地26.41万公顷。播种面积28.64万公顷,其中粮豆作物播种面积19.29万公顷,经济类(包括油料作物)播种面积8.24万公顷,杂类作物面积1.11万公顷。1996年,巴盟实有耕地35.46万公顷,占全盟总面积的5.51%,其中,水浇地32.62万公顷。播种面积34.47万公顷,其中,粮豆作物播种面积24.25万公顷,经济类(包括油料作物)播种面积10.21万公顷。2006年,巴彦淖尔市实有耕地58.72万公顷,占全市总面积的9.12%,其中,农区年末实有耕地57.14万公顷,水浇地53.31万公顷;牧区年末实有耕地1.59万公顷,水浇地1.59万公顷。播种面积53.13万公顷,其中,粮豆作物播种面积27.18万公顷,油料作物播种面积13.11万公顷,其他作物种植面积12.84万公顷。2010年,巴彦淖尔市实有耕地70.14万公顷,占全市总面积的10.89%,其中,农区年末实有耕地68.22万公顷,水浇地65.16万公顷;牧区年末实有耕地1.92万公顷,水浇地1.92万公顷。播种面积63.31万公顷,其中,粮豆作物播种面积31.59万公顷,油料作物播种面积19.95万公顷,其他作物种植面积11.77万公顷。

第二节　草场资源

1986 年，巴盟草牧场总面积 398.75 万公顷，占全盟总面积的 61.91%。

2006 年，巴彦淖尔市实有草牧场面积 498.6 万公顷，比 1986 年增加 99.85 万公顷。2010 年，巴彦淖尔市实有草场 527.76 万公顷，占全市总面积的 81.93%。

天然草场属于中质草原，可利用天然草场 458.2 万公顷。三等草场面积大于 50% 以上。天然草场产草量级别处于较低水平，低产草场面积占巴彦淖尔市草场面积的 99% 以上。由于地区性降水与水资源分配的差异，乌拉特中旗二、三、四等草场占 94%，乌拉特后旗三、四等草场占 94.5%。

第三节　水资源

一、地表水

黄河经甘肃、宁夏进入巴彦淖尔市境内。流经磴口县、杭锦后旗、临河区、五原县，经由乌拉特前旗干池家圪堵出境，境内全长 345 千米，占黄河总长度的 6.3%，年均径流量 315 亿立方米/秒。巴彦淖尔市年引水量在 40 亿～50 亿立方米之间。

黄河水是河套灌区的主要水源，其水量丰沛，水质好，是农业灌溉的优质水。据实测黄河水矿化度 0.34 克/升，盐分组成以碳酸氢钙为主，占 50%，氯化钠占 16%，硫酸镁占 4%，碳酸氢镁占 12%，硫酸钠占 8%，重碳酸根和钙稳定，硫酸根及镁高子稍有变化，变化大的是氯高子和钠高子。黄河水无残余碳酸钠，钠吸附比在 0.7～2 之间，灌溉系数很高，一般大于 30，因此是低钠的优质灌溉水。

湖泊在巴彦淖尔市称"海子"，境内水域面积在 2 公顷以上的有 318 个，总面积约 4.8 万公顷，其中，水域面积在 30 公顷以上的有 75 个。

海子成因类型为风蚀洼地和古河床变迁改道遗留，多由引黄河灌溉弃水和地下水径流溢出而形成。主要分布在套区平原，阴山以北仅有桑根达来诺尔、查干陆勒盖诺尔等少数几个内陆时令湖。湖水水位和蓄水量随季节呈规律性变化。

在众多湖泊中，位于后套平原东端的乌梁素海为众湖之首。乌梁素海南北长 35～40 千米，东西宽 5.1 千米，湖面水位海拔高度多年保持在 1018.5 米，水域面积 224.4 平方千米，水深 0.7～3 米，蓄水量约 3.3 亿立方米。其次是牧羊海子，水域面积 40～50 平方千米，平均水深 2 米左右，蓄水量约 1 亿立方米。

湖水补给除降水和周边山沟洪水外，主要是总排干排水，年接水量 3 亿～6 亿立方米。湖水消耗主要是蒸发，其次是每年进入黄河 1 亿～2 亿立方米。随着河套灌区排水量减少，退入黄河的水量也在减少。湖水水质呈破坏性，矿化度在 2 克/升，pH 值 0.8～0.95 之间。

巴彦淖尔市湖泊水文要素表

表2－5－1

区域	湖泊名称	面积（公顷）	水深（米）	底质	水色	pH值	地　址
河套灌区	坝楞防沙林场海子	54	4	泥	无色	10.1	磴口县
	海子堰海子	94	1.3	泥	绿	9.2	磴口县隆盛合
	陈普海子	167	3.2	泥	无色	10.1	磴口县隆盛合
	后海子	54	1.5	泥	绿	9.7	磴口县隆盛合
	一分场南海子	47	3.0	砂		7.8	乌兰布和农场
	李伦才海子	3.7	1.5	泥	黄绿	9.5	杭锦后旗三道桥镇
	李枝海	74	—	—	—	—	杭锦后旗双庙镇
	红丰海子	38	2.5	—	—	—	杭锦后旗二道桥乡
	红星五队海子	40	2.0	—	—	—	杭锦后旗沙海乡
	林忠海子	87	2.0	—	—	—	杭锦后旗沙海乡
	哈拉葫芦海	133	1.0	—	—	—	乌拉特中旗石兰计乡
	红星海子	36	2.1	—	黄绿	8.8	临河区八一乡
	白团海	37	1.5	—	透明	7.7	临河区八岱乡
	郝驴海	85	4.3	—	黄绿	8.3	临河区建设乡
	民丰海子	35	4.9	—	绿	8.4	临河区干召庙乡
	张初海子	94	1.3	—	褐绿	9.6	临河区白脑包乡
	隆胜海子	53	2.2	—	透明	2.2	临河区新华乡
	班禅召海子	44	1.9	—	透明	9.8	临河区乌兰图克乡
	南大海	36	2.5	—	褐黄	9.0	临河区乌兰乡
	牧羊海	10222	1.3	泥	淡黄	7.9	乌拉特中旗
	城南林场海子	69	1.4	泥	黄绿	9.3	五原县城南乡
	猪场海子	76	0.7	泥	黄绿	8.7	五原县乃日乡
	荣丰海子	86	0.6	泥	绿	8.8	五原县荣丰乡
	公布地	83	2.5	沙	黄绿	9.9	五原县胜丰乡
	大坝海	40	1.3	泥	绿黄	9.9	五原县海子堰乡
	二圪旦海	73	1.7	泥	深绿	9.7	五原县巴彦塔拉乡
	丁八需天海子	87.4	1.1	沙泥	—	9.3	五原县巴彦塔拉乡
	烧韩贵	35	2.0	泥	绿	9.0	五原县巴彦塔拉乡

续表 2 - 5 - 1

区域	湖泊名称	面积(公顷)	水深(米)	底质	水色	pH 值	地　址
河套灌区	连凤三队	57	1.6	砂泥	黄绿	9.2	五原县巴彦塔拉乡
	刘三维海子	96	—	砂泥	—	—	临河区乌兰图克乡
	胜利大海子	106	2.1	砂泥	绿	10	五原县海子堰乡
	拉庚海	38	1.5	泥	草绿	8.7	临河区乌兰图克乡
	胜利三队海	41	1.5	泥	透明	8.8	五原县海子堰乡
	杨树园海	79	1.3	泥	深绿	10.1	五原县海子堰乡
	根洞海子	37	1.5	泥	草绿	9	五原县海子堰乡
	牧星海刘峡	221	1.1	沙	深绿	8.5	五原县乾旦
	黑水圪卜	100	4	沙泥	绿黄	9.1	乌拉特中旗乌加河镇
	神亮卜洞	54	4	沙泥	绿黄	8.7	乌拉特中旗乌加河镇
	团结海	49	0.7	泥	褐黑	-	乌拉特前旗白彦花镇
	死人圪旦海	333		泥	黄绿	—	乌拉特中旗新安镇
	乌梁素海	199933	1.5	砂泥	—	8.2	乌拉特前旗
	桑根达来诺尔	205	7 - 12	—	—	—	乌拉特中旗桑根达来苏木
	查干陶勒盖诺尔	38	7 - 8	—	—	—	乌拉特中旗桑根达来苏木
	和布特尼戈壁诺尔	干洼地 64.28	—	—	—	—	中蒙边境地区中心在国界外二千米
	保楞苏亥洼地	干洼地	—	—	—	—	乌拉特后旗莫林河牧场

二、地下水

河套平原区位于狼山、乌拉山以南,黄河以北地区。在地质构造上为一断陷盆地,主要含水层为第四系冲洪积、湖积层。冲洪积层潜水分布规律:冲洪积层潜水分布于狼山和乌拉山山前倾斜平原,含水层主要岩性为砂卵砾石、含砾中粗砂。由于沟谷洪水的动力分异作用,使含水层的分布自北而南有明显的水平分带性;含水层颗粒变细,厚度变薄,黏土夹层增厚,层次增多,水量由大变小,水位由深变浅,水质逐步矿化,水力特性由单一潜水变为半承压水或承压水。含水层厚度由 5080 米变为 20 ~40 米;单井涌水量由每小时 30 立方米或 20 ~30 立方米,变为 10 ~20 立方米;埋深由 20 ~40 米逐渐发展到 3 ~5 米。

广泛分布于河套平原最广、厚度最大的含水层其岩性主要为由湖相向冲积相过渡的中细砂、细砂和粉细砂,含水层顶板埋藏深度一般小于 20 米。由于含水层受构造和沉积环境的影响,有明显的分带规律。坳陷深度自东向西、由南向北加大,含水层厚度沿此方向增厚,由东部 60 ~80 米向西增至 150 ~240 米,由南部隆起区的 20 ~60 米,向北增至 100 ~

200米。在三湖河地区,也有由南向北含水层厚度增大,埋藏变深的规律。由南部的10～30米向北变为50～60米。乌兰布和沙漠区由于受到磴口隆起的影响,含水层呈向西北方倾斜的单斜构造。由东南部的30～80米,向西北部增厚至100～200米。

由于沉积物主要来自西部,含水层颗粒自西向东逐步变细,黏土夹层和厚度递增。含水层粒度的变化规律,使含水层富水性和导水能力沿这一方面递减,含水层60米深度范围内的单位涌水量由西部15～25立方米/秒向东部递变为10～15立方米/秒,至乌梁素海西侧一带不足60立方米/秒。

在狼山山前,由于扇裙规模自东向西变小,含水层厚度和富水性也有相应变小的趋势。

山后高平原。乌拉特中旗和乌拉特后旗是内蒙古高原的一部分,属内陆河流域,构造上为长带状拗陷盆地,区内第四系沉积物很薄,大多数地区小于　米,地下水含水层主要为第三系、白垩系红色砂岩、粉砂岩,厚度260～410米。分布有上层滞水、潜水及承压水。上层滞水水位埋深小于10米,多呈扁豆体,分布不均,水量很小,单位涌水量0.5吨/时,矿化度小于1克/升。

第三系、白垩系岩层中的潜水分布比较稳定,含水由南向北变浅,在南部为55～75米,北部为2～3米,盆地中心地带水量丰富,单井涌水量达每小时70吨以上,向边缘地带逐渐变小,一般单井涌水量在10～30吨。盆地周围沉积岩性混杂,成岩程度高,透水性和富水性差,是水量极贫区,单井涌水量1～5吨,有部分地区单井涌水量小于1吨。

在北部希博南,有交结坚硬的砂岩构成顶板隔水层,使潜水变为承压水,并有水流喷出地表形成自流水。

在乌拉待中旗和乌拉特后旗北部,矿化度一般在1～3克/升,局部地区大于3克/升。还有一些地区含氟量高,不符合人畜饮水标准。

在乌拉特后旗靠近阴山北麓一带,特别是赛乌素镇附近,饮用的潜水中含有放射性元素,含氟量较高,长期饮用,易引起病变,所以不宜饮用。

山地丘陵。乌拉特高原以南,河套平原以北,呈东西条带状分布,包括境内的狼山、色尔腾山和乌拉山。地下水以基岩裂除水和近代冲洪积含水层为主,水量大小不均,埋深大小不等,水质较好。

山地中西部,主要含水层岩性为白垩系的砂砾岩,其中海流图、乌克忽等盆地水量较丰富,单位涌水量40～80吨,水质较好,矿化度小于每升2克。山地的东部,即明安川冲洪积扇裙地带含水层由南向北两个山麓向中间递变,岩性由砂砾岩变为粉细砂,地下水由厚层潜水变为薄层潜水和承压水,埋深由60～65米变至5米,单位最大涌水量在南北山麓带大于100吨,向中间地带逐渐变小,水质较好。至乌梁素海边缘的近代湖积层中,水量小,水质较差,并有浅层和深层承压水,以淤记层分隔而成,浅层承压水含水层是由南北两侧向中间地带过渡,受黏性土层分隔而成,其顶板埋深在70～110米,单层厚度一般在5～10米,单位涌水量大于100吨,水质良好。深层承压水顶板埋深110～140米,由两侧向中间厚度从85米减至20～5米,中间地带能喷出地表3～6米,单位涌水量大于100吨,水质良好。

在套区地下水补给主要来源是引黄河灌溉水入渗。灌区多年平均引黄河水量在50亿立方米以上,除蒸发、蒸腾外,大量的引黄河水入渗补给浅层地下水。引黄入渗包括渠道渗漏和田间灌溉水入渗。根据计算地下水现状补给量中,渠道渗漏补给量占总补给量的48.2%,田间入渗补给量占总补给量的31.7%。

降水入渗是地下水的主要补给因素之一,特别是在高平原和山地,其补给量的大小受降水量、降水强度、包气带岩性、土壤含水率、地下水埋深等因素的影响。区内多年平均降水量163.8毫米,所以降水入渗补给量每年17452.4万立方米,占总补给量的8.81%。

地下水位。地下水位动态受降水、融冻、蒸发、冻结等气象因素的影响,表现为季节性变化。受引黄河水灌溉影响可分为五个阶段:融冻阶段。无降水和灌溉入渗补给,为全年最低水位期。3月以后,气温回升,土壤开始解冻,融冻水逐渐回补地下水,水位上升,至5月中旬夏灌开始,水位显著回升,出现年内第一次高峰;夏灌阶段。引水灌溉量迅速增大,地下水水位随之上升。同时蒸发作用加剧,地下水消耗于蒸发,水位呈现峰谷交替变化;秋灌阶段。秋灌期正是河套灌区主要降水期,水位升幅受降水和秋灌水量的影响,但在蒸发和蒸腾的作用下,水位反而有所下降,一般情况下降至非冻期最低水位;秋浇阶段。秋浇主要是压盐和保墒,灌水量大,一般占全年灌水量的1/3,时间又短,这一阶段地下水位急剧上升,出现全年最高水位;封冻阶段。土壤开始冻结,冻层厚0.85～1.1米,随着冻层逐渐加厚,地下水向冻结层运移,地下水位随之下降,3月出现全年最低水位。上述地下水位动态变化在一个水文年内进行,在下一个水文年内周期性重演。

巴彦淖尔市分区地下水资源表

表2-5-2

区域	总面积（平方千米）	综合补给量（亿立方米）	可开采量（亿立方米）	水资源量（亿立方米）
巴彦淖尔市	64413	32.1	18.1	21.566
套区平原	14748	26.2	15.4	17.366
乌拉特高原	37434	2.25	1.12	2.25
山地丘陵	13370	3.65	1.58	1.95

第四节　湿地资源

巴彦淖尔市的湿地划分为4大类12型,即河流湿地类中有永久型河流、季节型或间歇性河流和洪泛平原型湿地3型。湖泊湿地类中有永久性淡水湖和季节型淡水湖2型;沼泽湿地类中有草本沼泽、沼泽化草甸和季节型咸水沼泽3型；人工湿地类中包括排灌沟渠、水产养殖场、水稻田、水库等4型。上述湿地总面积14.58万公顷，占总土地面积的2.6%。其中，河流湿地6.29万公顷，湖泊湿地7.89万公顷，沼泽湿地13公顷，人工湿地4006公顷。

2010年巴彦淖尔市黄河湿地面积表

表2－5－3

项　目	合计（千米、万亩）	磴口县（千米、万亩）	杭锦后旗（千米、万亩）	临河区（千米、万亩）	五原县（千米、万亩）	乌拉特前旗（千米、万亩）
流经长度	345	52	6.5	92	60.5	134
湿地面积	94.32	7.81	1.91	17.69	16.2	50.7
水域	40.02	2.90	0.83	9.69	10.41	16.2
其中：林地	12.74	0.64	0.33	0.2	0.095	11.5
耕地	13.48	3.44	0.05	6.1	3.14	0.6
无林地	28.08	0.83	0.59	1.71	2.56	22.4

第五节　林木资源

一、森林资源

1986年，巴盟林地面积为17.49万公顷（合1749平方千米），占总面积的2.27%。1996年，巴彦淖尔盟林地面积27.8万公顷，森林平均覆盖率4.3%。2006年，林地面积44.12万公顷，森林平均覆盖率6.76%。2010年，巴彦淖尔市有林地面积64.8万公顷，森林平均覆盖率9.83%。

森林树种主要有山榆、白桦、云杉、油松、杨树、柳树、榆树、沙枣及梨、苹果树及近年防天牛和绿化引进的槐树等树种。其中云杉面积为1公顷，樟子松面积为3公顷，油松面积为7620公顷，白桦林面积为6366公顷，山杨面积为300公顷，胡杨林面积为13公顷，杨树林面积为5.85万公顷，柳树林面积为1.29万公顷，榆树面积为2733公顷，沙枣林面积为5406公顷，其他林面积为2.17万公顷。

二、资源概况

巴彦淖尔市总土地面积9888.3万亩，其中林业用地面积3658.25万亩，占总土地面积的37%，非林业用地面积5230.05万亩，占总土地面积63%。

林业用地中有林地面积178.38万亩，占林业用地面积的4.88%；疏林地面积11.62万亩，占林业用地面积的0.32%；灌木林地面积666.89万亩，占林业用地面积的18.23%；未成林造林地面积634.98万亩，占林业用地面积的17.36%；苗圃地面积1.24万亩，占林业用地面积的0.03%；无林地面积2165.14万亩，占林业用地面积的59.18%。全市森林覆盖率为8.79%。

1987—2010年部分年份巴彦淖尔市各类土地面积统计表

表2-5-4

统计年度	总土地面积	林业用地(万亩)							非林地(万亩)		森林覆盖率(%)
		林业用地合计(万亩)	有林地(万亩)	疏林地(万亩)	灌木林地(万亩)	未成林造林地(万亩)	苗圃地(万亩)	无林地(万亩)	非林地合计(万亩)	林网四旁树城镇林木占地(万亩)	
1987	9888.3	2459.57	115.4	24.9	177.74	74.07	1.05	2066.41	7428.74	23.66	3.2
1990	9888.3	2460.64	161.68	24.95	179.03	64.4	1.02	2029.56	7427.68	44.25	3.9
1995	9888.3	661.9	146.7	18.89	206.19	50.14	0.68	239.3	9226.41	17.62	3.75
2000	9888.3	2399.51	198.19	18.71	216.06	90.46	1.73	1874.23	7488.92	19.72	4.39
2005	9888.3	3446.43	136.13	10.95	514.79	340.77	1.24	2442.55	6441.88	17.38	6.76
2010	9888.3	3658.25	178.38	11.62	666.89	634.98	1.24	2165.14	5230.05	24.25	8.79

1986—2010年巴彦淖尔市林种资源统计表

表2-5-5

年份	防护林		用材林		薪炭林		特种用途林		经济林	
	蓄积(立方米)	面积(万亩)	蓄积(立方米)	面积(万亩)	蓄积(立方米)	面积(万亩)	蓄积(立方米)	面积(万亩)	蓄积(立方米)	面积(万亩)
1986	80.31	2137422	24.7	781515	4.46	1282	0.39	7425	33.84	—
1990	103.54	2539012	37.7	1063959	5.76	17384	0.71	9409	13.97	—
1995	103.37	5479842	15.36	894255	0.85	5703	0.35	14065	26.78	—
2000	141.08	8527891	16.53	1234440	0.87	7582	0.33	22671	39.39	—
2005	102.73	4425461	28.07	2052561	—	—	1.40	92845	3.94	—
2010	133.43	6738582	39.11	2932756	—	—	1.48	193719	4.40	—

第六节 野生植物资源

巴彦淖尔市境内有野生植物730种。其中,有小针茅、红砂、戈壁针茅等饲用植物405种;肉苁蓉、甘草、麻黄、锁阳等药用植物374种;蒙古栎、沙枣、发菜等食用酿造植物84种;柽柳、罗布麻、荨麻等纤维植物64种;虎棒子、稠李、地榆等鞣料植物37种;山杏、文冠果、蒙古扁桃等油用植物74种;侧柏等芳香植物26种;鼠李、茶条槭等染料植物13种;金莲花、胡枝子等观赏植物51种;防风固沙、水土保持、治理盐碱的红柳、沙蒿、沙打旺等植物多种。

野生植物中的裸果木、绵刺、革苞菊已被列为国家二级保护植物;蒙古扁桃、梭梭、肉苁蓉、内蒙古黄芪、胡杨、沙冬青、膜荚黄芪被列为三级保护植物。

第七节　野生动物资源

巴彦淖尔市野生动物从地理区划属古北界蒙新区，以适应于荒漠和草原的种类组成，兽类52种，鸟类229种，爬行类12种，两栖类4种。野驴、鹅喉羚、黄羊、狐等20余种兽类和百灵鸟、鹰、隼等10多种鸟类，以及3种爬行类分布在乌拉特高原。斑羚、盘羊、狍子、赤狐、獾子等10多种兽类和石鸡、雉、岩鸽、鹫等百余种鸟类，以及麻蜥、蛇等爬行类动物主要分布在狼山、乌拉山、色尔腾山等区域。乌兰布和沙漠多见沙蜥、蛇、野兔、狐狸等。

境内国家一级保护动物有黑鹳、玉带海雕、白尾海雕、大鸨、波斑鸨、野驴、豹、北山羊8种。二级保护动物有松雀鹰、灰鹤、荒漠猫、岩羊、黄羊、斑羚、多种隼等23种。

第八节　矿产资源

一、矿藏特征

巴彦淖尔市地域辽阔，在漫长的地质历史发展过程中，经历多次强烈的构造运动、频繁的岩浆活动、长期的区域变质作用，逐渐形成当代的地质构造框架。同时也孕育了品种齐全、储量丰富的矿产资源。

境内有全国著名的狼山—渣尔泰山多金属成矿带。地质勘查成果表明，成矿地质条件较好，矿产资源较为丰富，矿种较为齐全。具有分布广、矿种多、资源储量可观、矿石质量较好的特点。特别是金属矿产中的有色金属、黑色金属、贵金属及非金属矿产中的化工原料矿产、冶金辅助原料矿产、建筑材料矿产等资源储量优势明显，成为内蒙古自治区重要的矿产资源富集区之一。

二、矿藏种类

巴彦淖尔市境内已查明的金属矿产种类包括黑色金属矿、有色金属矿、贵金属矿、分散元素矿。矿种主要有铁、锰、铬、铜、铅、锌、钼、镍、钴、钨、金、银、镉等。

非金属矿产种类包括化工原料非金属矿、冶金辅助原料非金属矿、建筑材料及其他非金属矿。矿种主要有硫铁矿、蓝晶石、红柱石、冶金用石英岩、玻璃用石英岩、熔剂用白云岩、蛭石、萤石、石墨、沸石、膨润土、珍珠岩、磷（伴生）、云母、长石、水泥用石灰岩、花岗石饰面石材、石榴子石、大理岩、电气石、透闪石等。能源矿产，境内已发现的能源矿种类主要有煤、油页岩、石油、天然气和地热等。

三、矿产分布

黑色金属矿主要分布在乌拉特前旗的乌拉山、渣尔泰山地区，以及乌拉特中旗中部的狼山、色尔腾山地区和乌拉特后旗的狼山地区。锰矿主要分布在乌拉特前旗渣尔泰山的乔二沟、乌拉特中旗境内。铬矿主要分布在中蒙国境线地段的索伦山一带。

有色金属矿查明的铜、铅、锌、镍、钼、钴(伴生)、钨(伴生)等矿床,主要分布在狼山—渣尔泰山、乌拉山等地区。

贵金属矿查明的银、金(岩金)矿主要分布在色尔腾山、狼山中西部和北部边境的图古日格等地区。砂金矿分布比较普遍,主要产于乌拉特中旗、乌拉特前旗。砂金矿以矿点、矿化点居多。

分散元素矿查明并列入内蒙古自治区矿产资源储量表的分散元素矿种主要是镉。分布在乌拉特后旗东升庙多金属硫铁矿区。

化工原料非金属矿硫铁矿主要分布于东升庙、炭窑口、甲生盘、三片沟、对门山等五大矿区,为大中型有色金属矿床中的共生(伴)矿产。磷(伴生)矿主要分布在乌拉特后旗炭窑口地区。

冶金辅助原料非金属矿较为丰富,分布较为广泛,储量较大,开采条件较好。主要有蓝晶石、红柱石、冶金用石英岩、熔剂用白云岩、萤石等矿产。分布在狼山、色尔腾山、乌拉山等地区的乌拉特前旗、乌拉特中旗、乌拉特后旗和磴口县。蓝晶石和红柱石主要分布在乌拉特前旗点布斯格庙和磴口县苏木挺高勒。冶金用石英岩主要分布在乌拉特前旗小佘太与乌拉山及乌拉特中旗巴音杭盖北一带,熔剂用白云岩主要分布在乌拉特前旗沙德格苏木与包头交界处的桃儿湾、明安镇朝阳村大奴气地区。萤石主要分布在乌拉特后旗巴音陶勒盖一带和乌拉特中旗巴音乌兰苏木。

建筑材料及其他非金属矿已探明的有石墨、沸石、膨润土、云母、蛭石、长石、水泥用石灰岩、花岗石饰面石材、大理岩、石榴子石、电气石、透闪石、瓷石等。主要分布在狼山、色尔腾山、乌拉山等地区的乌拉特前旗、乌拉特中旗、乌拉特后旗和磴口县。石墨根据结晶形态分为晶质石墨和隐晶质石墨两类。主要分布在乌拉特中旗狼山地区和乌拉特前旗乌拉山东端。膨润土、沸石、珍珠岩主要分布在乌拉特前旗小佘太白庙子和乌拉特中旗,分布集中,储量大,开发建设条件好,为一共生大型矿床。白云母主要分布在乌拉山—狼山及哈达特山一带,金云母产地一处,位于乌拉山北侧。蛭石主要分布在乌拉特前旗乌拉山北侧沙德格苏木东稍林沟。长石主要分布在乌拉特前旗乌拉山北部的查干楚鲁等。水泥用石灰岩主要分布在乌拉特前旗大佘太、乌拉特后旗地区。花岗石饰面石材主要分布在乌拉特前旗和乌拉特后旗,矿床规模均为小型规模以上。大理岩主要分布在乌拉特前旗稍林沟、乌拉特中旗及磴口县,但相对地质工作程度相对较低。石榴子石主要分布于乌拉特后旗明星、巴音前达门苏木脑音乌拉和乌拉特中旗巴音乌兰苏木角力格太、王爷山。电气石分布于乌拉特后旗巴音前达门苏木脑音乌拉和乌拉特中旗巴音乌兰苏木角力格太。透闪石分布于乌拉特前旗乌拉山东北坡。经地质工作,境内仅发现一处瓷石矿产地,分布于磴口县沙金套海苏木境内,属中型矿床。

砂石黏土矿产在巴彦淖尔市境内分布广泛,具有资源储量大、资源质量好的特点。建筑石料分布于除河套平原、沙丘地区之外的所有山区。建筑用砂广泛分布于狼山、色尔腾山、乌拉山的山前、山后沟谷内及河槽与河床冲积扇上。水泥配料用土矿主要分布在乌拉特前旗白云查汗山、乌拉特后旗沿山等局部地区。

温根煤田位于乌拉特中旗海流图镇西30千米,东西长约7千米,宽3千米,含煤9层。煤种有肥煤—气肥煤、肥煤、肥焦煤、焦煤等,以肥煤为主,储量约1835万吨。巴音胡都格煤田(莱富矿业)位于乌拉特中旗海流图镇西北48千米,面积0.88~1.8平方千米,含煤10层,可采煤总厚度23.53米,储量15749.5万吨。乌拉山煤田(兴亚、鑫鑫、宏胜矿区)位于乌拉特前旗明安镇境内,包白线明安火车站西北35千米,面积3.75平方千米。含煤13层,一般厚0.58~1.2米。煤质以不黏煤为主,其次为褐煤、长烟煤,低灰、低硫。

石油、天然气主要分布于乌拉特中旗巴音杭盖和乌拉特后旗乌力吉地区。油页岩主要分布在乌拉特后旗巴格毛德地区。

地热资源在河套盆地和乌拉特前旗渣尔泰山地区发现多处。

四、矿产资源储量

黑色金属矿列入内蒙古自治区矿产资源储量表的矿种储量:铁矿石储量5.39亿吨,保有资源储量4.84亿吨,占全区保有铁矿资源储量(51.07亿吨)的9.5%;锰矿石储量1194.15万吨,保有资源储量1194.15万吨,占全区保有资源储量(1325.54万吨)的90.1%;铬矿石储量49.9万吨,保有资源储量30.5万吨,占自治区保有资源储量(159.33万吨)的19.2%。

有色金属矿资源储量:铜矿石上表资源储量1.4亿吨、上表金属量129.74吨,矿石保有资源储量1.27亿吨,保有金属量113.78万吨,其中保有金属量占自治区保有金属量(738.5万吨)的15.4%;伴生铜矿石上表资源储量540.9万吨、上表金属量2.51万吨,矿石保有资源储量534.9万吨,保有金属量2.48万吨;铅矿石上表资源储量2.96亿吨、上表金属量292.76万吨,矿石保有资源储量2.81亿吨,保有金属量273.48万吨,其中保有金属量占自治区保有金属量(1368.88万吨)的20%;锌矿石上表资源储量3.64亿吨、上表金属量976.59万吨,矿石保有资源储量3.37亿吨,保有金属量865.8万吨,其中保有金属量占自治区保有金属量(2700.41万吨)的32.1%;镍矿石上表资源储量443.9万吨、上表金属量1.48万吨,矿石保有资源储量371.8万吨,保有金属量1.22万吨,其中保有金属量占自治区保有金属量(9.58万吨)的12.7%;钼矿石上表资源储量1.95亿吨、上表金属量19.31万吨,矿石保有资源储量1.88亿吨,保有金属量19.27万吨,其中保有金属量占自治区保有金属量(440.97万吨)的4.4%;钴矿石上表资源储量4590.1万吨、上表金属量1.02

万吨，矿石保有资源储量 4590. 1 万吨，保有金属量 1. 02 万吨，其中保有金属量占自治区保有金属量（2. 38 万吨）的 42. 9%；钨矿石上表资源储量 23. 8 万吨、上表金属量 340 吨，矿石保有资源储量 23. 8 万吨，保有金属量 340 吨。

贵金属矿列入内蒙古自治区矿产资源储量表的矿种储量：金矿石（岩金）上表资源储量 1. 77 亿吨、上表金属量 170 吨，矿石保有资源储量 1. 5 亿吨，保有金属量 144 吨，其中保有金属量占自治区保有金属量（556. 9 吨）的 25. 86%；伴生金矿石上表资源储量 851. 8 万吨、上表金属量 2500 千克，矿石保有资源储量 851. 8 万吨，保有金属量 2500 千克；银矿石上表资源储量 972 吨、上表金属量 150 吨，矿石保有资源储量 972 吨，保有金属量 150 吨；伴生银上表矿石资源储量 2. 36 亿吨、上表金属量 2665 吨，矿石保有资源储量 2. 36 亿吨，保有金属量 2665 吨。

分散元素矿上表的分散元素矿产主要是镉，为伴生矿产。镉矿石上表资源储量 1839. 1 万吨，上表金属量 0. 28 万吨，矿石保有资源储量 1839. 1 万吨，保有金属量 0. 28 万吨。

化工原料非金属矿产列入自治区矿产资源储量表的矿种储量：硫铁矿石上表资源储量为 3. 73 亿吨，保有资源储量 3. 58 亿吨，占自治区保有资源储量（4. 02 亿吨）的 89. 1%；伴生硫矿石上表资源储量 9864. 7 万吨、硫 711 万吨，伴生硫矿石保有资源储量 9864. 7 万吨、硫 711 万吨；伴生磷矿石上表资源储量 530. 6 万吨、磷 50. 6 万吨。

冶金辅助原料非金属矿列入自治区矿产资源表的矿种储量：红柱石矿石上表资源储量 612. 8 万吨、矿物量 490 吨，保有资源储量 612. 4 万吨、矿物量 490 吨；蓝晶石矿石上表资源储量 1299. 1 万吨、矿物量 155. 94 吨，保有资源储量 1299. 1 万吨、矿物量 155. 94 吨；冶金用石英岩上表资源储量 1916. 5 万吨，保有资源储量 1904. 76 万吨，占自治区保有资源储量（3979. 66 万吨）的 47. 9%；熔剂用白云岩上表资源储量 1007. 3 万吨，保有资源储量 983. 97 万吨，占自治区保有资源储量（6. 12 亿吨）的 1. 6%；普通萤石上表资源储量 6. 29 万吨，保有资源储量 6. 29 万吨。

建筑材料及其他非金属矿列入自治区矿产资源储量表的矿种储量：晶质石墨矿石上表资源储量 5246. 9 万吨，上表矿物量 303. 5 万吨，晶质石墨矿石保有资源储量 5246. 9 万吨、保有矿物量 303. 5 万吨，占自治区晶质石墨保有资源储量（1571. 13 万吨）的 19. 3%；沸石上表资源储量 1. 5 亿吨，保有资源储量 1. 5 亿吨，占自治区保有资源储量（2. 1 亿吨）的 71. 4%；膨润土上表资源储量 2841. 4 万吨，保有资源储量 2841. 4 万吨，占自治区保有资源储量（2. 36 亿吨）的 12%；云母（工业原料）上表资源储量 7684 吨，保有资源储量 6625 吨，占自治区保有矿物量（10034. 32 吨）的 66%；长石上表资源储量 4. 8 万吨，保有资源储量 3. 67 万吨；水泥用石灰岩上表资源储量 9728. 3 万吨，保有资源储量 9375. 7 万吨，占自治区保有资源储量(60.82 亿吨)的1.5%;玻璃用石英岩上表资源储量190.5万吨,保有资源储量187.1万吨,占自治区保有资源储量(613.1万吨)的30.52%;饰面石材(矿石)上表资源储量964.9万立方米,保有资源储量964.36万立方米,占自治区保有资源储量(4.48亿立方米)的2.2%;石榴子石上表资源储量177.7万吨,保有矿石量133.3万吨、保有矿物量19.99万吨,占自治区保有矿物量(90.7万吨)的22%。

砂石黏土矿建筑石料开发利用的矿山有36处,保有资源储量567.38万立方米。建筑用砂开发利用的矿山有24处,保有资源储量80.72万立方米。砖瓦用黏土开发利用的矿山有81处,保有资源储量128.56万立方米。水泥用黏土开发利用的矿山有2处,保有资源储量26万立方米。

煤炭资源储量为1.76亿吨,保有资源储量为1.52亿吨。煤种以褐煤为主,少量长焰煤和弱黏结煤,为动力燃料型煤种。白音查干—白彦花煤田西段盆地群,预测煤炭资源储量可接近百亿吨。

石油、天然气已探明石油资源储量2525万吨,其中稀油区756万吨,稠油区1769万吨,估算石油远景储量2.7亿吨。油页岩探明资源储量为14.18亿吨。该矿可采油层厚度0.7米,预测远景储量可达50亿吨。

第九节　光热风能资源

一、太阳能

巴彦淖尔市年均晴天日数为109～131天,年均日照时数在3131～3360小时之间,年均总辐射1637～1685千瓦时/平方米,是全国太阳能最丰富的地区之一。每天平均日照时间在8小时以上,年平均日辐射量高达4.6千瓦时/平方米,年平均太阳总辐射6052兆焦/平方米,全市每年太阳能总理论储量约为1.1×10^6亿千瓦时,相当于136.1亿吨标准煤。其中每年可获得太阳能资源量约为2200亿千瓦时,相当于2703.8万吨标准煤。

全市光能资源总体呈现从东到西逐渐增加的趋势,由于阴山山脉横贯中部,复杂的地形影响到了日照的分布,导致中部山地以及东南部乌拉山地区日照具有明显的非地带性分布特征。阴山以南的河套平原除临河及其周边外日照空间分布均匀,年平均日照时数在3079.7～3362.9小时之间,阴山以北的乌拉特高原日照呈现自西向东逐渐增大的趋势,年日照时数在3102.3～3242.1小时之间。且资源品质优良,开发建设条件优越。

太阳能资源主要分布在西部、北部的沙漠戈壁中。由于地势相对平坦广阔,海拔高,投资成本低,发展光电产业条件优越。

二、风能

巴彦淖尔市位于西风带内,终年受西风环流影响,境内地势较高,植被稀疏,风能资源丰富。风速随季节、时间变化。春季风速最大，冬季次之，秋季居中，夏季最小。夜间风速最小，日出后逐渐增大，午后达到最大，傍晚较小。每年 10 月至翌年 3 月，盛行北风或者西北风。4—9 月则以偏南风或偏东风为主。山后牧区年平均风速为 4.8～5.4 米/秒，乌兰布和沙区和山旱区为 2.1～2.6 米/秒，河套灌区为 1.8～2.8 米/秒。

风能资源主要分布在乌拉特后旗中东部、乌拉特中旗北部、乌拉特前旗东部地区。70 米高度，乌拉特后旗中东部平均风速均在 7 米/秒以上；乌拉特中旗大部在 8 米/秒以上。

据测算，巴彦淖尔市 10 米高度的风能资源总储量为 1 亿千瓦，技术可开发量 6000 万千瓦，约占全区风能储量及开发量的 33% 和 40%。

第六章 自然灾害

第一节 地震灾害

地震灾害是巴彦淖尔市的主要灾害之一,1995—2009 年共发生 5 次,造成不同程度的损失,并对群众生活产生影响。

1995 年 3 月 13 日 09 时 58 分 23.2 秒,巴盟磴口县(北纬 40°25′,东经 106°58′)发生 MⅠ4.8 级地震,3 月 13 日 10 时 57 分 15 秒杭锦后旗二道桥乡和乌兰乡交界处(北纬 40°45′,东经 107°10′)发生 MⅠ4.7 级地震。

1996 年 5 月 3 日 11 时 32 分,乌拉特前旗与包头交界处发生 Ms6.4 级强烈地震(简称包头西地震)。这次地震是从 1923 年有地震记录以来发生在境内最严重的一次,震中烈度 8 度。

1997 年 10 月 21 日 14 时 33 分,杭锦后旗团结乡一带发生 Ms5.0 级地震。

2004 年 4 月 27 日,磴口县发生 3.2 级地震。

2005 年 2 月 27 日 21 时 27 分、21 时 29 分,在乌拉特后旗乌盖苏木(北纬 41°08′,东经 107°35′)发生 4.0 级、3.1 级地震。21 时 26 分在临河区份子地(北纬 41°06′,东经 107°56′)发生 2.4 级地震。

2009 年 12 月 4 日,乌拉特后旗发生 4.5 级有感地震。

第二节 洪 灾

巴彦淖尔市境内黄河段发生决口造成洪涝灾害对当地农业生产和群众生活造成较大损失,特别是 1990—1993 年期间洪灾最为严重。

1986—1990 年,磴口、杭锦后旗、临河、五原、乌拉特前旗 5 个旗(县、区)不同程度受到黄河部分险工地段洪水水灾侵蚀,其中,1990 年 12 月 6 日凌晨,五原县景阳林乡团结三社南段防护堤坝被淘断,出现了一条近百米长的决口,堤下 110 户农民受到洪水严重威胁。

1993 年 3 月 16 日,前旗境内黄河防洪堤决口,5 个自然村被洪水淹没围困。同年 12 月 10 日,三盛公黄河段决口,1306 户 6593 人遭受重灾。据民政部门统计,这次决口给磴口县造成直接经济损失 2500 多万元。

第三节　生物灾害

巴彦淖尔市的农业生产,草原牧场的生物灾害主要是虫害、鼠害,尤其是蝗灾对农业、牧业生产造成严重损失。鼠害对草原及农作物损害较大。

一、农作物虫害

1986 年,巴盟境内因干旱少雨,致使部分地区发生蝗灾,受灾面积 1. 33 万公顷。

1990 年,巴盟部分地区果树发生红蜘蛛虫害,受害果树 1153 公顷。小麦发生蚜虫病 5. 17 万公顷。

1991 年,乌拉特草原发生蝗灾,受灾面积 5. 37 万公顷(其中乌拉特前旗发生面积 1. 67 万公顷),虫口密度一般为每平方米 30 ~ 50 头,最高达 65 头。年内还发生小菜蛾虫害,受灾面积 9733 公顷。虫口密度平均每株 6 ~ 7 头。

1993 年,巴盟连续发生枸杞蚜虫害,受灾面积 2 万公顷;发生玉米红蜘蛛虫害一次,受灾面积 4. 79 万公顷。

2003 年,乌拉特前旗公庙子镇,乌拉特中旗德岭山发生中等蝗虫灾害,一般虫口密度每平方米 230 ~ 270 头,最高达 400 ~ 500 头。共发生面积 7853 公顷。

2004 年,巴彦淖尔市局部发生草地螟虫害,虫口密度最高为每平方米 800 ~ 1000 头。发生面积 3. 66 万公顷。

2006 年,巴彦淖尔市发生向日葵螟虫害,约 10% 的地块花盘被害,被害率 70% 以上,籽实被害率在 10% 以上;50% 的地块花盘被害率在 30% ~ 50% ,籽实被害率在 5% ~ 10% ;20% 的地块花盘被害率在 10% ~ 30% ,籽实被害率 1% ~ 5% 。

2007 年,巴彦淖尔市发生向日葵螟虫害面积 8. 41 万公顷,其中重度受灾面积 8000 公顷,中等受灾面积 1. 57 万公顷,轻度受灾面积 6 万公顷。

2008 年,巴彦淖尔市多种农作物发生巨膜长蝽,受灾总面积 5. 7 万公顷。一般虫口密度 2 ~ 27 头/平方米,部分地块虫口 1000 头/平方米。

二、草原虫害

1986 年,巴盟因干旱,致使乌拉特草原发生蝗虫灾害,受灾面积 3. 53 万公顷,其中,重灾面积 1. 2 万公顷,虫口平均密度 35 头/平方米,禾草受害率 100% 。

1999 年,巴盟天然草地发生草地螟虫害,危害面积 18. 67 万公顷。

2003 年,农牧结合区发生蝗灾,发生面积 169. 87 万公顷,其中重灾面积 56. 93 万公顷。

2004 年,巴彦淖尔市部分地区发生蝗灾,受灾面积 124 万公顷,其中重灾面积 68. 6 万公顷。虫口平均密度 36 只,最高 100 只以上。

2006 年,巴彦淖尔市磴口县发生戈壁棘硕螽,危害锦鸡儿 2. 67 万公顷。

2008年,巴彦淖尔市乌拉特前旗草场发生春尺蠖灾害,受灾面积3万公顷,重灾面积2.3万公顷。春尺蠖平均密度每平方米60头,最高300头。

三、鼠害

1986年,巴盟乌拉特前旗草场发生鼠害,2万公顷草场受到不同程度危害。

1994年,巴彦淖尔市部分地区发生农作物鼠害,发生面积3.4万公顷。

2003年,巴彦淖尔市发生不同程度鼠害,受害面积2.71万公顷。

2004年,全市发生农作物鼠害面积6.81万公顷,致使乌拉特中旗30公顷苜蓿根系被老鼠刨食,返青率不足70%。

2005年,巴彦淖尔市发生鼠害面积12.67万公顷,乌拉特中旗40公顷向日葵播种后被老鼠刨食缺苗率达36%。临河区和乌拉特中旗各查出一名疑似鼠疫携带者。

2010年,乌拉特前旗草场发生鼠害,平均每公顷发现有效洞穴346个,最高达2800个。

第四节　微生物灾害

微生物灾害对精良作物和经济作物造成的危害比较严重,尤其是小麦金蚀病、锈病造成大面积减产,向日葵大菌核病,严重危害经济作物的收益,成为农作物防灾的重点工作。在十几年中多次发生微生物灾害。

1987年,巴盟乌拉特中旗发生向日葵菌核病273公顷,发病率40%,最高达72%。

1988年,杭锦后旗发生小麦全蚀病,使小麦减产10%~70%。

1990年,巴盟局部地区发生小麦锈病和向日葵菌核病。

1991年,巴盟发生甜菜丛根病,一般发病率25%~35%,最高发病率70%。

1992年,巴盟部分地区发生瓜类炭疽病。

1994年,巴盟局部地区发生向日葵大菌核病,发病面积3.43万公顷,发病率0~1%,最高2.1%。

1995年,巴盟3.29万公顷小麦发生全蚀病。

1996年,巴盟发生小麦全蚀病2.11万公顷。

1997年,杭锦后旗、临河部分地区发生向日葵大菌核病1.61万公顷,发病率20%~30%。发生甜菜根腐病1400公顷。

2007年,巴彦淖尔市部分地区发生番茄晚疫病和日灼病1.43万公顷,占番茄播种面积的47.6%。

2009年,巴彦淖尔市发生向日葵黄萎病,平均发病率20%~30%,造成葵花减产20%~30%。

第五节　气象灾害

巴彦淖尔市气象灾害多发、频发。主要是冰雹、洪涝、雪灾、干旱、沙尘暴等。灾害造成农业生产损失严重，经济损失巨大。群众生产发生困难。

1986年，乌拉特前、中、后旗牧区发生旱灾。

1988年8—9月，阴山以南、铁路干线以北套区发生冰雹、洪涝灾害。

1989年10—11月，巴盟大部分地区发生旱灾。灾情延续到次年开春。

1990—1993年，巴盟大部分地区发生旱灾，造成牧区草场不能正常返青，大量牲畜因病饿死亡。农区因干旱，库塘蓄水减少或无水，地下水位下降，农作物出苗、保苗困难，造成粮食作物减产三成以上。

1995年，巴盟部分地区受到冰雹袭击，部分地区因暴雨造成洪涝灾害。

1996年，巴盟部分地区降暴雨，且降水时间长。降暴雨的同时，还伴有冰雹、龙卷风。因单位时间内降水量大而急，就地起水，造成民房倒塌，农作物根部腐烂、倒伏，部分水利、供电、公路、桥梁设施受损，牲畜大量死亡。

1997年10月中旬，巴盟大部分地区降雪，平均降雪厚在40厘米，牧区90%以上的草牧场被积雪覆盖，而且由于天气寒冷，积雪难以融化，导致牧区牲畜大批死亡。

1998年5月20—27日，巴盟连续遭受历史罕见的暴风雨和冰雹灾害的袭击，农作物大面积受灾。7月9日，乌拉特后旗沿山一带降暴雨、冰雹，红山口沟暴发山洪，给乌拉特后旗、杭锦后旗造成经济损失3954.3万元。7月17日，临河市、乌拉特中旗遭受罕见的冰雹袭击，直接造成经济损失9560万元。8月12日，临河市古城乡、份子地、新华镇、狼山镇等乡镇遭受冰雹袭击，并降暴雨，造成巨额经济损失。

2000年1月，气候反常，降雨稀少，夏秋持续高温、大风，使牧区、山旱区旱灾非常严重。经调查截至9月初，牧区草场受灾面积达456万公顷，占总面积的97.%；受灾户数9603户，受灾人口34893人，分别占到牧区总户数和总人口的77%和80%；受灾牲畜230万头（只），占到牧区牲畜总头数的89.8%；山旱区农作物受灾面积达8万公顷。有1764万公顷草场没有返青，195万公顷返青后又枯死。40%的草场完全丧失供牲畜度秋过冬的能力。饲草基地和草库伦的饲草料减产20%和15%，山旱区农作物减产40%，其中绝收8133公顷。地下水位下降，3513眼水井供水严重不足，造成3.13万人、83.9万头（只）牲畜饮水困难。牲畜膘情下降，死亡率上升，农牧民生活困难，返贫现象严重。

2001年4月6日，乌拉特后旗遭受特大沙尘暴的袭击，最大风力达12级的沙尘暴持续时间长达16小时，最大瞬时风速达35米/秒，最大风力达12级。沙尘暴毁坏房屋114处，刮断电杆34根，有2.5万头（只）牲畜丢失、死亡。

7月25日，凌晨2时20分至2时50分，临河地区部分乡镇遭受冰雹袭击。降雹持续时间为2～10分钟，雹粒普遍为黄豆大小，部分地区雹粒约蚕豆大小。

2004年，发生重大冷冻、冰雹、山洪多次，5月2—3日，巴彦淖尔市7个旗县发生严重低温冷冻灾。

据气象部门监测，5月3日凌晨，临河地区地表温度骤降至－5℃，陕坝地区为－9.5℃，这是20年来所罕见的。统计，全市7个旗（县、区）的77个乡镇苏木和农垦系统共有95.68万农牧民不同程度受灾。农作物成灾面积达224520公顷，其中，玉米47193公顷，葵花125267公顷，瓜类13800公顷，蔬菜9733公顷，甜菜3293公顷，其他25233公顷。因灾死亡幼畜1100头（只）。共造成经济损失1.24亿元。

5月15日晚至16日，巴彦淖尔市再次遭受低温冷冻灾。灾害造成巴彦淖尔市临河区的古城镇、狼山镇、白脑包镇、新华镇、曙光办5个乡镇（办事处），五原县的胜丰镇、和胜乡、城南乡、美林乡、什巴乡、海子堰乡、新公中镇、复兴镇、套海镇、隆兴昌镇10个乡镇，乌拉特前旗的长胜乡、树林子乡、小佘太乡、苏独仑乡、北圪堵乡5个乡，乌拉特中旗农区6个乡镇、牧区1个苏木，共28个苏木乡镇受灾，受灾人口24.7万人，受灾面积31733公顷。其中，玉米13333公顷、葵花10000公顷、瓜类1167公顷、葫芦3727公顷、番茄633公顷、甜菜467公顷、籽瓜1627公顷、其他（蓖麻）700公顷。造成直接经济损失2538.37万元。

6月15日下午2—4时，临河区白脑包镇、隆胜乡、八一乡3个乡镇，五原县的塔尔湖镇、天吉泰镇、复兴镇、什巴乡4个乡镇，乌拉特前旗的大佘太镇、小佘太乡2个乡镇和乌拉特中旗的乌加河镇、桑根达来苏木、德岭山镇3个苏木镇遭受冰雹、洪水灾害。灾害造成4个旗（县、区）的12个苏木乡镇、42个村、89个村民小组、8725户、33039人受灾。受灾农作物12567公顷，其中2307公顷绝收。造成直接经济损失达4327.6万元。

8月1—2日，巴彦淖尔市乌拉特前旗、乌拉特中旗等部分地区突降大到暴雨，暴雨引发山洪，同时伴有冰雹，造成乌拉特前旗的白音花、大佘太、苏独仑、阿拉奔、沙德格、先锋、小佘太、明安等8个乡镇苏木，乌拉特中旗德岭山镇、海流图镇和同和太牧场，共计11个乡镇苏木受灾。

2005年5月28日5时，临河区的双河镇、黄羊镇、乌兰乡、白脑包镇、干召庙镇、狼山镇、隆胜镇、小召镇、古城镇和杭锦后旗的头道桥镇、蛮会镇、红星乡、联合乡、团结镇、四支乡、沙海乡、陕坝镇遭受冰雹、暴雨袭击，使小麦、玉米、葵花、蜜瓜、籽瓜、葫芦、番茄、青尖椒等农作物不同程度受灾，其中瓜菜类、番茄、葫芦基本绝收，葵花、玉米受灾严重，小麦也有不同程度的损失。灾害造成两个旗区的17个乡镇、66个村、317个村民小组、13673户、48955人受灾，受灾面积18476公顷，成灾面积10239公顷，绝收4432公顷。灾害造成直接经济损失4724.64万元。6月末，乌拉特中旗有11个苏木乡镇、78个嘎查村、9996户牧民、1.7万人受旱灾，受灾草场面积达1991333.3公顷，其中重灾区1636666.6公顷，受灾牲畜170万头（只），因灾死亡牲畜5483头（只），造成直接经济损失1168万元。

7月18日下午5时40分和18时，临河区的乌兰淖尔乡，杭锦后旗的二道桥镇、太阳庙乡、查干敖包乡、头道桥镇、召庙镇、南小召乡、联合乡、四支乡、沙海乡、团结镇,乌拉特后旗的乌盖苏木、巴音布拉格镇(东升庙)、呼和温都尔镇(青山)、赛乌素镇等地区连续遭受狂风暴雨袭击,持续时间长达两个半小时。造成3个旗区15个苏木乡镇的40个嘎查村的139个村民小组5715户20158人受灾。受灾农作物1万公顷,绝收1106公顷。灾害造成乌拉特后旗的57户农牧民家中进水,12户土房被水冲淹,水位线达2尺多高,成为危房,不能入住,7眼水井被洪水、泥石流淹没,山洪冲死羊180只,冲断冲毁乡村道路11条,冲毁电杆7根。灾害共造成直接经济损失3607.3万元。

11月下旬至12月上旬,乌拉特中旗的巴音乌兰苏木、川井苏木、新忽热苏木和乌拉特后旗的巴音宝力格镇、前达门苏木、朝格温都尔苏木、海力素苏木、呼和温都尔镇普降3次小到中雪,普遍积雪厚度达10厘米以上,局部地区达30厘米,由于此次降雪没有伴随大风,而且大雪过后气温持续下降8~12℃,形成较为严重的雪灾。雪灾共造成两旗的8个苏木镇、75个嘎查的5209户19014人受灾,受灾草牧场3.1万平方千米,受灾牲畜63.5万头(只),其中有3900多头(只)牲畜因灾死亡,有1500多头(只)母畜因灾流产,因灾短缺饲草2700万千克、饲料1044万千克。灾害造成直接经济损失2572万元。

2006年,巴彦淖尔市先后遭受雪灾、旱灾、沙尘暴、洪涝、风雹、低温冷冻等多种自然灾害,共造成9.69万户33.91万名农牧民不同程度受灾,受灾牲畜222.5万头(只),死亡牲畜9.02万头(只)。农作物受灾面积11.59万公顷,绝收3.849万公顷,因灾死亡4人,损坏、倒塌房屋1004间,紧急转移安置灾民757人,直接经济损失达5.17亿元。

2008年,巴彦淖尔市五原县、乌拉特中旗、杭锦后旗等部分地区遭受洪涝灾害,灾害共造成直接经济损失9.57亿元,其中农业经济损失9.44亿元。

2009年,巴彦淖尔市部分旗县遭受旱灾、沙尘暴、冰雹等气象灾害,共13.48万户47.2万名农牧民遭受不同程度的经济损失。

2010年,巴彦淖尔市因雪灾、旱灾等自然灾害共造成经济损失3.68万元,其中农业经济损失2.86万元。

第三篇

人口与计划生育

第一章　人　口

第一节　人口数量与分布

一、总数

1986 年，巴盟居民总户数为 327974 户，人口总数为 1431515 人，其中男性 747659 人，女性 683856 人。1990 年，巴盟居民总户数为 365975 户，总人口 1538366 人，其中男性 802416 人，女性 735950 人。1995 年，巴盟居民总户数为 419021 户，总人口 1657806 人，其中男性 857245，女性 800561 人。

2000 年，巴盟居民总户数为 506976 户，总人口 1719776 人，其中男性 876455 人，女性 843321 人。2003 年，巴盟总户数为 487984 户，总人口 176.13 万人，其中男性 89.59 万人，女性 86.54 万人。

2005 年，巴彦淖尔市总人口为 173.2 万人，其中男性 88.84 万人，女性 84.36 万人。2010 年，巴彦淖尔市居民总户数为 580972 户，总人口为 1669915 人，其中男性 887011 人，女性 782904 人。

巴彦淖尔市部分年份旗县（市、区）总人口一览表

表 3－1－1

年份	合计（万人）	磴口县（万人）	杭锦后旗（万人）	临河（万人）	五原县（万人）	乌前旗（万人）	乌中旗（万人）	乌后旗（万人）
1986	143.15	9.56	26.95	37.40	24.11	29.42	11.37	4.35
1987	145.19	9.66	27.25	38.39	24.33	29.55	11.59	4.42
1990	153.84	10.13	27.97	41.14	25.75	31.16	12.83	4.86
1995	165.78	10.86	29.63	44.49	27.89	33.89	13.69	5.33
2000	171.98	12.02	29.83	49.24	28.27	33.08	13.88	5.66
2001	173.61	12.05	29.96	50.30	28.46	33.26	13.95	5.63
2002	174.13	12.15	29.74	50.71	28.59	33.40	13.90	5.64
2003	176.13	12.3	29.87	52.14	28.86	33.48	13.83	5.66
2004	172.38	12.01	29.01	52.60	27.57	32.68	13.63	4.88
2005	173.2	12.09	29.12	52.92	27.65	32.8	13.71	4.91
2006	173.61	12.11	29.19	53.04	27.73	32.87	13.75	4.92
2007	174.19	12.14	29.23	53.41	27.79	32.91	13.77	4.94

续表 3-1-1

年份	合计(万人)	磴口县(万人)	杭锦后旗(万人)	临河(万人)	五原县(万人)	乌前旗(万人)	乌中旗(万人)	乌后旗(万人)
2008	173. 76	12. 11	29. 08	53. 46	27. 68	32. 80	13. 67	4. 96
2009	173. 27	12. 06	29. 03	53. 56	27. 60	32. 51	13. 58	4. 93
2010	166. 99	11. 71	25. 79	54. 17	26. 05	29. 33	13. 42	6. 52

二、人口密度

1986 年,巴盟总面积 64413 平方千米,总人口 1431515 人,每平方千米 22. 22 人,其中,磴口县每平方千米 29 人,杭锦后旗每平方千米 155 人,临河区每平方千米 161 人,五原县每平方千米 92 人,乌拉特前旗每平方千米 40 人,乌拉特中旗每平方千米 5 人,乌拉特后旗每平方千米 2 人。1990 年,巴盟人口平均密度为每平方千米 23. 88 人。其中,磴口县每平方千米 30. 94 人,杭锦后旗每平方千米 163. 5 人,临河市每平方千米 181. 01 人,五原县每平方千米 100. 22 人,乌拉特前旗每平方千米 42. 72 人,乌拉特中旗每平方千米 5. 64 人,乌拉特后旗每平方千米 1. 98 人。2000 年,巴盟人口密度为每平方千米 26. 7 人,其中,临河市每平方千米 211. 4 人,乌拉特前旗每平方千米 44. 2 人,乌拉特中旗每平方千米 6. 1 人,五原县每平方千米 113. 4 人,乌拉特后旗每平方千米 2. 2 人,杭锦后旗每平方千米 183. 7 人,磴口县每平方千米 28. 8 人。2002 年,巴盟人口密度为每平方千米 27 人,其中,临河市每平方千米 223. 1 人,乌拉特前旗每平方千米 45. 8 人,乌拉特中旗每平方千米 6. 1 人,五原县每平方千米 111. 3 人,乌拉特后旗每平方千米 2. 3 人,杭锦后旗每平方千米 173. 8 人,磴口县每平方千米 37. 1 人。2005 年,巴彦淖尔市人口密度每平方千米 28. 8 人。2010 年,巴彦淖尔市人口密度每平方千米 25. 93 人。

第二节　人口出生死亡自然增长率

1986 年,巴盟出生人口 17880 人,出生率为 12. 58‰;死亡人口 4633 人,死亡率为 3. 26‰;人口自然增长率 9. 32‰。1990 年,巴盟出生人口 37399 人,出生率为 24. 6‰;死亡人口 6432 人,死亡率为 4. 2‰;人口自然增长率为 20. 4‰。

1995 年,巴盟出生人口 24565 人,出生率为 14. 93‰;死亡人口 4695 人,死亡率为 2. 85‰;人口自然增长率为 12. 08‰。2000 年,巴盟出生人口 18439 人,出生率为10. 96‰;死亡 8692 人,死亡率为 5. 17‰人;人口自然增长率为 5. 79‰。2002 年,巴盟出生 13742 人,出生率为 7. 89‰;死亡 5445 人,死亡率为 3. 13‰;人口自然增长率为 4. 76‰。

2004 年,巴彦淖尔市出生 16790 人,出生率为 9. 74‰;死亡 9912 人,死亡率为 5. 75‰;人口自然增长率 3. 99‰。2005 年,巴彦淖尔市出生 16437 人,出生率为 9. 49‰;死亡 10236

人，死亡率为5.91‰；口自然增长率为3.58‰。2010年，巴彦淖尔市人口出生12295人，出生率为8.38‰；死亡7951人，死亡率为5.57‰；人口自然增长率为2.81‰。

1986—2010年人口数量及人口变动情况表

表3－1－2

年份	总户数（万户）	总人口（万人）	出生		死亡		自然增长	
			人数（人）	出生率（‰）	人数（人）	死亡率（‰）	人数（人）	自然增长率（‰）
1986	32.8	143.15	17880	12.58	4633	3.26	13247	9.32
1987	32.86	145.19	18265	18.28	5662	3.9	12603	14.3
1988	34.28	147.2	20270	13.9	4721	3.2	15549	10.7
1989	35.15	149.74	24847	16.17	4597	3.1	20250	13.6
1990	36.6	153.84	37399	24.6	6432	4.2	30967	20.4
1991	37.85	156.05	24211	15.6	5657	3.7	18554	11.9
1992	38.82	157.51	26962	17.2	6043	3.9	20919	13.3
1993	39.69	160.55	23657	14.9	4937	3.1	18720	11.8
1994	41.18	163.34	23951	14.8	4953	3.1	18998	11.7
1995	41.9	165.78	24565	14.93	4695	2.85	19780	12.08
1996	42.91	168.75	25734	15.93	6085	3.64	19649	11.75
1997	44.24	172.69	28347	16.6	7249	4.25	21098	12.35
1998	45.56	177.02	29431	16.83	7770	4.44	21611	12.39
1999	46.39	179.93	26299	14.74	7464	4.18	18835	10.56
2000	49.34	168.27	18439	10.96	8692	5.17	9747	5.79
2001	47.67	173.61	16095	9.27	4948	2.85	11147	6.42
2002	48.03	174.13	13742	7.89	5445	3.13	8297	4.76
2003	48.8	176.13	10000	5.68	5272	2.99	4728	2.62
2004	47.75	172.38	16790	9.74	9912	5.75	6878	3.99
2005	48.01	173.2	16437	9.49	10236	5.91	6202	3.58
2006	48.09	173.61	16128	9.29	11024	6.35	5104	2.94
2007	48.25	174.19	16452	9.45	10660	6.12	5792	3.33
2008	48.53	173.76	15864	9.13	10565	6.08	5299	3.05
2009	48.4	173.27	14829	8.57	10466	6.04	4363	2.53
2010	58.1	166.99	12295	8.38	7951	5.57	4344	2.81

第三节 人口构成

一、民族构成

1990年，蒙古族人口6.62万人，其他少数民族人口2.56万人。2000年，总人口中，蒙古族人口为 7.61 万人,占总人口的 4.44%;其他少数民族人口为 2.69 万人,占总人口的 1.57%。与 1990 年第四次人口普查相比,蒙古族人口增加 0.99 万人,增长 14.95%;其他少数民族人口增加 0.33 万人,增长 13.98%。2005 年总人口中,蒙古族人口为 8.12 万人,占总人口的 4.69%,其他少数民族 2.88 万人,占总人口的 1.66%。与 2000 年第五次人口普查相比,蒙古族人口增加 0.57 万人,增长 7.49%;其他少数民族人口增加 0.19 万人,增长7.06%。2010 年,巴彦淖尔市总人口中,蒙古族人口为 7.55 万人,占总人口的 4.52%;其他少数民族人口为 2.59 万人,占总人口的 1.55%。与 2000 年第五次人口普查相比,蒙古族人口减少 615 人,减少 0.81%;其他少数民族人口减少 967 人,减少 3.59%。

人口普查年份民族构成情况表

表 3 - 1 - 3

	1982 年人口普查		1990 年人口普查		2000 年人口普查		2010 年人口普查	
	人口数(万人)	比例(%)	人口数(万人)	比例(%)	人口数(万人)	比例(%)	人口数(万人)	比例(%)
总人口	1354390	100	1562560	100	1713862	100	1669915	100
其中:汉族	1283365	94.76	1472795	94.26	1579969	92.19	1568497	93.93
蒙古族	51837	3.82	66183	4.24	76368	4.46	75485	4.52
回族	16562	1.22	18731	1.2	19835	1.16	19994	1.2
藏族	99	—	179	—	393	—	444	—
满族	2129	0.16	3885	0.25	4231	0.25	3381	0.2
维吾尔族	10	—	23	—	56	—	65	—
苗族	27	—	81	—	224	—	392	—
壮族	70	—	97	—	141	—	113	—
朝鲜族	91	—	172	—	211	—	139	—
土族	3	—	23	—	560	—	468	—
达斡尔族	113	—	160	—	166	—	172	—
锡伯族	23	—	53	—	51	—	43	—
鄂温克族	11	—	9	—	8	—	28	—

二、性别构成

1986 年,全盟男性人口 74.77 万人,占总人口的 52.2%;女性人口 68.39 万人,占总人口的 47.8%;2010 年,男性人口 88.7 万人,占总人口的 53.1%;女性人口 78.29 万人,占总人口的 46.9%。男性人口的增长速度快于女性人口,男性比重上升,女性比重下降;男女性别比(女性为 100)从 109.3 发展到 113.3(正常的性别比例是 105 或 106 见附表)。

1986—2010年度性别构成表

表3-1-4

年份	男		女		性别比(女性为%)
	人口数(万人)	占总人口比重(%)	人口数(万人)	占总人口比重(%)	
1986	74.77	52.23	68.39	47.77	109.32
1990	81.5	52.16	74.76	47.84	109.02
1995	85.72	51.71	80.06	48.29	107.07
2000	86.99	51.7	81.28	48.3	107.02
2005	88.84	51.29	84.36	48.71	105.31
2010	88.7	53.12	78.29	46.88	113.3

三、年龄结构

1990年，巴盟总人口中，0～14周岁的人口为46.12万人，占总人口的29.52%；15～64周岁的人口为103.68万人，占66.35%；65周岁及以上人口为23.06万人，占总人口的4.13%。2000年，巴盟总人口中，0～14周岁的人口为37.66万人，占总人口的21.97%；15～64周岁的人口为124.86万人，占72.85%；65周岁及以上人口为8.86万人，占总人口的5.18%。与1990年第四次人口普查相比，0～14周岁人口比重下降7.55个百分点，15～64周岁人口的比重上升6.5个百分点，65周及以上人口的比重上升1.05个百分点。

2010年，在巴彦淖尔市总人口(1669915人)中，0～14周岁的人口为36.83万人，占总人口的21.89%；15～64周岁的人口为12486万人，占总人口72.86%；65周岁及以上人口8.87万人，占总人口的5.17%。与2000年第五次人口普查相比，0～14周岁人口比重下降了0.08个百分点，15～64周岁人口的比重上升0.01个百分点，65周岁及以上人口的比重下降了0.01个百分点。

四、受教育结构

1990年，巴盟受过大学或相当于大学(指大专以上)教育人口为1.49万人。受过高中或受过相当于高中教育人口10.56万人。受过初中教育人口44.45万人。受过小学教育人口47.49万人。文盲或识字很少人口30.07万人。2000年，巴盟总人口中，接受大学(指大专以上)教育的5.04万人，占总人口的2.94%；接受高中(含中专)教育的23.06万人，占总人口的13.46%；接受初中教育的64.41万人，占总人口的37.58%；接受小学教育的46.29万人，占总人口的27.07%。与1990年第四次人口普查相比，每十万人中拥有各种教育程度的人数有发生变化：接受大学教育的人口由954人增加到2940人；接受高中教育的人数由8585人上升到13451人；初中受教育程度的人口由28460人上升到35758人；小学受教育程度的人口由30398人下降到27009人。文盲人口为19.25万人，与1990年第四次人口普查相比,文盲率由17.02%下降为11.23%,下降了5.57个百分点。2010年,巴彦淖尔市总人口中,接受大学(指大专以上)教育的13.03万人,占总人口的7.8%;接受高中(含中专)教育的人口26.07万人,占总人口的15.61%;接受初中教育的71.1万人,占总人口的42.58%;接受小学教育的37.83万人,占总人口的22.65%。与2000年第五次人口普查相比,每十万人中拥有各种教育程度的人数有较大变化:接受大学教育的人数由2940人增加到7801人;接受高中教育的人数由13451人上升到15611人;接受初中受教育程度的人数由37583人上升到42578人;接受小学受教育程度的人口由27009人下降到22655人。文盲人口15周岁及以上不识字的人为10.51万人。与2000年第五次人口普查相比,文盲人口减少87357人。文盲率由11.23%下降为6.3%,下降了4.93个百分点。

五、城乡人口构成

1986年,总人口中,城镇人口为26.88万人,占总人口的18.78%;乡村人口116.27万人,占总人口的81.22%。1990年,总人口中,城镇人口31.36万人,占总人口的20.38%;乡村人口122.48万人,占总人口的79.62%。1995年,总人口中,城镇人口36.83万人,占总人口的22.22%;乡村人口128.95万人,占总人口的77.78%。2000年,总人口中,非农业人口63.24万人,占总人口的36.9%;农业人口108.14万人,占总人口的63.1%。2005年,总人口中,非农业人口71.98万人,占总人口的41.56%;农业人数101.22万人,占总人口的58.44%。2010年,巴彦淖尔市总人口中,非农业人口51.22万人,占总人口30.67%;农业人口115.77万人,占总人口69.33%。

第二章　计划生育

第一节　宣传教育

1986—1989 年，巴盟计划生育以宣传教育为主。1990 年，巴盟以《内蒙古自治区计划生育条例》公布实施为契机，在电台、电视台、巴盟各报纸常年开办《人口与计划生育》栏目，党校开办人口理论课，财政拨款在 110 国道主干线上建计划生育宣传长廊，竖永久性固定标语牌。各旗县市根据各自地理特点或在传统节日活动期间，开展丰富多彩的计划生育宣传教育活动。2000 年，计划生育宣传教育工作以“婚育新风进万家”活动为主线，通过建宣传墙、演讲、知识竞赛、文艺演出、表彰先进等形式，开展《内蒙古自治区计划生育条例》宣传。2002 年，巴盟把学习、宣传、贯彻人口与计划生育法作为计划生育宣传教育工作的首要任务，举办千人游行、文艺表演、咨询服务、科普展览、赠送药具、发放宣传品等活动，宣传人口与计划生育法。各旗（县、区）利用人口学校，对育龄青年开展以计划生育、避孕节育措施和生殖保健等为主要内容的教育培训。

2004 年，巴彦淖尔市在临河区建成北郊绕城公路标语宣传长廊和“铁嫂号”列车宣传阵地；与杭锦后旗《人口和生育报》联合举办群众性“读报知识竞赛活动”和计生专场文艺演出；五原县、乌拉特中旗在公交车、人力三轮车上开展计生流动宣传。2006 年，以“婚育新风、关爱女孩”为内容，组织开展计生法律、法规、政策知识竞赛；举办计生专场文艺晚会和演讲比赛；出动宣传车，深入农村牧区开展计划生育宣传。2008 年，巴彦淖尔市各级计生部门充分利用报纸、广播、电视、互联网等大众传媒以及三八妇女节、“7·11”世界人口日等大型集会，广泛开展人口和计划生育宣传教育活动。市广电局和人口计生委联合开展“人口文化和谐计生”百日宣传活动。市电视台开辟专栏，集中播出专题 14 期。结合“三下乡”“六进社区”，组织文艺宣传队，建设文化大院，开展婚育新风进万家和“尊重女性、关爱女孩”等宣教活动。2009 年，巴彦淖尔市计划生育通过报纸、广播、电视互联网等大众传媒和进村入户面对面宣传教育等多种形式，宣传计生法律法规、生育政策、优生优育、生殖健康、出生缺陷、新型婚育文化知识，提高广大群众对计划生育法规、知识的知晓率和关注度。

第二节　政策措施

1990 年，《内蒙古自治区计划生育条例》公布实施后，巴盟制定出台《关于加强对流动人口计划生育管理的意见》和《关于加强全盟计生依法管理抓好系统执纪执法工作的几点意见》。按照《意见》,巴盟人口管理实行滚动计划管理,生育开始发放“准生证”制度。对积极领证,实施节育措施的已婚育龄妇女给予奖励。各级政府制定一胎率、多胎率、人口出生率、长效节育率等指标管理。2003 年,巴盟作为全区两个计划生育工作综合改革试点盟市之一,采取针对育龄人群的避孕节育措施知情选择服务;在坚持技术指导与群众自愿相结合,在指导上做文章;拓宽服务领域,把落实避孕节育措施与生殖健康检查治疗服务相结合,广泛开展生殖道疾病筛查;健全县、乡、村三级药具供应网络,用药具人员普遍得到安全、经济、简便及时的药具供应、技术指导和定期随访服务;推行计划生育村(居)民自治,引导群众实行自我教育、自我管理、自我服务等措施。2004 年,为使计划生育户在政治上有地位、经济上得实惠、生活上有保障,各旗(县、区)在帮扶政策、项目、资金、技术等方面向计划生育农牧户倾斜,帮助计生户发展经济。对独女户、双女结扎户采取发放奖励金、投放滚动发展资金、滚动发展畜群等办法,使独生子女户家庭得到更多的实惠。2005 年,巴彦淖尔市各级各部门分配一个计生联系点,抓计划生育指标的落实,对计划生育户实行经济扶持,帮助他们发展生产,发挥带头致富示范作用。2006 年,巴彦淖尔市各地相继制定出台计划生育村民自治方案,形成农村党支部、村委会,基层计生专干,计生协会三位一体的计生管理服务体系。在城镇社区,进一步完善“街道指导、单位负责、社区管理、综合服务”的新机制,逐步把由行政管理为主、条块分割的管理机制,转向以社区为依托的管理服务方式。2007 年,在实施退耕还林、中低产田改造、农村合作医疗、新技术推广应用等项目时,将计划生育家庭作为优惠政策的第一落实对象,全市 5000 多户计生“三结合”家庭得到优惠和帮扶,3455 名独生女免费参加合作医疗。

2008 年,巴彦淖尔市将人口和计划生育融入新农村、新牧区建设,将 103 个村列入示范建设规划。经过努力,有 11 个示范村达到“五个一”(一间计生服务室、一所人口学校、一面计生宣传墙、一个计生图书角、一支文艺宣传队)要求,其余均达到了“四个一”的要求(无文艺宣传队)。在城镇新建 27 个社区计生服务室,从免费“三查”“零对一”咨询服务、避孕药具发放、预防出生缺陷知识宣传、建立健康档案等方面,充实完善对计划生育家庭的服务。在出生缺陷干预方面坚持政府买单,推行免费婚前检查,免费为准备怀孕和孕早期妇女增补叶酸 9292 人份,预防脊椎裂婴儿出生。落实对农村牧区政策内两孩家庭和双女结扎家庭一次性奖励,为全市 179 户双女结扎户和政策内两孩结扎户兑现奖励金 21 万元。兑现落实农牧区和城镇无业居民独生子女父母奖励费 306 万元。对 2002 年 12 月后独生子女死亡且不再生育的 16 户家庭,每户给予 1 万元补助金。2009 年,巴彦淖尔市结合新农村、新牧区建设,积极开展人口文化大院创建,建成农村人口文化大院 98 个,确定“五个一”典型示范点 24 个。

第三节　流动人口计生管理

经过十多年的计划生育政策落实和管理实践,巴彦淖尔市境内的固定户中新生育政策措施已经深入人心,各项工作措施基本落实到位,随着市场经济的不断发育,流动人口的计划生育工作成为难点。1998 年,巴盟有流动人口 77238 人,流动人口中出生人口 1186 人,出生率为 15.36‰,计划生育率为 99.33%,综合节育率为 91.34%。2000 年,为加强流动人口计划生育管理,巴盟制定下发《关于流动人口计划生育管理中几个具体问题的实施意见》,在继续完善流动人口各部门协调配合、齐抓共管、综合治理的工作运行机制,推广临河市团结办事处"切块属地管理""实施综合治理"的做法,开辟一条在市场经济体制下解决城乡接合部流动人口计生管理体制问题的有效途径。2002 年,巴盟行署成立计生领导小组,明确各相关部门的工作职责,配合计生部门履行流动人口计生管理。临河市在完善"单位负责、社区管理""属地化管理"机制的同时,把流动人口计生管理引入社区管理服务体系,抓房屋出租环节。将出租房屋管理与流动人口计生管理相结合,明确房屋出租户的职责,做好流动人口查验证工作。对无婚育证明和违反法规生育的流动人口,及时向计生部门和办事处、居委会通报情况。抓流动人口经商环节。工商部门加强对市场从业流动人口及商业门点雇佣流动人员的生育管理,严把"三关"(登记关、入市关、经营门点关)。配合办事处居委会做好沿街商业门点和餐饮、洗浴、歌厅、酒吧等服务行业流动人口的调查管理,发现问题及时通报办事处和计生部门。劳动就业部门在办理就业卡时,查验婚育证明,促进各旗(县、区)流动人口发证工作;对流动人口未持证者,及时向计生部门和用工单位通报情况,并催办婚育证明。建设部门配合办事处、居委会做好建筑市场、各类工地的流动人口调查管理和已婚育龄人群查验证工作。在宣传教育环节,计生部门广泛宣传,层层组织开展宣传贯彻《流动人口计划生育工作条例》知识竞赛。每年春夏之交,针对流动人口大量集中进城务工、管理服务工作难度大等实际情况,各旗(县、区)组织各镇、办事处、各有关部门开展为期一个月的流动人口计划生育集中宣传服务活动。2003 年,各部门密切配合,按照业务分工,找准与计生工作的切入点,健全流动人口计生管理档案,建立定期信息通报制度。在加强流动人口计生管理的同时,建立健全流动人口计生服务体系,主动为流动人口提供查环查孕、生殖保健、优生优育等项目服务。引导各相关部门为流动人口经商、就业、居住及子女入学、入托等方面提供帮助与服务。在广大农村牧区,强化村级管理,及时掌握人口流入、流出信息,及时登记建档,做到不重不漏。在城乡接合部,实行"切块"管理,明确责任区,消除流动人口管理盲区、难点。

2004—2005 年,巴彦淖尔市在对流动人口计生管理工作,各部门积极协调配合,找准流动人口管理对接点。严格落实《流动人口计划生育管理办法》《流动人口计划生育管理和服务若干规定》,进一步健全流动人口计生管理机制,发现问题及时解决。形成“借力自管,委托代管,联合共管”流动人口计生管理模式,建立流动人口计生综合管理格局。2007年,在对流动人口计生管理工作中,公安部门在办理暂住信息登记和暂住证时,与查验流动人口婚育证明相结合,对无证的限期补办,并与计生部门共同与租房户共签合同,定期互通信息,核对情况,掌握外来人口的基本情况;城建部门、工商部门、民政、房管部门各负其责,将流动人口计生工作融入社区管理服务工作之中。2008年,流动人口计生管理形成现居住地管理为主,现居住地与流出地管理相结合,“横向到边、纵向到底”的管理机制。2009—2010年,市人口和计划生育委员会进一步完善流动人口计划生育服务网络建设,加大对新修订的《流动人口计划生育工作条例》宣传、贯彻力度。通过加强流入地和流出地的区域协作配合,实行“双向管理”,建立共管制度。

第四节 计生服务

1998—1999年,巴盟加强对乡镇苏木计生服务站、人口学校的硬件建设,不断改善环境,购置设备,配备技术人员。2000年,大多数乡镇苏木人口学校“三机两带”和计算机配备达到要求,计生服务站技术人员合格率达100%。计生服务站每半年为育龄妇女提供一次病、残儿鉴定筛查。2001年,巴盟各地将计划生育“三结合”工作同扶贫、“小康村”建设结合,采取小额贷款、项目优先、科技扶持、政策优惠等措施,对实行计划生育的家庭优先扶持,提高计生家庭的社会经济地位。2002年,磴口县为已婚育龄妇女开展计划生育生殖健康免费服务;乌拉特中旗、乌拉特后旗利用计生服务车常年深入偏远乡镇苏木免费为育龄妇女提供技术服务、查病治病。2003年,盟旗县市两级计生部门主动与农业、林业、畜牧业、扶贫、科技、妇联等部门协同一致,争取涉农部门在农业发展的政策、项目、资金、技术等方面向实行计划生育的农牧户更多倾斜,帮助计生户发展经济。

2004年,巴彦淖尔市7个旗(县、区)(乌拉特后旗示列入)其他6个旗(县、区)从创建甲级服务站着手,投入大量资金,新建、扩建和修缮旗乡两级计划生育服务站。依托服务站组织实施出生缺陷干预、生殖道感染干预和避孕节育优质服务“三大工程”,稳妥地开展避孕节育措施的“知情选择”。2005年,在财力十分困难的情况下,千方百计为独生子女家庭兑现奖励费,有22969户14岁以下的农牧区独生子女家庭和城镇无业居民独生子女家庭不同程度地领到独生子女奖励费,兑现率达98%。2006年,巴彦淖尔市按照《农村计划生育服务机构基础设施建设标准》和《计划生育服务站机构形象规范手册》要求,继续实施出生缺陷干预措施,查出56例无脑儿、脊椎裂、残肢等缺陷儿。开展为孕妇增补叶酸为主的“健康家庭”计划,政府免费提供叶酸为全市准备怀孕和孕早期妇女增补叶酸,预防神经管畸形胎儿出生。在生殖道感染干预方面,重点开展“三查一治”(查环、查孕、健康检查和治疗）服务，组织技术人员主动上门免费为农村牧区育龄群众进行检查，对生殖病患者进行建档跟踪服务。2007 年，继续加强计划生育服务站和信息化建设，五原县投入 100 万元，建设数字化智能平台；磴口县投入 80 万元，建成 300 平方米的新服务站；乌拉特中旗和乌拉特前旗建成数字化服务站，智能化服务水平全面提升。全市为 15 个苏木镇配备生殖健康流动服务车。2009 年，利用国家新增投资项目，安排基层苏木镇服务站建设项目 16 个，为 5 个旗、县服务站、23 个苏木镇服务站购置设备，为 17 个苏木镇配备流动服务车。继续开展政府出资为准备结婚的男女青年进行免费婚前体检，全年免费婚检 5808 对，检查出不符合结婚条件的 4 对、不符合生育条件的 6 对。持续开展叶酸投放工作，全市服用叶酸人数为 5847 人，限用叶酸 17431 份。继续开展“健康母亲行动”，免费为 45050 名 30～45 周岁的农村牧区和城镇弱势群体已婚育龄妇女提供免费的生殖道疾病检查和治疗。2010 年，巴彦淖尔市进一步采取措施，提高计生技术人员技能，通过岗位练兵的形式培养技术人员，选送有培养前途的年轻骨干到上级医院进修。通过举办培训班培养技术人才。全年共办培训班 25 期，组织开展“准妈妈”优生优育知识讲座 142 期，5000 多人次参加不同形式继续教育。落实国家“少生快富”工程，全市确定农村牧区计划生育家庭奖励扶助对象 619 人，计划生育家庭特别扶助对象 140 人。为 209 户农村牧区政策内两孩和双女结扎户兑现奖励金 25.4 万元。

第五节　执纪执法检查

2000 年，巴盟制定《关于抓好 2000 年计划生育执纪执法工作的安排意见》。要求各级行政部门以抓合格村为重点，带动基层其他各项计生工作的开展。计生部门按照“三性”原则，采取直接进村入户、查阅资料和实地考察的形式，对全盟计生工作实施监督。年末，全盟创建计生合格村（嘎查）466 个，占全盟村（嘎查）总数的 55.94%。采取以会代培的方式，对计生执法人员进行法律、法规培训，提高各级计生干部依法行政水平，规范各级计生部门的行政执法行为。

第四篇

民族　宗教

第一章　民　族

第一节　机构与改革

1975 年，恢复民族宗教事务处，后改称巴彦淖尔盟行署民族宗教事务处。1995 年机构改革，巴彦淖尔盟行署民族事务局挂巴彦淖尔盟宗教局牌子，正处级建制。同时将蒙古语文工作委员会办公室的业务由行署办划归民族事务局。2000 年，内设办公室、民族经济科、民族科教文科、宗教科、蒙语科 5 个科室。各旗、县、市人民政府设民族宗教事务局，并挂蒙古语文工作委员会办公室牌子。

2002 年，巴盟民族事务局通过机构改革，内设办公室、政策法规科、民族经济科、民族教科文科、宗教科、语政科 6 个科室。各旗、县、市均设有民族工作机构，机构名称为“旗（县、市）人民政府民族宗教事务局”，挂“旗（县、市）蒙古语文工作委员会办公室”牌子。2004 年撤盟设市，改称巴彦淖尔市民族宗教事务委员会，为市政府直属机构，正处级建制。2010 年，内设机构有办公室、政策法规科、经济发展科、社会发展科、宗教科、语政科 6 个科室。

第二节　民族构成

1986 年，巴盟境内民族主要有汉族、蒙古族、回族、满族、藏族、朝鲜族、鄂温克族等近 20 个民族。汉族 1335498 人，占总人口的94. 72%；蒙古族 57087 人，占总人口的 4. 05%；回族 14974 人，占总人口的1. 06%；满族 1921 人，占总人口的 0. 14%；达斡尔族 121 人，占总人口的 0. 01%。朝鲜族 107 人，藏族 68 人，壮族 74 人，锡伯族 38 人，维吾尔族 27 人，苗族 18 人，土家族 9 人，鄂温克族 8 人。

1996 年，巴盟境内有汉族、蒙古族、回族、满族、达斡尔族、朝鲜族、藏族、壮族、锡伯族、维吾尔族、苗族、土家族、鄂温克族、额伦春族、彝族等。汉族 1584509 人，蒙古族 79901 人，回族 18501 人，满族 3592 人，达斡尔族 163 人，朝鲜族 190 人，藏族 137 人，壮族 95 人，锡伯族 38 人，维吾尔族 220 人，苗族 71 人，土家族 79 人，鄂温克族 11 人，额伦春族 11 人，锡伯族 51 人，彝族 85 人，其他少数民族 56 人。

2006 年，巴彦淖尔市境内有蒙古族、汉族、回族、满族、达斡尔族、朝鲜族、藏族、壮族、锡伯族、维吾尔族、苗族、土家族、鄂温克族、额伦春族、锡伯族、彝族、布依族等民族，其中，蒙古族人口 8.14 万人，其他少数民族总人口 2.89 万人。

2010 年，巴彦淖尔市境内民族构成有蒙古族、汉族、回族、藏族、维吾尔族、苗族、彝族、壮族、布依族、朝鲜族、满族、侗族、瑶族、白族、土家族、哈尼族、哈萨克族、傣族、黎族、傈僳族、佤族、畲族、高山族、拉祜族、水族、东乡族、纳西族、景颇族、柯尔克孜族、土族、达斡尔族、羌族、布朗族、撒拉族、仡佬族、锡伯族、怒族、俄罗斯族、裕固族、京族、鄂温克族、保安族、鄂伦春族等民族。其中，蒙古族 75485 人，汉族 1568500 人，回族 19994 人，藏族 444 人，维吾尔族 65 人，苗族 392 人，彝族 311 人，壮族 113 人，布依族 15 人，朝鲜族 1139 人，满族 3381 人，侗族 46 人，瑶族 24 人，白族 18 人，土家族 468 人，哈尼族 10 人，哈萨克族 15 人，傣族 3 人，黎族 43 人，傈僳族 5 人，佤族 28 人，畲族 27 人，高山族 4 人，拉祜族 4 人，水族 6 人，东乡族 17 人，纳西族 4 人，景颇族 6 人，柯尔克孜族 17 人，土族 62 人，达斡尔族 172 人，羌族 8 人，布朗族 2 人，撒拉族 3 人，仡佬族 12 人，锡伯族 43 人，怒族 6 人，俄罗斯族 12 人，裕固族 2 人，京族 1 人，鄂温克族 28 人，保安族 2 人，鄂伦春族 7 人。

第三节　少数民族分布

巴盟的少数民族基本上按人口总数均匀分布于各旗（县、区）。其中 2010 年蒙古族主要分布在临河区 16871 人、乌拉特中旗 21825 人、乌拉特后旗 14005 人、乌拉特前旗 10363 人，回族分布在临河区 7901 人、磴口县 5255 人、五原县 2845 人、杭锦后旗 2123 人，满族主要分布在临河区 1432 人、乌拉特前旗 551 人、磴口县 370 人，藏族主要分布在临河区 150 人、磴口县 72 人、五原县 67 人，苗族分布在乌拉特前旗 161 人、临河区 68 人、乌拉特中旗 60 人，彝族分布在临河区 74 人、五原县 60 人、杭锦后旗 54 人，土家族分布在乌拉特前旗 225 人、临河区 95 人、乌拉特中旗 65 人，达斡尔族分布在临河区 117 人、磴口县 24 人，朝鲜族分布在临河区 59 人、磴口县 29 人，壮族分布在乌拉特前旗 33 人、临河区 29 人。其他的少数民族人口不足百人，分布在各旗（县、区），以家族式集中居住。

1986、1996、2010 年部分少数民族分布表

表 4－1－1

	少数民族	1986 年（人）	1996 年（人）	2006 年（人）	2010 年（人）
临河区	蒙古族	6537	11400	—	16871
	回族	4038	6023	—	7901
	满族	583	1443	—	1432
	达斡尔族	65	109	—	117
	朝鲜族	31	71	—	59

续表4－1－1

	少数民族	1986年(人)	1996年(人)	2006年(人)	2010年(人)
乌拉特前旗	蒙古族	10538	13248	—	10363
	回族	964	1327	—	950
	满族	464	706	—	551
	达斡尔族	11	9	—	10
	朝鲜族	29	33	—	10
乌拉特中旗	蒙古族	20456	26867	—	21825
	回族	689	717	—	625
	满族	88	148	—	317
	达斡尔族	6	11	—	7
	朝鲜族	—	2	—	11
乌拉特后旗	蒙古族	11183	16460	—	14005
	回族	58	54	—	291
	满族	64	60	—	120
	达斡尔族	27	2	—	6
	朝鲜族	7	19	—	3
五原县	蒙古族	4417	6528	—	4928
	回族	2784	3196	—	2845
	满族	359	611	—	329
	达斡尔族	1	5	—	1
	朝鲜族	3	23	—	17
杭锦后旗	蒙古族	1592	2057	—	2631
	回族	1866	2101	—	2123
	满族	165	328	—	262
	达斡尔族	—	14	—	7
	朝鲜族	5	10	—	3
磴口县	蒙古族	2364	3341	—	4862
	回族	4538	5083	—	5255
	满族	198	296	—	370
	达斡尔族	11	13	—	24
	朝鲜族	32	32	—	29

第四节　民族事务管理

一、民族政策

1986～1992年，巴彦淖尔盟认真贯彻执行党和国家的各项民族政策和法律法规。

1993年,制定下发了《关于进一步落实党的民族政策,加快巴盟少数民族地区经济文化发展的决定》(巴党发〔1993〕52号文件)。1998年6月,在充分调研的基础上,中共巴盟委员会、巴盟行政行署下发《关于进一步落实党的民族政策,加快巴盟少数民族经济文化发展的若干规定》,进一步加快巴盟民族经济文化事业的发展。

1998年11月,中共巴盟盟委、巴盟行署组织统战、民族、财政、计划、教育、卫生、工商8个部门,对全盟各地贯彻实施民族政策、法规情况和开展民族工作、蒙古语文工作的情况进行全面、细致的督促检查。

2000年,继续深入贯彻执行党和国家的民族政策和法律法规,围绕国家实施西部大开发和国家民委倡导的"兴边富民行动",重点开展五个方面的工作。重点加强对民族专项资金的管理和申报工作,使所投资项目中绝大部分的资金短缺问题得到解决或缓减,经济效益和社会效益明显提高。巴盟民族事务局投入资金15万元,积极为少数民族聚居区办实事,其中,投入资金10万元,支持五原县海子堰乡先锋牧业村实施改水工程;投入资金5万元,资助乌拉特后旗巴音布拉格镇朱斯木尔嘎查完善人畜饮水工程。主管部门认真组织开展少数民族团结进步表彰月活动,收到良好成效,使全盟民族团结进步事业得到进一步发展。科技部门积极开展对少数民族农牧民的科技培训工作。全盟共培训少数民族农牧民12119人(次),其中获得绿色证书的467人。教育部门以蒙古文、汉文两种文字并用并行达标工作为重点,全面提高全盟蒙古语文工作的水平。经年末检查验收,巴盟各地的蒙古文、汉文并用、并行达标率均超过内蒙古自治区语委规定的标准。

2001年,盟委、行署颁发《关于贯彻自治区党委、政府〈关于进一步加强民族工作的决定〉的实施意见》(巴党发〔2001〕9号),督查室就贯彻落实情况进行专项督查。重点督查各地少数民族扶贫专项补贴资金的安排使用和到位情况,督查结果向盟委、行署和自治区民委作专题汇报。

2005年3月,市委宣传部、统战部联合下发《关于在各族干部群众中开展马克思主义民族观、党的民族政策和民族团结教育的通知》,市委办公室、市政府办公室联合下发《关于在全市开展学习宣传贯彻中央、自治区民族工作会议精神的通知》。根据内蒙古自治区党委、政府转发的《自治区民委关于2005年全区开展民族团结进步表彰月活动的意见》,巴彦淖尔市民族事务委员会及时制定《关于2005年全市开展民族团结进步表彰月活动的实施方案》,扎实有效地开展民族团结进步表彰月活动。

2009年,市民委、市委统战部、宣传部联合下发《关于在全市各族干部群众中继续开展马克思主义民族观和党的民族政策宣传教育活动的通知》(巴党统发〔2009〕12号),检查指导旗(县、区)暨市直单位宣传教育活动。5月,为全国人大民族委员会调研组草拟《巴彦淖尔市贯彻落实国家民族政策情况》的汇报材料,全面介绍巴彦淖尔市贯彻落实《中华人民共和国民族区域自治法》等法律法规的情况。研究制定《巴彦淖尔市关于对开展民族政策法律法规宣传教育工作监督检查的方案》，加强对民族政策法律法规宣传教育工作的监督检查力度。组织全体干部职工认真学习民族区域自治法等法律法规。

2010 年，开展对全市民族政策法律法规学习宣传贯彻落实工作的监督检查。认真完成“五五”普法及依法治理工作，并对各旗(县、区)民宗局“五五”普法工作进行检查指导。根据内蒙古自治区党委统战部、自治区民委《关于对民族工作进行督查的通知》精神，上报《关于巴彦淖尔市对民族工作的自查报告》。根据自治区民委、公安厅、教育厅关于印发《内蒙古自治区实施〈关于中国公民确定民族成分的规定〉办法》(内民委发〔2010〕7 号)精神，对各旗(县、区)汇报的 2010 年变更民族成分的相关材料进行认真审核、公示，并上报自治区民委审批，自治区民委共审批恢复变更民族成分 11 人。

二、少数民族干部培养使用

巴彦淖尔盟在干部培养使用上，一直严格落实党的各项优先政策。1998 年，巴盟少数民族干部达到 5479 人，占全盟干部总数的 11.4%。其中，少数民族党政干部 2517 人，占全盟党政干部总数的 10.8%；少数民族专业技术干部 2962 人，占全盟专业技术干部总数的 11.9%。少数民族干部在各个工作岗位上的比例，均超过少数民族人口在全盟总人口中的比例。两个边境少数民族旗和各个苏木(镇)，基本上是以蒙古族干部为主，盟、旗、县、市直属机关的一些重要岗位，也有少数民族干部担任主要领导。民族干部在巴盟政治、经济、文化和社会生活中发挥十分重要的作用。

2000 年，巴盟各级党委、政府和有关部门认真贯彻执行党和国家的民族政策及法律法规，按照“德才兼备”“数质并重”的要求，进一步加强少数民族干部培养和队伍建设，少数民族干部队伍的整体素质得到提高，结构得到改善，数量有所增加。截至年底，巴盟共有少数民族干部 5444 人，占全盟干部总数的 10.4%。其中，少数民族党政干部 1927 人，占全盟党政干部总数的 17.3%；少数民族专业技术干部 3517 人，占全盟专业技术干部的10.6%；少数民族盟级干部 9 人，占同级干部的 27.27%；处级干部 164 人，占同级干部的 17.92%；科级干部 899 人，占同级干部的 17.34%。少数民族干部在各个部门的比例均超过了少数民族人口在全盟总人口中的比例。特别是两个边境旗和其他旗县的苏木(镇)，基本上以少数民族干部为主，盟、旗、县、市直属机关的重要岗位也有少数民族干部担任领导职务。

2002 年，巴盟少数民族干部达到 6564 人，占全盟干部总数的 11.3%。其中，行政机关的少数民族干部总数 2164 人，占全盟行政机关干部总数的 18.5%；事业单位少数民族干部 3999 人，占全盟事业单位干部总数的 9.5%；企业的少数民族干部 401 人，占全盟企业干部总数的 9.3%。少数民族干部在各个机关企业的比例，均超过在总人口中的比例。一些少数民族干部担任盟、旗、县、市和直属机关的主要领导和重要岗位。两个边境旗和全盟各个苏木（镇），基本上以蒙古族干部为主，两个边境旗 85% 的苏木乡镇配备了少数民族领导干部。

2005 年底，全市党政机关和团体中少数民族干部 2261 人，占全市党政干部总数的 19%。其中地市级少数民族干部 11 人，占同级干部的 31%；处级干部 157 人，占同级干部的 26%；科级干部 921 人，占同级干部的 20%。少数民族干部在各个岗位上的比例均超过少数民族人口占总人口的比例。两个边境旗党委政府主要领导人中，有一位是蒙古族干部，一个一把手是蒙古族干部。牧区苏木主要领导基本是少数民族干部，农区少数民族聚居人口较多的乡镇党委、政府领导成员都配备相当数量的少数民族干部。市直、旗（县、区）各机关的一些重要岗位也有少数民族干部担任领导职务。

2009 年，市民委配合组织、人事部门对全市少数民族干部队伍建设基本情况进行专项调研。全市有少数民族干部 5724 人，占全市干部总数的 11.2%。党政干部中少数民族干部 1787 人（地厅级 12 人，县处级 157 人），占 15.8%。事业单位有少数民族干部 4359 人，占 10.91%。

三、民族教育

新中国成立后，巴盟不断增加对民族教育的投入，特别是 1986 年后，进一步改善民族学校的办学条件，提高民族教育质量，使民族教育得到“优先、重点”发展。1998 年，全盟有民族学校 32 所，其中民族幼儿园 5 所、民族小学 20 所、民族中学 7 所，比 1949 年增加 27 所；有少数民族在校生 1.5 万人，比 1949 年增加 1.47 万人。全盟边境牧区蒙古族学校全部实现“一无两有”，基本实现“两主一公”（以寄宿制为主和助学金为主的公办民族小学和民族中学）。全盟少数民族学龄儿童入学率达到 98% 以上，蒙语授课小学生的巩固率、毕业率、升学率均高于全盟平均水平。2000 年，文化建设的重点主要是扶持发展民族教育和民族卫生事业。投入资金 45 万元，重点支持乌拉特后旗蒙古族小学教学楼建设、巴盟蒙古族小学“现代新三室”教学设施建设和巴盟师范学校开办民族班 3 个民族教育项目。2005 年共投入项目资金 130 万元，重点支持乌拉特中旗蒙古族小学办公综合楼建设工程、市蒙古族中学、乌拉特后旗蒙古族中学和乌拉特前旗蒙古族幼儿园购置教学器材、设备等 4 个项目，改善这几个蒙古族中小学校和幼儿园的办学条件。

为保障“两免一补”政策的贯彻落实，2004 年秋季至 2005 年秋季，对全市 11 所蒙古族中小学实施“两免一补”（免学费、书本费，寄宿学生生活补贴）政策。全市蒙古族中小学校学生享受两免人数 2860 人，享受资金 908400 元；享受一补人数 2860 人，享受资金 327887 元。

2009 年，民族教育继续实行三语教学，重点支持“三免一补”政策，促进民族教育优先重点发展。全年举办少数民族科技骨干培训 350 余场次，培训少数民族农牧民 20000 余人次，接待少数民族农牧民科技咨询3000余人次，发放农牧业科技丛书科普宣传资料、科技成果推广等15000余册，劳动力转移培训1000人以上。

2010年，市民委从民族工作专项经费拨出近20余万元资助少数民族贫困大学生完成学业，并赞助“蒙医药研讨会”、《乌拉特史诗》《乌拉特研究》等蒙古文书籍的出版发行。

四、民族经济

1986年，巴盟民族工作坚持以经济建设为中心，帮助少数民族聚居地区和少数民族群众解决生产建设中的突出困难和问题，积极扶持少数民族聚居的苏木、村社发展具有地方特色的企业，促进少数民族经济建设有新的进展。1998年初，巴盟盟委、巴盟行署组织盟和乌拉特前旗两级民族、财政、扶贫、民政、畜牧、农业等部门负责人，在乌拉特前旗金星乡巴音村召开现场办公会，研究改善巴音村生产条件的具体措施，现场决定解决资金60万元，用于巴音村农田基本建设和发展种植、养殖业。杭锦后旗一次性投资13.5万元，在联合乡牧业社建立蒙古族“牧业新村”，同时筹集资金11万元，帮助乡牧业社新开垦土地300余亩，打机井6眼，开挖一条长1500米的丈渠，并建桥、闸各一座，基本上改变全社的生产生活条件。五原县安排资金10万元，专门拨入23个牧业社的农牧业基础设施建设，进一步改善牧业社的农牧业生产条件。盟民族事务局投入“少数民族发展资金”和“支援不发达地区发展资金”共计144万元，重点支持乌拉特前旗沙德格苏木花岗岩开发、五原县精细化工厂、盟种猪场、临河市曙光豆制品厂、乌拉特后旗巴音前达门苏木硅矿等建设，使各企业形成一定的规模和档次。

2000年，全年共争取少数民族专项资金212万元，重点扶持五原县永利—什巴圪图公路建设、五原县海子堰乡先锋牧业村改水工程、乌拉特前旗金星乡西局子村养殖场、乌拉特前旗草籽场饲草料加工转化技术改造工程、乌拉特前旗巴音花镇开发5000亩林草基地、磴口县哈腾套海苏木新建深井草库伦、磴口县小观井苏木5000亩中产田改造、乌拉特中旗杭盖戈壁苏木修路、乌拉特中旗海镇改水扩建工程、乌拉特中旗投放扶贫流动畜群、乌拉特后旗巴音宝力格镇朱斯木尔嘎查人畜饮水工程、杭锦后旗团结乡盐碱地改造等项目。项目投资后，极大改善了少数民族聚居区的农牧业基础设施条件，加大产业结构调整力度，加快少数民族贫困农牧民的脱贫致富步伐。投入资金20万元，重点扶持了乌拉特前旗蒙医医院和乌拉特中旗医院医疗设施建设2个卫生项目。进一步改善、提高了民族学校和医院的办学条件和医疗条件，促进了巴盟民族教育、卫生事业的发展。

2002年，巴盟民族部门以加强少数民族聚居地区生态保护与建设、基础设施建设和农牧业产业结构调整和扶贫工作为重点，大力扶持发展少数民族经济建设。巴盟共争取少数民族专项资金204万元。其中用于扶持少数民族和少数民族聚居地区经济建设项目13.5万元。投入资金70万元，重点支持乌拉特前旗西小召至西局子村、乌拉特前旗沙德盖苏木乡村道路建设，乌拉特中旗乌兰苏木实施生态效益型草原畜牧业，磴口县沙金套海、哈腾套海苏木少数民族保护生态移民，临河市双河镇新丰村牧业社基础设施建设，临河市铁南办事处民族生态林基地建设等项目。投入资金65万元，重点扶持乌拉特中旗德岭山镇苏独仑嘎查麻黄草种植、乌拉特后旗巴音宝力格镇畜牧业北繁南育项目、杭锦后旗头道桥镇蒙古新村高效养殖基地、五原县隆兴昌镇联合村回族社养牛等产业结构调整项目。

2004年，巴彦淖尔市民族部门共争取少数民族专项资金403万元。其中用于扶持少数民族和少数民族聚居地区经济建设项目125万元。全市少数民族聚居地区的生态和农牧业基础设施建设共投入资金75万元，重点支持乌拉特前旗西山咀镇锡尼庙嘎查人畜饮水工程、乌拉特后旗赛乌素镇西日淖尔嘎查草原建设、乌拉特后旗巴音戈壁苏木前达门嘎查人工种草基地、杭锦后旗联合乡“蒙古新村”修筑高标准村级公路、乌拉特前旗沙德盖苏木梅日更嘎查上电、临河市乌兰淖尔乡改造中低产田6个项目工程的建设。改善当地少数民族群众的生产、生活条件。投入资金50万元，重点扶持乌拉特中旗乌兰苏木建设舍饲育肥示范园区、乌拉特中旗呼勒斯太苏木哈拉呼鲁韩乌拉嘎查舍饲育肥、磴口县牧区经济发展示范区基地建设、五原县什巴乡少数民族种养结合科技示范基地4个项目。

2005年，巴彦淖尔市民族事务委员会通过认真细致的项目考察、论证和申报工作，争取“少数民族发展资金”410万元〔包括“兴边富民行动”重点县（旗）专项资金300万元〕。其中生态和基础设施建设项目220万元，重点支持乌拉特中旗巴音哈太，温更、川井、乌兰、巴音、桑根达来、新忽热7个苏木的100户牧民建设高效益家庭生态牧场、乌拉特中旗呼勒斯太苏木韩乌拉查白绒山羊舍饲恢复生态工程、乌拉特后旗巴音温都尔苏木满都拉嘎查草牧场封育工程、乌拉特前旗新安镇修筑羊房村东海生社至110国道砂石路工程、杭锦后旗查干乡少数民族聚居村农田基础建设工程、五原县银定图乡宏胜五社井渠及灌溉工程、五原县什巴乡创业村井渠双灌工程7个项目工程建设。改善当地少数民族群众的生产、生活条件。市民族工作部门继续积极参与扶贫开发工作，共投入项目资金60万元，重点扶持乌拉特中旗德岭山镇回族聚居地广铁村肉牛养殖、乌拉特后旗巴音宝力格镇那仁乌拉嘎查饲料基地开发工程；乌拉特后旗呼和温都尔镇红旗农牧村养殖小区建设、磴口县少数民族聚居地区奶牛养殖扶贫工程、临河区乌兰图克镇少数民族秸秆养羊5个产业结构调整、发展生产项目，优化少数民族贫困地区的农牧业产业结构，加快产业化进程和当地少数民族贫困户的脱贫致富步伐。

2009年，全盟实施《兴边富民行动“十一五”规划》和《发展少数民族事业规划》，向自治区申报年度少数民族发展资金项目18项，申请资金1653万元（其中“兴边富民行动”项目5项，申请资金1000万元），其中获批项目资金860万元，6个项目获得重点支持（4个兴边富民行动项目：呼勒斯太苏木饲草料地节水工程、乌拉特中旗家庭生态牧场建设、乌拉特后旗家庭生态特色牧场建设、乌拉特后旗少数民族嘎查保护地建设;1个边境旗县特色试点项目:乌拉特后旗戈壁红驼开发;1个贫困地区民族特色村寨保护试点项目:乌拉特前旗乌日图嘎查保护地建设)。

2010年,争取“兴边富民行动”项目和少数民族发展资金项目13项,审批资金总额1090万元。3个“兴边富民行动”项目:乌拉特中旗牧区饲草料地节水配套、乌拉特中旗畜牧业基础建设配套、乌拉特后旗边境一线肉羊养殖草场改良及风光互补;1个边境旗特色试点项目:乌拉特后旗戈壁红驼繁育开发;1个贫困地区民族特色村寨保护试点项目:乌前旗点布斯格嘎查民族特色村寨保护建设及8个少数民族发展资金项目得到重点支持。

五、文化生活

在改革开放中全盟少数民族文化、卫生、体育及其他各项社会事业得到蓬勃发展。全盟逐步健全和完善少数民族聚居地区的文化站、图书室等基础文化设施和卫生、防疫、保健、医疗等综合服务体系。广播、电视覆盖率不断提高,蒙语广播、电视节目延长播出时间。广大少数民族群众的文化生活空前活跃,健康水平有了明显提高。1998年5—8月,按照内蒙古自治区民委的统一部署,在全盟范围内开展民族区域自治法、民族乡行政工作条例、城市民族工作条例百日宣传活动,盟民族事务局会同盟委统战部、盟报社以《巴彦淖尔报》为园地举办“获各琦”杯民族理论、政策、法规、盟情知识百题有奖竞赛。全盟5000余名各族干部群众参加了竞赛活动。杭锦后旗在全旗中小学生中开展民族法规普法教育,受教育人数达18000人。

2002年8月28—31日,兴安盟乌兰浩特市举办第五届内蒙古自治区少数民族传统体育运动会。筛选出博克、布鲁、蒙古象棋、押加、中国式摔跤、赛马、武术7个参赛项目,组建巴盟参赛代表团共63人,其中运动员45人、教练领队10人。巴盟代表团获得大会体育道德风尚奖,赛马代表队总分第五名,走马(3000米)、武术(拳术)两个项目获个人铜奖。2005年,投入项目资金10万元,资助磴口县中蒙医院新建蒙药制剂室和更新部分医疗设备。到2009年,通过优先发展蒙医药事业,不断健全三级卫生网络,全面推行新农合、城镇医保和大病医疗救助制度,基本实现“小病不出嘎查村,大病不出旗医院,重病医疗有保障”的目标。文化建设以传承蒙元文化为重点,以融合草原文化与农耕文化为主线,推选一名市艺校舞蹈班的少数民族学生赴香港参加“第三届中华民族文化周”活动,各旗(县、区)不断提升“乌兰牧骑”装备水平,充实演职队伍,丰富民族群众文化生活。2010年8月,组团参加在鄂尔多斯市举办的第七届全区少数民族传统体育运动会。市代表团共获得金牌4枚,银牌1枚,铜牌4枚和个人录取名次奖17个以及体育道德风尚奖。

六、蒙古语言文字使用

1986年以来,巴彦淖尔盟学习、使用和发展蒙古语文工作受到社会各界的尊重和支持,蒙古语言文字在教育、新闻出版、机关团体、社会市面等各个方面得到广泛使用。尤其是全盟社会活动和城市宣传、标示牌和经营门店,蒙汉文并用率、标准化程度不断提高,成为全区的样板。

2000年,巴盟蒙古语文工作部门继续以蒙古文、汉文两种文字并用、以达标工作为重点,进一步提高整体水平。利用各种场合和不同形式加强了党的民族语文政策的宣传教育,使社会各界、各族干部群众对蒙古语文工作重要性、必要性、长期性的认识有了新的提高,为做好蒙古语文工作营造了良好的舆论氛围。统一要求在蒙古文、汉文并用、并行达标工作上提出明确的目标任务,加大督查力度。按照目的要求,各旗县市都积极行动起来,党政分管领导亲自挂帅,各有关部门密切配合,采取有力举措,加强对各地蒙古文汉文并用、并行工作的检查、整顿工作。年底检查验收,全盟社会各行业中蒙汉文并用率,一类地区达到96%,二、三类地区达到90%以上;蒙汉文并行率,一类地区达到100%,二类地区达到85%以上(不分三类);均超过内蒙古自治区语委规定的比例。

2002年,蒙古语文工作委员会通过建立蒙古文、汉文并用"标准化一条街"为示范,全面检查、整顿社会市面用文工作。巴盟各地社会市面蒙古文、汉文两种文字并用率,一类地区达到98%以上,二类地区达到95%以上,三类地区达到90%以上。蒙古文、汉文并行率一、二类地区均达到85%以上。

在学习使用蒙古语文中,盟蒙古语文工作委员会办公室会同教育部门在盟蒙小召开临河地区蒙古族学生家长座谈会;同盟报社、文联联合举办庆祝自治区成立55周年蒙古文有奖征文活动;资助盟报社出版盟内部分蒙古族作者的诗歌散文集《绿色诗韵》;与巴盟蒙中联合举办"乌拉特杯"中学生诗歌朗诵赛。

2005年,全市各地认真学习《内蒙古自治区蒙古语言文字工作条例》,市语委与临河区民族宗教局,安排宣传车从3月1—5日在临河市区进行流动宣传,3月5日在临河星月广场做大型的宣传活动,发放1000多份用蒙汉两种文字印刷的条例宣传单;分别于2月和5月的《巴彦淖尔日报》(蒙古、汉版)上,5月上旬的巴彦淖尔人民广播电台和巴彦淖尔电视台、6月的《陶茹格萨茹娜》(蒙古文季刊)上播出或刊载《内蒙古自治区蒙古语言文字工作条例》的全文;在市党校举办的全市少数民族干部培训班上,将《条例》作为重要内容进行讲解。与《巴彦淖尔报社》(蒙古文版)联合举办"迎接《内蒙古自治区蒙古语言文字工作条例》颁布实施蒙古文有奖征文活动",活动从3月20日开始,截至11月20日,共收到稿件78篇,从中筛选出34篇(首)文章发表,评出一等奖3篇、二等奖5篇、三等奖10篇,并为作者颁发证书和奖金。

2007年,积极争取建立8省区蒙古语标准音培训测试站(河套大学)。8月6日,举行揭幕仪式并开班,首次培训72人。测试站的设立,提高了河套大学和巴彦淖尔市的知名度，同时对巴彦淖尔市蒙古语文工作的深入开展起到积极的推动和促进作用。2008 年，在乌拉特后旗举办第四期蒙古语标准音培训班。与《巴彦淖尔日报》（蒙古文版）联合举办“我与我的蒙古文报”有奖征文活动，收到作品 40 多篇，评出一等奖 3 篇、二等奖 5 篇、三等奖 9 篇。

2009 年，市民委继续学习宣传《内蒙古自治区蒙古语言文字工作条例》，对各地装潢刻字从业人员进行培训。9 月，乌拉特后旗召开全旗第九届民族团结进步暨学习使用蒙古语文表彰大会，对 12 个使用蒙古语文先进集体和 20 名先进个人进行表彰。

2010 年 4 月，聘请国家资深创业培训师恩和布仁在乌拉特前旗首期蒙古语创业培训班上，对来自基层的 32 名牧民用蒙古语讲授创业知识。指导 8 省区蒙古语标准音培调测试站（河套大学）在乌中旗、乌前旗和河套大学举办第六、七、八期蒙古语标准音培训班，培训 468 人。下发《关于全市开展社会市面蒙汉两种文字并用治理整顿工作的通知》，促进全市社会市面蒙汉两种文字的并用率、准确率、规范率有新的提升。

七、民族团结进步事业

1998 年，内蒙古开展民族团结进步表彰月活动进入第十五年。9 月进行民族团结进步表彰活动月后，巴盟各地以“小型为主、基层为主、办实事为主”的原则，扎实有效地开展各项活动：注重平时搞好民族政策、法规和民族团结宣传教育，抓好表彰月活动，将宣传教育活动推向高潮，造成声势，提高成效。以突出“办实事为主”的原则，为少数民族聚居地区和少数民族群众办了许多实事和好事。杭锦后旗从教育基金中拨款 6000 元资助少数民族贫困户子女入学就读；发放救济款 5000 元，解决少数民族特困户生产、生活中的实际困难；旗六大班子领导干部和部分单位与 24 户少数民族特困户结成帮扶“对子”，共筹款 12000 元解决他们的实际困难。五原县政府出资 30000 元，筹集社会资金 170000 元，共投资 20 万元，为民族乡永红牧业组修筑一条长 4 千米、宽 8 米的红泥盖顶沙石路，解决了当地少数民族农牧民的农副产品运输困难。临河市六大班子领导在表彰月时，专程看望 10 名少数民族孤儿，并从财政拨款 5000 元，解决少数民族特困户子女的生活和上学问题。通过全盟各地开展丰富多彩的民族团结进步表彰月活动，有力推进了全盟民族团结进步事业的发展。

2000 年，巴盟坚持“三为主”（小型为主、基层为主、办实事为主）原则，开展各项活动，推进全盟民族团结进步事业。盟和各旗、县、市充分利用新闻媒体，采取印发宣传材料、举行知识竞赛、悬挂和张贴宣传标语、举办培训班、召开座谈会和演讲会等多种形式，在广大各族干部群众中深入开展马克思主义民族观，党和国家的民族政策及相关法律、法规以及民族团结的宣传教育。乌拉特中旗、磴口县等地和一些大型企事业单位召开不同规模的表彰会，表彰民族团结进步的模范集体和个人，总结推广模范典型的先进经验。为少数民族办实事。杭锦后旗从教育基金中拨出专款6000元,帮助少数民族特困学生入学就读。旗民政局发放救济款5000元,用于解决少数民族特困户生产、生活中的实际困难。旗党政领导专程探访少数民族贫困户,给予贫困户实物及现金捐助,折合人民币1万余元。乌拉特前旗供电局为牧民义务架线、安装变压器、配套机电井等,共计8万余元。乌拉山发电厂将闲置的房屋、水井、卡车等借给友邻苏木使用,并先后资助10余万元用于扶持周边少数民族牧民的生产、生活。临河市拨出专款1万元用于少数民族特困户的生活补助。为4名少数民族孤儿解决学杂费2000元。

2002年9月26日,全盟第八次民族团结进步表彰大会在临河区隆重召开。参加大会的有盟委、行署的领导,各旗县市党委、政府分管领导和盟直各部门的主要领导及部队、学校的代表等共400多人。盟委、行署表彰奖励1999年以来巴盟各条战线在民族团结进步事业中做出突出贡献的先进集体50个(旗县市30个、盟直20个)、先进个人70名(旗县市35名、盟直35名)。

2009年,市民委和乌拉特后旗委被国务院评为第五次民族团结进步先进集体,1人被评为民族团结先进个人。9月,响应自治区第26个民族团结进步表彰活动,在全市掀起学习宣传民族政策及相关法律法规和民族团结表彰活动的新高潮。市民委与电视台、电台联合制作《民族团结进步风采》专栏,对12名历届受到国家和自治区表彰的民族团结进步模范个人进行专题采访。在《巴彦淖尔日报》开设"民族团结谱新篇"专栏,宣传民族团结进步模范集体和模范个人。开展宣传教育进牧区、进社区、进学校,在牧区嘎查开展"民族政策法律法规宣传教育及农牧民适用技术培训"活动,在居民区播放《开国大典》《彝海结盟》等影片,在学校开展"民族政策常识""民族大家庭"知识竞赛,举办专题讲座,举行书法比赛;各中小学开展以"团结和谐促发展,迎接新中国60华诞"为主题的教育活动。

2010年9月是自治区第27个民族团结进步活动月。市民委配合市委宣传部、统战部联合转发中央宣传部、中央统战部、国家民委《关于进一步开展民族团结进步创建活动的意见》。活动月期间,集中进行民族政策和民族团结进步事业的宣传教育,努力营造民族团结的良好氛围。配合内蒙古电视台,对全市近年来受到全国、自治区和市级表彰的民族团结进步模范集体和先进个人的事迹进行宣传报道。

第二章　宗　教

第一节　机构与改革

1975年恢复民族宗教事务处，主管全盟的宗教事务工作。后改为巴彦淖尔盟行署民族宗教事务处。1995年机构改革时，改为巴彦淖尔盟行署民族事务局，挂巴彦淖尔盟宗教局牌子，正处级建制。同时将蒙古语文工作委员会办公室的业务由行署办划归民族事务局。2000年，内设办公室、民族经济科、民族科教文科、宗教科、蒙语科5个科室。各旗、县、市人民政府均设有民族宗教事务局。

2002年，巴盟民族事务局机构改革，内设办公室、政策法规科、民族经济科、民族教科文科、宗教科、语政科等6个科室。各旗、县、市均设有民族工作机构，机构名称为“旗(县、市)人民政府民族宗教事务局”，挂“旗(县、市)蒙古语文工作委员会办公室”牌子。2004年撤盟设市，改称巴彦淖尔市民族宗教事务委员会，市政府直属机构，正处级建制。2010年内设办公室、政策法规科、经济发展科、社会发展科、宗教科、语政科6个科室。

第二节　宗教政策及事务管理

巴盟是内蒙古自治区宗教工作任务较重的地区之一，涉及的宗教有佛教(汉佛教、藏传佛教)、道教、天主教、基督教、伊斯兰教。1978年，党的十一届三中全会后，认真贯彻落实党的宗教政策，开展平反宗教冤假错案，对爱国宗教人士在政治上给予平反，在生活上妥善安置。将“文化大革命”中被迁到农村的宗教界人士迁回城镇安置。退还部分被查抄的财物，合理开放宗教活动场所。与各级地方政府协商相继落实三盛公、陕坝、蛮会等地天主、基督两教的房地产。对爱国宗教上层人士在盟、县两级人大、政协中做适当的工作安排。

1982年，巴盟筹备各爱国宗教团体的恢复和建立工作。1987年，巴盟4个爱国宗教团体、6个宗教组织全部恢复和重建。1988年，为保证宗教活动正常开展，巴盟对已开放的磴口县阿贵庙、乌拉特后旗善达古庙、乌拉特前旗点布斯格庙等用下拨的专项经费进行维修，其中，阿贵庙、善达古庙作为重点寺庙，由盟直接负责维修，其他部分寺庙下拨专项经费，由旗、县实施维修。对破坏严重的陕坝清真寺等，采取落实政策给予补助的办法进行翻建和维修。

巴盟是一个多宗教地区，各种宗教在巴盟有着悠久的历史。在发展市场经济的过程中，部分群众出现失落情绪，社会上出现盲目信教、入教风潮。1991—1992 年，根据宗教工作中发现的各种不良现象，巴盟统战部、巴盟行署民政宗教事务处，认真贯彻落实中共中央(1991)6 号文件精神，依法加强对宗教事务的管理，同时在广泛征求各阶层意见的基础上，制定出台《巴彦淖尔盟宗教管理暂行规定》，各宗教团体按照《规定》要求重新制定各教会章程，各宗教团体召开代表会议，进行换届选举。

1994 年，巴盟根据国务院、内蒙古自治区人民政府《关于宗教活动场所登记工作的安排部署》，从 11 月开始，对全盟宗教活动场所开展登记管理。为稳妥、顺利地进行登记工作，首先在磴口县开展为期 3 个月的试点。在总结试点经验的基础上，1995 年 3 月，全面展开登记工作。通过登记，宗教管理工作纳入依法管理轨道。1995 年 9 月，宗教活动场所登记工作全面完成。全盟共批准予以登记的宗教活动场所 108 个，其中临时登记的 9 处，占总数的 8.3%；暂缓登记、不予登记的 12 处，占活动场所总数的 10%。

2002 年，继全国、全区宗教工作会议召开之后，盟委、行署为加强对清真食品市场的监督管理，按照内政办〔2002〕54 号文件精神和《巴彦淖尔市清真食品监督管理部门工作责任制》的要求，不定期对清真食品市场进行抽检，重点检查临河市清真食品市场。2002 年 9 月 12 日，召开全盟宗教工作会议，传达学习贯彻全国、全区宗教工作会议精神，总结近几年巴盟宗教工作的主要成绩和取得的经验，安排部署今后一个时期巴盟宗教工作的主要任务。

2002 年 9 月 23 日，盟委统战部和行署宗教局联合举办全盟宗教工作干部和宗教界人士培训班。12 月 8—9 日，巴盟伊斯兰教第四次代表会议在临河市召开。会议通过第四届常务委员会所做的工作报告，选举产生新一届伊协领导班子。一年一度的穆斯林古尔邦节于农历十一月初二封斋，十二月初五开斋，开斋节期间盟市两级统战、宗教部门到各清真寺祝贺慰问。12 月 24 日，全盟基督教两会在盟宗教局批复后，举办为期 40 天的义工培训班，来自全盟各旗、县、市的 50 多名基督教徒参加了培训。盟宗教局进行慰问活动，并举办了中共十六大精神专题讲座。

2003 年，中共“十六大”和全国、全区、全盟三级宗教工作会议相继召开，提出了“全面贯彻落实党的宗教信仰自由政策，依法管理宗教事务，积极引导宗教与社会主义社会相适应，坚持独立自主自办原则”的宗教工作基本方针。按照这一方针，巴彦淖尔盟宗教工作开始进入依法登记、管理阶段。主要是加强引导市内群众正确认识和对待宗教问题，注重依法加强对宗教事务的依法审批管理，切实维护党的宗教政策，保证宗教领域的社会稳定。

巴彦淖尔市采取措施严厉打击各种非法传教和违规乱建、滥建寺庙活动；各级管理部门注重培养一大批中青年爱国宗教教职人员走上岗位，有效引导推动宗教活动与社会主义社会市场经济相适应的问题。同时，市委副书记郭宇，政府副市长云治厚，市政协副主席、市委统战部部长张占义先后主持召开宗教工作领导小组会议。通过分析研究巴彦淖尔市抵御境外利用宗教渗透的问题，市委制定了《巴彦淖尔市抵御境外利用宗教进行渗透的意见》。

2005 年 6 月 9 日，市委统战部、市宗教局举办全市宗教界人士《宗教事务条例》培训班。全市各宗教界人士、宗教事务干部 50 多人参加培训。2005 年 11 月 25 日至 2006 年 1 月 10 日，全市基督教两会在市宗教局批复后，举办为期 45 天的义工培训班，来自全市各旗(县、区)的 40 多名中青年教牧人员参加培训，进一步提高了中青年教牧人员识辨真伪、抵制异教邪说等方面的素质。

2009 年，市民委组织召开全市宗教工作领导小组会议。对全市宗教工作总结汇报，分析研究全市宗教工作出现的新情况、新问题。全市依法打击非法宗教活动 4 次，取缔非法宗教活动场所 3 处。继续加强基督教的“治乱”工作，与有关部门配合，治理基督教私设聚会点、自封传道人现象。加强天主教管理工作，完善天主教祝圣程序，进一步提高对非法宗教的反渗透能力和抵御力度。同时协调有关部门解决 136 名无依无靠喇嘛和无经济来源的宗教界人士的医保、低保问题。

2010 年是《宗教事务条例》颁布 5 周年，市民委配合市人大常委会对全市《宗教事务条例》贯彻落实情况进行专项检查，向市人大常委会汇报贯彻落实《宗教事务条例》情况，配合市政协委员对全市宗教活动场所进行视察，并对存在的问题及宗教教职人员提出的意见和建议，形成专项调研报告。按照国家宗教局《宗教活动场所财务管理办法(试行)》和《宗教教职人员备案办法》精神，安排全市宗教活动场所财务管理试点和宗教教职人员备案试点工作。

2010 年，在宗教教职人员和信教群众中开展爱国主义教育，进一步加强宗教团体建设和管理，强化宗教活动场所的社会管理和内部民主管理意识，和谐寺观教堂创建活动顺利开展，通过集中办班、专题研讨、座谈交流、外出考察等方式，在全市宗教界人士和信教群众中深入开展爱国主义教育活动，向宗教界人士和信教群众宣传党的宗教政策、方针，增强宗教人士和信教群众的爱国主义信念。进一步加强对清真食品市场的监督管理，完善管理措施。认真做好供应上海世博会清真食品各项工作，确保供应上海世博会清真食品的质量安全。在世博会期间，民委组织 10 名宗教界人士参观世博会，开阔宗教界人士的视野，坚定他们的爱国主义信念。2010 年，各宗教团体、宗教活动场所、教职人员向灾区及困难群众捐助资金 27.3 万元，以实际行动为构建和谐社会做出贡献。同时，进一步依法加强对宗教活动场所及宗教活动的管理，打击非法宗教活动。依法打击取缔非法宗教活动 3 起，依法制止乱建寺庙现象 2 处。成功举办天主教巴彦淖尔市教区主教就职仪式。市天主教爱国会主任裴习平被中央统战部和国家宗教局评为首届全国创建和谐寺观教堂活动先进个人。

第三节　宗教活动

一、宗教活动

2002年农历二月十九日,汉佛教甘露寺举办观音法会,来自全盟各地的宗教人士、信教群众和一般群众参加法会。为和谐有序举办法会,临河市委、市政府成立了以分管市长为组长的甘露寺庙会管理小组,对法会期间的宗教活动、道路交通、市场秩序进行了管理。虽然法会规模大、人数多,但井然有序。

2005年,汉佛教甘露寺举办农历二月十九日观音法会,法会3天会期,来自全市各地的宗教人士、信教群众和一般群众参加庙会。为此,临河区委、区政府成立以分管区长为组长的甘露寺庙会管理小组,对法会期间的宗教活动、道路交通、市场秩序进行管理。尽管此次法会规模大、人数多,但井然有序。

一年一度的古尔邦节于农历九月十四日封斋,10月14日开斋,开斋节市区两级统战、宗教部门到各清真寺祝贺慰问。

二、宗教场所

1995年,巴盟全面铺开展宗教活动场所登记。1995年9月,宗教活动场所登记工作全部完成,共批准予以登记的宗教活动场所120处,其中:予以临时登记的108处,占总数的90%;暂缓登记、不予登记的12处,占宗教活动场所总数的10%。

1998年,巴盟佛教协会、伊斯兰教协会、天主教“两会”(天主教爱国会、天主教教务委员会)、基督教“两会”(基督教协会、基督教“三自”爱国运动委员会),共有开放宗教活动场所266处,信教群众6万余人。

2000年,巴盟宗教活动场所98处,活动点157个。其中:藏传佛教寺庙9处,活动点1个,教职人员89人,信教群众8186人;汉传佛教寺庙9处,活动点1个,教职人员18人,信教群众7657人;伊斯兰教清真寺31处,沐浴亭7处,教职人员117人,穆斯林15336人;天主教堂14处,弥撒点1个,教职人员32人,信教群众28735人;基督教堂35处,活动点147个,教职人员140人,信教群众15352人。

2002年,全盟共有信教群众79082人,比上年增加3420人,信教群众人数呈上升趋势,占全盟总人口的4.4%。宗教教职人员501人。经政府部门正式批准、登记的活动场所99处,活动点138处。全盟共有爱国宗教团体16个,其中盟级4个,分别是佛教协会、伊斯兰教协会、天主教爱国会和教务委员会、基督教“三自”爱国运动委员会和教务委员会。旗、县、市级爱国宗教团体12个。

2004年,巴彦淖尔市按照党的宗教政策,批准登记宗教活动场所109处,活动点113处。批准成立爱国宗教团体16个,信教群众82074人,宗教教职人员543人。

2005 年，全市共有信教群众 85663 人，比 2003 年增加 3589 人，信教群众人数呈上升趋势，占全市总人口的 4.4%，宗教教职人员 554 人。经政府部门正式批准、登记的活动场所 119 处，活动点 104 处。全市共有爱国宗教团体 19 个，其中市级 6 个，分别是佛教协会、伊斯兰教协会，天主教爱国会和教务委员会、基督教“三自”爱国运动委员会和教务委员会，旗（县、区）级爱国宗教团体 13 个。

2006 年，巴彦淖尔市政府批准、登记的宗教活动场所 123 处，活动点 104 处；有爱国宗教团体 19 个，其中市级 6 个，旗（县、区）级爱国宗教团体 13 个，信教群众 85663 人，占巴彦淖尔市总人口的 5%。宗教教职人员 584 人。

2007 年，全市有宗教活动场所 126 处，活动点 104 处。有信教群众 85663 人，宗教教职人员 584 人。

2008 年，政府部门正式批准、登记的宗教活动场所 131 处，活动点 90 余处。全市有爱国宗教团体 31 个，其中市级 6 个，各旗（县、区）级爱国宗教团体 25 个。有信教群众 85663 人，占全市总人口的 4%。宗教教职人员 585 人。

2009 年，全市全年登记、批准的宗教活动场所 132 处，活动点 104 处。全市有爱国宗教团体 31 个，其中市级 6 个，旗（县、区）级 25 个。全市有信教群众 85663 人，宗教教职人员 583 人。

2010 年，全市有依法登记的宗教活动场所 132 处，活动点 104 处。有信教群众 85663 人，占全市总人口的 4%。有宗教教职人员 583 人。全市有爱国宗教团体 31 个，其中市级 6 个，即佛教协会、伊斯兰教协会、天主教爱国会、天主教教务委员会、基督教“三自”爱国运动委员会、基督教协会，各旗（县、区）有爱国宗教团体 25 个。

第三章 民 俗

巴彦淖尔市是一个多民族聚居地区,历史上在战国、秦汉时期就有移民、戍边、垦荒、开发,由于战乱、沙化、黄河泛滥等原因,本地原住民族以游牧为生。清朝末特别是民国初年才吸引大量山西、陕西、中原地区人口到河套(俗称走西口)开发、垦荒、种田,新中国成立后的移民、兵团、上山下乡。大规模的开发建设先后历经200多年的历史。逐步形成的近现代移民民俗,主要由当地蒙古族游牧文化和山西、陕西、河北、河南、山东、甘肃、宁夏等地移民的农耕文化民俗元素组成,在河套、乌拉特这些地区的相互融合、借鉴,最终形成了巴彦淖尔独具特色的民俗和风俗。

第一节 蒙古族

一、生活习俗

(一)居住。蒙古族早期都是住蒙古包,蒙古包由圆柱形屋身(哈纳)、钝锥(乌尼)和顶锥形屋顶(陶纳)三部分构成。先选址、再根据人口定大小。在地上画圆圈,沿着圆圈用红柳、柳条棍交叉编制的(哈纳)架好,根基用土伏埋固定,上边再架设钝锥型屋顶("乌尼"长达3米左右,由柳棍编成),将"哈纳"与"乌尼"用绳子绑扎固定,最后上顶锥部分(陶纳)。"陶纳"(天窗的意思)是蒙古包的"首脑",形状像佛教法器"浩日劳"(即法轮),是最讲究的构件,一般用最好的木料制作,高档的用檀香木制作。这样恰好形成"一轮红日当头照"的美好寓意。整体构架外用毛毡覆盖绑牢就建成一座完整的蒙古包建筑。蒙古包最大的优点是便于拆装、容易搬迁。游牧转场时,将三部分构件分别拆下,折叠合回,体积缩小,便于搬运,又能当牛马车底板,说走就走。蒙古包看起来小,但重复使用面积很大、利用率极高。室内空气畅通、采光充足、遮风挡雨、冬暖夏凉,是蒙古族人民长期游牧生活形成的居住智慧结晶。

(二)服饰。巴彦淖尔地区的蒙古族人大多喜欢蓝色、棕色、白色调的蒙古袍。喇嘛则用红色、黄色而忌黑色。佩戴饰物是蒙古族由来已久的习惯,男子在夏季多戴鸭舌帽,冬季多戴羊皮或狐皮帽,用来遮风、挡雨、保暖。女子多爱红色、绿色和紫色,在冬季和男子一样戴帽,平时则不戴帽,多用红、绿等颜色头巾把头发缠上,用以遮阳防晒、阻风挡雨、保暖御寒。腰带是蒙古族不可或缺的重要装束,用棉布、丝绸制成,颜色与袍子相协调。男子喜欢蒙古刀、褡裢、鼻烟壶、酒壶等配饰器具。褡裢是挂在腰带上的一种小袋子,内装玉器、鼻烟壶等喜爱物品。鼻烟壶是用珊瑚、玛瑙、玉或瓷等做的小壶,偶尔吸一口提神、解闷。蒙古族人见面相互问候的时候,要互递鼻烟壶,并闻一下,尤其在逢年过节时相互问好必须有鼻烟壶,一定意义上鼻烟壶也是身份、地位的象征。女子则喜欢佩戴首饰、项饰、胸饰、腰饰、手镯、戒指等,从而彰显身份地位。不论男女,蒙古袍是最传统的服装。蒙古袍宽大袖长,领子较高,纽扣在右侧,袍子的边沿常用漂亮的花边点缀。男子一般穿长袍,系腰带,穿马靴。女子也着长袍,平时则穿半截袍,袍长至膝盖,其款式为大襟立领式。还穿有坎肩、靴子等。

(三)饮食。巴彦淖尔地区蒙古族人的饮食主要有肉食、奶食和粮食三大类。肉食,俗称"红食",主要以牛、羊肉为主,猪、鸡肉次之。菜肴有烤全羊、手扒羊肉、干牛羊肉等。奶食,俗称"白食",有圣洁、纯净之意,是以奶为原料加工制作的各种奶食品。主要有酥油、酪旦子、奶皮子等。粮食主要是指加工后的米和面。米,主要吃大米、小米(糜米),最传统的是炒米,呈金黄色,米粒香脆,色黄而不焦。加工方法将用当地产的糜子洗干净浸泡,温火煮到一定程度,停火焖熟捞出。炒脆米时待铁锅里的沙子烧红后放入适量的泡胀的糜子,用木铲快速搅拌,待米爆出花且水分蒸发完毕,快速出锅并过筛子。炒硬米可以不放沙子,干炒到半生不熟即可,冷却后碾去糠皮。普通吃法是奶茶泡炒米,有时还加酥油、酪旦子和牛、羊熟肉等。由于炒米具有携带方便、食用快捷又特别耐饥饿的特点,因而成为蒙古族生活、生产、旅行中不可缺少的食品。面,主要吃白面、荞面,主食有面条、面片、饼子、馒头和蒙古包子等。最常吃的是馓子,是把白面加油和好用羊油炸熟,可当零食,也可以泡奶茶吃。

(四)节日礼俗。蒙古族的岁时节令主要有农历腊月二十三(小年),春节(大年)。农历腊月二十三,又名"祭火节"或"祭灶节"。蒙古族自古就有崇信火的习俗,每逢农历腊月二十三日,家家户户都要举行盛大的火神祭祀仪式,要对家庭院落进行大扫除、清洁,目的是扫去旧年的尘土,准备迎接新年的到来。这一天,全家吃团圆饭、喝团圆酒,还举行祭灶活动和叩拜礼等。人们一般在这天前要找回走失的牲畜和借出去的物品,在这天后的三天内不往外借东西。过春节,注重除夕夜,即"比图温"。这是团圆之日,外出的人赶回家团聚,在年三十晚饭前,晚辈要给长辈叩头。门户大的,除向自家的长辈叩拜外,还要向伯、叔、大娘、婶子们叩拜,行辞岁礼。农历正月初一,太阳升起时,有祭天的传统习俗。

(五)一般礼俗。蒙古族居家时都行请安礼。客人到来要出门迎接,并把右手放到左胸前,微微躬身。长辈说"赛尤"(你好),晚辈说"赛伴塔"(您好),招待尊贵客人要献上"下马酒"、哈达,撩帘(从门帘左侧撩起)请让。至亲长辈到来,男子请安礼单跪右膝,女子请安礼则屈双膝。客人进门后必须坐在客座右侧,坐好后,主人要敬烟上茶并佐以食品。在喜宴或请客时,晚辈对长辈都要按序请安叩头,然后献哈达、敬酒。蒙古族把酒看作食品的精华,敬酒是表示对客人、长辈的欢迎和尊重,敬酒者双手举杯,身略前倾,举杯过头,伴唱《祝酒歌》;客人同姿接酒后要敬天、敬地、敬众神。献哈达是蒙古族的传统礼仪。哈达多用细缎布或丝绵制成,长度多为150厘米左右,两端有拔丝。不论是在佛像前祈祷,还是拜年、祭祀、婚宴、喜庆、谒见长者等,都少不了献哈达这种礼节。献哈达时,双手张开捧着哈达弓身俯首递上,表示对对方至高的尊敬和祝福。递鼻烟壶是蒙古族的古老习俗,也是最普通的见面礼,成年人相见后各自掏出鼻烟壶,互相交换着闻一闻,欣赏一阵后交还对方。

二、婚姻

蒙古族婚俗各地自有特色。但大体要经历求婚、订婚、迎娶、拜天地和回门等。

(一)求婚。青年男女找对象,通常是男方向女方求婚。男方家要先对女方进行全面了解,觉得双方般配时,要向亲戚好友征求意见。大家同意后,男方要请一位能说会道的媒人,到女方家说亲。媒人选好吉日,带上哈达、酒和食品等礼品去女家求婚,如果女方欣然留下哈达,说明同意,亲事就定了,以后就进入订婚阶段。

(二)订婚。男方托媒人带上礼品赴女家商定吉日良辰(一般由喇嘛选定)后,男方及媒人带全羊、烟酒、食品(新中国成立为50个白面馒头)、哈达等礼品到女方家。订婚宴席上,主要商定聘礼的数目和约定举行婚礼的时间。男方送给女方订婚礼品,聘礼的多少则由男方家庭经济状况以及女方陪送嫁妆的多少而确定。聘礼包括金银首饰、绸缎以及牛、马、羊等物品。蒙古族以"九"为吉祥数目,所有聘礼以"九"为起点。"九九之礼"为九九八十一件。如果家庭贫困,不具有"九九"的能力,则"一九"至"八九"均可。同时,蒙古族很重视女方的陪送嫁妆,嫁妆的数量等同于甚至超过聘礼,民间有"娶得起媳妇,聘不起女儿"之说。新中国成立后,男女双方要到当地民政部门办理结婚手续,一般是在订婚和举行婚礼间选择一个吉日进行。

(三)迎娶。即举行婚礼。更要选择男女双方都吉利的日子进行。男方迎娶这天还要选择吉时动身,亦须在吉时归来。一般是当天不返回,隔日而归,这要根据具体情况而定。迎娶时马匹若干、喜车一辆,喜车专为新娘而备,新郎则骑枣红马而行。新郎身着蒙古袍,两条彩绸成十字形扎于肩背,身背弓箭,插箭3支。队伍启程时,还要带上全羊、酒茶等礼品。女方家放乌查、敬酒、唱歌、举行坐唱等候。娶亲队伍到来,女方领队出门迎亲,喝敬酒,对歌一问一答,说出何许人士、来做什么、带来几个九的礼物。对歌毕,迎进蒙古包,把新郎堵在门外,提问戏耍后,奉上喜羊(碰门羊)方可进门,向女家逐个敬献哈达,证婚人向大家致祝酒歌。新郎向佛位叩首、向女家亲朋行跪拜礼后才可入座,但不得上炕,只能在地下坐凳饮食。饭后,新郎要先拜见女方家的亲属长辈,行请安跪拜礼毕,歌手唱《送亲歌》,待吉时一到,新娘要由其兄长或女方送亲者(除父母之外,其他人都可以)抱入轿车。娶送亲马背上互敬美酒三杯启程。新郎策马扬鞭,送亲打马追赶、抢帽,考验新郎是否能骑善战。如被抢去帽子,是很丢面子的,需喝酒认罚,方可索回帽子。

（四）拜天地。新娘娶进院后，再由兄或弟抱下轿车。男方亲朋开始戏耍。女宾搀扶入新房梳洗后，开始拜天地仪式，先拜天、再拜地、再拜公婆。仪式后，宴席款待亲朋。席间新人为亲朋逐一敬酒，推杯换盏、频频对歌，婚礼达到高潮。宴毕回新房，有的还要进行“讨名字”来戏耍新郎。新娘被其嫂嫂、姐夫、弟弟们围坐在中间，新郎跪在其前，开始讨问新娘的名字，直到新娘说出自己的名字结束。再开始其他戏耍节目活动。第二天，要举行“认大小”的礼仪。事先摆好酒席，新娘开始认识谁为何亲戚，如何称呼。

（五）回门。一般新婚数天或一个月后进行，新郎新娘一同回娘家为回门，有的是婆婆领着儿子、媳妇前往女方家，俗称会亲家。

三、丧葬

蒙古族的丧葬崇尚自然，不讲究奢华，一向简朴。大部分人死后实行土葬，没有坟头，尸体葬于地下，以马践踏，夷为平地。若死者是贵族，葬事完毕，还要杀一驼羔在其上。若要祭祀死者，就以所杀驼羔之母为向导，据其踯躅悲鸣之处，即找到墓地。经过上千年的发展、演变，葬式多采用土葬或者火化。

入殓。按照蒙古民族的习惯，要在人没有完全咽气时取来骆驼前额上的绒毛放在鼻孔里，待完全断气后，将绒毛取出存好。这表明，他的最后一口气——灵魂将离开人体依附到驼毛上。人死后，家人要给死者更换新衣，将尸体放在木板上，面孔要用哈达或者白布掩盖，禁止用手触摸尸体，不能移动，等待入殓。入殓时，尸体不能见太阳，一般在黄昏时刻，请来喇嘛念经后入棺，等待三至七天后出殡。人亡后，家人及亲戚一般不穿孝服，仅腰缠麻辫。有的为父母办丧则穿黑纱戴黑帽，衣不缝边，也有全身着白的，并且孙子、外孙等辈在孝帽上缀红、蓝十字，以识别其内外辈分。老人去世后，子女不进行娱乐性活动，见人也不再问候，不剪头发和指甲。这一状况要保持 49 天或 100 天。

出殡。人去世后，要请喇嘛挑选墓地和选择出殡时辰。按照游牧民族的习俗，蒙古人把死者装入白布袋中埋葬。后来为死者打制木轿式棺木坐葬，也有仿照汉族的棺木下葬的。依照古老的蒙古族习俗，如果死者是父亲，遗体要由儿子背到墓地。如果死者是母亲，遗体要由儿媳背到墓地。到了近现代，多用棺木下葬，出殡时死者的长子扛棺材的大头，其余子孙扛小头，无子可由晚辈男性至亲承担，多为有继承权人。出殡时不能走门，如果灵柩停放在房中，就要从窗口抬出。灵柩不从院门出，要从院墙上面抬过。起灵时，要摔破专门准备好的瓶罐。蒙古人平时特别忌讳摔破瓶罐。在墓地，如果死者遗体不埋入土，就连同白布袋头朝西北平放，上面再用蒿草遮盖。如果遗体埋入土中，则先掘墓穴，然后头朝西北平放，入墓穴掩埋。

第二节 汉 族

一、生活习俗

(一)居住。汉族人住房过去都是土木结构房。大都是用土坷垃(碾压后做成土坯块晒干)砌墙,柁上檩、檩上椽、椽上笆、笆上麦秸、秸上泥构建。屋顶后高前低,方便雨水流下,同时,夏秋便于晾晒粮食。早期房很低,一般单间,一门一窗,门窗上糊麻纸,灶台连炕,炕上铺苇席,席上铺毛毡;无电少煤,点灯用煤油,做饭取暖靠捡柴。后来大都里外间,搭顶棚,灶炕分离;炕上画墙围、铺毛毡、油布,门窗开始上玻璃。稍富裕后,人们用砖垒至窗台,中间仍为土坯,最上边加两层砖(俗称"穿鞋戴帽"),门和窗户连在一起,叫满面门窗;地面用砖铺设,用苇帘子打顶棚,里墙顶棚刷白灰;个别的外墙靓白灰的就是最富裕、讲究人家的标志。布局结构上,中走廊两头卧室(一进两开),也曾经时兴过前走廊(阴面卧室)、后走廊(阳面卧室),家里开始做板箱(对柜)顶替原来的红橙柜。20 世纪 70 年代末 80 年代初,农村普遍通电后,开始盖砖房(即砖木结构起阶房),屋顶琉瓦,玻璃门窗。年轻人结婚开始做家具(讲究几大件)、买手表、自行车。90 年代,城乡开始普及电器、固定电话,开始时兴 BP 机、大哥大。进入 21 世纪,农村出现整齐划一的小康村民住宅;城镇开始大规模商住楼建设,手机开始普及,电脑、小汽车进入家庭,城乡人民开始步入小康。

(二)服饰。20 世纪 60 ~ 80 年代,机关干部普遍穿中山装,工人穿劳动布工作服,农民多穿黑、蓝色布便服,戴帽子,青年女子偏爱"列宁服",颜色以蓝、咖啡色为主,老年女子仍着大襟盘扣短上衣。"文化大革命"期间,男女老少多着灰、蓝、白色服装,青年人尤以穿草绿色军上衣、戴绿色军帽、腰系皮带为荣。改革开放以来,随着人民生活水平的提高和面料的不断更新,人们的衣着呈现多样化趋势。男子以蓝色、深色衣服为主,以穿西服、系领带为正装,不戴帽子。女子以浅颜色、花色衣服为主,夏季穿裙子较为普遍。80 年代初以喇叭裤为流行,喇叭越大越洋气。秋冬季内穿线衣、毛衣、羊毛衫;外穿吊面棉袄、皮袄等。20 世纪末,内穿羊绒衫、保暖衬衣,外着风衣、皮夹克、呢子大衣、防寒服、太空棉服、鸭绒服。进入 21 世纪后人们着装发生较大变化,人们开始穿着档次更好的狐皮、兔皮、羊剪绒和貂皮大衣。男子一般不戴头饰、首饰和帽子。女子喜戴耳环、手镯和戒指、长围巾等。

(三)饮食。境内汉族人多为走西口者后代和来自全国各地的开发建设者,饮食一般为一日三餐,早餐多为面食、稀粥、油条等,比较简单,午、晚餐为正餐,多有主食、菜和肉食。主食以白面、大米为主,面食以馒头、烙饼、锅贴、焖面、面条为主,受回民影响有时也吃烤馍、发面馍馍和清真食品。菜肴有荤、素两种,荤菜以炖肉、烩菜、炖菜为主;素菜有炒土豆、白菜、萝卜以及各种应季蔬菜。口味普遍喜咸和酸。巴彦淖尔的汉族人本身就是来自周边省区的移民,饮食上也同样受到各方面的影响。受蒙古族人的影响,有饮砖茶、喝奶茶、吃奶食的习惯。砖茶,即黑茶(湖南黑砖、湖北青砖等)。黑茶原料为粗老茶树枝叶,经堆积发酵后紧压制成,颜色呈暗褐色,形似砖头。随着人们生活水平的提高,也有人喜喝绿茶、花茶、红茶。受多元文化影响,喜欢饮酒,爱交朋友,真诚好客,热情豪放。有客人来,凡有条件者,必以酒肉相待,表达自己的真诚。喝酒比较普遍,逢年过节、婚丧嫁娶、新居落成等各种活动都要以酒相待,且喜欢喝烈性高度酒。20 世纪 90 年代前,人们饮酒时喜欢用手指划拳,负者饮酒,显得热闹红火。后来逐渐变为提议饮酒,同时也开始喝啤酒、红酒等,而且酒的度数逐渐转为低度。

(四)礼俗。传统的节日主要有春节、中秋节、清明节和端午节。春节是汉族人最隆重的传统节日,俗称“过大年”。一般从除夕夜(农历腊月三十)一直延续到农历二月二“龙抬头”。过年时,家家户户要打扫庭院、更换新衣、张贴对联。除夕夜张灯结彩、焚香敬神、点燃火堆、燃放爆竹,意为避邪秽,增福旺,辞旧迎新,同时还有守岁熬夜的习俗。初一给长辈行礼、祝福。最有意义的活动就是走亲串户拜年,彼此见面时,第一句话总是“过年好”以示祝福。农历正月十五前后,不论城乡都有耍龙灯、踩高跷、划旱船、舞狮子、放焰火等“闹红火”习俗。中秋节,主要是家家户户做月饼、买月饼、互送月饼。晚上当明月高照时,一家人吃团聚饭,饮酒、赏月,以寄托人们对故乡、亲人、朋友的思念,还有的人向月亮敬献月饼、西瓜等。清明节,也叫“鬼节”,主要是上坟烧纸、扫墓、修坟、祭祖等。远离祖坟的,有的还在十字路口烧纸、摆供,以寄托人们对逝者的哀思。端午节,即农历五月初五,主要是包粽子、吃凉糕,怀念爱国诗人屈原。新中国成立后,又有了国庆节、元旦、三八妇女节、五一劳动节等,一些年轻人也过情人节、圣诞节等“洋节”。婚丧嫁娶、老人过寿、孩子圆生等,主家要备宴,亲朋好友要搭礼(即份子钱)。汉族人受儒学影响较深,注重礼仪。人们在家、外出、待人接物和求学等均有应遵循的礼仪。崇尚尊老爱幼、热情待客、礼尚往来。改革开放前,人们见面时,一般不握手,常以笑脸待之,问候语多为“吃饭没”(当时普遍缺吃少穿,解决吃饭是第一需要)。生活富裕后,人们见面时渐变为握手和问候“你好!”

二、婚姻

汉族婚姻一般通行一夫一妻制。1949 年前,自由恋爱者少,多以父母之命,媒妁之言为准。新中国成立后,逐渐经历了由媒人介绍到自找对象的过程。婚姻要经历探话、订婚、迎娶、回门几个阶段。

子女成人后,父母首先要考虑哪里有合适的对象,男方多数人家要请媒人(即介绍人)帮助,并要四处打听和了解,同时还要弄清楚对方的意愿,是为探话。这一阶段主要是考察双方家庭状况、社会影响、本人素质、双方生辰八字、属相是否相合等。以上情况均觉得合适,还要进一步接触、了解。待双方无异议后,男方要正式向女方提亲、求婚,并商量定婚事宜。定婚要选吉日,一般是男方到女方家定婚。男方要带上整羊、双酒、双烟、食品等礼品和给女方的金银首饰、嫁妆等钱物,以及给女方父母家人的“彩礼”等,礼品多讲究二、六、八等偶数,但忌讳四。宴席由女方家负责招待。定婚一般规模较小,多为嫡亲,主要是商量婚事有关问题,确定婚礼迎娶的日子、要项。在迎娶时,男方要携带烟、酒、糖、糕点等食品和一块离娘肉(一般是三根以上的肋骨)、新娘的新衣服、车辆等商定的要项来娶亲。娶、送亲人数,一般为娶者三人送者四人(俗称“娶三送四”),新郎不去娶。讲究双数,娶回时连新娘共八人。传统习俗有“姑不娶、姨不送”的说法。娶亲一行遇岔路口要鸣放鞭炮,娶亲返回时不走原路(忌讳“回头路”),要绕道而行。送亲者中一般要有一个“压轿”的小男孩,车到新房后故意不下车,待男方家给“红包”。新娘要由新郎抱入新房,男方派个小孩给新娘端水洗脸(俗称“净面”),这时新娘也要给小孩一个“红包”。以前婚礼要进行仪式,有“上拜天地、下拜高堂”的习俗,现时已经不见。一般娶亲在上午,正式婚宴在中午。宴席安排时要特别款待好送亲者,亲戚也要安排好座次。在婚宴上,通常是父母亲先给众人敬酒,新人随后敬酒。旧时,人们注重要笑主角新人,让唱歌、出节目等,现时倾向于要笑父母,给父亲戴“县官帽”,给母亲抹红脸等,图个红火热闹。午宴散后,送亲者就回去。晚上,则有闹洞房和引孙子的习俗。一般闹洞房从新娘回到新房就开始,一直闹到深更半夜。主要是小叔子、姐夫等同辈和好朋友们,说俏皮话、出节目,有的叫新娘谈恋爱经过,有的让新郎、新娘唱歌。引孙子多在闹完洞房后进行,乞求传宗接代、富贵吉祥。一群人簇拥着公公婆婆走进新房,公公和婆婆每人提个布兜,里面装满了瓜子、糖块、果子之类的东西。进了新房,新郎、新娘前来接应。公公、婆婆忙着将兜里的这些东西撒到新房里。其用意用孩子们爱吃的东西做诱饵,引诱孙子早日问世,还要说一些早生贵子等吉利、期盼的话。在这个过程中,众人常要耍笑一下公公和婆婆,场面显得更加红火热闹。

三、丧葬

汉族人的丧事活动历史悠久。人们把办理丧事看成是一件十分庄严、隆重的事情。在几千年的传承发展中,形成独特的程序,主要有始丧、入殓、守丧、叫夜、出殡、复三、过七等几大程序。

(一)始丧。人快要咽气时,要换上特制的衣服,即寿衣。寿衣穿单不穿双,一般为“三领五腰”,即五件上衣,三条裙裤。男者为长袍短褂,女为短衣长裙。布料多为绸绵,忌用缎子和皮毛。更衣后要在袖内放点饼子,称为到阴间时的打狗饼,给口里放一枚硬币,称为口含钱。手脚以麻绳束之,放在一木板或棺材盖上抬到家中阳光明亮处,然后在自家门前挂一冲天纸,纸张与死者年龄相当,并缀上铁或炭块。之后,开始搭灵棚、布挽幛、准备入殓。一般人家要请阴阳先生(亦称平事),给死者安葬择日和主持丧事礼仪,同时要向亲朋好友发送讣告“报丧”。

(二)入殓。汉族人死后,多要放入木制棺材(最好是柏木)里安葬。入殓的时间多在当天，子孙们都要停止号哭。棺底要铺灰、灰上铺谷草、草纸，上面再铺褥子。死者由直系子女平稳地仰面放入棺内，然后将手脚上的麻绳解开，再用棉花团醮酒，擦死者的眼、耳、鼻、嘴等。这项工作多由阴阳先生来做，也有家人自己做的，最后盖棺。入殓后子女点纸、方可放声举哀。

（三）守丧。死者入殓后，放入灵棚。从这之后到出殡之时，为守丧期。一般停放三至七天。灵前放一小桌，上面设一油灯（即长明灯），昼夜不能灭。桌上摆放着水果、肉等祭品和香炉。一般人家要放一只全羊，前面放一烧纸的砂盆，棺上放一瓷罐，每顿饭时必须填一点，俗称祭食罐，罐上放一装满水米的碗，插一双筷子。棺前摆放纸火、牌位，棺后摆放花圈；院门外要插一根柳棍，棍上有用纸条制作的引魂幡。守丧期，晚辈均要着孝服、孝帽，全用白布制成，腰系麻辫，手持“丧棒”，直系子孙为全身孝服，其他为半身孝服。早、午、晚三次饭前集体焚纸祭奠，孝子跪拜，同时子女要昼夜轮流守候，决不能离人。

（四）叫夜。河套人习俗叫夜是最隆重的程序。守孝期间要订纸火、订鼓班，出殡的头天晚上要提前摆好纸火，鼓班奏鸣。按时辰进行呼亡灵归仪式，俗称“叫夜”。开始前准备双火把开道、灯笼（乡邻自发），长孙抱灵位前行，所有孝子随后哭行，灯火点燃、鼓乐齐奏、亲朋随行，街道两边灯火通明，浩浩荡荡，奔赴告庙（现选定十字路口），到达后点燃纸钱，燃放爆竹，炮声连天，哭声动地，仪式达到高潮。事毕归家，开饭（过去要喝豆粥）结束。

（五）出殡。一般时间为上午，并有越早越好的习俗。起灵时，要先拆灵棚，直系子孙跪拜举哀，由长子或长孙摔碎砂盆，肩扛引魂幡，在前面引路，在灵车上要带一只引魂的活公鸡。祭食罐要与棺材一起埋掉，并放置在棺材大头前一土窑内。直系子女不能抬灵柩，其他人轮流抬，途中不能着地。路遇有十字路口，要撒纸钱。到了墓地下葬，要打扫一下棺材周围，不能留下脚印。如遇“合葬”，则要准备一块红被面，压在两个棺材上，意为伙盖一床被子。此时孝子排成队，边绕坟边往棺材上撒土，而后众人用锹填土成堆，将引魂幡插于墓堆上，孝子将“丧棒”、孝衣上麻辫一起埋入并脱去孝衣，事后烧纸安魂、辞墓。此时，家门口点一堆柴草，放一张桌子，桌上用碗扣着食品、柴炭、钱币等，旁边放一水盆。送灵回来的人先从火堆上跨过，然后洗手，最后翻开一个碗，看是何物，以表示自己的运气。出殡回来后，还要“净宅”，即请阴阳先生在宅内贴符，然后用五谷杂粮往家中和停灵处抛打，以示驱鬼。最后将卫生彻底打扫一遍。

（六）复三。即葬后第三天，孝子们准备纸质缸釜炊具，并带食物到墓地坟前架锅烧饭名曰“安灶”，同时填土整坟、垒墓门等。然后烧纸、祭奠，孝子们都要吃点锅里的食物。

（七）过七。从死亡那天起，第一个七天为“头七”，接下来“二七”“三七”（较讲究）直过到“尽七”（七七）完毕。之后，一般讲究的人家还应过百天、过周年。

一周年为“小拜”，二周年为“大拜”，三周年“去孝”较隆重。一般至亲要到坟前祭奠，孝子去孝开忌。

第三节 回 族

一、生活习俗

(一)居住。回族喜欢聚族而居,忌独居。一方面由于信奉伊斯兰教,便于集体建寺、上寺礼拜;另一方面与本民族的禁忌和生产经营有关,便于群体生活习俗、集中生产经营和往来。其居住盖房选择地势平坦、阳光充足、清洁卫生和用水方便的地方。开工需择吉祥日一般选择麻日(星期五),有的要尔埋里(诵经赞圣),邻里帮忙,众手成房。上梁时请阿訇在红纸上写"古兰经"贴于梁上,以求吉祥。样式、结构根据需要而定,类似于汉族房舍,但再小的房屋都有一处念经的地方。回族有爱清洁、讲卫生的传统习俗,屋里屋外打扫得干干净净,一尘不染。还讲究水源清洁,不用回头水,锅碗瓢盆都要洗净再用流动的清水冲洗。无论城里还是农村,只要进了回民的家里,就会感到住宅设计、院落陈设、家具摆设、盆花点缀等多具民族特点。

(二)服饰。回族在服饰方面的讲究受伊斯兰教的影响较深。基本原则是讲究简朴、洁净、美观,不追求式样的奇特、色彩的艳丽和材料的豪华高档。穿着往往以白、黑、绿色为主,有崇尚白色的风俗。男子的头饰主要是戴无檐小白帽。女子则多围绿、黑、白三种颜色的盖头,一般是老年女子多戴白色的,中年女子多戴黑色的,青年女子多戴绿色的。中年以上男子以留胡须为美,女子则把头发作为护体肤的一部分,是不能随便外露的。白衬衫,是回族男女老少都喜爱的夏季服饰。坎肩,也是深受人们喜爱的特色上衣。如果在白衬衫外套一件黑坎肩,则具有很浓的伊斯兰教服饰韵味。"准白"(意即长大衣)是男子的传统外衣,特别是宗教人士、老年人所喜爱的上衣。大襟上衣,是女子的传统服装,样式比较单一,立领,右开襟,布料结的扣子,同时女子还穿腰裙,它是与围裙的样式相似而比围裙稍短,遮蔽胸腹部上衣的半围裹服饰。

(三)饮食。回族人喜欢清洁的佳美食物,认为饮食不仅为了养身,还要利于养性。饮食以米面食为主,面食有油饼、馓子、发面馒头、拉面。早、午、晚喜喝扣碗茶,茶中加红枣、枸杞、桃仁、芝麻等,俗称"五味茶",这也是回族的一个特色。喜食清真牛、羊肉,回族人的风味小吃品种繁多,制作精巧,油香(即油饼)、馓子等油炸食品以其酥、软、香、甜而著称。这些食品,除自家食用外,逢年过节还馈赠亲友。回民一般不喝酒、不吸烟,有些青年人不拘于此习。

(四)节日。回族重大的节日有圣纪节、开斋节和古尔邦节。纪圣节是在伊斯兰教历每年的3月12日,为纪念穆罕默德而设。相传这天为穆罕默德的诞生日,又是他的逝世日,故穆斯林也称此日为圣纪日。节日活动有诵经、赞圣或讲述穆罕默德的历史和功德等。

开斋节又称“大尔代节”，是阿拉伯语的意译。一般在伊斯兰教历（俗称回历）九月封斋，从这月望月牙起开始斋戒，到下月望月牙时开斋（教历十月）整整一个月才结束。在斋月中，除了不满14周岁孩子和孕妇、病残外的成年人，每日早晚各一餐，白天终日不得饮食，并禁止房事。要求人们做到清心寡欲、表里如一、磨炼意志，养成坚韧、忠实、廉洁的美德。开斋这天，凡回族的穆斯林都要起个大早，人人沐浴，并换上节日盛装。男子们要赶赴清真寺参加会礼。晚辈要挨家挨户向长辈“拜尔代”。亲友、邻居间也走家串户，互相祝福问候，并送上油饼、馓子。见面时，通常男子以握手、女子以拱手作拜为礼。古尔邦节，意为牺牲、献身，又叫宰牲节。时间在伊斯兰教历每年的12月10日（即开斋节后第70天）。穆斯林每逢此节，沐浴盛装礼拜，宰杀牛羊、相互馈赠以表纪念，也是较隆重的节日。

（五）日常礼仪。回族很注重生活礼节，待人诚实热情，有礼有节。历来以尊老、敬老为美德。不论男女老少见面时总要相互问候、致意平安，小辈要先问候长辈。同村乡里，也要按辈分、长幼亲切称呼，绝不直呼其名。回族人对宗教信仰较深，礼拜虔诚。教义使人们只信一真主，而不信鬼神。

二、婚姻

回族的婚姻习惯较自由、简朴而少缛节。青年男女一旦到了当婚的年龄，除自己外，其父母兄长、亲朋好友都要到处张罗打听，为其谋求合适的配偶。他们认为能促成婚姻和为婚事操劳是最大的善事，一般回族老人也愿当媒人，认为“成全一门亲事，胜过盖座礼拜寺”。巴彦淖尔市的回族婚礼有提亲、相亲、定婚、婚礼、娶亲、回门几个程序。

一桩婚姻是从男方请媒人到女方家上门提亲开始的。媒人详细介绍男方家的经济状况、人品、相貌等一系列并询问女方的情况。女方也请人到男方家看家庭、了解调查，较全面地了解对方情况，有联姻之意时则开始相亲。一般是媒人和男方家代表先携带简单礼品到女方家相亲，20世纪80年代后一般为自由恋爱，但不管哪种方式，媒人、家人代表总要做一些穿针引线的工作。男女双方同意结亲后，就选择吉日举行定婚仪式。男方根据自己的经济状况和女方的需求，到女方家向女方赠送一定的聘礼，女方家予以宴席款待。席毕，双方当着众亲戚朋友的面，互道“色俩目”，表示这门婚姻大事已经确定，接下来就是举行婚礼。在娶亲的前一天，女方陪送的嫁妆要送到男方家中。回族的结婚不讲究择双日，但要取“主麻”日（星期五），是“等亲”，新郎不去女方家中迎娶而是在家坐等。新郎、新娘都要洗大净。一般用婚车1或3辆，新娘乘四面遮蔽的婚车；送亲人数不限。之后，男方设宴款待众人时近中午，派亲者到女方家要亲。女方招待好男方来要亲的人，新娘吃过“翻身饼”后，精心打扮，穿上红色衣服，头上搭着红纱，将面孔遮得严严实实，在迎送亲队伍的簇拥下乘上喜车，到婆家后由新娘长兄或平辈背入新房，女送亲人解开头上箍巾，就开始戏要热闹。婚礼仪式要先诵读《古兰经》的有关章节，接着要宣布证婚词。念毕，阿訇将摆放的糖果撒向众人，这叫“撒喜”。结束后，男方设宴招待新人和女方送亲。夜幕降临，有的人家要由新娘做长寿面。之后，青年男女们陆续聚集在新房，开始“闯喜”，出游戏、表演节目等。娶亲的第二天，新郎、新娘要回门。两人要早早起床，并都要沐浴。吃过早饭后，新娘要认大小。

三、丧葬

回族人对死亡采取坦然、从容不迫的态度。他们认为，治病是主要的，患病时要积极治疗，一旦病入膏肓，濒临死亡，则要求尽早回到家中，在亲人和阿訇的守候下，遵从真主的安排，宁静自然地对待死亡，忌说“死”，称“殁”“回归”“无常”。丧葬时实行土葬，忌火葬。延续“三日必葬”的传统，一般都是早亡午埋，晚故晨葬，越快越好，有公共墓地。丧葬主要程序有整“埋体”、守夜、洗“埋体”、出殡等几个程序。

回族人丧葬活动是从人咽气之时开始的。在人病重将要咽气，也就是弥留之际，家人要去请阿訇念经，祈求死者的“鲁哈”（即灵魂）平安地归去。人停止呼吸后，阿訇或至亲骨肉，要瞑其目，合其口，顺其手足，理其发须，整好“埋体”，并将其右手搭在胸上，头部面西，即面朝麦加的方向。死者所着衣物要由同性亲友悉数脱去，只覆盖一条洁净的白布单。人死后不能停在睡觉的炕（床）上，要速到清真寺“浴床”（专用于停放或洗浴死者的木板床），停放在大厅，同时要点香，以避浊气。人死后，当天不能埋葬的，就要守夜。守夜一般是近亲中深明伊斯兰教义的人来守护。守夜者要洗过大净，不断地点香，诵读《古兰经》，并和一同守夜人研讨、讲解其中的箴言和故事。人死后，入葬前的一道重要手续是洗“埋体”，即净尸。洗“埋体”的地点通常是在清真寺，离寺较远者可在家中进行。方法是脱净死者衣物，用未经过任何污染过的净水，冲洗七窍及通身，然后用布抹干。洗净后，要用白布裹尸，俗称穿“可凡”。男子的“可凡”有三件，即大、小卧单和内衣。女子的“可凡”有五件，即除男子的三件外，另加胸布和盖头。出殡时，有一个严格的程序，通称为“者那则”。一般是在清真寺内礼拜殿前举行，送葬者围尸站成一圈，妇女、儿童则在圈外观看。由死者的长子或长孙，将事先准备好的货币或珍贵的小物件用手帕包好，托在手上，由阿訇开始逐个传递到最后一人。每传一人，口必诵一句固定的经文，意在为亡者赎罪。仪式结束后，“埋体”由亲属抬往墓地，抬送过程中不许落地停放休息，可轮流替换。掩埋时，需面朝西方而放。葬后三日、五日、七日各举行一次纪念。每次由阿訇念《古兰经》告慰亡者，寄托哀思。

第四节　民俗新风尚

随着社会主义市场经济体制的日益完善，经济社会的迅猛发展，人民生活水平不断提高，脱贫、致富、奔小康和社会的发展进步，使人们为美好生活不懈追求，移风易俗、摒弃繁文缛节，知识更新、树立新文化理念已蔚然成风；紧跟时代步伐，加快生活节奏，提高效率效益，追求高品质生活，已成社会的主共识。在举办大型礼仪、重大活动以及必须讲究的场合外，人们已经基本不讲究那些老旧风俗。

一、生活

在住宅方面都是统一规划建设的统建商品楼，有步梯、电梯、别墅类，只有面积大小之分，装修可以各取所需、各具特色。只有个别小区仍有家族、民族聚居现象。

在服饰穿着上已分不清是哪个民族。21世纪是追求个性的时代。衣着打扮呈现出"日新月异""百花竞放"、个性分明、各具特色的态势。男人也不再穿中山装或是西装，即使人们着西装也不习惯系领带，只在较庄重的场合，要求穿正装才系领带。各式各样、各具特色的休闲装成为人们最爱。男人们很少戴手表等装饰品，时兴手串类饰品。女人流行穿各式各类裙子、大衣、绒毛类、裘皮类、貂皮类服饰。个别有戴耳环、戒指和项链的习惯，随身带挎包，总体呈现追求个性的趋势。只有特殊场合、个别区域，才能看到蒙古族服饰、回族男士的小白帽、回族女子的多围盖头。

随着人们生活水平的普遍提高，饮食结构发生了较大的变化。巴彦淖尔市物产丰富，移民文化突出，人们特别喜欢吃，品类也最多，各种菜肴众多，以蒙餐类、清真类和大众类居多。尤其是河套特色类久负盛名，不仅当地人喜爱，外地人也很倾心。21世纪后，人们越来越讲究绿色、营养、美容、保健理念。饮食方面各民族既有相互融合借鉴，又有各自保留。

节日礼俗中，巴彦淖尔市较为隆重的仍是传统节日，包括春节、清明节、中秋节以及国家法定的"五一"节、国庆节。回族人注重开斋节、古尔邦节和圣纪节。蒙古族人注重腊月二十三的"祭灶节"。

二、婚姻

新的《中华人民共和国婚姻法》颁布后，男女平等，自由恋爱，已成为人们普遍遵循的婚姻观。21世纪以来，男女青年举行集体婚礼、旅行婚礼者比较流行。尤其简单、省钱的结婚礼仪，广受社会称赞，被视为现代新风尚。同时，各民族在婚礼程序上、仪式上也是崇尚简约节省的婚礼。

婚恋嫁娶上，男女青年先认识、了解、交往，双方基本无异议后，各方父母、亲戚才进行综合了解、提亲。定婚的仪式还继续沿用，但女方向男方要"彩礼"的习俗已基本改变，多为男方根据自家的经济状况自愿给女方父母一些扶养费或衣服钱。21世纪后，随着男女双方多是独生子，反倒是女方有了陪嫁的"彩礼"，并且数额越来越大。办理结婚证是青年男女的法定程序，多选择在定婚后、结婚前这一段时间内。举行结婚典礼，在自己家里操办的情形极为少见，多在大的酒店里进行。参加婚礼的人数有逐年增加的趋势，参加的人数多在200~500人，礼钱由过去的几十元上升到几百元、几千元。一般女方家操办三天，男方家操办两天。男方家结婚日办，女方家后办（即回门办），也有两家一起合办的，时间都在中午。婚礼的前一天晚上,多在家里备几桌饭菜,招待远方来的客人和一些服务人员。21世纪后,前一天晚上的就餐人数也变得越来越多,被称为“夜坐”,约占第二天人数的三分之一,并且不少人将尽兴红火放在“夜坐”上,第二天走个程序。婚礼程序多由婚庆公司承担,相关服务由代东操办,代东人数也越来越多,称为“代东团”,有2~8人。同时为了整齐、排场,主家还给“代东团”统一购置服装,成为一道新的婚礼风景。恋爱、婚礼过程要全部录像,礼宴上播放,后整体刻盘留作纪念。

三、丧葬

古老的丧葬习俗有扬弃,也有沿用,体现与时俱进。随着社会主义精神文明建设的不断加强和国家倡导移风易俗、丧事从简的教育,丧葬逐渐向简办、文明、有益于生态建设等方面发展。总体趋势是积极地、有步骤地推行火葬,改革土葬,节约殡葬用地,革除丧葬陋俗,提倡文明节俭办丧事。

随着社会医疗水平的提高,人病危后多住进医院救治。去世后,有的运回家里,搭灵棚择日出殡,大多数则是直接运往殡葬场所祭奠、安葬,一条龙服务。大部分人员去世,都举行送花圈、戴黑纱、向遗体告别等活动,一些农牧民和其他少数人员仍有沿用披麻戴孝等旧俗。同时,随着人民文化和认识水平的提高,树葬、河葬、扬撒骨灰等文明丧葬方式日渐增多。

第五篇

中国共产党地方组织

第一章　代表选举及党代会

第一节　代表选举与资格审查

一、代表选举

根据《中国共产党章程》《中国共产党地方组织工作条例》等有关规定，中共巴彦淖尔市党员代表大会代表，按照基层党组织的数量、党员人数和工作需要，采取无记名投票方式，实行差额选举产生（差额比例不少于20%）。

二、代表资格审查

2004年7月2日，中共巴彦淖尔市第一次党员代表大会预备会和主席团第一次会议在临河区召开。预备会议资格审查委员会召开全体委员会议，会议听取中共巴彦淖尔市第一次代表大会选举工作及代表资格初审情况的汇报；审议并通过《中共巴彦淖尔市第一次代表大会代表资格审查委员会关于代表资格的审查报告》；按照分配代表名额，经21个选举单位选举出的333名代表，均符合党章、地方组织选举工作条例的有关规定和盟委《关于巴彦淖尔市第一次党代会代表选举工作的通知》的要求。会议以举手表决方式，通过了56人组成的大会主席团成员名单和11人组成的代表资格审查委员会成员名单，通过中共巴彦淖尔市第一次代表大会议程。

2006年11月1日，中共巴彦淖尔市委员会第二次党代会召开主席团会议，主席团会议应到65人，因病因事请假3人，实到62人。会议审议通过由17人组成的大会主席团常务委员会名单及召集人名单、大会日程、大会副秘书长名单、大会列席代表和邀请嘉宾名单、大会秘书处工作机构和任务、代表资格审查委员会关于代表资格的审查。

出席中国共产党第13～17次党代会巴盟代表：杨志荣、赵泓、张国民、任亚平、曹凤光、邬宝恒、邬志刚、郭启俊、王卫新。

出席内蒙古自治区第5～8次党代会巴盟代表：王力川、王计富、王俊福、王宜昌、云曙芬（女，蒙古族）、布赫（蒙古族）、边治新、边致洁（女）、刘云山、刘金铎、李华（女）、李世奎、李汗青、杨尚、杨志荣（蒙古族）、何耀、汪世清、张万业、张振玺、张雅洁（女）、陈炳宇（蒙古族）、岳占平、周经络、波日来（蒙古族）、宝音乌力吉（蒙古族）、郑卉生（女）、赵福成、查干朝鲁（蒙古族）、查干其其格（女，蒙古族）、昝振英（女）、贾忠良、傅守正、温一兵、德格都宝音（蒙古族）、魏明仁、王建国（蒙古族）、王占虎、王建立、王小凤（女）、邓秀英（女）、石玉亭、白世才、白栋才、冯荣元、任亚平、伊钧华(蒙古族)、刘秀英(女,蒙古族)、刘耕晓、远征(达斡尔族)、李奋义、杨护埃、沈桂莲(女)、张锐、张再奇、张庆义、张俊英(女)、张鹤松、吴凤岭、尚仪华(女)、周玉芝(女)、宝金花(女,蒙古族)、宝音德力格尔(蒙古族)、贺永华、赵永恒、赵志达、赵胜利、哈页、格日乐图(蒙古族)、郭宝山、董庆澄、韩钢、蔡德胜、弓占维、马兆虎(回族)、王永清、王有义、王建国、王迎喜、包秀英(蒙古族)、石玉亭、吕玉梅、邬宝恒、刘明祖、刘俊芳、杜隽世(蒙古族)、苏福元、李成义、李茂、李瑞芝(女)、辛国雄、张少甫、张东丽(女)、张兴华、张国华、张国英、张桂英(女)、陈秀英(女)、胡毅峰(蒙古族)、郝爱芝(女)、赵秀兰(女)、袁兴国、特木尔朝鲁(蒙古族)、徐建军、郭介中、黄志江(蒙古族)、韩建雄、蔡德胜(蒙古族)、魏国梁、魏志英、王素毅(蒙古族)、刘还俊、刘基平、祁素梅、许多文、孙玉宝、苏和(蒙古族)、杜存、李茂龙、杨志民、张元胜、张永胜、张有海、张绥昌、张海勇、陈和平(蒙古族)、武银星、岳志君、郝永平、贾志峰、贾英祥、郭启俊、陶格勒(蒙古族)、马佩录(回族)、王小丽(女)、苏玉珍、赵春霞(女)、高宝兰(女)、郭玉华、郭果枝(女)、边慧琴(女)、李燕(女)、阿拉腾其其格(女,蒙古族)、周文义。

第二节 党代会

一、第一次党的代表大会

中国共产党巴彦淖尔市委员会第一次党员代表大会于2004年7月3—5日在临河区隆重举行,大会应到代表333人,因病因事请假6人,实到代表327人。大会以无记名投票的方式选举产生中共巴彦淖尔市委员会第一届委员会委员35名,候补委员7名;选举产生市纪律检查委员会委员25名。大会主题是:高举邓小平理论旗帜,全面贯彻“三个代表”重要思想,树立和落实科学发展观,总结巴彦淖尔盟成立以来的建设成就和基本经验,确立设市后经济社会发展战略目标和任务,动员全市共产党员和各族干部群众,团结奋进,开拓创新,励精图治,再造经济发展新优势,努力实现新跨越,为全面建设小康社会奠定坚实基础。

大会通过《中共巴彦淖尔市委员会工作报告》和《中共巴彦淖尔市纪律检查委员会工作报告》,顺利完成各项议程。大会号召全市各级党组织和广大共产党员要与时俱进,紧跟时代发展的步伐,团结带领全市各族人民,为全面建设小康社会和创造更加美好的未来而努力奋斗。

二、第二次党的代表大会

中国共产党巴彦淖尔市委员会第二次党员代表大会于2006年11月2—4日在临河区隆重召开,大会应到代表335人,因病因事请假11人,实到324人。大会以无记名投票的方式选举出由委员45名、候补委员8名组成的中共巴彦淖尔市第二届委员会和25名委员组成的纪律检查委员会,选举出出席内蒙古自治区第八次党代会代表43名。

大会的主题是深入贯彻落实中共十六届四中、五中、六中全会精神和内蒙古自治区党委的战略部署，回顾总结第一次党代会以来的工作，进一步明确巴彦淖尔市之后五年经济社会发展的战略目标和任务，动员全市各级党组织、全体共产党员和各族干部群众，全面落实科学发展观，团结拼搏，开拓进取，以赶超全区平均水平为目标，科学发展，和谐奋进，在新的更高的起点上，推动全市经济社会实现跨越式发展。

大会期间，巴彦淖尔市党委书记受中共巴彦淖尔市第一届委员会的委托，向大会作题为《科学发展，和谐奋进，在更高的起点上实现全市发展的新跨越》的报告。大会审议并通过该报告和巴彦淖尔市纪委工作报告。大会号召全市各级党组织、全体共产党员要牢固树立和落实科学发展观，团结带领全市各族人民，振奋精神，扎实工作，锐意进取，为实现“十一五”的宏伟目标，加快推进全面建设小康社会进程而努力奋斗。

第二章　组织机构

第一节　中国共产党巴彦淖尔盟(市)委员会

一、中共巴彦淖尔盟委员会书记、副书记

1986—2004 年,中共巴彦淖尔盟委员会中,设委员 7 ~9 人。

1986 年至 2004 年 7 月巴盟盟委历任盟委书记、副书记名录

表5－2－1

职　务	姓名	性别	民族	任职时间
书记	杨志荣	男	蒙古族	1986. 2—1992. 7
	张国民	男	汉　族	1992. 7—1994. 4
	任亚平	男	汉　族	1994. 4—1997. 6
	邬宝恒	男	蒙古族	1997. 6—2003. 1
	郭启俊	男	汉　族	2003. 1—2004. 7
副书记	王富祥	男	汉　族	1986. 1—1990. 11
	杜凤华	男	汉　族	1986. 1—1987. 12
	傅守正	男	汉　族	1986. 1—1992. 5
	刘　峥	男	汉　族	1989. 4—1991. 3
	许久勋	男	汉　族	1990. 12—1992. 7
	周同战	男	汉　族	1991. 1—1994. 7
	宝音德力格尔	男	蒙古族	1992. 4—1995. 1
	任亚平	男	汉　族	1992. 4—1994. 4
	李　秀	男	汉　族	1992. 4—1995. 11
	韩志然	男	蒙古族	1995. 1—1998. 4
	李树民	男	汉　族	1995. 6—2002. 1
	胡毅峰	男	蒙古族	1995. 7—2003. 1
	邬宝恒	男	蒙古族	1995. 11—1997. 6
	孙　国	男	汉　族	1998. 4—2002. 1
	韩　钢	男	汉　族	2000. 1—2002. 1
	邓秀英	女	汉　族	2002. 1—2004. 7
	王晓成	男	汉　族	2002. 1—2004. 7
	云　飞	男	蒙古族	2001. 12—2003. 11
	乌　兰	女	蒙古族	2003. 3—2003. 12
	贺永华	男	汉　族	2003. 3—2004. 7
	王素毅	男	蒙古族	2003. 1—2004. 7

二、中共巴彦淖尔市委员会书记、副书记

2004.7—2010.12 巴彦淖尔市委历任书记、副书记一览表

表5－2－2

	姓名	性别	民族	任职时间
书记	郭启俊	男	汉　族	2004.7—2008.1
	王素毅	男	蒙古族	2008.3—2010.5
	那顺孟和	男	蒙古族	2010.5—2010.12
副书记	王素毅	男	蒙古族	2004.7—2008.3
	邓秀英	女	汉　族	2004.7—2006.11
	郭　宇	男	汉　族	2004.7—2006.11
	杨志民	男	汉　族	2004.7—2008.7
	黄志江	男	蒙古族	2004.7—2010.4
	王　波	男	汉　族	2008.3—2010.4
	王迎希	男	汉　族	2008.7—2010.8
	段志强	男	蒙古族	2010.7—2010.12

三、中共巴彦淖尔市委员会常务委员

2004年7月，中共巴彦淖尔市第一届委员会常委：弓占维、李进、侯凤岐、蔺富民、苏远中、王建平、杜隽世、罗湘成；黄志江当选为市纪检委书记，侯凤岐任临河区委员会书记，蔺富民当选为秘书长。

2010年，中共巴彦淖尔市委员会常委：李存梓、苏远中、王建平、杜隽世、韦亚力、张少甫、岳志君、斯庆、张明中、王孝国。

第二节　辖区委员会

1986年至2004年7月，中共巴彦淖尔盟委员会下辖中共临河市委员会、乌拉特前旗委员会、乌拉特中旗委员会、乌拉特后旗委员会、杭锦后旗委员会、五原县委员会、磴口县委员会、农垦局委员会。

2004年8月至2010年，中共巴彦淖尔市委员会下辖中共临河区委员会、乌拉特前旗委员会、乌拉特中旗委员会、乌拉特后旗委员会、杭锦后旗委员会、五原县委员会、磴口县委员会、巴彦淖尔经济开发区委员会。

第三节　机构

1986—2002年，巴盟盟委工作部门及所属机构由办公室（内设督查室、保密委员会办公室、机要局、党史征集办、档案馆、机关事务管理局）、组织部、宣传部（精神文明建设委员

会办公室、讲师团)、统战部、政法委(与社会治安综合治理办公室合署办公)、直属机关委员会、干部考核办、老干部局、政策研究室、巴彦淖尔报社、党校等组成。2003 年,巴盟盟委工作部门及所属机构由办公室(保密办公室、机要局、接待办、机关事务局、党史征集办、610 办公室)、组织部(干部考核办)、宣传部(精神文明建设委员会办公室、对外宣传领导小组办公室)、统战部、政法委(与社会治安综合治理办公室合署办公)、直属机关委员会、机构编制委员会办公室(编制办受盟委、行署双重领导,属盟委机关序列)、老干部局、政策研究室、党校等组成。

2004 年 7 月,巴彦淖尔市委设办公厅(内设秘书一处、秘书二处、综合调研处、督查室、信息调研处、人秘处、翻译处、防范办、机要局、保密办、档案局、党史办、机关事务管理局、接待办公室和市宾馆)、组织部、宣传部、统战部、政法委、政研室、机构编制委员会办公室、直属机关工委、老干部局。

2010 年,巴彦淖尔市委设办公厅(内设秘书一处、秘书二处、综合调研一处、综合调研二处、信息调研处、人秘处、机关党委、翻译处、老干处、防范办、机要局、保密办、档案局、党史办、机关事务管理局、接待办公室和市宾馆)、组织部、宣传部、统战部、政法委(综治办、维稳办)、政研室、直属机关工委、市委政府督查室、机构编制委员会办公室、老干部局。

第三章　重要会议及决策

第一节　中国共产党巴彦淖尔市委员会扩大会议及决策

一、中共巴彦淖尔盟委员会扩大会议

1987年3月10—13日，中共巴彦淖尔盟委员会召开扩大会议。会议主要是贯彻落实全国省市长会议和自治区盟市长会议精神。按照中央和自治区部署、要求，统一思想认识，压缩经济过热问题，开展增产节约、增收节支运动，继续深化改革，促进全盟经济的发展。

1989年6月24日，中共十三届四中全会公报发表，中共巴彦淖尔盟委员会立即召开扩大会议进行学习讨论，表示坚决拥护四中全会精神，决心带领全盟各族人民，紧密团结在党中央周围，全力做好思想政治工作和稳定局势工作，以实际行动为实现党的总目标和总任务而奋斗。

中共巴盟盟委1991年2月召开扩大会议。会议主要任务是全面贯彻中共十三届七中全会和内蒙古自治区党委五届三次全委（扩大）会议精神，确定巴盟十年经济社会发展规划和"八五"计划，动员全盟各族人民为实现第二步战略目标而奋斗。会议强调，20世纪末最后10年是巴盟社会发展建设过程中非常关键的时期，将关系到国民经济和社会整体素质能否提高，第二步战略目标能否实现。必须抓住有利时机，调动一切积极因素，总结"七五"经验教训，做好各方面工作，走好"八五"第一步。

中共巴盟盟委1993年1月10—14日召开扩大会议，会议主要议题是用中共十四大和自治区党委五届六次全委（扩大）会议精神统一全盟党员、干部的认识，按照建立社会主义市场经济体制要求，集中研究加快巴盟改革开放和经济建设步伐问题。盟委书记张国民作《认真贯彻党的十四大精神，进一步解放思想，真抓实干，力争全盟再上新台阶》的报告。盟委副书记、盟长宝音德力格尔作会议总结，号召全盟各级党组织和广大党员认真贯彻落实三级党的会议精神，进一步增加历史责任感和时间紧迫感，团结带领全盟各族人民，解放思想，更新观念，艰苦奋斗，真抓实干，为实现提前达到小康，社会经济超常规发展，跳跃式前进的战略目标而奋斗。

中共巴盟盟委1994年2月1—3日召开扩大会议。会议的中心议题是学习贯彻中共十四届三中全会和自治区党委五届八次全委（扩大）会议精神，集中研究围绕建立社会主义市场经济体制总目标，进一步统一思想认识，加大改革力度，促进全盟经济持续、快捷、健

康发展,努力为全区“走进前列”做出贡献。

中共巴盟盟委1997年12月9—11日召开扩大会议,盟委书记邬宝恒作《认真贯彻党的十五大精神,进一步解放思想,加大改革力度,促进全盟经济再上新台阶》的讲话。讲话要求各级党委要以十五大精神为指针,以“三个有利于”为标准,进一步解放思想换脑筋;以调整和完善所有制结构为中心,大力推进国有企业改革,开创城镇经济工作的新局面;进一步加强农牧业基础地位,加速农业产业化进程,促进农村牧区经济全面发展;突出重点,以人为本,切实加强精神文明建设和党的建设,为经济发展提供有力的保证。

中共巴盟盟委1998年9月21日召开扩大会议。会上各分管部门负责人通报了1—8月全盟社会经济发展和运行情况,分析巴盟前8个月的社会发展和经济运行及目标完成情况,研究后4个月着重抓好的工作及主要对策。并按照党中央《关于进一步稳定和完善农村土地承包关系的通知》精神,制定出巴盟《关于稳定和完善土地承包关系的实施意见》。中共巴盟盟委1999年12月16—18日召开扩大会议。会议学习中共十五届四中全会、中央经济工作会议和内蒙古自治区党委六届九次全委会议、内蒙古自治区经济工作会议精神,按照党中央和内蒙古自治区决策、部署,总结全盟一年的工作,研究加快国有企业改革发展问题,部署来年工作任务。

为全面贯彻落实中共十五届五中全会和内蒙古自治区党委六届十一次全委会议精神,盟委于2000年11月20—21日召开扩大会议。会议研究了巴盟地区“十五”规划,制定了“十五”期间推进“农牧业为本,工业立盟,科教先行,产业化推进”经济发展战略。

中共巴盟盟委2003年1月召开扩大会议。会议以中共十六大、中共内蒙古自治区七届三次全委会和全国、全区经济工作会议精神为指针,确定巴盟在新的形势下全面建设小康社会的总体思路、奋斗目标和主要措施。会议认为,全面贯彻“三个代表”重要思想,与时俱进,是推进全盟改革开放和社会主义现代化建设的根本。会议强调,新的一年里,要在推进工业化进程、加快产业化步伐、推进城镇化进程、加强生态建设和基础设施建设、扩大对外开放、发展非公有制经济、加强精神文明建设和民主法制建设七个方面实现新的突破。

二、中国共产党巴彦淖尔市委员会全委(扩大)会议

2004年7月5日,召开巴彦淖尔市委第一届委员会第一次全委会。会议选举产生巴彦淖尔市第一届委员会常委、书记和副书记,通过巴彦淖尔市纪律检查委员会第一次会议选举结果的报告。会议指出,刚闭幕的中共巴彦淖尔市第一次党员代表大会,是一次继往开来的大会、民主团结的大会、开创新局面的大会。新组建的市委班子在思想建设中要加强以政治思想建设为重点,深入学习贯彻“三个代表”重要思想,提高领导班子整体素质,政治上始终与党中央保持一致;要坚持党的民主集中制优良传统,建成一个团结和谐的领导集体;正确把好用人机制,把好选拔任用干部关;切实解决好党的作风问题,确保党在人民群众中的良好形象;改革和完善领导方式,发挥好市委的领导核心作用。会议认为,为实现党代会确定的新世纪巴彦淖尔市宏伟奋斗目标,关键是市委领导集体的执政能力和领导水平。会议号召全市各级党组织和广大共产党员,要全面贯彻"三个代表"重要思想,树立和落实科学发展观,大力弘扬求真务实精神,紧跟时代发展的步伐,团结带领全市各族人民,同心同德,艰苦拼搏,乘势而上,再造发展新优势,努力实现新跨越,为全面建设小康社会,创造更加美好的未来而努力奋斗。

2004 年 7 月 23—24 日,中共巴彦淖尔市委在临河召开全委(扩大)会议。会议的主要任务是贯彻落实内蒙古自治区党委七届六次全委会和全区第三产业工作会议精神,以科学发展观为指导,总结全市上半年工作,研究部署下半年工作。会议还讨论通过《中共巴彦淖尔市委员会关于全委会对旗(县、区)党委、政府领导班子正职拟任人选和推荐人选表决实施办法》,第一次在全委会上对旗(县、区)党政正职拟任人选和推荐人选采取无记名投票表决办法进行表决。同时明确今后要进一步扩大公开选拔干部的范围,营造良好的用人氛围,建立科学的用人机制。

中国共产党巴彦淖尔市第一届委员会在临河召开全委(扩大)会议,会议提出了 2005 年全市各项工作指导思想和总体发展思路,讨论通过《中共巴彦淖尔市委员会工作规则》。会议认为,全市经济社会发展要始终以"三个代表"重要思想为指导,深入贯彻十六届三中、四中全会和内蒙古自治区党委七届八次全委会精神,以科学发展观统揽全局;以保持共产党员先进性教育活动为动力,全面实施中共巴彦淖尔市第一次代表大会确定的发展目标,巩固发展来之不易的大好形势,全力推进物质文明、政治文明和精神文明建设,努力构建社会主义和谐社会,不断提高城乡人民生活水平,全面完成"十五"计划目标,为"十一五"经济社会发展奠定基础。会议强调,实施好全市经济社会发展战略,全面完成 2005 年各项目标任务,关键是加强和改进党的建设。要以搞好党员先进性教育活动为载体,加强党的思想政治建设和基层组织建设;以深化干部人事制度改革为动力,加强干部队伍建设,做好新时期人才工作;以完善制度和机制为保障,深入开展党风廉政建设和反腐败斗争;以提高领导发展能力为重点,不断完善党的领导方式和工作方法。

2006 年 2 月 13 日,巴彦淖尔市委在临河召开全委(扩大)会议,会议学习了中共十六届五中全会、内蒙古自治区七届十一次全委会和中央、内蒙古自治区经济工作会议精神,总结了"十五"期间全市在社会经济建设方面工作的得失,谋划"十一五"社会经济发展战略。审议通过《中共巴彦淖尔市委关于制定国民经济和社会发展第十一个五年规划的建议》。会议以科学发展观为统领,提出继续加快推进"一个转型"(推进农业主导型经济向工业主导型经济转变),明确"三个定位"(发展目标定位、区域功能定位和主导产业的定位),抓好"六个战略重点"(六个战略重点:发展优势特色产业、推进工业化进程;坚持城乡统筹,加快社会主义新农村新牧区建设;突出抓好城镇建设和县域经济发展,加快推进城镇化步伐;加强基础设施和生态建设,增强资源和环境保障能力;坚持改革开放和科技创新;大力发展社会公共事业,努力构建和谐社会),以科学发展为目的,正确处理扩张总量与提升质量、投资拉动与消费拉动、经济发展和社会发展之间的关系,努力实现又快又好发展。

2006 年 11 月 5 日,中共巴彦淖尔市委在临河区召开全委会,会议以无记名投票的方式选举产生中共巴彦淖尔市第二届委员会书记、副书记和常委。通过市纪律检查委员会第一次全体会议选举结果。新当选市长郭启俊代表市委要求各级党委要做到:学习新知识,掌握新本领;要深化干部制度改革,把握正确用人导向;坚持民主集中制,建设团结和谐的领导班子;深化领导班子配备制度改革,不断转变领导方式和工作方式;切实转变领导作风,树立班子良好形象。

2007 年 3 月 25 日,中共巴彦淖尔市委在临河区召开全委(扩大)会议,市委书记郭启俊在讲话中说,2007 年,全市经济社会发展的主要目标是加大环境保护力度,确保万元地区生产总值能耗下降 5.02%,化学需氧量减少 16.7%,二氧化硫排放量减少 15%;在优化结构、提高效益、降低消耗的基础上,确保二次产业占地区生产总值的比重超过 50%,其中工业比重超过 40%。全面推进新农村新牧区建设,重点办好十件实事,搞好四项改革;基本普及高中阶段教育,全面推行新型农村合作医疗制度和各项社会事业发展;城镇居民人均可支配收入和农牧民纯收入均增长 15%左右。

2008 年 4 月 13 日,中共巴彦淖尔市委召开全委会议,会议表决通过《中国共产党巴彦淖尔市委员会关于郝忠等 4 名候补委员递补为委员的决定》。对市委常委会提名的部分旗(县、区)党政正职和市直部门正职拟任、拟提名人选进行表决。5 月 21 日,中共巴彦淖尔市委召开全委(扩大)会议。会上,市委副书记杨志民传达自治区党委第 32 次常委(扩大)会议《关于研究部署我区支援四川省抗震救灾工作的纪要》精神,通报市支援抗震救灾工作进展情况。会议还讨论并通过了《中国共产党巴彦淖尔市第二届委员会第五次全体(扩大)会议公报》《中共巴彦淖尔市委员会关于旗(县、区)委书记向市委全委会述职的实施办法(试行)》。12 月 30—31 日,中共巴彦淖尔市委召开全委会议,会议的主要任务是按照党中央、自治区经济工作会议精神,总结 2008 年工作,研究部署 2009 年的工作。

2009 年 8 月 15 日,中共巴彦淖尔市委在临河区召开全委(扩大)会议。会议主要分析了 2009 年上半年国际国内经济形势,提出“一个奋斗目标”“三个定位”“五项措施”战略。“一个奋斗目标”是主要经济指标增幅高于全区平均发展水平。“三个定位”是产业定位、区域功能定位和城市发展定位。产业定位是在继续做大做强农畜产品加工业、矿山及冶金工业、化学工业和电力工业四大支柱产业的同时,积极发展建材工业、装备制造业、高新技术产业和劳动密集型产业,不断培育新的经济增长点。区域功能定位是“四个基地和一个重要枢纽”，打造绿色特色农畜产品生产基地、冶金工业基地、化学工业基地、新能源工业基地和国内国际重要交通枢纽。城市发展定位是将巴彦淖尔市建成新型工业城市、口岸开放城市、宜居生态城市、河套文化名城。“五项措施”是坚持推进经济结构转型升级、加快推进城乡一体化发展、全方位扩大对外开放、构筑两极带动新格局、实施人才强市。

2010年1月28—29日，中共巴彦淖尔市委在临河区召开全委（扩大）会议。会议的主要任务是贯彻中共十七届四中全会和党中央、内蒙古自治区经济工作会议精神，落实胡春华视察时重要指示，总结2009年的工作，部署2010年工作。

会议充分肯定了市委常委会过去一年的工作，提出2010年全市经济社会发展的主要预期目标，继续按照“一个奋斗目标、三个发展定位、五项战略措施”的思路，坚持发展是第一要务的思想不动摇，保持经济平稳较快发展；加快经济结构转型升级，在更高层次上统筹推进工业化、城镇化和农牧业产业化；更加积极主动地推进民生与经济同步发展，努力实现富民与强市和谐共进。12月14—15日，中共巴彦淖尔市委在临河召开全委会议。会议审议通过《中共巴彦淖尔市委员会关于制定国民经济和社会发展第十二个五年规划的建议》。会议肯定了市委常委会一年来的工作，一致认为，全市经济社会各项事业和党的建设取得明显成效，为“十二五”发展奠定了良好基础。会议提出今后5年经济社会发展的主要目标，做好六个方面的工作。构建优势特色产业体系，推动产业结构优化升级。重点做好“三篇文章”（在培育壮大优势特色产业上做文章；在集约、集聚、集群、循环发展上做文章；在产业多元、产业延伸、产业升级上做文章）、打造“五个基地”（要打好水煤组合牌，加快打造新型煤化工基地；打好地上资源牌，加快打造绿色农畜产品基地；打好地下资源牌，加快打造有色金属和黑色金属冶炼加工基地；打好风光资源牌，加快打造新能源生产基地；打好向北开放牌，加快打造境外资源深加工基地）。大力发展现代服务业，构建多元发展、多极支撑的现代产业体系；加快发展现代农牧业，推进新农村新牧区建设。按照“吸纳转移、集约集中、反哺投入”的指导方针，大力发展现代农牧业，加快农牧民向城镇和二、三产业转移，加大农村牧区公共服务投入，积极推进新农村新牧区建设；尽快构建特色城镇体系，大力推进城镇化。按照百万人口区域中心城市建设目标和“一市三区一组团”总体布局，集中力量抓好临河城区建设，积极打造特色县城，加快中小集镇建设。“十二五”末全市城镇化率达到60%以上；加强基础设施建设，增强持续发展后劲。完善公路、铁路网络，加快机场建设，构建综合交通运输体系。加大生态保护和建设力度，加强电力、农田水利和信息基础设施建设、以民生为重点的社会建设，构建和谐巴彦淖尔。做好就业和增收工作，健全覆盖城乡的社会保障体系。大力发展教育、文化、卫生、科技等社会事业。深入推进精神文明建设。加强和创新社会管理，努力维护社会和谐稳定；深化改革开放，增强发展活力。积极推进各项改革，加快构建与科学发展相适应的体制机制。加快向北开放步伐，积极融入以呼包鄂为核心的西部经济区,承接发达地区产业转移,努力形成全方位、宽领域、高水平对外开放格局。

第二节 市委常委会议及决策

2005 年 5 月 23 日,市委召开常委会,讨论了《巴彦淖尔市委常委会保持共产党员先进性教育活动整改提高阶段安排意见》和《巴彦淖尔市党政班子保持共产党员先进性教育活动集中整改方案》。

《巴彦淖尔市委常委会保持共产党员先进性教育活动整改提高阶段安排意见》总体目标是市委常委会在总结先进性教育活动第一、二阶段工作的基础上,针对查摆出来的突出问题,制定切实可行的整改方案和具体措施,做到整改目标明确,整改措施具体,整改效果明显,确保先进性教育活动取得实效,确保先进性教育活动成为群众满意工程,达到"党员受教育、组织增活力、发展出成果、群众得实惠"的目标。按照《巴彦淖尔市党政班子保持共产党员先进性教育活动集中整改方案》的指导思想,以邓小平理论和"三个代表"重要思想为指导,贯彻中共十六大和十六届三中、四中全会精神,实现市一次党代会和一届三次全委会确定的各项目标任务,针对先进性教育活动中提出的党政班子及个人存在的问题、意见和建议,认真落实科学发展观、集中精力解决好关系全市经济社会发展的重大问题;按照构建和谐社会的要求,切实解决关系群众切身利益的突出问题;不断加强党的建设,努力解决影响党的先进性的突出问题;以提高执政能力为目标,加强党政班子自身建设,不断增强党政班子的创造力、凝聚力、战斗力。注重建立和完善各项制度,形成长效机制,不断巩固和扩大整改成果,更好地担负起领导巴彦淖尔市实现新跨越的历史重任。整改原则是坚持早改快改、真改的原则;坚持集中整改与建立长效机制相结合的原则;坚持量力而行、尽力而为的原则;坚持领导干部带头整改的原则。整改重点是加大工作力度,集中力量抓好已经明确责任、正在落实解决的重大问题。要全面实施《关于先进性教育活动中对市委、市政府班子提出部分问题和建议的分解落实意见》,切实解决好经济建设方面影响经济快速发展的 14 个问题,解决好社会发展方面关系群众切身利益和影响社会发展的 13 个突出问题,着力做好党的基层组织建设、党员教育管理、干部培训等 6 个方面的工作;加强党政班子自身建设,不断提高执政能力。分别制定党、政班子加强自身建设的具体措施,认真进行整改。整改措施:落实整改工作责任制;依靠群众搞好整改;强化督查落实工作是建立长效机制;搞好"回头看",扩大整改成果。

2005 年 9 月 14 日,市委召开常委会,研究部署了全年几项重点工作是经济运行中的推出机制;农业增效,农牧民增收;重大项目落实,固定资产投资;提高对外开放水平,扩大招商引资;整合资源,优化资源配置;重化工业基地建设;财政金融体制进一步改革;创新经营城市理念,加快城镇化建设步伐。

2006年6月21日,市委召开常委会,讨论《中国共产党巴彦淖尔市第一届委员会第六次全体会议关于召开中国共产党巴彦淖尔市第二次代表大会决议》。会议认为,各级党委一定要从全局和战略的高度,充分认识党委换届工作的重要意义,以高度的政治责任感和历史使命感,认真扎实地做好这项工作;要积极推进领导班子配备改革,规范党政机构设置,完善党委常委会的组织结构,适当扩大党政领导成员交叉任职,减少领导职数,切实解决分工负责,充分发挥集体领导作用;要进一步优化领导班子结构,抓住换届的有利时机,深入推进干部制度改革,努力在选拔优秀年轻干部方面迈出新步伐。同时,要全局考虑,统筹安排,积极推进干部交流。优化班子专业和知识结构,重视女干部、少数民族干部的选拔工作。运用体现科学发展观要求的综合考核评价办法进行换届考察。12月6日,市委召开常委会,研究公开选拔副处级领导干部和教育、卫生系统所属事业单位领导干部聘用及纪委、监察局派驻机构实行统一管理等问题。会议还讨论还通过了市委组织部《关于选拔副处级领导干部工作方案》,决定公开选拔的范围是全市党政机关、事业单位(包括聘任人员)符合条件的干部。市委常委会认为,"一推双考"是深化干部人事制度,进一步扩大干部选拔任用,拓宽选人用人视野的有效方法,要求市委组织部周密安排,精心组织好这次公开选拔工作。研究《巴彦淖尔关于教育、卫生系统所属准处级以上事业单位领导干部聘用工作实施方案》,原则同意了这一方案,并提出三点建议:2007年教育、卫生系统所属准处级以上事业单位领导干部全部实行聘用制;要以实行办法进行组织实施,并要制定配套的实施细则,确保选拔干部工作取得预期效果;建立完善强有力的监督约束机制,加强对实行聘用制度单位领导干部的监督管理。

2007年1月11日,市委召开常委会。会议听取市政府关于工业经济运行情况和重点项目建设进展情况的汇报,研究2007年全市工业经济发展及重点项目建设。市委书记郭启俊就工业经济发展和重点项目建设情况发表讲话。在讲话中指出:2006年工业经济保持超常规的发展,速度和效益都出现强劲增长的势头。在结构调整、资源整合、节能降耗、环境保护等各个方面都取得很好的成绩,呈现出又快又好的发展态势。2007年要继续抓住经济结构转型不动摇,坚定不移地推进工业化,继续保持工业发展超常规的速度和效益。要继续扩大开放,利用招商引资来解决资金问题。要加大投入,努力提高工业投资占全社会固定资产投资的比重。要做好打造产业集群、资源综合利用、节能环保等各项工作,以保证工业在好中求快的基础上发展。要进一步加大优化发展环境力度,为全市工业的发展营造一个良好的环境。

2007年1月19日,市委书记郭启俊主持召开常委会,研究临河区西区开发建设问题,并在讲话中指出,临河西区的开发建设是势在必行的。从城市建设角度看,"十一五"巴彦淖尔市城区设计人口为50万人。作为中心城区,临河区必须在加大旧城改造力度的同时,加快对西区的开发建设,以拉大城市框架,扩大城市规模,这样才能改善城市功能和百姓的人居环境。更重要的是扩大巴彦淖尔市城市规模能够为招商引资搭建平台,有利于吸引到更多的资金技术和人才,使城市产业得到发展,城市的水平才能不断得到提升。从推进新农村建设的角度看,临河及各旗(县、区)周边的城郊村、城中村地少人多,其改造应是新农村建设的重点工作之一。尤其是作为市府所在地的临河周边的城郊村、城中村的改造更应加大力度。通过改造来转移农村剩余劳动力,提高这一部分农民的生活质量,并让他们能够享受到和市民一样的生活保障。应加快临河西区的开发建设。各相关部门应加大工作力度,力争早日取得突破。

会议还听取了全区机关事业单位工资制度改革实施工作会议精神及巴彦淖尔市实施意见。传达全区组织部长会议、宣传文化工作会议和政法工作会议精神。

2007 年 2 月 4 日,市委召开常委会,专题研究 2007 年固定资产投资专项推进重大项目建设工作。市委书记郭启俊在会上指出,2006 年,全市的重大项目建设很有成效,200 个亿的投资有力地拉动了全市的经济建设,保证经济持续增长。要继续紧紧抓住这项工作不放,继续以开放为突破口,推进重大项目责任制,确保已确定的重大项目稳步推进。具体工作中,认真研究国家的产业政策、投资政策和宏观调控政策,优化投资结构,做好资源利用和环境保护工作,使重点项目建设符合国家政策,符合科学发展观;要将重点项目规划工作做好,将项目的前期工作做实,想方设法争取进入国家区域规划中;继续推进重大项目负责制,继续执行好重点项目的月报和季调度工作,做到责任领导对项目服务负总责,其他有关部门领导协调配合。副市长李文天汇报了紫金集团二期 10 万吨锌冶炼扩建项目、联邦制药项目、包钢西区 500 万吨钢联项目等 15 个亿元以上重大项目的推进情况。

2007 年 5 月 13 日,市委召开常委会,会议听取乌兰布和沙漠治理情况和河套灌区中低产田改造项目有关情况的汇报。会议认为必须要把乌兰布和沙漠治理摆到重要议事日程,作为一项重大战略来研究和实施。首先要对乌兰布和沙漠地区进行准确的功能定位,要在现有规划的基础上继续开展深入细致的调查研究,弄清楚乌兰布和沙漠地区人口和畜牧业及水资源、土地矿山资源等基本情况。结合自治区关于农牧区功能区划分的要求,实施分区规划、分区治理。同时,要做好水资源、重点产业和移民等专项规划。要建立乌兰布和沙漠治理统一的领导机构和协调机构,各有关部门和旗、县要明确职责,协调配合,共同抓好工作。

2007 年 8 月 15 日,市委召开常委会议,专题研究部署新牧区建设工作。会议围绕新牧区建设中拟采取的政策措施进行研究讨论。会议决定制定出台《巴彦淖尔市社会主义新牧区建设意见》及《巴彦淖尔市退牧转移办法》《巴彦淖尔市民族教育专项基金管理办法》。

2007 年 11 月 2 日,市委召开常委会议,会议结合学习贯彻中共十七大精神,研究当前工作，市委书记郭启俊主持会议并讲话。认为学习宣传贯彻中共十七大会议精神，要理论联系实际，学用结合，在深入领会会议精神的同时，做好当前几项重点工作。要做好学习宣传贯彻中共十七大精神的各项工作。宣传部门要尽快拿出具体的学习方案，按照市委“三重点、三同时”的部署，充分发挥各级媒体的作用，根据不同受众的特点开展不同形式的学习，重点加强对县处级以上领导干部的学习培训。市级机关的领导干部要带头组织学习，努力成为勤奋学习、善于思考、勇于实践、锐意创新的模范，不断提高领导水平和执政水平；各地区各部门要安排好本地区本部门机关干部中共十七大精神的学习宣传工作，要结合各自工作学出成效；要结合实际，坚持“三贴近”的原则，组织宣讲活动，安排农民、工人、学生、群众等各界的学习，使中共十七大精神深入人心；要结合学习贯彻中共十七大精神，根据各项工作的轻重缓急，抓好2007年第四季度的经济工作，争取将年初定下的目标任务完成得更好。要根据结构转型的要求，继续做好各重点项目的前期准备工作，千方百计抓好项目落实，推进工业经济提速增效。要根据“一市三区”的城市发展框架，做好城镇建设工作。临河西区建设已有重大突破，下一步要重点做好临河西区、新华西街和北边渠改造的配套工作。要做好环境保护和资源节约工作，争取完成全年的节能减排目标任务。要继续关注和改善民生，保障好困难群体的生产生活，让人民群众共享改革发展的成果；切实做好人大、政府、政协的换届工作，达到增强班子活力、增强干部队伍团结、增强广大群众的斗志和干劲三个目的。要适应全市跨越式发展的形势和经济结构的转型，做好各级人大代表和政协委员的选举工作。同时及早准备人大、政府、政协的工作报告，让全市的换届工作顺利进行。党的建设、文化大市建设、新农村建设和各项社会事业的发展等工作也要加大力度，真正将中共十七大精神落实到工作中，促进各项事业的发展。

市委副书记、市长就如何结合学习中共十七大精神做好市政府工作提出了六个着力点及当前要做好的五项重点工作。六个着力点：按照新型工业化的要求，加快优势特色产业的发展；围绕项目和投资，加大招商引资、银行融资和推进企业上市工作力度；以增加农牧民收入为目标，加快推进社会主义新农村新牧区建设；增强可持续发展的能力，加强能源资源节约和生态环境保护力度，在环境友好、资源节约的条件下实现现代化进程；立足长远发展，加大城市建设和基础设施建设力度；坚持以人为本，加快推进以改善民生为重点的社会建设，围绕提升全市的软实力建设文化大市。五项重点工作：认真起草好政府工作报告，体现中共十七大精神，贯彻落实二次党代会决策和“十一五”规划目标；抓好经济运行中涉及的资金、运输协调工作，确保安全生产；做好重大规划项目的论证和落实工作；根据“一市三区”的规划做好城市建设工作；解决好教育、住房、低保等涉及民生的社会建设问题。

2007年12月29日，市委召开常委会，会议学习了中共十七大会议精神和胡锦涛在内蒙古视察时的重要讲话以及党中央、内蒙古自治区经济工作会议精神，全面总结2007年工作。市委书记郭启俊就2008年全市经济社会发展提出六点要求：大力推进产业结构转型升级；在统筹城乡一体化发展上取得重大进展；继续加快城镇和基础设施建设；坚持改革开放和科技创新，在增强经济社会发展持久动力上取得重大进展；更加注重和改善民生；切实加强资源节约和环境保护。

2008年3月22日，市委召开常委会。会议听取河套灌区500万亩中低产田改造项目有关情况的汇报，讨论"关于表彰奖励2007年度新农村新牧区建设先进旗（县、区）、先进示范引领村（嘎查）、帮扶联系示范点先进单位的意见"。会议还审定《中共巴彦淖尔市委全委会工作规则》《中共巴彦淖尔市委常委会议事决策规则》和2008年市委常委会工作要点。5月16日，市委召开常委会。会议讨论了市政府提交的《巴彦淖尔市迎接自治区两个文明建设经验交流会暨庆祝建国六十周年工作方案（送审稿）》《巴彦淖尔市创建国家卫生城市工作方案（送审稿）》《巴彦淖尔市创建国家园林城市工作方案（送审稿）》及市委政研室提交的《关于加快发展现代农牧业，扎实推进社会主义新农村新牧区建设的意见（讨论稿）》《关于加快推进农村土地承包经营权流转，促进农村土地流转的意见（讨论稿）》，会议审定了市委宣传部提交的《关于进一步加强河套文化建设的决定（讨论稿）》。7月23日，市委召开常委会，专题研究提高机关事业人员收入的有关问题。经常委会讨论，同意人事部门关于2008年规范公务员津贴补贴方案和市直事业单位职工发放补助的相关事项。7月24日，市委召开常委会。会议通过对市农垦局党政正职和部分市直单位正职和重要部门副职任免提名。要求对新提职干部进行任前公示，公示期满后，属内蒙古自治区党委组织部、纪检委管理的干部要上报审批。9月8日，市委召开常委会传达内蒙古自治区纪检监察工作会议精神和自治区贯彻落实《建立健全惩治和预防腐败体系2008—2012年工作规划》电视电话会议精神。会议还研究讨论保护和恢复乌梁素海生态环境，推进乌梁素海市场化改革和开展围封禁牧工作。10月20日，市委召开常委会。会议听取并审议市科协关于贯彻自治区党委《进一步加强新时期科协工作的意见》和市委《关于贯彻落实〈建立健全惩治和预防腐败体系2008—2012年工作规划〉实施细则》。会议还审议通过《市关于开展深入学习实践科学发展观活动试点工作实施方案》。12月29日，市委召开常委会。会议专题讨论市委书记在市委二届七次全委（扩大）会议上的工作报告和2009年全市经济社会发展主要指标体系、处理信访问题及群体性事件的工作制度。对加强保障性住房建设促进房地产业健康发展事项进行研究。与会人员一致认为，加快全市经济适用住房建设、廉租住房建设，合理引导住房消费与商品房开发建设，活跃房地产市场，既可改善群众住房条件、保障民生，又有利于保持房地产市场平稳健康发展、促进地区经济发展。

2009年5月4日，市委召开常委会。会议对媒体暴露出来的房地产开发中存在的问题进行深刻剖析。会议决议责成各相关部门半个月之内将事件查明，依法依规严肃处理；同意市房管局、临河区政府对涉嫌违纪的3名工作人员暂时停职的决定，另1名敷衍记者采访的工作人员做出书面检查；下发《关于进一步做好新闻采访活动保障工作的通知》，通报批评市房管局党组和临河区政府。6月1日，市委召开常委会，研究市委宣传部提交的《巴彦淖尔市庆祝新中国成立60周年暨2009中国河套文化艺术节文体活动方案》和“关于旗(县、区)委书记、农垦局局长向市委全委会述职的有关事项”以及关于进一步支持新闻媒体工作，自觉接受舆论监督的意见。9月6日，市委召开常委会，研究讨论巴彦淖尔市第二批深入学习实践科学发展观活动工作总结、第三批深入学习实践科学发展观活动工作方案和建立市委深入学习实践科学发展观活动领导小组成员联系点制度等有关事项。11月，市委召开常委会。会议听取财政收入、教育工作、行政事业单位养老保险工作情况的汇报和组织部关于“全国组织部长、全区组织部长学习贯彻十七届四中全会精神培训班、研讨会”的汇报。研究审定《关于构建巴彦淖尔市“问政于民、问需于民、问计于民”平台的实施办法》《巴彦淖尔市2011年迎接全区两个文明建设现场经验交流会暨创建国家卫生城市、园林城市工作方案》《巴彦淖尔市关于加强农村牧区精神文明建设的意见》《中共巴彦淖尔市委员会关于全面加强和改进党的建设的意见》。

2010年1月8日，市委召开常委会，就召开市二届三次人代会和市政协二届三次全委会有关事项进行研究。1月28日，市委召开常委会，研究讨论市委二届九次全委(扩大)会议上的《工作报告(讨论稿)》和拟提交市第二届人民代表大会第三次会议审议的《政府工作报告(送审稿)》《2009年国民经济和社会发展计划执行情况与2010年国民经济和社会发展计划草案的报告(送审稿)》《2009年预算执行情况和2010年预算草案的报告(送审稿)》。2月5日，市委召开常委会，听取全区政法暨信访工作会议精神的汇报，贯彻落实自治区会议精神及就如何强化基层创新机制、建立社会矛盾综合治理大格局，推进平安巴彦淖尔建设工作进行研究。对加强和完善重点领域的党建、加强苏木镇(街道办事处)党政正职队伍建设、乡镇苏木推行“三一四全”工作法进行研究。3月17日，市委召开常委会。会议听取市委各常委、政府各副市长工作汇报，研究讨论市委各常委、政府各副市长包旗(县、区)督促抓发展、抓稳定、抓民生的工作方案。会议指出按照包旗(县、区)的工作方案重点做好两项工作：按分工抓好本职工作，努力完成各项目标任务；按照包旗(县、区)的工作方案抓好责任落实，帮助各旗(县、区)研究解决发展问题、稳定问题、民生问题并及时监督落实。11月9日，市委常委召开中心组学习会。会上中共十七大代表、市公安局刑警支队政委王卫新汇报参加十七届五中全会的盛况。市委副书记、政府代市长传达十七届五中全会精神和自治区党委八届十三次全委会精神。市委书记就贯彻落实十七届五中全会精神和自治区党委八届十三次全委会精神及巴彦淖尔市“十二五”规划的思路做重要讲话。指出当前要完成两项主要工作，迅速在全市掀起宣传会议精神的高潮，全市上下要站在全局和战略的高度，把学习贯彻中共十七届五中全会和自治区党委八届十三次全委会议精神作为当前和今后一个时期的首要政治任务，认真谋划、精心安排，切实抓好会议精神的学习，使广大党员干部和群众了解会议精神，切实把思想和行动统一到中央和自治区的要求上来。制定巴彦淖尔市“十二五”规划的建议和纲要，用1个月时间起草完成“十二五”规划的建议稿。用2个月时间完成规划纲要的初稿。国家实施新一轮西部大开发，制定内蒙古发展的优惠政策。得天独厚的农牧业资源优势、水煤组合优势、绿色能源优势、向北开放优势，为“十二五”时期跨越式发展提供了良好的条件。2010年12月11日，市委召开常委会，专题研究《中共巴彦淖尔市委员会关于制定国民经济和社会发展第十二个五年规划的建议（讨论稿）》。与会人员围绕贯彻中共十七届五中全会和自治区党委八届十三次全委会精神，结合实际，对建议提出了具体的修改意见。

第三节　其他重要会议与决定

1986年10月15—18日，巴盟经济社会发展战略研讨会在临河市召开，盟党政军领导、自治区有关部门专家学者、各旗县市主要领导和科技工作者参加会议。会议指出，中共十一届三中全会后，巴盟经济发展速度较快，1986年，全盟工农业生产总值比1978年翻了一番。在第一个翻番实现以后，如何继续稳步前进，提前实现十二大提出的翻两番的奋斗目标，是各级领导干部和广大人民群众面临的一个十分重要的任务。本次会议是为科学地制定巴盟经济社会发展战略纲要和第七个五年计划而召开的。会前，为制定巴盟经济社会发展战略规划和“七五”计划，已经进行大量的调查研究，听取各旗、县、市和科技工作者的意见建议，并特邀内蒙古自治区专家、学者对全盟七个旗县市进行实地考察，然后加以论证，使战略规划更加符合实际，符合巴盟经济社会发展的客观规律，更具有科学性和可行性。

1987年6月，全盟学校思想政治工作会议在临河市召开。会议中心议题是加强和改善学校思想政治工作，旗帜鲜明地坚持四项基本原则，反对资产阶级自由化，全面贯彻党的教育方针，培养“四有”人才。

1988年2月，中共巴盟委员会、巴盟行政行署印发《关于加快和深化城市经济体制改革的意见》，主导思想是以十三大精神为指导，以社会主义初级阶段理论为指导，进一步解放思想、更新观念，从实际出发，采取灵活有效的措施，加快和深化改革，促进生产发展。

1988年3月7日，巴盟盟委、盟行署召开全盟深化企业改革电话会议。会议重点解决国企在改革中要注意解决好的五个问题，进一步解放思想，更新观念，强化改革意识，改变消极、敷衍、疑虑、观望态度，破除“左”的僵化思想和旧的传统观念；在继续推行承包经营责任制的同时，大胆试行租赁、转体、拍卖和股份制；大胆引入竞争机制和风险机制；抓好承包租赁的基础工作，即资产评估、审计，科学合理地确定承租基数；认真搞好企业内部经营机制的配套改革。

1988 年 10 月 29 日至 11 月 2 日,全盟农村(牧)工作会议在临河市召开。会议按照中共十三届三中全会提出的“治理经济环境、整顿经济秩序、深化改革”的总方针,以深化巴盟农牧区改革和发展农牧区商品经济为主要任务,以中共十一届三中全会后巴盟的巨大变化为依据,论证巴盟只有改革才能发展,只有改革才能进步。与会人员一致认为,改革必须坚持实事求是的思想路线,从实际出发,从国情、盟情出发;改革必须进一步解放思想;改革必须以发展生产力,让人民尽快劳动致富为根本目的;改革必须依靠群众的积极性、创造性;改革必须上下左右配合,统筹安排,协调前进。

1989 年 2 月 1,巴盟盟委召开电话会议,会议主题是传达贯彻全国党员教育工作会议精神和内蒙古自治区盟市委书记会议精神。会议要求全盟各级党的组织要认清形势,加强党的领导,加大治理整顿力度,坚持改革开放不动摇。

1990 年 9 月,巴盟召开党风廉政工作会议。会议认为,前一阶段党风廉政工作虽然取得一定的成效,但是腐败现象没有从根本上得到解决,有些问题还相当严重。针对存在的问题,要求各级领导继续提高对腐败危害的认识,增强廉政建设的使命感和责任感,以纠正行业不正之风为突破口,进一步推动廉政建设;继续深入开展廉政教育和制度建设,树立良好的职业道德风尚,集中力量查处大案要案,坚决严惩腐败。

1991 年 9 月 10 日,巴盟召开治理“三乱”暨物价工作电话会议。会议通报了近两年“三乱”治理自查、抽查成果。通报中指出,近两年清理罚款项目 73 项,集资项目 68 项,摊派项目 15 项。查处重大违法收费 68 件,一般违法收费 183 件,一般违法行为 146 件,10% 的收费为无据收费;农业区清查村社 4253 个,牧区清查嘎查 173 个。取清不合理收费 62 项,降低收费标准 62 项。违纪违法案件结案率 62%。会议指出,治理工作取得初步成效,但还存在一些明显的问题:发展不平衡,治理还不彻底;前清后乱现象比较严重,配套措施跟不上,制约机制不健全。存在的问题不解决,治理“三乱”工作就不能达到预期目标,就不能为经济建设和社会发展创造良好的环境,人民群众也不会满意。会议强调,全盟各地、各部门要继续将治理“三乱”作为一项重要任务,进一步统一认识,针对各地情况查漏补缺,重点抓好审核处理、整章建制,切实解决几件群众关心和反映强烈的问题。各级领导要深刻理解“三乱”的危害性、严重性和治理“三乱”的艰巨性。对明令取消的项目,必须坚决立即停止。对明知故犯、屡查屡犯的单位和个人必须严肃处理毫不留情。

1992 年 5 月 18—21 日,巴盟召开旗、县、市委书记会议。会议中心任务是进一步贯彻落实中央 2 号文件和自治区党委全委会议精神,研究加快巴盟改革开放和经济发展步伐问题。会议要求各旗、县、市委书记要正确认识当前形势和任务,努力开创大改革、大开放、大发展的新局面;“开”字当头,以开放驱动全局;“闯”字当头,进一步加大改革力度;“干”字当头,集中全力把经济建设搞上去。会议对全盟下一步改革开放、经济建设工作做出全面部署:做好农牧区工作,确保农牧民增产增收;深化企业改革,推动企业技术进步;深入商业改革,搞活商品流通;扩大对外开放,发展横向经济联合与协作;采取得力措施,实现企业扭亏增盈;转变职能,改进作风,强化服务。

1993 年 9 月,巴盟在临河召开全盟城镇精神文明工作会议。会议主要任务是总结前一阶段城镇精神文明建设经验,研究部署后期工作。会议指出物质文明、精神文明一起抓,是全面贯彻落实党的基本路线的要求,也是社会主义本质所决定的,只有建设高度发达的物质文明和精神文明,才能构成完美的有中国特色的社会主义。会议将城镇文明建设工作纳入地区、部门、单位整体工作的目标管理中,层层签订责任状,实行年终考核。同月,巴盟在临河召开企业改革动员大会。会议要求从现在起,通过三年的努力,到 1995 年,90% 以上的国有、集体企业完成转制任务。具体指标是,1993 年,全盟国营企业完成转制 20%,1994 年完成 70%。集体企业 1994 年完成转制 80%,1995 年完成转制 90% 以上。会议强调,加快巴盟企业改革转制工作,进一步解放思想,更新观念,提高认识;正确处理好企业改革、转制工作中有关政策问题;进一步加强对企业转制的领导。企业改革是一项十分重要而又难度很大的工作,必须上下左右联动,真抓实干,办实事,求实效,实实在在地把这项工作抓好,抓出成效,促进全盟城乡经济更快更好地向前发展。会议要求各级、各部门要结合本地区、本部门、本企业的实际,把会议精神贯彻好,形成人人思改革、大家都行动的改革局面。同时要全面规划、重点突破,先易后难,循序渐进;知难而进,勇于负责;迎着困难上,果断决策,处理复杂矛盾,真正把会议精神落到实处。

1994 年 4 月 16—17 日,巴盟宣传思想工作会议在临河召开。会议中心任务是传达贯彻全国、全区宣传思想工作会议精神,总结交流改革开放以来,特别是近年来巴盟宣传思想工作的新经验,研究和确定今后一个时期全盟宣传思想工作的基本方针和原则,安排部署近期宣传思想工作。会议指出,各级党委、政府和宣传思想工作部门的同志要进一步抓好理论学习和宣传工作,用中国特色社会主义理论武装干部群众;正确把握舆论导向,为巴盟的改革和建设出力鼓劲;强化精神文明建设的力度,抓好群众性的思想教育,进一步增强干部群众的凝聚力,净化社会风气;繁荣文艺创作和文化市场,以高质量的精神产品满足人民群众日益增长的文化需求。

1995 年 2 月 25 日,巴盟召开全盟社会主义市场经济理论大学习、大讨论动员会。会议指出,大学习、大讨论要始终以邓小平同志建设有中国特色社会主义理论为指针,坚持实事求是的思想路线,坚持理论联系实际的学风,牢牢把握“抓住机遇,深化改革,扩大开放,促进发展,保持稳定”大局,全面贯彻落实内蒙古党委第六次党代会精神和盟委扩大会议精神,动员全盟党员、干部和群众积极投身于大学习、大讨论中,统一思想,扎实工作,以优异成绩完成全盟各项工作。

同年,巴盟盟委、行署针对盟直机构设置层次过多、分工过细,部门之间职能交叉职责不清,职能和事权划分不够合理,机构冗员太多,人员结构不合理,审批事项过多,程序过于烦琐,执法队伍过多,执法行为不规范等问题进行研究。决定出台《关于盟直属机关机构改革实施意见》《关于党政机关单位分流人员的若干规定》《关于向公务员过渡及分流人员工作中要加强对国家机关干部管理的意见》等政策性文件。会议开启全盟行政、事业单位机构改革工作。

1997 年 1 月 9 日,巴盟召开全盟经济工作会议。会议主要任务是贯彻中央、自治区两级经济工作会议精神,落实巴盟 1997 年各项经济指标。会议分析了巴盟"农业大盟、工业小盟、财政穷盟"的现状及成因,明确提出"农牧业为本、工业立盟、产业化推进"的经济发展新思路。要求各级干部要有经济发展的危机感、紧迫感和责任感,要千方百计争取项目,争取投资,为全盟经济发展奠定基础。会议在如何组织实施 1997 年经济工作问题上,要求各级政府做到"四个结合",遵循"五个基本原则"。"四个结合"就是把总量控制与结构调整、宏观调控与微观搞活、深化改革与促进发展、经济发展与社会进步更好地结合起来。

1998 年 6 月 16—17 日,巴盟国有企业下岗职工基本生活保障和再就业工作会议在乌拉特前旗召开。会议认为,巴盟国有企业下岗职工基本生活保障和再就业工作面临的形势非常严峻,解决的方法主要是发展经济。要牢固树立"全党抓经济,重点抓工业"的意识。要加快推进农牧业产业化,积极引导和鼓励企业和下岗职工向农牧业开发转移,在促进农牧业产业化经营中广开就业门路。要重点在科技推广、金融保险、旅游服务等方面取得突破,引导和吸引下岗职工投入第三产业。要进一步放宽政策,加快非公有制经济发展步伐,安排下岗职工。为保障国企下岗职工的生活,稳定社会秩序,7 月,巴盟制定下发《关于做好国有企业下岗职工基本生活保障和再就业工作的通知》。《通知》要求:巴盟和各旗、县、市把解决国企下岗职工的生活和再就业放在各项工作的首位,力争每年实现再就业人数大于当年新增下岗职工人数;巴盟和旗、县、市建立再就业服务中心,保障下岗职工的基本生活,促进下岗职工尽快实现再就业;明确保障对象和范围,摸清底数,加强宏观管理和调控;加快社会保障制度改革,建立和完善社会保障体系;加大政策扶持力度,拓宽再就业领域;加强劳动力市场建设,强化再就业服务;巴盟和各旗、县、市加强领导,落实责任,确保下岗职工基本生活保障和再就业工作顺利进行。

1998 年,巴盟鉴于甘其毛道地处中蒙边界,两地居民属同一民族,经济、人员往来历史悠久,具有发展边境贸易和文化交流的地缘优势,作出报请内蒙古自治区人民政府批准开放甘其毛道临时过货点的决议。

2001 年 2 月 28 日至 3 月 1 日,巴盟召开农牧区工作会议。会议在总结 2000 年全盟农牧业和农牧区工作,分析农牧业和农牧区工作所面临形势的基础上,确定 2001 年巴盟农牧业和农牧区工作总的指导思想,认真贯彻中央和自治区农业工作会议精神,围绕增加农牧民收入这一根本目标,抓住西部大开发的历史机遇,坚持以战略性结构调整为主线,以提高质量和效益为前提,以发展特色农业、绿色农业和农区畜牧业为重点,强化资源的转换和优化配置,加强基础设施建设和生态建设,全力开拓市场,大力实施产业化经营,积极推进农村牧区税费改革及相关配套改革,促进农牧业和农牧区经济社会全面进步。

2002 年 2 月 25 日,巴盟召开加速工业化进程动员大会暨经贸工作会议。会议确定巴盟加快工业化进程的总体思路是优化结构,突破重点,扩大总量,提高效益,三年翻番,五年立盟。优化结构的着力点要放在优化所有制结构、区域结构、产业结构和产品结构上。突破的重点是在扩大现有优势企业的基础上谋求新突破,在新立项目实施上有新突破,在企业上市上有新突破。会议还议定未来五年工业经济发展目标:2004 年,全盟工业增加值由 2001 年的 23 亿元增加到 46 亿,年均增长 26%,工业对财政的贡献率大盘达 50% 以上;2006 年,工业在 GDP 中的份额占到近 40%,工业化程度达到 31. 7%,比 2001 年提高近 17 个百分点,巴盟进入工业化阶段。2002 年 3 月 27 日,巴盟召开撤盟设市工作领导小组第一次会议。巴盟民政局就撤盟设市的政策规定、标准、条件、申报程序、需要上报的材料、市名方案等向大会作了汇报。4 月 16 日,巴盟召开撤盟设市工作领导小组第二次会议。会议听取撤盟设市领导小组办公室的工作汇报,审议通过拟设市名意见。市名初拟为“巴彦淖尔市”,区名初拟为“临河区”。

2003 年 5 月 19 日,巴盟盟委、行署召开联席会议。会议通报“非典”防控工作情况,对下一步全盟防控“非典”工作提出要求;将防控非典型肺炎作为全盟各项工作重中之重,克服麻痹、松懈心理,确保疫情不再蔓延,确保人民群众生命财产安全;抓好节水抗旱、产业结构调整和农副产品流通,尽最大努力促进农业增效、农民增收;加大政府宏观调控力度,增加服务功能,保证企业生产、销售的正常运行;加大宣传力度,树立良好的外部形象,扩大对外开放;抓住巴盟防治非典工作中治疗这一难点,整合资源发挥医疗人员的主观能动性,提高治愈率。

2004 年 4 月 20 日,巴盟召开撤盟设市选举工作会议。会议安排部署巴彦淖尔市第一次党代会、第一届人代会代表选举以及政协巴彦淖尔市第一届委员会的组建和委员推荐工作。会议指出,做好撤盟设市选举工作,是实践“三个代表”重要思想的重要环节,是加快推进巴盟全面建设小康社会的现实需要,是加强社会主义民主政治建设的具体步骤。各级各部门要充分认识做好撤盟设市选举工作的重大意义,按照自治区党委、盟委的要求和部署,以高度的政治责任感和历史使命感,严肃认真地做好选举工作。党代会、人代会代表的考察选举,政协委员的考察推荐一定要严格按照党章、宪法、政协章程的规定和相关的法律、法规和条例的要求进行。考察代表、委员要突出政治素质、参政议政能力和工作实绩等三个方面。各级党委要综合考虑，全面分析，好中选优，真正把共产党员中的优秀分子、社会各阶层中的先进人士选为代表、委员，保证代表和委员的先进性、代表性。会议宣读了《关于巴彦淖尔市第一次党代会大会代表选举工作的通知》，听取巴彦淖尔市第一届人民代表大会代表选举工作、政协巴彦淖尔市第一届委员会代表组建工作的具体安排和说明。

2004 年，为全面贯彻落实中央《关于进一步稳定和完善农村土地承包关系的通知》和十五届三中全会通过的《中共中央关于农业和农村工作若干重大问题的决定》精神，巴盟委根据有关法律、法规和政策，结合巴盟实际出台《关于稳定和完善土地承包关系的实施意见》（以下简称《意见》）。《意见》要求各级领导要站在农业经济持续发展、农民增收、农村社会稳定的政治高度来认识，将党中央这一举措实变为推动农村经济发展的动力；要求各级党和政府要成立专门领导机构和办事机构，实行由主要领导挂帅，分管领导具体负责的责任制，强化法制观念、政策观念、组织观念，坚决克服工作中的随意性，避免出现失误，引发社会矛盾。巴盟制定出台《关于推进边防牧区退牧转移工作的决定》（以下简称《决定》）。《决定》从 2005 年开始，将沿中蒙边境线 30 千米以内区域及乌拉特前旗、磴口县境内牧区牧户整体搬迁，实行退牧还草。并根据国家有关规定，将中蒙边境沿线 30 千米、国家生态重点项目区、国家和自治区自然保护区、河套灌区、乌兰布和沙漠、巴音温都尔沙漠、阴山山脉划为全面禁牧区。

2005 年，为妥善保护阴山岩画，巴盟决定实施最严格保护措施。成立专门队伍，实施 24 小时监控。对盗取、破坏岩画的行为予以严厉打击。12 月 19 日，巴彦淖尔市政府召开城镇化工作会议。会议提出之后五年巴彦淖尔市城乡建设任务：按照城市发展“一年打基础，三年出形象、五年上水平”的城镇建设目标，全力构建巴彦淖尔市“一市三区”（临河区、陕坝区、东部新区）城市发展框架，力争到 2010 年，临河建成区面积达到 50 平方千米，人口达 50 万，成为内蒙古西部区中心城市之一。

第四章　主要工作

第一节　组织工作

一、机构沿革

1986—2010年,中共巴彦淖尔市委组织部是市委主要工作部门之一。组织部部长是市委常委。1996年,内设办公室、干部科、教育科、调配科、组织建设科、党员管理等8个职能科室。2002年机构改革后,内设10个科(室),即办公室、干部一科、干部二科、青年干部科、教育监督科、组织科、企业科、干部实绩考核科(干部实绩考核领导小组办公室)、人才研究室、党员电教中心。

2010年,成立市党代表大会代表联络办公室,为市委办事机构,规格为副处级,设在市委组织部,核定行政编制5名,其中主任1名(副处级),副主任2名(正科级)。市委组织部内设机构包括办公室、干部调配处、干部一处、干部二处、干部实绩考核处(干部实绩考核领导小组办公室)、青年干部处、干部教育处、干部监督处、组织一处和组织二处。

二、党员及基层组织建设

1986—1998年,巴盟党员数由51301人增至85818人,基层党委由235个增至296个,党总支由162个增至190个,支部由3563个增至4136个,其中有乡镇苏木党委127个,街道党委9个,国有农牧场党委17个,村嘎查党支部826个。

2002年,全盟有基层党委253个,总支224个,支部3959个,党员91856人,其中,农牧民党员27492人,公有制单位有党员41239人,非公有制单位党员2785个。

2010年,巴彦淖尔市有党员99009名,其中农牧民党员30847名,党政机关、国有企事业单位党员38467名,街道社区有党员6398名。全市有基层党委338个,党总支775个,党支部3147个,其中有乡镇苏木党委48个,村嘎查党支部650个。

1998年3月召开全盟组织工作会,针对基层组织建设进行专项部署。在农村牧区下派142个工作组入乡驻村,对145个村(嘎查)支部班子进行重点整顿调整,先后下派41名县乡后备干部到村嘎查任职。在城区机关和国有企业中,制定工作规划,盟直机关中98个单位推行政务公开制,32个执法执纪部门推行公示制,20个服务窗口推行承诺制。国有企业中全部建立中共组织机构,绝大多数盟管企业配备书记、副书记,专抓党员及组织建设。2002年,随着经济体制改革的深入,针对企业转制工作,企业党组织弱化等问题,巴盟制定下发《关于加强全盟改制重组、停产关闭破产和生产经营困难企业党的建设工作的意见》，对分流、下岗后从事个体、私营企业的党员，纳入地方个体协会联合党支部和街道居委会党组织管理。外出居住或外出从事经营活动的党员，按照流动党员管理，有效地解决了有党员无组织和有组织无党员的问题。到年底，全盟共有各类个体、私营经济组织 44771 户，非公有制经济组织有党员 2785 人。

2003 年，巴盟制订《2003—2005 年全盟非公有制经济组织党建工作规划》《关于解决全盟非公有制经济组织中党员组织关系接转、党员身份认定、党费收缴等有关问题的意见》《关于加强全盟改制重组、停产关闭破产和生产经营困难企业党建工作的意见》。按照文件精神，组织部门采取单位管理、社区管理、行业管理、挂靠管理等多种方式，理顺非公有制经济组织和民间组织中党员的隶属关系。

2005 年，巴彦淖尔市非公有制经济组织中建立党组织 123 个，比 2004 年增加 16 个。其中单独组建的 99 个，正常开展工作的 123 个。

2006 年，巴彦淖尔市共建立非公有制经济党组织 236 个，选派非公有制企业党建工作指导员 186 名。2010 年，在巴彦淖尔市非公有制经济组织中，共有党员 4979 名。

三、干部培训教育

1986 年，巴盟在党校举办全盟县处级以上领导干部培训班，学制两个月，参训人员 35 人。1987 年，针对资产阶级自由化思潮泛滥，在全盟开展学习《坚持四项基本原则、反对资产阶级自由化》和《建设有中国特色社会主义》两本书活动。活动期间培训、轮训县（处）级干部 329 人，苏木党政正职 150 人。1989 年，举办“坚持四项基本原则，反对资产阶级自由化”为主题的短训班，全盟轮训县（处）级党员干部 579 人。同时，举办优秀中青年后备干部培训班，共培训中青年后备科级干部 412 人。1990 年，通过培训班、研讨班、轮训班等形式，全年培训县（处）级以上领导干部 217 人次，科级干部培训 314 人次。1991 年，举办“学马克思主义哲学和科学社会主义理论”培训班 12 期，培训、轮训县（处）级干部 235 人，科级干部 308 人。1992 年，围绕建设有中国特色社会主义理论和中共十四大文件的学习，巴盟在党校连续举办五期科级以上干部理论研讨班，培训县（处）级干部 252 人，科级干部 388 人。1993 年，举办 2 期县（处）级和科级干部进修班，分别培训县（处）干部 59 人、科级干部 149 人；举办中青年干部培训班，培训中青年干部 39 人；举办蒙古族干部进修班一期，培训干部 26 人；举办妇女干部进修班一期，培训干部 77 人；举办一期盟直机关和各旗、县、市党委中心组组长培训班，培训 95 人。1994 年，以学习《邓小平文选》为主要内容，举办 2 期科级以上领导干部进修班，培训县（处）级干部 98 人，科级干部 156 人；举办中青年干部培训班，培训中青年干部 40 人。1998 年，举办各类干部培训班 7 期，培训县处级干部 101 人，科级干部 325 人。选调 9 批 21 名领导干部赴北京、内蒙古党校参加理论学习。选送 17

名经过“一推双考”和已在部门任职的优秀年轻企业干部到上海复旦大学进行为期一年的企业经济管理专业知识培训。2002 年,各旗、县、市将提高基层干部的素质作为农村牧区基层组织建设的重要环节,以基层党校为依托,以“三会一课”为主要形式,改进培训方法,更新学习内容,不断提高广大党员和基层干部素质。全盟各地共培训乡镇苏木干部 4715 人,培训嘎查村干部 4144 人。对党员进行理论和实用技术培训 33341 人次,培养党员产业带头人 7644 人。2003 年,在学习贯彻“三个代表”重要思想活动中,盟、旗领导有 48 人参加内蒙古党校学习贯彻“三个代表”重要思想专题培训班,2555 人次参加盟党校“三个代表”重要思想专题培训班,32190 人次参加旗县级党校干部培训。

2004 年,巴彦淖尔市举办县(处)、科级、中青年后备干部、乡镇党委书记、乡镇长、组织委员、宣传委员、纪检监察、统战人士、政法、妇联、共青团、蒙古语授课等各级各类培训班 175 期,培训、轮训各级党员领导干部、专业人员 12005 人次。2005 年,按照《2001—2005 年全市干部教育培训实施方案》,以提高执政能力为目的,以实施“动力工程”为载体,以“执政为民、优化环境、加快发展”为主题,组织开展大规模的干部教育培训工作。全年培训干部 33365 人次,其中,党政干部 23093 人次,企业经营管理人员和专业技术人员 2072 人次,事业单位管理人员和专业技术人员 8200 人次。党政干部中,厅局级以上干部 19 人,县处级干部 895 人,科级干部 4847 人。各类班次中,选派干部参加区外各类培训班 27 期 415 人,区内 21 期 113 人次。在市党校和行政学院举办各类培训班 28 期,培训干部 2094 人次。旗(县、区)举办各类培训班 512 期,培训干部 30743 人次。在区外干部培训教育基地,举办上海复旦大学经济学院培训班 2 期 115 人,深圳经理进修培训中心培训班 4 期 195 人,温州市委党校中青年干部培训班 1 期 58 人。2005 年,按照党中央、国务院《关于加强人才工作的决定》和全国全区人才工作会议精神,全年培训党政干部、企事业单位管理人员和专业技术人员 48000 人次,其中,党政干部 34089 人次,企业经营管理人员和专业技术人员 3211 人次,事业单位管理人员和专业技术人员 10700 人次。2006 年,培训干部 51760 人次,其中县处级以上干部 397 人次。2010 年,举办县(处)级班、科级班、青干班、民族班、公务员班、普法班、纪检班、政法班、妇女干部班、团干部班、村支书班等各种培训班 262 期,培训党员干部 24195 人次。

四、干部使用和管理制度改革

1986—2003 年,巴盟在选拔任用干部中,按照条例要求,贯彻干部四化方针和德才兼备标准,规范干部任用程序,防止和纠正选人用人不正之风。对新提拔的处级干部通过报纸、广播、电视等媒体和张贴公告等形式进行任前公示,广泛听取社会各方的意见,接受群众监督。在机构改革中,各旗、县、市严格按照“三定”“五定”方案配备干部。对未经编委审批的机构一律不安排干部。任用干部坚持有岗有位有数,一律不增设岗位职数。对自行超配干部、增设非领导职务一律不予批准。并按规定取消旗、县、市长助理。

2004年，巴彦淖尔市按照中央关于《公开选拔党政领导干部工作暂行规定》，对市直15个处级领导岗位进行公开选拔，其中有4个岗位面向全区和陕、甘、宁、晋、冀五省区公开选拔。同时，组织90名干部参加内蒙古自治区公开选拔35周岁以下副县处级领导干部考试。2005年，在对市中医院、交通技校、建筑技校3个事业单位正职任用实行聘任的基础上，按照《关于事业单位领导班子成员聘任试点的实施办法》，对市二医院、中心血站、建筑技校、交通技校、奋斗中学和临河第一职业中专学校6个单位的领导班子实行聘任。依据《巴彦淖尔市党政机关工作人员竞争上岗实施办法》，对市政府办公厅、发改委、科技局、经委、交通局、统计局、科协、党校、团委、机要局、法院等11个市直单位实行竞争上岗，共有174人通过竞争走上科级领导岗位。在乡镇苏木机构改革中，对6个旗（县、区）乡镇苏木党政正职拟任人选实行全委会票决。同时，积极支持旗（县、区）委开展对除乡镇苏木以外的其他热点岗位领导选任实行差额票决制的试点。2006年，按照《党政领导干部选拔任用工作条例》，对新提任的54名县处级干部和市直事业单位领导班子10名拟聘任副职进行任前公示，对5名有群众反映的新提任县处级干部进行调查核实。

第二节　宣传工作

一、机构与沿革

1986—2010年，中共巴彦淖尔市委宣传部是市委主要职能部门之一，发挥着政治、理论、宣传的重要作用。宣传部部长是市委常委。1998年，内设秘书科、干部科、宣传科、新闻科、理论科、文艺科等科室。负责指导全盟新闻工作者协会的工作；全面宣传党的路线、方针、政策；宣传盟委重大工作部署和重大决策；搞好党员教育；指导全盟精神文明建设等工作。挂盟精神文明建设委员会办公室、对外宣传领导小组办公室牌子。2001年、2004年撤盟设市改革与调整后，内设办公室、干部科、新闻科、宣传文艺科、理论科、精神文明建设综合协调科、精神文明建设创建科、对外宣传和网络新闻宣传管理科等8个科室。

2010年，市委宣传部内设办公室、干部处、理论处、新闻处、外宣处、文艺处、宣传处、网络管理处、思想政治研究所。6个事业单位，分别是精神文明建设委员会办公室、河套文化研究所、互联网信息办公室、市委宣传部记者协会、社科联、文联。

二、理论宣传

1986年，巴盟在对党员、干部政治理论宣传中，围绕中央1号文件、“七五”计划和“巩固、消化、补充、改善”八字方针，撰写论文230多篇，其中13篇被内蒙古自治区各刊物采用。1987年，围绕贯彻落实中央〔1987〕1、2、3、4、6号文件和坚持四项基本原则、反对资产阶级自由化，举办坚持四项基本原则、反对资产阶级自由化专题讲座54场，直接听众达

4500多人次。1992年,围绕中共十四大精神和邓小平建设有中国特色的社会主义理论开展宣传。1996年,以实行"两个转变""两个提高"为主题,组织举办盟委、行署六大班子春节读书会,邀请相关专家和理论工作者作有关"两个转变""两个提高"的专题报告。活动中,编发各类学习材料1.6万余册,受众达5000余人次。1997年,组织广大党员、干部参加在各地举办的以十五大精神为主要内容的座谈会、辅导会、报告会等。2000年,组织召开经济建设、精神文明建设、西部大开发理论研讨会,编写《干部必答600题》理论学习教材。

2004年,巴彦淖尔市以贯彻落实中共十六大,十六届三中、四中全会精神为宗旨,展开党员、干部政治理论宣传工作,举办科学发展观理论讲座300场次。2005年,开展中共十六届四中、五中全会精神等专题进行理论学习宣传,邀请中央党校、北京大学、东北财经大学、内蒙古自治区党校和内师大等高校知名专家为市委中心组作专题辅导讲座。2007年,中共十七大召开后,宣传部门采取支部党课、学习会、座谈会、专题讲座、讲演等形式集中时间,集中精力组织学习宣传。

三、社会宣传

1991年,巴盟在全社会开展《马克思主义哲学学习纲要》和《社会主义若干问题学习纲要》学习活动。学习活动中购进《哲学学习纲要》3万多册、《社会主义若干问题学习纲要》2万册,自己编印学习资料23种,全部发放于社会各界。参加学习的达30余万人次。1998年,为纪念真理标准大讨论20周年,宣传部门组织宣讲团,从全国经济社会制度发展面临机遇与挑战进行讲解,听众达400000余人次。2001年,围绕江泽民"七一"讲话、中共十五届六中全会和内蒙古自治区第七次党代会、西部大开发战略开展学习宣传。

2005年,巴彦淖尔市为创建学习型社会,宣传部门集中力量开展社会政治理论宣讲,直接受众达42000余人。2006年,社会政治理论宣传工作围绕贯彻落实中共中央十六大精神和"三个代表"重要思想、"科学发展观""构建社会主义和谐社会""社会主义新农村建设""十一五"发展规划、"八荣八耻""建设资源节约型、环境友好型社会""科技发展与自主创新"为重点开展宣传。2008年,围绕十七大精神和建设社会主义新农村新牧区、河套文化建设、构建和谐社会等重点内容展开。各级宣传部门组织宣讲130多场次,听众约24万余人。2010年,围绕市委制定出台《关于加强学习型党组织建设的实施意见》,推进特色理论的宣传普及,建立"河套大讲堂"。按照内蒙古自治区开展"百团千人万场"宣讲活动的要求,抽调军地理论骨干87名,深入基层开展宣讲150场,听众达3万多人。

四、新闻宣传

1986年,新闻工作突出抓新闻改革、通信报道队伍的建设以及对党报党刊发行工作的领导;组织开展中央〔1986〕1号文件、"七五"计划和"巩固、消化、补充、改善"八字方针的宣传;开展"念草木经、兴畜牧业"宣传。1987年,新闻工作开展以中共十二届六中全会《决议》精神、内蒙古自治区成立四十周年巴盟各行各业取得的巨大成就、“热爱内蒙古，振兴内蒙古，献身内蒙古”和“热爱巴盟，建设家乡”为主题的宣传。通过《巴彦淖尔报》、巴彦淖尔人民广播电台和电视台等媒体发播各类消息、通信和文章等92500字、专画17块、图片30张；摄制播出300分钟的《腾飞啊！巴彦淖尔》专题电视片。1989年，以中共十三届四中、五中全会精神为指导，遵循舆论宣传有利于稳定人心、稳定社会、振奋精神、增强信心、保证建设和改革顺利进行的原则，积极开展形势教育、政策教育、任务教育、法制教育和移风易俗教育；宣传全盟各条战线涌现出的18个先进基层党组织，32名优秀共产党员及20名优秀党务工作者。1990年，在城镇大力开展治理整顿、深化改革教育，搞好企业的二轮承包等方面的宣传教育活动。引导企业的广大干部职工正确认识十一届三中全会以来工交财贸战线所取得的成就，冷静分析所面临的机遇和问题，增强克服暂时困难的信心和勇气；在农村牧区宣传党中央关于稳定农牧区经济的有关政策，科技兴农、兴牧的典型，稳定完善农牧区生产责任制的经验。同时为配合理论教育，在《巴彦淖尔报》开辟学习专栏，刊登各级干部的学习体会和理论文章，介绍各地的学习动态和学习经验。1991年，开展建党70周年宣传和内蒙古自治区那达慕大会宣传活动。宣传“八五”计划和国民经济社会发展十年规划以及稳定农村家庭联产承包责任制、完善双层经营体制、建立畅通流通体制、壮大集体经济。1992年，以建设有中国特色的社会主义理论为主要内容，组织新闻单位全面宣传党的十四大精神；以内蒙古自治区党委扩大会议确定的“两带一区”、发展战略及巴盟经济发展战略，开展挖潜力、找优势、鼓干劲宣传工作；抓住卖瓜难、卖粮难、卖绒毛难等农副产品出售困难的问题，开展树立商品经济意识宣传教育。1993年，以经济建设为中心，在全盟范围内开展四个序列宣传：即农牧民达小康百户宣传，编印出版《巴盟农牧民小康人家一百户》一书，书中汇集160户农牧民达小康的典型经验，选择重点内容在报社、电台陆续播发；企业腾飞领头人的宣传，确定30家效益好的企业，28名企业家的先进事迹在电台、电视台和报纸上宣传；科技英雄谱的宣传，抓住科学技术是第一生产力，大力宣传科技新成果及有突出贡献的科技工作者；农牧民商品流通示范宣传，共征收稿件30篇，筛选12篇及时推广他们的新经验、新做法，为搞活巴盟农村牧区商品流通探索出新的途径。1994年，新闻宣传工作围绕六个序列展开，即乡镇企业典型调查、建立现代企业制度探索、优秀村（嘎查）党支部书记、个体和私营经济发展、人民园丁、农村牧区社会化服务体系调查宣传。1995年，围绕“小康村社典型调查”“艰苦奋斗、勤俭创业典型调查”“学雷锋、树新风、见义勇为典型”“转制企业新发展典型”等展开宣传。1996年，新闻宣传工作坚持正确的舆论导向，始终坚持讲政治、讲大局的原则，开展“两个转变、两个提高”，“学邯钢，抓管理，练内功，增效益”和农牧业产业化战略，名牌战略，环境保护，税收征管，临河金川啤酒“三三五”战略等宣传。其中，在“两个转变”“两个提高”的宣传中，将巴盟实施“八大战略”的宣传放在突出的位置上,各级宣传部门结合实际,做好阐释、宣传和动员工作。把“八大战略”的深刻内涵和相互关系,以及在巴盟实施“八大战略”的思路、途径、方法、步骤和前景等,通过报纸、广播、电视宣传到广大干部群众中。《巴彦淖尔报》以“实施八大战略、促进两个提高”为通栏标题,在半年多时间内,刊出21个整版或半版。巴盟广播电台围绕“八大战略”,播出9个专题,约2万字。巴盟电视台在新闻节目中开辟8个栏目,专题介绍在农田水利建设、草原基本建设中涌现出的典型事例、典型人物。1997年,以内蒙古自治区成立五十周年大庆、香港回归、党的十五大三件大事为主线展开宣传报道。在抓好三件大事宣传的基础上,围绕巴盟的中心工作,重点开展“农牧业为本、工业立盟,产业化推进”“全党抓经济、重点抓工业、突出抓效益”“科技兴农”“对外开放”“农副产品收购最低保护价政策”“乡镇企业发展”等25个专题宣传。举办“迎接香港回归倒计时100天万人升国旗活动”“今日巴彦淖尔主题演讲比赛活动”“迎回归、庆七一”文体活动等。1998年,在学习贯彻十五大精神和邓小平理论的同时,围绕真理标准讨论和中共十一届三中全会召开二十周年,开辟专栏、专题,就改革开放二十年取得的伟大成就、发生的巨大变化以及实行改革开放的重要意义广泛宣传;围绕盟委中心工作,以经济建设为中心,组织开展“全盟十件大事”“百日攻坚”等20项专项新闻报道;推出五原县营造洼地经济、临河市市场建设、乌拉特前旗大佘太“生态农业”“节水灌溉”和杭锦后旗二道桥乡培育市场等一批典型展开宣传报道;继续开展精神文明、爱国主义、计划生育和国防教育等宣传报道。1999年,以经济建设为中心,开展“三讲”教育、小康村建设、十五届三中全会及盟委扩大会议精神、“农业为本、工业立盟、产业化推进”经济发展战略、精神文明建设、国庆50周年成就、澳门回归、科技兴农扶贫攻坚等专项宣传活动为主。其中,在迎接庆祝新中国成立50周年和澳门回归祖国的活动中,集中展示50年的成就,深入宣传“一国两制”的伟大实践,唱响祖国颂、社会主义颂、改革开放颂,营造欢乐喜庆、昂扬向上、团结奋进的良好氛围,增强了干部群众对中国共产党和人民政府的信任感、加快发展的紧迫感、做好工作的责任感。2000年,围绕内蒙古自治区及巴盟关于改革开放和经济建设的一系列重大决策和部署,先后组织开展西部大开发、十五届四中和五中全会、经济结构调整、科教兴盟、思想政治工作、学习“三个代表”重要思想等专项宣传活动。全年下发季度报道要点4次、主要宣传报道意见20次,召开新闻协调会25次,出版《新闻出版通报》6期,召开新闻发布会6次。2001年,围绕中央、内蒙古自治区和盟委的中心工作及重大决策部署,开展庆祝建党80周年、江泽民总书记“七一”重要讲话、《公民道德建设实施纲要》、十五届六中全会、内蒙古自治区第七次党代会及盟委扩大会议的宣传。特别是庆祝建党80周年新闻宣传,盟内各新闻媒体,开设栏目之多,持续时间之长,投入人力物力之大,内容之丰富,形式之新颖是多年来少有的。进一步加强对新闻工作的管理,确保正确舆论导向,全年发季度报道要点4个、《新闻出版通报》

2期、专项宣传意见和通知19个,召开新闻协调会24次。配合有关部门召开新闻发布会5次,成功组织举办“第三届巴彦淖尔新闻奖”“首届全盟林业好新闻”评奖活动。2002年,以“三个代表”重要思想为指导,以迎接中共十六大、宣传中共十六大、贯彻中共十六大精神为主题,开展了14个专项新闻宣传。特别加大巴盟“坚持‘一条主线’,加快‘两个转变’,主攻‘三化互动’,实现强盟富民”总体战略的宣传。按照季度宣传重点对“工业立盟”、农牧业产业化、农业科技、“小康建设”、产业结构调整、招商引资、内引外联成果及税费改革等进行专项宣传。积极支持协调“啤酒节”“华莱士节”“河套蜜瓜节”“河套葵花节”的宣传报道工作。2003年,以学习宣传中共十六大精神、“三个代表”重要思想为中心,围绕全盟主要工作,集中打好“三抗一优”(抗旱节水、抗击非典型肺炎、抗洪抢险、优化环境)四大新闻宣传战役。在“三抗一优”宣传活动中,盟直两报两台共开设专题、专栏110多个,盟直和旗县新闻媒体刊发各类稿件10000余篇(条)。特别是在抗击非典型肺炎宣传工作中,组织全盟各种媒体增设抗击非典栏目,抽调盟直新闻单位记者2100多人次,分赴“抗非”一线工作,及时报道在抗击非典中涌现出来的先进事例、先进人物。

2004年,巴彦淖尔市新闻宣传工作以“三个代表”重要思想、中共十六大精神、中共十六届三中、四中全会精神,以及解放思想,优化环境,撤盟设市,防治禽流感等关乎国计民生开展宣传活动。多次组织全市新闻单位召开新闻宣传协调会,对撤盟设市宣传报道工作进行部署。制定市“三会”新闻报道工作流程,及时组织召开“三会”新闻发布会。成立全市“三会”新闻报道中心,调配记者280余人次参与报道。在《巴彦淖尔报》开辟宣传专栏,介绍巴彦淖尔市自成立以来取得的重大成就。巴彦淖尔市电视台撤盟设市后播发各类稿件630多篇条,电视台每天都播发15~30条撤盟设市的新闻。2005年,重点对全市学习贯彻落实十六届四中、五中全会精神、落实科学发展观、保持共产党员先进性教育、市委一届三次、四次全委会、“一二三五”战略,中国首届河套文化艺术节,“十五”回顾和“十一五”展望等专题开展新闻宣传。并组织“优化环境记者行”“金秋话增收”“推进工业化”等系列采访活动。2006年,按照年初制定的指导方针,重点对贯彻落实中共十六届五中、六中全会、内蒙古自治区七届十一次全委会和市委(扩大)会议精神展开宣传报道。并对“十一五”规划的指导方针、战略思路、目标任务以及新农村新牧区建设、河套文化、和谐社会建设、党委换届选举、庆祝建党85周年、纪念红军长征胜利70周年、苏木乡镇机构改革等进行专题宣传报道。在建设社会主义新农村新牧区宣传中,市内各媒体设置专栏、专版,对实施的“五项工程”(即增收富民工程、农业基础设施建设工程、生态家园建设工程、河套文明长廊工程、“双链双推”工程)取得的先进经验、成功做法、创新举措及农村经济合作组织、产业协会、农民经纪人、苏木乡镇、村社、农牧户、新农民的典型事迹开展形式多样、内容丰富的宣传。在“河套文化”新闻宣传活动中,在《巴彦淖尔日报》《巴彦淖尔晚报》开设“黄河文艺副刊”“记事连载”专栏。在电台、电视台开辟“巴彦淖尔新闻”“河套文化动态”专题,以消息、通信、新闻等形式,对巴彦淖尔市河套文化挖掘整理研究成果、专家文章、古城古迹、名人逸事、重要发现、历史传说、民间艺术、旅游文化资源等内容进行连续宣传。2007年,以庆祝内蒙古自治区成立60周年,迎接党的十七大召开为主线,围绕“十五”成就回顾、“十一五”前景展望、新农村新牧区建设、传承河套文化、市党代会宣传以及学习贯彻十七大精神等重点专题展开活动。从年初到内蒙古自治区成立60周年大庆结束,新闻媒体共采编、制作新闻1200多条,专题片35部,录制大型文艺晚会5场,播出专题片20部500余场次。2008年,围绕贯彻落实十七大精神,组织全市新闻工作者开展“新农村新牧区建设记者行”“实践科学发展观,促进经济社会发展记者行”等活动;围绕巴彦淖尔市中心工作,集中开展以“改革开放30周年”“新农村新牧区建设”“500万亩中低产田改造”以及“河套文化建设”“抗震救灾”“三聚氰胺奶粉事件”等为专项的宣传报道。其中,为纪念我国改革开放30周年,巴彦淖尔电视台推出“改革开放30年成就”、《巴彦淖尔日报》推出“经典巴彦淖尔辉煌30年”等专题专栏。5月12日四川汶川地震发生后,市各级媒体按上级要求集中转载(播)抗震救灾内容,《巴彦淖尔日报》刊发抗震救灾新闻稿927篇,图片416幅,专版41块;巴彦淖尔电视台开辟“奉献爱心,支援灾区”专栏,及时报道全市社会各界踊跃捐款支援灾区及社会各界在抗震救灾中涌现出的先进事迹和人物。在奥运会的宣传中,市内媒体开辟“奥运金牌榜”“喜迎奥运”等专栏,对全市各界喜迎奥运、欢庆奥运、及时收看奥运赛事等各项活动进行广泛的报道。在“三聚氰胺奶粉事件”报道中,重点跟踪报道全市乳品企业从源头上抓好奶源,保护奶农利益,确保消费者喝上放心奶的各种做法和措施。2009年,围绕市委、市政府中心工作,组织媒体开展“学习实践科学发展观活动”“全区精神文明建设经验交流会”和“新中国成立60周年”等主题宣传活动。学习实践科学发展观活动专题宣传中,全市新闻工作者在国家级媒体上刊发稿件28篇,在内蒙古自治区级媒体上刊发稿件114篇,在市级媒体上刊发1084篇。全区新农村新牧区精神文明建设现场经验交流会专题宣传中,《巴彦淖尔日报》汉、蒙文报开设“农民说增收”“新农村新牧区建设成就展”“新农村的幸福生活”等专栏专题。新中国成立60年专题宣传中,各新闻媒体按照市委《关于庆祝中华人民共和国成立60周年新闻宣传工作方案》的要求,分别开设“庆祝新中国成立60周年国庆特刊”“六十年的变迁”“巴彦淖尔大事记”等专栏专题。2010年,新闻宣传工作重点围绕“学习贯彻党的十七届四中、五中全会精神”“市委二届八次、九次全委会会议精神”以及市第二次“两个文明”建设现场经验交流会、棚户区改造、创先争优、河套文化艺术节等专题展开宣传。其中在棚户区改造宣传中,报社、电台、电视台相应推出“抓项目强工业”“打造向北开放大通道”“巴彦淖尔积极融入沿黄经济带”等专题栏目,共刊发稿件439条篇。

五、对外宣传

1986年，巴盟文联出版文学专辑和画册。文学专辑和画册以巴盟发展变化的新貌为主题，反映人民群众在中国共产党领导下改造山河、再造山河的光辉历程。1987年，围绕内蒙古自治区成立四十周年大庆开展。大庆前夕编辑出版《巴彦淖尔在前进》一书，全书22万字，汉文发行15000千册；同时编印的《巴彦淖尔》画册中图片近300幅，以蒙、汉、英三种文字印刷发行35000余册；盟文体处和中央电视台联合摄制播出音乐风光片《巴彦淖尔——蜜的故乡》。1988年，强化综合信息工作，对改革实践过程中的做法、措施、经验及问题适时反馈，编发各类信息67条，80%的稿件被内蒙古自治区宣传部采用。1989年，编发各类信息73条，被内蒙古自治区党委宣传部《宣传信息》采用20条。其中《马场地乡认真开展形势教育》被评为全区1989年十条好信息之一。编发《宣传与学习》9期，累计下发6000余册。1991年，利用内蒙古自治区召开那达慕大会的有利时机，与内蒙古电台、《中国工商时报》《半月谈》以及呼和浩特、呼伦贝尔、包头等盟市报界协作，交换稿件与版面，集中宣传巴盟的资源优势、产品优势和经济发展的潜力、前景，为经济建设牵线搭桥；在那达慕大会期间，印制一部反映资源、产品优势的大型画册和折叠画页，编写两本介绍资源及经济发展概况的小册子。并组织新闻单位在一些中央级报刊和内蒙古电台、盟市级报纸开辟巴盟专栏和专版；制作反映巴盟产品资源及经济建设的电视专题片42部。1992年，组织编写完成内蒙古自治区重点外宣项目《黄河岸边的新城——临河市》；会同内蒙古自治区党委宣传部制作完成《乌梁素海》《阴山岩画》等外宣录像带；在《人民日报》海外版发行巴彦淖尔专版，为内蒙古人民广播电台开办的“前进中的巴彦淖尔”专栏提供稿件40余篇。通过外宣的不断努力，提高了巴盟在国内外知名度，起到为经济建设牵线搭桥的作用。1993年，围绕“七个一”工程（一本简介、一本投资指南、一本画册、一套折页、一本旅游手册、一张地图、一部录像片）制作完成一批介绍巴盟资源优势、投资项目、名优土特的书籍、画册及音像制品。同时，配合新华社音像中心、中央电视台、内蒙古宣传部摄制完成《潮涌巴彦淖尔》《变化的中国——来自内蒙古的报道》《走出河套天地宽》《希望的绿洲》等6部长达199分钟的外宣专题片；全年接待中央、区内外各类记者130人次，提供各类新闻素材500多份，在国家级、区级报纸、刊物发稿480篇（条）。其中在《人民日报海外版》《中国日报》《新华每日电讯》、中央电视台等新闻媒介上刊播有关巴盟的稿件30多篇（条）。为恒丰集团公司在北京举办的“恒丰食品集团公司与首都十大书画家联谊笔会”“恒丰系列产品洽谈会”提供新闻素材20篇和《从黄河走向世界》《巴盟连四海、丹青献恒丰》《走出河套天地宽》等4部专题片；为磴口县举办“华莱士”节邀请50多位盟外记者到全盟各地采访，协助组织新闻发布会，借助“华莱士”节全面地宣传巴盟。1994年，利用全国少数民族新闻研讨会在巴盟召开和环渤海前奏曲新闻采访团、北京老知青返蒙采访团采访的机会，为采访团提供新闻线索和详尽的新闻素材,共收集各类新闻素材 150 多篇。1995 年,对外宣传强化“大外宣”观念,以“名牌产品宣传”为重点,大力介绍三资企业、乡镇企业发展的成功经验。在外宣传活动中,采取请进来,打出去,主动宣传自己的办法,有计划地邀请国家级和外省区新闻记者采访,多渠道宣传巴盟;利用国家在甘其毛道设口岸机会,向蒙古国、独联体国家宣传经济发展、民族团结、政治稳定;宣传名、优、特、新产品及对外经济贸易的优惠政策。全年在国家级、省级新闻媒介上刊登宣传介绍巴盟稿件 270 多篇。其中,在《人民日报》《市场报》《内部参考》等有影响的大报刊刊登宣传稿件 40 多篇。以全盟农业综合开发和“再造一个河套”战略的实施,编写制作完成全面反映土地资源优势、潜力和水利建设成就的折页画册;完成内蒙古自治区外宣办组织编写的《内蒙古投资指南——巴彦淖尔分册》《内蒙古旅游指南——巴彦淖尔分册》等。1996—1997 年,编辑出版《今日内蒙古》丛书巴盟分册,筹资出版《巴彦淖尔大型画册》、民歌集萃《神奇的土地》,组织制作长达 40 分钟的介绍巴盟经济社会发展的录像片,推出主题《奋进中的巴彦淖尔》系列报道。1998 年,坚持“借船出海、借梯登高”的原则,邀请中央、内蒙古自治区 13 个新闻单位记者赴巴盟对于“再就业和社区服务”“农业产业化”“招商引资优惠政策”“资源优势”及风土人情进行采访报道。全年接待新闻记者 290 多人次,有 1000 多篇稿件在内蒙古自治区、中央及全国性媒体发表。宣传工作还利用在京举办“巴盟乡友联谊会”“河套蜜瓜在京新闻发布会”和“巴盟科技成果展示会”等机会,及时派遣记者跟踪采访,发放材料,充分利用文化活动宣传巴盟、提高巴盟知名度。

1999 年,巴盟对外宣传工作以“七个一”工程建设为龙头,利用国庆 50 周年和澳门回归的有利时机,编印出版了新中国成立五十周年大型外宣献礼图书《企业大全》和大型报告文学集《世纪的交响》;录制了《巴彦淖尔在腾飞》《家乡巨变》《巴彦淖尔“双十工程”》等广播专题和《放歌乌拉特》《黄河撒下一张网》《世纪的丰收》电视专题报道。2000 年,以实施西部大开发战略为良机,组织全盟各地、各新闻单位积极向区外新闻媒体投稿。同时,分盟、旗县(市)、企业三个层次,制作外宣品,分别利用在西安、北京、大连、厦门、深圳、香港等地举行的重大对外开放招商引资机会宣传巴盟。加强外宣队伍建设,在盟、旗县(市)举办外宣记者培训班 10 次,1000 多人接受培训。2001 年,在《经济日报》上刊文介绍巴盟专版一块,中央电视台播出宣传巴盟稿件 8 条;制作完成反映巴盟概况、资源名品、风土文化光盘和反映临河市羊绒产业的画册、乌拉特旅游指南画册以及盟内龙头企业画册、明信片、企业简介等。巴盟广播电视台制作的广播剧《大漠情缘》获自治区“五个一工程”奖。2002 年,制作完成反映风土人情、自然景观、经济建设的《中国内蒙古巴彦淖尔》光盘及画册,在省级以上媒体刊播宣传巴盟稿件 1228 篇;组织国内各大媒体参加“庆十六大,金秋河套行”外宣采访活动,发稿 60 多篇(条);在内蒙古电视台“福瑞黄河行”栏目、中央电视台 10 套、

12 套播出巴盟消息 16 条。2003 年,对外宣传工作不断加强与自治区内外新闻媒体的沟通联系,主动策划上报外宣特稿、专稿和新闻线索,中央电视台、经济日报社、内蒙古电视台、《今日观察》杂志社等先后派记者对巴盟的"四大战役"(抗旱节水、抗击非典型肺炎、抗洪抢险、优化环境)、磴口县华莱士节、临河市羊绒节、乌拉特中旗国际那达慕进行采访报道,在各大媒体播发稿件 400 余篇条。组织举办第五届巴盟新闻奖和全盟对外宣传首届优秀作品奖评审,评出报刊类蒙古文、汉文、广播和电视类蒙古文、汉语获奖新闻作品 243 件(篇),对外宣传优秀作品 17 件(篇)。

2004 年,巴彦淖尔市撤盟设市后,为扩大知名度和影响力,宣传部门多次派人与内蒙古日报社、内蒙古电台、内蒙古电视台联系,协调采访报道工作。从 3 月起,《内蒙古日报》、内蒙古电台、内蒙古电视台均开辟撤盟设市专栏,对巴彦淖尔市进行全方位宣传报道。同时,宣传部门制作撤盟设市纪念集邮画册、招商引资手册,接待区内外记者 100 余批次 500 余人,在区内外各媒体上发布介绍巴彦淖尔市的各类文章、报道 1200 余篇条。市宣传部门与内蒙古电视台联合制作的 7 集电视片《站在新起点——巴彦淖尔》、2 集专题片《突破——来自巴彦淖尔的报道》在内蒙古电视台、中央电视台西部频道播出后,专职通讯员采编的"防砷改水问题""河套地区遭受冻灾"报道在新华社内刊登后,得到胡锦涛的高度重视,并亲笔作出批示。2005 年,进一步加强新闻网站建设,先后邀请中央、自治区级媒体记者 1000 多人次,采编宣传介绍巴彦淖尔市的各类稿件 2000 多篇条。其中在中央人民广播电台播出 3 篇,在中央电视台播出 15 分钟专题 2 个、新闻 30 多条,在《人民日报》刊登深度报道 4 篇,头版头条 1 篇,在《光明日报》《内蒙古日报》上刊登一个专版,介绍巴彦淖尔市经济社会发展情况。在举办中国首届河套文化艺术节,节日期间,外宣部门在中央及内蒙古自治区级媒体刊(播)发宣传巴彦淖尔市的专版、消息报道文字达 20 多万字,音频累计达 20 余小时;在中央电视台 10 套名版栏目《历程》播出两集 80 分钟河套文化专题片《牧人的帝国》《塞外列城》。2006 年,以全市工业化、农牧业产业化、城镇化、新农村建设、社会事业发展、和谐社会建设、回顾"十五"展望"十一五"、资源节约型与环境友好型社会建设等,拟订 100 多个具体的新闻选题,在新华社、《人民日报》《光明日报》《经济日报》《农民日报》中央电视台、中央人民广播电台等中央级媒体刊稿 100 余篇(条)。3—5 月,内蒙古电视台"今日观察"栏目刊播反映全市春耕及新农村建设的专题《三大动因助春耕》《"双推双链"结出致富链》《小卡片,大作用》《节水富民》等报道。9—10 月,《内蒙古日报》在显著位置刊登"转型中的巴彦淖尔"6 篇系列报道。在 2006 中国河套文化研讨会暨河套文化研究会年会时,积极实施打造河套文化品牌战略,在会议前后,与中央、北京各媒体沟通、协调、运作,提供新闻素材,邀请新华社、《人民日报》《光明日报》《中国文化报》《中国青年报》、中央电视台、中央人民广播电台、《北京日报》《北京青年报》、北京电视台等 28 家媒体参会宣传报道。网络外宣开设《巴彦淖尔春潮涌、红红火火闹元宵》《建设社会主义新农村》等13个栏目,录入4278篇(条)文章和图片。2007年,接待中央、自治区及境外记者1200人次,刊播稿件1800多篇条;协助央视摄制组拍摄14集系列专题片《走遍中国,穿越内蒙古》;协助央视"见证发现之旅"摄制组拍摄《绥远抗战》等外宣片;2007年河套文化艺术节开幕式晚会"八百里河套,八百里歌"4次;在庆祝内蒙古自治区成立60周年期间,策划阴山岩画大型文献编撰签约仪式及新闻发布会,制作河套文化源文物仿制品汉代青铜钫、汉代古尺及阴山岩画拓片3件,画册3套、光碟12套、河套文化书籍6套等。完成全市网络基本情况调查后,整理各类网站90多家。11月30日,巴彦淖尔新闻网共开设《建设社会主义新农村》《2007中国河套文化艺术节》《阴山岩画》《辉煌60年魅力内蒙古之巴彦淖尔》《巴彦淖尔市学习贯彻党的十七大精神》7个专题频道,共70多个栏目。2008年,重点策划"莲花卫视""中国报道"等媒体对市委主要领导专访,邀请中央、自治区50多家媒体记者来市采访报道,在中央级媒体上刊(播)发稿件130多篇,自治区各媒体刊发(播)稿件1868条篇。2009年,在中央及境外媒体刊发(播)稿件984篇。其中,在新华社发稿583篇,在中央人民广播电台发稿192篇,在中央电视台《新闻联播》发稿13条、专题10集,在《人民日报》、人民网等发稿100篇,在《光明日报》、光明网发稿45篇,在澳门莲花卫视播出专题片11集;出版制作完成8开版、共11册的《阴山岩画》画册和《河套文化邮票纪念珍藏册》;组织《辉煌祖国、辉煌巴彦淖尔》等网络重大主题宣传活动,发表文字、图片新闻387篇条。2010年,在乌拉特后旗举办建旗40周年暨国际那达慕大会召开之际,利用两个边境旗县与蒙古国接壤的地缘和文化优势,以"草原同根、中蒙共荣、睦邻友好、共同发展"为主题,推出宣传片《发现巴彦淖尔》。

第三节 统战工作

一、机构与改革

1986—2010年,中共巴彦淖尔市委统战部一直是市委负责统一战线工作的职能部门,统战部长是市委常委。主要工作是贯彻中共统一战线方针、政策,做好民主党派、无党派人士、党外知识分子、民族、宗教、港澳同胞台湾同胞海外侨胞及其眷属、非公有制经济代表人士及统战理论研究宣传等工作。2000年内设办公室、一科(负责党外干部、民主党派和党外知识分子工作)、二科(负责民族宗教工作)、三科(负责经济统战工作)和对台办公室工作。撤盟设市后,2005年内设办公室、政策理论研究室、一科(民主党派、党外干部和党外知识分子)、二科(民族、宗教)、三科(经济统战),代管市委台湾工作办政府台湾事务办、市归国华侨联合会工作。2010年,内设办公室、政策理论研究室、一处(民主党派、党外干部和党外知识分子)、二处(民族、宗教)、三处(经济统战),代管市委台湾工作办政府台湾事务办、市归国华侨联合会、民主党派办公室工作，下设光彩事业促进会、台胞台属联谊会、党外知识分子联谊会4个群众团体。

二、民族宗教工作

1986——2010年，巴彦淖尔市认真贯彻落实共产党的各项民族政策，坚持和发展各民族平等、团结、互助、共同繁荣、“谁也离不开谁”的社会主义新型民族关系。1998年，在各级党校和领导干部中专设民族政策教育课程；组织“获各琦”杯民族理论政策百题知识竞赛活动，进一步激发全市干部群众学习党的民族政策的热情。2000年下发《关于认真贯彻中央民族工作会议精神，继续在各族干部群众中深入开展马克思主义民族观、党的民族政策和民族团结宣传教育的通知》，各地纷纷以研讨会、培训班、讲座、展览、发放宣传材料等形式宣传党的民族政策及成就。2006年市委、市政府下发《关于进一步加强民族工作，加强加快经济发展的实施意见》（巴党发〔2006〕2号）促进各民族“共同团结奋斗、共同繁荣发展”。2009年，开展马克思主义民族观、民族理论、党的民族政策和民族区域自治法、《内蒙古自治区蒙古语言文字工作条例》等法律法规宣传教育活动。申报少数民族地区发展项目18项，争取资金1653万元，培训、接待少数民族农牧民20000余人、3000人次，在市社会中蒙汉文并用率达到92%以上。

巴彦淖尔市地区有喇嘛教（藏传佛教）、佛教、基督教（耶稣教）、天主教、伊斯兰教等。传教活动在“文化大革命”被禁止。20世纪80年代初，按照党的民族宗教政策，各教派渐恢复活动。但是社会上一些不法分子借助恢复宗教活动，搞起非法活动。假借宗教之名，编造偶像、戒律，迷惑群众，破坏社会稳定。为使宗教活动正常开展，打击非法传教活动，保证宗教人士及教民的合法权益，按照党的宗教政策，积极引导支持宗教事业与社会主义市场经济发展相适应，加强爱国宗教力量建设和管理，巩固和发展共产党同宗教界的爱国统一战线。进一步加强党和政府对宗教工作的领导，坚决防范和抵制境外势力利用宗教进行的渗透活动，完善宗教工作三级管理网络，实施综合治理。1998年，以天主教、基督教两教专项治理为重点，取缔查封天主教地下堂点5处，查控3处，抓获地下神甫1名，修生6名。对基督教5处堂点予以登记，1处以堂代点纳入管理范围。2000年，加大对乱建滥建庙宇和露天佛像进行专项治理，查封取缔7处，1处予以登记。2003年，召开宗教工作联席会议，检查宗教领域及宗教管理工作中存在的主要问题，取缔磴口县补隆淖团结五社清真寺未经批准擅自开办的经文班，加大开展宗教政策、法律法规宣传工作和政治工作力度，争取、团结广大信教群众和神职人员，巩固各民族爱国宗教统一战线，充分发挥宗教在促进社会稳定和民族团结方面的积极作用。2003年，召开全盟朝觐工作会议，贯彻全国、全区朝觐工作会议精神，对零散朝觐活动进行专项治理。2005年，巴彦淖尔市选派17名统战工作干部和60多名宗教界人士参加宗教事务条例学习培训班。2008年，组织召开2次宗教界代表人士座谈会，举办全市首届“宗教文化论坛”活动，培训教职人员280人次；依法加强宗教事务管理，坚决贯彻“保护合法、制止非法、抵制渗透、打击犯罪”原则，在纪念《宗教事务条例》颁布五周年之际，组织力量对宗教活动场所进行普查，依法取缔非法宗教活动场所2处，取消违法聚会3次，禁止乱建寺庙2处。同时开展“双文明”创建活动，对33个宗教活动场所和37名教职人员进行表彰奖励。有计划地开展“三定”（定人、定点、定片）、专项治理和登记年检工作的开展，促进宗教活动的依法正常进行。

三、民主党派工作

2004年，巴彦淖尔市组织召开党外人士座谈会，向民主党派、无党派代表人士通报全市经济工作会议精神。协调帮助两个民主党派组织解决办公经费，改善办公条件。2006年，召开民主党派、无党派人士座谈会，就市委第二次党代会工作报告、经济社会发展“十一五”规划、市政府工作报告等广泛征求民主党派人士意见和建议。2007年，协助民盟巴彦淖尔市总支完成换届工作；组织民主党派成员赴友邻盟市和部分旗、县参观考察、交流经验。组织民主党派人士参加扶贫义诊、科技讲座和捐资助学活动。2008年，组织民主党派人士参加以“坚持走中国特色社会主义道路”为主题教育活动和以《中国的政党制度》白皮书为主要内容的学习活动；支持民主党派自身建设，帮助民盟、农工党改善工作条件，协助民革成立市直属支部。2009年，成立民建巴彦淖尔市支部。制定《巴彦淖尔市委办公厅关于各民主党派、工商联、无党派人士深入开展联系示范点活动的指导意见》，进一步完善市、旗（县、区）党政领导与党外人士联系交友制度，扩大与党外人士的联系范围。

四、党外干部培养选拔

1986—1998年，巴盟重点落实党外干部实职安排工作，做到“五到位”，即宣传到位、认识到位、培养到位、推荐到位、使用到位。新安排党外干部15名，其中新任旗、县、市人大常委会副主任1名，政协副主席5名，旗、县、市长助理5名，盟直局处4名。2003年，在旗、县、市人大、政府、政协领导班子换届中，有14名党外干部被新提任职。重点解决旗、县、市长助理转任实职和旗、县、市政府领导班子配备党外干部问题。在全盟7个旗、县、市人大、政府、政协领导班子中，全部按要求配备党外干部。新推荐42名党外人士担任特邀监察员、廉政监督员、行风评议员、信访联络员等。

2004年，巴彦淖尔市在撤盟设市人事安排工作中，先后分两批推荐36名党外干部，新提拔1名党外干部任市人大常委会副主任、2名党外干部（其中1名民盟成员）任市政协副主席、1名党外干部任市人大专委会主任。加大党外干部的培训教育力度，选派17名党外处级干部、5名党外科级干部，分别参加内蒙古自治区统战部举办的全区党外县处级领导干部进修班、无党派重点代表人士进修班、党外副旗（县、区）长培训班和全区党外副乡镇长培训班。2005年，进一步加大党外干部工作力度，制定下发《关于2005—2008年培养选拔党外干部担任政府和司法机关领导职务工作的规划意见》,对做好党外干部的培养选拔工作提出具体要求。选派1名党外副旗长到广州市黄埔区挂职锻炼,1名党外副区长参加中央社会主义学院培训学习,6人参加自治区组织部、统战部举办的党外县处级干部培训班。举办撤盟设市后第一期全市党外干部培训班,来自7个旗(县、区)、市直有关单位的党外干部、民主党派成员、党外知识分子57人参加学习培训。新提任党外副处级干部2名,调整交流1名,旗(县、区)新提拔党外科级干部17名。2006年,全市旗(县、区)共新提拔党外科级干部20名。在全市公开选拔副处级领导干部中,市委首次专门留出两个职位公开选拔党外干部。2007年,在党委、人大、政府、政协换届中,有2名党外处级干部被提拔为市政协副主席,有7名党外科级干部被提拔为旗(县、区)人大、政府、政协领导,有2名科级党外干部通过公选进入副处级领导岗位。选派3名党外干部参加自治区统战部举办的无党派代表人士培训班学习。2008年,推荐安排5名党外干部担任处级领导职务,其中3名正职。2009年,全市培养选拔党外人士干部3名,分别担任市妇联主席、市接待处副主任、市农科院副院长,公开招考乌拉特中旗党外副旗长,增补党外人士政协委员17名,加强多党合作和政治协商制度建设。

五、非公有制经济

1986—1998年,巴盟实施光彩事业项目41项,参与光彩事业活动的非公有制经济人士289人,投资1.5亿元;建成民族乡光彩中学2所,私营企业安置吸纳下岗人员4433人;为贫困地区培训人才1804人,捐助贫困学生181名。2002年,全盟新增光彩事业项目20个,投资项目16个,捐赠项目4个;协议投资总额244745万元,到位资金26961万元,扶贫助学的资金为28万元。2003年,在非公有制经济提供服务中,重点接待来自国内外客商20批次,引进区外项目17个;光彩事业新增项目30个,其中投资项目24个,捐赠项目6个,到位资金34861万元。

2004年,巴彦淖尔市建成"巴彦淖尔市工商联经济信息网"。信息网与国内20多家网站互联互通,接待区内外客商15批37人次,达成合作意向4个。2005年,接待中国香港、广东、北京、山东、呼市等区内外客商27批205人次,达成合作意向40多个,意向性投资26亿元,到位资金5.5亿元。2006年,接待来自英国、澳大利亚、马来西亚等国家和地区的客商17批58人次,达成合作意向7个;在私营企业中开展以捐资助学为主题的"双百计划"光彩事业公益活动,有82家私营企业资助600多名贫困学生,资助金额达125.7万元。2007年,首届"民营企业节"期间,全市接待来自中国香港、北京、厦门等区外企业38家,达成合作意向8项,协议投资总额47亿元。组织实施"民企帮村""双百计划"光彩事业活动,70多家民企帮助农村铺设公路、发展养殖业、壮大农村集体经济。完成投资230多万元。96名民营企业家捐资助学110多万元,资助贫困学生742名。2008年,结合纪念改革开放30周年,举办第二届“民营企业节”。节日期间,引进12个建设项目,引资32.6亿元;组织实施光彩事业项目15个,到位资金9000万元;“民企帮村”项目90个,投入新农村新牧区建设资金5800万元;“双百计划”收到社会捐资211万元,资助贫困学生1128人;“光彩事业林”建设工程,栽植林木4000余株。重点扶持10个民营示范引领型企业、1个生态产业园区建设,扶持13个新农村新牧区建设示范点、10个少数民族聚居村、12个社会组织发展。2009年,建立市直属行业商会13个,基层分会34个,异地商会2个,会员总数2245人;为民营企业协调落实贷款9.7亿余元。举办民营经济体急需人才培训班9期次,培训各种类人才1000多人,安排3241名下岗职工在民营经济体工作。

六、港澳台工作

1986—2002年,巴盟接待探亲台胞(台商)52人次,办理赴台探亲5人,台胞到巴盟定居1人。2003年,侨务接待探亲来访台胞、台商20多人次,办理赴台探亲5人。

2004年,巴彦淖尔市全年接待探亲来访台胞、台商9批32人,办理赴台探亲6人。2005年,接待探亲台胞5批12人,观光旅游台胞12人,办理赴台探亲5人。落实台湾台塑集团董事长王永庆捐资助学项目,投资680万元,建设“明德小学”。2006年,通过联络,香港企业家、慈善家田家炳为巴彦淖尔市实验小学捐资200万元,为临河三中捐资250万元。广东省侨联捐资40万元,在五原县、临河区新建“侨心小学”2所。全年接待探亲、旅游台胞53人,办理赴台探亲9人。帮助台资企业上海佳格食品公司落实3万亩葵花油基地,引进投资5000万元、新上二期精炼油工程。2009年,争取到台湾杏林子捐助基金会,收到捐赠资金30万元,救助贫困学生78名;争取到台塑集团明德小学项目资金100万元,使明德小学项目资金达到800万元,数量达到17所;为台湾灾区捐款23.48万元,名列自治区首位。

第四节　政法、综合治理工作

一、机构与改革

1986—2010年,中共巴彦淖尔市政法委是市委负责政法工作的职能部门,政法委书记是市委常委。市社会治安综合治理委员会是市委、市政府常设机构,与政法委合署办公。1986—2003年,内设政治部、办公室、督查室、综合协调指导科四个科室。2004年,撤盟设市后内设办公室、政治部、执法督查室、社会治安综合治理协调科、社会治安综合治理基层指导科5个科室。2010年,内设办公室、政治部、信息调研处、执法督查处、网站5个处室,有综治办维稳办、防范办三个二级单位。在2002年的机构改革中,实施全员竞争上岗制度,政法系统共调整使用科级干部126人,16人由副科竞争上岗提拔为科室负责人,15人提拔为科室副职,占到科级职数的25%。

二、维稳工作

1986—1998 年，巴彦淖尔盟维护社会稳定工作主要以指导协调各有关部门主动解决改革和发展中出现的下岗职工再就业和困难企业职工的生活问题为主，消除社会不安定因素，避免引发群体事件。同时密切注视并有效打击境内外敌对势力、敌对分子的阴谋破坏活动。2002 年，在中共十六大会议期间，抽调民情联络员开展治安排查，查出各类矛盾纠纷 3817 件，调处 3473 件，其中重大纠纷 309 件，调处 245 件。2003 年，巴盟制定《关于维护社会稳定的工作意见》。按照意见，各旗、县、市采取“三线一网”治理的办法，进一步健全和完善 16 个牵头单位、28 个配合单位工作制度。

2005 年，巴彦淖尔市将维护社会稳定安排为重点工作，实行党政主要领导负总责，常委包片，政府副职包线，包案领导包点的党政领导责任制。党政一把手是第一责任人，分管维稳工作的党政副职为第二责任人，包片、包线、包案的党政副职为直接责任人，使维稳工作逐步走上规范化、制度化、程序化。2006 年，维稳工作建立健全工作网络、信息研判预警、群体性事件防范等 10 项维护社会稳定的工作制度。坚持经常性排查与定期排查相结合，专项排查与集中排查相结合，将社会不稳定因素解决在萌芽状态，确保社会稳定。2008 年，将平安建设纳入建设规划纲要，在农村建立治安联防队，开展治安联防，联户互保，形成组长管户长、户长管三员、三员带全员的综治联户互保新机制。在牧区，强化“三线一网”建设，组织开展军警民联防和区域性联防，开展“爱民固边”等警民共建活动。在城镇，推行网格化管理，以实施社区警务制为核心，以治安员、治安联防队为主体，建立居委会、警务室、物业管理“三位一体”的社区管理和警民联动、多警种巡逻、治安堵卡相配套的“打防控”一体化的防范体系。2009—2010 年，巴彦淖尔市建成综治维稳工作站 733 个，配备工作人员 3134 个。在撤销原 12 个办事处的基础上，将 160 个社区整合为 95 个。社区整合后，每个社区政府派工作人员 8 人，警务室配民警 3 人。

三、综治工作

1986—1998 年，巴盟综治工作建成五部门联席会议制度，定期研究部署工作，检查指导综治措施的落实，发现措施不到位及时发出整改通知，亮出黄牌警告。对发生重大治安问题的地区和单位行使“一票否决”。1999—2003 年，各旗、县根据实际情况，在城镇与沿街单位和门店签订社会综合治理责任状，组织开展联防。在农村建立治安联防队，由乡镇、村组主要领导出任联防队长，组织开展治安联防。在牧区强化“三线一网”建设，开展军、警、民联防和区域性联防。形成“一点”（城镇）“三线”（公路、铁路、边界线）为重点，以点带面、以线连片、辐射全盟、整体推进的工作思路。

2004 年，巴彦淖尔市把综治触角点延伸到经济发展区域，在经济发展区域建立综治工作组织机构和警务室，排除经济发展中的各种矛盾纠纷和突出治安问题，解决经济发展区域与地方群众利益之间发生冲突和矛盾纠纷。2005 年,在城镇以全面实施社区警务制为核心,以治安员、治安联防队为主体,建立警民联动、多警种巡逻、治安堵卡相配套的“打防控”一体化的“六级治安”防范体系。2006 年,重新调整综治委委员,修订社会治安综合治理目标管理责任书,明确各行业主管部门的任务和职责,建立健全综治委成员单位“七项制度”,强化成员单位工作流程监控,实行每季度通报制度。继续实行综治成员单位联系乡镇苏木、街道办事处制度,使成员单位直接面向基层,服务于基层。各成员单位在积极参加市综治委组织的各项活动,及时报告工作,上报信息,积极探索自身业务工作与综治工作的结合点,建立健全工作制度,与所属部门签订综治责任书,层层落实责任,发挥行业主管部门的作用,形成以行业管部门,以部门带社会,各行各业齐动的局面。2007—2010 年,巴彦淖尔市实施平安建设和安全稳定创建十项工程,即城区平安稳定创建工程、农村平安稳定创建工程、边境和牧区平安稳定创建工程、旅游景区平安稳定创建工程、企业平安稳定创建工程、重点项目建设平安稳定创建工程、铁路公路沿线平安稳定创建工程、校园平安稳定创建工程和单位平安稳定创建工程。进一步强化社会治安综合治理责任制和平安建设责任追究制。

四、严打工作

1986—2000 年,巴彦淖尔盟严打工作主要集中在严厉打击刑事犯罪。2000 年有针对性地组织开展查处卖淫、嫖娼、传播淫秽物品案件、拐卖妇女儿童、“打痞除霸”行动,查处卖淫、嫖娼案件 306 起,拐卖妇女儿童案件 102 起,解救妇女 227 名,儿童 9 名,“打痞除霸”行动抓获犯罪嫌疑人 133 名,查处违法人员 110 人,打掉犯罪团伙 10 个,抓获团伙成员 78 名。2005 年,在全市范围内开展“侦破命案”、打击“两抢一盗”专项行动。共发生命案 46 起,破获 42 起,破案率 91. 3%;“两抢一盗”刑事案件 1050 起,其中,抢夺案 25 起,抢劫案 59 起,盗抢机动车案 21 起,抓获犯罪嫌疑人 245 名,打掉犯罪团伙 20 个,抓获团伙成员 96 名。2009 年,进一步加大打击吸毒涉毒案件力度。全年破获毒品案件 509 起,抓获涉毒违法犯罪嫌疑人 678 名,强制隔离戒毒 205 人,社区戒毒 19 人。

第五节　政策研究机构

一、机构与沿革

盟委政研室是为盟委决策服务提供综合研究论证的参谋部门。1988—2000 年,内设农牧组、公交财贸组、综合组等科室。2002 年,巴彦淖尔盟党政机构改革,将原有的盟委政研室、行署调研室、体改办合并为新的盟委政研室,同时挂巴盟城镇经济体制改革领导小组办公室的牌子。设主任 1 名,副主任 2 名,内设办公室、农牧科、公交科、体改科、综合科 5 个科室,在岗 46 人。2005 年,设综合科、农牧科、城镇科、体改科、办公室 5 个科室。定编

16人,在岗31人。2010年,内设办公室、农牧科、城镇科、社会发展科、党刊科5个科室,编制18人,在职23人。

二、调研课题及成果

1986—2001年,巴盟配合内蒙古自治区党委政研室先后完成农村村务公开、民主管理、土地延包、农民负担、农副产品购销、农村流通体制、市场建设、农牧业发展情况等政策研究课题。通过调查,撰写调研报告《河套农村经济发展的模式选择——头道桥乡农村经济发展情况调查》《干召庙镇向阳村农民收入情况分析》《大力开拓农村市场,推动经济快速增长——巴盟培育农村市场的调查报告》《发展农业产业化的探索与思考》《开发经济作物优良品种,推动巴盟高产、优质、高效农业全面发展》《二道桥乡流通市场调查》《关于巴盟土地延包工作的调查》《关于农民增收的调查》《切实把农村土地延包工作放在突出位置抓好》《二道桥乡农民流通协会的调查》《乌拉特前旗粮油系统经营状况的调查》《临河市粮食流通体制改革情况的调查》《大佘太粮库储备情况的调查》《关于内蒙古保健啤酒总厂经营状况的调查》《关于黄河机械厂经营状况的调查》《突出农业效益,调整种植业结构》《面向市场,发展农业经济》《大力推进农业产业化经营是实现农业现代化的现实途径》《巴盟粮食系统集团化经营和分散经营的利弊分析》共19篇。

2002—2003年,巴盟政策研究主要课题有农村产业化、经济环境优化、工业和工业园区建设、重点企业扶持、公路交通建设、城镇建设、牧区和山旱区生态移民、旅游业发展途径、灾区税费减免、国有资产运营、饲料加工业,乌兰布和沙漠生态建设、产业结构调整、矿山资源和矿业企业、工业品价格指数等35项。通过调研,撰写的调研报告有《优化环境考察报告》《全盟工业经济发展研究报告》《呼市、包头奶牛业发展情况调研报告》《如何实施巴彦淖尔盟"三化互动"的思路》《巴彦淖尔盟社会团体和社会中介组织党建工作调研报告》《"非典"疫情对巴彦淖尔盟经济的影响调研报告》《优化经济发展环境调研报告》《巴彦淖尔盟经济发展战略研究》《清理非牧民占用草牧场调研报告》《实施"三化互动"的调研报告》《发展生态畜牧业的调研报告》《目标考核责任制的调研报告》《全盟债权债务的调查报告》《关于解决村干部经济待遇的调研报告》等30余篇。在加快县域经济的发展方面提出:大力发展特色经济和农村工业经济的政策建议;加快工业信息化发展的建议;加快发展巴盟矿山工业的政策性建议;加快巴盟旅游事业发展的政策性建议;发展巴盟饲料工业的规划和政策性建议等。在经济体制方面提出:国有企业改革的政策性建议;水管体制改革的政策性建议;农牧场、农业、林业、畜牧场(站)转制的政策建议;华章纸业集团、黄河机械厂等企业国有股出售转让的政策性建议等。在优化经济环境方面,提出规范收费执法行为、提高招商引资效率、治理"三乱"的对策建议。完成内蒙古自治区布置的调研课题主要有"关于农产品加工企业的调研""关于个体私营企业的调研""关于非公有制企业党建组织的调研”“关于草牧场使用情况的调研”。起草下发了《关于进一步优化经济环境的意见》《关于做好下岗失业人员再就业工作的实施细则》《鼓励争取项目和引进内外资金、技术人才的奖励办法》《关于加快公路建设的意见》《关于水利事业改革方案》《农牧场改革转制实施方案》《巴盟国有企业改革工作通知》《关于农牧林水等部门场站企业转制工作专题调研的安排意见》《关于对盟属转制企业进行“回头看”工作的通知》。

2004 年，巴彦淖尔市政策调研完成 26 项，内容主要涉及矿产资源、水资源、生态建设、农牧业产业化、基层民主建设、执政能力等。通过调研，撰写报告《巴彦淖尔市第三产业发展情况调研报告》《旅游业发展情况调研报告》《农畜产品加工业发展调研报告》《矿产资源开发利用情况调研报告》《农牧业产业化经营调研报告》《加快城镇化发展调研报告》《生态建设情况调研报告》《农村固定观察点情况调研报告》《强化财政收入支出结构调研报告》《搞好审计监督》《强化审计结果应用调研报告》《基层民主政权建设情况调研报告》《工业经济运行情况调研报告》《商贸物流业发展情况调研报告》《农牧区劳动力转移情况调研报告》《就业和再就业工作调研报告》《对五原京原有限责任公司京原模式的调研报告》《对杭锦后旗查干乡劳务输出情况调研报告》《对市实验小学入学难情况的调研报告》等。

2005 年，政策研究室开展了《关于呼包鄂区域经济》《土地草场承包经营流转》《“双三双链双推”活动》《第三产业发展情况》《加强和发展农村技术协会》《打造河套文化品牌》《河套大学发展中存在问题》《关于巴彦淖尔市失地农民情况》《关于巴彦淖尔市临河区扶困助学》《龙头企业快速发展，加工能力不断提高》《加快农科协发展情况》《巴彦淖尔市合作社经济组织情况》《临河干召庙镇向阳村经济发展状况》农民种植意向，劳动力结构和转移调研和《农民种粮积极性》调查《中央 1 号文件落实情况》等专项调查。撰写政策研究性论文 10 篇，主要是《跨越式发展是巴彦淖尔市的主题》《做大做强工业经济》《抓住产业结构优化升级的拐点，加快推进经济转型》《论河套文化在草原文化中的区域特征和重要地位》《对打造河套文化品牌的思考》《体现和落实党的先进性，促进政策研究工作上水平》《因地制宜，走特色路是新时期全市农业结构调整的必然选择》《围绕河套特色，强化品牌生产，提升我市农畜产品竞争力》。以上文章分别发表在《经济日报》特刊、《内蒙古日报》《内蒙古工作》《巴彦淖尔日报》《巴彦淖尔社科联纵横》等报纸刊物上。其中，一篇研究论文获首届全国县域文化论坛二等奖，1 人获中央农村固定观察点全国和全区两级优秀调查员奖。

2006 年，政研工作开展专题调研 13 项，主要是“乡镇苏木机构改革”调研、“新农村建设开局情况”调研、“生态保护和人口流入情况”“农村牧区劳动力转移培训”“水务改革和推进亩次计费制度”“‘十一五’规划建议专题”“巴运公司收入分配情况和构建和谐社会问题”“农民组织化问题”“河套文化与河套水利建设发展”“生物质能源发展”“优质食用葵花品种更新问题”“转变职能，推进农村牧区综合改革”等。通过调研，形成调研报告15篇，其中《围绕河套特色，推进品牌战略》《我市奶牛业发展面临的问题》《全面推行亩次计费用水管理制度》《调整战略，推进转型》《以人与草原和谐为目标，统筹解决“三牧”问题》等调研报告受到领导和社会的重视。有21篇在《巴彦淖尔日报》发表，30万字进入《巴彦淖尔市“十一五”规划纲要汇编》。

2007年，政研工作开展了“关于加快推进农村土地承包经营权流转”“关于巴彦淖尔市水资源情况及水务管理工作”“关于农垦综合改革”“关于巴彦淖尔市非公有制经济组织党建工作”“关于巴彦淖尔市土地经营情况”“关于巴彦淖尔市牧区工作”“关于巴彦淖尔市人口情况”“关于巴彦淖尔市涉农项目资金的综合”“关于巴彦淖尔市农村牧区养老保险”“巴彦淖尔市节能减排”“村嘎查和街道社区党建”“就业、农牧业产业化”“鄂尔多斯市新农村新牧区建设经验”“新农村新牧区建设评价指标体系”调研。

2008年，政研工作开展调查研究40多次。主要有“7个旗(县、区)、农垦局等地进行现代农牧业”“全市经济社会工作十五个专题”“全市旅游业发展现状进行专题”“参加赴成都、重庆、山东枣庄等地学习考察土地流转”“城乡就业状况”“党政机关机构编制改革状况”“自治区关于起草2009年农村牧区1号文件相关”“全区就业再就业状况”“自治区对我市改革开放30周年”“四个旗县进行中低产田改造方面”“我市城区新区建设中安置失地农民”“全市惠农补贴政策落实情况”“党建、干部培训、领导班子思想政治建设和人才工作”“全市规模以上工业产值超亿元企业党组织、工会情况的摸底调查”等。通过调研，完成调研报告40余篇，约20万字。主要有《巴彦淖尔市农牧业技术推广体系建设意见的调研报告》《集体林权制度改革的调研报告》《市党政机构情况的调研报告》《农牧民养老保险的调研报告》《农村牧区综合改革的调研报告》《惠农补贴政策落实情况的调研报告》《党建、干部培训、领导班子思想政治建设和人才工作的调研报告》《城区新区建设中失地农民安置的调研报告》《旅游业发展现状的调研报告》《禁牧情况的调研报告》《现代农牧业发展情况的调研报告》《打造全市粮食核心产区的调研报告》《内蒙古发展模式研究报告中巴彦淖尔部分》。

2009—2010年，政研工作形成的调研报告主要是《关于我市装备制造业的调研报告》《巴彦淖尔肉羊产业发展调研报告》《对我市牧民专业合作社发展的专题调研报告》《巴彦淖尔市涉农金融机构服务农村牧区的调研报告》《关于我市户外广告管理经营情况的调研报告》《关于对黄灌区开展减轻农民用水负担综合改革的调研报告》《关于青山、蒙海工业园区整合的调研报告》《关于推动土地规模化经营，促进现代农业发展的调研报告》《关于我市牧民增收情况的调研报告》《关于全市苏木镇机构改革职能转换情况的调研报告》《关于科技成果推广转化的调研报告》《关于推进现代物流业新突破、大发展的调研报告》《关于推进"一市三区"发展战略的调研报告》《关于对河套灌区农业灌溉用水运行情况的调研报告》《在推进城镇化建设中加快农牧民转移步伐的调研报告》《关于杭锦后旗奋斗中学、市医院绩效工资的调研报告》《关于社区建设的调研报告》和《关于集镇发展》等调研报告。

第六节 直属机关党建

一、机构与沿革

盟委直属机关党委是盟委的派出机构,主管盟直机关党的工作,正处级建制。1986—1998 年内设组织部、宣传部、盟直机关纪律检查委员会、秘书 4 个部委科。1998 年所属基层党组织 109 个,其中党委 51 个,总支 36 个,直属支部 22 个。

2004 年,内设组织部、宣传部(挂直属机关精神文明办公室、团工委牌子)、办公室(党建研究室)、纪工委、工会工委(挂妇工委牌子)5 个科室。

二、思想组织建设

1998 年,主要做好五项工作,即在盟直机关中推行党建工作目标化管理与考核;盟直机关党员干部政治理论学习和党性教育;以制度建设为基础,规范机关党建工作;研究探索解决商贸流通转制企业党建工作问题;加强对旗县机关工委的指导。2004 年,审核批准 4 个部门党委、6 个党总支、7 个直属党支部的换届选举,调整 10 个党组织的隶属关系,批准新建基层党组织 5 个,完成市直机关 20 个党组织 35 名缺额委员的及时补增,发展新党员 222 名。2010 年,直属机关重点落实"五个一工程建设",强化主要负责人抓党建责任制落实。90% 以上党政主要负责人兼任党组织书记。健全完善"三会一课"、中心组学习、每周集中学习日、主要领导讲党课制度。

第七节 思想作风建设

1998 年,在盟直机关开展"密切联系群众、勤政务实、廉洁奉公、树行业新风"为主题的党风。盟直机关普遍推行挂牌上岗工作制,98 个单位推行政务公开制,26 个执法执纪收费单位推行公示制,在交通局、运管处、邮电局、工商局四个典型单位召开树立良好工作作风现场会。全年共建成县级文明单位 77 个,盟级文明单位 42 个,自治区级文明单位 9 个。2004 年,开展"执政为民,优化环境,加快发展,创建'四型'单位"和争创"五型"党员为主题教育活动。制定下发《市直机关精神文明建设安排意见》。2010 年,落实"为民、务实、清廉"的工作作风,争当"党的好干部、人民贴心人"和讲党性、重品行、做表率活动,对市直 100 多名生活困难党员进行帮扶。

第八节　编制管理

一、机构与改革

1986—2000 年,巴彦淖尔盟编制委员会办公室单位与盟人事劳动局合署办公,局长兼编办主任,另设专职副主任。1990 年升格为副处级,1995 年为正处级,成为盟委、行署领导的办事机构,列行署序列。2002 年经盟委、行署批准为盟委工作机构和行署常设机构,列盟委编制序列;内设 4 科 1 局:综合科、行政科、事业科、车辆编制科和事业单位登记管理局;编制 19 人(其中行政科 11 个)、实有 14 人(处级 4 人、正科 5 人、副科 2 人)。2004 年撤盟设市后,设主任 1 名,副主任 2 名,内设 5 个职能科:综合科、行政科、事业科、检察统计科、车辆编制科。2010 年,内设综合科(办公室)、机关机构编制科(办理行政机关机构和人员编制事宜)、事业科(办理事业单位机构人员编制事宜)、监督检查科(负责机构人员编制监督检查和统计事宜)、车辆编制科(行政事业单位、国有企业及驻市单位车辆编制事宜)和事业单位登记管理局(对符合条件的事业单位依法登记管理)。在职 17 人,处级 4 人,科级 8 人。

二、编制管理改革

1986 年,巴盟为改变行政事业单位严重超员、工作人员过多等人浮于事的问题,采取编制部门控制编制,劳动人事部门严把进人,财政部门限定工资和经费的办法,遏制行政事业单位超员。1987 年,根据各乡镇苏木地理位置、土地面积、人口数量,核定 127 个乡镇苏木人员编制和领导职数。同时,按照内蒙古自治区人民政府《关于加强事业单位编制管理的通知》精神,核定教育系统及所属事业单位的编制标准。1988 年,为实现机构编制管理规范化、法规化,巴盟本着“精简、统一、效能、节约”的原则,进一步完善编制与工资基金管理的办法。1989 年,成立行政事业单位消肿工作领导小组,印发《关于鼓励国家行政机关事业单位工作人员向基层流动和创办开发性事业的若干规定》。1991 年,在行政机关实行人员“三定”和事业单位分类管理,对准科级以上机构进行检查清理。本着“从严、从严、再从严”的原则,实行编制部门“一支笔”审批办法,进一步充实完善编制与工资基金统一管理,建立起严格的工资基金审批制度。1992—1993 年,巴盟在全盟推行“三个一”制度,即党政群机关、事业单位的机构编制实行编委及其办事机构一个部门承办,主管领导“一支笔”审批,编委一家行文批复。2001 年,对机关事业单位人员编制、人员工资、财政拨款实行标准化管理。同时,加强各行政事业单位自然减员指标的管理。对每年自然减员指标,主要用于大中专毕业生和军转干部等政策性统配。2003 年,编制工作严格实施“三个一”审批制、编制管理证制和空编增人报批制。根据自治区人民政府办公厅的通知,在全盟开展中小学教职工核定编制工作。

2004 年,巴彦淖尔市按照自治区政府批复的“临河地区大中专学校管理体制改革和布局”的意见，将电视大学、卫生学校、农牧学校、水利学校、财经学校并入河套大学。对几所学校的内设机构、人员编制、领导职数和实配领导等情况进行核实，下达“五定”(定内设机构、定人员编制、定领导职数、定实配领导)方案。2005 年，巴彦淖尔市对“占编不在岗”人员进行清查，共清理“占编不在岗”人员 412 人(市直 284 人，旗(县、区)128 人)。2006 年，继续加强机构编制制度化建设，建立健全行政事业单位人员编制管理运行体制，严格执行公务员“凡进必考”和事业单位“公开招聘”制度，杜绝通过工勤逐步进入公务员序列或事业单位行政管理岗位的问题，不允许工勤人员不通过考录方式进入行政机关公务员序列和事业单位行政管理及专业技术人员队伍。2007—2010 年，在全市各级行政事业单位实行“人员定编证”和“工勤人员岗位证”管理制度。同时，废除旗(县、区)多年实行的“五联单”进人制度。

三、党政机关机构改革

1992—1993 年，巴盟先后制定《全盟各级党政群机构改革方案》《巴彦淖尔盟旗县级党政机关改革实施方案》和《关于鼓励行政事业单位人员向经济建设第一线流动的若干规定》。根据三个文件精神，首轮行政机构改革于 1994 年全面展开。改革进行中，主攻对盟直 51 个行政单位的职能进行细化、整理、归类，并印发巴彦淖尔《关于调整完善旗县党政群机关机构改革实施方案的通知》，对旗、县、市行政机构设置、人员编制、领导职数作出明确规定。历时 5 年的行政机构改革，1996 年底圆满结束。经过改革后，巴彦淖尔全盟党政机构由原来的 398 个减少到 217 个，精简幅度为 45.5%，其中盟直由原来的 54 个减少到 35 个，精简幅度为 35.2%。2002—2003 年，巴盟进行第二轮行政机构改革。为切实作好改革工作，制定出台《关于盟、旗、县、市、乡镇苏木党政机构改革工作中具体事宜的通知》《关于贯彻落实全区机构编制工作会议的意见的通知》，要求盟直各单位、7 个旗、县、市以及临河经济技术开发区按照“三定”方案执行。经过近 3 年工作，盟直党政机构由 55 个调整到 46 个，盟委设 11 个工作机构，行署设 31 个工作机构，4 个协调机构。调整职能 40 项，新增职能 12 项，转变职能 16 项。行政审批事项由原来的 343 项减少到 307 项。将发展计划委员会改建为发展和改革委员会，经济贸易委员会改建为经济委员会。将卫生局承担的食品、化妆品方面的监督职能划归药品监督管理局；将乡镇企业局更名为推进农牧业产业化办公室，整体并入农牧业局；将建设局更名为建设委员会，组建市规划局；将万丰开发区与章嘉庙、宏兴和八一工业园区统一整合为巴彦淖尔经济技术开发区。

各旗、县、市建立相应机构(但因国有资产总量较小，旗、县、市未单独设立国资委，国有资产有财政统一管理)。乡镇苏木机构改革，则按照盟委制定的《关于检查验收旗县市政府机构改革的通知》《巴彦淖尔市苏木乡镇机构改革的初步意见》和《巴彦淖尔市撤乡并镇的意见》执行，建立与旗县相对应的行政机构。乡镇苏木行政机构改革到 2005 年结束，将

7个旗(县、区)96个乡镇苏木合并为48个,撤并乡镇50%。2009年,在调研论证的基础上,经市委常委会、市编委会研究,报经自治区批复的《巴彦淖尔市政府机构改革方案》和《关于巴彦淖尔市旗(县、区)政府机构改革的意见》,市政府设置工作部门33个,另设部门管理机构2个;临河区、磴口县、乌拉特后旗设置政府工作部门不超过23个,乌拉特前旗、乌拉特中旗、五原县、杭锦后旗设置政府部门不超过24个。

四、事业单位机构改革

1986—1988年,为实现机构编制管理规范化、法规化,改变事业单位超编问题,巴盟在深入调研后,按照“精简、统一、效能、节约”的原则,制定出台《关于盟直机关事业单位实行定编定员定经费的实施意见》《关于对盟直事业单位实行分类管理的报告》和《关于行政和事业单位压缩五千工作人员的报告》三个文件。根据三个文件精神,事业单位改革逐步完善编制与工资基金管理办法。1988年12月,全盟事业单位已全部实行编制与工资基金统一管理。1993年,巴盟事业单位与党政机构改革同步进行。通过兴办实体、自谋职业、辞职、提前退休、到乡镇苏木任教等多种方式分流事业单位人员。1994年,为加快事业单位改革步伐,制定出台《关于盟直事业单位分类管理的意见》。1997年,全盟事业单位按照“定领导职数、定人员编制、定人员结构、定经费来源的“五定”方案,确定设置事业单位2180个,其中副厅级单位1个,处级单位32个,副处级29个,科级521个,股级单位1597个。核定事业编制51049人,其中,全额拨款单位33739人,差额拨款单位5712人,自收自支单位11598人。1998年,按照各旗、县、市所增统配人员和个别旗、县、市的特殊情况,巴盟对事业单位编制总额、全额、差补编制比例进行调整。

2005年,巴彦淖尔市继续对个别事业单位的职能进行小幅调整,上划全额事业编制28个,上划差额事业编制15个。2006年,将市属农牧系统10个二级事业单位整合为3个;将原铁路医院划归市医院管理,接收内蒙古自治区动物防疫监督检验所驻临河铁路监督检验站。2007年,对教育系统进行资源整合,完成部分学校的撤并。2009年,为改变事业单位条块分割、多头管理、职能交叉的状况,对部分事业单位编制、结构、职能、职责进行重新审核认定。将有限的编制使用在社会各项建设事业急需的高层次人才、紧缺人才和特殊人才上。

五、事业单位登记

1999—2000年,巴盟全面启动事业单位登记工作。各旗、县、市按照统一部署对辖区内边界清晰、性质稳定的事业单位进行登记。2001年,全盟事业单位初始登记工作全部完成,共登记845个单位,其中盟直属单位190个。

2003年,巴盟对全盟事业单位设立、登记、变更、年检、档案管理等进行重新规范,设立登记、变更登记工作流程,更新盟直事业单位法人登记数据库。2004年,对在册事业单位进行年检,共检单位872个,其中,市直单位131个,旗(县、区)单位741个。2005年,全市年检登记事业单位759个,变更登记125个,新登记25个,注销登记23个,其中,市直年检86个,变更45个,新登记20个。2008年,将年检合格的事业单位提供的所有资料全部录入网上登记系统的信息库中。同时,配合有关部门完成第二次全国经济普查工作中的基础资料整理、规范和普查单位清查名录工作,对旗(县、区)事业单位机构设置和编制核定实行备案核准制度。2009年,根据《事业单位登记管理条例》,进一步完善事业单位登记管理制度,并在《巴彦淖尔日报》和巴彦淖尔机构编制信息网上进行公告。

2010年12月,全市登记事业单位1188家,其中,新设立登记63家,变更登记361家,注销登记13家,年检合格率94%。

六、车辆编制管理

1986年,巴盟有大小公用机动车1657辆。车辆管理采用"车辆行驶、封停通知单""新增、更新、报废通知单""车辆调拨、转户通知单"等办法进行编制管理。1988年,巴盟按照"控制行政事业单位购车,鼓励个人企业养车"的原则,对1988年之前违控购买的16辆小汽车实行罚款处理,对之后买的13辆予以封存。1990年,巴盟制定《巴盟车辆编制管理规定》,规定以车辆定编入手,清理核对已有车辆,充实完善车辆编制台账,严格执行"编内购车"原则,严把车辆落户关,对不符合规定或手续不全的车辆坚决不予列编、不予落户、不发准驶证。对超编车辆坚决予以调整封停。1991年,按照行政、事业单位从严,生产、科研单位和基层从宽的原则,对小车的编制作适当调整,满足新建、扩建、科研部门合理配车需求。1993年,对全盟1992年到1993年落户的小汽车的档案进行审查,查出以私人名义落户的小汽车215辆,超编购买小汽车115辆。1994年,巴盟制定下发《巴彦淖尔盟车辆编制管理暂行规定》,规定盟直各部、委、办、局根据工作任务、业务范围、人员编制等情况,配备公务用车1~3辆;各旗、县、市党委可配备公务用小汽车4辆,政府可配备8辆,人大可配备3辆,纪检委2辆,人武部1辆。盟直科级事业单位和旗、县、市科级行政单位,一般可配备1辆小汽车。旗、县、市所属股级事业单位,原则上不配备小汽车。一些面向生产、科研和基层的事业单位确因工作需要,可配备1辆小汽车。严格控制盟直、旗、县、市行政、事业单位购置进口高档小汽车。各级行政事业单位不论计划内分配或上级调拨车辆,都不得超编配备车辆数。凡申请增加小汽车编制的单位,由车编办提出意见,报盟编委研究确定。小汽车上户,调出调入,都要报经盟车编办部门批准。公安车管部门凭盟车编办出据的"车辆新增通知单"和"车辆调拨转户通知单"办理小汽车的落户和转户手续。财政控购部门由车编部门同意列编后,方可办理控购手续。严禁以个人名义无编违控使用小汽车。1998年,巴盟制定出台《关于党政机关事业单位小汽车购置配备使用管理的补充规定》,规定科级单位不准购买15万元以上的小汽车,处级单位不准购买25万元以上的小汽车。配备轿车的，必须是排气量在2.2升以下的国产车。

2004年，巴彦淖尔撤盟设市，按照市委部署，严格控制超标、超编车辆。全年共办理车辆编制手续263辆，其中办理新增更新小汽车227辆（其中新增39辆），办理货车及专用车36辆。2007年，巴彦淖尔市重新修订下发《巴彦淖尔市车辆编制方案》，并对车辆编制核定标准和更新车辆做出新的规定：凡未使用到5年或行程未达到30万千米的小汽车，一律不准更新；市直和旗（县、区）逐步建立车辆编制和财政预算相挂钩的约束机制，将各单位车辆编制数作为核定公用经费的重要依据之一。同时，建立全市车辆编制数据库和实有车辆电子台账，加大动态管理力度，加强和纪检、财政、交管等部门的联系与配合，从严控制超编、超标车辆，坚决遏制各地各单位无编或超编购车的势头。

第九节　党校教育

一、机构与沿革

1986—2004，年实行校委会领导下的校长分工负责制。内设机构有办公室、教务科、哲学教研室、政治经济学教研室、党史党建教研室、科学社会主义教研室、专业教研室、文史教研室、理论研究室、组织科、资料室、行政科、膳食科、中专部和三个学员班部，撤销蒙语教研室。

1994年，中共中央下发《关于新形势下加强党校工作的意见》（中发〔1994〕5号）、1995年中共中央下发《中国共产党党校工作暂行条例》后，盟委批准盟党校兼办盟行政学院，决定成立巴彦淖尔盟党校教育工作委员会。

2000年7月，盟委批准统战部《关于在盟党校挂巴彦淖尔盟社会主义学院牌子的请示》。全盟干部培训教育资源整合完成，巴盟党校成为全盟党校领导干部、国家公务员和统战人士教育培训于一体的"一校两院"（党校、行政学院、社会主义学院）办学格局正式形成。

2004年撤盟设市后，将原有的17个科室撤并为16个，办公室、考核督查处、行政处、后勤服务中心、教务处、函授部、科研工作管理处、图书资料室、设置学员一部、学员二部、政治学教研室、经济学教研室、党史党建教研室、行政管理学教研室、法学教研室、信息网络中心。重新定编后99人，其中参照公务管理人员32人、专业技术人员56人、工勤人员11人。

2004—2010年，在全市干部教育资源整合中，党校兼办巴彦淖尔老年大学，承担全市政法干部、妇女干部、团干部等的培训任务，形成"一校两院"和六个干部培训基地（党校、行政学院、社会主义学院，巴彦淖尔市政法干部、团干部、工会干部、妇女干部、干部法制教育和人口理论教育培训基地）的办学格局。

2010年，内设有16个职能处室，办公室、组织人事处、公务员培训部、学员管理部、教务处、政治学教研室、经济学教研室、党史党建教研室、公共管理教研室、法学教研室、信息网络中心、函授部、科研工作管理处、图书资料室、行政处、后勤服务中心。

二、教学管理

1986—2004 年，根据中共十四大、十五大和十六大提出的邓小平理论和"三个代表"重要思想，巴盟党校教学方向定位在适应世界大转折和中国新发展要求上，主要包含"理论基础""世界眼光""战略思维""党性修养"和"地区经济与社会发展研究"方面的教学课程。以盟委提出的"农牧业为本，工业立盟，科教先行，产业化推进"战略和二十一世纪初提出的"一、二、三、五"发展战略进行研究和探讨，将最新成果运用于教学，同时实行"请进来，走出去"的办法聘请专家学者和领导干部来校讲课作报告，组织教研人员深入全盟农村牧区、厂矿企业、科研院所进行调查研究，丰富和充实教学内容，更好地为盟委、行署的决策进行理论宣传和智力支持。

实施互动式教学，引入启发式、研讨式、案例式、问答式教学方法，促使教师不断研究新情况、充实新知识、丰富新内容，促使学员勤动脑、勤动手、勤动嘴，调动思维方面的积极性。

加强理论联系实际，一方面邀请自治区社会科学院、自治区人大、自治区统战部、自治区妇联和盟、旗县市领导干部和专家学者来校讲课作报告，讲清重大理论问题和现实问题。另外加大调研力度，每期主体班都要安排一定时间，组织学员到沿海先进发达地区考察学习，到盟内考察调研，以增长知识，拓宽学员思路；2002 年，在中青年后备干部班试行并开展设置情景模拟、即席讲话、考核面试、工作经验交流、入学知识摸底考试、公文写作知识学习、撰写调查报告、工作研究或论文进行答辩，多方面培养和提高后备干部的政治素质和业务素质，并将成功经验推广到县处级和科局级干部主体班；配备现代化教学设备，安装计算机、远程教学网络、多功能教学设备、有线电视等，极大地丰富了教学内容。

建立健全教学考评体系。从备课（讲授）内容突出主题、明确中心，把握正确的舆论导向和纪律，突出重点，讲清热点、难点和疑点，符合盟委、行署的重大战略决策。到制定教育培训规划，明确培训对象，规范班次设置和学制。规定县处级领导干部每五年必须到党校轮训一次；科局级中青年党政后备干部，在被提升或提名选举到上一级领导岗位之前，必须经过党校培训；科局级干部每五年必须到党校轮训一次；少数民族干部（蒙语授课）培训纳入盟党校培训规划。

2004 — 2010 年，撤盟设市后，拓展培训内容，以"菜单式"选学和开设特色课程按需施教。把课堂教学、当地调研、外出考察、理论和现实问题研讨、能力拓展训练和撰写论文或调研报告等因素有机融合起来，使学员的能力资源得到了深度开发，实现"知识本位"向"能力本位"的升华。

三、公务员培训

1986年，连续举办两年制大专培训班和理论班，分别培训干部41人和53人，还举办一期县处级以上领导班，参训人员35人。1987—1990年，每年举办六期短训班，共轮训、培训县(处)级干部1070人，苏木党政正职150人，乡镇苏木干部(科级)333名。

1991年，举办六种类型十二期轮训、培训班，其中，全盟县(处)级干部轮训班四期235人，科级干部轮训班四期308人，蒙语副科以上干部两期87人。培训边境旗县副县级以上党员干部和苏木(镇)党委书记、宣传委员、边防团连长、指导员、边防站站长等干部，共两期培训141人。

1992—1993年，以建设有中国特色社会主义理论和中共十四大文件的学习为主课，党校连续举办七期全盟县(处)级和科级研讨班，培训县(处)级干部311人、科级干部537人，举办蒙语班两期74人，举办中青年干部培训班一期39人；举办妇女干部进修班一期77人。1994年9月至2004年1月，共举办县处级、科级、中青年后备干部、乡镇党委书记、乡镇长、组织委员、宣传委员、纪检监察、统战人士、政法、妇联、共青团、蒙语授课等各级各类培训班175期，培训、轮训各级党员领导干部和专业人员12005人次，其培训规模是党校发展史上人数最多。

2004—2010年，市委党校共举办县(处)级班、科级班、青干班、民族班、公务员班、普法班、纪检班、政法班、妇女干部班、团干部班、村支书班等各级各类班次262期，共培训党员干部24195人次。特别是2010年新的领导干部上任以后，以实施“培训中心工程”为主要任务，不断扩大培训规模。2005年4月27日，《中华人民共和国公务员法》施行后，共举办公务员英语、普通话及公务员法培训班、公务员公共管理核心内容及行政机关公务员处分条例培训班、公务员法培训班、公务员任职培训班、新录用公务员初任培训班、公务员职业道德教育培训班等各级各类公务员培训班60期，共培训处级、科级、科级以下公务员6451人次。2008年，经过与政法委、司法局、市计生委、工会、团委、妇联六个部门沟通协调，建立巴彦淖尔市政法干部、干部法制、人口理论、工会干部、团干部、妇女干部“六个干部教育培训基地”。

四、函授教育

1989年，创办成立中央党校函授学院内蒙古党校分院巴盟学区，联合举办干部学历教育大专班和本科班。1989—2004年，共招生9523人，其中专科5675人、本科3848人。2006年，巴彦淖尔市党校开办在职研究生学历教育，开始连续举办经济管理专业研究生、法律专业研究生招生。

五、科研工作

1986—2010年，巴彦淖尔市委党校共撰写发表论文776篇，其中国家级报刊发表43

篇、省部级报刊发表429篇、市级报刊发表304篇。1986年,参与内蒙古党校系统编写《马克思主义哲学》《中国特色社会主义经济》《宏观经济管理》等教材。1990年,共组织教研人员撰写并公开在省级出版社出版专著9部,有《领导科学》《河套方言集锦》《股份合作制的理论与实践》《社会主义宏观经济运行与调控》《货币运行与财政、货币政策》《河套农业现代化》《巴彦淖尔经济研究》《民族地区发展研究》《建设学习型政党》;组织编写教材11部,其中《社会主义市场经济理论导读》《建设有中国特色社会主义理论专题教材》《社会主义市场经济理论教程》《区域经济社会发展理论研究》《新世纪干部理论学习读本》《邓小平理论基本问题》6部教材在省级出版社公开出版,《〈马克思主义哲学学习纲要〉思考题和难点解答》《关于社会主义若干问题学习纲要》《社会主义市场经济百题问答》《建设有中国特色社会主义理论十讲》和《社会主义精神文明建设百题问答》5部教材在校内出版。1998—2010年,完成课题17项,其中国家级课题2项、省部级课题12项、市级课题6项。其中1998年争取到"河套地区农业现代化研究"专项内蒙古哲学社会科学规划办公室"九五"规划课题,2000年完成并通过鉴定;2001年参与全国党建研究会课题"新时期民族地区党员先进性问题研究",当年完成研究课题;2002年参与宁夏回族自治区党校和农研所争取的国家自然科学基金资助项目"黄河河套地区特色农业产业化研究"课题;2003年争取到2项全区党校系统科研课题"河套地区农业产业化研究"和"巴彦淖尔市建立和发展农民协会问题研究",2004年全部完成;2005年争取到中央党校科学社会主义教研部课题"浅谈地方领导干部在遏制艾滋病蔓延促进和谐社会建设中的责任与作用",2006年完成;2005年争取到2项全区党校系统科研课题"对巴彦淖尔市走新型工业化道路的研究"和"构建和谐巴彦淖尔市必须关注弱势群体的调研",2006年完成;2005年争取到内蒙古哲学社会科学规划办公室课题"河套地区建立和发展农民专业合作经济组织问题研究",2007年完成;2007年争取到内蒙古哲学社会科学规划办公室课题"河套地区发展循环农业的研究",2009年完成;2009年争取到内蒙古党校课题"巴彦淖尔市扩大内需的难点和对策研究",2010年完成;2009年争取6项市级课题"巴彦淖尔市土地流转问题研究""对我市科技创新发展的思考""社会主义新农村建设中发挥农民主体地位作用研究""构建和发展和谐稳定的劳动关系""关于巴彦淖尔市新牧区建设的几点思考""关于巴彦淖尔市经济转型升级问题的研究",2010年完成;地区经济和社会发展的重要理论和实践上,编写出版《区域经济社会发展理论研究》,作者近500人,文字达250万字。2007年编写《科技创新跨越发展》优秀论文集,2008年编写《水服务体系建设》论文集。

第十节　老干部工作

一、机构沿革

1983年7月,决定成立巴盟党委老干部局。1995年内设机构有人秘科、政治生活待遇科、机关事务服务中心,1997年,编委又明确所属事业单位有:老干部活动中心、关心下一代委员会办公室。人员编制和职数为:行政编制8人,其中,局长1名,副局长2名,两个科的科长4名(2正2副);事业编制14人,其中:机关事务服务中心7人,领导1人(正),老干部活动中心5人,领导2人(正副各1人),关心下一代委员会办公室3人(副处秘书长1人,正科副秘书长1人)。

1997年9月"五定"方案,确定巴盟老干部活动中心是科级建制的事业单位,核定事业编制5人,其中正科级领导职数1人,经费实行全额拨款。

2004年9月8日,确定市委老干部局为市委组织部管理的正处级部门管理机构。主要职责是贯彻执行党中央有关老干部工作的方针、政策,研究制定全市老干部工作的具体政策、办法;负责督促检查老干部各项政策、待遇的落实;按政策规定办理老干部政治、生活待遇有关事宜;指导全市各级老干部工作部门的业务工作;管理局属事业单位及其他工作任务。内设办公室、政治生活待遇科、宣教调研科。巴彦淖尔市关心下一代工作委员会办公室挂靠在老干部局。行政编制7人,其中,局长1名,副局长2名,正科级领导职数3名,另核定工勤人员事业编制2名。

二、离休老干部

1986年,巴盟共有离休老干部2096人,其中1927年8月1日至1937年7月6日期间参加革命的有18人;1937年7月7日至1945年9月2日期间的有336人;1945年9月3日至1949年9月30日期间的有1742人。1998年,巴盟共有离休干部1435人,其中,老红军12名,抗战时期参加革命工作的236名,解放战争时期的1187名。其中享受盟级待遇的121名,县处级待遇的614名,一般干部700名。2002年,巴盟有离休干部1181名,其中第一次国内革命战争时期的有10名,抗日战争时期的有203名,解放战争时期的有968名。享受地(厅局)级待遇的有112名,享受县处级待遇的有558名,享受其他待遇的有675名。

2005年,巴彦淖尔市有离休老干部1127人,其中,1931年7月6日前参加革命工作的10人,1945年9月2日参加革命工作的有138人,1949年9月底前参加革命工作的有979人。享受盟市级待遇的有80人,享受县处级待遇的有455人,其他待遇的有592人。

三、老干部服务

为切实解决好离休老干部生活待遇问题,2004—2006年,以健全老干管理机制为突破口，保证老干部老有所养、老有所乐，心情愉快地为党的事业做力所能及的工作，巴彦淖尔市先后出台《离休干部医疗费管理暂行办法》《易地老干部就医报销办法》等文件，对老干部住院治疗、转院、门诊购药等做出明确规定。落实离休干部政治生活待遇，定期向老干部通报全盟经济社会发展情况，倾听老干部的建议和意见，遇重大节日活动、重要会议邀请老干部参加，并组织老干部外出参观考察；将老干部党组建设纳入党建目标，请老干部建言献策，共谋发展大计；组织老干部参加“三个代表”重要思想“先进性教育”和“科学发展观”学习教育活动，并请他们用自己亲身经历作辅导报告。在健康娱乐方面，经常组织老干部参加乒乓球、网球、保龄球、象棋等体育比赛和书法、绘画等展览。以老干部为主组成的艺术团体，以主题鲜明、内容生动、节目丰富的演出受到广大群众好评。

四、具体工作概况

1986—1990 年，落实离休干部所需经费管理与专用小车使用燃料供应标准等问题；经盟委书记办公会议研究，解决老干部工资偏低、子女就业、医药费管理和发纪念品、交通费发放、慰问、参观、住房、供应等问题；1988 年落实《关于做好离休干部工作的若干规定》的政治、生活、医疗保健、社会服务、异地安置、经费保障等共 60 条待遇问题；对有伤残证的有关待遇作出规定。对企业离休老干部生活补贴、遗孀生活费有关待遇作出规定；于 9 月 1 日，庆祝自治区第一个老年节。对离休干部工资改革前行政 15 级、“文化大革命”前处级提为厅级待遇。

1991—1996 年，针对部分企业离休干部生活费偏低问题，逐步提高部分离休干部离休费、交通费、洗理费、奖金进工资档，成立巴彦淖尔盟老干部保健所。

1997 年，扩大离休干部享受护理费范围和提高离休干部无工作遗孀生活费标准，落实进一步加强老干部社会优待工作。五原县委组织部副部长、老干部局局长曹凤光被评为全国先进老干部工作者。配合中组部、中央电视台等联合拍摄了以曹凤光为原型的电视剧《老干部局长》。

2000—2010 年，贯彻自治区《关于进一步加强新时期老干部工作的意见》。进一步完善离休干部离休费、医药费保障机制和财政支持机制、活动场所、老年大学，落实自治区成立 60 周年发放的纪念品、生活待遇和“四位一体”服务网络建设工作，共为 1452 名离休干部发放住房补贴，发放金额 2495 万元，其中市直发放 473 人，发放资金 745 万元。提高 5 名老红军享受副省部级医疗待遇和 51 名抗日战争时期老干部享受厅局级医疗待遇。

第五章　纪检监察

第一节　机构沿革

中共巴彦淖尔盟纪律检查委员会于1979年3月重新组建,1982年9月中共十二大以后,在领导体制上改为同级党委和上级纪委双重领导。1993年,巴盟纪律检查委员会和行署监察局合署办公,行使党的纪律检查和行政监察两大职能。1998年,盟纪委、监察局内设10个准处级机构。2001年,内设监察综合室、信访室、党风廉政室、执法监察室、检查一室、检查二室、纠风办、审理室、宣教调研室、干部室。

2004年撤盟设市后,改称中共巴彦淖尔市纪律检查委员会,仍与巴彦淖尔市监察局实行一套工作机构,两个机关名称,履行党的纪律检查和政府行政监察两种职能。内设10个室(厅):办公室、监察综合室、宣教教育调研室、执法监察室、党风廉政建设室、案件检查室、案件审理室、控告申诉室(举报中心)、干部管理室、纠风室。7月,召开中共巴彦淖尔市纪律检查委员会第一次全体会议,按程序产生中共巴彦淖尔市纪律检查委员会委员、常务委员、书记、副书记。2009年又增设效能监察室,办公室下设案件管理科。

第二节　党纪教育

1986年,巴盟纪检工作在全面整党结束以后,各级纪委贯彻以教育为主、预防为主的方针,加强对5万多名党员的党性、党风、党纪教育。通过举办不同类型的培训班,分期分批对党员进行党的决议、党章、准则教育。1987年,贯彻中纪委《关于共产党员必须严格遵守党章的通知》,在全盟各级党校举办读书班和轮训班,对党员进行短期轮训。轮训采取领导干部由上级党委负责,一般党员由单位党组织负责;农村牧区则利用冬季生产空闲季节,由乡镇苏木党委组织农牧党员开展党性教育,全盟有4万多名党员接受教育培训,占全盟党员的80%。1988年,以贯彻中共十三大精神为中心,有计划、分期分批、分层次组织党员学习社会主义初级阶段理论和党的基本路线,举办各类党员培训班640多期,培训党员5万多人次,约占全盟党员总数90%。1989年,各级纪检组织选用正反两方面的典型案例,利用党课形式,对党员进行党性、党纪和党的基本知识教育;配合组织、宣传、党校等部门举办党员培训班413期,培训党员36878人,其中,举办副处级以上党员干部培训班6期,培训418人;举办副科以上党员干部培训班28期,培训2651人;举办乡镇苏木、企事业单位党员培训班379期，培训党员33809人。1990年，各级纪检组织广泛开展廉政宣传教育，将廉政教育同关心人民群众的切身利益相结合，要求党员，特别是党员领导干部带头反腐倡廉，杜绝自身腐败。1991年，在对党员党性教育中，采取演讲会、知识竞赛、专题讲座等形式，对党员进行党规党法教育。1992年，各级纪检组织结合学习党章、准则和党的基本知识、党建理论，开展以条例为主要内容的党纪教育，有6万名党员参加条规测试，约占全盟党员总数的91%，其中，在岗的850多名县处级党员领导干部接受党纪条规教育，参加考试。1994年，纪检监察机关履行党章、行政监察条例赋予的宣传教育职能，把党纪政纪教育作为党风廉政建设的基础工作来抓，配合反腐败斗争“三项任务”的落实，学习邓小平反腐倡廉的论述，学习江泽民、尉健行在中纪委三次全会上的重要讲话。为推动学习深入开展，与电视台联合拍摄反映杭锦后旗团结乡民先村党支部带领广大党员干部遵纪守法、勤劳致富的先进事迹专题片，用身边的事教育身边的人。1995年，把党章、准则作为党纪党规教育的主要内容，利用“三会一课”宣讲党的基本知识，联系不同职业、岗位、党员工作实际，进行党员先锋模范带头作用、党纪观念的教育。举办党纪条规演讲、知识竞赛、科级以上干部党纪政纪知识和反腐倡廉知识考试。1996年，继续深化党风、党纪教育，内容主要是党章、准则党纪条规以及中纪委几次全会提出的领导干部廉洁自律有关规定；举办党纪条规专题讲座、演讲，定购中纪委印制的党纪条规知识竞赛试卷，在《巴彦淖尔报》上开辟党纪条规知识问答专栏，摄制《反腐倡廉主题演讲专辑》《清廉兼优演讲》和《一个共产党员的追求》先进事迹专题片。1997年，颁布实施《中国共产党员纪律处分条例、廉政准则、行政监察法等党纪政纪条规和有关法律，开展讲学习、讲政治、讲正气和做人民公仆领导干部签名活动。

2004—2008年，巴彦淖尔市开展学习党章、遵守党章、贯彻党章、维护党章活动，加强廉政文化建设，创办“巴彦淖尔廉政时空”网站，举办“廉政之光”“唱响廉政歌曲”歌咏大赛。各地通过组织廉政文化宣传小分队，开展家庭助廉活动，举办反腐倡廉知识竞赛等，推进廉政文化进学校、进社区、进企业、进家庭和进农村牧区。2010年，组织各级党员领导干部观看警示教育片、参观警示教育基地，继续深化党纪国法教育。

第三节　廉政建设

一、制度建设

1986年，巴盟贯彻落实中央关于端正党风的指示精神，围绕坚持四项基本原则，反对资产阶级自由化，逐渐建立健全党风廉政建设机制，明确提出盟委班子要从我做起，整好班子内部的党风，为全盟作表率。1989年，各级党政机关推行集体领导制度和“两公开、一监督”办事制度。1991年，对全盟7个旗、县、市和盟直8个单位的党风党纪和廉政建设工作进行检查。检查中发现领导班子不团结、个别领导干部以权谋私、公款吃喝送礼等违纪线索47件,其中涉及县处级干部17件、科级以下干部30件。1993年,各级纪检机关在企业和农村牧区建立党风联系点,开展调查研究,对在党风和廉政建设中出现的违纪苗头和倾向,及时向党委反馈,并提出意见和建议。1996年,制定印发《关于禁止领导干部利用婚丧嫁娶大操大办搞封建迷信的规定》,规定要求副科以上领导干部操办婚丧嫁娶事宜要按干部管理权限,事先向单位和同级纪检组织申报,并从宴请规模、用车标准、数量等方面作出严格的限制。1997年,按照中共中央、国务院《关于党政机关厉行节约、制止奢侈浪费行为若干规定的实施意见》《关于党员干部违反廉政准则党纪政纪处分的若干规定(试行)》《实行领导干部离任廉政审计》等有关文件精神,修订《纠风目标管理责任通知书》,将纠风工作的各项任务继续以目标责任制的形式分解量化,纳入领导干部实绩考核中。1999年,按照中共中央、国务院《关于实行党风廉政建设责任制规定的实施办法》,制定印发《全盟党政机关、企事业单位购买更新小汽车申报、审批、回报备案管理办法和工作程序》。规定单位更新和购买小汽车、配备移动电话、新建和装修办公楼、公款出国境等重大事项,必须具备纪检监察机关履行事前申报和事后备案手续。同时,按照中央《关于领导干部报告个人重大事项的规定》《关于党政机关县(处)级以上领导干部收入申报的规定》《关于党和国家机关工作人员在国内交往中收受礼品实行登记制度的规定》和《国务院关于在对外活动中赠送和接受礼品的规定》等文件精神规范领导干部行为。2000—2003年,结合"三讲"教育,制定出台《关于进一步加强领导班子廉洁从政和领导干部廉洁自律的意见》《关于党政领导班子和领导干部落实党风廉政建设责任制工作的考核实施办法》和《关于加强对领导干部廉政监督的几项制度》。

2005年,巴彦淖尔市进一步完善领导班子集体领导和分工负责、诫勉谈话、廉政谈话、重要情况报告、廉政承诺等党内监督制度,并制定印发《领导干部述职述廉工作意见》,进一步明确述职述廉的对象、内容、方法步骤和要求。2007年,按照《关于加强农村牧区基层党风廉政建设的实施意见》,在村嘎查配备纪检委员,以村民代表大会和村民代表会议为基础,以村嘎查党组织为领导,以上派纪检委员为监督的村民自治机制。2009年,进一步完善领导干部配偶和子女从业、投资入股、到国外定居等有关事项报告登记制度。2010年,全市查找廉政风险点3432个,完善风险防控措施3568项。

二、民主生活

1986年,贯彻落实中办57号文件,清理和纠正6种不正之风。盟委、旗、县、市委相继成立贯彻57号文件办公室,各级领导机关、领导干部带头自查自纠,对少数干部谋取不正当收入问题,结合查案和清理,按政策规定纠正。1989年,制定《关于党政机关及工作人员保持廉洁的有关规定》,各地各单位结合实际制定单位及领导干部保持廉洁的规章制度。

各级党组织召开领导班子民主生活会，纪检机关派人参加，针对党员领导干部对参与赌博、请客送礼、经商办企业等方面问题作批评与自我批评，并采取措施予以纠正。1990 年，按照中共中央《关于县以上党和国家机关党员领导干部民主生活会的若干规定》的要求，盟纪委派人参加 5 个旗、县、市党委召开的常委民主生活会，对党员领导干部进行监督。1993 年，盟纪委制定《关于认真做好党政机关县（处）级以上领导干部廉洁自律"五项规定"自查自纠工作的通知》，盟、旗、县市两级纪检监察机关负责组织开展党政机关、党政干部（副处级以上领导干部）廉洁自律自查自纠工作，全盟应参加自查自纠填表的副处级以上领导干部 702 人，实际参加 697 人，占应参加总数的 99%。自查工作中，领导干部填写在公务活动中接受礼品的有 8 人，在下属单位报销个人开支的 3 人，为子女经商办企业贷款的 1 人，购买内部股票的 7 人，在企业或经济实体兼职的 22 人。对自查出的问题结合县处级党组、党委领导班子民主生活会进行处理。1994 年，反腐败斗争协调小组参加各旗、县、市和盟直单位的专题民主生活会。在各单位召开民主生活会之前，各级纪委还将平时所掌握的群众反映领导干部的问题向有关同志打招呼。在充分准备的基础上，全盟 7 个旗、县、市 153 个盟直单位在 6 月底前全部召开专题民主生活会，701 名县处级领导干部对照"两个五条规定"、26 个不准，进行廉洁自律自查自纠。通过专题民主生活会，绝大多数领导干部不仅自查存在的问题，而且明确政策界限和行为规范。1995 年，盟纪委印发《关于召开党政机关、企事业单位廉洁自律民主生活会的通知》，要求每个领导班子按照中央、自治区"两个五条规定"、26 个不准，以及中纪委五次全会补充的"四个方面，六个不准"，组织召开领导干部廉洁自律专题民主生活会。1996 年，各级纪检监察机关贯彻落实中纪委六次、七次全会和内蒙古自治区纪委二次、三次全委会议精神，坚持中央、自治区确定的反腐败斗争的指导思想、原则、重点和工作格局，稳步推进领导干部廉洁自律工作；研究制定《关于提高领导干部廉洁自律专题民主生活会质量的实施意见》和《关于对各级领导班子及其成员实施廉洁自律群众满意度考评的实施细则》，从自查自纠、群众评议、监督检查、严格执纪四个环节严把质量关。召开半年专题民主生活会，盟直 134 个单位按时召开，占应参加总数的 84%，936 人参加自查自纠，占应参加总数的 82%，自查有问题的 47 人，纠正 15 人。7 个旗、县、市 545 个单位按时召开专题民主生活会，4984 人参加自查自纠，占应参加总数的 95%。自查自纠有问题的 60 人，纠正处理 60 人。对没有按时、按要求召开专题民主生活会的 11 个单位，通报批评，并责令其单位主要领导向盟委作出检查，限期召开。1997 年，纪委抽调人员分别对 7 个旗、县、市和河灌总局、农管局 200 多名干部群众中召开不同类型的党员干部座谈会、各界人士座谈会、群众代表座谈会等。归纳群众意见和建议 60 余条，反馈给有关领导班子，要求进行自查自纠。全盟应召开的县处级以上领导干部廉洁自律专题民主生活会的单位有 167 个，按时召开的 146 个，有 21 个转制单位因故请示未开；应参加自查自纠领导干部 891 人,实际参加 810 人;自查有问题的 11 人,纠正 11 人。1999 年,按照“三讲”要求,开展批评和自我批评,做到批评自己一针见血,批评别人坦诚相见。批评中,本着“言者无罪,闻者足戒”的态度,不护短,不遮丑,敢于面对面地开展相互批评,实现增进团结、加强了解、沟通思想的目的。2001 年,结合“三个代表”重要思想学习教育活动,集中清理领导干部接受和馈赠现金、有价证券、支付凭证的问题。对在职的副处级以上领导干部及其家属和子女经商办企业情况,以及 1998 年下半年后退休的副处级以上领导干部的从业情况进行登记。对领导干部外出考察学习、买房卖房、装修住房等问题进行监督检查。

2005 年,继续贯彻落实《中国共产党党员领导干部廉洁从政若干准则》,深入开展治理党员和个别干部参加赌博问题,制定下发《关于对中共党员、国家机关工作人员、国有企事业单位负责人参与赌博案件移送处理的暂行办法》,共有 5 名党员因参与赌博受到处理。2007 年,巴彦淖尔市清理整顿领导干部以各种方式入股参与开矿办企业行为,并要求主要领导撰写廉政保证书。2009—2010 年,巴彦淖尔市利用干部提拔、民主生活会、主题教育、廉政文化建设、党校干部培训等时机,加强党员干部廉洁自律学习和教育,进一步改进工作作风和工作纪律;加强党政主要领导干部监督管理,做到从制度上保证行政权、执行权、监督权既相互制约又相互协调;设置党风、政风监测站(点)、举报电话、举报箱、办事留言簿等,方便群众举报和投诉;聘请 30 名党风行风政风监督员,开展经常性监督检查。

三、廉政档案建设

1992 年,巴盟首先在磴口县、临河市和乌拉特后旗建立科级以上领导干部廉政勤政档案,并定期考核记录。1996 年,盟、旗、县两级领导干部建领导干部廉政档案 2650 份。廉政档案主要包括个人基本情况、民主生活会自查自纠材料、个人重大事项申报表、群众举报初查结案材料、党纪政纪处分材料、调离任后公款公物清交情况、调离任审计材料以及勤政廉政考核材料、典型材料等。2002 年,制定“建立廉政档案登记制度”和“鉴定制度和销毁制度”,要求凡对领导干部的处理处分决定、重要的信访举报及回复说明、重大事项申报、民主生活会的个人发言材料,都要进入廉政档案。按新标准为副处级以上干部建廉政档案 910 份,旗、县、市为科级以上建档案 5700 份。2003 年,进一步充实和完善领导干部廉政档案,将 900 多名县处级以上干部的廉政考核表、廉政述职报告、重大事项申报表、诫勉谈话回复、信访回复、违纪违法处分材料装入本人廉政档案中。

2004 年,巴彦淖尔市为 7 个旗、县、市处级领导干部建廉政档案 1001 份,为科级干部建廉政档案 5700 份。2006 年,采集地厅级领导干部信息 47 份、县处级干部信息 950 份、乡科级干部信息 5000 多份。建县处级领导干部廉政档案 900 多份。

第四节　专项治理

一、清理小汽车

1992—1993年,据有关部门调查核实,全盟购进违控小汽车288辆,其中行政单位购车88辆、事业单位12辆、企业198辆。1993—1994年,查获违纪购买小汽车274辆,没收11辆,罚款51.37万元。1995年,清理违纪购买小汽车203辆,罚款144358万元。1996年,继续清理违规购置小汽车工作,对1992年后封存的超标车辆进行变卖。1997年,各旗县按照巴盟委、行署《关于盟直党政机关事业单位小汽车的购置配备使用管理的暂行规定》,全面开展小汽车配备清查,查出违纪小汽车129辆。对违规违纪配置的小汽车全部封存。1998年,对1994年之后单位购置的小汽车进行清查,共查1068个单位,查车1417辆。发现有违纪问题的245辆,其中封存2辆,责令退还企业1辆,经济处罚98辆。2002年,再次对全盟党政机关、企事业单位购车进行清理,清理出违规购置小汽车17辆。对违规购车按有关规定进行处理,挽回经济损失21万元。

二、清理机关、干部经商办企业

1994年调查,巴盟党政机关共办经济实体527个,其中,按中办(1993)17号文件规定的14个执法执纪部门办实体194户,其他党政机关办实体333户。查出党政机关参与经商办企业的干部2218人,其中处级干部10人,科级干部251人,一般干部1957人。分流干部2218人。1995年,继续清理党政机关经商办企业与所办企业脱钩问题,对党政机关所办的527户实体,撤销69户,转制61户。

三、清理公款出国(境)

1986年,巴盟对公款出国出境参观旅游开始实施限制规定。1993年,对不符合规定的出国出境考察活动严厉禁止。1994年,根据内党办发(1994)5号文件精神,对25名副处级以上干部出国(境)情况进行审核,查出19人用公款出国(境)旅游,收回出国三项费用17319.2元。1998年,制止公款出国(境)团组18批54人次,节约资金51.8万元。

四、住房清理

1986年,巴盟按照中办57号文件精神,对领导干部违反财经纪律,超标准、超面积建房等问题进行清理和纠正。1990年,继续对领导干部住房进行清理,查出领导干部多占住房案件19起。为严肃纪律,对上述案件进行处理,收缴各类处罚款60多万元,收回多占住房91套,5名人员受到党纪或政纪处分。1994年,对副处级以上领导干部住房进行调查,6名干部受到处分,收回违纪款5万多元。1996年,对临河地区集资兴建职工住宅楼问题进行清查,查出领导干部严重违法违纪案9件,其中5名干部受到党政纪处分,挽回经济损失250万元。

1997 年，对违反住房政策规定的 101 名县处级领导干部，75 名科级干部和 647 名一般干部逐一进行处理。36 名县处级干部、158 名科级以下干部主动退出多占住房，32 名领导干部补交优惠购房款 9 万元。

五、公费电话清理

1993 年，巴盟开始清理群众反映强烈的公费安装私人住宅电话问题。1994 年，为控制领导干部公款安装私宅电话问题，出台《公费私宅电话安装规定》。规定公费私宅电话个人拿 300 元过户费和 500 元线路初装费后，全部过户到个人，电话费自己承担。然后根据工作需要给予一定通信补贴（盟级每月 50 元，处级或特殊行业的副职每月 30 元）。到 1995 年 5 月，全盟过户公费私宅电话 1200 多部，每年可为地方财政减轻负担 60 万元。1997—1998 年，巴盟制定《关于严格控制购置配备使用移动电话的管理办法》，对全盟各机关单位的移动电话进行清查，查出行政机关私自为单位领导购置移动电话 980 部。经审核批准留用 232 部，作价处理 696 部，封存 52 部。

六、乱收费清理

1993 年，巴盟清理党政机关及其所属单位乱收费问题，首批清理乱收费文件 88 个，取消收费项目 51 项。1994 年，在清理乱收费中，969 个行政事业单位中的 788 个进行自查，自查率 80.3%。组织人员对 450 个行政事业单位进行抽查，抽查率 47.3%。通过清理，全盟继续执行的收费项目 343 项，降低收费标准 32 项，取消 137 项。1995 年，继续清理党政机关及其所属单位利用职权乱收费问题。通过清理，取消 137 项乱收费项目，降低 32 项收费标准，没收 46.6 万元非法收入，退还群众 10.08 万元，为群众减轻负担 1100 万元。

七、预算外资金清理

1995 年，巴盟对单位自设“小金库”问题进行抽查，抽查单位 565 个，查出截留、隐匿资金（即小金库）56 万元，对违纪单位罚款 18 万元。1996 年，根据国务院（1996）12 号文件和内蒙古自治区（1996）5 号文件精神，清理检查 958 个单位预算外资金的管理使用情况，查出违纪金额 3002 万元。1997 年，抽调检查人员 198 名，组成 58 个检查组，分别对 583 个部门和单位进行重点检查，查出违纪金额 1808 万元，其中违规收取金额 16 万元，违反票据管理使用规定收取金额 89 万元，将预算内资金转预算外资金 18 万元，违纪支用资金 326 万元。2002 年，对 15 个单位和部门进行检查，追缴违规资金 21.1 万元。2008—2010 年，巴彦淖尔市在全市组织开展“小金库”专项治理工作，检查单位 435 个，涉及金额 721.65 万元。

第五节 控诉与案件查处

1986 年，巴盟纪检系统受理来信来访 633 件次，承办上级转办案件 7 件，结案和查清待结案6件,结案率85.7%。1987—1990年,受理来信来访2763件次,直接办理593件次,办结552件次,办结率93%,转非纪检部门办理66件次。1992—1997年,纪检受理群众来信来访5185件次,审理违纪案件59起,复查复议申诉案件5起,查处各类违纪案件108起,查清结案84起。1998年,纪检监察机关对群众来信来访进行核查,初查核实818件次,立案157件,结148件,处分130人。2000年,纪检监察机关对群众信访案件进行初查,核实947件,立案100件,查实处分77人,其中查处县处级干部6人、乡科级干部18人、一般干部和其他人员53人。受处分人员中,开除党籍7人,留党察看14人,撤销职务2人,党内严重警告14人,党内警告13人,行政降级1人,行政记大过7人,行政记过4人,行政警告16人,为国家和集体挽回直接经济损失2000.94万元。2002年,纪检监察机关对群众信访举报的1133件次进行初查,立案51件。经查,处分违纪人员60人,其中涉及县处级干部6人,乡科级干部24人,一般干部和其他人员30人。受处分人员中,党纪处分40人,党内警告10人,党内严重警告19人,撤销党内职务2人,留党察看6人,开除党籍3人。有24人受到行政处分,其中行政警告8人,行政记过7人,行政记大过4人,行政撤职3人,开除留用2人。有4人受到党政纪双重处分,7人免于纪律处分,1人移送司法机关。

2004年,巴彦淖尔市纪检监察机关对信访线索进行初查,核实违纪线索412件,立案43件。查实处分违纪人员57人,其中县处级干部3人,乡科级干部20人,其他人员34人。2006年,纪检监察机关对群众来信来访和电话举报的线索进行初查,核实违纪线索141件,立案53件。查实给予党政纪处分79人,其中县处级干部1人,乡科级干部27人,一般干部38人,其他人员13人。挽回经济损失2959.5万元。2008年,纪检监察机关对群众来信来访线索进行初查,核实48件,立案16件。经查实,给予党政纪处分29人,其中县处级干部2人,科级干部13人,一般党员干部13人,其他人员1人。挽回经济损失1568.01万元。2010年,纪检监察机关对群众信访举报线索进行初查,初核90件,立案60件,给予党纪政纪处分70人,其中县处级干部4人,乡科级干部30人、一般干部36人。挽回经济损失7170.37万元。

第六篇

民主党派　社会团体

第一章　民主党派

第一节　民革巴彦淖尔市总支

一、组织建设

中国国民党革命委员会内蒙古区委直属巴彦淖尔市支部 2008 年 8 月成立。2010 年，民革内蒙古区委根据巴彦淖尔市支部的组织发展和干部履职能力等情况，于 2010 年 5 月，批准巴彦淖尔市支部升格为民革巴彦淖尔市总支。

二、主要活动

2009 年 4 月 20 日，民革巴彦淖尔市支部在杭锦后旗奋斗中学召开主题班会，老党员畅怀胜做了关于民革与巴彦淖尔的历史渊源的演讲，向奋斗中学 0820 班捐赠价值 500 余元的课外图书，对班中两名贫困学生各捐助 1000 元助其完成高中学业。8 月 22 日，民革巴彦淖尔市支部的全体党员在红十字会举行为台湾灾区同胞捐款活动，10 余名民革党员现场共捐款 3100 元。9 月 1 日，民革支部参加五原烈士陵园挂牌仪式。

2010 年 4 月 2 日，民革巴彦淖尔市支部党员以缴纳特殊党费方式向灾区人民捐款 1920 元。5 月 17 日，民革巴彦淖尔市支部全体党员向玉树地震灾区捐款 2000 元。在五原县天吉泰镇建立对口帮扶设施农业基地。为杭锦后旗蛮会镇和五原县套海镇送药品价值近 2 万元。

第二节　民盟巴彦淖尔市总支

一、组织建设

中国民主同盟于 1987 年在巴盟成立临河小组。1989 年 3 月成立支部。2007 年 2 月，民盟巴盟支部扩建为总支，更名为巴彦淖尔市总支委员会。2010 年，民盟巴彦淖尔市总支下设 3 个支部，即科文支部、教育支部、临河支部，有盟员 109 人。

二、主要活动

2003 年，民盟支部组织盟员开展“教育行风调研”“农区畜牧业发展及农业产业情况调研”“边境牧区围封转移情况调研”，并提出相应建设性意见或建议。

2004 年，在巴彦淖尔市一届人大、政协“两会”期间，盟员共提交各项提案 8 篇，其中“关于撤盟设市机构改革中严防国有资产及财政收入流失的建议”被确定为重点提案，获巴彦淖尔市政协一届一次会议优秀提案奖。在巴彦淖尔市二届人大、政协“两会”期间,民盟共提交集体提案40余件。提案涉及城市管理、社会治安、交通、环境、新农村建设等方面,其中“巴彦淖尔市房屋拆迁过程中存在的问题及建议”“加强环境综合整治,进一步改善临河大气环境质量”等获得好评,确定为二届政协委员会重点提案,受到市委、市政府及办案部门的重视。

2005年,民盟支部与北京新时代健康产业爱心瀛商贸中心成立爱心基金会,联合开展捐资助学献爱心活动,共收到捐款6.4万元,资助临河区、乌拉特前旗、磴口县三地30名品学兼优的贫困学生完成学业。

2008年,四川地震发生后,民盟总支积极组织盟员向灾区捐款捐物,共收到民盟成员捐款捐物价值17万余元,全部用于灾区救助。

第三节　民建巴彦淖尔市总支

一、组织建设

2009年11月23日,中国民主建国会内蒙古区委在巴彦淖尔市成立支部,召开一届一次会员大会。会议选举产生民建巴彦淖尔市支部委员会主委、副主委和委员。

2010年1月8日,经支部委员会会议研究决定,支部设立组织部、宣传部、办公室、企业联络部、社会发展部和企业家工作委员会、参政议政委员会、妇女工作委员会等三个议事机构。5月14日,经民建内蒙古区委批复,成立民建巴彦淖尔市总支委员会,总支委员会下设3个支部。

二、主要活动

2005年,民建在政协巴彦淖尔市二届三次会议上,提交大会发言13篇,集体提案10件,委员提案36件。

2010年,民建支部参加民建中央组织的联合调研活动,撰写《构建区域大交通、大通关、大物流格局——关于巴彦淖尔市甘其毛道口岸可持续发展的思考调研报告》,申请立项重点课题6件,其中国家级课题2件、自治区级课题4件。总部全体会员为青海玉树地震灾区捐款71500元。

第四节　民进巴彦淖尔市总支

一、组织建设

2010年6月21日,中国民主进步党内蒙古区委在巴彦淖尔市成立总支,有党员28名。

二、主要活动

2010年,民进巴彦淖尔市总支积极开展募捐活动,联手市蒙古族幼儿园,为乌拉特前旗额尔登布拉格民族幼儿园捐赠款物价值20余万元，为乌拉特中旗乌加河镇联丰奋斗村“后大套民间艺术团”捐赠近2万元的演出器材、服装，承办了乌拉特中旗第二届“乡土乡音情”二人台优秀节目会演。

在参政议政方面，民进巴彦淖尔市总支提交的“关于加快教育城乡一体化进程”“提高认识，促进全市节能减排工作顺利进行”“加强民营实体书店的建设”“关于改善公交车内卫生环境的”4份建议获巴彦淖尔市政协优秀提案奖。

第五节　农工党巴彦淖尔市总支

一、组织建设

1987年6月，中国农工民主党内蒙古区委在巴盟成立临河小组，有党员13名。1988年，党小组改建为支部。2006年8月，在临河支部的基础上成立农工党巴彦淖尔市总支。2007年9月，成立市直卫生系统支部、临河区支部、市科技支部。

二、主要活动

2004年，临河支部对乌拉特中旗乌梁素太乡实行定点扶助。2009年，总支对杭锦后旗蛮会镇医院进行定点帮扶，向镇中心医院捐款1万元。2008年以来，农工党巴彦淖尔市总支向四川汶川地震灾区、青海玉树地震灾区组织捐款2.4万元，缴纳特殊党费4100元；为临河逸夫学校6个品学兼优的贫困学生每人每年捐赠500元现金和价值500元的学习用具。2009年，总支积极响应中共巴彦淖尔市委员会“植树造林，绿化祖国”号召，组织党员70余人次，在五原县天吉泰镇义务植树基地植树700余棵；组织党员开展参政议政，向人大代表、政协提交涉及环境保护、医药卫生、食品安全、农牧业发展等领域提案、议案110件，撰写各类调研报告12篇，政协大会研讨材料13篇。

第二章　人民团体

第一节　工　会

一、代表大会

2004 年 12 月，巴彦淖尔市工会第一次代表大会在临河区召开，出席大会代表共 199 人。会议选举产生巴彦淖尔市总工会第一届委员会主席、副主席、常委和委员以及经费审查委员会委员。当选主席在会上作《坚持以人为本，切实履行维护职责，团结动员各族职工为实现全市一次党代会确定的总体目标努力奋斗》的工作报告。

二、组织建设

1986 年，巴盟总工会设办公室、组织部、财务部、宣教部、生产部、女工部、工人俱乐部。下辖乌拉特前旗、乌拉特中旗、乌拉特后旗、杭锦后旗、五原县、磴口县、临河市 7 个旗（县、市）总工会和 1086 个基层工会，会员共 83646 人。1992 年，巴盟两级工会为增强基层工会活力，开展建设“职工之家”活动，建成合格“职工之家”827 个，占应建工会组织总数的 76%。1996 年，随着外商企业、私营企业、乡镇企业的发展，巴盟总工会加强在新经济组织中组建工会，同年在外商企业中组建工会 6 个，在私营企业组建工会 9 个。1998 年，总工会在基层工会组织建设中，面对企业改制，基层工会组织私散，下岗职工增多的状况，采取边改制、边组建、边开展工会工作的办法，组建盟直党政机关工会 25 个，组建乡镇集体企业工会、私营企业组建工会 66 个。2002 年，总工会继续落实全国总工会提出的“哪里有职工，哪里就建立工会组织”的原则，把新建企业工会组织建设作为第一任务来抓，在同级党组织的配合下，年内全盟新建企业工会组织 540 家，职工入会率达 84%。

2005 年，巴彦淖尔市制定出台《关于加强乡镇、街道和新建企事业单位工会工作的实施方案》，按照方案，市总工会水平建会、建家、建制相结合，规范基层工会组织建设，使一些乡（镇、街道）和新建企事业单位的工会组织转了起来，活了起来。各旗（县、区）总工会以非公有制企业的工会组建和吸收农民工入会为重点，在组建方法、形式、程序和会籍管理等方面进行积极探索，建立多种形式的工会联合会，如基层联合工会，楼宇工会、市场工会、项目工会，把大批分散流动的职工组织到工会之中。全年，全市新增基层工会组织 120 个，发展会员 6508 人。建成合格乡镇、街道工会 32 家。截至 2010 年，巴彦淖尔市总工会设组宣部、保障部、综合部、财务部等 6 个职能部室，辖 7 个旗（县、区）总工会和 1656 个基层工会。

三、主要工作

民主管理　1986年，巴盟总工会将职代会建设、民主管理作为工会重点工作，建立工会职代会制度729个，占应建职代会制度的98%。1990—1998年，总工会继续加强企业民主管理制度建设，建立职工代表大会的单位有687个，职代会共提出题案6495件，4664件得到落实。工会代表职工同行政签订集体合同的有302个，开展民主评议领导干部的有771家，坚持业务招待费向职代会报告制度的有586家，在股份制企业中以工会主席身份进入董事会的有21人，工会主席、副主席进入监事会的有14人。2002年，总工会转发内蒙古自治区《关于在全区企事业单位深入实行厂务公开的实施意见》，按照《意见》要求，巴盟两级工会相继成立厂务公开工作领导小组，对所属企业进行督查检查。对在检查中发现的存在民主管理缺失的企业，按照其性质予以相应处理，确保人民当家做主的权利。

2004年，巴彦淖尔市各级工会着重抓企业改制改组、兼并破产方案清产核资、企业大宗物资采购、工程项目招标、企业劳动用工、职工下岗分流方案，集体合同、劳动合同签订和续签、企业事业单位管理人员选拔任用、企业领导人员民主评议、个人收入、企业业务招待费使用公开以及非公有制企业规章制度建立、职工养老医疗失业等社会保障金缴纳、劳动保护安全、女职工四期保护等涉及职工合法权益的事项。年内有53家企业建立职工监事制度，48家建立职工董事制度。2006年，巴彦淖尔市各级工会坚持以“职代会”为基本形式的职工民主管理制度，继续建立健全职工董事、监事制度，不断充实职代会活动内容，创新民主管理形式，深化厂务公开工作，保障职工民主权利。积极促进平等协商签订集体合同和工资集体协商签订工作，以职工座谈会、公开栏、意见箱“双爱双评”等形式，营造民主氛围，增强参与意识。乌拉特后旗工会制定并实施《全旗非公有制企业工资指导线意见》，企业职工工资增长18%；乌拉特中旗将5月定为“双合同月”。每年5月，全旗各级工会组织集中力量开展“两个合同”宣传、督查、调研等活动。乌拉特前旗工会在民主管理活动中，注重发挥职工的民主参与、建言献策作用，临海化工公司职工共提建议218条，采纳153条，创经济效益300余万元。杭锦后旗河套酒厂设立“总裁信箱”，进一步疏通职工与管理者的联系。2009—2010年，总工会继续把推行职代会、厂务公开制度作为保障职工民主权利、维护职工合法权益的重要方式，探索区域性、行业性职代会建设形式和途径，用职工权益实现与否去衡量民主制度建设。

职工维权　1986—1990年，随着经济体制改革不断深入，企业内部矛盾纠纷逐渐增多。为避免群体事件发生给社会带来的危害，维护好职工权益，巴盟两级总工会认真对待信访来访者，倾听职工的诉求，解决职工面临的实际困难和问题。1995年，总工会把贯彻落实劳动法重点放在督促签订劳动合同方面。督促工作从外商投资企业和私营企业开始，而后，逐步向所有企业推广。1996年12月，全盟共建立签订劳动合同制度的大企业80家。

为维护职工的合法权益,两级总工会建立调解委员会266个。1998年,巴盟各级工会继续将维护职工利益、扶贫帮困、安置下岗职工作为中心工作,总工会筹集资金145.2万元,开展送温暖活动,扶持贫困职工808人;建立法律服务机构10个,劳动仲裁247个,受理劳动者个体争议案73件、集体劳动争议案件86件。创办职业介绍机构8个,帮助406名职工重新走向工作岗位,培训下岗职工2138人。2002年,各级工会女职工组织积极参与两级体改领导小组的工作,维护女职工的合法权益,在安全生产检查中,注重检查女职工的劳动安全和身心健康,尽力安排女职工体检,并举办女职工保健知识讲座。全年为45家转制企业中的3000余名女职工争取到合法权益;对836名下岗女职工进行劳动技术培训,帮助447名女职工实现再就业。

2004—2005年,巴彦淖尔市各级工会组织全面推进维权工作,利用人大和政协的合法地位,从法律的角度维护受害女职工和儿童权益;围绕工会"维权"工作重点、女职工组织参与平等协商和签订集体合同情况进行检查,对部分女职工特殊保护条款落实不到位的企业提出整改意见;对用人单位在行业、岗位、工资、工时、劳动条件等性别上的区别对待现象向政府及时报告;继续推进建立平等协商、签订集体合同制度,逐步建立健全监督检查、考核、评价等机制。全年,全市各级工会指导255家企事业单位健全厂务公开制度,规范75家新建企业的厂务公开制度,指导企业开展职代会民主评议企业领导234家。在实行个案监督中,先后为3000多名下岗女职工争取到养老补贴,为40周岁以上女职工争得经济收入和再就业政策。对168个规模以上企业进行检查,帮助职工与企业按照劳动法规定内容签订劳动合同。2006年,巴彦淖尔市下发《关于在全市非公有制企业推进和规范劳动合同、集体合同的实施方案》,并组成联合检查组,对贯彻落实劳动法情况进行检查。针对用人单位和职工签订劳动合同意识不强、签订率和履约率低的实际,开展劳动法宣传教育,举办厂长、经理和企业工会干部劳动法学习培训班3期,参加学习的厂长、经理100余人次。2007年3月,工会按照"组织起来,切实维权"的工作方针和"全会抓基层,重点抓维权,合力促和谐"的工作思路,进一步建立健全利益协调机制、诉求表达机制、矛盾调处机制、权益保障机制,将工会维权机制自觉主动地纳入党和政府主导的维护群众利益机制中;继续推进和规范"两个合同",不断提高"两个合同"的签约率和履约率,加强对农民工在入会、维权、帮扶、管理等方面提供服务。2008—2009年,巴彦淖尔市印发《关于深入开展创建劳动关系和谐单位和谐工业园区活动的实施意见》,两级工会组织将建立劳动合同制度作为创建活动的重点内容,在加强宣传引导同时,对拖欠职工工薪严重的企业责令停业整顿。2010年,进一步推动工会维权工作,通过典型引路、试点示范,推动"两个合同"制度落实;利用工会活动开展普法讲座,印发资料等形式,大力宣传《劳动法》、《劳动合同法》、《就业促进法》、《劳动争议调解仲裁法》等法律法规,增强维权意识和能力,保障农民工合法权益。

争先创优　1986年,巴盟各级工会围绕“七五”规划,先后在公交、商业系统开展“创最佳经济效益、夺两个文明建设丰收”系列竞赛;在餐饮服务行业开展技术培训、技术竞赛和评选劳动模范活动。通过活动,评选出旗、县级劳模495人,盟级劳模238人,自治区级劳模41人。1987年,组织职工开展“双增双节”活动,提出全盟企业职工人均增收节支100元,党政机关和事业单位职工人均增收节支50元的目标。通过活动,提高职工的工作积极性、主动性和主人翁意识,促进企业快速转型和生产效益快速提高。1991年,各级工会贯彻落实国务院《关于开展“质量、品种、效益年”活动通知》精神,有组织、有计划地发动职工群众开展以“质量、品种、效益年”为内容的“双增双节”劳动竞赛活动。1992年,工会组织按照“上水平、上质量、降消耗、增效益、比思想、比效益、比技术、比贡献”24字方针,组织开展社会主义劳动竞赛和按“七比七看”竞赛活动。通过比赛,磴口县玻璃纤维厂拉丝车间获得自治区合理化建议先进集体奖;临河市总工会、乌拉特前旗西山嘴造纸厂获得自治区技术协作先进集体奖,8名职工获得自治区合理化建议个人奖。2003年,工会组织职工开展“技术创新工程建设”和“全面建设小康社会建功立业”活动。通过活动,节约1813.6万元,增加经济效益2276.36万元。

2009—2010年,巴彦淖尔市各级工会按照自治区总工会提出的“同舟共济保增长,建功立业促发展”的号召,围绕“节能降耗”和“发展循环经济”,开展以创建“工人先锋号”“金牌工人”“创新型班组”和“当好主力军,建功‘十一五’”“和谐奔小康”为主题的劳动竞赛,开展技术攻关23项。

四、培训帮扶

1986—1994年,为安置好下岗职工,促进下岗人员再就业,总工会根据职工的实际情况,积极创建再就业工程。为使下岗职工掌握一门劳动技能,各级工会联合就业部门先后举办就业培训班47期,培训待岗职工1634名。经培训,下岗职工有了一技之长,很快找到适合自己就业的工作岗位。1999—2000年,针对下岗职工女职工多、社会生存能力弱的特点,各级工会组织先后建成女职工技术培训点10个,举办女职工培训班21期,培训女下岗职工1894名。再就业工程培训下岗职工2152人次,帮助1735名下岗职工实现再就业。2002—2003年,为促进下岗失业人员再就业,各级工会组织积极与外地合作,将剩余劳动力向外省市转移,为去外地就业人员提供各种优惠,解除就业人员的后顾之忧。

2004—2006年,巴彦淖尔市总工会对困难职工帮扶中心建设中存在的问题,提出改进措施,健全制度,选派得力人员管理困难职工帮扶工作,多种渠道筹资33.5万元,捐助困难职工家庭1052户,涉及人口3682人。配合劳动就业部门培训下岗职工1330名,帮助210名下岗职工实现再就业。元旦、春节期间,两级工会先后慰问困难职工家庭926户,困难企业8家，发放慰问金57万余元。2007—2008年，各级工会按照市委《关于进一步加强困难职工帮扶中心建设的意见》，进一步建立健全困难职工帮扶制度和筹资渠道，开设信访接待、职业介绍、技能培训、法律援助等服务窗口。开展爱心超市、爱心粮店、爱心药店、优惠就医等帮扶服务。元旦、春节两节期间，工会将通过多种渠道筹集到的帮扶资金168万元，全部用于慰问困难职工家庭、捐助贫困大学生、捐助患大病困难家庭和四川汶川地震灾区。2009—2010年，各级工会以帮扶中心为依托，整合社会资源，加大下岗失业人员、农民工技能培训和贫困扶助，两年培训农民工和下岗失业人员3376人，帮助下岗失业人员实现再就业1133人，实施法律援助122人次，慰问困难职工5408人次，发放帮扶款物217万余元。

第二节　中国共青团地方组织

一、组织建设

1986年，共青团巴盟委员会有基层团委270个，总支930个，支部6353个，团员60591人。1998年，全盟有基层团委434个，总支1028个，支部6701个，共青团专职干部488人，团员100680人。乡镇苏木团委85%达到一类标准，村嘎查团支部（总支）75%达到一类标准。70%以上的城镇街道建立团组织。2001年，以创建“五四红旗”为主题，进一步规范申报、验收、评比工作，促进团基层组织向标准化、规范化建设迈进。

2004年，共青团巴彦淖尔市团委将团建纳入党建的总体布局，采取“广泛发动、精心部署、突出重点、试点先行，以点带面、整体推进”的措施，大力推进“三级联创”，带动基层团组织建设。推荐国家级“五四红旗”团委单位4个，自治区级12个，建成城市青年中心试点14个，农村牧区青年中心试点25个，举办青年中心建设试点培训班1期。2005年，落实《关于抓基层、打基础、抓落实、切实抓好团的基层组织建设的通知》的精神，为7个旗（县、区）团委和农垦局团委配备先进的办公设备；以农村牧区青年中心建设为依托，建成文化娱乐活动场所8个，1000名优秀青年经各级团组织推荐入党，3300余名团员提出入党申请，其中90%参加各种形式党课培训。

二、主要工作

青少年思想教育　1986—1998年，共青团巴盟团委在青少年思想教育中，重点开展邓小平中国特色社会理论学习讨论和爱国主义、集体主义教育。通过学习教育，使广大青少年从思想上明白什么是社会主义，什么是资本主义，社会主义也要发展商品经济这些根本性的问题。同时，采取在报纸、电视、电台开辟专栏和组织图片巡回展等形式，展示全国、全区、全盟在社会主义建设50年中取得的辉煌成就，激发青少年立志成才，报效祖国、建设祖国的热情。2000—2003年，在青少年思想教育工作中，以“新世纪、新青年”和“弘扬五四精神，做新世纪主人”为主线，以端正“三观”为出发点，在广大青少年中广泛开展“三个代表”

重要思想学习和国情区情盟情教育、公民道德教育、民主法制教育和“四有”新人教育。结合学习教育，开展祭扫革命英烈墓、万人新千年成人宣誓活动。通过学习教育，提高青少年识别封建迷信思想、资产阶腐朽思想的能力和革命世界观、人生观、价值观的形成。

2004年，共青团巴彦淖尔市各级团组织在青少年思想教育中，把青少年思想教育手段的丰富与创新作为青少年德育教育的重要推力，坚持将社会主义核心价值观融入教育全过程，思想政治工作的方式方法更贴近实际、贴近生活、贴近青少年特点。以民族精神和时代精神为主要内容，以“美丽的草原我的家”为主题，利用建团86周年、建队59周年、清明节、“十一”等重大节庆日，广泛开展“我与祖国共奋进、我与巴彦淖尔同发展”“红领巾心向党”“三下乡”“四进社区”、18岁成人仪式主题教育、“万众爱国情祭先烈促和谐”主题祭扫烈士墓、“争做环保小卫士”等系列活动。2009—2010年，各级团组织结合纪念“五四”运动90周年、建队60周年和创建国家园林城市等主题，开展青少年思想道德教育活动。邀请国内4所名校的优秀学子开展“立志成才报效祖国”主题教育活动。开展“我为巴彦淖尔添绿色献爱心暨共青团林、少先队林和青年志愿者林”建设活动；组织开展以“祖国一家人”为主题的民族团结进步教育活动；开展“迈入青春门，走好人生路”18岁成人宣誓仪式活动。

青年人才工程　1986—1999年，共青团巴盟团委培养旗、县级青年岗位能手217人，盟级青年岗位能手20人。“青年星火带头人”全年共培养盟级青年星火带头人20人，旗、县级青年星火带头人183人。推荐区级青年星火带头人活动优秀组织单位2家，星火带头人标兵2人，星火带头人8人。建立12支青年星火带头人志愿服务队。2000年，各级团委以全面提高青工素质为目标，结合青工创新创效活动，动员和引导广大青年职工立足岗位、面向市场刻苦学习，培养盟级青年岗位能手20名、旗县级青年岗位能手225名。评选盟级青年星火带头人20名，自治区级青年星火带头人3名。加强基层青年星火带头人志愿服务队12支。2001年，各级团组织培养青年星火带头人285人，科技培训23000人次。2003年，各级团委依托培训机构培养各类“青年星火带头人”“青年种养殖能手”“青年致富带头人”326人。

2005年，共青团巴彦淖尔市各级团组织经过多年培养，有3300余名团员提出入党申请。

青年文明工程　1986—1998年，在学习雷锋活动日、清明节、“五四”、国庆节期间，巴盟各级团委组织青少年参加各类社会公益服务活动和学习纪念活动。1999年，巴盟对300余支青年志愿服务队的申报、验收、挂牌制度进行规范，新命名盟级青年文明号22家，旗、县级青年文明号58家。“一号助一户”结对达到了140对。2000年，组织开展大规模的“学雷锋、树新风”青年志愿者行动。活动期间，各志愿队为孤寡老人、“五保”户、养老院等做好事2560件。2001年,团组织从组织,建设、活动内容等方面入手,加强青年文明社区建设,突出文体娱乐、文明礼貌、服务承诺移风易俗、科学知识等内容,建成5个较为规范的青年文明社区。对青年文明号工作,采取加大宣传力度,通过多种媒体宣传青年文明集体和先进事迹;结合各创建单位的实际,分类指导各行各业创建标准;加大对青年文明号的监管,对青年文明号普遍进行复查等措施,对不符合条件的提出整改意见,建成旗、县级青年文明号集体126个,盟级32个,自治区级10个。2002年,巴盟团委动员广大青少年参与群众性精神文明创建活动;组织青年志愿者在影剧院广场开展益民服务活动;组织一批优秀青年到临河看守所进行帮教工作;举办"庆祝建党81周年社区党团组织献爱心大型义诊"活动。2003年,对已命名的盟级青年文明号进行一次细致的复查,复查采取红黄牌制度。通过察、听、看方式,对青年文明号集体近年来的工作进行考评打分,对不符合标准的集体,当场亮黄牌严格限期整改。全年共获得国家级青年文明号1个,自治区级青年文明号两个。对积极开展青年文明号信用建设示范创建活动的10个青年文明号集体,授予"全盟青年文明号信用建设示范创建单位"荣誉称号。

2005年,巴彦淖尔市创建"青年文明号"活动已开展10周年。为加强对青年文明号的规范管理,团委对1999年以后命名的青年文明号单位进行复查。同时对复查的青年文明号的标准、强制摘牌标准及复查方式、具体要求作出明确的规定。

青少年维权 1986—1999年,巴盟有自治区级优秀青少年维权岗1个、盟级青少年维权岗2个,旗、县级17个。2000—2002年,在开展"两法一例"宣传活动中,各级团组织在城乡设立青少年维权机构,开展宪法、未成年人保护法、预防未成年人犯罪法的宣传活动,建立青少年维权岗13个,在磴口县第一中学建立"少年法庭"。2003年,为使青少年树立正确的世界观、人生观、价值观,培养青少年良好健康的心理素质,在五原县六中设立青少年心理咨询"心语"服务热线。

2005年,巴彦淖尔市团委成立法律援助站,聘请具有丰富经验的律师为青少年解答法律问题,为涉及青少年案件的当事人提供法律援助32起。2007年,团市委和市人民检察院、市司法局、市律师协会联合开展优秀"青少年维权岗",优秀"青少年维权律师事务所"创建活动。2008年,各级团组织立足于维护青少年合法权益和预防未成年人犯罪,深入学校、社区、农牧区开展形式多样的"两法"宣传教育活动;通过"三下乡"和主题团日、队日活动,举办未成年人保护法讲座、维权知识讲座和法律援助活动,帮助青少年增强法律意识;拓宽优秀"青少年维权岗"创建,细化量化评比表彰、检查和考核标准;开通"12355"青少年维权和心理咨询服务热线,开展3次面对面志愿帮教活动,为少管所送各类图书600册,发放禁毒宣传册5000余份。2009年,团市委建成"12355"青少年服务台,举办2期青少年服务台志愿者培训班,开通为青少年成长解忧服务热线。组织具有丰富经验的资深专业心理咨询师、社会执业律师和就业指导师为青少年提供免费的公益咨询服务，解决青少年成长过程中遇到的心理、学习、交友、婚恋、就业、维权等困惑难题。

希望工程　2005年，巴彦淖尔启动希望工程，动员有能力的社会各界为社会积极献爱心，资助贫困学生。齐华矿业有限责任公司、河套酒业集团、电业局三家企业为希望工程捐赠35万元。天狮公司向市少工委捐赠价值15万元的天狮儿童营养高钙冲剂。中央储备粮巴彦淖尔直属库为杭锦后旗头道桥镇新丰村小学捐赠价值5000元的体育用品和学习用品。利用社会捐赠资金，使74名农牧区特困生免于辍学，助3个高中生实现大学梦。2007年，团市委从自治区青基会争取贫困大学新生资助名额70个，资助每人4000元。"希望之星"资助中小学生名额150个，资助每人400元。向社会各界发出圆梦大学资助贫困大学新生倡议书，有10名贫困大学生得到资助。2008年，继续团干部、青联委员"定向助学计划""希望工程圆梦行动""圆梦行动助学基金"的实施和争取工作，重点落实监督自治区青基会扶助项目工作。通过铁通IP卡有奖销售、《内蒙古晨报》助学等活动，引导和影响更多的企业、个人加入助学活动中来，帮助更多经济困难家庭学生圆梦。全年争取和筹集助学金10.3万元，资助贫困少年儿童340余名，帮助80名贫困家庭学生入学。

少先队工作　1986—1989年，巴盟各级少先队组织抓基层"五有"（有组织、有辅导员、有活动、有阵地、有制度）建设，到1990年，全盟城镇学校少先队组织建设达标率100%，农村牧区少先队组织建设达标率98%，辅导员配备率100%。

1990—2000年，巩固少先队组织建设，加强少先队队室、红领巾广播站、红领巾书屋等宣传阵地建设，深化与校外教育机构合作，拓展公益少儿活动空间，建设爱国主义教育基地、科普教育基地。在农村牧区学校建小小苗圃、小小农场、花坛、药圃、饲养场等。2000年，少先队教育阵地建设普及率90%，活动场利用率98%。在辅导员队伍建设中，制定出台《关于加强少先队辅导员队伍建设的若干规定》等文件，规定：大队辅导员按教导主任级管理和使用，工作特别出色的可任副校长级大队辅导员，享受班主任津贴，参加校务会议。将辅导员职称评定纳入中小学教师职务评定系列，并将其少先队工作的水平、能力和成绩作为评审的主要依据。优秀辅导员享受同级优秀教师、优秀班主任同等待遇。2001——2010年，在少年儿童思想教育中，各级少先队贯彻落实中共中央、国务院《关于加强和改进未成年人道德建设的若干意见》，以"时代性、实践性、自主性"为特征，以"爱国主义、革命传统、集体主义、共产主义理想教育"为主题，组织开展"四有五爱""中国好少年""中国好儿童""学赖宁、学十佳""手拉手城乡助学""新世纪我能行""养成道德好习惯""民族精神代代传""美丽的草原我的家""红领巾心向党"等丰富多彩的文化娱乐活动。既丰富少年儿童生活，扩大知识视野，又塑造少年儿童的人格品质，锤炼意志，使广大少年儿童在欢乐的氛围中健康成长。2010年，全市共有少先队员127653名，少先队大队135个，中队1790

个;有大队辅导员135名,中队辅导员1890名。

第三节　妇女联合会

一、代表大会

2004年12月27日,巴彦淖尔市妇女第一次代表大会在临河区召开,各旗(县、区)、市直属机关以及中央、自治区驻巴盟单位共8个代表团211名代表参加大会。参会代表中,有少数民族妇女代表49人,特邀代表24人,列席代表11人。大会总结上届妇联在工作中取得的成就和经验,研究制定未来5年妇女工作方向和中心任务。议选举产生巴彦淖尔市妇女联合会第一届执行委员会和主席、副主席。

二、组织建设

1986年,巴盟有旗、县、市级妇女代表大会7个,乡级妇女代表大会117个,村级妇女代表大会921个。1998年,根据《巴彦淖尔盟1998—2000年基层妇女组织建设规划》,健全127个乡级妇女代表大会,建成一类村级妇代会698个,二类妇代会134个,取消三类妇代会。巴盟妇女联合会内设机构有办公室、妇女工委办、妇女儿童工作部、城乡部、机关妇委会。下辖7个旗县、127个乡镇苏木妇联,832个村嘎查妇代会,207个直属机关妇委会。2002年,在机关、事业单位、非公有制经济体和街道居民委员会中抓妇女组织建设,年终时,机关、事业单位妇女组织组建率89%,街道居民委员会组建率97%,非公有制经济体妇女组织组建率67%。

2006年,巴彦淖尔市继续加强各级妇联组织建设,配齐48个乡镇苏木妇联、632个村妇联干部,妇代会主任平均年龄在35周岁,高中及高中以上文化程度占87%,中共党员占35%,100%进入村级"两委"。2009—2010年,第七届嘎查村换届工作中女性进"两委"率100%。巴彦淖尔市有全国妇联授予的基层建设示范县1个,模范示范街道1个,模范示范村(嘎查)6个;有自治区妇联授予基层组织建设示范县1个、示范镇3个、示范村(嘎查)24个、示范街道1个、示范社区6个。

三、主要工作

"双学双比"　1986—1989年,巴盟各级妇联在农牧区广泛开展"双学双比"竞赛活动,表彰"双学双比"女能人806人。1990—1998年,巴盟妇联继续强化"双学双比"竞赛活动,建立指挥协调组织,实行目标管理责任制。制定农村牧区妇女"双学双比"竞赛活动规划,开展广泛宣传及评比表彰活动。对1~5周岁女童进行摸底调查,建立文化登记卡;制订扫盲计划,开办扫盲班。通过脱盲措施的实施,使49865名女性文盲中脱盲42585人,脱盲率为85.4%。1998—1999年,各级妇联组织举办各类实用技术培训班798期,培训妇女72216人次,使16~45周岁农牧区妇女掌握1~2门以上实用技术人数90%以上,因地制宜组织妇女开发庭院经济1万公顷，占庭院可开发面积的89%。同时，创造性地实施“城带乡、富带贫、奔小康”活动的由“救济型”转向“开发型”的“链带”巾帼扶贫工程。2000—2003年，巴盟出台《巴盟“双学双比”竞赛活动第三周期第五年规划》，按照规划确定突出一个重点，贯穿一条主线的总体工作思路，动员广大农牧民妇女通过开展节水抗旱、发展养殖、参加科技培训、扩大绿色、特色种植等参与到“双学双比”活动中，参与活动人数118232人次。

2005年，全市参加“双学双比”竞赛活动的14～45周岁的妇女人数近20万人。在“双比双学”活动中举办各类实用技术培训班711期，培训农牧民妇女近12674人次。通过培训，掌握一门以上实用技术的妇女90747人，女性农牧民技术员发展到1990名。各级妇联建立扶贫联系点573个，联系户713户。组织经营的“双学双比”基地17个。2006年，“双学双比”工作以“科技致富工程”开展。各级妇女组织发挥三级网络教育培训基地，举办各类实用技术培训班749期，培训农牧民妇女108516人次。通过培训，建立以妇女为主的科技示范户3万余户，有2000多名年轻妇女活跃在田间地头，成为种、养殖方面的技术人员。2007年，在“双比双学”活动中，着重培养有文化、懂技术、会经营的新型农牧民。通过培训，使其成为知识女性，成为农牧区传播科学文化、脱贫致富奔小康的带头人。全年，建立科技示范户2万余户，培训妇女技术员2475名。2008年，参加“双学双比”竞赛活动的16～45周岁农牧区妇女29万余人，举办各类实用技术培训班1963期，培训农牧民妇女14万人次。建成一批“妇”字号专业基地和157个“双学双比”示范基地。2009—2010年，在开展“双比双学”活动中，各级妇联举办实用技术培训班804期，培训农牧民妇女142190人，有7名农牧民妇女获评全国“双学双比”竞赛活动“女状元”光荣称号，5个集体，9名个人获评内蒙古自治区妇女岗位建功先进集体、先进个人。全国“双学双比”女状元，杭锦后旗二道桥流通协会会长何桂梅获首届全国优秀农产品经纪人100强。磴口县隆盛合镇桃来村获评全国“巾帼示范村”称号。

1991年，全国妇联在全国城镇发起“巾帼建功”活动。巴盟妇联积极响应全国妇联《关于在全国城镇妇女中开展“做四有、四自女性，为八五计划建功活动”的联合通知》的号召，在税务系统女干部、女职工中开展做“四有、四自女性，为八五计划建功”的评选表彰三八红旗手活动。1992——1996年，巴盟把“巾帼建功”活动纳入各级妇联目标管理中，制定具体规划，与行政、事业单位签订责任状，以百分制形式，年检查考评一次。1997年，结合“巾帼成才”行动，妇联组织举办巡回讲课、现场观摩、科技竞赛、信息发布会2500多次，参加妇女12.8万人。1998年，针对企业转制工作中下岗女工的情况，开展“巾帼建功”活动。活动中，举办女职工技能培训班43期，培训2674人，安置下岗女工806人。1999年，“巾帼建功”竞赛活动着重在盟内窗口行业进行“内强素质、外塑形象”的“巾帼文明示范岗”竞赛。通过活动开展，增强窗口行业广大妇女的政治素质和业务能力。经评比、验收，巴盟获得两个全国先进集体、1 个先进个人奖项，受内蒙古自治区表彰的先进集体 2 个，先进个人 3 人。

2000—2003 年，各级妇联在深化“巾帼建功”活动中，组织各旗（县、区）妇联赴外地考察，学习外地创建“社区服务工程”的先进经验。同时，开办各类培训班，培训下岗女工，鼓励下岗女工创办“便民服务中心”“家政服务中心”“老年服务”等社区服务行业。

2004 年，巴彦淖尔市妇联在全市农牧区开展“巾帼科技致富培训工程”。在此工程开展前，妇联协调有关部门就牛羊新产品引进、改良、胚胎移植、标准化饲料以及草原生态养殖技术等方面对农牧民进行培训，全年共举办培训班 93 期，培训人数 9467 人。通过培训安置下岗女职工 4084 人，输出劳务 2577 人。组建旗县级“巾帼家政”服务分公司 3 个，社区服务站 3 个。4 个单位获评全国“巾帼文明示范岗”荣誉称号，2 人获评全国“巾帼建功”标兵，1 人获评自治区“十大女杰”荣誉称号。2006 年，巴彦淖尔市有 3 万余名妇女参加“巾帼建功”竞赛活动。在活动中，举办各类培训班 88 期，培训失业妇女 2830 余人次，创办社区服务实体 108 个，安置下岗女职工 88550 人，实现灵活就业 1792 人；建立再就业指导服务机构 5 个，为创业下岗女工协调贷款 531 万元。评选出市级“巾帼文明岗”27 个，旗（县、区）级 29 个。2007—2008 年，“巾帼建功”活动，创办社区服务实体 287 个，建立再就业指导服务机构 5 个，指导再就业妇女 35.6 万余名。争取到“大地之爱母亲水窖”“香港回归扶贫资金”等各类公益性项目款 430 余万元，受惠人数 57000 余人。创评市级“巾帼文明岗”27 个，旗（县、区）级 29 个。2009—2010 年，全市妇女参加“巾帼建功”活动竞赛 51687 人，举办各类就业培训班 55 期，培训失业及农牧区妇女 4994 人次，安置 2723 人。举办技能及资格认证培训班 20 期，培训技术人员 710 人。创建国家级“巾帼文明岗位”22 个，自治区级 11 个，市级 107 个。新建巾帼家政服务机构 4 个，建立就业服务指导服务机构 5 个，创办社区服务机构 13 个，协调银行为下岗女职工创办实业贷款 3777 万元。

维权　1986—1987 年，巴盟妇联制订普法学法计划，成立普法工作领导小组，举办各级妇联主任普法培训班，建立起三级信访网络。1988—1989 年，妇联在各乡镇苏木建立信访站，成立法律顾问组，制定岗位责任制，建立妇女来信来访登记卡。

1990—2000 年，各级妇联结合婚姻法颁布 40 周年庆祝活动，开展婚姻法、妇女权益保障法宣传，举办“妇女知识百题有奖竞赛”，邀请女法官、女警官、女律师讲解妇女儿童维权法律法规，编发妇女维权手册。全年，受理信访案件 400 余起，接待上访妇女 46 人，处理婚姻家庭纠纷案件 38 起，提供法律援助 28 人次。2001—2003 年，巴盟制定印发《关于在政法部门建立维护妇女儿童合法权益机构的报告》，成立妇女儿童合法权益保护中心、家庭暴力报警中心及妇女儿童合议庭。

2005—2007 年，巴彦淖尔市启动实施以源头维权、个案维权、社会化维权，实事化维权为主的“依法维权工程”，开展了妇女权益保障法、新婚姻法、女职工劳动保护法等法律法规宣传。各级妇联受理来信来访案172起，举办法律讲座120期，聘用维权代言人100名，发放“平安家庭手册”“预防和制止家庭暴力手册”、《未成年人保护法手册》《艾滋病防治知识》宣传画册6000万余份。2008年开始，各级妇联利用“三八”“六一”“148维权周”“6·26”禁毒日等节假日，走上街头以法律咨询、送资料、散发传单等形式，深入开展妇女儿童维权宣传。在中小学生中开展以“保护未成年人合法权益、预防未成年人犯罪”为主题的法制教育讲座；依托法律援助站、家庭暴力投诉站、维权法庭、人民陪审员、维权热线等载体，为广大妇女和家庭提供迅速、便捷、多样化的维权服务。2010年，全市有家暴投诉站38个、法律援助站13个、维权法庭13个、开通维权热线24部、建立维权岗36个、聘请维权代言人130人。全年，举办维权法律讲座和维权技巧培训班137期，培训骨干2670人次。受理接待来信来访284起，实施法律援助49件。

“两纲”落实 2003年，巴盟组成“妇女发展纲要”“儿童发展纲要”目标监测督查小组，分别对7个旗县市进行为期1个月的督查。

2004年，启动马克思主义妇女观和“男女平等基本国策”教育，在全社会广泛开展“争做合格父母，培养合格人才”家庭教育宣传实践活动，并将“两纲”列入党校教学内容。2005年，开展“争做合格家长、培养合格人才”家庭教育读书知识竞赛活动。在活动中授予9所学校“优秀（示范）家长学校”称号。开展“家庭道德”教育宣传月活动，授予8个单位“先进集体”称号，授予13人“为国教子，以德育人”好家长称号。发动各级妇联组织参与中国儿童基金会开展的“亲情中国”慈善活动，引进亲情图书站，总计价值10万元。开展“恒源祥寻找爱心母亲”活动，发动社会各界爱心人士为贫困孤残儿童编织毛衣200件。2006年，制作《优化妇女儿童发展环境，构建和谐社会》大型专题片，反映妇女儿童工作5年来的发展历程；开展“优化妇女儿童发展环境，创建和谐巴彦淖尔”的征文活动；发表《关于对全市妇联和妇女工作情况的报告》《强化维权力度，构建新型农村》《弘扬母爱，与时俱进，努力开创党建带妇建的新局面》等调研报告。2008年，在落实“两纲”中，以“母亲健康快车”为依托，对地方病进行普查，发放常用药品，普及科学知识。2009—2010年，巴彦淖尔市两级妇女儿童组织总结“两纲”实施以来存在的问题，进一步明确责任，规范各项制度，启动为农牧区妇女“两癌”筛查项目。各旗（县、区）妇联继续实施“母亲健康快车”项目，开展预防出生缺陷项目和落实免费婚检，为政策内怀孕妇女每天免费提供一杯牛奶关怀。

“春蕾计划” 1989年，巴盟启动“春蕾计划”。“春蕾计划”是全国妇联实施的一项救助贫困儿童的计划，旨在救助贫困辍学儿童。1996年，“春蕾计划”捐助辍学儿童3373名。1999年，“春蕾计划”救助失辍学女童644人，发放救助款30万元。2001—2003年，各级“春蕾计划”收到捐助款52万余元，捐助失学儿童1350人，创办家长学校555所。争取到自治区“武警春蕾专项基金”在乌拉特后旗建起“武警春蕾女童班”。

2004—2005年,“春蕾计划”开展“争做合格家长、培养合格人才、家庭教育读书知识”竞赛和恒源祥寻找爱心母亲活动,表彰实施“春蕾计划”先进集体15个,先进个人10名,“十佳春蕾女童”10名。2006—2007年,巴彦淖尔市贯彻落实中央8号文件精神,建立健全贫困儿童档案,继续加大“春蕾计划”社会公益活动的宣传和实施力度,争取到善款20万元,帮扶下岗失业家庭儿童3736人,为5名贫困家庭的唇腭裂儿童进行免费手术。2008—2010年,“春蕾计划”募集资金203万余元,建立春蕾学校1所、资助女童5000余人次。

“五好文明家庭”创建 1986年,巴盟把创建“五好文明家庭”纳入文明村镇、文明单位建设总体规划。1998年,首次在全盟范围开展“五好文明家庭”评选活动。经过推荐、民主评议,评选出“五好文明家庭”50户。与此同时,结合自治区妇联每年确立一个主题的要求,开展评选“妇女家园环境”二十佳活动,并进行表彰。1999年,各级妇联继续推进“五好文明家庭”奉献月及“华蒙医药圣宝杯五好文明家庭”知识竞赛活动,全盟3个旗(县、市)和盟直3个单位获自治区妇联组织奖,有5户家庭被评为自治区“五好文明家庭”。2001—2002年,各级妇联把“制止家庭暴力”“不让毒品进我家”“公民道德建设”“创建文明城镇”等活动与创建“五好文明家庭”结合,倡导社会新风尚。2002—2003年,贯彻落实《公民道德实施纲要》,把“公民道德建设”“不让毒品进我家”和创建文明城镇、文明社区、文明楼院等活动结合起来,在全盟开展“五好文明家庭”挂牌活动、“小公民道德建设”、家庭演唱会及评比表彰好婆婆等活动,大力推进社会文明建设。

第四节 工商联

一、会员代表大会

1998年10月28日,巴盟工商联(总商会)首届会员代表大会在临河市召开,会议由盟政协副主席、盟委统战部部长主持,呼和浩特市、包头市、乌海市工商联和盟直各有关部门、各民主党派、各人民团体的负责人和会员代表共90余人出席会议。会议学习中共十五大会议精神,听取和审议内蒙古自治区工商联巴盟办事处的工作报告,选举产生巴盟首届执行委员会、常务委员、会长和副会长。

2002年8月9日,巴盟工商联(总商会)第二届会员代表大会在临河市召开,参加代表大会会员代表共106人,大会选举产生巴盟工商联(总商会)第二届执行委员会会长、副会长和常务委员。

2008年10月9日,巴彦淖尔市工商联合会第一届会员代表大会是巴彦淖尔市设市后召开的首次工商联代表大会。根据《中华全国工商业联合会章程》,大会会员代表分为九类,其中,食品生产及加工行业代表14人、商贸流通以及纺织行业代表14人、矿产开发行业代表13人、中介及金融服务行业代表10人、工程建筑及交通运输行业代表9人、农牧行业代表5人、化工和生物制药行业代表5人，其他行业3人，行业协会、基层分会、行政人员16人。大会选举产生巴彦淖尔市工商联首届执委会执委89人，常委48人。

二、组织建设

内蒙古自治区工商联合会巴盟办事处1958年成立，“文化大革命”期间瘫痪。1982年，工商联巴盟办事处恢复工作。1993年，巴盟成立总商会，与内蒙古自治区工商联巴盟办事处一班人员，两块牌子。1996年，内蒙古自治区工商联对巴盟办事机构进行调整，办事处设三个部门，有办公室、组宣人事科、咨询服务科。各旗县工商联设相应办事机构。2003年，工商联巴盟办事处（总商会）有会员1643名，其中不驻会副会长29人，常委30人。商会会员中担任全国人大代表1人，担任自治区人大代表和政协委员7人，担任盟政协委员21人。

2004年，巴彦淖尔市工商业联合会（简称市工商联）拥有会员1689个，其中企业会员517个，团体会员44个，个人会员1128个。2010年，市工商联（总商会）有3个部室，设主席1人，驻会副主席2人，调研员1人，副调研员3人，秘书长1人（副主席兼任）。不驻会副主席14人，执委89人。总商会设会长1人，副会长20人，常委48人，执委89人，有会员1016人。其中企业会员423名，个人会员515名，团体会员78个。

三、主要工作

光彩事业　1995年，巴盟工商联启动光彩事业。光彩事业是以“义”为本，“义利兼顾”，先富帮后富，实施共同富裕的事业。1998年，光彩事业设立新项目15个，收到社会捐款78万元；非公有制经济配合政府安排下岗职工5000余人，占全盟安置下岗职工的14%以上。2000年，临河地区27家私营企业，千余名员工在110国道旁种树6000余棵，栽防沙灌木林1000多亩。2002年，引导非公有制经济人士参与捐资助学、扶贫救困等社会公益事业，创办光彩事业项目57个，到位资金2亿多元，建立光彩中学8所，资助贫困大学生1300余名。2003年，新增光彩事业项目30个，其中投资项目24个，捐赠项目6个；引进区外项目17个，到位资金34861万元，用于扶贫、捐资助学的金额100多万元。在抗控“非典”中，两级工商联鼓励和引导广大非公有制经济人士发扬团结互助、同舟共济，一方有难，八方支援的精神，收到非公有制经济人士捐款捐物403万元。乌拉特前旗境内黄河发生决口后，非公有制经济人士捐款捐物总价值16000万元。

2006—2007年，巴彦淖尔市402家民营企业资助贫困大学生2315名，资助金额359.9万元。2008年，四川汶川地震和青海玉树地震发生，非公有制经济人士向灾区捐款1229万元。2010年，“光彩事业”实施项目176个，引进资金33亿元，培训人员3000人次，累计安排就业再就业2500余人，转移农村剩余劳动力5200多人，参与并投资社会公益事业8000

余万元，资助失学儿童、贫困学生4000余人。

参政议政　2003年，巴盟工商联发挥自身优势，组织非公有制经济代表先后深入盟内7个旗、县、市，围绕如何改善全盟经济发展环境这一主题进行为期20天的调研。通过调研，归纳出巴盟经济发展环境的基本情况及存在问题，并形成《关于全盟经济发展环境情况的调查报告》。积极发动民营企业家和个体户，向党委、政府献计献策，及时反映非公有制经济人士的呼声和合理要求，增强非公有制经济人士参政议政的意识，提高非公有制经济人士参政议政的水平。

2004年，市工商联编印《巴彦淖尔市非公有制经济发展报告》白皮书，多次召开非公有制企业与各商业银行座谈会、洽谈会，搭建金融部门为中小企业服务的平台，协调包商银行分行向会员企业发放贷款136笔，1.7亿元。开展为会员企业维权服务，为65家会员企业进行法律咨询362人次。为星月集团等125家会员企业发放各类法律法规宣传材料3800余份。帮助48家会员企业调解经济纠纷156起，为112家企业代理民事诉讼案件386件，为市工商联会员企业挽回经济损失5628万元，避免经济损失38650万元。2005年，市工商联将内引外联、招商引资作为主要工作任务，组织市属重点企业和各商业银行考察学习山东枣庄信用担保商会和重庆瀚华担保公司运作的成功经验；组织直属行业商协会负责人到杭州、宁波等地学习交流；组织市属50余家中小型企业参加第二届、第三届创业企业内蒙古商贸洽谈会，达成合作意向5项，意向投资近亿元；组织部分旗、县工商联主席、民营企业家到台湾考察学习，与台湾部分民间组织和企业进行座谈。2006年，市工商联组织代表到企业、商户，广泛听取各方面的意见建议，形成13个产业、行业的调研报告，并向市委、市政府等有关部门及时反映非公有制经济人士的诉求；及时解决自治区西部最大的综合批发市场——鼎程批发市场在土地、融资方面遇到的迫切问题。2007年，市工商联界的政协委员在市政协一届四次会议上，向大会提交提案和建议30余件。2008年，市工商联深入部分会员企业，对非公有制企业在生产经营中存在的问题以及金融危机对企业带来的影响和应对措施等方面进行调研走访，就经济社会发展中一些亟须重视和解决的热点、难点问题，向“两会”提交提案15件。

服务会员　1998年，巴盟两级工商联以维护会员合法利益为主线，本着“真诚、迅速、效率、节约”的原则，在旗、县、市组建法律服务机构2个，发放法律宣传材料5000余册，印制法律实用小册子3000册。2000年，为宣传民营企业家依法经营、照章纳税、善待员工、回报社会的先进事迹和企业先进管理模式、企业动态、企业党建等，创办全区唯一的《商会报》。2002年，工商联成立西部开发培训中心，与中央党校等大专院校签订五年合作培训协议，聘请专家学者，举办市场营销、入世应对、名牌战略、京原模式论证、海尔成功之路等专题讲座；利用联谊会，茶话会等形式，与非公有制经济人士沟通思想，联络感情，引导非公有制经济人士健康成长,促进非公有制经济健康发展。2003 年,加强对非公有经济在经济活动中权益的维护。年内,对临河曙光市场、乌拉特前旗五一食品厂、乌拉特后旗刘富木材加工厂、临河洗绒厂等所受到的侵权行为及时进行依法维护。

2005 年,市工商联与北京燕博雅管理咨询有限公司联合举办为期一年的巴彦淖尔"工商经济高层论坛";举办非公有制经济管理人员培训班 6 期,培训企业界经济管理人员 2300 人;带领部分民营企业家到呼市参加"奈伦之夏西部经济发展新机遇论坛",组织部分民营企业家赴新加坡、马来西亚进行考察,学习异域企业经营管理理念;与市档案局联合举办"民营企业档案工作培训班";与区联共同组团,参加在韩国汉城举办的第八届世界华商大会。2007 年,为助力非公有制经济腾飞,举办巴彦淖尔市名片,创办"民营企业节"。节日期间,组织召开表彰奖励大会,奖励"创新型民营企业家""光彩事业先进个人""改革开放 30 年功勋企业""保增长效益突出民营企业""纳税十佳民营企业"等。2008 年,工商联举办非公有制经济高级管理人士培训班 2 期;与美容美发行业协会联合开展会内业务培训,受培训人员 1000 多人。2009—2010 年,工商联组织巴运汽车运输公司、内蒙古恒丰食品公司等企业的高管人员参加在银川举办的宁蒙陕甘毗邻地区经济技术合作洽谈会;组织多家企业参加全国工商联和天津市人民政府共同举办的第四届"中国企业国际融资洽谈会";参加由内蒙古自治区金融办、工商联与包头市政府举办的内蒙古自治区西部五盟市银企对接会;组织旗、县工商联主席及企业到深圳、厦门、温州等经济发达地区进行学习考察。

招商引资　2004 年,市工商联与北京、河北、浙江、上海、福建、山东等地非公有制企业直接对接,向他们推荐各旗(县、区)收集的优势项目;与 30 多家国内外网站实现互联互通,通过网站进行项目洽谈。配合自治区工商联,收集整理一批有影响力、有开发前景的优势项目,连同巴彦淖尔市招商引资优惠政策和奖励办法在"2004 年赤峰内蒙古经济贸易热点项目洽谈会"上发布。通过工商业联合会联系、介绍,内蒙古金晨实业有限公司在磴口县拟投资 2000 万元开发矿产资源。全年,市工商联接待区内外考察客商 7 批 19 人次,台商 6 批 13 人次,马来西亚、澳门客商 2 批 5 人次,达成合作意向 3 个。杭锦后旗工商联与湖南省长沙市岳麓区工商联联系,促成嗑得香公司与旗政府签订合同,投资 400 万元建炒货生产线。乌拉特中旗工商联引进开发商投资项目 16 项,投资额 436500 万元。乌拉特后旗引进项目 20 个,到位资金 54352 万元。乌拉特前旗通过工商联及副会长招商引资 16130 万元。临河区工商联引进包头小肥羊餐饮集团在临河投资 500 万元参与企业资产重组,重新组建小肥羊临河车站分店。2005 年,市工商联利用"工商联经济信息网",整合市重点、优势招商引资项目,以图文并茂的形式在网上发布 240 余个项目。同时,多次赴浙江、上海、天津、山东等地招商,积极组织市民营企业参加各地经贸活动,带领市部分民营企业,携带市沙金古泉苁蓉药酒、绅禾苦菜茶等知名品牌产品赴新加坡、马来西亚进行商务考察,与马来西亚建立友好贸易合作关系。全年,引进实施项目6个,投资额数亿元,其中,安徽商会投资6000万元在磴口县开采白磁矿,安徽商会在五原投资3000万元建华太物流中心,呼市维多利商厦总经理投资800万元建海天维多利超市,内蒙古金辰实业(集团)有限公司在磴口县投资5000万元进行铜矿探察,北京自来水公司在乌拉特前旗投资1.2亿元建污水处理和工业供水项目,香港伟利公司在杭锦后旗陕坝镇投资2亿元搞城区房地产项目。市工商联接待考察客商20多批140多人次,其中接待广东商会、温州商会等大型考察团4次,达成合作意向29个。2006年,经工商联引进实施和达成合作意向的项目有5个,即益得公司与荷兰在乌兰布和养牛及乳制品加工项目、益得公司与泰国煤化工项目、澳大利亚巴洛金克有限公司与益得矿业公司共同合作开发蒙古煤炭项目、马来西亚客商在八一工业园区投资建大型物流配送中心、台湾客商投资褐煤深加工项目。全年,市工商联(总商会)接待来自英国、澳大利亚、马来西亚等国家和中国台湾、阿拉善盟、乌海市等商务考察团17批58人次。2007年,市工商联(总商会)促成磴口县与江西金瑞林桨纸有限公司签订投资合作建设日处理6万吨污水等3个项目,北京奥捷水处理公司投资巴彦淖尔市综合游泳馆项目,北京国信东方投资公司与市工商联签订筹建村镇银行项目,北京国信东方投资公司与内蒙古益德矿业公司合作建立华蒙涉外运输公司项目,中国黄金集团总公司与内蒙古益德矿业公司签订合作开发乌拉特中旗金矿项目,厦门西泰投资公司、马来西亚顺发控股公司与内蒙古益德矿业公司合作开展蒙古国煤炭及煤化工5个项目协议。年内有82人到巴彦淖尔市考察签约项目,共签订意向性协议15项,签约金额47亿元。有16批70人次进行回访。组织全市19家企业27人参加"创业北方——内蒙古商贸洽谈会"。

2008年,组织20多名民营企业家赴呼市参加第二届创业北方内蒙古商贸洽谈会;组织部分民营企业家参加在武汉召开的中国中部投资贸易博览会。2009年,组织40多家民营企业参加在安徽合肥市举办的第四届中国中部贸易投资博览会、第三届创业北方内蒙古商贸洽谈会,帮助民营企业走出去寻找发展商机。参会期间,向各地商家介绍巴彦淖尔市招商引资政策项目及自然人文环境情况,签订合作意向。组织部分民营企业负责人到深圳、厦门、温州等经济发达地区学习考察,就建立异地商会进行探讨,初步达成在深圳和苏州两地建立商会协议。组织市各商业银行及部分行业商会考察学习山东枣庄信用担保商会和重庆瀚华担保公司运作的成功经验,为开展建立信用担保商会试点工作提供借鉴。

第五节 科学技术协会

一、代表大会

1998年12月,巴彦淖尔盟科学技术协会第三次代表大会在临河市召开,大会选举产生第三届全体委员会主席、副主席、常委及秘书长。

二、组织建设

巴盟科学技术协会于1981年成立，是全盟科技工作者的群众组织，与巴盟科学技术委员会合署办公。1998年，全盟共有旗、县、市科协7个，乡镇苏木科协107个，乡村专业技术协会（研究会）218个，重点厂矿科协9个。

2001—2002年，在行政机构改革中，按照巴盟机构编制委员会〔2001〕16号文件和巴党办发〔2002〕50号文件，巴盟科协与巴盟科技局分设，科协独立。科协为财政全额拨款事业单位。

三、主要工作

1986—1997年，巴彦淖尔盟各级科协每年组织2000余名科技人员到农牧区，结合生产任务和适用技术推广开展培训。先后举办科技乡长培训班、重点专业技术师资培训班35期，培训师资、技术骨干2150人，累计培训农牧民300余万人次。在培训中，各级科协及专业技术学会还编印各类科普教材、资料250余种，印发560万份册，直接接受服务的农牧民32万人次。

1998年，盟科协与盟电视台合作，开辟“科技之窗”“科技5分钟”专题。先后播放科普专题报道、科技致富信息、典型经验介绍、典型人物专访等145次。同时，科协把《巴盟科技报》作为科普工作的重要窗口，印发42000份，将科普宣传册定期发放到广大农村牧区的农牧民手里。

2002年，巴盟以第七届科普活动宣传周暨第二届科技活动周为载体，发放科普宣传材料30余万份（册），展出不同内容的各类展板400余块，书写、悬挂各类科普标语、条幅1500多条，接受教育的群众4万余人。全年，还组织专家到学校举办科普讲座50场次，参加师生达1.5万余人；组织专业科技人员赴5个旗县市的乡镇苏木开展科普讲座，听众1000余人。通过盟、县两级“三下乡”活动，发放各种科普图书资料30多万份（册），受众近3万人次。

2004年，巴彦淖尔市成功申报并被自治区批准乌拉特中旗乌加河镇、磴口县公地乡为全区科普示范乡镇。临河区新华镇玉米制种协会、韭菜协会、乌兰图克隆胜强村蜜瓜产销协会被评为自治区第三批全区星级农技协。临河解放社区、先锋社区、五原五中、磴口县、乌拉特前旗科普画廊被评为全国科普示范画廊。

2005年，市科协开展以“把科技送下去，把问题和要求带上来”为主要内容的送科技下乡活动。与旗（县、区）科协组织涉农56个专业部门和科技企业，到乡镇苏木连续举办科技大集，及时为农民送去种植、养殖先进技术资料和优质生产资料。全年，全市共举办各类科普活动135场次，展出展板2960块次。发放科普资料64.6万份（册），播放音像资料360盘次。

2006 年，巴彦淖尔市围绕各地主导产业、新兴产业和特色产业对科技的需求，开展上下联动的订单定向科普培训，举办各类培训班 94 场，培训农牧民 15000 余人。

2007 年，巴彦淖尔市按照《关于进一步建立健全科普志愿者队伍的意见》《巴彦淖尔市科普志愿者队伍管理办法》，在指导各旗（县、区）建立科普志愿者队伍时，从各旗（县、区）和市直单位择优选拔 200 名科技工作者建立市级科普志愿者队伍，开展“双链双推”科普惠民行动计划。按计划在试点工作中，在 7 个旗（县、区）建立科普示范基地 19 处，科普示范乡镇 15 个，示范农技协 24 个，科普示范户 2100 户。

2008 年，巴彦淖尔市举办科普下乡、进社区、进学校、进军营等各类大型宣传活动 50 余场次。举办科普培训班 900 余场，培训基层干部和农牧民 10 万余人。发放科普资料 50 余万份册，展出展板 2500 余块。启动万人新型农牧民科普培训工程，举办现代农业高级研修班，组织 60 余名基层科技人员到内蒙古农业大学进行集中培训，并组织到山东寿光等先进地区学习考察。

2009 年，市科协以全国科技周暨自治区科技宣传周“科技之春”“全国科普日”活动，通过科技培训、咨询、科技成果展等，加大科技宣传力度。全年共举办各类科普活动 130 次、科普讲座 580 多场，展出各类展板 210 块，展品 250 多件次，发放科普资料 10 万份册，参与群众达 23 万人次。

2010 年，巴彦淖尔市利用“三下乡暨科学之春”“全国科普日”等科普活动日的有利时机，开展了一系列群众性、社会性科普活动。全年举办各类科普活动 150 余场次，展出各类科普展板 2000 余块，展品 500 余件次，发放科普资料 20 余万份。同时，开展科普大篷车进学校、进农村牧区、进社区播放科普电影等活动。积极创建四级科普示范体系，切实加强科普软、硬件建设，不断提高科普示范标准。临河区、磴口县、乌拉特中旗、杭锦后旗、五原县被国家评为“全国科普示范县”创建旗（县、区）。全年共创建科普示范镇苏木 8 个，科普示范村嘎查 14 个，示范户 4000 户。

第三章　其他社会团体

第一节　文艺界联合会

一、代表大会

1991年12月26日，巴盟文艺界联合会在临河市召开第四次代表大会，出席代表、特邀代表共有149人。大会听取上届代表大会的工作报告，交流过去11年工作经验，修改文联章程，通过巴盟文联第四次文代会的决议，民主选举产生文联新一届委员会。

2008年5月26日，巴彦淖尔市文学艺术界联合会第一次代表大会在临河区召开。大会听取巴盟文联第四次大会以来的工作，审议巴彦淖尔市文学艺术界联合会工作报告，通过《巴彦淖尔市文学艺术界联合会章程（修改草案）》，民主选举产生巴彦淖尔市文联第一届委员会。

二、组织建设

巴盟文联成立于1962年，“文化大革命”期间文联瘫痪。1978年8月，文联恢复组织机构，1986年，巴彦淖尔盟文联设办公室、蒙古文编辑部、汉文编辑部、文学工作者协会、戏剧电影工作者协会、音乐舞蹈工作者协会、美术摄影工作者协会。2003年10月，经批准，将文联5个文艺家协会增加到8个，作家协会、戏剧曲艺家协会、音乐舞蹈家协会、美术家协会、摄影家协会、书法家协会、电影电视艺术家协会、民间文艺家协会。

2004年，巴彦淖尔撤盟设市后，经市编制委员审定，巴彦淖尔市文联核定为事业单位，设蒙古文编辑部、汉文编辑部、组织联络部和作家协会、戏剧曲艺家协会、音乐家协会、舞蹈家协会、美术家协会、书法家协会、摄影家协会、广播电影电视艺术家协会、民间文艺家协会。编制人员28名，其中，主席1名、副主席1名、科级领导职数8名。

1986—2010年，巴彦淖尔市文联先后组织创办的协会有：戏剧协会、电影协会、电视协会、曲艺家协会、民间文艺家协会（1990年创办），舞蹈协会、摄影协会、书法协会（2003年创办），音乐家协会（2005年创办）。2010年12月，巴彦淖尔市文联所属协会、行会、学会、研究会共19个。有会员3130名，其中国家级会员48人、内蒙古自治区级会员354人、市级会员1091人、旗（县、区）级各类会员1722人。

三、刊物创办

1986—2010年，文学艺术界先后创办的刊物有《陶茹格莎茹娜》（蒙古文双月刊，国内发行)、《河套文学》(汉文季刊,区内交流)、《巴彦淖尔文苑》(机关小报)、《文艺信息》(市内发行)、《文联动态》(市内发行)、《河套书画》(市书画研究会创办)、《民俗文化》(市民俗文化学会创办)、《巴彦淖尔诗词》和《北方诗歌》(市诗词学会创办)、《巴彦淖尔书画艺术》(段六书画院创办)。

四、文艺活动

文艺交流 1986—1999年,巴盟文联先后应邀参加中国国际文化传媒中心组织的重大活动;韩国、印度、马来西亚等国家展示才艺;组织"王婆"系列剧前往法国、西班牙等国家演出;组织作家艺术家到新疆维吾尔自治区、云南省、银川市、赤峰等地参加中国少数民族创作笔会;选派艺术家赴南京、北京、呼和浩特,以及河南省、甘肃省、河北省、浙江省等地观摩学习;接待中国作家协会组织的蒙古族、藏族、壮族、瑶族、汉族、景颇族、锡伯族、土家族、朝鲜族9个民族、8个省市自治区组成的少数民族作家采访团;参加全区文联系统艺术家赴区内外进行文化考察等。2000年,组织举办全盟西部大开发书画笔会,召开部分作家与内蒙古作家采风团创作交流座谈会。2001—2003年,组织举办"中国乌拉特中旗首届国际那达慕"乌拉特草原风情摄影采风;组织参加"中国秘境阿拉善——首届全国摄影大赛采风活动";派代表参加第七次全国文代会和第六次全国作代会。

2004—2010年,巴彦淖尔市文联组织举办"河套风情"全国书画名人邀请展;组织参加内蒙古西部三市摄影艺术精品巡回展;"蒙情晋韵"四市书法篆刻联展和"乌海巴彦淖尔"大型书画展;参加中国西部(呼和浩特)文化产业博览会、中国文联第八次全国代表大会、第七次全国作代会;参加在四川省成都市召开的"中国蒙文期刊年会"。

研讨会、笔会 1986—2003年,巴盟文联先后组织举办或参加"二人台艺术研讨会""全区中篇小说(精品)笔会""王福林作品研讨会""王富林、其·莫日根合著长篇小说《驼铃的回音》研讨会""刘正华的《战争、女人和喇嘛》研讨会""任义光音乐作品研讨会""杭锦后旗书法名人作品研讨会""临河地区书画名人笔会""王书田言情小说讨论会""阿·照日格图诗歌作品研讨会"等研讨会、笔会。通过笔会、研讨会等形式,文艺爱好者们在互动中交流感情、切磋技艺、传递信息、拓宽视野、加强合作,推动巴盟社会主义文学艺术事业向前发展。

2004—2010年,巴彦淖尔市文学艺术联合会先后组织举办或参加了"全盟书法创作研讨会""河套文化研讨会""草原情·移动杯书画笔会""中秋名家书画笔会""公安名家书画笔会""河套酒厂酒文化名家书画笔会""知名书画家新春笔会""《蒙古传奇女杰》研讨会""阴山岩刻申遗创作笔会""土艺术家大型笔会""妙手丹青绘鑫河主题书画笔会""工商廉政文化书画笔会"等。

其他活动 1986—2003年,巴盟文学艺术联合会组织艺术家赴上海市参观全国第三届"戏剧节";与巴盟电视台等9个单位联合举办"全盟业余歌手电视大奖赛";与舞蹈协会在临河市举办为期25天的“国际标准交谊舞培训班”；组织举办群众性歌咏比赛；组织全盟歌咏爱好者参加“全区卡拉OK大赛”“全区声乐大赛”和“全区蒙语声乐大赛”。

2004—2010年，巴彦淖尔市文联启动社会美术书法水平考级；组织音乐舞蹈教师赴呼和浩特、包头观摩学习；组织文艺团体赴乌拉特中旗边防团，开展送文化到军营活动；组织5名舞蹈教师赴北京观摩学习。

第二节　残疾人联合会

一、代表大会

1991年1月14日，巴盟残疾人联合会第一次代表大会在临河市召开，大会以无记名投票方式选举产生巴盟残疾人联合会主席、副主席。1994年3月30日，巴盟第二次残疾人代表大会在临河市召开，大会听取第一届残联工作报告，审议通过新一届残联工作部署，民主产生新一届残联主席、副主席。1998年6月3日，巴彦淖尔盟残疾人联合会在临河市召开第三次代表大会。大会听取残联第二届委员会工作报告，选举产生新一届残联委员会。2003年7月4日，巴盟残联在临河市召开第四次代表大会。

2008年4月29日　巴彦淖尔市残疾人联合会在临河区召开第一次代表大会，大会听取了残联自撤盟设市以来4年的工作报告，审议通过巴彦淖尔市残联2008年工作安排和残联工作长远规划，选举产生巴彦淖尔市残疾人联合会第一届主席团主席、副主席。

二、组织建设

1989年，经内蒙古自治区政府批准，巴彦淖尔盟成立残疾人联合会。1994年9月，巴盟残疾人联合会由副县级升格为正县级。1997年，按照巴盟《关于印发〈巴盟残疾人联合会及所属事业单位“五定”方案〉的通知》，批准残联内设办公室、宣教群工部、劳动开发部、社区康复服务指导部和巴盟残疾人劳动服务中心。

2004年，随着巴盟撤盟设市，巴盟残疾人联合会更名为巴彦淖尔市残疾人联合会。2010年，巴彦淖尔市残疾人联合会内设办公室、综合部、康复部。直属事业单位为残疾人就业管理中心和残疾人康复服务中心。

三、残疾人事业

白内障复明手术　1986—2003年，巴盟各医院完成白内障复明手术8962例。2004—2010年，巴彦淖尔市各医院共完成白内障复明手术5101例，其中为贫困者部分免费或全部免费白内障复明手术1809例，脱盲率95%。

听、视矫正　1992—2003年，巴盟有公办聋儿语训康复点5个，收训聋儿371名，为478名低视力儿童配用助视器。2004—2010年，巴彦淖尔市收训聋儿187名，为397名低视力儿童配用助视器，为贫困聋儿捐助50台助听器，为26名贫困聋儿发放救助金每人

1000 元,对 24 名聋儿进行康复训练。通过彩票公益金项目救助贫困聋儿 10 名,每人补助康复训练费 10000 元;为 3 名聋儿实施“人工耳蜗”植入手术(1 名国家项目,2 名自治区项目),项目每例补助 18 万元;为 30 名贫困聋儿配戴助听器,共计 40000 元。

肢体康复 1994—2003 年,巴盟建成社区肢体康复站 51 个,有 2187 名肢体残疾人得到康复训练,为 133 名不同类型肢体残疾人装配矫形器和假肢,为 277 名肢体残疾人施行矫治手术。

2004—2010 年,巴彦淖尔市依托社区服务中心、社区卫生服务站器械优势,为 20 名肢体残疾人装配矫形器或装配假肢,训练肢体残疾人 386 名;完成矫治手术 61 例,为残疾人提供用品用具 613 件。

精神病康复 1994—2003 年,巴盟建立精神病康复站 6 个,治疗精神患者 1195 人,监护病人 2592 名。

2004—2005 年,巴彦淖尔市精神病康复推行“社会化、综合性、开放式”的精神病防治康复,监护患者 8617 名,治疗精神患者 190 人,为 11 名贫困精神病残疾患者提供免费住院治疗。

儿麻矫正 1991—1998 年,巴盟完成儿麻矫治手术 1615 例,培训各类残疾儿童家长 134 名。

智障、脑瘫儿童训练 2004—2010 年,巴彦淖尔市各级智障、脑瘫儿童训练机构训练智障、脑瘫儿童 92 人,并对患病儿童进行康复知识培训。

培训就业 1991—1995 年,残疾人联合会协同有关部门举办缝纫、美容美发、工艺、装潢、按摩等各类培训班 40 期,先后有 500 余名残疾人接受专业技术训练,其中,270 名被有关部门和企业录用,220 名走上自主创业道路。1996—2000 年,巴盟将残疾人职业技术培训扩展到所有领域,采取多种形式,创办各类培训班学习班,有 580 余名残疾人参加各种专业技能培训,其中,200 多名被行政机关、事业或企业单位录用,380 名从事个体经营。2001—2003 年,利用社会资源广泛开展残疾人职业技能培训,各级残联积极协调配合,共举办适合残疾人就业项目的培训班 36 期,培训各类残疾人 986 人,14 名盲人通过专业按摩师培训,5 名盲人得到晋升技术等级职称。安置残疾人就业 2351 人,其中,个体业主安置 1368 人,社区集中安置 619 人。

2004—2010 年,巴彦淖尔市贯彻落实国务院残疾人就业条例、《内蒙古自治区按比例安排残疾人就业办法》,依法推行按比例安排残疾人就业工作,协调劳动和社会保障、就业等部门,将残疾人劳动就业纳入劳动监察范围,全力搭建残疾人就业平台。组织各级培训机构,举办各类培训班 650 次(期),5938 人参加培训,有 2481 名残疾人实现就业,其中,按比例就业 443 人,个体就业 816 人,集中安置就业 625 人,转移就业和其他就业 598 人。

助残扶贫 1991—1995 年,巴盟根据中国残联下达巴盟两个开展康复扶贫助残试点的工作安排部署,确定临河市和乌拉特前旗为试点单位,拨贴息扶贫贷款 50 万元,用于残疾人兴办企业、发展种养业、子女上学等。通过上述项目的实施,共集中安排残疾人就业55名,发展种、养殖业69户,残疾人家庭脱贫85户。1996—2000年,巴盟制定出台《巴彦淖尔盟残疾人扶贫攻坚计划》,将残疾人扶贫工作纳入政府议事日程,统筹规划,同步实施。5年中,争取到上级专项康复扶贫资金730万元,其中有480万元发放到残疾人家庭。2001—2003年,残疾人扶贫帮困工作以《巴彦淖尔市农村牧区残疾人扶贫开发计划》开展,政府要求基层各级政府,利用"科技下乡、文化下乡、卫生下乡"三下乡活动,送科技信息到户,开展"帮、包、带、扶"活动。5年中,各级政府为3032名残疾人减免农业税和三提五统,为5564名从事个体经营的残疾人减免各种税费,为1250名残疾学生减免学杂费,为158名贫困残疾人进行眼病治疗,减免各种医疗费用64000元。特别是2004年、2005年,向上级部门争取到国家彩票公益金危房改造项目25万元,为50户农村贫困残疾人实施危房改造。

2004—2010年,巴彦淖尔市始终将扶持贫困残疾人口,提升生活品质,作为残疾人工作的出发点和落脚点,开展"科技扶贫""信息扶贫"。通过单位与贫困残疾人家庭结对,党员干部包户等形式,直接为贫困残疾人提供服务1500人次,改造危房400户,救助残疾人1900名,减免2400名残疾个体经营者的税费。争取到上级康复扶贫贷款1450万元,198名残疾人脱离贫困。

权益维护 1992—1995年,巴盟各级残联为维护残疾人的合法权益,5年累计接待来信来访3900人次,接办来访事件750余起,走访1100人次,回函回信答复2000余件,协调有关部门妥善处理残疾人经济案件3起。1996—2000年,全盟各级残联接待来信来访4500余人次,回函回信2500余件,协调解决1500余件,引导疏通800余人次,法律扶助解答300余件。2001—2003年,各级残联协调司法部门建立法律援助机构16个,争取到法律援助补贴金25000元,为60名残疾人提供无偿法律援助,为220名残疾人提供法律咨询服务。接待残疾人来信来访1350余人次,回信回函870封。协调解决569件,满意率85%以上。

2004—2010年,巴彦淖尔市不断加强残疾人信访维权工作,在全市各级残联设残疾人法律服务和法律援助机构,为残疾人提供优先、优质、优惠的法律援助和法律服务。全市共办理残疾人法律援助案件180起,接待来信来访1360人次,回函回信答复930余封。

第三节 红十字会

一、代表大会

1991年4月4日,巴盟红十字会召开第一次会员代表大会,参加会议代表86人。会议总结巴盟红十字会成立后的工作,选举产生了第一届理事会理事、常务理事和会长、副会长。

1997年9月16日,巴盟红十字会召开第二次会员代表大会,参会代表90人。大会通过第一届常务理事会所做的工作报告和"九五"期间的工作规划意见,选举产生第二届理事会理事、常务理事和会长、常务副会长、副会长。

2005 年 6 月 28 日，巴彦淖尔市红十字会召开第一次会员代表大会，大会通过了上届理事会工作报告，选举产生了新一届理事会名誉会长、会长、专职副会长、兼职副会长、秘书长、常务理事。

2010 年 10 月 10 日，巴彦淖尔市红十字会召开第二次会员代表大会，大会通过一届理事会工作报告及财务收支报告，选举产生二届理事会会长、常务副会长、专职副会长、秘书长。

二、组织建设

1987 年 9 月，巴盟成立红十字会，隶属巴盟卫生局。1996 年 12 月，经内蒙古自治区编委批准，巴盟红十字会为正处级全额拨款事业单位。1998 年，红十字会人事管理划入组织部，党务隶属于盟直属机关党委。2004 年，巴彦淖尔市红十字会专职人员列入参照公务员管理系列。2010 年，巴彦淖尔市红十字会内设办公室、业务部，下辖 7 个旗（县、区）分会，乡镇苏木、村嘎查、企事业单位共建会 636 个。

三、主要工作

备灾救灾　巴盟红十字会自 1987 年成立后，多渠道多方面筹措物资，共筹得善款 2100 多万元，物资价值 300 多万元。由于物资储备充足，尽力支援 1998 年洪涝灾害、2003 年“非典”疫情、2008 年“5 · 12”汶川特大地震、2010 年玉树地震和舟曲泥石流等重大自然灾害。

造血干细胞捐献　2005 年，开展造血干细胞捐献宣传采集以来，到 2010 年，全市已采集血样 1767 人，入库 1548 人。

2006 年，巴彦淖尔市各级红十字会开展人道主义救助以“取之于民，用之于民”的原则，积极开展“博爱送万家”“博爱助你上大学”等救助项目，同时加大对重大病、特困、弱势群体的救助，截至 2010 年，各级红十字会投入救助款 1000 余万元，救助 30 万人。

“博爱一日捐”　2006 年开始，在全市开展“博爱一日捐”募捐活动，截至 2010 年 12 月，各级红十字会共募捐爱心善款 1830 万元。

应急救护培训　2004—2010 年，全市各级红十字会有计划地在全市范围内开展应急救护培训工作，提高人民群众应急救护知识和技能，五年开办应急救护培训 18 期，培训救护员 810 人。

志愿服务　巴彦淖尔市红十字会在各大媒体、企业、商家及爱心人士的支持下，在全体志愿者的积极配合共同努力下，秉承“人道、博爱、奉献”的红十字精神，以服务社会、救助弱势群体为服务理念，吸收新鲜血液，开拓创新、讲求实效、广泛策划并组织形式多样、丰富多彩的志愿者服务活动。截至 2010 年，全市志愿服务者已达 11943 人，其中注册 228 人。

第四节 哲学和社会科学联合会

一、社会科学联合组织

1986年,巴盟社科联依法注册学会26个,会员5800余人。1999年,根据上级精神,对文化协会、学会进行清理、整顿。经整顿社会科学联合会所属学会、协会共32个,分别是思想政治学会、记者协会、对外宣传研究会、青年联合会、统计学会、海外联谊会、监察学会、信息协会、档案学会、财政学会、会计学会、农牧金融学会、税务学会、金融学会、钱币学会、计生协会、经济学会、教育学会、中小学作文报协会、绒毛协会、图书馆学会、企业协会、企业家协会、电力企业管理协会、电力政研会、乌拉山富兴化肥有限责任公司企业协会、音乐学会、番茄学会、广告协会、个私协会、珠算协会等。2000年,社会科学随着社会经济的发展扩大研究领域,吸纳对外宣传研究会、奇石文化研究会、个体私营经济协会、广告协会为会员。会员发展到8000余人。2010年,巴彦淖尔市社会科学联合会共有正式登记学会、协会48个。

二、科研成果

1999年,巴盟社会科学联合会开展"推动内蒙古自治区农牧业再上新台阶政策、对策征文"活动,共收到学会、协会、研究会和部分理论工作者论文40篇,评选出特别奖1篇,优秀奖22篇;举办中华人民共和国成立50周年理论研讨会,收到论文60篇;在"五个一工程"活动中,巴盟社科联推荐的3篇理论文章获全区优秀奖。2000年,巴盟社科联推选社科研究成果参加全区首届优秀社科评选和"五个一个工程"好文章评选,共评选出优秀作品100余篇,获奖52项。2001年,社科联组织开展全盟性理论研讨会、座谈会4次,协调组织各学会开展研讨会(年会)5次,收到学术论文78篇。2005年,巴彦淖尔市社科联各协会、学会完成课题50项,调研论文23篇。市钱币学会组织会员开展"历史货币、现代货币的收藏和学术研究",撰写《从高油房古城大量出土西夏的宋钱看西夏钱币铸造和边境贸易》的调查报告。被内蒙古钱币学会采纳,组织10次高质量论坛。个体私营企业协会对全市优化经济发展环境进行调研,撰写出《全市优化经济发展环境调查报告》。市图书馆学会召开第二次学术研讨会,收到论文31篇。市统计学会完成《统计提要》《统计年鉴》的数据收集、整理及出版发行工作。市档案学会会员在省级以上报刊发表论文3篇。2009年,巴彦淖尔市社科联为庆祝中华人民共和国成立60周年,改革开放30周年,举办"国庆60周年征文"活动,1个月时间收到应征稿件68篇。经有关专家评审,评选出一等奖3篇、二等奖6篇、三等奖9篇、优秀奖10篇。

三、创办期刊

为弘扬社会主义先进文化,发挥理论的引导作用,巴彦淖尔盟社科联创办《巴彦淖尔社科》。刊物是巴盟思想理论战线的重要舆论媒体，是培育社科人才、推出社科成果的重要渠道。《巴彦淖尔社科》从创刊到1998年，18年共编辑44期，出版各类论文专集8部，刊登各种论文、调查报告1600余篇。

2001年，社科联创办的内部刊物《巴彦淖尔社科》更名为《巴彦淖尔社科纵横》。当年编辑出版7期，发表论文、调查报告136篇。2005年，巴彦淖尔市社科联全年编辑出版《巴彦淖尔社科纵横》5期，刊登不同类型的理论文章216篇。编发的《社科信息》10期。2008年，社科联编发《社科信息》12期。2009年，全年编发《社科信息》12期。

第五节　个体劳动者私营企业协会

1987年，个体私营协会成立，归口工商行政管理局管理，是巴盟工商局为扶持发展个体私营经济的法人社团组织，会长由工商局局长兼任，至2003年，从盟旗、县逐步发展到67个基层分会，共召开7次私营企业个体工商户代表大会。会员从1984年的8000人发展到2003年的31500人。协会成为中国共产党和人民政府联系广大个体私营经济从业人员的桥梁纽带，承担着宣传教育、技能培训、经营指导、协调服务等协会的基本职能。巴盟个协成立20年来，坚持走“自我教育、自我管理、自我服务”的路子，为推动经济发展、促进社会稳定、增加财政收入、提高人民生活水平做出积极的贡献。

第六节　消费者协会

1994年1月1日，《消费者权益保护法》颁布实施，巴彦淖尔盟消费者保护工作开始发展起来，当年成立消费者协会，并确定每年“3·15”开展国际消费者权益保护日宣传教育活动，形式多样，内容丰富，已成为全市保护消费者活动的一个重要机构。工商部门通过举办知识竞赛、假冒伪劣商品展示、自办《巴彦淖尔消费者》、开设“3·15”消费维权网站等形式，提高消费者识假辨假和自我保护意识。1996年，在全市范围内，开展评选“消费者满意单位”活动。从1997年开始，巴盟消协按照自治区消协的部署，相继开展“讲诚信，反欺诈”“为了农村消费者”“绿色消费”“诚信维权”等年消费主题活动，为广大消费者提供科学、客观、公正、安全、健康的消费信息。同时，针对消费领域中的消费难点和投诉热点，通过手机短信、与新闻单位联办节目等形式向社会发布“消费警示”和“消费提示”2万余条，在促优抵劣、引导消费、帮助消费者规避消费陷阱方面发挥积极的作用。

2005年，开通“12315”举报申诉平台，经过2006年和2008年两次改造升级，安装GPS定位及“三方通话”等先进设备，建立了快速受理、快速分拨，自治区局、市局、旗（县、区）局、工商所“四级联动”的应急机制和“和解通道”。全市基本健全“一会两站”（消费者协会分会和消费者协会投诉站、“12315”申诉举报联络站），2010年，按照“六个一”的建设标准,全市“一会两站”建设192个,使消费维权工作向基层,向薄弱部位延伸,遍布全市城乡的消费维权网络让农村居民不出村,城市居民不出社区就可以就地就近投诉举报。

2003年开始,市工商局开展“红盾护农”行动。建立“两账两票一书”(进销货台账、进销货发票和农资商品质量责任书)“农资商品留样备查”“农资商品抽检”等五项管理制度。2004年,市局将每年3月14日确定为“3·14”红盾护农日,一年一个主题,组织开展送法、维权、农资三下乡活动,受到农牧民的极大欢迎。2005年,市工商局、市消费者委员会开展的消费维权进社区、进商场、进村组、进学校、进企业的“六进”活动。

2006年,加强维权网络建设,构建覆盖城乡的维权体系。全年受理消费者申诉、举报、咨询及求助电话4357个,其中受理申诉举报1003件、处理1003件,为消费者挽回经济损失56.7万元。

2003—2010年,全市工商系统共出动执法人员4200余人次,车辆1170输次,检查农资经营企业、个体工商户2800多户;对436个批次种子,539个批次化肥进行抽检;查扣伪劣化肥725吨,侵权种子21500千克;捣毁制假售假黑窝点7处,为农民挽回经济损失4100余万元,有效地净化了巴彦淖尔市农资市场经营秩序。

第七篇

地方人民代表大会

第一章　地方权力机关

第一节　机构设置

一、内蒙古自治区人大常委会巴盟工作委员会

1986—1993年,内蒙古自治区人民代表大会巴盟人大办被确定为盟委指导人大工作的职能办事机构,主任由盟委副秘书长兼任。1994年3月,根据内蒙古自治区党委《关于设立自治区人大常委会盟工作委员会的通知》,巴盟成立人大工作委员会(厅级建制),为内蒙古自治区人大常委会的派出机构,行使内蒙古自治区人大常委会授予的职权,向内蒙古自治区人大常委会负责并报告工作。巴盟人大工作委员会作为盟政权组织系统的重要组成部分,行使内蒙古自治区人大常委会授予的职权。人大工作委员会办公室设秘书科、法制科、行政科。副主任增至3人,工作人员11人。2002年,为适应新形势下的人大工作,经内蒙古自治区人大常委会批准,巴盟人大工作委员会对工作机构进行调整,设立办公厅(办公厅有秘书科、人事代表联络科、信访科和机关事务中心)、经济工作处和社会工作处。

1986—2004年7月人大巴盟工委主任、副主任名录

表7-1-1

职　务	姓名	性别	民族	任职时间
主任	赵克俊	男	汉　族	1986.1—1986.12
	陆秉义	男	汉　族	1986.12—1991.12
	邓国强	男	蒙古族	1991.12—1994.12
	任亚平	男	汉　族	1994.7—1997.8
	邬宝恒	男	汉　族	1997.8—2002.1
	孙　国	男	汉　族	2002.1—2004.7
	贺永华	男	汉　族	2004.7—2011.2
副主任	董全生	女	蒙古族	1983.11—1994.11
	白秀英	男	汉　族	1984.8—1994.8
	雅尔奈	男	蒙古族	1983.3—1984.5
	高　明	男	汉　族	1994.3—1994.11
	邓国强	男	汉　族	1994.7—1997.5

续表 7－1－1

职　务	姓　　名	性别	民族	任职时间
副主任	孟和吉德	男	蒙古族	1997. 5—2004. 7)
	白世才	男	汉　族	1998. 1—2000. 4)
	洪仲奎	男	蒙古族	2000. 10—2002. 1
	王根宝	男	汉　族	2000. 10—2004. 7
	高瑞明	男	汉　族	2002. 1—2004. 7
	祁俊华	男	蒙古族	2002. 1—2004. 7
	李　茂	男	汉　族	2003. 11—2004. 7
	王有义	男	汉　族	2004. 7—2006. 3
	程树祥	男	汉　族	2004. 7—2009. 8
	王贵平	男	汉　族	2004. 7—2012. 1
	刘艳玲	女	汉　族	2004. 7—2009. 2

第二节　主要工作

一、指导基层人大换届选举

1986—1994 年，内蒙古自治区人民代表大会巴盟人大工委指导旗、县、市人大及乡镇苏木人大换届。各地换届选举工作分五个阶段进行，即组织准备、选民登记、提名酝酿确定代表候选人、投票选举代表、召开人代会。工作过程井然有序，进展顺利。在历次换届选举中，为加强全盟对旗、县、市及乡镇苏木换届工作的领导，人大巴盟工委组织有关部门，成立换届选举领导小组，召开全盟换届选举工作会议，安排部署旗、县、市及乡镇苏木两级人民代表大会换届选举工作。县、乡两级均成立选举领导机构，开始摸底调查、制定方案、培训人员、部署工作；在换届选举过程中，领导小组到各旗、县、市听取阶段工作进展汇报，及时指出和纠正存在的问题。特别强调坚持党的领导，充分发扬民主，严格依法办事的原则，确保每次换届选举工作顺利进行。

1994—2003 年，内蒙古自治区人大常委会巴盟工作委员会按照内蒙古自治区人大常委会换届选举工作会议精神，成立巴盟换届选举领导小组，起草换届选举工作方案，组织召开各旗、县、市委分管书记、组织部部长、人大常委会主任以及盟选举领导小组成员参加的换届选举工作会议，对换届选举的指导思想、时间安排和方法步骤等都进行具体安排部署。在换届选举过程中，巴盟人大工作委员会分组到选区，重点检查换届选举中宣传是否到位，选民权利是否得到保障，代表名额是否合规，代表名额的比例是否合法。并强调依法办事、发扬民主。换届选举工作结束后，将换届选举情况以总结报告方式，上报内蒙古自治区选举委员会。

二、立法调研

1986—1994年，巴盟人大工委按照全国人大及内蒙古自治区人大常委会的要求，对《内蒙古自治区实施土地法管理办法》《内蒙古自治区实施义务教育法办法》、交通道路管理条例、禁赌条例、国家预算法、乡镇企业法、标准化法、行政许可法、未成年人保护条例、进出口检验法草案、环境保护法草案、游行示威法草案、城镇居民委员会组织条例、内蒙古自治区人民代表大会议事规则、自治区劳动保护条例草案、矿山资源管理条例草案、监督司法工作的规定、联系代表办法、渔业法等法律法规开展立法调研。

1995—1998年，巴盟人大工委组成调研组，对教育法、解放军预备役军官法、内蒙古自治区产品质量监督管理条例、内蒙古自治区消防条例、职业医师法、体育法、行政处罚法、内蒙古自治区旗县级人民代表大会议事规则、科技进步法、内蒙古自治区红十字会实施办法、内蒙古自治区计生条例（修正案）、内蒙古自治区农牧民负担监督管理条例、律师法、刑事诉讼法、煤炭法、档案法、内蒙古自治区选举实施细则、内蒙古自治区国有农牧场条例、内蒙古自治区农牧区经济组织审计条例、内蒙古自治区气象条例、内蒙古自治区外商投资企业工会条例、医师法、土地管理法、村民委员会组织法、民族区域自治法、经济合同法、内蒙古自治区司法工作人员违法办案责任追究条例、内蒙古自治区农机管理条例、内蒙古自治区爱国卫生条例、内蒙古自治区边境管理条例、体育法实施办法、代表法实施办法、归国华侨侨眷权益保护法、道路运输管理条例、代表评议工作条例、盟人大工委条例、乡镇企业条例等法律法规开展了立法调研。

1999年，按照内蒙古自治区人大常委会部署，巴盟工委先后对《内蒙古自治区农业资源区划条例》《中华人民共和国归侨侨眷权益保护法》《内蒙古自治区实施〈中华人民共和国人民防空法〉办法》《内蒙古自治区体育市场管理条例》等11部法律法规广泛征求了修改意见，及时上报内蒙古自治区人大常委会。

2000—2001年，巴盟工委先后就《内蒙古自治区实施〈中华人民共和国森林法〉办法》《内蒙古自治区村级财务管理条例》《台湾投资保护条例》《中华人民共和国渔业法修正案》《内蒙古自治区珍稀林木保护条例》《中华人民共和国防沙治沙法》等18部法律法规广泛征求修改意见。

2002年，巴盟人大工委先后就村民委员会组织法、高等教育法、职业教育法、法律援助法、城镇职工基本医疗保险条例等18部法律法规开展了立法调研。

三、执法检查

1987年，巴盟人大工委配合内蒙古自治区人大常委会对贯彻实施草原法、计量法、义务教育法进行执法检查。1989—1991年，人大工委按照内蒙古自治区人大常委会的统一部署,开展为期半年的执法检查工作,检查的主要内容是宪法、民族区域自治法、草原法、森林法、土地管理法、矿产资源法、婚姻法、食品卫生法、治安管理处罚条例、地方组织法、刑法、民法通则、工业企业法、经济合同法、价格管理处罚条例、义务教育法等法律法规贯彻实施情况。执法检查分三个阶段进行,第一阶段为学习动员和宣传教育阶段,盟和旗、县、市分别召开工作会议,安排部署执法检查工作,各级执法部门都编印执法检查工作简报,及时指导,交流经验;第二阶段为自查抽查阶段;第三阶段是总结验收。为做好巴盟的执法检查工作,盟执法检查领导小组提出时间服从质量,不合格继续查漏补缺的要求,统一制定检查验收五条标准,各级领导干部的法律意识和法制观念有新的提高和增强,学法、执法、守法和严格依法办事的自觉性明显提高,以权代法、以言代法、以情易法的行为得到纠正;执法人员受到深刻的法制教育,法纪观念有新的提高,树立严格秉公执法的良好风尚,对违法者进行严肃的教育和处理,秉公执法者受到表彰和鼓励;执法机关认真检查和纠正以罚代刑等各种违法现象,严肃处理重大违法事件,找到原因和危害,总结了经验和教训,提出了改进意见,使群众满意;促进廉政建设,制定严肃法纪的措施和规章制度,使执法检查经常化、制度化、规范化;制定普法教育的制度和规划,继续提高执法人员的法纪观念和素质,为造就一支坚强的执法队伍而努力。根据验收标准,各地均由党委、人大、政府的主要领导带队对重点执法单位进行检查验收。1992—1995 年,盟工委配合全国人大华侨委员会执法检查组对归侨侨眷权益保护法、著作权法、未成年人保护法、内蒙古自治区未成年人保护条例以及民族宗教相关法律的贯彻实施情况进行执法检查。1996 年,巴盟工委配合全国人大常委会副委员长程思远带领的全国人大教育法执法检查组对全盟教育法执行情况进行检查指导。1997 年,人大工委配合内蒙古自治区人大常委会执法检查组,深入全盟各旗、县、市对产品质量法、水法、老年人权益保障法执行情况进行检查。1998 年,人大工委配合全国人大常委会副委员长布赫带领的农业法执法检查组到巴盟进行执法检查。检查组赴临河市、杭锦后旗听取当地党委、政府的工作汇报,并实地视察水利工程节水示范区。1999 年,人大工委配合内蒙古自治区人大常委会对森林法、教育法、内蒙古自治区司法工作人员违法办案责任追究条例在巴盟贯彻执行情况进行执法检查。2000 年,人大工委配合内蒙古自治区人大常委会执法检查组深入各旗县市,对贯彻实施内蒙古自治区农业机械管理条例、妇女儿童保护条例、内蒙古自治区实施妇女儿童保障法的补充规定、台湾同胞投资保护法、代表法、内蒙古自治区实施代表法办法进行执法检查。2001 年,配合内蒙古自治区人大常委会对职业教育法、义务教育法、计划生育法、水土保持法、种子法等 8 部法律法规条例在巴盟贯彻实施情况进行检查。2002 年,人大工委会配合全国人大常委会涉侨法律执法检查组,对全盟归侨侨眷权益保护法、公益事业捐赠法等涉侨法律的贯彻执行情况进行检查。2003 年,巴盟人大工委配合内蒙古自治区人大常委会种子法、种子条例、种苗条例等法律法规进行执法检查。

四、主要会议

1998年12月18日，内蒙古自治区人民代表大会第九届巴盟人大工委召开第一次会议，会议听取部分旗县市人大常委会关于开展司法监督工作经验介绍、中级人民法院和检察分院关于开展集中教育整顿工作以及实施《内蒙古自治区司法工作人员违法办案责任追究条例》情况汇报。参加会议人员结合巴盟实际，对进一步开展司法机关教育整顿、加强司法监督、促进司法公正和贯彻实施《内蒙古司法工作人员违法办案责任追究条例》的有关问题进行讨论，提出意见和建议。

1999年3月，内蒙古自治区九届人民代表大会巴盟工委召开二次会议。会议传达内蒙古自治区九届人大常委会第八次会议精神，通报各旗、县、市人大换届选举的情况，听取卫生局、医药管理局关于全盟医药管理的汇报和盟审计局关于1998年审计工作情况的汇报。7月会议听取盟司法局《关于全盟"三五"普法、依法治理工作汇报》，听取盟技术监督局关于贯彻《中华人民共和国产品质量法》情况的汇报，听取盟工商局贯彻实施《中华人民共和国反不正当竞争法》《中华人民共和国消费者权益保护法》《全国人民代表大会常务委员会关于惩治生产、销售伪劣商品犯罪的决定》的情况汇报。11月会议听取盟中级人民法院、检察分院贯彻实施《内蒙古自治区司法工作人员违法办案责任追究条例》情况的汇报；听取各旗、县、市人大常委会关于"条例"执法检查情况的汇报，对条例贯彻落实情况和执法检查中发现的问题进行讨论。

2000年4月，内蒙古自治区九届人大巴盟工委召开三次会议。会议听取盟计划局《关于1999年国民经济和社会发展计划执行情况及2000年国民经济和社会发展计划》的汇报；听取盟财政局《关于1999年财政预算执行情况和2000年财政预算》情况汇报；听取盟农业局关于减轻农民负担的汇报；听取盟中级人民法院、人民检察院、公安局、司法局、安全局在第四次工委会议委员提出的意见和建议整改落实情况的汇报。8月会议传达自治区九届人大常委会第十六次会议和各盟市人大常委会主任座谈会议精神，听取盟林业局关于《中华人民共和国森林法》执行情况汇报，听取畜牧局关于《中华人民共和国草原法》执行情况的汇报，听取建设局关于《中华人民共和国建筑法》《内蒙古自治区建筑市场管理条例》执行情况以及计划局、财政局、农业局、河灌总局、教育局就第五次工委会议委员提出的意见和建议整改落实情况的汇报。12月会议认为行政执法监督条例、司法人员违法办案责任追究条例实施后，各级政府、司法部门高度重视，采取一系列有效措施，做了大量切实有效的工作，取得明显的成效。在当前行政执法和司法活动中，仍然存在着行政执法主体尚不够明确，执法力量薄弱，行政机关和司法机关违法办案现象时有发生，对违法办案人员责任追究力度不够，审判活动透明度不高，重实体法、轻程序法的问题。会议要求各级政府、司法部门要充分认识到贯彻两个"条例”的重要意义,将贯彻条例得到落实。

2001 年,内蒙古自治区九届人大巴盟工委召开四次会议,先后听取、审议盟行署《关于 2000 年财政预算执行情况和 2001 年预算安排》《2000 年全盟国民经济和社会发展执行情况及 2001 年国民经济发展和社会计划情况》、“十五”计划纲要和农业局、土地局、教育局、畜牧局、林业局等 10 余个部门的工作汇报。

2002 年,自治区九届人大巴盟工委举行五次全委会议,总结工委 2001 年工作,研究安排 2002 年工作;听取和讨论巴盟行署《关于 2001 年国民经济和社会发展计划执行情况》《2002 年国民经济和社会发展计划草案》的报告;听取和讨论《关于 2001 年财政预算执行情况和 2002 年财政预算草案》《2002 年上半年财政收支情况》的报告;讨论通过对 4 名机关负责人的任命;研究和讨论全国人大发来的监督法(草案),并提出修改意见;讨论通过对工委社会工作处处长的任命,学习中共十六大报告;听取和讨论巴盟中级人民法院关于对代表评议巴盟中院工作有关问题整改情况的报告;听取和讨论人大工委执法检查组关于全盟建筑市场执法检查情况的报告。工委会议在对全盟经济建设和社会发展的重大问题加强审议监督的同时,对新形势下做好人大工作的思路和方法以及人大工委的自身建设与发展问题进行研究和探索。

2003 年,内蒙古自治区九届人民代表大会巴盟工委召开六次会议,会议听取、讨论巴盟中级人民法院《关于对代表评议意见整改情况的报告》和《关于对全盟建筑市场执法检查情况的报告》;研究工委 2003 年工作要点和《关于加强代表工作的意见》;听取和审议盟行署《关于 2002 年国民经济和社会发展计划执行情况及 2003 年国民经济和社会发展计划草案》《2002 年财政预算执行情况和 2003 年财政预算安排情况》的报告,正式通过表决形成审议意见反馈行署,报告盟委和自治区人大常委会;审议通过对盟国土资源局、工商局,检察分院、公安局评议工作方案,宣布内蒙古自治区人大常委会任免通知;听取巴盟行署《关于 2003 年 1 月 11 日全盟财政预算执行情况》《2003 年全盟固定资产投资工作进展情况》《2002 年盟本级财政预算执行》和其他财政财务收支的审计工作报告,并进行深入讨论。

2004 年 2 月 13 日,自治区第十届人大常委会巴盟工委召开一次会议,会议传达内蒙古自治区十届人大二次会议精神,审议通过巴盟人大工委 2004 年工作要点和安排筹备人代会有关事宜。

第三节　巴彦淖尔市第一届人民代表大会筹备工作

2004 年 3 月,巴彦淖尔市第一届人民代表大会筹备办公室设立,第一届人民代表大会筹备工作正式启动。4 月 20 日,召开的巴彦淖尔盟撤盟设市选举工作会议确定巴彦淖尔市第一届人代会代表委员的名额分配方案，确定人代会代表名额为310名，安排第一届人代会代表选举工作。7月1日，自治区十届人大巴盟工委召开第八次会议，通报巴彦淖尔市第一届一次人代会筹备情况、依法产生的305名人大代表。按照撤盟设市领导小组确定，一届人大一次会议于7月8—10日在临河区召开。

第二章　人民代表大会

第一节　人民代表

一、代表选举

1996 年，全盟及各旗、县人民代表大会的代表选举、代表名额、代表资格审查等工作，严格按照《中华人民共和国全国人民代表大会和地方各级人民代表大会选举法》和《中华人民共和国全国人民代表大会和地方各级人民代表大会组织法》规定程序进行。

代表选举程序：

1. 设置选区。将人民代表大会的代表名额分配到各选区，按选区进行选举。

2. 选举。各选区选民根据选举委员会规定，凭身份证或选民证领取选票，在各旗、县选举委员会主持召开的选举大会上投票选举。

3. 方法。各旗、县人民代表大会代表的选举，一律采用无记名投票的方法进行。

4. 核票。投票结束后，由选民或选民代表推举计票、监票人员和选举委员会或人民代表大会主席的人员将投票人数和票数加以核实，作出记录，并由监票人签字确认。

5. 选举结果。代表候选人获得参加投票的选民过半数的选票时，才可当选。选举结果由选举委员会或人民代表大会主席团根据选举法确定是否有效，并予以宣布。

（一）代表名额

全盟各旗、县人民代表大会的代表名额严格依照《中华人民共和国全国人民代表大会和地方各级人民代表大会选举法》的规定确定。各旗、县人民代表大会名额基数为 120 名，每 5000 人增加 1 名代表。少数民族聚居地方，每一聚居的少数民族都有代表参加当地的人民代表大会。聚居境内同一少数民族的总人口数占境内总人口数 30% 以上的，每一代表所代表的人口数应相当于当地人民代表大会每一代表所代表的人口数；聚居境内同一少数民族的总人口数占境内总人口数 15% 以上、不足 30% 的，每一代表所代表的人口数，适当少于当地人民代表大会每一代表所代表的人口数，但分配给该少数民族的应选代表名额不得超过代表总名额的 30% 。

（二）代表资格审查

各旗、县人民代表大会常务委员会均设立代表资格审查委员会。代表资格审查委员会的主任委员、副主任委员和委员人选，由各旗、县人民代表大会常务委员会主任会议在常务委员会组成人员中提名，并由常务委员会会议通过。各旗县人民代表大会常务委员会代表资格审查委员会主要负责审查代表的选举是否符合法律规定。

二、历届出席全国、全区人民代表大会代表

（一）巴盟（市）出席全国人民代表大会代表

第八届：马林、张国民、赵志诚。

第九届：马林、郝文秀、韩志然（蒙古族）。

第十届：胡毅峰（蒙古族）、郝续宽、徐睿霞（女）。

第十一届：王素毅（蒙古族）、云治厚（蒙古族）、徐睿霞（女）。

第十二届：马瑞强、段志强（蒙古族）、姜兰（女）。

（二）巴盟（市）出席内蒙古自治区人民代表大会代表

第六届：马秀梅（女，回族）、王世春、王有仓、王纫卿（女）、腊女（女）、乌林花（女，蒙古族）、艾力布（蒙古族）、本波（女，蒙古族）、东日布（蒙古族）、白玉成、吉林太（蒙古族）、朱占儒、仲家福、任春林（蒙古族）、伊钧华（蒙古族）、齐国栋（蒙古族）、关玉璋（满族）、苏荣扎布（蒙古族）、李子华、李志华、李秋萍（女）、杨生荣（回族）、杨俊标（蒙古族）、沙拉呼（蒙古族）、沈新发、张沧、张英南、张斌、陆航程、陈月川（女）、陈宝来、罗桂芳（女，蒙古族）、波日东（蒙古族）、侯重祥、贾殿英、翁明仁、曹汉杰麻木（蒙古族）、董连胜、樊俊义、魏秀英（女，蒙古族）。

第七届：马祖融、扎拉丰嘎（蒙古族）、牛兴国、乌林花（女，蒙古族）、巴特尔（蒙古族）、邓国强（蒙古族）、艾力布（蒙古族）、本波（女，蒙古族）、包云翔（女，蒙古族）、吉木彦（蒙古族）、刘玉保、刘毓东、孙家林（回族）、杜凤华、李子华、张建方（回族）、陈玉珍（蒙古族）、陈联峰（女，蒙古族）、旺吉勒敖力布（蒙古族）、赵秀峰、胡存福、敖特根苏（女，蒙古族）、殷万国（蒙古族）、凌占维、盖山林（满族）、梁恩杰（女）、董连胜、傅守正、德继民。

第八届：马祖融、乌兰（女，蒙古族）、乌林花（女，蒙古族）、白金兰（女，蒙古族）、白恩培、任亚平、刘作会、刘金山（蒙古族）、许长青、孙国、杜凤华、李秀、张吉涛、张庆义、张建方（回族）、张德云、阿拉腾其其格（女，蒙古族）、陈阿拉塔（女，蒙古族）、其木格（女，蒙古族）、奇文祥（蒙古族）、宝音德力格尔（蒙古族）、尚振荣、周德海、郑长淮、赵文元（蒙古族）、赵志达、查干朝鲁（蒙古族）、贺永华、柴秀珍（女）、郭凯宁（女，满族）、韩钢、额尔敦孟和（蒙古族）、衡满同。

第九届：弓占维、王有义、王秀珍（女，回族）、王迎希、王国良、王国盛、史俊英（女）、白铁峰、白朝蓉、孙海林、全晓丽（女）、刘凤兰（女，满族）、刘守禾、刘明祖、刘金山（蒙古族）、邬宝恒、杨介中（蒙古族）、李茂、吴国忠（蒙古族）、旺其嘎（蒙古族）、张树逊、张钰、张银锁、汪支平（蒙古族）、宝音德力格尔（蒙古族）、孟和吉德（蒙古族）、阿拉腾其其格（女，蒙古族）、胡毅峰（蒙古族）、贺希格图（蒙古族）、殷立群、高瑞明、倪玉明、韩志然（蒙古族）、谢巨德、额尔敦苏(女,蒙古族)。

第十届:王志人(满族)、王建国、乌兰(女,蒙古族)、乌兰其其格(女,蒙古族)、白相喜、白铁峰、冯笠吉、仁古日布(女,蒙古族)、朱勇、邬宝恒、孙国、杨利民、杨俊民、吴秀萍(女,回族)、串志惠(女,满族)、何保全、张元胜、陈晓俊(女)、周玉峰、赵焕然、胡毅峰(蒙古族)、郭启俊、格日乐甲木(蒙古族)、格日乐图(蒙古族)、格生巴彦(蒙古族)、贾秉成、黄秀兰(女,蒙古族)、符太增。

第十一届:丁凤玲(女,回族)、王五厚、王林和、王素毅(蒙古族)、王耀新、乌云(女,蒙古族)、乌日格玛(女,蒙古族)、石玉平、任亚平、全二平、花日(女,蒙古族)、杜占贵(蒙古族)、李茂龙、串志惠(女,满族)、邱进宝、何永林、张庆义、张偏考、张喜民(蒙古族)、林泓富、罗啸天、周慧明、侯岩、贺永华、贺福宝、郭介中、郭启俊、梁铁成(蒙古族)、韩香莲(女)、魏雅琴(女)。

第十二届:王五厚、王巧兰(女,蒙古族)、王学磊(女)、王惠忠、尹美英(女)、巴图(蒙古族)、石清、田美花(女,回族)、白向群(蒙古族)、刘新乐(蒙古族)、李万忠、李芳(女)、李存梓、李建军、杨志民、何永林、何桂梅(女,蒙古族)、张卫东、张历声、张月华(女,蒙古族)、张志德、陈功明、武志杰、武晓瑞(女)、周纯杰、郑友诚、郝秀英(女,蒙古族)、段志强(蒙古族)、侯岩、贾润莲(女)、徐茂龙、高星明、郭占江、梁丽梅(女,蒙古族)、韩荣(女)、韩强、蔡明学、裴瑞萍(女)。

三、代表工作

1986 年,巴盟人大办组织在巴盟地区的内蒙古第六届人大代表分组到盟直和各旗县市进行视察,并向代表们介绍“六五”计划执行情况和“七五”计划的初步设想以及全盟教育体制改革、教育事业发展、扶贫工作以及临河城区市政建设进展情况。1987 年,在内蒙古自治区六届五次人代会前,盟人大办组织盟直的内蒙古自治区人大代表对全盟的普法教育、打击经济领域犯罪活动、社会治安和综合治理、义务教育、物价政策、市场管理、扶贫工作等进行调查、视察。

1988 年,巴盟人大办组织临河地区的全国和内蒙古自治区人大代表,听取巴盟治理整顿领导小组关于工商、物价、金融整顿工作汇报,参加巴盟房改领导小组组织召开的“房改方案”座谈会。1991 年,人大办组织全国、内蒙古自治区人大代表对巴盟计委、财政处、法院、廉政办、农业处、畜牧处进行集中视察。

1992 年,人大办组织巴盟直属机关的全国、内蒙古自治区人大代表围绕全盟工农业生产情况、金融工作情况及上一年度国民经济和社会发展计划、财政预算执行情况,盟计委、财政处、人民银行、国有商业银行、保险公司和临河市政府、马场地乡、临河面粉厂、杭锦后旗糖厂进行视察。1993 年,人大办就反腐、打击刑事犯罪和社会治安综合治理情况、国民经济和社会发展计划、财政预算执行情况,工业企业法、企业转化经营机制条例执行情况,组织在巴盟的全国和内蒙古自治区人大代表就地开展视察。视察工作结束后,盟人大办将代表提出的建议、批评和意见汇总整理,形成视察报告上报。1994—1998年,人大巴盟工作委员会组织在巴盟地区的全国人大代表、内蒙古自治区人大代表开展大型视察活动12次,视察领域涉及全盟经济和社会发展以及社会关注的热点问题等方方面面。代表们通过听汇报、实地察看、走访干部群众,全面真实地了解巴盟经济和社会发展运行及专项工作的进展情况。在视察工作座谈会上,指出问题,提出建议。代表在视察中提出的属于本行政区解决的问题或对本行政区工作的批评、建议和意见,经视察组汇总整理后,交由有关部门监督办理。视察中了解到属于内蒙古自治区或国家解决的问题,由工委汇总整理成专题材料,印发两级人大代表,以便代表以建议、批评和意见的形式向代表大会提出。2002年,为提高全国人大代表,内蒙古自治区人大代表的履职能力,巴盟人大工委举办内蒙古自治区第十届人大代表培训班。培训会上,人大工委邀请政治专家、学者讲授了人民代表大会制度和人大工作知识。通过培训,进一步提高各级人大代表对人大制度以及人大代表的地位、作用的认识,增强各级人大代表的责任感、使命感。

2002年,人大巴盟工委在内蒙古自治区九届人大五次会议召开时,派出随团工作人员做服务工作。两级人大会议结束后,及时安排代表向中共巴盟委传达会议精神;邀请部分国家和自治区人大代表列席人大巴盟工委会议,参加工委组织的执法检查、调研等活动;组织开展代表法和人民代表大会制度的宣传,召开座谈会,邀请自治区人大的相关人员做专题讲座,总结和交流代表工作经验;邀请由巴盟选举产生的在自治区机关工作的自治区九届人大代表到巴盟视察;举办代表培训班,对巴盟新当选的自治区第十届人大代表进行集中培训;组织代表就全盟市场供应、劳动就业和政务公开情况进行视察,听取盟行署关于全盟经济运行、社会发展情况的介绍,使代表知情、知政,依法行使职权。

第二节　人民代表大会

一、巴彦淖尔市第一届人民代表大会

2004年7月8—10日,巴彦淖尔市第一届人民代表大会第一次会议在临河区召开,大会应到代表305人,因病因事请假7人,实到298人,符合法定人数。

第一届人民代表大会第一次会议举行四次全体会议,选举产生了巴彦淖尔市第一届人民代表大会常务委员会主任、副主任,巴彦淖尔市人民政府市长、副市长,中级人民法院院长、检察院检察长。会议通过了《巴彦淖尔市第一届人民代表大会第一次会议选举办法》《巴彦淖尔市第一届人民代表大会第一次会议总监票人、监票人名单》,内蒙古自治区人大常委会副主任应邀参加会议。

2005年3月28—31日,巴彦淖尔市第一届人民代表大会第二次会议在临河区召开,会

议除3名代表调离巴彦淖尔市，14位代表因事、因病请假外，共有288名代表出席。会议集中审议了政府工作报告、国民经济和社会发展计划报告、财政预算报告、市人大常委会工作报告、市中级人民法院工作报告、市人民检察院工作报告，对各项报告作出决议。

2006年3月28—31日，巴彦淖尔市第一届人民代表大会第三次会议在临河区召开，大会应出席代表304名，实际出席代表285名。会议以举手表决的方式，分别通过了关于《政府工作报告》的决议、关于《巴彦淖尔市国民经济和社会发展第十一个五年规划纲要》的决议、关于《巴彦淖尔市2005年国民经济和社会发展计划执行情况与2006年国民经济和社会发展计划》的决议、关于《巴彦淖尔市2005年财政预算执行情况和2006年全市及市本级预算》的决议、关于《巴彦淖尔市人大常委会工作报告》的决议、关于《巴彦淖尔市中级人民法院工作报告》的决议、关于《巴彦淖尔市人民检察院工作报告》的决议。批准巴彦淖尔市国民经济和社会发展第十一个五年规划纲要，进一步明确今后一个时期全市的工作任务和发展目标，制定未来五年巴彦淖尔市经济社会全面发展的规划。

2007年3月28—31日，巴彦淖尔市第一届人民代表大会第四次会议在临河区召开，出席会议代表共289名。会议听取审议市政府工作报告、巴彦淖尔市2006年国民经济和社会发展计划执行情况的报告、2006年财政预算执行情况的报告、中级人民法院工作报告、市人民检察院工作报告；审议通过市人大工作报告、巴彦淖尔市2007年市本级预算、国民经济和社会发展计划等。会议还通过人事任命决议。

二、巴彦淖尔市第二届人民代表大会

2008年1月2—5日，巴彦淖尔市第二届人民代表大会第一次会议在临河区召开，大会应到代表305人，实际出席会议代表303人。会议听取通过市人大常委会工作报告，市中级人民法院、市人民检察院工作报告。大会审议通过《关于政府工作报告的决议》《2008年国民经济和社会发展计划决议》《2008年全市及市本级预算决议》。大会经无记名投票选举产生巴彦淖尔市人大常委会主任、副主任、秘书长、委员，市人民政府市长、副市长，市中级人民法院院长，市人民检察院检察长和出席内蒙古自治区第十一届人民代表大会代表29人。

2009年2月23—25日，巴彦淖尔市第二届人民代表大会第二次会议在临河区召开，出席代表大会的代表共296人。大会听取并通过市人民政府向大会作的工作报告，二届人大一次会议代表议案、建议、批评和意见办理情况的报告，巴彦淖尔市2008年国民经济和社会发展执行情况报告，市2009年国民经济和社会发展计划草案的报告，市2008年预算执行情况报告，2009年预算草案的报告，市中级人民法院工作报告，市中级人民检察院工作报告。补选市人民政府市长，市二届人大常委会副主任、秘书长。

2010年2月1—3日，巴彦淖尔市第二届人民代表大会三次会议在临河召开，出席大会的正式代表共292人。大会听取市政府工作报告，二届人大二次会议代表议案、建议、批评和意见办理情况报告，市2009年国民经济和社会发展计划执行情况和2010年国民经济和社会发展计划草案的报告，市2009年预算执行情况报告和2010年预算草案的报告。会议表决通过《关于政府工作报告决议》《关于市2009年国民经济和社会发展计划执行情况和2010年国民经济和社会发展计划的决议》《关于市人民代表大会常务委员会工作报告的决议》《关于市中级人民法院工作报告的决议》《关于市中级人民检察院工作报告的决议》。

第三节　常设机构

一、市人大常委会内设机构

2004年，按照中共巴彦淖尔市委员会《关于巴彦淖尔市人民代表大会常务委员会机关职能配置、机构设置和人员编制方案的通知》，巴彦淖尔市人大常委会内设办公厅、民族侨务外事工作委员会、内务司法工作委员会、财政经济工作委员会、教科文卫工作委员会、农牧业工作委员会、环境资源城乡建设工作委员会、人事代表选举工作委员会。办公厅设人事秘书处、综合调研处、信访处3个科级职能机构。7个工作委员会各设1个科级办公室。另设人大常委会机关事务服务中心。2006年，大会常务委员会办公厅增设翻译处。2008年，市人大常委会机关事务服务中心更名为巴彦淖尔市人民代表大会常务委员会机关事务管理局。2010年，巴彦淖尔市人大常委会设一厅七委一局，办公厅、民族侨务外事工作委员会、内务司法工作委员会、财政经济工作委员会、教科文卫工作委员会、农牧业工作委员会、环境资源城乡建设工作委员会、人事代表选举工作委员会和机关事务管理局。

二、人大常委会主任、副主任

巴彦淖尔市人民代表大会常务委员主任、副主任名单

表7-2-1

职　务	姓　　名	性别	民族	任职时间
主　任	贺永华	男	汉　族	2004.7—
副主任	王有义	男	蒙古族	2004.7—2006.3
	祁俊华	男	汉　族	2004.7—2006.3
	程树祥	男	汉　族	2004.7—2008.1
	李　茂	男	汉　族	2004.7—2008.1
	王贵平	男	汉　族	2004.7—2012.1
	刘艳玲	女	汉　族	2004.7—2009.1
	王建军	女	汉　族	2006.3—2008.1
	格日乐甲木	女	蒙古族	2006.3—2009.2

续表 7－2－1

职　务	姓　　名	性别	民族	任职时间
副主任	弓占维	男	汉　族	2007.3—2011.2
	于文学	男	汉　族	2008.1—2013.1
	张元胜	男	汉　族	2008.1—2017.10
	贾润莲	女	汉　族	2009.2—2021.6
	钱永喜	男	蒙古族	2009.2—2013.1

第四节　市人大常委会议

2004 年 8 月 8 日,巴彦淖尔市第一届人民代表大会常务委员会第一次会议在临河区举行,会期 2 天。会议审议通过《巴彦淖尔市人民代表大会常务委员会议事规则》《巴彦淖尔市人民代表大会常务委员会任免工作办法》《巴彦淖尔市人民代表大会代表建议、批评和意见办理办法》;研究决定巴彦淖尔市第一届人民代表大会第一次会议第 44 号议案办理意见;审议通过《巴彦淖尔市人大常委会 2004 年下半年工作要点》。10 月 19 日,巴彦淖尔市一届人大常委会召开第二次会议,会期 2 天。会议听取市政府关于落实"三农"政策、解决"三农"问题情况的报告,市政府《关于巴彦淖尔市 2004 年 1—8 月份本级财政预算执行情况和预算外资金使用情况的报告》和市人大常委会财政经济工作委员会《关于对巴彦淖尔市 2004 年 1—8 月份本级财政预算执行情况和预算外资金使用情况的初审意见》《市政府关于落实"三农"政策、解决"三农"问题情况的报告》的初审意见。审议《市政府关于落实"三农"政策、解决"三农"问题情况的报告》《关于巴彦淖尔市 2004 年 1—8 月份本级财政预算执行情况和预算外资金使用情况的报告》。12 月 27 日,巴彦淖尔市第一届人大常委会召开第三次会议,会期 2 天。会议听取审议市教育局、市交通局述职报告,审议通过《巴彦淖尔市人大常委会审查监督本级财政预算办法》。

2005 年 3 月 14—15 日,巴彦淖尔市第一届人民代表大会常务委员会第四次会议在临河区召开。会议听取市人大常委会对市政府《关于巴彦淖尔市 2004 年预算执行情况和 2005 年预算(草案)的报告》《关于巴彦淖尔市 2004 年国民经济和社会发展计划执行情况与 2005 年国民经济和社会发展计划(草案)的报告》的初审意见,审议讨论《巴彦淖尔市市域城镇体系规划》《巴彦淖尔市城市总体规划修编情况的报告》《一届二次人代会市人大常委会工作报告》《2005 年市人大常委会工作要点(稿)》、市人大常委会人事代表选举工作委员会《一届人大一次会议代表议案和建议、批评、意见办理情况的报告》,市政府《一届人大一次会议代表议案和建议、批评、意见办理情况的报告》及财政和计划两个报告。表决通过市一届人大二次会议议程、日程、有关人员名单、代表提出议案截止时间、表决议案办法、市人大工作报告等。4 月 18 日，巴彦淖尔市一届人大常委会召开第五次会议。会议听取市司法局负责人所作的《认真履行职责，维护群众利益，扎扎实实做好新形势下的法律援助工作》报告和市人大常委会内务司法工作委员会对报告的初审意见，并经过常委共同审议，提出修改和完善意见。会议还表决通过巴彦淖尔市中级人民法院提请批准任免案一件、市人民检察院提请批准任免案一件。12 月 22 日，巴彦淖尔市第一届人民代表大会常务委员会第九次会议在临河区召开。会议听取市人民政府关于《2005 年市本级预算第二次超收安排情况的报告》、市人大常委会财政经济工作委员会关于对市政府《2005 年市本级预算第二次超收安排情况的报告》的审查报告，表决通过市人大常委会关于批准《〈2005 年市本级预算第二次超收安排情况的报告〉的决议（草案）》，表决通过人事任免事项。

2006 年 2 月 28 日，巴彦淖尔市第一届人民代表大会常务委员会第十次会议在临河区召开。会议听取和审议市人大常委会人事代表选举工作委员会关于一届人大二次会议代表议案和建议、批评、意见办理情况的报告，市政府关于一届人大二次会议代表议案办理情况的报告，市政府关于市一届人大二次会议代表建议、批评和意见办理情况的报告。研究讨论市人大常委会 2006 年工作要点。经过市人大常委会组成人员的审议和讨论，会议表决通过市一届人大三次会议议程草案，关于召开市一届三次人代会的决定草案，市人大常委会人事代表选举工作委员会和市政府关于一届人大二次会议代表议案和建议、批评、意见办理情况的报告，《2006 年市人大常委会工作要点》和人事任免的有关事宜。3 月 24 日，巴彦淖尔市大会常务委员会第十一次会议在临河区召开。会议听取、审议和通过市一届人大常委会代表资格审查委员会关于对新补选的市人大代表资格的审查报告；审议和通过市一届三次人代会有关人员名单草案、日程草案、代表提出议案截止时间的决定草案、表决议案办法草案。通过人事任免事项。5 月 30 日，巴彦淖尔市第一届人民代表大会常务委员会第十二次会议在临河区召开。会议听取和审议市政府关于贯彻执行《中华人民共和国民族区域自治法》情况的报告及关于贯彻执行《中华人民共和国动物防疫法》《内蒙古自治区动物防疫条例》情况的报告、市人大常委会副主任格日乐甲木关于检查巴彦淖尔市实施《中华人民共和国民族区域自治法》情况的报告、关于检查实施《中华人民共和国动物防疫法》《内蒙古自治区动物防疫条例》情况的报告。会议对市人民政府提请的人事任免议案进行表决。7 月 17—18 日，巴彦淖尔市第一届人民代表大会常务委员会第十三次会议在临河区召开。会议的主要内容是：人大知识辅导讲座，听取和审议市人民政府关于 2005 年市本级财政决算的报告、关于 2005 年市本级预算执行和其他财政收支审计情况的工作报告、关于贯彻执行《中华人民共和国劳动法》工作情况的报告、关于贯彻实施《中华人民共和国治安管理处罚法》情况的报告，审议市人民政府关于 2006 年预算上半年执行情况的报告、关于 2006 年国民经济和社会发展计划上半年执行情况的报告和人事任免事项。9 月

26 日,巴彦淖尔市第一届人民代表大会常务委员会第十四次会议在临河区召开。会议听取市财政局负责人(受市委委托)作的《关于2006年市本级预算调整及超收安排情况的报告》,听取市人大常委会财经委员会负责人作的《关于对2006年市本级预算调整及超收安排情况的审查报告》。审议讨论,批准市政府《关于2006年市本级预算调整及超收安排情况的报告》和人事任免议案。10月19日,巴彦淖尔市第一届人民代表大会常务委员会第十五次会议在临河区召开。会议听取市政府作的关于“四五”普法依法治市规划的实施情况及“五五”普法依法治市规划的报告;审议并通过市人大常委会关于加强法制宣传教育的决议;审议并通过市人民政府提请的有关人事任免议案。11月30日,巴彦淖尔市第一届人民代表大会常务委员会第十六次会议在临河召开。会议听取了市人大常委会考察团赴五省市考察报告,市建委、人事局、统计局负责人分别作的专项工作报告,市财政局负责人作的关于2006年市本级第二次预算调整及超收支安排情况的报告,市人大常委会财经委负责人作的关于对市人民政府关于2006年市本级第二次预算调整及超收支安排情况的报告的审查报告。会议对市人民政府城建、人事、统计三个专项工作报告进行审议、讨论、测评,并公布测评结果,讨论、表决通过市人代会常委会审查监督市本级预算办法(修改稿草案),表决通过市人代会常委会经济工作监督办法(草案),审议通过市人代会常委委员关于批准市人民政府《关于2006年市本级第二次预算调整及超收支安排情况的报告》的决议(草案)。

2007年3月16日,巴彦淖尔市一届人大常委会召开第十八次会议。会议传达学习胡锦涛在中纪委第七次全体会议上的讲话精神,听取市人大常委会2007年工作要点,审议通过关于召开市一届人大四次会议的决定,市一届人大四次会议议程、日程、有关人员名单、代表提出议案截止时间的决定及表决议案办法。听取市人大常委会人事代表选举工作委员会关于一届人大三次会议代表议案和建议、批评、意见办理情况的报告,市政府关于一届人大三次会议代表议案办理情况的报告及关于一届人大三次会议代表建议、批评和意见办理情况的报告。听取和通过市人大常委会代表资格审查委员会关于对补选的市人大代表资格的审查报告,听取市人大常委会工作报告。会议还讨论通过市政府、法院、检察院人事任免事项。5月31日,巴彦淖尔市一届人大常委会召开第十九次会议。会议主要任务是组织有关部门和单位主要负责人学习物权法。会议邀请内蒙古党校陈雪副教授作物权法学习辅导讲座,听取市政府关于贯彻执行《中华人民共和国水法》情况的报告,听取和审议人大常委会执法检查组关于检查《中华人民共和国水法》实施情况的报告,市政府关于贯彻执行《中华人民共和国道路交通安全法》情况的报告,市人大常委会执法检查组关于检查《中华人民共和国道路交通安全法》实施情况的报告。7月30—31日,巴彦淖尔市一届人大常委会召开第二十次会议。会议听取和审议市政府关于城市规划和执法落实情况的报告、市中级人民法院关于全市法院执行工作的报告,并进行满意度测评。听取市人大调研组关于城市规划和执法落实情况的调研报告和关于法院执行工作的调研报告。会议听取市政府关于贯彻执行宗教事务条例情况的报告,听取和审议市人大执法检查组关于检查宗教事务条例实施情况的报告。听取和审议市人大常委会执法检查组关于检查《中华人民共和国代表法》实施情况的报告。听取和审议市人民政府关于2006年市本级财政决算和2007年上半年市本级财政预算执行情况的报告、关于2006年市本级预算执行和其他财政收支审计的工作报告、关于2007年上半年全市国民经济和社会发展计划执行情况的报告。听取市人大常委会财经工作委员会关于2006年市本级财政决算的审查报告、关于临河市2007年预算上半年执行情况的审查报告、关于对2007年上半年国民经济和社会发展计划执行情况的审查报告。会议审议并表决通过市人大常委会规范性文件备案审查暂行办法;审议通过市人大常委会关于批准2006年市本级财政决算的决议。9月28日,巴彦淖尔市一届人大常委会召开第二十一次会议。会议听取市人大学习考察团赴西部学习考察报告;听取、审议并测评市政府关于工业经济和招商引资工作情况的报告、关于农村牧区卫生和新型农村牧区合作医疗工作情况的报告;听取市人大常委会专项工作调研组关于工业经济和招商引资工作情况的调研报告、关于农村牧区卫生和新型农村牧区合作医疗工作情况的调研报告;审查市政府关于2007年市本级预算超收安排情况的报告,表决通过市人大常委会批准关于2007年市本级预算超收安排情况的报告的决议;听取审议、通过《市人大常委会机关办理人民群众来信来访办法》。12月5日,市人大常委会召开第二十二次会议。会议主要任务是听取中共十七大精神辅导讲座,审查市政府《关于2007年市本级预算调整及第二次超收安排情况的报告》,审议通过关于调整代表资格审查委员会组成人员的议案,研究决定市二届一次人代会有关事宜,进行人事任免。会议听取、审查市政府《关于2007年市本级预算调整及第二次超收安排情况的报告》,表决通过市人大常委会关于批准2007年市本级预算调整及第二次超收安排情况的报告的决议。审议、表决通过市人大常委会主任会议关于提请任命的议案。审议并表决通过《关于召开巴彦淖尔市第二届人民代表大会第一次会议的决定》等市二届一次人代会的有关文件材料,决定于2008年1月2日至5日召开市二届一次人代会。12月27日,巴彦淖尔市一届人大常委会第二十三次会议在临河市召开。会议听取、审议并表决通过市一届人大常委会代表资格审查委员会关于对市二届人大代表资格审查情况的报告。听取、审议并表决通过市人大常委会人事代表委员会关于市一届人大四次会议代表议案和建议、批评、意见办理情况的报告,市政府关于市一届人大四次会议代表议案办理情况的报告,市政府关于市一届人大四次会议代表建议、批评和意见办理情况的报告。研究讨论并通过市人大常委会工作报告。研究决定市二届一次人代会的有关事项。听取市检察院代检察长杜江涛作关于人事任免议案的说明,并进行人事任免。

2008 年 1 月 8 日,巴彦淖尔市第二届人民代表大会常务委员会第一次会议在临河区召开。会议听取了人大常委会 2008 年工作报告和市人大常委会关于市人大常委会主任会议提请的人事任免议案的说明。3 月 1 日,巴彦淖尔市二届人大常委会举行第二次会议。会议中市委宣读内蒙古自治区党委《关于王波等同志职务任免的通知》,介绍有关情况。会议根据《中华人民共和国地方各级人民代表大会和地方各级人民政府组织法》有关规定,审议通过有关人事任免事项。5 月 13 日,市二届人大常委会召开第三次会议。会议听取自治区人大法制委员会、内蒙古大学法学院教授吉雅作的《宪法》和人民大会制度知识辅导讲座。

2009 年 2 月 19 日,巴彦淖尔市二届人大常委会召开第九次会议。会议审议通过巴彦淖尔市二届人大常委会代表资格审查委员会组成人员名单、巴彦淖尔市二届人大议案审查委员会组成人员调整补充名单和人事任免事宜。4 月 28 日,市二届人大常委会召开第十次会议。会议观看学习实践科学发展观专题讲座,听取了市政府关于贯彻执行教师法情况的报告、关于检查教师法实施情况的报告、关于贯彻执行农村土地承包法情况的报告、关于检查农村土地承包法实施情况的报告和人大常委会 2009 年工作要点(稿)。

6 月 30 日,二届人大常委会召开第十一次会议。会议听取市人大常委会考察团赴四省、市学习考察报告,听取并审议市人大常委会执法检查组关于检查《内蒙古自治区蒙医中医条例》实施情况的报告、市政府关于传染病防治情况的报告、市中级人民法院关于加强民事审判工作、维护司法公正情况的报告。会议还对市政府贯彻实施《内蒙古自治区蒙医中医条例》情况、传染病防治情况和市中级人民法院关于加强民事审判工作、维护司法公正情况进行满意度测评。

8 月 27—28 日,二届人大常委会召开第十二次会议。会议听取审议市二届人大二次会议代表建议办理情况的专项视察报告、市人民政府关于外事工作的专项报告、人民检察院关于反贪污贿赂、预防职务犯罪、渎职侵权和治理商业贿赂工作的专项工作报告、人大常委会执法检查组关于检查《中华人民共和国环境保护法》实施情况的报告、市人民政府关于 2008 年市本级财政决算和 2009 年预算上半年执行情况及预算超收安排情况的报告、关于 2008 年巴彦淖尔市本级预算执行情况和其他财政收支审计的工作报告、关于 2009 年上半年巴彦淖尔市国民经济和社会发展计划执行情况的报告。会议表决通过市人大常委会人事代表选举委员会以及市政府关于市二届人大二次会议代表建议、批评和意见办理情况的报告、市人大常委会关于批准《关于提请核减 2009 年全市地方财政总收入任务的报告》和《关于 2009 年市本级预算第二次超收安排情况的报告》的决议。

2010 年 4 月 14 日,巴彦淖尔市二届人大常委会召开第十七次会议。会议中岳志君宣读内蒙古自治区党委《关于何永林等同志职务任免的通知》。会议根据《中华人民共和国地方各级人民代表大会和地方各级人民政府组织法》的有关规定，审议通过有关人事任免事项。决定接受王波辞去巴彦淖尔市人民政府市长职务的请求，任命何永林为巴彦淖尔市人民政府副市长、代理市长职务。会议还决定其他人事任免事项。

2010年6月30日，巴彦淖尔市二届人大常委会第十八次会议在临河市召开。会议通过市二届人大常委会第十八次会议议程（草案），听取和审议市政府关于落实各项支农惠农政策情况的专项工作报告、市中级人民法院关于行政诉讼情况的专项工作报告、市人大常委会执法检查组关于检查《中华人民共和国预算法》实施情况的报告。通过了市人大常委会主任会议人事任免议案。

2010年8月4日，巴彦淖尔市二届人大常委会召开第十九次全体会议。会议听取市财政局关于2009年市本级财政决算和2010年预算上半年执行情况及预算超收安排情况的报告、市审计局关于2009年市本级预算执行和其他财政收支审计的工作报告、市发改委关于2010年计划上半年执行情况的报告、市人大常委会财经委员会对上述报告执行情况作的审查报告、关于检查宗教事务条例和检查土地法实施情况的报告。会议批准2009年市本级财政决算的决议、市人大常委会关于批准2010年市本级预算超收安排情况报告的决议和人事任免事项。9月28日，二届人大常委会举行第二十次会议。会议根据《中华人民共和国地方各级人民代表大会和地方各级人民政府组织法》的有关规定，审议通过有关人事任免事项。会议还听取和审议市人民政府市长关于牧区牧民增收情况的专项工作报告以及关于贯彻执行《中华人民共和国行政监察法》情况的报告、市人大常委会关于牧区牧民增收情况的专项工作调研报告和关于检查中华人民共和国行政监察法实施情况的报告。12月1日，市二届人大常委会召开第二十一次会议。会议传达自治区人大工作会议和市人大常务委员主任座谈会的精神，听取市政府关于迎庆创城活动开展情况的报告，市二届人大三次会议代表建议、批评和意见办理情况的报告，市人大常委会人事代表选举工作委员会关于市二届人大三次会议代表建议、批评和意见办理情况的报告和市政府关于城市总体规划修编情况的报告。表决通过《2010年市本级预算第二次超收安排情况的报告》的决议、《巴彦淖尔市城市总体规划（2010—2030）》的决议。

第五节　人大常委会主要工作

一、审议“一府两院”工作报告

2004年8月至2010年12月，市人大常委会认真履行人大工作职责，先后审议市政府在各项工作和专项工作实施情况和市中级人民法院、市中级人民检察院的专项情况报告，巴彦淖尔市人大常委会听取和审议了市人民政府“关于落实三农政策、解决三农问题情况”“‘四五’普法依法治市的实施情况”“‘五五’普法依法治市规划情况”“城市建设情况”“人事工作情况”“统计工作情况”“工业经济和招商引资情况”“农村牧区卫生和新型农村牧区合作医疗工作情况”“城市规划和执法落实情况”“开展法律援助情况”“文化体育娱乐场所管理情况”“整顿矿山秩序和安全生产情况”“城乡居民最低生活保障情况”“安全生产管理情况”“民族工作情况”“国家投资基本建设项目实施情况”“社会主义新农村新牧区建设情况”“牧区牧民增收情况”“口岸工作情况”“‘迎庆创城’活动开展情况”“转变发展方式调整经济结构情况”“全市集体林权制度改革情况”“传染病防治情况”“外事工作情况”“中低产田改造项目建设进展情况”“广播电视‘村村通’工作情况”“巴彦淖尔‘十一五’规划纲要中期评估情况”“扶贫开发情况”“各项支农惠农政策落实情况”等专项工作报告。

听取和审议了市中级人民法院“关于全市法院执行工作情况”“人民陪审员制度实施情况”“加强民事审判工作维护司法公正情况”“全市刑事审判情况”“行政诉讼情况”5 个专项工作报告。

听取和审议了市人民检察院“关于集中查办破坏社会主义市场经济秩序渎职犯罪情况”“直接立案侦查案件扣押冻结款物情况”“关于加强人民检察院对诉讼活动法律监督工作的决议情况”“反贪污贿赂反渎职侵权预防职务犯罪和治理商业贿赂情况”4 个专项工作报告。

二、人事任免

2004 年 8 月 8 日,巴彦淖尔市人大常委会第一次会议决定任命:罗湘成为巴彦淖尔市人民政府副市长,任韦东为巴彦淖尔市人大常委会民族侨务外事工作委员会主任,贾永鸿为巴彦淖尔市人大常委会环境资源城乡建设工作委员会主任,党希荣为市人大常委会环境资源城乡建设工作委员会副主任,高明为市常委会人事代表选举工作委员会主任,邱进才为市人大常委会内务司法工作委员会主任,石玉亭为市人大常委会财政经济工作委员会主任,李跃飞为市人大常委会农牧业工作委员会主任,贾润莲为市人大常委会教科文卫工作委员会主任,秦景和为巴彦淖尔市人民政府秘书长,张永胜为巴彦淖尔市教育局局长,王新乐为市公安局局长,郭鸿亮为市民政局局长,于文学为巴彦淖尔市人事局局长,贺西格布仁为巴彦淖尔市劳动和社会保障局局长,孙玉宝为巴彦淖尔市国土资源局局长,郝忠为巴彦淖尔市建设委员会主任,程国权为巴彦淖尔市交通局局长,钱永喜为巴彦淖尔市林业局局长,吐嘎为巴彦淖尔市文化体育局局长,祁素梅为巴彦淖尔市人口和计划生育委员会主任,杨介中为巴彦淖尔市环境保护局局长,任永元为巴彦淖尔市广播电视局局长,许多文为巴彦淖尔市统计局局长,周玉峰为巴彦淖尔市发展和改革委员会主任,李爱民为巴彦淖尔市科技局局长,杨玉林为巴彦淖尔市监察局局长,李克为巴彦淖尔市司法局局长,王建军为巴彦淖尔市财政局局长,刘健为巴彦淖尔市商务局局长,王常在为巴彦淖尔市审计局局长,蒋新国为巴彦淖尔市城市管理行政执法局局长，王益昌为巴彦淖尔市安全生产监督管理局局长，王惠忠为巴彦淖尔市经济委员会主任，高喜庆为巴彦淖尔市民族事务委员会主任，刘树森为巴彦淖尔市农牧业局局长，殷满厚为巴彦淖尔市卫生局局长，王占虎为巴彦淖尔市粮食局局长，李玉明为巴彦淖尔市中级人民法院副院长、审判委员会委员，庞其为巴彦淖尔市中级人民法院副院长、审判委员会委员，陶淑兰为巴彦淖尔市中级人民法院副院长、审判委员会委员，图布兴为巴彦淖尔市中级人民法院副院长、审判委员会委员、执行局局长，侍凤英为巴彦淖尔市中级人民法院审判委员会委员、审判员，边建中为巴彦淖尔市中级人民法院审判委员会委员、审判员，刘建潮为巴彦淖尔市中级人民法院审判委员会委员、刑事审判第一庭庭长、审判员，刘毓梅为巴彦淖尔市中级人民法院审判委员会委员、行政审判庭庭长、审判员，陈强为巴彦淖尔市中级人民法院审判委员会委员、民事审判第一庭庭长、审判员，董荣为巴彦淖尔市中级人民法院审判委员会委员、审判员，温业平为巴彦淖尔市中级人民法院审判委员会委员、审判监督庭庭长、审判员，弓建国为巴彦淖尔市中级人民法院审判委员会委员、审判员，田野为巴彦淖尔市中级人民法院刑事审判第二庭庭长、审判员，贺金月为巴彦淖尔市中级人民法院民事审判第二庭庭长、审判员，菅永胜为巴彦淖尔市中级人民法院民事审判第三庭庭长、审判员，杨庆华为巴彦淖尔市中级人民法院民事审判第四庭庭长、审判员，张燕明为巴彦淖尔市中级人民法院立案庭庭长、审判员，王瑞莲为巴彦淖尔市中级人民法院执行局副局长、审判员，乔利峰为巴彦淖尔市中级人民法院审判监督庭副庭长、审判员，王晓英为巴彦淖尔市中级人民法院民事审判第二庭副庭长、审判员，姜志刚为巴彦淖尔市中级人民法院民事审判第三庭副庭长、审判员，魏春雨为市中级人民法院民事审判第四庭副庭长、审判员，辛永清为巴彦淖尔市中级人民法院刑事审判第二庭副庭长，海波为巴彦淖尔市中级人民法院民事审判第一庭副庭长，邬嘉民为市中级人民法院行政审判庭副庭长，乌日娜为巴彦淖尔市中级人民法院立案庭副庭长，张宇为巴彦淖尔市中级人民法院立案庭副庭长，丁清源为巴彦淖尔市中级人民法院审判员，杨殿魁为巴彦淖尔市中级人民法院审判员，王秀兰为巴彦淖尔市中级人民法院审判员，朱建中为市中级人民法院审判员，乌日图为巴彦淖尔市中级人民法院审判员，郭志勇为巴彦淖尔市中级人民法院审判员，张和平为巴彦淖尔市中级人民法院审判员，张建潮为巴彦淖尔市中级人民法院审判员，高宏丽为巴彦淖尔市中级人民法院审判员，杨建琼为巴彦淖尔市中级人民法院审判员，赵一平为巴彦淖尔市中级人民法院审判员，仲佳才为巴彦淖尔市中级人民法院审判员，李元军为巴彦淖尔市中级人民法院审判员，张利平为巴彦淖尔市中级人民法院审判员，孟根梢为巴彦淖尔市中级人民法院审判员，韩铮为巴彦淖尔市中级人民法院审判员，韩宾为巴彦淖尔市中级人民法院审判员，东长龙为巴彦淖尔市中级人民法院审判员，雷守义为巴彦淖尔市人民检察院副检察长、检察委员会委员，张秀峰为巴彦淖尔市人民检察院副检察长、检察委员会委员,于海深为巴彦淖尔市人民检察院副检察长、检察委员会委员,洪赫颢为巴彦淖尔市人民检察院副检察长、检察委员会委员,罗明生为巴彦淖尔市人民检察院检察委员会委员、检察员,关一星为巴彦淖尔市人民检察院检察委员会委员、检察员,哈登照日格为巴彦淖尔市人民检察院检察委员会委员、检察员,常培成为巴彦淖尔市人民检察院检察委员会委员、检察员,白长生为巴彦淖尔市人民检察院检察委员会委员、检察员,石路为巴彦淖尔市人民检察院检察委员会委员、检察员,邬清廉为巴彦淖尔市人民检察院检察委员会委员、检察员,苏远程为巴彦淖尔市人民检察院检察委员会委员、检察员,黄晨阳为巴彦淖尔市人民检察院检察委员会委员、检察员,赵秀峰为巴彦淖尔市人民检察院检察委员会委员、检察员,李兰才为巴彦淖尔市人民检察院检察员,刘建玉为巴彦淖尔市人民检察院检察员,王诚为巴彦淖尔市人民检察院检察员,陈青春为巴彦淖尔市人民检察院检察员,刘畅为巴彦淖尔市人民检察院检察员,武殿英为巴彦淖尔市人民检察院检察员,白文亮为巴彦淖尔市人民检察院检察员,古秀梅为巴彦淖尔市人民检察院检察员,张超英为巴彦淖尔市人民检察院检察员,李志安为巴彦淖尔市人民检察院检察员,杨黎明为巴彦淖尔市人民检察院检察员,赵晓国为巴彦淖尔市人民检察院检察员,王力军为巴彦淖尔市人民检察院检察员,贺荣为市人民检察院检察员,葛光伟为市人民检察院检察员,贾永生为巴彦淖尔市人民检察院检察员,思勤为巴彦淖尔市人民检察院检察员,刘文斌为市人民检察院检察员,何斯琴为市人民检察院检察员,尤建节为市人民检察院检察员,吴全胜为市人民检察院检察员,黄雅琴为市人民检察院检察员,乌汗格日勒为市人民检察院检察员,李建良为市人民检察院检察员,李昆岗为市人民检察院检察员,赵金淑为市人民检察院检察员,贾斌为市人民检察院检察员,陶勇为市人民检察院检察员,许晓彬为市人民检察院检察员,王新平为市人民检察院检察员,张庆民为市人民检察院检察员,张凤玲为市人民检察院检察员,付海燕为市人民检察院检察员,范利敏为市人民检察院检察员,尹秀琴为市人民检察院检察员,张桂萍为市人民检察院检察员,章艳君为市人民检察院检察员,王博为市人民检察院检察员,王秀成为临河区人民检察院检察长,刘治中为磴口县人民检察院检察长,张永良为五原县人民检察院检察长,李学兵为乌拉特前旗人民检察院检察长,蔡树林为乌拉特中旗人民检察院检察长,秦瑞林为杭锦后旗人民检察院检察长,齐平祥为乌拉特后旗人民检察院检察长。

2007 年 3 月 16 日,巴彦淖尔市一届人大常委会决定免去:弓占维市人民政府副市长职务。任命:孟丽萍为巴彦淖尔市人民检察院检察员、敖尤岱为巴彦淖尔市人民检察院检察员、韩军为巴彦淖尔市人民检察院检察员、刘伟为巴彦淖尔市人民检察院检察员、杜娟娟为巴彦淖尔市人民检察院检察员、王霞为巴彦淖尔市人民检察院检察员、芮增为巴彦淖尔市人民检察院检察员、华冬梅为巴彦淖尔市人民检察院检察员、白晓峰为巴彦淖尔市人民检察院检察员、林海为巴彦淖尔市人民检察院检察员、高志义为巴彦淖尔市人民检察院检察员、薛建国为巴彦淖尔市人民检察院检察员、邢晓红为巴彦淖尔市人民检察院检察员、王瑞为巴彦淖尔市人民检察院检察员、任明强为巴彦淖尔市中级人民法院审判员、王勇为巴彦淖尔市中级人民法院审判员、张文博为巴彦淖尔市中级人民法院审判员、张贵为巴彦淖尔市中级人民法院审判员、刘勇为巴彦淖尔市中级人民法院审判员、温晋泉为巴彦淖尔市中级人民法院审判员、王建军为巴彦淖尔市中级人民法院审判员、单久芬为市中级人民法院审判员、张建平为市中级人民法院审判员、许丛光为市中级人民法院审判员、吴其为市中级人民法院审判员、张莉萍为市中级人民法院审判员、杜彬为市中级人民法院审判员、王飞林为市中级人民法院审判员、高建宏为市中级人民法院审判员、韩波为市中级人民法院审判员、李胜武为市中级人民法院审判员、王凤俊为市中级人民法院审判员、王琦琳为市中级人民法院审判员、毛爱萍为市中级人民法院审判员、张莉为市中级人民法院审判员、王桂枝为市中级人民法院审判员、赵君为市中级人民法院审判员、刘广政为市中级人民法院审判员、王瑞玲为市中级人民法院审判员、韩永和为市中级人民法院审判员、刘伟艳为市中级人民法院审判员、王相瑞为市中级人民法院审判员、苏婉春为市中级人民法院审判员、魏晓霞为市中级人民法院审判员、武凤霞为市中级人民法院审判员、李英为市中级人民法院审判员、王佐玲为市中级人民法院审判员、百灵为市中级人民法院审判员、徐瑞娜为市中级人民法院审判员、王小莲为市中级人民法院审判员、樊宏图为市中级人民法院审判员、梁旌斌为市中级人民法院审判员、李劲松为市中级人民法院审判员、吉日嘎拉为市中级人民法院审判员、罗一民为市中级人民法院审判员、陈志杰为市中级人民法院审判员。

2008 年 1 月 8 日，市人大会常委会决定任命：梁志军为巴彦淖尔市人大常委会农牧业工作委员会主任、贾永鸿为市人大常委会内务司法委员会主任、吕成荣为市人大常委会教科文卫工作委员会主任、白阿林为市人大常委会民族侨务外事工作委员会主任、乔守国为市人大常委会人事代表选举工作委员会主任、刘雄柏为市人大常委会财政经济工作委员会主任、高翠兰为市人大常委会环境资源城乡建设工作委员会主任、王世华为市人大常委会副秘书长、赵文勇为市人大常委会副秘书长。

决定免去：于文学市人事局局长职务、杨介忠市环保局局长职务、韦东市人大常委会民族侨务外事工作委员会主任职务、邱进才市人大常委会内务司法工作委员会职务、石玉亭市人大常委会财政经济工作委员会主任职务、贾润莲市人大常委会教科文卫工作委员会主任职务、李跃飞市人大常委会农牧业工作委员会主任职务、贾永鸿市人大常委会环境资源城乡建设工作委员会主任职务、高明市人大常委会人事代表选举工作委员会主任职务、党希荣市人大常委会环境资源城乡建设工作委员会主任职务。

2008 年 5 月 13 日，巴彦淖尔市二届人大常委会第三次会议决定任命：李石贵为市人民政府秘书长、周玉峰为市发展和改革委主任、王惠忠为市经济委员会主任、杨生柱为市教育局局长、王耀飞为市科学技术局局长、高喜庆为市民族事务委员会主任、贾英祥为市公安局局长、贺希格布仁为市劳动和社会保障局局长、孙玉宝为市土地管理局局长、程国权为市交通局局长、刘树森为市农牧局局长、钱永喜为市林业局局长、刘健为市商务局局长、刘还俊为市文化体育局局长、殷满厚为市卫生局局长、许多文为市统计局局长、王占虎为市粮食局局长、王永国为市旅游局局长、武银兴为市水务局局长、王益昌为市安全生产监督局局长、蒋新国为市城市管理行政执法局局长、陶格陶为市民政局局长、何登峰为市人事局局长、高明为市司法局局长、武志杰为市审计局局长、薛维林为市建设委员会主任、徐茂林为市环境保护局局长、郝忠为市规划局局长、徐睿霞为市人口和计划生育委员会主任。

2009年6月30日，巴彦淖尔市二届人大常委会第十一次会议决定任命：贾峻为市发展和改革委员会主任、刘键为市城市管理行政执法局局长、刘志勇为市林业局局长、杨文山为巴彦淖尔市规划局局长、张旭为市人口和计划生育委员会主任、田野为市中级人民法院副院长审判委员会委员、张宇为市中级人民法院审判委员会委员及民事审判第一庭庭长、魏春雨为市中级人民法院民事审判第二庭庭长、董荣为市中级人民法院执行局局长、贾建国为市中级人民法院审判员、李华为市中级人民法院审判员、郭文亮为市中级人民法院审判员、何磊为市中级人民法院审判员、秦瑞林为市人民检察院副检察长检察委员会委员、刘治中为市人民检察院副检察长检察委员会委员、王秀成为市人民检察院副检察长检察委员会委员、付海燕为市人民检察院检察委员会委员、刘瑞薪为市人民检察院检察委员会委员检察员、刘文斌为市人民检察院检察委员会委员、王博为市人民检察院检察委员会委员、王新平为市人民检察院检察委员会委员、李学兵为市人民检察院检察员；刘彦文为市人民检察院检察员、王云翔为市人民检察院检察员。

决定免去：钱永喜市林业局局长职务、郝忠市规划局局长职务、周玉峰市发展和改革委员会主任职务、蒋新国市城市管理行政执法局局长职务、张宇市中级人民法院立案庭庭长职务、魏春雨市中级人民法院民事审判第一庭庭长职务、李新武市中级人民法院审判委员会委员审判员职务、刘忠市中级人民法院执行局局长职务、弓建国市中级人民法院民事审判第二庭庭长职务、王学东市中级人民法院审判员职务、王相瑞市中级人民法院审判员民事审判第二庭副庭长职务、魏晓霞市中级人民法院审判员立案庭副庭长职务、杨殿魁市中级人民法院审判员职务、乔励丰市中级人民法院审判员职务、孟根梢市中级人民法院审判员职务、苏远程市人民检察院检察委员会委员检察员职务、黄晨阳市人民检察院检察委员会委员检察员职务、王力军市人民检察院检察员职务、何斯琴市人民检察院检察委员会委员检察员职务、雷守义市人民检察院检察委员会委员职务、于海深市人民检察院检察委员会委员职务、白长生市人民检察院检察委员职务、常培成市人民检察院检察委员会委员检察员职务、武殿英市人民检察院检察员职务、赵金淑市人民检察院检察员职务、秦瑞林杭锦后旗人民检察院检察长职务、王秀成临河区人民检察院检察长职务、李学兵乌拉特前旗人民检察院检察长职务、奇平祥乌拉特后旗人民检察院检察长职务、杨利春五原县人民检察院检察长职务、刘志中磴口县人民检察院检察长职务。

2010年4月14日,巴彦淖尔市二届人大常委会第十七次会议决定免去:孙玉宝市国土资源局局长职务。任命巴雅尔为市国土资源局局长。批准任命王力军为市五原县人民检察院检察长,黄晨阳为杭锦后旗人民检察院检察长、苏远程为乌拉特后旗人民检察院检察长、杨利春为乌拉特前旗人民检察院检察长、奇平祥为临河区人民检察院检察长、何斯琴为磴口县人民检察院检察长。

2010年8月4日,巴彦淖尔市二届人大常委会第十九次会议决定任命:郭介中为市人力资源和社会保障局局长、郭玉根为市住房和城乡建设委员会主任、王惠忠为市经济和信息化委员会主任、李强为市人民防空办公室(民防局)主任(局长)、王海祥为市广播电影电视局局长;杨宽民为市粮食局局长、梁继中为市旅游局局长、恩和吉日嘎拉为市民族事务委员会主任、陈国权为市交通运输局局长、郭建华为市扶贫开发办公室(革命老区建设办公室)主任、赵锋为市信访局局长、李莉为市中级人民法院副院长、审判委员会委员。决定免去:罗永纲市人民政府副市长职务、高喜庆市民族事务委员会主任职务、王占虎市粮食局局长职务、王永国市旅游局局长职务。

2010年9月28日,巴彦淖尔市二届人大常委会第二十次会议决定:任命龚明珠为市人民政府副市长,武银星为市人民政府副市长,李建平为市中级人民法院副院长、代理院长职务,呼禾为市公安局局长。接受王伟辞去市中级人民法院院长职务的请求,免去贾英祥市公安局局长职务。

三、指导旗(县、区)人大工作

2005年,巴彦淖尔市人大常委会召开全市人大工作座谈会,贯彻市委一届三次全委会议精神,总结人大工作经验,研究新时期人大常委会在构建社会主义和谐社会、推进全面建设小康社会进程中充分发挥作用,开创人大工作新局面等方面的问题。7个旗(县、区)人大常委会负责人分别就围绕经济建设中心发挥人大职能作用、进一步强化人大监督工作、做好代表工作、加强个案监督等问题在会上发言,交流典型经验。通过参加会议人员发言讨论,会议总结出新时期人大工作的六项任务,加强党对人大工作的领导,坚持正确的政治方向,是做好人大工作最重要的前提;加强人大对“一府两院”的监督职能,促进行政机关依法行政和司法机关公正司法,牢固树立“有权必有责,用权受监督”的观念,主动自觉地接受人大监督,是做好人大工作的关键所在;深入贯彻落实“围绕中心,服务大局”这一基本要求,充分发挥人大的独特作用,是做好人大工作的基本原则;维护最广大人民群众的根本利益,这是做好人大工作的根本出发点工作职责的任务,注重实效,是顺利实现人大工作各项目标的重要途径;不断加强人大自身建设,努力提高人大工作水平和实效,是推动人大工作不断向前发展的动力。与会者一致认为:不断总结创新是做好人大工作的有效途径,加强人大常委会自身建设及机关干部队伍建设是做好人大工作的组织保障,党委重视和支持是做好人大工作的政治保障。会议希望各级人大继续努力探索,推动人大工作与时俱进、开拓创新,为加快依法治市进程,实现全面建设小康社会的奋斗目标做出新的贡献。

2005 年,市人大常委会召开旗(县、区)人大常委会主任座谈会。会议回顾和总结部分旗(县、区)人大工作的成绩,提出全面履行宪法和法律赋予的职责,发挥人大及其常委会的职能。人大要在工作中正确认识和准确把握好“六个三”的关系,其中坚持“三者统一”是大政方针,行使“三项权力”是重要职责,做到“三个围绕”是生命所系,明确“三个关系”是关键所在,树立“三个形象”是本质要求,提高“三个素质”是根本保障。

2006 年,市人大常委会召开全市人大常委会主任工作座谈会。会议认为,做好人大工作应把握好六个方面的关系,始终坚持党的领导、人民当家做主和依法治国“三者统一”,其中坚持党的领导是核心,是做好人大工作最根本的保障;依法行使监督权、人事任免权和重大事项决定权“三项权力”,努力做到既不失职,也不越权;坚持做到“三个围绕”(围绕党委中心工作和地方发展大局、围绕改革发展稳定的热点难点问题、围绕事关广大人民群众根本利益的问题)开展人大工作;正确处理人大与“一府两院”产生与被产生、决定与执行、监督与被监督“三个关系”,形成人大与“一府两院”的工作合力;牢固树立人大常委会机关“三个形象”(地方国家权力机关形象、民主法制建设工作机关形象、人民代表机关形象);努力提高“三个素质”(提高各级人大干部的政治素质、法律素质和业务素质),保障人大各项职权得到有效行使。

四、审查监督

2004 年,巴彦淖尔市一届人大常委会第三次会议通过《巴彦淖尔市人民代表大会常务委员会审查监督市本级预算办法》,对预算监督的内容、预算的初步审查、预算调整的审查批准、预算执行的监督、决算的审查和批准等方面进行明确规定。

2005—2010 年,市人大常委会听取和审议市政府财政预决算报告和国民经济、社会发展计划执行情况报告以及其他财政收支审计的工作报告共 8 次;审查批准市政府关于预算调整或超收安排情况的报告 15 次。

五、调研调查

2004 年以来,市人大常委会先后开展“社会主义新牧区建设情况”“退耕还林情况”“城区集中供暖情况”“农牧民科技培训和剩余劳动力就业职业技术培训情况”“全市学前教育情况”“农牧区信用合作情况”“经济适用住房和廉租住房情况”“食品安全情况”“地税征管情况”“口岸工作情况”“节能减排情况”“阴山岩刻保护情况”“设施农业情况”“土地收储情况”“优化发展环境情况”“文化市场管理情况”16 项专题调研，并对义务教育法、防沙治沙法、档案法、住房公积金条例、物业管理条例、残疾人保障法、科学教育普及法、自治区天然林保护条例、农产品质量安全法、人民防空法、红十字会法、防洪法、计划生育法、妇女权益保护法、农民专业合作社法、中小企业促进法、文物保护法 17 项法律法规贯彻落实情况进行执法调研。

六、备案审查规范性文件

2007 年，市一届人大第二十次会议通过《巴彦淖尔市人民代表大会常务委员会规范性文件备案审查办法》。对应当报送备案规范性文件的范围、报送时间、备案材料内容、备案工作流程、备案审查的主要内容、审查要求或审查建议的提出及办理、审查意见的落实等进行具体规定。

2008—2010 年，市人大常委会对市政府报送的《巴彦淖尔市绩效审计办法（试行）》《巴彦淖尔市人民政府关于加强农村教育工作的意见》《巴彦淖尔市青少年科技创新“市长奖”评选奖励办法》《巴彦淖尔市老年人优待办法》《巴彦淖尔市优抚对象医疗保障实施办法》《巴彦淖尔市排水管理工作暂行办法》《巴彦淖尔市本级公务员医疗补助暂行办法》《巴彦淖尔市城乡居民临时生活救助实施办法（试行）》《巴彦淖尔市科技创新基金管理办法》《巴彦淖尔市加快推进墙体材料革新实施办法》《巴彦淖尔市失业保险基金市级统筹实施办法（试行）》《巴彦淖尔市阴山岩画保护管理办法》《巴彦淖尔市地震安全性评价实施办法》《巴彦淖尔市人民政府建立预防和查处违法用地共同责任制的若干规定》《新型农村牧区合作医疗定点医疗机构管理暂行办法》等 35 个规范性文件进行审查。

七、规范代表建议批评意见办理办法

2004 年 8 月，巴彦淖尔市第一届人民代表大会常务委员会第一次会议通过的《巴彦淖尔市人民代表大会代表建议、批评和意见办理办法》，《办法》规定在市人民代表大会会议期间，由大会议案审查委员会负责，自大会闭会之日起 10 个工作日内集中交办。在市人民代表大会闭会期间，由常务委员会人事代表选举工作委员会负责，自收到之日起 7 个工作日内交办。办理代表建议、批评和意见，是市内各级国家机关和组织的法定职责，应当自交办之日起 3 个月内办理完毕并答复代表。对个别办理难度较大，在规定期限内不能办完的，应当征得交办机关同意后，最迟不得超过 6 个月办理完毕。承办单位在收到代表建议、批评和意见后，认为不属于本单位职权范围内的建议、批评和意见，应当在 7 个工作日内退回交办机关，并说明理由，交办机关自收到退件之日起 7 个工作日内另行确定承办单位，承办单位不得滞留、延误或者自行转办代表建议、批评和意见。代表对承办单位的答复不满意，要求重新办理的，或者市人大常委会人事代表选举工作委员会、其他有关委员会认为办理不当的建议、批评和意见，有关承办单位必须重新办理，并于收到退件之日起 1 个月内再次向代表作出答复。承办单位对交办代表建议、批评和意见，不办理、拖延办理或敷衍塞责的，由市人大常委会或者其他督办部门给予通报批评，对造成严重后果的，由其主管部门对直接负责人或者其他直接负责人依法给予行政处分。市人大常委会负责对代表建议、批评和意见办理工作的督促检查，组织代表开展对办理工作的视察、调研和评议等，听取人大代表选举工作委员会和市人民政府、市中级人民法院、市检察院及有关组织办理情况的报告，对提出有重大经济效益和社会效益的建议和意见的代表予以表彰。

八、信访工作

2004 年 7 月至 2010 年 12 月，巴彦淖尔市人大常委会共接待人民群众来访 4000 余人次，受理来信 1209 件，受理涉法涉诉案件 1000 余件。常委会按照“分级负责、归口办理”的原则，对群众来访反映的问题进行逐一落实，从中筛选出 7 例典型涉法涉诉案件重点督办，从而解决一批疑难信访问题。

九、干部培训

2005 年，巴彦淖尔市人大常委会举办乡镇苏木人大主席培训班一期，来自全市 94 个苏木乡镇的基层人大主席，旗（县、区）人大委办负责人共 102 人参加培训。2006—2007 年，市人大常委会组织举办人大财经工作培训班和乡镇苏木、办事处人大常委会主任培训班。2008 年，市人大常委会组织举办市和旗（县、区）人大干部培训班。市二届人大常委会组成人员、机关全体干部，各旗（县、区）人大常委会主任、副主任、委办主任 121 人参加培训。2009 年，市人大常委会组织举办市人大代表、人大干部培训班。其间，邀请全国人大办公厅联络局巡视员、全国人大代表资格审查委员会和内蒙古自治区人大法制工作委员会领导和专家讲授代表法和监督法的相关理论和实践经验。2010 年，市人大常委会在全国人大北戴河培训基地组织举办全市人大系统副科级以上干部培训班。

第八篇

地方行政机关与地方人民政府

第一章　地方行政机关

第一节　机　构

一、巴盟行政行署

1986年，巴盟行政行署下设办公室、劳动人事处、审计处、民族宗教事务处、计划委员会、统计处、物价工商处、城乡建设环境保护处、经济处、二轻处、交通处、农业处、畜牧处、林业处、水利处、商业处、财政处、税务处、对外经济贸易处、卫生处、广播电视处、教育处、文体处、计划生育处、科技处、地震处、民政处、公安处、司法处、安全处、乡镇企业处、档案处、体制改革办公室、农田建设指挥部、经济研究中心、外事办、地方志办公室、经济协作办、信访办、人防办、机械公司、粮油公司、国营农牧场管理局等职能机构。

2000年，巴盟行政行署下设办公室、计划局、统计局、招商局（对外开放办）、旅游局、经贸局、体改办、教育局、科技局、民宗局、公安局、监察局、民政局、司法局、财政局、审计局、人事劳动局、城乡建设环保局、土地局、农业局、畜牧局、林业局、河灌总局、乡企局、粮食局、交通局、文体局、广电局、卫生局、计划生育局、扶贫开发办等部门。

经过不断的改革，2004年撤盟设市，巴盟行政行署下设办公室、教育局、公安局、民政局、人事局、劳动和社会保障局、国土资源局、建设局、交通局、林业局、文化体育局、人口和计划生育局、环境保护局、广电局、统计局、发展计划委员会、科学技术局、监察局、司法局、财政局、审计局、商务局、城市管理局执法局、经济委员会、安全生产监督局、民族事务委员会、农牧业局、卫生局、粮食局等职能机关。

二、盟长、副盟长

1986—2004年7月巴彦淖尔盟盟长、副盟长名录

表8－1－1

职　位	姓　　名	性别	民族	任职时间	备　注
盟　长	何俊士	男	汉　族	1986.1—1986.6	代盟长
	杜凤华	男	汉　族	1986.7—1989.4	
	傅守正	男	汉　族	1989.4—1992.5	
	宝音德力格尔	男	蒙古族	1992.4—1995.1	

续表 8 - 1 - 1

职　位	姓　　名	性别	民族	任职时间	备　注
盟　长	韩志然	男	汉　族	1995. 1—1998. 4	
	胡毅峰	男	汉　族	1998. 4—2003. 3	
	乌　兰	女	蒙古族	2003. 3—2003. 12	
	王素毅	男	汉　族	2003. 12—2004. 7	
副盟长	何俊士	男	汉　族	1986—1989. 4	
	刘　峥	男	汉　族	1986—1989. 4	
	孟　和	男	汉　族	1986—1989. 4	
	贾志中	男	汉　族	1985. 1—1992. 1	
	宝音德力格尔	男	汉　族	1986—1992. 4	
	高应才	男	汉　族	1986—1989. 4	
	周礼明	男	汉　族	1989. 4—1995. 7	
	李振国	男	汉　族	1989. 4—1995. 7	
	朝　路	男	汉　族	1989. 4—1998. 4	
	林川令	男	汉　族	1992—1995. 1	
	贾文印	男	汉　族	1992. 5—1999. 9	
	李树明	男	汉　族	1995. 1—1998. 4	
	昝振英	女	汉　族	1993. 10—2003. 7	
	孙　国	男	汉　族	1995. 1—1998. 4	
	韩　钢	男	汉　族	1995. 7—2002. 1	
	云　飞	男	汉　族	1995. 7—2001. 12	
	王晓成	男	汉　族	1998. 2—2001. 1	
	郭　宇	男	汉　族	1998. 2—2004. 6	
	郭　健	男	汉　族	1998. 2—2000. 3	
	郝　勇	男	汉　族	1998. 4—2001. 9	
	贺永华	男	汉　族	2000. 9—2003. 3	
	黄志江	男	汉　族	2001. 12—2004. 7	
	云治厚	男	汉　族	2003. 5—2004. 7	
	冀学斌	男	汉　族	2002. 4—2004. 7	
	侯凤岐	男	汉　族	2002. 4—2004. 7	
	马祖融	男	汉　族	2002. 4—2004. 7	
	王迎希	男	汉　族	2003. 11—2004. 7	
	罗湘成	男	汉　族	2003. 11—2004. 7	

第二节　主要会议

一、盟长办公会议

1986年1月11日，召开盟长办公会议，研究1986年盟直全民所有制单位招工指标分配问题。7月10日，盟长办公会，听取关于当前老干部工作中需要解决的几个问题的汇报，要求各单位一定要把做好老干部工作放到重要议事日程上，多为他们办实事。

1987年2月5日，召开盟长办公会议，听取盟教育处关于加强全盟职工教育工作的汇报，对完成全盟青壮年职工的“双补”（文化、技术补课）任务作出安排部署。5月30日，盟长办公会议，研究乌拉山化肥厂新建4万吨尿素车间集资、基建自筹指标安排、绒毛收购价格、散装磷二铵提价销售和利民兴隆市场移交等问题。

1988年2月6日，召开盟长办公会议，研究河套灌区节约用水、水费征收、农牧水利建设劳动积累用工等问题。3月25日，盟长办公会，安排部署全盟行政监察工作。6月16日，盟长办公会议，研究修建临河至陕坝二级公路、扩建团结路和修建临河火车站广场等问题。

1989年5月8日，召开盟长办公会议，研究全盟黄金生产、盟直单位目标管理和临河市自来水收费问题。6月17日，盟长办公会，听取计委、地震处、土地管理处关于当前工作的汇报。并就当年大中专毕业生分配、地震工作、土地详查等问题进行研究。

1990年8月11日，召开盟长办公会议，研究全国陆地边防公路养护管理会议准备、河套大学招生、干部奖励等问题。10月26日、27日，盟长办公会研究冬季取暖、清理收费文件、体改、劳动人事等方面急需解决的问题。

1991年3月21日，召开盟长办公会议，听取盟经委关于评选表彰全盟工交财贸战线经济效益先进企业、地区和优秀厂长、经理、先进班组、班组长事项及自治区关于“八五”期间组织实施“61115工程”计划方案和1991年全盟技改、引进、新建项目等问题的情况汇报，对有关问题进行研究。11月11日，盟长办公会就西瓜生产、调运和打击倒卖车皮工作作出决定，听取专案组10月22日打击倒卖车皮会议后工作进展情况的汇报，对今后工作进行研究部署。同日，还听取盟劳人处、劳动就业服务局关于全区劳动人事系统先进集体、先进个人电视表彰会、任免奖励工作会议、劳动就业工作会议精神及内劳人厅51号文件贯彻意见的汇报，对有关工作进行研究。12月18日，盟长办公会议研究全盟牧区、山旱区灾民生活救济、盟制糖公司隶属关系、盟侨办与港方合作办企业问题。

1992年2月24日，召开盟长办公会议，专题研究乌拉特中旗甘其毛道边境口岸建设问题。4月4日，盟长办公会专题研究进一步推进全盟住房改革的问题。听取行署调研室和有关部门关于全盟民用煤财政补贴情况汇报，对改革补贴的具体办法进行研究。7月1

日,盟长办公会议就供销工作、参加蒙交会、选拔上报享受政府特殊津贴的专家学者、《巴盟企业职工养老保险制度改革实施办法》和临河市组建化工总厂等事宜进行研究。8月1日,盟长办公会专题研究关于成立“巴盟旅游服务公司”和“巴彦淖尔旅行社”有关事项。8月19日,盟长办公会议专题研究筹建巴盟钢材加工厂的问题。9月1日,盟长办公会议专题研究临河铁路立交桥建设问题。

1993年2月18日,召开盟长办公会议,听取旗、县、市政府和盟直有关部门关于春耕生产的情况汇报,对有关问题进行专题研究。3月6日,盟长办公会议专门研究卫生改革有关问题。6月3日,盟长办公会议专题研究巴盟边境地区与蒙古国南戈壁省互派农牧经贸考察团和开发盟内旅游资源等有关事项。

1994年2月4日,召开盟长办公会议,专题研究牧区抗灾保畜饲料供应问题。8月9日,盟长办公会议就城镇经济、财政税收、粮食市场管理、陕坝糖厂复产、农村工作和庆祝教师节活动等进行研究。

1995年3月17日,召开盟长办公会议,听取司法处工作汇报,对司法处经费、监狱更名、旗县司法局撤并等问题进行研究。3月22日,盟长办公会议研究公路设卡收费问题,同时会议还研究“定点屠宰、到点检疫”、防治牲畜五号病等相关工作。8月22日,盟长办公会议专题研究解决临河市城区小学升初中入学难等有关问题。

1996年4月30日,召开盟长办公会议,研究全盟土地系统扩编补充乡镇苏木土地管理员工作。11月1日,盟长办公会议专题研究和协调盟直商贸企业改革和推行“以资抵贷”有关问题。12月31日,盟长办公会议在乌梁素海阿力奔草原召开,就综合旅游开发规划问题进行研究。

1997年1月22日,召开盟长办公会议,专题研究盟直部分企业职工生活困难问题。5月13日,盟长办公会议专题研究巴盟聋哑学校筹建有关事项。

1998年3月10日,召开盟长办公会议,专题研究开展深化殡葬改革、制止乱埋乱葬、反对封建迷信专项治理等工作。8月7日,盟长办公会议传达自治区政府“关于积极抵御市场风险、确保畜牧业增产增收的通知”精神,专题研究全盟羊绒、羊毛、羊肉等畜产品购销问题。10月23日,盟长办公会议专题研究全盟光肩星天牛治理问题。

1999年3月10日,召开盟长办公会议,专题研究巴盟体育场引进资金开发建设问题。3月12日,盟长办公会议专题研究乌兰布和供电网工程改造事项。

2000年4月26日,召开盟长办公会议,专题研究2000年全盟普通大中专院校招生工作有关政策性问题。11月22日,盟长办公会议就盟直四家商贸企业变现部分企业资产、按规定比例补贴职工个人养老保险进行专题研究。

2001年3月20日,召开盟长办公会议,专题研究临河糖厂、陕坝糖厂和五原糖厂3户按政策破产企业的职工安置补助资金分配问题。4 月 28 日，盟长办公会议专题研究盟医院建设开发工程收费有关问题。研究临河—赛乌素公路改造建设问题。7 月 29 日，盟长办公会议听取了临河市委、市政府关于消防工作的汇报，并重点检查盟影剧院、电力大酒店、金川市场、蒙达丽饭店等重点防火和存在严重隐患的单位。12 月 30 日，盟长办公会议专题研究临赛公路收费问题。

2002 年 3 月 24 日，召开盟长办公会议，专题研究农牧业税收减免工作中的有关问题。4 月 22 日，盟长办公会议研究全盟医药公司体制改革问题。4 月 25 日，盟长办公会议研究河套优质肉羊产业化项目组织实施工作。4 月 26 日，盟长办公会议研究组建巴盟行政服务中心、盟旅游局机构设置、乌梁素海旅游度假村"五一"期间经营、建筑市场整顿和规范等问题。11 月 1 日，盟长办公会议专题研究巴盟对外开放办及经济技术协作总公司资产认证、职工安置和企业转制等有关事项。

2003 年 5 月 4 日，盟长乌兰主持召开盟长办公会，研究巴盟 SARS 急救治疗中心启动运行有关问题。5 月 12 日，召开盟长办公会议，研究部署临河地区建筑工地和住宅小区非典型肺炎预防控制工作。5 月 14 日，盟长办公会议研究解决乌梁素海湿地生态保护示范工程建设项目问题。11 月 19 日，盟长办公会议研究接收临河地区铁路系统所属教育机构有关问题。11 月 23 日，盟长办公会议专题研究申请国家开发银行内蒙古分行城市基础设施建设贷款项目有关问题。11 月 28 日，盟长办公会议专题研究盟热力公司转制有关问题。

二、行署常务会议

1993 年 4 月 10 日，行政行署召开常务会议，研究盟粮油总公司转体改制和临河恒丰食品工业集团公司采用定向募集方式试行股份制经营等问题。12 月 20 日，常务会议就 1994 年国民经济和社会发展计划各项指标、粮食工作、成立盟直税务分局、企业改革、甜菜生产、农村牧区、河套灌区世行贷款还款、减轻农牧民负担等工作进行研究。

1994 年 3 月 25 日，行署召开常务会议，对春播、防凌防汛、农村牧区社会化服务体系建设、企业改革、陕坝糖厂复产、企业扭亏增盈、获各琦铜矿交接和社会维稳等工作进行安排。7 月 20—22 日常务会议，对扶贫、土地管理、乡企、预算外资金管理、"五校一园"及巴盟宾馆集中供暖等工作进行研究部署。11 月 22—24 日，常务会议就甜菜生产、国有土地有偿使用、粮油收购、物价、矿产资源管理等工作进行研究和部署。

1995 年 1 月 19 日，新任盟长韩志然主持召开常务会议，对农业经济、土地管理、小麦覆膜穴播栽培技术推广、原黄河开发公司债权债务清理、偿还世行贷款、城镇经济工作和春节期间各项工作进行研究部署。4 月 20 日，行署常务会议对城镇住房制度改革、实行劳动合同制、召开全盟乡镇企业工作会、复退伍军人安置等事宜进行研究。

1996 年 8 月 2 日，对自治区下达巴盟抗震救灾补助经费分配、总排干扩建工程、提高农业水费、征收黄河防汛保安费、“九五”小康文化工程、工业农业普查、1996 年全盟大中专毕业生分配、搞活国有重点骨干工交企业等事宜，行署召开常务会议进行研究部署。10 月 17 日，常务会议对巴盟驻京联络处工程、农业综合开发、甜菜收购资金落实、秋季粮油收购、110 国道临河绕城线建设、后旗水泥厂兼并中旗水泥厂、企业流动资金、电价外加价集资、在乌拉特前旗召开全盟抗震救灾表彰大会等事项进行研究部署。11 月 15 日，常务会议研究自治区成立 50 周年庆祝活动项目筹备工作和盟直转制单位工资管理等问题。

1997 年 3 月 3 日，盟行署常务会议就贯彻全区金融工作会议精神和搞好巴盟 1997 年金融工作提出具体要求。11 月 24 日，常务会议听取盟防震减灾领导小组关于防震减灾的情况汇报，并对有关问题进行研究。

1998 年 1 月 2 日，行署召开常务会议，就河套灌区农业水费价格调整、取消部分收费项目、扶贫表彰事项进行研究。5 月 11 日，常务会议研究实施牲畜“种子工程”和加强对农牧民负担监督管理的有关问题。8 月 21 日，就全盟大中专毕业生分配工作、《巴盟预算外资金、行政性收费、罚没款管理暂行办法》和《关于加强农牧民负担监督管理工作的实施意见》，行署召开常务会议进行研究和讨论。

1999 年 1 月 29 日，行署常务会议研究乌梁素海旅游度假村建设、1998 年全盟大中专院校毕业生就业分配补充计划、农业综合开发、农业水价上调和河套灌区农业水费计收改革、重点建设中心小城镇、加强化肥市场管理、盟直职工社会医疗保险等项目。3 月 11 日，行署召开常务会议，研究《巴盟盟直职工基本医疗保险制度改革试行方案》，农管系统税收返还《巴盟土地利用总体规划》修编上报、经济体制改革、重点项目工程建设事项。7 月 22 日，围绕自治区下达巴盟经济社会各项责任考核目标的完成情况，盟委、行署要办的 13 件实事的进展情况，以及半年行署各项工作运行情况等，行署召开常务会议进行研究。听取各分管副盟长的汇报，对下半年行署要抓好的十项重点工作进行安排部署。

2000 年 6 月 9 日，行署常务会议，研究《巴彦淖尔盟深化事业单位人事制度改革的意见》《全盟事业单位人事制度改革先行单位实施方案》、农村牧区税费改革、预算管理体制改革、沙源治理工程、农业水价调整、广电“村村通”工程、第五次全国人口普查、农用三轮运输车管理、盟乡镇企业局挂个体私营经济管理局牌子等事项。10 月 12 日，行署召开常务会议，围绕《巴彦淖尔盟政府采购管理办法》《巴彦淖尔盟实施会计人员委派制暂行办法》《巴盟行政事业单位职工工资统一发放管理暂行办法》、原化工公司转体遗留问题等事宜进行了研究讨论。

2001 年 1 月 17 日，盟行署召开常务会议，研究 2000 年全盟大中专毕业生就业分配、巴盟医院基本建设、自治区政府办公系统秘书长、办公室主任会议精神贯彻落实工作、盟直科研所体制改革、供销社工作等事项。6月22日，常务会议听取盟经贸局关于河套酒厂、盟热力公司联合重组、田力公司有关情况汇报。讨论通过《巴彦淖尔盟林业生态建设规划(2001—2015年)》和磴口县、乌拉前旗、乌拉中旗、乌拉后旗《草畜平衡实施细则》。11月26—27日，盟常务会议讨论通过巴盟行政行署第一批行政审批事项清理方案，听取临河经济开发区建设和管理情况的调查报告、全盟旅游工作汇报及同和太种畜场交由乌拉特中旗进行属地管理的意见。

2002年4月1日，盟行署召开常务会议，听取盟交通局关于全盟交通"十五"规划修订情况和2002年工作要点及《巴盟贯彻落实西部大开发战略，加快公路交通基础设施建设若干问题的决定(讨论稿)》的汇报。对有关事项进行研究。6月12日，常务会议研究临河中药厂重组转制、推荐上报2002年享受政府特殊津贴和自治区有突出贡献的中青年专家人选、开展盟直单位会计集中核算、盟对外开放办职能划转盟计委等事项。

2003年4月20日，盟行署常务会议听取分管副盟长重点工作汇报，讨论《巴盟行政行署工作规则》，对做好下一步各项工作提出具体要求。5月21日，针对《巴盟奶牛、肉羊产业化办公室工作方案》《巴盟直属行政事业单位及条管单位、中央企业支持畜牧业发展资金筹集、使用管理办法》《巴盟奶牛养殖风险互助实施方案》等出台文件召开常委会议进行研究讨论。5月25日，行署召开常务会议，传达自治区政府《关于高载能工业发展的指导意见》，对《巴盟高载能工业园区规划》和《巴盟高载能工业管理办法》进行研究讨论。6月15日，行署常务会议研究盟与旗、县、市财政收入管理体制调整改革、全盟固定资产投资项目及工业重点项目、盟规划管理办公室和城市建设投资发展公司调入人员问题、深化粮食流通体制改革问题。11月25日，行署常务会议通报行署盟长、副盟长、盟长助理、秘书长、副秘书长、办公室主任、副主任工作分工；研究临河地区大中专学校管理体制改革和布局调整实施方案、全盟今冬明春预防"非典"工作、秋冬季防凌防汛工作。

2004年1月2日，行署召开常务会议，听取各分管副盟长工作开展情况汇报，研究2004年全市国民经济和社会发展预期目标。2月3日，常务会议研究重大项目和重点工作专项推进，安排部署全盟粮食流通体制改革、撤盟设市后的机构设置、财政支出体制改革、水利体制改革等重要改革工作。27日，常务会议研究盟本级2004年财政预算安排、重点项目专项推进、固定资产投资目标任务分解和道路交通管理体制改革等事项。4月14日，政府常务会议对全盟防砷改水、矿产资源管理、经济技术开发区及金融工作等进行了研究部署。6月22日，常务会议就安全生产、对蒙经贸合作、驻京联络处、国有资产管理等专题进行研究。7月11日，常务会议研究《巴彦淖尔市人民政府工作规则》，会议同意成立巴彦淖尔市安全生产管理委员会。会议还对新一届政府组建后各项工作进行安排部署。

第三节　施政纪略

1998 年,巴盟在推进农牧业生产发展方面确立农牧业生产市场化运作,依托资源优势,发展“两高一优”农业和特色农业的结构调整思路,种植业内部粮经比例由上年的70:30调整到 67:33。以蔬菜保护地生产、河套蜜瓜等为代表的特色农业发展步伐进一步加快,形成一批规模化、专业化生产基地。畜牧养殖业、林果业在大农业中的比例不断提高,农牧林良性循环的生态农业体系逐步形成;按照国家农科教结合示范区的要求和内蒙古自治区“百千工程”的统一部署,落实以“绿证”教育为主的农牧民科技培训。突出抓好 25 个示范乡镇,建立各类示范点 200 余个,开展试验示范项目 200 余项次,各类作物规范化、模式化栽培面积 90% 以上;加强以水利为中心的农业基础建设。统一规划,分步实施,集中力量开展大会战。骨干排水沟清淤扩建 30 条支沟,完成 5. 37 万公顷中低产田改造任务。干旱牧区打井配套 460 眼,完成水保治理面积 1. 06 万公顷。新增灌溉草库伦 730 处,新增饲草料地 184 公顷。大力发展集市贸易,全盟农村牧区集贸市场和批发市场发展 62 处,年成交额 13 亿元,占全社会商品零售总额的 40% 以上。全盟农村牧区组建购销协会 350 余个。

在工业生产方面,以练内功、强素质、提质量的原则,强化企业扭亏增盈。继续实行六大班子定点联系 18 户重点企业制度和地区、部门行政主要负责人扭亏增盈责任制;加强对重点行业、优势企业的扶持力度和对亏损企业的监控力度,使扭亏增盈企业亏损额比上年减少;以转换经营机制为核心,抓好国有工业企业改革攻坚。对 4 个大型企业进行集团化和公司化改造,对 23 户中型骨干企业实现公司化转制,对 97 户小型企业按照“三个一块、四个一次”进行多种形式的改造。全盟 486 个工商企业,转制到位 442 个,占 90. 9%;调整优化产业结构,将制糖行业作为工业经济结构调整的突破口,制定制糖行业解困和结构调整方案。对亏损严重、扭亏无望的五原糖厂实行关闭。对临河糖厂加强企业管理,实现减亏;在促进非公有制经济发展方面,加强领导,放宽政策,积极探索。在规模扩张的同时,注重企业素质的提高和产品、产业结构的升级。全盟个体工商业户达到 49371 户,从业人员 88865 人,注册资金 6. 1 亿元,分别比上年增长 10. 7%、32% 和 23%;私营企业发展到 1280 户,从业人员 17273 人,注册资本 4. 3 亿元,分别比上年增长 24. 5%、59% 和 36. 6%。个体工商户、私营企业全年上缴税金 9250. 6 万元,占同期全盟工商税收总额的 25%,占财政收入的 20. 9%。

1998 年,巴盟确立民生重大建设工程十项,黄河险工治理及水毁工程治理、河套灌区节水工程先期项目治理、110 国道临河绕城线建设、赛乌素至陕坝黑色路面改造、中央直属头道桥粮库建设、全盟农村电网建设改造、磴口县生态建设工程、经济适用住房建设、乌拉山至临河 220 千伏输变电工程和小康村建设整体规划工程。全年中,各项建设工程均在有序规划建设中。

1999 年,巴盟在面临市场疲软、农牧业遭受自然灾害和农畜产品价格下滑等困难的情况下,针对第一产业比例偏大,内部结构不尽合理,特色和精品的主体地位不够突出;第二产业基础薄弱,占比较低;第三产业欠发达等难题,展开以特色农牧业为主线的结构调整。在“农牧业科技十项工程”的基础上,推行“沃土工程”“三降两增”和“农牧业产业化十项工程”,培育一批先进适用技术示范区和贸工农利益一体化的先进典型。由各旗、县、市承担的节水技术、高效益大棚种植综合技术、吨粮田种植综合技术、牧区五配套草库伦建设综合技术、二狼山白绒山羊增绒技术、高效果树栽培技术、农区规模化养殖技术、油葵良种栽培技术、枸杞栽培技术等取得明显进步,形成 8 个主导产品,建成 10 大名品生产基地。

城镇经济建设,坚持不断深化国有企业改革,促进城镇经济运行质量的提高。强调全盟突出打好“五个攻坚战”,以壮大食品加工、农畜产品加工、造纸、建材、化肥等支柱产业为目标的培育产业化龙头企业攻坚战,以工农联手推进产业化进程为方向的工农利益协调一致攻坚战,以建立现代企业制度为目标的改革转制攻坚战,以实现扭亏增盈为目标的企业脱困攻坚战,以资本运营为核心、提高企业管理水平、实现增速提效的攻坚战。通过五个攻坚战,促进全盟工业稳步发展。

在基础设施建设方面,抓住国家加大投资、拉动内需、刺激消费的机遇,把投资重点放在基础设施建设上。在黄河险工段治理、110 国道绕城线、隆胜节水灌溉工程、磴口生态建设工程等基础设施建设顺利进展和完工的基础上,又开工 10 项重点续建、扩建和新建项目。同时,将农村牧区小康村建设作为一项重大任务完成,全年建砖瓦房 3. 1 万户,投资 9. 3亿元。

2000 年,巴盟按照将农牧业发展做大、做精的发展思路,坚持以市场为导向,以效益为中心,以特色为主线,以科技为动力,以发展农区畜牧业为突破口,以提高市场占有率为重点。农牧业方面围绕实施“双增双提”战略,全盟大力实施“种子工程”“农区畜牧业工程”“北繁南育工程”“秸秆转化工程”和“沃土工程”,农牧业经济效益显著提高。在促进工业经济发展中,按照“工业立盟”指导思想,确立“五调一强”(把结构调优、总量调大、制度调新、市场调活、效益调高,加强企业家队伍建设、二次创业、十年立盟)的基本思路,确定食品加工、造纸、化工、纺织、矿山采掘、建材六大支柱产业和恒丰集团、华章纸业集团、河套酒业集团、化肥集团、泰顺食品公司、金川保健啤酒总厂、维信集团有限公司、得利斯食品公司、油脂加工集团、有色金属矿业集团十大龙头企业。通过努力,全盟规模以上工业企业完成增加值 13 亿元,增长 14%,比上年同期提高 3 个百分点,全年利税比上年增长 80%,工业经济效益综合指数达到 88%,比上年提高 10 个百分点。

按照内蒙古自治区“三年两大目标”总体要求,抓企业改革和脱困工作,4 户大中型企业已初步建立现代企业制度,5 家国有大中型亏损企业已全面完成脱困目标,“三年两大目标”已顺利通过自治区验收。企业管理方面,在全面推行厂务公开、强化基础管理的同时,重点推广河套酒业集团的“三本”管理,并把管理协调的层面由国企和混合制企业扩展到规模较大的个体、私营企业,推动全盟企业管理工作向新的水平迈进。

推动壮大科技创新。认真落实《关于依靠科技进步振兴巴盟经济的决定》,全年盟本级财政投入科技三项经费 235 万元,占盟本级财政支出的 0.74%。同时,抓科技与经济的结合,大力推进农牧业科技进步“十项工程”和农牧业产业化“十项工程”。年初完善印发“双十工程”实施方案,制定产业化“十项工程”的主导农产品质量标准。并开展专项定期培训,加大组织协调力度,建起一批紧密型经济利益共同体。“种子工程”建设,从良种推广应用到良种繁育体系建设,都取得较大的发展。高粱、玉米统一供种精选率达到 100%,小麦统一供种率 30% 以上,大小牲畜良种改良种比重达到 85% 以上。农业产业化基地种植面积已占总播面积的 65%,涉及全盟 85% 的乡镇和 65% 的农户。全年“双十工程”共推广先进适用技术 10 项。全年实施生物农药、谷氨酸等投资在 100 万元以上的技改项目有 28 项,其中 1000 万元以上的技改项目 15 项。

培育新的经济增长点。围绕发展高新技术、农牧结合、市场建设、个体私营经济、乡镇企业、扩大对外开放、企业扭亏增盈、建筑建材业等工作积极培育和壮大新的经济增长点。使新的经济增长点拉动国民经济增长六七个百分点。在培育壮大新的经济增长点工作中,将非公有制经济纳入全盟整体经济发展格局之中,按照产业化发展思路,抓住国有企业实施转制和战略性改组的机遇做好个体私营企业对市场的适应性调整,充分发挥个体私营经济机制灵活、创新活力高的特点,加快新企业、新产品上质量、上档次。全盟非公有制经济份额已占到全盟经济总额的 15%。同时以培育新的经济增长点作为经济结构调整的重要措施,重点促进第三产业的发展,使一、二、三产业比例更趋合理。

2001—2002 年,按照大工程带动大生态、大生态促进大发展的工作思路,在继续强化河套平原禁牧工作的基础上,实施退耕还林(草)、天然林保护、“三北”四期防护林建设、速生丰产用材林基地建设、京津风沙源治理、野生动物保护及自然保护区建设六大重点工程;实施“工业立盟”战略,继续巩固和强化“三年两大目标”,突出重组提高素质,促进工业经济稳步发展,初步形成具有地方特色和区域比较优势的食品、造纸、绒毛、采掘、化工、建材六大支柱产业;围绕城市化推进战略,培植以旅游、信息、房地产、金融保险、科技服务、非义务教育和社区服务为主的新的经济增长点,建成自治区西部最大的小麦批发市场、河套瓜果蔬菜批发市场和在全国都有影响的绒毛集散地;以国家实施西部大开发为战略机遇,把握国家政策和产业导向,以项目建设为载体,加大固定资产投资力度,年内,完成固定资产投资 329 亿元。

2003年,完成第一轮行政审批制度改革,行政审批事项由452项减少到356项;推进苏木乡镇机构改革,规范旗、县、市与苏木乡镇之间的分配关系,妥善处理乡村债务和税费尾欠,优化产业机构,促进农村增收;加快出口退税改革,适当降低出口退税率,初步建立起中央和地方共同承担出口退税的新机制;进一步深化粮食流通体制改革,放开粮食购销市场,建立盟级粮食储备。

第二章　地方人民政府

第一节　机　　构

一、领导机构

巴彦淖尔市人民政府由市长、副市长、秘书长、办公室组成领导机构。

2004—2010 年巴彦淖尔市人民政府市长、副市长名录

表 8 - 2 - 1

备　注	姓　　名	性别	民族	任职时间
市　长	王素毅	男	蒙古族	2004. 7—2008. 2
	王　波	男	汉　族	2008. 3—2010. 03
	何永林	男	汉　族	2010. 4—2011. 11
副市长	弓占维	男	汉　族	2004. 7—2007. 3
	罗湘成	男	汉　族	2004. 7—2005. 4
	马祖融	男	汉　族	2004. 7—2006. 10
	王迎希	男	汉　族	2004. 7—2006. 10
	冀学斌	男	蒙古族	2004. 7—2007. 12
	云治厚	男	蒙古族	2004. 7—2012. 12
	李文天	男	汉　族	2004. 7—2012. 1
	韦亚力	女	汉　族	2004. 7—2012. 11
	张少甫	男	汉　族	2004. 7—2008. 3
	侯凤岐	男	汉　族	2006. 10—2008. 3
	王建平	男	汉　族	2008. 7—2012. 12
	罗永纲	男	汉　族	2007. 12—2010. 8
	苏远中	男	达斡尔族	2006. 10—2008. 7
	蔺富民	男	汉　族	2008. 1—2010. 7
	李石贵	男	汉　族	2008. 7—2012. 11
	龚明珠	男	汉　族	2010. 4—2011. 8
	武银星	男	汉　族	2010. 9—2013. 1

二、市人民政府组成部门直属单位

2004 年 8 月，巴彦淖尔市人民政府由办公厅、教育局、公安局、民政局、人事局、劳动和社会保障局、国土资源局、建设委员会、交通局、林业局、河灌总局、文化体育局、人口和计划生育委员会、环境保护局、广播电视局、统计局、发展和改革委员会、科技局、监察局、司法局、财政局、商务局、审计局、城市管理行政执法局、安全生产监督管理局、经济委员会、民族事务委员会、农牧业局、卫生局、食品药品监督管理局、粮食局、扶贫办、供销社、地震局、行政审批服务中心等职能部门和 7 个旗(县、区)人民政府组成。

2010 年，由政府办公室、教育局、公安局、民政局、人力资源和社会保障局、国土资源局、住房和城乡建设委员会、环境保护局、交通运输局、河灌总局(水务局)、林业局、文化体育局、人口和计划生育委员会、广播电视局、统计局、发展和改革委员会、科技局、监察局、司法局、财政局、审计局、农牧业局、卫生局、商务局、信访局、旅游局、城市管理行政执法局、规划局、安全生产监督管理局、经济和信息化委员会、民族事务委员会、粮食局等职能部门和下辖 7 个旗(县、区)人民政府组成。

三、市政府办公室内设机构

2004 年撤盟设市后，市政协办公室内设综合科、文书科、人事科、法制办、督查室、信息科、翻译科、行政科、后勤科、车队等，直属二级单位有外事办、地方志办、金融办、行政审批服务中心、信访办、驻京办、临河宾馆等。

2010 年办公室内设人事处、秘书一处、秘书二处、秘书三处、秘书四处、文电处、会议处、应急办、信调处、法制办、翻译处、机关事务管理局等，直属二级单位有网络信息管理中心、地方志办、外事侨务办、金融办、驻京办、机场铁路项目建设办、宾馆、物业中心等。

第二节　重要会议

一、市长办公会议

2004 年 1 月 18 日，市长办公会议研究 110 国道哈磴段高速公路税收上解及临河城市新区道路建设、征地拆迁等有关问题。4 月 7 日，市长办公会议研究乌拉特中旗、乌拉特后旗建立风电厂事项。7 月 20 日，市长办公会议研究防砷改水工作有关问题。11 月 26 日，市长办公会议研究全市煤化工、冶金工业及市级重化工业基地规划建设有关事项。

2005 年 5 月 8 日，市长办公会议研究城市建设项目、拆迁、房管、城市规划、国土资源、人防、电力线路入地、规费收入管理、供热改造及特许经营行业整顿、事权划分、全市小城镇建设现场会和保持党员先进性等工作。7 月 12 日，市长办公会议研究市农垦局中小学校移交地方管理有关事项。9 月 28 日，市长办公会议研究内蒙古西部天然气公司实施的天然气开发利用项目有关事项。11 月 8 日，市长办公会议研究重化工业基地(园区)建设发展有关问题。11月8—9日,市长办公会议研究城市发展战略和加快城市新区建设、2006年城市建设目标和主要任务、建设社会主义新农村、新区写字楼建设、城市建设贷款及城市建设优惠政策等问题。

2006年1月7日,市长办公会议研究全市天然草原退牧还草工程规划、全市防沙治沙规划、"一带两山"生态治理规划、黄河北岸、京藏高速公路和总排干两侧三线生态建设规划、全市农业综合开发"十一五"规划、全市扶贫开发"十一五"规划、全市农牧业标准化"十一五"规划、加快牲畜改良进程的意见、关于加快发展农牧民专业合作组织的实施意见七个规划和两个意见。2月10日,市长办公会议研究农垦教育改革有关事宜。6月19日,市长办公会议研究市政府部门正版软件使用相关事宜。7月24日,市长办公会议研究组建市机动车排气检测站有关事项。10月25日,市长办公会议专题研究新型农村合作医疗有关事宜。12月7日,市长办公会议专题研究全市芦苇基地建设有关事项。

2007年2月13日,市长办公会议研究缓解群众"看病难、看病贵"问题。3月26日,市长办公会议专题研究全市番茄产业发展有关事项。3月28日,市长办公会议专题研究乌兰布和沙漠保护和治理工作。5月15日,市长办公会议专题研究内蒙古远鑫镍冶炼项目资源配置有关事项。5月25日,市长办公会议专题审议《关于进一步整合资源、优化布局加快农牧业产业化发展的意见(讨论稿)》和《巴彦淖尔市番茄产业保证金收缴及使用管理暂行办法(讨论稿)》。6月25日,市长办公会议在乌拉特后旗主持召开现场办公会议,研究青山——蒙海工业园区一体规划有关事宜。11月16日,市长办公会议专题研究中欧国际羊产业投资公司(筹)在农垦建设现代羊产业加工园区有关事宜。

2008年1月5日,市长办公会议专题研究包惠铁路电气化改造项目有关事项。1月8日,专题研究成立巴彦淖尔市消防支队特勤大队有关事项。1月11日,专题研究启动建设巴彦淖尔市现代农畜产品(保税)物流园区项目有关事项。2月18日,市长办公会议,专题研究农村牧区义务教育债务化解工作。2月26日,市长办公会议,专题研究河套灌区中低产田改造项目有关事项。5月6日,市长办公会议专题研究市医院传染病区建设工程有关事项。5月27日,市长办公会议,专题研究巴彦淖尔市中学搬迁有关事项。7月4日,召开市长办公会议,专题研究乌拉特中旗百万千瓦风电基地容量分配有关事项。9月8日,市长办公会议专题研究市西区医院建设有关问题。9月19日,市长办公会议,专题研究三聚氰胺污染液态奶应急处置有关事宜。9月28日,召开市长办公会议,专题研究市精神病专科医院建设有关事宜。12月16日,召开市长办公会议,专题研究为企业减负、促进就业与再就业工作。

2009年2月28日,召开现场办公会议,专题研究部署临河城市建设中丹拉高速公路东出口和西出口通道改造管理等有关重点工作。3月2日,专题研究甜高粱制乙醇项目和开发鄂尔多斯城梁煤炭资源及驻外招商工作有关事项。4月17日，专题研究成立中小企业担保公司有关事项。5月14日，研究部署甲型H1N1流感防控工作。5月19日，研究支线机场建设和一市三区一体化发展规划有关事项。6月23日，专题研究民政福利事业园区建设相关事项。8月11日，研究风电产业发展有关事项。9月22日，研究加快推进新建西小召至金泉铁路项目建设有关事项。

2010年2月26日，市长王波主持召开市长办公会议，专题研究黄河防凌防汛有关事宜。4月22日，研究巴彦淖尔市供应上海世博会食品安全工作。9月27日，研究沿黄防洪堤及公路项目建设有关事宜。10月30日，研究河套大学申办本科教育工作有关事宜。

二、政府常务会议

2004年9月7日，常务会议研究城市建设、市党政办公大楼筹备建设、行政事业单位及离退休人员发放岗位津贴和生活补贴、市农牧业产业化及绿色农畜产品基地建设规划、矿产资源开发利用规划、矿产企业税收征收管理暂行办法等事项。11月27日，常务会议研究全市发放职务、岗位津贴和福利性补贴、提高全市城市居民最低生活保障标准、社会福利企业管理、涉及行政许可及执法监督检查的有关文件。

2005年3月4日，政府常务会议专题研究部署全市防震减灾工作。10月31日讨论《巴彦淖尔市政府重大事项决策程序规定》《巴彦淖尔市政府重大行政决策听证暂行办法、巴彦淖尔市科技进步奖励办法》《关于改善提高劳动模范和先进工作者待遇的意见》《河套灌区水管单位体制改革的实施意见》《巴彦淖尔市水资源规划报告》《巴彦淖尔市推进牧区转移工作的意见》《巴彦淖尔市市直城镇退役士兵安置试行办法》《调整全市住房公积金管理机构的实施意见》报告、办法和意见等文件。

2006年1月6日，常务会议研究讨论2005年全市国民经济主要指标完成预测和2006年主要预期目标、2006年市本级财政预算、《市与旗（县、区）财政收入管理体制改革完善方案（讨论稿）》。3月30日，研究修改《政府工作报告》《“十一五”规划纲要》和计划、财政预算报告以及鄂尔多斯市五家集团企业参与巴彦淖尔市新区开发建设和油页岩资源开发事项。6月15日，研究组建巴彦淖尔市河套水务有限责任公司、市直医疗卫生机构整合事宜。11月17日，研究城镇企业职工基本养老保险市级统筹、扩大社会医疗保险覆盖面、提高部分退休人员养老金、解决土地和矿产资源利用管理存在的问题、打击非法开采和保障安全生产等事项。

2007年8月17日，政府常务会议研究葵花、番茄等大宗农作物病虫害防治、L808葵花种子问题、河套水务公司与大中矿业公司水权转换事项。10月15日，常务会议专题研究《巴彦淖尔市水务体制和水管体制改革实施方案》。

2008年4月11日，市政府召开常务会议，研究迎接内蒙古自治区两个文明建设经验交流会暨庆祝中华人民共和国成立60周年、创建国家卫生城市和园林城市及全市第一届运动会筹备工作有关事项。5月15日,研究《关于加快发展现代农牧业扎实推进社会主义新农村新牧区建设的意见》《关于加快推进农村土地承包经营权流转促进农村土地规模化经营的意见》,表彰奖励在巴美肉羊品种培育工作中做出突出贡献的科技人员、育种户及巴美肉羊以补代奖饲料补贴有关事宜。8月13日,研究市直部分学校资源整合、围封禁牧、乌梁素海生态治理、临河西区开发旧区改造优惠政策有关事项。11月29日,研究重大项目争取和建设、支线机场铁路项目启动建设有关事项。12月26日,研究保障性住房建设、驻外招商、规范公务员津贴补贴、2009年主要经济指标安排等有关事项。

2009年4月13日,政府常务会议研究因公感染"非典"并发后遗症医务人员待遇、工业园区管理、矿产资源勘查开发、城镇社区建设、就业和人事劳动保障以及全市一季度经济运行等有关事项。11月23日,研究国有土地使用权出让金收支管理、基准地价更新、加强司法基层基础工作、创建国家园林城市、新型农村牧区养老保险、城镇退役士兵就业、突发公共事件应急、城乡规划管理等事项。

2010年1月17日,常务会议研究2010年主要经济社会指标安排、市级预算安排以及重大项目引进等有关事项。4月26日,研究市政府自身建设、临河城区土地定级与基准地价更新、增强区域中心城市集聚带动能力等有关事项。6月21—22日,常务会议研究《临河热电联产集中供热项目实施方案》《西区未收储土地改造开发出让价格及实施步骤》《关于承包租种国有土地人员参加新型农村牧区社会养老保险的意见》《关于对牧民参加新农保给予政策优惠的意见》。9月7日,研究水环境综合治理项目及发行企业债券、中小学校安工程贷款资金分配、事业单位人才储备有关事宜。

第三节 施政纪略

2004年,在全市开展食品药品监督管理机构改革,组建食品药品监督管理局,将对重大食品安全事故的查处职能纳入食药局管理职能范围;开展农村税费改革,全面取消农业特产税、牧业税,降低农业税率3个百分点;开展苏木乡镇机构改革,重新调整苏木乡镇机构设置,整合站、所和派驻机构,精简人员;开展农牧区义务教育体制改革,完成撤销苏木乡镇教育管理机构的工作,实施教师资格准入和聘任制度,教师工资由旗、县财政统一发放;推行"乡财县管"的苏木乡镇财政管理体制和"村财民理乡代管"的嘎查村财务管理制度,完善落实五项涉农政策,清理化解乡村债务;开展水利工程体制改革,江河堤防工程按照属地管理原则,由所在旗、县水利管理部门负责,中型以上水利工程由盟市水利主管部门负责,将水管单位分为纯公益性、准公益性和经营性单位。配套推进水管单位人事、劳动、分配、水价格形成等相关制度建设。开展国土资源管理体制改革,规定国土资源管理部门是同级人民政府的工作部门，乡镇苏木国土资源管理所的机构编制归入旗、县、市人民政府管理。

2005 年，深入推进财政国库集中收付改革，建立单一账户体系，规范收入收缴程序和支出拨付程序。完成综合预算编制、国库操作系统建立、监督制约等配套改革；继续推进苏木乡镇机构改革，撤乡并镇工作有序开展，试点旗、县苏木乡镇数量减少 50% 以上。同时精简机构编制、领导职数；深化农村税费改革，建立防止农民负担反弹的长效机制，对农民兴修农田水利工程给予补助，将农场土地承包费中的类似“乡镇五项统筹费”的收费全部免除；开展农村义务教育保障经费机制改革，全部免除农村义务教育阶段学生学杂费，对贫困家庭学生免费提供教科书，并补助寄宿生生活费；提高农村义务教育阶段学生公用经费水平，建立校舍维修改造长效机制，巩固完善教师工资保障机制；建立以县为主的农村公路管理养护体制，实行管养分离，推进公路养护市场化。

2006 年，继续深化农村牧区综合改革，进一步巩固农村牧区税费改革成果，完善取消农业税后的相关后续工作；调整农村牧区义务教育学校布局，落实“以旗（县、区）为主”的农村牧区义务教育管理体制，实施教师资格证书和教师准入制度；继续推进农牧区卫生改革，建立新型农村牧区合作医疗制度，建设旗（县、区）、苏木乡镇、嘎查村社三级卫生服务网络；稳步推进农牧区金融改革，将农村信用社转变为资金的金融机构，推进信用社股权结构改造，完善法人治理结构；进一步完善市与旗（县、区）财政管理体制，营业税、增值税、企业所得税、个人所得税、资源税部分实行基数加环比增量分成的办法；推进农村牧区基础教育、职业教育、成人教育“三教统筹”；开展群管水利体制改革，全面推行亩次计费；推进种子管理体制改革，实行政企分开；加快建筑业的改革步伐，完善收购、兼并、参股制度。

2007 年，继续深化经济体制改革，减少行政审批事项，规范审批行为；加快发展要素市场，完善现代市场体系，大力发展资本市场，规范发展土地市场，加快建设城乡统筹的劳动力市场，推进法制市场建设；深化金融财税体制改革，完善宏观调控体系；推进资源价格改革，促进资源节约、环境保护和节能减排体制建立；推进社会事业体制改革，深化收入分配制度改革，继续完善社会保障体系，推进医疗卫生体制改革，深化教育文化体制改革；深化涉外经济体制改革，提高对外开放水平，深化外贸管理体制改革，完善外商投资管理体制和走出去管理体制；深化农村牧区公路养护管理体制改革，实行管养分离；完善农村电工管理，加大农电体制改革；加强市场管理，将种子生产经营从农牧业行政主管部门中分离出去，实现人、财、物彻底分开；清理和规范农牧场各项收费，免除农垦系统农业职工和农业从业人员租赁经营国有土地所承担的费用，推进农牧场“三田制”改革，将农牧场经营体制向产业化、集团化、股份化过渡；开展水务体制和水管理体制改革，厘清河灌总局、市水务局、河套水务公司各自的职能职责；完善退耕还林机制，继续对退耕农户进行直接补贴；坚持和完善基本经济制度,探索公有制多种有效实现形式,加快国有经济布局调整和国有大型企业改革,完善国有资产管理体制和监管方式,深化公共事业改革,发展个体私营等非公经济。

2008 年,深化农村牧区综合改革,进一步巩固乡镇苏木机构改革成果,继续推进农村牧区义务教育管理体制改革,完善县乡财政体制,全面推动集体林权制度改革,妥善化解乡村债务,推行财政补贴农牧民资金管理和支付方式改革,建立农村牧区"一事一议"奖补制度,加大支农资金支持、整合力度,推进国有农林场税费改革;深化幼儿教育发展改革,继续实行地方负债、分级管理、有关部门分工负责的管理体制,倡导民办公助、引资助学等方式,广泛吸纳社会资金和人才发展幼儿教育、严格执行幼儿园的登记注册制度,大力发展农村牧区幼儿教育;开展集体林权制度改革,建立林地、林木流转制度、森林生态效益补偿基金制度、造林抚育保护管理补贴制度、森林资源资产评估制度;加快行政管理体制改革,制定并落实"三定"规定。

2009 年,深化医疗卫生管理体制改革,全面加强和完善公共卫生服务体系,推进和完善覆盖城乡的医疗服务体系,推进覆盖城乡居民的医疗保障体系建设,建立健全药品供应保障体系,建立覆盖城乡居民的基本医疗卫生体制;推进农牧业结构战略性调整,强化农牧业可持续支撑,大力发展农牧业产业化经营,加快新型农牧业社会服务体系建设,加强农畜产品质量安全工作;加大城乡统筹力度,制定和完善统筹城乡发展规划,加快县域经济发展,提高农村牧区公共服务供给水平,推进统筹城乡综合配套改革实验。

2010 年,推进行政审批制度改革,简化审批程序,推进网上审批;深化投资体制改革,加快推进非营利性政府投资项目代建制,推进多层次资本市场体系建设;建立有利于产业结构调整的体制机制,集中力量支持重点产业和骨干企业科技创新,制定配套政策,推行切实可行的优惠政策,减轻企业负担,优化发展环境;完善促进自主创新的体制机制,调整财政科研资金使用方向,加大金融机构对企业自主创新的支持力度;加强节能减排体制机制建设,建立健全资源开发利益分配和生态补偿机制;推进财政管理体制改革,实现财政补贴农牧民资金"一卡通"发放,探索"政府激励引导、农牧民筹资筹劳、社会力量支持"的村级公益事业投入新机制。推动金融体制改革,加快农信社从合作制向股份制改革,稳步推进小额贷款公司试点,实现旗、县全覆盖;深化资源型产品价格改革,推进大用户与发电企业直接交易和电力多边交易,实行城乡居民用电"同电同价";推进药品医疗价格形成机制改革,下调城市社区和苏木乡镇卫生院医疗服务价格,减轻城镇居民医疗费用负担;加快城镇化发展制度创新,推进区域城乡协调发展;稳步推进集体公益林和国有林场改革,启动异地水权转换工作,鼓励农牧民专业合作社组织发展,扩大农业保险保费补贴覆盖面;完善社会保险和社会救助体系,将中小企业职工、灵活就业者、农牧民纳入社会保障覆盖范围,建立多元化的养老服务投入机制；继续推进农村牧区危房改造扩大试点工作，完善以廉租住房为主的城镇住房保障体系，实行多元产权，推行住房公积金用于保障性住房建设试点；开展对“4050”人员、“零就业家庭”“零转移家庭”及其他就业困难群众的就业援助，进一步完善公务员津补贴政策，改革国有企业工资总额管理办法；完善基本医疗保障制度，将城镇居民医保和新农合补助标准提高到每人每年120元，城镇基本医疗保险参保率和新农合参保率分别达到90%、95%；实施国家基本药物制度，扩大基本药物零差率销售试点范围，对基层医疗卫生机构实行财政补偿；优先、重点发展民族教育，加强“双语”师资队伍建设，推行高职教育与企业深度融合，鼓励支持规范民办学校健康发展；推动文化体制改革，加快完成广播电台、电视台合并工作，电视台电视剧制作机构完成转企改制；启动农村居民点用地置换试点；开展第五批取消和下放管理层级行政审批项目，推进公权力公开透明运行。

第三章　综合政务

第一节　综合调研

一、机构改革

巴盟行政行署经济研究中心(调研室)成立于1984年2月,1987年10月正式确立编制,重新组建。1989年,对职能进行调整,并增设行署调研室,仍为经济研究中心,对盟内则称调研室,行使调研室职能,成为行署直接领导下具有调研与政务双重职能的办事机构。1993年,在调研室原有的调研与政务职能不变的前提下,强化调研室的政务职能。经济研究中心(调研室)相当正处级建制的事业单位,内设综合组、农牧组、工交组、财贸组、教科文组、办公室6个科室。2000年,巴盟行署调研室(经济研究中心)人员编制30名,其中在岗人员29人。设主任1名,副主任1名,有副处级研究员5名。内设机构有办公室、综合组、农牧组、工交组、财贸组、教科文组等。2000年,调研室的政务工作移交行署办。

2002年巴彦淖尔盟党政机构改革,将原来的盟委政研室、行署调研室、体改办合并为新的盟委政研室,同时挂巴盟城镇经济体制改革领导小组办公室的牌子。

二、主要工作

经济研究中心成立后,在巴盟行署的直接领导下,围绕行署每一时期的中心工作,积极开展调查研究工作,完成大量的政务工作任务。为推进决策的科学化、民主化,为行署重大方针、政策的制定与实施,为提高工作效率和质量,做出积极的贡献。调研室是行署机关决策科学化、民主化的参谋机构,在行署机关运转中起着承上启下、联系协调、传递信息的作用。其主要职能是围绕全盟中心工作和重大部署展开调研,搞好咨询论证,为领导提供决策依据和建议。

1998年,巴盟行署经研中心共完成包括城镇、农村牧区经济及社会方面专题调研10项,撰写调研报告10篇,约6万字;起草完成行署领导在各类会议上的讲话材料29篇,约26万字;起草完成各类工作总结汇报材料16篇,约11.2万字;起草完成各类重要文件13篇,约4万字;完成包括重要政策、建设项目、规划方面咨询论证5项。

2000年,巴盟行署调研室将农牧业的经济结构调整、绿色产业、特色农业和农区畜牧业等制约农业和农村经济发展的重大问题作为调研的重点,集中调研力量,先后完成《全盟农村经济运行情况调查》《全盟市场流通体系建设调查》《加入世贸组织对巴盟经济的影响和对策研究》《巴盟在西部大开发中的战略定位》《保持巴盟经济在“十五”期间快速增长的思考》等一批重要调研课题和论文。其中,《巴盟在西部大开发中的战略定位》和《保持巴盟经济在“十五”期间快速增长的思考》被评为内蒙古自治区优秀论文,并在报刊上发表。

巴盟行署调研室与盟经贸局等有关部门联合,赴各旗、县、厂矿和企业进行调研,认真分析研究巴盟工业经济发展的政策环境、扶持重点企业扩大规模、国有大中型企业脱困、企业嫁接改造引资等一系列制约企业发展的重大问题,并及时向领导反映情况,提出供参考的建议与对策。此外,还完成加快企业技术创新体制和发展壮大龙头企业的途径探讨等调研报告或论文。在城乡结构调整方面,特别是对小康村建设和加快发展小城镇问题进行认真调查。完成内蒙古自治区政府调研室布置的专项调查任务,参加9月在北京召开的全区政府调研会,在会上交流调研报告,受到好评。同时,还对农村集镇化、集镇城市化和转移农村剩余劳动力等战略性问题进行调研。根据盟教育科技体制改革的总体思路,对全盟科研机构改革和科研人员分流方案进行研究论证,并向行署提出建议。参加了盟委、行署统一组织的教育体制改革调研组,参与完成了《全盟大中专院校布局及结构调整调查》和《全盟中小学教学改革模式》等专题报告。参加盟委宣传部和盟经济学会组织的全盟思想政治工作调研和产业结构调研,撰写调研报告,并在会议中交流。

2000年,在咨询论证工作中,巴盟行署调研室认真研究分析全盟经济发展现状,参与研究制定一系列对巴盟经济和社会发展具有一定指导意义、有针对性和前瞻性的对策建议。在经济发展的速度问题上,提出全盟国内生产总值要想实现较大的增长,就必须加大基础设施建设投入,加快第一、二、三产业发展的对策。在推进农牧业产业结构调整中,提出加快农区畜牧业的发展思路和对策。为了有针对性地做好参政工作,调研室主动通过各职能部门了解情况、收集信息、掌握工作动态等,先后对西部大开发、加入世贸、发展高新技术等许多问题进行研究论证,对较为重大的工作部署和重要工作决策,提出建议或对策。2000年,巴盟行署调研室认真研究掌握党和国家的有关政策、法律法规、经济理论等知识,并随时收集分析经济信息,了解经济运行态势。为盟委、行署出台和实施有关重大决策提供咨询服务。此外,对盟行署拟发的有关文件、工作实施方案等提供咨询论证服务,为决策科学化发挥参谋和智囊班子的作用。

2001年,调研室主要工作是突出“三化”(产业化、工业化、城镇化)互动开展调研,提出如何从巴彦淖尔盟出发,因地制宜,加快推进“三化”进程的建议和对策。完成加快巴盟工业化进程途径的探讨等一批调研报告和论文;围绕产业化迎接世贸机遇和挑战,提出如何加快农牧业结构调整,优化种植结构,打造特色绿色农牧业等方面的探讨。完成大力发展农区畜牧业、推进农村经济结构战略性调整、河套节水农业前景预测分析、绿色食品基地建设、种植结构调整等调研报告。以工业运行中的重点难点,提出化工企业面临的困难和对策,建立巴盟支柱工业企业构想,企业民营化的对策与探讨,对工业园区发展现状、问题及政策导向等提出建议。在城乡一体化方面,为大力发展县域经济和民营经济、招商引资、为中小企业提供信贷担保等提出建议。在社会保障体系建设方面,围绕"两个确保"和"三条社会保障线"实施情况、再就业工程、城镇特困群体情况进行调研,提出合理化建议。完成的咨询论证主要有盟委行署出台的政策性文件包括机构改革实施方案和分流人员暂行规定、加强民族宗教工作的决定、发展农村民间流通组织拓宽农产品流通渠道的意见、临河开发区管理办法以及河套灌区节水改造工程、杨木纸浆项目、110 国道过境公路、林业生态建设总体规划等。

第二节　法制建设

一、健全行政法制

1986—1990 年,盟行署法制工作主要以学习宣传法制教育为主,参与人大办牵头的法律检查活动和法律征求意见座谈会。

1989—1990 年,行政诉讼法、行政复议条例先后颁布实施。行署于 1990 年全面建立政府法制机构,制定印发《关于加强政府法制工作的通知》《关于法制工作机构职责任务》《关于做好规范性文件备案工作的通知》及《关于巴盟规范性文件制定程序实施办法》等文件,逐步实施依法行政。

1991 年,在全盟学习贯彻行政复议条例,盟行署对实施行政复议工作作出明确规定。1996 年,盟行署组织全盟政府法制机构工作人员,参加内蒙古自治区法制局举办的《行政处罚法》培训班,并于 8 月 20 日召开全盟第三次政府法制工作会议。2003 年,按照国务院、内蒙古自治区政府关于贯彻落实《中华人民共和国行政许可法》及《全面推进依法行政实施纲要》的通知精神,巴盟制定出台《巴彦淖尔市实施行政许可听证暂行办法》《巴彦淖尔市行政许可监督暂行办法》《巴彦淖尔市行政许可过错责任追究试行办法》和《巴彦淖尔市重大事项决策程序规定》《巴彦淖尔市重大事项决策听证暂行办法》,并按照制定的各项文件精神,开展行政执法机构清理工作,建立健全行政执法主体资格制度。为提高全盟行政执法人员的执法素质和执法水平,法制办配合国土资源、人防、文体、建设、水务等部门开展执法培训活动,共举办执法培训班 10 期。使政府法制工作走向正规。2003 年,按照上级文件精神,政府法制办共审核规范性文件 40 件,其中涉及"非典"防治工作方面的规范性文件 24 件。

二、规范性文件监管

2004 年,会同有关部门对重新修订《巴彦淖尔市规范性文件制定和备案审查暂行办法》,明确规定:凡各级各部门制定出台规范性文件事前都必须要经法制机构审核,并有法制机构出具的正式审查意见。对已经出台的规范性文件组织人员进行清理，特别是对那些妨害经济秩序、阻碍经济发展，搞地区封锁、部门保护以及违法设定行政许可、收费、发证、处罚、年检和减免税收等内容或已经过时不再适用的规范性文件，进行修改、废止，进一步加强对规范性文件的监督管理，从源头上遏止行政违法事件发生。2005 年出台《巴彦淖尔市规范性文件制定和备案审查暂行办法》，共审核论证规范性文件 80 余件。2006 年，审核论证市政府出台的规范性文件 30 件，审核旗（县、区）报送备案的规范性文件 15 件，审查重大行政处罚案件 1 件。清理废止规范性文件 1 件。2007—2010 年，政府法制办共审核论证规范性文件 242 件，清理废止各旗（县、区）在招商引资和优化经济发展环境中违反法律、法规出台的规范性文件 36 件。

三、行政复议

2004 年后，政府法制办依法办理行政复议案件，及时化解矛盾纠纷，其中有许多案件都是涉及一些多年悬而未决的老大难问题，通过行政复议的途径得到合理的解决。在做好市政府受理的行政复议案件工作的同时，指导各旗（县、区）和市直各部门的行政复议工作，对提出的有关问题及时予以解答，保证了各级各部门行政复议工作的顺利开展。2010 年，市政府法制办共收到当事人提出的行政复议申请 186 件。经审查，因不符合行政复议法规定而不予受理的 14 件，正式立案受理的有 172 件。

第三节　外事工作

一、机构沿革

1960 年 12 月，巴盟行署成立外事领导小组及办公室，1967 年撤销。1971 年 5 月，巴盟革命委员会办公室设外事组。1976 年 7 月，成立巴盟革委会外事处，与巴盟边防委员会办公室合署办公。1979 年，改名为巴盟行署外事处。1985 年 10 月，中苏、中蒙友好协会巴盟分会成立，办事机构设在外事处。1986 年，改为巴盟行署外事办公室，隶属行署领导，内设边防科、接待科。1992 年 3 月，增挂巴彦淖尔盟口岸办公室，内设办公室、接待科、口岸科、边防科。1995 年，外事办公室由准处级降为科级，变为行署办的内设科室，对外保留巴盟行署外事办公室名称。2000 年，巴盟行署外事办内设外事、边防、口岸等科室，有工作人员 7 名。全盟 7 个旗（县、市），乌拉特中旗设有外事办，其他旗（县、市）外事工作由政府办负责。2002 年，巴盟调整了外事工作领导小组成员。

二、主要工作

巴盟行署外事办公室成立以来，适时调整盟边委成员，不断加强对边防工作的领导，制定出《巴彦淖尔盟边境管理暂行规定》，划定边管区，不断加强边境设施建设。1986 年开始，巴盟行署外事办进行外事工作的集中统一领导和归口管理，为全盟的经济建设牵线搭桥。先后制定《盟外事办公室职责范围》《关于加强政策归口完善外事工作管理意见》《关于巴彦淖尔盟经贸团组出国及邀请事项的暂行审批管理意见》《关于严禁公费变相出国(境)旅游的通知》《关于加强对外国人管理的意见》等一系列规定办法。印制了《文件汇编》《出国人员学习材料》等书籍,在《巴彦淖尔报》辟专栏刊发了39篇宣传外事、口岸的宣传材料。

截至1997年底,巴盟行署外办先后接待法国有色金属公司达迈为代表的代表团、坦桑尼亚鲁赛为代表的沙漠化防治代表团、苏联《青春》歌舞团、世行水利专家郑兰生为代表的代表团、蒙古国南戈壁省以博·班迪为代表的代表团以及古巴、意大利、德国、美国、约旦、新西兰等国代表团共26878人次。审理审批赴俄国、蒙古国、日本、美国、德国、法国、英国等12个国家和地区的团组7232人次。

1998年,召开全盟外事、边防、口岸工作会议,认真学习中办发《关于地方外事工作的若干规定》、内党办发《关于印发〈内蒙古自治区外事工作若干规定〉的通知》等一系列文件。对照文件精神,认真总结近几年来全盟外事工作的经验,分析外事工作面临的形势和存在的问题,明确今后的工作指导思想,建立健全外事工作机构。审理审批赴俄赴蒙经贸团组127批、428人次,审批甘其毛道出入境批件67批、127人次,办理随团出国人员确认件45批、94人次。接待到巴盟考察砷中毒日本地质学专家团、拍摄中国第一保健啤酒的芬兰记者团和蒙古国南戈壁省政府代表团。全年共接待外宾2086人次,其中蒙古国1996人次,其他国家和地区90人次。

1999年,巴盟口岸等部门圆满完成4次口岸开放任务,全年吞吐货物2573吨,出入境人员19572人次,出入境车辆4066辆次,易货贸易额764.4万元。

2000年,巴盟共审批赴蒙古国经贸团组250批、1333人次,审批办理甘其毛道口岸批件341批、967人,审核上报赴蒙古国和其他国家和地区的团组69批148人次。

是年,巴盟行署先后召开口岸工作研究会两次,并向内蒙古自治区政府汇报“九五”期间巴盟口岸工作运行情况,编制巴盟“十五”口岸建设规划。盟旗先后6次深入口岸督促检查工作,加大对欺行霸市、偷盗抢劫、敲诈勒索违法行为的打击力度,促进口岸正常贸易。全年口岸开关4次,吞吐货物1302.6吨,其中进口557吨。贸易额6575.9万元,其中进口4073.5万元。出入境车辆8552辆次,出入境人员51347人次。

巴盟行署外事办审批蒙古国经贸团组190批962人次;审批办理甘其毛道口岸批件632批,1929人次;审核上报其他国家地区的团组101批204人次。接待赴巴盟考察河套地区水资源管理情况的美驻华使馆环境科技处官员黄京伟等外宾5批21人次。对全盟29家外资企业中的外籍专家提供服务,使专家们更好地为巴盟的经济建设服务。深入旗、县、市和盟直单位调查研究,分析工、农牧业形势,编制引智项目。

巴盟外事办会同盟边委办联合下发《关于开展边防政策宣传月活动的通知》。3 月，盟、旗两级边委利用新闻媒体、印制宣传册和组织宣传组等形式，在全盟开展边防政策宣传月活动，提高边境地区干部群众的国防意识、国界意识和边界意识。

2001 年，审批赴蒙古国的经贸团组 250 批 1333 人次，审批办理甘其毛道口岸批件 341 批 967 人次，审理上报赴蒙古国和其他国家、地区的经贸团组 69 批 148 人次。2002 年，巴盟外事办与蒙古国会谈会晤 21 次，其中正式会晤 13 次，接触性会晤 8 次。5 月 16 日，在中华人民共和国甘其毛道口岸边界会谈会晤站顺利地签署《第一次会晤纪要》。在 7 月、8 月、9 月进行三次会晤。在上界工作开始后，对每个界标都制作《界标放样备忘录》。并对管段内已竖立的 70 个界标进行拍照，整理出摄影资料。

第四节　信访工作

一、机构与改革

1983 年 10 月，巴彦淖尔盟盟委、行署两办分别设立信访科。为切实搞好信访工作，使信访工作走向科学化、制度化、规范化，1985 年 10 月，巴盟将两办信访科合并，成立信访办公室，归口行署办公室，受盟委、行署双重领导，准处级建制。

1998 年，根据信访工作实际，在全盟范围内配备信访信息报告员。盟、旗（县、市）、苏木（乡镇）、嘎查（村）以及各单位都建立较为完整的信访网络，并建立健全系列信访制度。2001 年，在机构改革中，信访办升格为正处级建制，更名为巴彦淖尔盟信访局，内设综合督查科、接待信息科、办信办案科三个科。2002 年，核定领导职数主任副主任各 1 名，科级 5 名，总数 11 人。2004 年撤盟设市时，内设 4 个科室：综合科、接待科、办信办案科、信息督查科。2008 年，内设综合科、办信督查科（人民建议征集办）、信访信息（投诉受理中心）、接访一科、接访二科。

二、制度建设

1986—1998 年，在信访制度建设上，主要落实“分级负责、归口办理”“谁主管、谁负责”的原则，继续推行分工归口接待群众来信来访工作制度；信访工作目标化管理考核制度，实行“末位淘汰、一票否决”的考核办法；进一步完善领导接待日信访工作责任制度；接待处置集体访及推行逐级访制度；信访排查制度和领导包案制度等。及时妥善地处理大量的群众信访问题。

1999 年，全区信访工作会议结束后，巴盟召开书记、盟长联席会议，及时传达会议精神，研究加强信访工作的具体措施。2004 年，市委、市政府下发《关于加强信访工作的意见》，确定每周一为市领导接待日。2005 年，信访工作条例颁布实施。

2008 年，巴彦淖尔市出台《信访隐患及矛盾纠纷排查化解工作制度》《信访案件办理工作制度》《市领导和部门接待办理信访事项工作制度》《处理信访突出问题及群体事件联席会议制度》等一系列制度，保障全市信访工作制度化、规范化、法制化运行。2009年，巴彦淖尔市制定出台《市中级人民法院、人民检察院、公安局关于依法处置非正常上访的实施意见》《巴彦淖尔市信访局接访办理工作流程》《关于处置进京非正常上访和群体性上访工作流程》等。

三、具体工作

1998年，两级信访部门共受理群众来信来访28896件次，其中，来信856件，来访28040人次。

1999年，由于自治区会议精神得到及时贯彻落实，引起各级领导的高度重视，全年两级信访部门共受理群众来信来访21162件次，其中，来信843件，来访20319人次，个人上访3378人次，集体上访758批16538人次。承办中央、自治区信访交办案28件，结案28件。

2000年，针对信访总量大幅增长的情况，巴盟进一步加强信访工作队伍建设和信访工作网络建设工作，两级信访部门受理群众来信来访27054件次，其中，来信700件，来访26354人次，个人上访2391人次，集体上访896批23440人次。2001年，巴盟信访工作实施"分级负责、归口办理、谁主管谁负责和及时就地解决问题与思想疏导教育相结合"的信访工作原则，安排领导接待日141天，共接待来访群众4456人次。在全国"两会"、国庆节及中共内蒙古自治区第七次代表大会期间，两级信访部门均派出信访工作组驻外值班。同时在全盟范围内进行信访隐患排查，对出现的上访苗头及时处理。全年，两级信访部门受理群众来信来访26610件(人)次，其中，来信715件，来访25895人次，集体访934批23075人次。2002年4月，巴盟召开全盟信访工作会议，会议决定每周一为盟领导接待日，全年安排盟领导接待日126次。年内，全盟两级信访部门受理群众来信来访25973件次，妥善处理集体上访案910批22439人次。2003年，巴盟两级信访部门共受理群众来信来访3417件次，其中来信641件，来访30776人次，其中，来访中集体访797批27810人次。全年承办中央、自治区信访交办案30件，结案27件。

2004年，全市信访办共受理群众来信来访9051件次，其中，来信370件，来访8681人次。来访中集体访258批7841人次。全年承办中央、自治区信访交办案29件，结案23件。

2005年，巴彦淖尔市两级信访部门共受理群众来信来访20907件次，其中，来信726件，来访20181人次。来访中集体访716批17319人次。承办中央、自治区信访交办案25件，结案24件。

2006年，全市两级信访部门共受理群众来信来访15100件次，其中，来信269件，来访1960人次。集体访591批、12871人次。承办自治区交办信访案件71件。

2008年,全市有11位市级领导接待上访群众32人次,现场研究解决信访案件24件,有8件责成有关部门负责调查处理。旗(县、区)为参与接访的县级领导14人,接待上访群众323批1679人次,处理解决94件,两级信访部门受理群众来访1693批13227人次,其中受理集体上访506批11150人次。

2009年,召开信访联席会议,研究部署开展"信访积案化解"活动,并制定下发《关于开展信访积案化解年活动的实施方案》。各涉案单位按照"不欠政策账,不欠程序账,不欠时效账"的要求主动理案,尤其对自治区交办的20个信访积案,全部进行及时化解和妥善解决。

第五节　网络信息化工作

一、信息化机构

2002年,成立巴盟信息化领导小组办公室,设在市发展计划委员会。2004年,撤盟设市后正式成立市信息化领导小组,组长由政府市长担任,常务副市长担任副组长,分管信息化工作,领导小组下设办公室(市信息化办公室)与市政府网络信息管理中心一个机构两块牌子,隶属于市政府办公室,副处级建制,内设三个科室,核定编制10人。2010年新一轮机构改革时,由市经信委兼任领导职务,统筹协调全市信息化工作,信息化机构保留独立运行,承担全市信息化和电子政务工作。

二、电子政务建设和应用

按照"统一规划、统一网络、统一平台、分级推进"的原则,市政府2005年6月下发《巴彦淖尔市人民政府关于全市电子政务建设和网络互联的实施意见》和《巴彦淖尔市政府网站管理办法》,按照统一规划,建设党政统一的"两网一站"基础架构,电子政务内网、外网和政府网站,内外网物理隔离,政府网站为一站式对外服务窗口。电子政务内网为涉密网,市信息办统一建成后,交由市委机要局管理,主要处理涉密和敏感信息。电子政务外网为非涉密网,主要处理党政部门社会管理和公共服务等非涉密信息。经过2009年后的两次升级改造,加快各部门电子政务外网接入,整合信息资源,推动共享,深化应用,提升电子政务服务能力。

(一)政府门户网站群

2006年巴彦淖尔市政府网站正式开通运行,2009年按照网站群建设要求进行全面的改版和软件升级,以"政务公开、网上办事、互动交流、便民服务"为主要宗旨,建有20个主要功能栏目,200余个子栏目,子站20余个,同时建设蒙文版、英文版和手机WAP版等特色网站,是功能完善、信息全面、服务高效、管理规范的政府网站群。政府网站是政府信息公开、服务群众、回应关切的重要载体,是密切联系群众、创新服务管理的重要平台。继续整合全市政务网站群。利用统一平台先后整合杭锦后旗政府网、市住建委网站和市社保局网站等旗(县、区)政府网站6个、市直部门网站16个,实行统一技术支撑,统一运维管理,有效提高全市政府网站管理效率,保证网站的稳定安全。深化政府信息公开,进一步规范政府信息公开专栏建设,增设“三公”经费、行政审批等重点领域公开,保证相关内容及时网上公开。完善网上公共服务事项和办事流程,提供更加便捷、高效的网上审批服务。

(二)OA办公平台

2009年8月开始建设,巴彦淖尔市电子政务办公(OA)平台,年底投入运行,包括公文交换、信息报送、会议管理、电子印章系统和短信平台,在7个旗(县、区)建立分平台,是全市党政群机关的文件流转、信息报送、政令传达的重要平台。

(三)视频会议系统

2007年巴彦淖尔市电视电话会议系统开始建设,主要通过市电子政务外网线路,传输标清视频信号。之后按照自治区党委专用通信局要求完成市级党政视频会议系统的会议中心和旗(县、区)会议分中心的网络改造任务。特别对市党政大楼201视频会议室进行全面改造和系统搬迁,建成新的高清会议系统。基本实现高清、安全、稳定的传输效果,为节约会议成本发挥重要作用。

三、农牧业信息化建设应用

巴彦淖尔市是农牧业大市。1999年开始实施“农技电波入户工程”;2004年建成巴彦淖尔市农牧业信息网;2005年自治区首届全区农牧业信息化会议在巴彦淖尔市五原县召开,自治区副主席连辑亲临参会;同年,五原县被国务院信息办确定为首批国家农牧业信息化试点县,形成电视、手机、短信、信息员等多手段结合的农村信息服务体系建设模式,起到很好的示范、引导和带动作用。2006年实施“三电合一”和“12316”项目受到世行全球通信技术部高级执行官梅海姆,世行专家里奇特、姚沂,国务院信息办推进组博士刘强的重视,并参观考察。2009年实施“金农工程”一期项目,初步形成网络、电视、电话“三电合一”的农牧业信息化服务体系。

(一)农牧业信息网和农牧业技术推广网建设

2004年,依托国家和自治区农牧业项目建成“巴彦淖尔农牧业信息网”;7个旗(县、区)和农垦局也配置信息设备,成立信息中心,建立二级信息平台;20个乡镇和农场配备网络设备,设置了专(兼)职信息员,形成市、县、乡三级信息服务网络体系。网站设置10多个一级栏目和30余个子栏目,年更新发布各类信息6000余条,点击量100万人次以上,页面浏览总数400多万页次,开发十大涉农数据库,整理录入信息100万余条。

(二)“12316”农牧业语音服务热线

在农业部“三电合一”项目的支撑下,巴彦淖尔信息中心在2006年与中国网通巴彦淖尔市分公司合作开通“12316”农牧业语音服务热线,建立“12316”农牧业语音数据库,编辑收录各种信息1万余条。用户只要用电话拨通“12316”即可进入系统，实现直接拨号查询。同时还建立健全种植业、土肥、植保、种子、水产、沼气、草原、养殖业，农牧业经营管理等60名农牧业专家咨询队伍，农牧民可通过语音服务热线直接与专家进行咨询交流，解答疑惑。几年来累计拨打电话语音服务热线的用户3万余人次，直接同专家对话4000余人次，受惠人数10余万人。2012年3月16日起语音服务热线由农牧业厅整合并统一进行人工和自动回复，为农户提供语音咨询和专家远程解答，使农民不出家门就可了解到所需要的各种农业信息，为农业生产带来便利。

（三）“农事通”“农信通”建设

为提高信息服务入户率，切实解决巴彦淖尔市农村牧区信息闭塞、惠农政策传达不到位和科技推广不普及等问题，2006年，市农牧业局先后与电信部门合作成功推出“农事通”“农信通”业务，使农牧民足不出户就能了解到最新的种养殖业技术、气象信息、政策信息、市场信息、灾情预警等，及时得到对农事的信息指导。有效地解决本地区农牧民种难、养难、买难、卖难的矛盾。

（四）农牧业科技电视制作中心

1999年，依托农业部实施的“农技电波入户工程”，巴彦淖尔市成立农牧业科技电视制作中心，为全额拨款事业单位，配套专业摄、编、录设备，从事农牧业科技电视节目的采编制作。开办农业科技电视节目《农业百科》，通过巴彦淖尔电视台面向全市农村牧区播放。2004年，又实现《农业百科》节目在巴彦淖尔农牧业信息网站的播出。《农业百科》电视节目每周一期，内容包括农牧业政策、农牧业信息、农牧业技术、农牧民教育等，包揽农、林、牧、水、气、农机等涉农各部门的工作。

（五）全面落实“金农工程”建设项目

2009年，巴彦淖尔市临河、杭锦后旗、磴口、五原、前旗、中旗6个旗（县、区）和25个乡镇、苏木被列为“金农工程”一期项目的重点建设单位。根据自治区“金农工程”建设方案的总体部署和要求，一期硬件设备到位后，全市及时组织项目实施单位发放和安装设备，按时完成“金农工程”一期项目的建设任务。继续争取“金农工程”二期项目的实施。

（六）健全管理机构，强化信息服务队伍建设

根据农业部信息化工作部署，2001年市政府成立“巴彦淖尔市农牧业信息服务中心”，编制10人，隶属于市农牧业局，科级建制，管理全额拨款事业单位，全市农牧业信息化建设和服务工作。多年来，围绕市、县、乡镇三级信息网络体系建设，不断加强农牧业信息员队伍培训提高，形成500余人的信息员队伍，全面收集、发布、交流农牧业各领域的相关信息，成为全市农牧业信息化发展的重要支撑力量。

四、企业信息化和电子商务

2004年,河套酒业集团投资建设ERP财务管理系统,得到国家"倍增计划"的支持。2005年,市信息办向信息产业部申报并批复"巴运集团物流信息系统建设项目",总投资2000万元,对全市商贸物流信息服务业发展将起到重要带动作用。2007年7月,成立"巴彦淖尔市中小企业信息化推进联盟",推进企业信息化的发展。2008—2010年,积极向国家发改委和工信部申报产业振兴、下一代互联网、物联网示范、信息化试点、涉农信息资源整合、信息安全等6个信息化类项目,争取国家、自治区企业信息化扶持资金,实施河套酒业、巴运物流园区、金川啤酒厂等一系列企业信息化示范工程,有效带动全市中小企业信息化的快速发展。

总投资3亿元的自治区西部最大的物流中心——巴运物流园区,投资500万元建成现代物流信息平台,与国内物流机构联网,实现车辆GPS卫星定位管理,车辆调度、货物配送、客户管理、物流贸易等功能。

2007年,临河区被商务部确定为首批在全国开展农村商务信息服务体系建设20个试点县之一,建设完成1个区级信息服务中心局域网,17个乡镇信息服务网站,3个村级滚动电子显示屏,150个村社信息服务网点,8家产业龙头企业信息服务网站,5个行业协会(合作经济组织)信息服务网点,150个流通经纪人和种养大户信息服务点。同时,组建由市、区、镇、办事处60余名行政人员、10名专家顾问、500余名信息员、6000余农户组成的农村商务信息服务队伍。形成"一中心"(商务网站)、"五模式"(龙头企业、专业市场、合作组织、专业村、流通大户)的商务信息网络服务体系,为农牧民及时提供种养技术信息和市场供求信息,促进农牧民增收。

2014年调研中小企业信息平台建设情况,同时,进一步完善"市中小企业信息服务平台",为全市中小企业提供网上宣传、网上洽谈、电子商务等应用服务,有效推进全市特色产品外销,提高了企业经营效益。

五、城市及社会信息化应用

(一)"数字巴彦淖尔"建设

2010年,巴彦淖尔市与中科院遥感所、国遥万维信息技术有限公司、北大千方信息技术有限公司等知名企业合作,积极推进"数字巴彦淖尔"规划建设,研究制定"数字巴彦淖尔"建设初步规划方案,项目总投资4.6亿元。由北京国遥万维信息技术有限公司和市国土资源局共同编制的《数字巴彦淖尔地理空间框架建设项目设计书》正式通过自治区国土资源厅和市政府验收,标志着"数字巴彦淖尔"建设项目开始建设。按照市领导批示,对市行政审批中心建设项目进行市场调研和可行性论证,并对技术方案提出符合实际的修改意见。

与国际国内知名IT企业IBM公司、福建南威软件公司、北京重鑫合力科技有限公司等协商洽谈，加快推进物联网、软件研发、呼叫中心等新型信息产业项目在巴彦淖尔市开工建设，促进产业结构优化升级。与市移动公司合作，制定“无线城市”建设总体框架，确定合作协议，为进一步全面推进巴彦淖尔“无线城市”建设和新型信息服务业发展奠定基础。在电子政务、数字城管、数字交通、平安城市等城市信息化建设方面取得较大成绩，荣获2010年中国城市信息化推进奖和中国城市信息化发展进步奖。

（二）智慧社区建设

社区信息化全面推开，各街道办事处和社区居委会都配备电脑、指纹仪、摄像头等居民信息采集设备，建成户籍信息、计生档案、就业情况、低保工作等数据库，实现社区居委会工作的信息化和自动化管理，极大地提高工作效率和社区服务水平。根据自治区经信委和民政部门《关于加快推进全区智慧社区建设的意见》（内经信发〔2013〕95号），全市分步推进“智慧社区”建设。以公共设施设备智能化为重点，推进生活智能终端项目和“视频监控、车辆进出管理、门禁系统”三大工程，为居民生活消费和小区的治安管理带来现代化的安全保障。2013年6月启用临河区社区服务呼叫中心，为市民提供政务信息、社区网站、社区便民服务。

（三）卫生信息化

2009年，开始卫生信息化建设，先后建成全市卫生系统OA办公系统、卫生信息门户网站、视频会议系统、基本公共卫生信息平台、新农合市级统筹平台、120急救指挥系统、嘎查村卫生室信息化系统、村医注册管理系统、市级区域卫生信息平台等覆盖全市医疗卫生机构的信息化应用系统，卫生信息化建设平稳运行。

（四）教育信息化

2001年，开始建设全市教育信息化工程完成农村中小学现代教育远程项目，通过光盘播放、卫星接收、网络教室三种方式实现农牧区教育资源的共享。市重点中学、河套大学都建成较为完善的校园网。通过加快教育信息化建设，实现国内优质教育资源的共享，切实提高全市的教育教学水平和质量。率先在自治区实现学生综合素质信息化评价。

鼓励广大教师利用教育资源公共服务平台上传下载教育教学资源，实现优质资源共建共享，利用该平台进行信息技术与学科教学整合基本功大赛，和基础教科一起组织教师参加教育部“一师一优课”评选活动，全市共有919名教师利用平台晒课，始终居自治区首位。

（五）其他社会信息化建设

市金融、税务、工商等系统按照国家“金字”系列工程的要求，业务应用系统不断完善，主要业务全部实现网上办理，为改进金融服务、税收征管和工商管理发挥了重要作用。市公安系统已和国家、自治区实现联网，初步显示信息系统在“户籍管理”“网上追逃”“扫黄打非"等一系列专项斗争中的强大作用。市劳动局投资300多万元建成社保信息网络平台,推行医保IC卡,有效提高社保业务的管理水平和服务质量。

第六节 行政审批

一、机构与改革

2001年3月,成立巴彦淖尔行政审批中心。由政府法制办牵头抽派专门人员9名,承担市直行政审批项目的清理工作。先后到50余个市直部门指导清理工作,并查阅1994年以来的文字档案,历时四个多月,完成了项目清理工作。2002年10月正式挂牌运行。是市、区两级职能部门集中办理行政审批事项的服务窗口,也是全市行政效能建设与扩大政务公开的重要平台。2004年,巴彦淖尔盟按照行政许可法要求,建设"市场准入、城建规划"两条绿色审批通道为主线,在机构未定,领导班子没确定及人员、经费没落实的情况下,设法借调人员、向上级财政争取资金等办法开始组建巴彦淖尔行政审批中心并开展工作,确保中心的正常运转。

2005年,乌拉特前旗、乌拉特中旗、磴口县、乌拉特后旗行政审批服务中心重新进行挂牌。

2006年,行政审批中心内设综合科、业务管理科、信息督查科,有事业编11名,其中行政后勤8名,专业技术人员3名。市区行政审批服务中心共进驻各部门、机构36个,其中行政审批部门30个,中介服务机构6个;进驻审批事项206项,分为市场准入、城建规划和便民服务3个大厅。

2007年,进驻市、临河区两级行政管理部门30个,两级效能投诉中心各一个,各类中介服务机构5家,行政审批事项206项,便民服务21项,工作人员103人。中心内设市场准入、城建规划和便民服务3个大厅;外设市房管交易所、消防支队、交警车管所、临河交警大队、临河国土局5个分大厅;对杭锦后旗、五原县、磴口县、乌拉特前旗、乌拉特中旗、乌拉特后旗6个行政审批中心业务管理进行监督指导。

2009年,市(区)行政审批服务中心共进驻市、临河区两级部门和中介机构38个、审批服务事项97项、工作人员75人。中心内设市场准入、城建规划和便民服务3个大厅;外设市房管交易所、消防支队、交警支队、临河交警大队、临河国土局5个分大厅。在审批业务管理上,对杭锦后旗、五原县、磴口县、乌拉特前旗、乌拉特中旗、乌拉特后旗6个行政审批中心进行监督指导。

二、审批服务工作

2005年,市和旗(县、区)两级行政审批服务中心累计受理、办结审批事项97060件,其中,市行政审批服务中心接待咨询和办事人员3万余人次,受理、办结审批事项22629件,中心 4 个分大厅受理办结审批事项 52436 件；旗、县行政审批服务中心受理、办结审批事项 21995 件。

2006 年，共受理、办理各类审批事项 178598 件。其中，市区行政审批服务中心 56409 件，市房管交易所、消防支队、农机监理中心和市交警支队、临河交警大队 5 个大厅受理办理 76185 件，各旗、县行政审批服务中心受理办理 49536 件。

2007 年，共受理、办理各类审批事项 161266 件。其中，市区行政审批服务中心 30537 件，市房管交易所、消防支队、农机监理中心和市交警支队、临河交警大队 5 个大厅受理办理 98825 件，各旗、县行政审批服务中心受理办理 31904 件。

三、项目进驻和硬软件建设

2004 年，巴彦淖尔市行政审批服务中心确定以建设"市场准入、城建规划"两条绿色审批通道为主要目标，先后投资 5 万元，为市、区工商部门配置标准化档案室，并实现办公网络的对接，还将中心工作人员的办公室合并，为规划和市、区工商部门安排办公室 8 间。经多次协调相关部门，市规划局和市、区工商部门主要业务科室都整建制进驻中心办公，使市场准入、城建规划两条绿色审批通道初步形成，并实质性地开展工作。对项目不适宜在中心大厅集中办理的一般性的便民服务项目，在中心统一监管的调整出中心大厅。2004 年分两批共退出市、区两级部门 16 个，退出项目 130 项，新建立 6 个分大厅。

2005 年，巴彦淖尔市人民政府办公厅下发《关于公布行政审批服务中心保留和新进部门及审批项目的通知》（巴政办发〔2005〕31 号），重新规范进驻的单位和项目。将中心成立初进驻 54 个单位，564 个行政项目和服务项目，调整为进驻有行政审批项目的部门 30 个，服务部门 2 个，中介机构 4 个，进驻工作人员 90 人，其中，涉及市场准入的市、区两级部门 15 个，审批项目 25 项；涉及城建规划项目的市、区两级 10 个部门，审批项目 20 项；便民服务 5 个部门，审批项目 9 项。按照工作职能和流程将进驻部门分为市场准入、城建规划和便民服务 3 个大厅。

为提高审批效率，制定《巴彦漳尔市行政审批服务中心网络建设方案》，编制《巴彦淖尔市行政审批计算机网络管理系统设计方案》和《巴彦淖尔市市级行政审批服务中心网络拓扑结构图》，开通中心主页网站，在市行政审批服务中心的主题网站上编写动态网页，各旗、县审批中心和市直各分大厅可通过互联网登录市行政审批服务中心网站进行数据上报，中心根据上报数据进行汇总，市直各进驻部门也可通过政府网络登录中心网络进行查阅签批。市国、地税专网实现与中心直接连接。10 月，中心与内蒙古电子研究所、中软公司签订合同，开发中心接件、联审联办、统计、收费监控、网上办公审批等 6 大系统的软件设计和开发，12 月下旬进入试运行。根据软件开发和工作的需求，城建规划和便民服务两个大厅填置大厅彩频投影仪、微机、短信寻呼、指文签到等硬件设备。通过加强网络建设，采取联审联批等方式,提高行政审批工作效率,简化行政审批程序,减少行政审批环节,强化监控手段,达到招商、安商、扶商和亲商的目的,为真正实现"政府的办事效率提高到最高,企业和百姓的办事成本降低到最低"的目标,迈出坚实的一步。

2006年,审批服务中心的业务管理、窗口管理、收费管理、网络维护、决策督查、远程审批、OA自动化办公和分大厅管理等15个管理软件系统进行重新设计和研发并试运行,将多个部门的审批链条编入中心电脑,实现了"一门受理、抄告相关、内部运作、联审联办、一次交费、限时办结、统一发证"的一站式审批服务方式。

四、规范工作流程

2005年,各入驻部门严格执行"五公开"制度、"五件"分类管理制度和"五制"办理制度。"五公开"是行政审批服务中心的工作目标和配套制度向社会公开;各进驻事项审批依据,申报材料,审批程序,审批时限,收费依据和标准公开;将事项的受理情况和办事情况公开;将窗口工作人员的身份联系方式公开;将监督管理机构和受理投诉的联系人和联系方式公开。同时,加大政务公开力度,保障群众的知情权和监督权,以公开促监督,以监督促落实。"五件"管理就是把审批事项分为即办件、承办诺件、联办件、退办件、补办件,并采取网络化管理;"五制"就是根据审批事项的不同,采取直接办理制、承诺办理制、联合办理制、负责办理制和明确答复制分别予以办理。在办理行政审批事项时,要抓住"五个要素",突出"六个环节",做到依法行政,热情服务。"五个要素"是申报材料、审批程序、承诺时限、收费依据标准、办理科室;"六个环节"是谁接件、谁受理、谁勘验、谁审批、在哪缴费、在哪盖章发证,体现联审联办,真正实现"一门受理、抄告相关、限时办结"。

五、强化内部管理

2005年,进驻中心的单位有30余个,人员的关系又都在原单位,给中心管理带来一定的难度。中心向市政府、市组织部分别上报《关于对进驻行政审批服务中心的科室及工作人员进一步规范管理》及《关于建立党组及强化对进驻部门工作人员管理考核》的请示报告,制定2005年市(区)行政审批服务中心进驻科室和人员管理的16项内部管理制度,实行以制度管人,用制度管事的运行机制。中心建立党总支,下设4个党支部。对进驻人员的党组织关系全部开到中心。为加强中心对城建规划、市场准入和便民服务3个大厅的管理,中心经请示市委、市政府分管领导同意,每个大厅设1名主任、2名副主任。同时分别负责3个大厅的日常管理工作,有效地提升中心的管理水平和服务水平。经过窗口工作人员的民主推荐、中心考核,选拔责任心强、素质高、业务精的9名进驻人员充实到中心领导班子,强化中心领导班子,将大厅主任、副主任纳入中心领导成员与中心一起管理和决策中心的各项工作。

2007年,内部管理进一步加强。中心所有管理、监督人员可随时通过电脑对每件审批事项名称、受理时间、收费标准、办理进度、办结时间、退件原因等情况进行监督。有超时未办结项目，系统自动改变字体颜色提示；前面部门未受理，后置部门也无法受理。绩效考核评价系统可对窗口授权、业务情况以及工作人员德能勤绩廉的表现、分大厅业务配合等进行考评打分。

六、市场准入审批

“市场准入绿色审批通道”是全市注册资金100万元以上企业及临河区所辖各类工商企业注册登记的市场准入审批服务大厅，是行政审批服务中心努力打造的两条“绿色审批通道”之一。共进驻市和临河区两级部门和中介机构25个，审批服务事项67项，窗口工作人员48人。为进一步规范和完善“市场准入绿色审批通道”，中心对申请事项需经市场准入大厅两个以上的部门窗口审批的联办事项严格按照“一窗受理、抄告相关、一次性收费、内部运作、限时办结”的运行机制办理。申请人按中心接件窗口《办件登记通知单》要求提供相应申报材料，并一次性预交联办部门和中介机构所需全部费用后，联办事项牵头责任部门窗口开始受理联办事项，同时，除需取得前、后置许可的事项外，对该联办事项所涉及的其他部门窗口同时进行审批。

2009年，根据上级有关文件要求，对进驻窗口收费事项进行梳理，取消5项符合条件的驻厅行政事业性收费，共保留收费事项32项，收费事项进一步减少；按照提高效能的原则，对进驻窗口合法办事时限进行压缩，市场准入联审联办审批事项除申报材料不全的情况外，3天之内办结率可达97%，审批效率显著提高。在中心市区工商局窗口推行一审一核制，改变过去所有手续都需分管局长或局长审签的做法，改由有资质窗口工作人员审签，减少审批程序和审批环节，办一个营业执照由过去的3天，缩短到只要手续齐备，当场就可办结。

七、城建规划审批

“城建规划绿色审批通道”是市（区）行政审批服务中心为方便临河城区城建规划项目审批，由市、区两级进驻中心城建规划大厅相关部门联合组成的服务窗口，主要是为临河区建成区内（临河城区100平方公里以内）公共设施、城市基础设施和房地产开发项目的规划、建设提供高效便捷的行政审批服务。进驻市、区两级城建规划相关部门10个、审批事项20项、工作人员17人。

针对临河城区城建项目审批过程中存在的审批环节众多、审批时限过长、前期费用繁重、审批通道尚不完善等现象和问题，中心积极调查研究，探索进一步规范和完善临河城区城建规划项目“绿色审批通道”的可行性建议。整合审批部门和环节，进驻服务窗口；强化网络系统建设，搭建网上审批和监督平台；明确收费标准，严格实行一次性交费；简化申报材料和表格，实行城建规划审批“一表通”。

八、便民服务

便民服务大厅作为中心的一个“便民服务链”,进驻市交通局运管处,主要从事全市道路营运资格、从业人员资格报名、培训、考试、发证和车辆机修企业技术等级评定等工作,共进驻相关部门和中介机构3个、审批服务事项10个、工作人员10人,为广大经营业户提供便利的“一站式、一条龙”服务。

九、行政效能监察

市政府效能投诉中心与市行政审批服务中心管理人员共同参与中心的管理与监督。中心管理和监督人员负责对驻厅各部门窗口及人员实施行政审批全过程监督,集中受理办事人投诉。通过运用网络化管理,可随时对每项审批事项名称、受理时间、收费金额、办理进度、办结时间和上报项目及退件原因等情况进行监督;超时未办结的项目,系统将自动改变字体颜色提示。通过不断强化计算机网络建设,大力完善软件管理系统,将审批管理和监督工作程序化、人性化、智能化,将市行政审批服务中心从传统管理方式推向数字化管理的新阶段。

所有人员的业务办理情况、投诉评价记录、指纹考勤记录、请假记录和在线工作、学习时间等情况都被存入系统服务器,作为绩效考核的原始依据,强化对审批事项及人员的全面监督。

中心通过网络专线与5个大厅链接,统一编制软件、安装监控摄像。将市消防支队大厅编入中心城建规划审批链条,与驻厅部门窗口实行网上联审联办;市房管局、临河区国土局大厅之间的审批事项相互传送,同时传送到中心系统数据库,实现资源共享;市交警车管所、临河区交警大队大厅按时传送办件数据。

第九篇

政协地方委员会

第一章　政协委员

第一节　政协巴彦淖尔盟委员会委员名额与构成

按照《中国人民政治协商会议章程》规定，每届地方政协委员会的参加单位、委员名额和人选及界别设置，经上届地方委员会主席会议审议同意后，由常委会协商政协决定。

政协巴彦淖尔盟第七届委员会名额179人，第一次全体会议共有委员179人，委员来自17个界别，其中，中国共产党党员代表出席20人，占11.17%；中国共产主义青年团团员出席8人，占4.47%；工会6人，占3.35%；农牧民17人，占9.5%；妇女联合会出席9人，占5.03%；文学艺术界出席10人，占5.59%；科学技术界出席19人，占10.61%；社会科学界出席2名，占1.12%；新闻出版界出席2人，占1.12%；教育界出席15人，占8.38%；医药卫生界出席13人，占7.26%；体育界出席3名，占1.68%；台胞、港澳同胞、归侨出席9人，占5.03%；工商联合界出席5人，占2.79%；宗教界出席6人，占3.35%；少数民族出席8人，占4.47%；特别邀请人士27人，占15.08%。179名委员中，中共党员71人，占39.11%；爱国人士47人，占26.26%；非党劳动群众62人，占34.64%；妇女37人，占20.67%；汉族101名，占56.42%；少数民族78人，占43.58%。

政协巴彦淖尔盟第八届委员会名额181人，第一次全体会议共有委员181人。其中，中共党员68人，占37.6%；民主党派成员及各界非中共人士113人，占62.4%；少数民族70人，占39.23%（其中蒙古族56人，回族9人，满族2人，达斡尔族1人，高山族1人，锡伯族1人）；妇女委员47人，占26%（七届政协妇女委员为37名人，占20.67%）。181名委员中，七届政协委员继任68人，占37.6%；新推荐委员113人，占62.4%；知识分子委员101人，占委员总数的55.8%。第八届政协委员会平均年龄为49.1岁，比七届政协委员平均年龄51.9岁下降2.8岁。

政协巴彦淖尔盟第九届委员会届初名额182人（包括第八届继任委员57人，占31.5%，新推荐委员125人，占68.7%）。第一次全体会议共有委员182人，其中，中共党员69人，占37.9%；民主党派成员及各界非中共人士113人，占62.1%；少数民族委员64人，占35.4%（包括蒙古族49人，回族10人，满族4人，高山族1人）；妇女委员50人，占27.8%；知识分子委员139人，占委员总数的74%（知识分子比八届增加38人，提高21个百分点。政协委员中，具有中高级职称的79人，占委员总数的43.4%）。委员平均年龄45

岁,比八届政协委员平均年龄49.1岁下降了4.1岁。

政协巴彦淖尔盟第十届委员会议名额183人(继任的65人,占35.5%,新推荐委员118人,占64.5%),第一次全体会议共有委员183人,其中,中共党员72名,占39.3%;党外人士111名,占60.7%;少数民族委员67名,占36.6%(包括蒙古族54名,回族10名,满族3名);妇女委员48名,占29.2%。委员中,中专以上学历的150人,占82%;大专以上学历121人,占66.1%;大学本科以上学历54人,占29.5%;研究生6人,占3.3%。具有中高级职称的94人(高级职称的30人,占16.4%),占全体委员的51.4%。委员平均年龄43.5岁,比第九届委员平均年龄下降1.5岁。

第二节 政协巴彦淖尔市委员会委员名额与构成

政协巴彦淖尔市第一届委员会议名额241人,第一次全体会议共有委员179名241人,分为17个界别。委员中,中共党员95人,占39.4%;非中共党员人士146人,占60.6%;少数民族委员73人,占30.2%;妇女委员66名,占27.3%。中专以上学历的213人,占88.3%;大专以上学历的193人,占80%;大学本科以上学历的106人,占43.9%。有博士学位的1人,研究生学历的9人。具有中高级职称的137人,占56.8%。委员平均年龄43.8岁。

政协巴彦淖尔市第二届委员会议名额260名,第一次全体会议实到委员252名,分为17个界别。

附: **自治区政协驻巴彦淖尔委员名单**

第七届委员会16名:

杨志荣(蒙古族) 周礼明 仁 钦(蒙古族) 昝振英(女) 罗永寿(蒙古族)
武振耀 杨高和 吐 嘎(蒙古族) 李东平(女) 朱崇福 齐凤莲(女,蒙古族)
查中域(女) 田中伯圭(女,高山族) 金玉林(回族) 刘芳莲(女) 包海龙(蒙古族)

第八届委员会16名:

李树明 苏木雅(女,蒙古族) 武振耀 吐 嘎(蒙古族) 郭秀峰 田中伯圭(女,高山族)
殷兰娣(女) 吴达赖(蒙古族) 金玉林(回族) 李祥鹤(回族) 马祖融
陈 强(蒙古族) 李政达 李 河 韩秀荣(女,蒙古族) 杨高和

第九届委员会19名:

韩 刚 苏木雅(女,蒙古族) 武振耀 张建方(回族) 吐 嘎(蒙古族)
程树祥 云治厚(蒙古族) 张庆义 陈 强(蒙古族) 张建国 王伟春 翁志敏(女)
韩秀荣(女,蒙古族) 岱庆格日乐(女,蒙古族) 曹 洁(女) 王智广
李政达 李元真 郝继宽

第十届委员会18名:

张向阳　张少甫　邓秀英(女)　马祖融　孙东伟　张建方(回)
王辰起　武永刚　吐　嘎(蒙古族)　张建国　陈　强(蒙古族)　韩秀荣(女)
岱庆格日乐(女,蒙古族)　王伟春　李政达　王智广　武春林　张葆兰(女,满族)

第十一届委员会21名:

李文天　张永胜　于海宇　张向阳　武银星　殷满厚　武永刚　张建国　樊　力
吐　嘎(蒙古族)　张秀文(女,蒙古族)　岱庆格日乐(女,蒙古族)　徐岫联(女)
李政达　武春林　何忠萍(女)　丁平弟　李　强　斯庆巴拉(女,蒙古族)
林来嵘　魏建军

第二章　组织机构

第一节　政协巴彦淖尔盟常委会

一、领导机构

政协巴彦淖尔盟常务委员会是政协巴彦淖尔委员会的常设机构和领导机关,由主席、副主席、副秘书长和专门委员会组成。

政协巴盟委员会主席、副主席名录

表9-2-1

	职　务	姓　名	性别	民　族	任职时间
第七届	主　席	巴　图	男	达斡尔族	1984.2—1987.10
	副主席	都瓦沙	男	蒙古族	1984.2—1989.7
		齐文魁	男	蒙古族	1984.2—1989.7
		董炎炳	男	汉　族	1984.2—1989.7
		李克森布	男	鄂温克族	1984.2—1989.7
		李辅臣	男	汉　族	1984.2—1989.7
		吴成先	男	汉　族	1984.2—1989.7
		额日奇	男	蒙古族	1984.2—1989.7
		罗　达	女	蒙古族	1984.2—1989.7
		昭那木尔	男	蒙古族	1984.2—1989.7
		吉林太	男	蒙古族	1984.2—1989.7
		李琴堂	男	汉　族	1984.2—1989.7
		黄振忠	男	汉　族	1984.2—1989.7
		李茂林	男	汉　族	1984.2—1989.7
	主　席	刘　峥	男	汉　族	1989.7—1992.8
		杨志荣	男	蒙古族	1992.8—1994.7
	副主席	何俊士	男	汉　族	1989.7—1992.8
		吴成先	男	汉　族	1989.7—1994.8
		李凤仁	男	汉　族	1989.7—1994.7
		黄振忠	男	汉　族	1989.7—1992.8
		高应才	男	汉　族	1989.7—1994.7
		罗永寿	男	蒙古族	1989.7—1994.7
		张　沧	男	汉　族	1989.7—1994.7
		张国华	男	蒙古族	1989.7—1994.7
		骆秉枢	男	蒙古族	1989.7—1994.7
		博　彦	男	蒙古族	1989.7—1992.7
		武振耀	男	汉　族	1989.7—1994.7
		李琴堂	男	汉　族	1989.7—1992.8

续表 9－2－1

	职　务	姓　名	性别	民　族	任职时间
第八届	副主席	波日来	男	蒙古族	1989.7—1994.7
		王春熙	男	汉　族	1992.8—1994.7
		兰尚斌	男	汉　族	1992.8—1994.7
		张建方	男	回　族	1989.7—1994.7
		仁　钦	男	蒙古族	1992.8—1994.7
第九届	主　席	李　秀	男	汉　族	1994.7—1995.11
		邬宝恒	男	汉　族	1995.1—1998.4
		李树明	男	汉　族	1998.4—1998.4
	副主席	查干朝鲁	男	蒙古族	1994.7—1998.4
		仁　钦	男	蒙古族	1994.7—1998.4
		武振耀	男	回　族	1989.7—1998.4
		张建方	男	汉　族	1994.7—1998.4
		杨乐山	男	汉　族	1994.7—1998.4
		赵永恒	男	汉　族	1994.7—1998.4
		王伟强	男	汉　族	1994.7—1998.4
		王俊福	男	汉　族	1994.7—1996.12
		吐　嘎	男	蒙古族	1994.7—1998.4
		郭秀峰	男	汉　族	1998.4—2002.1
		徐世杰	男	蒙古族	1998.4—2000.7
第十届	主　席	李树明	男	汉　族	1999.6—2002.1
		韩　钢	男	汉　族	2002.1—2004.7
	副主席	杨乐山	男	汉　族	1999.6—2002.1
		武振耀	男	汉　族	1998.4—2004.7
		张建方	男	回　族	1998.4—2004.7
		吐　嘎	男	蒙古族	1998.4—2004.7
		郭秀峰	女	蒙古族	1998.4—2004.7
		苏木雅	男	汉　族	1999.6—2004.7
		程树祥	男	汉　族	2002.1—2004.7
		郑宝青	男	汉　族	2002.1—2004.7

二、组织机构

1986—2003 年，政协巴盟常委会常设办公室、提案和学习委员会、文史和教文卫体委员会、经济科技资源环境委员会、工作组、民族宗教群团法制委员会。

第二节　政协巴彦淖尔市常委会

政协巴彦淖尔市常务委员会是政协巴彦淖尔委员会的常设机构和领导机关，由主席、副主席、秘书长和专门委员会组成。

一、主席、副主席

政协巴彦淖尔市委员会主席、副主席名录

表9－2－2

	职　务	姓　名	性别	民　族	任职时间
第一届	主　席	张向阳	男	汉　族	2004.7—2008.1
	副主席	苏木雅	女	蒙古族	2004.7—2008.1
		张建方	男	回　族	2004.7—2008.1
		吐嘎	男	蒙古族	2004.7—2008.1
		郑宝清	男	汉　族	2004.7—2008.1
		吴寿山	男	汉　族	2004.7—2008.1
		李风莲	女	汉　族	2004.7—2008.1
		张占义	男	汉　族	2004.7—2008.1
		张建国	男	汉　族	2004.7—2008.1
		王辰起	男	汉　族	2004.7—2008.1
		郭鸿亮	男	汉　族	2006.7—2008.1
第二届	副主席	张向阳	男	汉　族	2008.1—
		张占义	男	汉　族	2008.1—
		吐　嘎	男	蒙古族	2008.1—
		李风莲	女	汉　族	2008.1—2009.2
		张建国	男	汉　族	2008.1—
		王辰起	男	汉　族	2008.1—
		陈和平	男	蒙古族	2008.1—
		张绥昌	男	汉　族	2008.1—
		贾润莲	女	汉　族	2008.1—2009.2
		武永刚	男	汉　族	2008.1—
		郝　忠	男	汉　族	2009.2—
		周玉峰	男	汉　族	2009.2—

二、组织机构

2004—2010年，政协巴彦淖尔市委员会常设机构有办公厅、机关事务管理局、提案委员会、经济和资源环境委员会、科教文卫体委员会、民族宗教和侨务联络委员会、社会和法制委员会、文史资料委员会。

第三章　政协全体会议

第一节　政协巴彦淖尔盟全委会议

一、第七届委员会议

1986 年 5 月 17—21 日，政协巴盟第七届委员会第三次全体会议在政协会议室召开，179 名委员中，出席 134 名，列席会议 14 名。盟政协副主席致开幕词，盟委副书记作全盟 1986 年主要工作的报告。会议传达自治区政协五届四次会议精神，审议七届二次会议常委会工作报告、提案处理情况报告和文史资料工作的情况报告。会议宣读巴盟“七五”计划，协商讨论实施“七五”计划问题。

1987 年 5 月 23—27 日，政协巴盟第七届委员会第四次全体会议在政协会议室召开，大会出席委员 113 名，列席 16 名。

1988 年 5 月 13—17 日，政协巴盟第七届委员会第五次全体会议在政协会议室举行。出席大会委员 110 名，列席 18 名。会议听取七届四次会议以来的常委会工作报告和提案处理工作情况的报告，增选马炳和为七届政协常务委员。通过七届五次会议决议和提案工作报告的决议。

二、第八届委员会议

1989 年 7 月 24—28 日，政协巴盟八届委员会第一次会议在临河市召开。大会共有委员 181 名，来自 18 个界别。出席会议的委员 149 名。会议传达学习中国共产党十三届四中全会文件，听取盟委领导讲话，审议通过巴盟政协七届常委会工作报告、提案工作情况报告，选举产生政协巴盟八届委员会主席、副主席、秘书长、常委委员。通过政协巴盟第八届委员会第一次会议决议。

1990 年 6 月 21—26 日，政协巴盟八届委员会第二次会议在临河市召开。会议认真学习《中共中央关于坚持和完善中国共产党领导的多党合作和政治协商制度的意见》，传达全国政协七届三次会议和自治区政协六届三次会议精神，听取盟委、行署领导讲话，审议通过政协常委会工作报告和政协提案工作委员会关于提案处理情况的报告。

1991 年 5 月 27—30 日，政协巴盟八届委员会第三次会议在临河市召开。会议学习全国和内蒙古自治区人大、政协会议文件，审议政协常委会工作报告和提案工作情况的报告；通过会议决议，通过张国华、骆秉枢、马炳和三人不再担任政协领导职务的决定。

1992 年 8 月 21—24 日，政协巴彦淖尔盟八届委员会第四次会议在临河市召开。会议审议了政协常委会工作报告、提案委员会关于八届三次会议以来提案工作情况的报告，听取行署领导关于巴盟国民经济和社会发展情况及进一步搞好改革开放工作的报告，补选政协常委。

1993 年 12 月 12—17 日，政协巴盟八届委员会第五次会议在临河市召开。会议审议通过了提案委员会关于八届四次会议以来提案工作情况的报告，听取盟委领导讲话、纪检委领导关于反腐败斗争情况的通报，补选巴盟政协八届委员会常务委员。

三、第九届委员会议

1994 年 7 月 12—16 日，政协巴盟第九届委员会第一次会议在临河市召开。会议听取政协巴盟第八届委员会常务委员会工作报告，审议通过政协巴盟第八届委员会关于五年来提案工作情况的报告，听取盟委、行署关于全盟经济运行情况的报告，审议通过政协巴盟九届一次会议选举办法和表决方式，审议通过政协巴盟第九届委员会第一次会议决议，选举新一届巴盟政协领导。

1995 年 6 月 7—8 日，政协巴盟第九届委员会第二次会议在临河市召开。会议听取政协巴盟第九届委员会常务委员会工作报告，审议政协巴盟第九届委员会关于九届一次会议以来提案工作情况的报告，听取讨论行署盟长关于全盟经济形势的通报，审议通过政协巴盟纠风委员会第二次会议决议、政协巴盟九届委员会提案委员会关于九届二次会议提案审查情况的报告。

1996 年 3 月 18—20 日，政协巴盟第九届委员会第三次会议在临河市召开。会议听取政协巴盟第九届委员会常务委员会工作报告，审议政协巴盟第九届委员会关于九届二次会议以来提案工作情况的报告，听取讨论盟行署关于“九五”计划纲要和 2010 年远景目标及 1996 年国民经济和社会发展计划。补选政协巴盟委员会主席。

1997 年 4 月 22—24 日，政协巴盟第九届委员会第四次会议在临河市召开。会议听取政协巴盟第九届委员会常务委员会工作报告，审议政协巴盟第九届委员会关于九届三次会议以来提案工作情况的报告，传达自治区政协七届五次会议精神，听取讨论行署关于国民经济和社会发展情况的通报，审议通过政协巴盟九届四次会议的决定决议和提案审查情况的报告，补选政协巴盟第九届委员会常务委员。

1998 年 4 月 8—10 日，政协巴盟第九届委员会第五次会议在临河市召开。会议听取政协巴盟第九届委员会常务委员会工作报告，审议政协巴盟第九届委员会关于九届四次会议以来提案工作情况的报告，听取讨论行署 1997 年经济运行情况通报及 1998 年工作安排意见，审议通过政协巴盟九届五次会议的决定决议和提案审查情况的报告，补选政协巴盟第九届委员会主席、副主席和秘书长。

四、第十届委员会议

1999年6月26—30日，政协巴盟第十届委员会第一次会议在临河市召开。会议听取了政协巴盟九届委员会常委会工作报告、提案工作报告和盟委、行署关于全盟国民经济和社会发展情况的通报，选举政协巴盟十届委员会主席、副主席、秘书长、常务委员，审议通过了政协巴盟十届委员会第一次决议和提案审查委员会关于十届一次提案审查情况的报告。

2000年5月16—18日，政协巴盟第十届委员会第二次会议在临河市召开。会议听取政协常委会工作报告、提案工作情况的报告和全盟经济运行情况的通报，补选政协常委。

2002年1月10—13日，政协巴盟第十届委员会第三次会议在临河市召开。会议听取政协常委会工作报告、二次会议以来提案工作情况的报告。

2003年3月26—28日，政协巴盟第十届委员会第四次会议在临河市召开。会议听取常委会工作报告、三次会议以来提案工作情况的报告和盟委、行署关于全盟经济工作运行情况的通报。

第二节　政协巴彦淖尔市全委会议

一、第一届委员会议

2004年7月8—12日，政协巴彦淖尔市第一届委员会第一次会议在临河区召开。会议听取和审议政协巴盟第十届委员会常务委员会工作报告和政协巴盟第十届委员会常务委员会提案工作情况的报告；听取市委领导工作报告和行署全盟经济建设和社会发展情况的通报；审议通过政协巴彦淖尔市第一届委员会第一次会议政治决议、第十届委员会常务委员会工作报告的决议、提案工作情况报告和政协巴彦淖尔市第一届委员会第一次会议提案审查委员会提案审查情况的报告。大会选举产生政协巴彦淖尔市第一届委员会主席、副主席、秘书长及常务委员。

2005年3月27—30日，政协巴彦淖尔市第一届委员会第二次会议在临河区召开。会议听取和审议常委会工作报告和提案工作报告；通过了会议各项决议和报告；表彰奖励第一届一次会议后优秀提案、提案人和承办单位；列席市人民代表大会第一届委员会第二次会议，参与讨论《政府工作报告》《巴彦淖尔市2004年国民经济和社会发展计划执行情况和2005年国民经济和社会发展计划报告》《2004年财政预算执行情况和2005年财政预算报告》，法院、检察院工作报告。

2006年3月27—30日，政协巴彦淖尔市第一届委员会第三次会议在临河区召开。会议学习传达中发〔2006〕5号文件、全区政协工作会议、内蒙古政协九届四次会议和巴彦淖尔市党委关于贯彻《内蒙古党委关于进一步加强人民政协工作的决定》；听取并审议政协常委会工作报告、一届二次会议提案工作情况报告；列席巴彦淖尔市第一届人大三次会议，参加讨论政府工作报告；审议通过巴彦淖尔市政协第一届三次会议的政治决议、常委会工作报告的决议、提案工作情况报告的决议和提案审查情况的报告。会议补选政协巴彦淖尔市第一届委员会副主席。

2007 年 3 月 27—30 日，政协巴彦淖尔市第一届委员会召开第四次会议。会议听取并审议常务委员会工作报告、提案工作情况报告；列席巴彦淖尔市第一届人大第四次会议，参加讨论政府工作报告；审议通过政协第一届四次会议的政治决议、常委会工作报告决议、提案工作情况报告和提案审查情况的报告。表彰 25 名优秀政协委员。

二、第二届委员会议

2008 年 1 月 1—4 日，政协巴彦淖尔市第二届全体委员会议第一次会议在临河区召开。会议安排一次预备会议，开幕、委员培训、选举、闭幕四次全体大会，三次分组讨论。驻市内蒙古自治区政协委员和市直有关单位、直属条管企业等 35 位负责人应邀列席会议。会议听取并审议政协常委会工作报告、提案工作情况报告；列席市二届人大一次会议，听取并讨论政府工作报告法院、检察院两院报告；选举产生市政协二届委员会主席、副主席、秘书长、常务委员；审议通过市政协二届一次会议政治决议、常委会工作报告的决议、提案工作情况报告决议和提案审查情况报告。

2009 年 2 月 22—24 日，政协巴彦淖尔市第二届全体委员会第二次会议在临河区召开。会议安排一次预备会议、开幕、委员培训、选举、闭幕四次全体大会，三次分组讨论。会议听取并审议了政协第二届常委会工作报告、提案工作情况报告；列席市二届人大二次会议，听取并讨论政府工作报告、法检两院报告；选举产生市政协二届委员会副主席；审议通过市政协二届二次会议政治决议、常委会工作决议、提案工作情况报告决议和提案审查情况报告。

2010 年 1 月 31 日至 2 月 2 日，政协巴彦淖尔市二届三次会议在临河区召开。会议听取审议政协常委会工作报告、提案工作情况报告。列席市人大二届三次会议，听取讨论政府工作报告，法院、检察院报告。大会通过常委会工作报告的决议、提案工作情况报告的决议、提案审查情况的报告和二届三次会议政治决议。表彰奖励 2009 年度优秀政协委员、市政协二届三次会议优秀提案、先进承办单位、先进承办个人、2009 年度宣传信息工作先进集体和先进个人。

第四章　主要工作

第一节　重要会议

一、政协巴盟常委会议

1986 年，政协巴盟委员会召开第七届八次常委会议，会议学习中共中央〔1986〕10 号文件和邓颖超、习仲勋的讲话以及中央领导关于多党合作、政治体制改革的讲话；传达关于贯彻全国地方政协工作座谈会精神，进一步搞好人民政协工作的初步意见和报告；听取七届七次常委会议以后的工作报告。

1987 年，政协巴盟委员会召开九次常委会议暨经济文化发展战略讨论会，会议学习《中共中央关于社会主义精神文明建设指导方针的决议》，传达了全区旗、县委书记会议精神，总结巴盟政协 1986 年的工作，提出 1987 年工作计划。

1988 年，政协巴盟委员会召开七届十四次常委会议，盟委副书记介绍全盟的经济形势和全盟贯彻中央“两会”精神、治理经济环境、整顿经济秩序、全面深化改革的安排部署；罗达副主席传达内蒙古政协常委会议精神，副主席黄振忠传达全盟农村工作会议精神，通过《关于认真贯彻执行中共十三届三中全会精神的决议》。

1989 年，政协巴盟委员会召开七届十五次常委会议，会议认真学习邓小平同志重要讲话和中共十三届四中全会公报，审议政协巴盟七届常委会工作和提案工作情况的报告，研究决定八届一次会议参加单位和组成人选、会议召开时间、会议议程、会议主席团、秘书长建议名单，以及提案工作委员会主任、副主任等事宜。

1990 年，政协巴盟委员会召开八届三次常委会议。学习中共中央十三届六中全会决定和《中共中央关于坚持和完善中国共产党领导的多党合作和政治协商制度的意见》，传达全国政协七届三次会议和自治区政协六届三次会议精神，审议通过文史委员会、学习委员会组成人员。

1991 年，政协巴盟委员会召开八届十次常委会议。会议传达中央工作会议和内蒙古自治区党委、盟委工作会议精神，学习《关于当前国际形势的宣传提纲》，传达自治区政协六届十四次常委会议精神、自治区政协医卫体工作会议精神、自治区政协民族工作会议精神和盟委旗、县、市委书记会议精神，通报四省区九市五盟政协第五次横向联席会议情况。

1992 年，政协巴盟委员会召开八届十一次常委会议。会议学习中共十三届八中全会文件、内蒙古自治区党委五届四次全委扩大会议文件；传达自治区政协六届十五次常委会议精神和中共巴盟委员会扩大会议精神；讨论巴盟政协1992年工作要点。

1993年，政协巴盟委员会召开八届十六次常委会议。会上传达中央、自治区、巴盟有关决定、文件和会议精神，审议常委会工作报告作几点修改说明，通报八届五次全委会准备工作有关事项。

1994年，政协巴盟委员会召开九届二次常委会议。会议学习讨论中共十四届四中全会精神；传达自治区党委十届十次全委（扩大）会议精神、盟委扩大会议精神和全盟农村牧区工作会议精神、西部十一省区提案工作第六次联席会议和自治区政协七届六次常委会议精神；审议修改并通过《政协巴盟委员会常务委员会工作规则》和各专门委员会《工作简则》。

1995年，政协巴盟九届委员会召开第三次常委会议。学习江泽民关于台湾问题的重要讲话；传达自治区第六次党代会精神和内蒙古自治区政协七届七次常委会议精神；审议修改《巴盟政协九四年工作总结和1995年工作安排》《关于加强与委员联系充分发挥委员作用的意见》和各专门委员会《1995年工作总结及1995年工作计划》；会议还审议通过增补九届委员会委员和各专门委员会组成名单和人事任免事项。会议决定政协巴盟九届委员会二次会议于5月下旬召开。

1996年，政协巴盟委员会召开九届十一次常委会议。传达内蒙古自治区党委召开的全区政协工作会议精神、自治区政协七届十五次常委会议精神、四省区十市五盟政协横向联系会议精神；通报政协巴盟九届专门委员会个别调整及名称变更的批复。会议还审议两个调查组（队）对临河市区大学、中专和中、小学教育情况的两个调查报告。

1997年，政协巴盟委员会召开九届十五次常委会议。学习江泽民在香港回归庆典活动上的讲话；传达自治区政协七届十八次常委会议精神，协商讨论盟政协下半年工作和政协委员调研内容。

1998年，政协巴盟委员会召开九届二十次常委会议。会议听取全盟上半年经济形势的通报，传达自治区政协八届二次常委会议精神，讨论进一步加强自身建设问题。会议还审议盟政协关于边远牧区医疗卫生情况的调查报告，协商通过盟政协民族宗教委员会组成人员名单和工作简则。

1999年，政协巴盟委员会召开十届二次常委会议。会议审议修改“三讲”中出台的各种制度，决定代盟委草拟转发政协《关于履行政治协商、民主监督、参政议政职能的实施细则》的文稿。

2000年，政协巴盟委员会召开十届七次常委会议。会议传达内蒙古自治区政协工作会议精神；审议巴盟“十五”规划纲要、民族教育发展报告、牧区经济情况的调查报告、农业开发视察报告；通报四省区十市五盟横向联系会议和赴津、皖、赣招商引资情况。

2001 年,政协巴盟委员会召开十届九次常委会议。学习中共十五届六中全会精神;传达内蒙古自治区党委关于贯彻中央决定的意见和内蒙古自治区政协十四、十五两次常委会精神以及盟委扩大会议精神。

2002 年,政协巴盟委员会召开十届十次常委会议。会议审议修改政协巴盟第十届常委会工作报告和提案工作情况报告以及向大会提交材料,商定十届三次政协全体委员会会议召开时间和议程,增补 21 人为十届政协委员。

2003 年,政协巴盟委员会召开十届十七次常委会议。会议听取巴盟上半年抗击"非典"、经济运行情况和下半年工作安排,学习储波书记在巴盟视察时的讲话,研究讨论政协下半年的主要工作。

2004 年 3 月,政协巴盟委员会召开十届十九次常委会议。传达全盟经济工作会议精神,讨论政协 2004 年工作要点,通报撤盟设市和政协换届有关工作。

二、政协巴彦淖尔市常委会议

2005 年,政协巴彦淖尔市委员会召开第一届委员会第五次常委会。会议传达内蒙古自治区政协九届十次常委会议精神;汇报四省区十五盟市政协工作第十七次横向联系会议、自治区政协社会法制委员会、科教文卫体委员会工作座谈会情况和市政协提案委员会关于一届二次会议以后提案工作情况;听取市政协一届二次会议以后主席会议工作情况的报告和市政府关于全市上半年经济社会运行情况的通报;专题研讨"三农"问题。对共同解决"三农"问题建言献策。

2006 年,政协巴彦淖尔市第一届委员会召开第十一次常委会会议。会议传达巴彦淖尔市《关于学习贯彻落实中央、自治区党委加强政协工作的通知》和全区第三次市政协主席座谈会精神以及四省区十五盟市政协工作第十八次横向联系会议精神;听取市政协委员会赴锡林郭勒盟学习考察情况汇报和市政府关于全市经济运行情况的通报、五原县发展工业经济的介绍。

2007 年,政协巴彦淖尔市召开第一届委员会第十五次常务委员会会议。会议学习胡锦涛"6·25"讲话;传达学习四省区十五盟市政协工作横向联系第十九次会议精神;听取市政府关于市 2007 上半年经济社会发展情况的通报、市政协一届十二次常委会议以后主席会议工作情况的报告和市规划局关于全市城市规划建设情况的报告;审议关于全市贯彻落实义务教育法情况的调研报告、关于边境牧区"退牧转移"搬迁牧民生产生活情况的调研报告和关于对法律援助条例贯彻落实情况的调研报告。

2008 年,政协巴彦淖尔市召开第二届委员会第二次常委会。会议听取各专门委员会 2008 年工作安排意见,审议通过市政协 2008 年工作要点、《政协巴彦淖尔市委员会主席会议工作规则》《政协巴彦淖尔市委员会常务委员会工作规则》《政协巴彦淖尔市委员会全体会议工作规则》《政协巴彦淖尔市委员会秘书长副秘书长工作规则政协巴彦淖尔市委员会专门委员会通则》《政协巴彦淖尔市委员会提案工作条例》《政协巴彦淖尔市委员会关于重点提案的确定与办理办法》《政协巴彦淖尔市委员会关于评选表彰优秀提案的实施办法》《政协巴彦淖尔市委员会领导参加内外事活动制度》《政协巴彦淖尔市委员会主席副主席与委员约谈制度》《政协巴彦淖尔市委员会各专委会与市直党政职能部门对口联系制度》《政协巴彦淖尔市委员会委员管理办法》《政协巴彦淖尔市委员会联系委员办法》《政协巴彦淖尔市委员会委员视察工作的办法》《政协巴彦淖尔市委员会关于加强宣传工作的意见》《政协巴彦淖尔市委员会关于加强信息工作的意见》《政协巴彦淖尔市委员会关于对旗(县、区)政协工作指导的意见》。

2010 年,政协巴彦淖尔市在北戴河召开第二届委员会第十次常委会。会议听取各旗(县、区)政协关于中发〔2006〕5 号、内党发〔2005〕21 号文件精神的贯彻落实汇报和旗(县、区)政协关于实施打造活力政协工程的具体措施、做法和建议;审议通过关于企业用工与毕业生就业问题的建议案、宗教工作情况的视察报告、全市风电产业发展情况的调研报告。会议聆听政协专家、学者的专题讲座,并对北戴河的村企联创新农村模式进行考察学习。

第二节 调研视察

政协巴盟七届一次会议后,政协工作逐步恢复到为经济建设服务的轨道。其间,巴盟政协先后组织委员重点对农村实行的统分结合的双层生产经营责任制开展调研与视察。在对农村土地承包认识不统一的情况下,用大量事实,形成《1984 年河套农村经济情况的调查报告》《盟政协考察组赴部分旗县考察的情况报告》等调研文章。1989 年 7 月至 1994 年 7 月政协根据中央提出"一方面抓经济发展,一方面抓治理整顿"的精神,政协多次组织委员,深入农村牧区和城镇部分国营、集体、个体企业和书店、书摊、录像厅、歌厅、舞厅进行摸底调查,撰写出《关于巴盟黄灌区 1990 年农业生产的调查报告》《关于临河地区个体户、私营企业情况的调查报告》《关于临河地区青少年犯罪情况的调查报告》等一批具有建设性的调查报告。1994 年 7 月至 1999 年 6 月,贯彻全国、全区科技大会精神,实施科教兴盟战略和加快企业转换经营机制步伐,深化农村牧区、国有企业改革,全力展开调研、视察工作。形成《关于五原县永利乡永联村千亩连片甜菜高产高糖规范化种植情况的调查报告》《关于企业转换经营机制情况的调查报告》《关于农业科技的视察报告》《磴口、杭锦后旗、后旗科技兴农兴牧问题的调查报告》《关于临河市区中小学校教育情况的调查报告》《关于对临河地区大中专院校办学情况的调查报告》《关于对我盟市场物价和恒丰食品集团公司的视察情况报告》《推进两个转变振兴粮油企业》《关于全盟制糖企业的调查报告》等 20 余篇调研、视察报告。这些报告反映问题准确、全面,分析问题透彻,建议切实可行。其中,

《关于企业转换经营机制情况的调查》《关于我盟牧业旗牧业经济的调查及对策》《关于牧区民族教育结构布局情况的调查报告》《关于我盟部分地区生态农业建设情况的调查报告》《关于我盟部分国有企业改革和发展情况的调查报告》《关于对临河地区大中专院校办学情况的调查报告》被内蒙古自治区政协评为优秀调研报告。1999 年 6 月至 2001 年 7 月，政协工作以中共十六大精神和“三个代表”重要思想为指导，以全面建设小康社会为奋斗目标，共开展 32 次调研、视察活动。按照盟委的要求，政协对全盟对外开放招商引资工作进行专题调研。调研采取听取汇报、召开座谈会、个别走访、实地察看、查阅资料等方式，对全盟对外开放，招商引资工作的现状、成绩、经验、教训及存在的问题和解决的方法进行深入细致的研究。同时，邀请安徽省阜阳市政协和天津市武清区政协组团进行实地考察，洽谈合作项目。

2002 年，政协组织部分委员、有关旗、县、市政府职能部门负责同志组成考察团，对天津市武清区、安徽省阜阳市、黄山市，江西省九江市、江苏省宜兴市和山东省陵县进行考察，并开展招商引资工作，促成天津市武清区国家级开发区与巴盟临河市万丰经济技术开发区结为友好开发区。围绕农民、农村、农业问题，政协组织委员和专家多次深入农村牧区，走村串户，调查了解农畜产品加工业发展情况、牧区退牧休牧还草还林围封转移情况、牧区畜牧业发展情况、农区退耕还林还草情况、边境牧区经济发展情况和边境牧区“三牧”问题及生态现状等进行调研视察，在掌握大量资料的基础上，提出解决问题的具体措施。其中，《关于我盟边境牧区“三牧”问题及生态现状的调查报告》《关于巴盟牧区防沙治沙及沙漠化情况的调查报告》《关于全盟农村牧区卫生院情况的调查报告》分别获得内蒙古自治区政协系统优秀调研报告三等奖和优秀奖。在完成专题调研的同时，政协还根据各专门委员会的工作实际，按照自治区政协“调查研究年”的要求，组成调研组，对个体私营经济发展情况、宗教问题、农牧业产业结构、农业综合开发、黄河防凌防汛、经济发展与环境治理、爱国主义教育基地建设、全盟艺术表演团体、公安戒毒所和巴运集团公司运行情况等展开调研、视察活动。经审议上报盟委、行署的调研、视察报告 40 余份。

2004 年 7 月至 2007 年 11 月，政协巴彦淖尔市委员就加快民营经济发展、保护环境、新农村新牧区建设、城镇建设、人才开发利用、未成年人思想道德建设、农业科技推广利用、乌梁素海湿地保护、侨务宗教工作、建设平安社区、残疾人事业发展、禁毒工作等 30 余项进行调研。撰写专题调研报告、专项建议 40 余篇，提交大会发言稿 126 份。同时，配合全国政协和内蒙古自治区政协完成“关于建设社会主义新农村和水资源污染防治”等十余项调研；参与完成由市委、市政府牵头的关于发展工业经济、财政体制改革、城市建设规划、实施边境牧区围封转移等十余项联合调研任务。

2008 年 1 月至 2010 年 12 月，政协巴彦淖尔市第二届委员会第一、二次会议期间，组成调研组对全市宗教活动场所建设、临河城区社区治安、全市文化市场建设管理、甘其毛道口岸、金泉工业基地建设、《农村“五保”供养工作条例》贯彻落实情况,杭锦后旗新农村示范引领村建设、中小企业信贷情况、云海秋林公司带动规模经营、新型农村牧区合作医疗工作、全市风电产业、广电事业、民族义务教育、环境资源保护、计生、中小学幼儿园安全保卫工作、保障性住房建设、棚户区改造工作等情况展开调研、视察,形成多项调研视察报告。其间,还组织市政协委员分别赴银川市、温州市、义乌市、阿拉善盟等地进行学习考察,形成相关的调研报告;配合全国政协开展关于民族宗教工作的调研,协助自治区政协及有关部门进行关于口岸经济、生态农业、“走出去”战略、侨情等专题调研;组织驻巴彦淖尔市内蒙古自治区政协委员开展调研视察活动,形成自治区政协全会提案 4 件,大会发言 6 件。特别是提出关于综合开发和治理乌梁素海湿地的建议,得到全国政协及中央有关部委的重视和支持。

第三节　提案及办理

政协巴盟第七届委员会对提案实行“三不限制“改革”,即时间、内容、提案人数不限制。政协提案工作委员会设立专门办事机构,将过去只在大会期间成立的临时机构提案审查委员会改为提案工作常设机构,从组织上确保提案工作顺利进行。政协巴盟第七届委员会共收到提案 526 件,其中有关经济建设方面的 151 件,占提案总数的 28.7%;有关教育、文化、科技、卫生、体育方面的 168 件,占提案总数的 32%;有关统战、政协、劳动人事、政法方面的 166 件,占提案总数的 31.5%;有关群众生活及其他方面的 41 件,占提案总数的 7.8%。

第八届委员会开始,在大会前向委员发送《提案导向》,引导和协助委员围绕经济建设和群众关心的问题提提案。结合形势的发展,组织委员学习,开展讲座、座谈、调研、视察,使委员在知情明政的基础上提提案。同时加强提案审查立案工作,及时将调研报告转化为重点提案和建议案,充分发挥集体提案和建议案的优势,提升提案档次。1989 年 7 月至 1994 年 7 月,政协第八届委员会收到提案 625 件,经审查立案 614 件。提案中涉及经济建设方面的 217 件;科技、教育、文化、卫生、体育方面的 172 件;政治、法律、统战、政协、劳动人事、民族宗教方面的 185 件;群众生活及其他方面的 40 件。

1994 年 7 月至 1999 年 6 月,政协巴彦淖尔盟第九届委员会期间,共收到提案 636 件,经审查立案 627 件。其中,有关经济建设方面的 259 件;科技、教育、文化、卫生、体育方面的 169 件;政法、统战、政协、劳动人事、民族宗教方面的 143 件;群众生活及其他方面的 56 件。

1999 年 6 月至 2004 年 7 月,政协巴盟第十届委员会期间,收到提案 672 件,经审查立案 616 件。其中,有关经济建设方面的 262 件;科技、教育、文化、卫生、体育方面的 161 件;政法、统战、政协、劳动人事、民族宗教方面的 157 件;群众生活及其他方面的 36 件。为使提案真正发挥效益，在提案办理工作中，全委会后及时召开交办会议，建立科学有序的提案承办网络，由有关单位领导、办案人员组成三级负责制度，使提案办理责任到人。

政协巴彦淖尔市第一届一次会议后，为做好提案工作，制定《中国人民政治协商会议巴彦淖尔市委员会提案工作条例》和《政协巴彦淖尔市委员会关于重点提案办理工作的实施办法》。根据办法对提案审查立案形式进行改革，实行"三次审查立案制度"，加强对重点提案的督办。

2004年7月至2008年1月，政协巴彦淖尔市委员会收到提案963件。经审查立案782件。其中，民主党派、工商联、有关人民团体、各专门委员会集体提案有45件。在立案的提案中，涉及经济建设方面有358件，占45.8%；科教文卫体方面有194件，占24.8%；政法统战劳动人事方面有146件，占18.7%，群众生活及其他方面有84件，占10.7%。

2008年1月至2010年12月，政协巴彦淖尔市二届一次会议收到提案875件，立案850件。

第四节　社情民意调查

2004年8月之前，政协反映社情民意多数通过提案、发言、简报、信息、信访等方式实现。为做好这项工作，政协巴盟委员会创办《政协反映》《议政内参》两种内部刊物，并及时刊登盟内信息。其中，"市场经济形势下非公有制经济党组织建设的七种模式""农民增收的一条建议""对旗县党政一把手面临的难题及对策的建议""利用民间资本激活西部开发"等信息被内蒙古政协信息采用。2004年8月后，政协巴彦淖尔市委员会更加注重社情民意信息工作调研，将反映社情民意与调研、视察结合起来，了解群众意愿，关注群众诉求，及时向市委、市政府及有关部门反映。在收集舆情中，建立健全以委员为主体，以旗（县、区）政协，各民主党派，工商联和信息员为骨干的反映社情民意信息工作网络，专门设立信息宣传工作机构，使社情民意工作经常化；建立评先奖优激励机制，强化信息收集报送等各个环节的制度建设；加强与内蒙古自治区政协、市委、市政府办公厅的联系，逐步规范信息办理与反馈程序。

2008年3月，政协巴彦淖尔市委员会召开信息宣传工作会议，重新修订《信息宣传工作制度及奖励办法》，明确信息员的责任和工作目标，确定全员抓信息的工作思路，进一步完善信息宣传稿件的报送程序和范围，畅通和拓宽反映社情民意的渠道。2008—2010年，政协共编发各类信息321期。

第五节　联系联谊工作

政协巴盟第七届委员会期间，为加强与内蒙古自治区政协、旗、县政协之间的联系，先后召开有各旗、县、市政协主席参加的"全盟政协工作座谈会"和"旗县市政协秘书长座谈会”。1987年开始,先后参加河北省、山西省、宁夏回族自治区、内蒙古自治区四省区七市五盟政协组织的政协工作横向联系会议,相互学习、相互借鉴、交流经验。学样交流活动到2010年共参加20余次。

1989年7月至1994年7月,政协巴盟第八届委员会充分利用政协委员海内外联系面广的优势,为巴盟扩大开放和经济建设牵线搭桥。在对归侨、侨属侨眷优势调查摸底的基础上,1992年在临河市召开部分侨务对象座谈会,调动侨务对象为现代化建设事业做贡献的积极性,收到很好的效果。其间,接待日本、加拿大和国内一些客商,促成签订三项联营、租赁、引进设备意向协议。

1994年7月至1999年6月,政协巴盟第九届委员会针对地处边疆,地域广阔,信息落后等实际情况,主动加强与外省、区、市和周边盟、市的联系,接受内蒙古自治区政协工作指导,列席有关会议,参与调查研究。应邀参加全区政协工作经验交流会和牧业旗牧业经济研讨会。

2000年至2004年7月,政协巴盟第十届委员会期间,配合全国政协、自治区政协在巴盟视察调研40余次,其中包括全国政协副主席孙孚凌、赵南起、钱正英等以及全国政协专门委员会的视察。与旗、县、市政协联合开展调研活动30次。巴盟政协分别与安徽省阜阳市政协、天津市武清区政协结为友好政协,互通信息。

2004年8月至2008年1月,政协巴彦淖尔市一届一次会议期间,先后接待全国政协、自治区政协和区外友好政协的视察、调研、考察和来访团组125批900余人次;参加全国政协及区内外政协举办的培训学习、经验交流、工作协作等会议和活动20余次;召开市(盟)政协成立50周年座谈会;组织旗(县、区)政协主席外出考察学习,召开全市政协秘书长会议,赴旗(县、区)政协进行政协知识辅导讲座,经常向各旗(县、区)政协发送学习资料和各类信息刊物;利用政协人才荟萃,联系面广的优势,积极为招商引资做贡献;引导广大委员寻找有利资源,引进适宜的合作项目,不断巩固和扩大政协组织的横向联系网络。

2008年2月至2010年12月政协二届一次会议期间,市政协进一步加强与各民主党派、工商联、人民团体和无党派人士的联系;坚持民主协商、平等议事的原则,以联谊、走访、座谈等形式,积极促进政协各参加单位的团结合作,注重突出与各方面大团结、大联合;贯彻党和国家关于民族、宗教工作的方针、政策和法规,加强与民族、宗教界代表人士的联系,召开征求意见、协商议政等会议40多次;以会议、调研视察、走访委员单位、电话、电子邮件、书信等多种方式联系委员,及时反映委员的意见和建议,为群众有序参与政治搭建平台;主动向内蒙古自治区政协和市委汇报工作,请示有关问题,积极配合完成相关工作任务;加强对旗(县、区)政协工作指导,形成上下良性互动的合作机制。

第六节　文史资料汇编工作

1986年,政协巴盟文史资料研究委员会召开全盟旗、县、市文史资料工作会议,传达全区第一次盟市政协办公室主任会议精神，汇报交流抢救史料经验，落实文史资料系统化、专题化任务。文史工作迅速在全盟开展。

为有序开展文史资料搜集、整理、编纂工作，政协巴盟委员会先后编印《关于文史资料工作的论述》和《文史资料工作学习文选》等学习参考书。

1989年，全国政协在北戴河召开文史委员会主任会议，提出文史资料征集工作的重点，应从新中国成立前转移到新中国成立后。巴盟政协文史资料委员会及时作出“三加强，一开拓的决定”。三加强，即加强对经济、科技、教育、文化史料的征集，加强对少数民族史料的征集，加强对港澳台及海外史料的征集。一拓展是拓展新中国成立后史料征集的新领域，并制定印发《关于征编巴盟新中国成立后文史资料大纲》，对实施大纲的方法、步骤作具体的安排。

2004—2010年，文史资料工作围绕巴彦淖尔市历史上发生的一些重大事件及历史名人，有选择、有重点地编辑出版既有历史价值又有地方特色和教育意义的《巴彦淖尔文史资料》。史料分两种，编辑出版汉文《巴彦淖尔文史资料》21辑，蒙文《巴彦淖尔文史资料》11辑，约420万字。资料内容涉及巴彦淖尔市政治、经济、军事、文化、教育、科技、民族宗教、社会生活、人文文物等各个方面。记述时段从戊戌变法到中国改革开放新时期。其中不少资料实属精品，如《傅作义在河套》《奇俊峰》两种资料，在内蒙古自治区文史资料评选活动中，分别获二等奖、三等奖。

第十篇

军　　事

第一章 驻 军

第一节 机 构

1986 年,巴盟设军分区,旗、县、市人民武装部为地方军事组织。1996 年 4 月,各旗、县、市人武部划归部队建制,隶属巴盟军分区。1998 年,巴盟军分区管理二支部队和 7 个旗、县、市人民武装部。2002 年,军分区管理三支部队和临河市人民武装部、五原县人、磴口县人民武装部、杭锦后旗人民武装部、乌拉特前旗人武部、乌拉特中旗人武部、乌拉特后旗人武部。到 2010 年,巴彦淖尔市军分区管理两支部队和临河区、五原县、磴口县、杭锦后旗、乌拉特前旗、乌拉特中旗、乌拉特后旗人武部。

第二节 部队建设

一、干部选拔任用

1986—1998 年,巴盟军分区各级党委坚持党管干部原则,按照干部标准和政策,选拔任用管理干部。在部队干部职务任免中,坚持逐级负责、鼓励先进、倾斜基层、保证一线、稳定基层、按编调配的原则配备任用干部。机关科(股)长出现空缺,除业务性较强的由符合条件的机关干部担任外,一般从优秀的基层主官或有主官经历的干部中选拔任用。在机关和基层空缺出现矛盾时,一般优先保障基层。在基层干部的配备上,坚持宁缺二线,不缺一线,宁缺副职,不缺排长,尽量使一线连队不缺编。基层干部任现职不满 1 年的,不调整,1 年内同一连队的两名主官一般不同时调整,连队应有一名任现职不少于一年的主官。连队主官因特殊情况出现空缺时,由机关干部下连代职。对没有任满任职年限确需提拔上一级职务的实行代理,待任职期满后正式下达任职命令。在干部培养方面,主要采取在职培养、短期培训或院校学习等途径锻炼培养干部。

1999—2003 年,为加强干部思想作风和领导作风建设以及岗位锻炼,军分区把干部培养成高素质的复合型人才,对有发展潜力但专业单一、经历单一的干部进行换岗任职;单位互换,选拔素质全面,适合机关工作,任职满一年以上的连排干部到机关工作,从符合条件任职满 2 年的副连职机关干部中选拔到连队主官岗位锻炼。担任连队主官,必须经过机关的换岗锻炼,担任机关的科(股)长,必须经过连队主官的锻炼。对分管人、财、物的部门,从相近专业的干部中有计划地进行互换,部队和人武部的干部有计划地进行互换。通过上述办法，分区从军校毕业生中提拔干部 131 人。注重少数民族干部的培养，每年征集新兵，都征集一定数量的少数民族，从优秀少数民族士兵中直接提拔干部，并对少数民族干部提拔放宽年龄和文化程度要求。

2005—2010 年，巴彦淖尔市军分区制定《关于进一步加强人才队伍建设的实施意见》。根据意见，军分区及团、营经常采取举办短期培训班或以会带训的形式培养干部。每年都举办如战役集训、理论培训、参谋业务培训，政工、机要、通信、财会、军需、人武干部类型的培训班以及党支部正副书记、连长指导员集训，提高士兵科学文化水平。

二、在职干部考核

1986—2003 年，巴盟军分区对各级干部考核有定期考核、晋升考核和随机考核。定期考核每年进行一次。考核通过本人填写"干部考核登记表"、民主测评、组织考核，准确掌握干部在岗任职状况。晋升考核是在预提拔任用前进行，随机考核是利用执行重大任务，领导下基层蹲点或参加民主生活会等时机对干部进行多方面的了解，验证定期考核结论，提出对考核结果等次评定的补充建议。

干部考核的分工原则按干部任免管理权限进行。军分区主要对团职、正营职干部和副营职领导干部进行考核，其他干部由所在单位进行考核。

2004—2010 年，巴彦淖尔市军分区党委印发《关于建立干部岗位目标责任制的意见》，各团级党委也相应地制定实施意见。之后，军分区按照"职责清楚，目标明确，措施具体"的原则，把干部岗位目标责任制区分为岗位职责、年度岗位目标和实现岗位目标三部分，并逐级签订《干部岗位目标责任书》，适时检查了解责任制落实情况。干部岗位目标责任制的实施，对加强干部管理培养、考核了解、提高干部能力素质，激发干部履行职责的内在动力，高标准完成工作任务起到较好作用。

三、政治思想教育

1986—1989 年，巴盟军分区按照总政治部《关于加强全军干部科学文化、政治理论教育的决定》要求，在部队中开展马克思主义哲学、政治经济学、科学社会主义和中国革命史学习教育活动。1990—1997 年，巴盟军分区在部队中广泛开展"坚持四项基本原则"学习教育活动。组织广大官兵学习邓小平南方谈话，展开什么是社会主义，什么是资本主义大学习大讨论；围绕贯彻中共十四大精神，贯彻邓小平建设有中国特色社会主义理论、邓小平新时期军队建设思想。

1998—1999 年，军分区围绕学习贯彻党的十五大精神，进行"服从改革大局，增强奉献意识"为主题的革命军人利益观教育、以增强法纪观念为重点的作风纪律整顿和机关调整精简专题教育。1999 年，按照内蒙古军区统一部署，进行以"勤奋勤俭，创新创优"为主要内容的艰苦奋斗教育，主要对官兵进行"相信科学，破除迷信"教育；以"讲学习、讲政治、讲正气"为主题进行党性、党风教育；以迎接澳门回归开展爱国主义教育。同时开展普法、国内外形势等教育。2000—2003年，开展以“双向要求”为主要内容的尊干爱兵专题教育和以“认清理论创新品质，坚信最新理论成果”为主题的马克思主义发展史教育。教育采取领导宣讲、知识竞赛、图片展览、影视宣传、文艺晚会、板报标语等形式展开。

2004—2008年，巴彦淖尔市军分区以学习贯彻中共十五大精神，进行“服从改革大局，增强奉献意识”为主题的革命军人利益观教育和以增强法纪观念为重点的作风纪律整顿教育；开展以“双向要求”为主要内容的尊干爱兵专题教育和以“认清理论创新品质，坚信最新理论成果”为主题的马克思主义发展史教育；开展赞颂新成就，迎接中共十六大为专题的宣传教育活动。为保证学习的实效，军分区制定印发《军队团以上领导干部在职理论学习规定》《关于加强军队基层干部理论学习的若干规定》《经常性思想教育实施意见》。采取课题式、专题化、对策性研讨和大会交流的方式进行。

2009—2010年，巴彦淖尔市军分区围绕中国特色社会主义理论体系，特别是科学发展观和党的十七届四中全会精神，制定下发《党委中心组带机关理论学习安排意见》，对各级理论学习作具体安排，明确任务要求。提高理论功底，举办正营以上干部理论集训和基层支部书记暨基层理论、思想骨干培训班，为部队培养87名理论宣传骨干和基层思想骨干。

四、专题教育

1987年，军分区各级党委将坚持四项基本原则，反对资产阶级自由化教育作为年度政治工作的大事安排部署。从年初传达贯彻党中央一系列重要文件精神开始，到7月中旬完成专题教育。

1988年，根据上级的部署，军分区各部队围绕加快和深化改革这个主题，开展以经济建设为中心，坚持改革开放和党在社会主义初级阶段理论教育。教育中，领导深入部队同干部战士直接对话，面对面回答基层官兵提出的问题。根据部队点多线长、高度分散的特点，军分区运用录音录像等现代教育手段，把讲课录音录像带送到一线连队和哨所。为配合教育，军分区还请理论工作者作报告，介绍中共十一届三中全会以来地方改革开放发生的巨大变化，进一步坚定干部战士的思想信念，增强拥护、支持、参与改革的自觉性。

1997年，军分区在部队开展世界观、人生观、价值观“三观”教育活动。教育活动以干部为重点，对照孔繁森、李国安等先进典型，查问题，找差距，增强“重事业、淡名利，争先创优，做好本职工作”思想意识。

1999年，军分区组织团以上党委和机关开展三讲（讲学习、讲政治、讲正气）教育活动。教育从2月开始，7月全部结束，历时5个月，整个教育围绕提高学习认识、解决实际问题、整顿工作作风、回顾学习教育实效四个阶段进行。

2002年，军分区在所属部队开展“赞颂新成就教育”。教育期间，组织官兵认真学习总政治部编印的“七讲”宣讲材料，参加战友报社举办的“新理论、新伟业、新辉煌”百题知识答卷，举办图片橱窗展览、影视宣传、征文活动以及喜迎中共十六大文体比赛和文艺晚会等活动。

2004 年 4—6 月，巴彦淖尔市军分区围绕“军事变革是什么，推进变革为什么，搞好变革靠什么，投身变革干什么”这一主题，以强化军魂意识、树立理想追求、增改革命信心为重点。按照学习动员、专题辅导、典型引路、检查整改、总结提高等 5 个步骤，在军分区机关、部队中深入开展学习实践“三个代表”重要思想教育。通过教育活动，加深对新军事变革重要性、必要性的认识，增强官兵投身军事变革的责任感和使命感。

2009—2010 年，军分区在所属部队广泛开展“军人核心价值观”教育和群众性爱国主义教育活动；在新兵中组织开展“新兵四课”教育，帮助新兵迈好军旅人生第一步，夯实“兵之初”的思想政治素质根基。在军人革命传统教育中，坚持把教育官兵牢固树立全心全意为人民服务的思想，保持人民军队性质，作为政治思想工作的中心内容和重要任务，经常抓，反复抓。每年新兵入伍，全心全意为人民服务教育是必修课，使每一个新战士从入伍第一天起就明白“我为谁当兵，为谁扛枪”的道理。在所属守边部队中广泛开展党的民族宗教政策教育。特别是从新兵入伍起，组织部队认真学习民族理论和党的民族政策，学习民族区域自治法等有关法律法规，树立汉族和少数民族谁也离不开谁的思想，不断增强执行党的民族政策的自觉性。

五、军事训练

1986—1996 年，巴盟军分区机关每年举办一期基层连长、指导员集训班，不定期举办副连长、司务长集训和通信干部、装备干部等专业集训。1997—1998 年，军分区按照新一代《军事训练大纲》和《训练条例》，采取开训动员和专题教育的形式，从人员、时间、内容、质量“四落实”，坚持“严格训练，严格要求”，增强官兵爱军习武和“科技练兵”意识，举办各类专业技术兵集训 15 期，训练 320 人。1999—2000 年，军分区所属各部队在军事训练中，以中央军委新时期军事战略方针为指导，以北京、内蒙古两级军区的训练指示为依据，贯彻军委 18 号文件和“辽阳集训”“太原会议”精神，坚持科技兴训、按纲施训、依法施训原则，着眼打赢需要，狠抓高科技知识的学习和运用。在组织科技练兵中，首先提高官兵的思想认识，围绕边防特点，着重抓战法、训法研究，装备器材革新，配套建设和软件开发以及专业技术兵的训练。2001—2003 年，军分区各部队在军事训练中，注重训练“三能”“四新”，突出抓部队的基础训练、多能训练和单兵综合演练。通信分队专业技术训练抓线路维修、边防通信。为完善军事训练设施设备，分区千方百计筹措资金，建设训练基地、购置指挥帐篷、投影仪等野战指挥器材。

2005—2010 年，巴彦淖尔市军分区组织各部队开展“训练法规、大纲学习月”活动；组织分区岗位技能比武竞赛。通过严格的比武竞赛，检验各岗位练兵效果，激发广大官兵积极投身练兵的热情；指导部队完成野外驻训和实兵实装实弹综合演练；组织分区所属部队集中进行网上对抗训练，进一步提高首长机关指挥、控制和协调能力；组织士官、通信骨干、军械员、炊事员等各类人员集训，开展实弹综合演练。

六、边防执勤

1986—2000年，巴盟军分区边防执勤和边境管理工作，以“睦邻友好，强边固防”的重要指示为指导，落实北京军区《边防部队执勤规范》，印制《边境居民须知》和《边防政策规定》，散发到每个牧户和生产作业点；按照上级下发的有关规定，进一步规范各种勤务的正规化派遣，落实内蒙古军区的要求，开展形势分析，落实措施，组织军警民联防；贯彻《中国人民解放军边防执勤条令》《内蒙古军区落实中国人民解放军〈边防执勤条令〉实施细则》，严格落实边防执勤各项制度；加强对重要时节和重点地段执勤，注重边防知识的学习教育。2001—2003年，巴盟边防执勤和边境管理以内蒙古军区党委提出的“抓住一个中心，突出四个重点，实现一个目标”的要求为指导，贯彻落实《中国人民解放军边防执勤条令》《内蒙古军区落实〈中国人民解放军边防执勤条令〉实施细则》和全区“锡盟会议”精神。

2004—2005年，边防执勤以落实《中国人民解放军边防执勤条令》，以提高执勤质量为目标，利用新闻媒介、发放知识手册等手段，进行“全方位、全民式”宣传教育；强化广大群众的国防意识、边界意识和法规意识；在边境一线安装太阳能警示灯和荧光反射膜一体警示牌，修建边防巡逻道路，改善边防执勤条件。2006—2009年，巴彦淖尔市军分区加大边境管控力度，净化边境秩序；展开“边防政策宣传月”，加强六大勤务，完成边防乘车巡逻路修筑、边境铁丝网架设和全线维护保养；协调后旗政府，改善边防执勤条件，方便官兵生活。2010年，军分区认真贯彻落实北京、内蒙古两级军区关于边防工作的精神，始终坚持以上级《关于加强边防一线连队建设的指示》为指导，不断加大首长机关靠前指挥力度、勤务制度落实，挖掘新型执勤装备器材潜能，积极发挥军警民联防威力。

七、拥政爱民

1986—1988年，巴盟军分区先后为筑边防公路投入劳动日8万多个，机械550台次，无偿为民工包伤治病250人次，腾房让铺8万余人次，周转燃油油料47吨，接济米面5吨，肉菜2000千克。为解决牧民看病难问题，设置“牧民病床”，专为边疆少数民族群众看病，1986—1990年，部队卫生队为牧民看病4975人次，其中抢救危重患者53人次。

1990年，五原至乌拉特中旗110千伏高压线路二期工程施工中，某部队主动承担艰难险阻地段挖坑掘土任务，高质量地完成任务；在乌拉特中旗海流图镇南侧荒坡上植树3643株，建成初具规模的“双拥林”。8月，某部队战士杨志明从包头返回部队途经五原城郊义和渠北大桥路东1千米的一座无名桥时，发现桥下有人在水中挣扎，情况十分危急，他不顾病痛，和衣跳入水中，将落水儿童救出。当他从被救儿童的哭喊声中，得知还有人沉入水底时,又一次跳入水中,潜入2米多深的水底反复寻找,终于将落水儿童救上岸。看着被救儿童生命垂危,又协助路人将儿童送往医院,而后杨志明悄然离开。杨志明返回部队没有提及此事。当某部队党委收到五原县政府和孩子家长的感谢信后,才知道杨志明带伤勇救落水儿童的事。团党委为表彰他舍己救人的英雄事迹,号召干部战士向杨志明学习,并为他记二等功。

1998年,乌梁素太乡粮库遭洪水围困,分区某部队紧急出动100余名官兵,奋战两昼夜,将500吨粮食安全转移。分区机关扶贫点乌拉特中旗马二壕村,在军地双方的努力下,年人均收入由过去不足300元,增加到700多元,基本摆脱贫困。每逢节日,部队走访、慰问驻地群众,解决群众的实际生活困难,征求意见,主动上门服务,进一步密切军政、军民关系。

1999年,以军分区牵头召开巴盟驻军、武警部队拥政爱民工作协调会。会议传达学习上级拥政爱民工作的有关文件,驻盟各军警单位汇报1996年以来拥政爱民工作情况,研究制定《协调工作制度》《相互走访制度》《检查总结评比制度》《过军事日生活制度》《爱心献功臣行动实施意见》《"双三好"实施方案》。

2000年,军分区部队践行"三个代表"重要思想,积极参加地方经济建设,全年投入劳动日143389个,动用机械车辆15000台次,修理农机具390台(件)。在驻地基础设施建设和生态环境改造等重点工程项目建设中,参加全盟植树造林活动,植树2700棵,出动7辆车100人参与压沙。在参加黄河治理第三期控导工程、黄河堤防加固、河道整治、水库保险加固任务中,投入民兵13000余人次,出动车辆6000辆次,累计完成土石19万立方米,拉运柴草46747千克,新建石坝垛28处,修筑河堤护挡33处,连坝2500米,治理险段2.5千米。落实总政治部《关于进一步做好扶贫工作的通知》精神,按照"团包村,连包户,一直帮到富"的原则,分区先后投资十几万元,帮助村社打井、修路、通电、修渠。部队与驻地40户挂钩的贫困户,有32户实现脱贫。在开展益民活动中,军分区医院抽调医疗骨干,组成医疗小分队,带着医疗设备,深入农牧民家中,为农牧民无偿服务。

2001—2010年,军分区以西部大开发为契机,开展拥政爱民工作。发挥部队的特长和优势,组织部队和民兵预备役积极投身西部大开发;继续抓扶贫帮困工作,实行定点扶贫承包责任制。乌拉特中旗乌不浪口发生特大山洪,造成下游农田被水淹没,24个村庄受到严重威胁。某部队接到地方求援后,部队紧急集合,30分钟便赶到受灾现场。此时正赶上特大洪峰通过,有2处河堤决口,官兵们立即投入保护河堤的战斗中。在决堤最严重的高峰坝口,32名党员组成突击队,跳入1米多深的水里,用身体筑成两道人墙,用土袋加固。经过4个多小时的奋战,加固河堤,堵塞住决口,保障了周边群众生命财产安全。

八、后勤保障

1997年前,牲畜饲草量供给巴盟军分区所属部队实行定量标准供应,1997年后,实行定量标准折款由部队自行组织。按照规定,油料供应标准由基本标准、地区补助标准、机动油、其他用油四部分组成。1990 年,油料实行装备及经费指标一次性分配三年不变的管理办法,重点保障训练用油,凭证定量加油。2004 年,根据规定,油料供应实行“指标控制,定量周转”的管理办法,使油料供应管理更加科学合理。1987 年医疗卫生保障,军分区卫生科扩大编制,开设内科、外科、妇科、儿科和精神神经等科室。1992 年,正式改建成军分区医院,军分区所属部队设卫生队(所),负责部队日常卫生、保健和官兵常见病的诊治。

第三节 预备役及民兵

1986—2010 年,根据兵役法规定,巴盟各旗县每年对 18 ~ 35 周岁符合预备役年龄段人口进行登记,建立数据库,不定时组织开展政治思想、军事技术学习演练。

一、组织建设

1986—1989 年,巴盟军分区是巴彦淖尔地区民兵组织的领导机构,对民兵组织进行整顿的重点是:降低年龄、缩小范围、减少人数、提高质量、简化组织。明确基干民兵为一类预备役,普通民兵为二类预备役。

1990—2010 年,巴盟民兵整组工作以《中华人民共和国兵役法》、民兵工作条例为依据,本着“控制数量,提高质量,抓好重点,打好基础”的原则,以民兵基层建设和边防民兵建设、民兵应急分队建设为重点,结合民兵基层建设达标活动进行。

二、政治教育

1986—1989 年,巴盟成立全民国防教育领导小组。1990 年,全民国防教育领导小组更名为全民国防教育委员会。各旗、县、市成立相应国防教育领导机构,并在人民武装部设立国防教育办公室,主管各旗、县、市国防教育日常工作。教育内容根据《中华人民共和国国防教育法》和《内蒙古自治区国防教育条例》规定,从小学生开始,到中学生、大学生都制定了重点了解掌握的具体知识内容。同时要求各级领导干部、社团组织和企事业单位负责人、民兵预备役人员接受国防教育,重点学习马克思主义国防与战争理论、党和国家关于国防建设的方针政策、国民经济知识和现代化国防科学技术知识、国家主权、国防历史和国防法律法规知识、边防政策法规、国家安全形势、基本军事技能常识、后备力量建设、军事高科技知识等。工人、农牧民和其他社会人员接受国防教育重点是爱国主义精神、国防政策、国防法律法规、国防科普知识、防空袭和核生化武器防护知识、基本的军事技能等。

教育形式上,利用干部、教师、职工培训时机,安排国防教育课内容,对干部职工进行系统的国防教育。将国防教育内容纳入各类训练计划,通过开设国防教育课,举行升国旗、唱国歌仪式、学生主题班会、队会开展国防教育。

三、军事训练

1986—1997年,民兵军事训练以基地驻训为主,以联片集中训练为辅。1990年,农区民兵军事训练主要结合春季民兵整组和冬闲时节进行;牧区则安排在夏、秋季节训练;企事业单位民兵训练主要安排在生产淡季。1998—2000年,巴盟各旗、县、市人武部落实内蒙古赤峰会议精神,进行军事比武。1999—2000年,重点进行应急分队、高技术分队建设。2001—2003年,围绕"两个适应",突出抓提高民兵文化素质,组织民兵参加文化课补习,合格率100%。2004年,在民兵训练中,积极改进方法和手段,组织民兵"四会"教练员比武活动。千方百计改善各旗(县、区)人武部办公、民兵训练基地环境。

2005—2010年,全市民兵整组工作结合网上对抗训练,探讨战场与市场相结合的民兵训练方式。在乌拉特前旗召开现场观摩会,推动人武部正规化建设和民兵预备役工作的创新发展。乌拉特后旗人武部实现民兵整组重点由后山向山前、由农牧区向厂矿企业的转移,提高整组质量。杭锦后旗人武部协调地方做好撤乡并镇中人武干部的配备工作。五原县人武部协调地方一次性安置退伍军人,提高义务兵家属优抚金水平。临河区人武部发挥区位优势,成功组织纪念抗战胜利60周年和全民国防教育大型宣传活动。

军分区利用重大节日和民兵整组验收等,对各级战备值班分队、民兵应急分队和一线快反分队进行拉动演练,按纲施训,民兵军事训练参训率达96%,合格率达93%。突出专业技术力量队伍建设,组建四类应急分队,并针对性地组织拉动演练。有民兵训练基地7个,基地建有宿舍、饭堂、教室、训练场和文化娱乐场所。临河市、五原县、杭锦后旗、乌拉特前旗训练基地建有国防教育展览厅。

四、参与社会经济建设

扶贫帮困 1986—2010年,为农牧民送科学、送技术、抓信息、闯市场,帮助群众开办加工厂、养殖场;举办科技讲座、培训班,开展"一兵帮一户,一连带一村"扶贫帮困,先后帮助800多户贫困户实现脱贫。

抢险救灾 1996年,乌拉特前旗部分地区发生6.4级强烈地震,人武部及时组织民兵投入抗震救灾,转移安置群众1000余人,为灾民新建房屋14000余平方米。1997年,杭锦后旗团结乡发生5.0级地震,乡武装部组织民兵投入抗震救灾,转移安置群众200人,减少灾后损失300多万元,使灾区群众及时恢复生产生活。2003年9月5日,乌拉特前旗大河湾段黄河大堤决口70米,造成13个自然村6900人受灾。乌拉特前旗人武部迅速组织18个乡镇苏木民兵预备役人员开赴现场,经61小时连续奋战,协助部队官兵和武警成功封堵决口。在堵口抢险中,乌拉特前旗民兵先后装填、搬运、抛投编织袋50400个,计790立方米;转移受灾群众5000余人,抢出农用物资60余吨、贵重物品3000余件;排除管涌、渗漏险情27处,新筑防洪堤18千米。2007年9月,杭锦后旗、乌拉特后旗、五原县境内先后发生山洪和黄河大堤部分坍塌，军分区、人武部出动干部、职工、民兵赶赴各灾区，帮助灾区群众抢险救灾。

维稳治安　1986—1997年，全盟有社会治安民兵小分队1800余支。小分队重在维护公路、厂矿、仓库、通信线路等重要目标。1998—2010年，巡逻在包兰铁路线上，民兵风雨无阻，先后清理扒乘人员9400余人次。协助铁路警方抓获犯罪嫌疑人173人次，侦破各类案件136起，制止危害行车安全事件6起，预防路外伤亡事故8起。

第二章　中国人民武装警察部队

第一节　武警巴彦淖尔市支队

一、组织机构

1983 年，组建中国人民武装警察部队内蒙古自治区总队巴盟支队。2010 年，设司令部、政治处、后勤处，下设直属大队、教导队和旗、县中队。

二、维护社会治安

1986—2001 年，武警巴盟支队深入贯彻武警部队战备执勤工作会议精神，针对战备执勤工作中出现的新情况、新问题，修订和完善战备方案，抓应急方案、处置突发事件演练和各项战备制度的落实，保障部队有针对性做好“处突”准备。2000 年，武警巴盟支队按照总部、总队科学练兵批示精神，围绕提高执勤和“处突”的能力，开展科学练兵。在抓执勤工作中，以通辽市、赤峰市执勤会议精神为主线，严格规范执勤工作。年内，五原县中队、磴口县中队分别处置企图越狱逃跑事件 1 起，磴口中队制止人犯自杀事件 1 起。全年执行各类临时勤务 22 起，动用兵力 430 人次，出动车辆 27 台次。2001 年，武警巴盟支队在部队建设中，突出干部和教练员的训练，改进和创新训练方法，建立规范的训练程序；按纲施训，科学组训，紧贴部队中心任务，深化科学练兵成果；加大对训练工作的检查指导，严格奖惩。2002 年，武警巴盟支队贯彻落实总部、总队中心工作会议精神，围绕提高执勤和处突能力，狠抓执勤工作和训练、演练。落实执勤规定和《正规化执勤检查验收标准》，针对巴盟地区安全稳定工作的特点，重点加强对群体性事件特点、规律和处置对策的研究，及时修订处置突发事件总体方案，结合实际总结出群体性事件现场情况处置 20 个怎么办。投资 32 万元，为所属 9 个“两看”中队安装“三级网”，提高目标安全系数。在配合巴盟严打斗争中，支队共执行各类临时勤务 23 起，动用警力 238 人次，出动车辆 75 台次。根据总队命令，支队跨地区参与处置群体性治安事件，动用警力 5600 多人次，车辆 110 台次，行程 2600 千米。2003 年，武警巴盟支队按照武警内蒙古总队党委有关规定，认真落实执勤规定和《正规化执勤检查验收标准》。支队党委坚持每季议勤和部门以上领导轮流排班、查勤制度。着眼解决执勤中出现的新情况、新问题，重点抓以“三班四哨”和情况处置为主要内容的专勤专训。支队坚持每天利用三级网不定时查勤，特别是“非典”期间，利用三级网和电话不间断查勤，保证执勤工作全天候落实到位。全年支队共执行各类临时勤务 23 起，动用兵力

470人次，出动车辆75台次。乌拉特前旗大河湾黄河沿堤出现险情，支队先后出动警力1200余人次赶赴洪灾现场，解救被困群众5000余人，抢运粮食4万余千克，牲畜5000余头（只），疏散群众2000多人。2004年，武警巴彦淖尔市支队重新修订完善各类处突预案和保障计划，机关完善作战室，进行室内战术作业训练。基层中队坚持每月进行战备教育，重大节日和执行重要任务前随时教育。一中队和防暴小分队加强战法研究和处突演练，提高处置群体性事件的能力。年内，支队积极参加地方严打整治斗争，动用兵力586人次，车辆376台次，完成撤盟设市庆典等重大临时警卫、长途押解、刑场警戒等重大临时勤务。协助公安机关抓获2名重大杀人犯罪嫌疑人。2005年，武警支队党委始终把工作重心放在基层，提高一线带兵人的能力素质，对基层干部进行培训。将严格把关与关心爱护结合起来，科学安排基层干部轮休、探亲、休假，干部的工作责任心和事业心明显增强。按照"以人为本、信息主导、正规执勤、确保安全"的要求，精心指导中心工作。以信息化为引导，积极改善中心条件，先后投入400万元，建起通信中心、网管中心、作战指挥中心、作战值班室和电视会议室，实现"视频会议、网络进班、指挥、动中通"等六项功能。开展"双争"评比活动，乌拉特前旗中队被总队评为基层建设标兵中队。一中队、磴口中队、杭锦后旗中队被总队评为基层建设先进中队。2006年，支队积极参加地方严打整治斗争，共动用兵力273人次，车辆18台次，圆满完成警卫、押解、刑场警戒等11次重大临时勤务。2007年，支队担负内蒙古自治区60周年大庆期间中央代表团的警卫勤务和临河一中河套文化艺术节开幕式、影剧院广场闭幕式等演出现场的安全保卫任务，共出动兵力218人次，动用车辆17台次。在抗洪救灾中，支队2次出动官兵200余人，转移群众，加固堤坝，封堵决口。特别是在黄河阿拉善盟阿左旗巴音树贵段发生严重淘岸险情，直接威胁沿岸人民群众生命财产安全时，支队奉命出动兵力100人跨区增援，冒雨行程300余千米，经过连续5昼夜艰苦战斗，完成抢险任务，5人荣立三等功。2008—2010年，支队坚持把高标准、高质量完成中心任务作为部队生存的基础，始终绷紧安全这根弦。着眼在实战中摔打部队，提高执勤处突能力。凡是中心工作所需的兵力、时间、经费，一律优先保障。先后为临河区中队和乌拉特中旗中队安装探照灯，加固临河区中队、磴口县中队围墙和乌拉特中旗中队看守所门，进一步消除执勤隐患。贯彻落实总队执勤会议精神，为所有执勤中队统一购置哨位执勤桌凳和执勤框，规范执勤秩序。坚持党委每季议勤，首长每周轮流实地查勤，作战值班24小时网络查勤。基层干部查勤时间向作战值班室汇报，上下联动，相互监督，使"双十二时"查勤制度真正落到实处。担负看守目标的中队，每周进行固定勤务方案演练和监区安全检查，每月与目标单位进行联合处置演练，召开联席联防会议，对犯情及时进行分析，确保固定目标执勤正规安全。

第二节　武警公安边防支队

巴盟边防支队隶属武警内蒙古自治区边防总队和巴盟公安局双重领导,1988 年成立。支队设司令部、政治处、后勤处,业务科 13 个,警通分队 1 个。下设乌拉特中旗边防大队、乌拉特后旗边防大队、甘其毛道边检站 3 个二级单位。

乌拉特中旗边防大队辖川井、巴音杭盖、巴音、桑根达来、乌兰 5 个边防派出所和 1 个工作站。乌拉特后旗边防大队辖前达门、敖登、宝音图、乌力吉、海力素、戈壁 6 个边防派出所和 1 个工作站。甘其毛道边检站设 1 个监护中队。

巴盟边防支队担负着巴盟境内边防线和边境管理区的武装警卫和治安管理任务。边境管理区有 11 个苏木,49 个嘎查,有治安保卫委员会 60 个。通往蒙古国的交通要道 15 条,有 1 个国家一类季节性陆路口岸。

巴盟边防支队自组建以来,根据总队关于公安边防派出所实行责任区民警责任制要求,全面开展公安边防派出所警务制度建设,使边防执法、服务保障逐步走向规范。

开展边防法规政策宣传教育。特别是对外来人员,加强遵纪守法、爱国护边教育。在生产季节对在边境前沿采挖点和矿山生产作业点工作的人员实施严格的跟踪管理,确保生产季节边境一线绝对安全。

积极开展社会治安综合治理,严厉打击各种类型的刑事犯罪活动。1998 年,支队查处走私香烟案件 5 起,缴获走私香烟 105 箱,价值 40 余万元。收缴走私交通工具三菱汽车 1 辆,及走私所得 10 万元。抓获负案在逃犯 1 人,侦破特大盗窃案 1 起,取缔非法宗教活动 2 起。

1999 年,巴盟公安边防支队紧紧以新中国成立 50 周年大庆、澳门回归两件大事和国家稳定,狠抓边境管理,全面加强边境地区社会面的控制为主要任务。加大边防政策法规的宣传力度,开展以《内蒙古自治区边境管理条例》、草原法、治安管理条例等相关法规的宣传教育。全年共向群众发放宣传材料 5000 余份,接待群众咨询 400 余人。边境管理区内成年人口受教育率达到 90% 以上,边境一线牧户受教育率达到 100%;加大边境前沿的管控力度,采取由边防派出所负责人和业务骨干干警包片包嘎查的方法,组织沿边居住牧户轮流执勤,在边境一线形成全方位的管理防范网络。全年拦截临界牲畜,堵截疯傻讨要人员,盘查流动人员,出入边管区车辆。在季节性生产作业中,乌拉特后旗边防大队加大警力投入边境一线扎包设点,对采挖土特产品人员进行跟踪或驱离管理,确保季节性生产作业期间边境一线的安全与稳定;严格对外来人员的管理和危爆物品的清理力度。将所有外来人员全部纳入视线管理。清理外来手续不符人员,清理外籍搂发菜人员,紧密协助公安机关抓获隐藏在边境地区的负案在逃人员。同时,适时开展"清枪治爆"专项治理整顿,严格查处收缴各类枪支弹药、危爆物品；始终保持严打态势不放松，加大对各类案件的查处力度，对危及边境社会治安稳定、危害边民群众生命财产安全的盗窃、强奸、伤害等各类违法犯罪活动予以严厉打击。全年共发生刑事案件11起，侦破10起，破案率91%。发生治安案件21起，查处21起，查处率100%。

2000年，巴盟公安边防支队在上级业务部门的指导下，落实两级党委扩大会议精神，严格依法治边，积极推进目标责任制，加大对影响边境地区安宁的重点、难点问题的整顿力度，确保边境地区社会治安秩序的持续稳定。全年发放宣传材料2100余份，宣传教育群众8100余人，群众受教育率达到了90%以上。全年甘其毛道口岸开关共4次75天，检查出入境人员51347人次，检查监护出入境车辆8610辆次，进出口货物1115吨。查控手续不符人员15起15人，查获走私“555”牌香烟20箱。沿边执勤拦截临界牲畜2200头（只），盘查流动人员450人。生产季节出动警力36人，对1201名采挖人员进行跟踪管理。全年侦破盗窃、强奸、抢劫、伤害等严重刑事案件14起，治安查处14起，侦破率100%。

2001年，甘其毛道口岸开关共4次68天，检查出入境人员67034人次，检查监护出入境车辆5517辆次，货物3183吨，查获手续不符人员25起25人。

2002年，边防支队对辖区内所有的群众治保组织、联防队和联防小组以及治安人员进行专门整顿培训。针对边境牧民倒场内迁的实际，重新布建、扩建牧民执勤点和义务堵卡点，补充草原电话报警点。2003年，边境地区发生刑事案件14起，侦破14起，破案率为100%。发生治安案件9起，查处8起。抓获负案在逃人员3人，收缴不在册枪支2支，查获外国籍偷渡人员1起2人。

2004年，推进“草原110报警服务系统”建设，进一步加强边防派出所规范化管理和建设，构筑多层次防控体系。组织清边、发放宣传材料15949份，发放包防责任书。对外来人员进行严格管理，抓获负案在逃人员1人，堵截搂发菜人员4起17人，遣返疯讨人员104起104人，拦截临界牲畜1146头（只）。适时开展反偷渡、反走私、反盗畜、清枪治爆、严打追逃、苁蓉绒毛季节防范专项行动。

2005年，支队以草原110和警务机制改革建设为重点工作，全面推进边境管理工作。通过积极协调，成立市、旗两级党委、政府牵头的草原110建设领导小组，完成三级领导进入公安局及苏木领导班子，建议并促成市委、市政府在乌拉特后旗召开全市草原110建设现场会。通过《巴彦淖尔市草原110建设三年规划》，出台《警长岗位责任制考核细则》，划分警务区，公开选聘警长，建立流动警务室、固定警务室和建草原110报警点，确定报警员，安装ETS报警电话，统一报警点和警务室的外观标识，初步形成集报警求助、服务群众、信息反馈于一体的综合报警服务网络。深入开展反偷渡、反走私、反盗畜、清枪治爆，严打追逃、季节性防范专项行动。协同公安机关等有关部门，对全市边境生产作业点进行全面检查，清理整顿采矿点，坚决取缔无合法手续的矿点,清理无合法证件人员,收缴管制器具。堵截非法搂发菜人员2起7人,疯讨人员100人次。抓获网上在逃人员2人,涉嫌偷渡人员1人。全年共发生刑事案件13起,治安案件15起,破案率、查处率分别是92%和100%。

2006年,边防支队调整补建草原110报警点,统一外观标识;与蒙古国南戈壁省边防代表举行首次会谈,就共同打击跨国犯罪活动,维护双边稳定达成共识。并签署会谈纪要,建立定期工作联系制度。

2008—2010年,巴彦淖尔市公安边防支队制定各类处突应急、野外生存、反恐等21种预案。组织特勤队率先在全区开展边境驻训,完成甘其毛道口岸常年开关庆典等重大安保任务。

第三节　武警森林警察部队

一、组织机构

1989年5月,武警巴盟森林大队成立,下设临河市中队、乌拉特前旗中队和磴口县中队。2002年12月,武警巴盟森林大队改建为中队编制,撤销磴口森林中队,保留临河市中队和乌拉特前旗外站点2个。2010年,武警巴彦淖尔市森林大队主要负责东至昆都仑河,西至西山嘴乌拉山13.93万公顷原始次生林,乌拉特后旗6万公顷梭梭林,磴口地区速生丰产林、黄河护岸林、农田防护林、防风固沙林和总面积为27.87万公顷的国有森林资源的防护任务。

二、防灾减灾

1987—1997年,组织武装清山84次,出动警力16800余人次;清出非法进入林区闲散人员3.8万余人次,没收引火物10600余件;查处各类毁林案件40余起,没收无证运输木材800余立方米。63次参加抢险救灾,挽回经济损失210余万元。

1998年,大队按照总队规定的防扑火执勤战备制度,从单位实际出发,制定切实可行防扑火预案,做好组织指挥,兵力调度,装备配置,通信联络和后勤保障工作。同时以练技术、练战术、练指挥、练协调为重点,提高官兵快速反应和综合作战能力。1999年,巴盟森林大队配合林政部门设卡执勤127次,动用兵力2600人次,监督病虫害树木堆垛780多立方米,没收病虫林木130余立方米。乌拉山中队对重点地段实施3次武装清山,清除闲散人员900余人次,没收引火物370件。2000年,对乌拉特后旗努登梭梭林区、乌拉特前旗乌拉山次生林区进行联合执勤,清除林内淘金、采石、放牧、采集山货等闲散人员290余人次,查处非法盗伐林木案件3起,没收木材28立方米。2001年,对套区禁牧情况进行拉网式排查,出动兵力416人次,车辆73台次。执勤范围达到5个旗、县、市,38个乡镇苏木,制止农村散牧1100余户,查处滥伐、盗运林木案件6起,冒充森警诈骗案件1起。2002年,武警巴盟森林大队以“抓早、抓细、抓实”为原则,在开展打击非法放牧、挖苁蓉、搂发菜、乱砍滥伐和盗运林木等非法行动中,累计野外执勤36天,出动兵力108人次,车辆25台次。协同林业公安查处滥伐、盗运林木案件9起。2003年,中队坚持依法执勤,文明执勤,累计出动兵力300人次,车辆52台次;协同林业公安查处和制止滥伐、盗运林木案件9起,查获盗伐林木73立方米。2004年,武警巴彦淖尔市森林中队全年开展护林防火宣传4次,散发传单15000余张,受教育群众达2万余人。全年出动兵力300人次,车辆52台次,开展防火执勤26次,巡护里程达3500千米,清除非法入山人员352人次,没收引火物97件。协同林业公安查处滥伐、盗运林木案件9起,查获盗伐林木56立方米。乌拉山大桦背发生火灾,中队出动兵力32人,4个多小时将林火扑灭。2005年,森林中队出动兵力440人次,车辆67台次,巡护里程达4128千米。清除挖苁蓉、搂发菜等非法人员494人次,没收引火物142件。利用"3·15""4·16"开展护林防火宣传8次,散发传单50000余张,受教育群众3.4万余人次。协同市林业公安查处乱砍滥伐、盗运林木案件11起,查获盗伐林木259立方米。2006年,巴彦淖尔市森林中队出动兵员200人次,开展防火执勤30次,巡护里程3600千米,清除非法入山人员398人次,没收引火物102件。利用"3·15""4·16"等开展宣传4次,散发传单20000余张,受教育群众达30000余人。2008年,中队全年执勤25次,出动兵力156人次,车辆15台次。制止非法放牧38起。

2009—2010年,武警巴彦淖尔市森林中队外出执勤7次,出动兵力83人次,车辆10台次,制止非法放牧10起。进行护林防火宣传2次,出动兵力45人次,散发传单1万余份。

第三章　人民防空

第一节　机构与改革

巴盟人民防空办公室在1984年的机构改革中,与巴盟建设局、环境保护办合并为巴盟城乡建设环境处,保留人防办的牌子。1996年确定为建设处的二级单位,1997年归口行署办,为准处级建制,接受行署和军分区的双重领导。2002年机构改革中,将交通战备移交盟交通局,为正处级建制。内设综合科、工程科、财务科和指挥通信科,有3个二级单位:人防通信站、平管站和稽查所。下辖乌拉特前旗、乌拉特中旗、乌拉特后旗、杭锦后旗、五原县、磴口县6个人防机构。2003年经内蒙古自治区人防办批准,成立巴盟人防工程设计分院和质检分站,对全盟"结建"人防工程的设计、规划、监督、检查和验收实行统一归口管理。至2010年,应市政府要求,设立市应急指挥平台,负责全市突发事件中的全市应急指挥调度职能。

第二节　宣传教育与设施建设

1986—1997年,巴盟将人防教育纳入初级中学教学大纲,每年在市区9所中学27个班级开设人防教育课。1998年,巴盟按照上级文件精神,编制完成《临河市防空袭预案》《人防工程维护管理规定》《安全防事故规定》应急方案等,并按人防法规定,对消防、治安、抢险、医疗、通信、运输、防化7个专业队进行整组,落实干部,使人防工作走上规范化、法制化轨道。年内,更新电台1部,增设警报点1个。完成军网建设,实现有线电话联网。通信站总机坚持24小时值班制度,年接转电话3万余次,电台每天初联2次。1999年,人防工作全面贯彻落实人防法及实施办法,在没有新建人防项目的情况下,自筹集资金在新建居民小区建成1处人防工程;新增警报2台,购置5台警报终端宏控设备。2000年,巴盟人防落实人民防空法,投资更新单边带电台1部,增设警报点1个。完成军网有线电话联网,对电台天线进行标准化整修和维护。改造人防工程,维护公共工程。完成北京军区安排的保障任务。开发利用人防工程17处,利用率达62.5%。组织大型宣传活动5次,散发传单1万余份。录制人防专题报道5集,联办节目12期。在临河市区9所中学1300名学生中开设人防课。2001年,在巴彦淖尔黄河之声广播电台播放人防知识共60期150分钟。在《巴彦淖尔报》上刊登人防专版,在巴彦淖尔电视台播发人防专题片《人防发展建设之路》7分30秒。将"三防知识"教育纳入初级中学教学大纲,在临河地区9所初级中学27个班级开展“三防”教育。维护人防工程加固。2002年,在盟市9所中学的初一年级、巴盟党校和河套大学分别开展人防知识教育,受教育初中生5331人,干部553人。督促临河市按照市区人数的2%组训防化专业队,落实队员31人。在《巴彦淖尔报》开设人防知识问答12次,刊稿16篇;在《内蒙古人防》刊稿16篇;在《华北人防》刊登文章4篇;在《中国人民防空》刊登文章14篇。播放人防专题新闻9次,播放人防专题片6次。改造人防工程维护工程。依法组织警报试鸣,鸣响率达100%。

2003年,建成人防工程民用防空地下室,人均占有人防工程面积提高一倍。在全盟大中专院校和初、高级中学落实“三防”知识教育人数25000人,其中临河市落实5000人,杭锦后旗落实18000人,乌拉特前旗落实1000人,五原县落实1000人。盟办将人防知识的宣讲与党校举办的处级、科级培训班结合起来,设专职教师进行专题讲座,落实各级干部160人,其中处级干部30人,科级干部130人。按照自治区人防指挥通信警报建设规划及巴盟人防年初既定目标,为各旗、县、市订购警报器等。

2004年,巴彦淖尔市人防工作继续落实“结建”工程,并结合城市拆迁改造,对人防工程统一普查编号、归类建档,设置标志牌。完成人防专业分队整组和防化专业队培训任务,落实专业队员,培训防化专业队员。购置电声警报器,完成车载电台组装,新上人防通信铁塔,配置指挥通信车及救援设备,开通军地双方光缆数字通信。建成人防自动化指挥中心、计算机信息网络中心、移动指挥等设施设备;完成各类数据信息采集、电子地图制作、人防指挥自动化软件的安装和应用等项工作;制作完成《巴彦淖尔市人民防空袭斗争行动方案》《巴彦淖尔市破坏性地震应急行动方案》两个多媒体演示片。规范人防专业队伍,增加突发事件应急人数。完成“结建”工程,新增普通地下室;维护人防工程,改造口部工程,改造地下室。开发利用人防工程收取使用费35.2万元。2006年,编制市级总体应急预案1个,旗(县、区)总体应急预案7个;市级专项应急预案17个,旗、县级专项应急预案140个;编制部门应急预案149个,苏木乡镇预案34个,规模以上企业应急预案64个,大、中、小学、幼儿园应急预案613个。在全市25所初级中学和大专院校、党校继续开展人防宣传教育,受教育学生8400人,培训干部670人。2007年,对市人防工作从组织指挥、防护、专业队伍、人口疏散、重要经济目标等多方面的应急准备工作进行评估。在22个目标中,达到一级目标2个、二级目标16个、三级目标4个。信息化建设进一步加强,实现宽带联通、视频数据、语音三网合一的网络传输系统。建成人防指挥各要素基础数据库,录入20个部门、22个重要经济目标的图像、资料以及城市生命线工程等资料。完成人防工程维修。2008年,对全市警报点进行全面普查,修订完善临河城区警报情况分布图和电子地图。全市警报覆盖率85%以上;旗、县警报覆盖率80%以上。2009年,在各级国家机关、党校、大专院校、初级中学和企事业单位开展形式多样、内容丰富的宣传教育活动,受教育学生

16817 人,受教育干部 1250 余人。在市二中开展的人防和民防应急避难疏散演练,3200 多名师生按照指定路线,仅用时 3 分 20 秒全部安全疏散到指定位置。新安装警报器,新建人防工程,维修人防工程,开发利用人防工程。

第三节　国防教育基地建设

一、临河区国防教育展厅

临河区国防教育展厅始建于 1996 年。2005 年,投资 15 万元进行扩建改建。扩建后,展厅面积为 300 平方米,由 11 个区 31 篇 47 图板和 6 种模型组成,展出内容以“爱党、爱国、爱军”为主,年接待参观者约 10 万人。2008 年 8 月,临河区国防教育展厅被内蒙古自治区人民政府评为内蒙古自治区级国防教育基地。

二、五原县博物馆

五原县博物馆 2007 年 8 月建成,总占地面积 2500 平方米,经过后续拓展,总建筑面积达到 10170 平方米。展出内容以冯玉祥西北军五原誓师、傅作义率领军民五原抗战等图片为主,共有照片 1000 余张以及部分实物。展厅面向社会开放,年接待 3 万余人次。2008 年 8 月,被内蒙古自治区人民政府评为内蒙古自治区级国防教育基地。

三、五原县抗日烈士陵园

五原县抗日烈士陵园位于隆兴昌镇,占地面积约 6.67 公顷。陵园主体建筑有纪念碑、牌楼、陵墓、附属展馆及纪念广场。纪念碑刻有傅作义将军亲笔题词“五原抗日烈士纪念碑”九个大字。陵园面向社会开放,年接待参观人数 2 万余人次。2008 年 8 月,被内蒙古自治区人民政府评为自治区级国防教育基地。

四、川井爱国主义教育基地

川井爱国主义教育基地位于乌拉特中旗川井苏木,总占地面积约 23 公顷,建筑面积 10000 平方米。基地针对未成年人,开展中、小学生社会实践活动和高一新生军事训练,是巴彦淖尔市中小学生科普教育、劳技教育、军事技能训练和夏令营活动的主要教育。

第十一篇

公安　司法行政

第一章　公　安

第一节　机构与改革

1986年,巴盟行署设公安处,下辖7个旗(县、市)公安局。1993年,公安处改称为公安局,下辖7个旗、县、市公安局和武警巴盟边防支队、武警巴盟消防支队。

2004年,巴彦淖尔撤盟设市,巴盟公安局改称巴彦淖尔市公安局。2010年,巴彦淖尔市公安局辖7个旗(县、区)公安局和2个公安分局(乌拉特前旗公安局后山分局、乌拉特后旗公安局碳窑口分局)。市局内设办公室、纪检、政治部、警务督察、国内安全保卫、经济犯罪侦察、治安管理、刑事侦查、出入境管理、公共信息网络安全、监察、监所管理、法制、装备、禁毒等17个职能处(室、支队)。管理5个二级单位(交警支队、驾驶员考试中心、人民警察训练学校、戒毒所和河灌公安中心派出所)。有基层派出所109个,民警3009人。森林公安机构列入公安序列。武警序列有消防支队、边防支队。

第二节　队伍建设

1998年,全盟公安机关认真贯彻落实中央政法委、公安部的指示精神,提出"正人先正己、己不正焉能正人"和"向我看齐"的口号。在制度上,进一步落实局长向盟委、行署和公安厅负责,民警向科长负责的责任制。针对队伍建设方面存在的问题,巴盟相继制定出台《巴盟公安局机关管理制度》《巴盟公安机关工作奖惩制度》《巴盟公安机关错案责任追究规定》《巴盟公安机关民警定期培训制度》《关于全盟公安机关实行"热点"岗位工作人员轮换制的决定》等一系列规章制度。改变公安教育培训的传统模式,增加实战训练,强化警务技能培训和处置突发、暴力事件的技术研究和模式演练,不断提高民警的专业技能和身体素质。1999年,巴盟公安局将推进人事制度改革作为深化公安工作改革的突破口,在局机关和二级单位实行科室领导聘任制和干警双向选聘制,解决长期以来公安队伍管理中"能上不能下,干好干坏一个样"的弊端。针对群众反映强烈的刑讯逼供、滥用警械等警察违法、违纪案件进行专项治理。2000年,巴盟各级公安机关继续深入开展创人民满意派出所(民警)活动,从人民满意的地方做起,从人民不满意的地方改起,开展全心全意为人民服务的宗旨教育、实事求是的思想路线教育和严格、公正、文明执法的法制教育活动,提高全盟民警的法律意识和执法水平。2001年,巴盟公安局为加强干警队伍建设,在系统内广泛开展“三项教育”。针对群众反映的“四难问题”,建立健全各项规章制度76项。2002年,全盟各旗、县、市公安机关按照《巴盟公安派出所正规化建设等级评定实施方案》的要求,主动与综治、民政部门协调,从低保下岗职工中挑选素质好的人员组成专职治安联防队,负责白天城镇居民的看门守户工作。发挥社区物业管理人员和环卫工人的作用,开展义务联防工作。有针对性地加强夜间重要时段和部位的巡逻频率和密度,提高对社会面的控制能力。巴盟公安局按照《公安机关人民警察训练条令》先后制定《巴盟公安机关关于错案追究的规定》等五项制度。采取执法检查、监督复议、受理控告申诉、重大警务活动现场督察等方式,从中发现违法违纪问题。开展为期5个月的集中警务技能训练。举办计算机培训班、司晋督班、公务员培训班8期,培训500人次。2003年,巴盟各级公安机关积极实施社区警务战略,警力下沉,警务前移,使防范工作牢牢扎根社区。组织力量对全盟基层派出所进行暗访,并将暗访情况通报全盟。加强基层组织建设,在广泛征求意见的基础上,对交警系统、二级单位领导和非领导岗位进行配备,90人走上科级(副科级)领导岗位,19人走上科级(副科级)非领导职位。按照《全盟公安机关人民警察教育训练制度和实施细则》,举办股、所、队长培训班9期,培训民警1047人。

2005年,巴彦淖尔市公安局按照《关于进一步加强和改进公安工作的意见》,在人事任用方面对旗(县、区)公安系统副职领导干部进行高配,即副职高配为正处级、正科级;市、旗(县、区)两级公安机关的内设机构、派出机构的领导干部,由本级公安机关党委任免;市公安机关处级、科级非领导职数,按领导职数1:0.8(派出所除外)的比例设置,并按政策落实派出所领导职级和民警政治生活待遇。2006年,市公安局按照内蒙古自治区政法委、公安厅的统一安排部署,在全市公安机关开展以“规范执法行为,促进执法公正”为内容的专项整改活动。整改中,查处民警违法违纪案件12起21人。2008—2010年,巴彦淖尔市公安系统举办各类培训班111期,培训民警、确认警察、法制监督员3957人,培训人员2167人次。根据群众反映,查处民警违法案件16起。

第三节 户籍管理

一、人口变动

1986年,巴盟户籍总人口为141.04万人,其中男性73.86万人,女性67.18万人。在总人口中非农人口30.81万人。同年出生人口18662人,死亡4588人,人口自然增长率10.03‰。1995年,全盟户籍总人口为165.78万人,其中男性85.72万人,女性80.06万人。总人口中非农人口54.62万人。同年出生人口24565人,死亡4695人,人口自然增长率为12.08‰

2005年,全市户籍总人口为175.87万人,其中男性89.6万人,女性86.27万人。当年出生人口 7.91 万人，死亡 5.67 万人，人口自然增长率 2.24‰。2010 年，全市户籍总人口为 186.35 万人，其中男性 94.11 万人，女性 92.24 万人。当年出生人口 8.83 万人，死亡 5.57 万人，人口自然增长率 3.26‰。

二、常住人口管理

1986 年，巴盟公安机关开始办理第一代身份证。1998 年，巴盟推行新生儿落户新政，规定新生儿落户可随其父，也可随其母。2000 年，建成电子户籍档案，核对填写新式常住人口登记表，换发由公安部统一制定的新式户口簿；改革农村户籍管理制度，实行城市化管理。2001 年，推进小城镇户籍管理制度改革，允许符合条件的居民及直系亲属依据本人意愿登记城镇户口，并将已在小城镇办理的地方城镇居民户口及自理口粮户口统一登记为城镇常住户口。2002 年，对申请变更性别的公民，只要出具指定医院为其成功手术的证明，经审核后，派出所应予办理变更登记，并重新为其编制身份证号码。

2005 年，巴彦淖尔市根据《中华人民共和国临时居民身份证管理办法》和内蒙古自治区《关于公民变更居民身份证编号有关事宜的通知》，对于申办临时身份证的公民，经审核后，允许更改身份证号码。2006 年，对常住人口户口登记信息进行核实查对，纠正户口登记信息不准确、有问题的共计 35163 人次。常住人口信息系统入库 179 万人，人像 1438915 幅。在全市启动二代身份证办理工作。2007 年，在对常住人口户籍进行清理时，发现重复登记人口 9345 人，10 年以上空挂户 72681 人。根据规定删除重户 8430 人次，修改重错号 1562 人。年内换发二代身份证 129.5 万人。2008 年，巴彦淖尔市户籍管理停止制发内芯式和插页式居民户口簿，统一使用多页装订式居民户口簿。2009 年，停止使用普通户籍证明，统一使用人口信息联网打印的内蒙古自治区人口信息（户籍）证明。2010 年，巴彦淖尔市对常住人口户籍进行清理整顿，将清理结果用于全国第六次人口普查参考资料。

三、流动人口管理

1992 年，巴盟在公安系统建立暂住流动人口管理机构，负责暂住（流动）的管理工作。1993—1995 年，巴盟对暂住（流动）人口采取建立暂住人口户籍底簿、发放暂住证、出租房屋实行挂牌管理、签订治安合同书、发函调查、暂住人口分层次管理等措施。1996 年，全盟登记暂住人口 13813 人，其中应办证 7925 人，办证 7540 人，办证率 95.1%；登记出租房户 6830 户，挂“出租房户”标志牌 6723 个，签订治安合同书 6830 份。1999 年，巴盟对境内的流动人口进行清查，登记外流人口 35293 人，清理“三无”人员 2749 人，登记出租房屋 6994 户，签订安全合同 5204 份。2000 年，在全国第五次人口普查工作中，对重点地区、重点人员流动状况进行清查，登记暂住人口 31932 人，发暂住证 10687 人。2001 年，全盟有暂住人口 46061 人，其中登记 43681 人，办暂住证 11833 人；有出租房屋 8957 户，办理出租登记 8215 户。2002 年，继续开展“两口一屋”清理整顿工作。2006—2007 年，巴彦淖尔市登记流动暂住人口55102人,登记出租屋10178户,取缔非法出租屋48户,取缔非法房屋中介机构5家。2009年,全市清理登记流动人口536人。

第四节 打击刑事犯罪

1987—1997年,巴盟公安机关破获重大刑事案多起,主要是乌拉特前旗朝阳乡王某某杀人案、杭锦后旗三道桥信用社金库被盗现金案、磴口县坝楞乡农家被盗案、乌拉特中旗德岭山乡乌兰村特大抢劫杀人案、雇佣杀手杀人案和公安厅挂号的"929"特大绑架杀害儿童案。1998年,全盟破获各类刑事案件335起,其中重大案件138起、积案34起。协助外地破案148起,其中重大案件52起。抓获逃犯74人,其中重大逃犯23人。打掉盗窃团伙32个,成员125人。1999年,巴盟各级公安机关抓大案、打团伙、追逃犯,重点打击暴力犯罪、涉枪涉爆犯罪和盗窃、抢劫等多发性侵财犯罪。对重特大案件采取领导包案、专案专办、落实奖惩等措施,组织侦破力量,快侦快破,全盟年内立案各类刑事案件990起,侦破898起,破案率90.7%。其中,立重大案件519起,破464起,破案率89.4%。打掉各类犯罪团伙63个,缴获赃款赃物价值215.9万元。2000年,公安机关继续以破大案、追逃犯、打团伙为突破口,立刑事案件2114起,破现案1354起,破案率64%。其中,临河破获的"3·15"绑架人质案、磴口县破获的"6·27"特大杀人案、五原县破获的"10·15"凶杀案以及抓获公安部A级督办逃犯等案件有力地震慑了各类犯罪。2001年,按照中共中央、国务院和公安部的统一部署,巴盟围绕"三条战线",发动群众,全警动员,打掉犯罪团伙38个,抓获涉案人员307人;破获各类刑事案件62起,缴获一批危险物品。2002年,巴盟公安局开展为期4个月的打击抢劫、抢夺等多发性犯罪专项斗争。行动中,破获抢劫(夺)案件129起,其中抢劫案件57起,抢夺案件72起,抓获犯罪嫌疑人133人。乌拉特中旗公安局在河南省灵宝市公安局的配合下,侦破"10·15"特大金矿抢劫案,抓获犯罪嫌疑人3人,缴获被抢现金及贵重金属价值4.5万元。临河市打掉抢劫、盗窃团伙"隆胜帮"。2003年,巴盟公安机关建成10万人入库指纹自动识别系统和刑侦信息综合系统,录入现场指纹645枚,入库捺印指纹28848份。通过指纹比对,破获盟内案件26起,跨盟案件3起,代破外地案件30余起。

2004年,巴彦淖尔市公安系统开展"侦破命案专项行动",各地采取破案招标、挂牌悬赏等方式,调动广大警察的破案积极性,全年全市发生的20起杀人案件全部破获,14起伤害致死案破获13起,协助外地破获命案2起,抓获命案逃犯8名,其中厅督捕逃犯2人,外地逃犯6名。2005年,全市立刑事案件2779起,破获1848起,破案率为66.5%。2006年,全市破获各类刑事案件3653起,其中现行案件1920起,破案率为71.9%。抓获各类刑事犯罪嫌疑人1364名,批准逮捕729人,劳动教养74人。全市打掉恶势力犯罪团伙6个,抓获嫌疑人18人；破获命案34起，其中现行命案33起。破获“两抢一盗”犯罪案件3016起，其中破获盗窃案件2588起、抢劫案件393起、抢夺案件35起。“天网行动”以来，全市公安机关集中追捕重特大在逃人员统一行动中，抓获各类在逃犯罪嫌疑人41名。“夏季攻势”集中统一行动中，破获各类刑事案件755起，其中盗窃632起、抢劫78起、抢夺8起，盗抢机动车26起、盗窃牲畜5起。抓获作案成员303人，抓获逃犯41人，缴获赃款赃物价值106万元。2007年，全市立刑事案件4164起，其中现案3363起。破获各类刑事案件4991起，其中现案2603起，年前案件1296起，外地案件1092起。抓获刑事犯罪嫌疑人1432人。破获8类严重犯罪案件333起，抓获网上逃犯189人。全年发命案44起，破获44起，挽回经济损失546.3万元。2008年，全市公安系统立刑事案5830起，破获刑事案件5584起。抓获各类网上逃犯583人。全年发生命案26起，破获24起。抓获犯罪嫌疑人1419人。受理检验鉴定各类案件1987起。通过指纹自动识别系统比对破案80起，抓获犯罪嫌疑人27人。2009年，全市全年立刑事案件6318起，破获5775起，打掉各类犯罪团伙51个，抓获犯罪嫌疑人1522人，其中抓获网上逃犯710人。

第五节　打击经济犯罪

1986—1999年，巴盟各级公安机关理顺经济侦查体制，加强经济侦查队伍建设，按照刑法、刑事诉讼法的规定，对依法由公安机关管辖的经济纠纷加强立案，重点打击金融诈骗、破坏国有企业改革、危害金融秩序和市场经济秩序的犯罪活动。2000—2001年，巴盟公安机关将打击经济犯罪重点放在打击偷税漏税、走私贩私、逃汇骗汇、合同诈骗等经济犯罪领域，侦破经济犯罪案件69起，涉案金额287.1万元，抓获犯罪嫌疑人48人，挽回经济损失206.8万元。2002年，开展打击非法买卖外汇、利用银行卡犯罪、证券领域犯罪以及公司登记犯罪等，全年侦办各类经济犯罪案件61起，涉案金额996.9万元，抓获犯罪嫌疑人54人，挽回经济损失654.3万元。2003年，巴盟公安机关集中打击制售假冒伪劣商品、走私贩私、偷税骗税、金融诈骗、非法传销、合同诈骗等经济犯罪，全年立经济犯罪案件62起，破30起，涉案金额3146.57万元，抓获犯罪嫌疑人71人，挽回经济损失1947.83万元。

2004年，巴彦淖尔市公安机关印发《关于开展打击制售假发票和建筑安装企业偷税等涉税违法犯罪专项行动的通知》。按照《通知》精神，各部门通力协作，查获私制劣质盐品12吨、制售假酒窝点一处，查获假“十年陈酿”282箱，假“河套王”49箱等。全年侦办各类经济犯罪案件34起，涉案金额750万元，挽回经济损失301.74万元，抓获犯罪嫌疑人23人。2005—2008年，巴彦淖尔市公安系统共受理各类经济案件382起，立案234起，涉案金额49364.2万元。破案189起，抓获犯罪嫌疑人306人，挽回经济损失14964.58万元。逮捕29人，刑拘69人，移送起诉46人。2009年，全市侦破各类经济犯罪案件187起，涉案金额51907.7万元,挽回经济损失2558.2万元。抓获犯罪嫌疑人263名。破获特大集资诈骗案,涉案金额1200万元。破获公安厅督办"6·5"出售非法制造发票案,捣毁开票藏票窝点3个,抓获犯罪嫌疑人17名,查获各类假发票共计144912份。破获魏某等人利用互联网出售、购买、运输及持有、使用假币的犯罪团伙,抓获犯罪嫌疑人7人,追缴各类面值假人民币152184元。在呼和浩特市捣毁一特大制假窝点,抓获犯罪嫌疑人4人,缴获工商业裁剪发票50本,避免税款损失300余万元。破获余某某、刘某某等利用高额利息为诱饵,大肆进行非法集资案,受骗群众338人,涉案金额1200余万元。2010年,巴彦淖尔市两级公安机关破获公安部、公安厅两级督办的韦某等人涉嫌伪造银行卡案,抓获犯罪嫌疑人4人,涉案金额21万元,缴获各类伪造银行卡100余张,作案工具6台。破获胡某等人涉嫌非法经营、销售假冒注册商标的商品、销售伪劣种子案27起,抓获犯罪嫌疑人4人,逮捕4人,涉案金额74.9万元,捣毁窝点2处,挽回经济损失38万元。

第六节　扫黄打非禁毒

1986—1998年,巴盟公安机关坚持"三禁并举、堵源截流、严格执法、标本兼治"的禁毒方针,全面推行包头市禁毒工作的经验和做法,以禁吸、戒毒为重点,强化禁毒措施,坚持不懈地开展禁毒专项斗争,严厉打击毒品犯罪。1999年,巴盟各级公安机关针对黄色出版物蔓延、卖淫嫖娼等非法活动屡禁不止,开展打击卖淫嫖娼专项活动。全年全盟出动警力680人次,对600多家文化经营摊点和娱乐场所进行检查,侦破"黄非"案件89起。2000年,巴盟各级公安机关对全盟范围内的688家娱乐服务场所进行全方位的清理整顿,关闭和取缔不合格娱乐服务场所336家,查办各类案件123起,收缴黄色淫秽影碟204张,查办各类违法人员220人。破获毒品案件14起,在全盟建成7个青少年毒品预防教育基地。2001年,巴盟在治理整顿娱乐服务场所、打击卖淫嫖娼、吸毒贩毒和赌博等社会丑恶现象行动中,出动警力2000人次,车辆500余台次,整顿娱乐服务场所237家,关闭、取消娱乐服务场所26家,查办各类案件107起。2002年,全盟治安部门先后建起印章网络化管理系统、旅店业网络化管理系统,严厉打击卖淫嫖娼、赌博、吸贩毒等,全盟共受理治安案件2730起,查处2686起,其中查处赌博案件484起,卖淫嫖娼案件83起。2003年,巴盟公安机关在全盟开展代号为"黄河行动"的打击贩卖吸食安钠咖毒品违法犯罪专项治理行动。行动中,破获"8·15"特大跨省贩卖安钠咖案,捣毁生产安钠咖工厂1个。

2004年,巴彦淖尔市开展以"创平安、稳社会、迎设市"为主题的"打击刑嫌、深挖犯罪、净化环境"专项活动。活动中破获破坏电力设施案3起,抓获团伙嫌疑人6人,案值4万余元;破获涉毒案件98起,查处制售安钠咖犯罪嫌疑人8名。2005年,继续加大对社会丑恶现象的高压态势,破获各类毒品案件264起,抓获涉毒违法犯罪嫌疑人320人。2006—2010年,巴彦淖尔市破获毒品刑事案件4587起,抓获涉毒嫌疑人234人,捣毁制毒工厂6个。

第七节　社会治安

1986—1990年,巴盟公安部门在全盟内组织开展枪支弹药、爆炸物品、管制刀具清理整顿,收回党政干部不属佩戴枪范围的枪支,压缩配枪范围。1991—1998年,巴盟公安系统在办学习培训班的基础上,抽调民警4000余人,在全盟组织开展居民身份证清理纠错工作。1999年,巴盟各级公安机关在构筑治安防控体系上,拓展110报警服务的区域,建立以110报警服务为中心,以巡警、交警、刑警和社会治安防控力量相互协调配合的社会治安防控体系。临河市110报警服务中心率先安装GPS卫星定位,对全市运钞车、出租车等重要保卫目标进行跟踪监控。五原县110报警服务中心向农村延伸,沿110国道的3个乡开通110报警服务。同时,以"细胞"工程为重点,全面推进安全文明小区建设,创建安全小区668个,安全村社1593个。2001年,巴盟推行民用爆炸物品"供应卡"制度和雷管编号制度,对涉爆单位火工产品的购买、运输、储存和使用实行全程监督管理,杜绝各类火工产品的外流、丢失和被盗。2002年,全盟公安机关与综治、民政部门协调,从低保下岗职工中挑选素质好的人员组成专职治安联防队,负责白天城镇居民的看门望户工作。发挥社区物业管理人员和环卫工人的作用,开展义务联防工作。有针对性地加强夜间重要时段和部位的巡逻频率和密度,提高对社会面的控制能力。2003年,确保全国"两会"和内蒙古自治区两会的安全,公安机关抽调警力深入重点厂、矿、企业进行调查研究,严密注视群体性上访事件动态。妥善处置,确保安全。

2004年,巴彦淖尔市公安机关组织力量对全市68个涉爆企业进行检查,发现安全隐患45处,下发整改通知13份,责令停产、停业涉爆企业5家,处罚相关责任人5人。对全市490家服务场所和1074家特种行业进行服务式管理。对存在问题的典当业、报废汽车回收、旧货业进行专项整治。整治中出动警力100余人次,破获非法拆解车辆案件4起,治安处罚5人,取缔非法拆解、回收报废车辆点3个。针对电子赌博活动突出的问题,治安部门出动警力137人次,打掉电子赌博场所22家,收缴用于电子赌博的电脑主机22台,显示器655台,追缴非法所得41万元,行政拘留业主14人。2005—2006年,公安机关立社会治安案件2182起,查处2182起,查处治安违法人员5651人。"反盗版"集中整治行动,检查违法音像制品、电子软件和书籍经营场所1150家次,收缴盗版音像光盘15200张、计算机软件5400张,收缴盗版图书5300册,查获淫秽光盘72张,行政处罚违规经营场所55家,行政处罚12人,取缔关闭无证违规经营场所1家。2007年,全年查处社会治安案件6009起,查处治安违法人员10605人。参加内蒙古自治区60年大庆中央代表团等领导警卫活动5次,大型活动4次,各类警卫活动15次,出动警力1.6万余人次,车辆1200台次。2008

年,社会治安管理部门立治安案件8644起,查处8644起,查处治安违法人员8896人。继续开展“集中整治赌博活动”“治爆缉枪”“公务用枪管理使用”“治理自行车被盗问题”“保奥运抓逃犯”“打击三电”“扫黄打非”“打击销售伪劣卷烟犯罪”“两口一屋”等专项行动。2009—2010年,巴彦淖尔市公安机关对突出治安问题和治安混乱地区、场所进行整治。出动警力600余人,抓获网上逃犯1人,查处赌博案件765起,行政拘留1670人次。

第八节　专项治理

1986—1998年,巴盟公安机关按照内蒙古公安厅的统一部署,在全盟范围内先后开展多次“破大案、抓逃犯”“清枪治爆”“反走私”“打击偷盗”“扫黄打非”等专项斗争。查获案件多起,包括破获走私香烟案、走私交通工具案、走私资金案、倒卖文物案、抢劫偷盗等重大案件。

1999年,公安系统在严打整治“百日行动”中,破获各类刑事案件335起,其中重大案件138起,破积案34起,协助外地破案148起,抓获逃犯74名,打掉盗窃团伙32个。在7月份展开的追逃专项斗争中,抓获各类逃犯231名,其中网上逃犯173名、自治区公安厅督捕逃犯2名。在清缴爆炸物、氰化物活动中,检查重点单位57个,发现重大隐患19处。收缴炸药17.1吨,剧毒氰化钠450克。特别是在对内蒙古自治区公安厅督办的“3·26强奸团伙案”公开审判时,参加旁听群众有96000余人,有力地震慑了罪犯,维护了社会稳定。2000年1月开始,巴盟组织开展为期7个月的“打击人贩子、解救被拐卖妇女儿童”专项斗争。破获拐卖妇女儿童案件102起,查获拐卖妇女儿童团伙10个,抓获犯罪嫌疑人520人。在全盟开展以“打痞除霸、整治农村社会治安”为主题的专项斗争,破获各类刑事案件89件,抓获犯罪嫌疑人133人。查处各类治安案件128起,违法人员111人;打掉各类犯罪团伙10个,抓获团伙成员78人。打击处理各类违法犯罪人员182人,整治治安混乱村社34个。2001年,在开展的扫黑除恶专项斗争中,打掉犯罪团伙38个,抓获作案人员307人;破获各类刑事案件62起。特别是在参加全区“风暴一号”集中统一行动期间,由巴盟公安局牵头,临河市公安局组织实施的“猎狼二号”行动,一举打掉以吴某某、童某某、秦某某为首的3个恶势力团伙,抓获团伙成员78人。在为期70天的全国第二次网上“追逃”行动中,全盟公安机关各警种、各部门密切配合,运用网络查询、光盘比对、集中清查、专门缉捕、管促自首等多种手段,抓获网上逃犯175人,其中区内逃犯162人、厅督捕逃犯1名、盟督捕逃犯8人。2003年,针对各地具有地区特点和季节性特点的绺窃、抢夺、盗抢牲畜、盗抢机动车等违法犯罪问题,巴盟适时组织开展专项打击整治行动。行动中,破获各类刑事案件816起,其中现案535起,积案170起,外地案件111起。继续加大追逃力度,全力追捕在逃人员,全年抓获网上在逃人员44人,其中部督捕逃犯1人、厅督捕逃犯2人,其他外地逃犯4人。开展代号为“黄河行动”的打击贩卖吸食安钠咖毒品违法犯罪专项治理行动和“扫黄打非”专项行动，一举破获“8·15”特大跨省贩卖安钠咖案，捣毁生产安钠咖工厂1个，缴获安钠咖粉550千克，收缴毒资100余万元。

2004年，巴彦淖尔市公安局为创造平安、稳定良好的社会治安环境，迎接撤盟设市庆典活动，在全市范围内开展为期三个月的“打击刑嫌、深挖犯罪、净化环境”专项行动，破获各类刑事案件1073起，其中重特大案件483起，打击处理犯罪嫌疑人376人。开展“打击整治盗窃、破坏电力设施”专项行动，侦破系列盗窃电力设施案件3起，打掉由6人组成的电力设施盗窃团伙，案值40000余元。2006年，在开展网上追逃专项行动中，抓获网上逃犯10人。在打击和整顿非法传销专项行动中，捣毁16个传销窝点，规劝处理人员801人，收缴非法所得561万余元。

2009—2010年，巴彦淖尔市公安机关在全市范围内开展“猎狐一号”“猎狐二号”清查行动。公安系统投入警力14638人次，出动警车4053台次，破获刑事案件406人起，抓获网上逃犯43人。打掉黑恶势力团伙1个，抓获团伙骨干成员75人。

第九节　出入境管理

1992—2000年，按照自治区人民政府《关于盟市经贸团组出国及邀请事项的暂行审批管理办法》和《关于报送因公出国及邀请来华请示事项的通知》精神，巴盟制定《关于我盟经贸团组出国及邀请事项审批管理意见》。意见规定，凡出国人员须将相关材料按要求交由审理人员审理后，外办领导根据团组性质、规格、级别签注给分管领导，分管领导根据实际提出是否同意出国的意见。如同意，外办办理具体手续后，下达出国任务批件书并加盖公章，出国人员方可前往区外办申领护照。坚持做到不管任何出国团组或哪一级别的人员出国，都必须由外办审理审批。对于没有具体出访任务，可出可不出的或邀请函电不符、手续不全的一律不批。相反，对盟内重点企业、经济效益好的公司、生产厂家，尽量放宽出访限制，创造条件让其出国考察学习取经。2001年，巴盟对因公出国（境）政策进行补充完善，印发《关于进一步加强因公出国（境）审批管理工作的规定》。规定从工作机构、审批权限、审批原则、审批要求等方面进行规范。对借机搭车出国（境）旅游的团组实行严格控制，手续办理更加严格。

1986—2003年，全盟共审理赴日本、美国、澳大利亚、蒙古等国考察、培训、洽谈贸易团组2912批10690人次，审批办理出入境批件1026批2596人次，审批办理甘其毛道口岸批件1830批4276人次，办理随团出国考察人员确认件79批231人次。

2004年，为适应“入世”后中国出入境管理工作面临的新形势，巴彦淖尔市在城镇人口中开办按需申领护照工作。2005年，全市农牧区人口正式实行按需申领护照工作。除副处、副高以上职称和特殊岗位人员需出具组织人事或单位意见外，其他常住居民可凭户口簿、身份证到当地公安机关出入境管理部门按需申领出境证照。2006 年，公安机关受理因私出境申请 6891 人次，其中，办理因私护照 3512 人次，办理港澳通行证 2724 人次，港澳通行证签注 645 人次，赴台湾通行证签注 4 人次。2007 年，启用 97－2 新版护照，全市公安机关受理审批公民出境证照 8663 人次，其中，因私护照 5007 人，赴港澳通行证 2789 人次，赴港澳签注 849 人次，赴台通行证 12 人次，赴台签注 6 人次。2008 年，全市受理审批中国公民因私出境申请 8308 人次，其中因私护照 4653 人次，赴港澳通行证 2371 人次，赴港澳签注 1325 人次。

2009 年，出入境管理简化程序，取消居民申请赴港澳地区团队旅游提交国家旅游局指定旅行社出具的旅游费用发票的规定。全年全市受理审批中国公民因私出境申请 9331 人次。其中，办理因私出国护照 4784 人次，办理赴港澳通行证 4491 人次，办理外国人居留许可证 69 人次，外国人签证 8 人次。

1997—2010 年巴彦淖尔盟（市）受理公民出国（境）证照一览表

表 11－1－1

年份	办理公民出国（境）证照（人次）
1997	147
1998	227
1999	299
2000	463
2001	587
2002	1905
2003	2280
2004	4238
2005	5767
2006	6891
2007	8663
2008	8308
2009	9331
2010	15206

第十节　交通管理

一、机构沿革

1986 年，巴盟交通处内设交通监理科，负责全盟交通管理。1987 年，根据《关于设立盟公安交通警察支队和盟公路养路费征收稽查处的通知》，交通监理由交通局划入公安部门，成立巴盟公安交警支队，旗、县、市成立交警大队。2003年，交警系统实施体制改革，旗、市交警大队上划盟公安局交警支队，实行垂直管理。2010年，巴彦淖尔市交警支队辖7个旗（县、区）交警大队。支队内设事故处理科、法制督查科、车辆管理所、机动车驾驶员考试中心、国道和城镇秩序管理大队、特勤大队和高速公路东、西县交警大队等。

二、交通安全宣传

1996年，巴盟在全盟启动安全教育工程——“蓓蕾工程”。在四年级以下学生中佩戴小黄帽和交通安全标志，广泛开展交通安全教育活动。1997年，全盟建成第一所少年小交警学校——磴口县第三完全小学。1999年，巴盟交警在巴彦淖尔人民广播电台开辟专栏《红绿灯》，这是交警在盟级媒体开办的第一个专栏。2000—2003年，公安局、教育局联合制定《交通安全示范学校考核办法》和《关于加强社区交通安全教育的安排意见》，按照部署在全盟建示范学校27所，广泛开展交通安全教育。

2004—2007年，各旗（县、区）交警大队以旗（县、区）为单位，先后组织首届中、小学生交通安全活动。活动期间，通过播放交通安全专题片，举办交通安全知识竞赛，征集道路交通安全宣传儿歌、警句，开展中小学生交通安全作文大赛等活动，提高中小学生道路交通安全意识，规范学校交通安全教育内容和形式。2008年，为确保奥运会安全，巴盟提前准备，开展形式多样的宣传活动。活动中，全市交警系统共出动警力7718人次，出动宣传车876辆次，开展集中活动544次，设置宣传站点495处，摆放宣传展板4674块，讲授交通安全课414次，播放专题片451场次，悬挂标语横幅2695条，张贴宣传画2482张，发放宣传材料49万余份，受教育群众达56万余人次；组织举办“迎奥运、文明出行”道路交通安全知识竞赛、中小学生交通安全文艺会演；制作完成交通安全专题片《隐患，交通安全的隐形杀手》，印发《关于加强恶劣天气道路交通安全宣传工作通知》，开展“我最喜爱的人民警察”评选活动。2009—2010年，在全市开展评选星级文明驾驶人活动，举办“关爱生命文明交通”交通安全文艺会演，开展“珍爱幸福家庭、拒绝交通违法行为”交通安全出行、“小手拉大手、安全伴你行”交通安全劝导活动。启动“畅行中国——文明交通”百城百台大联播活动。

三、机动车管理

1987—1991年，巴盟针对机动车管理混乱状况，对机动车、驾驶员驾驶证进行一次全面整顿审核，并统一换发公安局监制的牌照，使道路交通管理状况得到明显好转。1992年，为切实解决柴油三轮车管理混乱问题，巴盟对凡报考柴油三轮车驾驶证的人员，经考试合格后，一律加盖L符号，不再加盖D符号。1993年开始，巴盟车辆管理严格执行国家有关老旧汽车报废政策，不断清理整顿换发新式公安号牌。车辆管理实现计算机信息化。1994—1996年，根据公安部文件精神，巴盟启动换发“九二”式机动车号牌及行驶证工作，并将摩托车驾驶员初考、制证、转籍、变更、补证等业务下放旗、县、市交警大队。1996—2000 年，巴盟抽调人员组成工作组，对全盟农村、牧区摩托车及其他机动车辆进行一次全面摸底调查，对无牌无证摩托车、农用车实施“流动车管”服务，无牌车给予下户。对无证驾车者予以技术培训，成绩合格者发放驾驶证。2003 年，巴盟对车管业务进行改革，对一次购置 3 台车以上的车属单位，车管所一律上门进行注册登记，核发牌证。在年检中，对偏远旗县和 5 台车以上的车属单位、生产企业、交通运输部门全部实行预约上门服务。

2004—2006 年，巴彦淖尔市对辖内车辆进行了一次清理整顿，换发更正行驶证、登记证。配合全区开展超限、超载治理。对机动车按《国家机动车安全技术条件》进行全面检测。2008 年，巴彦淖尔市在互联网上开通“巴彦淖尔公安交通警察支队网站”。开办的栏目主要有办事指南、表格下载、题库下载、收费标准、以案说法、安全天地、警营文化、交警风采、交管动态、交通法规、综合法规、机动车管理、驾驶人管理、交通事故、交通秩序、地方性法规、车辆和驾驶人交通违法查询等。2009—2010 年，为进一步方便人民群众办事，将补领小型汽车行驶证、换领小型汽车行驶证、变更机动车所有人下放到旗（县、区）车管所办理。将摩托车考试服务点，下放到乡镇苏木所在地，实行网上选号，自选自编。

四、驾驶员管理

1989 年，根据公安部《关于启用、换发新机动车驾驶证有关问题的通知》精神，巴盟在全盟启动由公安部门监制的驾驶员新证。1990 年，对违章驾驶员进行再教育，举办各类培训班、复训班 7 期，复训驾驶员 389 人次。1991 年，为提高驾驶人员身体素质，减少交通肇事，巴盟建立客运机动车驾驶员职业健康检查制度。经检查，身体合格者允许运营。2001 年，对 3000 余名违章驾驶员进行交通安全教育和考试。2007 年，成立驾驶人考试协会，新建驾驶人考试中心，启用驾驶人三个科目考试场地。2008 年，公安交警支队车管所举办新版驾驶证业务培训班。培训的目的是顺利地开展好新的中华人民共和国机动车驾驶证使用。2009 年，巴彦淖尔市建成驾驶人道路考试科目三“智能评判”系统。该系统在考试车安装传感器，自动检测学员操作行为。能按照公安部第 111 号令的评判标准，实现对实际道路考试 13 个考试项目的智能评判，自动生成考试结果。评判标准客观、公正。将制发证放在科目三考试现场，科目三考试成绩合格者，提交报名资料和考试成绩单当场即可制证、领证。

五、安全执法检查

2004—2009 年，巴彦淖尔市每年开展道路安全“百日行动”。行动中，设置固定测速点、流动测速点，登记检查客车、大型货车、危化品运输车；查超速、超员、疲劳驾驶等其他违法行为。2010 年，在全市开展违法行为专项整治中，出动警力 4.1 万人次，出动警车 4841 辆次。检查各类车辆 5.1 万辆，查处客车超员 78 起，不按规定安装悬挂机动车号牌 103 起，饮酒驾驶 26 起，醉酒驾驶 282 起，超速驾驶 7606 起。

六、交通事故查处

1998年,巴盟道路交通发生事故224起,死亡122人,伤150人,直接经济损失48.2525万元。1999年,全年发生道路交通事故533起,死亡160人,伤390人,直接经济损失162.94万元。2000年,全年全盟共发生道路交通事故1154起,死亡148人,伤878人,直接经济损失213.21万元。事故率13.52次/万车,死亡率3.067人/万车。2001年,全年全盟共发生道路交通事故1251起,死亡140人,伤989人,直接经济损失179.7万元。2002年,全盟发生道路交通事故960起,死亡200人,伤809人,直接经济损失149.5万元。2003年,全盟发生道路交通事故801起,死亡185人,伤642人,直接经济损179.86万元。

2004年,全市发生一般以上交通事故450起,死亡170人,受伤446人,直接经济损失128.24万元。2005年,全市共发生交通事故468起,死亡157人,受伤489人,直接经济损失123万余元。2006年,全市共发生一般以上道路交通事故332起,死亡136人,受伤346人,直接经济损失102.23万元。2007年,全市发生一般以上道路交通事故263起,死亡133人,受伤267人,直接财产损失101.2万元。2008年,全市发生一般程序处理道路交通事故205起,死亡121人,受伤184人,直接财产损失64.32万元。2009年,全市共发生道路交通事故155起,伤亡279人,直接经济损失64.5万元。2010年,巴彦淖尔全市全年发生道路交通事故186起,造成113人死亡,220人受伤,直接经济损失77.4万元。

第十一节　消防管理

一、机构沿革

1986年,巴盟公安局设置消防科,对外称消防大队。1991年,公安消防大队扩建为消防支队,为正团级建制。机关设司令部、政治处、后勤处、防火监督处4个科室,下设旗、县、市7个消防大队,6个消防中队。2010年,巴彦淖尔市消防支队下辖7个大队、8个中队,内设司令部、政治处、后勤处、防火处。

二、防灾救灾

1986—1997年,消防部队以控制和减少重特大火灾事故为目标,突出抓队伍建设和火灾隐患整改,加强消防监督,强化部队管理,全面推动公共消防基础设施和消防工作社会化进程,确保火灾形势的稳定。1998年,全盟发生火灾46起,消防部队出动灭火42次,出动车辆82台,警力424人次,抢救和保护财产价值7.1亿元。火灾造成3死8伤,直接经济损失653910元。1999年,巴盟公安消防组织开展消防安全大检查58次,检查单位1129个,发现火灾隐患3416处,查处3416处。依法取缔消防设施不合格生产单位6家,责令停业整改4家,限期整改1116家。出动灭火227次,出动警力2122人次,车辆438台次,抢救和保护财产价值42万元。2000年,组织大型消防安全检查32次,检查单位1800个,发现火灾隐患5983处,查处5983处,查处率达100%。对82个单位138人次实施处罚,处罚金额16.99万元。同时,加大对火灾事故的查处力度,对全盟发生的268起火灾全部予以查处,处罚119人,拘留14人,报捕3人。年内发生各类火灾268起,消防部队出动灭火258次,车辆568台次,警力3144人次,抢救财产价值509.2万元,火灾造成5死6伤,直接经济损失196.22万元。

2001年,全盟组织大型消防安全检查47次,检查单位1839个,查处火灾隐患4688处,责令停业整改173家,依法取缔54家。对内蒙古自治区挂号存在重大火灾隐患的电力大厦、金川市场、蒙达丽饭店依法实施停业整改措施,使5家重大火灾隐患单位得到彻底整改。全盟全年发生各类火灾367起,消防部队接出警354次,出动车辆640台次,出警3792人次,抢救财产价值842万元。火灾造成死亡1人,直接经济损失124.3万元。2003年,深入开展消防安全专项治理,加大消防安全管理力度,分别对人员密集场所消防疏散通道及安全出口、易燃易爆化学危险物品场所、宾馆饭店等重点场所和单位开展专项治理。对47家单位进行罚款处罚,责令停产停业9家,工商行政管理部门吊销营业执照3家。在加油站专项治理中,检查加油站247家,停产停业7家。在宾馆饭店专项治理中,检查单位148家,责令限期改正142家,责令当场改正6家。全年出动灭火219次,出动消防车539辆次,出动警力2809人次,抢救财产价值1319万元。审核各类工程169项,建筑面积130万平方米,工程总投资119192万元。提出整改意见154条,严厉查处工程15处。

2004年,由市政府牵头,教育、城建、卫生、文体、广电、工商等部门参加,先后开展火灾隐患集中整治"百日会战"、人员密集场所消防安全专项治理和火灾隐患大排查、大整改活动。活动检查单位2166家,查处火灾隐患1334处,下发责令限期改正通知书821份、复查意见书693份、责令当场改正通知书157份,对39家隐患单位予以行政处罚,对4家重大隐患单位予以停产停业整改。审核各类建筑工程140项,验收工程53项,审核工程总投资10.1亿元,审核工程总建筑面积87.984万平方米。全市消防部队共出动警力2785人次,出动车辆498台次,抢救财产价值410.5万元,社会抢险救援5次,勤务保卫29次。2005年,巴彦淖尔市发生火灾事故384起,消防部队出动火警384次,警力4205人次,出动车辆787台次,抢救财产价值1217.1万元。火灾造成4死5伤,直接经济损失134万余元。在鄂尔多斯"12·24"客车落水事故抢险中,巴彦淖尔市消防支队官兵跨区域作战,面对严寒,战士们连续奋战两天三夜,打捞尸体和死者遗物。2006年,进行消防安全检查1185个单位,下发责令限期改正通知书432份,复查意见书432份,重大火灾隐患限期整改通知书4份;查处火灾隐患1775处,罚款52.93万元,对9家单位处以责令停产停业的行政处罚。审核各类建筑工程152项,审核工程总投资25.23亿元。审核工程总建筑面积327万平方米,验收工程69项。全市消防部队共出动警力1982人次,出动车辆765台次,抢救财产价值600.1万元。与宁夏石嘴山市消防支队联合成功处置“5·28”液化气槽车泄漏事故。2007年，全市消防部门检查单位1143家，查处火灾隐患1364处，行政立案302起，行政拘留12人，刑事拘留2人，责令“三停”单位65家，行政罚款162余万元。审验各类建筑工程275项，审验工程总投资40.6亿元，总建筑面积243万平方米，提出并落实整改意见150余条。全市发生火灾297起，直接经济损失222余万元，伤1人。消防部队接警出动343起，抢险救援59起，出动消防车563辆次，出动消防队员3052人次，抢救被困人员101人，疏散人员339人，抢救财产价值2311万元。成功开展扑救乌拉特中旗“7·9”牧羊海苇场火灾、乌拉特后旗“7·16”液化气泄露燃烧爆炸火灾和杭锦后旗“7·28”抗洪抢险等灾害事故的救援工作。2008年，全市共发生火灾472起，直接经济损失475.6万元。市消防部队共接警出动530起，抢险救援73起，出动消防车710辆次，出动消防队员3996人次，抢救被困人员79人，疏散人员511人，抢救财产价值3335万元。2009年，全市共发生火灾560起，消防部队出警644起，抢险救援75起，出动消防车797辆次，出动消防队员48人次，抢救被困人员69人，疏散人员107人，抢救财产价值2.47亿元。火灾造成死亡1人，直接经济损失542.3万元。2010年，全市发生火灾563次，接警出动674次，出动消防车859辆次，出动消防队员5108人次，抢救被困人员132人，疏散人员1056人，抢救财产价值1763.8万元。

第二章　司法行政

第一节　机构与改革

1986年，巴盟设司法处。1996年更名为司法局。司法局设8个科室，下设7个旗、县、市司法局监狱、监队、政法干校、律师事务所和公证处。2001—2003年，巴盟司法工作以旗、县级司法建设为重点，建成标准化司法所136个，其中在乡、镇苏木、办事处建立司法所108个，规范化司法所98家。

2006年，巴彦淖尔市司法机关按照《关于进一步加强基层司法所建设的意见》，进一步理顺司法所管理体制，加强司法所基础设施、组织机构和业务建设，完成乡镇苏木司法所建设55个，建立人民调解委员会986个，聘请人民调解员5081名。2010年，巴彦淖尔市有旗（县、区）司法局7个，旗（县、区）全部开通“148”法律服务专线；乡、镇苏木司法事务所47个，各级各类人民调解委员会1010个；刑满释放安置帮教工作站47个，社区矫正工作站75个。

第二节　普法宣传教育

1986—1998年，巴盟以提高公民法律素质为目标，围绕领导干部学法用法、广大农牧民懂法知法和在中、小学生中开展法制教育几个方面，开展“一五”“二五”普法教育。通过普法教育，人民群众法律意识明显提高。特别是1998年，在全盟实施依法治理“2345”工程，加大依法行政的宣传和工作力度，为依法治理向纵深发展奠定基础。1999年，按照全国人大、内蒙古自治区人大决议和自治区党委、政府依法治区规划，及时对各级公务人员进行法律知识培训，举办公务员培训班100期，举办副处以上领导干部培训班2期，组织科级以上干部法律知识考试1次。2000年，举办副处级以上领导干部培训班2期，80多名处级干部参加学习；集中对“三五”普法工作进行全面验收。验收中，参加笔试的各级领导干部2000余人，口试的群众50000余人。2001年，召开“四五”普法启动会议。举办“四五”普法骨干培训班1期，举办西部大开发法律知识培训班2期，举办副处级以上领导干部法律培训班3期，组织10万多名干部职工参加“入世”法律知识考试。2002年，制定《巴盟2002年依法治盟工作要点》。按照计划，全年举办处级以上领导干部法制培训班18期，900余名处级以上领导干部参加培训；举办科级干部培训班34期，3100余名科级干部参加脱产轮训；组织力量在农村、牧区举办法律知识讲座198期，举办培训班265期；组织送法下乡

35 次，送法律书籍 5000 余册，发放宣传单 40 万余份，张贴普法宣传标语 8 万余张，办黑板报和橱窗 3.8 万余期，制作法律宣传展报 650 余块，自编自演宣传法制节目 80 余场。2003 年，按照“四五”普法规划和依法治盟规划，举办各级干部法律知识培训班 3 期。培训内容包括行政许可法、行政处罚法、行政复议法、行政诉讼法、国家赔偿法；组织 23000 人参加法律知识考试。在强化领导干部学法用法的同时，利用“三八”妇女节、“3·15”消费者权益保护日、税法宣传日、“12·4”法制宣传日等开展法制宣传。同时各地还组织开展“送法下乡”“法律进社区”活动，大力宣传宪法、民族区域自治法等法律法规。

2005 年，巴彦淖尔市继续开展以宪法为核心的法制宣传教育、市场经济法制宣传教育和以维护社会稳定为目标的宣传教育；继续加大对领导干部、公务员法律知识培训力度。举办处级干部法律知识培训班 3 期，培训干部 346 人。举办科级干部法律知识培训班 8 期，培训 900 余人。举办公务员法律培训班 3 期，培训 332 人。举办企业经营管理人员培训班 1 期，培训经营管理人员 60 余人。在继续做好普法宣传教育工作的基础上，对全市 7 个旗（县、区）、农垦局、经济技术开发区和 96 个市直部门和单位的“四五”普法依法治理工作进行检查考核验收。验收中，组织座谈测评 110 次，参加测评人数 3198 人，满意率 95%；组织法律知识考试 142 次，参加考试人数 3481 人。2006 年，制定《关于深入开展法制宣传教育，推进依法治市工作的第五个五年规划》。在认真总结“四五”普法、依法治市工作的基础上，提出“五五”普法和依法治市工作目标。为落实好普法“五五”规划，全年举办各类宣传活动 180 余场次，举办处级干部法律知识培训班 3 期，培训干部 346 人；举办科级干部法律知识培训班 8 期，培训 900 人；举办公务员法律培训班 3 期，培训 33200 人；举办企业经营管理人员培训班 1 期，培训经营管理人员 60 多人。2007—2010 年，巴彦淖尔市在公民中重点宣传普及“五法四条例”，即防震减灾法、突发事件应对法、循环经济促进法、气象法、国家赔偿法、劳动合同实施条例、物业管理条例、政府信息公开条例、内蒙古自治区人口与计划生育条例。2009—2010 年，全市举办县处级以上领导干部“五五”普法学习班 4 期，培训县处级以上干部 300 余人次；举办国家公务员“五五”培训班 7 期，培训干部 7000 余人次。组织 26000 余名干部参加年度学法考试，及格率 96%。

第三节　律师服务

1986—1998 年，巴盟有律师事务所 12 家，律师 140 余名。聘请律师担任盟委、行署和各旗、县、市政府法律顾问。开展法律援助活动，积极为残疾人、下岗贫困人员义务提供法律服务。1999 年，制定《关于进一步规范净化法律服务市场的若干规定》。按照《规定》，针对不正当竞争，取缔黑律师，举办律师培训班，对注册律师进行教育培训。要求律师上岗统一着装，挂牌服务。年内，全盟律师完成刑事诉讼及代理 355 件，民事、经济、行政诉讼代理

1635件,非诉讼法律事务代理163件。公证部门办理公证事项4033件。2000年,举办律师培训班1期,全盟所有注册律师全部参加培训。全年各律师事务所和执业律师为292个单位(个人)担任常年法律顾问,完成刑事辩护393件,民事经济、行政诉讼代理1689件,非诉讼法律事务643件。公证机关积极发挥中介组织作用,主动介入到社会和经济生活的各个领域,全年办理各类公证事项4253件,办证合格率99.9%。2001年,按照"律师事务所脱钩改制工作方案",对律师事务所进行整顿,并对律师进行职业道德培训。全盟有执业律师事务所18家,执业律师206名。各律师事务所和执业律师为320个单位(个人)担任常年法律顾问。完成刑事辩护438件,代理民事、经济、行政诉讼案件2190件。代理非诉讼法律事务720件,解答法律咨询3654人次。办理各类公证事务4483件,办证合格率99.5%。2002年,进一步加强法律服务人员的职业道德和执业纪律教育,规范法律服务市场,整顿法律服务秩序,查处违法违纪案件3起。促成律师组团担任7个旗、县、市政府以及盟行署常年法律顾问,为282家企事业、乡镇单位和个体经营者担任常年法律顾问。公证服务全年办理各项公证业务4492件,其中,办理经济公证事项2305件,民事公证事项1813件,涉外公证374件。2003年,全盟有注册律师事务所15家,注册律师132人。全年代理民事、经济诉讼1969件,代理刑事诉讼501件,代理行政诉讼8件,代理非诉讼事务186件。办理各类公证业务4858件,其中,办理经济公证事项2523件,民事公证事项1920件,涉外公证415件。各法律援助中心接待法律援助申请和免费提供法律咨询800多人次,办理法律援助案件168件。

2004年,巴彦淖尔市继续加强律师队伍建设,提高律师队伍整体素质,强化律师队伍业务素质,拓展法律服务领域。全市律师代理民事、经济诉讼1969件,代理刑事诉讼501件,代理行政诉讼8件,代理非诉讼事务186件。全市8所注册公证处,32名注册公证员,办理各类公证业务4858件,其中,办理经济公证事项2523件,民事公证事项1920件,涉外公证415件。法律援助中心申请和免费提供法律咨询800余人次,办理法律援助案件168件。对符合司法考试条件的229名人员,组织参加司法考试,有32人通过录取分数线,并取得法律职业资格证书。2005年,巴彦淖尔市组建8家政府法律顾问团组,为市政府和各旗(县、区)政府担任法律顾问,为各级政府依法行政、依法决策、依法处置信访案件提供法律服务。全年办理法律援助案件172件,提供免费法律咨询1004次。2006年,市司法系统组织律师参与法律服务进农村、进牧区、进社区活动,及时化解矛盾纠纷,维护社会和谐。全市律师办理诉讼和非诉讼代理804件,担任法律顾问80家,解答法律咨询2500人次。公证机构办理各类公证事项2937件。建成3家司法鉴定机构,分别是巴彦淖尔市中医院司法鉴定所、内蒙古自治区森泰投资有限公司司法鉴定所、巴彦淖尔市医院司法鉴定所。2007年,全市有律师事务所13家,执业律师134名。公证处8家,公证员28名。法律援助中心8个。律师代理各类案件1513件,其中,刑事诉讼案件158件,民事诉讼案件705件,经济诉讼案件521件,行政诉讼案件66件,非诉讼案件43件。办理各类公证事项4187件,其中,国内经济案件2020件,国内民事案件1676件,涉外案件491件。办理法律援助案件285件。2008—2009年,按照《在全市实行村法律顾问制度的意见》,全力推进市、旗(县、区)、乡镇苏木三级政府法律顾问团组建设,加强律师参与涉法信访工作,建立健全律师代理敏感案件、群体性事件的集体讨论制度和重大案件报告制度。发挥公证工作的预防和服务功能,引导当事人借助公证手段调整民商事法律关系。开展公证案卷评查活动,强化公证员队伍继续教育;开展法律援助机构规范化达标建设活动,参加第二批规范化达标建设活动的临河区、磴口县、乌拉特中旗3个法援中心通过自治区司法厅的验收,成为优秀达标单位;协调配合市、县两级人大督促政府落实法律援助财政保障机制和法律援助政府责任,加强法律援助宣传,提高公众知晓率,扩大法律援助受援面,努力做到应援尽援;加强司法鉴定机构的管理监督和服务,对违反规定进行鉴定活动的司法鉴定机构和工作人员进行严肃查处,保证司法鉴定活动的公正性和权威性。2010年,全市有注册执业律师135名,法律援助工作站105个。律师代理各类案件739件,公证机构办理各类公证事项4100件,吊销一处违反规定进行鉴定的司法鉴定机构和工作人员执业资格证。

第四节　人民调解

1986—1998年,巴盟加大基层司法行政组织,扩充调解队伍,发展民间调解组织,举办培训班,提高工作人员素质,不断加强基层调解力量,由民间矛盾纠纷引发的各类案件逐年减少。1999—2001年,巴盟建成司法所136个。

2002年,全盟各级司法机构受理各级各类矛盾纠纷3817件,调解成功3740件。排查出重大纠纷309件,成功调解245件。2003年,巴盟筹措资金,加强乡镇(街道)司法所建设,全年共建成乡镇苏木、街道办事处、农牧渔场司法所122个,各类人民调解委员会1167个,聘请人民调解员3501人。各级调解机构调解各类纠纷4035件,调解成功3952件,调解成功率98%。特别是解决了3件群众反映强烈的有关干群矛盾的热点问题,化解32件疑难纠纷,劝阻集体上访20件、个人上访10件,举报违法违纪案件34件,揭发犯罪线索90余条。

2005年,巴彦淖尔市各级人民调解机构排查出各类矛盾纠纷4408件,有4319件纠纷被广大调解员化解在基层,及时防止大量因民间纠纷引起的激化事件。2006年,巴彦淖尔市进一步加强民间调解组织建设,深入开展司法所管理体制改革,建立人民调解委员会986个,共有人民调解员5081名。全年成功调解土地草场承包、城市拆迁改造、婚姻家庭、邻里矛盾等各类纠纷3261件,防止发生民转刑案件38件,制止群体性上访198件3000余人次。2007 年,全市基层司法所为基层政府提司法建议 415 条,被采纳 318 条。排查各类矛盾纠纷 4003 件,调解 3842 件。防止群体性上访 277 件,防止群体性械斗 163 件。2009—2010 年,巴彦淖尔市针对征地补偿、草场纠纷、拆迁搬迁等引发的群体事件及时进行排查,掌握矛盾纠纷情况,分类梳理,确定责任人,限期调解处理。全市司法所和人民调解委员会调解各类矛盾纠纷 25989 件,其中达成调解协议 25073 件;防止因民间纠纷激化引发刑事案件 247 件,制止群体性械斗 15 件,防止群体性上访 27 件。

第五节　监所管理

1986—1998 年,巴盟各监狱由于建设资金投入不足、防护设施多年未修,给看守工作造成很大压力。从 1998 年起,在抓好监狱内部制度建设的同时,突出硬件建设,先后对各监狱防护设施进行维修加固,建成达标所 2 个。1999 年,按照内蒙古自治区司法厅和监管局的要求,清理整顿各监狱规章制度,建立健全防范体系,提高制度的可操作性;全面推行监管公开,尤其是记功减刑等事项,定期向犯人及家属公布;与公安机关配合,对保外就医逾期不归人员进行清收;制定教学大纲,加强犯人“三课”教育。2000 年,各监狱加强犯人政治、文化、技术学习教育,政治入学率和考试合格率达 97% 和 100%,文化教育入学率和获证率达 98%,技术教育入学率和获证率达 95% 和 80%。2001 年,各监狱重点加强对落后、顽固、危险罪犯的改造,在押犯无脱逃、无狱内发案、无非正常死亡、无重大事故发生。落后、犯和顽固危险犯转化率分别为 65% 和 68.5% 以上。

2004—2010 年,巴彦淖尔市各监狱认真贯彻落实监狱法,坚持依法治监、依法治警,推行“监务公开”,把狱务公开内容装订成小册子发给犯人。同时设立监狱长、政委信箱,疏通罪犯反映情况通道,监狱执法活动实现公开、公平、公正;继续实施犯人“三课”教育,在强化思想改造的同时,督促犯人通过刻苦学习掌握一门技术,为之后出狱谋生打基础。为丰富犯人文化生活,减轻犯人精神压力,经常组织开展文化娱乐活动,使犯人安心服刑。

第六节　安置帮教

2002—2003 年,巴盟接收回归社会刑满释放解教人员 1078 人。为安置好刑释解教人员,巴盟调动社会力量,积极为他们谋求生活出路。通过落实责任田、原单位安置、从事个体经营等方式,安置刑释解教人员 868 人。2004—2010 年,巴彦淖尔市共接收“两劳”释放人员 1364 人。对“两劳”人员继续加强衔接管控和就业安置,调动各方力量解决刑满释放人员生活出路时,加强社区矫正,使刑满释放人员能安心谋生,避免重新犯罪。

第十二篇

检察　审判

第一章　检　察

第一节　机构与改革

1986年，内蒙古自治区人民检察院巴盟分院设13个部、局、科、室、队，下辖基层检察院7个，即临河市人民检察院、乌拉特前旗人民检察院、乌拉特中旗人民检察院、乌拉特后旗人民检察院、五原县人民检察院、杭锦后旗人民检察院和磴口县人民检察院。1989年，检察院人事科更名为政治处。1991年，增设纪检监察室。1994年，经济检察科更名为贪污贿赂侦查局。2001年，撤销检察分院法警队，设检察委员会办公室。2002年，批捕科、起诉科、法纪科分别更名为侦查监督检察科、公诉检察科、渎职侵权检察科。

2004年，巴彦淖尔撤盟设市，巴彦淖尔盟人民检察分院更名为巴彦淖尔市人民检察院。检察院设办公室、政治部、侦监科、公诉科、反贪局、渎职侵权检察科、监所科、控申科、民行科、预防科、技术科、研究室、监察室。下辖7个基层检察院。2010年，巴彦淖尔市人民检察院设侦查监督处、公诉检察处、反贪污贿赂局、反渎职侵权局、职务犯罪预防处、民事行政检察处、监所检察处、监察室、控告申诉检察处、法律政策研究室、检察技术处、政治部、办公室。下辖临河区、乌拉特前旗、乌拉特中旗、乌拉特后旗、五原县、杭锦后旗、磴口县7个基层检察院。

第二节　制度建设

1986年，巴盟两级检察院按照上级文件精神，先后修订完善办案审批、赃款赃物、扣押款物管理等各项规章制度。1995年，重新修订完善“错案追究责任制”“岗位目标管理责任制”“工作任务量化指标制”“一票否决制”“廉政建设制”“党员目标管理考核制度”。1997年，印发《巴盟检察机关开展良好形象工程实施意见》《关于在全盟检察机关开展向临河市法院学习活动的意见》《贯彻自治区院关于争创文明检察院、争当优秀检察官活动的实施意见》，进一步完善检察院各项制度。1998年，两级检察院按照盟党委和上级院的统一部署，围绕集中学习、思想动员、对照检查、典型案例分析、违法乱纪案件查处、执法思想等几个主题，开展大整顿。整顿使广大干警普遍接受一次法制教育、廉政教育、艰苦奋斗教育和为人民服务宗旨教育。针对整顿中暴露出来的问题，本着边整边改的原则，结合9条“卡死”规定，修订完善办案审批、赃款赃物扣押、收支两条线管理等制度。1999年，制定出台

《关于进一步加大查办贪污贿赂、渎职侵权职务犯罪案件工作力度的意见》《反贪部门为国有企业改革和发展服务的贯彻意见》《关于进一步加强巴盟检察机关刑事立案监督工作的实施意见》《巴盟检察机关刑事立案监督工作操作规则》等一系列意见、规则,使各项制度逐步完善。2000年,两级检察院开展"三讲"教育"回头看",并解决"回头看"中发现的一些带有苗头性和倾向性的问题。同时结合实际,学习邓小平中国特色社会主义理论,加强对干警世界观、人生观、价值观教育改造和革命理想信念教育。2001年,按照《2001—2005年巴盟检察机关干部教育培训实施方案》,对全系统各级领导分批开展一次思想政治路线教育和业务培训,有547名干警参加高检组织的基本素质统一考试。2002年,两级检察院按照《党政领导干部选拔任用条例》和检察官法的规定,通过公开、公正、公平竞争上岗,28名干警走上领导干部岗位,57人双向选择后走上不同的工作岗位。2003年,两级检察院以主诉制为核心,深化公诉改革,健全和完善主诉检察官办案责任制,进一步明确责、权、利。对不起诉案件公开审查、被告人认罪案件普通程序简化等各项公诉改革进行有益的探索和实践。

2005年,巴彦淖尔市两级检察机关要求所有不符合检察官法规定学历条件的40周岁以下检察官,参加本科学习。同时,对41周岁以上不具备本科学历的人员推荐参加续职资格培训。2006年,两级检察院逐步完善主诉检察官办案责任制,推进"被告人认罪案件"审理方式改革;推行人民监督员制度,深入实践量刑建议改革;推进民事抗诉案件审查方式改革和民事审判程序违法核查;推行不起诉案件公开审查和多次上访案件公开听证制度。实行职务犯罪案件撤案、不起诉报批和立案、逮捕报备、讯问犯罪嫌疑人同步录音录像制度。2007年,进一步完善主诉检察官办案责任制,推进"被告人认罪案件"审理方式改革和量刑建议改革;稳步推进人民监督员工作制度,推进民、行抗诉案件审查方式改革和民事审判程序违法核查工作。2008年,完善主审主办检察官责任制,推进"被告人认罪案件"审理方式改革和量刑建议改革;推进人民监督员工作制度,开展民事、行政抗诉案件审查方式改革和民事审判程序违法核查工作。2010年,巴彦淖尔市两级检察院成立"恪守检察职业道德、促进公正廉洁执法"主题实践活动领导小组,制定下发《巴彦淖尔市检察机关深入开展"恪守检察职业道德、促进公正廉洁执法"主题实践活动工作方案》,在全盟广泛开展创建活动。

第三节　刑事案件检察

1986年,巴盟检察机关以严厉打击刑事犯罪为中心任务,贯彻落实上级有关方针政策,对杀人、放火、抢劫、强奸、爆炸、重大盗窃和其他严重现行犯罪等七类重大刑事案件进行严厉打击。全年受理公安机关提请逮捕人犯526人,批准逮捕401人。1987年,在全盟开展“两打”斗争中,受理公安机关提请逮捕案犯551人,批准逮捕432人,其中,重大案犯108人,特大案犯8人,追捕3人。1988年,两级检察院以打击严重刑事犯罪作为重点,坚持“稳、准、狠”的办案原则。重点打击杀人、抢劫、强奸、贩毒、重大盗窃、行凶报复、拐卖人口、聚众赌博以及强迫、引诱、容留妇女卖淫等严重犯罪。全年受理公安机关提请逮捕批捕案件612人,批准逮捕461人。1989年,进一步治理经济环境,整顿经济秩序,狠抓“两打”,突出反贪污、受贿斗争。全年受理公安机关提请逮捕649人,批准逮捕514人。1990年,以“两打”为重点,“从重从快”严厉打击严重刑事犯罪活动。全年共受理公安机关提请批捕人犯715人,批准逮捕547人,其中,重特大案犯142人。1992年,针对农牧区社会治安情况,检察系统把重点放在对农牧区的偷盗牲畜案件上。全盟共受理公安机关提请批捕人犯604人,批准逮捕495人。督促公安机关对人犯执行逮捕18件23人,督促不批准后及时放人13人。1993年,坚持“严格执法,狠抓办案”和“两手抓,两手都要硬”的工作方针,重点打击杀人、抢劫、强奸、爆炸、盗窃枪支等暴力犯罪和团伙犯罪。全年受理公安机关提请批捕511人,批准逮捕421人。1994年,两级检察院与公安、法院等密切配合,开展“打团伙、打流窜、破大案”行动以及“扫黄打非”“打拐禁娼”、打击牢头狱霸、整治农村社会治安等专项治理活动。全年受理批捕人犯722人,批准逮捕608人。1996年,按照高检院和自治区检察院的统一部署,与公安、法院等部门密切配合,围绕“破大案、抓逃犯、打团伙”的总体要求,审查批捕刑事案件133件231人,其中,批捕团伙犯罪15件73人。1997年,坚持“严格执法,狠抓办案,加强监督”的工作方针,严格执行修改后的刑法、刑事诉讼法。继续贯彻依法“从快从重”方针,全力参加“严打整治百日行动”。全年共受理各类批捕案件460件645人,其中,公安机关提请逮捕的刑事案件430件613人。自侦部门移送逮捕案件30件32人,批准或决定逮捕511人。1998年,两级检察院共受理公安机关提请逮捕500案720人,批准逮捕425案586人;受理公安机关移送起诉、不起诉489案660人,提起公诉365案491人。法院下判决303案391人,作无罪判决4人,有罪判决率达98.98%。2000年,两级检察机关把综治工作列入重要议事日程,层层签订责任状,狠抓落实,在打、防、教、改、建各个环节加大力度,形成职责明确、制度健全的良性运行机制。按照未成年人生理、心理特点,加强未成年人犯罪检察。全年两级检察机关共受理公安机关提请逮捕案件565件815人,批准逮捕460件634人。受理两级检察机关自侦部门移送逮捕案件10件12人,决定逮捕9件10人。受理公安机关移送审查起诉、不起诉案件509件729人。受理两级检察机关自侦部门移送审查起诉、不起诉案件41件47人,提起公诉437件611人,不起诉47件59人。2001年两级检察机关将维护社会稳定放在工作的首位,不断强化刑检职能,及时准确地打击各种严重刑事犯罪。全年两级检察机关共受理公安机关提请逮捕案件571件833人,批准逮捕511件729人,其中,爆炸、故意杀人、抢劫等严重重点案件 179 件 729 人，破坏市场经济环境秩序犯罪 12 件 13 人。受理公安机关移送审查起诉案件 662 件 969 人，提起公诉 504 件 718 人，逮捕 11 件 12 人。受理自侦部门移送审查起诉、不起诉 37 件 42 人，提起公诉 15 件 17 人，不起诉 18 件 22 人。两级检察机关积极配合有关部门召开公捕公判大会，对 210 名犯罪嫌疑人依法宣布公开逮捕，对 143 名被告人依法公开宣判。2003 年，两级检察院严打整治斗争领导小组选调精兵强将充实办案第一线，有效发挥主诉、主办检察官的作用，提高办案效率和质量，依法快捕快诉，确保打击力度。重点打击黑恶势力犯罪、严重暴力犯罪、毒品犯罪和抢劫、抢夺等多发性犯罪。在防控"非典"期间，按照自治区检察院和盟严打指挥部的安排部署，开展为期一个月的严厉打击各种犯罪活动集中统一行动。与其他政法部门密切配合，形成打击合力，有力地维护防控"非典"期间全市社会治安的稳定；刑检部门办案以证据为核心，严把案件事实关、证据关和适用法律关。审查逮捕工作提高报捕质量，力争使不捕率降到 10% 以下。对公安机关提请及自侦部门移送审查逮捕的案件均在法定时限内做出决定，法定时限审结率 100%，批捕准确率 100%。对于公安机关及自侦部门移送审查起诉的案件均在法定时限内做出决定，起诉准确率为 99.4%。盟人民检察院成功起诉并出庭支持公诉自治区公安厅挂牌督办、在全市乃至全区社会影响很大的乌拉特前旗刘某某等 12 名被告涉枪涉爆一案，12 名被告均被做有罪判决。

2004 年，全市检察机关共受理公安机关提请逮捕 580 件 846 人，批准逮捕 547 件 796 人；受理两级检察院自侦部门移送逮捕案件 16 件 17 人，决定逮捕 15 件 16 人；受理公安机关移送审查起诉、不起诉案件 655 件 989 人，提起公诉 550 件 824 人，不起诉 29 件 46 人，退回补充侦查 112 件 225 人；受理两级检察院自侦部门移送审查起诉、不起诉案件 48 件 67 人，提起公诉 31 件 35 人，不起诉 11 件 12 人。所办案件均在法定时限内审结。提起公诉的案件法院审结下判 569 件 834 人，有罪判决率达 99.5%。2005 年，两级检察机关共受理刑事、自侦案件 581 件 852 人。其中，公安机关提请逮捕的 566 件 834 人，批准逮捕 542 件 791 人，不批准逮捕 24 件 43 人；受理自侦案件 15 件 18 人，批准逮捕 14 件 17 人，不批准逮捕 1 件 1 人。受理公安、国家安全机关移送审查起诉、不起诉的各类刑事案件 726 件 1045 人，其中，受理公安、国家安全机关移送案件 692 件 997 人，提起公诉 619 件 874 人，不起诉 22 件 34 人，退回公安机关补充侦查 147 件 264 人，公安机关撤案 4 件 5 人，移送其他检察院审查起诉 41 件 67 人，撤回起诉 2 件 2 人，未结 26 件 42 人；受理自侦部门移送的各类案件 34 件 48 人，审查提起公诉 27 件 45 人，不起诉 1 件 1 人，退回自侦部门补充侦查 17 件 30 人，移送其他检察院审查起诉 4 件 5 人，未结 7 件 7 人。2007 年，两级检察机关贯彻执行"宽严相济"的刑事司法政策和快速办理轻微刑事案件的规定，坚持做到"三个见面"（即与犯罪嫌疑人见面，与未成年人或在校生等特殊群体的法定代理人见面，与被害人或被害方代表见面)，加强对逮捕执行情况和随意改变强制措施的监督。对“批捕在逃”“另案处理”的及时了解处理情况，对作出不批捕决定的案件，监督执行机关及时释放犯罪嫌疑人或者变更强制措施。2008 年，全市共受理刑事案件、自侦案件 680 件 1097 人。经审查，批准逮捕 668 件 1072 人。2010 年，全市检察机关落实案件复查、备案审查、个案分析评查制度，加大逮捕必要性证据的审查，全面落实职务犯罪案件审查决定逮捕权上提一级改革，全市共受理刑事案件、自侦案件 747 件 1254 人。在受理的案件中，公安机关提请逮捕的 723 件 1213 人，批捕 647 件 1061 人；受理检察机关自侦案件 24 件 41 人，批捕 24 件 10 人。

第四节　民事、行政案件检察

1990 年 7 月，巴盟检察分院增设民事行政检察科。全盟 7 个旗、县、院中有 3 个相继成立民事行政检察科。1991 年，在建立机构、配备人员的基础上，根据民事诉讼法和行政诉讼法的实施要求，办理案件和准备必要的法律文书。全市检察机关审办民事案件 32 件，立案 11 件，行政案件 5 件，审阅法院的判决、裁定 900 份。1992 年，积极开展宣传、咨询和开辟案源工作，全盟共受理民事行政案件 65 件，其中，行政案件 5 件，经济案件 60 件，审结 53 件。其中，支持法院判决 22 件，口头答复 13 件，向法院提出检察建议 3 件，提请抗诉 1 件，转有关部门 9 件，其他处理 5 件。审查民事行政已生效判决书、裁定书 835 份。1993 年，全盟检察机关受理民事行政案件 74 件，其中，行政案件 13 件，民事案件 61 件，审结 57 件，支持法院判决的 7 件，向法院提出检察建议 5 件，抗诉 1 件，撤案 1 件，转有关部门和做其他处理 33 件。审查民事已生效判决书、裁定书 721 份。1994 年，全盟受理民事、经济、行政案件 89 件，立案审查 39 件。旗、县、市检察院向盟检察分院提请抗诉 7 件，经审查盟检察分院向中级人民法院提出抗诉 1 件，两级检察院向法院提出检察建议 8 件，盟中级人民法院根据抗诉和检察建议撤销原判改判 6 件，旗、县法院改判 4 件。1995 年，全盟 7 个旗、县、市院全部设立民事行政检察科，两级检察院以办理民事行政抗诉案件为重点，进一步注重对审判人员枉法裁判、徇私舞弊、违法违纪案源线索的发现和查处工作。全盟共受理民事、经济、行政案件 102 件，立案审查 50 件。提请抗诉 15 件，提出抗诉 4 件，提出检察建议 12 件。法院根据抗诉和检察建议再审改判 14 件。1996—1999 年，全盟共受理民事、经济、行政案件 519 件，立案审查 295 件。提请抗诉 106 件，提出抗诉 22 件，提出检察建议 49 件，法院再审改判 48 件，立案侦查徇私舞弊、枉法裁判案 1 件 1 人。2000 年，检察工作坚持“公开、公正、合法、敢抗、会抗、抗准”的办案原则，依法全面履行民事行政检察职能，全盟共受理民事、经济、行政案件 227 件，立案审查 142 件。提请抗诉 74 件，提出抗诉 37 件，提出检察建议 9 件。法院再审改判 24 件。2001—2003 年，两级检察机关就抗诉、息诉、提出检察建议、开展立案前调查四项业务开展工作，共受理民事、经济、行政案件 727 件，立案审查

421 件。提请抗诉 183 件,提出抗诉 118 件。发出检察建议 13 件,法院改判 28 件,息诉 120 余人次。

2004 年,巴彦淖尔市两级检察院坚持依法调整平等主体间的财产关系和人身关系,保障当事人的合法权益,共受理民事、经济、行政案件 12758 件,审结 12315 件;依法审理各类合同纠纷,平等保护各类市场主体的合法权益,促进商业信用和市场秩序的建立和完善;妥善处理人身、财产等权益、权属纠纷,维护公民、法人和其他组织的合法权益。在依法审理日兆公司股权转让纠纷一案中,果断做出维护企业正常生产安全的裁定,保障企业经济的有序发展;妥善处理婚姻家庭和继承纠纷,促进家庭和睦、社会安定;妥善处理劳动争议案件和涉及国有企业下岗职工生活保障等案件,保护劳动者的合法利益;依法审理涉及农民负担和坑农、害农案件,维护农村稳定;在拖欠工程款和农民工工资专项审判活动中,本着优先快立、快审、快执的原则,为农民工开辟"绿色通道"。全年办结拖欠工程款和农民工工资案件 122 件,已追回拖欠工程款和农民工工资 269 万元。2005 年,全市两级共受理各类民商事案件 13100 件,审结 12572 件,结案率 96%,同比收案减少 94 件,结案率下降 0.6 个百分点,其中,中院受理 1321 件,审结 1181 件,结案率为 89.4%,同比收案减少 1 件,结案率下降 1.1 个百分点;依法审结磴口县沙金套海苏木包勒浩特嘎查 530 名村民与某粮油公司水面承包合同纠纷案件。通过案件的审理促进农村承包经营权的依法流转,维护农民的切身利益。2006—2008 年,全市全年受理民事、经济、行政案件 11757 件,审结 11412 件,结案率 97.07%,其中,中院受理 1135 件,审结 1052 件,结案率为 92.69%。审结婚姻家庭、继承、劳动争议、农村土地承包纠纷等各类民事案件 541 件。2009—2010 年,巴彦淖尔市两级检察机关受理民事、经济、行政案 88 件,立案 68 件,提请抗诉 18 件,提出抗诉 6 件,发再审检察建议 4 件,采纳 2 件。

第五节　反贪污贿赂案件检察

1986—1999 年,巴盟检察机关受理贪污、行贿索贿案 736 件 853 人,挪用公款(公司) 42 件 50 人,虚开增值税发票案 5 件 8 人,偷抗税案 18 件 21 人。

2000 年,两级检察院在办案中,根据全国人大常委会关于《中华人民共和国刑法》第 93 条第二款的解释,查办农村基层组织人员在从事行政管理工作中的贪污贿赂案件,查处"村官"贪污贿赂案件 3 件 3 人。立案侦查并提起公诉原巴盟社保局副局长马某某挪用公款、玩忽职守案。2001—2003 年,全盟检察机关共受理各类贪污、行贿受贿案 328 件,立案侦破 22 件,挽回经济损失 597 万元。

2004—2010 年,巴彦淖尔市两级检察机关立案查办内蒙古自治区河套灌溉总局副局长柳某(正处级)涉嫌挪用公款 100 万元要案,巴彦淖尔市农行原行长赵某某涉嫌贪污、挪用公款1200多万元大案，乌拉特前旗原副旗长刘某某（正处级）伙同原乌拉特前旗就业局局长王某某共同挪用公款105万元大案，巴盟农业银行原行长张某某涉嫌受贿30万元大案。同时查办教育系统、林业系统、农机系统、扶贫系统等一系列窝串案，立案查办贪污、贿赂、挪用公款案件107件154人，挽回经济损失近1400余万元。

第六节　公诉检察

1986年，巴盟检察系统继续坚持“从重从快”严厉打击重大刑事等七类犯罪行为的方针，两级公诉部门受理公安机关移送审查起诉案357件533人，审查决定起诉290件402人。1987—1988年，巴盟7个旗、县、市检察院根据上级检察院提高办案质量标准的要求，对不起诉、免于起诉、起诉后法院作出无罪判决、法院改变定性的，检察院起诉后撤回起诉作其他处理的，上下级有分歧的案件进行复查。1989—1990年，两级检察机关公诉部门明确打击重点，贯彻“从重从快”方针，受理公安机关移送起诉883件1312人。经审查，决定起诉743件1045人。1993—1994年，全盟共受理公安机关移送起诉案犯1213人。经审查提起公诉895人。1995年，两级检察机关对杀人、抢劫、强奸、爆炸等暴力犯罪和重特大盗窃犯罪案件，坚持“两个基本”的原则，提前介入，缩短办案时间，做到准确、及时、有力的快捕快诉，全年受理公安机关移送起诉案犯617名，提起公诉493名。1996年，在严打集中统一行动中，两级检察院与公安部门密切配合，围绕“破大案、抓逃犯、打团伙”的总体要求，提起公诉团伙案件155件237人，其中，重特大案犯164人。盟检察院和临河检察院共同办理的谢某某特大绑架勒索案，捕诉分别只用一天时间。临河检察院受理陈某故意杀人案，捕诉仅用两天时间，使顶风作案的杀人凶犯作案后18天即被处以极刑。在严打的同时，体现宽严相济政策，对投案自首的19人作免于起诉处理。1997年，在办理临河张某某等人贩卖海洛因特大贩毒案件时，巴盟检察分院及时派员参加预审，受案后5日内即向盟中级人民法院提起公诉。2000年，两级检察院共受理公安机关移送审查起诉、不起诉案件509件729人；受理两级检察院自侦部门移送审查起诉、不起诉案件41件47人，提起公诉437件611人。2002年，为保证严打整治斗争顺利进行，两级院普遍建立和完善与公安机关联席会议制度，定期不定期通过联席会议就严打整治斗争中检警协作、提前介入和引导侦查、信息通报等方面及时协商和沟通。2003年，两级院公诉部门按照《内蒙古自治区人民检察院公诉工作规范化管理考核办法（试行）》的规定开展工作，全年共受理公安机关和检察机关自侦部门移送审查起诉的各类刑事案件608件929人，提起公诉490件742人。

2004—2005年，根据内蒙古自治区检察院关于《全区检察机关开展不起诉案件专项复查活动实施意见》的精神，市人民检察院和各基层检察院分别制定《不起诉案件专项复查活动实施意见》。2006年，两级院刑检部门主动加强与其他政法机关的协调配合，继续完善与公安机关的联系制度,定期召开联席会议,按月交换受案、结案信息。加强与法院的协作,实行检察长列席审判委员会制度。2009 年,市人民检察院配合内蒙古自治区人民检察院深入五原、临河、磴口,对 2003 年至 2009 年 7 月全市 24 件二审和再审抗诉案件,16 件法院判决改变检察机关定性的案件,1 件监所部门减刑案件进行全面复查。2010 年,针对不同类型案件积极研究举证、质证规则和庭审抗辩技巧,坚持检察长出庭支持公诉制度,分管检察长或公诉部门负责人带头出庭公诉有影响、有震动的大要案件,全年受理移送审查起诉、不起诉的各类刑事案件 827 件 1521 人,提起公诉 648 件 1144 人。两级检察院提起公诉的案件中已判决的 604 件 1059 人,有罪判决率 99.9%。

第七节　法纪检察

1986—1990 年,巴盟两级检察机关受理法纪案件 325 件,立案侦查 94 件。其中,包括重大责任事故 29 件,玩忽职守 43 件,非法拘禁 8 件。结案起诉 46 件。1991—1995 年,全盟受理法纪案件 403 件,立案侦查 129 件,其中,玩忽职守 27 件,非法拘禁 29 件,重大责任事故 21 件,侦查终结移送起诉 41 件。办理磴口县殡仪馆夜勤、馆长玩忽职守案件。1996—2003 年,全盟受理法纪案件 519 件,立案侦查 115 件,其中,重大责任事故 25 件,玩忽职守 26 件,非法拘禁 15 件,滥用职权案 3 件,侦查终结移送起诉 64 件。

2004—2010 年,巴彦淖尔市两级检察院受理各类渎职侵权案件 130 件,立案侦查 26 件,其中,滥用职权 4 件,徇私枉法案 4 件,非法拘禁案 2 件,玩忽职守案 3 件,侦查终结移送起诉 64 件。

第八节　控告申诉检察

1986—1990 年,巴盟两级检察院受理控告申诉案件 1286 件,其中,来信 655 件,来访 320 件,直接答复 193 件,直接查办 287 件,转有关单位查处 341 件。1991—1999 年,全盟受理控告申诉案 1969 件,其中,来信 1455 件,来访 397 件,直接查办 309 件,转送其他机关 71 件。2000—2002 年,巴盟两级检察控告申诉部门规范文明"窗口"接待制度,完善检察长接待日制度,方便群众控告、申诉和举报,全年共受理各类控告、申诉、举报案件 1623 件,其中,受理举报线索 635 件,受理刑事申诉案件 161 件,贪污贿赂案件 143 件,渎职侵权案件 38 件,受理刑事赔偿案件 14 件。2003—2006 年,在控告申诉检察工作中,检察院控申部门根据高检院、内蒙古自治区人民检察院要求,制定下发《首办责任制实施办法》《内设机构处理来信来访分工暂行办法》《关于加强举报案件线索统一归口管理的规定》《控申举报工作程序规定》《人民检察院受理举报控告申诉赔偿案件线索工作流程图》《人民检察院办理复查刑事申诉案件工作流程图》《人民检察院办理刑事赔偿案件工作流程图》。按照上述规定,进一步规范举报、控告、申诉案件线索的管理、法律文书的制作、初查时限、备案等工作。控申检察部门共受理各类举报、控告、申诉、赔偿案件线索1296件,其中,贪污、贿赂、侵权渎职案件线索831件。2007—2008年,巴彦淖尔市两级检察院通过集中清理涉检信访案件,制定出台《巴彦淖尔市人民检察院矛盾纠纷排查化解工作长效工作机制》《巴彦淖尔市涉检信访案件社会稳定风险评估办法》。按照上述措施,案件办理坚持定领导、定专人、定方案、定时限、逐案落实化解的原则,处理积案298件,并对当年的各类案件该转的转,该解决的全部解决。2009—2010年,巴彦淖尔市检察院制定印发《巴彦淖尔市人民检察院处置突发信访事件应急预案》《巴彦淖尔市检察院控告申诉执法公开工作实施细则》《巴彦淖尔市检察院检察长接待日和阅批重要来信工作制度》。控申检察部门受理举报、控告、申诉案件249件。其中受理举报贪污贿赂侵权渎职案件147件,受理控告申诉案件102件。以上案件,控申部门办理18件,分送检察院其他部门169件,移送其他检察院37件。办结内蒙古自治区检察院交办的6件信访案和市政法委交办的3件信访案。

第九节　职务犯罪检察

2002年,根据最高人民检察院文件精神,巴彦淖尔盟检察院成立职务犯罪预防科。

2003年,检察院职务犯罪预防科根据内蒙古自治区制定的《关于加强系统、行业内部预防职务犯罪工作意见》,制定《预防职务犯罪工作实施方案》。

2004年,按照检察机关内部预防职务犯罪协调制度的规定,将检察建议书、纠正违法通知书归口预防部门统一管理,全年开展个案预防21件,发出检察建议书26份,采纳率23%。同时,深入重点部门、行业开展法制讲座20次,组织宣传教育活动30余次,发放宣传单3000份,编发信息简报25篇。

2005年,根据高检院和自治区检察院部署,重点开展“三抓三看”活动,即抓案前预防,看掌握案件线索的数量和质量;抓案中预防,看犯罪形成的轨迹和症结;抓案后预防,看整改对策的实施和效果。并制定《巴彦淖尔市检察院关于在预防职务犯罪工作中开展“三抓三看”活动的实施意见》。活动开展中,召开单项联席会议4次,开展专项预防项目8个,建立健全管理制度1项,纠正违法1次,开展预防教育授课8次,建立职务犯罪警示教育基地2个。

2006年,按照内蒙古自治区人民检察院总体部署,加强预防网络建设,与25个行业单位制定联合开展预防职务犯罪工作的具体办法,与其中10个行业单位召开单项联席会议。全年共开展预防宣传活动75次,开展警示教育讲座30场次,开展预防咨询40件,受教育人数6000余人次;开展重点建设项目专项预防7项,涉及建设资金63亿余元;提出检察建议4件,被采纳3件;开展“三抓三看”活动中发现案件线索4件,进行职务犯罪案例剖析8

件,帮助成员单位落实预防措施 66 件,发出检察建议 43 件。

2007 年,制定《人民检察院预防职务犯罪工作规则》,并以规则为内容,对全市预防职务犯罪干警进行考试。同时,开展法制宣传、预防职务犯罪警示教育。

2008—2009 年,盟人民检察院选择金融、交通等 11 个行业建立预防措施 17 项;对内蒙古河套灌区总干渠第二分水枢纽水电工程等 13 项重大工程建设项目开展专项预防;开展法制宣传 20 余次,发放宣传材料 6500 余份;进行专题讲座和警示教育 52 场次,受教育人数 4700 余人。

2010 年,结合执法办案,共向发案单位提出预防检察建议 44 件,对 25 项重大工程建设项目开展专项预防。选择金融、交通、税务、国土资源等 11 个行业系统,开展系统预防,共督促、帮助完善预防措施 55 项。开展法制宣传 21 次,发放宣传材料万余份。提供法律咨询、预防咨询 139 件,采纳 139 件。同时,市检察院充分发挥预防职务犯罪法制宣讲团的作用,共组织进行专题讲座和警示教育 116 场次,受教育人数 15000 余人。认真做好行贿犯罪档案查询工作,共受理行贿犯罪档案查询 209 件,被查询单位 330 个,被查询人数 330 人。

第十节　监所检察

1986 年,巴盟 7 个旗、县、市人民检察院有 5 个院设置监所检察科,2 个旗、县人民检察院配备专职干部,负责监所检察工作。全盟有 3 个“两劳”场所(先锋劳改农场、四分滩劳改队、五原县东土城劳教管理所)、7 个看守所、1 个收容审查站、1 个内蒙古直属劳教管理所,共收押劳教人员 355 人,关押人犯 250 人,收容审查人员 1243 人。1988 年,为加强驻所(场)检察工作,使监所检察工作做到经常化、制度化,全盟监管场所均派驻检察人员。全年检察纠正监管改造场所各类违法事件 107 件,受理重新犯罪案件 19 件 23 人。两级检察院对“两劳”场所和看守所的 114 名保外就医人员进行检察。通过考察,对 10 名保外就医人员收监执行,并对现有保外就医人员加强回访考察措施。针对监管改造场所教育、改造等情况提出口头建议 281 次。1989 年,两级检察院贯彻“改造第一,生产第二”的方针,重点抓“搞好文明监管,提高改造质量”的工作。协助“劳改劳教”场所、看守所建立健全各项监管规章制度,受理司法部门移送起诉的“两劳”人员重新犯罪 17 件 22 人,受理“两劳”申诉案件 11 件 13 人,受理盟委交办案件 5 件 9 人。在刑罚执行监督检察中,对 187 名监外执行人员进行两次考查,对不具备监外执行条件的 27 人作收监处理。纠正“两劳”场所违纪事件 97 件,建议改进工作 353 次。1990 年,按照全区监所检察工作会议精神,两级人民检察院建立健全监所机构,受理“两劳”人员重新犯罪案件 22 件 32 人,移送审查起诉 21 件 30 人,法院已作全部判决;受理“两劳”人员申诉案件 13 件 15 人。检察发现,全盟有超期羁押人犯 25 人。1991 年,7 个旗、县、市人民检察院全部设立监所检察科。

3个劳改场所、7个看守所全部派驻检察组。针对监管改造场所安全隐患所进行的防范检察134次,排除隐患8起;针对政法机关超期羁押人犯提出检察纠正35人。1992—1995年,检察院针对监管改造场所存在的各类问题,发现不安定因素26起,提出检察建议99次,纠正违法减刑1人;对9名超期不办继续保外就医手续或失去监外执行条件的罪犯向主管部门发收监执行建议书。派驻劳教场所检察室对劳教场所存在的各类问题提出检察建议28次。对看守所超期羁押人犯问题进行细致排查检察,发现全盟7个看守所有超期羁押人犯10人,及时提出纠正意见。协助有关部门将619名已决犯投劳,102名劳教处理人员投劳执行。1996年,配合监管改造机关对在押、劳教、服刑人员进行政治思想教育和法制宣传235次;针对超期羁押问题提出检察建议34次,纠正24起;对罪犯减刑、假释、保外就医是否合法进行专项检察,取消3名罪犯的减刑,纠正5名劳教人员的减期。在办案中,监所部门注意在调查脱逃、死亡等重大事故中发现案件线索,对狱政管理中发现的问题及时提出整改意见,并深挖有关监管干警徇私舞弊、玩忽职守、贪赃枉法等职务犯罪。1997年,两级检察院监所查处监狱干警职务犯罪案件3件8人,发现违法减刑案1件;针对先锋监狱办理的16名保外就医人犯手续不全,不符合条件,40名请假人犯违法超时,发出书面检察建议;对23名超期羁押人员向有关单位提出纠正意见。1998年,通过检察保外就医,挖出一起犯人被判10年有期徒刑而逍遥法外7年之久的案件,罪犯被依法收监,有关责任人受到查处。1999年,对虐待犯人致死的先锋监狱四监区教导员李某某判处无期徒刑。

2004年,监所检察部门进一步建立健全防止和纠正超期羁押的长效监督机制,制定《预防和纠正超期羁押办法》,完善超期羁押责任追究制度,坚持每周超期羁押报告制度。2006年,对罪犯暂予监外执行、保外就医进行监督考察,对看守所不及时报监发出检察建议3份;对公安机关在监外执行中存在的问题,发出检察建议5份;对2002年后法院决定暂予监外执行罪犯进行全面检察,并进行医学复检。2008年,在监所检察中发现监所脱管、漏管12人,其中,因交付机关不认真履行职责导致漏管3人,监外执行罪犯未到居住地派出所报到导致脱管2人,法律文书交付脱节7人。2010年,全市劳教所在册劳教人员61人,监外执行罪犯638人,看守所在押764人。看守所羁押的嫌疑人中,刑事拘留125人,逮捕141人,侦查阶段136人,审查起诉127人,审判阶段92人,判决72人,余刑一年以下留所服刑44人(一年以下43人,一年以上三年以下1人),其他27人。无超期羁押情况。

第十一节 检察技术

1986年,巴盟检察院有专业技术人员13人,可开展法医检验、文痕检验、现场勘验、照相、摄像等科目侦查。因技术力量较强,被内蒙古自治区检察院指定为自治区检察系统西部区鉴定中心。1987—2000 年,巴盟检察院先后分两批派技术人员外出参加文痕检验、法医和司法会计培训。

2004 年后,巴彦淖尔市对司法鉴定进行改革,将法院系统鉴定机构取消,各类需要司法鉴定的案件全部交由检察院技术处进行处理。

第二章　审　判

第一节　机构与改革

一、中级人民法院

1986年,巴盟中级人民法院设刑事审判第一庭、刑事审判第二庭、民事审判庭、经济审判庭、信访科、人事教育科、办公室、政治处、法警支队。下辖7个旗、县、市人民法院,有临河市、磴口县、杭锦后旗、乌拉特前旗、乌拉特中旗、乌拉特后旗、五原县人民法院。各基层法院对应中级人民法院设立内设机构,并在辖区乡镇苏木设置派出人民法庭。

2004年,巴彦淖尔撤盟设市,巴彦淖尔盟中级人民法院改称巴彦淖尔市中级人民法院。巴彦淖尔市中级人民法院成为全国“四级两审”的第三级终审法院之一。法院业务受内蒙古自治区高级人民法院指导和监督,行政上受巴彦淖尔市委领导。有7个旗(县、区)人民法院,46个基层人民法庭。

2010年,巴彦淖尔市中级人民法院设立案一庭、立案二庭、刑一庭、刑二庭、民一庭、民二庭、民三庭、行政庭、审监庭、执行庭、研究室、法警支队、司法事务管理科、机关事务中心、网络管理科、档案室、办公室、政治部、监察室,实有法官113人。按行政区划下设7个基层人民法院,26个基层人民法庭。

第二节　制度建设

1986年,巴盟中级人民法院针对“合议庭只审不判,审委会只判不审,审判人员相互依赖”等工作割裂状态,制定新的审判程序。新制度规定,由审委会讨论刑事一审案件中凡判处死刑、死缓、无期徒刑等重大案件和二审刑事案件中的抗诉及合议庭意见有重大分歧的上诉案件,其他案件则分别由各审判庭、合议庭研究,由庭长和分管院长审核决定。中院结合政法工作新形势、新要求并结合法院工作实际,先后出台《目标管理暂行办法》《诉讼费管理及使用暂行办法》《差旅费管理使用办法》《办公费包干试行办法》等制度,使审判工作制度更加健全,更加规范化。在队伍建设方面,中院始终坚持把思想政治工作作为法院队伍建设的首要任务,不断加强法院干警的政治理论学习,力求建设政治坚定、业务精通、作风优良公正的司法队伍。1987年,巴盟中级人民法院提出开创“六个第一流”活动,将建设一流干警队伍作为根本保证来抓。要求全体干警从政治上、思想上、行动上自觉与党中央保持高度一致,认真履行人民赋予的职责,坚决贯彻落实党的方针、政策和路线,积极为经济体制改革和政治体制改革提供司法服务。1988年,为适应改革开放和促进法院工作更好服务经济、社会,探索法院人事改革途径,解决干部职务终身制,改变干好干坏一个样,引进危机和竞争机制,调动广大干警的工作积极性。1989年,全盟两级法院对上年度审结各类型案件推行集中评查,从中发现审判瑕疵漏洞。同时,为提高办案效率,保证办案质量,推行当事人举证责任制度,探索改革审判制度新方式。1990年,全盟法院按照"制度健全、功能完善、设施齐备、服务到位"的要求,对立案程序进行调整,将分散立案改为统进统出。凡已结案案件,立案登记后统一归档、退卷。经上级法院二审、再审后,案件再由立案庭登记作相应处理。在加强立案信访窗口建设的同时,实行诉讼权利义务、诉讼风险告知制度。向每一位当事人发放《诉讼指南》《诉讼风险告知书》等诉讼指导材料,提示当事人正确谨慎行使诉讼权,减少和避免因诉讼不当造成的不必要损失。在具体工作中畅通诉讼服务绿色通道,以实现好、维护好最广大人民群众根本利益为工作要求,坚持创造有亲和力的立案环境,积极营造浓郁的司法人文关怀氛围,切实将"司法为民"宗旨落到实处。1992年,法院通过党员"三会一课"、干部例会和党员民主测评等措施,深入贯彻落实中共十四大精神,分三阶段对全体法院干警的思想、作风、组织纪律进行全面整顿,解决部分审判人员和基层法院干部职级待遇问题,清理调离不适合司法审判工作的人员。1995年,响应盟党委号召,开展市场经济理论大学习、大讨论。邀请专家授课辅导,开展向孔繁森等先进模范人物学习活动,增强为人民服务自觉性。两级法院还制定鼓励干警参加业大、函大、专升本等学习的优惠政策,注重干警在岗学习和专门培训。1996年,巴盟法院在审判改革中主要进行了三个方面探索,坚持"三强化、六公开",强化庭审功能、强化当事人举证、强化合议庭和审判委员会职能。陈述公开、举证公开、质证公开、辩证公开、认证公开、说理公开。进一步深化审判方式改革,防止庭审"走过场",审判"两张皮",把判决、裁定建立在庭审查明的事实和辨明是非的基础之上,确保审判方式改革的实际效果;实行冤错案件责任追究制度。对造成冤错案件的有关责任人员坚决予以追究,真正发挥既保证裁判公正、又增强审判人员责任感的作用;依据法官法,加快法官管理体制改革,激活用人机制,推行"五制"即领导干部一推双考制、环节干部聘任制、一般干部聘用制、不合格干警辞退制、热点岗位轮换制。把好"三口",把住人员进口、疏通人员出口、看好职务晋升口,使法官管理形成一个公平、平等、竞争、择优的新机制。加强法律专业人才培训。通过业余、脱产培训等多种学习方式,使法院系统90%的人员接受一次法律知识教育,有300多人通过各类考试获得法律专业证书。1998年巴盟两级法院以"抓整顿、强素质、促工作、树形象"为目标,认真开展纪律作风集中教育大整顿。通过教育整顿,查处一批违法违纪干警,纠正一批错案,堵塞业务管理和机关管理的漏洞。

1999年,巴盟中院对不适应新形势的管理制度进行重新修订。新修订的制度规定,严禁上下级法院不严格执行管辖规定,乱揽案、乱办案;严禁非业务部门或其他庭室办理民事、经济案件;严禁下级法院无视上级法院指令,案件移送不及时,使审判程序进一步得到规范。同时两级法院一手抓审判,一手抓队伍建设,开展"审判质量年""案件执行年""争创人民满意的好法院""争当对人民有情意的好法官"活动。2000年,法院按照"纲要"精神,在审判方式中进行下列改革,执行《最高人民法院关于严格执行公开审判制度的若干规定》,对一审案件全部开庭;审理案件除法定不需开庭的以外,全部公开开庭审理;建立规范的立案机制,给立案庭的职能准确定位,即立案庭是审判业务部门、审判管理部门、审判监督部门;实行严格的案件流程管理制度,在民事审判质量控制体系的基础上,对每个审判庭的每个工作环节都作出明确的时间限制,并确定相应分值,由立案庭统一管理计分结果,监督各业务庭在法定审限内结案。这些措施的实行,缩短了办案时间,加快了办案速度,提高了办案效率;加强了裁判文书的改革,增强了裁判文书的说理性,提高了裁判文书的质量;实行立审、审执、审监分立,调整刑事一、二庭的职责范围,改变审监庭又立又审的状况,强化监察室的监督职能。引入竞争激励机制,实行双向选择、竞争上岗的用人机制。按照公正、公平、竞争、择优的原则,打破论资排辈的传统用人模式,使一批政治业务素质表现良好的干部脱颖而出,队伍体现出年轻化、知识化的特点。2002年,两级法院贯彻落实"三个代表"重要思想,倡导广大法院干警端正司法思想,转变司法理念,纠正以往一定程度上存在的"重打击、轻保护""重制裁,轻服务""重义务,轻权利""重实体、轻程序""重判决、轻调解"等不良司法倾向。强化平等对待各类市场主体和当事人的观念,强化法律效果和社会效果相统一的观念,切实改进审判作风,提高审判效率和审判质量。2003年,巴盟中院制定"纠风工作和行风建设规划"。规划明确提出五不准要求,即不准以权谋私、贪赃枉法,禁止办关系案、人情案、金钱案;不准乱收费,对特别困难的当事人可以依照司法救助的有关规定给予适当的缓、减、免,禁止超标准、超范围收费;不准到机关、企事业单位乱拉赞助,禁止干扰机关、企事业单位的正常生产和经营;不准接受当事人的宴请,禁止法官吃拿卡要,态度生冷横硬;不准对外地当事人有歧视,禁止地方保护主义和部门保护主义。

2004年,巴彦淖尔撤盟设市后,人民法院推出13项便民措施,通过大众媒体向社会推广。改革诉讼权利义务和诉讼风险告知制度,设立便民速裁庭,对简单民事案件以速裁方式结案。磴口县人民法院在农牧区设立接待站,定时定点接待、受理案件。乌拉特中旗人民法院、乌拉特后旗人民法院设立巡回法庭,深入边远牧区和少数民族聚居点巡回受案,就地审理。有条件的就地执行,及时解决民事纠纷。建立法律援助制度,对涉及妇女、老年人、未成年人、城市下岗失业人员、进城务工人员、残疾人等弱势群体,优先立案、审理和执行。设置信访接待室,集中清理历年信访申诉和申请再审案件。2005年,随着人民法院司法审判事业的不断发展,制度建设成为人民法院事业科学发展的重要推手,巴彦淖尔市以加强审判管理和目标考核为立足点,竭力促进审判质效再上新台阶。巴彦淖尔市人民法院成立审判管理办公室,整合各类管理资源,发挥审判执行态势研究、案件质量评估、审判管理措施谋划等职能。通过召开全市法院审判运行态势分析暨改发案件分析会的形式,查找影响制约审判质效提高的普遍性、规律性问题,分析原因,提出对策。根据自治区高院目标管理考核办法,市中院修订、完善综合考核体系,出台审判流程管理办法、案件质量评查办法、庭审观摩考评办法等细则。并将指标任务分解到各个部门、责任落实到人,力求通过强化考核管理,将全市法院整体工作水平提升到新的层次。本着"职责明确、权责统一、分权制衡、高效顺畅"的原则,依照民事诉讼法、刑事诉讼法、行政诉讼法的规定,制定《巴彦淖尔市中级人民法院审判权划分和运行程序的规定(试行)》。规定将审判权分为案件受理权、审理裁判权、审判监督权以及执行裁决权。根据不同权限和程序介入审判工作,行使审判权力。2006 年,中院针对一些弊端,如以往提起再审案件裁定书,只是笼统地写明提起再审的法律依据,而对案件来源、有关部门批转意见、存在问题并无详尽叙述等,实行新创裁定书后附加提起再审意见书新举措。为进一步规范执行行为,提高执行效率,节约执行成本,解决案件实际执结率偏低、积案较多、结案方式混乱的案件终结管理体制,依照民事诉讼法及相关法律规定,制定出台《巴彦淖尔市中级人民法院执行案件终结办法(试行)》,有效规范执行案件流程管理。按照内蒙古自治区高院统一部署,建立人民陪审员制度。通过选任、培训、考核、提请任命等程序,全市法院确定人民陪审员 112 名。2009 年,全市法院全面推行量刑规范化,规范法官自由裁量权的行使,实现量刑均衡统一。针对道路交通事故、劳动争议等案件逐年增多,先后在 4 个基层法院设置专业化法庭,实现与相应管理部门的顺畅对接和功能互补。大力推行巡回审判,在未设法庭的人口集中地设立巡回点,定期巡回审理,就地解决矛盾纠纷。乌拉特中旗、乌拉特后旗法院选拔审判经验丰富、通晓蒙古文蒙古语和风俗习惯的法官充实牧区巡回法庭,并配备设施功能齐全的巡回审判车,深入牧民居住地、案发地开庭审理、调解案件。2010 年,《国有土地上房屋征收与补偿条例》实施后,法院及时对新条例进行研究,并邀请市区两级建委、拆迁及法制部门召开座谈会深入研讨,在吸收各方意见的基础上,形成《关于抓好〈国有土地上房屋征收与补偿条例〉实施的几点建议和意见》,提出行政执法司法建议"白皮书",对有效预防和化解行政矛盾争议起到积极作用。加强"法官五进"和"巡回审判"工作机制建设,改变以往审判人员"坐堂办案"常规。贯彻落实"调解优先、调判结合"原则,对经过人民调解组织协调达成的赔偿协议及时予以司法确认,以司法确认形式化解社会各类矛盾。切实加强死刑二审案件开庭安全保障工作,按照最高法院下发的《人民法院司法警察试行聘任制暂行办法》和《关于加强人民法院司法警察队伍建设的若干意见》的规定,法院采取笔试、面试、体能测试、资格审查等程序，面向社会从警察职业院校毕业生、军队和武警退役军人中聘任司法警察。

第三节　刑事案件审判

1986年，按照内蒙古自治区高级人民法院部署的“严打”斗争的审判工作要求，巴盟中级人民法院配合高院工作组，组织调查研究，对本地区城镇、农村、牧区“严打”斗争实行分类指导，有针对性地解决社会治安问题。认真贯彻从重从快方针，突出“准”字，严把事实关、证据关、适用法律关。注意分清罪与非罪、此罪与彼罪界限。对危害极大的故意杀人、抢劫、强奸、重大盗窃等犯罪保持严打声势。同时，认真贯彻中央关于对少数民族中犯罪分子实行“少杀”和“处理一般要从宽”的政策，掌握斗争锋芒和重点打击对象，打击严重刑事犯罪分子的嚣张气焰。1987—1990年，在内蒙古自治区高院和地方党委领导下，按照中共中央和最高人民法院指示，巴盟法院和公安、检察等部门密切配合，针对社会治安存在的突出问题，坚持“大来大搞、中来中搞、小来小搞”原则，开展集中统一行动和专项斗争、专项治理。对那些广大人民群众反映强烈，安全感影响最大，犯罪分子气焰嚣张的犯罪活动，给予有声势、有威力、有成效的打击。针对刑事犯罪高发的态势，贯彻“宽严相济”的刑事政策，全力维护社会稳定。严惩“严重暴力犯罪”“两抢一盗”、涉黑涉毒等犯罪。1993—1997年，巴盟法院系统共审结一审刑事案件2621件，占全区的5.96%，判处犯罪分子2696人，占全区5.75%。1998年，两级法院以严格执行“两法”，坚持严打方针，全力维护社会稳定为准则，积极开展刑事审判工作，全年受理一审刑事案件599件，审结579件，结案率为97%，判决发生法律效力的为419人。其中，判处5年以上有期徒刑、无期徒刑和死刑（包括死缓）的95人，占判决发生法律效力人数的23%。全年判处杀人、抢劫、强奸、重大盗窃、贩毒犯罪的347人；召开公判大会4次，公开宣判严重犯罪分子24人，参加旁听的群众达1.05万人。判处各类经济犯罪分子13人，贪污、贿赂、挪用公款5人。2001年，巴盟两级法院按照自治区高院会议精神，统一行动积极行动，配备精干队伍，迅速开展严打整治斗争，先后4次召开公判大会，杀掉一批罪恶极大的犯罪分子。两院在办案过程中，坚持从重从快原则，严把案件事实关、证据关、适用法律关，案件的质量和效率都有较大提高。全盟共受理一审案631件911人，结案623件911人。判处死刑26人、死缓8人、无期徒刑156人。2002年，巴盟重拳出击，扫黑除恶，尤其是对顶风作案的杀人、抢劫、强奸、爆炸等严重暴力犯罪和盗窃、抢夺等严重影响人民群众安全感的多发性犯罪以及严重破坏社会秩序和危害公民生命财产的犯罪案件，坚持依法从快从重处理，始终保持对严重刑事法罪打击的高压态势，先后召开声势浩大的公判大会，公判一批罪恶极大的犯罪分子，为稳定社会起到震慑作用。2003年，巴盟两级法院围绕“公正与效率”，重新确定、划分各部门职能职责，理顺与高院审判业务庭的对口关系，在全盟推广每份判决书后必须列明所引用法律条文内容的做法,增强审判的透明度。推出诉讼文书直接统一送达的新管理模式,改变以往分散、委托送达形成的成本高、周期长、质量低的弊端,大幅缩短结案期限。全年全盟法院共受理刑事一、二审案件524件,审结445件,审结率85%。

2004年,巴彦淖尔市两级法院在刑事审判中,坚持严格执行刑事法律及有关司法解释和政策,严把案件事实关、证据关、程序关和适用法律关,有罪的受到制裁,无罪的不予追究,确保办案质量。全市两级法院共受理各类刑事案件703件,审结694件。在判决发生法律效力的611名罪犯中,被判处5年以上有期徒刑至死刑的76人。在依法稳、准、狠地打击犯罪的同时,加强刑事司法领域人权保障,全年对不构成犯罪的10名被告人依法宣告无罪。2005年,两级法院在刑事审判工作中,坚持"少杀、慎杀"的原则,注重司法领域的人权保障。依照内蒙古自治区高院的指定,两级法院依法审理内蒙古交警支队原副总队长赵某某等7名被告滥用职权、玩忽职守、受贿一案,使犯罪分子受到应有的惩罚。2006年,针对社会治安形势严峻的状况,巴彦淖尔市重点打击严重危害社会治安的杀人、强奸、抢劫等暴力犯罪和诈骗、盗窃、抢夺等侵财严重犯罪,两级法院受理刑事案件774件,审结759件,结案率98.06%。2007年,全市法院受理刑事案件846件,结案839件,结案率99.17%。两级法院判处5年以上有期徒刑直至死刑的罪犯174人,全市基层法院适用"两简"程序审理的案件538件。2008年,两级法院审判坚持罪责刑相适应原则,依法严惩危害社会治安的暴力犯罪和多发性侵犯财产犯罪,市各级法院一审判处故意杀人、故意伤害、强奸、绑架、抢劫、诈骗、盗窃等犯罪826人。市中院一审依法判决在菜店抢劫、故意杀人的被告人陈某某死刑,剥夺政治权利终身。一审判决虚开增值税发票、骗取国家税款的被告人丁某某等5人有期徒刑。判处以传销手段从事非法经营的被告人李某某等9人有期徒刑。审判过程中,注重刑事司法领域的人权保护,切实做到"有罪判刑,无罪放人"。全市法院依法宣告无罪、免予刑事处罚43人。对社会危害性不大、主观恶意不深、人身危害性小、确有悔罪表现的204名被告人,依法判处缓刑、管制等非监禁刑。对犯罪危害轻微的初犯、偶犯、未成年人、老年人依法从宽处理。对因民间矛盾引发的、受害对象特定、危害后果较轻、加害人已认罪、赔偿、道歉等形式取得被害人谅解的,依法通过调解方式化解矛盾,最大限度减少社会对立面,促进社会的稳定与和谐。2009年,巴彦淖尔市两级法院受理刑事案件868件,结案863件。以故意杀人、故意伤害、强奸、绑架、抢劫、抢夺、诈骗、盗窃罪判处罪犯518人,其中判处有期徒刑以上295人。依法判处破坏市场经济秩序犯罪分子56人。对初犯、偶犯、轻微犯罪,主观恶性不大,被告人认罪悔罪并积极退赔或赔偿被害人经济损失的,依法从轻、减轻处罚,依法判处408名被告人缓刑、管制等非监禁刑。2010年,巴彦淖尔市中院依法审理临河区国际建材城"灭门惨案",判处被告人死刑。依法审理多起破坏金融安全、扰乱经济秩序案件,严惩金融诈骗、合同诈骗、侵吞国有资产、非法集资等涉众型经济犯罪。依法审结涉及300余名被害人，金额达1000余万元的“宴和公司”集资诈骗、非法吸收公众存款、虚开增值税发票案，判处13人3～15年有期徒刑。依法严惩职务犯罪，判处贪污、贿赂、渎职等犯罪案件。同时，对具有从轻、减轻情节的被告人，依法判处管制、拘役、缓刑。

第四节　民事案件审判

1986年，《中华人民共和国民法通则》颁布实施后，为准确执行这些涉及民事的法律，结合巴盟农牧区特点，两级法院派出相关民事审判人员参加内蒙古自治区高院举办的多层次、多形式业务培训班。组织全盟法院民事法官学习民事法律精神实质，结合审判工作实际，分析研讨典型疑难案例，使民事审判人员加深对立法精神和法律条文的理解，对准确适用法律起到积极推动作用。按照民事诉讼法(试行)，改进民事审判方式，健全岗位责任制。推行审理公开，审判公开，强调当事人举证责任，逐步完善民事诉讼各项制度。巴盟正式开始受理辖区内标的在20万元以上、200万元以下的经济纠纷案件。1997年，两级人民法院，调节经济关系，促进改革开放和经济发展。着重抓破产案件审理，注重办案社会效果，协助政府和有关部门做好破产企业职工安置工作。与企业和金融部门建立联系制度，主动上门服务，组织召开厂长、经理、银行行长座谈会，广泛征求意见，研究制定为企业、金融部门服务的保护性规定。1998年，两级法院依法调节经济关系，以促进市场经济健康发展为目标开展经济审判工作，全年受理一审经济纠纷案件1741件，审结1689件，诉讼标的金额达10944.95万元。其中，审结企业承包、联营合同纠纷、破产案件54件；审结借款合同799件，为银行追回逾期贷款2239.29万元；审结购销合同纠纷案件178件，诉讼标的金额达1392.84万元；审结农牧区承包合同案件30件。1999年，两级法院围绕工作大局，重点加强对影响社会稳定的案件、涉及各项改革的经济案件和关系农牧区改革、农牧业发展案件的审判。全年共受理民事、经济案件12924件。2000年，面对经济社会转型中出现的企业转制、破产等带来的一系列社会矛盾，两级法院本着“保护企业改革成果，兼顾企业职工利益”的原则，依法审理一批重大群体案件，从法律角度确认职工的生存诉求。认真审理直接事关人民群众劳动、就业、生产、生活、土地承包、医患纠纷、医疗保险、交通肇事、损害赔偿等纠纷案件。依法审结某房地产开发公司未及时为62名房屋买受人办理产权证书而引发的商品房买卖纠纷。乌拉特前旗法院采取法官“进社区、进农牧区、进企业、进机关、进学校”五进活动，加强与社会各界的联系，增进与人民群众的感情，形成覆盖面较广的矛盾化解网络，使大量矛盾不出社区、不出村社、不进诉讼程序就能够得到有效解决。临河区法院创新审判方式，在交警、劳动部门设立交通事故和劳动争议专业法庭，促进行政调解与司法调解和诉讼活动的有效衔接。2001年，巴盟中级人民法院印发《关于充分发挥审判职能作用为巴盟经济发展和参与西部大开发提供司法保障和法律服务的意见》,重点加强对影响社会稳定的案件、涉及国企改革和农牧区改革的案件的审判。全年共受理一审经济案 2740 件,结案 2662 件,结案率 97%。受理二审民商案 705 件,结案率 99%。

2004 年,巴彦淖尔市两级法院把重点放在审理各类合同纠纷案,维护公民、法人和其他组织的合法权益上。妥善处理婚姻家庭和继承纠纷,促进家庭和睦、社会安定;妥善处理劳动争议案件和涉及国有企业下岗职工生活保障等案件,保护劳动者的合法利益;依法审理涉及农民负担和坑农、害农案件。在审理拖欠工程款和农民工工资专项审判活动中,本着优先快立、快审、快执的原则,为农民工开辟"绿色通道"。全年共办结拖欠工程款和农民工工资案件 122 件,追回拖欠工程款和农民工工资 269 万元。全年受理民商事案件 12758 件,审结 12315 件。2005 年,两级法院共受理各类民商事案件 13100 件,审结 12572 件,结案率 96%。2006 年,全年共审结婚姻家庭、继承、劳动争议、农村土地承包纠纷等各类民事案件 541 件。其中,高度重视妥善处理各类群体性纠纷案件,加强教育疏导,防止矛盾激化,维护正常的社会秩序。加强各类商事案件的审理,规范市场秩序,依法保障经济体制改革的深化。全年共审结企业改制和破产、买卖合同、票据、金融等各类经济纠纷案件 223 件。注重加强审理各类涉及企业改制和破产的纠纷案件,配合促进企业改革。注重加强审理各类涉及民营企业的纠纷案件,强化对民营企业合法权益的保障力度,配合全市做强、做大民营经济。注重加强审理各类金融纠纷案件,制裁各类金融违规违法行为,维护金融市场秩序稳定。同时,继续强化诉讼调解,采取庭前引导、庭后释疑、引入社会力量协助法院调解等措施,切实提高调解率,成功调处诸如张某与某粮食局财产损害赔偿等一批缠诉多年的复杂案件。全市基层法院一审调解结案 7271 件,调解率达到 65.77%。2007 年,巴彦淖尔市法院加大诉讼调解力度,力求做到"能调则调,当判则判,调判结合,案结事了"。尤其是对于涉诉人数众多、常年缠诉缠访、政治敏锐性强、社会关注程度高的案件,最大限度地化解矛盾纠纷。全年受理民商事案件 12571 件,结案 12356 件,结案率 98.29%,同比收案增加 814 件,结案率提高 1.2 个百分点。高院二审对中院民商事案件改判发回重审率为 26.67%,中院二审对基层院民商事案件改判发回重审率 34.53%,下降 6.71 个百分点。2009 年,两级法院受理民事案件 13247 件,结案 13065 件。妥善处理 33 起涉及企业职工社保和失地农民安置案件,及时审结土地、草牧场承包合同纠纷案件 212 件,人身损害赔偿案件 915 件,拖欠农民工工资案件 82 件,供暖、物业合同纠纷案件 692 件。审结涉及企业合同、侵权案件 657 件。审结金融借款案件 402 件,涉案金额 1.5 亿元。2010 年,两级法院通过参与政府化解社会矛盾工作,指导人民调解组织调解,开展诉前调解、司法确认等形式。制定为城市棚户区改造提供法律服务和保障的工作指导意见,部分基层法院成立拆迁合议庭。对市内重大建设项目发生的纠纷,积极配合政府,及时化解矛盾,保障建设项目顺利进行。全年调解民事案件15472件,刑事附带民事案件35件。

第五节　行政案件审判

1987年,全国人大常委会颁布新的治安管理处罚条例。条例的颁布实施,使大量不服治安管理处罚的当事人向人民法院提起诉讼。巴盟中级人民法院4月组建行政审判庭,基层各法院也相继成立并展开审判工作。1990年,《中华人民共和国行政诉讼法》颁布实施后,为做好行政审判工作,巴盟法院派专人参加内蒙古自治区举办的行政诉讼法培训班。在行政诉讼法实施之初,中级人民法院作为自治区高院3个试点法院之一,赴天津市高级法院学习。结合本地区实际,确定在临河市、乌拉特前旗、杭锦后旗三个基层法院进行行政诉讼法审判试点,总结经验后全面推开。1998年,两级法院依法调整"官民"关系,监督、支持行政机关依法行政,维护公民、法人和其他组织的合法权益,全年受理一审行政案件179件,审结154件,结案率86%。其中,维持行政机关决定29件,占19%;撤销行政机关决定34件,占22%;原告撤诉的或驳回起诉的39件,占25%;其他处理14件,占1%。依法强制执行行政决定35件。2001年,巴盟中院组织评查全盟2000年之前审结的一审行政案245件,对历年来行政审判工作进行总结。肯定成绩的同时,找出存在的问题。根据存在的问题,有针对性地制定一审二审行政案件庭审程序和规则,为规范行政审判工作、提高审判质量和效率奠定基础。2003年春,巴盟地区出现严重的"非典"疫情,全盟两级法院采取门口接待、电话、信函等方式开庭审判,共审理行政一、二审受理167件,审结113件,审结率68%。

2004年,巴彦淖尔市行政审判出现一些新情况,由于政府主导旧城区改造,房屋拆迁、土地征用等关系群众切身利益的行政案件数量增多。为更好地发挥行政审判作为"官民"矛盾的"化解器"和"减压阀"的作用,全市法院积极探索行政诉讼协调和解工作机制,在坚持行政诉讼合法性审查原则下,运用协调和解的方法,在查明事实,分清是非,在不损害国家利益、公共利益、他人合法权益和当事人自愿基础上,对一些虽合法但不合理,或虽合法但存在瑕疵的行政行为,以及行政行为虽无不当,但当事人存在实际困难的案件,全市法院积极组织各方当事人,坚持庭前、庭中、庭后协调,努力创造和解条件,使行政诉讼纠纷从根本上得以化解。全年共受理行政案件260件,审结251件,年度结案率为96.5%。2006年,全市法院受理行政诉讼案件266件,审结263件,结案率为98.87%。其中,中院受理86件,审结84件,结案率97.67%。全市法院受理国家赔偿案件7件,审结7件,结案率100%。2007年,全市法院受理行政诉讼案件197件,审结183件,结案率92.89%。中院一审行政上诉案件全部被自治区高院维持原判,无发回、改判案件。2008年,全市法院受理一、二审行政案件13226件,结案率98%。2009年,全市法院受理行政案件245件,结案

242件。受理违法确认案件15件，审结13件，其中11件确认不违法、1件确认违法、1件申请人撤回确认申请。一、二审原告自愿撤诉77件，占行政案件总数的31%。

第六节　案件执行

1986年，巴盟中级人民法院面对“执行难”状况，从提高执行人员政治、业务素质入手，强化办案能力，采用理论与实际相结合、自学与互学相结合方式，按照目标管理要求，对执行团队进行优化组合。1995年，两级法院强化执行工作，克服执行难，采取“审执分立”“审执并重”结合原则，加强与党政部门沟通联系，谋求支持。对拒不执行法院生效裁判的当事人，采取强制措施，力促执行工作顺利推进。1998年，两级法院受理各类执行案件2403件，执结2008件，结案率84%。其中临河、五原两个基层法院执行率达90%以上。杭锦后旗、乌拉特中旗、乌拉特后旗等基层法院的执行率达80%以上，其他基层法院和中院的执行率均在70%左右。两级法院认真贯彻上级法院关于大力清理历年未执结案件的通知精神，共清理未执行案件1718件，标的总额为7633.81万元。其中执结270件，占15%，标的为1152.9万元；部分执行88件，占5%，标的38.57万元；中止519件，占21%，标的1486.1万元；其他处理1006件，占59%，标的4957.42万元。1999年，使历年未执行案件和新收执行案件得到彻底执行，巴盟中院制定《执行年实施方案》，由盟委组织召开全盟会议，布置开展执行年活动。经过一年努力，全盟执行多年未执行案件4328件，执行率87%。在案件执行时，对那些拒不履行义务的被执行人，当场拘留或解除车辆或查封房屋。在清理积案的同时，两级法院新收各类执行案件2745件，到年底结案23240件。2000年，巴盟两级法院充分发挥人民法院与其他单位、社会团体执行联动机制，继续开展集中清理执行积案工作。通过以点划线、以线串案、明察暗访等方法，掌握案件办理进程，最大限度缩短出警线路。对基层法院因客观原因强制执行难案件进行提级、交叉指定、集中执行，有效排除工作中各种因素干扰，全盟全年受理各类执行案件8646件，执结5909件，执结率68.3%。2001年，全盟完成执行庭到执行局地改造和领导的高配。执行局内将案件审查、财产处理与案件进行分离，一方面提高工作率，另一方面也可以避免随意处理执行财产，使执行工作更加规范。在执行工作中，要求执行工作人员既要讲效率，加大执法力度，又要依法讲公正、文明执法，以理服人，扭转执行的被动局面。2002年，巴盟中级人民法院针对被执行人涉及党政机关、乡镇苏木的案件比较集中的情况，抽调各基层法院执行人员，组织一次提级交叉集中执行行动，执结案件49件。2003年，巴盟法院系统全力开展“三清理”工作，共清理历年来执行积案633件，受理申请执行案件6721件，执结5923件。

2004年，巴彦淖尔市为提高执行效率，对提供被执行人财产线索的举报者进行奖励。实行裁决权与实施权相分离和执行风险告知、评估、拍卖制度，强化执行措施，破解执行难题。全市对拒不执行法院生效裁判和暴力抗法的被执行人,依法追究刑事责任,维护司法权威。2005年,全市法院继续完善执行工作统一领导机制,采取提级执行、交叉执行、指定执行等多种执行方式,最大限度地挖掘执行潜力,维护法律的尊严,充分体现"公正与效率"。全市法院共受理执行案件5830件,执结5368件,执结率92.1%。同比收案减少891件,执结率上升4个百分点。2006年,针对地方和部门保护主义干扰、被执行人恶意逃债和无财产可供执行导致的"执行难"问题,借助中央政法委开展的"清理执行积案"活动,通过内外结合、上下联动的办法,积极争取当地党委、人大的支持和政府等有关部门的协调配合,有的旗县成立由旗县委副书记任组长的执行工作协调领导小组,克服"执行难"等问题,一批多年旧存积案得到执行。清理执行积案活动期间,全市法院执结旧存案件307件(占旧存案件的66%),执行标的额2913.57万元。对恶意逃债者坚决依法制裁,判处拒不履行生效裁判者3人刑罚。全市全年受理执行案件4184件,执结3882件,执结率92.78%。2007年,全市法院在执行工作中,坚持执行程序公正,维护执行程序的独立价值。建立市中级人民法院对各基层法院统一管理、统一协调、统一指挥的执行工作管理体制。在法院内部实行执行裁决权与执行实施权分离,加强对执行权运行过程的监督和制约。改进和完善执行措施和方法,灵活采用提级执行、指定执行、交叉执行和委托执行等措施,抵制和克服各种干扰。运用被执行人申报财产、申请执行人调查财产、委托审计财产等方法,摸清被执行人的财产情况,采取多种强制措施予以执行。全市全年法院受理执行案件4473件,执结4133件,执结率92.39%。2008年,全市受理各类执行案件5177件,同比增减703件,执结率99.6%,执结标的1.9亿元。新民事诉讼法实施后,中级人民法院执行异议、复议、督促执行案件64件,结案60件。2009年,全市法院受理执行案件5017件,结案4643件。2010年,全市新受理执行案件748件。全市法院执结4765件,执行标的2.8亿元。全市3个基层法院实现无执行积压案件,为申请执行人发放执行救助金21.8万元。

第七节 审判监督

1986—1990年,巴盟中院按照最高人民法院《关于各级人民法院处理民事和经济纠纷案件申诉的暂行规定》,成立告诉申诉审判庭,审查处理刑事、民事、经济纠纷、行政案件申诉,提起再审改判纠正错案。建立定期检查安检制度,采取以自查为主,上下两级法院相结合的办法,检查已发生法律效力案件,发现错案及时再审。把纠正错案和总结审判工作经验结合起来,既纠正部分错案维护法律严肃性,又使审判人员从中总结经验,吸取教训,提高审判业务水平与能力。在审查法律文书、当事人申诉、评查案件时,发现可能错判或确有错误而依照审判监督程序再审、提审的民事案件达200余件,占到民事案件总数的1.3%。在审查处理经济纠纷申诉案件时,实行分级负责原则,一般由作出生效裁判、裁定的人民法院审查处理。经过审查,认为原判决、裁定正确,说服申诉人服判息诉,撤回申诉。对其中坚持无理申诉的,书面通知驳回。如果原判决、裁定确有错误,依法提起再审。1991年,两级法院以“抓整顿、强素质、促工作、树形象”为目标,开展纪律作风集中教育大整顿。对群众举报、领导批处、本院有反映、当事人反映强烈、有关部门交办、上级法院改判、发回重审、指令再审的八类案件认真排查,堵塞审判漏洞,确保审判公正。全年共排查案件6808件,发现违法违纪干警36名,其中,给予党纪、政纪处分的7名,辞退3名,调离2名,解聘2名,其他处理22名,共罚款7715元,退款9678元。1995年,两级法院建立和完善信访工作责任制,将信访专项治理工作摆在重要位置来抓。法院重视涉诉信访工作,并成立领导小组,及时召开深入推进社会矛盾化解专项会议,集中处理信访案件。实行由党组成员包案制度,推行机关信访安全专报制度,发现信访苗头隐患,由法院一把手批示分管领导,具体负责人及时介入处理。使群众来信来访案件,件件有着落、事事有回音。1998年,巴盟两级法院按照最高法院统一部署,在全盟内开展审判质量年活动。活动中,两级法院高度重视,精心组织,认真部署,狠抓落实。首先加大公开审判的力度,以公开促公正,切实提高办案质量、效率和社会效果。如乌拉特前旗法院实施以当庭举证、质证,认证和当庭审判为主要内容的公开审判的“铁案工程”,受到社会各界的好评。开展评议最佳合议庭、最佳审判长、最佳书记员的活动。通过活动,促进两级法院干警素质的提高,确保案件审判质量。全年全盟评查各类案件3801件,对83人进行不同程度的责任追究和处罚。1999年,全盟法院系统组建25个观摩示范庭,侧重庭审示范工作。之后,将示范庭改为庭审抽查考核机构。该机构对每一个合议庭案件至少抽查考核两件,现场评议打分并记录存档,年底作为庭室目标管理考核的依据。在民事审判质量控制体系基础上,对每个审判庭,每个工作环节都作出明确时间规定,相应分值,由立案庭统一打分,并监督各业务庭(室)在法定审限内结案。提倡增强裁判文书说理性,努力提高裁判文书质量。要求每个文书后面附上所引用法条具体内容。2000年,巴盟法院围绕这两条主线,按照《人民法院五年改革纲要》和全区中级人民法院院长会议要求,出台《关于充分发挥审判职能作用,为巴盟经济发展和参与西部大开发提供司法保障和法律服务的意见》。以《纲要》为标准,围绕工作大局,重点加大对影响社会稳定的案件、国企改革和农牧区改革案件的审判,全年两级法院一审案件上诉706件,发回重审73件,改判202件,发回改判率33.8%。审理减刑、假释案件422件。2001年,巴盟中院组织评查全盟2000年度审结的一审案件245件。在评查基础上,有针对性地出台一、二审行政案件庭审程序及规则,一、二审行政案件文书装订顺序,刑事赔偿和非刑事赔偿案由,一、二审行政案件判决书样式等。2002年,按照最高法院和内蒙古自治区、盟政法委统一部署,全盟法院相继开展诉讼程序法检查、执法大检查和公正执法树形象集中教育三项活动。

2004年,巴彦淖尔市法院对申诉、申请再审案件认真审查,符合受理条件的及时受理。对超过再审期限,经审查确有错误的案件,按照审判监督程序依法提起再审,防止当事人越级申诉、上访。全年全市共受理各类再审案件460件,审结441件,依法改判63件,审结赔偿确认案件11件。2006年,市中院出台《审判工作流程管理方案》,全面启动审判流程管理。流程管理从立案、开庭、评议、文书制作、结案、归档、上诉、再审、诉讼费收取9个环节作出明确规定。针对二审改判、发回重审案件,市中院出台《关于规范二审改判、发回重审的意见(试行)》。意见进一步细化二审改判、发回重审法定条件。统一改判、发回标准,避免随意性。依照法律规定,遵循审判工作规律,市中院出台《审判权分权和运行程序规定》,将审判权划分为案件受理权、裁判权、监督权、执行裁决权,审判人员根据不同阶段、权限范围及程序介入审判工作。加大接受外部监督程度,主动征求社会各界对法院工作的意见和建议。接受人大代表、政协委员监督,增进代表、委员对法院工作的了解、理解与支持。贯彻落实高院《关于进一步落实"一对一"代表联络工作的通知》,与人大代表建立定期联络机制,向代表、政协委员赠送《法院工作动态》,征求人大代表、政协委员意见和建议,加强人大常委会对法院工作的监督。在审理具有一定社会影响、群众关注度高的案件时,邀请人大代表、政协委员旁听,提出建议。中院多次邀请驻市三级人大代表、政协委员、廉政监督员召开座谈会,对反馈的意见建议归纳整理,并切实加以整改。对市人大常委会和政协交办的案件,及时组织专人审查,做到"件件有答复,事事有回音"。2008年,全市法院受理申诉、申请再审案件260件。通过审查,全市法院提起再审案件150件,结案率97.4%。2009—2010年,全市法院受理申请再审案件131件。通过审查,全市法院提起再审案件97件,结案93件。

第十三篇

民政　扶贫

第一章　民　政

第一节　机构与改革

1986年,巴盟民政局设人秘科、社救科、优抚科、民政科、计财科、双退办、侨务办。1990年,民政局对内设机构进行调整,设办公室、农救科、优抚科、民政科、基政科、城福科、计财科、双退办、老龄办、勘界区划办、地名办、募捐办。所属事业单位有军队离退休干部休养所、社会福利院、遣送站。1999年,增设军用饮食供应站。2002年,成立社会捐助接收中心。2003年,遣送站改建救助管理站。

2004年,巴彦淖尔撤盟设市,巴彦淖尔盟民政局改称巴彦淖尔市民政局,内设办公室、社救科、优抚科、安置科、低保科、基政科、社会事务科、计财科、双拥办、老龄办。2005年,成立精神病康复福利院、慈善总会。2010年,巴彦淖尔市民政局设办公室、社救科、优抚科、安置科、低保科、基政科、社会事务科、计财科、双拥办、老龄办。所属事业单位:市社会福利院、市精神病康复福利院、市儿童福利院、市军供站、市军休所、市救助管理站、市捐助中心、市福彩中心、市慈善总会。

第二节　勘　界

一、盟市间勘界

与阿拉善盟　勘界巴彦淖尔盟与阿拉善盟行政区域界线全长346千米,首次划定时间1984年,划定巴盟乌拉特后旗与阿盟阿左旗界线长为82千米。第二次划界时间1998年,划定巴盟乌拉特后旗、磴口县与阿盟阿左旗界线长为246千米。边界线北起中蒙边界261号界桩珠苏古尔班敖包,向东南再折向南,大体呈南北走向至伊克昭盟、巴盟、阿盟三家交会点处止,全线设控制点10个,全部界线于1998年勘测汇总完毕,形成《巴彦淖尔盟行政行署和阿拉善盟行政行署联合勘定的行政区域界线协议书》。2010年,巴彦淖尔市与阿盟民政局完成346千米界线联检任务。

包头市　勘界巴盟行政区界于包头市行政区界全长350.28千米,第一次划定时间1992年,划定包头市达尔罕茂明安联合旗、固阳县与巴盟乌拉特中旗界线长为198.38千米。第二次划定时间1997年,就包头市、巴盟界线剩余的151.9千米进行划定。边界线由北向南从中蒙边界315界桩起到伊克昭盟、巴盟、包头市三市交会点止,全线共设108个界桩。全部界线 1998 年 3 月勘测汇总完毕,形成《巴彦淖尔盟行政行署与包头市人民政府联合勘定行政区域界线协议书》。

伊克昭盟　勘界巴盟与伊克昭盟行政区域界线全长 352.3 千米。第一次划定时间 1997 年,划定伊盟与巴盟西段边界线,界线由西向东从伊克昭盟、巴盟、阿拉善盟三盟交界点起,到《乌杭行政界线图》中 1 号断面界点(图解坐标 4530165、19263021)止,全长为 195 千米。第二次划定时间 1998 年,划定伊克昭盟与巴盟东段边界线,界线西起伊克昭盟杭锦旗与巴盟五原县、乌拉特前旗旗县边界线交会点由西向东走向至达拉特旗、乌拉特前旗、包头市郊区三旗县区边界线交会点,全长 157.3 千米,全线设 54 个界桩,全部界线于 1998 年勘测汇总完毕,形成《伊克昭盟与巴彦淖尔盟行政区域界线联合勘定协议书》。

巴盟与伊克昭盟、巴盟与包头市、巴盟与阿拉善盟三条盟市界线全长 1048.58 千米,共设界桩 172 个。

二、旗(县、区)市间勘界

乌拉特前旗与乌拉特中旗行政区边界线西起五原县、乌拉特中旗、乌拉特前旗三旗、县交会点,向东到乌拉特中旗、乌拉特前旗、固阳县交会点止,全长 137.02 千米,共设界桩 6 个。全部界线于 1998 年勘测汇总完毕,形成《乌拉特前旗人民政府与乌拉特中旗人民政府联合勘定的行政区域界线协议书》。

磴口县与乌拉特后旗行政区域界起阿拉善左旗、磴口县、乌拉特后旗三旗县交会点,向东到磴口县、乌拉特后旗、杭锦后旗交会点止,全长 99.78 千米,共设界桩 6 个。全部界线于 1998 年勘测汇总完毕,形成《磴口县人民政府与乌拉特后旗人民政府联合勘定的行政区域界线协议书》。

五原县与乌拉特中旗行政区域界线,西起临河市、五原县、乌拉特中旗三市旗县交会点,向东到五原县、乌拉特中旗、乌拉特前旗交会点止,全长 118.8 千米,共设界桩 6 个。全部界线于 1998 年勘测汇总完毕,形成《五原县人民政府与乌拉特中旗人民政府联合勘定的行政区域界线协议书》。

五原县与乌拉特前旗行政区域界线,北起五原县、乌拉特前旗、乌拉特中旗三旗县交会点,向南到五原县、乌拉特前旗、杭锦旗交会点止,全长 84.29 千米,共设界桩 7 个。全部界线于 1996 年勘测汇总完毕,形成《五原县人民政府与乌拉特前旗人民政府联合勘定的行政区域界线协议书》。

临河市与五原县行政区域界线全长 84.8 千米。边界线北起临河市、五原县、乌拉特中旗三市旗县交会点大体向南到临河市、五原县、杭锦旗交会点止,共设界桩 5 个。全部界线于 1998 年勘测汇总完毕,形成《临河市人民政府与五原县人民政府联合勘定的行政区域界线协议书》。

临河市与杭锦后旗行政区域界线，北起临河市、杭锦后旗、乌拉特中旗三市旗县交会点大体向南到临河市、杭锦后旗、杭锦旗交会点止，全长115.17千米，设界桩6个。全部界线于1998年勘测汇总完毕，形成《临河市人民政府与杭锦后旗人民政府联合勘定的行政区域界线协议书》。

乌拉特中旗与临河市行政区域界线，西起杭锦后旗、临河市、乌拉特中旗三市旗县交会点，向东沿乌加河河槽一直到五原县、乌拉特中旗、临河市交会点止，全长30千米，设界桩32个。全部界线于1993年勘测汇总完毕，形成《乌拉特中旗与临河市行政区域边界走向协议书》。

杭锦后旗与乌拉特中旗行政区域界线，东起三大股渠与乌加河旧河河槽交会点，向西沿乌加河旧河槽到大发公渠与乌加河旧河槽交会点止，全长13千米，设界桩15个。全部界线于1993年勘测汇总完毕，形成《关于确定杭锦后旗与乌拉特中旗行政区域边界走向会议纪要》。

乌拉特中旗与乌拉特后旗行政区域界线，北起中蒙边界282界桩，向南到乌拉特中旗、乌拉特后旗、杭锦后旗三旗交会点止，全长143千米，设界桩58个。全部界线于1992年勘测汇总完毕，形成《中、后两旗边界争议协调会议纪要》。

杭锦后旗与磴口县行政区域界线，北起磴口县、杭锦后旗、乌拉特后旗三旗县交会点向南到磴口县、杭锦后旗、临河市三市旗县交会点止，全长75千米，设界桩65个。全部界线于1992年勘测汇总完毕，形成《杭锦后旗与磴口县联合勘界工作会议纪要》。

杭锦后旗与乌拉特后旗行政区域界线，西起杭锦后旗、乌拉特后旗三旗县交会点，向东到杭锦后旗、乌拉特后旗、磴口县三旗县交会点止，全长34千米，设界桩50个。全部界线于1992年勘测汇总完毕，形成《杭锦后旗、乌拉特后旗联合勘界工作会议纪要》。

第三节　地名管理

一、规范地名

2008年，巴彦淖尔市根据上级文件精神，针对在地名的使用上混乱现象，对国道、省道、乡村干道两旁乡、镇、苏木以及村嘎查地名进行清理规范，全市共清理撤销不规范地名标志47个，新树地名标志牌80个。2009年，巴彦淖尔市完成全市35个集镇的地名标志更新设置。

二、地名数据库建设

2005年，巴彦淖尔市对全市城镇、乡村、牧区所有地名，包括行政区、居民点（农村牧区村嘎查）、建筑物、单位、道路、河流、湖泊、山峰、山脉、旅游景点10类地名属性信息输入计算机，建立地名数据库。2006年，完成7个旗（县、区）的地名数据库建设。2009年，地名数据库建设完成地名数据库2.0版到3.0版的升级，并通过两个多月的工作，修改完善地名数据库属性数据8000余条。在1:5万地图上绘制完成7个旗(县、区)48个苏木镇的界线。

三、编纂出版《巴彦淖尔盟地名志》

《巴彦淖尔盟地名志》于1982年进行搜集资料,经过五年努力,1987年正式出版。在名志收录巴盟境内各类地名2551条,其中,蒙古语地名884条,占总条数的34.65%;汉语地名1662条,占总条数的65.15%;藏语地名5条,占总条数的0.2%;不分语种的交通、水利、企事业单位、人工建筑、自然地理实体、名胜古迹等地名224条,共50余万字。志书还收录用于展示巴盟风土人情和地貌特征的照片64幅,旗县市地名图8幅,并附村社统计表及乡、苏木、镇以上人口、面积一览表等。

第四节　自治组织建设

1986年,巴盟全盟有乡92个、苏木25个、建制镇9个,村委员会666个,嘎查17个。1998年4月,内蒙古自治区民政厅在杭锦后旗召开全区村务公开、民主管理工作现场会,巴盟下发《关于在全盟农村牧区全面推行"村务公开、民主管理"制度的通知》。按照通知精神,民政部门抽调人力,对多年未曾清理的村级财务进行清理,建立健全村委会及其规章制度,推行村务公开、民主管理。全盟共清理出违纪资金金额191.37万元,挽回经济损失154.27万元。收回欠款116.97万元,查处违纪干部100多名。2000—2002年,在村委会换届选举中,完善公开财务收支、农民负担、土地征用、宅基地审批、承包经营、计划生育、救灾救济、干部报酬、征兵招干等一系列制度。村务公开分为一年一公布、半年一公布、一季度一公布、一月一公布、事后立即公布等。2003年,贯彻自治区《关于做好全区第五届嘎查村委会换届选举工作的通知》精神,在全盟开展第五届村嘎查委员会换届选举。根据农区、山旱区、牧区的具体情况,采取"典型引路、试点先行"的办法,分别在乌拉特前旗北圪堵乡公田村、乌拉特后旗乌力吉苏木查干敖包嘎查开展农区和牧区换届选举试点工作。通过选举,有2976位村嘎查村民当选为第五届村嘎查民委员会主任、副主任或委员。

2006年,巴彦淖尔市在全市开展第六届村嘎查委员会换届选举,完成680个村嘎查委员会换届,其中,598个村嘎查一次性选举成功,41个村嘎查另行选举成功,11个嘎查村重新选举成功。选举产生村嘎查委会成员2264人,其中主任650人。在换届选举中充分发扬民主,绘制"村务公开、民主管理一览表",将村务公开的内容、时间、形式、程序和民主管理制度、民主决策制度、民主监督制度都列入一览表内,印制农牧民明白卡发放到每一个农牧户家中,倾听群众意见、建议和呼声,加强群众自我管理、自我教育、自我服务的积极性和主动性。在农牧区村嘎查换届选举的同时,在城镇社区搞科教、文体、法律、卫生、道德、警务进社区试点,临河区6个办事处,五原县、乌拉特前旗、杭锦后旗40%的社区居委会达到示范标准。2008年,巴彦淖尔市进一步规范和完善村务公开、民主管理各项制度。各地利用广播、电视等新闻媒体，大力宣传村委会组织法，提高村民的民主政治意识。2009 年，巴彦淖尔市制定出台《巴彦淖尔市人民政府关于进一步加强城镇社区工作的意见》，对社区建设经费投入、社区服务设施和工作机构、人员等各方面作出明确规定。各、旗、县区结合实际，制定出台实施意见。年内，完成第七届村嘎查委员会换届选举，依法选举产生 2956 名村嘎查"两委"成员。2010 年，市民政与组织部门协同，指导督促各地健全和完善村民代表大会、村务公开、财务公开、民主决策、村规民约等制度。重点抓村务公开的内容、形式、时间、程序、监督等环节。通过督促、检查、指导、进一步规范村务公开、民主管理工作，保障人民群众的民主政治权利。在推进城镇社区建设中，按照"三有一化"建设原则，取消办事处 9 个，社区居委会由 174 个减少到 98 个。

第五节　救灾救济

1986—1998 年，巴盟先后遭受白灾、沙尘暴、龙卷风、霜冻、旱灾、洪涝等自然灾害，各地及时准确查灾、救灾，确保灾区人民群众生命财产安全。2002—2003 年，牧区发生大旱灾，致使牧区牲畜大量死亡，政府紧急拨付救灾款 1000 万元，救助 45 万名牧民渡过难关。

2004 年，巴彦淖尔市发生旱灾、沙尘暴、病虫害、低温冷冻、冰雹、洪涝等自然灾害，造成直接经济损失 6. 04 亿元。为解决灾区人民的生活困难，巴彦淖尔市紧急调运帐篷 50 顶和大批面粉、衣被、药品运往灾区。2005 年，巴彦淖尔市多地先后发生冻灾，市财政局紧急下拨救灾款 30 万元，解决灾民的口粮短缺问题，帮助灾民渡过难关。乌拉特中旗发放粮食 2 万千克，折款 4. 8 万元，救助 400 户 1400 人。乌拉特后旗下拨救灾款 4. 5 万元，发放面粉 1. 75 万千克，折款 4. 41 万元，救助 550 户、1925 人。2006 年，巴彦淖尔市境内先后遭受雪灾、旱灾、沙尘暴、洪涝、冰雹、低温冷冻等多种气象灾害，市财政及时下拨救灾款 1479 万元，旗（县、区）财政列支救灾款 104 万元，调拨救灾粮食 142. 8 万千克，棉衣被 13 万套件运往灾区，及时解决灾民的生活、生产困难。2007 年，巴彦淖尔市先后遭受雪灾、旱灾、沙尘暴、洪涝、冰雹、病虫害等多种自然灾害，造成 15 万户 56. 44 万名农牧民遭受不同程度灾害，直接经济损失达 7. 8 亿元。年内，上级下拨救灾款 1394 万元，市、旗（县、区）两级财政列支救灾款 166 万元，全部用于救灾，救助灾民 9 万余人次。2008 年，五原县、乌拉特中旗、杭锦后旗部分地区遭受洪涝灾害，各级民政部门积极抗灾救灾，财政及时下拨救灾款 970 万元，发放救灾口粮 108 万千克、煤 3325 吨、救灾衣被 33795 件，救助灾民 10 万多人次。2009 年，巴彦淖尔市部分旗县遭受旱灾、沙尘暴、冰雹等气象灾害，受灾农牧民 13. 48 万户 47. 2 万人。为帮助农牧民减轻经济损失，全市拨救灾资金 2191 万元，发放救济粮 850 吨，燃煤 4950 吨，衣物 2250 套。2010 年，巴彦淖尔市因雪灾、旱灾等自然灾害造成经济损失 3. 68 亿元，其中农业经济损失 2. 86 亿元。各级民政部门下拨救灾救济款 1600 万元，发放救灾口粮946.3吨、煤4950吨、食用油6325千克、衣被3360套，饲草料1577吨，救助受灾人口2738人次，使10余万名受灾群众基本生活得到保障。

第六节　婚姻登记

1986—1999年，巴盟婚姻登记由乡镇苏木管理。各乡、镇苏木设婚姻登记处，婚姻登记当事人凭借所在单位单身证明办理结婚登记。婚姻登记管理人员按照我国婚姻法对证明进行审核，并当面询问当事人是否自愿。发放结婚证。

2000年，巴盟各级民政部门共办理结婚登记9240对，离婚登记535对。2001年后，巴盟根据婚姻登记中出现的问题，按照新婚姻法规定，将乡镇苏木婚姻登记处撤销，在县级民政局设专职机关负责婚姻登记工作。

第七节　殡葬管理

1986—1992年，巴盟对铁路、公路两侧的坟茔进行清理，动员坟主将坟迁至300米以外。同时倡导以村为单位选择荒坡、废耕盐碱地建公墓，将村里已逝者集中安葬。1993年，推行殡葬改革。改革的重点是建立健全殡葬管理机构，督促乡、镇苏木或村民委员会成立红白理事会。对暂不具备集中殡葬条件的牧区，由民政部门出面，经过调查选择确定非火葬，尽力杜绝乱埋乱葬现象，倡导遗体深埋，不留坟头。1997年，根据国务院《殡葬管理条例》，整顿殡葬用品市场，取缔非法丧葬用品经营点，取缔棺材铺。将殡葬用品市场纳入规范化管理。1998年，贯彻全国、全区第三次殡葬工作会议精神，3—6月巴盟行署在全盟范围内开展制止乱埋乱葬、反对封建迷信的殡葬改革专项治理攻坚战役。全盟10万座坟墓，清理了8万余座。其中“三沿六区”（耕地、林地、城市公园、风景名胜区、文物保护区、水库及河流堤坝附近和水源保护区、铁路、公路主干线两侧）内的4万多座坟墓得到清理。腾出耕地1.2万亩，净化草牧场3万公顷。同时取缔纸火铺、棺材店，使全盟社会火化率达22.2%。2000年，巴盟各地利用清明节和农田大会战等有利时机，开展殡葬执法大检查。整顿丧葬用品市场，清理乱埋乱葬坟墓。各旗、县、市殡仪馆投资更新设施设备，美化殡仪馆环境，社会火化率达到30%以上。2003年，进一步加大殡葬执法检查力度，乱埋乱葬现象和封建迷信殡葬活动得到进一步遏制。同时，加强殡葬基础设施建设，各旗、县、市共投资对殡仪馆、公墓的基础设施进行改造。“非典”期间，各殡仪单位严格按照传染病防治法和《巴盟防“非典”期间殡葬管理暂行办法》的规定，开展殡仪服务和殡葬管理工作。制定“非典”期间殡葬管理实施细则，采取严密的消毒防护措施和有力的管理措施，避免疫情的扩散。

2005年，继续开展殡葬市场清理整顿、取缔非法经营、棺材铺，制止封建迷信活动，查处违法土葬、平坟。遗体火化率45%。2006—2008年，随着巴尔市殡葬管理力度的加大，人民群众普遍接受火葬或公墓集中安葬，违反殡葬规定的事例明显减少。2009—2010年，火化率49%。

第八节　收养登记

1994年，巴盟根据《中华人民共和国收养法》，为第一例收养夫妇办理收养登记手续。巴彦淖尔市收养登记工作正式启动。2003年，巴盟制定《关于进一步做好收养工作，提高依法登记管理的意见》，各旗（县、市）严格依法办理收养登记手续，并建立健全收养登记档案资料，收养登记正式纳入科学化、规范化管理。截至2005年，巴彦淖尔市共办理收养登记198例。2006年，按照收养法规定共办理收养登记45例。

第九节　社团登记管理

1991—1996年，巴盟根据国务院颁布社会团体登记管理条例，对全盟各旗、县、市社团情况进行摸底调查，并进行重新登记。1997年，全盟有社团124个，其中，经主管部门批准的民办非企业单位有670家，未经业务主管部门批准的民办非企业单位有30家，经工商部门注册的民办非企业有700家。1998年，根据社会团体登记管理条例、民办非企业单位登记管理暂行条例，对全盟124个社团进行年检，进一步完善手续，规范管理。

2004年，巴彦淖尔市有民办非企业单位1047家。教育行业有幼儿园、小学、中学、培训（补习）学校或中心等；卫生行业门诊部（所），以康复保健为目标的疗养院等；文化行业有艺术表演团体、文化馆、图书馆（室）、美术馆（院）、画院、收藏馆、艺术研究院（所）；科技行业有科学研究院（所、中心）、民办科技传播或普及中心、服务中心、技术评估所（中心）等；体育行业有体育俱乐部、体育场、馆、院、社、学校等；劳动和社会保障行业有职业培训中心（学校），职业介绍所等；民政行业有福利院、敬老院、托老所、老年公寓、婚姻介绍所、社区服务中心（站）；法律服务行业有法律事务所、合伙律师事务所等；社会中介服务业中有评估咨询服务中心、服务所、民办信息咨询调查中心（所）、人才交流中心等；其他服务业有博物馆、动植物标本展览馆、矿产、奇石、岩画、文物古迹展览馆（站、所）等。2005年，登记社会团体168个，其中，市级社团168个，旗县区级社团120个。按性质划分，学术性社团5个，行业性社团17个，专业性社团29个，联合性社团9个，农村牧区经济协会108个，共有会员179072人。2007年，按照《2007—2010年巴彦淖尔市社会工作人才开发实施意见》，在全市开展社会团体评优活动。经民政部门实地考察、考核，广泛征求意见，经理人协会、临河旭日学校、临河区狼山镇西渠农民用水者协会、杭锦后旗升华乳业头道桥奶牛养殖协会被评为全区先进民间组织并受到自治区民政厅的表彰。2009—2010年，巴彦淖尔市对社会团体和民办非企业单位进行年检。年检社会团体425家，民办非企业单位59家，登记民办非企业单位54家。

第十节　安置优抚

1986—1988年，巴盟按照国务院军人抚恤优待条例规定，对革命烈士自牺牲之日起续发40个月工资；因公牺牲军人自牺牲之日起续发20个月工资；病故军人自病故之日起续发10个月工资。1990—1997年，国营企业转制，退伍军人增多，出现“分配难”“就业难”。面对“两难状况”，巴盟安置部门采取由单纯指令性分配转向双向选择，即用人单位在退伍军人中选择自己所需人才，退伍军人选择适合本人情况的单位，双方同意，安置部门即办理分配工作手续。对找不到单位的剩余退伍军人再指令性分配单位；鼓励退伍军人到乡镇企业和民营企业就业或自谋职业，暂时保留其正式职工身份；对于退伍还乡的农村牧区退伍军人，为解决他们的生产生活问题扶持退伍军人发展生产，创业致富。2001年，巴盟对城镇退伍军人待分配期间发给最低生活保障金，士官3个月，义务兵5个月；对退伍回乡伤残军人、带病回乡退伍军人，按规定享受优待抚恤、定期定量救济和优待，保证他们的生活不低于当地平均水平。

2004—2005年，参照国家抚恤标准，巴彦淖尔市规定：给城镇革命烈士家属每年发放抚恤金4200元，因公牺牲军人家属抚恤金每年3900元，病故军人家属每年3600元；农牧区革命烈士家属抚恤金每年2600元，因公牺牲军人家属抚恤金每年2520元，病故军人家属每年补助2300元。义务兵家庭优待标准提高到3100元。

2007年，全面提高重点优抚对象抚恤补助标准，建立健全重点优抚对象抚恤和城乡义务兵家庭优待金发放补助标准自然增长机制，全年下拨优抚各类对象抚恤补助金1424万元，为城乡1054户义务兵家庭发放优待金295万元。2009年，巴彦淖尔市制定出台《巴彦淖尔市优抚对象医疗保障实施办法》，旗县区结合当地实际，出台优抚保障实施细则，将重点优抚对象全部纳入各项医疗保障范围；开展重点优抚对象医疗救助活动，帮助重点优抚对象解决医疗难问题，为102名优抚对象发放慰问金和医疗救助金78万元。提高重点优抚对象抚恤标准，全市共拨各类优抚事业费2509万元；提高在乡老复员军人生活补助金，并将经费列入市本级和各个旗（县、区）财政预算。

第十一节　救助管理

1986—1992年，巴盟收容遣送外流人员980人次。1993—1995年，收容遣送外流人员283人次。1996—1998年，收容遣送218人次。凡被收容遣送的外流人员，经包头中转回原籍。2003年，国家颁布《城市生活无着的流浪乞讨人员救助管理办法》，巴盟公安、民政收容遣送站改称为巴盟救助管理站。工作性质由强制性收容遣送变为关爱性救助管理。

救助站救助范围:长期外流,务工无着落,没有固定收入和生活来源的流浪乞讨人员;老弱病残者或患有重大疾病无钱医治者;因自然灾害造成无家可归和丧失监护人的儿童;聋、哑、盲、残人员。2004年,随着巴彦淖尔撤盟设市,巴彦淖尔盟公安、民政救助管理站改称巴彦淖尔市公安、民政救助站。2005年,救助站救助范围扩大到对贫困大学生救助和大病医疗救助等。2010年,筹集专项救助和彩票公益金132万元,救助1057名贫困家庭大学生。

第十二节　居民最低生活保障

1997年,为尽快建立适合巴彦淖尔盟实际情况的城镇最低生活保障制度,民政部门集中时间,组织力量先后对巴彦淖尔盟7个旗、县、市城镇居民收入,特别是无收入的特困家庭情况进行摸底调查。根据调查结果,制定出台《巴彦淖尔盟城镇居民最低生活保障制度暂行办法》,正式启动城镇居民最低生活保障,首批低保对象补助标准为每月每人90元。1999年9月,根据国务院《城市居民最低生活保障条例》,巴盟对原低保对象保障标准平均每月90元的基础上提高30%,其中临河市低保对象保障标准每人每月117元,其他旗县104元。2002年,全盟城镇共有低保对象28924人,占全盟非农业人口总数的4.74%,比2001年扩大3倍。通过摸底调查,启动农牧区低保工作,欲将11万人农牧区生活困难居民纳入低保范围。2003年,出台《巴盟城市低保工作实施细则》和《巴盟城市居民最低生活保障配套优惠政策》,将"应保尽保、分类施保、政策配套、社会发放、信息管理"作为重点来突破。各旗、县、市民政部门与财政、街道办事处组成调查组,逐家逐户调查摸底,研究对新增困难群众入保问题,力争把所有新增符合条件的困难群众全部"保"起来。尤其将城市"三无"人员、危重病人、严重残疾人、无劳动能力老年人、有上学子女的低保家庭作为入保重点,提高标准,确保他们的基本生活。

2006年,巴彦淖尔市两级民政部门组成调查组,集中力量对全市城镇低保对象和新申请加入低保的困难群众进行逐户"拉网式"排查摸底,取消低保户3667人,新增低保对象4697人,实现动态管理下的应保尽保。按照《巴彦淖尔市人民政府关于实施农村牧区居民最低生活保障制度的通知》和《关于农村牧区最低生活保障制度实施办法》,正式启动农村牧区低保工作。全年,落实农村牧区低保对象28910人,发放低保金1046万元,人均年补助360元。2007年,巴彦淖尔市城乡低保进一步扩面提标。城市低保标准和补助同步提高20元。农村牧区低保标准提高20%。2009年,全市城镇低保对象共54025人,低保对象月人均补助219元,全年发放低保金13510.16万元。农牧区低保对象72905人,比上年增加2141人,低保对象月人均75元,全年发放低保金6568.6万元。2010年,全市共有城市低保对象52727人,全年发放低保金1.66亿元,月人均补助262.1元,比上年增加43.1

元;牧区低保对象70204人,月人均补助108.3元,比上年增加33.3元,全年发放低保金9122.6万元。

第十三节 五保供养

1986—1999年,巴盟对农牧区五保对象的供养经费主要由县、乡、村三级政府按比例承担。筹得的资金作为五保专项基金,用于五保户食、住、医、葬等方面的补助。补助标准由筹措到的资金多少决定。

2004年,农业减免农业税及其附加税后,原从农牧业税附加中列支的五保供养资金列入旗县、乡镇苏木财政预算,从而保证五保供养资金及时足额发放。

对于集中供养的五保对象,由旗、县、市财政部门根据民政部门提出的用款计划拨给敬老院。分散供养的根据民政部门提出的信息直接发放到五保户家里。2005年,将五保供养经费纳入财政支出预算,并确定供养标准:集中供养每人每年不低于1200元,分散供养每人每年不低于800元。2009年,全市五保对象4441人,其中集中供养655人、分散供养3786人。各旗(县、区)中,分散供养标准最高达2500元,最低达1100元,分别超过自治区规定最高标准800元、最低标准300元。集中供养全市最高达到5500元,最低达到1400元,也都分别超过自治区的规定最高标准1200元、最低标准200元。2010年,全市五保对象4710人,集中供养764人、分散供养3786人。集中供养年人均3058元,超自治区平均水平305元。分散供养年人均2005元,比内蒙古自治区标准多44元。同时,投资100万元,扩改建敬老院5所,增加床位175张。全市敬老院21所,拥有床位745张,床位利用率88%。

第十四节 残疾人生活保障

1995—2000年,巴盟将200户城镇贫困残疾家庭纳入最低生活保障范围,对600名贫困残疾人进行救济,70余名残疾人实行"五保"供养。在农村牧区,将农村牧区残疾人全部纳入新型农村合作医疗保险。

2006—2010年,巴彦淖尔市将所有残疾人纳入最低生活保障范围。纳入城镇最低生活保障残疾人17229人,农牧区26277人;为6732名残疾人投保,代缴保费629024元(保费由市政府和旗县区政府承担)。在全市棚户区改造工程中,对三、四级残疾人提高补偿金比例1.5%,一、二级重度残疾人提高补偿金比例3%。在重大节日期间,全市各级政府和有关部门进村入户慰问贫困残疾人家庭。

第十五节 双拥工作

1991年,巴盟成立拥军优属、拥政爱民工作委员会,根据上级文件有关规定,结合实际制定创建双拥模范旗、县、市标准。1996年,在双拥共建中,巴盟将部队传统教育引入学校教育之中,将军营文化引入校园文化中,将部队军事化管理引入校园管理中,培训具备中等专业知识技能,又具备现代军人品质的新型人才。1998年,杭锦后旗人武部会同当地林业部门,组织民兵2万余人开赴乌兰布和沙漠,沿沙漠边缘建起6666公顷"民兵号"防护林,筑起一条长48千米、宽100米的防风阻沙林带。1999年,各旗、县、市按照"双拥标准",相继被盟委、行署和军分区命名为双拥模范单位。2000年,在西部生态建设中,军分区开展驻地生态建设,组织所属部队和民兵预备役人员,按照"因地制宜、统筹兼顾、量力而行、分步实施、注重实效"的原则,开展生态环境建设。先后出动兵力3万余人次,动用车辆机械1.83万台次,治理荒漠1.64万公顷,植树造林5066公顷,围封保护生态用地1333公顷。

2006年,巴彦淖尔市、旗(县、区)党委普遍建立党政军联席议军会议制度,每年定期召开议军会议。党政军主要领导、双拥工作领导小组成员单位及有关部门主要负责人参加,专题听取驻军警部队在军事建设和生活方面提出的困难和问题,当场研究,当场解决。2007年,巴彦淖尔市每年专门安排适合的时间,开展"书记走边关"慰问活动。由市委书记带领党政军领导及有关部门负责人,到边境线的最前沿慰问基层部队官兵,现场研究解决部队建设存在的问题。在临河城市新区规划建设中,对驻军警部队给予最优惠的政策,优先规划、优先建设、资金优先投入,为驻军警部队在黄金地段划拨土地32公顷,架设全长约318千米的边防通电线路,使所有连队都通上电,结束边防连队不通电的历史;与网络通信部门合作,大力发展边疆地区网络基础建设,投入2000余万元,为驻军部队购置设备器材,完成300余千米光缆铺设,建成集军用电话、计算机局域网、视频会议为一体的"三网合一"边防"信息高速公路系统";将视频监控、卫星定位、电磁传感等边情信息采集系统与网络系统综合集成,建成以信息指挥中心为枢纽,覆盖一线哨所的信息指挥控制网;与市公交公司联合下发《关于进一步规范现役军人免费乘坐市内公共汽车有关问题的通知》,保障现役军人的合法权益。2008年,市民政局利用元旦、春节、建军八十一周年等节日,为驻地部队送慰问金、慰问品;协调各方为驻地军警部队送去冰箱、空调、打印机、电视机、热水器、DVD机、卫星接收器等设施设备,安装卫星数字电视、通电、通水、修路、改善部队的生活和工作条件;为驻乌拉特中旗边防连队划拨优质草场,用于养军马和巡逻骆驼。投资修建"拥军路"45千米,建成甘其毛道口岸边防检查站。2009年,巴彦淖尔市以创建"全国双拥模范市"为目标,开展知识拥军、科技拥军和"两新组织"拥军活动,全年投入230万元支持部队建设。元旦春节慰问部队,举办市区两级双拥军地联谊会,为随军家属解决随迁随调和子女入学等疑难问题。2010年,全市在迎接新一轮全国全区双拥模范城(县)创建评比活动中,认真落实优抚安置的同时,加大为驻地军警部队服务力度,拓展服务领域。市、旗(县、区)两级投入100多万元用于部队基础设施建设。元旦、"八一"等重大节日慰问部队;举办“平安卫士”文艺晚会,丰富守边指战员精神文化生活。解决6名军人家属随迁随调问题和49名部队官兵子女入校问题。

2006—2010年,巴彦淖尔军分区党委常委坚持每人扶助1名河套大学贫困生的活动,每人每年资助1000元,累计扶助资金2.7万元。

第十六节　募集

1989年,巴盟开始销售福利彩票,截至1998年,全盟共销售福利彩票7800万元,募集福利金1638万元。投资社会福利、农牧区敬老院和社区服务设施建设共1638万元。2003年,在抗击“非典”中,接收社会各界捐款捐物50.1万元。黄河乌拉特前旗段决口成灾后,市民政部门收到社会各界捐赠衣物9026件,折款14.6万元。2006年,全市共接收社会各界捐赠款109.6万元,捐赠衣物3.77万套件。慈善总会为107名贫困中小学生募集到每人500元资助金。2007年,市慈善总会从中华慈善总会争取到30万元支教助学的善款,向乌拉特后旗紫金矿业公司董事长刘道南先生募集助医助学善款百余万元,中华慈善总会“百胜慈善医疗济困行动”,争取到价值百万元彩超机两台。2008年,市慈善总会向中华慈善总会争取到为明安镇九年制义务教育用于改扩建教学楼及教学环境的慈善助学金65万元。2009年,中华慈善总会荣誉理事杨高博捐助65万元,援建明安镇九年义务制学校;慈善总会向杭锦后旗顺利学校捐资100万元;上海市慈善基金会卢湾区分会通过市慈善总会向顺利学校捐资10万元。2010年,全年发行1.29亿元,为市内筹集公益金1050万元。

第二章　扶　贫

第一节　机构与改革

1986年4月,巴盟成立贫困地区领导小组,下设办公室。1988年5月,巴盟贫困地区领导小组办公室改称巴盟贫困地区经济开发领导小组办公室。1994年10月,更名为巴盟扶贫开发领导小组办公室。1995年,扶贫办隶属行署,为正处级建制。1997年9月,扶贫办内设综合科、计财科、项目管理科、社会扶贫科4个科室。2002年,机构改革定编国家公务员11人、事业编2人。2004—2010年,巴彦淖尔市扶贫开发领导小组办公室加挂市革命老区建设办公室牌子,为市人民政府工作部门。内设综合科、项目管理科、社会扶贫与移民科、计划财务与革命老区建设科4个科;核定人员编制14人,其中行政编制11名,工勤人员事业编制3名。

第二节　社会扶贫

巴彦淖尔市贫困人口主要分布在自然生态环境恶劣、生产条件较差的边境牧区、山旱区和乌兰布和沙漠区(总面积5.9万平方米,贫困人口总计9.1万人)。贫困地区自然条件差,群众生活困难。干旱少雨,生产生活条件差,种植业结构不合理,地下水开采过度、生态补水滞后。解决地区贫困问题,根本途径是禁垦、禁牧、移民、搬迁、治沙和改造盐碱地,利用充足的光热、风和土地资源发展现代化农牧业。

1986年,巴盟农区人均收入在200元以下,牧区人均收入在300元以下的贫困社有727个,贫困户有39587户193321人。贫困户、贫困人口分别占全盟农牧业总户数、总人口的15.4%和16.6%。1990年,解决温饱38954户190288人,占全盟贫困户和贫困人口的98.4%,尚未解决温饱的633户3093人,占全盟贫困户和贫困人口的1.6%。1991年,巴盟为加强扶贫工作,制定"七五""八五"扶贫规划,按照不同地区状况,采取分类指导的原则。在河套灌区以排灌配套、改土治碱为主;在牧区和雨养农区以挖掘地下水资源、扩大水浇地和小流域治理为主;在不通路、不通电的地方以通路、通电为重点,改变当地的生产条件。同时,多方筹集资金,加大对扶贫工作的财物投入。截至1997年,全盟投入扶贫资金14836.96万元,其中财政扶贫资金5436.8万元,旗、县、市各级承包单位筹资1476.9万元,群众自筹资金5498.56万元,银行贷款2424.7万元;投入扶贫物资钢材464吨,木材600立方米,水泥2270吨,煤炭1000吨,在贫困地区开挖维修排灌工程4913处,打灌溉机井436眼,扩大水浇地1.14万公顷,牧区建网围栏606处,围栏草场面积3011公顷,架设高低压线路400千米,消灭无电苏木,完成贫困地区公路建设1000千米。全盟贫困户由1990年的65180户293310人降到1997年的1123户4690人。1998年,巴盟制定出台《巴彦淖尔盟1998—2000年扶贫攻坚纲要》。各级党委建立主要负责人扶贫责任制,通过盟委六大班子领导包扶11个贫困乡镇苏木,118个单位定点包扶贫困村社的举措,开始扶贫攻坚战,全年投入扶贫资金600万元(包括投劳),完成扶贫攻坚项目497项,新增水浇地5493公顷,建设旱作基本田733公顷,围建五配套小草库伦166公顷;建立流动畜群87群共2300头(只),解决60500人,243000只牲畜的饮水难问题。扶贫工程覆盖的人口3.4万人。加大对贫困地区的科技培训力度,培训贫困农牧民905场64620人次。推广新式农机具3092台件,引进优良品种108万千克,地膜覆盖42.97万公顷。在贫困地区创办50多家砂石厂、水泥厂、石棉厂及加工养殖扶贫企业。1999年,盟、旗(县、市)两级领导参定点扶贫工作的单位672个,参与包扶的干部人数245人,包扶贫困户6659户26636人,单位包扶率93%,干部包户率50%。旗、县、市两级包扶单位发动单位干部职工捐款113.8万元,捐衣物37188件,救助失学儿童1195人,资助1023名学生上学。2000年是完成国家"八七"、内蒙古自治区"三七"扶贫攻坚计划的最后一年,巴盟各级党、政、军领导机关分别召开形式多样的扶贫工作会议,部署扶贫工作任务,逐级签订扶贫责任状。按照内蒙古自治区"农村每个贫困人口种好一亩覆膜田、牧区贫困户人均有畜20只"的要求,围绕实施"3·15"工程(套区每一个贫困人口种好3亩田,每户养1口猪,养5只羊;旱区每人种好3亩田,户均1口猪、5只羊),开展科技培训和产前、产中、产后服务。2001年,巴盟继续落实"3·15"工程,积极帮助筹措资金、立项目,为贫困户办实事、办好事。全年累计向贫困地区捐款捐物折合1720.3万元,完成扶贫项目97个,其中节水渠道衬砌完成32项,种植、养殖业完成12项,农田基本建设完成16项,科技示范园建设完成7项。捐赠各类科技图书12200册。2002年,内蒙古自治区对巴盟"千村扶贫工程"投入财政扶贫资金1347万元,盟财政投入配套资金20万元,旗县市匹配扶贫资金70万元。盟旗乡三级定点包扶单位为帮扶点投工投劳折款1500多万元,农业银行发放扶贫贴息贷款3000万元,牧区完成新开发水浇地3104公顷,改造中低产田5157公顷,完成种草1.37万公顷;新修或改建贫困乡村干道627千米;人畜饮水工程解决了9876人28500头(只)牲畜的饮水;套内重点贫困村完成吨粮田种植2909公顷,高效田2038.6公顷,改造中低产田5157.3公顷;山旱区重点贫困村完成精种水浇地206公顷,旱作基本田421公顷。套区、山旱区贫困人口新增养猪9011口,养羊40320只。牧区贫困户人均养羊21只。2003年,巴盟对扶贫工作提出在全盟范围内广泛开展"万户"温饱工程建设活动,即通过盟旗乡级村四级党员干部"攀穷亲、结对子"

和开展党员三结合致富链等活动。全年全盟参与帮扶单位1120个，参加帮扶干部16178名，投入扶贫资金2961.3万元。为贫困户换良种7.5万千克，调剂购买种公畜和基础母畜3600余头（只），帮助购置各类农牧业机械200台套。杭锦后旗以奶牛、肉羊、肉鸡、食用花葵、无公害枸杞、速生丰产林、脱水蔬菜等“七大产业”为支柱，在全旗48个贫困村按照“公司加基地加农户，公司加中介组织加农户”等模式，建立各类扶贫基地146个，建立合作社和专业协会28个。乌拉特前旗依托蒙牛、伊利两大乳品公司建成标准化奶站28处，发展农户奶牛养殖4300头。

2004年，巴彦淖尔市及旗（县、区）两级党政机关、事业单位有16178名党政干部参加7个旗县区，8个贫困乡镇苏木34个重点贫困村嘎查定点帮扶。为帮扶点投入资金653.3万元，捐资捐物折合款达45万元。2005年，市直114个单位，旗（县、区）712个单位，16178名干部参加定点帮扶。累计投入帮扶资金887.59万元，帮扶贫困人口2万余人，救助贫困大学生300余人，中学生680人，小学生800余人。

2007年，全市7个旗（县、区）610个党政军机关、事业单位帮扶105个村嘎查591个社组，累计投入社会扶贫资金2208.8万元。建成扶贫项目156项，资助贫困大学生2515人，救助失学儿童218人。2009—2010年，巴彦淖尔市启动实施“万人脱贫计划”，抽调市直、旗（县、区）各单位，组成扶贫工作团，包扶7个旗（县、区）和农垦374个嘎查村和农场，市级投资384.69万元，旗（县、区）投资1459.3万元，救助贫困学生2161名，捐衣捐物3816件。

1986—1997年，巴彦淖尔盟共投入扶贫资金14836.96万元，其中财政扶贫资金5436.8万元，市、旗、县整合各类资金6975.46万元，银行贷款2424.7万元。

1998—2010年，巴彦淖尔市（盟）共投入扶贫资金48192.09万元，其中财政扶贫资金20290.8万元，市、旗、县整合各类资金24901.29万元，银行贷款3000万元。

第三节　重点扶贫工程

一、移民工程

1998年，内蒙古自治区在巴盟境内的磴口县实施淘井、陶勒盖、沟心庙三个地区第一期异地移民扶贫开发工程，安置乌兰察布盟贫困移民1万余人。2002年，巴盟对磴口移民区做了调整，将移民迁至水土条件、生态条件较好的新项目区安置。同时，在乌拉特中旗、乌拉特后旗实施移民扩镇工程，完成移民207户670人。2004年，巴彦淖尔市在乌拉特中旗、乌拉特后旗实施移民扩镇工程，完成移民200户800人。2005—2006年，巴彦淖尔市磴口县、乌拉特后旗移民扩镇，完成移民200户800人。2007—2008年，乌拉特前旗、乌拉特中旗、乌拉特后旗移民300户1200人。2009—2010年，乌拉特前旗、杭锦后旗、临河区、磴口县移民400户1600人。

二、"千村扶贫开发"工程

"千村扶贫开发"工程是内蒙古自治区重点扶贫开发工程项目。2001年,按照自治区要求,从4月开始利用一个月的时间集中力量对全盟贫困状况进行摸底调查。按照"千村扶贫开发工程"摸底调查要求,被调查的贫困村嘎查人均收入标准是:农区625~1600元,牧区800~1600元。全盟共筛选出贫困村嘎查502个,贫困人口及在贫困线上下徘徊的人口共有259165人。2002年,巴盟启动"千村扶贫开发"定点帮扶工作,盟直104个单位编为8个扶贫工作团,对全盟7个旗、县、市的36个重点贫困村嘎查实施定点帮扶,累计投入扶贫资金243万元,完成大小扶贫项目122项,为贫困户购买饲草料加工机械24台套,帮助贫困户解决生产贷款14.8万元,救助失学儿童126名。2003年,全年累计投入1296万元。2004年,参加帮扶的干部达到16178人,共投入扶贫资金653.3万元,捐衣物3300余件,粮食3.6万千克,资助失学儿童和贫困大学生291人。2006年"千村扶贫"开发工程全部完成,市委、市政府分别对定点帮扶的先进单位、个人进行表彰奖励。

三、"整村推进扶贫到户"工程

2005年,全区扶贫工作实施"整村推进扶贫到户"工程,巴彦淖尔市启动28个村的整村推进扶贫项目,投入扶贫资金3052万元,其中自治区财政专项扶贫资金900万元,市级财政配套资金50万元,群众集资投工投劳2102万元。解决4万贫困人口的温饱问题,返贫率控制在6%以内。累计建成标准化棚圈2000处16万平方米;新建青贮窖池2700座18000立方米;种草1000公顷;新购入和调剂基础母畜4000只,购入优质种公羊200只。2005—2010年,全市实施133个村嘎查的整村推进扶贫工程,完成总投资35582.7万元,其中自治区财政扶贫资金13355万元,市、旗(县、区)财政配套435万元,整合项目资金及农牧民自筹资金21792.7万元。

四、"雨露计划"工程

2004年,巴彦淖尔市启动实施贫困地区劳动力转移培训"雨露计划"工程。主要任务是通过就业技能的培训,帮助贫困地区青壮年农牧民提高素质、增强就业和创业能力,促进转移转产发展,增加非农产业收入。全年"雨露计划"工程在村嘎查举办各类实用技术培训班1098次,参加培训的贫困农牧民8.65万余人。

2005年,该项工程内蒙古自治区下达巴彦淖尔市的培训任务6100人次。年终时培训任务全部完成,就业率86%。2007—2010年,"雨露计划"工程共投入培训费1100万元,完成劳动力转移培训14600人次,培训就业率平均90%以上。

五、产业化、科技扶贫项目

产业化扶贫和科技扶贫项目是调整贫困地区经济结构,增强"造血功能"促进贫困地区脱贫和农牧民增收的一条重要途径,也是促进社会主义新农村新牧区建设的迫切需要。巴彦淖尔市产业化扶贫项目主要依托资源优势,结合移民搬迁和整村推进项目的实施,把特色产业作为农牧业和农牧区经济的发展重点。坚持以市场为导向,围绕农牧民增收,调整优化种植业和养殖业结构,引导农牧民转变生产经营方式,重点发展周期短、见效快的绿色、特色、优质农产品。2005—2008年,巴彦淖尔市主导产业培育和农牧业科技推广,进一步厘清农牧业产业化发展思路,支持肉羊养殖、设施农业、番茄、有机酿酒葡萄、枸杞等一批优势特色产业,为逐步形成一村一品、一乡一业的产业发展格局创造条件。通过制定农牧业产业化发展规划、增加投入、扶持龙头、壮大基地、培育市场,贫困农牧户直接参加产业化经营,促进农牧民增收长效机制的建立,推动农牧业经济快速发展。2009—2010年,全市实施了64个产业化扶贫和9个科技扶贫项目,投入财政扶贫资金4110万元。

第十四篇

人力资源与社会保障

第一章　人事管理

第一节　机构与改革

1986—1994 年，巴彦淖尔市人力资源与社会保障局，称巴盟劳动人事处，负责全盟人事劳动管理工作。1995 年，巴盟劳动人事处改称巴盟人事劳动局。人事劳动局设办公室、政策法规科、录用调配科、任免奖惩科、专业技术职称管理科、工资计划福利科、职业技能开发科、劳动力管理科、劳动监察科，劳动争议仲裁科、劳动保护与矿山安全监察科、社会保险与离退休管理科、城镇医疗保险改革领导小组办公室、锅炉压力容器监察科，下属单位有社保局、就业局、技工学校、东升庙安全监察站、营盘湾安全监察站、考试培训中心、人才交流中心、转业军官培训中心、机关事务服务中心、职业技术培训教研室、锅炉检验所与巴盟安检站。2001 年 12 月，巴盟将人事与劳动管理分设。巴盟成立人事局，是巴盟行署综合管理人事工作的职能部门。内设 7 个科室，办公室、专业技术人员管理科、公务员管理科、工资与离退休管理科、综合规划科、人才流动开发科、培训教育科。下设 3 个事业性质的中心，人力交流中心、人事考试中心、军转培训中心。2002 年 1 月，新组建成立巴盟劳动和社会保障局，主管全盟劳动和社会保障工作职能。劳动和社会保障局内设 8 个科室，办公室、规划财务科、劳动保障监察科、职业技能开发科、养老保险科、劳动就业工资科、劳动争议仲裁科。下辖 4 个二级单位：就业服务局（处级建制）、社会保险事业局（处级建制）、巴盟技工学校、巴盟劳动保障监察支队。2004 年巴彦淖尔撤盟设市，巴彦淖尔市人事局与劳动和社会保障局，分别改称巴彦淖尔市人事局和劳动与社会保障局。

2010 年 8 月，巴彦淖尔市人事局和劳动与社会保障局合并，更名为巴彦淖尔市人力资源与社会保障局。人力资源与社会保障局内设办公室、公务员管理科、技术专业人员管理科、工资与退休人员管理科、政策法规与调解仲裁科、社会保障科、就业促进科、事业单位人事管理科、人力资源服务中心、劳动监察大队。

下设巴彦淖尔市 2 个处级事业单位：巴彦淖尔市就业服务局、巴彦淖尔市社会保险事业管理局。

第二节　干部录用与改革

1986 年，巴盟对大中专毕业生毕业按照统筹兼顾、合理使用、加强重点、兼顾全面，面向基层、面向生产、保证教育、科研第一线，支援边缘地区的原则，分配高等院校毕业生145名，中等专业毕业生562名。1987年，按照自治区内劳人厅、轻工业厅《关于旗县以上政府二级机关中部分集体所有制身份工作人员录用为国家干部的通知》精神，批准436名“五大”毕业生转为国家干部，录用120名二轻系统集体职工为国家干部；分配高等院校毕业生165名，中等专业毕业生541名。1988年，按照分配计划，分配大中专毕业生960名，安排技工学校毕业生683名。1989年，分配大中专毕业生1091人，其中分配到旗县市760人，占分配总数的70%；分配到盟直教育、科研和企业单位121人，占分配总数的11%；批准政法系统478名工作人员转为干部；给教育系统的3323名教师补办转干手续；对78名“五大”毕业生，按照统一考试、择优录取的原则，将23名大学生录取为农牧业税征收员。1991年，全盟分配大中专毕业生1063人。其中：分配到旗、县、市698人，占分配总数的65.7%；分配到盟、市企事业单位246人，占分配总数23.1%；分配到外盟、市119人，占分配总数11.2%；办理“五大”毕业生转干1324名。1992年，全盟分配大中专毕业生1204人，其中大专毕业生422人，中专毕业生782人。1993年，分配大中专毕业生759人，其中大专毕业生175人，中专毕业生584人。1994年，开始限制机关事业单位进人名额。当年分配大中专毕业生965人（不含师范院校毕业生），其中大专毕业生250人，中专毕业生715人。1996年，为帮助国有大中型企业、乡镇企业、基层学校选调和补充人才，分配非教育系统大中专毕业生1267人。1998年，除对转业军官安置、大中专毕业生分配外，冻结行政事业单位人事调动。2000年，根据自治区党委组织部等五部门出台的《关于选拔大中专毕业生到农村基层工作的通知》精神，组织全盟204名大中专毕业生参加全区统一考试。通过考试，录用干部45名。2001年按照“双向选择、市场就业”的方针，为企业办理就业派遣手续58名；为40名志愿到农村牧区工作的大中专毕业生办理了派遣手续。2003年，为各旗、县、市自行招聘的101名大中专毕业生办理就业安置手续。盟直企事业单位引进副高以上专业技术人员3名，引进大中专毕业生222名。

2004—2006年，巴彦淖尔市实施人才储备工程，储备高校毕业生214名。引进分配“三支一扶”人才35名；为市直单位引进3名硕士研究生，12名大学本科生。2007年，继续实施人才储备计划，储备大学本科、学士学位以上毕业生105名，储备优秀人才655人；按照“公开、平等、竞争、择优”的原则，公开选拔具有师范类普通大学本科以上学历、学士以上学位、具有教师资格证书教师45名；“三支一扶”招募高校毕业生37名。2008年，为市教育系统8所中小学、幼儿园、特殊学校、职业技术学校选聘教师45名，为河套大学选聘研究生6名。为中医院选聘具有医学类本科学士学位大学毕业生9名。人才储备工程选拔储备人才106名。实施“三支一扶”“西部志愿者”计划，将59人连同2006年到期续聘9人全部下派到各旗（县、区）工作。2009—2010年，实施高层次人才引进绿色通道“百名研究生计划”，为河套大学、市直高中等单位引进硕士学位以上的毕业生47名。

第三节　干部管理制度与改革

1992—2002年，在林业处、档案处、公安处和五原县、乌拉特后旗开展干部年度考核试点，依法依规建立健全干部任免工作制度和考核程序。在事业单位开展专业技术人员年度考核和专业技术岗位设置工作。2003—2010年，各旗县区按照《关于简化科级干部任免工作程序的通知》精神，严格干部考核程序，简化干部任免程序，建立各单位年度考核台账，确定优秀比例，使年度考核制度化、规范化和科学化。印发《全盟事业单位工作人员聘用制度实施意见》，推进事业单位全员聘用制。

第四节　公务员管理与制度建设

1995年，巴盟制定印发《推行国家公务员制度宣传提纲》《巴彦淖尔盟推行国家公务员制度实施方案》。在盟审议局、统计局、安全局、农业局4个部门开展推行国家公务员制度试点；举办推行国家公务员管理高级培训班。至此，全盟在行政机关推行公务员管理全面进入实施。1996年，在完成盟直、旗、县、市及乡镇苏木完成向国家公务员过渡检查后，组织开展七次旗、县、市公务员资格考试，有7863名机关干部参加考试，并以优异成绩获得通过，成为国家正式公务员。公务员制度在全盟正式入轨运行。1997年，按照《行政机关国家公务员录用实施方案》，完成工商系统具有向公务员过渡资格人员的考试。1998年，制定印发《全盟国家公务员奖惩条例》，规范公务员奖惩制度。2000年，制定《关于加强国家公务员规范化管理的有关问题的规定》《关于规范行政任免工作的意见》等一批地方配套规范性文件，初步建立起一套符合实际的、比较完备的、科学规范的公务员管理法规体系。2003年，组织完成全盟司法系统352名监狱干警、公安系统198名交警和外经、土地等6部门80多名干部的过渡国家公务员资格审查和过渡培训、考试。2006年，召开实施公务员法工作会议，安排部署实施公务员法工作，并通过以会代训的形式对全市实施公务员法骨干进行重点培训。印发《巴彦淖尔市公务员法实施方案》《巴彦淖尔市公务员登记实施方案》，公务员登记工作全面展开。2007年，根据《公务员法实施方案》，对符合登记条件的公务员实施审批程序，审批公务员3070人。不符合登记条件列入暂缓登记的470人。到2008年，公务员登记工作基本完成，全市列入登记范围的机关386个，共有行政编制9776人，实有在岗人员13018人。审批登记9227人，另册登记333人，因未占行政编制未登记390人，因工人身份不予登记的3068人。对符合参照公务员法管理单位条件的187人办理过渡登记手续。

第五节　专业技术人员管理与职称评聘

1986 年，巴盟科学技术处设科技人员干部管理科，专职技术干部职称评审与聘任。1991 年，专业技术人员职称管理职能移交人事管理部门。1993 年，按照内蒙古自治区新修订的各系统高、中级职称评审条件，巴盟在广泛调研的基础上，在河灌总局、巴盟医院等单位开展评聘两条线试点。1998 年，巴盟专业技术评审委员会对全盟各类各级专业技术人员申报资格组织评审，获准通过高级资格人员 215 人，中级资格人员 1415 人，优异高级工程师 2 人，农业技术推广研究员 4 人。向内蒙古自治区推荐享受政府津贴人员 11 人，中青年专家 11 人。1999 年，审核上报高级职称材料 188 份，经内蒙古自治区评审通过 155 人。2000 年，制定印发《巴彦淖尔盟事业单位专业技术人员岗位设置试行意见》，在全盟范围首次开展中、高级专业技术资格评审。当年审核中、高级专业技术职称 186 人。经自治区人事厅复审，核准 163 人。审报中级职称人员材料 1230 份，其中，自治区代评 10 人，盟内评审 1220 人，评审通过 1129 人。选拔上报有突出贡献的中青年专家候选人 5 名。2006—2010 年，巴彦淖尔市中小学教师高级职称评审工作在市内进行，其他专业技术职称在内蒙古自治区有关部门进行评审。

第二章　劳动管理

第一节　劳动力资源

“七五”时期，巴盟劳动力资源总数较“六五”末增加22.7万人，增长28%。按三次产业划分，第一产业增加3.9万人，增长7.2%；第二产业减少1.1万人，下降17.2%；第三产业增加1.7万人，增长17.9%。按所有制经济划分，国有经济单位增加2.1万人，增长15.3%；城镇集体单位增加0.3万人，增长8.8%；农业集体（农户）经济增加2.4万人，增长4.6%；其他非公经济劳动者减少0.3万人，下降21.4%。

“八五”时期，巴盟劳动力资源总数较“七五”末增加6.7万人，增长6.5%。按三次产业划分，第一产业减少0.4万人，下降0.7%；第二产业增加0.5万人，增长9.4%；第三产业增加1.1万人，增长9.8%。按所有制经济划分，国有经济单位增加1.1万人，增长7%；城镇集体单位减少0.9万人，下降24.3%；农业集体（农户）经济减少2.1万人，下降3.9%；非公经济劳动者增加2.6万人，增长2.4倍。

“九五”时期，巴盟劳动力资源总数较“八五”末增加9.2万人，增长8.3%。按三次产业划分，第一产业减少4.3万人，下降7.4%；第二产业增加2.4万人，增长41.4%；第三产业增加9.6万人，增长78%。按所有制经济划分：国有经济单位减少4.5万人，下降26.6%；城镇集体单位减少2万人，下降71.4%；农业集体（农户）经济增加1.5万人，增长2.9%；非公经济劳动者增加13.2万人，增长3.6倍。

“十五”时期，巴盟劳动力资源总数较“九五”末增加2.3万人，增长1.9%。按三次产业划分，第一产业减少3.2万人，下降6%；第二产业增加3.1万人，增长37.8%；第三产业增加3.1万人，增长14.2%。按所有制经济划分：国有经济单位减少2.2万人，下降17.7%；城镇集体单位减少0.3万人，下降37.5%；农业集体（农户）经济减少5.6万人，下降10.4%；非公经济劳动者增加11.1万人，增长65.7%。

“十一五”时期，巴彦淖尔市劳动力资源总数较“十五”末增加2.1万人，增长1.7%。按产业分，第一产业减少2.3万人，下降4.6%；第二产业增加1.8万人，增长15.9%；第三产业增加2.8万人，增长11.2%。按所有制经济划分，国有经济单位增加0.3万人，增长2.9%；城镇集体单位从业人数未发生变化；农业集体（农户）经济减少1.2万人，下降2.5%；非公经济劳动者增加3.2万人，增长11.4%。

第二节 劳动力市场

1986—1994 年，巴盟先后出台《巴彦淖尔盟职业介绍服务管理暂行规定》《巴彦淖尔盟劳动力人才市场管理试行办法》《巴彦淖尔盟行政行署关于开办劳动力人才市场的通知》《巴彦淖尔盟劳动力人才市场一条龙服务办法》等 20 多个规范性文件，对劳动力管理进行规范，开展劳动力“一条龙”服务，使劳动力市场得到长足的发展。1994 年，巴盟正式建立劳动力人才市场。1998 年，全盟建成劳动力人才市场 8 个，登记求职人员 11385 人；组织五场大型人才交流会，参加交流各类人员达 20000 余人次，达成劳动意向 8000 余人，经双方洽谈交流成功 6131 人次。2000 年，举办全盟人才交流大会，参加交流大会单位共 57 家，参加交流大会人员 7000 余人次，达成劳动意向 3018 人。2001 年，巴盟举办人才交流大会，参加交流大会人员 1.2 万余人次，达成劳动意向 3000 余人。2002 年，组织 18 个单位参加自治区举办的大型人才交流会；为自治区 4 月份在上海人才需求信息发布会提供人才需求信息；在临河市组织举办人才交流大会 2 次，参加求职人员 1.8 万余人次，120 多个用人单位参加招聘，初步达成劳动协议 2926 人次，当场签订就业协议 239 人。2003 年，组织 12 个企事业单位参加在呼和浩特市举行的全区人才交流大会，会上达成初步协议和交流意向 1200 余人；在临河举办的人才交流大会上，62 个单位提供就业岗位 1310 个。达成就业意向 2362 人，当场签订就业协议 128 人。年内，接收大中专毕业生档案 1165 份，办理就业派遣 77 人。

2004 年，为加强人才市场建设、规范劳动力市场秩序，先后与企业经理人座谈，分析劳动市场状况，探讨劳动市场规律，研究招聘人才办法与途径。并确定河套酒业集团、维信集团、磴口蒙牛集团等 7 家企业为学生实习就业基地。在巴彦淖尔市人才交流大会暨河套大学毕业生双选洽谈会上，有 44 个单位提供就业岗位 1016 个，达成就业意向 2000 多人次。年内，还为 857 名大中专毕业生办理报到手续。2005 年，对全市 30 个企业的人才现状和人才需求情况进行调查，完成《巴彦淖尔市 2005 年企业人才需求情况调查报告》；组织市内 15 家企事业单位参加在呼和浩特举行的人才交流大会，企业提供就业岗位 1050 个，有 600 余人登记求职。2006 年，组织举办全市人才交流暨大中专毕业生就业洽谈会，参会应聘应往届毕业生和其他求职人员 3000 余人。为 70 多家企业发布用人信息，企业提供就业岗位 1500 余个，达成就业意向 900 余人次，办理就业协议 226 人；在河套大学举办的冬季人才交流暨河套大学毕业生就业会上，达成交流意向 3000 余人次。利用已建成的人才交流平台，在自治区人事人才网为河套大学、东达蒙古王、经纬公司、河套酒厂免费在网上发布用人信息。采取一事一办的交流方式，为市移动公司、市中国银行、市保险公司、国信行业广告公司驻临河办事处、中基公司、大众矿业等单位推荐急需人才。为拓宽人才信息渠道，创办《巴彦淖尔市人事人才信息》，开通“巴彦淖尔市人才网”“巴彦淖尔人事人才服务之声”广播等。2007 年，根据《内蒙古自治区人才市场管理条例》《人才市场管理规定》，对批准设立的人才中介服务机构进行指导、督查，进一步规范人才市场中介服务机构，对黑中介进行清理。利用《巴彦淖尔市人事人才信息》、“巴彦淖尔市人才网”和“巴彦淖尔人事人才服务之声”，宣传人事人才工作的有关政策、法规和最新动态，引导大中专毕业生和各类求职人员选择职业。2008 年，为市内外 50 余家企业发布网上招聘信息 1000 条次，为恒泰证券临河分公司、鄂尔多斯谊丰大酒店、团羊水泥厂等企业举办招聘会；组织 5 家企业和 7 个市直事业单位参加自治区人民政府在北京举办的高层次人才招聘会，达成就业意向 104 人，其中博士 3 人、硕士 55 人、其他紧缺急需专业人才 46 人。2009 年，利用互联网、《巴彦淖尔市人事人才信息》和“巴彦淖尔人事人才服务之声”广播，为企事业单位和求职者提供咨询，发布求职、招聘信息 1 万余条次。在河套大学举办的人才交流暨高校毕业生就业洽谈会期间，企业提供就业岗位 1158 个，达成就业意向 600 余人次。还举办小型招聘会 140 余场次，参会求职人员 3000 余人次，达成就业意向 1033 人。2010 年，组织 15 个企事业单位参加自治区人才交流会暨大中专毕业生就业洽谈会、第八届博士生学术年会暨高层次人才推荐与对接洽谈会，接收高校毕业生投递简历 1264 人次，达成招聘意向 269 人。全市 1.2 万余卷人事人才档案全部实现了计算机管理（其中大中专毕业生档案 8000 余卷）。

第三节　就业再就业工程

1998 年，巴盟启动下岗职工再就业工程，1998 年，通过各种渠道安置再就业人数 8282 人，再就业率 68.46%。1999 年，巴盟国营、集体工业企业转制速度加快，下岗职工急剧增加，下岗职工出现生活困难，劳动就业工作面临严峻的形势。为切实抓好再就业工作，盟和旗、县、市相继出台《关于深入贯彻劳动法，积极促进企业下岗职工再就业的暂行规定》《关于明确下岗职工劳动关系的几点意见》《关于规范全盟国有企业下岗职工下岗协议文本的紧急通知》等若干个政策性文件，各级劳动管理部门按照政策规定，明确职责，加大下岗职工再就业工作力度，拓宽就业空间和再就业渠道，妥善安置下岗职工，协调工商、税务等各有关部门，落实下岗职工再就业的优惠政策，帮助他们创造再就业机会。在盟、旗、县、市财政十分紧张、社会筹集异常困难的情况下，多方努力，积极筹措资金，基本保证国有企业下岗职工的基本生活。年内，安置国有企业下岗职工 5751 人，再就业率 79.52%。2000 年，安置下岗职工 5751 人。2002 年，针对下岗职工的实际情况，对 1986 年以后参加工作的合同制职工档案进行审核，对符合享受失业保险待遇的失业职工纳入失业保险，并在 94 个再就业基地，安置下岗失业职工 2300 人，为 12000 多名下岗失业人员提供免费再就业培训，为 3000 多名下岗失业职工免费推荐再就业岗位。2003 年，按照内蒙古自治区确定的就业再就业任务，巴盟全年安置城镇下岗职工 1.16 万人，累计培训国有企业下岗职工 1.19 万人。培训后,实现再就业人数占培训人数的60%。

2004年,巴彦淖尔市制定《就业再就业的实施细则》,各级劳动部门通过层层落实工作目标责任,拓宽就业途径和渠道,全年安置城镇各类失业人员15616人,其中下岗职工5051人,转移农牧区剩余劳动力11.04万人。2005年,实施再就业帮扶工程和农牧民进城就业援助活动,促进就业。全年安置城镇下岗失业人员14528人,其中安置"4050"人员1394人,转移农牧区富余劳动力18.11万人。2006年,再就业工程转移农牧区富余劳动力14.76万人。为城镇下岗职工协调小额担保贷款1183.4万元,使998名下岗失业人员实现再就业。2007年,全市安置下岗职工就业5174人,转移农牧区富余劳动力152040人。发放下岗失业人员小额担保贷款,帮助709名下岗失业人员实现再就业。2008年,全市安置下岗职工就业5079人,其中就业困难对象再就业1543人。转移农牧区农牧民就业167007人,帮助就业困难对象实现就业、再就业656名。2009年,全市下岗职工实现再就业4860人,转移农牧区富余劳动力162446人。

1986—2010年巴彦淖尔市劳动力结构情况表

表14-1-1

年份	社会从业人员(万人)	国有单位(万人)	城镇集体单位(万人)	乡村劳动者(万人)	其他非公经济劳动者(万人)
1986	72.1	14.3	3.8	52.7	1.3
1987	73.3	14.5	3.9	53.6	1.3
1988	74.6	15.5	3.8	53.7	1.6
1989	74.2	15.4	3.8	53.6	1.4
1990	74.9	15.8	3.7	54.3	1.1
1991	77	16.4	3.7	55.4	1.5
1992	77	17	3.7	54.6	1.7
1993	77.8	16.9	3	53.9	4
1994	75.1	16.6	2.9	52.3	3.3
1995	75.6	16.9	2.8	52.2	3.7
1996	77.2	17.7	2.3	52.8	4.4
1997	78.25	16.87	2.04	51.52	7.82
1998	79.6	14.5	1.4	52.9	10.8
1999	82.2	13.4	1.1	54	13.7
2000	83.8	12.4	0.8	53.7	16.9
2001	84.6	11.6	0.6	53.2	19.2
2002	85.5	11.1	0.5	53.3	20.6
2003	86.6	11.1	0.6	52.4	22.5
2004	86.2	10.8	0.6	51.4	23.4
2005	86.8	10.2	0.5	48.1	28

续表 14－1－1

年份	社会从业人员（万人）	国有单位（万人）	城镇集体单位（万人）	乡村劳动者（万人）	其他非公经济劳动者（万人）
2006	87.9	10.1	0.5	49.7	27.6
2007	88.8	10.2	0.6	48.9	29.1
2008	88.9	10.3	0.5	48.5	29.6
2009	89	10.3	0.5	48.2	30
2010	89.1	10.5	0.5	46.9	31.2

第四节　劳动技能培训

一、职业技能培训

1986—2001年，巴盟各级就业部门不断加强职业技能和再就业培训，提高下岗失业人员就业能力。培训采取学校培训与就业基地培训相结合方式，对下岗失业人员开展电脑、缝纫、烹饪、美容、美发等技能培训，对企业在职人员及新招用人员采取岗前培训。重点开设职业道德、劳动保护知识、商务规范训练、法律常识、职业指导、技能知识等课程。2003年，巴盟各级劳动主管部门加大职业技能开发力度，大力推进职业资格认证，全盟建立技能考评点22个，鉴定站8个，覆盖90个工种。各类鉴定人员1526人，其中高级工111人，中级工1366人。

2005年，巴彦淖尔市劳动就业管理部门与市职校、河套大学、临河一职开展联合办学，建立劳动力市场信息与用工、培训互联互动的新机制，针对北京、苏州、呼市等大中城市用工需求，采用定向培训700余人，全部实现就业。2006年，完成城镇新就业人员培训16055人，农牧民转移培训人数70016人；组织2173人参加技能鉴定，其中1934人获得技能等级证书。2007年，举办创业培训班77期，培训2350人，其中城镇人口参加创业培训1374人。完成转移农牧区劳动力培训33790人，其中技能提升培训12965人。培训通用工种职业技能鉴定职业（工种）28个，鉴定人数3595人。2008年，完成城镇下岗失业人员职业技能培训11311人，其中举办创业培训班培训3058人；开展农牧区劳动力转移培训13796人。2009—2010年，全市完成城镇下岗失业人员职业技能培训12255人，完成转移农牧区劳动力技能培训12422人。举办创业培训班149期，参加培训4963人。

1986年，巴盟举办专业技术人员培训班，12250人次参加培训，占应参加技术培训人数的60.3%。1987年，举办两期安全技术管理培训班，培训人员136人次；举办1期锅炉技术管理干部学习班，培训管理干部67名；举办司炉工培训班1期，357人次参加培训；举办水质化验学习班，培训化验员50人次。

1988—1989年，巴盟在临河举办商业系统、医药系统中级技术工人培训班115期，培训各类专业技术人员4774人次。1990—1996年，举办矿山、危险化学品生产、医疗设备使用安全培训班95期，培训职工5674人次；举办生产安全培训班19期，培训人员653人次；举办矿长（经理）培训班1期，培训矿长（经理）28人；举办岗位责任培训班10期，4500人次；举办盟直企事业单位专业技术人员继续教育公共课培训班10期，培训专业技术人员421人。1997—2001年，培训企业技术管理管理人130多人次，举办计算机基础应用课培训班，1400人次参加培训。

2004年，巴彦淖尔市与内蒙古农业大学联合举办科学养殖专业技术人员培训班，全市有33名畜牧科技人员和分管养殖的乡镇长参加培训。2005年，全年共培训市直企事业单位专业技术人员2980人；推荐3名专业技术人员到自治区高校参加“511人才培养工程”进修，4名高级专业人员参加“321”人才工程培训。2006年，完成专业技术人员业务知识培训2395人次；向自治区推荐5名专业技术人员赴自治区高校进修。2007年，完成专业技术人员业务知识培训1512人次，推荐10名专业技术人员外出进修。2009年，全市完成专业技术人员业务知识培训5239人次，推荐9名医务人员赴北京、自治区级医院进修；推荐19人参加“自治区企业经营管理人才选拔培养工程”。2010年，巴彦淖尔市为推进新一轮专业技术人员知识更新，全年举办专业人员培训班10期，培训各类专业技术人员4835人。

第五节　劳动报酬

一、机关、事业职工工资调整

1986年，巴盟行政机关、事业单位职工工资由基础工资、职务工资、工龄津贴和奖励工资四部分组成，月人均工资82.81元。国营企业职工实行8级工资制，外加奖金，月人均工资63.67元。1992年，行政机关人均月工资170元，事业单位人均月工资160.75元，国营企业职工人均月工资152.41元。1993年，根据上级有关文件精神，首次对行政、事业单位工资实施改革，全盟参加工资改革的干部职工共64843人，人平均月增资71.41元，其中行政机关人员月平均增资60.2元，事业单位人员月平均增资75.99元。1995年，为行政机关、事业单位两年称职以上的干部职工晋升一级工资，使全盟61924人得到提升，人均月增资21.55元，其中行政机关干部职工人月平均增资13.95元，事业人均月增资24.82元。1997年，对机关、事业单位工作人员工资进行调标和升级，调标总人数为69064人，人均月增资21.8元。正常升级67321人，人均月增资25.3元。2001年6月，巴盟为行政机关、事业单位工作人员和离退休人员调整工资标准、增加离退休人员离退休费，参加调标在职职工为73248人，人均月增资104.75元。2003年12月，为行政机关、事业单位工作人员和离退休人员再次进行工资升级和提高离退休费标准。

2005 年,巴彦淖尔市对市直 283 个机关事业单位,23867 人的基础工资予以升级。其中在岗与离岗人员共 17074 人,离退休人员 6793 人。2006 年 7 月,对行政机关公务员、事业单位工作人员工资进行套改(在职人员工资重新套改,离退休人员增加离退休费)。经过套改,全市行政机关在职人员月平均增资 200 元,其中市直机关在职公务员月平均增资 226 元,事业单位在职人员月平均增资 207 元;离休人员月平均增加离休费 465 元,机关退休公务员月平均增加退休费 245 元;事业单位退休人员月平均增加退休费 219 元。

二、职工生活津贴补贴

1994 年,按内蒙古自治区会议精神,巴盟为行政机关、事业单位干部职工及离退休人员每人每月发放 43 元福利性物价补贴。1997 年,按照内蒙古自治区党委提出的"两个提高"总体要求,巴盟给行政机关、事业单位工作人员及其离退休人员每人每月发放 50 元地方性补贴和 15 元粮食补贴,其中地方性补贴 50 元。2001 年,实行艰苦边远地区津贴制度。津贴根据艰苦程度的不同划分为一、二、三类,其中一类区每月 40 ~ 100 元,二类区每月 80 ~ 200 元,三类区每月 160 ~ 320 元。磴口县、临河市、五原县、乌拉特前旗为一类区,杭锦后旗为二类区,乌拉特中旗、乌拉特后旗为三类区。2003 年,巴盟为盟直行政机关、事业单位在职、离退休人员发放补贴,在职人员每人每月发放岗位补贴 100 元,离休人员按在职同职务人员标准发放离休津贴,退休人员按在职同职务人员的 80% 发放。

2004 年,巴彦淖尔市为市直机关、事业单位在职人员发放职务岗位津贴,人均 100 元;离休人员(含企业)按在职同职务人员标准发放离休补贴,退休人员按在职同职务人员标准的 80% 发放退休补贴。2006 年,根据乌拉特前旗反映的自然环境情况,经内蒙古自治区人事部门审核,将乌拉特前旗由一类地区升为二类地区。2007 年,对市直机关公务员津贴补贴进行规范,在职人员月人均津补贴 320 元,离休人员月均津贴补贴 254 元,退休人员人均月津贴补贴 112 元,年人均津贴补贴平均 7500 元左右。2008 年,规范行政机关公务员津贴补贴,市直和各旗(县、区)机关在职人员年人均津补贴 1.1 万元 ~ 1.2 万元(除磴口县 9000 元外),全市事业单位人员均按在职人员 300 元,离休人员 240 元,退休人员 180 元发放生活补贴。

2009 年,巴彦淖尔市进一步规范机关公务员津贴补贴。经规范,行政机关、事业单位在职人员月人均增资 500 元,年人均津贴补贴 1.8 万元;离休人员的补贴标准由按在职人员同职级发放标准的 80% 提高到 90%;退休人员按在职同职级发放标准的 60% 执行。义务教育学校实行绩效工资,由人事部门审批 70% 基础性绩效工资,由财政拨付按月随工资发放;30% 奖励性绩效由财政拨付给单位,单位根据工作绩效考核进行分配。2010 年,巴彦淖尔市机关公务员,事业单位在职人员月人均增加津贴补贴 500 元;离休人员按在职同职级增加标准的 100% 增加补贴;退休人员按在职同职级增加标准的 80% 增加补贴;离岗人员按规定比例增加。

第六节 劳动监察

1994 年,巴盟组建劳动监察大队,各旗、县、市先后成立劳动监察中队,并制定《巴彦淖尔盟劳动监察实施办法》和《巴彦淖尔盟违反国家劳动法规处理暂行办法》两个法规性文件。同时,按照劳动部〔1994〕107 号文件精神,在全盟开展劳动用工大检查,共检查机关、企事业单位 183 个,办理临时用工手续 1459 人。1995 年,劳动争议仲裁立案 62 件,处理 62 件。1998 年,劳动监察部门对 1543 户用人单位开展劳动法实施检查,为劳动者追回拖欠工资 129528 元,清退风险抵押金 20700 元;对民办职业介绍机构进行清理整顿,按照规定取缔 19 户非法职业介绍机构;对拖欠养老金用人单位进行检查。两级仲裁机构共接涉及劳动争议案 87 件,涉及劳动者 375 人,处理裁决 35 件,调解 38 件。1999 年,劳动仲裁部门受理劳动争议案件 90 起,涉及劳动者当事人 193 人,其中,集体争议案件 8 件,涉及劳动者当事人 110 人。全盟共处理争议案件 90 起,结案率为 100%。2000 年,监察用人单位 1750 户,劳动用工年检完成 1210 户。受理劳动监察案件 104 件,立案 80 件,结案 78 件,结案率 97%。与工商、公安等部门联合行动,清理取缔非法职业介绍组织 44 户,查处影响较大的招工诈骗案 2 起。2002 年,巴盟劳动用工年检完成 927 户,受理劳动监察案件 190 起,其中,立案 174 件,结案 172 件,结案率 99%。涉及劳动者 1352 人,为劳动者追回拖欠工资 37.8 万元。主动监察用人单位 1406 户,涉及劳动力 51285 人,签订劳动合同 1276 份。2002 年,受理劳动争议案件 108 件,涉及劳动者当事人 339 人,结案 108 件;审核集体合同书 2 份,通过 2 份;鉴定公证劳动合同 648 份,办理行政复议案件 3 起。2003 年,贯彻执行《内蒙古自治区劳动保障监察条例》开展对拖欠农民工工资、非法使用童工和清理整顿劳动力市场专项检查为重点,加大对违反劳动保障法律法规、侵犯劳动者合法权益行为的查处力度。全盟全年劳动监察机构受理群众举报案件 386 件,其中,案查处 345 件,结案 331 件,结案率为 93.1%。主动监察各类用人单位 2804 户,涉及劳动者 6.6 万人。通过执法监察,全盟各类企业共补签劳动合同 8433 份,对违反劳动保障法律法规的用人单位下达《劳动保障监察指令书》35 份,责令限期改正。与建设等有关部门配合,帮助劳动者追回拖欠工资 508 万元。建立拖欠农民工工资举报制度,对农民工工资支付情况开展为期一个月的专项检查,为农民工追回拖欠工资 358 万元。2003 年,全盟受理劳动争议仲裁案件 77 件,涉及劳动者 138 人,结案 76 件,结案率 98.7%。办理行政复议案件 5 件。

2004 年,巴彦淖尔市在劳动合同签订,女职工、未成年工劳动保护,劳动者工作和休息休假时间,劳动者工资报酬支付,参加社会保险和缴费情况等方面开展检查。通过检查,下达《劳动保障监察指令书》68 份,责令限期改正。对拖欠和克扣农民工工资的责令限期补发,不能立即补发的责令制定清欠计划分期补发。对逾期拒不支付和不依法与农民工签订劳动合同、不按规定进行用工备案的,按照有关规定予以处罚。全盟劳动仲裁机构受理劳动争议案367件,共立案352件,结案341件。为劳动者追回被拖欠工资445万元,清退风险抵押金7.6万元,补签劳动合同1.46万份。

2005年,巴彦淖尔市按照新修订的劳动法,对用人单位进行检查,为劳动者追发拖欠工资328万元,涉及劳动者人数0.45万人。2006年,全市劳动监察部门受理举报案件268件,结案265件。为劳动者追讨工资483万元,涉及劳动者1.97万人。2007年,劳动监察部门围绕建设工程、矿山开发和餐饮等行业开展拖欠工资、合同鉴定、社会保险费缴纳等专项检查,受理举报案件396件,下达处理决定书86份,处罚决定书25份。为劳动者追讨工资776万元,涉及劳动者1.3万人。清退各种风险抵押21.34万元,涉及劳动者431人。督促补签劳动合同2.7万人,督促缴纳各项社会保险费263万元。2008年,《中华人民共和国劳动争议调解仲裁法》《中华人民共和国劳动合同法》颁布实施,劳动争议案件处理进入法制化、规范化。全年立案141件,结案141件,结案率100%。2009年,根据人社部《关于开展劳动保障监察两网化管理工作试点的意见》和内蒙古自治区人力资源和社会保障部《关于做好劳动保障监察两网化管理试点工作的通知》精神,巴彦淖尔市多部门联合开展整治非法用工,打击违法犯罪专项行动,进一步明确工作区域和工作责任,对所辖区域进行全面排查,发现问题,严肃处理。按照《劳动人事争议仲裁办案规则》,立案177件,结案177件,结案率100%。2010年,根据内蒙古自治区《关于印发推进全区劳动保障监察网格化网络化管理工作的指导意见的通知》,制定印发《2010年巴彦淖尔市劳动和社会保障工作要点》,要求监察一线深入贯彻落实国务院《劳动保障监察条例》和《内蒙古自治区劳动和社会保障监察条例》。以强化劳动保障监察为基础,创新监管方式,推进劳动保障监察"网格化、网络化"建设;以提高劳动保障监察执法效能为手段,执法重心下沉、执法前移,实现劳动保障监察工作全覆盖。全市立劳动争议案184件,结案184件,结案率100%。

第三章　社会保障

第一节　基本养老保险

1986—1991年,巴盟职工基本养老保险制度开始执行。职工基本养老保险实行“差额缴费、全额返还”统筹制度。1992年,制定《巴彦淖尔盟企业职工养老保险制度改革实施办法》,规定对养老保险缴费实行国家、企业、个人三方负担,覆盖面逐渐由国营企业逐渐向城镇集体企业、中央和自治区驻盟企业、企业化管理的事业单位、外资企业中方职工、城镇私营企业和个体劳动者扩大。1995年,制定《巴彦淖尔盟城镇职工养老保险制度改革实施办法》,规定采用城镇职工养老保险为社会统筹与个人账户相结合的模式。1997年,按照国务院下发的《国务院关于建立统一的企业职工基本养老保险制度的决定》,社会养老保险覆盖到城镇私营企业、个体工商户及灵活就业人员。同年实现转制企业中的747名离退休人员退休费社会化发放。1998年,巴盟加强对社保基金管理,提高社保部门责任感,管好职工“养命钱”;回收被挤占挪用的养老基金,督促缴费企业清理养老金缴纳欠账;加强宣传,提高全民参保意识,推动社会保险事业发展。全盟参统职工达65233人,其中,国有、集体企业职工参保42964人,覆盖率达78%;个体、私营企业参保3367人;行政机关、事业单位干部职工参保18902人。全年收缴养老保险基金3409万元,清理收缴企业拖欠养老金552万元,回收挤占挪用养老保险基金487.41万元,向内蒙古自治区社保局上解调剂基金180.95万元。全盟支付养老金4590万元。1999年,在国有企业普遍效益不佳、转制企业上缴资产无法变现,个体和私营经济社会保险资金征缴难度较大的情况下,巴盟基本完成国有、集体企业养老保险费征缴和个体和私营经济养老保险扩面,确保全盟13262名离退休人员和2000名下岗失业人员的养老金和基本生活费。2000年,职工养老继续扩大覆盖面,增加资金来源,加强基金收缴和清欠,动用基金积累、财政借支等多种渠道筹集资金,为14206名离退休人员按时足额发放养老金6526万元。全盟参加基本养老保险的各类企业职工共58276人,收缴企业职工养老保险基金7043万元,清理收缴企业欠费683万元。2001年,盟、旗、县、市对企业转制后参保职工流失、中断缴费人员增加的现实,抓紧转制企业职工续保环节,增加养老金结余。全盟参加基本养老保险的各类城镇职工135176人,其中,各类企业(含私营、个体)职工达75365人,较上年扩面新增5981人;行政事业参保职工59811人,新增199人。全年为16015名离退休人员发放7254万元。养老金实现社会化发放。2002年,全盟参加社会基本养老保险统筹的企业职工人数达83497人,其中,行政机关、事业单位参保职工11571人,国企、民企和个体私营企业职工参保71926人。全年征缴养老保险费9713万元。社会化发放养老金9328万元。2003年,在确保养老金按时足额发放的同时,进一步完善管理制度,扩大基本养老保险覆盖面,新纳入参保职工1734人,缴费增收2283万元。为全盟6万名参保职工建立个人账户,发放基本养老金1.07亿元。

2004年,巴彦淖尔市进一步加大以私营、个体和灵活就业人员为重点的扩面工作,在不断挖掘原转制破产企业参保潜力的同时,及时调整扩面重点,组织人力对私营企业和个体工商户的参保情况进行调查。依据调查,研究制定《巴彦淖尔盟运输行业从业人员参加养老保险实施办法》《巴彦淖尔盟农垦系统参加基本养老保险操作细则》。针对男50周岁、女40周岁及以上从事个体和灵活就业人员的参保问题,依据内政发〔1998〕84号文件精神,实行“前补、后续、自由选择费基”的扩面政策。全市参加养老保险的各类城镇从业人员164115人,征缴养老保险费26038.6万元,纳入社会化管理离退休人员32156人,发放离退休人员养老金22892.5万元。养老金社会发放率100%。累计滚存结余养老保险基金4.2亿元。2005年,为推进养老保险市级统筹,制定《巴彦淖尔市基本养老保险市级统筹实施方案》和《巴彦淖尔市基本养老保险市级统筹实施细则》。按照《实施细则》将企业养老保险个人缴费比例由7%调整到8%。全年征缴养老保险费23630万元,发放养老金29272万元。2006年,全面贯彻落实国务院《关于完善企业职工基本养老保险制度的决定》和自治区人民政府《关于完善企业职工基本养老保险制度的实施意见》,进一步完善企业职工基本养老保险制度。根据国务院38号和自治区3号文件精神,市人民政府制定《巴彦淖尔市人民政府关于完善企业职工基本养老保险制度的实施意见》。统一企业职工基本养老保险缴费费率,城镇各类企业(含私营企业)、城镇个体工商户及灵活就业人员均按20%的费率缴纳养老保险费。企业职工个人按8%的费率缴纳养老保险费。个体工商户和灵活就业人员的缴费基数,以全市上年度在岗职工月平均工资为基数,实行三年过渡期。个人账户规模,由原来的11%调整为8%,并且全部由个人缴费形成,单位缴费不再划入个人账户。改革养老金计发办法,建立缴费激励约束机制,即基础养老金月标准,由上年度在岗职工月平均工资的20%,调整为以全市上年度在岗职工月平均工资和个人指数化月平均缴费工资的平均值为基数,缴费每满一年发给1%的养老金;个人账户养老金由原来的一百二十分之一,改为除以计发月数。这样参保越早、缴费时间越长、退休时间越晚,其养老金待遇水平就越高。年内,全市参加基本养老保险的各类城镇从业人180818人,其中,城镇企业养老保险参保人数120659人,行政事业养老保险参保职工60159人。全年征缴基本养老保险费32630万元,其中,征缴企业养老保险费25987万元,征缴行政事业单位养老保险费6643万元,累计滚存结余基本养老保险基金91033万元。其中,滚存结余企业职工养老保险基金 75821 万元，滚存结余行政事业养老保险基金 15217 万元。2007 年，按照《巴彦淖尔市城镇企业职工基本养老保险市级统筹实施办法》和《巴彦淖尔市城镇职工基本养老保险市级统筹实施办法实施细则》完成市级统筹前的业务清核工作。按照内蒙古自治区《关于 2007 年调整企业退休人员基本养老金的通知》精神，完成 2007 年度 31259 名企业退休职工工资调整，并将增加的 905.1 万元养老金及时足额发放到退休人员手中。全年全市参加基本养老保险的各类城镇从业人员 193626 人，征缴基本养老保险金 433775 万元。纳入社会化管理离退休人员为 43354 人，发放离退休人员养老金 49026 万元。累计滚动结余基本养老保险金 109375 万元。2008 年，巴彦淖尔市重点推进新增私营企业及其职工、个体工商户、灵活就业人员医疗保险扩大工作，逐步建立和完善失地农民和退牧移民养老保险制度。全市参加企业养老保险的各类人员达 152308 人（其中包含城镇灵活就业人员、失地农民、退牧移民），征缴企业职工养老金 60179 万元。全市行政事业单位参加养老保险职工 61045 人，征缴养老保险金 9963 万元。全市累计滚存企业养老基金 111084 万元，行政事业单位滚存养老基金 12361 万元。2009 年，巴彦淖尔市为 2008 年底前退休的企业退休人员月人均增加养老金 154 元。全市企业退休人员月人员养老金水平提高到 1349 元，增长 12.8%。全年，全市参加企业养老保险的各类人员为 177442 人，征缴企业职工养老金 91337 万元，累计滚存企业养老金 155248 万元。并且，先后解决“五七工”“亦工亦农”、行政事业单位辞职人员等特殊困难群体的老有所养问题。停止运行 11 年的行政事业单位职工养老保险缴费制度，行政事业单位职工不再缴纳养老保险费，并将已缴养老保险费全额退还给职工。2010 年，根据《国务院关于开展新型农村社会养老保险试点指导意见》和《内蒙古自治区人民政关于印发自治区新型农村牧区社会养老保险试点办法的通知》文件精神，巴彦淖尔市在临河区启动实施新型农村社会养老保险试点，对年满 16 周岁不满 60 岁的农村居民均可按照 100～500 元 5 个档次缴纳养老保险金，政府分别补助 35～50 元，个人缴费和政府补贴全部记入个人账户。年满 60 周岁以上人员不缴纳养老保险金，每月享受 55 元到 75 元的基础养老金。基础养老金全部有中央财政支出。全市为 51379 名退休人员提高养老金待遇，最高月增资 370 元，人均增加 161 元。经提高，全市退休人员月人均领取养老金 1510 元。养老保险继续扩大覆盖面，新增 9964 人。全年征缴养老费 100957 万元，滚动结余企业养老金 181915 万元。

第二节　基本医疗保险

1999 年，巴盟按照国务院颁布《关于建立城镇职工基本医疗保险制度的决定》，废除原职工公费医疗制度，顺利完成公费医疗向基本医疗保险转移，并制定出台《巴彦淖尔盟城镇职工基本医疗保险实施方案》，健全医保机构。基本医疗保险试点先在盟直单位和临河市、乌拉特前旗推开，全盟有 44900 人参加医疗保险。2000 年，出台《巴彦淖尔盟城镇职工基本医疗保险实施办法》，对基本医疗保险的适用范围、统筹层次、属地管理、缴费比例、个人账户、统筹基金和个人账户的支付、起付标准及支付限额、基金管理等都作出具体规定。2001 年，巴盟在总结医疗保险改革工作中，加大宣传力度，扩面工作取得较大进展。盟直属机关有 295 个行政、企事业单位全部参加基本医疗保险，6 个旗、县也全部完成公费医疗向医疗保险过渡。启动职工大额医疗保险。大病医疗保险覆盖范围为参加基本医疗保险的所有参保人员。筹资总额为每人每年 36 元，由参保职工、用人单位和医保基金各承担三分之一。起付标准为基本医疗保险封顶线以上部分，当年基本医疗保险费支出 50000 元以上部分，最高支付限额 30000 元。2002 年，全盟已纳入医疗保险参统职工 96392 人，完成年度覆盖 96.4%。全盟征缴基本医疗保险费 4349 万元，征缴大额医疗保险费 53.7 万元。全盟支付医疗保险费 2641 万元，有 76272 人享受到基本医疗保障。

2004 年，巴彦淖尔市将基本医疗保险的报销比例提高 3 个百分点，将大额医疗保险的报销封顶线由原来的 3 万元提高到 10 万元。对超过社会平均工资缴费的单位和个人给予增划个人账户和提高报销比例。年内，全市参加基本医疗保险的各类城镇职工为 119741 人（其中灵活就业人员 2000 人），扩面新增参保职工 4990 人，增长 4.3%。征缴基本医疗保险费 6850 万元，结余基本医疗保险费 4027 万元。参加大额医疗保险的职工达 88500 人，征缴大额医疗保险费 325 万元，结余大额医疗保险费 359 万元。2005 年，巴彦淖尔市对医疗保险政策进行一些调整，将住院病人统筹基金的起付线由原来的 600、400、300 元，下调到 400、300、200 元；甲乙类药品、住院检查费及白内障超声乳化、腹腔镜、关节镜等特殊手术费由原来的 60% 提高到 80%；护理、治疗、化验及常规检查费由原来的 60% 提高到 75%；CT、核磁、血液透析等检查治疗费由原来的 50% 提高到 60%。2006 年，巴彦淖尔市对城镇职工基本医疗保险实施办法进行修订。新办法明确缴费基数、缴费年限与医疗保险待遇；规定医疗保险最短缴费年限、一次性缴费标准和转院治疗以及转诊医疗保险费票据外调核查制度；完善特殊慢性病的鉴定和管理，确定慢性病病种及慢性病门诊医院，量化慢性病门诊支付（补贴）标准。对享受慢性病医疗待遇的人员，组织各方面的医学专家进行严格鉴定，并邀请纪检、劳动保障、审计等部门进行现场监督；规定每季度末的 20—25 日集中报账，实行“一站式”服务，杜绝医疗保险费个人账户透支。全市参加基本医疗保险的各类城镇从业人员 153877 人（其中灵活就业人员 7214 人、农民工 1865 人），征缴医疗保险费 11938 万元，支付医疗保险费 9948 万元，滚存结余基本医疗保险费 6559 万元。其中，医疗保险费滚存结余 372 万元。

2007 年，巴彦淖尔市出台《关于推进社会医疗保险制度改革，进一步扩大覆盖范围的意见》。按照意见，将非公有制组织、个体工商户和灵活就业人员全部纳入医疗保险范围，全年扩面新增参保职工 15441 人。扩面的同时,降低基本医疗保险统筹支付线,提高定点医院住院报销比例。对年满 70 周岁以上退休人员个人账户划入比例提高到 3.7%,连续缴费满 25 年,以上的退休人员可免缴基本医疗费;为 2004—2006 年度连续缴费但未享受过统筹基金的人员增划 100 元个人账户。年内,还对市本级原国有转制企业退休职工基本医疗保险采取低费率办法,补缴 2000—2007 年的医疗保险费,同时建立原国有破产转制企业退休人员的大病住院医疗保险。截至 2007 年全市参加基本医疗保险的各类城镇从业人员为 168991 人(其中灵活就业人员 7214 人、农民工 3109 人),征缴医疗保险费 14823 万元,支出医疗保险费 11751 万元,滚动结余医疗保险基金 9260 万元。征缴大病医疗保险费 1270 万元,大病医疗保险支出 1202 万元,滚存结余 440 万元。2008 年,全市继续扩大医疗保险覆盖范围,企业参加职工医疗保险人数达到 180554 人,其中农牧民参保 7502 人。征缴职工基本医疗保险费 20285 万元,支出基本医疗保险基金 18134 人,累计结余医疗保险基金 12562 万元,收缴大额医疗保险费 1851 万元,支出 1870 万元,累计结余 422 万元。2009 年,启动医疗补助,补助标准:普通公务员符合医保规定的住转院治疗费个人负担部分可再补报 60%。正高级专业技术人员再补报 90%。国有关闭破产企业退休人员,按照个人一次性缴费 4232 元或逐年缴费 450 元的标准,将 2008 年年底前退休人员纳入医疗保险范围,享受终身城镇企业职工住院统筹和大额医疗保险待遇。将在本地二级定点医院住院的甲、乙类药品及常规检查费的报销比例分别提高到 90% 和 80%。门诊及住院、CT、核磁、心脏造影、体外碎石、理疗等特殊检查费用的报销比例提高到 70%。转院和异地住院治疗报销比例提高到 70%,并取消大额医疗保险起付线。大额医疗费报销比例提高到 80%。2010 年,巴彦淖尔市全市参加基本医疗保险各类人员为 615180 人,其中参保职工 210246 人,居民参保为 405034 人。年征医疗保险费 39021.7 万元,支出基本医疗保险费 40239.2 万元。累计滚存结余基本医疗保险基金 10675.1 万元。

第三节　生育与工伤保险

2002 年,根据内蒙古自治区《企业职工生育保险试行办法》《企业职工工伤保险试行办法》,巴盟启动生育保险、工伤保险。同年参加生育和工伤保险职工 8465 人,收缴保险费 65.3 万元。支付生育、工伤保险费 4.5 万元。

2004 年巴彦淖尔市按照工伤保险条例,在试点中,巴彦淖尔市启动工伤保险。截至年底,全市参加工伤保险的企业职工 27233 人,征缴工伤保险费 106 万元。支付工伤保险费 55.2 万元。累计滚存结余工伤保险基金 192 万元。2005 年,参加生育保险的企业职工 27500 人,征缴生育保险费 64 万元,支付生育保险费 25 万元。全市参加工伤保险的企业职工 41200 人,征缴工伤保险费 399 万元,支付工伤保险费 123 万元。累计滚存结余工伤保险基金468万元。2006年,针对非公有制经济体参保覆盖面小、收缴费难的问题,印发《关于开展对全市个体工商户和私营企业协会会员办理养老保险和医疗保险工作的通知》,突破私营企业、个体户参保难点。全年全市参加生育保险的企业职工27500人,征缴生育保险费100万元,支付生育保险费39万元,累计滚存结余生育保险基金146万元。参加工伤保险的企业职工56880人,征缴工伤保险费537万元,支付工伤保险费242万元,累计滚存结余工伤保险基金768万元。2008年,全市参加生育保险职工55120人,征缴生育保险费258万元,有307人享受到生育保险待遇,支付生育保险基金137万元,累计结余生育保险基金297万元。参加工伤保险参保职工90390人,其中,事业单位参保8215人,农民工参保17425人。全年征缴工伤保险费1336万元,有589人享受到工伤保险待遇,支付工伤保险基金780万元。2010年,将餐饮服务、个体商户、建筑企业农民工整体纳入工伤保险范围,全年全市参加工伤保险的各类人员为103618人(其中农民工参保26508人),年征工伤保险费2058.7万元,工伤费支出1305.6万元。滚动结余工伤保险基金2927万元。生育保险参保人数增加43194人。

第十五篇

经济综述

第一章　经济发展

第一节　“七五”计划时期

一、发展思路

1986年是中国国民经济和社会发展实施“七五”计划新时期，巴盟确定“七五”经济和社会发展总的指导思想和方针是将改革列为首位，为改革的顺利进行创造一个良好的政治环境和社会环境，使改革和建设相互适应、相互促进，为新经济体制形成奠定良好的基础；坚持“林牧为主，多种经营”的经济建设方针，顺应自然规律和经济规律，实行分区治理，分类指导，努力改善生产条件和生态环境，促进商品生产，促进全盟传统农业向现代化农业过渡；坚持把经济建设的重点放在已有企业的改造和扩建上，走以内涵为主的扩大再生产的路子。同时，积极争取，再新建一批能发挥资源优势的骨干企业，搞好综合开发利用，形成优势产业结构；坚持对内搞活，对外开放，加强横向经济联合，开辟一个良好的投资环境，走出一条有利于引进资金、引进人才、引进技术的新路子，促进社会主义有计划的商品经济的发展；坚持宏观控制、微观搞活这一发展社会主义商品经济的基本原则，合理调整产业结构和生产力布局，理顺各种经济关系，使经济和社会发展协调运行；坚持经济、社会、科技和生态协调发展，把科学和教育事业放到重要的战略位置，加快科技进步和智力开发，使精神文明建设和物质文明建设同步发展；坚持效益和速度同步，在不断提高经济效益的前提下，保持国民经济较快增长，逐步缩小与先进地区的差距。

二、奋斗目标

计划到1990年，全盟生产总值完成17亿元。其中，第一产业总值完成10.5亿元，地方财政收入8439万元，农民人均纯收入500元，牧民人均收入700元。

三、运作措施

为保证计划奋斗目标的顺利实现，在农业方面，巴盟贯彻“以农为主，农牧林结合，多种经营，协调发展”的方针，在保证粮食稳定增产中，以分区治理（河套灌区、牧区、山旱区、乌兰布和区），分类指导的原则，因地制宜，稳步调整农牧业产业结构和生产布局，逐步形成各具特色的农牧业商品生产基地。工业生产中，以套内食品制造、粮油饲料加工、毛纺等工业为基础，努力建设临河为轴心的轻工业区；在沿山地区，以硫、铅、锌、铜重化和有色金属为主，建设以东升庙为中心重工业园区。在商品流通方面，打破条块分割与封锁，疏通渠道，减少中间环节,方便商品流通。发展城乡之间、地区之间,城市之间的横向联合,支持集体商业和个体商业发展。积极发展集市贸易,组织适销对路商品货源,满足群众生产、生活需求;不断完善经济合同制,允许产销直接见面,自行销售,保证城乡市场繁荣活跃;逐步完善市场体系,扩大消费品市场,发展跨地区、跨部门的商品流通,推行农工商结合、农商结合、工商结合或商商结合的新型商业模式;扩大生产资料市场,有步骤地开拓和建设资金市场、技术市场和促进劳动力的合理流动。

四、完成情况

1990 年,巴盟实现增加值 238498 万元,超计划 68498 万元。其中,第一产业实现增加值 145684 万元,第二产业实现增加值 39206 万元,第三产业实现增加值 53608 万元。财政实现收入 1.74 亿元,比预计划增加 8961 万元,财政自给率实现 60%;城镇居民人均可支配收入 1045 元;农牧民人均纯收入 854 元,比计划增收 154 元。

第二节　“八五”计划时期

一、发展规划

中共十三届四中全会上确定全国三步走的宏伟蓝图,确立全盟经济和社会发展总的指导思想和方针是:坚持“一个中心,两个基本点”的总方针,把治理整顿与深化改革结合起来,努力建立社会主义商品经济新秩序,促进经济和社会快速发展;积极稳妥调整、理顺经济关系。根据国家的产业政策,结合实际,扬长避短,发挥优势,调整产业结构、产品结构和企业组织结构,力求生产力要素更加优化,产业布局更加合理,避免地区经济结构的低水平重复和趋同化;坚持农牧结合方针,继续走以农养牧,以牧促农,农牧林结合,多种经营协调发展的路子;重视农业的基础地位,努力改善生产条件和生态条件,逐步增强农业发展后劲;突出重点建设,适度发展工业生产,逐步增强经济实力;立足已有企业和当地资源,将工业发展的重点放在改造和扩建上,走以内涵为主扩大再生产的路子;积极开发矿山资源,逐步形成以农畜产品为原料的轻工业和以有色金属矿产资源开发加工为主的两大地方工业体系;坚持计划经济和市场调节相结合的方针,加强重要生产资料的专营和人民生活必需品的供应,抑制过热消费,努力使物价控制在一个合理的范围内;坚持“科技兴盟”的战略思想,把科学技术和教育事业放在重要的战略位置,重视全员素质的提高,促进科技进步和智力开发,加快科学技术向生产力转化,向经济效益转化。

二、奋斗目标

计划到“八五”末,全盟工农业总产值完成 25 亿元,平均每年递增 7.4%。其中,农业总产值完成 13 亿元,平均年递增 4.4%;工业总产值完成 12 亿元,平均年递增 11.4%;外贸出口总额 1 亿元,平均年递增 13.1%;社会商品零售总额 17 亿元,平均年递增 5.5%;财政收入达到2.1亿元，平均年递增7.7%；农民人均实现纯收入1000元；牧民人均实现纯收入1300元。

三、运作措施

巴盟继续落实“七五”期间各项具体措施，调整农业产业内部结构，推进规模化、产业化生产，延长农业生产链，增加附加值；继续推进工业园区建设，扩大对外开放，大力招商引资，扩大经济总量和产品市场占有率；继续扩大市场开放，搞活流通领域，满足人民群众生产生活需求。

四、完成情况

1995年，全盟国内生产总值634349万元，超计划384349万元。其中，第一产业完成产值340331万元，第二产业完成产值137857万元，第三产业完成产值156161万元；实现财政收入23433万元，超计划目标2433万元；城镇居民人均可支配收入2333元，农村牧区人均纯收入1488元，分别比计划人均增加338元。

第三节 “九五”计划时期

一、发展规划

以邓小平建设中国特色社会主义理论为指引，贯彻落实中共十四届五中全会和内蒙古自治区六次党代会精神，抓住东、中、西部经济合璧和“再造河套”的机遇，以深化改革、扩大开放总揽全局；坚持以经济建设为中心，初步建立社会主义市场经济体制和人民群众达到小康两大奋斗目标，继续强化一个基础（农牧业），打出两个拳头（农畜产品加工业、矿山工业），依靠科技教育加快资源转换，积极推动国民经济又好又快发展。

奋斗目标计划到“九五”末，实现国内生产总值107亿元，年均增长11%；三产结构比例调整为38:29:33；实现人均国内生产总值5830元，年均增长10%；财政收入达到5.01亿元；社会消费品零售总额完成37亿元，平均年增长13%；出口货值总额达到1856万美元，年均增长26.6%；固定资产投资实现53.7亿元，年均增长12%；城镇居民人均可支配收入达到3705元，年均增长10%；农牧民人均纯收入达2500元，年均增长11%。

二、运作措施

农业方面，以发展和建设社会主义市场经济为主题，引导农业、农民走向市场。政府加强市场服务体系建设、农业生产资料市场的建设，支持建设以旗、县、市、农业生产资料公司为骨干，乡镇供销社为基础，少环节、流通畅的农资供应体系。工业方面，轻工业用境内丰富的农牧业资源，逐步由初级加工向精加工、深加工和综合利用方向发展，建立与全盟农牧业基地相适应的现代轻纺工业体系。重工业加快矿产资源的开发利用，发挥狼山一带丰富的有色金属、化工原料和铁矿资源优势，建成以重化有色金属采选、冶炼、加工为支柱，各行业全面发展的重工业体系。基础设施建设方面，加快旗、县、市城区次干道以上的道路配套建设，落实主巷道硬化；挖掘供水潜力，扩大供水规模，进一步完善城市排水系统，普及排水网络，建设污水处理设施；城市集中供热，完成市区供热改造；发展城镇绿化，逐步实现了垃圾无害化处理。

三、完成情况

2000年，全盟三次产业实现增加值1110745万元，"九五"期间平均每年增长10.5%，比预期增加40745万元，其中第一产业实现增加值433296万元，平均每年增长4.2%；第二产业实现增加值286812万元，平均每年增长12%；第三产业实现增加产值390637万元；财政收入73443万元，比预期增加24243万元，平均每年增长15.25%；城镇居民人均可支配收入达到4803元，比预期增加1098元；农牧民人均纯收入2418元，基本接近预期目标。

第四节　"十五"计划时期

一、发展规划

"十五"时期，以"三个代表"重要思想为指导，抓住国家实施西部大开发的历史机遇，深化改革，扩大开放；加快发展全面实施"农牧业固本、工业立盟、科教先行、产业化推进"的经济社会发展战略；加大以资源转换为特征和以特色经济为主线的产业结构调整力度，促进产业和产品的升级，提高经济运行质量和效益；加强以生态环境、水利、交通、城镇为重点的基础设施建设，全力提高财政收入和城乡人民生活水平；以两个"提高"总揽全局，再造巴盟经济发展新优势，推进经济社会全面进步。

二、奋斗目标计划

到"十五"末，国内生产总值实现172亿元，年均增长9%。其中，第一产业年均增长3%，第二产业年均增长12%，第三产业年均增长12%；三产结构调整到30∶32∶38；全社会固定资产投资平均增长12%以上；社会消费品零售总额年均增长10%；外贸进出口总额年均增长10%；财政收入年均增长10%以上，达到12亿元；城镇居民人均可支配收入年均增长7%，达到6730元；农牧民人均纯收入年均增长7%，达到3400元。

三、运作措施

进一步优化农牧业结构，推进农村经济由种植业主导型向养殖业主导型的转变，农业生产由普通产品向绿色、特色产品转变，农业经营方式由初级产品加工向精深加工转变。工业坚持以市场为导向，以企业为主体，以优势资源为依托，全力推进工业化进程。以工业园区为载体，以重点项目为支撑，做大农畜产品加工业、冶金及矿山工业、化学工业、电力工业四大支柱产业；延长产业链，提升产业层次，增强企业自主创新能力、可持续发展能力和市场竞争力。积极扶持中小企业发展，解决企业融资难问题。基础设施建设方面，将大型灌区续建配套节水改造作为农业固定资产投资的重点，动员农民开展平地缩块等农田基本建设。通过农田水利建设，提高水资源利用率，减轻农牧民水费负担，降低农业生产成本。坚持统筹规划、合理布局、城乡协调和可持续发展原则，推进城镇化。根据生产要素和交通布局，围绕产业发展，构建科学合理的城镇体系，提高城镇综合承载能力；以扩大居民消费和发展生产性服务业为突破口，改造提升传统服务业，加快发展新型服务业，培育现代服务业。按照互惠互利、合作共赢的原则，加强与蒙古经贸合作，鼓励有实力的企业"走出去"，积极参与蒙古矿产资源开发，促进生产要素的跨境流动和有效配置；加强与"长三角""珠三角"、京津唐地区合作，承接沿海发达地区产业和技术转移。

四、完成情况

2005 年底，全市国内生产总值达 2170300 万元，比预期目标增加 450300 万元。其中，第一产业完成增加值 6657300 万元，第二产业实现增加值 825900 万元，第三产业实现增加值 687100 万元；财政收入实现 122508 万元，是计划的 2.5 倍；城镇居民人均可支配收入 8022 元，农牧民人均纯收入 4265 元，分别比 2000 年增长 67% 和 76.4%；农牧区贫困人口由 2000 年的 25.92 万人，降至 2005 年的 15.02 万人。

第五节　"十一五"规划时期

一、发展规划

以科学发展观统一指导全面促进社会经济发展，继续深化改革、扩大开放，深入实施科教兴市和人才强市战略，加快经济转型；调整经济结构，转变经济增长方式，推进工业化、农牧业产业化和城镇化进程和社会主义新农村新牧区建设；强化基础设施和生态环境建设，建设中西部绿色农畜产品生产基地、有色金属工业生产基地、向北开放的重要基地和连接华北与西北的重要枢纽；坚持以人为本，全面发展社会事业，改善公共服务，完善社会保障和社会救助体制，维护社会稳定；加快全面建设小康社会的进程，努力建设富裕、文明、生态、和谐的新巴彦淖尔。

二、奋斗目标

计划到"十一五"末，全市国内生产总值实现 600 亿元，年均增长 20% 以上。其中，工业增加值达到 280 亿元，年均增长 36%，占地区国内生产总值的 46.6%；财政收入达到 80 亿元，年均增长 30% 左右；外贸进出口总额达到 8 亿美元，年均增长 45%；固定资产投资力争达到 1000 亿元；社会消费品零售总额达到 120 亿元，年均增长 18%；城镇居民人均可支配收入达到 16000 元，年均增长 15% 左右；农牧民人均纯收入达到 8500 元，年均增长 15% 左右。

三、运作措施

巴彦淖尔市继续围绕加强农牧业基础地位，以增加农牧民收入为主要任务，加大对农牧业的支持和保护力度。面向市场,依靠科技,调整和优化农牧业和农村牧区经济结构。以发展养殖业为突破,推动绿色食品产业发展和现代农牧业产业化发展。工业方面,以"工业立盟"为战略目标,以提高整体素质、壮大实力为目的,以结构调整为主线,突出重点、巩固提高,发挥资源优势,提高资源综合利用水平。集中精力解决结构不合理、总量过小、效益不高三大矛盾。在发展中坚持结构调优、总量调大、制度调新、市场调活、效益调高和强化企业家队伍建设的"五调一强"总体方针,重新构筑全市工业发展新框架。以推进城市化为依托,以社会化、产业化、现代化为方向,优化结构,拓宽领域,促进总量的扩大、整体实力和功能的增强。在继续加强和提高商品流通、交通运输、邮电通信等传统行业的基础上,不断发展新兴产业领域,重点发展教育产业、旅游产业、信息产业、房地产产业,科技服务、社会服务。在发展非公有制经济方面,坚持以"三个有利于"为标准,不断提高质量和效益,突出抓个体、私营企业对市场的适应性调整,扶持具有一定规模的个体、私营企业成为重点行业的龙头。

四、完成情况

2010 年,巴彦淖尔市实现国内生产总值 6033300 万元,超预计产值 33300 万元。其中,第一产业实现增加值 1190600 万元,第二产业实现增加值 3396800 万元,第三产业实现增加值 1445900 万元。一、二、三产业对经济增长的贡献率分别为 21%、64%、15%;财政收入完成 382787 万元,年均增长 28.2%;城镇居民人均可支配收入 15027 元,年均增长 13.4%。农牧民人均纯收入 8240 元,年均增长 14.1%。

第二章　经济体制改革

第一节　农业经济体制改革

一、种植业

巴彦淖尔自古是一个以农牧业为主的地区，农业主要分布在汉族聚居的引黄灌溉的套区平原和东部低山丘陵雨养区。牧业分布在蒙古族聚居的山地及其以北的乌拉特高平原。中华人民共和国成立前，巴彦淖尔市的经济基本处于自然、半自然状态，经济基础薄弱，生产力水平低下。1950 年后，巴彦淖尔市人民在党和政府领导下，投入大量的人力、财力、物力，兴修水利，改造草场，大办农牧业。特别是中共十一届三中全会以后，实施改革、开放、搞活，人民群众的社会主义生产积极性空前高涨，1982 年巴彦淖尔盟已成为全国农业产值翻番的 11 个地区之一，人民群众温饱问题基本得到解决。

1983 年，按照中央一号文件精神，土地承包经营全面推开。土地承包在坚持土地等基本生产资料集体所有的前提下，生产队把耕地按人口或劳动人口比例承包到户，耕畜和农具作价到农户使用或几户共用，产品分配实行"保证国家，留够集体，剩下都是自己的"，克服"大锅饭"、平均主义的弊端，使集体经济优越性和个人积极性同时得到发挥。

土地承包经营后，农民有了土地经营自主权，农民的生产积极性被充分调动起来，农业生产进入快速发展时期。广大农民通过早出晚归，辛勤劳作，到 1986 年，全盟粮食总产达到 65417. 1 万千克，人均占有粮食 436. 31 千克，农业总产值 80676 万元，比 1978 年增加 49528 万元。在农业生产稳定发展的同时，农村出现卖粮难、增收难。为破解这一困局，根据党中央战略部署，开放农村农产品市场，落实二轮土地承包。1998 年底，按照承包期延长 30 年不变、大稳定小调整、控制和管理机动的原则，完成农区二轮土地承包合同签订，牧区完成牲畜、草场双承包合同的签订。全年粮油总产 311574. 5 万千克，比 1986 年增长 4 倍。农业总产值 537486. 9 万元，比 1986 年增长 7. 33 倍。

2000—2003 年，巴盟农牧业生产以提高农牧业经济效益和农牧民收入为目标，贯彻落实中共中央、内蒙古自治区有关文件精神，采取调整农业产业结构，加快绿色、特色农业和设施农业的发展，保证农业稳步发展。

2004—2010 年，巴彦淖尔市以国家减免农牧业税费、增加补贴等惠农政策的有利政策，以市场为导向，着力推进产业化、规模化和订单农业，加快提高优质专用农畜产品比重，标准化生产和绿色食品、无公害农产品生产与认证为工作目标，建立规范的土地流转机制，使农牧业保持稳定发展势头。2010 年，全市粮食作物种植面积为 1315851 公顷，粮食总产 245060 万千克，人均占有粮食 1484.25 千克，人均油料 387.63 千克，水产品 9.87 千克。农业总产值 120.41 亿元。

二、牧业经济改革

1983 年，牧区将集体草场、牲畜以多种责任制的形式划拨给牧民管理经营。1984 年，在牧区推行"双承包制"，将草场划分、牲畜作价户养。1992—1997 年，在乌拉特中旗、乌拉特后旗、乌拉特前旗 18 个苏木实施草原畜牧业示范项目建设，推进畜牧业由传统畜牧业向现代畜牧业转变。1998 年，牧区落实草牧场使用权、草牧场所有权、草牧场有偿承包责任制。全年，全盟参加"双权一制"草牧场承包牧户为 12396 户，占牧区总牧户的 99.4%。签订承包合同书的牧户 12380 户，占应签订合同书牧户总数的 99.38%。发放使用证 48 份，所有证 137 份，发放率 100%。共承包到户的草牧场面积 367.33 公顷，占可利用草场面积的 97.1%。

三、林业经济改革

1990 年 1 月，巴盟召开林业工作会议。会议决定，除乌拉山林场继续实行集体经营外，其他各国有林场、苗圃全部以发放林权证的形式落实到个体经营。1998 年，在落实牧区草原"双权一制"的同时，将包括人工林地、天然次生林区等一并承包给牧民，让牧民经营管理，政府为牧民核发草场使用证。

2009 年，巴彦淖尔市按照中共中央，国务院《关于全面推进集体林权制度改革的意见》精神，巴彦淖尔市制定《关于深入开展集体林权制度改革的实施意见》，巴彦淖尔市林权改革全面进入实施。2010 年，巴彦淖尔市共落实林权承包面积 82.56 万公顷，占纳入林改范围集体林地面积的 38.7%，其中，落实商品林面积 12.37 万公顷，公益林面积 70.81 万公顷。完成发证面积 66.66 万公顷。

第二节　商品流通体制改革

一、国营商业

1986 年，巴盟城市居民商品需求仍以国有商业供给为主。之后逐渐对一些经营困难小型商店采取"租或转"的形式经营。同时，对大型商业企业实行政企职责分开，简政放权，将属于企业的权利逐步放给企业。企业内部管理推行精简结构，承包经营，变统管型为服务型，企业职工全民所有制身份不变。1993 年，巴盟决定将商业处转为实体，成立具有独立法人资格的巴盟商业总公司。公司属全民所有制企业，实行总经理负责制。1995 年，随着全国社会主义市场经济的确立，巴盟商业总公司改为股份制企业，企业职工全民所有制身份不变，职工购买股票，实行“买一配二”的优惠办法。1996 年，按照《关于加快小型商流企业转换经营机制的暂行规定》，巴盟商业由国营全部改造成民营，商业总公司撤销，职工身份由原来的全民所有制转变为社会自然人，完成全民所有制商品流通体制改革工作。

二、集体商业

1979—1985 年，供销社改革采取集体承包经营办法，由供销社全体职工集体承包，职工工资、福利、奖金与供销社经济效益挂钩。之后参照农村土地承包形式，采取职工个人或数人带头承包，并给承包人充分的采购、用工自由权，其产权仍属于集体所有。1986 年，巴盟有集体所有制供销合作社 1533 个，其中，管理机构 149 个，经营机构 1383 个。其他集体所有制商业 804 个，其中，管理机构 30 个，经营机构 774 个。社会商品零售额为 15707. 51 万元。1987 年，随着农村牧区个体商业的发展，供销系统经营走向低谷。为规避风险，职工个人承包经营采取“商品全额风险抵押制”或“租壳卖瓤”经营体制，将产权、商品尽可能量化到个人，风险由承包人承担。1988 年，按照国务院《关于深化供销合作社改革的意见》和内蒙古自治区《关于自治区供销合作社改革方案报告的通知》精神，制定《巴盟供销合作联社办成经济实体改革方案》。方案明确供销合作社是自主经营、自主管理、自负盈亏、自我发展、向国家纳税的集体所有制的经济组织。供销企业对外实行承包，第一轮承包期从 1988 年 1 月 1 日至 1990 年 12 月 31 日。为完善承包责任制，制定《供销社经济体制改革和承包方案》。

1991 年 6 月，巴盟财政处与 7 户供销企业签订为期三年《包死基数，确保处理遗留问题增盈减亏全留，减盈增亏不补》责任书。1993 年 1 月，巴盟供销合作联社转为实体。1997 年，巴盟印发〔1997〕58 号文件，根据文件精神，供销社实行民营制，职工由国有职工转为社会自然人。为安置好破产企业职工，供销总社筹资，先行解决企业离退休人员的退休金发放。再变卖畜产公司办公楼、农产公司办公院及库存商品，解决企业职工养老保险问题及离退休人员的医疗保险问题。1998 年，全盟各旗、县、市参照盟供销社改革方案，对供销系统依法实施破产拍卖、人员分流处置。年底全盟供销系统改制工作全面完成。

第三章　经济结构

1986—2010 年,巴彦淖尔市历经五个"五年规划(计划)"时期。在经济体制上,从管得过多、统得过死的计划经济体制,开始转向有中国特色的社会主义市场经济转变。通过全面推行一系列改革措施,极大地解放了生产力,使巴彦淖尔市经济开始向专业化、商品化、现代化转变。以搞活企业为中心环节,在计划、财政、税收、价格、金融、商业、劳动工资等方面都进行程度不同的改革,使城市经济生活出现前所未有的活跃局面。企业自我改造、自我发展的能力逐渐增强,社会主义市场不断扩大,多种所有制形式和经营方式显著发展,各种形式的横向经济联系日益加强,全市国民经济的运行机制发生了有利于搞活经济的许多变化,经过五个"五年规划(计划)"的实践,巴彦淖尔市经济结构不断调整优化,国民经济和社会发展有了巨大变化。

第一节　所有制及劳动力结构

1986—2010 年,巴彦淖尔市劳动力资源总数增加 26.2 万人,增长 26.7%;劳动力资源中从业人员增加 17 万人(其余 9.2 万人主要为在校学生和家务劳动者),增长 23.6%。按所有制经济划分,国有经济单位减少 3.8 万人,下降 26.6%;城镇集体单位减少 3.3 万人,下降 86.8%;农业集体(农户)经济减少 5.8 万人,下降 11%;其他非公经济劳动者增加 29.9 万人,增长 23 倍。

"七五"时期(1986—1990 年),巴彦淖尔市劳动力资源总数较"六五"末增加 22.7 万人,增长 28%;劳动力资源中从业人员增加 4.5 万人,增长 6.4%。按所有制经济划分:国有经济单位增加 2.1 万人,增长 15.3%;城镇集体单位增加 0.3 万人,增长 8.8%;农业集体(农户)经济增加 2.4 万人,增长 4.6%;其他非公经济劳动者减少 0.3 万人,下降 21.4%。

"八五"时期(1991—1995 年),巴彦淖尔市劳动力资源总数比"七五"末增加 6.7 万人,增长 6.5%;劳动力资源中从业人员增加 0.7 万人,增长 0.9%。按所有制经济划分:国有经济单位增加 1.1 万人,增长 7%;城镇集体单位减少 0.9 万人,下降 24.3%;农业集体(农户)经济减少 2.1 万人,下降 3.9%;其他非公经济劳动者增加 2.6 万人,增长 2.4 倍。

"九五"时期(1996—2000 年),巴彦淖尔市劳动力资源总数比"八五"末增加 9.2 万人,增长 8.3%;劳动力资源中从业人员增加 8.2 万人,增长 10.9%。按所有制经济划分:国有经济单位减少 4.5 万人,下降 26.6%;城镇集体单位减少 2 万人,下降 71.4%;农业集体(农户)经济增加 1.5 万人，增长 2.9%；其他非公经济劳动者增加 13.2 万人，增长 3.6 倍。

“十五”时期（2001—2005 年），巴彦淖尔市劳动力资源总数比“九五”末增加 2.3 万人，增长 1.9%；劳动力资源中从业人员增加 3 万人，增长 3.6%。按所有制经济划分：国有经济单位减少 2.2 万人，下降 17.7%；城镇集体单位减少 0.3 万人，下降 37.5%；农业集体（农户）经济减少 5.6 万人，下降 10.4%；其他非公经济劳动者增加 11.1 万人，增长 65.7%。

“十一五”时期（2006—2010 年），巴彦淖尔市劳动力资源总数比“十五”末增加 2.1 万人，增长 1.7%；劳动力资源中从业人员增加 2.3 万人，增长 2.7%。按所有制经济划分：国有经济单位增加 0.3 万人，增长 2.9%；城镇集体单位从业人数未发生变化；农业集体（农户）经济减少 1.2 万人，下降 2.5%；其他非公经济劳动者增加 3.2 万人，增长 11.4%。

1986—2010 年彦淖尔市劳动力结构情况表

表 15－3－1

年份	社会从业人员（万人）	国有单位（万人）	城镇集体单位（万人）	乡村劳动者（万人）	其他非公经济劳动者（万人）
1985	70.4	13.7	3.4	51.9	1.4
1986	72.1	14.3	3.8	52.7	1.3
1987	73.3	14.5	3.9	53.6	1.3
1988	74.6	15.5	3.8	53.7	1.6
1989	74.2	15.4	3.8	53.6	1.4
1990	74.9	15.8	3.7	54.3	1.1
1991	77	16.4	3.7	55.4	1.5
1992	77	17	3.7	54.6	1.7
1993	77.8	16.9	3	53.9	4
1994	75.1	16.6	2.9	52.3	3.3
1995	75.6	16.9	2.8	52.2	3.7
1996	77.2	17.7	2.3	52.8	4.4
1997	78.25	16.87	2.04	51.52	7.82
1998	79.6	14.5	1.4	52.9	10.8
1999	82.2	13.4	1.1	54	13.7
2000	83.8	12.4	0.8	53.7	16.9
2001	84.6	11.6	0.6	53.2	19.2
2002	85.5	11.1	0.5	53.3	20.6

续表 15－3－1

年份	社会从业人员（万人）	国有单位（万人）	城镇集体单位（万人）	乡村劳动者（万人）	其他非公经济劳动者（万人）
2003	86. 6	11. 1	0. 6	52. 4	22. 5
2004	86. 2	10. 8	0. 6	51. 4	23. 4
2005	86. 8	10. 2	0. 5	48. 1	28
2006	87. 9	10. 1	0. 5	49. 7	27. 6
2007	88. 8	10. 2	0. 6	48. 9	29. 1
2008	88. 9	10. 3	0. 5	48. 5	29. 6
2009	89	10. 3	0. 5	48. 2	30
2010	89. 1	10. 5	0. 5	46. 9	31. 2

第二节　生产结构

一、产业结构：

1986—2010 年，巴彦淖尔市第一、二、三产业构成比例由 1986 年的 61. 69∶15. 62∶22. 69 转变为 19. 7∶56. 3∶24。第一产业占比下降了 41. 99 个百分点，第二产业占比提高了 40. 68 个百分点，第三产业提高了 1. 31 个百分点。

“七五”时期(1986—1990 年)，巴彦淖尔盟继续贯彻“以农为主，农牧林结合，多种经营，协调发展”的方针。1990 年全盟完成生产总值 23. 85 亿元，同比增长 9. 35%。其中，第一产业完成增加值 14. 57 亿元，增长 11. 22%；第二产业完成增加值 3. 92 亿元，增长 8. 59%，其中工业增加值 3. 25 亿元，增长 4. 5%；第三产业完成增加值 5. 36 亿元，增长 5. 1%。第一、二、三产业结构由“六五”末的 61. 69∶15. 62∶22. 69 演进为 61. 09∶16. 44∶22. 47，第一产业占比下降 0. 6 个百分点，第二产业占比提高了 0. 82 个百分点，第三产业下降 0. 2 个百分点。

“八五”时期(1991—1995 年)，巴彦淖尔盟重视农业的基础地位，努力改善生产条件和生态条件，逐步增强农业发展后劲，同时提出了“突出重点建设，适度发展工业生产，逐步增强经济实力”的发展方针，1995 年全盟完成生产总值 63. 43 亿元，同比增长 26. 76%。其中，第一产业完成增加值 34. 03 亿元，增长 24. 06%；第二产业完成增加值 13. 78 亿元，增长 30. 25%，其中工业增加值 10. 75 亿元，增长 24. 1%；第三产业完成增加值 15. 62 亿元，增长 29. 84%。三次产业结构由“七五”末的 61. 09∶16. 44∶22. 47 转变为 53. 65∶21. 72∶24. 63，第一产业占比下降 7. 44 个百分点，第二产业占比提高 5. 28 个百分点，第三产业提高 2. 16 个百分点。

“九五”时期(1996—2000 年),巴彦淖尔盟提出以“农牧业为本,工业立盟,科教先行,产业化推进”的经济建设指导思想,2000 年全盟生产总值突破百亿元,完成 111.07 亿元,同比增长 7.51%。其中,第一产业完成增加值 43.33 亿元,增长 0.28%;第二产业完成增加值 28.68 亿元,增长 13.76%,其中,工业增加值 20.24 亿元,增长 7.5%;第三产业完成增加值 39.06 亿元,增长 11.95%。第一、二、三产业结构由“八五”末的 53.65:21.72:24.63 转变为 39.01:25.82:35.17,第一产业占比下降 14.64 个百分点,第二产业占比提高 4.1 个百分点,第三产业提高 10.54 个百分点。

“十五”时期(2001—2005 年),巴彦淖尔市(2004 年撤盟设市)加大以资源转换为特点和以特色经济为主线的产业结构调整力度,促进产业和产品的升级,提高经济运行质量和效益。经济结构发生显著变化,运行质量进一步提高。第一、二、三产业结构由“九五”末的 39.01:25.82:35.17 转变为 30.28:38.05:31.66,第一产业占比下降 8.73 个百分点;第二产业占比超过第一产业,提高 12.23 个百分点;第三产业下降 3.51 个百分点。2005 年全市生产总值突破两百亿元,完成 217.03 亿元,同比增长 14.5%。其中,第一产业完成增加值 65.72 亿元,增长 8.04%;第二产业完成增加值 82.59 亿元,增长 25.06%,其中工业增加值 59.69 亿元,增长 38.5%;第三产业完成增加值 68.72 亿元,增长 9.76%。

“十一五”时期(2006—2010 年),巴彦淖尔市深入贯彻落实科学发展观,积极应对各种风险和挑战,大力推进经济结构转型升级,加快工业化、城镇化、农牧业产业化进程,初步实现农牧业主导型经济向工业主导型经济的重大转变。三次产业结构由“十五”末的 30.28:38.05:31.66 转变为19.7:56.3:24,第一产业占比下降 10.58 个百分点;第二产业占比超过第一产业,提高 18.25 个百分点;第三产业下降 7.66 个百分点。2010 年,全市生产总值突破 600 亿元,完成 603.3 亿元,同比增长 18.33%。其中,第一产业完成增加值 119.06 亿元,增长 19.83%;第二产业完成增加值 339.68 亿元,增长 21.36%,其中,工业增加值 285.8 亿元,增长 20.6%;第三产业完成增加值 144.59 亿元,增长 10.71%。

1986—2010 年巴彦淖尔市产业结构情况表

表 15-3-2

年份	生产总值（亿元）	第一产业（亿元）	第二产业（亿元）	第三产业（亿元）	第一产业占比(%)	第二产业占比(%)	第三产业占比(%)
1986	12.87	7.94	2.01	2.92	61.69	15.62	22.69
1987	15.14	8.87	2.34	3.93	58.59	15.46	25.96
1988	19.25	11.8	3.02	4.43	61.3	15.69	23.01
1989	21.81	13.1	3.61	5.1	60.06	16.55	23.38
1990	23.85	14.57	3.92	5.36	61.09	16.44	22.47

续表 15 - 3 - 2

年份	生产总值(亿元)	第一产业(亿元)	第二产业(亿元)	第三产业(亿元)	第一产业占比(%)	第二产业占比(%)	第三产业占比(%)
1991	25.86	14.94	4.57	6.35	57.77	17.67	24.56
1992	27.89	15.39	5.51	6.99	55.18	19.76	25.06
1993	35.7	17.78	9.22	8.7	49.80	25.83	24.37
1994	50.04	27.43	10.58	12.03	54.82	21.14	24.04
1995	63.43	34.03	13.78	15.62	53.65	21.72	24.63
1996	82.46	41.73	19.43	21.3	50.61	23.56	25.83
1997	95.01	46.38	22.58	26.05	48.82	23.77	27.42
1998	104.31	48.04	25.13	31.14	46.06	24.09	29.85
1999	103.31	43.21	25.21	34.89	41.83	24.40	33.77
2000	111.07	43.33	28.68	39.06	39.01	25.82	35.17
2001	123.65	46.1	33.08	44.46	37.3	26.8	35.9
2002	131.33	46.99	35.09	49.26	35.8	26.7	37.5
2003	151.37	53.37	44.47	53.53	35.3	29.4	35.3
2004	189.55	60.83	66.04	62.61	32.1	34.9	33
2005	217.03	65.72	82.59	68.72	30.28	38.05	31.66
2006	278.23	72.32	125.02	80.89	25.99	44.93	29.07
2007	341.62	75.48	168.51	97.63	25.1	47.4	27.5
2008	439.06	92.66	229.61	116.79	21.10	52.30	26.6
2009	509.86	99.36	279.9	130.6	19.5	54.9	25.6
2010	603.3	119.06	339.68	144.59	19.7	56.3	24

二、行业结构

“七五”末(1990年),全盟农牧业发展全面丰收。农业生产总值达20.33亿元,其中,种植业产值增长10.85%,林业产值增长6.4%,牧业产值增长3.8%,副业产值增长18.3%,渔业产值增长24.8%。种植结构进一步趋于合理,粮食播种面积进一步扩大,粮食生产取得特大丰收,粮、油、糖取得全面丰收,农、林、牧、副、渔得到全面发展,农业和国民经济发展进一步协调。林业生产不断发展。造林面积达14140公顷,注重发挥地方优势,大量栽培苹果梨等地方产品,年末实有果园面积达8453公顷。畜牧业生产稳步发展,畜群结构不断改善,基础母畜和改良种畜的比例有所提高。全盟年末大小牲畜达392.1万头(只),比上年增长2%,生猪达55万头,突破历史最高水平。牧业生产基础建设有所加强,良种、改良种畜比重,提高至53.2%,增6.4个百分点,基础母畜比重51.1%,当年又新建草库伦 881 处,围建面积 646 公顷。大小牲畜出栏率由上年的 29. 4% ,增加到 30. 3% 。渔业生产继续发展。全年水产品产量达 2502 吨。农牧业生产投入大幅度增长,生产条件进一步得到改善。同年全盟农牧业机械总动力 145. 7 万马力,有效灌溉面积 27. 56 万公顷,增长 1. 04% 。农业集约经营的能力明显提高,当年粮食亩产 296 千克。

全盟工业生产走出“谷底”,低速度回升发展。全年工业总产值达 107568 万元,其中村及村以下的工业产值 9856 万元,在工业总产值中:全民工业产值 76153 万元;集体工业产值 21560 万元,个体工业产值 7596 万元,在统计重点考核的 62 种产品产量中,增长的产品有 36 种,占 58% 。能源、原材料工业发展稳定,发电量增 1. 6% ,水泥增 4. 5% ,基础原材料铬镁矿、铅镁粉、铁矿石、铁精粉等产品有了大幅度增长。市场适销产品如布、啤酒、乳制品、食用植物油等产品一直兴旺不衰,啤酒增 17. 6% ,乳制品增 46. 1% ,食用植物油增 1. 51% 。产品的竞争能力有所提高,全盟生产的“雪花粉”、啤酒等产品在区内乃至全国负有盛名。工业内部产品结构继续调整,增加了花色品种,缓解了供需矛盾。

“八五”末(1995 年),农林牧渔业总产值 51. 02 亿元,其中农业总产值 36. 73 亿元,种植业主产品产值 327734. 7 万元,林业产值 7422. 9 万元,牧业产值 132279. 8 万元,渔业产值 3209. 7 万元。农作物总播面积 33. 01 万公顷。同年造林面积 2. 40 万公顷。年末果园面积 27 公顷。年末牲畜总头数 522. 24 万头(只)。

工业总产值 35. 7 亿元,其中轻工业 21. 94 亿元,重工业 13. 76 亿元。乡及乡以上工业企业工业总产值 26. 2 亿元。

“九五”末(2000 年),农牧业生产稳定发展。巴彦淖尔盟各旗县市根据市场需求和当地资源优势,将结构调整作为农牧区经济的中心工作,引导农牧民优化种养结构,加强农田、水利和草牧场基本建设,大规模开展生态建设,积极推进农牧业产业化进程。种植业调整力度加大,同年农作物总播面积为 39. 04 万公顷,各地认真落实退耕还林还草政策,对部分农田进行退耕,是总播面积减少的主要原因。粮食播种面积减少 3. 72 万公顷,经济作物增加 3. 29 万公顷,粮经比例调整为 52:48。“订单农业”继续发展,已占总播面积的 1/5 以上;提质增效重点技术得到大面积推广应用,全盟农作物规范化、模式化栽培面积占到总播面积的 82% ,农业科技贡献率 47% 。

畜牧业生产中,重点发展农区畜牧业,同时加大牧区草库伦建设、“种子工程”建设和优质牧草种植力度,加强秸秆转化、羔羊育肥和北繁南育工作,全盟畜牧业生产在大灾之年仍保持相对稳定。全盟日历年度牲畜总头数 571. 14 万头(只),良种、改良种畜占 87. 9% ,出栏率 45. 4% ,商品率 32. 5% 。在林业生态建设中,退耕还林还草、沙源治理等工程已全部完成当年目标任务。工业生产速度和效益明显提高。全盟继续贯彻自治区党委提出的“全党抓经济,重点抓工业,突出抓效益”的指导思想,积极推进“工业立盟”战略的实施,加大贯彻企业重组、债转股、技改贴息等政策的力度,进一步加强企业管理和技术改造,积极开拓国内外市场,使工业生产实现较快增长,经济效益大幅提高。2000年,全盟限额以上工业企业完成增加值12.8亿元,同比增长11.4%;经济效益综合指数为90.3%,工业产品销售率达95.9%。

“十五”末(2005年),全年农业增加值实现66.4亿元,增长17.2%,种植业结构调整迈出新步伐。2005年全市农作物总播面积50.53万公顷,粮食总播种面积26.29万公顷,经济作物播种面积18.78万公顷,粮经草比例由2004年的50.6∶36.6∶12.8转变为52∶37.2∶10.8。主要农作物丰产丰收,小麦产量为8.41亿千克,增长14.9%;玉米产量为9.8亿千克,增长3.2%,油料产量为4.095亿千克,增长16.4%;瓜类产量为4.555亿千克,增长16.3%。林业生产继续得到加强。全年完成造林面积1.88万公顷;完成退耕还林面积1.35万公顷;完成幼林抚育面积9.87万公顷,畜牧业发展加快。种植业主导型农业向养殖业主导型农业转型步伐加快。全年实现畜牧业产值37.5亿元,增长20.6%,占到大农业产值的34.3%,牧业年度牲畜总头数990.32万头(只),比上年同期增加50.35万头(只),增长5.4%。其中,农区牲畜头数733.65万头(只),牧区牲畜总头数256.67万头(只),牧业年度羊的存栏896.16万(只),其中,农区为642.50万(只);牧区为253.66万(只)。畜群、畜种结构不断优化,良种、改良种畜头数948.77万头(只),占牲畜总头数的比重95.8%,能繁母畜538.85万头(只),占牲畜总头数比重54.4%。牲畜出栏加快,全年(日历年度)牲畜出栏总数为940.80万头(只),出栏率为110.73%,养牛业发展迅速,全年共购进奶牛6757头,年末奶牛总头数达到11.34万头。

工业经济增势强劲。2005年全部工业增加值实现59.69亿元,其中,规模以上工业企业(国有及年产品销售收入500万元以上的非国有工业企业)完成增加值53.27亿元,实现总产值155.74亿元。从轻重工业来看,轻工业实现产值81.44亿元,增长58.4%。主要产品有小麦粉52.8万吨,食用植物油9.655万吨,乳制品20.73万吨,饮料酒7.97万千升,服装667.14万件,纸浆14.62万吨。重工业实现产值74.30亿元,增长66.1%。主要产品有原煤27.78万吨,铁矿石原矿362.78万吨,铜精矿含铜量1.73万吨,铅精矿1.043万吨,锌精矿含锌量9.48万吨,发电量174919万千瓦时。

“十一五”末(2010年),农牧业生产发展稳定,农牧业产业化进程加快。全年农林牧渔业完成增加值119亿元,种植业结构进一步优化。全市农作物总播面积63.3万公顷,增长3.6%。粮食播种面积31.59万亩,下降3.6%。全市粮食总产量24.8亿千克,林业生产进一步发展。年末全市完成荒山荒沙造林面积4.98万公顷。其中,人工造林面积1.65万公顷;飞播造林0.53万公顷。完成更新造林面积266公顷。完成成林抚育面积20.29万公顷。完成幼林抚育面积4.63万公顷。畜牧业生产保持平稳,畜牧业向规模化、标准化方向迈进。牧业年度牲畜总头数901.7万头(只),下降1.5%。畜群、畜种结构不断优化,良种、改良种牲畜头数达到877.6万头(只),占牲畜总头数的比重97.3%。农牧业机械化水平继续提高。年末全市农牧业机械总动力为379.2万千瓦,比上年增长5.8%。机耕地面积58.86万公顷,增长5.8%。

工业经济快速发展。全市全部工业增加值完成285.8亿元,同比增长20.6%,占生产总值的比重47.4%,其中,规模以上工业增加值258.9亿元,增长20.9%。全年规模以上工业出口交货值21.5亿元,从支柱产业,农畜产品加工业、矿山工业、化学工业和电力生产供应业等优势特色产业增加值占到规模以上工业增加值的90%以上,带动工业生产快速增长。

第三节　固定资产投资结构

1986—2010年,巴彦淖尔市全社会固定资产投资额累计完成2452.86亿元,年均增长为26.5%,按行业分:第一产业(农林牧水)完成投资190.76亿元,占总累计投资的7.8%,年均增长为25.7%;第二产业累计完成投资1244.58亿元,占总投资的50.7%,年均增速为24.4%,其中工业累计完成投资1232.57亿元,占第二产业的99%;第三产业累计完成投资1017.52亿元,占总投资的41.5%,年均增速为30.9%。

"七五"时期(1986—1990年),固定资产投资累计完成投资8.73亿元,年均增速0.4%,按行业分类,第一产业(农林牧水)累计完成投资1亿元,占比11.5%;第二产业累计完成投资4.33亿元,占比49.6%,其中工业累计完成投资4.31亿元,占第二产业的99.5%;第三产业累计完成投资3.4亿元,占比38.9%。"七五"末(1990年),全社会固定资产当年完成投资1.95亿元,其中,第一产业完成固定资产投资0.4亿元,占比20.5%;第二产业完成固定资产投资0.75亿元,占比35.8%;第三产业完成固定资产投资0.8亿元,占比41%。

"八五"时期(1991—1995年),固定资产投资累计完成24.81亿元,是"七五"累计完成投资的2.84倍,年均增速为44%,按行业分类,第一产业(农林牧水)累计完成投资3.85亿元,占比15.5%;第二产业累计完成投资9.08亿元,占比36.6%,其中工业累计完成投资9亿元,占第二产业的99.1%;第三产业累计完成投资11.88亿元,占比47.9%。"八五"末(1995年),全社会固定资产同年完成投资6.26亿元,其中第一产业完成固定资产投资0.56亿元,占比8.95%;第二产业完成固定资产投资2.79亿元,占比44.6%;第三产业完成固定资产投资2.91亿元,占比46.5%。

"九五"时期(1996—2000年),固定资产投资累计完成投资63.47亿元,年均增速35.7%。按行业分类:第一产业(农林牧水)累计完成投资5.78亿元,占比9.1%;第二产业累计完成投资16.15亿元,占比25.4%,其中工业累计完成投资13.77亿元,占第二产业的85.2%;第三产业累计完成投资41.54亿元,占比65.5%。"九五"末(2000年),全社会固定资产当年完成投资28.9亿元,同比增长136.5%,其中:第一产业完成固定资产投资2.1亿元,占比7.3%;第二产业完成固定资产投资6.5亿元,占比22.5%;第三产业完成固定资产投资20.3亿元,占比70%。

"十五"时期(2001—2005年),固定资产投资累计完成投资411.32亿元,年均增速40.5%,按行业分类,第一产业(农林牧水)累计完成投资38.9亿元,占比9.5%;第二产业累计完成投资167.6亿元,占比40.7%,其中工业累计完成投资1647亿元,占第二产业的97.9%;第三产业累计完成投资204.78亿元,占比49.8%。到"十五"末(2005年),全社会固定资产同年完成投资158.38亿元,同比增长47.07%,其中:第一产业完成固定资产投资10.91亿元,占比6.9%;第二产业完成固定资产投资77.69亿元,占比49.1%;第三产业完成固定资产投资69.78亿元,占比44%。

"十一五"时期(2006—2010年),固定资产投资累计完成投资1944.5亿元,年均增速为29%,按行业分类,第一产业(农林牧水)累计完成投资141.23亿元,占比7.3%;第二产业累计完成投资1047.4亿元,占比53.8%,其中工业累计完成投资1041.5亿元,占第二产业的99.4%;第三产业累计完成投资755.9亿元,占比38.9%。"十一五"末(2010年),全社会固定资产当年完成投资565.2亿元,同比增长0.53%,其中:第一产业完成固定资产投资36.6亿元,占比6.5%;第二产业完成固定资产投资270.5亿元,占比47.9%;第三产业完成固定资产投资269.9亿元,占比45.6%。

1986—2010年巴彦淖尔市固定资产投资结构情况表

表15-3-3

年份	固定资产投资额(亿元)	第一产业(农林牧水)(亿元)	第二产业(亿元)	其中:工业(亿元)	第三产业(亿元)
1986	1.98	0.15	1.43	1.43	0.4
1987	1.56	0.17	0.93	0.92	0.46
1988	1.4	0.11	0.7	0.69	0.59
1989	1.84	0.17	0.52	0.52	1.15
1990	1.95	0.4	0.75	0.75	0.8
1991	2.89	0.61	0.97	0.96	1.31
1992	4.66	0.77	1.92	1.91	1.97
1993	5.81	1.05	1.99	1.97	2.77
1994	5.19	0.86	1.41	1.39	2.92
1995	6.26	0.56	2.79	2.77	2.91
1996	6.64	0.39	2.66	2.65	3.59
1997	6.96	0.35	1.99	1.99	4.62

续表 15－3－3

年份	固定资产投资额(亿元)	第一产业(农林牧水)(亿元)	第二产业(亿元)	其中:工业(亿元)	第三产业(亿元)
1998	8.75	1.51	1.47	1.45	5.77
1999	12.22	1.43	3.53	3.48	7.26
2000	28.9	2.1	6.5	4.2	20.3
2001	32.89	2.75	8.56	8.16	21.58
2002	38.35	3.01	12.11	11.66	23.23
2003	74.01	9.35	25.14	24.37	39.52
2004	107.69	12.88	44.14	43.59	50.67
2005	158.38	10.91	77.69	76.24	69.78
2006	210.15	21.65	126.02	123.25	62.48
2007	271.78	21.58	140.56	139.92	109.64
2008	335.2	22.4	186.3	185.3	126.5
2009	562.2	39	324	323.1	199.2
2010	565.2	36.6	276.5	258.1	269.9

第四节　商品流通结构

“七五”末(1990年),全盟社会商品零售总额11.66亿元,按行业分:批发零售销售额9.2亿元,住宿餐饮销售额0.31亿元,其他销售2.15亿元。农业生产资料零售额2.9亿元。农民生产投资增长迅速。城乡居民消费品零售额达8.03亿元,社会集团购买0.73亿元,消费动态趋于正常,吃、穿、用的消费结构趋于合理。

“八五”末(1995年),全盟社会商品零售总额19.97亿元,按行业分,批发零售销售额13.28亿元,住宿餐饮销售额2.43亿元,其他销售4.26亿元。按地区分:城镇零售额14.54亿元,村镇零售额5.43亿元。

“九五”末(2000年),商贸及各项社会事业协调发展。全盟社会商品零售总额32.2亿元,按行业分,批发零售销售额21.08亿元,住宿餐饮销售额6.04亿元,其他销售5.08亿元。按地区分,城镇零售额23.3亿元,村镇零售额8.9亿元。

共完成外贸进出口总额2737万美元,增长16.3%,其中:出口总额完成2610万美元,增长18.6%,超额完成自治区下达的目标任务,在外贸进出口总额中,“三资”企业实现1231万美元,所占比重44.9%。在出口商品中,羊绒制品、无毛绒和化工产品等大幅度增加,出口市场新拓肯尼亚和阿联酋等国家。

“十五”末(2005年),全市消费品市场繁荣活跃。实现社会消费品零售总额52.43亿元，市区的零售额实现15.55亿元，增长19.1%；县的零售额实现23.75亿元，增长16%；县以下的零售额实现13.14亿元，增长15%。分行业，批发零售贸易业实现销售总额40.27亿元，增长17.1%；餐饮业营业额7.04亿元，增长17.6%；其他行业实现零售额5.12亿元，增长11.9%。对外贸易略呈降势。据海关统计，全年外贸进出口总额实现11643万美元。其中，私营企业完成进出口总额7573.91万美元；外商投资企业完成进出口总额4069.99万美元。出口的产品中，农畜产品出口6529.48万美元；化工产品出口721.74万美元。出口的主导产品有无毛绒、番茄制品、羊绒衫、脱水菜等。

"十一五"末（2010年），消费品市场繁荣活跃。全年社会消费品零售总额完成124.3亿元，同比增长19.2%。城镇市场实现零售总额105.8亿元，同比增长19.3%；农村市场实现零售总额18.5亿元，同比增长18.2%，城镇市场增速快于农村市场1.1个百分点。批发零售业零售额106.5亿元，同比增长19.1%，占到全部消费品零售总额的85.7%；住宿业实现零售额0.3亿元，同比增长14.1%；餐饮业实现零售额17.4亿元，同比增长19.5%。城乡消费市场，全市继续大力实施"万村千乡"市场和"双百市场"工程，改造提升农家店143个，配送中心5个，申报新建"双百市场工程"4个，累计销售家电下乡产品8万余台，实现销售额2.17亿元，农村消费市场提升显著。

对外开放实现新突破。年内全市外贸进出口总额实现53270万美元。其中，进口完成37297万美元，增长84.7%，出口完成15973万美元，增长10.1%，进出口贸易额增速均居全区首位。加强与周边盟市资源配置、产业分工、基础设施建设等方面的协作，与鄂尔多斯市、乌海市的资源置换取得实质性进展，一批资源综合利用项目相继开工，包钢西区建设正式启动。大力扩大向北开放，完善口岸基础设施和管理体制，全年煤炭进口量突破800万吨，达到812万吨，同比增长2.53倍。番茄酱、肉食品、脱水菜、绒纺、葵仁出口也相应有不同程度增幅。

1986—2010年巴彦淖尔市商品流通数据情况表

表15－3－4

年份	全社会消费品零售总额（亿元）	按地区		按行业		
		城镇（亿元）	乡村（亿元）	批发零售（亿元）	住宿餐饮业（亿元）	其他（亿元）
1986	7.45	—	—	6.04	0.17	1.24
1987	9.39	—	—	7.48	0.22	1.69
1988	11.6	—	—	9.21	0.29	2.1
1989	11.33	—	—	9.05	0.26	2.02
1990	11.66	—	—	9.2	0.31	2.15

续表 15－3－4

年份	全社会消费品零售总额（亿元）	按地区		按行业		
		城镇（亿元）	乡村（亿元）	批发零售（亿元）	住宿餐饮业（亿元）	其他（亿元）
1991	12.07	—	—	9.58	0.31	2.18
1992	13.27	—	—	10.3	0.35	2.62
1993	12.96	9.07	3.89	8.94	0.79	3.23
1994	16.78	11.62	5.16	12.14	1.39	3.25
1995	19.97	14.54	5.43	13.28	2.43	4.26
1996	22.52	16.25	6.27	14.27	3.43	4.82
1997	24.33	17.86	6.47	16.12	3.41	4.8
1998	27.12	19.43	7.69	17.37	4.26	5.49
1999	29.17	20.91	8.26	18.52	4.84	5.81
2000	32.2	23.3	8.9	21.08	6.04	5.08
2001	35.3	25.67	9.63	23.13	12.17	—
2002	38.38	28.05	10.33	25.5	7.8	5.08
2003	41	30.09	10.91	28.4	7.32	5.28
2004	48.77	36.07	12.7	34.76	9.44	4.57
2005	52.43	45.1	13.14	40.27	7.04	5.12
2006	60.97	46.1	14.87	48.45	8.12	4.4
2007	72.7	54.6	18.1	57.6	11.6	3.5
2008	90.7	68.8	21.9	72.4	14.4	3.9
2009	108.8	83.6	25.2	85.6	18.8	4.4
2010	124.3	105.8	18.5	106.5	17.7	0.1

第四章　对外开放和招商引资

第一节　对外开放

一、口岸建设

巴彦淖尔市地处祖国正北方，与蒙古边界线长 368.89 千米，巴彦淖尔具有对蒙古开放合作的区位优势和长期友好往来的历史。2004 年 4 月，巴彦淖尔市与蒙古国南戈壁省签署涉及政府间包括：友好城市、农牧业、旅游文化、教育、卫生等九个方面的合作协议。按照合作协议，巴彦淖尔市认真跟踪落实，编制完成《巴彦淖尔市口岸"十一五"发展规划》，投资 20 亿元，完成口岸疏港公路、联检大楼、海关监管场、监管仓库、口岸给水工程、口岸后勤服务等一批基础设施；援建政府大楼、口岸联检大楼和运煤专用通道等；引进鄂尔多斯市新大地集团投资 2 亿元建设海甘公路；引进浙江客商建设商务酒店，引进福建客商建设口岸国际商贸城项目；提供农牧业、医疗、教育等无偿援助，开展文化、体育等交流活动。

经过共网努力争取，国家和自治区已将甘其毛道口岸列为重点支持发展的口岸。2008 年，口岸功能日益提升，过货量不断扩大，全年实现过煤 63 万吨，同比增长 82%。

2009 年 8 月 18 日，甘其毛道由季节性口岸正式实现常年开放。巴格毛道口岸也已列入国家口岸"十一五"规划。

二、合作开发塔本陶勒盖煤矿(TT 矿)

塔本陶勒盖煤矿是目前世界上最大的未开采焦煤煤矿之一。煤矿煤质优良，世界上高品质矿藏日渐稀缺，世界许多国家或企业对煤矿开采权展开激烈争夺。2003 年 8 月 15 日，商务部代表国务院正式批准，支持神华集团与巴彦淖尔盟合作参与开发蒙古国塔本陶勒盖煤矿。2003 年 12 月 1 日，巴彦淖尔市与神华集团在北京签署《关于神华集团在巴盟建设炼焦厂、发电厂、修建铁路专用线的合作意向书》。2005 年 1 月，神华集团正式与蒙古方洽谈购买煤矿采矿权，经过艰苦谈判，2010 年，最终同蒙方就全部条款基本达成一致。合同的签署，是近年来中蒙两国之间首次达成的一项重要经济合作项目，是两国经贸往来的一个重大突破。同时，神华集团与巴彦淖尔市就塔本陶勒盖煤田开发、甘其毛道口岸、加工园区、包兰铁路连接线、包神铁路建设等进行协商，达成并签订相关协议。

2007 月 3 月，国家发改委核准神华甘泉(甘其毛道口岸—包头万水泉车站)铁路建设项目。2009 年 1 月，神华集团投资 100 亿元的国内甘泉铁路建设项目开工奠基。2010 年 6

月全线开工建设。

蒙古国塔本陶勒盖煤矿(TT矿)合作开发项目,中国神华集团获得项目40%的股权,成为最大的股东。美国博地能源公司拥有项目24%的股权,剩余36%股权由俄罗斯和蒙古国共同成立的一家财团持有。中国神华集团为塔本陶勒盖煤矿项目的最大出资者和控股股东。

三、参与奥云陶勒盖铜矿(OT矿)开发

2000年6月,加拿大艾芬豪矿业公司在蒙古国南戈壁省开始进行矿产勘探。2002年,艾芬豪矿业公司在蒙古国南戈壁省奥云陶勒盖铜矿(OT矿)进行矿产勘探取得重大突破。巴彦淖尔市获悉有关情况后,主动同艾芬豪公司的接洽联系,积极寻求合作伙伴,为其开发开采铜矿提供水、电、交通、后勤保障。2003年7月,巴彦淖尔市代表团赴蒙古国南戈壁省就奥云陶勒盖铜矿(OT矿)和塔本陶勒盖煤矿(TT矿)进行考察访问,与蒙方、加拿大艾芬豪公司初步达成框架性的合作协议。2003年10月22日,巴彦淖尔市与艾芬豪公司在北京办事处正式签订《关于开发和开采奥云陶勒盖矿藏的谅解备忘录》。

2004年2月,巴彦淖尔市政府邀请神华集团、加拿大艾芬豪公司就合作开发铜矿事宜在北京举行会谈,艾芬豪公司首次公开表示,经过其聘请的中国有色金属研究院交通运输研究所的论证,证明其开采铜矿产品通过甘其毛道口岸—包兰线是外运的最佳路线。经过三方协商,密切经贸合作关系加快项目进程达成重要共识。按照三方达成的共识,巴彦淖尔市协助艾芬豪公司通过甘其毛道口岸向OT矿现场出口矿山开采设备和各类生产生活物资,为OT矿的顺利勘探和前期开采提供支撑和保障,巩固双方的合作关系。

2006—2010年,市领导多次赴蒙古国考察,先后到北京、呼市、包头等地参加中蒙铜矿、煤矿项目协调会、艾芬豪公司联席会议,中蒙常设协调工作组会议。认真做好中蒙经贸合作项目、口岸规划建设的协调推动工作;配合神华集团开展甘泉铁路开工建设的前期工作,促成2010年元月开工建设;配合艾芬豪公司通过口岸运送采矿生产、生活设备,加快对蒙经贸合作项目落实进程;积极组织力量落实与南戈壁省签订的矿产资源开发等方面的协议,赴南戈壁省考察访问,协调项目合作事宜。

第二节 招商引资

1996年,巴彦淖尔开始招商引资工作。按照内蒙古对外开放领导小组的有关指示要求,巴彦淖尔盟成立对外开放和招商引资领导小组,并决定在原经济协作办公室的基础上,成立巴彦淖尔盟招商局(挂对外开放办公室牌子),统一协调指导全盟的对外开放和招商引资工作。1998年,配合盟行署重点开展"软环境年"活动,对"三乱"现象,提出整改措施,公布取消乱收费84项,为企业减负2870万元。巴盟招商局实现计算机联网,在项目开发、调研、发布、洽谈、实施方面实现规范化操作，建立招商引资服务中心，推行“一条龙”服务运行机制，为服务产业化规范化发展奠定了基础。仅1998年，巴盟领导带队，各旗、县、市和企业参加“1998年西安中国中西合作与投资贸易洽谈会”，签订协议9个，协议引进资金12560万元，实施项目5个，到位资金4945万元；参加组织“1998年巴盟在京乡友经济发展座谈会”，与中国农业大学建立起协作关系，签署17个技术合作项目；组织参加“中国大连出口商品交易会”和“内蒙古招商引资洽谈会”，签订合作项目8个；组团参加了“1998年内蒙古自治区在港招商会”，签署协议和合同6项，协议引资1400万美元；组织参加“1998年中国中西部合作洽谈会”和在京的招商洽谈活动。参加活动后极大提高巴盟在内地及港台地区的知名度，扩大外引内联的方式。

2004年撤盟设市之后，巴彦淖尔市进一步扩大对外开放和招商引资力度。

项目库建设　编制《巴彦淖尔市重点招商引资项目汇编》，筛选出一批对经济发展具有较强带动作用的重大项目，委托有关机构进行策划相邻、蒙古国煤铜资源的开发利用和利用临策铁路建成后煤化工和盐化工项目，拓宽招商引资的范围和方向。

制作巴彦淖尔市基本情况、发展规划和重点项目的多媒体资料；收集整理全市经济发展规划、产业规划和重点企业基本情况；编制一批巴彦淖尔市产业发展、矿产资源、工业园区、边境口岸的地图资料；收集蒙古国矿产资源、艾芬豪公司开发建设蒙古国奥云陶勒盖铜矿的相关资料；整理编制《巴淖尔市口岸“十一五”规划》（讨论稿）、《甘其毛道口岸开发TT矿、OT矿的最佳运输通道》大型综合资料汇编，形成口岸的系统资料；多方收集风能、太阳能、多晶硅、油页岩等新能源开发利用方面的项目资料，制作多媒体说明，形成了招商的系统资料；重点收集国际国内500强企业资料，并与网站进行链接。收集相关地质资料，对市凹陷区的石油、天然气资源进行调查分析论证，形成专题汇报材料；安排人员赴陕北、鄂尔多斯、锡盟等地考察石油勘探开采情况，形成专题考察报告。

开通招商引资网　2006年2月8日，巴彦淖尔市招商网开通。策划巴彦淖尔市重化工业专题报道栏目，构建工业基地网络招商平台。全年网络点击率达到23610人次，累计接收到的招商咨询电话、传真、电子邮件9432件次。

巴彦淖尔市招商引资的政策、策略　及时收集、推荐可投资资源、机会、市场和投资环境，全力打造以丰富的资源、广阔的市场、高效的服务、良好的投资环境吸引客商；实行一对一招商、专项招商，确定招商引资的重点和方向，对准国内外有实力的企业，开展重点领域、重点产业、重点项目的专项招商和一对一招商，使招商引资更有针对性、实效性。积极开展网上招商，通过网络平台推介招商项目，介绍巴彦淖尔。通过网络了解目标企业，有针对性地对接联系，提高招商成效；严格项目准入关，认真研究国家产业政策和宏观调控措施，大力引进资金实力强、综合素质高的大企业，发展技术先进、资源综合开发利用水平高、环保措施好的重点项目，坚决抵制落后产能的进入，保证项目高起点引进，高标准建设，高效益发展；树立资源的流动观，市场的配置观，把周边地区、蒙古国的资源作为自己可利用的资源，大胆策划，构筑一批对地区经济发展具有较强带动作用的重大项目；向探索综合利用资源进行高附加值、精深加工、延伸产业链、打造产业集群的招商转变，开展产业链招商，实施循环经济项目。

实施措施　在招商引资工作中，采用走出去、请进来的方式。巴彦淖尔市不断加强对外交流与联络工作，先后参加内蒙古自治区统一组织的香港内蒙古经贸活动周、澳门投资博览会、广交会、厦洽会、西洽会、世界华商大会等一系列招商活动，介绍巴彦淖尔，推介招商项目，宣传投资环境，签署投资协议，与众多客商建立广泛的联系，提高巴彦淖尔市的知名度；市领导和各旗（县、区）、各部门负责人主动走出去，深入京津冀环渤海地区、长三角、珠三角等东南沿海经济发达地区开展专项招商、一对一招商，取得明显成效；引进飞尚铜冶炼项目、中兴集团城建开发项目、鲁花葵花油项目、川化集团煤化工项目、联邦公司制药项目等大项目。密切保持与神华、中铝、艾芬豪公司、中粮集团、紫金集团、西部矿业等知名企业的合作联系，积极邀请国内外企业、客商前来考察投资。2009 年，分别在温州、苏州、天津、厦门、深圳 5 个城市派驻招商工作组，进行为期三年的驻外招商。2005—2010 年，320 多批次 650 多个企业和考察团组到巴彦淖尔市考察。同时，巴彦淖尔市积极推进中蒙项目合作进程，关注蒙方政局变化，深入研究蒙方矿产资源开发政策，加强与南戈壁省双方高层互访，落实双方签署的经济社会等各方面合作协议，强化睦邻友好关系，积极推动中蒙经贸项目实施，密切保持与神华、中铝、艾芬豪公司等企业的联系。筑巢引凤，巴彦淖尔市高度重视工业园区建设，按照产业规划、项目策划、基础建设、招商引资的要求，市旗两级多方筹资，加大投入，不断加强园区建设。在加快建设巴彦淖尔经济技术开发区，磴口蒙牛工业园区、杭锦后旗河套工业园区的基础设施建设，依托境内外丰富的矿产资源，规划建设乌拉山、金泉、青山蒙海、临河四个重化工基地，重点发展有色金属冶炼加工、钢铁冶炼、煤化工、电力为主的重化工业。工业基地建设已成为巴彦淖尔市利用市区及周边资源发展重化工业、成为新的经济增长点的重要平台。全市各工业园区累计投入基础设施建设资金 151 亿元。建造网络招商平台，加强招商引资工作，开辟引资新途径，巴彦淖尔市充分利用网络资源，扩大招商宣传，开通巴彦淖尔招商引资网，各旗、县（区）也相继设置招商引资的相关网页。招商引资网络宣传成为外界了解巴彦淖尔市基本情况、投资环境和招商项目的重要窗口，成为各旗、县工业园区和各部门开展招商引资的重要桥梁。通过网络，大批客商认识了巴彦淖尔，一大批项目通过网络得到沟通联系。树立亲商、安商、富商意识，积极创造良好的投资发展软环境，进一步解放思想，创新理念，先后实行优化投资，优化环境工程。加强行政效能建设，设立行政服务中心，实行一条龙服务和一站式办公，使全市上下形成亲商、安商、富商的良好氛围。

第三节　招商引资成就

一、引资规模

1996 年,巴彦淖尔盟全盟引入内资 12971 万元,外资 1010 万美元。

1997 年,全盟引入内资 19720 万元,外资 1070 万美元。

1998 年,引进(区外)国内资金 58276 万元,直接引进国外(境外)资金 1653.8 万美元。

2002 年,巴盟工业企业共实施引进项目 133 项,实际到位资金 8.43 亿元。其中,引进内资项目 129 个,实际到位资金 7.23 亿元;外资项目 4 个,实际到位资金 1.2 亿元。大规模的招商引资,不仅有效地促进了巴盟国企改革、脱困与资产重组,而且使巴盟的矿产资源得到有效开发,经济结构进一步优化,工业总量进一步扩大,一批新的经济增长点正在形成。实践再一次证明,招商引资工作中坚持高标准、全方位、宽领域、大规模的招商引资是巴盟推进工业化进程的主要方式。2002 年巴盟各部门和单位积极应对入世的机遇,切实加强对外贸易工作,对绒毛、番茄等大宗出口产品和重点行业加大了扶持力度,全盟共完成出口创汇 5800 万美元,完成年计划的 203%,有力地拉动了工业经济的增长。

2003 年,全盟共引进工业企业招商引资项目 113 项,总投资 38.48 亿元,合同引资额 34 亿元;实际到位资金 12 亿元。在 113 个引资项目中,引资额在 1000 万元以上的项目 44 项,累计到位资金 9.2 亿元,其中矿山冶金项目 34 项引资到位额 4.4 亿元,一批投资规模大、产业带动强的引资项目已开工建设,如蒙牛集团磴口公司乳业产业化项目投资 2.25 亿元、富方泰药业公司 GMP 改造项目投资 1.08 亿元、青海西部矿业巴盟公司兼并重组获各琦铜矿投资 1.64 亿元、大中矿业公司 120 万吨铁矿采选项目投资 1.8 亿元、乌拉特前旗沙德盖高载能工业园区入驻企业 24 家投资 1.4 亿元、乌拉特中旗乌不浪口高载能工业园区入驻 18 户投资 1.18 亿元。

2004 年,引进国内(区外)到位资金 34.64 亿元,同比增长 55.12%;引进区内(市外)到位资金 25.79 亿元,同比增长 32.16%。

2007 年,全市引进国内到位资金 140.3 亿元,同比增长 22.4%。其中:引进国内(区外)到位资金 83.94 亿元,同比增长 23.99%;引进区内(市外)到位资金 56.37 亿元,同比增长 20.12%。全年共实施招商引资项目 272 项,投资总额达 356 亿元(包括 2006 年续建项目)。其中,实施亿元以上项目 81 项,总投资额 288 亿元,到位资金 93.58 亿元,占全市国内到位资金总额的 66.7%。

2005—2010 年,全市累计实施招商引资项目 1444 项,投资总额 2419 亿元,引进国内到位资金 1083 亿元,占全市固定资产投资总额 2102.98 亿元的 51.5%。其中,投资总额超过亿元的项目328个,总投资额1559亿元,到位资金687亿元。

二、引进重大项目

在矿山开采、冶金工业招商引资中主要有福建紫金集团10万吨锌冶炼、300万吨铅锌采选和二期10万吨锌冶炼项目;深圳飞尚集团10万吨铜冶炼项目;西部矿业200万吨铜采选项及5万吨电解铜、10万吨光亮铜杆项目、双利铁矿200万吨铁采选项目;宁夏太平矿业3.66吨黄金采选项目;包钢120万吨氧化球团项目;河南豫光集团10万吨铅冶炼项目;大中公司120万吨氧化球团项目。在招商引资取得成果后,巴彦淖尔市矿山工业规模进一步扩大,初步构建起内蒙古西部铅、锌、铜、铁、贵金属五大金属冶炼基地。化学工业招商引资中主要有四川化工控股集团煤化工项目一期2×20万吨二甲醚项目;香港联邦公司一期、二期、三期生物制药项目;临海化工12万吨PVC项目;乌拉山化肥有限公司引资建设的28万吨合成氨等技改扩建项目;京新药业整体收购富方泰药业;齐华公司40万吨硫基复合肥项目;永辉集团200万吨煤炭洗选项目。

天河化工20万吨二甲醚项目是世界上单体最大规模的二甲醚生产装置,联邦公司5000吨生物制药项目是国内最大的维生素生产线。

甘其毛道口岸进口蒙古原煤1594万吨。已成为过货量最大的中蒙公路口岸,进出口货物吞吐量增速居全国第一。

在农畜产品制造、加工招商引资中,主要有鄂尔多斯、维信、大兴、春雪、浩森、双河等规模以上绒纺企业19户,使全市绒纺产能迅速扩张,绒纺水平不断提升,成为仅次于鄂尔多斯的全国第二大绒纺生产基地;番茄产业引进中粮、新疆中基番茄项目等加工企业,年生产番茄制品能力达到60万吨,已成为仅次于新疆的全国第二大番茄酱生产基地;乳品业引进蒙牛、伊利等知名品牌企业,全市乳品企业年生产液态奶及系列产品能力67万吨;油脂产业引进山东鲁花、上海佳格等企业,使巴彦淖尔市形成年生产36万吨植物油能力;炒货业引进浙江“大好大”“洽洽”和安徽“真心”等企业,年加工能力达12.5万吨;肉食加工业引进山东“得利斯”“小肥羊”餐饮、“誉博”禽业肉鸭肉鹅养殖、江苏雨润集团肉食加工等项目。

引进重大项目的成功,提高了巴彦淖尔市农牧业产业化水平,加快了绿色农畜产品基地建设,番茄酱出口量占到全国的50%左右,脱水菜出口量占全国的80%左右,毛绒产量占到全国的一半。河套白酒、维信羊绒、河套雪花粉、番茄酱成为国内知名品牌。农畜产品加工业成为地区经济发展的主导产业。

在能源开发引进乌拉山电厂三期2×30万千瓦扩建工程项目;临河2×30万千瓦热电联产项目;河北金牛能源集团2×30万千瓦热电联产项目;五原大唐2×30万千瓦项目;蒙能2×30万千瓦热电联产项目;山东鲁能、国电龙源、富汇、中电投等10余家风电企业,建成风电装机容量156万千瓦。

引进的其他投资项目有鄂尔多斯金泰煤业公司开发乌梁素海旅游资源项目;海甘公路建设项目;亿利集团黄河大桥及煤炭物流园区项目;临河新区建设、旧城改造、城镇基础设施建设项目等。项目的引进,优化了市内经济结构和产业结构,加快了城市建设步伐,改善了人民生活,为巴彦淖尔市社会经济发展注入了新活力。

第五章　经济优势

第一节　区位优势

巴彦淖尔市是国家实施西部大开发的重点区域之一,是华北通往大西北的重要交通枢纽,位于内蒙古自治区西部,全市总面积6.5万平方公里,辖七个旗县区,市政府所在地临河区。巴彦淖尔市东西长约378公里,北纬40°13′~42°28′,东经105°12′~109°53′,东与包头市和乌兰察布盟毗邻,南隔黄河与伊克昭盟相望,北与蒙古国接壤,西与阿拉善盟相连。

巴彦淖尔市地貌多样,阴山山脉绵延东西,矗立在巴彦淖尔市中部,蕴藏着十分丰富的矿产资源。阴山以北是辽阔的乌拉特草原,畜牧业悠久兴盛。阴山南麓是广阔的河套平原,土地肥沃,灌溉便利,素有“塞上江南”的美誉。

巴彦淖尔市资源丰富,区位优越,具有独特的发展优势。

巴彦淖尔市遵循绿色发展理念,农畜产品加工业、冶金及矿产工业、化学工业、新能源等产业快速发展,工业化、城镇化步伐加快,一批国内外知名企业落户巴彦淖尔市,良好的发展机遇和广阔的发展前景正在形成,一个开放、创业、生态、宜居的巴彦淖尔正在崛起。

第二节　资源优势

一、绿色农牧业资源

全市有耕地1100余万亩,河套灌区是亚洲最大的自流灌区,地势平坦,土地肥沃,气候独特,形成了独具河套特色的小麦、葵花、蜜瓜、番茄、枸杞等名优产品。肉羊产业位居全国前列,葵花产量居全国首位,有机奶产量占全国一半以上,农畜产品出口位居内蒙古之首,番茄产品远销欧美等国,绒纺加工业快速发展,成为全国最大的无毛绒生产基地。

二、矿产资源

巴彦淖尔市处于全国著名的狼山——渣尔泰山多金属成矿带,矿产种类多、储量大、品位高。已发现铜、硫、铁、铅、锌、钼、金、石墨、硅石等矿产69种。其中硫铁矿储量居全国首位,铅、锌、铜储量在全国也占重要地位。丰富的矿产资源是矿山工业发展的重要基础。

三、水资源

黄河流经市内345千米,年均过境流量316亿立方米,年引黄河水量约50亿立方米,年可利用农业中水5亿~7亿立方米用于发展工业,境内湖泊、水库密布。丰富的水资源是全市经济社会发展最有利的条件之一。

四、风光资源

巴彦淖尔市是国内风能、太阳能资源最富足的地区之一。全年日照总时数3200小时左右，风能技术可开发量超过6000万千瓦，占内蒙古自治区的40%，新能源产业发展前景十分广阔。

五、交通区位

巴彦淖尔市处于国家“呼包银榆”经济区，是“一带一路”重要交会点，是国家西部大开发的重点区域。包兰铁路、110国道和京藏高速横贯全市，进出新疆的临哈铁路和将要建设的京新高速公路穿境而过，成为连接华北、直通西北、中亚的大通道。中蒙跨境铁路——神华甘泉铁路建成运营成为华北连通蒙古国的资源大通道。巴彦淖尔机场航班直达北京、西安、天津、呼和浩特等枢纽城市。北京至兰州途经巴彦淖尔全境的高铁已列入国家“十三五”规划，即将开工建设。以铁路、公路和航空为重点，巴彦淖尔市正在成为沟通大西北、贯通大西南、连接蒙古国乃至中亚、东中欧的交通大通道和重要的“桥头堡”。

六、对北开放

巴彦淖尔市与蒙古国有369千米的边境线，是内蒙古向北开放的前沿。蒙古国南戈壁省资源富集区与巴彦淖尔市毗邻，已探明煤炭资源储量530亿吨，塔本陶勒盖煤矿（TT矿）储量64亿吨，其中主焦煤18亿吨，属优质冶金炼焦用煤。奥云陶勒盖铜矿（OT矿）是一座超大型的世界优质铜金矿床，已探明铜金属量3000多万吨，银8000吨，黄金1028吨。位于巴彦淖尔市境内的甘其毛道口岸是国家一级陆路口岸，是开发利用蒙古国矿产资源最便捷的通道，设关以来累计进口煤炭8000多万吨，进口铜精粉265.5万吨，成为全国进口蒙古国煤炭最大的陆路口岸。

第三节　产业优势

一、农畜产品加工业

巴彦淖尔市先后引进中粮、鲁花、蒙牛、伊利、小肥羊等一大批国内知名企业，基本形成乳肉、绒纺、面粉、番茄等特色产业。为建设绿色农畜产品生产加工基地，需要重点引进面粉、乳肉、绒纺、果蔬、制药等特色产业上下游延伸项目，实施品牌战略，发展精深加工，做优做强农畜产品加工业。

二、矿山及冶金产业

巴彦淖尔市矿山及冶金工业迅速发展，紫金集团20万吨锌冶炼、飞尚集团10万吨铜冶炼、建新集团8万吨铅冶炼、西部矿业铜材加工等项目相继建成。需要全市力争形成50万～100万吨有色金属冶炼加工能力，引进铜、铅、锌等产业下游项目，延伸产业链。建造有色金属加工基地，同时积极开发非金属矿产资源。

三、新能源新材料产业

巴彦淖尔市积极引资建设大批风电、太阳能发电项目。需要进一步加快新能源产业发展，加快千万千瓦风电基地和百万千瓦光电基地建设。同时大力发展新材料产业，发挥巴彦淖尔市资源与电力优势，积极引进多晶硅、蓝宝石、碳纤维、碳化硅系列、石墨新材料等产业项目，打造新材料生产基地。

四、煤化工产业

巴彦淖尔市水煤组合、区位交通优势独特，焦煤化工产业发展具有比较优势。在煤化工方面，引进煤焦化项目，建设全国重要的焦煤化工基地；发展煤制二甲醚、煤制烯烃、芳烃、天然气等新型煤化工项目。同时努力做好硫化工、氯碱化工、铬盐化工与生物化工的招商引资，抓住东部地区部分化工产业转移的机遇，引进精细化工项目，建设新型煤化工与现代化工基地。

五、第三产业方面

巴彦淖尔市历史悠久，物产丰富，农耕文化与草原文明有机融合，自然景观与人文景观交相辉映，旅游资源独特。随着临哈铁路及高速公路的建成运营，巴彦淖尔市成为进出新疆等大西北、对北（蒙古）各种物流的重要集散地，迎来发展旅游、金融、物流的黄金机遇期。

第四节　区划优势

临河区位于内蒙古自治区西部美丽富饶的河套平原腹地，是内蒙古巴彦淖尔市市府所在地。现有耕地面积13.97万公顷，草场面积4.36万公顷，林地面积3.35万公顷。临河区境内地势平坦，土壤肥沃，水资源丰富，适宜多种农作物和动植物生长，素有“塞北江南”和“塞外明珠”之美誉。临河区交通便利，是横向华北贯通大西北、纵向中原联接蒙古国的主要交通枢纽，是国家中长期规划“五横五纵”综合交通网中横向新疆哈密、纵向广西防城港的交会点。地处京包银经济带，处于煤炭、天然气、铜、铁、锌、铅、石灰石、电石、食盐等矿产资源几大富集区之中。临河是国内日照时间最长的地区之一，是内蒙古西部、中国西北部水资源最丰富、最充裕的地区。境内土质肥沃，农牧业历史悠久，生产条件得天独厚，动植物资源极为丰富。

五原县位于河套平原腹地，黄河“几”字湾最北端。县域总面积2544平方千米。拥有耕地15.33万公顷，农民人均耕地0.77公顷。素有河套雪花粉之乡、巴美肉羊之乡、葵花之乡、瓜菜番茄之乡，是河套农耕文化的发祥地。五原县主动适应和引领经济发展新常态，秉承“绿色发展、民生至上、务实干事、创先争优”的发展理念，坚持“12345”发展思路，县域经济呈现蓬勃发展的良好态势。先后荣获全国科技进步考核先进单位、新农村建设档案工作示范县、农田水利基本建设先进单位、绿化模范单位、电子商务示范县和全区重点区域绿化先进单位、美丽乡村建设示范县、休闲农牧业与乡村牧区旅游示范县等多项殊荣。

磴口县地处内蒙古巴彦淖尔市西南部。总面积4166.6平方公里,地貌以沙地、山地、平原为主,有“七沙二山一平原”之称。有蒙、汉、回、满等17个民族,县境内驻有中国林科院沙漠林业实验中心。磴口县资源丰富,区位优势独特。乌兰布和沙漠区有28.33万公顷土地可待利用,阴山一线已探明的伴生金银矿、铜、铁、白瓷石、红柱石等矿产资源储量大,品位高。风能和太阳能资源充足,年日照时长为3300小时,年均风速为3米/秒,是全国内陆仅有的几个风能、太阳能富集区之一。名优特产华莱士瓜、王爷地甘草、南瓜、二狼山白山羊绒、黄河鲇鱼、鲤鱼等在国内外享有盛名,有机奶、肉苁蓉发展潜力巨大,是“中国华莱士蜜瓜之乡”和“中国油葵之乡”。黄河流经县境52公里,110国道、京藏高速、包兰铁路、临策铁路横贯全境。磴口县历史悠久,古文化遗存甚多。先后荣获“中国最佳文化生态旅游名县”“全区防沙治沙先进集体”和“全国科普示范县”称号。

杭锦后旗是全国著名的商品粮基地。农作物有小麦、玉米、葵花、枸杞、蜜瓜、籽瓜、番茄、无壳葫芦等。葵花以其优良品质享誉全国,沙海“绿源”枸杞远销海内外,富硒小麦、河套蜜瓜等特受消费者欢迎。近几年畜牧养殖业发展迅速,奶牛、肉羊、肉鸡养殖成为发展农村经济的主导产业。头道桥镇是全市最大的良种奶牛繁育基地。沙海、双庙、团结、蛮会等镇的肉羊、肉鸡养殖均已成形成规模。杭锦后旗工业经济发展迅速,酒类酿造、番茄果蔬、保鲜乳品、籽类炒货、肉类加工等产业渐成体系,以河套酒业集团为代表的一大批知名企业,如伊利、屯河、河套木业、福蒙、米真、特米尔、大后套、鸣兴等成为全旗的龙头企业。河套酒业集团生产的河套王、河套老窖和御善春系列酒享誉区内外,“河套”商标是中国驰名商标。河套酒业集团连续12年保持巴彦淖尔市上缴利税第一大户,各项经济指标连续12年居全区同行业之首。杭锦后旗主要风景名胜有内蒙古河套酒业国家AAAA级工业旅游区、塞上园国家AAA级旅游区、大后套国家AAA级旅游区(原走西口民俗第一村)、宝莲寺旅游区;塞上春光绿色农业观光园国家AA级旅游区、星级接待户有万业隆3星级接待户、金沙湾3星级接待户、火线军旅3星级接待户、乡村农家菜3星级接待户、郝五4星级接待户等;星级酒店有金叶阳光大酒店(3星级酒店)。旅游商品有蒙乔绿色有机食品有限公司、双庙辣酱等。为广大游客提供吃、住、行、游、购、娱等便利条件。

乌拉特前旗位于内蒙古自治区西部,河套平原东端。总面积7476平方千米,分为黄灌区和山旱区,其中山旱区4900平方千米,黄灌区2500平方千米。地貌可概括为“三山两川一面海,千里平原两道滩”。乌拉特前旗自然资源丰富。全旗可耕地面积达13.67万公顷,草牧场面积42.33万公顷,森林面积4.47万公顷。黄河从旗南境流过,过境长153公里,境内防洪堤全长133.5公里，年平均水流量246亿立方米，全灌区有六大灌水渠，年引黄河水6.2亿立方米。境内有莫楞河、昆都仑河、乌松图勒河、苏海河，年均清水总量3154万立方米，地下水储量约6.46亿立方米。全旗有大小湖泊65个，总面积3.87万公顷，可养殖水面3.73万公顷，总储水量约3.5亿立方米。已查明的野生植物有94科313属572种。天然树种有松、柏、杨、桦、榆等69种，其中，古柏、胡杨王为珍稀古树。主要沙生灌木有柠条、花棒、杨柴等。经济林有苹果、李子、葡萄、梨、杏、枸杞等。药用植物有麻黄、甘草、黄芪、党参、枸杞等300多种。森林覆盖率达到14.7%。全旗有野生动物资源280属503种，其中团羊、青羊为国家二级保护动物。乌拉山山区和乌梁素海有大量飞禽鸟类，是我国重要鸟类资源宝库之一。乌梁素海有珍禽异鸟180多种，其中《中日候鸟协定》保护鸟类48种，国家一级保护鸟类5种，二级保护鸟类疣鼻天鹅、大天鹅和斑嘴鹈鹕等25种。

乌拉特中旗位于内蒙古自治区西部，北与蒙古国交界，有国界线184千米。全旗总面积23096平方千米。旗人民政府驻地海流图镇，距巴彦淖尔市政府驻地临河区161千米，距包头市219千米，距内蒙古自治区首府呼和浩特市391千米，距中国甘其毛道口岸130千米。乌拉特中旗不仅是畜牧业大旗，太阳能、风能及旅游资源也很丰富。乌拉特中旗平均日照时长为3098～3250小时，日照百分率为71%～73%，风能资源较丰富，在国内仅次于东南沿海及其岛屿，是内蒙古自治区风能最佳区，历年平均大风风速≥17.0米/秒(8级)。

乌拉特中旗地质构造复杂，褶皱、断裂都有发育，形成多种矿产资源。已发现的矿产有70种，其中具有一定工业价值的51种，开发利用和准备开发利用的40种。初步探明矿产地326处，其中较大型矿床13处、中型矿床11处、小型矿床5处、矿点及矿化点297处，具有矿产储量的矿床、矿点87处。矿产资源潜在经济价值506亿元以上。据1981年草原普查资料，全旗野生种子植物有67科255属426种。长期以来，北方各民族形成了独特的民族风情等人文景观和历史文化。境内现存阴山岩画、赵长城、秦长城、汉受降城、高阙塞石筑城遗址遗迹等。全旗地域辽阔，境内山地、丘陵、高平原具有多种地貌类型，景观差异明显。阴山山脉以南是富庶的河套平原，以北是广袤的草原，不同的地貌，不同的动植物种群为观光旅游提供了得天独厚的条件。已开发的旅游景点有希热庙、蒙古大营、甘其毛道口岸、海力索旅游点、巴仁宝力格旅游度假村等。

乌拉特后旗位于巴彦淖尔市西北部，北与蒙古国接壤，边境线长195千米，总面积2.5万平方千米，是一个以蒙古族为主的少数民族边境旗。阴山山脉横贯东西，把全旗分为三块地貌、气候迥然不同的地区。阴山以南为狭长的河套平原，面积约470平方千米，占全旗总面积的2%；中间为南北宽约35千米的阴山山脉，面积约3000平方千米，占全旗总面积的12%，蕴藏大量的矿产资源，主要有铅、锌、铜、铁、硫、镍等，已探明铅金属量300万吨，锌金属量1200万吨,铜金属量500万吨,铁矿石量近1.4亿吨,硫储量近30亿吨,镍储量7731吨;阴山以北为荒漠、半荒漠化草原,面积约2.1万平方千米,占全旗总面积的86%。山后牧区地下资源和风能资源非常丰富,地下资源主要有硅、油页岩、钼、石油等。钼矿探明金属量50万吨,属于特大型钼矿;石油储量近1.4亿吨,油页岩储量300亿立方米。风能、太阳能资源富集,年可利用风时在7300小时以上,年日照时长3400小时,有条件建成全国大型的风能和太阳能发电基地。

全市地形地貌由南而北包括河套平原、阴山、内蒙古高原三个台阶,地势中间高,南北低,相对高差大,景观多样,主要有农田、森林、草原、山地、峡谷、荒漠、戈壁、沙漠、工业、动物、水体、人文等,形成了不同的地质地貌旅游资源。旅游资源类型较为丰富,资源单体较多。

第六章　人民生活

第一节　收　入

一、城镇居民人均可支配收入

1986年,巴盟城镇居民人均可支配收入717.29元。

1990年,对城镇居民收入随机抽样调查280户380人。调查数据显示:平均每户家庭人口3.86人,平均每户就业人口1.96人,平均每户就业面为50.78%,平均每一名就业者负担人数1.97人,城镇居民人均可支配收入1045元。1993年,城镇居民收入调查随机抽取280户1018人,调查结果:平均每户家庭人口为3.64人,平均每户就业面56.29%,平均每一名就业人口负担1.67人,城镇居民人均可支配收入1614元。1996年,在城镇居民收入调查中,随机抽取城镇户280户927人。调查结果显示,平均每户家庭人口3.31人,平均每户就业面59.21%,平均每一就业者负担人数1.69人,城镇居民人均可支配收入3121.14元。1999年,城镇居民人均可支配收入为4551元,可支配收入增长的主要原因是工资性收入增加。1999年,巴盟城镇居民人均工资性收入为2807元,而工资性收入增加的主要原因是1999年7月全盟行政事业单位以及部分企业普遍上调工资。2000年,城镇居民受国企下岗职工基本生活保障金、失业金、城镇居民最低生活保障金标准和适当增加行政事业人员工资等政策因素的影响,城镇居民的收入水平明显提高,人均可支配收入为4803.46元。2001年,抽样调查,城镇居民人均可支配收入为5179.11元。城镇居民最低收入者年人均收入为2434.36元,占10%;低收入者年人均收入为3381.73元,占10%;中等偏下人均收入为4209.6元,占20%;中等收入户年人均收入为5103.67元,占20%;中等偏上年人均收入为6067.21元,占20%;高收入年人均收入为7081.76元,占10%;最高收入为9630.53元,占10%。有5.72%的居民生活困难,年人均收入仅为2195.86元,其中还有约占3.5%的居民家庭收入在城镇“低保”贫困线之下。2003年,巴盟城镇居民人均可支配收入6112.28元。2005年,全市城镇居民人均可支配收入达到8022元,其中,工薪收入、经营净收入、财产性收入和转移性收入分别增长14.6%、25%、220%和8.6%。2006年,全市城镇居民人均可支配收入9010元,增长12.3%。城镇单位在岗职工年平均工资14820元。

2008年,全市城镇居民人均可支配收入为11977元,实际增长8.6%。城镇单位在职职工年平均工资20227元。2010年,全市城镇居民人均可支配收入14421元。其中,工资性收入 9802.9 元,经营净收入 2010 元,财产性收入 336.1 元,转移性收入 2272 元。

二、农牧民人均纯收入

1986 年,巴盟农牧民人均纯收入 565 元。1988 年,农牧民人均纯收入 725 元。1990 年,农牧民人均纯收入 854 元。1999 年,农牧民人均纯收入 2387 元。农民纯收入构成,种植业收入占 2244 元,占农民人均纯收入的 93.93%;二产中获得收入 177 元,占纯收入的 7.41%;三产中获得 84 元,占纯收入的 3.52%;转移性和财产性纯收入分别获得为 14 元和 13 元;固定资产折旧和调查补贴影响获得收入 143 元,占纯收入 6%。牧民从第一产业获得的纯收入为 2286 元,占牧民人均纯收入的 98.03%。其中,第一产业中获得纯收入占 76.16%,第二产业中人均获得纯收入为 70 元,占纯收入的 3%;第三产业中人均获得纯收入为 94 元,占纯收入 4.03%。转移性纯收入 52 元。固定资产折旧费和调查补贴影响牧民人均纯收入 216 元,占纯收入的 9.26%。2000 年,全盟农牧民人均纯收入 418 元。农民人均纯收入 2414 元,牧民人均纯收入 2510 元。2001 年,农牧民人均纯收入 2579 元;农民人均纯收入 2589 元,牧民人均纯收入为 2365 元。农牧民收入结构中:人均工资性收入为 220 元,家庭经营收入 4758 元,财产性收入和转移性收入两种收入分别为 33 元和 117 元。农牧民人均现金收入 3445.3 元。2003 年,巴盟农牧业受结构调整的影响,农畜产品普遍上涨,农牧民收入增加,全盟农牧民人均纯收入为 3015 元,其中农民纯收入 3031 元;牧民纯收入 2690 元,2005 年,农牧民人均纯收入 4265 元,其中出售农畜产品收入 3558 元,增长 18.4%,占收入总额的比重 83.4%。来自畜牧业收入 1005 元,增长 24.7%,占收入总额的比重 23.6%。2006 年,全市农牧民人均纯收入 4719 元,其中,农民收入 4780 元,增长 14.2%;牧民收入 3474 元,增长 10.2%。农牧民来自畜牧业的纯收入 1170 元,占纯收入的比重 24.8%。2008 年,全市农牧民人均纯收入 6603 元。其中农民收入 6692 元,增加 1182 元,增长 21.5%;牧民人均收入 4815 元,增加 938 元,增长 24.2%。农牧民来自畜牧业人均收入 1790 元。2009 年,全市农民人均纯收入 7324 元。农民人均纯收入 7428 元,牧民人均纯收入 5628 元。2010 年,全市农牧民人均纯收入 8240 元,较上年增长 12.28%。其中,农民人均纯收入 8324 元,增长 12.12%;牧民人均纯收入 6498 元,增长 15.46%。

第二节 支　出

一、城镇居民人均消费支出

1990 年,巴盟城镇居民人均生活费支出为 927.7 元,其中,购买商品支出 802.7 元,非商品(房租、水电费、医疗保健、学杂费、修理服务费、交通费)支出 125 元。在购买商品支出的 802.7 元中,包括购买食品支出 401.1 元,恩格尔系数为 43.23%。1993 年,城镇居民人均生活费支出 1492.7 元,其中,购买食品支出 608.46 元,衣着支出 265.22 元,设备用品及服务支出119.32元,医疗保健66.18元,交通通信58.32元,娱乐、文教服务122.65元,居住支出156.88元,杂项商品和服务95.58元。恩格尔系数为40.76%。1996年,城镇居民人均生活费支出2953元,其中,购买食品支出1069元,衣着支出461元,设备用品及服务169元,医疗保健148元,交通通信146元,娱乐文教服务212元,居住222元,杂项商品与服务155元。恩格尔系数36.2%。

1998年,城镇居民人均生活费支出3016.9元,人均食品消费支出1089.6元,恩格尔系数36.11%。2001年,城镇居民人均消费支出为3816.72元,其中,食品1135.74元,衣着631.56元,家庭设备与服务支出266.17元,医疗保健消费281.13元,交通通信386.38元,娱乐教育文化服务502.61元,居住328.85元,杂项商品与服务284.28元,人均旅游业支出89.65元。恩格尔系数为29.75%。2004年,巴彦淖尔市城镇居民人均消费支出4916.06元,其中,购买食品消费人均1605.58元。恩格尔系数为32.65%。2006年,城镇居民人均消费支出6095元,恩格尔系数为28.6%。2008年,城镇居民人均消费支出8248.7元,恩格尔系数为32.3%。2010年,全市城镇居民人均消费支出10399.8元。其中,食品消费支出3216.27元,衣着消费支出2013元,居住消费支出1034.16元,家庭设备用品及服务732.2元,医疗保健消费587.46元,交通通信消费1078.35元,教育文化娱乐服务消费1303.01元,其他项商品和服务消费435.15元。恩格尔系数30.92%。

二、农牧民人均消费支出

1990年,全盟农牧民人均生活消费品支出707.8元,其中,购买食品支出464.2元,衣着消费7024元,住房消费58.39元,燃料消费34.69元,用品其他消费80.28元。恩格尔系数为65.58%。1993年,农民人均生活消费品支出952.64元,其中,食品消费501.04元,衣着消费89.95元,居住消费100.34元,家庭设备、用品及服务61.35元,医疗保健49.2元,交通通信消费25.06元,文化娱乐及服务消费108.44元,其他商品和服务消费17.24元。恩格尔系数为52.95%。1995年,农民人均生活费支出1437.20元。其中,食品消费721.4元,衣着消费142.96元,居住消费170.13元,家庭设备、用品及服务消费84.42元,医疗保健54.64元,交通通信71.17元,文化教育娱乐用品及服务消费150.24元,其他商品和服务消费42.24元。恩格尔系数为50.17%。牧民人均生活消费支出1603.3元,食品消费支出847.12元。恩格尔人系数为52.83%。1998年,随着农牧民收入的稳步增长,生活消费水平逐年提高,农牧民人均生活消费支出1940元,其中,人均食品支出1014元,衣着消费支出145元,家庭用品、医疗保健及服务支出380元,住房支出224元,人均文化娱乐用品及服务支出230元。恩格尔系数为的52.26%。2001年,农牧民人均生活消费支出1928.36元,其中,衣着、交通通信、文教娱乐消费支出140.5元、129.29元和259.15元,人均食品、居住、医疗保健消费支出为912.37元、241.29元、99.54元。恩格尔系数达到

47%。2003 年,农牧民人均生活消费支出 2218 元,恩格尔系数为 43.8%。

2006 年,巴彦淖尔市农牧民人均生活消费支出为 3457 元。恩格尔系数为 39.7%,2008 年,农牧民人均生活消费支出为 4548.3 元。恩格尔系数为 42.2%。2010 年,农民家庭人均生活消费支出 6389.24 元,其中,食品消费支出 2476.96 元,衣着消费支出 540.21 元,居住消费 1116.65 元,设备用品消费支出 357.57 元,交通通信消费支出 623.59 元,文化娱乐消费支出 512.79 元,医疗保健 566.94 元,其他消费 194.53 元。恩格尔系数 38.76%。牧民家庭人均生活消费支出 5476.07 元,其中,食品消费支出 2260.32 元,衣着消费支出 658.96 元,居住消费支出 615.48 元,用品消费 215.46 元,交通通信 806.83 元,文化娱乐消费 3588.35 元,医疗保健消费 410.79 元,其他消费 149.90 元。恩格尔系数为 41.27%。

第三节 耐用消费品拥有量

一、城镇居民家庭主要耐用消费品拥有量

1986 年,巴盟对 100 户城镇居民家庭主要消费品进行调查,有自行车 168 辆,缝纫机 43 架,机械手表 117 只,电风扇 22 台,洗衣机 37 台,彩色电视机 24 台,黑白电视机 20 台,电冰箱 1 台,电炊具 7 个。1990 年,对 100 户城镇居民主要消费品拥有量进行调查,拥有自行车 261.43 辆,缝纫机 67.5 架,机械手表 190.71 只,电风扇 36.43 台,洗衣机 85 台,彩色电视机 65.71 台,黑白电视机 24.64 台,电冰箱 7.5 台,电炊具 44 个,照相机 6.7 架。1993 年,对 100 户城镇居民主要消费品拥有量进行调查,拥有自行车 244.64 辆,缝纫机 50 架,电风扇 51.79 台,洗衣机 92 台,彩色电视机 80.36 台,黑白电视机 14.64 台,电冰箱 21.07 台,电炊具 144.29 个,照相机 8.93 架,录像机 0.71 台。1995 年,对 100 户城镇居民主要消费品拥有量进行调查,拥有自行车 247.86 辆,缝纫机 45.71 架,电风扇 57.86 台,洗衣机 92.86 台,彩色电视机 90 台,黑白电视机 7.86 台,电冰箱 31.07 台,电炊具 165.36 个,照相机 14.29 架。1998 年,对 100 户城镇居民主要消费品拥有量进行调查,拥有电风扇 69.38 台,洗衣机 95.13 台,彩色电视机 104.99 台,家用电脑 2.44 台,钢琴 0.33 架,淋浴热水器 5.45 台,抽油烟机 10.91 台,吸尘器 9.43 台,移动电话 1.33 台,摩托车 39.91 辆,自行车 2.2 辆,电冰箱 64.19 台,电炊具 182.3 台,照相机 22.84 架。2005 年,对 100 户城镇居民家庭主要消费品拥有量进行调查,拥有成套家具 85.22 套,摩托车 58.22 辆,助力车 6.63 辆,家用汽车 1.79 辆,洗衣机 95.23 台,彩色电视机 109.33 台,家用电脑 10.63 台,钢琴 0.77 架,微波炉 7.68 台,空调器 1.81 台,淋浴热水 24.97 台,抽油烟机 27.38 台,移动电话 127.88 台,电冰箱 78.26 台,照相机 24.18 架。2010 年,对 100 户城镇居民家庭主要消费品拥有量进行调查,每百户拥有摩托车 50.66 辆,助力车 34.81 辆,家用汽车 4.52 辆,洗衣

机97.49台，电冰箱94.9台，彩色电视机104台，家用电脑31.4台，摄像机2.4台，照相机28.4架，钢琴1.33架，微波炉18.6台，空调器6.2台，淋浴热水42.2台，消毒碗柜0.1台，健身器材0.6套，固定电话68.8部，抽油烟机27.38台，移动电话179.98部，接入互联网计算机1.4户。

二、农牧民家庭主要耐用消费品拥有量

1986年，巴盟对农民家庭主要耐用消费品拥有量进行调查，随机抽调农民家庭290户，调查显示，290户农民家庭拥有自行车454辆，缝纫机278架，电视机115台，洗衣机21台，收录机174台。1990年，对牧区128户家庭958人耐用消费品拥有量进行调查，调查显示，拥有摩托车60辆，自行车123台辆，缝纫机130架，电视机120台，手表386只，风力发电机91台。1999年，对100户农牧民家庭耐用消费品拥有量进行调查，调查显示，每100户农民家庭拥有摩托车33辆，自行车140辆，缝纫机89架，电视机104台，洗衣机58台，电冰箱8台，收录机56台，电风扇31台。每100户牧民拥有摩托车68辆，自行车69辆，缝纫机83架，电视机94台，洗衣机37台，电冰箱13台，收录机75台。2005年，巴彦淖尔市对100户农民家庭进行耐用消费品调查，调查显示，100户农民家庭拥有洗衣机75.3台，电冰箱25.3台，彩色电视机104台，固定电话61部，移动电话64部。每100户牧民家庭拥有摩托车88.2辆，自行车18.4辆，缝纫机83架，彩色电视机77.2台，洗衣机47.8台，电冰箱33.1台，收录机11台。2010年，对农牧民家庭主要耐用消费品拥有量进行调查，调查显示，每100户农民家庭拥有摩托车79.2辆，洗衣机87.7台，电冰箱72.1台，彩色电视机102.4台，固定电话19.1部，移动电话183.4部，影碟机20.2台。每100户牧民家庭拥有摩托车97.8辆，洗衣机60台，电冰箱56.9台，彩色电视机76.9台，国定电话26.9部，移动电话193.1部。

第十六篇

城乡建设　环境保护

第一章　建设规划

第一节　机构与改革

1986—2003 年，城乡建设规划职能由巴盟设建设处管理，内设规划设计院，负责全盟建设规划工作，临河的城市建设规划由临河市负责。

2004 年撤盟设市时，巴盟建设规划单设，正式成立巴彦淖尔市规划局，承担全市的城乡建设总体规划。内设办公室、规划科、执法检察科、地理信息科、市政工程科。

2010 年，巴彦淖尔市规划局设办公室、建筑工程管理科、村镇规划科、市政工程科、用地管理科，市局下设市规划设计院（属正科级二级事业单位）。

第二节　建设规划

一、城镇建设规划

1986—1996 年，巴盟各旗、县、市对第一次的城镇建设规划（1984 年）进行修改、充实、调整，1990 年，临河市组织开展《临河市城市总体规划（1990—2010）》的编制，1997 年 9 月通过内蒙古自治区政府批复实施。规划预测临河总人口到 2000 年达到 21.57 万人，建设用地控制在 23 平方千米；2010 年达到 27.35 万人，城市建设用地控制在 28.5 平方千米。2003 年，巴盟提出的“三化互动”发展战略，加快推进城市化进程。在城市规划中，各地均委托高水平的规划设计单位，对城镇总体规划进行新一轮修编。临河市、杭锦后旗、五原县城镇总体规划经内蒙古自治区批准实施；乌拉特后旗新址巴音宝力格镇的总体规划经专家评审论证；磴口县的城镇建设总体规划修编完毕；乌拉特中旗、乌拉特前旗城镇建设总体规划继续修编。各旗、县、市编制完成到 2005 年的近期建设规划。临河新区建设规划，经盟、市两级领导认真研究，有关专家反复论证，决定在旧城基础上建新城，按照 50 万人城市人口规划临河城区，远期规划区面积达 468 平方千米，近期规划管理面积为 50 平方千米。

2004 年，随着城市经济快速发展和城市建设步伐的加快，对城市规划建设提出更高要求。巴彦淖尔市决定重新编制全市城镇建设规划。新规划委托中国城市规划设计研究院编制。新规划编制过程中，经现场调研、方案论证、纲要评审，成果初步审核后报内蒙古自治区政府。经自治区人民政府审议《巴音淖尔市城市总体规划（2004—2020）》，2005 年 11 月 11 日正式批准实施。预测人口规模 2010 年达到 37 万人，建设用地 40 平方千米，2020

年人口达到50万人,建设用地50平方千米。2007年,巴彦淖尔市各旗、县城市建设新一轮总体建设规划均编制完成。

2010年,巴彦淖尔市为推进以临河为中心城市的城镇建设,对临河市区建设开展第四次规划。规划的基本原则是坚持科学发展,坚持统筹兼顾,坚持因地制宜,坚持以人为本,使城市布局向东西方向延伸;城市结构为一个中心城市,一条发展轴(新华街),三个片区(西区、旧城区、东区),两条景观轴(金川大道、胜利路)和三条水景廊道(永刚渠、永济渠、北边渠)。

三个片区的发展步骤是启动西区建设,实施5.91平方千米核心区建设,以新区提升城市职能和城市知名度,改善城市投资环境,提高城市就业水平,增加财政收入,奠定城市经济基础;东区完善13.4平方千米基础设施和公共设施,适度增加职业教育规模,构建产学研一体化发展模式,推动工业项目的落实并保证其顺利运行;旧城区整体改造使其面积达到36平方千米。

二、乡村建设规划

1982—1994年,巴盟按照"布局合理、控制占地"的思路,对村镇建设进行指导。1995年后,巴盟将村镇建设纳入城乡建设总体规划,并开始修编。2000年,全市旗县市村镇建设规划基本完成,并获得批准实施。2001年,巴盟对临河市隆盛镇,乌拉特中旗石哈河镇,五原县胜丰镇、塔尔湖镇、套海镇,杭锦后旗三道桥镇建设规划进行调整。调整修订了临河10个、五原县12个、磴口县5个、乌拉特前旗7个、乌拉特中旗5个、杭锦后旗10个村庄建设规划。2002年,巴盟编制完成镇区建设规划5个,村庄建设规划33个。2003年,修编和调整乡镇撤并后总体规划3个、集镇建设规划3个。2006年,巴彦淖尔市按照上级关于新农村新牧区建设精神,开展新农村新牧区建设规划编制。

2010年,全市48个苏木镇中除旗县政府所在地不需单独编制规划外,其余苏木乡镇政府驻地和650个行政村嘎查全部完成规划编制。

第二章　城乡建设

第一节　机构与改革

1986年,巴盟设城乡建设环境保护处,管理全盟城乡建设工作。1998年,巴盟建设处改为建设局,内设城建科、村镇科、工程科、审计科、建筑业科等。局属二级机构有:环保办、设计院、建筑技校、工程质量监督站、造价站、招标办、环境保护监测站等。各旗、县、市建设局建立相应机构。2000年,巴盟建设局内设办公室、城建科、村镇科、工程科、建筑业科、人事科、审计科、综合科8个科室,局属二级机构有建筑勘察设计院、建筑技工学校(准处级)、建设工程质量监督站、建设工程造价管理站、建设工程招投标管理办公室(科级建制)。

2004年8月,巴彦淖尔撤盟设市后,巴盟建设局改称巴彦淖尔市建设委员会。下设办公室、城建科、村镇科、工程科、建筑业科、人事科、综合科。下辖建筑技校(准处级)、建设工程质量监督站、建设工程造价管理站、建设工程招投标管理办公室(科级建制)。统筹管理安全监督站、房屋拆迁办、公用事业管理局,下归口管理7个旗、县、市建设局。各旗县建设局设有城建股、村镇股(站)、建工股及市容监察大队、规划设计院(所、室)、质监站、招标办、环卫局、绿化队、环保局、市政设施维护站、房管局、自来水公司、市政工程公司等。

2010年,巴彦淖尔市建设委员会设城建科、村镇科、工程科、建筑业科、综合科、人事科、办公室、拆迁管理办公室,下辖建筑技校(准处级建制)和建设工程质量监督站、建设工程造价站、建设工程招投标管理办公室、建设工程安全监督管理站(科级建制)。

第二节　城镇建设

一、城镇建设

1998年,全盟城镇建成区面积为48.4平方千米,黑色路面街道310千米,自来水供水厂7个,供水管道长457千米,供水普及率80%以上;排水管道总长300千米,排水管道普及率75%以上;人均公共绿地4平方米,街道装灯率85%,人行道铺装率80%,集中供暖率20%左右;有公园和小游园11个,面积81公顷;公交车辆74辆,运营线路网长度80千米;城镇居民安装固定电话53930部。1999年,巴盟新开工市政建设工程53项,完成投资7616.7万元,其中投资在50万元以上的工程27项。新建黑色路面9千米,人行道硬化15.7万平方米,铺设排水管道18.6千米,铺设给水管道34千米,新增路灯581盏,新建公厕22座,新增公共绿地面积22.4公顷,园林绿化面积增加95公顷,公交线路网延长69千米。2000年,通过土地出让、招商引资、社会集资、银行信贷、合理收费、政府投资、争取国家投资等多种措施,筹措资金用于城市公共设施建设。全盟7个旗、县在政府所在地投入基础设施建设资金1.57亿元。新建城市道路22.4千米,铺设供水管道32.1千米,铺设排水管道15.3千米,栽植各种乔灌木1.3万株,新增绿地7.8万平方米。2002年,巴盟投入城镇建设资金16亿元,完成城市住宅建设投资4.6亿元,完成建筑面积65.7万平方米;市政基础设施完成投资3.6亿元,改造道路62万平方米,铺设排水管道37千米,铺设供水管道16.5千米,植树1.24万株,巷道硬化61条。2003年,全盟旗、县、市市政设施、住宅及公共建筑开工237项,完成投资15.01亿元。其中,住宅及公共设施建设194项,完成投资10.81亿元;市政设施43项,完成投资4.2亿元,新增排水管道40.9千米,供水管道32.2千米,集中供热管道10.7千米,燃气管道9千米,植行道树115万株,硬化巷道88条,新增公厕69座,维修170座,新增路灯393盏,新建广场3个,面积9.14万平方米。

2004年,巴彦淖尔市开工市政建设项目630个,完成投资19.46亿元,增幅为14.5%。其中,市政基础设施项目76项,完成投资5.622亿元;公共建筑及房地产开发项目212项,完成投资11.2亿元;小城镇建设项目342项,完成投资2.6亿元。2005年,巴彦淖尔市开工建设项目254项,其中,市政基础建设项目49项,住宅和公共建筑项目205项,完成投资30.8亿元。2006年,全市共开工建设项目348项,其中市政基础建设项目113项,住宅和公共建筑项目235项,完成投资55.8亿元。2007年,全市共开工建设项目343项,其中,市政基础建设项目117项,住宅和公共建筑项目226项,共完成投资58.2亿元。村镇建设完成投资2.6亿元。2008年,巴彦淖尔市城镇建设共完成投资76.85亿元,完成投资70亿元。其中,市政基础设施完成投资22.88亿元,房地产开发和公建完成47.65亿元,村镇建设完成投资6.3亿元。主要实施六项工程,绿化完成杭锦后旗植物园、体育公园,磴口县幸福广场,乌拉特中旗哈萨尔公园、西花园,乌拉特前旗皂和带状公园、卧羊台生态公园,乌拉特后旗生态园等;污水处理工程完成乌拉特前旗、杭锦后旗、五原县、磴口4个污水处理厂建设;天然气输配工程完成主控大楼封顶,生产辅助用房、调压设备安装、城网13千米主管道铺设、东西两个加气站建设和6个旗、县城网管道铺设。供热工程铺设主管网15.7千米,铺设支线管网12千米,新建换热站9座;供水工程临河完成取水、输水主管道铺设和净水器的安装,各旗、县对供水管网、供水设备进行相应配套和完善;房地产及公建工程,开工项目204项,开工面积468.4万平方米。经济适用住房落实项目13个60.65万平方米;“新亮美”工程全市开工建设的重点工程有杭锦后旗植物园、体育公园,磴口县幸福广场,乌拉特中旗哈萨尔公园、西花园,乌拉特前旗水带状公园、卧羊台生态公园,乌拉特后旗生态园、同歌乐景观等。2009—2010年,巴彦淖尔市全市完成城市建设投资165.7亿元,其中，市政建设完成投资31.9亿元，房地产开发投资79亿元，公共建设投资35.3亿元，村镇建设投资19.5亿元。全年房地产和公建开工新建、续建项目375个，建筑面积1000多万平方米；城镇街道开工建设项目57项；实施集中供热工程11项；实施环卫工程13项；实施天然气工程6项；实施城市排水工程3项。

第三节　临河城区建设

一、旧城区改造

街道改扩建　1986年，临河市区有主次干道50.4千米，其中黑色路面21.09千米，其余为土路或砂石路。1987—2001年，临河市通过多种方式筹资、多方投资，先后完成胜利北路、西环路南段、团结路、解放街、汇丰街、人民北路等街道改造以及铁路立交桥一期工程，硬化小巷道17条。2002年，完成基础设施建设和房地产投资4.3亿元，改造完成建设路、新华东街、八一街等12条街路；完成百货大楼、盟工会楼、百乐宫等50余处建筑物整容换装；拆除盟宾馆、市医院等几十处有碍观瞻的围墙和临时建筑。完成45条主次干道的新修改造，硬化104千米，总铺装面积145万平方米，铺设供热主管道14千米。2003年，临河城区实施10项工程，完成投资11.1亿元，占全盟城市建设投资总额的66%。

2004—2006年，临河区市政建设完成投资1.24亿元，实施金川大道、新华街、解放街、临狼路、汇丰街、光辉路、黄河路、青年路、五原路9条道路续建工程，新铺装道路面积30万平方米；投资2884万元，新绿化道路45条，新建广场2处，改造公园2个，建成防护林带1条，开辟街头景点72处，完成社区绿化25处，栽植各类大乔木2.3万株，移植草花草坪8.2万平方米，城市新增绿地19.53公顷，城市绿地率18%，城市绿化覆盖率21%，城市人均公共绿地4.7平方米。2007年，西区征地完成投资6.2亿元，完成幸福路、解放街、光明西街、新华东街、金川大道南段、临五路、鲁花街、联邦路、政府路、东区建材小区道路9条道路工程；完成投资1.5亿元，铺设天然气主管道27.2千米、中低压管道111千米；园林城市建设投资5830万元，新建交通广场，续建经纬广场，改造大兰庙桥立交桥绿化带，绿化、美化临五、临陕两大出口等；完成东郊植物园建设，启动永济渠防护林带，新绿化街路6条，辟建16处街头绿地。2008年，完成水源路、利民街、五一街、曙光街、金沙路、金川大道中段、开源路、乌兰布和路、沃野街、新华西街、西苑路11条新修道路工程及水源路、开源路、金川大道南段、沃野街、新华街、利民街6条道路续建工程；完成乌拉特大街、东道街西段、长春西街、陕坝路、五一街、向阳路、东道街、光辉路、永安街、滨河街、东兴路等11条机动车道路硬化工程，铺设油路11万平方米；完成利民街、光明街、富强路、育红街、曙光街、向阳路、光辉路、万丰街、团结路、建设路、八一街、健康路等人行道硬化工程，铺装面积15.9万平方米。2009—2010年，完成丰河路、景观大道、帅丰街、教育街、汇丰街、西苑路、金沙路、乌兰布和路道路建设工程,道路总长度9321米,铺设油路面积22万平方米;完成利民西街、五一街、塞北街、东兴路、永安街东段、吉祥路道路改造工程,总长度3900米,铺设面积11.4万平方米。

城市排污　1986年,临河市区有排污泵站三座,排污主管道10.5千米,支干管道11.4千米。1987—2004年,建成日处理6万吨氧化塘污水处理厂1座,铺设污水管网92千米,污水管网增至313千米;雨水排水系统铺设雨水管网62.4千米,雨水管网增至69.5千米,实现雨污分流,城市排水服务面积29.6平方公里,排水受益率84.6%。2006—2010年,由热电厂投资9100万元建设的中水回用项目,每天净化污水4万吨;建设八一工业园区扩网工程,铺设管网1700米;实施晏江路排污工程,四排干段排污工程,铺设排污管网等工程。

城市绿化　2004—2006年,新绿化道路45条,新建广场2处,改造公园2个,建成防护林带1条,开辟街头景点72处,完成社区绿化25处,栽植各类大乔木2.3万株,移植草花草坪8.2万平方米,城市新增绿地19.53公顷,城市绿地率18%,城市绿化覆盖率21%,城市人均公共绿地4.7平方米。2007年,新建交通广场,续建经纬广场,改造大兰庙桥立交桥绿化带,绿化、美化临五、临陕两大出口等;完成东郊植物园建设,启动永济渠防护林带,新绿化街路6条,辟建16处街头绿地。2008年,旧城区建苗圃1个、公园3个、广场5个;完成建街头14处,5条街路和1条景观大道的绿化带改扩建。

二、新区建设

建设背景　2003年,为适应巴盟决定撤盟设市后城市建设的发展需求,盟委决定将城区向西拓展,整合城乡接合部的18个自然村和原经济开发区西区,建设城市新区。2005年7月,临河西区正式启动建设。根据规划,西区东起水源路、西至临策铁路、南起总干渠、北至永刚渠,规划面积17.5平方千米。功能定位是市、区两级行政服务中心,文教卫生事业、商业金融、现代服务业以及大型企业总部服务基地。其中,汇丰街以南由市政府组织实施,汇丰街以北由临河区政府组织实施。

开发机构　2004年,为解决职能不清、投资不足和管理不到位的问题,建立统一高效的盟、市一体化运行管理体制,决定成立临河城市规划建设管理委员会,下设城市规划办公室、城市发展投资公司、资金监审办公室。2005年6月,为加快推进临河西区建设步伐,确保新区开发建设高效工作,市委、市政府成立巴彦淖尔市新区开发建设领导小组,由市政府市长任组长,市委、市政府分管领导任副组长,临河区、市直有关单位为成员单位,作为新区开发建设的领导决策机构,协调新区开发建设工作中的重大问题。巴彦淖尔市编制委员会批准在原城市建设办公室的基础上组建成立巴彦淖尔市新区开发建设办公室,与已经成立的巴彦淖尔市城市发展投资有限责任公司合署,负责西区城市市政基础设施、公共设施和绿化建设;承担市政府融资平台及招商引资职能;协助有关部门编制西区开发建设中长期规划和年度计划;从事棚户区重点改造工程及房地产开发;经营临河城市户外广告业务。同时,成立市土地收购中心,作为西区土地收储经营的专门机构。临河区政府成立临河新区建设办公室和城市投资公司。

设计与建设　2003 年,聘请北京清华城市规划设计院编制完成西区 17.5 平方千米控制性详细规划及西区中心区城市设计,编制完成西区市政道路管网、绿化景观、照明工程、集中供热、城中村改造等项目的可行性研究报告和发改委立项批复施工图设计。组织对西区开发的投入产出、土地一级开发投资效益分析等进行详细的测算,对西区开发建设中人员组织、领导指挥、运作方式、资金筹措、项目融资、招商引资等提出具体的实施方案。推进招商引资工作,先后与中国商业联合会考察团、香港中策、浙江赛格特、江苏中兴建设公司、首钢房地产、江苏太平洋建设集团、香港金雄集团、包头聚龙公司等国内外 150 多家企业进行接触,通过招商完成西区写字楼、宾馆的建设。北京百替公司、鄂尔多斯新大地、内蒙古经纬建设公司、国泰房地产公司、春雪房地产公司、海天房地产公司等一批企业参与西区房地产开发和市政建设。建立健全西区开发建设配套政策和规章制度。市委、市政府 2006 年制定失地农牧民社保、救助、就业、子女入学、住房安置等相关政策,西区开发建设优惠政策,西区建设资金管理办法,开行贷款资金管理规定和公共建设项目资金等管理规定。

建设项目　市党政综合办公楼、市电力调度大楼、军分区、市公安局、西部天然气公司、农机监理站、农发行、市工商局、人防办、气象局、气象观察场、森警、地矿大厦、住房公积金、检察院、卫生局、西郊变电站、残疾人服务中心、国土局、教育局、消防支队、市中学、环保局、文博中心、工会、蒙医院、报社、法院、中国银行、政务中心、林业局、移动公司、广电局、财政局、武警支队、妇女儿童活动中心、国华风电公司、招商大厦、安全局、人社局、住建委、河灌总局、金川学校等工程,建筑总面积 83.34 万平方米。

房地产及棚户区改造建设项目完成四季花城、北欧印象、万丰新村、金秋华城、河畔丽景、河套书院、熙城国际、奥林国际、锦绣花园、江南华府、今日尊府、明珠城、纳帕溪谷、金沙丽苑、香媞溪谷、中远睿城 16 个项目,规划建筑面积 512.2 万平方米。

市政工程　实施新华西街、金川大道、五一街、沃野街、曙光街、开源路、乌兰布和路、金沙路、水源路、利民街、河套大街、迎宾街、西苑路、汇丰街 14 条主次干道和 6 条支路的道路及管网配套建设工程,建设道路总长 40.56 千米,油路面积 114.36 万平方米,供水管道 36 千米,排水管道 127.66 千米,人行道铺装 33 万平方米,安装路灯 1610 盏,雨水、污水泵站各一座。公共绿化建设工程,完成西区写字楼广场绿化 7.6 公顷,河套文化主题公园 15 公顷,道路、轴线及小型公园绿化 94.4 公顷,西郊带状公园 45 公顷,种植乔灌木 14 万株丛,植物品种 150 多种。共计完成绿化面积 167.2 公顷。集中供热,建成换热站 28 座,铺设供热主干管线 23 千米,支线管网 18 千米,供热面积 185 万平方米。

临河区政府实施区域 临河区政府实施新区2008年5月启动，建设范围为汇丰街以北3.1平方千米。相继建成区政府行政服务中心，政务广场、市民公园和金秋华城住宅小区、国泰西苑、国泰东苑、绿洲风景三封棚户区以及汇丰街帅丰街等道路及管网工程。核心区内12条主次道开工建设，建筑面积41.71万平方米；西区广场总面积14.8万平方米，总投资4500万元，绿化、照明、道路硬化及管道工程全部完成；完成投资5000万元，旧城区建苗圃1个、公园3个、广场5个；完成街头14处，5条街路和1条景观大道的绿化带改扩建。2009年，实施“新亮美”工程，完成13条道路改造、27条次干道26万平方米人行道铺装任务；实施街景亮化工程，在胜利路、新华街、团结路、建设路、欧式街和公园广场等重点部位安装景观灯350余基、树灯1750余株、射灯1200余盏；临狼、临陕立交桥安装护栏灯，周边绿地安装草坪灯、射灯；在星月广场、人民广场、体育场南侧、人民公园东门等更换安装景观灯、瀑布灯、草坪灯、景观造型灯和射灯，临狼路出口悬挂“中华结”和“红灯笼”。2010年，临河区开工建设的主要工程：巴彦淖尔市电业局调度中心楼工程，巴彦淖尔市公安局指挥综合楼工程、巴彦淖尔市人防应急指挥中心建筑工程、巴彦淖尔市农业发展银行办公楼建筑工程、巴彦淖尔市气象局雷达预警楼工程、巴彦淖尔市中级法院审判办公楼建筑工程、巴彦淖尔市检察院技侦办公楼建筑工程、巴彦淖尔市食品药品监管局检验楼建设工程以及河套公园、西区广场、金川大道水系、博物馆、文化艺术中心等公益设施建设工程。

第四节 旗县政府驻地镇建设

一、西山咀镇

乌拉特前旗人民政府驻西山咀镇。1986年，西山咀镇有主要街道31条总长25.44千米。其中，油路13条，长度13.01千米；砂石路18条，长度12.43千米。1990—2002年，新建民族路北段、北环路中段、教育路西段；改建红卫南路、农管路、建工路、运输路、政法路。2004—2009年，新建、改建振兴大街、东风大街、红卫北路、西佘路、水利北路、旧桥南国道、民族北路等。2010年，新建、改建东风大街延伸段、林场路西段、新区路、西支路、红旗街北段。2010年，乌拉特前旗西三咀镇街道总长42.3千米，全部为水泥或黑色路面。

1986年，西山咀镇有自来水厂一座。1987—1998年，政府逐年投资对城市供水设施进行改造。1989年，西山咀供水工程主干管道53.12千米，年为工业供水1664万吨，为居民供生活用水138万吨。2004年，随着城镇人口的增加，城镇面积的扩大，西山咀镇另选供水水源地，将水源地选在距市区14千米处，建成2000立方米的蓄水池，铺设供水主管道11千米。

1986年，西山咀镇红旗大街、东风大街两侧有露天排水沟。1992—1996年，西山咀镇正式启动排水工程，相继建成排水泵站两处和东升大街、政法路、包银公路、红旗大街、红卫路、水利路、民族路、黄河路、团结路、农机路、农管路、东环路、东兴路、物资路、浆泊路等排水配套设施。1997—2006年，先后完成运输路、桥东区、镇区48条排水入巷和北环路、盐业路、教育路、道口路、林场路、百货路、110国道绕城段等排污配套设施。2007—2010年，中粮番茄厂至总排干压力管道工程、110国道拓宽改造排水配套工程等。

2000年前，西山咀镇城区大部分居民和机关单位采用土暖气或小锅炉采暖。2000年，乌拉特前旗成立首家集中供热公司，即富霖集中供热公司，发展供热面积3万平方米。2001年，成立安居供热站、园丁供热站、黄河供热站，集中供热面积发展20万平方米。2003年，成立众和供热公司，供热面积增加39万平方米。2004—2009年，各集中供热公司不断扩大供热面积。2010年，西山咀镇集中供热面积248.76万平方米。

二、巴音宝力格镇

1986—1995年，乌拉特后旗政府驻赛乌素镇，由于地处山后，交通不便，街道狭窄，无排污设施，自来水普及率不足50%。1996年，随着经济的逐年好转，赛乌素镇将城镇建设提上议事日程。拓宽街道，完善供水设施，建设排污工程，安装路灯，绿化街道。经过几年建设，到2002年，赛乌素镇已成一座公共设施基本齐全、功能完善、环境优美、具有草原特色的小镇。

2003年，经内蒙古自治区人民政府批准，乌拉特后旗将政府驻地迁往巴音宝力格镇。新镇建设按照“高起点、高标准”要求，规划建设面积6平方千米。2010年，新镇先后建成党政综合办公楼、文化体育楼及各单位办公大楼等；完成巴音宝力格镇区供水、排污、供热建设工程，建成四纵四横主干线街道以及广场和16个居民住宅小区。

三、隆兴昌镇

五原人民政府驻地隆兴昌镇。1986年，隆兴昌镇街道总长度15.14千米，其中，黑色路面14.54千米，砂石路面0.6千米。1995—2009年，隆兴昌新建世纪大道、隆兴昌大街；改建扩建前进路、新华路、团结路、建设路和街巷55条，街道总长70.7千米。2010年，新建义和渠堤路、美林路、丰华路和街巷8条。2010年，隆兴昌街道总长度为89千米，全部为水泥或柏油路面。

1986年，隆兴昌镇投资359万元，建自来水水源井6眼，三级水泵站1座，500吨蓄水池2个，铺主干供水管道29.2千米。1996年，铺自来水主干管道250米，支管4000米。2005年，在刘四拉村建水源井2眼，在义和渠东侧新建2处水源井泵房和2000立方米的清水池1座。2010年，隆兴昌镇城镇自来水覆盖率100%。

1986年，隆兴昌镇隆兴昌街、前进路有简易露天排水沟。1991—1994年，随着经济的发展，城镇建设步伐的加快，先后投资796万元，重点解决居民区生活污水排放问题。1994年，建成排水泵站3座，铺设排水主干管道6000米，铺设主、支管道3000米。1995—2004年，陆续建设排污设施，铺设主管道16.8千米。2005—2010年，城镇不断扩大排污覆盖率，建设污水处理厂。2010年，隆兴昌镇城镇建成区排污覆盖率100%。污水经过处理，全部实现再利用。

1986—1993 年，隆兴昌镇城镇居民和机关单位采用土暖气或小锅炉采暖。1994 年，五原县成立首个集中供热公司，开始集中供热。2002 年，富源热力有限公司在隆兴昌成立，公司有供热车间 6 个，18 台锅炉，供热能力 110 万平方米，实际供热面积 84 万平方米。2010 年，隆兴昌镇城镇集中供热面积为 181.6 万平方米，集中供热普及率 52%。

四、陕坝镇

杭锦后旗人民政府驻陕坝镇。1986 年，陕坝镇城镇建成区有主次街道 21 条，共 1.88 千米，安装路灯街道 1.43 千米。街道狭窄，路灯昏暗，两边树木残缺不全，只有一条街道为油路面，其他主次干道全部为砂石、泥土或灰渣路面。1990—1995 年，杭锦后旗政府加快城镇街道建设力度，采取“上争取一点，银行贷一点，地方拿一点，群众集一点”的筹资措施，筹得资金 1164 万元，陆续完成建设街、北环路、塞上路、中山路、小转盘路、邮电路、统建路、东环路等街道改、扩建，完成总长 12.7 千米。1996—2009 年，杭锦后旗陆续完成陕坝镇建设街、东环路、塞上路、小转盘路、南环路、西环路、东风路、新华路、跃进路、胜利东路、健康路、迎宾路、胜利路、东环路等街道扩建工程，新建祥和街、河套大道、塞上中路、阳光路、米仓路、奋斗中学西路、中山北路、站前路等街道。2010 年，陕坝镇街道总长约 6.35 千米，全部为黑色或水泥路面。

1986 年，陕坝镇有供水二级泵站一座，500 立方米清水池 2 座，水源井 5 眼，供水管道总长 162 千米，日供水 4000 立方米，自来水普及率为 46.5%。2003 年，杭锦后旗争取到国家供水专项建设资金，新建清水池一座，新打水源井 13 眼，城镇供水能力得到改善。2010 年，陕坝镇自来水工程有二级加压泵站 2 座，水源井 18 眼，500 立方米清水池 2 座，2000 立方米清水池 1 座，供水管道总 455.2 千米，日供水 15600 立方米。自来水用户 36211 户，自来水普及率 99%。

1986 年，陕坝镇排污管道总长 2445.7 米。1988 年，新铺排污主管道 1394.8 米，支管道 78 米；建成一座日处理污水 8398 吨的污水泵站。1989—1993 年，陕坝镇新建污水二干管工程，铺设排污主管道 1.43 万米，支管道 2340.3 米。1994—1999 年，陕坝镇铺设排污支管 5.4 万米，新建排污泵站两座，日排水能力 16810 吨。2000—2019 年，杭锦后旗在陕坝镇再建污水处理站 1 座，污水提升泵站 2 座，铺设排污主、支管道 1.32 万米。2010 年，杭锦后旗陕坝镇排污主、支管总长 13.84 万米。

1986 年，陕坝镇城区供热多采用火炉或土暖采暖，条件好的单位使用小型立式常压锅炉采暖。1999 年，陕坝镇小范围实施集中供热，供暖面积为 28 万平方米。2001 年后，杭锦后旗在陕坝镇成立首家集中供热企业杭锦后旗杭信热力公司，铺设供热管网 6.8 千米，供热面积 41 万平方米。2005 年，内蒙古昊升热力有限责任公司成立后，对陕坝镇集中供热进行整合,改建扩建供热管网,将供热能力提升到90万平方米。2007—2010年,昊升热力公司新铺设供热管道25.6千米,建换热站6座。2010年,陕坝镇集中供热面积为200万平方米。

五、巴彦高勒镇

磴口县人民政府驻巴彦高勒镇。1986年,巴彦高勒镇城镇建成区有主、次街道11条,街道总长29.5千米,油路路面1.43千米,其余为泥土、灰渣路面。1990年,磴口县动员全县机关干部、学校师生、驻地部队和企业单位职工,对巴彦高勒镇街道进行全面整修,将原泥土路面铺垫成砂石、灰渣路。1999年后,磴口县将城镇建设列入改善民生最重要议事日程,通过多种方式筹资、群众投工投劳等措施,每年以5千米的速度对街道实施改造。2005年,巴镇街道改造全部完成,总长44千米。2006年起,巴彦高勒镇城区按照"南优北拓、东开西进"的发展规划,先后完成东风街、团结路改扩建;新建南环路、朝霞路、贺兰北路、巴音北路、钢铁北路、利民路、丰华路。2010年,巴彦高勒城区街道形成以富源广场为中心的"十五横十一纵"的黑色路面,总里程为63.4千米。

1986年,巴彦高勒镇建成区有自来水厂1座,供水管道总长13千米,年供水量为38万吨,用水普及率74.7%。1999年,随着城区人口的增多,城区的外延,原有供水系统已无法满足供水需求。为适应城市发展,供水部门按照县政府分批逐年更新供水设施的意见,投资68万元,新建给水泵站2座,更新供水主管道34千米。2009—2010年,供水公司投资812万元,新打水源井4眼,更新改造管网10.38千米,年供水能力提升到120万吨。2010年,巴彦高勒镇已建成直径75毫米以上给水管道45千米,供水泵站6座,给水井9眼,500立方米清水池2座,2000立方米清水池1座,日供水7000吨,城镇自来水普及率93.2%。

1993年前,巴彦高勒镇排污设施为零。1993年,巴彦高勒镇建排污泵站1座,铺设下水管道2千米,发展管道排污800余户。1995—2002年,相继建排污站3座,铺设排污管道15千米,新增入网户600余户,城市排污率达20%。

2008年,磴口县集中财力完善排污设施建设,建沉泥井1900多座,化粪池150多座,排污网覆盖率达50%左右。2009年,再建提升泵站三座,同时购进一批污水处理先进设备。2010年,巴彦高勒镇建成区有排污泵站7处,沉泥井、隔油池2000余座,化粪池180余座,排污主、支管道长48.4千米,排污入网率55%。

1986—2001年,巴彦高勒镇机关、学校、企业、居民多采用火炉或土暖采暖,条件较好的单位使用小锅炉。2002年,政府综合办公大楼建成投入使用,富源热力公司落户磴口县,开始发展集中供热。2003年,内蒙古丰华热力公司入驻。2007年,成立内蒙古天旗热力公司,铺设供热管道1.44千米,发展集中供热63万平方米。2009—2010年,3家供热公司新铺供热管道17.2千米,建换热站1座,供热面积117万平方米。

第五节　乡村建设

1993—1995 年,巴盟推动实施小康村工程建设,在临河市、杭锦后旗、五原县新建 200 余户小康村二层住宅,后因政策变化和资金困难带来的诸多因素,未进行大面积推广。1995 年,巴盟将乡村规划建设列入各级政府重要议事日程,召开乡村建设现场会,以点突破,线上延伸,面上推广。1997 年,农区乡村建设全部按照建设规划实施,要求农民新建住房必须按照砖木或砖混结构设计施工。在牧区按照建设规划发展由住宅、棚圈、草料库、机械库等组成的永久性定居点。1998 年,全盟乡村按照统一规划设计建设住宅 2066. 7 万平方米,其中砖木或砖混结构住宅面积 732. 23 万平方米,人均砖木或砖混结构面积 5. 28 平方米。2002 年,巴盟向各旗、县、市下达《2002 年 11 个中心集镇建设计划的通知》,要求集中力量以建设 11 个中心集镇为中心任务;年末,11 个中心集镇完成投资 7651. 1 万元,完成中心集镇道路硬化 1. 48 万平方米,人行道硬化 4. 22 万平方米;建广场 6000 平方米,铺设自来水主次管道 3. 64 万米;铺设排水管道 4316 米,植树 3. 6 万株,建绿化带 2. 01 万平方米。

2006 年,按照市政府《关于在市域范围内开展乡村建设规划推进社会主义新农村建设工作的通知》要求,各旗县区组织力量展开对乡镇、苏木以及村、嘎查的基本建设情况进行调查研究。根据不同地区、不同类型、不同产业特征和农牧民收入水平,筛选上报了 1 个国家级联系点、1 个自治区级试点和 7 个自治区级联系点,确定 40 个市及旗(县、区)示范点,基本覆盖全部苏木镇和农(牧)场。农牧业部门对职能、职责和业务范围研究后,确定"十一五"期间,在工作重点中实施农牧业科技创新、产业化推进、畜牧业突进、农畜产品质量安全品牌、退牧转移、沼气入户、测土配方施肥、动植物病害疫病防治、新型农牧民培训等"九项工程",全力助推新农村新牧区建设。2009 年,国家实施农村牧区危房改造惠民工程,凡居住在农村牧区危房中的五保户、低保户、残疾人贫困家庭和其他贫困户都可以享受危房改造的政策,国家、自治区、市县四级补助 1. 5 万元帮助农民建新房,不足部分由农户自筹。2009—2010 年,巴彦淖尔市危房改造完成 2138 户,建成后的农房宽敞明亮,红砖褐瓦,双玻门窗,砖地板,院内凉房、圈舍排列整齐,整洁有序,农村牧区困难群众居住条件得到明显改善。

第六节　城区交通

一、城区公交汽车

1976 年,由临河县城建局牵头成立公共汽车站,投入 1 台客车,开通火车站到临河公安局全长 6 千米的一路公交线路。1979 年公交车辆增加到 2 辆。

1983 年,临河公交车辆增至 4 台。1984 年,临河公共汽车站改组为临河市公共汽车公司,开通城里影剧院到盟医院二路公交线路,营运线路增至 2 条,投入公交车辆 10 台。

1987年,临河一路公交车延伸至临河种子站,二路车线路调整为火车站到盟医院。1989年,临河二路车线路延伸到临河水校。

1995年12月,开通火车站经临河一职至大兰庙桥的三路公交车,投入车辆2台。1997年5月,开通火车站到章嘉庙四路和先锋桥到临河一职五路公交车,投入车辆各3台。7月,开通农机校到临河水校的六路公交车,投入车辆3辆。1999年,五路公交车停运。

2001年11月,公交公司实行转制。临河市公共汽车公司转制领导小组向社会公开招标,杨书香以380万元中标,吸收36名股东组建临河市公共汽车股份有限责任公司,于2002年1月30日挂牌,2月24日正式开始运营。新公司成立后,恢复运营五路车,一路车延伸到临河一职。公交车辆增加到66台。

2003年9月,临河开通马道桥到硅铁厂七路、春雪公司到糖厂北门八路和八完小到曙光九队九路公交车线路,运营车辆增加到98台。

2004年,临河市公共汽车股份有限责任公司更名为巴彦淖尔市公共汽车股份有限责任公司。公司调整2条线路,延伸3条线路,投入运营车辆增加到104台。

2005年,临河1、3、6路车的线路延伸至四季青菜市场,车辆增加到111台。

2007年,临河1、3、6路车延伸到巴运物流园区。一路车更新为9.1米长新型公交专用车,成为巴彦淖尔市首次引进的大型公交专用车。

2008年,临河引进CNC天然气公交车2台。城市万人公交车拥有量达到4标台。

2009年,临河在线运行的公交车辆全部更新为大中型公交专用车,城市万人公交车拥有量提高到4.2标台。并及时对四、七、八、九路运营线路进行调整。

2010年,巴彦淖尔市公共汽车股份有限责任公司先后引进江淮、友谊、少林等新型城市公交专用车辆,在线运营车辆全部达到7米以上,乘车环境更加舒适、整洁。经临河区建设局批准,分别将四、七、九路车向东区工业园区和西区新区延伸。同时调整六路车直通欧式街、八路车直通利民西街运行线路。

2010年底,巴彦淖尔市公共汽车股份有限责任公司共有公交车辆111台,公交经营线路9条,平均车日行程270千米。

二、城区出租汽车

巴盟临河地区客运出租车1990年开始发展,最早的出租车多是从单位、企业淘汰的老旧小客车和人力、电动三轮车。1995年,临河地区有出租汽车67辆。1997年,巴运集团总公司率先办起出租车公司,购进40辆昌河牌红色微型面包车。临河地区客运出租车辆开始第一轮车辆更新升级,车型以大发、昌河、长安、松花江几种小型面包车为主,年底有出租汽车108辆。1998年5月,巴盟暂停临河地区出租车手续审批,当时临河地区有载客出租汽车937辆,出租车公司7个。2001年,巴运一、二出租公司重组。

2003 年 11 月,临河广大出租车公司、利通达出租车公司、忠华出租车公司、大众出租车公司共同组建巴彦淖尔盟广利华出租车有限责任公司,临河的出租车公司整合为 3 个。临河地区出租汽车一年更新 494 辆,占总量的 52.7%,轿车化水平 72%。2004 年,临河地区轿车化率 99%。

2005 年,临河地区出租汽车轿车化率 100%。2006 年 11 月,第三轮车辆更新开始,更新车型主要是起亚、捷达、北京现代伊兰特、比亚迪等小轿车。2009 年,临河地区出租汽车全部更新为轿车同时改装双燃料客运出租车 818 辆,占临河区出租汽车总数的 87.3%。

2010 年底,临河地区共有出租车公司 3 家,共有载客出租汽车 937 辆。

第三章　城市管理

第一节　城市行政执法管理

一、机构沿革

1986年，根据城市发展的现状，组建第一支隶属临河市城建局的市容管理中队，人员编制为28人，为股级建制。1990年批准成立临河市城建管理监察大队，隶属于城工办领导下的科级建制单位，管理人员由原来的28人扩编为68人。在1994年的机构改革中，城工办撤销，组建城乡建设管理委员会，城管大队成为建委的二级科级建制单位。城管人员由68人增加到2002年的108人。2002年5月22日，成立临河市行政执法检查局，城建监察大队划归行政执法检查局，在岗人员119人。

2004年7月，巴彦淖尔市城市管理行政执法局成立，主管市内城市管理职能。内设办公室、法制科、监察科。直辖临河区行政执法检查局，更名为巴彦淖尔市临河区城市管理行政执法大队，2006年7月按照巴彦淖尔市人民政府《关于全面推进相对集中行使行政处罚权实行城市管理综合行政执法工作的决定》（巴政字〔2006〕90号）文件精神，撤销巴彦淖尔市城市管理行政执法局，组建为临河区城市管理行政执法局，城市管理行政职能全部交给临河区，在岗人员208名。

二、城市执法管理

1986—2002年，主要行使市容市貌、城市主次干道沿街建筑物上的户外广告、门牌字号、标志牌以及“门前四包”责任制等方面的执法管理。1994年开始对城市主次干道沿街公共设施保护，乱喷、乱涂、乱贴广告，自行车、摩托车乱停乱放，拆墙透绿、靓化美化、店面装修、牌匾规范化管理。

2003年，按照城市总体规划要求，对公建、民建项目，严把“三证、一书、三图”关，从放验线到竣工全部实现档案管理，全程监察。针对非典期间有人偷建、抢建等违法违规行为，以勤查严管重罚的措施，实施有效的控制，保障城市总体规划顺利实施。同时，加大对沿街流动摊点、店外经营、乱堆乱放、乱贴乱挂、违章洗车、店外修理、煤炭市场、废品回收，以及乱倒污水、乱倒垃圾及其他包装物、废弃物、基建废土等影响市容和环境卫生的不良现象，进行清理整顿，使“门前四包”进入规范化管理。出台《临河市行政执法局关于对畜力车开展专项治理整顿的实施方案》和《城区畜力车管理办法》，加大对畜力车管理。加大对市政公用设施、环卫、园林绿化及市区餐饮业、娱乐业、流动摊点的监察力度，减少社会生活噪声污染。

2004年，规划监察管理力度进一步加大，以城市新区、旧城改造区、街路两侧项目建设为监察重点，严把公建项目"三证、一书、四图"关，严格按照规划设计要求对项目建设实行全程监督，并纳入档案管理。开展户外广告、门牌字号集中清理整顿，对临河城区主次干道沿街建筑物上设置的户外广告、门牌字号、标志牌等按规范要求进行了整改。实施"三路两街""四个出口"整容换装和城区拆墙透绿工程，要求沿街单位和部门按要求进行拆墙透绿，拆除沿街平房或实体围墙，退红线设铁艺栅栏或钢化围栏，院内进行绿化、美化。实施城区铁塔和大型建筑物亮化工程。开展早市、夜市和临时市场规范整顿。

2005年，开展临时市场、早市、夜市集中治理整顿，对城区临时市场进行整顿规范。配合商务、公安、畜牧部门对城区屠宰市场进行集中治理整顿。全部实行集中屠宰，集中检疫。进行店外烧烤、炉具集中治理整顿。下发治理整顿通告，对城区内所有的烧烤摊点及店外炉具进行集中取缔。对城区所有公用电话亭进行摸底调查，逐户登记造册，实现一个电话亭一份档案的档案化管理。开展市容环境卫生综合治理整顿。对店外经营、倚门销售、店外修理、店外加工、店外洗车和乱堆乱放、乱搭乱建、畜力车乱停乱放、占道经营以及废品回收市场、旧货市场、煤炭市场进行集中清理整顿。

2007年，对大型公建项目和房地产开发项目，严把"一书、三证、四图"关，并按照市政府的统一安排，7月将大型公建项目和渣土管理职能移交巴彦淖尔市城市管理行政执法局，杜绝拆迁项目和在建工程基建废土的乱倾乱倒现象；加强民建工程监管，严格查证验证，凡未取得证件的平房建设，依法予以拆除。

2008年，坚持认证管理，严格按照"一级规划，两级政府，三级管理，四级网络"的要求，严把"两书、三证、四图"关，缺一证一律不准开工，坚决杜绝边开工边办手续，边施工边规划的现象；采取划片管理、责任到人的办法，明确工作目标和任务，保证大型公建项目的监管工作顺利进行；加强出入口硬化管理工作；与交警部门联合开展车辆停放秩序专项整治和占道经营摊点的专项整治。联合运管、工商、市政、公安等部门对新华西街、金川大道、解放西街、北环路、临五路、临陕路、临狼路出口、庆丰街、胜利北路、光辉北路、万丰西街的汽车修配、销售市场以及洗车行进行清理整顿，严禁店外销售、修理、洗车。开展煤炭、废旧市场专项整治。

2009年加大了规划管理执法。对现有的房屋进行现状拍照取证，绘制图表，登记造册，留档监管，以备考核监管；对市内违章建筑采取集中强拆的措施，形成震慑力；从源头上抓起。推行"一查、二看、三拆、四责"的工作制度，加强巡查和稽查考核力度，对违法建筑，发现一处拆除一处。

加大对乱贴乱画的执法。采取“呼”“包”“清”“疏”的措施，对城区乱贴乱画现象进行专项治理，执法范围由主次干道向背街小巷延伸。利用“城市管理短信息警示系统”累计追呼非法小广告电话2013部，行政处罚651人。

探索实施网格化执法、专项整治，在人员、时间和工作任务上做好统筹安排、错时上下班等科学合理措施，提高执法质量和效率。

采取疏导和集中整治的办法，禁止流动商贩流窜叫卖，教育流动商贩划定的限时限路临时销售点和便民市场，鼓励入店、入市合法有序经营。统一规范店牌广告管理。鼓励采用新材料、新工艺，规范门牌字号，拆除沿街两侧影响市容和行人交通安全的破旧广告，清除未经审批横幅标语广告、立式广告小灯箱；督促公交站台牌进行改造更新、粉刷清洗；增加闲置广告栏公益广告宣传内容。

接管火车站广场、公园东门广场、人民广场、经纬广场，并严格规范广场内车辆停放秩序，试点接管四季花城周边公共用地，规范车辆停放秩序。

进一步治理乱张贴小广告行为，采取“同色覆盖”等措施，根治城市“牛皮癣”。集中整治市容市貌“脏、乱、差”问题，严格落实基建废土运输处置“二点一线”规范要求，实行拉运基建废土准运证制度。

2010年，临河区棚户区改造项目有27片，8276户，210万平方米。对保税物流园区、国省干道、铁路、水系、黄河大桥引线两侧建筑严格监控，严格控制城区主次干道掏门改窗行为的发生，发现一处，拆除一处，严禁以罚代管；辖区中队和稽查中队昼夜巡查，对无手续偷建、乱建和突击抢建以及群众强烈反映的违章建筑始终保持高压态势，对巡查发现的问题立即上报，及时处理；对有规划审批手续的建设工程要进行公示，设立举报信箱，随时接受群众监督；认真落实错案责任追究制度，严肃查处执法人员利用工作便利，徇私舞弊、有意包庇、隐瞒违法建筑的行为。

第二节　房地产管理

一、产权产籍管理

1986年至2004年11月，临河地区房屋产权产籍管理工作由临河区房管局负责，科级建制，管理产权产籍档案约5.5万卷，管理方式主要以手工建立索引查询，人工调阅档案为主，开始初步使用计算机管理，开展档案微机录入和扫描工作。

2004年12月，临河区房管局产权发证业务上划至市房管局。

2005年至2010年8月，临河地区产权产籍管理工作，由市房管局科级建制二级单位房屋产权交易中心负责。

2010年8月，组建巴彦淖尔市房屋产权交易登记中心，隶属巴彦淖尔市住房和城乡建设委员会,正处级建制,负责办理临河地区国有土地上各类房屋产权登记发证和产权产籍管理工作。

截至2010年12月底,共归集整理产权产籍档案100215卷,全部实现数字化管理,档案管理以内蒙古自治区一级档案管理标准,按住建部的标准“一宗一卷”统一装订入盒,实现纸质档案和电子档案双重储存,房屋登记档案入库率达到100%,数字化扫描100%。

二、住房保障制度改革

(一)实物分配房改政策推行,公积金制度建立

1949年新中国成立至1994年,全国实行的是福利分房制度,职工住房由国家和单位负责建设分配。1990年开始,福利性住房(房改房)开始试点实行房改,即把公有住房折价出售给个人私有。1994年7月,国务院颁布《关于深化城镇住房制度改革的决定》(国发〔1994〕43号),住房制度改革开始启动,首次提出以中低收入家庭为对象、具有社会保障性质的经济适用住房供应体系和以高收入家庭为对象的商品住房供应体系。经济适用住房的保障功能,开始就得到明确。职工住房仍以单位实物分配为主,单位购、建住房和单位集资建房是职工住房供应的主渠道,也是住房保障体系实际实施的“国家安居工程”项目,保障对象有相当的特定性,经济适用住房制度主要发挥的是引导住房由实物分配向货币化转变的政策性功能,形成一种社会化的城镇住宅建设和消费的新方式,建立解决城镇居民住房问题的新体制。1995年,以房管局的二级单位成立巴彦淖尔住房公积金管理中心,作为住房制度改革的重要内容向全市推广执行。1998年福利性住房制度改革基本结束。

(二)市场化改革

1998年7月《国务院关于进一步深化城镇住房制度改革加快住房建设的通知》(国发〔1998〕23号)颁布。全国城镇停止住房实物分配,实行住房分配货币化。提出建立和完善以经济适用住房为主体的多层次城镇住房供应体系,对不同收入家庭实行不同的住房供应政策。同时首次提出廉租住房制度,最低收入家庭租赁由政府或单位提供的廉租住房,中低收入家庭购买经济适用住房。

根据《国务院关于促进房地产市场持续健康发展的通知》(〔2003〕18号)精神,巴彦淖尔盟在全区率先制定出台《巴彦淖尔盟城镇经济适用住房管理办法》(巴署办发〔2003〕27号),在全市范围内推广。2004年,建设部等四部门制定《经济适用住房管理办法》(建住房〔2004〕77号),自治区印发《关于加快住房保障体系建设切实解决中低收入家庭住房问题的通知》(内政字〔2006〕318号),细化了相关规定。2007年修订《巴彦淖尔市城镇经济适用住房管理办法》(巴政办发〔2008〕37号),各旗县区分别制定《经济适用住房实施细则》,经济适用住房全面推行。自2003年推行经济适用住房到2008年,共建设3万余套270万平方米经济适用住房,对于加快住房建设、平抑房价、刺激住房消费,特别是解决城

市中低收入和最低收入家庭的住房困难问题，起到积极有效的推动作用。

在具体操作过程中也出现各种缺陷和问题，主要是经济适用住房建设整体规模小，数量有限，远远不能满足当地中低收入者的购房需求，在住宅市场中没有发挥主导作用；由于中低收入者对住房的需求千差万别、经济适用住房相对单一，造成低收入家庭在教育、医疗、购物以及出行等方面带来诸多不便，加大生活成本，无法满足中低收入者的实际需求；再加上政府监管力度不够、分配不合理甚至不公平、优惠政策落实不到位以及受2008年全国房地产市场低迷影响，导致开发企业建设经济适用住房和市民购房的积极性都不高，使住房分配货币化推进缓慢。

三、全面构建住房保障制度体系

2003年建设部会同相关部门颁布《城镇最低收入家庭廉租住房管理办法》（建设部第120号令），巴彦淖尔市2006年制定出台《巴彦淖尔市城镇廉租住房管理办法》，各旗（县、区）以发放租赁补贴为主的保障方式全面启动，2006年全市共筹集65万元，为654户保障家庭发放租赁补贴。2007年，《国务院关于解决城市低收入家庭住房困难的若干意见》颁布，明确将保障性住房纳入政府公共服务职责范围，要求加快建立健全以廉租房制度为重点、多渠道解决城市低收入家庭住房困难的政策体系，保障性住房建设进入一个新的发展阶段。同时明确土地出让净收益用于廉租住房保障资金的比例不得低于10%。经济适用住房建设开始萎缩。2008年底以实物配租的保障方式在全区启动，全市积极争取廉租住房建设中央和自治区预算内投资补助资金，住房保障部门会同发改部门上报2008年和2009年廉租住房建设项目14个，争取上级补助资金9514万元。同年自治区搭建融资平台，全市争取廉租住房开发银行贷款1.86亿元，极大缓解廉租住房建设资金困难的问题。

2009年，巴彦淖尔市根据《内蒙古自治区人民政府关于印发内蒙古自治区直属机关事业单位住房补贴暂行办法的通知》（内政发〔2000〕9号）、《内蒙古自治区人民政府办公厅关于公房出售住房补贴和住房普查若干问题的通知》（内政办字〔2009〕290号）相关政策规定，结合当地实际率先制定《关于市直单位离休老干部住房补贴的实施意见》。共筹集658万元为456名老干部发放住房补贴。同时根据《关于促进房地产市场健康发展的若干意见》（国办发〔2008〕131号）精神，下发《关于加强保障性住房建设促进房地产健康发展的意见》，2009年3月全面启动市本级财政供养人员购房货币补贴工作，住房保障科制定一系列购房补贴具体操作流程及资金发放办法，开展了持续2年半的购房补贴工作，通过考察先进地区的做法，先于自治区制定出台《巴彦淖尔市城镇廉租住房实物配租管理暂行规定》《关于进一步加强廉租住房建设与租售管理的通知》《巴彦淖尔市城市低收入家庭认定暂行办法》《关于廉租住房规范“租售并举、共有产权”管理的实施意见》等政策，统一全市廉租住房申请审核操作流程，印制统一的申请审核表格，规范全市廉租住房申请审核审批程序;为了避免低收入家庭配租廉租住房后欠交水电暖费等矛盾,要求在廉租住房项目统一安装水电暖的智能锁闭伐,同时统一制定《廉租住房出售协议》《入住协议》等规范性合同文本。2009—2010 年共审核审批 4250 户市直供养人员的购房补贴,发放 8500 万元的补贴资金。

四、保障房建设跨越式发展

(一)城市棚户区改造

随着廉租住房有稳步发展,保障范围的不断扩大,廉租住房保障范围由最低收入家庭(低保户)中的无房户逐步扩大为人均住房面积不足 15 平方米的低保家庭和人均住房面积不足 13 平方米的低收入家庭。2009 年底开展城市棚户区改造调查工作。2010 年全市城市棚户区改造全面开展,当年制定出台《关于加快城市棚户区改造工作的决定》(巴党发〔2010〕6 号),成立巴彦淖尔市棚户区改造工作领导小组,在房管局设立棚户区改造办公室,下发《关于临河地区抽调参与棚户区拆迁改造工作人员管理及居住棚户区领导干部配合做好拆迁工作的通知》《临河地区城市棚户区改造工作操作流程》《临河地区城市棚户区改造拆迁档案管理制度》《关于建立棚户区改造项目限时办结制度的通知》《巴彦淖尔市棚户区改造宣传报道纯净考评实施细则》等推进城市棚户区改造的文件。

(二)公共租赁住房

2010 年 6 月,住建部等七部门出台《关于加快发展公共租赁住房的指导意见》,在全国范围内启动公共租赁住房建设计划,是解决中等偏下收入居民以及新就业人员、外来务工人员等"夹心层"群体的住房困难。全国住房保障制度建设进入新的阶段。

2008—2010 年,全市共建设保障性安居工程 120902 套、1079.59 万平方米。其中廉租住房 22839 套、110 万平方米;公共租赁住房 5853 套、33 万平方米;经济适用住房 17490 套、157.79 万平方米;城市棚户区改造 70807 户、732 万平方米;限价商品住房 9297 套、83.3 万平方米。

第三节　住房公积金管理

一、机构

1995 年 8 月,巴彦淖尔盟住房公积金制度在原巴彦淖尔盟直属单位开始试点,巴彦淖尔盟住房公积金管理中心正式成立,正科级建制事业单位,隶属于原盟房管局,负责全盟住房公积金制度的推行工作。2003 年 11 月,住房公积金中心升格为准处级事业单位,隶属于巴彦淖尔盟行政行署。撤盟设市后,2005 年 12 月,住房公积金中心对各旗、县住房公积金管理部实行垂直管理,次年对各旗、县管理机构的职责职能、人员、财务等全部上划完毕,实现了统一领导、统一管理、统一核算、统一制度。同时,按照自治区"管办分离"的原则,市中心主要负责宏观政策的制定、日常业务的管理、监督和考核工作，具体业务由各管理部负责，中心不再从事具体业务的办理。

2010年，市住房公积金中心下设办公室、会计核算科、资金运用科、资金归集科、信息管理科、稽核审计科6个职能科室；下辖临河、乌拉特前旗、乌拉特中旗、乌拉特后旗、杭锦后旗、五原县、磴口县7个管理部，共有各类管理人员和专业技术人员80余名人。

二、主要业务

（一）住房公积金归集

2006年，市政府下发《关于在股份制私民营企业中进一步建立住房公积金制度的通知》，全面规范和促进私民营企业建立住房公积金制度；2006年，中心制定《巴彦淖尔市个体工商户自由职业者建立住房公积金制度暂行办法》，在全区率先将城镇个体经济形式的经营者纳入公积金制度保障范围；2008年，为了继续扩大保障范围，重新修订了部分内容，取消户籍限制，正式把进城务工人员纳入住房公积金制度推行范围，极大地调动城镇居民建立住房公积金制度的积极性。

截至2010年底，全市共有2050个单位、115399名干部职工和个体工商户、自由职业者纳入了住房公积金制度，全市住房公积金制度的覆盖率达到85.7%。全市累计归集公积金总额212663.92万元，余额188038.99万元。

（二）住房公积金

积极创新各项政策措施。为了提高住房公积金的使用率，中心不断建立健全住房公积金使用的政策措施。2006年，市政府印发《巴彦淖尔市住房公积金委托贷款管理办法》和《巴彦淖尔市住房公积金支取管理办法》，在实施过程中，还分别进行两次修订，全面规范公积金贷款和支取工作。

截至2010年底，全市累计发放公积金贷款34664户、255448.7万元，余额183156.5万元。全市累计支取使用公积金26632.78万元。

（三）住房公积金保障

为了发挥住房保障作用，解决中低收入贷款家庭还贷困难的问题，2008年市政府制定实施了《巴彦淖尔市住房公积金贷款贴息制度试行办法》。主要是从住房公积金当年增值收益中拿出一部分资金，作为中低收入家庭贷款利息补贴资金，用于偿还贷款。

第四章　建筑业

第一节　建筑企业

一、体制改革

1984 年,国务院颁发《关于改革建筑业和基本建设管理体制若干问题的暂行规定》,允许集体、个人从事建筑业,建筑企业得到迅速发展,形成以国营为主体,集体为辅助,个体为补充的建筑业体系,突破国营企业独家经营的局面。同时改革管理机构,改革企业管理体制和干部制度,给企业"松绑放权"。扩大基层企业经营自主权,企业在保证完成上级下达任务后的前提下,有自主权向盟内外承揽工程,有权在上级核定的定编范围内自行设置机构和配备人员,有权任免企业的中层干部,有权自筹资金购置机械设备,有权出卖转让、租赁固定资产。随着建筑企业改革的深化,各企业普遍实行多种形式的承包经营责任制,弹性用工制和百元产值工资含量包干制,极大地调动企业职工的积极性,增强企业的活力。1998 年,巴盟建筑企业改革进一步深化,以"三改一加强"为重点,突出抓了国有建筑企业改制工作。全盟四级以上的 82 家施工企业,按自治区建设厅要求的标准,完成转制方案的制定,并报上级主管部门批准实施的有 61 家企业,占总数的 74.4%。如除去 15 家其他行业未转制的 12 家专业施工企业,年内已达转制标准要求的企业占到 86.6%。至 2000 年底,全盟 83 家四级以上建筑企业有 80 家完成转制工作,转制面达 96%。

2004 年撤盟设市以后,全市建筑业发展有了较快的发展,尤其是市人民政府《关于促进建筑业持续健康发展的若干意见》发布后,各级政府及其建设行政主管部门、建筑业企业围绕城市总体规划所确定的各项目标和工作,大力培育建筑业产业化。以优化调整结构、转变增长方式为主线,深入实施"走出去"战略,加快推进体制机制创新、科技创新、管理创新和营销创新,大力营造规范有序的建筑市场环境,不断提升建筑业的外向拓展能力、经营管理水平、科技进步水平、节能降耗水平和行业管理水平,取得令人瞩目的辉煌成就。

2001 年,巴盟转制后的建筑业企业已开始进行公司制改革,按照公司法的要求,建立股东大会制度,由股东大会选出董事会、监事会,由董事会聘任总经理,同时明确股东会、董事会、监事会各自的权利与责任,初步建立和完善法人治理结构。按照国家有关规定,巴盟从 2001 年 6 月起开始建筑业企业新的资质就位工作。

2001 年,巴盟在多层建筑中,淘汰了黏土实心砖,黏土空心砖使用率 90% 以上。一些新型保温材料、节能产品、节能技术得到广泛应用，初步形成全方位的建筑节能体系。全盟一半以上建筑工程都不同程度地应用了10项新技术，以科技保质量、向科技要效益在工程领域形成氛围。

二、企业规模

1985年，全盟共有建筑企业75家，固定职工5052人，建筑企业拥有固定资产1296万元，总产值4081万元。1998年，全盟有资质的建筑企业发展到104家，固定从业人员超过1.8万人，全盟有资质的砼构件生产企业24家，金属构件生产企业23家。年未建筑企业自有机器设备总台数4277台，价值9994.1万元，总功率70414千瓦，技术装备率6.7千瓦/人，自有固定资产净产值1.82亿元，年未流动资产2.91亿元，全员劳动生产率2.8万元/人。

2000年，巴盟共有四级以上建筑施工企业83家，其中二级企业8家、三级企业24家、四级企业51家。建筑企业总资产8.8亿元，其中生产性固定资产2.8亿元，全员劳动生产率47420元/人，从事建筑业的工人2.5万余人。

2001年，巴盟继续保持四级以上建筑施工企业83家；建筑业企业总资产增加到11.2亿元，其中生产性固定资产4.2亿元，企业等级数量未变。全员劳动生产率59142元/人，从事建筑业的工人3万余人。

2004年，全市共有建筑业企业68家，其中总承包企业47家，专业承包企业19家，其中构件企业8家。劳务承包企业8家。

2005年，巴彦淖尔市共有建筑业企业70家，其中总承包企业50家，专业承包企业9家其中构件企业8家，劳务承包企业3家，基本形成层次清晰、规模适度、分工协作的建筑业企业格局。

2010年底，全市建筑施工企业共135家，其中房建施工企业72家、路桥施工企业8家、铁路施工企业2家、水利水电施工企业17家、电力安装施工企业3家、市政工程施工企业5家、钢结构施工企业2家、商品混凝土生产企业22家、园林绿化施工企业4家、建筑装饰施工企业1家。

三、产值效益

1998年，建筑业总产值4.98亿元。2000年，全盟建筑企业共完成总产值11.43亿元；实现利税6532万元，利润2700万元，增加值3.6亿元，全年施工单位工程620个，竣工面积87万平方米，建设单位拖欠工程款2.3亿元。

2001年，全盟建筑业企业共完成总产值17.8亿元，实现利税1.13亿元，利润5183万元，增加值4.13亿元，全年施工单位工程589个，竣工面积148万平方米，建设单位拖欠工程款3.5亿元。

2004年,全市共完成建筑业总产值25.9亿元,比2003年增长10%。其中房屋建筑完成产值17.06亿元。施工总面积188万平方米,竣工面积126万平方米。全年共完成建筑业产业增加值6.09亿元,上缴各类税金1.1亿元,实现利润1.06亿元。全部企业实现无亏损。企业资产总额超过20亿元,其中生产性固定资产达7.4亿元。

2005年,全市建筑业总产值实现22.6亿元、增加值4.1亿元,其中工资总额2.5亿元,企业总资产20.6亿元,实现利税11661万元,其中:实现利润3525万元,建筑施工总面积177万平方米,其中竣工127万平方米。按投资划分:政府投资6.4亿元,民间投资9.5亿元,建筑企业总人数25813人,企业现场职工持证上岗率60%。

2010年,建筑业完成产值60亿元,同比增长15.4%;实现增加值7.78亿元;上缴税金3.66亿元、同比增长15%,占全市年财政收入的5.4%。

四、建筑施工

1998年,巴盟建筑行业在建工程402个,其中新开工程248个,招标承包的工程152个,年末竣工的单位工程340个,其中优良工程131个。房屋建筑施工面积65.28万平方米,其中新开工的41.17万平方米;房屋建筑竣工面积50.04万平方米,其中新开工的23.13万平方米。建筑业总产值4.92亿元,其中建筑工程4.58亿元,安装工程0.32亿元。建筑业增加值1.18亿元,企业总收入4.86亿元,利润总额0.11亿元,利税总额0.31亿元,拖欠工程款1.03亿元。

2010年,建设系统大力开展安全生产、文明施工活动,成效显著,有3个施工现场被内蒙古建设厅评为"安全生产、文明施工样板工地"。制定出台相关制度和规范性文件并狠抓落实,建筑市场秩序和工程质量安全水平稳步上升。组织开展5次建筑市场质量安全执法大检查,检查建筑施工企业50余个,在建工程275项(次),下达整改通知书156份,提出整改意见1674条,对34个企业和单位进行通报批评,对7个施工企业进行经济处罚,纠正和查处一批违法违规行为,推进建筑市场的规范管理。全年创建市级样板工程19项、优良工程14项,区级优质样板工程11项,其中市人民检察院办案技侦大楼、巴彦淖尔市西区市政道路工程与给排水管道工程、乌中旗新区综合服务中心楼、乌前旗医院综合楼4项工程获得自治区工程质量最高奖草原杯;创建市级标准化工地38项,创建区级标准化工地20项。

1986—1995 年巴盟建筑施工情况表

表　16－4－1

项目 年度	施工面积 （万平方米）	竣工面积 （万平方米）	其中:住宅竣工面积 （万平方米）	年产值（万元）
1986	9.08	4.70	0.40	1235
1987	9.09	2.89	0.84	1236
1988	24.55	14.84	5.37	4363
1989	20.62	12.10	4.53	4739
1990	23.48	17.80	5	6398
1991	32.82	20.63	6.63	9296
1992	35.3	23.2	9.6	10800
1993	51	25	6	14998
1994	—	187282	—	118366
1995	33.40	27.20	—	171506

1996—1999 年巴盟建筑施工情况表

表　16－4－2

项目 年度	建筑业完成投资 （万元）	竣工房屋建筑面积 （万平方米）		竣工房屋价值 （万元）		建房户数（户）
		合计	其中:住宅	合计	其中:住宅	
1996	1678	35.82	27.05	15319	11438	2785
1997	1484	34.25	27.96	11494	9509	4443
1998	2951	32.88	30.27	14503	13567	2629
1999	2096	33.22	27.5	15908	14509	2232

2000—2010 年巴彦淖尔市建筑施工情况表

表　16－4－3

项目 年度	房屋建筑竣工面积 （万平方米）	其中住宅竣工面积 （万平方米）	建筑业总产值（万元）
2000	49.55	—	52195.5
2001	63.68	—	61537.22
2002	—	—	—
2003	125.68	74.42	174199
2004	—	—	—
2005	138.92	111.32	190546.8
2006	—	—	—
2007	244.51	192.30	310465.5
2008	—	—	—
2009	253.0	199.42	586889.3
2010	—	—	—

第二节　建筑企业简介

巴盟经纬建筑工程有限责任公司　1993年10月成立,是具有工业与民用建筑二级、建筑装饰二级、建筑幕墙三级资质的股份制综合性建筑施工企业。公司注册资金1236万元,总资产1941万元。拥有各类工程经济技术人员127人,其中有高中级职称的49人,初级职称的78人。1997、1998连续两年承建的工程项目优良率100%;有2个工地评为1998年内蒙古自治区22项安全生产、文明施工样板工地;同年公司又被中国施工企业管理协会评为全国优秀施工企业;被巴盟行政行署评为安全生产先进企业。2007年内蒙古经纬建设有限公司控股经营内蒙古经纬房地产开发有限公司和临河四季青批发市场有限公司。企业总资产1.85亿元,注册资金7516万元。公司具有房屋建筑工程总承包一级、市政公用工程二级、建筑装修装饰二级、建筑幕墙二级资质,有国家技术监督局核发的建筑门窗生产许可证。拥有经内蒙古质量技术监督局计量认证、建设厅核发的土建一级、市政一级资质的检测试验室。

内蒙古新禹水利水电工程建设有限公司　始建于1958年,2001年进行转制重组,系国家水利水电工程施工总承包二级企业,具有施建大坝、电站厂房、引水和泄水的建筑物、通航建筑物、导截流工程、水轮发电机组工程的建筑安装;金属结构制作安装;压力钢管、闸门制作安装;泵站、涵洞、隧道、公路、桥梁、河道疏浚、灌溉、排水工程施工能力。公司注册资金3154万元,年施工能力2亿多元。公司有356名职工,拥有各类专业技术人员165人。其中,工程技术人员156人,高级工程师9人,工程师98人,项目经理23人,二级项目经理8人。

公司下设有工程部、质检部、施工安全部、业务部、设备管理部、财务部、办公室、20个项目部、11个分公司等施工办事机构,并配置30多台计算机组建局域网辅助企业经营管理。

公司拥有各类大型施工设备和质量检测设备,有大型机构设备260余台件,设备总功率5696.6千瓦,动力装备率5.2千瓦/人,技术装备率1.1万元/人,具有成熟的水利水电工程施工技术。

内蒙古临河曙光建筑安装工程有限公司　2000年在原内蒙古建设厅批准的工业与民用建筑二级企业的基础上,经申报被内蒙古建设厅批准为水利水电工程二级、建筑装潢三级、房地产开发三级、商品砼及制品生产四级的施工企业。公司实行总经理负责制。至年底拥有固定职工715人,具有初级以上工程技术及经济管理人员203人,其中高级职称36人,中级职称71人,工程技术管理人员96人。持有上岗证书的工人420人,工人平均技术等级5.8级。公司内设技术科、质检科、安全科、财务科、综合办公室等职能科室。下设三个施工处,负责工民建筑、房地产开发、水利水电工程项目。设有材料供应公司、机械供应公司、建筑装潢公司、水电安装公司和预制构件厂、钢窗厂、水磨石厂、木材加工厂、防水施工队。至年底,公司拥有固定资产1500万元,流动资金1200万元;主要施工机械有塔吊6台、自立提升机35台、龙门架48台、搅拌机72台、汽吊3台、载重汽车15辆。

临河市第二建筑安装工程有限责任公司 1970年成立,主要经营土木建筑、各种管道、电器设备安装、建筑室内外装潢、房地产开发、建筑构配件等。公司注册资金3000万元,流动资金2000余万元。拥有塔吊、汽车吊、自立架、龙门架、搅拌机等大型施工机械200台件。公司2001年拥有职工468人,其中有内蒙古自治区建设工程质量管理专家委员会委员1人,有职称的工程经济技术人员150余人,技术工人持证上岗率100%。有资质的项目经理21人。公司管理制度完善,组织机构健全。设有安全管理委员会、质量管理委员会、生产技术科、安全科、质量科、财会科、统计科、材料科、设备科、办公室。公司下设项目经理部、装潢公司、设备安装公司、房地产开发公司、物业管理公司、机械设备租赁公司、预制构件厂等。公司技术力量雄厚,工种配套齐全,施工设备先进,年施工能力10万余平方米。企业经济效益良好,连续八年成为巴盟地区纳税大户。

巴盟富源建筑工程有限责任公司 1984年成立,是巴盟热力公司的一个下属企业,1999年转制为有限责任公司。注册资金2300多万元。2001年拥有固定资产700多万元,在册职工435名,从业人员1200余人,其中有职称的工程技术及经济管理人员153名,技术工人中有各类持证工人235名,项目经理22名。公司下设五个职能科室,完全按照产权清晰、责权明确、政企分开、管理科学的现代企业制度运作,并形成企业内部法人治理结构和灵活高效的运行机制。公司施工、安装设备力量雄厚,机械配套齐全,检测设备及手段完善,具有丰富的施工经验和一流的施工技术。公司自成立后,先后完成河套酒厂老窖车间、罐装车间,杭锦后旗奋斗中学实验楼、住宅楼,杭锦后旗实验小学教学楼,五原县富民小区和庆原小区近10万平方米的建设任务;承建临河市富源欧式商贸城和巴盟地区施工难度最大的工程——巴盟体育馆;完成磴口县政府办公大楼和中心广场的建设任务;建成今日嘉园和今日新居及今日阳光3个高标准住宅小区。先后有4项工程被评为盟级样板工程,13项工程被评为盟级优良工程,获5个"自治区级安全文明工地"、13个"盟级安全文明工地"称号。在全盟各地的施工中,合同履约率达100%,产品合格率始终保持在100%,赢得各方的普遍赞誉和信赖。2000年又通过ISO 9002国际质量体系认证。公司的经营宗旨是保质量,守信誉,严管理,求效益;公司的质量方针是诚信、务实、求真、科学,铸就更高质量和更富情感的世纪建筑精品。

巴彦淖尔市明扬建筑工程有限责任公司 是一家民营建筑企业,始建于1992年。2006年,公司具有各类管理人员40余人,其中高级职称15人;中级职称工程技术人员30

人。内设工程部、安检部、企管部、财供部等部门。具有三级建筑企业资质,注册资金 1000 万元,固定资产 500 万元,能承担各类公共、民用、装饰、装潢等综合建筑施工安装工程。2004 年,公司被内蒙古自治区人民政府评为 2001—2003 年度全区建筑安全先进集体。

第三节　市场监管

1986—1998 年,巴盟建设部门对全盟建筑企业实行资质管理,有 104 家建筑企业取得资质证。其中,全盟有二级企业 8 家、三级企业 25 家、四级企业 53 家,五级企业 18 家。两家企业由三级降为四级,一家企业由三级降为暂三级。对项目经理也实行资质管理,全盟有 260 人取得项目经理资质证。对建筑构配件生产也实行资质准入制度,全盟有 24 家混凝土构配件生产企业获得资质证。全盟的建筑施工企业和建筑工程项目均实行安全生产资格证和安全生产许可证制度。1999—2002 年,制定印发《巴彦淖尔盟建设工程施工招标投标管理办法》《巴盟建设工程招标、评标、定标评委专家管理办法》《巴盟建设工程施工招标、开标、评标、中标规则》,成立由建设、计划、监察、经贸、水利等部门组成的查处规避招标和工程转包战役指挥部,分别对 7 个旗、县、市政府所在地新开和在建的 133 项工程开展执法大检查。根据检查组检查结果,对临河市胜利路英华大楼等 9 项工程下达停工通知书;对临河美丽园等 5 项工程在设计和施工过程中存在违反工程建设强制性标准的问题当场责令限期整改;对各旗、县、市部分工程项目招投标工作不规范,程序不严密的问题提出批评;对 9 项存在质量问题的工程项目给予全盟通报批评,并经过法定程序给予处罚。2003 年,巴盟为进一步整顿和规范建筑市场秩序,组织招标办、质监站、安监站等单位,在全盟开展建筑市场执法、工程质量和安全生产大检查。通过检查,发现一些旗、县建设单位以招商引资、带资开发为理由,规避招标或不按招标程序进行招标,个别建设单位、施工单位在未取得规划许可、施工许可的情况下擅自开工;个别设计、施工单位超越资质等级承揽设计施工任务等。

2004 年,巴彦淖尔市建立开放的建筑市场,只要符合有关法律法规规定的条件,具备一定资质的建筑施工、勘察、设计、监理企业都允许参与工程建设活动。凡政府投资、国有、集体所有制单位及其控股投资工程,都实行招标发包。年内,全市应招标工程 154 项,实际招标 154 项;应公开招标工程 83 项,实际公开招标 83 项,而且全部进入交易中心进行交易。2005 年,巴彦淖尔市继续加大建筑市场执法检查整治力度,强化工程质量和安全生产监管。通过定期不定期的巡回检查,有效地规范建设行为,改善建筑市场秩序,提高工程建设质量。年内,共检查建筑工程质量和施工安全单位工程 312 个,对 19 个工程下达工程质量停工整改通知书,30 个工程下达限期整改通知书;下达安全隐患整改通知书 103 份,停工整改工地 7 个,提出整改意见和要求 2600 余条。2006 年,全面贯彻落实建筑法、招投标法、安全生产法、建设工程质量管理条例，执行市场准入制度建设，全面推行工程招投标制、监理制和工程质量终身负责制，落实安全生产责任制和责任追究制，从制度和源头上遏制工程质量和安全事故的发生。年内，组织开展全市清理整顿建筑市场的综合执法检查1次，工程质量检查3次、施工安全检查5次，接受自治区检查2次。下达质量整改通知20份，暂停施工处理10项。2008年，开展建筑市场工程质量建筑节能、安全隐患、安全生产检查，共检查建筑施工企业41个，在建工程116项，下达整改通知单96份，下发“监督检查记录表”598份，责成整改或停工整改单位工程25项，有7个项目被通报批评。

第四节　质量管理

1986—1997年，巴盟监督建筑工程2169项359万平方米，监督覆盖率100%。工程合格率100%，创优良工程135项。1998年，巴盟建筑施工管理坚持对地基基础、主体结构和决定使用功能的重点部位严把建筑材料关，治理质量通病，确保结构安全。全盟竣工工程75项，竣工面积223762平方米，一次验收合格率100%。创优良工程30项，面积87544平方米；样板工程8项，面积2.1万平方米；优秀施工工程4项，面积1.5万平方米。2002年，巴盟对工程质量管理实行“五项制度”“五个挂钩”。2003年，巴盟出台按照《建设工程质量管理条例》《建设工程强制性标准条文》等法律法规，进一步完善施工图设计审查制度，建立业主负责、企业内控、社会监理、政府监督、用户评价的工程质量五环监控体系。经过检查核验，评出盟级优良工程36项，盟级样板工程18项，其中8项工程被自治区建设厅评为区级样板工程。2004年，巴彦淖尔市创市级优质样板工程18项，有9项工程被自治区建设厅评为区级样板工程。2005年，全市应招标工程招标率和应公开招标工程公开招标率分别96%和100%；全市竣工工程项目98项，合格率100%。2006年，监理覆盖率和竣工工程合格率均100%。应招标工程招标率和应公开招标工程公开招标率分别达到97%和100%。创建市级优良工程25项，市级优质样板工程16项。2007年，巴彦淖尔市开工建设工程应招标工程招标率和应公开招标工程公开招标率、应邀请招标工程招标率均达到100%。全年创建市级优质样板工程14项，申报区级优质样板工程15项，申报市级安全文明工地28项，创建区级安全文明工地15项。2009—2010年，全市建筑工程质量监督覆盖率和竣工工程合格率100%，有15项工程创自治区级优质样板工程，20项工程创自治区安全文明工地。

第五节　造价管理

1986—1997年，巴盟对7个旗、县、市政府所在地和重点建设的集镇发布两次人工、材料价差调整数据和办法，使造价管理在市场经济条件下逐渐进入动态管理的轨道，建设工程概、预、结算和竣工决算审计工作有科学依据和准则。1998年,完成12个单位工程的标底编制任务,计建筑面积8.8万平方米,工程造价4284万元。受纪检司法部门委托,进行15起工程经济纠纷案件的造价鉴定。配合1998年定额换届,编制全盟“五级施工企业取费标准”。成立“巴盟家园建设工程造价计算中心”,并经内蒙古自治区核准为丙级资质。2002年,巴盟对全盟各旗、县、市所在地和东升庙地区发布两次材料调差和费率调整,使工程造价工作进入静态控制、动态管理;对工程取费定额进行换届和基价调整,下发新取费标准和基价调整文件,同时对各类预算定额缺项及时予以补充,做到新旧衔接,平稳过渡。全年审批146项工程的现场经费,在审批中将现场经费与施工现场安全生产文明施工及企业经济利益挂钩;在运作过程中做到规范操作,公开透明,使施工现场脏、乱、差的现象得以改变。全年组织编制19个房建工程标底的标书计100405平方米,共6848万元;编制完成乌拉特中旗7条市政道路工程标底的标书计69686平方米,700万元。受盟纪检、司法部门和建设单位委托,对8起在法院的工程造价进行鉴定,对10个建设项目进行结算审查。2003年,巴盟出台《建设工程工程量清单计价规范》,进一步规范工程造价评估体系,确保各方利益不受损害,使造价工作在市场经济条件下进入静态控制、动态管理。年内,组织编制完成巴盟医院住院楼和今日嘉园住宅小区等27个房建工程标底的标书;编制临河市3条和乌拉特后旗东升庙2条市政道路工程的标底。接受纪检、司法部门和建设单位委托,对12起到诉法院的工程进行鉴定,鉴定总价值为35.8万元;对6个建设项目进行预结算编制和审查,计建筑面积31329平方米,造价4.42亿元。

2004年,巴彦淖尔市建设部门对全市195名概预算人员进行集中培训,与各旗(县、区)建设局、各大建设单位、各施工企业、大的建材厂商建立价格信息网络,与相邻盟市交换意见,做到数据准确,价格真实可靠,发布及时。对临河地区进行3次工程造价发布;受纪检、司法部门和建设单位委托,对27起诉到法院的工程质量问题进行鉴定,鉴定总价值为356.43万元;对14个建设项目进行预结算编制审查,建筑面积32894平方米,工程造价5056.67万元。2005—2007年,对临河地区工程造价进行4次发布,其他旗、县2次;受纪检、司法部门和建设单位委托,对19个单项工程进行鉴定,总计262.4万元;对10个单项工程的标底进行编制,总计71149平方米,8182.94万元;对7个单项工程进行预结算编制,共5878平方米,造价12603.55万元。2008—2010年,完成新区写字楼工程结算;完成五原县博物馆、影剧院等15项工程标底的编制;完成8起工程造价的鉴定。

第五章　环境保护

第一节　机构与改革

1986—2001 年,巴盟城乡建设环境保护处,内设环保科,下设环境监测站。1995 年 12 月,撤销环境保护处,成立巴盟环境保护办公室,处级建制,仍隶属盟建设局。2002 年 1 月,巴盟环保局成立,为政府系列的职能部门,正处级建制。2002 年 8 月,成立环境监察支队,隶属环境保护局。

2004 年,巴盟撤盟设市,巴盟环保局改称巴彦淖尔市环境保护局。2008 年,成立环境科学研究所,隶属巴彦淖尔市环境保护局。2010 年,巴彦淖尔市环境保护局内设 8 个办公室、监督管理科、科技监测科、自然生态保护科、污染防治科、辐射管理科、总量控制科、规划财务科。下设环境监测站、环境监察支队。

第二节　环境监测

一、水监测

水监测点设置　1986—1992 年,巴盟在磴口县和乌拉特前旗设黄河水质监测点两个。1993 年,在鄂尔多斯市杭锦旗的碱柜和乌拉特前旗的三湖河新增黄河水监测点。2003 年,在磴口县三盛公和乌拉特前旗黑柳子设置黄河水监测点两个。

1986—1995 年,在三、五、七排干入总排干口和总排干入黄河口设监测点。1996 年,在总排干四支、银定图、美林、红圪卜和总排干入黄河口建监测点。2000 年,在四支、银定图、美林、红圪卜、三、五、七排干入总排干口和总排干入黄河口建监测点。2006 年开始,对临河市区的灌溉渠和景观湖实施监测,监测的项目有水温、pH 值、溶解氧、电导率、高锰酸盐指数、生化需氧量、化学需氧量、氨氮、挥发酚、六价铬、全盐量 11 项。

黄河水质监测　1986—1996 年黄河巴彦淖尔市段,大部分年份水质为Ⅳ类,属轻度污染。1997—2002 年,黄河的水质为Ⅴ类、劣Ⅴ类居多,属中度、重度污染。2003—2010 年,黄河水质逐渐好转,由Ⅴ类、劣Ⅴ类向Ⅳ类、Ⅲ类转变。主要污染物为化学需氧量和氨氮。

乌梁素海水质监测　乌梁素海为巴彦淖尔市境内各排干水汇聚地,对乌梁素海水质监测可基本掌握全境各排水的水质情况。1986—2010 年,监测水质一直保持在劣Ⅴ类水平,属重度污染。主要污染物化学需氧量和总磷。1998—2002 年,乌梁素海的水质最差,主要污染物浓度最高。

总排干水质监测　1986—2010 年，总排干水质总体保持在劣Ⅴ类，属重度污染。主要污染物为化学需氧量和氨氮。1998—2002 年，总排干的水质最差。主要污染物浓度最高。

城市地表水监测　2006 年开始，巴彦淖尔市对临河市区地表水进行监测，地表水水质一直保持在Ⅲ类至Ⅴ类之间。

二、空气监测

临河市区监测　1986—2002 年，空气质量监测采用 5 日瞬时手工监测。2003—2006 年，采用 24 小时连续监测。2007 年建成两个空气自动监测站。1986—2002 年，空气质量监测项目为总悬浮颗粒物、二氧化硫和氮氧化物；2003—2010 年，空气质量监测项目：可吸入颗粒物、二氧化硫和二氧化氮。1986—1995 年，空气质量为重度污染和中度污染为主；1996—2000 年，临河市区空气质量以轻度污染为主；2000—2010 年，空气质量以良好天气居多。

乌拉山镇监测　1986—2002 年，乌拉山镇空气总悬浮颗粒物、二氧化硫和氮氧化物。2003—2010 年，空气可吸入颗粒物、二氧化硫和二氧化氮。1986—1995 年，乌拉山镇空气质量以重度污染和中度污染为主。1996—2000 年，空气质量以轻度污染为主。2000—2010 年，空气质量以良好天气居多。

巴彦高勒镇监测　1986—2002 年，巴彦高勒镇空气质量监测项目为总悬浮颗粒物、二氧化硫和氮氧化物。2003—2010 年，空气检测为可吸入颗粒物、二氧化硫和二氧化氮。监测结果是：1986—1995 年，巴彦高勒镇空气质量以重度污染和中度污染为主。1996—2000 年，空气质量以轻度污染为主。2000—2010 年，空气质量以良好天气居多。

巴音宝力格镇监测　1986—2002 年，巴彦宝力格镇空气质量监测项目是：总悬浮颗粒物、二氧化硫和氮氧化物。2003—2010 年，空气质量监测项目是：可吸入颗粒物、二氧化硫和二氧化氮。监测结果是：1986—1995 年，巴彦宝力格镇空气质量以重度污染和中度污染为主。1996—2000 年，空气质量以轻度污染为主。2000—2010 年，空气质量以良好天气居多。

海流图镇监测　1986—2002 年，海流图镇空气质量监测项目是：总悬浮颗粒物、二氧化硫和氮氧化物。2003—2010 年，空气质量监测项目是：可吸入颗粒物、二氧化硫和二氧化氮。监测结果是：1986—1995 年，海流图镇空气质量以重度污染和中度污染为主。1996—2000 年，空气质量以轻度污染为主。2000—2010 年，空气质量以良好天气居多。

三、噪声监测

1986 年，巴盟在临河市区 8 条主干道布设 59 个监测点位，网格 143 个，监测网格覆盖面积 36 平方千米，覆盖人口 36 万人。监测结果是：1986—1992 年，临河市区交通噪声间或超标。1993—2010年，保持“较好”水平。

四、生态监测

2005年，巴彦淖尔市开始对生态环境通过卫星遥感进行监测。根据监测数据评估，全市生态环境质量总体未发生较大变化，7个旗（县、区）中，临河区、五原县、乌拉特前旗、乌拉特中旗和杭锦后旗生态环境状况级别为“一般”，总面积36948.62平方千米，占全市面积的56.73%；磴口县和乌拉特后旗生态环境状况级别为“较差”，总面积为28186平方千米，占全市面积的43.27%。

五、土壤监测

2008—2010年，巴彦淖尔市对全市土壤状况进行普查，共布设162个点位，涉及全市7个旗、县（市）行政区，普查的点位包括耕地、林地、草地、未利用地、自然保护区、重点区域等。根据调查结果显示，监测区土壤中基本不存在无机污染物，监测地区土壤中调查的有机污染物项目含量也较低，也不存在有机污染，因此监测地区土壤无污染，属于清洁（安全）水平。

第三节　污染治理

一、水污染治理

1986—1996年，黄河上游地区工业化进程的加快和农业废水、城镇污水的排放，黄河水污染逐年加重，黄河不再黄浑而是变得黑青，常年处于Ⅴ类、劣Ⅴ类状态。总排干西起杭锦后旗太阳庙乡张大圪坦，东至红圪卜扬水站，全长206千米。沿途大量农田退水、城镇生活污水和工业废水汇入，是排水污染的重要因素。1997年后，国家逐渐加大黄河流域污染治理力度，黄河水逐年好转，2010年，黄河巴彦淖尔段水质为Ⅳ类以上。1986—2003年，巴彦淖尔市水污染治理主要采取“限制工厂废水乱排乱放”“割水草、疏浚排干”和“禁止农民在排干渠道上私搭滥建便桥”等办法控制水污染。2005—2010年，协助厂矿建设水处理配套设施，先后建成临河东城区污水处理厂、临河第二污水处理厂、乌拉特后旗巴音宝力格镇污水处理厂、磴口县隆盛合镇污水处理厂、五原县塔尔湖镇污水处理、乌拉特前旗大佘太镇污水处理厂、乌拉特前旗白彦花污水处理厂、乌拉特中旗川井镇甘其毛道污水处理厂、甘其毛道口岸（德岭山镇）污水处理厂、乌拉特前旗加工园区污水处理厂、乌拉特后旗加工园区（呼和镇）污水处理厂，新增污水处理能力22.2万吨/日；开展对乌梁素海水环境治理，重点实施乌梁素海内源污染治理项目，网格水道开挖工程和河口湿地构建工程。网格水道开挖工程开挖清淤53条水道，开挖水道总长度118.96千米，挖掘总土方量233.65万立方米；河口湿地工程完成外围海坝27千米，明渠开挖筑堤3.3千米、塘围坝4.3千米、分水坝14.8千米。

二、噪声污染治理

1986—1990年,巴盟行署所在地临河市“三路两街”街道总长14.45千米。1991年后,临河市区居住人口开始逐年上升,城市规模不断扩大,随之噪声污染也越来越严重。环保部门监测生活噪声占47.55%,交通噪声占23.08%,工业噪声占4.2%,施工噪声占10.49%,其他噪声占14.68%。噪声严重影响人民的正常生活,给社会带来不安定因素。为治理噪声污染,巴彦淖尔市对街道两侧商店使用大音量三用机或喇叭招徕顾客的行为进行整顿,要求降低音量,限制播放时间;禁止烧烤摊点夏季夜间在店铺外摆摊营业;禁止在居民区开设酒吧、KTV等娱乐性营业场所;部分主要干道禁鸣喇叭,并逐年增加禁鸣喇叭主干道数量;市区内禁止农用车辆、货车等通行;搬迁位于居民稠密区的工厂;提倡封闭性施工,对噪声强度较大的施工项目,限制施工时间,并酌情征收排污费。

三、废渣污染治理

巴彦淖尔市废渣污染大户为内蒙古黄河铬盐公司。2000年,内蒙古黄河铬盐公司建成铬渣旋风炉,年处理铬渣0.8万吨。2007年,在对废渣污染源普查基础上,督促内蒙古黄河铬盐公司建成铬渣干法解毒回转窑,实现无污染生产。

第四节　节能减排

一、环保宣传

1986—2010年,在环保法规宣法过程中,结合环保专项执法行动,增强依法履职能力,明确企业污染主体责任;邀请人大代表、政协委员、公众和企业代表参与座谈,就环保法在全市环保工作中的实践运用开展专题座谈会,充分征求社会各界意见建议;以新环保法为依据,健全环保执法体系,加强与法院、公安、司法等相关部门的联动执法,提高环境监察的工作效率,严厉打击环境违法行为。

结合“六五”系列宣传活动,向市民发放宣传资料,制作宣传标语,开设环保宣传咨询台,就环保法的相关内容向市民做宣传讲解;利用世界环境日、法制宣传日、三下乡,组织环保志愿者上街开展宣传;在主流媒体开辟专栏和专题节目;举办全市环保法知识竞赛,全市共有80余家机关、企事业单位、社区、学校,共计7800余人通过网络答题、发放问卷、报纸答题等形式参加竞赛。

二、节能

“十一五”期间,巴彦淖尔市推进经济结构转型,淘汰落后产能,按照产业多元、产业延伸、产业升级要求,坚持走新型工业化道路,切实推进资源综合利用、循环经济试点和清洁生产审核等工作,不断提升产业发展水平。2005—2010年,巴彦淖尔市淘汰小炼铁企业27户,关闭小造纸、小化工、小水泥11家,整合重组其他企业38家;实施乌拉山电厂三台25

万千瓦和阴山水泥厂2.8米的机立窑爆破拆除。削减水泥产量254万吨、造纸产量23.5万吨、铁合金产量2.9万吨、化工品产量2万吨。

三、减排

2005—2010年，巴彦淖尔市坚持以科学发展观为指导，认真贯彻落实国家、内蒙古自治区关于节能减排的一系列决策部署，始终按照“治旧控新，监建并举”的工作要求，将污染减排作为全市环保工作的重点工作，以铁的决心、铁的手腕，强势推进各项污染减排工作。全市累计实施二氧化硫减排工程77项，化学需氧量减排工程139项。经上级环保部确认，二氧化硫和化学需氧量分别完成“十一五”减排目标任务的103.1%和119.21%。

第五节　生态保护

一、内蒙古哈腾套海国家级自然保护区

内蒙古哈腾套海国家级自然保护区位于磴口县西北部的乌兰布和沙漠的东缘，其核心距磴口县城60余千米。南北宽约42千米，东西长约53千米，海拔1030～2046米。保护区北部与杭锦后旗交界，西北部与乌拉特后旗毗邻，西南部、南部与阿拉善左旗交界，总面积123600公顷，其中，核心区51610公顷、缓冲区32180公顷、实验区39810公顷。保护区属于荒漠生态系统类型，由山地、沙漠、平原湿地三种地貌类型组成。保护区内有国家级重点保护野生动物22种，其中，国家一级保护动物有黑鹳、大鸨等6种；二级保护动物有天鹅、岩羊、鹰类等16种；有60余种“三有”野生动物。在众多的野生动物中，有7种动物属于《濒危野生动物国际贸易公约》的保护物种，13种鸟类属于《中日候鸟保护协定》的保护物种，8种鸟类属于《中澳候鸟保护协定》的保护物种。保护区内有国家二级濒危保护植物绵刺、沙冬青、肉苁蓉；有三级濒危保护植物蒙古扁桃、梭梭、胡杨，还有沙芦苇、野大豆等国家重点保护植物。

二、内蒙古乌拉特梭梭林——蒙古野驴国家级自然保护区

乌拉特梭梭林——蒙古野驴国家级自然保护区位于乌拉特后旗、中旗，总面积13.18万公顷。其中实验区为5.1万公顷、核心区为4.28万公顷、缓冲区为3.8万公顷。主要保护对象是原始天然梭梭林和蒙古野驴、北山羊、鹅喉羚、盘羊等珍稀濒危的动植物资源以及脆弱的荒漠生态系统。

三、内蒙古乌拉特巴音满都呼恐龙化石自治区级地质遗迹自然保护区

乌拉特巴音满都呼恐龙化石自治区级自然保护区位于乌拉特后旗宝音图苏木巴音满都呼嘎查东7千米处，距潮格温都尔镇40千米。保护区分为南北两个核心区、一个缓冲区和一个实验区，总面积3248.8公顷，其中核心区面积107.4公顷，缓冲区面积504.7公顷，实验区面积2636.7公顷。

巴音满都呼恐龙化石区距今约7500万年至1.2亿年,是中国唯一的原角龙分布地区,并以原角龙为代表构成了晚白垩世晚期原角龙动物群,其种类之多,数量之大,分布范围之广,以及特殊的地质和生物演化意义实属国内外罕见,具有十分突出的典型性、代表性和稀有性,是自然界留给人类十分珍贵的财富,是一种不可再生的自然资源,具有重要的科学研究价值和保护价值。

四、内蒙古乌拉特中旗阿尔其山叉枝圆柏自治区级自然保护区

乌拉特中旗阿尔其山叉枝圆柏自治区级自然保护区位于内蒙古自治区巴盟乌拉特中旗中部,分布在内蒙古巴彦淖尔市乌拉特中旗巴音哈太—乌兰苏木境内,南北长约17千米,东西宽约15千米,总面积14787.5公顷,距乌中旗政府所在地海流图镇30千米。2001年经内蒙古政府批准成立,保护区现有的叉枝圆柏,分类为柏科圆柏属。集中分布于多石山坡,形成稠密的灌丛。据调查,叉枝圆柏有林地面积444.4公顷,主要公布区域面积2975公顷,盖度在40%以上。伴生散生木有杜松、山榆、蒙古扁桃、扁桃、单瓣黄刺梅、小叶锦鸡、樱桃等。

五、内蒙古乌拉山自治区级自然保护区

2003年,经内蒙古自治区人民政府批准,乌拉山自然保护区由市级晋升为自治区级自然保护区。自然保护区是一个以保护森林、草原多样生态系统和珍稀野生动植物以及黄河水源涵养地为主要对象的山地综合性自然保护区。由于当地经济发展需要,2008年经自治区批准保护区面积由原来121347.9公顷调整为84232.6公顷。保护区内有陆生脊椎动物160种,其中兽类32种,鸟类118种,两栖爬行类10种。另有维管束植物356种及各种乔木、灌木等,其中国家Ⅱ级保护植物有蒙古扁桃、草麻黄。

六、乌梁素海湿地水禽自治区级自然保护区

1998年,经内蒙古自治区人民政府批准设立乌梁素海湿地水禽自然保护区。2002年,被国际湿地公约组织列入《国际重要湿地名录》。

乌梁素海,蒙语意为“红柳湖”,为黄河改道形成的河迹湖,水域面积293平方千米,库容量3亿立方米,是内蒙古自治区第二大淡水湖泊。保护区有各种鸟类240余种,其中国家一级保护鸟类黑鹳、玉带海雕、白尾海雕、大鸨、遗鸥5种;二级保护鸟类大天鹅、疣鼻天鹅、斑嘴鹈鹕等25种。乌梁素海是中国著名的“天鹅之乡”,发现的野生疣鼻天鹅在全国仅有1000余只,而在乌梁素海就有600余只。

目　录

（下册）

第十九篇 农牧渔业

第二十篇　水利

第二十一篇　林业

第二十二篇　工业

第二十三篇　旅游　生活服务业

第二十四篇 商贸粮供流通业

第二十五篇 非公有制经济和乡镇企业

第二十六篇　财政　税务

第二十七篇　金融

第二十八篇　经济综合

第二十九篇　教育

第十七篇

交通 运输

第一章　公路交通

第一节　管理机构

一、机构沿革

1986—1994 年，巴盟设交通处，负责全盟的交通运输管理工作。内设职能科室有办公室、人事科、财供科、公路科、运输科、审计科、公安科、调研室。1995—2003 年，巴盟交通处改建为交通局。局内设职能科室有办公室、人事科、财供科、公路科、运输科、计统科、审计科、公安科、调研室，另设交通史编辑室。

2004 年，巴盟撤盟设市，巴盟交通局改建为巴彦淖尔市交通局，局内设办公室、人事教育科、综合规划统计科、公路管理科、运输管理科、财务科、审计科、法规科、交通战备科等。2010 年，巴彦淖尔市交通运输局内设办公室、人事科、政策法规科、规划科、建设管理科、运输管理科、财务科、审计科、交通战备科。另设党委办公室、离退休人员工作科。人员编制 28 名，其中，行政编制 24 名、工勤人员事业编制 4 名，年末实有在职职工 38 人，离退休人员 35 人。

二、直属事业单位

1986 年，巴盟交通处下设直属事业单位 4 个：巴盟公路总段，1996 年 8 月更名为巴盟公路管理局；巴盟公路运输管理总站，1986 年 5 月更名为巴盟交通运输管理总站、1992 年 3 月并入巴盟交通联合运输管理办公室，1996 年 3 月更名为巴盟交通运输管理处；巴盟交通监理所、巴盟交通技工学校，2005 年 9 月更名为巴彦淖尔市交通培训中心，同时仍挂巴彦淖尔市交通技校的牌子，其中，巴盟公路总段，除磴口外，巴盟公路运输管理总站、巴盟交通监理所在各旗县设有分支机构。

1987 年 10 月，巴盟交通监理所撤销，同时成立巴盟公路养路费征收稽查处，1989 年 7 月，更名为巴盟公路征费稽查处。1987 年 8 月，成立巴盟港航监督所，2002 年更名为巴盟地方海事局。1989 年 11 月，成立巴盟汽车维修质量监督检验所，2006 年 11 月，更名为巴彦淖尔市交通安全生产监督管理办公室。1994 年 3 月，成立巴盟公路工程质量监督站。1995 年 8 月，巴盟公路征费稽查处移交内蒙古自治区交通厅，1993 年 7 月成立的临陕汽车专用公路收费所和 110 国道通行费收费所未移交。1996 年 7 月，成立巴盟公路征费管理所，2008 年 11 月，更名为巴彦淖尔市公路征费管理处，2009 年 11 月，更名为巴彦淖尔市农村牧区公路管理办公室。2003 年 8 月,成立巴盟公路交通建设项目前期办公室和巴盟公路工程投招标办公室。2004 年撤盟设市后,所有单位名称统一由盟改市。2004 年 8 月,110 国道通行费收费所并入内蒙古高速公路公司巴彦淖尔分公司。2005 年 9 月,临陕汽车专用公路收费所更名为巴彦淖尔市赛临公路路政管理大队。2005 年 11 月,成立巴彦淖尔市公安局交通派出所,由公安、交通双重领导。2008 年 12 月,成立巴彦淖尔市交通指挥中心。

2010 年,巴彦淖尔市交通运输局下设(公安局交通派出所不包括在内)直属机构有公路管理局、交通运输管理处、交通培训中心、地方海事局、公路质量监督站、农村牧区公路管理办公室、交通安全生产监督管理办公室、赛临公路路政管理大队、公路工程投招标办公室、公路交通建设项目前期办公室、交通指挥中心。其中公路管理局在旗县,设有 10 个直属单位,即临河绕城公路、西山咀、陕坝、五原、临河 5 个养护管理分局,潮格、海流图 2 个边防公路机械化养护分局及乌拉特后旗公路管理分局,公路绿化队,路政管理支队,另有海五通行费收费所委托鄂尔多斯新大地建设股份有限公司代管;交通运输管理处在旗、县(区)设有 10 个直属单位,有临河、五原、磴口、乌拉特前旗、乌拉特中旗、乌拉特后旗、杭锦后旗 7 个运管所,城市公交及出租车管理所,交通运输稽查大队,甘其毛道口岸管理站。

三、直属企业单位

1986 年,巴盟交通处下设直属交通企业有巴盟运输公司,1993 年 3 月更名为巴盟运输集团总公司,巴盟汽车修理厂、巴盟汽车配件公司,1988 年 2 月后改称巴盟汽车工业贸易总公司。1988 年 8 月成立巴盟公铁联运公司。

1993 年 7 月,经巴盟城建环保处批准成立巴盟交通建筑工程公司。

1996 年,巴盟汽车工业贸易总公司亏损 23.3 万元、巴盟公铁联运公司亏损 7.8 万元。交通企业陆续进行转制,2004 年,巴盟交通企业全部完成转制,除破产、解体企业之外,其余均成为民营企业,不再直属盟及旗、县交通局管理。

第二节　公路交通体制改革

一、行政体制

(一)内设机构调整:1986 年巴盟交通处内设机构增设审计科、公安科。1992 年增设计统科。1997 年计统科更名为综合计划统计科,财供科更名为财务科,公路科更名为公路管理科、运输科更名为运输管理科、公安科更名为法规科。1999 年人事科更名为人事教育科。2002 年交通战备工作从人防办划归交通局管理,增设交通战备科。2004 年市交通局公路管理科同时挂地方道路科牌子,综合计划统计科更名为综合规划统计科。2009 年公路管理科撤销原加挂的地方道路科的牌子,增挂农村牧区公路科的牌子。2010 年公路管理科更名为建设管理科,综合规划统计科更名为规划科,人事教育科更名为人事科,法规科更名为政策法规科,另增设党委办和离退休人员工作科。

(二)职能转变:巴盟交通局于1997年开始,将营运线路调整、班次变更、运输市场准入、运力调控等逐步下放运管部门管理。2004年,交通战备建设管理、汽车出入境运输管理、汽车驾驶员培训和交通行业职工培训的行业管理划归巴彦淖尔市交通局,同时不再管理事务性工作和企业的生产经营。2010年,根据国家大部制改革的要求,更名后的巴彦淖尔市交通运输局增加承担综合运输体系的规划协调和指导城市客运的职能,同时取消养路费等交通规费征收管理的职能。

(三)干部人事制度改革:1992年,国家推行公务员制度,巴盟交通局通过学习培训,有22人过渡为国家公务员。通过个人申报、单位考核等程序,1997年,巴盟交通局落实分流人员政策,共分流8人,行政人员由30人减少至22人,重新任命所有科室负责人。2004年5月,巴盟交通局出台局直单位后备干部管理办法和局直系统科级干部任免工作程序,规范干部选拔、培养、任免管理工作。2005年,巴彦淖尔市交通局对内设科室和部分事业单位30个科级领导岗位实行竞争上岗,通过笔试、面试、考核并经市人社局批准,2005年4月全部上岗。

二、事业单位改革

1987年,根据国务院关于道路交通管理体制改革的决定,撤销巴盟交通监理所,将道路交通管理业务移交公安部门管理。原监理所共有职工197人,共有财产折款304.1万元,按7:3的比例移交公安部门133人,财产196万元。交通征费业务仍留交通部门,成立巴盟公路养路费征收稽查处。

1995年8月,养路费征收工作移交内蒙古自治区交通厅管理,巴盟征费稽查处成建制划归内蒙古自治区交通厅。

2001年3月23日,巴彦淖尔盟城镇经济体制改革领导小组批复同意巴盟公路管理局将所属三个公路工程处、物资供应站和设计院共5个单位转为民营股份制企业。转制形式按照“双脱钩”办法,退出事业编制序列,112名离退休人员交社保供养,其中提前退休22人,养老保险个人部分自行负担至退休;17名抚恤人员由重组后的新公司按照有关规定继续负担;在职职工1043名进行身份置换,按5000元(基础补贴)+500元(每个工龄年)一次性量化资产。转制后,建立以资产为纽带的母子公司体系,成立内蒙古联手路桥有限责任公司;巴盟公路规划设计研究院单独成立内蒙古科日达路桥设计咨询有限责任公司。

2002年1月1日,巴盟运管处将征收客运附加费业务移交征费稽查部门。

2004年12月17日,内蒙古自治区交通征费稽查局巴彦淖尔分局32人其中退休7人移交当地国税局,结束自2001年1月1日停止征收车辆购置附加费、改征车辆购置税后一直进行的代征工作。

2009 年 1 月 1 日，实施成品油税费改革后，巴彦淖尔市交通事业单位经费来源由过去的自收自支（由各级交通部门安排养路费、运管费支出计划、直接拨付资金），改变为由中央、自治区用燃油税交通改革专项资金转移支付，纳入预算管理、实行国库集中支付。

1993 年，巴盟交通事业单位对所属二级单位和内设科室负责人按照 3 ~5 年一次进行轮岗。

1995 年，巴盟公路总段对所属工程队和物资供应站（渣油库）实行事业单位企业化管理。

1998 年，巴盟交通事业单位实行全员聘用制、全员合同化管理。

2003 年 6 月，巴盟公路管理局在系统内全面推行“两考一聘”（考试、考核和岗位聘任）工作，以路政支队作为试点，实行全员竞争上岗，有 106 人参加竞聘上岗考试，有 20 人未通过考试，待岗一年、发最低生活费。

三、经营单位改革

（一）承包经营责任制：巴盟交通企业从 1988 年开始，实行承包经营责任制，第一轮承包经营为期三至四年，承包办法为个人牵头，集体承包。企业内部分配形式都采用不同比例的“营收含量或效益工资制”。

1991 年，巴盟 20 家国营和集体交通企业除乌拉特中旗搬运队、乌拉特前旗装卸公司、巴盟公铁联运公司外，都签订承包经营合同，除巴盟运输公司和巴盟汽修厂是第一轮承包外，其他企业均为第二轮承包。

1988 年 5 月，由巴盟交通处“经济体制改革小组”面向社会招标，对巴盟汽车配件（贸易）公司实行承包经营，经过考核、资格审查、公开答辩和民意测验，确定郝成为集体承包牵头人，承包期三年，利润包干，超收全留，歉收自补，三年总利润 22. 86 万元。承包期满实现利润 36. 8 万元。

1989 年 3 月 15 日，巴盟交通处对巴盟汽修厂实行集体承包经营，一包三年，利润 6 万元，企业全留，亏损不补。承包期满实现利润 7. 26 万元。

1990 年 12 月 31 日，巴盟交通处、财政处与巴盟汽车配件公司签订 3 年期的二轮承包经营合同，仍由郝成牵头，集体承包，3 年利润指标 27 万元。承包期满共实现利润 61 万元。

1991 年 7 月 18 日，巴盟交通处、财政处与巴盟运输公司签订首轮承包经营合同，由赵金玉牵头，集体承包；承包期为 1991 年 1 月至 1993 年 12 月；三年利润 630 万元。承包期满实现利润 654 万元，还贷款 697. 2 万元，其中 1991 年和 1992 年都超额完成承包指标，1993 年未完成承包指标，奖罚相抵后，巴盟体改领导小组批复同意奖给经理赵金玉 10126 元，三名副职的奖金按正职的 70% ~80% 掌握。

1992年11月19日,巴盟交通处、财政处与巴盟汽修厂正式签订《第二轮承包经营合同》。由李彬牵头,集体承包;承包期为1992年1月至1995年12月;四年利润54万元(含检测站利润41万元),上缴2.5万元;检测站贷款73万元,其本息在承包期内还清;全员交纳风险抵押金(经营者1500元,副职1000元,环节干部500元,职工200元)。承包期满实现利润66.4万元。

(二)资产委托(租赁)经营:1994年5月25日,巴盟交通处、财政处与巴盟汽车配件公司签订《资产委托经营合同》。期限从1994年1月至1995年12月,由郝成牵头,集体受托,两年利润22.68万元,企业净资产110万元,每年增值3万元,资产负债率90%,资本金利润率11%。经营期满实现利润26.3万元。

1994年6月17日,巴盟磴口县运输公司经债权单位磴口工商银行申诉、磴口县人民法院审理而宣告破产,成为巴盟交通企业中首家破产企业。公司有职工56人,其中离退休8人,资不抵债45.3万元。同年,杭锦后旗装卸公司解体。

1994年9月9日,巴盟体改办批复同意《巴盟运输集团总公司资产委托经营责任制方案》。委托方巴盟交通处、财政处,受托方法人代表高星明。期限为1994年1月至1995年12月,两年利润18万元,资产要保值增值,资产负债率1994年47%,1995年50%;资产利润率1994年0.4%,1995年0.5%;职工按职务分别交纳风险抵押金1000~3500元。经营期满实现利润51.7万元。

1994年9月10日,巴盟体改办批复同意《巴盟公铁联运公司资产委托经营责任制方案》。委托方巴盟交通处、财政处,受托人冯国新。期限为1994年1月至1995年12月,两年利润3.5万元,纳税后企业全留;企业净资产57.8万元,经营期间年均增值2%;资产负债率1994年81%,1995年80%;1994年还贷款25万元,1995年还贷款30万元。经营期满实现利润4.4万元。

1995年1月12日,经巴盟体改办批复同意举行巴盟交通建筑工程公司租赁经营签字仪式。承租人刘斌,期限自1994年1月到1997年12月,四年租金4万元,资产要保值。租赁资产27.9万元,其中国有资产16.2万元,集体资产11.7万元。

1995年,19家交通企业仅实现利润88.6万元,企业内部采取"股份合作、租赁、承包"等多种经营形式,普遍面临经营难、效益差、负担重的问题。

1997年,巴盟运输集团总公司全面推行《车辆产权附条件转移法》,盘活企业资产,解决企业资金不足的困难,给企业带来生机和活力。

(三)企业转制:1996年开始交通企业陆续进行转制,乌拉特前旗装卸公司、乌拉特中旗搬运队先后解体。1997年杭锦后旗运输公司、乌拉特前旗汽修厂、五原装卸公司解体,临河装卸公司转制为民营企业。1998年巴盟交通建筑工程公司转制重组,五原运输公司、乌拉特中旗运输公司、乌拉特中旗汽修厂拍卖,乌拉特后旗运输公司改组,磴口装卸公司解体。1999年临河运输公司破产,磴口第二运输公司转制重组。2000年3月,巴盟公铁联运公司经巴盟中级人民法院依法裁定破产还债,人员在系统内分流。2001年杭锦后旗第二运输公司拍卖。2002年底旗县交通企业全部完成转制。

1998年9月,巴盟城镇经济体制改革领导小组(巴经改组字〔1998〕第9号)批复巴盟汽贸总公司转制方案:18名离退休职工一次性交盟社保局;123名在职职工安置实行资产脱钩补贴,每人基数5000元、工龄年400元;同时改组设立一汽临河服务股份有限责任公司并将部分债权转为股权,剩余资产抵偿债务。由于职工购股资金不到位,股份制改组没实现。2004年7月,巴盟交通局和同心富运输有限责任公司达成协议,用一汽临河服务站土地安置尚未领取脱钩补贴的20名职工及处理遗留问题,转制工作才告结束。

2000年11月,巴盟汽修厂经巴盟经济体制改革委员会(巴经改委字〔2000〕第70号)文件批复同意对204名固定职工按每人基础补贴4000元、工龄年300元,83名合同工按每人基础补贴3000元、工龄年300元,25名厂招合同工按每人工龄年300元进行身份置换;72名离退休职工一次性交社保供养。2002年3月,巴盟汽修厂转制为民营股份制企业,设立巴盟汽修有限责任公司,冯广学任董事长、总经理。

2000年7月,巴彦淖尔运输集团总公司经巴盟城镇经济体制改革领导小组(巴经改组字〔2000〕第5号)文件批复同意对2073名职工按每人基础补贴5000元、工龄年500元进行身份置换,448名离退休职工一次性安置、交社保供养。2004年1月6日,巴彦淖尔运输集团总公司转制为民营股份制企业,设立内蒙古巴运汽车运输有限责任公司,参与资产量化出资人代表1374人,高星明当选董事长、总经理。

2004年,巴盟交通企业全部完成转制,除破产、解体企业之外,其余均成为民营企业。

四、道路养护体制改革

(一)国省干线公路养护体制改革:1998年内蒙古自治区公路局下发《全区公路养护改革实施意见》,要求实行定额养护,将公路养护生产任务完成数量和质量与养路工人工资紧密挂钩,打破原来的档案工资,多劳多得。1998年巴盟公路管理局认真贯彻自治区公路局公路养护改革实施意见精神,经八届二次职代会讨论通过《巴彦淖尔盟公路管理局养护管理试行办法》及《巴盟公路养护招投标办法》,确定公路养护生产实行以道班为基础,分段划标,通过内部招投标实行个人承包,首先以临河工区作为试点单位,对其管养的110国道112公里养护路段,划分5个标段,4月25日召开招投标大会,从15名投标人中确定5位承包人。

2004年,为进一步加快公路养护体制改革和运行机制改革步伐,分步骤实现养护生产市场化、养护单位企业化,进一步健全养护内部招投标管理办法,巴彦淖尔市公路管理局以“有利于公路养护事业发展、有利于提高养护质量、有利于提高投资效益、有利于增加养护职工收入”为出发点，进行公路养护运行机制改革的探索与实践。巴彦淖尔市公路管理局先后出台“三定方案”《竞聘上岗的有关规定》《养护管理改革实施方案》《养护内部招投标管理办法》等一系列文件，构建起改革的基本框架。然后在五原工区实行以“定额养护、计量支付”为主要内容的养护内部招投标试点，经过2004年、2005年两年试点取得阶段性成果。2006年巴彦淖尔市公路管理局在十二届一次职代会上讨论并通过《巴彦淖尔市公路管理局关于进一步深化养护运行机制改革的实施办法》，更进一步细化公路养护内部招投标程序以及检查、验收、支付、督查等内容，这套管理办法已经在国省干线公路养护中全面推广应用。

（二）农村牧区公路养护体制改革：2008年，巴彦淖尔市人民政府下发《关于巴彦淖尔市农村牧区公路养护体制改革方案》，明确各级政府是农村公路养护的责任主体，实行农村公路养护“管养分离”，各旗（县、区）先后成立养护公司。建立由公路管理机构负责行业管理、养护公司具体实施养护的管理体制。同时，巴彦淖尔市和旗、县（区）交通局、部分乡镇苏木都先后成立农牧区公路建设养护协会，有59个乡镇苏木成立公路交通管理站，负责组织并协助县级公路管理机构做好当地的农村公路养护管理工作。

2010年，巴彦淖尔市除县道和部分乡道实行“县管县养”外，乡村公路养护基本形成三种方式：委托养护，乡镇苏木或嘎查村通过承包或招标的形式，委托具备资质条件或具有养护能力的专业队伍进行养护（对厂矿企业经常使用的乡村公路，由企业赞助出资）。承包到户，根据沿线群众的居住情况，将线路分成若干段落，实行农牧民家庭承包管护，苏木乡镇或嘎查村每年给予一定的资金补贴。集中养护，对路线较长、沿线居民较少的乡村公路，苏木（乡、镇）或嘎查村通过“一事一议”，在春、秋两季组织附近群众以投工投劳形式进行集中养护。

五、规费征稽体制改革

（一）公路养路费：1987年之前，公路养路费由巴盟交通监理所征收，1987年，巴盟交通监理所交通监理业务移交公安部门，成立巴盟公路养路费征收稽查处。1989年7月，更名为巴盟公路征费稽查处，征收公路养路费。1995年8月，根据内蒙古自治区政府内政办发〔1995〕108号文件精神，公路养路费征收移交内蒙古自治区交通厅管理，巴盟公路征费稽查处成建制移交内蒙古自治区交通厅，更名为内蒙古自治区交通征费稽查局巴彦淖尔征稽分局。

（二）小额养路费（拖拉机、畜力车、摩托车）：1983年，巴盟监理所及下属各监理站开始对手扶拖拉机、十二马力及以下的小四轮拖拉机和畜力车按费额征收小额养路费。1987年，巴盟交通监理所移交公安部门，成立巴盟公路养路费征收稽查处征收养路费。1989年6月开始，各旗、县交通局先后成立小额养路费征管机构，征收小额养路费。小额养路费征收范围是所有拖拉机、畜力车，1989 年 7 月 1 日摩托车开始征收养路费。1996 年 7 月成立巴盟公路征费管理所，负责管理小额养路费征稽工作。2004 年 11 月，内蒙古自治区人民政府将农用汽车（低速货车）列入小额费征收范围，小额费以盟、市为主，实行自收自支。巴彦淖尔市的小额费由市公路征费管理所和旗、县（区）小额所征收管理，2005 年农用汽车养路费由市公路征费管理所设在各旗、县（区）运管所的养路费征收管理站征收。

（三）客运附加费：1988 年巴盟开始征收公路客运附加费，至 2001 年，公路客运附加费由巴盟运管部门征收。2002 年 1 月 1 日，公路客运附加费统一由内蒙古自治区交通征费稽查局及所属盟市征稽分局征收管理，巴盟运管处将征收客运附加费业务移交同级征费稽查部门。

（四）车辆购置税（附加费）：1985 年 5 月 1 日，巴盟开始征收车辆购置附加费。汽车及挂车的车辆购置附加费由巴盟监理所征收，大小拖拉机及摩托车由旗、县监理站征收。1987 年，巴盟交通监理所移交公安部门，成立巴盟公路养路费征收稽查处征收车辆购置附加费。2001 年 1 月 1 日，车辆购置附加费改为车辆购置税，巴彦淖尔交通征费稽查分局由征收单位变成代征单位。2004 年 12 月 17 日，车辆购置附加税征收业务及人、财、物移交当地国税部门，划转巴彦淖尔交通征费稽查分局 32 人，其中有离退休人员 7 人。

（五）运输管理费：自 20 世纪 50 年代开征，由巴盟运管部门征收，按预算外资金管理。运输管理费实行分级安排使用，上缴内蒙古自治区交通厅 10%，盟交通处使用 3%，旗、县交通局使用 2%，其余 85% 由运管部门安排使用。1997 年 3 月，《内蒙古自治区人民政府关于印发预算外资金管理暂行办法的通知》规定，各级人民政府要按预算外资金实际收入额的 10% ~30% 提取经济社会发展资金。1997 年起巴盟财政局开始按 20% 左右的比例从上缴财政专户的运管费收入中提取经济社会发展资金。2004 年 1 月 1 日，公路运输管理费纳入财政预算管理。2004 年 7 月，内蒙古自治区交通厅、财政厅《关于〈内蒙古自治区公路运输管理费征收使用管理实施细则〉的补充规定的通知》规定，运管费分级安排用于公路运输管理，其中 90% 作为盟、市交通运输管理部门事业费支出，其余 10% 上缴自治区交通厅。

2009 年 1 月 1 日起实施成品油税费改革，取消养路费、公路运输管理费、客运附加费等六项收费。

第三节　公路建设

一、国家级公路

1986 年，110 国道巴盟境内全长 321 千米。其中，有二级路面 10 千米，其余为三级公路。

2005 年，京藏高速（G6）巴彦淖尔段建成通车，境内全长 245 千米。

2010 年巴彦淖尔市国道实有情况统计表

表 17－1－1

路线编号	通车里程(千米)	按技术等级分			按路面类型分		晴雨通车里程(千米)
		高速(千米)	二级(千米)	三级(千米)	高级(千米)	次高级(千米)	
国道合计	525	245	270	10	515	10	525
G6	245	245	—	—	245		245
G110	280		270	10	270	10	280

二、省级公路

1986 年，巴盟境内有 3 条省道 S0528 临河至赛乌素，全长 99 千米；S0529 五原至乌力吉，全长 192 千米；S0530 五原刘召至海流图，全长 97 千米。总里程为 388 千米。其中，三级公路 127 千米，四级公路 220 千米，等外公路 41 千米。

1997 年，自治区对自治区内公路网进行调整，将 S0529 五原至乌力吉线降为县级公路。

2001 年，全国公路普查，将线路起讫点统一改为由北向南、由东到西排列。S212 临河至赛乌素改为赛乌素至临河，S211 五原火车站至海流图改为海流图至五原火车站。

2003 年，自治区重新对路网及路线编号进行调整，将县级公路固阳至海流图线升为省道。巴盟境内有省道 4 条，S312 临河至哈密（查素沟），全长 111 千米，其中陕坝至查素沟原为县级公路，S212 甘其毛道至五原火车站，全长 229 千米，S213 赛乌素至陕坝全长 75 千米，S311 武川至海流图，境内全长 101 千米。

2005 年，自治区将乌拉山至靖边列为省道，编号 S215，境内全长 7 千米。2010 年，巴彦淖尔市境内有省道 5 条，总长 529 千米。其中，一级公路 22 千米，二级公路 266 千米，其余为三级公路。

2010 年巴彦淖尔市省道实有情况表

表 17－1－2

路线编号	路线名称	通车里程(千米)	按技术等级分			按路面类型分		晴雨通车里程(千米)
			一级(千米)	二级(千米)	三级(千米)	高级(千米)	次高级(千米)	
省道	5 条	529	22	266	241	372	157	529
S212	甘其毛道—五原火车站	229	—	229	—	229	—	229
S213	赛乌素—陕坝	75	—	24	51	61	14	75
S215	乌拉山—靖边	7	—	—	7	—	7	7
S311	武川—海流图	101	—	4	97	4	97	101
S312	临河—哈密(查素沟)	111	22	3	86	72	39	111

三、县级公路

1986 年，巴盟境内有县级公路 25 条，总里程为 1453 千米。1990 年，将县级公路调整为 23 条，总里程 1326 千米。其中，三级公路 39 千米，占县级公路总里程的 2.9%；四级公路全长 626 千米，占县级公路总里程的 47.2%；等外公路 661 千米，占县道总里程的 49.8%。1998 年，对县级公路进行调整编号，将原来的县道编号 X050801 ~ X050825（无 X050813、X050816）调整为 X701 ~ X724（无 X721）。2010 年，巴彦淖尔市境内共有县道 23 条，总里程 1852 千米。其中，二级 146 千米，占县级公路总里程的 7.9%；三级 1456 千米，占县级公路总里程的 78.6%；四级 141 千米，占县级公路总里程的 7.6%；等外公路 109 千米，占县级公路总里程的 5.9%。高级、次高级路面已占到县道总里程的 86.4%、达到 1601 千米。

1990—2010 年巴彦淖尔市县道实有情况表

表 17 - 1 - 3

路线编号	路线名称	通车里程（千米）	按技术等级分				按路面类型分				晴雨通车里程（千米）
			二级	三级	四级	等外	高级	次高级	低级	无路面	
县道	23 条	1852	146	1456	141	109	598	1003	142	109	1601
X701	五原—乌力吉	108	—	108	—	—	—	108	—	—	108
X702	临河—巴音呼都格	173	47	—	33	93	47	—	33	93	47
X703	临河—乌盖	61	—	42	15	4	—	42	15	4	42
X704	临河—哈日葫芦	58	—	58	—	—	20	38	—	—	58
X705	蓿亥—李虎圪堵	65	—	65	—	—	33	32	—	—	65
X706	石哈河—哈德门	104	—	104	—	—	34	70	—	—	104
X707	王如地—西山咀	120	—	120	—	—	54	66	—	—	120
X708	大后店—西小召	54	52	2	—	—	52	2	—	—	54
X709	呼鲁斯太—四分滩	53	—	53	—	—	30	23	—	—	53
X710	磴口—额勒斯太	73	5	68	—	—	21	52	—	—	73
X711	圐圙补隆—新安	58	—	58	—	—	58	—	—	—	58
X712	塔尔湖—五原火车站	28	—	28	—	—	28	—	—	—	28
X713	团结—黄羊	69	—	59	10	—	25	34	10	—	59
X714	别力盖庙—磴口	95	—	55	40	—	—	55	40	—	55
X715	青山—协城	57	—	32	25	—	—	32	25	—	32

续表 17－1－3

路线编号	路线名称	通车里程（千米）	按技术等级分				按路面类型分				晴雨通车里程（千米）
			二级	三级	四级	等外	高级	次高级	低级	无路面	
X716	莫林—图克木	107	—	107	—	—	107	—	—	—	107
X717	固阳—查素沟口	306	—	282	12	12	—	281	13	12	281
X718	海流图—温更	28	—	28	—	—	—	28	—	—	28
X719	苏独仑—五原	35	—	35	—	—	—	35	—	—	35
X720	五原美林—临河新华	57	—	57	—	—	47	10	—	—	57
X722	陕坝—青山	23	—	23	—	—	—	23	—	—	23
X723	陕坝—哈腾套海	78	—	72	6	—	—	72	6	—	72
X724	天吉太桥—翻身圪旦	42	42	—	—	—	42	—	—	—	42

注：通车里程不包括重复线路里程。

四、乡村级公路

1986年，境内有乡镇级公路16条，通车总里程为332千米。1987—1990年，新建乡级公路7条，全长424千米。其中，除150千米四级路外，其余均为等外路，80%为无路面里程。2000年，各旗（县、区）公路建设采用政府收费还贷和参照BOT方式，加快乡镇公路建设力度。2001—2003年，国家实施通达工程，巴盟各旗（县、区）在通村公路建设中，通过投工投劳和政府补贴，2006年，修筑通村公路12522千米，其中有等级公路1758千米，占总里程的14%。

2004—2010年，巴彦淖尔市实施公路村村通工程，政府加大投资，群众积极投劳，新筑村级公路2000多千米，改建村级公路7000多千米。村级公路总里程为13782千米，其中上等级公路9050千米，占总里程的65.7%。村嘎查通公路率100%。2010年，全市有乡镇公路137条，通车里程为2021千米。其中，三级以上483千米，四级1425千米，等外113千米，分别占乡镇道总里程的23.9%、70.5%和5.6%。

1990年与2010年巴彦淖尔市旗县乡道情况表

表 17－1－4

旗县	1990年		2010年		2010年比1990年增长数（倍）	
	条数（条）	里程（千米）	条数（条）	里程（千米）	条数（条）	里程（千米）
合计	23	424	137	2021	5.0	3.8
临河区	6	100	49	675	7.2	5.8
五原县	3	80	13	278	3.3	2.5

续表 17－1－4

旗县	1990 年		2010 年		2010 年比 1990 年增长数（倍）	
	条数（条）	里程（千米）	条数（条）	里程（千米）	条数（条）	里程（千米）
磴口县	2	42	11	108	4.5	1.6
乌拉特前旗	7	111	38	527	4.4	3.7
乌拉特中旗	2	38	16	254	7.0	5.7
乌拉特后旗	1	30	4	71	3.0	1.4
杭锦后旗	2	23	6	108	1.0	3.7

1990 年与 2010 年巴彦淖尔市乡道分类情况表

表 17－1－5

项　　目		1990 年	2010 年
通车里程（千米）		424	2021
按技术等级分	等级公路	150	1908
	一级		
	二级		6
	三级		477
	四级	150	1425
	等外公路	274	113
按路面类型分	高级		250
	次高级		436
	低级	85	1222
	无路面	339	113
晴雨通车里程（千米）			878

五、边防公路

1986 年，巴盟境内有边防公路 7 条，总长 836 千米。其中，三级公路 2 千米，四级公路 477 千米，等外公路 357 千米。1995—2007 年，先后新建莫林至图克木公路，延伸甘其毛道至哈日布格特公路，将甘其毛道至海流图 132 千米列入省道，莫林至图克木 105 千米列入县道。敖—线、川—乌线全部建成三级路面油路。2010 年，巴彦淖尔市内有边防公路 8 条 1109 千米，高级、次高级路面 455 千米，占边防公路总里程的 41%。

第四节　桥涵建设

一、桥涵建设

1990 年,巴盟对省级公路(S312)杭锦后旗境内三排干桥实施改造。2000 年,对 110 国道磴口段九排干桥进行改造。对五原段堰安河桥实施改造、毛家桥实施改造。2001 年,对省级公路(S312)临河境内黄济渠桥实施改造。对县级公路 722 杭锦后旗段总排干桥实施改造。对县级公路 724 五原段天吉泰桥实施改造。2003 年,对省级公路(S312)乌拉特中旗段乌拉河桥实施改造。对红丰支沟(排水)桥实施改造。

2004 年,巴彦淖尔市对 110 国道磴口段乌拉河桥实施改造、杭锦后旗段杨家河桥实施改造。2006 年,对 110 国道五原段义和渠桥实施改造。2007 年,对省道(S215)乌拉特前旗段亿利黄河大桥开工建设,2010 年 9 月建成通车,新建大桥长 1847 米,桥高 22 米,桥面宽 12 米。2009 年,对省道(S311)乌拉特中旗段海流图桥实施改造、对省道(S312)临河段马道桥实施改造。2010 年,对省道(S312)磴口线段巴音乌拉桥实施改造;对杭锦后旗段杨家河桥实施改造;对省道(S215)乌拉特前旗段铁路立交桥实施改造,新建桥梁长 179.4 米,跨径总长 175 米,桥面宽 12 米,桥面净宽 11 米;对县道 714 杭锦后旗段总干渠桥实施改造,新建桥梁长 124 米,跨径 120 米。2010 年,巴彦淖尔市境内有京藏高速公路桥梁 339 座、110 国道桥梁 76 座、省道桥 83 座、县道桥 233 座、边防公路桥 10 座、乡道桥 227 座、村道桥 811 座。有涵洞 26252 道,其中,国道 775 道、省道 611 道、县道 1822 道、边防公路 304 道、乡道 3081 道、村道 19659 道。

二、道路建设及工艺

1987—1994 年,巴盟对国道 110 线破损严重路段进行修补采用层铺法,下层用 1.5 ~ 2.5 厘米的石料铺筑、撒油,上面撒 1 ~ 1.5 厘米的填缝料,碾压成型。1995—1996 年,对国道 110 线进行升级改造,采用两侧或一侧加宽,以原路面为基层,面层翻松后掺石灰拌合碾压,上层铺 3 厘米沥青表处。1997—1999 年,新建国道 110 线临河绕城公路,全线采用二级汽车专用公路标准建设,路基宽 16.5 米,路面宽 15.5 米,底基层采用 20 厘米或 30 厘米石灰土,基层采用 18 厘米水泥石灰稳定沙砾,下层采用 4 厘米沥青碎石,上层采用 3 厘米细粒式沥青混凝土罩面。2000 年,修筑 48 千米临河至古城二级公路,采用 50 厘米风沙土垫底,15 厘米石灰土基层,15 厘米石灰土沙砾基层,5 厘米沥青路面罩面。2003 年,海—五线改造工程,在原路面的基础上挖除旧油面及路槽 36 厘米后,铺筑 15 厘米沙砾垫层,18 厘米水泥石灰稳定沙砾基层,洒透层油,上铺 3 厘米沥青混凝土面层。

2004 年,巴彦淖尔市公路建设实现了基层、面层均采用集中场拌,摊铺机摊铺施工工艺。2008 年,修筑乌拉特后旗青山镇至乌根高勒西补隆公路,采用 30 厘米天然沙砾垫底,

20厘米水泥稳定层,4厘米AC－13细粒式沥青混凝土面层工艺。

2009—2010年,新建机场专用公路采用20厘米天然沙砾垫层,20厘米水泥稳定沙砾底基层,18厘米厚水泥稳定沙砾基层,5厘米AC－16中粒式改性沥青混凝土下面层,4厘米AC－13细粒式改性沥青混凝土上面层。

2000—2010年,在农村牧区小油路建设中,一般在原有旧路基础上铺筑20～40厘米沙砾垫层,15～30厘米水泥稳定沙砾基层,3～4厘米沥青混凝土面层。水泥混凝土路面采用在原有旧路基础上铺筑20～40厘米沙砾垫层,15～20厘米水泥混凝土面层。

第五节　公路管养

一、养护管理

1986—1997年,巴盟公路管护实行分级管理,国省干线和边防公路由盟公路管理局养护,县道由旗、县、市公路段养护,乡村公路大部分由乡镇苏木或村嘎查养护。1998—2003年,巴盟公路养护逐步将小道班分散养护向大道班(中心道班)集中养护转变。养护由定员养护向定额养护、人工养护向机械化养护、事业化管理向企业化管理养护转变。

2004年,巴彦淖尔市在五原工区开展"定额养护、计量支付"和"内部招投标"公路养护改革试点。在试点的基础上制定《关于巴彦淖尔市农村牧区公路养护体制改革方案》,明确各级政府是农村公路养护的责任部门,对农村公路养护实行"管养分离"。各旗(县、区)先后成立养护公司,建立由公路管理机构负责行业管理,养护公司具体实施养护维修。市和旗(县、区)交通局和部分乡镇苏木先后成立农牧区公路建设养护协会,负责协助县级公路管理机构做好当地农村公路养护管理工作。2010年,全市除县级公路和部分乡镇公路实行"县管县养"外,其他乡村公路基本形成委托养护、承包到户、集中养护三种养护方式。

二、养护技术设备

1986—1990年,巴盟公路大多为无路面的土路和沙砾低等级公路,养路机械主要是小四轮拖拉机或老旧汽车。养路作业大多是人工操作。为治理道路翻浆,一些养路段发明钻孔后灌入风积沙和生石灰降低路基含水,解决翻浆问题。五原公路段还研制出由废旧轮胎、废铁丝、红柳条等材料组合成的拖平器和能自动抽水、洒水作业养护机具。1991—2010年,随着全国的经济发展和科技的进步,道路养护也逐渐由落后的、陈旧的机械作业向现代机械化作业转变,各养护单位相继配备综合性养护车、扫路机、沥青洒布车等。2010年,巴彦淖尔市公路养护部门有30万元以上公路养护机械26台,固定资产原值4019万元。

三、公路绿化

1986—1991年,巴盟在国道110线,临河—磴口段栽植树木5万多株。

1992年,在临陕汽车专用线22000千米栽植新疆杨1.1万株、榆树3000株、红柳2万株。1995 年,在国道 110 线五原 40000 米段栽植新疆杨 1.6 万株,红柳 3.2 万株。2001 年,在省道海—五线 23000 米栽植新疆杨 9000 株、红柳 3.5 万株。2002 年,在国道 110 线乌拉特前旗段 47000 米栽植小美罕 4.1 万株;在临河绕城公路 42 千米路段栽植新疆杨 1.7 万株、红柳 2.5 万株;在省道 213 线大顺城—团结渠桥段 18000 米栽植新疆杨 7 万株、红柳 3.4 万株。

2004 年,在国道 110 线临河—天吉泰段 21000 米植小美罕 1.3 万株、新疆杨 1000 株、红柳2.1万株。2006 年,在京藏高速公路磴口 9000 米段栽植新疆杨 1.1 万株;在省道 212 线刘召—五原 23000 米段栽植新疆杨 1.4 万株、垂柳 2000 株、各种灌木 2000 丛。2009 年,在京——藏高速公路临河出入口段栽植新疆杨 1.6 万株、小美罕 1 万株、垂柳 4000 株、红柳 2.5 万株。2010 年,巴彦淖尔市境内干线公路绿化率达到 67.1%。

第二章 公路运输

第一节 公路客运

一、长途客运

1986—1998 年,巴盟公路客运线路 56 条,日发车班次 300 多个。

1990—1991 年,公路客运线路增加到 174 条,总营运里程 18458 千米。其中,跨省区线路 23 条,共 6669 千米,跨盟市 67 条,共 5866 千米,旗、县境内线路 84 条 5923 千米。1992—1994 年,增发临河—阿拉善左旗、临河—二连浩特、陕坝—吉兰太、陕坝—石家庄等跨盟市、跨省区客运(零客)班线,海流图—蒙古巴彦敖包班车,临河、北京、西安等地的卧铺班车和乌拉特后旗巴音戈壁苏木客运班线。1995 年,巴盟客运线路 405 条。其中,跨省、跨盟、市线路 54 条,跨旗、县线路 124 条,旗、县内线路 227 条。日发班次 1087 个。乡镇通班车率 100%,行政村(嘎查)通班车率 92%。2000 年,巴盟客运线路 675 条。其中,跨省、跨盟、市线路 86 条,跨旗、县线路 181 条,旗、县内线路 408 条。总营运里程 60039 千米。行政村(嘎查)通班车率 94.5%。2001—2003 年,巴盟制定客运新规定,凡开辟、延伸客运线路,吸引区由原来的 2 千米缩短为 1 千米。由于桥涵、道路状况等原因必须与已开通的线路交叉穿插的,不得超过原开辟、延伸线路区段的三分之一;开辟、延伸线路里程必须达到 8 千米以上,吸引人口必须达到 1000 人以上。凡盟内共营线增班,实载率要 70% 以上,并重新发放集车型、车号、途经站点、运输证号为一体的客运线路牌。

2004 年,巴彦淖尔市开通公路客运线路 691 条。其中,跨省、跨盟、市线路 112 条,跨旗、县线路 250 条,旗、县内线路 329 条。总营运里程为 72458 千米。行政村(嘎查)通班车率 95%。2005—2010 年,巴彦淖尔市公路客运线路 645 条。其中,跨省、跨盟、市线路 124 条,跨旗、县线路 233 条,旗、县内线路 288 条。从 2005 年开始,两个牧区旗、县的牧民实行退牧搬迁和一些乡村线路的整合,使客运线路数有所减少,总营运里程 100137 千米。行政村(嘎查)通班车率 95.8%。

客运站点 1986 年,巴盟地区有汽车客运站 7 个。1988 年开始征收公路客运附加费,用于客运站建设,巴盟客运站建设加快。1988—1994 年,分别建成投资 63 万元,建筑面积 1088 平方米的乌拉特后旗客运站;投资 246 万元,建筑面积 2626 平方米的五原客运站,投资 303 万元,建筑面积 3473 平方米的陕坝客运站;投资 1042 万元,建筑面积 6213 平方米的临河客运站。1995—2005 年,按照"谁投资谁受益、多家建一家管"原则,调动各方投资兴建客运站,先后建成磴口汽车客运站(建筑面积 2794 平方米,总投资 515 万元)、乌拉特中旗汽车客运站(建筑面积 970 平方米,总投资 227 万元)、五原汽车客运南站(建筑面积 1780 平方米,总投资 315 万元)及东升庙、塔尔湖汽车站等。

乌拉特前旗引进资金 448 万元,建成乌拉山广通二级汽车站。巴运总公司在临河火车站广场通过租赁设置客运站。五原县广通公司投资 162.3 万元,在五原县隆新昌镇建成三级巴盟广通五原客运站。杭锦后旗由个人投资 666 万元,建成杭锦后旗百通客运站。五原县利用中央车购税投资 100 万元,建成 15 个简易汽车站。

2004—2009 年,按照国家对农村客运站建设实行补贴政策,巴彦淖尔市对客运站建设每站补贴 30 万元,其中中央车购税补贴 20 万元、内蒙古自治区客运附加费补贴 10 万元。2010 年,巴彦淖尔市有公路客运站(点)共 49 个,其中城镇客运站 11 个,农村牧区客运站(点)38 个。有简易招呼站 107 个,平均日发班次 2238 个。

1999—2010 年巴彦淖尔市公路客运站情况表

表 17-2-1

年份 等级	1999	2000	2001	2002	2003	2004	2005	2006	2007	2008	2009	2010
一级站(个)				1	1	1	1	1	1	1	1	1
二级站(个)	1	1	1	5	5	5	7	7	7	7	7	7
三级站(个)	4	4	4			1	1	1	1	2	2	2
四级站(个)	13	13	13				16	16	23	26	36	39
站外发车场(个)	7	13	17	17	17	17	17	17	69	69	107	107

1999—2010 年巴彦淖尔市道路客运等级站站务量情况表

表 17-2-2

年　份	1999	2000	2001	2002	2003	2004
日发班次(个)	1543	1579	1908	2185	1954	2073
日均发送旅客(人)	26278	28398	32729	25842	24228	31537
年　份	2005	2006	2007	2008	2009	2010
日发班次(个)	2085	2183	2197	2216	2233	2238
日均发送旅客(人)	32673	33685	34596	35724	38193	41280

车辆　1986 年,巴盟拥有营运载客汽车 209 辆,7693 客位。其中,交通专业运输企业(其中盟和旗县所属的国营和集体运输企业)155 辆,6652 客位;个体 54 辆,1041 客位。

客车的主要车型有解放、四平、扬州大客车,邢台、北京、红叶小客车等。1990年,全盟拥有营运载客汽车722辆,21692客位。其中,交通专业运输企业270辆,13657客位;个体452辆,8035客位。1993年,巴盟鼓励发展大型高档车和卧铺车,全年更新、新增客运班车58辆,全部为性能先进的高级豪华车。年末营运载客汽车783辆,23616客位。1995—2000年,客运成立股份制运输企业,淘汰老旧、小型客运车辆,更新车型,运营在乡镇苏木间的客车更换成中级以上车型。同时,巴运从临河发往旗县所在地的班车及跨盟市、跨省的班车全部更换成宇通、中通、金龙等高档豪华车辆。到2005年,拥有营运载客汽车1226辆,共31043客位。其中,高级83辆、中级266辆,分别占营运载客汽车总数的6.8%和21.7%。有卧铺客车36辆,1117客位。2010年12月,巴彦淖尔市全市有营运载客汽车1251辆,37505客位。其中,高级客车361辆,13841客位;中级客车444辆,13054客位;普通客运班车446辆,10610客位。高级、中级客车数分别占总车数的28.9%和35.5%。卧铺客运班车39辆,1437客位。1066辆客车安装GPS系统,185辆客车安装行车记录仪。

客运量 1986—1994年,巴盟年公路客运量和旅客周转量为638万人次、28548万人千米。其中巴盟运输公司客运量和旅客周转量分别占总数的77%和86%;旗、县交通运输企业占10.8%和5.8%;个体客车占12.2%和8.2%。1990年,公路客运量和旅客周转量1211万人次、58462万人千米,其中交通运输企业924万人次、48072万人千米,占总量的76.3%和82.2%(所占比重比1985年下降11.5和9.6个百分点);个体客车287万人次、10390万人千米,分别占总量的23.7%和17.8%。1995年,全社会公路客运量为1573万人次,旅客周转量为92589万人千米。

2000—2005年,客运市场继续保持健康稳定的发展,呈现出运力充裕、布局均衡的特点。2005年,全社会完成公路客运量2316万人次,旅客周转量为198092万人千米。2010年,巴彦淖尔市完成全社会公路客运量2223万人次,旅客周转量179624万人千米。

1986—2010年巴彦淖尔市客运基本情况表

表17-2-3

年份	客运量(万人/次)	旅客周转量(万人千米)	客车		客运线路(条)
			(辆)	(客位)	
1986	638	28548	209	7693	56
1990	1211	58462	722	21692	174
1991	1083	54484	737	22117	198
1992	1226	61842	725	23641	211
1993	1075	51412	783	23616	231
1994	1413	89945	882	23340	241

续表 17－2－3

年　份	客运量（万人/次）	旅客周转量（万人千米）	客　　车		客运线路（条）
			（辆）	（客位）	
1995	1573	92589	998	26143	405
1996	1624	97938	979	24233	419
1997	1793	111641	1079	28605	419
1998	1800	127389	1118	26182	445
1999	1901	130420	1263	28586	672
2000	2160	138797	1288	29283	675
2001	2315	147063	1324	30452	683
2002	2344	160158	1346	31443	701
2003	1900	158357	1323	31626	704
2004	2241	174204	1265	31177	713
2005	2316	198092	1226	31043	691
2006	2578	233225	1240	32541	673
2007	2774	250165	1243	33601	691
2008	2807	262254	1230	34437	646
2009	2145	171875	1239	35411	645
2010	2223	179624	1251	37505	645

运价　1986—1987 年，经物价部门批准，巴盟运输公司在陕坝到磴口 4 条客运班车路线上增开快车，票价每人千米 0.0288 元，比普通客车票价高 20%；黄河牌高级豪华大客车在临包、临呼、临海、临磴线上营运，票价每人千米 0.048 元，并开始收取旅客意外伤害保险费，每张客票 5 分。这是巴盟首次根据车型和营运方式的不同实行差别运价。同时规定小客车运营费为：6～20 座普通小客车每人千米 0.04 元，舒适型小客车 0.05 元。计程包车每车千米运价：普通小客车 0.8 元，舒适型小客车 1 元，单程包车可加收空驶费不超过 30%，双程包车减收 10%；计时包车普通小客车每小时 15 元，舒适型小客车每小时 18 元。允许代收意外伤害保险费。1988 年，按照内蒙古物价局和交通厅通知，自 6 月 20 日起，调整部分山区和公路支线的汽车运价（除三级公路标准以上的国道和省道外都属支线）。调整后的客运价是，普通客车由每人千米 0.24 元调整为黑色路 0.025 元，砂石路 0.029 元，土路 0.032 元；普快客车加 20%；直快车加 40%。以上运价不包括客运附加费和保险费。1989 年，客运自 12 月 25 日起，分不同路线、车型、营运方式实行差别运价。调价幅度平均为 40% 左右，低于国家规定的 60% 的幅度。运价不含客运附加费及旅客保险费。1990 年 8 月，旅客保险费由每人收取 0.05 元调整为 0.10 元；行李包裹运价按每百千克千米折合 1.5 人千米计算。

1992 年 8 月，根据内蒙古自治区交通厅、物价局内交运发〔1992〕330 号文件通知，公路客运附加费调整为按每人千米0.01元征收,出租车按基本票价的5%、旅游车按基本票价的15%征收。1993年1月,经巴盟物价工商处核准,汽车客运票价每人千米增加0.015元的油料临时补差费。3月,巴盟物价工商处批复同意巴盟运输公司卧铺车票价,在直达中级大客车基价(每千米人0.055元)的基础上提高109%,即每人千米0.115元(不含客附费、油料差价补贴、保险费),暂试行3个月。1996年11月,根据内蒙古交通厅内交发〔1996〕333号文件精神,道路客运实行淡旺季运价上下浮动。每年1月、2月、3月、11月、12月为客运旺季,运价可上浮10%。每年7月、8月保持原来运价不变。其余月份为淡季,运价可下浮10%。经自治区交通厅审批开行的快速班车,中级大、中型客车运价分别为每人千米0.082元和0.092元;高级大、中型客车运价分别为每人千米0.089元和0.112元。1997年7月,巴盟行署物价工商局规定,公路旅客运输按不同营运方式、不同车辆等级、不同车型和不同路面实行差别运价。黑色路面每千米人运价普客班车的普通大型客车为0.044元,普快班车的普通大型客车为0.051元,直达班车的中级大型客车为0.064元。公路客运附加费按每人千米0.01元征收。有过路过桥的路段每人千米收取过路过桥费0.005元。2000年8月,巴盟物价局批准,在公路客运票价中增加每人千米0.01元的燃油差价。

2005年9月,根据巴彦淖尔市人民政府《关于对市物价局调整公路客运票价和出租车客运价格请示的批复》(巴政办字〔2005〕256号),调整全市公路客运票价。基本票价以占比重较大的中级中型客车、黑色路面为标准,每人千米由原来的0.083元调整为0.115元。其他车型、路面按照原规定等级差率作相应调整。客附费每人千米0.01元征收,有过路过桥的路段每人千米收取0.01元。继续执行淡旺季运价浮动的规定。2006年9月,巴彦淖尔市制定《巴彦淖尔市成品油和运输行业价格联动机制方案》,以2006年3月26日成品油价格为基点,当市场0#柴油价格每吨累计上涨300元以上(含300元)时,公路客运基础票价可按每人千米不超过0.0033元上调运价或收取燃油附加费。反之,则按此原则下调运价或燃油附加费。以一年为一个运价油价联动周期。2008—2010年,全市的客运价格在基础运价上每人千米上调0.0099元。成品油价格下降后,客运价格即行恢复。农村牧区道路客运价格不变。

2000年与2010年巴彦淖尔市普通班车运价表

表17-2-4

车辆类型等级		黑色路(元/人·千米)		砂石路(元/人·千米)		土路或自然路(元/人·千米)	
		2000	2010	2000	2010	2000	2010
中级客车	大型	0.103	0.108	0.107	0.113	0.115	0.124
	中型	0.108	0.115	0.112	0.121	0.120	0.132
	小型	0.124	0.137	0.129	0.144	0.139	0.158

续表 17－2－4

车辆类型等级		黑色路(元/人·千米)		砂石路(元/人·千米)		土路或自然路(元/人·千米)	
		2000	2010	2000	2010	2000	2010
高级客车	大型	0.122	0.134	0.127	0.141	0.137	0.154
	中型	0.128	0.124	0.133	0.149	0.143	0.163
	小型	0.137	0.155	0.143	0.163	0.154	0.178

二、城镇公交

临河市区公交　1986 年，临河城区有公交线路两条，即火车站到临河市公安局(称公交一路)；巴盟影剧院到巴盟医院(称公交二路)。两条公交线路共有公交车 10 台。1987 年，将一路公交车延伸至临河种子站，二路线路调整为火车站到巴盟医院。1989 年，将临河二路车线路延伸到临河水利学校，线路总长达到 12 千米。1995 年 12 月，开通临河三路，火车站—临河第一职业学校—大兰庙桥，车辆 2 台。1997 年 5 月，开通四、五路公交，即火车站到章嘉庙，先锋桥到临河第一职学校，投入车辆各 3 台。同年 7 月，开通农机校到临河水利学校的六路公交车，投入车 3 台，新投入的车辆为中巴车。1999 年，临河五路公交车停运。2001 年 11 月，公交公司转制，恢复五路车运营。将一路车延伸到临河一职，线路总长 64 千米，公交车辆 66 台，乘车点 146 对，全部为小型中巴车。2003 年 9 月，开通马道桥到硅铁厂七路、春雪公司到糖厂北门八路、八完小到曙光九社九路，线路网总长增加到 101 千米，运营车辆增加到 98 台，乘车点增加到 236 对。同时更新一、三、六路部分车辆，由过去的小型中巴车向中型公交专用车辆发展。

2004 年，整合 2 条线路，延伸 3 条线路，保持 9 条线路运营。2005 年，临河一、三、六路车营运线路延伸至四季青菜市场。2007 年，将一、三、六路车再延伸到巴运物流园区。2009 年，随着市区的延展，对四、七、八、九路公交运营线路随之延伸。2010 年，分别将四、七、九路车向东区工业园区和西区新区延伸。同时调整六路车直通欧式街、八路车直通利民西街。2010 年，临河市区有公共汽车股份有限责任公司 1 个，公交运营线路 9 条，投放车辆 111 台，线路总长 118 千米。

旗县镇公交　五原县有公交企业 1 家，车辆 46 台，公交线路 5 条，公交线路总长 79.4 千米。磴口县有公交企业 1 家，车辆 23 台，公交线路 5 条，公交线路总长 79.4 千米。杭锦后旗有公交企业 1 家，车辆 17 台，公交线路 8 条，公交线路总长 99.0 千米。乌拉特前旗有公交企业 2 家，车辆 78 台，公交线路 8 条，公交线路总长 109 千米。乌拉特后旗公交企业 1 家，车辆 14 台，公交线路 4 条，公交线路总长 32 千米。

公交运量与运价　1986—1994 年，临河市区开通 2 条公交线路，日客运量 0.8 万人次，年客运量约为 288 万人次。公交车票价为 0.10 元、0.15 元、0.18 元三个档次。1995—

1996 年,开通 3 条公交线路,日客运量 1 万人次,年客运量约为 360 万人次。1997—2002 年,开通 6 条公交线路,日客运量 1.5 万人次,年客运量约为 540 万人次。1997 年 5 月 8 日,临河公交汽车公司对票价做较大调整:原有车辆执行 0.5 元、1 元 2 个档次票价。新开通的中巴车执行 1 元、1.5 元和 2 元 3 个档次票价,月票 30 元。2003 年,开通 9 条公交线路,日客运量 2.7 万人次,年客运量约为 972 万人次。

2004—2005 年,9 条公交线路,日客运量 3.2 万人次,年客运量约为 1152 万人次。2009 年,临河市区公交车日客运量达 1168 万余人次。2010 年,临河有公交线路 9 条,日客运量 6.8 万人次,年客运量约为 2160 万人次。

各旗县公交车票价 1 ~4 元。

三、出租车客运

运力　1986—1992 年,巴盟客运出租车开始发展,主要是以个体单车单户运营为主。最早的出租车多是从单位、企业淘汰的老旧小客车(以北京 212、仪征牌轿车为主)和人力、电动三轮车。1993 年,巴盟拥有载客出租汽车 89 辆、449 客位。1995 年,载客出租汽车增加到 172 辆、920 客位。1997 年,巴运集团总公司率先创办出租车公司,购进 40 辆昌河牌红色微型面包车替代人力三轮车和动力三轮车,客运出租车开始第一轮车辆更新升级,车型以大发、昌河、长安、松花江几种小型面包车为主。1998 年,全盟有出租车公司 13 家,出租车 1142 辆。车型以昌河、长安、松花江微型面包车为主,也有少数奥拓、夏利、桑塔纳等轿车。2002 年,巴盟出租汽车开始第二轮更新,更新车辆均为夏利车型。通过更新,轿车型出租车占总车数的 48%。2006 年 11 月,第三轮出租车更新开始,更新车型主要是起亚、捷达、北京现代、伊兰特、比亚迪等小轿车。2009 年,巴彦淖尔市有载客出租汽车 2317 辆,50% 以上的出租车更新为轿车。2010 年,巴彦淖尔市共有出租车公司 16 家,共有载客出租汽车 2342 辆、11553 客位。

2010 年巴彦淖尔市客运出租车企业及车辆基本情况表

表 17 -2 -5

旗县(区)	出租公司名称	出租汽车(辆)	出租汽车总数(辆)
临河区(3 户)	巴运出租公司	375	937
	巴彦淖尔市广利华公司	225	
	巴彦淖尔市运通公司	337	
五原县(4 户)	五原惠通公司	175	352
	五原广通公司	63	
	五原九郡远通公司	95	
	巴运五原公司	19	

续表 17－2－5

旗县(区)	出租公司名称	出租汽车	出租汽车总数
磴口县(3户)	巴运磴口公司	7	93
	磴口广运公司	37	
	磴口顺达公司	49	
杭锦后旗(2户)	杭锦后旗惠通公司	159	224
	巴运陕坝公司	65	
乌拉特前旗(1户)	乌拉特前旗惠通公司	447	447
乌拉特中旗(1户)	乌拉特中旗广通公司	103	103
乌拉特后旗(2户)	乌拉特后旗惠通公司	70	186
	乌拉特后旗广通公司	116	

1991—2010 年巴彦淖尔市客运出租汽车统计情况表

表 17－2－6

年　份	汽车(辆)	座位(个)	年份	汽车(辆)	座位(个)
1991	—	—	2001	1466	8796
1992	—	—	2002	1488	8181
1993	89	449	2003	1492	8224
1994	136	775	2004	1708	9138
1995	172	920	2005	2011	10468
1996	218	1199	2006	2274	11738
1997	259	1425	2007	2316	11699
1998	1142	7706	2008	2317	10890
1999	1378	8268	2009	2317	11411
2000	1475	8880	2010	2342	11553

出租车客运价格　1997 年,巴盟微型面包车以 3 元钱起价。1998—1999 年,巴盟客运出租车运价:轿车起价为 2 千米以内 4 元、5 元,运价每千米 1.2 元、1.5 元;“面的”起价为 2 千米以内 3 元,运价每千米 1 元。1999 年 3 月,巴盟运管处报请有关部门批准,对轿车型出租车运价进行下调,起价由原来的 2 千米内 4 元、5 元下调为 2 千米内 3 元,运价由原来的每千米 1.2 元、1.5 元下调为每千米 1 元。轿车与“面的”出租车起价、运价相同。2001 年,春运期间,巴盟运管处为缓解运力运量供需矛盾,决定适当上浮临河地区出租车客运运价,在计价器显示金额基础上另加收 2 元。2005 年 9 月,出租车按照人民政府《关于对市物价局调整公路客运票价和出租车客运价格请示的批复》,将出租车起步价由原来的 2 千米以内 3 元提高到 4 元。2006 年,因成品油价格上涨造成出租车成本增加,由运营企业提

出申请,经相关部门批准后适当调整运价。每一周期出租车运油价格联动机制启动前,由营运企业向市物价局提出申请,经批准后实行。2010 年,出租车起价为 2 千米以内 5 元。

第二节　公路货运

一、普通货物运输

货运车辆　1986 年,巴盟拥有货运汽车 3904 辆,货运挂车 1154 辆。其中,交通专业运输企业(包括盟和旗县所属的国营和集体运输企业)货运汽车 220 辆,货运挂车 213 辆;机关企事业单位货运汽车 2928 辆;个体货运汽车 756 辆。1990 年,全盟拥有货运汽车 5042 辆,货运挂车 1972 辆。其中交通专业运输企业货运汽车 223 辆,货运挂车 221 辆;机关企事业单位货运汽车 3896 辆;个体货运汽车 923 辆。1993 年,运输行业实施"全面放开货运,取消额度管理,放开运价经营",个体货运车辆得到发展,机关企事业单位货运车辆逐渐退出货运市场,全年新增货运车 310 辆。1994 年,针对矿产业快速发展的态势,引导货运企业发展大型多轴运输车辆,发展载重 8 吨以上重型柴油车、集装箱牵引车和冷藏保温车。年末,全盟拥有货运汽车 4207 辆、24168 吨位。1995 年,货运车辆的主要车型是解放 CA－10A、东风 EQ140、跃进等中型车。燃料消耗多为汽油,标记吨位 2～5 吨。低吨位车难以承担特种货物、长距离货源的运输。巴盟鼓励专业运输企业和个体运输户更新柴油车、专用车、重型车。主要车型有解放 CA－15B、东风 EQ141、济南 JN153 等。2000 年 12 月,巴盟拥有营运载货汽车 4742 辆、30823 吨位。其中,交通部门 525 辆、3306 吨位,非交通部门 4217 辆、27517 吨位(包括私营及个体营用载货汽车 3173 辆)。重型载货汽车 1111 辆、10392 吨位,占营运载货汽车总数 35.3%。

2004—2005 年,巴彦淖尔市货运市场主要车型有东风、自卸车及一小部分半挂牵引车和全挂车(带挂车),标记吨位 9～27 吨,燃料消耗为柴油。全盟拥有营运载货汽车 7601 辆,76205 吨位。2006 年,货运车辆继续向专业化、重型化发展,包括重型集装箱牵引半挂车(六轴)、重型普通牵引半挂车(六轴、五轴),大件运输车、危险品运输车、冷藏车等。标记吨位 15～38 吨,燃料消耗为柴油。车型主要有解放、东风、红岩、欧曼、北奔等。2010 年,巴彦淖尔市拥有营运载货汽车 14271 辆、214446 吨位。其中民营运输企业拥有营运载货汽车 6925 辆,占总车数的 48.5%。有重型载货汽车 8779 辆、198964 吨位,分别占总车数的 61.5% 和 92.8%。专用载货汽车 259 辆、3953 吨位。另有低速货车9020辆、12383 吨位,挂车 554 辆、11474 吨位。安装 GPS 的载货汽车 313 辆、2326 吨位,安装行车记录仪的载货汽车 6 辆、75 吨位。

其他车辆　1986 年,小型货运以畜力车和小四轮拖拉机为主。随着经济的发展和市场货运量的增加,畜力运输逐渐淘汰,小批量运输主要依靠小四轮拖拉机。1999 年,巴盟拥有货运小四轮拖拉机5673辆,共14906吨位。2000年,巴盟拥有货运轮胎式拖拉机及四轮车3477辆,共10280吨位。

2005年,巴彦淖尔市运输市场拥有货运轮胎式拖拉机及四轮车1399辆、4556吨位;低速货车3257辆、6224吨位。2010年,全市货运市场拥有轮胎式拖拉机、四轮车9021辆、12383吨位。

货运量　1986—1989年,巴盟公路货运量362.8万吨,货物周转量12226.2万吨千米。其中交通部门专业运输(交通部门所属的盟和旗县市国有和集体专门从事公路运输的企业)完成货运量40.9万吨,货物周转量2585.2万吨千米。1990—1995年,全盟公路货运量在441.1万~1349万吨之间,货物周转量在16478.2万~69559万吨千米之间。其中,交通部门专业运输完成货运量48.2万吨,货物周转量3735万吨千米。1996—2000年,巴盟全盟公路货运量在1551万~1860万吨之间,货物周转量在89442万~166315万吨千米之间。2001—2003年,巴盟公路货运量在2312万~2138万吨之间,货物周转量在205654万~249305万吨千米之间。2004—2009年,巴彦淖尔市公路货运量在2335万~2860万吨之间,货物周转量在285631万~1138367万吨千米。2010年,全市公路货运量为3388万吨,完成货物周转量1337986万吨千米。

1986—2010年巴彦淖尔市部分年份货运情况表

表17-2-7

年份	载货汽车数(辆)	吨位数(吨)	货运量(万吨)			货物周转量(万吨千米)		
			总计	交通部门	其他部门	总计	交通部门	其他部门
1986	3904	—	362.8	40.9	321.9	12226.2	2585.2	9641.0
1990	5042	—	441.1	48.2	392.9	16478.2	3735.0	12743.2
1991	5387	31411	393.4	55.8	337.6	16529.6	3757.3	12772.3
1992	5510	32598	482.6	69.6	413.0	22611.5	3790.2	18821.3
1993	3514	21946	443.3	72.5	370.8	20727.0	3691.9	17035.1
1994	4207	24168	410.5	35.8	374.7	20060.5	2378.6	17681.9
1995	4808	25850	1349	—	—	—	69559	—
1996	5048	32812	1551	—	—	—	89442	—
1997	5426	35269	1762	—	—	—	132403	—
1998	4433	28814	1729	—	—	—	146580	—
1999	4701	30556	1767	—	—	—	149095	—
2000	4742	30823	1860	—	—	—	166315	—

续表 17－2－7

年份	载货汽车数（辆）	吨位数（吨）	货运量（万吨）			货物周转量（万吨千米）		
			总计	交通部门	其他部门	总计	交通部门	其他部门
2001	4947	31166	2312	—	—	—	205645	—
2002	4896	28369	2343	—	—	—	223757	—
2003	5880	31027	2138	—	—	—	249305	—
2004	6632	40457	2335	—	—	—	285631	—
2005	7601	76205	2620	—	—	—	437114	—
2006	6565	57790	3071	—	—	—	525119	—
2007	8429	103882	3301	—	—	—	583634	—
2008	8757	101832	3029	—	—	—	572481	—
2009	18209	170128	2860	—	—	—	1138367	—
2010	14271	214446	3388	—	—	—	1337986	—

1986—1989 年，根据内蒙古在自治区物价、交通部门通知精神，调整部分山区和公路支线的汽车运价。规定支线中以黑色路面、砂石路面、土路面分别计价。货运在原吨千米 0. 2 元的基础上，砂石路面调整为 0. 24 元，土路面（含自然路）调整为 0. 26 元。1990 年，根据国家物价局和交通部的通知精神，经内蒙古自治区人民政府同意，巴彦淖尔盟印发《关于整顿汽车货物运价的通知》，规定货物分等、分整零，道路分路况，车辆分大小的差别运价。规定公路汽车 4 吨及以上整车普通一等货物在黑色路面长途基本运价每吨千米为 0. 29 元；4 吨位以下汽车运价按同类货物、同等路况运价的 180% 计价；特种车辆运价按同类货物、同等路况运价的 135% 计价。

1990 年汽车货物运价表

表 17－2－8

货物分类	路况	黑色路（元/吨千米）	砂石路（元/吨千米）	土路或自然路（元/吨千米）
普通货物	一级	0. 29	0. 33	0. 36
	二级	0. 32	0. 36	0. 40
	三级	0. 35	0. 39	0. 44
长大笨重货物	一级	0. 41	0. 46	0. 51
	二级	0. 45	0. 51	0. 56
	三级	0. 49	0. 55	0. 61
鲜活货物	一级	0. 54	0. 61	0. 68
	二级	0. 56	0. 63	0. 70
	三级	0. 56	0. 63	0. 70
	四级	0. 58	0. 65	0. 73

续表 17－2－8

货物分类	路况	黑色路（元/吨千米）	砂石路（元/吨千米）	土路或自然路（元/吨千米）
危险货物		0.50	0.56	0.63
贵重货物		0.50	0.56	0.63
计时包车（元/小时）	8 吨以上车型 4～8 吨车型 4 吨以下车型	4.50 5.00 5.50	5.06 5.63 6.19	5.63 6.25 6.88
省际零担	普通货物 特种货物	0.38 0.50	0.43 0.56	0.48 0.63
区际零担	普通货物 特种货物	0.44 0.56	0.50 0.63	0.55 0.70

汽车短途货运基价表

表 17－2－9

运　距（米）	运　价（元/吨、千米）	备　　注
1000	2.80	—
2000	2.00	—
3000	1.50	—
4000	1.30	—
5000	1.15	—
6000	1.00	—
7000	0.88	—
8000	0.78	—
9000	0.70	—
10000	0.63	—
11000～12000	0.59～0.51	每增加 1 千米减 0.04
14000～16000	0.48～0.42	每增加 1 千米减 0.03
17000～19000	0.40～0.36	每增加 1 千米减 0.02
20000～25000	0.35～0.30	每增加 1 千米减 0.01

1991 年，巴盟物价工商处和交通处《关于拖拉机货物营业运输统一执行汽车货物运价的通知》和《关于整顿人力车、畜力车运价的通知》，规定：大中型胶轮拖拉机执行 4 吨以上汽车货物运价；小四轮拖拉机（15 马力以下）按同类物资、同等路况运价的 150% 计价；畜力车载重 1000 千克套板车每车时 3 元，载重 500 千克小轿车每车时 1.5 元；人力车载重 250

千克每车时 0. 8 元。

1993 年,巴彦淖尔盟货运价格全面放开,取消额度管理。

二、危险货物运输

1986—1997 年,全盟拥有危险货物运输汽车 107 辆、599 吨位。其中,国有交通运输部门 59 辆,非国有交通部门或个人拥有危险货物运输车辆 40 辆。2000 年,拥有危险货物运输汽车 127 辆、727 吨位。其中,国有交通运输部门 10 辆、60 吨位;非国有交通部门或个人拥有 102 辆、667 吨位。

2005 年,巴彦淖尔市拥有危险货物运输汽车 135 辆、1478 吨位。2010 年,全市有 12 户危货道路运输企业。主要从事石油、天然气、液化气及化工产品的运输。拥有危险货物运输汽车 131 辆、2406 吨位。其中,大型运输汽车 111 辆、2354 吨位(含重型 103 辆、2305 吨位);中型运输汽车 13 辆、43 吨位;小型运输汽车 7 辆、9 吨位。安装 GPS 的危险货物运输车 128 辆、2319 吨位。安装行驶记录仪的危险货物运输车 6 辆、75 吨位。

三、专业运输

2004 年前,巴盟的煤炭运输主要是从乌海市、宁夏回族自治区、鄂尔多斯市及盟内的乌拉特前旗、乌拉特中旗煤矿调运生产生活用煤,运量在 31 万 ~50 万吨。

2004 年,中蒙两国签署原煤进出口合同后,煤炭运输增加了从蒙古国运输量。当年调运原煤 2. 3 万吨,周转量 34. 4 万吨千米。2006 年,从蒙古国调运原煤数量逐年增长。到 2009 年,有国际道路运输企业 6 家,从事国际道路运输的车辆 1040 辆(938 辆在蒙方注册),31200 吨位。全年调运原煤 323 万吨。

2010 年,巴彦淖尔市有 21 家煤炭经营企业与蒙方签订原煤进口运输合同,全年进口原煤达到 816 万吨。

四、零担运输

1987 年,巴盟运输公司开始发展零担货运,组建零担车队,拥有零担载货汽车 16 辆,96 吨位。2000 年,因零担业务不景气,零担车队解散,零担载货汽车并入其他运输车队。

五、抢险救灾运输

2003 年 4 月,巴盟地区发现非典型肺炎疫情,巴盟交通系统立即实施交通运输应急保障预案,设立物资道路运输保障指挥部和公路畅通保障指挥部,落实 76 辆“非典”紧急物资运输车辆,121 名“非典”紧急物资运输驾驶员。“非典”期间正遇高考时间,巴盟成立高考学生运输大队,组织 107 辆客车免费接送高考学生返校,共运送学生 8031 人。其中,运送农牧区考生 4132 人,跨旗、县、市考生 3899 人。高考期间,组织 149 辆客车承担全盟5580 多名监考教师和住校考生往返考场的接送任务。

2006 年,巴彦淖尔市成立突发性事件应急运输保障大队,列编货车 35 辆,客车 10 辆。

2008 年,组织 800 辆货车抢运电煤 52 万吨,支援南方抗击冰雪灾害。四川汶川发生大地震后,协调各运输企业与道路运输经营者,紧急调度油罐车、翻斗工程车、普通平板大货车与市公路局一同组成救援抢修工程队赶赴灾区。同时,紧急从巴运公司调用一辆 39 座大型客车,运送卫生防疫部门组织的抗震救灾医疗服务队人员和医疗物品。

第三节　运输管理与服务

一、驾驶员培训

1986—2003 年,巴盟交通技校汽驾培训中心有教练车 11 辆,有教师 7 名,汽驾教练员 15 名。驾驶员按照教学大纲,开设职业道德教育、交通规则、机械常识、故障排除、驾驶操作规程、场地训练、道路驾驶七门课程。2005 年 7 月,巴彦淖尔市交通技校汽驾培训业务划给凯通公司经营。同时随着汽车的普及,学习和掌握机动车驾驶技能已不仅是道路运输业发展的需要,而且成为一种生活技能。“学车热”使整个驾培行业持续升温。学员结构向多元化方向发展,各种类型的驾校应运而生。2006 年,巴盟共有驾培业户 15 家,全年发放培训记录 9934 份。

2010 年,巴彦淖尔市有驾培机构 24 家,从业人员 891 人,年培训汽车驾驶员 2.2 万人。

二、运输从业人员资格培训

1996 年,按照交通部颁布《中华人民共和国机动车驾驶员培训管理规定》,对营运驾驶员实施从业资格管理。1998 年,举办出租车驾驶员培训班 11 期,培训人员 1380 名。1999 年,举办客运司乘人员培训班 5 期,培训 320 人次;出租客运人员培训班 4 期,培训 390 人次;汽修质检培训班 3 期,培训 21 人次。2000 年,举办班车客运、出租车客运、汽车维修、危货运输岗前培训班 10 期,培训 1659 人次。2001 年,重点对货运从业人员进行培训,全年共培训 4000 余人次。结合运输企业年度审验对企业负责人进行培训、考试,考试不合格者,缓审经营许可证。2002—2003 年,巴盟运管处为持货物运输、旅客运输(含出租车)上岗证及危货操作证的营业性汽车驾驶员换领从业资格证,并对全盟 1400 余名出租车驾驶员进行培训。通过考试,合格者换领从业资格证。

2004 年,举办运输从业人员培训班 26 期,经考试核发驾驶员从业资格证 3016 人,乘务员证 189 人。2005 年,举办乘务员培训班 4 期,经考核发放乘务员证 278 人。2007 年,举办运输从业人员培训班 15 期。经考试,核发运输驾驶员从业资格证 1600 份,乘务员证 143 份,危险货物运输证 16 份。2008 年,举办运输从业人员培训班 18 期,核发从业资格证 2278 份,换发新版道路运输从业人员资格证 16788 人。受内蒙古自治区运管局委托,市运管处对全市驾培机构教练员进行资格培训,全年共举办 6 期培训班,参加培训 368 人。考试合格的教练员由内蒙古自治区运管局统一颁发教练员证。2002—2010 年,巴彦淖尔市参加道路运输从业人员资格培训共 35470 人。其中，客、货驾驶员 29958 人，教练员 1208 人，乘务员 3736 人，维修人员 568 人。

三、机动车检测

1990 年，根据国家《汽车运输业车辆技术管理规定》，巴盟要求运输企业建立完整的车辆技术档案，对道路运输车辆按照交通部《营运车辆技术等级划分和评定要求》，对运输车辆进行综合性能检测。每年对车辆状况评定一次，一年进行两次二级维护质量检测。1991 年，在车辆年检审核中，首次对客车的技术条件、车辆设施进行检验，对不符合营运技术条件的车辆限期停业修理。1993 年，巴盟汽车维修质量监督检验所成立，检验所购入一辆移动综合性能检测车，开展汽车检测业务。主要承担全盟营运车辆的综合性能检测、汽车二级维护和大修检测、车辆技术鉴定工作。1995 年，按照内蒙古自治区交通厅、物价局《关于内蒙古自治区汽车综合性能检测收费标准暂行规定》，巴盟按照 18 个检测项目，当年完成营运车辆综合性能检测 4568 辆次。2002—2006 年，根据交通部《营运客车类型划分及等级评定》，结合车辆年度审验，按照新标准，重新划分和评定全市客车类型和等级，对新增和更新的客车全部按新标准执行。

2007 年，巴彦淖尔市车辆综合性能检测统一由市通政检测站进行，车辆技术等级评定按照权限划分：旗、县级车辆由巴彦淖尔市运管处机务科评定，旗、县内车辆由各旗（县、区）运管部门组织评定。2009 年，按照《营运车辆综合性能要求和检验方法》的要求，在检测中增加对罐体容积载质量的检测，并在检测报告中作出明确结论。

2010 年，依据交通部《道路运输车辆燃料消耗量检测和监督管理办法》，严格按照道路运输车辆燃料消耗量达标车型车辆参数及配置检查工作规范开展检测和核查工作，促进节能车型推广应用，推动道路运输车辆节能减排工作的开展。对凡进入巴彦淖尔市道路运输市场从事道路旅客运输、货物运输经营活动的车辆和以汽油或柴油为单一燃料的国产、进口车辆都检测燃料消耗量。新增和更新的客车及危货车辆由市运管部门核查，普货车辆由旗、县运管部门核查。

四、汽车维修

1986 年，全盟有汽修业户 156 家，其中，三级保养以上修理作业的 67 家（包括汽车大修作业的 33 家）。在 67 家三级保养以上修理作业中，有国营 21 家，集体 23 家，个体 23 家。其余 89 家汽车单项修理中，有国营企业 1 家，集体 3 家，个体 85 家。1990 年，巴盟有汽修业户 293 家，其中国营 21 家，集体 73 家，个体 199 家。1993 年，巴盟汽修厂与湖南郴州一家汽车修理企业合资成立巴盟第一家进口车维修中心，填补了巴盟地区无进口车维修的空白。临河出现洗车专业户，填补巴盟洗车业空白。2001—2003 年，汽车修理业迅速发展，同时逐步引进四轮定位仪、轮胎轮辋拆装机、车轮动平衡机等新设备。维修技术人员的文化专业结构也发生变化，一批懂机械原理、懂电子技术和专用设备使用的大中专毕业生加入汽车维修行业，改变传统的靠手摸、耳听、眼看的操作技术。

2004—2009 年，全市汽车维修业户有 1125 家，其中，一类维修业户 15 家、二类维修业户 253 家、三类维修业户 560 家、摩托车维修业户 297 家。雪佛兰、广州本田、东风日产、比亚迪、北京现代、一汽大众等 4S 店相继入驻。同时大型车身整形设备、电脑解码仪、发动机不解体清洗设备、喷油嘴清洗、无损探伤设备等一大批新技术、新设备在维修行业广泛应用。2010 年，全市汽车维修业户有 1348 家。其中汽车维修业户 1238 家，包括一类业户 11 家、二类业户 57 家、三类业户 1170 家。

五、客运管理

长途客运管理　1986 年，巴盟根据内蒙古自治区人民政府办公厅《内蒙古自治区交通运输管理办法》，结合实际情况制定《关于改善和加强交通运输管理的暂行规定》，规定机关团体企事业单位的自备车辆，不允许采取租赁或承包等形式参与营业运输。对营运客车实行"三定"（即定站点、定路线、定班次）或"一定"（定路线）管理，并实行统一行车路单和票证管理。1987 年，巴盟印发《公路旅客运输管理暂行规定》，规定汽车站可面向社会车辆开放，各地也可另设个体客车停车场。在旗、县境内的由旗、县交通局审批，跨旗、县的由盟交通处审批，跨盟、市的由内蒙古交通厅审批。年内批准 116 条路线 214 个班次。其中，跨省区的 4 条线 4 个班次，跨盟、市的 11 条线 13 个班次，跨旗、县的 45 条线 101 个班次。旗、县境内 56 条线 96 个班次。1988 年，对新增客车，按统一安排、分级管理原则，分期分批审批路线班次，批准临河运输公司新购 6 辆客车，杭锦后旗二运公司新购 18 辆客车的营运路线及班次，盟运输公司在 11 条客运路线上新增 23 个班次。审批 124 辆个体客车的营运路线。1989 年，巴盟物价、工商、交通部门联合制定《关于两部门互相配合加强运输市场管理的通知》，通知对于申请经营运输、装卸、汽修业的单位和个人，先由交通部门进行开业技术及业务条件审查，符合条件的发给经营许可证。工商部门核发营业执照。对营运客车全面实行"挂营运路线牌"及在车内张贴站点里程票价表制度。指导个体客车新开辟或延伸营运路线 30 条、1840 千米。1992 年，出台《进一步放开搞活我盟道路运输市场实施意见》，规定客运凡跨盟、市、旗、县的新增异动运力、线路由旗、县运管所报联运办审核后报盟交通处批准。凡客车易主必须提前申请，经批准后方可运营。跨盟、跨省共营线路增班，年平均实载率必须达到 80%。跨省、跨盟新增、更新车辆必须是中级以上车型。1993 年，制定《巴彦淖尔盟道路客运线路放开经营实施办法》，规定允许国有、集体、个体及其他社会车辆从事道路旅客运输业。国、省干道以及跨省区、跨盟市的旅客运输业，区别运程长短，由线路选择车型，由市场选择经营者。鼓励发展舒适型客车，鼓励车辆更新，鼓励开辟延伸边远农牧区线路。1994 年，巴盟规定客运在国道 110 线临磴段、临陕汽车专用线等线路上调高个体客车运输税征收标准,用经济调节杠杆促使个体客车向偏僻的农牧区延伸。遏制"争干线、弃支线"势头。1996 年,对客运市场进行"车进站、人归点"专项整顿,进一步完善三级客运网。按照"统一审批、分级管理"的原则,明确经营户经营范围,客运线路,坚决遏制客运的乱象。1999 年,废除客运线路经营终身制,将审批营运线路营运时间确定为 3 年,1 次审批 3 年有效。经营期满根据实载率、经营行为等进行续营审批后运营。2001 年,客运进一步优化运力结构,临河发往旗县所在地的客运班车、跨盟市、跨省区班车,全部采取"普快"改"直快"。推行客车限时出城管理制度,遏制客运班车脱班压点行为。将四个规模较小的旗、县客运企业组成股份有限责任公司。

2005 年,巴彦淖尔市撤出驻旗(县、区)巴运汽车站客运管理机构,各汽车站自行排班运行。2006 年,巴彦淖尔市根据国务院通知精神,向全市 785 辆农村客运车辆一次性足额发放燃油补贴。2010 年,巴彦淖尔市规定,营运客车更新继续坚持先许可后购置的原则,鼓励向高级以上车型和节能环保型车辆发展。凡营运客车更新,其座位数不得超出原车座位的 20%。专营线路或偏远农牧区线路车辆更新可适当放宽座位数。

出租客运管理 1986—1996 年,巴盟对客运出租车无准入条件,实行鼓励政策。1997 年 12 月,规范出租车行业,对出租汽车客运的开业审批、车辆、站点、运营、变更、歇业、停业等作出明确规定。规定单车单户不予批准进入出租车市场,对已批准运营的单车单户出租车,要求业户自由选择加入已注册的客运出租车公司,实行公司化经营。1998—1999 年,先后制定《客运出租汽车经营和服务单位管理考核标准》《客运出租汽车公司管理制度》《客运出租汽车服务规范》《客运出租汽车行业约定》等政策性文件。按照上述制度,对出租车行业进行为期 4 个月的治理整顿,严厉查处"黑车"非法经营,净化出租客运市场。要求出租车必须安装标志灯、计价器,并在车身喷印监督电话。取消出租车道路运输管理费。

2005 年,巴彦淖尔市按照交通部《关于加强出租车管理确保社会稳定的紧急通知》精神,严格实行出租汽车运力总量控制政策,要求各旗、县对新增出租车加强控制。增加出租车运力,必须先由旗、县交通局会同运管所,根据当地居民及流动人口出行需求,提出建议并召开听证会征求意见,提请当地政府同意后报市运管处办理。

2006 年,客运出租车市场进入"停止投放、规范提高"阶段。市内各旗、县全部停止新增客运出租车运力投放。2008 年,巴彦淖尔市调整出租车更新许可事宜,实行逐级审核办理制度。出租车更新由出租车运输企业提出申请,旗、县运管所初审后上报市运管处审核,即可办理出租车更新手续。年内推广客运出租车"双燃料"工作,全市 818 台客运出租车完成改装工作。2009 年,出租车免费安装 GPS 卫星定位设备及车载 LED 屏,加强出租汽车标识、标志的管理,提高客运出租汽车安全运营和监管水平。出租汽车全部恢复单车营运证实名制,打击非法炒卖出租车户的违法行为;完善对出租车公司质量信誉考核标准,开展出租汽车行业文明创建活动。对评选出的5家文明出租车经营企业,55名优秀出租车驾驶员给予表彰奖励。

六、货运管理

1986—1991年,为促进运输市场健康有序发展,巴盟制定《促进运输业多元发展的意见》。根据意见精神,对运输市场进行整顿,查处非法争抢货源。对大宗及重要货物运输,实行计划指导下的合同运输、责任运输、限额限时运输办法。1992—1993年,在对大宗及重要货物运输继续实行计划指导下的合同运输、责任运输、限额限时外,其他运输推行运力、市场、价格"三放开",从而减少审批环节,促进货物周转。1994—1996年,将运输管理的重点放在建设货运有形市场,鼓励发展货运配载、代理、仓储、信息服务等运输业务。针对矿产业快速发展的情况,引导货运企业发展大型多轴运输车辆,鼓励货运经营者发展重型、专用车辆。1997年,推行道路货物运单运输制。同时以市场为导向,发展货运中介组织,将中介组织纳入行业管理范围,经过资格认证颁发经营许可证。

2000—2002年,加大对超限超载运输的管理。规定,车辆技术等级达不到一级,车辆数少于10台,注册资金少于40万元的企业,不得从事危险货物运输。2003年,重点抓货运车辆持证运营、票证使用的监管。加强缴费货运车辆运单发放、使用、回收管理工作。

2004—2008年,巴彦淖尔市针对市内运输企业普遍采取挂靠经营模式的弊端,引导企业建立产权明晰、行为科学、管理高效的新型企业制度,推动企业由分散型向紧密型、由传统型向现代型转变;重点对全市24户大型普通货物运输企业进行质量信誉考核,实现企业公司化管理率100%,危货车辆GPS安装率100%,车辆标志牌和标志灯安装率100%、承运人责任险投保率100%。2009—2010年,巴彦淖尔市印发《关于对全市道路危险货物运输市场开展专项整治工作的情况通报》,对不符合危货运输条件的8家企业责令限期整改。

"双超"治理

2001—2003年,根据自治区人民政府关于"加强对超限、载运输管理"的通知精神,巴盟公路稽查加大对超限、超载运输治理。在治理超限超载运输中,本着"科学检测,依法行政,卸货为主,保障畅通"的原则,对超限超载车辆进行检查,使"双超"率由40%下降到30%以下。

2004—2008年,巴彦淖尔市治超工作重点打击超限车辆避站绕行和强行闯卡现象,固定检测站点昼夜监控。同时加大治超宣传力度,在各检测点设置服务咨询台,张贴公告,印刷宣传资料等,及时将超限治理的有关政策、法规送到广大运输业主和司机手中;按照"政府领导、交通牵头、部门配合、社会参与"的工作思路,从源头、卸载点、队伍建设三个主要环节控制"双超"。

2009—2010年,巴彦淖尔市治超工作由集中治理向长效防范型转变,由路面治理向源头监管、综合治理转变。对于超限运输车辆,坚决予以卸载和消除违法行为;对不宜卸载或卸载下来不宜保存货物的超限车辆,在依据有关规定进行处罚后,一律予以原路劝返或就地分车拉运;对拉运危险货物的超限车辆,则坚决实行劝返;在严禁车货总重超过55吨的超限车辆上路过桥洞时,建立健全科学合理适用的治超工作流程和路政人员执法工作规范,确保对超限车辆的检测做到疏导有序、规范检测、快速卸载、及时放行;以畅通"绿色通道"为重点,加强中央惠农政策的落实,对鲜活农产品车辆实行"不扣车、不罚款、不卸载"的"三不"政策,确保"绿色通道"高效、有序、畅通。

第四节　规费征稽

一、公路养路费

1986—1988年,巴盟公路养路费征收标准:机动车若按营收额征收的,则收15%,若按费额征收的,则收105元。1989—1990年,汽车养路费实行"定死基数、超收多留、歉收自减、保证上缴"的管理办法。实际收入为基数,每年递增5%为承包基数,一定三年。确定巴盟按65%的分成安排支出,超收5%以内的自治区和盟按二八分成,超收5%以上部分盟市全留。1991—1993年,按照自治区有关规定,公路养路费征收:按费额计征每月每吨位130元,按费率征收的标准不变;客车每月每吨位140元。1994—2003年,按照自治区政府《关于调整全区公路养路费额征收标准的通知》规定:机动车货车每月每吨位150元,客车每月每吨位160元。

2004—2010年,巴彦淖尔市对城乡个体运输户、私营运输企业和居民个人新购车辆,3年内减半征收养路费。根据自治区人民政府文件精神,将农用汽车列入养路缴费范围,征收标准同机动车货车。

二、重点公路建设费

1992—2001年,为解决重点公路建设资金短缺的问题,巴盟开征重点公路建设费。征收标准以应征车辆养路费的15%计征,征收范围是自治区籍按费额计征养路费的各类汽车、特种车、牵引车、汽车拖带的挂车、平板车等。2002年,停止征收重点公路建设费。

三、小额养路费

1986—1988年,根据自治区政府文件精神,巴盟开征拖拉机、畜力车小额养路费。拖拉机、畜力车征收标准:按营收额征收的,征收营业收入的5%。按费额征收的,大型车每月每辆征收15元、小型车每月每辆征收5元。1989年6月,巴盟行署印发《开征摩托车养路费的规定》,自1989年7月1日起,除军事部门、党政机关、人民团体、学校定编内的自用摩托车外,其他凡领有牌照的摩托车缴纳养路费。摩托车养路费的征费标准:轻便摩托车每月5元、二轮摩托车每月7元,侧三轮摩托车每月10元。按年一次性缴纳分别为50元、

70元、100元。1991年1月，自治区物价局、交通厅调整养路费征收标准，拖拉机征收标准同机动车货车、畜力车按费额征收的，大型车调整为每月每辆18元、小型车调整为每月每辆6元，按费率征收的标准不变。

2004—2008年，巴彦淖尔市对从事营业性运输的农用小三轮、农用拖拉机减半征收养路费。2009年，国家实施成品油税费改革，停止征收小额养路费。

四、公路客运附加费

1988年1月，根据自治区人民政府《内蒙古自治区征收公路客运附加费实施办法》的规定，巴盟开征公路客运附加费。征收范围是凡在内蒙古自治区境内从事客运的国营、集体、个体、部队的营运客车，以及公路客运旅游车、出租车等。征收标准按每人千米征收四厘计算。征收的客附费，分别给代征者及征收单位1%和1.5%的代办费、手续费。1992年，根据上级文件精神，调整客附费标准：凡按人千米计收运费的，按每人千米0.01元征收；出租车按每客基本票价的5%计收；旅游车按每客基本票价的15%计收。对于人千米数和营运收入额难以考核的代征企业（者），采取定额结算，标准为每一标定座位35元/月，其中跨省区，跨盟市线路长途客车每一标定座位70元/月。1994年7月，代征企业（者）向征收单位缴纳客附费实行包缴制度，一次缴清全年的，按应缴标准计收9个月的客附费。一次缴清半年的，按应缴标准计收5个月的客附费。客附费计收结算实行缴讫证制度。

2004年11月，巴彦淖尔市取消城区运营出租汽车客附费。2008年，停征所有车辆客运附加费。

五、车辆通行费

1992—1999年，依据自治区人民政府《关于同意贷款改建临河—陕坝汽车专用公路并收取车辆通行费还贷的批复》，巴盟开收临陕线车辆通行费，收费期限至1999年。1993年6月，按照自治区公路、桥梁车辆通行费标准，巴盟规定：二轮摩托车，14.71千瓦以下的拖拉机，2吨以下的拖挂车及畜力车，每车次1元；三轮摩托车，2吨以下的客货汽车，14.71千瓦以上的拖拉机，2吨以上的拖挂车，每车次2元；2~8吨的客货汽车，每车次5元；8~15吨的客货汽车，每车次10元；15吨以上的车辆，每增加1吨加收1元。1998年，内蒙古联手路桥公司以BOT方式对临赛线、陕青线进行改建，其中建成临陕一级公路22千米，并于2001年开始收取通行费。1999年4月，巴盟通过政府收费还贷和BOT（或参照BOT）方式修建公路，先后成立S212线五原至乌不浪口公路、临—巴线（临河至古城，2001年6月开征，2004年8月停征）、西—佘线（西山咀至大佘太）、新—苏线（新安至苏独仑）、哈—石线（明安至包头哈业脑包）、明—大线（明安至大佘太）、海—固线（海流图至固阳县达头地段）、小佘太大中铁矿至明安线、五—乌线9个通行费收费所，均隶属当地政府。甘—海线（甘其毛道至海流图）、大—西线（大后店至西小召），分别由鄂尔多斯新大地建设股份有限公司和巴彦淖尔市宏珠公路投资有限责任公司使用税票收取通行费。

2000年10月,建立110国道临河绕城公路、五原、乌拉山3个通行费收费所。2004年4月,组建内蒙古自治区交通征费稽查局巴彦淖尔分局磴巴通行费收费所。将G6高速、110国道、五原、乌拉山、临河绕城线、磴—巴线4个通行费收费所,成建制移交内蒙古高等级公路建设开发有限责任公司管理。

六、车辆购置附加费(车辆购置税)

1986年,巴盟根据上级文件精神,开始对购置车辆的国家机关、军队、个人等一律征收车辆购置附加费。购置附加费标准:进口车按车价的15%,国产车按车价的10%征收。1992年9月,对凡8月31日后购置的小四轮拖拉机挂车,且领有运输营业执照从事专业运输的,按标准征收车辆购置附加费。对于从事农业作业的暂免征收。

七、运输管理费

1987年2月,按照自治区政府规定,巴盟对客货运输管理费均按营收额的1%收取;对营收额难以计算的实行定额定期征收。征收标准是汽车每车吨位每月核收7元,拖拉机按拖车吨位每月每吨位核收7元,小四轮拖拉机按载重1.5吨核收,大客车(20座位以上的)每月每座位核收0.8元,面包型客车每月每车核收22元,小轿车每月核收20元,吉普车15元。运管费按预算外资金管理,由盟统收统支,实行收支两条线。运管费使用按上缴自治区交通厅10%,巴盟交通处使用3%,旗、县交通局使用2%,其余85%归运管部门安排使用。1992年5月,依据自治区政府规定,执行新的公路运输管理费费额,征收标准是货车每吨位每月13元,客车(含面包车)每座位每月2元。1998年,降低公路运输管理费收费标准。新标准规定,公路运输管理费从最高不超过营运(营业)收入的1%,降低到最高不超过营运(营业)收入的0.8%;对出入境汽车运输管理费由原来规定按营业额的3%收取降为按0.8%收取。定额征收部分仍维持1992年行使的收费标准。2002年,对运营的客运出租车(含乡村出租车),月征收运输管理费标准为36元/车月或7.2元/座月;对凡从事营业性运输的农用三轮车、农用拖拉机,其车主身份证、行车证、道路运输证三证均属同一农(牧)民的,免收公路运输管理费;对从事营业性客货运输的业户均由车籍所在地交通运输管理部门按营业额0.8%计征,营业额难以计算或临时参加营业性运输的,实行定额征收,汽车每吨每月13元,农用汽车每吨每月9元。取消对出租车收取运输管理费。

2005年,巴彦淖尔市对农民、牧民和农牧场职工使用的三轮汽车免收公路运输管理费。2009年1月,国家实施成品油税费改革,全部取消公路运输管理费。

1986—2008年巴彦淖尔市公路费征收情况表

表17－2－10

年 份	公路养路费（万元）	拖拉机、畜力车、摩托车养路费（万元）	重点公路建设费（万元）	车辆购置税（附加费）（万元）	车辆通行费（万元）	运输管理费（万元）	公路客运附加费（万元）
1986	1124.8	254.2	—	76.8	—	108.6	—
1987	1262.8	261.5	—	86.7	—	124.3	—
1988	1415.9	331.8	—	159.2	—	188.5	150.9
1989	1555.1	381.6	—	78.0	—	195.7	210.3
1990	1769.6	517.4	—	119.5	—	227.1	217.5
1991	2380.0	602.2	—	75.0	—	288.7	234.7
1992	2968.1	726.7	129.1	56.0	30.1	432.9	347.7
1993	3180.6	870.7	395.7	68.6	219.4	522.2	549.0
1994	3554.9	921.9	548.1	847.3	325.6	567.8	581.6
1995	3921.2	983.0	587.4	1293.4	667.9	563.9	434.4
1996	4528.1	758.0	674.1	1730.6	747.2	617.8	397.2
1997	4776.6	958.9	702.4	2395.8	787.6	591.6	453.5
1998	5064.6	803.6	728.1	2340.0	926.4	717.1	467.9
1999	4909.2	942.2	714.4	1669.4	1233.3	764.6	546.9
2000	5395.3	1303.6	766.9	2444.1	1170.1	1100.7	551.5
2001	5786.9	1386.4	811.9	2006.1	3430.6	1136.6	483.9
2002	6257.9	1560.9	738.0	2622.0	4306.7	1158.3	843.1
2003	6785.2	1718.0	—	2849.0	4577.9	1257.9	743.0
2004	8355.0	1852.6	—	5600.0	3272.7	1574.3	874.1
2005	11026.3	2420.9	—	—	—	2034.4	705.9
2006	16162.5	3065.6	—	—	—	2697.1	661.2
2007	21540.0	2827.5	—	—	—	3485.4	600.9
2008	27357.2	2667.9	—	—	—	3869.7	—
合计	151077.8	28117.1	6796.1	26517.5	21695.5	24225.2	10055.2

第五节 安全生产

一、安全生产宣传教育

2002年，巴盟组织7个旗、县、市运管所，举办“道路运输安全生产宣传咨询日”活动，千余名从事道路客运的司乘人员参与现场签名。

2004年,《中华人民共和国道路交通安全法》颁布实施,巴彦淖尔市开展宣传教育和“反三违月”“安全宣传月”等安全生产宣传教育活动。活动中,举办安全生产培训班28期,开展大型宣传活动10场次,出动宣传车辆216台次,悬挂条幅60余条,向经营者及社会各界群众发放宣传资料19735份,在电视台、电台、报纸等媒体开辟专栏,营造良好安全生产氛围。2006年,巴彦淖尔市确定从每年6月1日到6月30日,为交通“安全生产”主题活动月。每年一个新主题,第二个星期日为安全生产宣传咨询日。每年在活动期间,开展“交通运输安全生产杯”有奖征文比赛、交通系统安全生产知识答题竞赛,召开安全生产专题会议,举办安全生产培训班,开展岗位培训、资格培训、继续教育等。

二、制度建设

1993—2000年,随着交通运输的快速发展,交通运输生产安全事故频发,为遏制交通事故增长势头,巴盟先后制定和逐步完善各项安全生产制度,强化安全生产责任意识,加大对事故责任人的追究力度。2001年,巴盟客运站实行发车前安全检视制度,凡没有进行安检的营运车辆,运管部门驻站办不予签发行车路单。严禁客运班车超员,特别是始发站,中转站严禁售超员客票。2002年7月,巴盟召开全盟水上交通安全会议,会议明确盟、旗、县和相关部门、单位对水上交通安全管理的职责,签订安全生产责任状。

2004年,巴彦淖尔市出台《巴彦淖尔市交通系统道路运输安全事故应急救援预案》,各旗(县、区)根据市救援预案要求,相继制定《突发事故应急救援预案》。2005年,巴彦淖尔市交通部门吸取鄂尔多斯市杭锦旗吉日格朗图镇客车坠入黄河冰窟事故的教训,全面落实“三关一监督”制度,严把道路运输行业市场准入关、严把运输车辆技术关、严把从业人员(驾驶员)资格关,实行汽车客运站车辆出行安全例行检查制度,为一级汽车客运站配备安检设施和设备。其他汽车站逐客开包检查,严禁未经安检的车辆出站,严禁携带易燃、易爆、危险品进站上车。2006年,在五原组织召开全市交通系统道路运输安全生产现场会,制定《道路安全生产监督管理规程》。同时,要求加强客运站场监管。在各运管所派驻客运站场监管人员,对全市每日发往各地的2200多个班次进行安全检查,合格后签字放行。2007年,巴彦淖尔市交通系统召开安全生产工作暨春运总结表彰大会,与各旗(县、区)交通局及局直属单位签订安全生产责任状,进一步落实安全生产责任制。并先后制定《巴彦淖尔市交通建设工程重大生产安全事故应急预案(试行)》《巴彦淖尔市公路桥梁安全事故应急预案(试行)》和《巴彦淖尔市公路交通冬季暴风雪防范应急预案》。

2008年,重新修订各类突发事件应急预案,主要是公路桥梁安全事故应急预案、公路桥梁突发事件应急预案、四五类桥梁突发事件应急预案、公路安全生产事故应急预案、公路交通暴风雪气候事件应急预案、道路运输安全事故应急预案、道路运输预防冬季暴风雪应急预案、地方水上安全应急预案等。2009年,巴彦淖尔市印发《关于在全市交通运输系统建立安全监管机构通知》，要求各旗（县、区）交通局和局属公路、运管、海事部门逐级设立安监机构，建立健全交通运输系统安全生产监管组织网络，形成主要领导负总责，分管领导具体负责，干部职工人人有责的安全生产工作机制。2010 年，巴彦淖尔市结合实际重新修订《巴彦淖尔市交通运输局公路交通运输突发事件应急预案》，并制定下发《2010 年巴彦淖尔市交通系统安全生产目标管理考核细则》，在全系统建立安全生产目标考核制度。

三、检查监督

1993 年，巴盟检查三养以上企业 1080 户次，零小修业户 4826 户次。1997 年 5 月，巴盟运管处组织 7 个旗、县、市运管所开展"安全生产周"活动，对全盟所有汽车客运站场进行安全大检查。1998 年，在年检和春运检测中，共检测营运汽车 6382 辆，综合检测率 96.8%。2002 年，开展危险货物运输的专项整顿，清退不符合车辆技术等级的危险货物运输车 62 辆，督促 5 户危货运输企业建立规章制度。

2005 年，巴彦淖尔市进一步加大安全生产检查力度，先后在全市范围内开展 5 次安全生产专项检查，并将道路运输企业、客货运站场及危货运输车辆列为检查重点，对安全制度不健全、安全生产工作不到位的五原县九郡远通汽修有限公司、出租车公司和市石油公司等 17 户存在安全隐患的企业，责令限期整改。2006 年，交通安全监管部门对 1239 辆客车、1812 辆大型货车、121 辆危货车辆、451 辆出租车安装 GPS 卫星导航监控系统，基本实现车辆调度现代化和车辆运行安全的实时监控。督促各企业建设相应的行车记录仪，监控营运车辆在运行途中安全措施的落实，保障运输生产安全。2007 年，按照《内蒙古自治区汽车客运站安全管理规定》，督促境内一、二级汽车站在春运期间配齐简易安检站和"三品"安检仪；对乡镇客运站在春运及黄金周客运高峰期各运管所实行派人驻站管理。在安全生产隐患排查专项治理活动中，全市共排查隐患 33 条，打击非法经营 35 户，取缔非法经营 136 户，取缔 5 条存在严重安全隐患的营运线路，对 29 条线路上的 39 座桥梁、21 个在建项目进行监理、施工情况以及实验室、路政管理、超检测站进行检查。同年，巴彦淖尔市交通管理部门建成巴彦淖尔市交通指挥中心。通过远程视频监控系统，实现对市内所有客运站车辆进出、安全例检、行包检查仪使用情况进行全程实时动态监控。2008 年，是市安全生产"隐患治理年"，交通运输部门制定《全市交通行业 2008 年安全生产隐患排查治理专项行动方案》和《巴彦淖尔市交通系统安全生产百日督查专项行动实施方案》，在全市开展安全生产隐患排查治理专项行动。行动中，排查出隐患 27 项，整改 22 项，整改率 82%。同年开展"迎奥运，保安全"专项活动，对全市各运输企业、客车站场等进行交通安全专项检查。对各汽车客运进京车辆加强进出站检查，做到"三不进站，五不出站"。规定一级客运站至少配备 2 台行包安检设备，二、三级客运站至少配备 1 台行包安检设备。2009 年，巴彦淖尔市印发《巴彦淖尔市道路客运安全和市场专项整顿方案》，开展全市道路运输行业打击安全生产非法违法行动。要求客运车辆加载自动灭火器,配备灭火弹,预防重特大事故发生。11月,巴彦淖尔市运管部门制定"压事故、保安全60天集中行动"专项活动实施方案,成立领导小组,对安全生产的各个环节进行监督检查,共检查企业240余家,对发现问题的责令限期整改。2010年,组织开展以"安全发展、预防为主"为主题活动。出动检查人员240余人次,检查公路管养、公路施工、道路运输、水上运输企业单位460余家。世博会和亚运会期间,开展组织开展重点路段、时段隐患排查,查出安全隐患20例,整改19例,整改率95%;开展打击非法违法经营行为专项行动,共查获道路运输货运车辆有证未带或无证经营830例、道路运输从业无证人员552例,打击无证经营"黑出租车"15例,稽查客车超员2例;对市内所有水域的74艘船舶进行排查,对发现的2艘无证船舶取缔营运并封存。

四、突发事故应急抢救演练

2010年,巴彦淖尔市组织突发事故应急抢救演练。设省道S213线乌拉特后旗境内赛乌素至达拉盖山区37千米道路被大雪掩埋,致使公路中断,数百车辆搁置两端,群众生命财产受到威胁。突发事故应急指挥部获得消息后,立即组织40余人应急抢险小分队赶赴现场,在路政巡查车的引导下开始清雪。通过3小时的奋力苦战,路段积雪全部清理完毕,抢险队伍有序撤出,车辆恢复正常通行。通过这次公路应急抢险清除雪阻实战演练,既检验预案,又锻炼队伍,提高了指挥、协调和处治公路冰雪灾害的实战能力。

第六节 执法检查

1989年,巴盟成立交通运输管理总站公安派出所。1991年,在整顿和规范经营行为,维护运输市场秩序中,共查处客运串线、乱停靠等违章行为388例,卖高价票245例、越级修理26例。1993年,成立巴盟中级人民法院交通运输管理法庭,各旗、县工商管理局成立运输经济合同仲裁庭。当年查处越级修理53例次。

1994年,开展客运市场执法大检查,处罚无道路运输证或使用无效、涂改、伪造、借用道路运输证的车辆,无牌无证"黑车",欠费运行或不按规定缴纳规费的车辆,超越核定范围营运及擅自串线、脱班晚点、欺行霸市不服从管理的车辆。全年查处汽修各类违章126例次,其中越级修理58例次。1995年11月,对公路交通稽查站进行整合,保留临河东门、白彦花镇、营盘湾、大佘太、乌不浪口、东升庙、青山镇、赛乌素镇、头道桥、三道桥、五原北大桥、塔儿湖、四坝乡、三盛公拦河闸14个交通稽查站。1998年,全年查处出租车违章行为312例,处罚无证经营"黑车"368台次,查处维修市场越级修理和无证经营违章行为189例;全年查处交通行政执法案件6225例,其中简易程序5167例,一般程序1056例,重大处罚决定2例,移交人民法院强制执行4例。2001年,巴盟推行行政执法"一把手"工程、行政执法责任制、政务公开制、服务承诺制、执法公示制,统一规范行政执法。当年出动稽查车3393辆次,稽查营运车45777辆次,查处违章违法行为4247例。2002年,巴盟重点打击无证经营的“黑车”“黑户”66起,查处倒客、甩客、卖客、宰客等各类违法案件8105件。2003年,加大打击客运出租无证“黑车”力度,处理违章行为18例,查处运输违章案例7287例,其中简易程序6614例、一般程序673例。

2005年,巴彦淖尔市统一安排,交通部门进驻临河地区行政服务审批中心办公,实行一站式办理;成立道路运输行政许可监督委员会,具体督查道路运输行政许可受理、申请的审查和决定等情况及实施行政许可过程中的其他相关行为。2006年,取缔3户技术条件不达标的危货企业,38户无证经营维修业户,清理25户占道经营和非法经营维修业户。严厉打击超范围维修经营行为81例。2007年,对城乡接合部、通乡镇主要路口的违章营运客运出租进行治理,查处非法运营客运出租车233例。年内,实施行政处罚6623例,查处无证经营“黑车”145辆次。2009年,巴彦淖尔制定印发《关于开展打击“黑车”等非法从事出租汽车经营专项治理活动的通知》,查处从甘肃等地购回的出租车从事异地超范围经营行为及各类非法从事出租汽车经营的“黑车”225辆次。2010年,开展道路运输执法检查,共出动稽查车1188辆次,稽查人员4989人次,查处一批违法违规行为。

第七节　物流园区建设

一、巴运临河物流园区

巴运临河物流园区位于国道110线与临陕线交会处,临河收费站东。园区2005年5月开工建设,2006年11月16日建成投入使用,总投资1.3亿元。

园区占地面积28.53公顷,建筑面积40606平方米,硬化面积60911平方米。其中,停车场10万平方米,可同时停放2000辆重型货车;轻钢结构立体仓储、理货库1.5万平方米,并配备叉车、托盘等装卸设备;修理配件区5.5万平方米(其中建筑面积1.8万平方米),经销解放、东风、红岩、欧曼等十几个汽车厂家原厂配件,可同时为200辆汽车提供修理服务;集餐饮、住宿、洗浴及信息发布为一体的信息大楼7000平方米;货运信息部3400平方米(95个单间),经营全国各大中城市物流专线,为进入园区的车辆提供配载服务;有一汽、二汽4S专卖店两个。园区具备运输、停车、理货、装卸、存储、配载、信息服务、餐饮住宿等多项功能,是巴彦淖尔市规模最大、设施最先进、管理一流的现代化物流园区。

二、巴运乌拉特前旗物流园区

园区位于西山咀国道110线、京藏高速公路、西佘线交汇处。

园区占地面积26.66公顷,建筑面积1.6万平方米,具有货运信息、仓储、配送、汽车及农机产品配件销售、汽车修理、停车理货、住宿餐饮等功能。

三、巴运五原物流园区

园区位于国道110线北侧,甘其毛道口岸至西小召一级公路(荣丰段)交汇处。园区分为东、西区。东区2008年5月20日开工,2009年6月15日竣工,占地10.2公顷,建筑面积1.4万平方米,硬化面积7万平方米。西区2009年4月10日开工,2009年10月15日竣工,占地8公顷,建筑面积4902平方米,硬化面积4.4万平方米。西区2010年再投资350万元,建成冷冻物流区,使物流园区具有货运信息、仓储(冷链)配送、汽车销售修理、配件(轮胎)销售、驾驶员培训考试和生活服务等多项功能。

四、毅腾国际物流园区

园区位于甘其毛道口岸,2008年4月开工建设,2010年建成投入使用,总投资6500万元。园区建筑面积0.67平方千米,园区有办公楼、宿舍楼、食堂、商铺、海关监管场所、汽车修理厂等。煤场设计存储量为1000万吨,有300余辆国内运输车辆往返于园区与乌拉特中旗金泉工业园区毅腾洗煤厂。2010年共收储原煤410万吨,每天入库境外原煤和外调原煤各1万吨。

五、际誉国际物流园区

园区位于甘其毛道口岸,2008年4月开工建设,2010年建成投入使用,总投资9800万元。园区占地100公顷,为29家具有煤炭经营资质的企业提供仓储服务,设计存储量为2000万吨。每天从境外入库原煤3万余吨,外调出库2万余吨。400余辆运输车24小时不停的装车发往河北、天津、宁夏、乌海等地。2010年共收储原煤及洗净煤470万吨。

第八节　主要企业

一、内蒙古巴彦淖尔汽车运输股份有限责任公司

内蒙古巴彦淖尔汽车运输股份有限责任公司为原巴彦淖尔盟运输公司。1993年,巴彦淖尔盟运输公司更名为巴彦淖尔运输集团总公司。2004年,巴彦淖尔运输集团总公司由国有转制为民营股份制有限责任公司。

巴彦淖尔运输集团总公司经营范围主要有旅客运输、现代物流及配套服务、物流信息、国际国内旅游、城市客运出租、驾驶员培训、保险代理、小额贷款、汽车整车销售及修理、配件经销、宾馆餐饮娱乐、物业管理等。公司为中国AAAAA级物流企业,中国道路运输百强诚信企业,全国货运一级企业。公司注册资金5827万元,总资产5.42亿元。2010年,内蒙古巴运汽车运输股份有限责任公司拥有36个分支机构。其中,临河汽车站、乌拉特前旗汽车站、陕坝汽车站、五原汽车站、磴口汽车站、乌拉特中旗汽车站、乌拉特后旗汽车站,主营旅客运输、小件快运、客运出租等业务;临河物流一分公司、物流二分公司、物流三分公司、五原运输公司、乌拉特前旗物流公司、陕坝物流公司、磴口分公司、乌海物流公司、巴运准旗

子公司等主营现代物流、汽车修理、配件经销、物流信息、货物配载等业务。巴运大件特种货物运输公司主营大型物件运输、特种货物运输、危险货物运输等业务。

公司拥有货运营运车辆、装卸机械4000余辆(台),日均车流量达到近千台,日均配货量1万吨。公司与全国58家汽车站、运输企业签订合作协议,与全国千余个企事业单位签订货物运输和汽车修理合同,与一汽、二汽、金龙、宇通、海信、鄂尔多斯、紫金、神华公司、包钢等名牌企业以及河北邢台中煤旭阳焦化集团、乌海君正集团、包头华鼎集团、宁夏大地集团等企业签订运输协议。公司介入甘其毛道、策克口岸运输业务,货运量961万吨,货物周转量56.5亿吨千米,分别占全社会公路货物运输量的28.4%和42.2%。

公司拥有客运营运线路252条,日发班次1852个,有中高档客车500余辆。客运运营网络遍及北京、天津、河北、宁夏、甘肃、陕西、山西及周边盟、市。客运量962万人次,旅客周转量10.6亿人千米,分别占全社会公路旅客运输量的43.3%和59%。

公司创建"巴运情"品牌,实施名牌服务战略。1996年,内蒙古巴运汽车运输有限责任公司在临河汽车站、陕坝汽车站和临陕路推行"巴运情"品牌创建试点。2001年,交通部对公司的"情满旅途"宣传予以肯定。

2002年,公司全面开展"情满旅途"活动,创立"巴运情"服务商标。对巴运客车、出租车外观设计、主色调等申请国家专利保护。

2003年,"巴运情"、巴运标志"巴运神马""巴运"在国家工商总局正式注册为商标。"巴运情"商标于2003年被认定为巴盟知名商标,2006年被认定为内蒙古自治区著名商标,2010年被认定为中国驰名商标,成为内蒙古唯一的服务业驰名商标。

二、巴彦淖尔汽修有限责任公司

巴彦淖尔汽修有限责任公司为原巴盟汽车修理厂。该厂始建于20世纪60年代初,是巴盟地区最大国有汽车维修企业,1986年由在磴口县巴彦高勒镇迁至临河。临河新建厂占地7万平方米,厂房1.42万平方米,拥有专用设备21台,通用设备32台,拥有固定净资产209万元。

2000年11月,随着国企改革大潮,巴盟汽修厂转换经营机制,将企业离退休人员一次性交社保,在职人员用国有净资产进行身份置换。2002年3月,巴盟汽修厂正式转为民营企业,同时成立巴彦淖尔汽修有限责任公司。

第三章　铁路　航空

第一节　铁　路

一、包—兰铁路(包头—兰州)

呼和浩特铁路局在临河设办事处。办事处内设车站、车务段、工务段、电务段等。车站负责巴彦淖尔市地区绝大部分客货运输任务,是巴彦淖尔市主要客货物集散中心。为二等直属站,办理整车、零担、集装箱货物运输及物流配送、货物仓储等业务。电务段负责包—兰线和平村—落石滩间和海—公支线共38个车站、一个驼峰场的信号设备养护维修业务。工务段负责包—兰正线38~298.5千米间线路总延长520.882千米、站线97.663千米、道岔392组、曲线160条、道口39处、桥涵95座、代维专用线23.892千米的维修养护业务。车务段负责巴彦淖尔市、鄂尔多斯市、阿拉善盟以及包头市、乌海市等地区旅客和货物的铁路运输。

1986—2010年,呼和浩特铁路局临河办事处管内日均开行旅客列车6对,货物列车28对。年均发送旅客100余万人次,年均货运量100余万吨。

二、西—甘铁路(西小召—其毛道口岸)

呼和浩特铁路局代表铁道部控股的“西甘铁路有限责任公司”,北起中蒙国界口岸的甘其毛道,南至包兰铁路西小召站接轨。全长225.19千米。以金泉站为界,分为西金段与金甘段。西金段为国铁Ⅰ级标准,金甘段为国铁Ⅱ级标准。设计时速120千米。牵引质量5000吨。运能2627万吨、远期3958万吨。全线设16座车站,开放10座车站。

一期工程西金段正线全长58.187千米,疏解线长3.823千米,总投资11.84亿元。于2010年1月开工,2010年12月16日竣工通车,实现年内开工、年内建成的目标。二期工程金甘段全长166.49千米,总投资19.72亿元,内燃牵引,预留电气化,2010年8月1日正式开工,西—甘铁路概算总投资为31.56亿元。

三、临—策铁路(临河—策克)

临—策铁路是临哈铁路的东段,东起内蒙古自治区巴彦淖尔市临河区的临河火车站,西至内蒙古额济纳旗境内的中蒙边境策克口岸(对接蒙古国那林苏海特煤田),穿越内蒙古西部沙漠戈壁。全长768公里,总投资42.7亿元。临策铁路建成后,将与京包、包兰、集通铁路等共同形成贯通东北至西北边疆的铁路运输通道。是国家中长期铁路网规划中临河至新疆哈密铁路的东段。由中铁六局、中国中铁工程公司、中铁十一局等14支参建队伍的上千名工程技术人员和数万名筑路工人建设，全线共动用土石方4980万立方米，建造了183座桥、1214座涵洞，现代化铁路穿插在人迹罕至的大漠戈壁、祟山峻岭间。临策铁路于2010年5月9日开通。

第二节　航　空

2006年，巴彦淖尔市机场被国家民航列入“十一五”建设规划。2010年，经国家批准开工建设。

主要建设项目：2800米×126米的站坪、7000平方米的航站楼、2600米机场跑道、3个安全通道、2座登机桥、3个登机口、3个停机位，项目总投资约3.6亿元。

机场位于天吉泰镇永星村，距市政府临河区33千米，距中蒙边境的甘其毛道口岸163千米，距京藏高速公路5千米。机场近期拟运营北京、银川、西安等航线。中、远期将适时增加至其他城市的航线。设计机型为B737、A320系列飞机和CRJ－200、ERJ－145等支线飞机。

第十八篇

邮电　邮政　信息产业

第一章　邮　电

第一节　机　构

1986年，巴盟共有邮电局（所）132个，其中盟级邮电局1个，旗、县、市邮电局所7个，邮电支局16个，邮电所126个。1997年，全盟共有邮电局所158个，其中有盟级1个，旗、县邮电局所6个，邮电支局38个，邮电所37个，代办局所26个。1998年邮电机构分设，成立巴盟邮政局。

第二节　邮　路

1986年，巴盟邮电有邮路27条，其中机动车邮路12条，自行车邮路15条，邮路总长4091千米。农村投递线路261条，其中摩托车投递线路9条、自行车投递线路250条、畜班投递线路1条。投递线路总长11991千米，平均日行程6913千米，平均每条日行程26.5千米。1990年，全盟邮电邮路共86条，其中二级2条、市内22条、农村62条。邮路单程长4375千米，其中，自办汽车单程长2094千米，委办汽车单程长2007千米，摩托车单程长48千米，其他机动车单程长28千米，自行车单程长198千米。1998年，巴盟共有邮路78条，其中二级2条，农村邮路76条。三级邮路中，临河—五原—乌拉特中旗局为一条，全程单程长160千米，途经临河市八一、五原县民族、复兴、乌拉特中旗乌梁素太、牧羊海、同和太6个乡（场）。临河—杭锦后旗—乌拉特后旗局为一条，单程长120千米，途经临河干召庙、杭锦后旗四支、乌拉特后旗东升庙3个乡镇政府所在地。两条邮路均为自办汽车邮路，逐日班，每日6时30分由临河三级中心局发班，当日18时归班。有农村邮路（旗县市政府驻地至乡、镇、苏木、场）单程长4143千米，其中，自办汽车邮路单程长1189千米，委办汽车邮路单程长2817千米，其他邮路单程长137千米。有农村投递路线（乡、镇、苏木、场行政部门驻地至行政村、嘎查、分场、村民小组）单程长11312千米。农村投递多数使用自行车，牧区多数使用汽车。

2004年，巴彦淖尔市邮政局有邮路58条，其中，自办邮路8条，总长795千米（其中干线邮路2条，190千米）；委办邮路37条，总长2623千米；其他邮路13条，长181千米。有农村投递路线11404千米，城市投递路线74条。

第三节　业　务

1986年，巴盟邮电局业务主要有函件、纪要文件、包裹收寄、现金汇兑、报刊发行、集邮等。年收发函件522.8万件,报纸发行3053.84万份,电报45.33万份,长途电话59.24万份。邮电业务总量412.04万元。市内电话实现自动化,乡镇已实现乡乡通电话。

1990年,随着全国科技的进步,第一个电子化邮政支局在临河市邮政营业厅建成开通。电子邮政配备计算机7部,邮政业务首次从手工处理发展到计算机处理。邮政业务电子化后,邮政业务拓展到商业信函、邮政广告、邮政邮购、礼仪专递、直递业务、音像、代发工资、邮政特快汇款等领域。全年收发函件507.23万件、包件4.29万件,汇票24.86万张,电报48.53万张,长途电话87.74万份,报纸期发10万份,报纸累计1669.54万份,杂志期发15.81万份,杂志累计160.9万份,邮政快件21.46万件。邮电业务总量为729.56万元。1993年,临河市内电话实现交换程控化。1994—1995年,全盟收发函件768.2万件,包件5.3万件,汇票23.7万张,发行报纸2592万份,杂志152.6万份,电报21.3万份,长途电话498.4万份,邮政快件28.1万件。邮政业务总量为4222.1万元。1996—1997年,以临河为中心至6个旗、县局全部开通NO.7信令系统、分组交换网、DDN数据网、168自动语音信息台、163互联网、169多媒体网和资费查询、业务咨询系统,旗、县局营业窗口实现电子化、微机化;临河地区开通"114"自动查号台、电视会议系统、GSM数字移动电话网和模拟移动电话交换网。全盟电信装备基本接近全国先进水平,电信业务收入每年以30%~38%的幅度递增。1998年,邮政、电信业务分设。全盟6个旗、县开通通信光缆电路,长途传输实现数字化。

三、寻呼业务

1992年6月,巴盟邮电局在临河城区开通无线寻呼系统。无线寻呼系统设126人工台、127自动台。1997年,全盟无线寻呼系统发展"BP"机5万余户。

1986—1998年巴盟邮电局电话网设备用户情况表

表18-1-1

年份	电信经营										
	交换机容量(门)	其中			电话单机(部)	杆路长度(千米)	线路长度(线千米)	电缆长度(千米)		用户交换机(部)	
		磁石	步进纵横	程控				杆程	芯线长度容量	交换机	电话单机
1985	5800	800	5000	—	3832	199.00	465.00	83.00	—	4000	2531
1990	11250	950	10300	—	8144	162.50	—	132.60	—	5308	3770
1991	11900	400	11500	—	8776	—		151.00	—	5694	3987
1992	13000	—	12600	—	10162	—		179.10	—	6045	3831
1993	17748	—	7500	10248	13483	—		209.50	—	6272	4307
1994	26376	—	—	26376	18504	—	—	—	—	10018	6163
1995	43078	—	—	43078	28760	—	—	—	—	7395	5416

表18－1－1

年份	电信经营										
	交换机容量(门)	其中			电话单机(部)	杆路长度(千米)	线路长度(线千米)	电缆长度(千米)		用户交换机(部)	
		磁石	步进纵横	程控				杆程	芯线长度容量	交换机	电话单机
1996	69000	—	—	69000	41511	—	—	—	—	8413	5876
1997	88824	—	—	88824	50260	—	—	—	—	13591	9498
1998	94864	—	—	94864	62476	—	—	—	—	16207	7237

1985—1998年巴盟邮电局农村电话设备用户情况表

表18－1－2

年份	邮电经营							乡镇经营			
	交换机容量(门)	其中		电话单机(部)	杆路长度千米)	线路长度(线对千米)	电缆长度(线对千米)	交换机容量(门)	电话单机(部)	杆路长度(杆路千米)	线路长度(线对千米)
		磁石	程控								
1985	2810	2810	—	787	1794	3489.0	1172.9	2330	682	519	336
1990	2910	2910	—	969	1752	3581.0	1169.3	2790	813	220	403
1991	2790	—	—	1069	1752	3542.0	—	2790	346	220	402
1992	3264	—	—	1204	1752	3515.0	—	2790	308	220	402
1993	3264	—	—	1366	—	3517.0	—	2760	277	220	402
1994	1840	500	—	1838	—	—	—	750	319	—	—
1995	1050	—	—	425	—	2985.0	50.2	200	106	—	
1996	810	—	—	385	—	2986.0	180	—	—	—	—
1997	13824	—	—	6534	—	—	—	—	—	—	—
1998	15864	—	—	8546	—	—	—	—	—	—	—

1992—1998年巴盟邮电局移动、寻呼、数据等设备业务情况表

表18－1－3

年份	移动电话		无线寻呼		分组交换		DDN		其他			语音信箱总容量(万次)
	容量(万户)	放号(部)	容量(万户)	放号(部)	端口(个)	用户(户)	端口(个)	用户(户)	160信息服务量(万次)	168电话声讯服务量(万次)	计算机互联网(万次)	
1992	—	—	2	188	—	—	—	—	—	—	—	—
1993	—	—	2	228	—	—	—	—	—	—	—	—
1994	—	—	2	524	—	—	—	—	—	—	—	—
1995	—	—	2	4416	36	—	—	—	—	—	—	20000
1996	—	1216	2	9488	54	52	50	1	—	—	—	20000
1997	—	4290	5	17970	321	60	312	42	8.6	125.3	—	—
1998	6	12177	5	32771	321	148	312	66	10.06	149.85	48	10000

注：1998年移动电话容量6万户，其中模拟3.5万户，数字2.5万户。

第二章　邮　政

第一节　机　构

1998年10月,巴盟完成邮电分营,成立巴彦淖尔盟邮政局。局设办公室、党群工作部、人事教育部、计划财务部、运行维护部、经营服务部、工程建设办公室。生产机构设储汇科、营业科、郊区科、邮件科、发投科、速递公司、邮票公司、报刊音像公司、广告公司、邮购公司、礼仪公司、直递公司。下辖五原县、磴口县、乌拉特前旗、乌拉特中旗、乌拉特后旗、杭锦后旗6个县级邮政局,邮政支局36个,邮政所84个,邮政代办所28个。有邮政专用汽车55辆(其中盟局28辆、五原局3辆、磴口局4辆、乌拉特前旗局7辆、乌拉特中旗局6辆、乌拉特后旗局3辆、杭锦后旗局4辆)。邮件捆扎机6台,信函过戳机10台,商函处理作业线1台(设在盟所在地局)。有邮政专用建筑物33157平方米,其中生产用房26684平方米,非生产用房6469平方米。2000年,临河市邮政局建成三级邮件处理中心,乌拉特前旗、杭锦后旗、磴口县、乌拉特中旗建成办公生产楼。全盟建成邮政绿卡二期单机储蓄网点58处,新增绿卡网点16处。2003年,全盟有三级中心局1个,邮政局所154个,其中,农村支局所110个,提供邮政全功能服务的网点59个,电子化支局59个,邮政储蓄网点67个,其中绿卡网点63个。

2005年,巴彦淖尔市邮政局所161处,其中,城市局所49处,农村局所105处,自办局所81处,委代办局所73处,邮政储蓄网点71处。截至2010年未有新的发展。

第二节　邮　路

1998年,全盟共有邮路78条,其中,二级2条,农村邮路76条。邮路全长4259千米,农村投递路线11365千米。2001年,邮路55条,总长3506千米。其中,二级干线邮路2条,长190千米;自办汽车邮路8条,总长795千米。城市投递段道66条,农村投递路线总长11700千米。2003年,邮路58条,其中,自办邮路8条,总长795千米,含干线邮路2条,190千米;委办邮路37条,总长2623千米。城市投递路线74条,长181千米;农村投递路线11404千米。

2005年,全市邮路60条,邮路总长度3573千米,农村投递路线总长度10765千米。2008年,全市有邮路34条,汽车邮路长3779千米。2010年,全市有邮路34条,其中汽车邮路总长3474千米。

第三节　邮政业务

1999年,巴盟邮政除开办函件、包裹、汇兑、报刊发行、储蓄、集邮等业务以外,还有邮政广告、速递、礼仪、邮购、直递、音像租赁等新业务。特别是代办保险、代发工资、商函、账单等业务发展迅速。2000年,全盟报刊发行业务新增报刊私人订户3000余户,累计订阅报纸1960多万份,杂志110万份。在乡镇开办邮购网点104个,村社代办点80个,实现收入154万元。2001年,函件业务全年出口683.75万件,中邮专送广告107.75万件,商业信函49604件,广告明信片19.5万件、包裹出口48404件(其中计费包裹48398件、国际包裹56件、快递包裹4460件)。特快专递出口信件46170件,汇兑业务开发国内汇票18.12万张、国内电子汇款2280张;累计订销报纸1903.7万份,订销杂志累计101.14万份,实现报刊流转额1344.46万元;邮政储蓄年末邮储余额6.48亿元,其中活期储蓄2.9亿元,占44.75%;全年储蓄异地存取交易6.9万笔,异地存取金额达4.03亿元;代办电信业务全年共放号4906部,发展193用户1020户;物流配送业务开发牛奶、饮用水、煤气、粮油等日用品的同城物流配送业务;全年实现户外广告收入222万元;销售年册9112册,邮票162.4万枚;礼仪业务实现收入93.7万元,报刊、音像制品零售实现收入165万元。2002年,继续扩大业务,将储蓄、代办电信、户外广告、物流配送等业务作为重点。突出发展包括函、包、报刊发行等在内的邮递类业务。以窗口营销为基础、专业营销为重点,全员营销为补充,加大邮储中间业务、代收各种费用等的开发。依托邮政网点和品牌优势,积极与网通、联通、移动、铁通等电信运营商开展全面合作,与网通公司在农村话费上实行代收买断的办法;与联通公司签订虚拟运营协议和全面代理协议;与移动、铁通等进行合作,办理代放号、代售卡等业务。年内,全盟实现报刊流转额1228.69万元,实现收入391.4万元。邮储实现纯增1.04亿元,邮储余额累计7.61亿元。完成代放号收入27.5万元,代收费收入48.9万元,售卡收入21.9万元,快递全年实现收入276万元。2004年,全市邮政储蓄余额98372.40万元,市场占有率9.1%。邮递类业务实现收入242.2万元,报刊发行业务收入完成379.32万元。代办电信业务实现收入172.82万元,其中,代收费131.27万元。代理保险业务完成代理保险费330万元,实现收入10.7万元。户外广告全年实现业务收入110.3万元。全年邮政业务总量4210万元。2007年,邮政业务分四大类,邮政业务类、金融业务类、速递物流业务类、其他业务类。邮政业务类有函件、报刊、机要、包裹、代收付等。速递物流业务类有国外、国内特快专递、农资配送等。金融类业务有小额抵押贷款业务、代发农民、农户各种补贴等。其他业务有礼仪、电子商务、代售民航机票、代办电信等业务。2008年,收发函件272.82万件,包件6.12万件,特快专递19.7万件,报刊期发数14.54万件。2010年,全市收发函件351.24万件,包件4.37万件,特快专递26.3万件,报刊期发数14.13万件,邮政业务总收入8600万元。

第三章　信息产业

第一节　巴盟电信局

一、机构

1998 年 10 月，邮政电信分营后，成立巴盟电信局，承担盟内电信业务。局内设办公室、计划财务部、人力资源部、党群工作部、市场经营部、运行维护部、通信建设部等职能机构。生产设 5 科、4 个中心、1 个公司，即电信营业科、市线科、话务科、移动通信科、数据通信科、计费中心、传输维护中心、电源空调维护中心、交换维护中心和公话公司。下辖旗、县电信局 6 个、电信支局 21 个、电信所 33 个。1999 年 7 月，电信体制改革，撤电信局，成立内蒙古自治区电信公司，在巴盟成立分公司。公司设综合办公室、人力资源部、计划财务部、通信建设部、市场经营部、运行维护部、服务督察室；生产部门有数据通信局、营业科、网管中心、传输维护中心、空调电源维护中心、电话信息中心、计费中心、客户服务中心、郊区业务发展中心、电话安装中心、交换维护中心、线路维护中心。下辖 6 个旗、县电信局，有自办营业网点 54 个，租用营业网点 1 个，委代办点 57 个。

二、设施设备

1998 年，全年电信完成固定资产投资 1.05 亿元，先后建成开通五原县局无线接入网、盟局多媒体互联网、临河市话增容 4000 门。全盟完成市内管道、线路投资 1289 万元。新增农村电话交换容量 1232 门，建成农话光纤接入网 2 处；完成“九七工程”，实现电信业务微机管理，缓解了用户交费难、查询难问题；建成开通临河—五原—乌拉特前旗 SDH 传输系统。全盟新增 2mb/s 端口 344 个；建成 GSM 数字移动电话交换系统，总容量为 2.5 万门；新建盟、旗、县政府驻地、盟局辖 83、84 分局、刘召火车站、乌拉山、巴音花、东升庙共 13 个基站，共 43 个载频；建成模拟移动交换网，新增信道 152 个，总信道达 436 个，交换容量 3.5 万户；建成开通中国公众多媒体通信网临河信息接点——河套信息港。

电报主要设施设备有二级区内公众电报电路 12 路，旗、县内电路 2 路，全部进入全国自动转报系统，另有出租电路 3 路。电报主要设备有盟局公众电报分集器（自动转报交换设备）32 线，实占 11 线，载波电报终端设备容量 78 路，电传机 20 部（全部为库存），收发电报全盟各局全部使用微型计算机，有传真机 8 部。

长途电话业务有电路 3129 路，全部为二级光缆通信电路；长途程控交换机容量 4000 路端；长途光纤数字终端复用设备容量 12192 路，四次群容量 59190 路。

市内电话有长途至本地电话交换数字中继电路4083路。本地电话数字中继电路1718路,其中本地公众网话路1082路,本地移动电话电路600路,本地无线寻呼电路36路,本地网内旗县市中继电路3054路,其中,本地公众网话路2416路,本地移动电话电路600路,本地无线寻呼电路38路。局用交换机中继电路712路。城市局用程控交换机总容量79000门,用户交换机容量18207门(其中程控10367门),电话主线62476线对,出局用户线对100604线对千米,接入电信局交换机的城市电话53930部,其中住宅电话43049部,接入用户交换机的电话7237部。

农村电话中全盟装有程控交换机的乡镇苏木以及农场49个,交换机总容量1586门,用户安装电话8546部,其中住宅电话5753部。按旗、县、市分,临河地区装交换机的乡镇8个,容量2856门,电话单机1097部;五原县5个,容量4256门,电话机1390部;磴口县局3个,容量602门,电话机234部;乌拉特前旗局14个,容量4176门,电话2504都;杭锦后旗局7个,容量1176门,电话机950部;乌拉特后旗3个,容量2366门,电话机1408部;乌拉特中旗10个(其中村级1个),容量1432门,电话963部。全盟已开通电话的乡镇、苏木农场127个,行政村159个,电话村8个,电话普及率达4.25部/百人。

移动电话。巴盟有模拟移动电话信道36个,交换机设在乌海市。8月18日,全盟7个旗、县以上电信局全部建成GSM数字移动电话网,共有载频42个,交换机容量2.5万户,共有基站14个。年底建成模拟移动电话交换网,信道296个,交换机容量3.5万户,基站9个。移动电话用户总数12177户,其中数字移动电话3749户。

数字数据通信。巴盟7个旗、县、市邮电局及临河2个城市分局全部开通分组交换网,DDN网,分组交换网使用话路12路,DDN网使用话路360路;有分组交换节点机端门321个,DDN网接点机端口312个;有分组交换用户148户,DDN网用户66户。

其他电信业务。巴盟(临河)局电子信箱用户3户,语音信箱系统总容量20000户,160电话信息服务量10.061万次,15.06万分钟;168电话声讯服务量149.85万次,381.72万分钟;中国计算机互联网(163)用户52户,中国公众多媒体网(169)用户48户。

三、主要业务

1999年,巴盟电信公司成立后,为加快电信业务发展,公司利用元旦、春节、“5·17”电信日、国庆、澳门回归等特定时间点,开展宣传促销活动。通过降低服务费、免收或降低入网费等办法,拓展各项业务。年末,全盟固定电话82698部,其中当年新增电话20222部;全年数据用户972户,新增数据用户673户。新增网民近千户。为方便服务群众,电信公司在临河市区新增电信收费网点2处,增放用户话费打印终端设备2部;在窗口提高服务质量,重点抓电信营业厅、查询台、112台的服务质量和营业人员的仪表仪容,局容局貌建设。

2000年,巴盟电信完成固定资产投资9582万元,实现局用交换机扩容3万门,局用交换机总容量达14.60万门。有线接入新增1.5万线,无线接入新增、扩容5个基站共66信道。线路、管道投资5543万元,新增本地网光缆516千米,全盟光缆总长度达1400千米。土建投资315万元,完成东升庙电信楼工程和部分模块局、接入网机房建设。新增数据通信端口515个,总数达1369个;新增DDN节点机1个,DDN远程接入设备1台。

2001年,电信分公司在临河地区开通180服务投诉台和170话费查询台,开办108业务、N-ISDN业务、声讯服务业务、160电话信息服务。有6个旗、县电信局开办108业务,有5个旗县开办N-ISDN业务。年末,全盟通电话乡镇苏木达99个,通电话村(嘎查)657个,电话村71个。年内,公司本地网内区间电话通话量2522.99万次,本地网区内电话通话量3.3亿次;省际长途电话通话次数591.78万次,通话时长1475.34万分钟;省内长途电话通话次数548.45万次,通话时长1481.55万分钟;国际电话通话次数2.55万次,通话时长8万分钟;港澳台电话通话次数5018次,通话时长1.21万分钟。电信实现业务收入1.43亿元。

第二节 电信公司巴彦淖尔市分公司

一、机构

2002年7月,中国电信集团决定设立中国电信集团公司内蒙古电信分公司;2003年3月,内蒙古电信分公司决定成立巴彦淖尔电信分公司,2003年7月17日,巴彦淖尔电信分公司正式成立,是全资国有通信运营企业,全面负责中国电信在巴彦淖尔市境内的建设、经营和管理工作。2003—2004年,巴彦淖尔电信分公司的网络建设、业务发展始终保持着旺盛的发展势头,基本形成巴彦淖尔电信的网络框架。

2004年8月至2005年6月,五原电信分公司、乌拉特前旗电信分公司、杭锦后旗电信分公司、磴口县电信分公司相继成立。2010年,公司下设办公室、人力资源部、财务部、党群部、网运部、网发部、市场部、政企客户部、公众客户部、渠道合作部、城区业务部、客户服务部和6个旗、县分公司。

二、主要业务

2004—2005年,五原、乌拉特前旗、杭锦后旗、磴口县相继成立电信分公司,固定电话、数据业务向旗、县延伸。经营的业务有固定电话、宽带业务、17968、17969IP长话业务、190长话业务、超级一号通业务、金信通业务、七彩铃音业务等。巴彦淖尔电信分公司的成立与发展真正突破固定网独家垄断的局面,使电信业的服务水平明显提高,积极发挥企业担当,为社会青年和下岗职工提供了就业机会。

2003年,为方便用户咨询和办理中国电信的各项业务,在临河区胜利路富源大厦一楼新成立客户服务中心,集业务受理、业务咨询、话费收缴、新业务演示于一身,可为广大市民提供更快捷、更优质的服务,各旗、县电信分公司也在当地设有客户服务中心,旗、县的用户可以随时在当地咨询和办理中国电信的各种业务。

2008年，根据工业和信息化部、国家发改委、财政部联合发布的《关于深化电信体制改革的通告》，中国电信全面收购C网，2008年10月1日，正式运营CDMA网络资产与业务。C网交易把中国电信带入全业务运营时代，为中国电信实施转型战略注入移动元素。中国电信在全业务运营条件下，发挥在固定通信、宽带接入、互联网内容提供了方便条件，将卓越的基础网络与移动通信技术融合，为用户提供全方位的通信手段和综合的信息服务，创造出中国电信独特的竞争优势。

2010年，中国电信巴彦淖尔分公司的3G网络覆盖全市所属旗、县以及重要乡镇和交通干线，提供优质高效的综合通信网，为用户带来全新的体验。3G业务为巴彦淖尔的城市信息化建设提供更大的支持，为企事业单位实现信息化管理提供更强的支撑，为满足个人和家庭户的信息通信需求提供前所未有的更多便利。

第三节　移动巴彦淖尔市分公司

一、机构

1999年9月，内蒙古自治区移动通信公司在巴盟成立分公司。公司有基站117个，自办营业收费网点14个，代销代办点60多个。2006年全市自有营业厅19个，合作营业厅36个，特许专营店10个，授权代理店167个。2002年巴盟移动通信分公司设中心营业厅、光辉路营业厅、百乐宫营业厅。乌拉特前旗营业部设西出咀镇中心营业厅、东风大街营业厅、巴音花镇白彦花营业厅、大佘太镇大佘太营业厅。乌拉特中旗营业部海流图镇设中心营业厅。乌拉特后旗东升庙营业部设中心营业厅。杭锦后旗营业部设中心营业厅、大转盘营业厅。五原县移动通信营业部设隆兴昌东街21号中心营业厅、隆兴昌东街营业厅。磴口县巴彦高勒镇建筑路移动通信营业部设中心营业厅、东风路营业厅。

二、设施设备和服务项目

公司有移动交换网络2个，模拟TACS网容量为35000门，数字GSM网容量为50000门。开办的主要业务有移动电话、低速率数据通信、语音信箱、短消息、WAP上网业务、IP电话、1258秘书服务等。数字移动手机GSM，又称"全球通"，可在欧洲、东南亚、南美、北美等150余个国家和地区和全国各地96%的城乡实行自动漫游。

1999年，巴盟移动公司根据自治区总公司下达的各项任务指标，将开拓市场、搞活经营、完善服务作为工作的重中之重。加强服务管理建设，与邮政和银行合作开办收费网点，在员工中推行首问责任制，改善1860、1861服务质量；尽快完成GSM四期网络扩容工程，启动"村村通移动电话"工程，解决基站不足的问题。

2002年，巴盟移动分公司完成了GSM四期、五期工程，基本实现了"套区内无缝隙覆盖"和"村村通移动电话"的奋斗目标。六期GSM扩容工程在年末完成。

2004年，移动拥有"全球通""神州行"和"动感地带"三大品牌，能够提供话音和数据两大类 20 余种业务，国际漫游通达全球 155 个国家和地区。全市交换机容量 40 多万门，基站总数 200 个。套区覆盖率达到 99.9% 以上。

2006 年 8 月，全面完成 G 网十期、十一期工程及村村通工程，网络能力大幅增强，以临河城区为重点进行大规模室内覆盖工作，使临河城区星级以上酒店、大型写字楼、商场等用户密集区域实现全覆盖。分别推出飞信、无线音乐俱乐部、手机邮箱业务。飞信业务是中国移动提供的综合通信服务，即融合短信、手机上网、语音（IVR）等多种通信方式，覆盖三种不同形态的客户通信需求（完全实时的语音服务、准实时的文字和小数据量通信服务及非实时的通信服务），实现短信、在线消息、语音聊天、彩铃、网上营业厅、文件共享等多种通信业务和服务的整合。无线音乐俱乐部是为广大中国移动用户提供的一站式音乐体验新平台，包括音乐下载、音乐共享、音乐传播、音乐交流等服务。音乐产品优惠、明星见面会、演唱会门票等各项会员特权，让你自由畅享音乐国度。手机邮箱，139 邮箱是中国移动提供的新一代电信级服务质量的电子邮件业务，以手机号“@ 139. com”为后缀的免费邮箱，具备常规互联网基础邮箱功能，又充分发挥手机的优势，让用户可以直接地通过手机短信、彩信或者 WAP 上网等方式，随时随地收发和管理邮件，及时准确处理文件。做到 139 邮箱为用户提供安全、稳定、快速、易用、个性化的高品质移动电子邮箱服务的同时，实现手机和邮箱高效互通。2009 年 5 月 17 日中国移动 3G 业务正式商用，推出 3G 特色业务 6 项，可视电话业务、可视电话补充业务、视频会议、多媒体彩铃、视频留言、VideoShare。3G 增强型业务 18 项（彩铃、手机报等）；3G 移植型业务 8 项。中国移动应用商场（MobileMarket）正式上线。MobileMarket 是中国移动在 3G 时代搭建的增值业务平台，由中国移动数据部负责运营，并由广东移动和卓望科技负责共同建设。MobileMarket 平台的运作流程，是用户通过客户端接入运营商的网络门店下载应用，开发者通过开发者社区进行应用托管，运营商通过货架管理和用户个性化信息进行分类和销售。客户已突破 40 万户，基站数达到 210 多个，交换容量达到 40 万门。2009 年 5 月 15 日，TD 工程正式启动，TD 基站覆盖临河市区与各个旗县城区。

2010 年，GSM 十五期核心网扩容工程、CM—IMS 改造工程、三网合一改造等工程相继实施完工。中国移动推出家庭网小号，移动家庭网是为家庭用户提供的移动增值业务，是为办理家庭账户的客户提供成员间 3 位短号互拨和通话优惠服务的业务。PTN 传输网络应用的第一年，PTN 的工程进度和质量全力保证了 TD 工程的传输网络提前实现。

为了做好四网协同工程，有效补充 2G、3G 数据业务，2010 年巴彦淖尔市第一批 WLAN 站点开始建设，WLAN 一期工程覆盖市政府及旗县政府，市宾馆、高校等热点地区及重要集团客户。在工程实施中因地制宜，先后采用 PTN、GPON + SDH、GPON、SDH 的传输方式，成功解决 WLAN 站点传输效率要求。多次尝试，反复求证测试，启用新设备、新技术满足覆盖要求，工程全面完工，测试通过率 100%。

第四节　联通巴彦淖尔市分公司

一、机构

1999年3月,中国联通在巴盟成立分公司。公司设综合部、财务部、市场部、集团服务部、运行维护部、客户服务部等部门。在临河市建有中心营业厅、河港营业厅、百货大楼营业厅。2006年,在全市乡镇建设合作点、代办点137个,村级代办点330个。

2008年10月,根据国家深化电信体制改革要求,将原中国联通巴彦淖尔市分公司和原中国网通巴彦淖尔市分公司合并成立中国联合网络通信有限公司巴彦淖尔市分公司,是中国联通在内蒙古自治区分公司的分支机构,负责中国联通在巴彦淖尔市地区的电信建设和业务发展。2008—2009年,有员工800人,下设综合部、人力资源部、财务部、党群部、工会、纪检组/监察室、安全保卫部、计划与物资管理部、网络建设部、运行维护部、信息化支撑中心、市场部、个人客户部、家庭客户部、客户服务部、集团客户部、传媒广告中心、网络公司综合部、网络财务部、运维与网优中心、网络建设部、6个旗、县分公司。

2010年,经机构调整完善优化人力资源配置,员工有784人。下设综合部、人力资源部、财务部、党群工作部、工会、纪检组/监察室、安全保卫部、计划与物资管理部、网管与网优中心、光缆维护中心、线路维护中心、市场销售部、渠道营销中心、商居客户中心、电子渠道营销中心、郊区营销中心、集团客户事业部、信息化支撑中心、信息导航业务中心、客户服务部、客户呼叫中心、网络公司综合部、网络公司运行维护部、网络公司网络建设部、网络公司客户响应中心,以及6个旗、县分公司。

二、主要业务及设备

联通巴彦淖尔分公司主要经营GSM130/131和CDMA133移动电话业务、126、127、198、199寻呼业务。同时,不断拓展新的业务领域,相继开发了IP电话、193长途电话、165计算机互联网等数据业务。IP电话业务的出现使国内、国际长途电话费率大幅下降,方便了人们的异地交流。联通193长途网是中国第二家长途公众网,其电话语音非常清晰且费率实行分时段优惠。CNUNINET又称“165网”,是基于Internet网络技术的中国联通公共计算机互联网,通过接入国际Internet,而使它成为国际互联网的一部分。用户享有灵活的接入方式,通过遍布全国各地的接入节点,可以方便地连接到国际互联网上,享用国际互联网的丰富资源和各种服务。

通过与部队合作,新建光缆线路88千米,将上年公司铺设的乌拉特中旗海流图镇至川井的通信光缆延伸至甘其毛道288口岸,在10月1日前开通“G+G”基站,使所有联通用户都可在口岸地区方便地拨打联通GSM130/131和CDMA133移动电话。

2002年1月8日,开通CDMA高品质通信网络,2006年为大客户提供包括“互动视界”“彩E”“神奇宝典”“定位之星”“联通在信”“掌中宽带”等服务,使手机用户可随时随地、随心所欲上网、浏览信息、下载铃声、图片、游戏、收看节目。与市农牧局联办“农事通”信息平台,为3万余名农牧民提供服务。网上用户32万户,市场占有率46.7%。

2008年,与原中国网通巴彦淖尔市分公司合并成立中国联合网络通信有限公司巴彦淖尔市分公司后,包括固定电话和移动电话业务、互联网接入及应用、数据通信、视讯服务、国际及港澳台通信等多种类综合信息服务,能够满足国际、国内客户的各种通信及信息服务需求。以全业务经营和宽带领先为引擎,全力打造3G一体化精品网络,分别面向个人、家庭、商务、青少年四大客户群体建立了涵盖所有创新业务、服务的五大业务板块,为广大用户提供全方位、高品质信息通信服务。

2010年,中国联通巴彦淖尔市分公司3G基站238座,2G基站504座,使得巴彦淖尔市在城区、高速公路、国道和铁路等区域3G网络得到良好的信号覆盖,各旗、县到临河的主要道路,部分重要厂矿、乡镇也实现了3G网络覆盖。拓展2G网络,增加临河及旗、县城区的网络覆盖,对部分网络覆盖薄弱区进行了补点,达到移动网络人口覆盖率85%,为巴彦淖尔的城市信息化建设提供更大的支持,为企事业单位实现信息化管理提供更强的支撑,为满足个人和家庭的信息通信需求提供前所未有的更多便利。

在固网宽带业务方面,2010年,固话用户达14.96万户,互联网用户8.44万户,中国联通巴彦淖尔市分公司实现了维护一二级干线光缆未发生障碍的良好成绩。完成了全市环保网络、金融系统网络、公安系统网络升级改造及维护保障工作。加大固网宽带建设力度,加快完善现有移动通信网络建设步伐,为广大用户提供全方位天地一体的宽带通信服务;继续以用户为中心,全面满足广大用户的综合信息服务需求。继续继承原两家公司的优良传统,发挥主导通信运营商的积极作用,不遗余力地做好各种重要通信保障工作,为巴彦淖尔市经济社会发展和信息化建设做出新贡献。

第五节　铁通巴彦淖尔市分公司

2001年5月,中国铁通在巴盟成立分公司。分公司设实业部、市场营销部、技术业务部、财务部、办公室、汽车班、乌海分公司,有员工211人。

主要业务有国内长途电话业务、本地电话业务、全国范围内传真、电报业务、全国范围内公共数据传送业务、全国范围内网络资源出租业务、全国性互联网接入服务(ISP)、互联网信息服务(ICP)等增值业务。

2006年,铁通在全市有营业厅13个,电话用户4000余户,网络覆盖巴彦淖尔市7个旗(县、区)所在地和部分靠近铁路的农村,用户达到3万余户。

第六节　网通巴彦淖尔市分公司

2002年10月18日,中国网通集团内蒙古自治区通信公司巴盟公司成立,公司是由原电信局剥离出移动、南北重组后更名而成的国有大型骨干通信企业。公司下设6个旗、县通信分公司。2006年下设6个旗、县分公司,30个部室、中心。

公司主要经营国内、国际各类固定电话、移动市话(小灵通)及数据通信业务,还包括公用电话、IP电话、ISDN(一线通)、宽带业务、因特网业务、电视电话会议等多项电信业务,以及200、300、800、201等各种智能业务。提供网元出租、信息化社区建设、视频点播等各种电信业务。2006年,公司投资1000万元,与地方相关部门合作,先后建成“安网”自动报警系统、“河套农家乐”信息网、绿色教育系统、党员干部教育网等。

2008年10月,根据国家深化电信体制改革要求,将原中国联通巴彦淖尔市分公司和原中国网通巴彦淖尔市分公司合并,成立中国联合网络通信有限公司巴彦淖尔市分公司。

第七节 寻 呼

1998年6月,无线寻呼从电信剥离后,寻呼租用巴盟电信局本地光缆数字电路38路。其中,临河市21路,五原县、乌拉特前旗局各4路,磴口县3路,乌拉特中旗、乌拉特后旗及杭锦后旗局各2路。在6个旗、县电信局各设寻呼机代销点1个,无线寻呼用户发展到32771户。其中,临河地区19013户,五原县2999户,磴口县2636户,乌拉特前旗3180户,乌拉特中旗1517户,乌拉特后旗412户,杭锦后旗3014户。

2001年,临河台继续完善基站设施,为偏远地区的用户架起与外界沟通信息的纽带。特别是288口岸基站的开通运行,使捷讯寻呼的网络覆盖达到全盟最广。台号为全区统一台号,人工台号为96188,自动台号为96199。

2002年4月,巴盟捷讯寻呼台并入寻呼公司后,公司依托寻呼网覆盖面广的优势,与农业及乡政府合作开通“农业信息网”,与信息部合作开通“货运信息量网”。

第十九篇

农牧渔业

第一章　农　业

第一节　机构设置

一、巴盟农业局

1986—1996年，巴盟农业局内设7个科室，即办公室、人事科、计财科、生产科、科教科、审计科、项目办。下辖农牧业中等专业学校、农业科学研究所、多种经营站、植保站、水产站、推广站、种子站、土肥站、经管站、甜研所、农技中心、农广校、农机具研究室、头道桥原种场、头道桥果树场、四分滩原种场。1997—2002年，农业局对所属机构微调。2003年，巴盟农业局内设办公室、人事科、生产科、财务科、科技教育科、政策法规科、经济信息协作科、农业局直属机关党委等7个科室一委。下设农研所、推广站、种子站、植保站、水产站、土肥站、经管站、多种站、科技中心、农业信息中心、农广校、绿色食品发展中心、特种作物研究中心、农科教结合办公室、能源站、农机具研究室、头道桥原种场、头道桥果树场、四分滩原种场。

2004年，巴彦淖尔市农业局设农研所、推广站、种子管理站、植保植检站、水产管理站、土壤肥料站、经营管理站、多种经营站、科技中心、信息中心、中央农业广播学校巴盟工作站、特种作物研究推广中心、农科教结合办公室、能源站、绿色食品发展中心、耕作机具研究室、头道桥原种场、巴盟果树场、四分滩原种场。到2010年，农业局设产业化办公室、农牧业科学院、种子站、农技推广站、多种经营站、植保站、土肥站、水产站、绿办、信息中心、农科教结合办、农广校、头道桥原种场、头道桥果树场、四分滩原种场等。畜牧业管理与服务设动物疫病防控中心、家畜改良工作站、草原站、草原监察支队、铁路动检站、能源站、动物卫生监督所等。

二、巴彦淖尔市农牧业局

2004年，巴盟撤盟设市，巴彦淖尔市农业局与畜牧局合并，成立农牧业局。局内设办公室、人事科、生产计划科、财务科、科技教育科、政策法规审计科、经济信息协作科、直属机关党委。2010年，农牧业局内设办公室、人事科、政策法规科、财务科、发展规划科、科技教育科、种植业科、畜牧业科、草原与饲料科、农畜产品安全质量监管与市场经济信息科、动植物检疫科、农牧业产业化科、兽医科、机关党委及离退休人员工作科。

第二节　耕　地

一、耕地面积

巴彦淖尔盟的耕地面积在20世纪八九十年代一直保持在30万公顷左右，20世纪末，由于节水灌溉等措施的实施，改良后盐碱地也可耕种，耕地面积迅速扩大。

1986—2010年巴彦淖尔市耕地面积情况表

表19－1－1

年份	耕地面积（万公顷）	其中水浇地面积（万公顷）	年份	耕地面积（万公顷）	其中水浇地面积（万公顷）
1986	30.75	26.41	1999	60.18	52.69
1987	30.70	26.52	2000	59.93	52.73
1988	30.96	26.92	2001	59.24	51.97
1989	31.14	27.27	2002	58.87	
1990	31.26	27.58	2003	58.10	52.30
1991	31.69	28.97	2004	58.54	51.79
1992	32.24	28.12	2005	58.95	53.34
1993	33.20	29.77	2006	58.73	53.31
1994	33.87	30.64	2007	60.79	55.09
1995	35.30	32.17	2008	60.89	55.22
1996	35.46	32.62	2009	61.0	55.22
1997	59.58	52.04	2010	70.14	67.08
1998	59.69	52.15	—	—	—

二、耕地等级

巴彦淖尔市农耕地划分为五个等级：每公顷生产粮食大于7500千克为一等地；每公顷生产粮食产6000～7500千克为二等地；每公顷生产粮食4500～6000千克为三等地；每公顷生产粮食3000～4500千克为四等地；每公顷生产粮食小于3000千克为五等地。

三、各等级耕地分布

一等地　巴彦淖尔市有一等地92134.91公顷，占耕地面积的13.6%。其中，五原县集中在塔尔湖镇、隆兴昌镇、套海镇及银定图镇；临河区集中在城关镇、干召庙镇、双河镇、狼山镇及八一乡；杭锦后旗集中在陕坝镇、二道桥镇、三道桥镇和沙海镇；磴口县集中在隆盛合镇、巴彦高勒镇和沙金套海苏木；乌拉特前旗集中在新安镇、西小召镇、先锋镇、白彦花镇、西山咀农场及新安农场；乌拉特中旗集中在德岭山镇、呼勒斯太苏木及乌加河镇；乌拉特后旗集中在巴音宝力格镇。

二等耕地　全市为164090.68公顷，占全市耕地面积的24.1%。其中，五原县主要集中在塔尔湖镇、隆兴昌镇、套海镇、新公中镇及银定图镇；临河区主要集中在城关镇、白脑包镇、干召庙镇、黄羊镇、狼山镇、双河镇、图克镇、隆胜乡、八一乡；杭锦后旗主要集中在陕坝镇、二道桥镇、三道桥镇、双庙镇和沙海镇；磴口县主要集中在隆盛合镇和沙金套海苏木；乌拉特前旗主要集中大佘太镇、西小召镇、先锋镇、白彦花镇、乌拉山镇及苏独仑农场；乌拉特中旗主要集中在德岭山镇、呼勒斯太苏木、乌加河镇、石哈河镇；乌拉特后旗主要集中在巴音宝力格镇。

三等耕地　全市为204685.58公顷，占耕地面积的30.1%。其中，五原县主要集中在新公中镇、隆兴昌镇、套海镇及银定图镇、胜丰镇、和胜乡；临河区主要集中在白脑包镇、干召庙镇、狼山镇、双河镇、图克镇、新华镇、隆胜镇；杭锦后旗主要集中在陕坝镇、二道桥镇、头道桥镇和蛮会镇；磴口县主要集中在河滩和沙金套海苏木；乌拉特前旗主要集中新安镇、西小召镇、大佘太镇、小佘太镇先锋镇、明安镇、苏独仑农场、建丰农场及狼山农场；乌拉特中旗主要集中在德岭山镇、石哈河镇及乌加河镇；乌拉特后旗主要集中在巴音宝力格镇和呼和温都尔镇。

四等耕地　全市为142030.01公顷，占耕地面积的20.9%。其中，五原县主要集中在复兴镇、和胜乡、天吉泰镇、胜丰镇；临河区主要集中在白脑包镇、古城镇、狼山镇、图克镇、新华镇；杭锦后旗主要集中在团结镇、蛮会镇、二道桥镇、三道桥镇和沙海镇；磴口县主要集中在渡口镇和沙金套海苏木；乌拉特前旗主要集中大佘太镇、明安镇、额尔登布拉格、小佘太镇、新安镇、乌兰布和农场和哈腾套海农场；乌拉特中旗主要集中在德岭山镇和石哈河镇；乌拉特后旗主要集中在巴音宝力格镇和呼和温都尔镇。

五等耕地　全市为76755.52公顷，占全市耕地面积的11.3%。其中，五原县主要集中在套海镇、胜丰镇、天吉泰镇、和胜乡、复兴镇；临河区主要集中在白脑包镇、古城镇、图克镇；杭锦后旗主要集中在团结镇、蛮会镇和三道桥镇；磴口县主要集中在渡口镇、隆盛合镇和沙金套海苏木；乌拉特前旗主要集中大佘太镇、明安镇、小佘太镇、乌拉山镇；乌拉特中旗主要集中在德岭山镇和石哈河镇；乌拉特后旗主要集中在呼和温都尔镇。

巴彦淖尔市各等级地养分情况表

表19-1-2

	有机质 克/千克	全氮 克/千克	有效磷 毫克/千克	速效钾 毫克/千克	有效铁 毫克/千克	有效锰 毫克/千克	有效铜 毫克/千克	有效锌 毫克/千克	有效硼 毫克/千克	有效钼 毫克/千克	有效硫 毫克/千克
一等地	15.8	0.92	18.3	214.6	17.4	11.3	2.1	1.0	1.6	0.11	125.0
二等地	13.6	0.81	13.9	190.6	16.9	11.0	2.0	1.0	1.6	0.11	114.8
三等地	12.4	0.75	12.2	178.1	15.9	10.9	1.9	0.9	1.6	0.08	106.0
四等地	12.0	0.73	11.2	169.9	14.8	10.5	1.7	0.7	1.5	0.10	89.3
五等地	10.9	0.67	10.1	160.4	14.0	10.4	1.7	0.9	1.5	0.10	97.0

第三节 基本农田建设

巴彦淖尔市是以农牧业为主的地区,有着丰富的土地资源和便利的灌溉条件,具有农业综合开发得天独厚的条件。1992 年,在充分科学论证后,巴盟向国家申报农业综合开发项目。经国家农业综合开发办公室批准,巴盟盐碱荒地农业综合开发项目开始实施。

1992—1994 年,巴盟盐碱荒地农业综合开发项目一、二期工程共改造中低产田 1. 07 万公顷,开垦宜农荒地 0. 8 万公顷,造林 1933 公顷。1995 年,第三期农业综合开发项目开工。经过 3 年建设,共完成改造中低产田 3. 91 万公顷,开垦宜农荒地 7866. 67 公顷,营造农田防护林 4960 公顷。总投资 18130. 04 万元。1998—1999 年,实施农业综合开发第四期工程。第四期农业综合开发项目 47 个,涉及 7 个旗、县、市局,47 个乡镇农场。第四期综合开发重点是发展节水灌溉。通过渠道衬砌、打机电井压管道输水,实施喷灌、滴灌等达到节水目的。同时,营造防护林,保护原生态,使项目区森林覆盖率达到了 20% 以上。按照第四期农业综合开发规划,两年共投资 40546. 3 万元,开垦宜农荒地 17533 公顷,改造中低产田 6. 4 万公顷,开挖排灌渠系 2. 11 千米,衬砌渠道 196. 7 千米,配套各类建筑物 6040 座,打机电井 224 眼,架设输变电线路 72. 5 千米,修建机耕路 2123. 1 千米,营造防护林和防风固沙林 9066. 67 公顷。2001—2002 年,农业综合开发实施第五期工程。开发治理涉及全盟 7 个旗、县、市、1 个农管局,32 个乡镇农场。2001 年,第五期农业综合开发土地治理项目投资 6314 万元,完成改造中低产田 1. 19 公顷,建节水农业示范工程 1333. 33 公顷,植树造林 1320 公顷,开挖排灌渠系 1475. 33 千米,衬砌渠道 465. 53 千米,配套各类建筑物 3956 座,打配机电井 112 眼,架设输变电线路 35. 7 千米,修建机耕路 1068. 4 千米。2002 年,第五期农业综合开发土地治理项目总投资 6475 万元,完成改造中低产田 9666. 67 公顷,建节水农业示范工程 1333. 33 公顷,植树造林 1375 公顷,开挖排灌渠系 1244. 11 千米,衬砌渠道 314. 67 千米,配套各类建筑物 3506 座,埋设地下管道 88. 7 千米,发展喷滴灌面积 13. 33 公顷,打配机电井 121 眼,架设输变电线路 37 千米,修建机耕路 1148 千米。2003 年,国家下达农业综合开发项目建设任务:土地治理 1. 46 万公顷,其中节水示范0. 13万公顷,改造中低产田 0. 53 万公顷,建设优质粮食基地 0. 8 万公顷。综合开发建设项目实际开挖渠系 726. 25 千米,衬砌渠道 72. 15 千米,修建建筑物 1794 座;埋设地下管道 601 千米,打配机电井 178 眼,架设输变电线路 82 千米;改良土壤 0. 54 万公顷,建设良种基地 626. 67 公顷,修建机耕路 566. 65 千米;造林 670 公顷。

2004 年,巴彦淖尔市农业综合开发总投资 10734 万元,完成土地治理 1. 11 万公顷,开挖渠系 1228 千米,衬砌渠道 209. 65 千米,修建建筑物 4473 座,埋设地下管道 66 千米,打配机电井 314 眼,架设输变电线路 121. 8 千米。改良土壤 1. 11 万公顷,修建机耕路 1038

千米，造林0.11万公顷。2005年，农业综合开发总投资13540万元，开挖渠系1321.45千米，衬砌渠道177.55千米，修建建筑物3903座，埋设地下管道65千米，打配机电井237眼，架设输变电线路51.35千米。改良土壤11933公顷，修建机耕路1198.2千米，造林933公顷。2006年，农业综合开发总投资16582万元，完成土地治理面积1.03万公顷，开挖渠系1162.6千米，衬砌渠道170.25千米，埋设管道89.6千米，修建筑物3479座，打配机电井109眼，架设输变电线路31.55千米，修建机耕路883.4千米，造林713.33公顷。2007年，农业综合开发项目计划总投资9113万元，完成改造中低产田0.89万公顷，改造中低产田项目共计开挖疏浚渠沟1180.9千米，衬砌渠道121.97千米，埋设输水管道88.8千米，打配机电井50眼，架设输变电线路35千米，修建各类建筑物2961座，修筑机耕路865.75千米，造林428公顷。2008年，“河套地区33.3万公顷中低产田改造项目”经国家农业综合开发办批准实施。计划每年改造3.33万公顷，同年投资3623万元，完成渠沟路土方工程2055万立方米，衬砌渠道380千米，埋设输水管道245千米，修各类渠系建筑物11459座，打配机电井62眼，修建机耕路3182千米，当年工程基本完成。

2009年，“河套地区33.3万公顷中低产田改造项目”工程完成投资31500万元，完成渠道路土方工程2055万立方米，开疏浚渠道3918千米，衬砌渠道380千米，埋设输水管道2451千米，修各类渠系建筑物11459座，打配机电井62眼，修建机耕路3182千米。2010年，“河套地区33.3万公顷中低产田改造项目”完成投资3876万元，完成渠道路土方工程2034.7万立方米，开疏浚渠道4135.77千米，埋设输水管道266.63千米，打配机电井145眼，修建机耕路15474千米，造林1513.33公顷。

第四节　农作物

一、农作物种类

巴彦淖尔市传统作物有：春小麦、玉米、莜麦、糜谷、高粱、荞麦、豆类以及胡麻、葵花、土豆等。这些农作物除小麦、玉米外，均具有抗旱、耐贫瘠，生长时间段短，适应性强的特点。20世纪60年代初，黄河三盛公拦河闸建成后，巴彦淖尔市除因冬季风大、降水少，蒸发量大而不适宜冬小麦种植外，其他温带农作物均可种植。由于地膜覆盖技术的推广运用和设施农业的兴起，适宜种植农作物范围更广。

二、主要粮食种植面积及产量

巴彦淖尔市的主要粮食种植面积及产易，随着国家的种植对策和市场变化，呈现出不同的变化。

1986—2010年巴彦淖尔市主要粮食作物种植面积及总产情况表

表19－1－3

年份	种植面积（万公顷）	粮食总产（万千克）	小麦面积（万公顷）	小麦总产（万千克）	玉米面积（万公顷）	玉米总产（万千克）
1986	19.29	6.16	13.07	7.92	2.53	3.22
1987	18.80	7.4	13.69	7.56	2.78	4.72
1988	19.26	8.33	12.88	8.72	3.55	5.01
1989	19.55	9.6	13.82	10.22	3.51	5.62
1990	21.60	10.59	16.88	12.65	3.94	5.85
1991	11.63	21.17	15.39	13.57	4.06	7.05
1992	21.69	12.59	15.95	14.74	3.88	7.76
1993	20.77	12.26	15.26	14.62	3.97	8.79
1994	21.59	13.44	15.63	14.99	4.74	8.90
1995	22.59	15.31	15.66	15.82	5.05	10.48
1996	24.91	16.32	16.77	17.10	5.79	12.52
1997	25.73	16.72	17.21	17.34	6.78	14.36
1998	25.35	33.44	17.09	16.84	6.74	15.54
1999	23.86	31.92	16.15	16.76	6.51	14.32
2000	20.15	26.91	12.54	13.52	5.89	12.32
2001	21.73	29.41	13.54	14.32	6.69	14.08
2002	20.16	29.09	11.13	11.81	7.47	16.32
2003	18.17	28.56	9.23	9.92	8.12	18.02
2004	24.15	34.37	13.41	14.63	9.86	19.00
2005	26.29	36.95	15.38	16.82	10.12	19.61
2006	27.18	38.45	15.35	16.92	10.89	20.93
2007	27.98	39.07	12.72	13.79	13.88	24.58
2008	28.77	43.03	12.80	14.17	14.64	28.15
2009	32.75	48.94	16.37	18.20	15.16	30.04
2010	31.59	49.57	13.08	14.32	17.23	34.46

1986年，小麦平均每公顷产3030千克。玉米每公顷生产6375千克，糜黍每公顷生产1410千克，葵花每公顷生产2325千克，甜菜每公顷生产3.66万千克。1996年，小麦每公顷生产4860千克，玉米每公顷生产10380千克。2006年，小麦每公顷生产4860千克，玉米每公顷生产10380千克。2010年，小麦每公顷生产5476千克，玉米每公顷生产10000千克，糜黍每公顷生产1019千克，黍子每公顷生产977千克。

三、油料作物种植面积及产量

胡麻　胡麻是巴彦淖尔市传统油料作物。1986 年,全盟胡麻种植面积为 7733. 33 公顷,每公顷生产 1125 千克,总产量 870 万千克。之后,因胡麻单位面积产量低,经济效益差,胡麻种植面积越来越小。2010 年,全市胡麻种植面积为 393 公顷,每公顷生产 1275 千克,总产 50. 2 万千克。

油葵　在胡麻种植面积逐渐缩小的同时,油葵种植面积不断扩大。1986 年,全盟种植油葵 4. 55 万公顷,每公顷生产 4725 千克,总产量 21. 50 万吨,经济效益明显高于胡麻。到 2010 年,油葵种植面积为 17. 74 万公顷,总产达 83. 82 万吨。

油菜籽　1997 年,乌拉特前旗、乌拉特中旗开始大面积种植油菜籽,两旗种植油菜籽 726 公顷,油菜籽总产 16. 68 万千克。到 2010 年,全盟油菜籽种植面积 1754 公顷,油菜籽总产 86. 3 万千克。

四、经济作物

主要经济作物有甜菜、啤酒花、黑(红)籽瓜子、枸杞、西瓜、番茄、葵花、葫芦籽、甜瓜、枸杞等。1986 年,巴盟经济作物种植面积为 9. 33 万公顷,其中,种植甜菜 17866 公顷,每公顷生产 38415 千克,总产达 6. 86 亿千克;籽瓜子(红黑)种植面积 9800 公顷,每公顷生产 100 千克,总产 98 万千克;瓜类种植面积 4600 公顷,每公顷生产 2475 千克,总产 1138. 50 万千克。2000 年,甜菜种植面积 1. 12 万公顷,蔬菜甜瓜种植面积 2. 4 万公顷,向日葵(包括油葵)种植面积 10. 53 万公顷。2005 年,巴彦淖尔市种植向日葵 11. 26 万公顷,番茄 1. 58 万公顷,甜菜 4213 公顷,蔬菜 2. 53 万公顷,瓜类 1. 06 万公顷。到 2010 年,全市经济作物种植面积 29. 6 万公顷,经济作物种植面积占总播种面积的 46. 77%。其中,葵花面积为 19. 73 万公顷,每公顷生产 2373 千克,总产 4. 68 亿千克;番茄种植面积 2. 61 万公顷,每公顷生产 26145 千克,总产 6. 82 亿千克;蔬菜面积 3. 86 万公顷,每公顷生产 6. 65 万千克,总产 25. 67 亿千克;瓜类面积 1. 68 万公顷,每公顷生产 3406 千克,瓜类总产 5722 万千克;黑瓜籽面积 1. 82 万公顷,每公顷生产 1605 千克,总产 2921. 1 万千克;种植白瓜子 2. 18 万公顷,种植药材 6938 公顷。

第五节　良种引进与选育

一、小麦

巴彦淖尔市套区地势平坦,土壤肥沃,灌溉便利,日照充足,是国家重要春小麦主产区。1986—1996 年,先后引进并推广永登、永良四号、永良五号、内麦 12 号,墨巴 65 号、河套 3 号、77164、7539、农麦二号等优良小麦品种。经过多年试种,由宁夏回族自治区永宁县选育的“永良 4 号”具有生长整齐,茎秆粗壮,穗大粒多,对肥力要求不高,适应性广,抗逆性较强,灌浆强度大,落黄正常,容重、千粒重及蛋白质、面筋含量高等优点,最适应巴彦淖尔市套区栽培。到2010年,全市"永良4号"小麦种植面积90%以上。由"永良4号"优质小麦生产的河套牌"雪花粉"面粉,已成为国内著名商标品。

二、玉米

1986—1996年,巴盟先后引进推广的玉米品种有:四单8号、中单2号、烟单14号、丹玉13、掖单13、掖单19号、四单19、沈单7号、农大108、掖单22号、中单306、哲单7号、沈单16、科河8号、内单314、科河10号、浚单20、潞玉13号、宁单10号、长城98、真金8号、蒙农2133、蒙农2103等几十个品种。1999年后,由引进的玉米品种,通过杂交、提纯、复壮,选育出巴优1号、巴优2号、巴单3号、巴单4号、巴丰5号、巴单6、巴单25、临优1号、临春1号优良玉米品种。自主选育的玉米品种单产在1.5万千克/公顷左右。

三、葵花

1986—1994年,种植的常规品种有:派该1号、内葵杂1号、先进工作者、星火品种等。1995—2010年,先后引进推广的油葵类杂交品种有:G101、S31、T562、KF3099、S18、先瑞2、MGS、TK601、陇葵杂一号、TK503、KWS303、S47、S40、康地115等。食葵品种有SH909、LD5009、LD9091、3638C、先瑞9号、SD998、DK119、RH3146、SC89、LD2103、H658、益民花葵2号、世达1号、益民大白花葵、康地206、益民大青花葵等。相较常规品种,杂交葵花品种适应性广,抗旱、抗病、耐盐碱、耐瘠薄、抗逆性和丰产性效果显著,产量比常规品种提高20%~50%。

食用花葵"星火"是巴盟自主选育的新品种,具有壳软口松、籽大香脆等优点,是零食的上佳食品,被誉为"河套葵中之王",曾被中国绿色食品发展中心批准为自治区第一个食用花葵绿色产品,被自治区审定为优良品种,列入中国科学院植物研究所基因库。

四、甜瓜

1986—2010年,先后引进推广西瓜品种有:西农8号、齐抗901、抗病美特、爱耶1号、抗病早冠龙、富贵3号、郑杂9号、丰乐8号、宝冠、金城7号、丰抗88等。

引进推广的香甜瓜品种有银帝、绿丰蜜1号、泰丰蜜、克奇蜜、玉金香、红状元、甘蜜宝、红脆宝、优蜜宝、早黄蜜、西域六号、金早蜜等。

巴彦淖尔市特产"磴口华莱士"经多年选育改良,含糖量趋于适中,香味更加浓郁,已成为巴彦淖尔市一张名牌。

五、番茄

1984年,巴盟在磴口县首先引进番茄种植试验,获得成功。1995年,外商投资番茄加工企业入驻后,番茄开始大面积种植。先后引进的品种有97-1、97-4、97-6、97-10、97-11、97-28、97-29、97-31、97-33、97-35、97-36、97-37、97-38等。

六、甜菜

1986—2000 年，甜菜先后引进的品种有工农 2 号、工农 3 号、工农 5 号、工农 201、甜研 302、吉甜 301、工农 304、甜研 309、甜研 8 号、包育 301、包育 302、甜研 309、农大 4 号、KWS9145 等。

第六节　科技示范推广

1986 年，巴盟已建成玉米覆膜栽培示范基地六个，示范面积 16187 公顷。

1990 年，巴盟承担自治区水地小麦高产栽培技术示范，建成示范基地 10 万公顷。1992 年，建成 78 个科学试验示范点，进行小麦、玉米、葵花等农作物实验种植项目 323 项，总面积 933 公顷。1995 年，为农业部建成"内蒙古河套灌区三元立体种植项目"示范田 2.67 万公顷；为自治区建成"粮经草三元五做复合立体种植"示范基地 1.34 万公顷；在建立油用葵花综合增产技术试验点 7 个。1997 年，承担国家二期"1122"工程种植业 4 项试验，种小麦 2.22 万公顷，试验项目 308 个。在临河市乌兰淖尔乡、磴口县协成乡等 3 个点，建中、轻度盐碱地覆膜玉米示范田 1.61 万公顷。1998—2001 年，先后开展万亩吨粮田种子机械化配套作业示范，春小麦套种玉米栽培技术适应试验。试验田小麦亩产平均 850～1000 千克。2004—2008 年，巴彦淖尔市在全市建立小麦套种晚播向日葵农业示范基地 333 公顷，地膜二次利用免耕栽培技术核心示范点园区 107 公顷，冬小麦实验田 2.67 公顷；在杭锦后旗建设小麦套玉米不同种植密度试验田 0.33 公顷、玉米茬免耕种植麦葵间作试验田 0.33 公顷、单种耐密型玉米 28.67 公顷、单种覆膜杂交晚播葵花新品种 10 公顷、小麦套种杂交晚播葵花机播机收新模式 30 公顷、向日葵配方专用肥齐华复合肥施用示范 30 公顷、番茄开沟起垄育苗移栽示范 14 公顷。为防向日葵黄萎病和向日葵螟，在杭锦后旗试种综合防控示范田 299.33 公顷。2010 年，建成百亩以上的规模化设施农业社区 68 个，设施农业田 2440 公顷，初步形成以反季节西甜瓜、蔬菜及育苗为主，花卉、食用菌生产为辅的设施农业生产格局。

第七节　种植管理

一、种子管理

1986 年，巴盟作物种子实行多部门管理，经营混乱，盲目推广，危害种植业安全。1987 年，为加强对种子市场的管理，巴盟按照国家《关于加强农作物种子生产、经营管理的暂行规定》的精神，制定出对引种、调剂、销售和推广等具体措施：种子经营须由各级国有种子公司统一经营、管理，非种子部门和个人不得经营；种子公司经营的种子必须是本地区生产的种子，经农作物新品种鉴定部门审定命名后，批准推广种植。2000 年，巴盟将种子管理与种子经营分离,分别设立种子管理站和种子公司。种子管理部门具有行政执法、行政许可和行政处罚权,经营种子必须有资质和经营许可证。

2005 年,巴彦淖尔市对农作物种子开始检测鉴定。经测定,小麦巴优 1 号获得国家“863”科技计划项目资助;玉米新品种中有 4 个品种增产突出,申请参加内蒙古区域试验;向日葵新品种 KS1 申请参加 2006 年内蒙区域试验。同时加大检查力度,查处北京德农赤峰分公司 S31 假油葵种子案,企业赔偿农民因使用假 S31 的损失,没收售假违法所得 71.96 万元,并处罚款 71.96 万元。2006 年,全市审核发放种子经营许可证 131 个,审核发放种子生产许可证 234 个。立案查处假种子案件 10 起,查扣未经审(认)定的种子,包装标签不规范种子等。2007 年,巴彦淖尔市通过审(认)定 14 个作物品种,其中向日葵品种 7 个、玉米品种 2 个、甜瓜 4 个、甜菜 1 个。室内抽检各类农作物种子样品 420 份。经检验符合国家种子质量标准的 385 份,不合格的 35 份,合格率为 91.7%。核发经营许可证 41 个,原包装销售证 469 个,委托代销证 249。审核发放种子生产许可证 111 个。在种子生产关键期,对 22 家生产企业,56 个生产基地进行种子培育技术抽查,合格率 98%。

二、产品管理

1990—1998 年,巴盟陆续制定绿色食品生产技术规程。1999 年,全盟有认证绿色食品生产企业 7 家,绿色食品标准化生产基地 48200 公顷,认证绿色产品 12 个。2000—2003 年,先后制定小麦、玉米、籽瓜子、花葵、油葵、枸杞、番茄、辣椒、保护地甜瓜、露地甜瓜、苹果梨、甜菜、马铃薯、韭菜、黄瓜、大白菜、菜豆、青椒、西瓜、大麦、高粱、西红柿、华莱士、茄子等 24 项 A 级绿色食品生产技术规程和小麦、玉米、油葵、食葵、甜菜、西瓜、厚皮甜瓜、籽瓜子、青红椒、菜豆、枸杞、覆膜西红柿、早熟西红柿、黄瓜、大白菜、菠菜、无壳葫芦、韭菜、萝卜、芹菜、鲤鱼、鲤鱼育种、育苗培育、鲤鱼青鱼培育、蛋鸡、肉鸡、奶牛、肉羊、生猪等 30 项无公害农产品生产技术规程。

2004 年,巴彦淖尔市有认证绿色食品生产企业 26 家,绿色产品 49 个,产值 3.95 亿元。认证无公害农产品生产单位 28 家,产品 93 个。认证有机食品生产企业 1 家,产品 1 个。建成标准化生产基地 244266 公顷,其中无公害农产品生产面积 70933 公顷,绿色食品原料生产面积 172666 公顷,有机食品生产面积 666.67 公顷。2008 年,全市有认证绿色食品生产企业 47 家,绿色产品 133 个。认证无公害农产品生产单位 90 家,产品 265 个,年产量 308.9 万吨。认证有机食品生产企业 5 家,产品 25 个,年产量 27 万吨。建成标准化生产基地面积 50.04 万公顷,占全市总播面积的 88.8%,其中,无公害农产品生产面积 19.33 万公顷,绿色食品原料生产面积 29.33 万公顷,有机食品生产面积 1.37 万公顷。申报“河套小麦”“磴口华莱士”等农产品地理标志。2010 年,认证绿色食品生产企业 41 家,产品 114 个,年产量 29 万吨,产值 17.6 亿元;认证无公害农产品生产单位 73 家,产品 232 个;认证有机食品生产企业 6 家，产品 34 个。建成标准化生产基地面积 41.4 万公顷，占全市总播面积的 65.4%，其中，无公害农产品生产面积 15.59 万公顷，绿色食品原料生产面积 24.63 万公顷，有机食品生产面积 1.18 万公顷。

三、农药残留监测

2003 年，巴盟建成农药残留检测机构，对全盟生产的农产品，特别是对 8 个“放心菜”基地生产的产品和调入北京市场的瓜果蔬菜进行农药残留快速检测把关。2004 年，建成一个综合性的农畜产品质量检测中心和 7 个旗(县、区)的 29 个乡镇(农场)农药残留快速检测室。2008 年，在磴口县设 3 个、杭锦后旗 3 个、五原县 5 个、乌拉特前旗 4 个、乌拉特中旗 1 个、临河区设 1 个农药残留检测点。对地产和市场销售的黄瓜、甜瓜、西瓜、葫芦、马铃薯、茄子、西红柿、豆角、芹菜、白菜等农产品进行药物残留检测。对药物残留超标的农产品坚决杜绝上市。

2009—2010 年，巴彦淖尔市为各旗(县、区)农药残留检测机构配齐专业技术人员和检验设备，瓜果蔬菜农药残留检测率 100%。

第八节　农作物主要病虫害及其防治

一、主要病虫害

1986—2010 年，巴彦淖尔市地区农作物发生的病虫害主要是：小麦全饰病、小麦锈病、葵花菌核病、葵花黄萎病、土蝗害、蚜虫、小菜蛾、红蜘蛛、葵花螟、巨膜长蝽、草地螟、地老虎、蛴螬、蝲蛄等。

二、病虫害防治

1990 年，巴盟对发生在小麦上的锈病采用粉锈宁、氟硅尿、代森锰锌等药剂防治，防效 65%。1992 年，为防止小麦全蚀病发生，对全盟 9793 公顷小麦种子实施粉锈宁拌种，效果良好。1993 年，全盟 53333 公顷发生小麦全蚀病，2 万公顷枸杞发生蚜虫，全部采取化学药物防治，效果良好。1996 年，全盟发生小麦全蚀病 2.1 万余公顷，化学防治 9133 公顷。发生向日葵菌核病 17633 公顷，化学防治面积 2306 公顷。1997 年，全盟 1.63 万公顷向日葵发生葵花菌核病，其中，杭锦后、临河市葵花菌核病发病率 20% ~30%，全部用化学防治效果良好。

2008 年，全市多种农作物发生巨膜长蝽虫害，发生面积 56880 公顷，一般虫口密度为每平方米 2 ~27 头，严重地块虫口密度 1000 头。用化学药物防治效果良好。2009—2010 年，全市葵花黄萎病平均发病率 20% ~30%，发生葵花螟 3653 公顷，全部用化学药物防治。

第九节　农业信息化

1999 年，巴盟依托农业部实施的“农技电波入户工程”，成立农牧业科技电视制作中心,开办《农业百科》,每周播出一期。内容包括农牧业政策、农牧业信息、农牧业技术、农牧民教育等。2001 年成立“巴彦淖尔市农牧业信息服务中心”。中心利用市、县、乡镇三级信息网络体系,收集、整理、发布、交流农牧业各领域的相关信息。

2004 年,依托国家和自治区农牧业项目,建成覆盖 7 个旗(县、区)的农牧业信息网络。在旗(县、区)建立二级信息平台,为全市 20 个乡镇和农场配备网络设备。2006 年,为提高信息服务入户率,解决农村牧区信息闭塞、惠农政策传达不到位和科技推广不普及等问题,信息中心与网通合作开通“12316”农牧业语音服务热线,与电信合作推出“农事通”“农信通”业务。只要电话拨通“12316”即可进入系统,使农牧民足不出户就能了解到最新的种养殖业技术、气象信息、政策信息、市场信息、灾情预警等。有效地解决了农牧民种难、养难、买难、卖难的问题。2009—2010 年,巴彦淖尔市将临河、杭锦旗后、磴口、五原、乌拉特前旗、乌拉特中旗等 6 个旗县区 25 个乡镇苏木列为“金农工程”一期项目的重点建设单位。

在农业科技和信息化的大力推广中,全市经过良种改良,科学种植,精细化管理后,栽培出不同种类的农作物和经济作物的优良品种。

一、富硒小麦

巴彦淖尔市是国家重要商品粮基地之一,是内蒙古自治区春小麦主要产区,产量占自治区总产量的三分之一。主栽品种为永良 4 号。该品种籽粒饱满,千粒重 45 克左右,出粉率 83%,蛋白质含量 14.7%,赖氨酸含量 0.48%。以永良 4 号小麦为原料生产的“河套雪花粉”面粉,曾在多次全国性面粉质量评奖中拔得头筹,是内蒙古名牌产品。1997 年被国家认定为绿色食品,产品畅销国内外。

二、食用向日葵

食用向葵花在巴彦淖尔市地区种植历史悠久,生产的葵花籽具有籽粒饱满、皮薄籽大等优点,在国内市场具有很高的知名度,是农民重要的现金收入来源。2000 年后,巴彦淖尔市每年种植面积在百万亩以上,平均每公顷产葵花籽 5250 千克,每年产数百万吨,市场供不应求。

三、华莱士蜜瓜

华莱士瓜(甜瓜)在巴盟磴口县栽培已有百余年历史,据传品种由美国引进。华莱士瓜其状为椭圆形,个体重 500~1000 克,色泽橘黄,香味浓郁,甘甜爽口,被誉为瓜中“仙品”。1986 年,“华莱士瓜”被农业部列为全国首批优质商品瓜生产基地。后经申报,国务院特产办组织专家对华莱士瓜产地进行实地考察,将磴口县补隆淖镇命名为华莱士蜜瓜之乡。

四、网纹蜜瓜

五原网纹蜜瓜是 20 世纪 90 年代由五原县农技人员在磴口华莱士瓜的基础上选育的一个新品种。瓜状为椭圆,皮色褐绿,上有不规则网纹,单瓜重 850~1100 克;果肉黄绿色,肉质细密，甜脆爽口，香气袭人，可溶性固形物含量15%左右。网纹蜜瓜与磴口华莱士蜜瓜相比，具有耐贮运的优点，产品可储运远销。

五、河套西瓜

巴彦淖尔市西瓜栽培历史悠久。由于巴盟地区水土、气候条件独特，生产的西瓜个大多汁、甘甜爽口，远近闻名。

六、黑瓜籽

河套地区是全国三大籽瓜生产地区之一，生产的黑瓜籽仁饱满、色亮、面平，产品加工性状好。

七、河套枸杞

20世纪60年代初，巴彦淖尔市将原产于宁夏中卫、中宁一带枸杞引入河套，并在乌拉特前旗先锋乡和杭锦后旗沙海乡建立生产基地。河套枸杞属于“西枸杞”类型，果实色泽鲜红，颗粒饱满，有肉厚、质柔、含糖高的优点。

八、玉米种子

巴盟地区以其光热资源丰富、降雨量少、灌溉方便，适宜各种农作物种子生产。特别是玉米种子，籽粒饱满、光泽度好、含水量低、发芽率高等优点，符合国家一级良种标准。

1986—2010年巴彦淖尔市农区收益分配情况表

表19－1－4

年份	总收入（万元）	总支出（万元）	分配合计（万元）	其中			人均纯收入（元）	增减幅度±%
				税金（万元）	提留统筹（万元）	农民所得（万元）		
1986	64303.70	21552.40	42751.30	1786.90	1654.70	39309.70	394	—
1987	73260.49	25264.65	47995.84	1871.86	1924.52	44199.46	442	12.12
1988	94816.30	33937.50	60878.80	2096.70	2447.30	56334.80	558	26.44
1989	107207.80	38398.60	68809.20	2468.80	3466.20	62874.20	626	12.18
1990	130370.00	46266.10	84103.90	2528.50	5125.00	76450.40	756	20.69
1991	138506.60	54614.10	83892.50	2431.70	4965.70	76495.10	752	－0.50
1992	159216.64	63102.99	96113.65	3728.61	5756.70	86628.34	856	13.75
1993	201573.42	94086.04	107487.38	4769.55	3498.26	99219.57	974	13.82
1994	271133.70	140732.10	130401.60	6693.00	4063.80	119644.80	1173	20.46
1995	373777.70	212274.20	161503.50	11684.70	4814.30	145004.50	1419	20.95
1996	462641.10	263937.50	198703.60	14665.50	7874.40	176163.70	1729	21.85
1997	508076.18	280392.37	227683.81	15611.68	8808.61	203263.52	1983	14.70

续表 19 - 1 - 4

年份	总收入（万元）	总支出（万元）	分配合计（万元）	其中			人均纯收入（元）	增减幅度 ± %
				税金（万元）	提留统筹（万元）	农民所得（万元）		
1998	525725. 30	282472. 00	243253. 30	15506. 50	9461. 70	218285. 10	2142	8. 02
1999	560613. 50	306649. 20	253964. 30	18223. 40	8401. 40	227339. 50	2242	4. 67
2000	541957. 70	282921. 00	259036. 70	18196. 30	8301. 80	232538. 60	2293	2. 29
2001	515967. 50	264585. 80	251381. 70	14813. 70	7751. 60	228816. 40	2261	- 1. 41
2002	541688. 00	275172. 90	266515. 10	13439. 60	3093. 30	249982. 20	2468	9. 14
2003	568738. 20	274818. 00	293920. 20	13527. 40	3964. 70	276428. 10	2732	10. 69
2004	629720. 00	291665. 20	338054. 80	8398. 10	2600. 80	327055. 90	3245	18. 81
2005	713160. 20	320893. 40	392914. 30	3066. 30	—	389200. 50	3802	17. 14
2006	773689. 80	318378. 30	455845. 80	3471. 40	—	451840. 10	4410	15. 99
2007	884093. 50	352893. 60	531811. 40	3225. 30	—	527974. 60	5131	16. 36
2008	1091132. 40	424860. 60	667008. 40	2470. 90	—	663800. 90	6435	25. 41
2009	1248294. 65	461426. 86	787610. 20	2863. 32	—	784004. 47	7559	17. 47
2010	1424652. 70	508912. 23	916494. 35	1648. 17	—	914092. 30	8794	16. 34

第二章　畜牧业

第一节　机　构

一、巴盟畜牧业局

1986年,巴盟畜牧处设办公室、人事科、财务科、场站科、畜牧科、科教科。下设畜牧兽医工作站、草原工作站、牧区经营管理工作站、家畜改良工作站,畜牧兽医科学研究所、种鸡场、种猪场、同和太牧场。1987年畜牧业处改称畜牧业局。1988年,畜牧业局设办公室、人事科、畜牧科、科教科、场站科、审计科。下设畜牧兽医工作站、草原工作站、牧区经营管理工作站、家畜改良工作站,畜牧兽医科学研究所、种鸡场、种猪场、同和太牧场。1989—2002年,根据畜牧业发展对内设机构、所属单位进行不断调整。到2003年,畜牧业局设办公室、人事科、畜牧科、计财科、科教科。下设兽医站、草原站、家畜改良站、牧区经营管理站、畜牧兽医研究所、畜牧科技示范基地。

二、巴彦淖尔市农牧业局

2004年,巴盟撤盟设市,巴彦淖尔市农业局与畜牧局合并,成立农牧业局。内设畜牧科、科教科。下设兽医站、草原站、家畜改良站、牧区经营管理站、畜牧兽医研究所、畜牧科技示范基地。2010年,畜牧业局设动物疫病防控中心、家畜改良工作站、草原站、草原监察支队、铁路动检站、能源站、动物卫生监督所等。

第二节　草场类型面积分布

一、荒漠草场

主要分布在乌拉特后旗东北部中蒙边境,总面积1.61万公顷,占草原面积的32.14%。

二、荒漠化草场

分布在乌拉特中旗川井苏木以西和乌拉特后旗宝音图苏木东南部,总面积1.3万公顷,占草原面积的24.66%。

三、低地草甸草场

分布在全市各旗县区,总面积1779公顷,占草原面积的3.37%。

四、典型草场

分布在乌拉特中旗东南部、乌拉特前旗东部的明安乡、沙德格苏木,狼山浩日格地区和乌拉山山地,总面积 1240 公顷,占草原面积的 2.35%。

五、草甸草场

集中于乌拉特前旗境内,总面积 114.13 公顷,占草原面积的 0.22%。

六、沼泽草场

主要分布在磴口县、乌拉特前旗和乌拉特中旗。临河区、五原县及杭锦后旗境内也有零星分布,总面积 60 公顷,占草原面积的 0.11%。

第三节　草场建设

一、草场封育

1986—1997 年,巴盟根据草场分布和不同类型,采取分类管理措施,对乌拉特草原坚持以“退”为主,实行“退牧还草”和“退牧移民”政策,促进草原生态休养生息;对乌兰布和沙地则以“治理”为主,推行季节性休牧、轮牧、禁牧、种草,发展沙草产业等措施实施治理。1998 年,将牧业区划分为纯牧区和半农半牧区。牧区、半农半牧区有天然草场 468 万公顷,其中,可利用草场面积 379 万公顷。2002 年开始,对草原实施封育,建设围栏面积 21.33 万公顷,划区轮牧面积 1.33 万公顷,其中,乌拉特中旗禁牧围栏 11.33 万公顷,划区轮牧面积 6666 公顷;乌拉特后旗禁牧围栏 10 万公顷,划区轮牧面积 6666 公顷。

2004 年,巴彦淖尔市禁牧围栏 20.67 万公顷,休牧围栏 2.33 万公顷,划区轮牧围栏 1.33 万公顷。其中,乌拉特中旗禁牧 6.67 万公顷,休牧 1 万公顷,划区轮牧 6666 公顷;乌拉特后旗禁牧 6 万公顷,休牧 1.33 万公顷,划区轮牧 6666 公顷;乌拉特前旗禁牧 4 万公顷;磴口县禁牧 4 万公顷。2006—2007 年,实施退牧还草工程,第一批退牧还草禁牧围栏 20 万公顷,休牧围栏面积 5.33 万公顷,其中,乌拉特中旗禁牧围栏 12 万公顷,乌拉特后旗禁牧围栏 8 万公顷,乌拉特前旗休牧 2 万公顷,磴口县休牧 3.33 万公顷。第二批禁牧围栏 10.67 万公顷,其中,乌拉特中旗禁牧 5.33 万公顷,乌拉特后旗禁牧 5.33 万公顷。2008 年,继续实施围栏禁牧,第一批禁牧围栏面积 16 万公顷,其中,乌拉特中旗禁牧 6.67 万公顷,乌拉特后旗禁牧 5.33 万公顷,乌拉特前旗禁牧 2 万公顷,磴口县禁牧 2 万公顷。第二批休牧围栏 4.67 万公顷,其中,乌拉特中旗休牧 2.33 万公顷,乌拉特后旗休牧 2.33 万公顷。2010 年,全围栏禁牧 20 万公顷,其中,乌拉特前旗围栏禁牧 2.67 万公顷,乌拉特中旗围栏禁牧 10 万公顷,乌拉特后旗围栏禁牧 10 万公顷,磴口县围栏禁牧 1367 公顷。

二、草场改良

草地改良措施主要是浅耕翻、封育、松土、补播、施肥。1986—1990 年,完成 1.45 万公顷。1991—1995 年,完成 53.39 万公顷。1996—2000 年,完成 7.75 万公顷。2001—2005 年,完成 9.33 万公顷。2006—2010 年,完成 51.2 万公顷。

草场改良的同时建设草库伦。1986 年,巴盟建成人工草库伦 3783 公顷。

1995—2009 年,草库伦建设重点转移到配套建设方面,配套草库伦面积由 1995 年的6666. 67公顷增加到 1. 2 万公顷。2010 年,巴彦淖尔市草库伦保有面积 2. 20 万公顷,其中,实现五配套高产、稳产面积 1. 20 万公顷,形成年产 1 亿千克饲草、3000 万千克饲料、2000万千克多汁饲料的生产能力。

三、草原病虫害防治

1995 年,巴盟开始对草场有计划、大面积实施病虫害防治。2000 年,实施治理面积 22 万公顷。2001—2010 年,治理面积 91. 33 万公顷。

四、人工补草

1998 年开始,巴盟对草原采取人工模拟飞机播种方式补草。2003 年,共完成人工补草 11733 公顷。2004 年,采用飞机作业补草,2006 年,完成补草面积 21. 33 万公顷。其中,2005 年补播 8 万公顷,2006 年完成补播 13. 33 万公顷。

五、草原监察

2000 年,制止私开草原事件 12 起,涉及草原面积 86. 06 万公顷。堵截非法采集发菜、麻黄、甘草等野生植物外来人员 200 余人,没收违法所得野生植物 750 千克,2003 年,按照自治区《关于清理整顿非牧人员占用草场和依法规范草场使用权流转的意见》,巴盟清理党政机关、企事业单位及工作人员占用草场 470 处,面积约 17. 06 万公顷。其中,清理党政机关和企事业单位占用草场 432 处,面积约 11. 06 万公顷;个人占用草场 33 处,约 1. 27 万公顷。

第四节　养　殖

一、畜种

巴彦淖尔市畜种主要有牛、马、骆驼、驴、骡、鹿、山羊、绵羊等。

二、饲养

1986—2000 年,巴盟牲畜饲养根据居住地的饲草料环境而定,地区不同,饲草料不同,采取的饲养方法也不同。农区多采用半放养半饲喂方式,以饲喂为主。牧区和半农半牧区以放养为主。2000 年,巴盟为确保养殖业可持续发展,在农区实施禁牧圈养,饲料以农作物秸秆为主。在牧区和半农半牧区,实施草场休牧、轮牧或建设人工草地生产饲草料饲喂。

三、引种与选育

1986—1992 年,巴盟先后引进澳美种公羊 23 只、罗姆尼种羊 500 只、边区莱斯特种羊 800 只、波尔华斯种羊 36 只、林肯种羊 50 只,内蒙古细毛羊种羊 300 只。通过与本地绵羊杂交,繁育出河套细毛羊和河套中粗毛羊。1995 年,乌拉特前旗、乌拉特中旗和乌拉特后旗先后引进辽宁省绒山羊与本地绒山羊杂交,培育出绒产量更高、质量更好的山羊新品种。

2005 年,巴彦淖尔市引进澳大利亚、南非美利奴种羊 196 只,引进纯种德美种羊 200 只,引进赤峰市、锡林郭勒盟等地德美型种羊 2035 只,市内调剂优质肉种羊 800 只用于肉羊新品种选育。到 2007 年,经过农业部专家组现场验收和国家畜禽遗传资源委员会羊专业委员会审定,肉羊新品种选育成功,并被农业部正式命名为“巴美肉羊”。

四、疾病防治

口蹄疫。巴彦淖尔市是牲畜口蹄疫流行重灾区,1986—2010 年,共发生口蹄疫 16 起,扑杀牛 1256 头。为防止口蹄疫蔓延,每年春秋两季对偶蹄类家畜实施疫苗接种防疫。

布鲁氏菌病。2003—2009 年,全市呈检疫牛阳性 1497 头。为预防布鲁氏菌病,每年开展一次疫苗灌服免疫。对重点感染区进行二次加强免疫。

炭疽。乌拉特中旗、乌拉特后旗和乌拉特前旗偶有发生。预防通过划分疫点疫区,对疫区和受威胁区的牛、羊采取预防,接种炭疽Ⅱ号芽孢苗。

羊三病。各旗县区均不同程度存在。一般情况下,多呈散发发病。饲养管理和圈舍卫生及气候变化是本病的诱发因素。预防可用羊三联干粉疫苗接种。

常见疾病。牲畜常见疾病有:奶牛乳房炎、牛羊多头蚴病、羊疥癣病、牛皮蝇蛆病、牛环型泰勒焦虫病以及猪感冒、猪囊虫病等。

1986—2010 年巴彦淖尔市主要畜产品产量一览表

表 19-2-2

年份	肉类总产量(万千克)	猪肉(万千克)	牛肉(万千克)	羊肉(万千克)	禽肉(万千克)	奶(万千克)	山羊毛(万千克)	绵羊毛(万千克)	山羊绒(万千克)	牛皮(张)	绵羊皮(张)	山羊皮(张)
1986	4249.8	2855.1	1254	1269.3	331.4	92.0	21.9	332.2	260.5	8360	497765	248882
1987	4177.3	2919.1	1108	1147.4	337.0	110.6	24.6	384.2	27.4	23513	449961	224980
1988	4024.4	2898.4	832	1042.8	338.3	123.2	25.3	432.8	29.8	5547	408941	204471
1989	4781.7	3159.0	811	1541.6	340.2	194.5	27.5	483.0	30.7	15467	604549	302275
1990	5203.5	3451.0	516	1700.9	354.6	252.7	29.4	504.2	32.2	6053	804908	418808
1991	5816.3	3597.6	523	2166.4	329.9	269.9	31.1	517.7	32.5	12933	849569	424784
1992	6326.3	4104.9	602	2161.2	318.1	276.3	32.7	559.4	32.7	6469	943069	522260
1993	6463.7	4192.0	635	2208.2	367.5	287.4	33.0	578.5	34.7	6736	974446	524809
1994	7076.2	4751.2	651	2259.9	371.8	311.7	37.4	602.5	37.4	7220	1147293	537986
1995	8803.1	6529.5	723	2201.3	376.9	548.9	31.9	548.9	49.2	4820	863255	431627
1996	10545.3	7833.5	1112	2600.6	382.4	668.9	24.6	586.6	51.0	7413	1019843	509922
1997	11316.7	8289.2	1767	2850.8	394.7	712.2	18.7	630.8	52.4	11780	1117961	558980
1998	11615.4	8359.8	2455	3010.1	421.1	746.5	14.3	674.9	52.1	16367	1180431	590216

表 19－2－2

年份	肉类总产量（万千克）	猪肉（万千克）	牛肉（万千克）	羊肉（万千克）	禽肉（万千克）	奶（万千克）	山羊毛（万千克）	绵羊毛（万千克）	山羊绒（万千克）	牛皮（张）	绵羊皮（张）	山羊皮（张）
1999	12237.2	8359.8	2322	3166.4	478.8	836.8	8.6	755.3	52.1	14481	1443060	751203
2000	11863.8	8109.2	2123	3047.7	494.6	2252.2	7.8	654.3	46.1	14153	1195176	597588
2001	11890.2	7858.6	1923	3329.0	510.3	3667.6	7.0	553.3	40.1	12133	1551753	779096
2002	12501.4	8430.4	2218	333.12	518.0	8274.4	7.4	517.5	42.0	13806	1617339	676311
2003	16440.8	7951.5	4996	7989.7	683.8	12368.3	7.6	598.2	44.5	33307	3133216	1566608
2004	17446.3	7071.0	6833	9692.0	857.3	21068.9	8.2	643.1	57.2	45553	3800784	1900392
2005	20710.2	7207.4	5225	11783.7	1196.6	33864.3	9.0	768.6	50.5	33448	6208209	1271790
2006	23853.9	7849.2	6240	14091.8	1288.9	38836.5	8.1	761.0	49.7	42223	7740077	1176872
2007	208592	59118	6500	128269	14705	39329.5	7.7	763.4	48.7	43890	7066685	1051678
2008	202807	57087	7756	123254	14710	41328.2	7.6	763.4	48.9	52312	6646318	1147535
2009	201819	51883	8263	127269	14404	42735.4	7.1	778.1	48.7	55795	6778048	1272441
2010	21718.8	5200.8	915.6	13848.0	1754.4	44862.7	7.1	785.1	49.0	56255	7083330	1164430

在畜牧业生产中，经过广大科技工作者和牧民们长期努力，进行绵羊种在选育，杂交和培训，全市羊种得到了多种绒羊成山羊优良品种。

一、巴美肉羊

巴美肉羊为肉毛兼用品种，无角，体格较大，体质结实，结构匀称，胸部宽而深，背腰平直，四肢结实、肌肉丰满，肉用体型明显，呈圆桶型，具有早熟性；被毛同质白色，闭合良好，密度适中，细度均匀，以 64 支为主；头部至两眼连线，前肢至腕关节，后肢至飞节均覆盖有细毛。

巴美肉羊耐粗饲，觅食能力强，采食范围广，生长发育快，产肉性能高。成年公羊平均体重 101.2 千克，成年母羊平均体重 60.5 千克。育成公羊平均体重 71.2 千克，育成母羊平均体重 50.8 千克，羔羊初生重平均 4.7 千克。6 月龄羔羊平均日增重 230 克以上，6 月龄羔羊胴体重 24.95 千克，屠宰率 51.13%。初产年龄为 1 岁，经产羊二年三胎。适合农牧区舍饲和半舍饲饲养。

二、美利奴羊（肉毛兼用型）

美利奴羊原产德国。具有成熟早、生长快、体格大、繁殖率高，肌肉丰满、肉质鲜嫩，饲养期短，生产效益高的优点。成年公羊体重为 120～140 千克，剪毛量 7～10 千克。成年母羊体重为 70～80 千克，剪毛量 4～5 千克。羊毛细度 63～64 支，毛长 8～10 厘米。羔羊日增重 350～400 克，120 天可屠宰，活重 36～46 千克，胴体重 18～22 千克，屠宰率为

50% ~55%。

美利奴羊圈养、放养均可。母羊繁殖率达150% ~200%,在完全舍饲条件下两年可产三胎羔羊。羔羊的性成熟早,12月龄即可配种怀胎。母羊泌乳性能强,羊羔的成活率高。用德国肉用美利奴种羊杂交改良当地细毛羊,杂交一代去势公羔110日龄,活重达39千克,平均日增重317克。

三、多赛特羊(肉用型)

多赛特羊原产英国。具有早熟、发育快、耐热性好、适应性强的特点。成年公、母羊无角,全身被毛为白色,胸宽且深,躯体呈圆桶形状。成年公羊体重100~125千克,母羊为75~90千克,平均剪毛3~4千克。毛长7~10厘米,细度为50~60支。4月龄羔羊胴体重可达24千克,日增重300~400克,屠宰率50% ~60%。

多赛特种公羊杂交改良小尾寒羊效果好,杂交一代羔羊6月龄活重平均达44.41千克,胴体重24千克,净肉重19.14千克,屠宰率为54.49%。5月龄杂交一代公羔比同龄小尾寒羊体重高出6.04千克。杂交一代母羊产羔平均为233.3%。其肉蛋白质、胆固醇以及微量元素含量均符合上等羊肉各项指标要求。

四、萨福克羊(肉用型)

萨福克羊原产地英国。具有体格大、骨骼坚硬、胸宽而深,肌肉丰满等特点。成年公羊体重为100~120千克,剪毛量4~4.5千克。成年母羊体重为70~80千克,剪毛量2.5~3千克。被毛为白色,毛长8~9厘米,细度50~58支。母羊繁殖率130% ~140%,两年产三胎。4月龄羔羊胴体重19.7~24.2千克,屠宰率为50% ~55%。

萨福克种公羊杂交改良当地母羊,杂交一代羔羊5月龄体重可达35千克,日增重250~300克,屠宰率可达52.8%。

五、杜泊羊

杜泊羊原产南非,属肉用品种。该种具有气候适应性强,抗病能力强,常年发情,生长发育快,肌肉发达等特点。成年公羊体重100~110千克,成年母羊体重75~90千克。4月龄羔羊体重达36千克,胴体重18千克。其肉营养价值高,板皮质量好。

六、二狼山白绒山羊

二狼山白绒山羊为本地特产,分布在乌拉特中旗、乌拉特后旗、乌拉特前旗及磴口县的山地、丘陵、高平原地区。其外貌:全身白色或乳白色,在口、耳、眼一般有小黑点,头短而清秀,额部有毛下垂,酷似姑娘刘海。鼻梁微凹,公、母羊均有犄角、胡须;背腰平直,胸部宽深,被毛分内外两层,外粗内细,公羊产绒在450~650克,高者800克以上,母羊产绒300~400克,高者600克,绒细13.1~15.3微米。成年公羊平均体高61.5厘米,母羊52.5厘米。

七、阿尔巴斯绒山羊

阿尔巴斯绒山羊原产于鄂尔多斯鄂托克旗。全身洁白，被毛分内外两层，外层毛长而粗，内层细而绒，羊绒细13~15微米。成年公羊、母羊及周岁羊平均产绒840克、622克和507克，最高产绒量分别达1980克、1500克、1200克。其肉无膻味，是理想的绒肉兼用型山羊品种。

八、阿拉善白绒山羊

阿拉善白绒山羊原产于阿拉善盟西部。山羊具有饲草适应性强，肉质鲜美等特点。山羊体躯结构匀称，体格健壮，公母羊均有角，额部有半弯型粗毛，被毛纯白，分内外两层，外层粗毛，长10~30厘米，内层绒毛，公羊平均产绒量450克，母羊350克。公羊绒细度13.7微米，母羊为13.6微米，强度为4.5克。

九、荷斯坦奶牛

荷斯坦奶牛原产于欧洲，中国通常称黑白花奶牛。全身被毛黑白相间，头部清秀，鼻孔阔大，前额呈盘形，躯体棱角明显。成年母牛体重为550~700千克，公牛为950~1100千克。奶牛乳房容积大，乳用性好，产奶量为世界奶牛之冠。头胎产奶量3500千克，二胎3900千克，三胎4400千克，五胎4500千克，乳脂率3.4%。

十、利木赞牛

利木赞牛原产于法国，为肉用型。种体形较大，早熟，被毛黄红，角呈白色，蹄褐红色。前胸宽阔，犄角短粗，体格健壮，肌肉发达。成年公牛体重1000~1100千克，成年母牛体重600~800千克。

十一、海福特牛

海福特牛原产于英格兰西部。为小型肉用牛种，成年公牛高130厘米，成年母牛高120厘米。被毛红色，头短额宽，角蜡黄色，颈垂发达，肌肉丰满，肉质细嫩，其味鲜美。

十二、长白猪

长白猪原名兰德瑞斯猪，产于丹麦，是世界上著名的瘦肉型猪种。猪被毛白色，头长面直，耳阔前伸，腰背平直，臀部后倾，胸肌发达。成年公猪体重400~500千克，成年母猪体重300千克。性成熟较早，繁殖率高。成年母猪每窝平均产仔11.1头。饲养改品种，饲料营养价值要求高，饲料转化率2.76∶1.90。屠宰率72%，瘦肉率60%~63%。

十三、大白猪

大白猪原名约克夏猪，原产于英格兰，属瘦肉型品种。被毛全白，头颈较长，脸凹体长，肌肉发达。与其他猪种杂交，遗传力强，肥育效果好，肉质鲜，脂肪少，屠宰率高。成年公猪体重300~500千克，成年母猪体重200~350千克，平均窝产仔数为8.810.4头。仔猪156天可达90千克，平均日增重500克。饲料报酬为1∶2.96。

第三章 渔 业

第一节 水 面

一、自然湖泊(海子)

黄河经过巴彦淖尔市345千米,流域面积340万公顷。由于黄河历次改道和多年引水灌溉形成的常年积水湖泊318个,总面积46403公顷。湖泊分布于后套平原、三湖河平原和乌兰布和沙区,可用于渔业生产。

二、水库鱼塘

巴彦淖尔市内陆水系主要分布在阴山以北的乌拉特中旗和乌拉特后旗,多数属于季节性河流,流域面积310万公顷。在内陆水系建成的中、小型水库33座,面积1500公顷。水库水质良好,可用于渔业生产。1986年,巴盟有人工开挖鱼塘522公顷,2010年发展到3140公顷。

三、水质

1989年,巴盟对境内湖泊、水库进行全面普查。通过采集样本测试,境内绝大部分地表水水质良好,pH值7.4~8.5,总碱度1.22~30,含盐量每升1001~2000毫克。采集到浮游动植物119属,平均含量为每升水6.357毫克。浮游动植物中绝大部分是鱼类直接或间接的食物,有些浮游植物在光合作用下向水体输入氧气,对鱼类的生存和越冬至关重要。

第二节 水产养殖

水产品种 1986年,巴盟渔业养殖品种主要是鲤鱼、草鱼、白鲢、鳙鱼4个品种。1990—1995年,随着池塘养殖技术的推广应用,水产养殖除保留原有黄河鲤鱼、黄河鲶鲤、黄河赤眼鳟外,引进建鲤乌仔、镜鲤乌仔、丰鲤乌仔和团头鲂夏花等鱼种。1996—2010年,相继引进澎泽鲫、银鲫夏花、白鲳、德黄夏花、河蟹、乌鳢、牛蛙试养,并均获得成功。

养殖规模 1986—1994年,全盟有渔业专业户744户,湖水放养4690公顷,人工池塘养殖671公顷,其中精养塘面积149公顷。商品鱼和鱼苗年产量分别在1565吨、419吨左右。1995年,有养鱼专业户1239户,湖泊放养水面6350公顷,池塘养殖2297公顷。1996年,为提高渔业户养殖技术和经济效益,巴盟每年对养殖专业户进行技术培训4~5次,抽调专业科技人员蹲点指导,使养殖户养殖技术不断提高。2010年,全市湖泊养殖水面为

7861 公顷,池塘养殖水面 2997 公顷。年产商品鱼 16485 吨,种鱼总产量 2390 吨。

第三节　渔业保护

1986—2000 年,巴盟天然渔业资源由于超捞超捕造成资源萎缩,稀有种群受到严重威胁。2000 年,巴彦淖尔市规定:黄河流域实行长年禁渔,水库、湖泊每年 5 月 1 日至 7 月 31 日禁渔;禁止使用网目在 8 厘米以下渔网捕捞;捕捞的鱼获中经济幼鱼比例不得超过渔获总量的千分之五。同时,在国家渔业部门的支持下,加大对天然水体的增殖保护和人工放流,加强投放鱼苗种的数量和比例。2001—2010 年,巴彦淖尔市每年向黄河、湖泊、水库人工投放鱼种 80 吨,鱼苗 2100 万尾。为恢复天然水体鱼类种群,对各天然水体主产区增加鱼苗鱼种回放比例,使黄河、湖泊、水库等天然水体逐步形成以养殖为主、捕捞为辅的生产开发与生态保护的可持续发展良性循环生态渔业。

第四章　农牧业机械化

第一节　机　构

1986—1992 年,巴盟设机械工业公司,负责全盟农牧业机械调配、推进农业机械化发展。公司正处级建制。附属事业单位有巴盟农牧机械研究所、巴盟农牧机械推广站、巴盟农牧机械监理所、巴盟农牧机械学校。1993 年,在机构改革中,巴盟机械工业公司改称巴盟农牧业机械化管理服务中心,为盟行署下全额拨款的事业单位。1997 年,巴盟农牧业机械化管理服务中心改建为巴盟农牧业农机化服务中心。2010 年。农牧业机械化服务中心所属事业单位有农机研究所、农机推广站、农机监理所。

第二节　经营范围

1986—1990 年,巴盟农牧业机械主要由巴盟工业机械总公司经营。经营品种有播种机械、耕地整地机械、排灌机械、农副产品加工机械、半机械化机具、农牧业机械等 7 大类 3548个品种。1991—2000 年,农牧机械供应仍以国营企业经营为主,个人、私营经营为辅。2001 年,巴彦淖尔市农机公司转制,农牧机供应企业全部实现民营化。2010 年 12 月,巴彦淖尔市共有个体、私营农牧机械销售企业 300 多家。

第三节　机械拥有量

1986 年,巴盟农牧业机械拥有量为 712250 马力,其中,拖拉机 29991 台,农用排灌机械 3455 台,农副产品加工机械 8317 台,植保机械 120 台,农用汽车 810 辆,有机引耕作机械 17477 台,农田基础建设机械 1022 台(件),牧业机械 4511 台,总动力达 63. 85 万千瓦。总价值 2. 27 亿元,其中全民所有占 2. 3%,集体所有占 4. 8%,农机户占 92. 9%。1990 年,巴盟有各类拖拉机 56641 台,农牧民平均每 5 户拥有拖拉机一台,机械总动力 107. 12 万千瓦。1995 年,拥有拖拉机 65560 台,各种机引农具 78363 台(件),总动力为 115. 7 万千瓦。农牧业生产基本普及机械化作业。2000 年,全盟拥有拖拉机 97030 台,其中,有大、中型拖拉机 5934 台,小型拖拉机 91096 台,有机引农机具 113850 台(套),农用三轮车 12647 辆,农用排灌动力机械 9648 台,农田基本建设机械 15635 台(件)。总动力为 175. 2 万千瓦,总值为 11. 57 亿元。

2005 年，巴彦淖尔市拥有农用拖拉机 128185 台，其中，大型拖拉机 8010 台，化肥深施机械 531 台（套），精量播种机 13079 台，铺膜机 4785 台，节水灌溉机械 473 台（套）。农牧机总动力 264.1 万千瓦，总值 15.8 亿元。2010 年，全市拥有拖拉机 172470 台，机引配套农具 275379 台，农牧业机械总动力达 385.6 万千瓦，农牧业机械总值 35.4 亿元。农牧区平均每户拥有农牧机械资产 13367 元，农牧机械拥有量在自治区 12 个盟市中居首位。

第四节　机械化

1986 年，巴盟农机化作业机耕面积 20.16 万公顷，机播面积 6.61 万公顷，占总播面积 23.2%；机收面积 4.27 万公顷，占总播面积 1%；机械铺膜 1.49 万公顷。机械化综合作业水平 60.5%。1990 年，全盟农机化作业机耕面积 26.25 万公顷，占总耕地面积的 83.98%；机播面积 85.43 万公顷，占总播面积的 61.41%；机收面积 2.11 万公顷，占总播面积的 6.9%。1995 年，农机化作业机耕面积 25.87 万公顷，机播 20.4 万公顷，机收 13.29 万公顷，机械铺膜 4 万公顷，机械深施化肥 15.77 万公顷。2000 年，农机化作业完成机耕面积 28.67 万公顷，机播面积 2.86 万公顷，机收面积 8.23 万公顷，深耕深松面积 15.47 万公顷，联合收割机收割面积 6.67 万公顷，深施化肥面积 29.85 万公顷，机械精少量播种面积 7.91 万公顷，机械秸秆根茬还田面积 4.13 万公顷，机械化铺膜面积 5.47 万公顷。

2004—2005 年，国家对购买大型农牧机械实行补贴政策，农牧业生产机械作业水平迅速提高。2005 年，全市机耕面积 47.37 万公顷，机播面积 38.08 万公顷，机收面积达 28 万公顷，其中机收小麦 12.4 万公顷、玉米 1.07 万公顷、大豆 1400 公顷、土豆 1133 公顷。机耕、机播、机收综合化水平达到 61%，比“九五”提高 5 个百分点。2010 年，农牧机械总动力达到 739.2 万千瓦。拥有大中型拖拉机 81348 台，小型拖拉机 91500 台，农副产品加工动力机械 14092 台，农副产品加工作业机械 6532 台，收获机械 5790 台，机动脱粒机械 34259 台，拖拉机配套农具 275379 部，播种机 65777 台，机引铺膜机 18797 台，畜牧业机械 44544 台，农用运输车 28110 台，农田基本建设机械 2015 台等。机耕面积 58.85 万公顷，机播面积 54.56 万公顷，机收面积 26.17 万公顷。耕、播、收机械化作业水平分别达到 95%、88% 和 42%。综合机械化水平达 75%。

2004—2010 年，巴市完成国家和内蒙古自治区农牧业机械购置补贴资金 20420 万元，其中，中央资金 18020 万元，内蒙古自治区资金 2400 万元，地方各级财政配套资金 1018 万元，带动农牧民投入 47724 万元。完成补贴农牧户 33884 户，补贴机具 43269 台。

第五节　农牧机械（具）操作员培训

1986—1990 年，巴盟培训各类农机驾驶修理人员 37569 人，其中，驾驶员 35470 人，修理工 378 人,内燃机手 1065 人。1991—1995 年,实施"千万农机手培训"、绿色证书工程,全盟共举办农机培训班 441 期,培训各类农机人员 53385 人次。举办农机"绿色证书"培训班 15 期,培训发证 670 人。出动农机科技人员 900 余人次,举办各类现场会 402 次,现场培训各类农机人员 35880 人次。1996—2000 年,巴盟共培训各类农机技术人员 43385 人次,举办拖拉机驾驶员培训班 12990 人次,举办农牧机具操作手 22868 人次,培训技术工人 735 人,其他技术人员 6443 人。2001—2005 年,为进一步提高农牧机械管理人员、操作人员操作水平,5 年间培训农机操作专业人员 75000 余人次。每年在春秋两季,派出专业技术人员深入田间地头,现场开展播种、收割和秋耕技术指导。2010 年,全市有农机户 173207 户,有乡村农机维修人员 195379 人。农机操作、维修形成一支组织完善、体系健全的农机化服务队伍。

1986—2010 年巴彦淖尔市农牧机械拥有量一览表

表 19－4－1

项目＼年度	1986	1990	1994	1998	2001	2003	2004	2005	2006	2007	2008	2009	2010
农牧业机械总动力(万千瓦)	86.9	107.12	109.1	138.24	187.32	210.23	251.63	264.09	276.73	292.57	33865	358.43	379.2
大中小拖拉机(台)	29991	56641	61827	76204	100242	113920	132439	128185	134861	141466	156481	142658	172848
拖拉机配套大中小农具(台)	17477	62014	71884	3824	124888	149754	174823	166326	179820	195242	221538	239899	275379
农用运输汽车(辆)	813	1088	757	918	17908	18931	29677	30695	34059	33907	25859	26922	28110
播种机械(部)	199	418	—	91	31626	36490	38153	40930	37530	47515	49261	59951	65777
收获机械(台)	771	5446	104	767	2081	2157	932	1585	1787	1854	787	1087	5794
农畜产品加工作业机械(台)	6711	14077	5534	4885	10023	4814	4910	4361	4612	4860	5917	5668	6532

第二十篇

水　　利

第一章　套区水利

第一节　管理机构

1986年，巴盟设水利处，下设总排干管理局、总干管理局、永济管理局、一干管理局、解放闸管理局、义长管理局、乌拉特管理局。

1987年，自治区河套灌区管理总局成立，副厅级建制，隶属巴盟行署管理。1997年9月，根据盟编委会《内蒙古河套灌区管理总局及所属事业单位"五定"方案》，河套灌区管理总局负责全灌区水利建设和管理，同时承担巴盟行政行署水利局水行政职能。局内设办公室、组织人事处、工程建设处、灌排管理处、科技教育处、计划财务处、审计处、纪检委、工会、山旱牧区处、水政处（挂水政监察支队牌子）。所属单位有一干灌域管理局、解放闸灌域管理局、总排干沟管理局、永济灌域管理局、义长灌域管理局、总干渠管理局、乌拉特灌域管理局、临河水利学校、防凌防汛指挥部办公室、水利勘测设计院、水文勘测局、水利科学研究所、水土保持站、水利施工机械管理站、水利物资供应站、钻井队、水利工程队。

2008年，自治区河套灌区管理总局内设办公室、组织人事处、计划财务处、工程建设管理处、行业管理规划处、水政水资源处（水政监察支队）、农牧处、供水管理处、科技文化处、监察审计处、工会；所属单位有市水文勘测局、市水利科学研究所、市水土保持站、市水利勘测设计院、市防汛抗旱指挥部办公室、市钻井队（节水抗旱服务中心）、市水利施工机械管理站、市水利物资供应站、市水利工程队、市污水处理厂、市临河自来水公司、一干灌域管理局、解放闸灌域管理局、总排干沟管理局、永济灌域管理局、义长灌域管理局、总干渠管理局、乌拉特灌域管理局。2010年，内蒙古河套灌区管理总局核定内设处级机构有办公室、组织人事处、计划财务处、工程建设管理处、供水管理处、水务产业管理规划处、灌区水资源管理处、农田水利建设处、科技文化处、监察审计处、工会。所属单位7个，即排水事业管理局、乌兰布和灌域管理局、解放闸灌域管理局、永济灌域管理局、义长灌域管理局、乌拉特灌域管理局、总干渠管理局。

第二节　防洪堤建设

一、堤防工程巩固

1986年，黄河上游龙羊峡、刘家峡两库联合调度运行后，改变黄河巴彦淖尔盟段水流特性,河道淤积加剧,过水断面缩小,河道行洪能力降低。在凌期,河道缩窄及浅滩处年年发生冰塞、冰坝,造成凌灾。为防凌汛期酿成水灾,1998—2005年,巴盟先后完成堤防加固278.34千米,戗堤工程完成160千米,填壕196.6千米,对109座穿堤涵洞进行加固;治理险工段14处,共21.81千米,完成土石方385万立方米;新建坝垛195座,加固坝垛46座;完成总干三闸泄水挡黄闸和总排干出口挡黄闸建设;完成堤防加培工程11.61千米,填壕160.22千米,戗台147.48千米。2005—2009年,实施戗台工程14千米,填壕工程3.4147千米。2010年,新建黄河干流堤防工程209.6千米。

二、抢险治理

黄河巴彦淖尔市段共有险工险段36处,长度达106千米,立项治理15处,施建各类护岸坝垛452座,平顺护岸22440米,围连格坝37.03千米,护砌工程长度39.269千米,占险工长度的37%。

2004年5月,五原段中官湾险工完成抢护长度1200米,铅丝石笼18770立方米,塑土枕81000立方米,土方38200立方米。2007年6月,总干二闸泄水渠右背堤段的富河村穿堤涵洞,投抛散石和铅丝石笼5600立方米,经抢护完成土方9000立方米,塑土枕20000立方米。经抢护续填铅丝石笼9800立方米。

2008年,磴口县燕家圪旦控导工程续建水毁工程抢护修复,完成长度135米,完成铅丝石笼1335立方米,塑土枕3785立方米;临河马场地在六八社控导续建,完成工程量土方4.2万立方米,石方0.22万立方米,铅丝石笼0.66万立方米,塑土枕1.5万立方米;五原、前旗段堤防加培戗台填筑、填塘固基及穿堤建筑物改建工程,完成工程量,土方37.86万立方米,石方1.287万立方米,投资885.9万元;乌前旗四科河头险工段续填铅丝石笼681立方米。

2009年,全年黄河抢险共计完成土方61000立方米,石方14200立方米,塑土枕42000立方米,铅丝石笼41274立方米,投入人工10869人,累计投入资金2600多万元。抢险期间,市防汛办及时准确掌握险情发展,全力指导抢险工作,努力协调争取上级对抢险工作的支持,共争取落实防汛业务费、岁修费和抢险经费670万元。

三、移民工程

巴彦淖尔市沿河旗(县、区)黄河左岸滩区总面积为383.34平方千米,耕种面积33.73万公顷,其中,承包地约1.04万公顷。

2002年,贯彻落实国家西部易地扶贫安置试点工程会议精神,加快黄河滩区居民搬迁,自治区下拨巴盟段黄河滩移民工程投资3243.5万元,其中,国家补助1007.5万元,地方自筹2236万元,移河滩住户561户2015人。2003年,国家补给人均5000元的搬迁费,完成搬迁1382户5506人。

第三节　套区灌溉

一、灌域

一干灌域　位于河套灌区西部，西与阿拉善盟为邻，东与解放闸灌域相接，灌溉范围包括磴口县、农牧场（站）大部土地及杭锦后旗黄河镇、阿拉善盟巴音毛道农场和鄂尔多斯市杭锦旗巴拉亥乡在黄河北岸的土地，灌溉控制面积21.9万公顷，设计灌溉面积6万公顷。灌域内有干渠1条，分干渠4条，支渠21条。渠首设计流量90立方米/秒，正常引水能力65～70立方米/秒，年引水6亿立方米左右。

灌域原为古黄河冲积平原，平原上第四纪松散沉积物一般由两层物质构成，下层是河湖中细砂组成的积沙层，上层是河流冲积的黏土层。当黏土层一旦被强烈的风剥蚀，下层沙层便随风吹扬，“就地起沙”，形成沙丘。灌域自东南向西北逐渐降低，海拔1036～1048米。

解放闸灌域　位于河套西部，西邻一干渠灌域，东接永济灌域，南连黄河，北靠阴山，总控制面积21.57万公顷，发展控制面积17.18万公顷。灌域由乌拉河、杨家河、黄济渠三大干渠，16条分干渠，53条支渠组成，年引水量13亿立方米左右。主要灌溉杭锦后旗、临河区、乌拉特后旗山前农业区、乌拉特中旗、磴口县、五原县、鄂尔多斯市与境内的国有农牧场部分土地。

永济灌域　位于套区中部，西与解放闸灌域相邻，东接义长灌域，南抵黄河，北达阴山，总控制面积17.59万公顷，设计灌溉面积13.58万公顷。灌域内有干渠1条，分干渠14条，支渠40条，设计年引水流量133.9立方米/秒，实际引水能力107立方米/秒。主要灌溉临河市及五原县、乌拉特中旗和境内国营农场部分土地。

义长灌域　义长灌域位于河套灌区中下游，西与永济灌域相邻，东与乌拉特灌域相接，南临黄河，北达阴山，总控制面积31.38万公顷，设计灌溉面积25.61万公顷。灌域内有丰济、皂火、沙河、义和、通济5条干渠，6条分干渠，63条支渠，设计引水流量244.6立方米/秒，正常引水能力194立方米/秒。主要灌溉五原县及乌拉特前旗、乌拉特中旗、临河市和境内农场部分土地。

乌拉特灌域　乌拉特灌域位于河套灌区下游东部，西与义长灌域相邻，东与包头市相接，灌溉控制面积14.24万公顷，设计灌溉面积10.83万公顷。灌域内有长济渠、塔布渠、三湖河3条干渠，8条分干渠，24条支渠，设计引水量123.5立方米/秒，正常引水能力97立方米/秒，实际年引水量6亿立方米左右。灌域由长塔渠、三湖河、华惠渠组成。主要灌溉乌拉特前旗大部分及五原县、农场、包头市九原区部分土地。

二、灌渠

总干渠（俗称二黄河）　是河套灌区一首制引水工程的重要组成部分，位于巴彦淖尔市南缘,由西向东横贯河套平原,由三盛公枢纽引水到三湖河先锋闸,全长228.9千米。

总干渠于1957年由水利电力部和黄河水利委员会规划设计,1958年开挖,1967年全线贯通,并相继建成四座分水枢纽。渠首设计流量每秒565立方米,实际引水流量每秒520立方米,正常流量为450~480立方米。控制灌溉面积73.33万公顷,2010年实际灌溉面积53.73万公顷。每年4月中旬开闸引水,10月底关口停水,行水期约200余天,年均引水量40亿立方米左右。

一干渠 位于磴口境内,建于20世纪50年代末60年代初,进水闸建在三盛公水利枢纽上游3.5千米处,黄河直接引水,全长45.4千米,设计每秒流量55立方米,年引水量3.9亿立方米左右,设计灌溉面积3.2万公顷,实际灌溉面积3.47万公顷。

杨家河干渠 进水闸在总干渠第一枢纽,干渠全长58千米,设计流量每秒48立方米。承担杭锦后旗7个镇、乌拉特后旗1个镇灌溉任务。设计灌溉面积6.74万公顷,实际灌溉面积4.61万公顷。

黄济干渠 由总干渠第一枢纽开口引水,全长68.8千米,正常流量每秒58立方米,最大流量每秒62立方米。承担着2个旗5万公顷的农田灌溉任务。

乌拉河干渠 在总干渠24千米处开口,全长53.3千米,设计流量每秒27.4立方米,设计控制灌溉面积2.54万公顷,实际灌溉面积2.03万公顷。承担着杭锦后旗、磴口县、乌拉特后旗3个旗县6个乡镇的灌溉任务。

永济干渠 永济干渠位于河套灌区的中部,全长49.4千米,设计流量每秒90立方米,设计控制灌溉面积13.13万公顷,实际灌溉面积8.6万公顷。承担着临河区、五原县、乌拉特中旗共计15个乡镇及3个国有农场的灌溉任务。

丰济干渠 由总干渠第三分水枢纽引水,干渠全长97.3千米,设计引水流量每秒58.8立方米,实际引水流量每秒为42~46立方米。干渠控制灌溉面积9.9万公顷,实际灌面积5万公顷。承担着五原县天吉太镇、塔尔湖镇、银定图镇,乌拉特中旗乌加河镇、德岭山镇及乌拉特中旗牧羊海农场的灌溉任务。

义和干渠 由总干渠第四分水枢纽引水,全长81千米,设计引水流量每秒42立方米,控制灌溉面积6.03万公顷,发展净灌面积5.14万公顷,实际灌面积3.9万公顷。承担着五原县套海镇、胜丰镇、隆兴昌镇,乌拉特中旗德岭山镇和乌拉特前旗大佘太镇等灌溉任务。

皂火干渠 由复兴干渠皂沙分水枢纽引水,全长52千米,设计流量每秒31.2立方米,实际引水流量每秒30立方米。干渠控制面积为3.91万公顷,发展净灌面积3.13万公顷,实际灌面积2.49万公顷。承担着五原县天吉太镇、塔尔湖镇、新公中镇的灌溉任务。

通济干渠 由总干渠第四分水枢纽引水,全长65千米,设计引水流量每秒37.4立方米，实际引水流量每秒32立方米。干渠控制灌溉面积5.26万公顷。承担着五原县隆兴昌镇、胜丰镇，乌拉特前旗树林子镇以及4个农场的灌溉任务。

沙河干渠 进水闸在复兴渠皂沙分水枢纽，全长79.6千米，设计流量每秒30.4立方米，实际引水流量每秒30立方米。灌域控制面积4.16万公顷。承担着五原县套海镇、隆兴昌镇、新公中镇、乌拉特中旗德岭山镇灌溉任务。

复兴干渠 进水闸总干渠第三节制闸引水，全长7.05千米，设计引水流量每秒70立方米，发展净灌面积2486公顷，实际灌溉面积1160公顷。承担着五原县、乌拉特中旗部分乡镇灌溉任务。

长济干渠 由长塔分水闸引水，全长53.5千米。渠道设计流量每秒29立方米，实际引水流量每秒26立方米，控制灌溉面积2.6万公顷。承担着乌拉特前旗西小召镇、新安镇和新安农场的灌溉任务。

塔布干渠 塔布干渠全长44.5千米，渠道设计流量每秒30.5立方米，引水量每秒24立方米，灌溉面积2.5万公顷。承担着乌拉特前旗西小召镇、新安镇、乌拉山镇、新安乡场、西山咀农场的灌溉任务。

三湖河干渠 三湖河干渠全长49.37千米，设计流量每秒50立方米，最大引水量每秒30.5立方米，灌溉面积2.47万公顷。承担着乌拉特前旗先锋镇、乌拉山镇、中滩农场及包头郊区2个乡灌溉任务。

三、主要进水、分水闸

总干进水闸 总干渠进水闸建于20世纪60年代初，与黄河三盛公拦河闸同期建设。进水闸共9孔，每孔净宽10米，闸身总宽105米，设计进水量每秒565立方米。

第一分水闸 总干渠第一分水枢纽（亦称解放闸）位于总干渠23+900米处杭锦后旗头道桥镇境内。分水闸由节制闸和杨家河、乌拉河、清惠渠、南一分干渠进水闸组成。节制闸设计过闸流量每秒520立方米，实际每秒450立方米，控制灌溉面积10.2万公顷。

第二分水闸 总干渠第二分水枢纽位于总干渠46+700米处临河区双河镇境内。节制闸设计过闸流量每秒313立方米，实际运行最大为285立方米，设计控制灌溉面积20.2万公顷。

第三分水闸 总干渠第三分水枢纽位于总干渠87+300米处五原县天吉泰镇境内。节制闸设计过闸流量每秒152立方米，实际运行最大每秒175立方米，设计控制灌溉面积15.31万公顷。

第四分水闸 总干渠第四分水位于总干渠128米处五原县套海镇境内。节制闸设计过闸流量每秒为65立方米，设计控制灌溉面积16.27万公顷。

一干渠进水闸 位于磴口县巴彦高勒镇南。进水闸为5孔，每孔净宽2.6米，净高3

米,闸身总宽18.2米,过水流量每秒55立方米,灌溉控制面积37.34万公顷,实际灌溉面积4.19万公顷。

南岸(或东岸)干渠进水闸位于黄河右岸包兰铁路桥下游300米鄂尔多斯市杭锦旗境内。进水闸为5孔,每孔净宽2.6米,净高3米,闸身总宽18.6米。

四、灌溉管理

用水指标 1986—2003年,巴盟河套灌区根据实际需水量,每年向自治区水利厅上报年度用水计划,自治区批复灌区年用水量50亿立方米。2004年,内蒙古自治区政府《关于水权转换明晰引黄指标初始水权的通知》,确定巴彦淖尔市初始水权为40亿立方米。2006—2010年,自治区分配巴彦淖尔市河套灌区农业用水为36亿立方米,占全区用黄河水量的62.1%。

灌溉时间 河套灌区灌溉大体为三个阶段,即夏灌、秋灌和秋浇。夏灌一般从每年4月中下旬到6月下旬。秋灌在7月初到9月中旬。这两次灌溉都是作物生长期灌溉。秋浇是作物收割后的储水灌溉,每年9月下旬开始,到10月结束。夏灌的作物主要有小麦、胡麻、夏杂、幼林、热水地、林地、牧地等。秋灌作物有玉米、糜子、黍子、高粱、谷子、豆类、黑瓜子、向日葵、甜菜、土豆、秋杂(蔬菜、西瓜)、饲料等。秋季储水灌溉在河套称为“秋浇”。秋浇是河套灌区干旱气候条件下,为翌年春播、幼苗发芽生长补墒,结合淋盐而进行的非生长期灌溉,因为它为来年播种提供先决条件,河套群众称其为“安锅饭”。

水费改革 1986年,巴盟黄灌区灌溉以干渠口部引水量计价收费,平均每立方米1.8厘,其中夏灌1.6厘,秋浇2.3厘。1988年,收费改为以斗渠口水量计价,平均每立方水6厘,其中夏灌4.6厘,秋灌9.2厘。1989年,调整斗口渠水价,平均每立方水9厘,其中夏秋灌8厘,秋浇12厘。之后水价逐年提高。1998年,河套灌区农业灌溉水价每立方米为0.33元,其中夏秋灌13厘,秋浇38厘。

1999年,农业灌溉用水水价调整为每立方米0.4元。2010年,河套灌区农业灌溉用水水价每立方米0.53元。

取用水监管 1986—1996年,农牧业用水不受限制。1998—1999年,巴盟制定《河套灌区农业水费计收改革办法》,对水费征收单位进行审计。2000年,按照取水用水申请批准程序,核发取水许可证130件,批准取水3亿余吨,查处水事案件73起,调处水纠纷17起。2001年,查处各类案件、水事纠纷98起,治安案件38起,刑事案件4起,收回被抢种渠留地5.6公顷。2002—2003年,按照国家《中华人民共和国水法》,制定严格的取水许可制度,并以地下水超采区为重点,加强用水监督治理,依法发放取水许可证2817套。其中,城区发放409套,农牧区发放2408套。2006年,巴彦淖尔市各大厂矿、企事业单位全部按要求办理取水许可证。各旗(县、区)开征水资源费,水政水资源管理开始步入正轨。2009—

2010 年,巴彦淖尔市相继制定出台《关于关闭临河城区和山前自备水源井的通告》《巴彦淖尔市排水管理暂行办法》《巴彦淖尔市排水水体水质监测方案(试行)》等一系列取水用水政策,关闭临河市区 93% 自备井,沿总排干沟设置 8 处永久性地下水监测点,查处水事案件 21 起。

1986 年,巴盟全盟土地有效灌溉面积 81 万公顷。1990 年,土地有效灌溉面积 81.32 万公顷。1996 年,实际灌溉面积 40.03 万公顷。1997—2010 年,为加强灌溉管理和合理收缴水费,对灌溉面积进行核查。经测绘,查清西起乌兰布和沙漠腹地的巴音毛道农场,东到乌梁素海和包头西部,北起狼山和乌拉山洪积扇,南到黄河边,灌区灌溉面积为 57.44 万公顷。其中,巴彦淖尔市灌溉面积为 56.45 万公顷。

灌溉工程续建　河套灌区土质深厚肥沃,引黄灌溉便利,具有发展灌溉农业得天独厚的优越条件,自古以来,就有"黄河百害、唯富一套""北国粮仓"等美誉。但经过多年大水漫灌,无节制用水,造成套区地下水位上升,盐渍土地制约经济社会发展。1997 年,全国政协副主席钱正英到河套灌区考察时指出,河套灌区第一步目标是节水。通过节水降低地下水位,改造中低产田和待开发宜农荒地。根据建议,自治区正式将河套灌区渠系续建和节水改造立项,并将《内蒙古黄河灌区节水配套工程项目建议书》报国家计划委员会。1998 年,巴盟节水改造工程总投资 4186.3 万元,其中,国家投资 2300 万元,地方配套 1886.3 万元。建设项目主要包括,永刚分干渠渠道防渗衬砌及建筑物配套、总干渠建筑物除险加固、隆胜节水示范区东济、西济两条支渠灌域四级渠道衬砌。1999—2000 年,灌区渠系续建和节水改造国家投资 1500 万元,地方配套投资 755.2 万元。主要建设工程有杨家河干渠防渗衬砌 11.5 千米、重建维修各类建筑物 16 座;三胡河干渠裁弯整治 10.26 千米,新建重建维修各类水工建筑 18 座;总干渠第二节制闸上游防渗衬砌 500 米及总干渠一、二、四闸除险加固;完成总排干红圪卜排水站 4 台机泵大修及控制系统改造等。2001 年,灌区渠道续建和节水改造工程国家投资 6100 万元,地方配套 3041 万元。建设主要项目:永济干渠渠道衬砌及建筑物配套 7.9 千米,杨家河渠道衬砌及建筑物配套 8.91 千米,机缘分干渠整治 2.7 千米,机东支渠渠道村砌 5.2 千米及建筑物配套,义和干渠渠道衬砌及建筑物配套完成 6 千米,总干渠整治李玉段 4.5 千米、林场段 5 千米及建筑物除险加固(杨家河进水闸下、乌拉河进水闸加固)工程。2002 年,套区灌渠续建和节水改造工程国家投资 4200 万元,地方配套 2073 万元。建设主要项目有永济干渠渠道衬砌及建筑物配套 3.5 千米,重建永济干渠第二节制闸,北边分干渠及建筑物配套 2 千米,义和干渠渠道衬动及建筑物配套 2.3 千米,重建义和干渠第二节制闸,丰济干渠整治 2.5 千米,总干渠渠道整治 6.5 千米,重建生产桥 2 座。2003 年,套区渠系续建和节水改造国家投资 4761.35 万元,地方自筹资金 2380.67 万元。完成项目有总干先锋桥段整治工程完成 3.6 千米,完成东风分干渠防渗衬砌及建筑物配套工程 2. 839 千米,园子分干渠防渗衬砌及建筑物改造完成 2. 573 千米,永济干渠防渗衬砌及建筑物工程完成 2 千米,义和干渠防渗衬砌及建筑物工程完成 2 千米,长济干渠防渗衬砌及建筑物工程完成 2. 5 千米,丰济干渠整治及建筑物工程完成 2. 28 千米,长济干渠整治及建筑物工程完成 16. 15 千米,塔布干渠整治及建筑物改造工程完成 12. 77 千米。2004 年,渠系续建和节水改造工程完成投资 9369 万元。其中,地方财政投资 2248. 39 万元,群众集资投入 8960. 09 万元,群众投工 1193. 74 万工日。完成永济干渠第二节制闸、义和干渠第二节制闸等枢纽工程的重建;完成东风分干渠 2. 84 千米、园子分干渠 2. 57 千米、义和干渠 2 千米、永济干渠 2 千米、长济干渠 2. 5 千米等骨干渠道衬砌。2005 年,灌区续建配套与节水改造工程完成投资 10292. 89 万元。完成总干渠整治 14. 57 千米,义和、长济、机东等干渠渠道衬砌 10. 22 千米;永济干渠、义和干渠和长济干渠衬砌及建筑物改造、解放闸灌域建筑物改造、东风分干渠整治及建筑物改造等重点工程。2006 年,继续实施灌区续建配套与节水改造工程,完成投资 3 亿元。实施东风分干裁弯整治工程 3. 3 千米,义和干渠、永济干渠、长济干渠渠道衬砌 5. 4 千米,义和五闸、丰济六闸、大南渠一闸等 15 座建筑物重建及维修。2007 年,国家明确将灌区节水改造项目的国家投资部分由原计划每年 2500 万元增加到每年 5000 万元,连续投资 3 年,共计 1. 5 亿元。累计整治渠(沟)道 854. 2 千米,总干渠生物固堤治理 10 千米,衬砌渠道 359. 1 千米,建筑物维修更新改造 332 座。

五、水利科研

河套灌区水利科研,始于 1987 年内蒙古河套灌区管理总局成立。1988—1998 年,河套灌区水利科研共立 59 项科研课题,取得成果 40 项,其中,2 项获国家科技进步奖,16 项获自治区科技进步奖,22 项获巴盟或内蒙古科技进步奖。1999 年,河套水利科研完成延续项目 6 个,即河套地区盐碱地节水灌溉实验和示范项目、条列模式理论在农田水盐运移时空变异与分析中应用、河套灌区非充分灌溉条件下作物需水及经济效益研究、河套灌区七排域明沟排水效益监测研究、缓和水质监测、河套灌区节水灌溉综合实验与示范研究。2002 年,水利科研有内蒙古自治区科技厅立项的“浅层水开发应用技术”和河灌总局立项的“河套灌区主要作物非充分灌溉试验研究”。2003 年,水利科研有内蒙古河套灌区永济灌域秋浇节水预留干地土壤水盐动态与生产对策研究、河套灌区衬砌渠道综合糙率及不冲不淤流速试验、平原灌区末级渠道流量及射频卡式信息管理系统、河套灌区续建配套与节水改造工程完成后区域水利环境变化的预测研究等 8 项。2004 年,开展水利科研 6 项,与自治区合作项目 6 项,确立科研项目 2 项。2005 年,开展研究 11 项,其中自治区科技厅、水利厅下达的科研计划 6 项,总局水利科研 4 项,资料验收项目有 2 项。推广项目有:水表化量水技术、治沙护渠技术、工程防冻胀新技术、旱浇保墒技术、平地缩块技术、112 集雨工程、治沙护渠仪表化量水新技术等。

第四节　套区排水

一、总排干

总排干沟是河套灌区排水系统的骨干工程，主要作用是排泄整个灌区地下水（排碱、排盐）、灌溉余水及山洪水，降低地下水位、改良土壤、促进农业发展。1975年，巴盟疏通乌加河作为总排干沟，在乌梁素海处建立排水泵站，排水能力每秒30立方米，结束了灌区自流排水阶段。但因设计标准较低，扬水站在水大时不能充分发挥排水效益，排水系统也不完善。1978—1985年，陆续扩建总排干沟、扩建配套排水系统，其间，开挖干沟、分干沟及以下各级沟道，打通乌梁素海至黄河出口段24千米的排水沟道，灌区排水可通过乌梁素海调蓄直接排入黄河。1990年，总排干进行第二次扩建，对全线的阻水段进行拓宽和挖深并裁弯，减少沟道冲淘，保证水流通畅。同时，在尾部又新建红圪卜排水二站，设计排水能力每秒100立方米，改建旧排水一站，使两站的设计排水流量达到每秒120立方米。2010年，总排干全长257.28千米，分为三段，第一段杭锦后旗张大圪旦村至红圪卜扬水站，扬水入乌梁素海，长208.283千米，控制排水面积64.48万公顷；第二段乌梁素海水域30千米，控制排水面积9.03万公顷；第三段乌梁素海南端乌毛计泄水闸至三湖河口入黄河处，长24千米，控制排水面积2.33万公顷。

二、排干沟

一排干沟　干沟全长38.57千米，其中：磴口县境内长19.424千米，设计流量每秒1.2立方米；杭锦后旗境内长19.129千米，设计流量2.3立方米/秒。沟道上共有汇入口23座，支沟6条、斗沟7条、毛沟10条，桥梁19座，渡槽6座。设计控制排水面积1.9万公顷。

二排干沟　干沟全长64.6千米。其中，27.2千米在乌兰布和灌域，37.4千米在解放闸灌域。毛排控制面积3.78万公顷。有汇入口49座、生产桥19座、公路桥7座、渡槽9座、涵洞1座。

三排干沟　干沟全长30.03千米，设计流量为8.22立方米/秒，控制排水面积7.4万公顷。干沟汇入沟45条，其中，分干沟3条，支干沟4条，斗沟18条，农沟20条。干沟有各类建筑物89座。

四排干沟　干沟全长54.68千米，设计口部排水流量1立方米/秒，尾部排水流量9.1立方米/秒，控制排水面积6.82万公顷。干沟有生产桥28座、公路桥6座、渡槽16座、支沟扬水站6座、干沟扬水站1座、干沟尾口1座。

五排干沟　干沟全长35.5千米，设计口部排水流量2立方米/秒，尾部排水流量5立方米/秒，设计控制排水面积4.91万公顷。沟上有生产桥13座、公路桥7座、渡槽11座、尾口1座。

六排干沟　干沟全长46.76千米，设计控制排水面积5.13万公顷。干沟有分干沟4条，支沟8条，斗沟7条。干沟上有生产桥21座、渡槽7座、交叉涵洞10座、汇入口32座。

七排干沟　干沟全长49千米，设计流量3.7立方米/秒，设计控制排水面积2.8万公顷。干沟上有桥梁30座、渡槽12座、交叉涵洞4座、汇入口39座、一字闸4座。

皂沙干沟　干沟全长18千米，设计控制排水面积1.52万公顷。干沟上有公路桥2座、生产桥7座、渡槽3座、涵洞4座、汇入口24座。

义通干沟　干沟全长37.72千米，设计控制排水面积4.87万公顷，其中五原县为3.52万公顷，乌拉特前旗为0.71万公顷，农场为0.64万公顷。干沟上有桥17座、渡槽9座、扬水站1座、交叉2座、汇入口27座，其中，分干沟汇入口3座，支沟汇入口9座，斗农沟汇入口15座。

八排干沟　干沟全长43.4千米，设计流量11.1立方米/秒，干沟控制面积4.75万公顷。干沟上有桥梁17座、渡槽9座、汇入口35座、扬水站2座。

九排干沟　干沟长46.9千米，设计干沟控制总面积3.07公顷。干沟上有桥梁25座、渡槽10座、汇入口58座、扬水站1座。

十排干沟　干沟全长32.9千米，干沟控制面积1.95万公顷。干沟有桥梁13座、渡槽12座、汇入口55座、扬水站1座。

三、排干续建

总排干　继1978—1985年对总干渠进行了第三次扩建后，1988年开始，对总排干进行第四次改扩建。1997年，先后新建红圪卜二站，改建红圪卜一站；劈宽挖深200.45千米，使红站排水能力由30立方米/秒提高到120立方米/秒。2010年，总排干全长257.283千米，控制排水面积75.84万公顷。总排干属下有干沟10条，分干沟27条，支斗排沟89条；铁路桥2座，公路桥20座，有尾水口126座，扬水站9座、渡槽26座、控制闸2座。

排干沟　1989—1990年，巴盟投资3637.41万元，对三排干沟进行扩建，完成旧渠改造21.28千米，开挖8.75千米；完成3条分干沟、27条支沟、3个滞蓄区、7条支渠的土方工程；完成各类建筑物696座，浆砌石16357立方米、干砌石7090立方米、混凝土和钢筋混凝土量14872立方米、砂石料45059立方米。

1991—1994年，对四排干进行扩建，新开永丰、永兰边、合济梢3条支渠，疏通临杭、建国、迎胜3条支沟，新建、重建各类建筑物625座，完成土方572.97万立方米、混凝土及钢筋混凝土12152.3立方米、浆砌石17537.88立方米、干砌石5467.5立方米、沙砾垫层26310.8立方米，完成投资3299.08万元；对八排干沟进行扩建清淤，扩建新建分干、支沟78.44千米，拓宽旧沟56.93千米，整修渠道133.79千米，完成土方开挖430.75万立方米，砌石 15597 立方米，混凝土及钢筋混凝土 10562 立方米，金属结构安装 94.3 吨；对九排干进行改扩建清淤，改扩建工程完成排水干沟 35 条，支沟 35 条清淤，整修 368 座建筑物，治理防塌 7 千米，完成土方 384.8 万立方米、完成混凝土 6834 立方米、浆砌石 7938 立方米、干砌石 1942 立方米、砂石垫层 3535 立方米。改扩建后的排干，年均排水达 2332 万立方米，排盐 11.77 万吨；对皂沙排干进行扩建。扩建后皂沙排干沟毛排面积 1.52 万公顷，实际控制面积 1.20 万公顷。平均年排水 310 万立方米，年排盐 0.42 万吨。1996 年，利用世行溢出资金和剩余物资，对五排干沟进行扩建清淤，投资 118.43 万元；对六排干进行清淤扩建，扩建后的六排干有 18 条直口排水沟。1997—1998 年，利用世行贷款溢出资金 66.9 万元，地方筹资 139.11 万元，对一排干进行扩建，完成土方 80.5 万立方米。经扩建，排干沟有 22 条直口排水沟泄入一排干沟内；利用世行贷款溢出资金 63 万元，地方筹资 305.34 万元，对二排干进行清淤扩建，完成土方 140 万立方米。扩建后的二排干沟有 45 条直口排水沟汇入；对十排干沟 26.047 千米进行清淤扩建，开挖土方 14.06 万立方米，年均排水达到 1321 万立方米，年排盐 20.47 万吨；对义通排干进行扩建清淤，扩建完成 249.17 千米，新建、修复各类建筑物 327 座，完成土方 391.28 万立方米，浆砌石 7436 立方米，干砌石 1054 立方米，混凝土及钢筋混凝土 9003 立方米，使义通排干年平均排水量达 1100 万立方米。

总排干、排干主要参数一览表

表 20-1-1

项目＼名称	排水能力（立方米/秒）	入河排沟	排水方式	年排水量（立方米/秒）
一排干	1.9	总排干	自流	485
二排干	2.9	总排干	扬排	388
三排干	6.5	总排干	自流	8400
四排干	6.16	总排干	自流	4976.8
五排干	3	总排干	自流	1502
六排干	2.78	总排干	扬排	1273.76
皂沙排干	1.4	总排干	扬排	727.2
七排干	6.82	总排干	扬排	1629.53
义通排干	5.6	总排干	扬排	856.46
八排干	4.2	乌梁素海	扬排	4000
九排干	2.6	乌梁素海	扬排	507.9
十排干	1.5	黄河	扬排	1199

第二章 山旱牧区水利

第一节 草牧场水利

巴彦淖尔市幅员广阔,除富饶的套区平原,还有美丽的乌拉特草原和矿藏资源丰富的山区,全市草原面积为5.4万平方千米,占全市总面积的84.4%。因草原地处内陆,干旱缺水,自古牧民居无定所,牧业生产十分落后。20世纪60年代开始,巴盟将发展山旱牧区水利事业放在首位,组织农牧民打井,开发利用浅层水,集中解决人畜供水。同时,兴修水库、发展机电井,开发饲草料地,开启山旱牧区水利建设高潮。1990年,以节水灌溉为目标的农田、草牧场水利建设工程在全盟展开。1995年,山旱牧区共完成渠道衬砌2807千米,铺设低压管道715千米,节水面积发展到2.64万公顷。1998年,山旱区累计建成中小型水库33座,总库容2.75亿立方米;建塘坝29处,扬水站50处;截伏流工程25处;打配管井6367眼,其他井4158眼;建人畜饮水工程221处、草库伦7648处,防氟改水51处,水保治理10.79万公顷,灌溉面积7.78万公顷,解决了17万人150多万头(只)牲畜的饮水问题,完成水利建设总投资14023万元。2004年,巴彦淖尔市利用中央财政预算内专项水保资金,在山旱区引导村社投工投劳,实施渠道衬砌、低压管道等节水工程,共完成农田、草牧场治理面积37.6平方千米,新增灌溉草库伦400处。

第二节 水库除险加固

1986年,巴彦淖尔市有中型水库6座,分别是乌拉特中旗红格尔水库、德令山水库、狼山水库、石哈河水库、韩乌拉水库,乌拉特前旗增龙昌水库。小型水库27座,分别是乌拉特中旗的二牛水库、桑根达赖水库、新忽热水库、黑水壕水库、白齐沟水库、巴音宝力格水库,乌拉特前旗南什份水库、莫斯图水库、乌拉特后旗乌尼乌素水库、物力吉莫林水库查干高勒水库、莫林队水库、红旗水库、宝日布水库、南湖水库。塘坝29处,扬水站50处,截伏流工程25处。山旱区这些水利设施由于运行多年,淤积严重、防洪标准降低,有的已经达到或超过使用寿命。

1990—1999年,为更好地利用这些水利设施,巴盟先后完成狼山水库输水洞改建工程、增龙昌增水工程和红山水库、二牛水库、新忽热水库等水库除险加固。2000年,国家实施西部大开发战略,巴盟将大中型水库的除险加固列入战略重点之一,相继启动乌拉特前旗增龙昌水库、乌拉特中旗德令山水库除险加固工程。2004 年两项工程总投资 2505 万元，完成乌拉特中旗德令山水库、乌拉特前旗增龙昌水库建设工程。2005 年，巴彦淖尔市共有 11 座病险水库批复立项，先后完成增龙昌、德岭山、红格尔、巴音高勒、红山口、韩乌拉等水库除险加固。

2006—2007 年，相继完成二牛湾、石哈河、秦达门、狼山、大佘太等 5 座水库除险加固，完成投资 9535 万元。并将 14 座水库列入国家三期除险规划，批复 4 座，其他 10 座列入“十一五”规划建设项目。2008 年，全市列入国家三期水库除险加固专项规划的水库有 14 座，批复 13 座，完成王留壕、大仙庙等 4 座水库除险加固工程。新开工乌拉特中旗乌不浪水库项目。2009 年，全市列入国家三期水库除险加固专项规划的水库有 14 座，当年完成除险加固 6 座，完成投资 1940 万元。2010 年，全年完成 15 座水库除险加固任务，累计投资 1.1 亿元。

第三章 水土保持

第一节 水土流失状况

巴彦淖尔市水土流失区主要分布在乌拉特前旗、乌拉特中旗、乌拉特后旗和磴口县境内,区内有48个乡(镇)、苏木,总人口37.65万人,人口密度为每平方千米7人。

受特殊地形、地貌和气候条件的影响,巴彦淖尔市的土壤侵蚀类型表现为:水力侵蚀、风力侵蚀、风水复合侵蚀。冬春两季风蚀严重,夏秋季特别是7—9月水蚀较为突出,形成特有的风水复合侵蚀形式。

水力侵蚀分为五级:轻度、中度、强烈、极强烈、剧烈。全市平均水蚀模数为2500~5000T/km^2. a。风力侵蚀也可分为五级:轻度、中度、强烈、极强烈、剧烈。全市平均风蚀模数为4053.11T/km^2. a(乌兰布和风沙区高达18000T/km^2. a)。风水复合侵蚀模数为3465T/km^2. a。

全市国土面积6.51万平方千米,其中水土流失面积49530.85平方千米,占全市总面积的76.2%。黄河流域水土流失面积18573.56平方千米,内陆河流域水土流失面积30957.29平方千米。水土流失区又分为4个类型区,即土石山区、乌兰布和风沙区、草原丘陵区、风沙戈壁区。

巴彦淖尔市水土流失分布情况表

表20-3-1

旗县市(区)项目数量	国土面积(平方千米)	水土流失面积					
		黄河流域		内陆流域			合计(平方千米)
		土石山区	乌兰布和沙区	土石山区	草原丘陵区	风沙戈壁区	
全市(盟)	65140	18766	2582.2	1177.6	15405.97	16688.7	54620.47
乌拉特前旗	7476	5159	—	—	—	—	5159
乌拉特中旗	23096	10000	—	590.2	11914.97	—	22505.17
乌拉特后旗	24925	3007.2	—	587.4	3491	16688.7	22505.17
磴口县	4167	599.8	2418.2	—	—	—	3018
杭锦后旗	1752	164	—	—	—	—	164
临河区	2354	—	—	—	—	—	—
五原县	2493	—	—	—	—	—	—

第二节　水土保持规划

一、水土保持中长期规划

黄河流域水土保持规划　巴彦淖尔早在1982年从黄河流域的自然特征和具体特点出发,制定水土保持中长期规划。将黄河流域水土流失区划分为三大区,土石山区18687平方千米、磴口风沙区2747.2平方千米、河套平原区11118平方千米。土石山区又分为乌拉山、查斯太山、狼山三个副区。根据土石山区三个副区和风沙区的实际情况拟定相应的规划措施。乌拉山副区,境内有呼和、白彦花、沙德盖、阿拉奔4个苏木,改造基本措施是:封山育林,引洪淤灌,兴建小型水库,营造各种水土保持防护林,并加强对已有林木的管理和更新。查斯太副区,境内乌拉特前旗大余太、小余太、苏独仑、朝阳、明安、阿拉奔6个乡;乌拉特中旗双盛美、石哈河、郜北、楚鲁图、德岭山5个乡,改造基本措施是,以谷坊和淤地坝为主,进行拦洪淤地造田,提水发展水浇地。工程措施基本完成后,大力种植林草,恢复植被,提高生态效益和经济效益。狼山副区,境内乌拉特中旗的呼勒斯太、查石太牧场;乌拉特后旗的那仁布拉格、巴音宝力格、朝格、乌盖苏木、青山、赛乌素镇共13个苏木、镇和牧场,改造基本措施是,以中小型水库结合冲积扇拦洪、引洪及提水灌溉来解决山前农林牧缺水问题,恢复植被,防止水土流失。磴口风沙区的基本措施是:东部靠河套边缘建立防风固沙基干林带,中、北部建立防护林、用材林区,西南部建立梭梭、沙冬青次生封育保护区,流动沙区搞封沙育草工程。

规划的完成时间及实施区间　规划(1986—2000年)分为2个时段,前5年(1986—1990年)进行具体规划,后10年(1991—2000年),主要提出前景和发展设想。规划工作历时3年于1985年3月28日全部完成,1986年正式付诸实施。

二、内陆河流域水土保持规划

巴彦淖尔市内陆河流域总面积31146.42平方千米,占全盟总面积的48%。规划将内陆河流域划分为三个类型区,乌拉特草原丘陵区,面积14452.4平方千米;乌拉特风沙戈壁区,面积15516.42平方千米;乌拉特土石山区,总面积1177.6平方千米。

内陆河流域水土保持　在土石山区有条件的地方,搞小型工程措施。在河槽边搞小型引洪淤灌地工程。在内陆河上游搞小片坝地,拦蓄径流灌溉饲草基地。在草原丘陵区除完善一家一处的畜群草库伦建设外,在条件较好的地带搞一些飞播封育措施。主要灌木草种有梭梭、柠条、骆绒黎等抗逆性强的植物,实行轮封轮牧制度。在风沙戈壁区的荒漠带内主要以飞播结合人工降雨散播梭梭、沙冬青、沙蒿、沙竹等沙生植物,控制当地流沙东侵和继续蔓延,进行大面积封育措施,实行轮封轮牧制度,在有条件的地方发展和建设林草库伦。生产发展方向以牧为主、林牧结合、多种经营、协调发展的建设方向。在以牧为主的草原山林中，大力保护和发展林草业，恢复植被，防止土壤侵蚀加剧，生态失调，环境恶化。尽最大努力减轻草场压力和土壤侵蚀程度，合理开发利用各种资源。

巴彦淖尔市内陆河流域水土保持规划　1988 年启动，1991 年 9 月编制完成。规划开始实施时间为 1991—2010 年，分两个时段进行，2000 年实现总产值 5125.7 万元，人均产值 2733 元。2010 年，实现总产值 6980.4 万元，人均产值 3230 元。

三、巴彦淖尔市水土保持重点工程总体实施方案

小流域综合治理工程　乌兰布和沙漠直接入黄段综合治理工程分为四个项目区，分别为磴口二十里柳子项目区、刘拐子沙头项目区、三盛公水利枢纽库区水土保持综合治理项目、双庙镇项目区。其中，刘拐子沙头项目区总面积 140 平方千米，具体治理措施为黄河沿岸布设乔木防风，靠近黄河设立直立沙障，在直立沙障前的沙丘上布设草方格并种植沙生植物，丘间低地种植乔木、灌木和草。为工程实施需要，纵向每隔 2.5～3 千米布设一条道路，横向每隔 2 千米布设一条道路与纵向道路连接；二十里项目区总面积 45.67 平方千米，在项目区的沙丘上布设草方格并种植沙生植物，丘间低地种植乔木、灌木和草。为工程实施需要，纵向每隔 3 千米布设一条道路，横向每隔 2 千米布设一条道路与纵向道路连接；三盛公水利枢纽库区水土保持综合治理项目总面积 50 平方千米，为防护库区免受风沙侵害；双庙镇项目区总面积 86.44 平方千米，主要为控制乌兰布和沙漠向东侵害。

生态修复工程　生态修复工程分为两区，即乌拉特前旗小佘太项目区和乌拉特后旗呼和温都尔项目区。其中，乌拉特前旗小佘太项目区总面积 212.3 平方千米。具体治理措施为布设水土保持林、种草、封禁治理、饲草料基地、棚圈、青贮窖等。乌拉特后旗呼和温都尔项目区，项目区总面积 200.42 平方千米，具体治理措施为布设水土保持林、种草、封禁治理、饲草料基地、棚圈、青贮窖。

面上小流域综合治理工程　小流域综合治理工程 7 处，分布于 5 个旗、县，具体治理措施为布设水土保持林、种草、小片水地、沟头防护、封禁治理、大口井、节水灌溉工程等。

坡耕地水土综合整治试点工程　治理工程共三项，乌拉特后旗狼山山前冲积扇区坡耕地水土综合整治工程；乌拉特中旗的石哈河地区的双胜美、百木井、西部北村坡耕地水土综合整治工程；乌拉特前旗小佘太地区坡耕地水土综合整治工程。坡耕地水土综合整治主要措施由坡改梯 33.42 平方千米，建水源井 192 眼，修建田间道路 90.85 千米。

淤地坝工程　淤地坝新建工程有乌拉特中旗的摩楞河流域的北楚鲁图沟和乌拉特前旗张来渠小流域等两处；病险坝维修加固工程有乌拉特前旗东柳树沟淤地坝工程，乌拉特中旗的摩楞河流域的北楚鲁图沟布设骨干坝 2 座、中型坝 4 座、小型坝 10 座；张来渠小流域布设骨干坝 2 座、中型坝 4 座。乌拉特前旗东柳树沟病险坝加固工程主要对骨干坝 4 座，中型坝 6 座进行除险加固。

四、巴彦淖尔市"十二五"水土保持规划

综合治理工程　涉及乌拉特前旗、乌拉特中旗、乌拉特后旗、磴口县、杭锦后旗、五原县、临河区等旗、县人口集中而且是社会经济地位重要的水土流失地区。主要以丘陵区、土石山区及沿河风沙区为重点，兼顾部分沙化退化严重的草原区和平原区，进行集中治理。完成综合治理面积 749.89 平方千米。其中，乌拉特前旗 51.69 平方千米，乌拉特后旗 288.8 平方千米，乌拉特中旗 57.93 平方千米，磴口县 272.92 平方千米，杭锦后旗 19.97 平方千米，五原县 11.98 平方千米，临河区 14 平方千米。

坡耕地改造工程　实施区主要分布在乌拉特前旗、乌拉特中旗、乌拉特后旗、磴口县等旗县的主要粮食产区。对开垦指数高，人均基本农田少、水土流失较严重的丘陵区及土石山区的坡耕地进行治理，完成治理面积 57 平方千米。其中，乌拉特前旗 12.64 平方千米，乌拉特后旗 20.1 平方米，乌拉特中旗 17.59 平方千米，磴口县 6.67 平方千米。

生态修复工程　实施修复主要分布在乌拉特前旗、乌拉特中旗、乌拉特后旗、磴口县等旗县的自然条件相对较好，生态环境可自然恢复的地区。完成治理面积 2355.6 平方千米。其中，乌拉特前旗 212 平方千米，乌拉特后旗 1425 平方千米，乌拉特中旗 631.8 平方千米，磴口县 86.8 平方千米。

淤地坝工程　乌拉特中旗的摩楞河流域的北楚鲁图河小流域和乌拉特前旗张来渠小流域为新建工程实施区，建设骨干坝 4 座，中型坝 8 座，小型坝 12 座。

革命老区工程　主要集中在乌拉特前旗境内，完成综合治理面积 46.04 平方千米。该规划分 5 年实施，到 2010 年 5 月完成。

第三节　水土流失治理

一、综合治理

巴彦淖尔市水土保持工作起始于 20 世纪 50 年代初，保持重点在黄河流域。先后开展植树造林、防风固沙，缓坡丘陵区坝地建设，滩川地引洪方田建设。创造了磴口县植树造林、乌拉特中旗石哈河地区旱地变坝地、坝地变水地及乌拉特前旗余太川、明安川引洪淤灌方田等水土保持成功范例。1989 年，巴盟累计完成水土保持治理面积 635.7 平方千米。其中造林 2.63 万公顷，种草 1.7 万公顷。共移动土石方 1302 万立方米，建成拦洪淤地坝 2.1 万条，蓄洪塘坝 41 座，引洪渠 159 条。

1999 年，在全盟第二次水保工作会议上，重新提出巴盟水保工作的基本思路，主要开展重点治理，改变过去点多、面广、线长、花钱多、效益低的做法。在不同类型区以示范工程为重点，统筹规划，综合治理，实现经济、生态、社会三大效益统一。2000 年，全盟累计完成治理面积 1465.97 平方千米，营造水保林 5.78 万公顷，种草 0.43 万公顷，封山育林 0.41 万

公顷，修梯田 1.04 万公顷，坝地 2.33 万公顷，引洪淤地 1.67 万公顷。2001 年，在国家基本没有投资的情况下，各旗、县人民政府和水利部门积极筹措资金，加大地方受益群众自筹和投工投劳的办法，千方百计设法完成治理工程 60.85 平方千米。其中建设基本农田 6.40 平方千米，营造防护林 39.39 平方千米，种草 13.68 平方千米，封禁治理 1.33 平方千米。2002 年，全国实施西部大开发，巴盟水土保持工作迎来机遇，年内，完成水土流失治理 116.04 平方千米。其中基本农田建设完成 0.21 万公顷，造林 0.78 万公顷，种草 0.17 万公顷。2003 年，全盟共计完成综合治理面积 194.267 平方千米。其中，发展基本农田 11.25 平方千米，造林 60.0 平方千米，种草 38.28 平方千米，封禁 84.73 平方千米。截至 2003 年，全市累计完成综合治理面积 1997.18 平方千米，占全盟水土流失面积的 3.66%。

二、节水示范区建设

在生产实践中，劳动群众认识到节水是山旱牧区增产、增收、脱贫致富的有效途径，尽可能扩大水浇地，提高抗旱能力。1998 年，巴盟在山旱牧区实施节水灌溉，建设节水工程 55 处，实施节水面积 0.73 万公顷。其中渠衬完成 0.44 万公顷，建喷灌田 0.10 万公顷，发展滴灌 0.04 万公顷，灌溉 0.1 万公顷，节水抗旱种植 0.05 万公顷。2000 年，乌拉特后旗巴音宝力格镇东升村七社节水工程竣工，工程完成渠道防渗衬砌 5380 米，配备固定式一字型钢闸门 150 套，简易移动式闸门 86 套和移动式节制闸 236 套，田间生产桥涵 15 座，出水池 3 个。

三、水土保持重点工程

1999 年，中央财政预算内安排专项资金，用于乌拉特前、乌拉特中旗、乌拉特后旗和磴口县重点水土流失区治理，治理规划面积 250 平方千米，建设年限 1999—2003 年。2000 年 10 月，4 个项目完成治理面积 0.47 万公顷。其中，发展基本农田 0.15 万公顷，营造水保林 0.2 万公顷，种草 0.02 万公顷，封禁治理 0.06 万公顷。完成投资及投劳折资总计 600.9 万元。经 2001 年 1 月及 5 月 2 次分别对 4 个项目区进行验收，验收成果名列自治区前茅。

2000 年中央财政预算内专项资金巴盟水保国债项目于 2001 年 3 月实施。国债项目全盟总投资 600 万元，其中，中央投资 400 万元，地方匹配 200 万元，治理面积 66.67 平方千米。治理旗、县主要是乌拉特前、乌拉特中旗、乌拉特后旗和磴口县。10 月，4 个旗县的 7 个项目区治理任务基本实现，完成治理面积 62.89 平方千米，占应治理任务的 94.3%。其中，基本农田 7.71 平方千米，造林 30.73 平方千米，种草 2.27 平方千米，封禁治理 22.14 平方千米，水保引洪、水源工程 233 处座、眼，完成土石方 29 万立方米。完成投资 532.06 万元，其中，中央投资 356.33 万元，地方匹配 175.73 万元，群众投劳投工 123.752 万个工日。

2002 年，实施的中央财政预算内专项资金水土保持项目分别是乌拉特前旗白彦花、大罗沟；乌拉特后旗青克沟；磴口县金沙庙；杭锦后旗太阳庙新建、星月 6 个项目区，完成综合治理面积37.33平方千米。乌拉特中旗生态修复试点项目开始实施,项目建设期3年,总治理面积200平方千米。2003年,完成治理面积66.67平方千米,投资150万元,其中,国家补助100万元,旗、县配套资金50万元;黄河中游局首次投资项目前期召沟重点小流域综合治理计划实施,项目建设期三年(2002—2004)治理面积30平方米。2003年完成治理面积7.4平方千米,工程投资为61.2万元,其中,国家补助22.75万元,旗、县配套资金24.75万元,群众自筹13.7万元;水利部门实施的国家重点专项治理工程项目区分别位于乌拉特前旗白彦花、大罗沟、召沟,乌拉特后旗青克沟,磴口县金沙庙,杭锦后旗太阳庙新建、星月等地,完成治理面积4476.5公顷,其中基本农田218公顷,造林1649公顷,种草935.2公顷,封禁治理1674.3公顷,建小型蓄水保土工程24处。水利部门实施的国家重点生态修复治理工程,项目区位于乌拉特后旗,项目总投资210万元,其中,国家投资200万元,地方匹配10万元,群众投劳5.2万个工日。完成治理面积19419公顷,其中基本农田19公顷,造林800公顷,封禁治理18600公顷。2004年水利部门实施的国家重点治理工程,项目区分别位于乌拉特前旗张来渠、乌拉特后旗达巴图、磴口县金沙庙、杭锦后旗新红、临河沙尔登图、乌中旗石哈河(生态修复项目)等地。项目总投资447.9万元,其中,国家投资298.6万元,地方匹配149.3万元,群众投劳1.8万个工日。完成治理面积4167.7公顷,其中,基本农田22.7公顷、造林1066.4公顷、种草1228.6公顷、封禁治理1850公顷、完成土石方11.22万立方米。

2005年度,水利部门实施的国家重点治理工程,项目区分别位于乌拉特前旗张来渠、西二份子、乌梁素海出口段、召沟(小流域项目)、什那干(小流域项目)、东柳树沟(坝系工程),乌拉特后旗舒德沟,磴口县沙拉毛道和杭锦后旗永明等地。项目总投资745.9万元,其中,国家投资364.09万元,地方匹配292.51万元,群众自筹89.3万元,群众投劳4.04万个。完成治理面积6286.62公顷,其中,基本农田227.6公顷,造林3301.79公顷,种草1012.7公顷,封禁治理1744.13公顷,淤地坝2座,完成土石方23.9万立方米。

2006年度,水利部门实施的国家重点治理工程项目区分别位于乌前旗什那干(小流域)、乌前旗东柳树沟(坝系工程)等地。项目总投资509.74万元,其中国家投资230.89万元,地方匹配278.85万元,群众投劳0.37万个工日。完成治理面积346.12公顷,全部为封禁治理。淤地坝15座,动用土石方101.34万立方米。

2009年度,水利部门实施的国家重点治理工程项目区分别位于乌拉特前旗、乌拉特中旗、乌拉特后旗和磴口县等地。项目总投资817万元,其中国家投资524万元,地方匹配293万元,群众投劳4.3万个工日。完成治理面积2013.5公顷,其中,基本农田115公顷,造林655公顷,种草763.5公顷,封禁治理480公顷,完成土石方3.01万立方米。

2010年度,水利部门实施的国家重点治理工程,项目区分别位于乌拉特前旗、乌拉特中旗、乌拉特后旗和磴口县等地。项目总投资228万元，其中国家投资155万元，地方匹配73万元。完成治理面积672.32公顷，全部为造林面积。

昆都仑河流域水土保持综合治理工程。昆都仑河上游深入乌拉特前旗境内的长度为15千米，流域面积570平方千米，每年进入昆都仑水库的泥沙近200万吨。昆都仑河上游的水保治理直接影响昆都仑水库的淤积和包头市及包钢的用水。1999年4月，自治区计委和水利厅将昆河治理列为重点治理项目，并且确定巴盟境内的昆河流域治理由乌拉特前旗水利部门负责实施。2000年10月，完成治理面积0.16万公顷，占应治理面积的100%，其中，发展基本农田320公顷，营造水保林1362公顷，种草6.6公顷。完成投资投劳259.63万元。

四、水土保持监督检查

1990年7月，巴盟根据上级文件精神，在河套灌区管理总局成立水土保持站，水土保持工作进入法制管理。1994年，完成《巴彦淖尔盟水土保持检测网络规划》，将巴盟水土保持工作的范围划分为4个区，重点治理区、重点监督区、重点保护区和难度治理区。1999年，以4个水土流失旗县为单位，按水利部制定的标准，重新划分水土保持重点预防保护区，重点监督区，重点治理区，由旗、县政府发文向全社会公告，各旗、县政府将文件发放所辖的乡镇苏木，以大布告张贴于乡镇苏木村、社的主要路口，树立多处“三区”划分的永久性牌碑。2000年，建立完善水土保持监督管理体系，制定、修订规范性文件和地方配套法规49件。按照水保有关规定，审批新建项目14项，在建项目69项，发放水保方案合格证44个，立案9件，结案8件。2003年，对境内大型重点工程，即磴巴公路、哈磴公路、乌拉山电厂、大众铁矿、固察公路、中原油田、三盛公除险加固、万城公司、硫酸厂、后旗工业园区等十多个重点工程进行实地监督和检查，先后查处水保违法案件5起，结案1起。

2003—2010年巴彦淖尔市水土流失预防监督管理工作情况表

表20-3-2

年度	地方性法规、规章、规范性文件发布（个）	查处违法案件（起）	检查项目（个）	开发建设项目水土保持方案审批数（个）	验收水土保持设施的开发建设项目（个）	实施返还治理示范工程		水土保持两费征缴
						项目	投入资金	
2003	—	9	—	17	—	—	—	22
2004	30	8	154	76	1	6	13.38	41.32
2005	23	5	113	10	1	12	31	45.60
2006	1	2	41	26	0	18	38	68.20
2007	33	15	122	60	10	5	18	71.00
2008	26	16	504	96	14	12	35	69.00
2009	18	9	354	37	2	11	37	65.30
2010	18	10	347	28	2	6	24	58.30

第二十一篇

林　业

第一章　体制改革

第一节　机构设置

1986年，巴盟设林业处，内设办公室、计财科、林政科、调研科。1988年，撤销调研室，增设审计科。1992年，增设森林公安科。

1995年，巴盟林业处改称巴盟林业局，内设机构不变。1998年，撤销审计科，增设造林科。

2004年，巴盟撤盟设市，巴盟林业局改称巴彦淖尔市林业局。2010年，巴彦淖尔市林业局内设办公室、人事科、计财科、森林公安科、造林科、产业科。下属事业单位有乌拉特国家级自然保护区管理局、乌兰布和防沙治沙局、林业科学研究所、森林公安局、森林病虫害防治检疫站、林业种苗管理站、林业勘测设计队、造林技术推广站、国营林场管理站、林业培训中心站、临河木材检查站、磴口木材检查站、巴音花木材检查站、乌拉山林场、乌北林场。

第二节　林权制改革

1990年1月，巴盟召开全盟林业工作会议，会议就国有林场以及乡镇苏木林业改革进行研究，决定除乌拉山林场继续实行集体经营外，其他各国营林场、苗圃等全部以发放林权证的形式落实到个体。1998年，在牧区落实草原"双权一制"政策的同时，将包括人工林地、天然次生林区等承包给牧民，让牧民经营管理，政府为牧民核发草场使用证。

2009年，按照中共中央、国务院《关于全面推进集体林权制度改革的意见》精神，巴彦淖尔市制定《关于深入开展集体林权制度改革的实施意见》。根据意见精神，抽调专业人员，组成林改指导小组，对农区乔木林按照原有经营管理权进行界定，对牧区已核发的草场使用证的林地从草场使用中剥离出来，明确地界，重新核发林权证。2010年，全市共落实林权面积82.56万公顷，占全市纳入林改范围集体林地面积的38.7%。其中，落实商品林1.24万公顷，公益林70.18万公顷；完成66.66万公顷，发放林权证8.63万本。全市商品林改革全面完成。

第二章　植树造林

第一节　飞播造林

2000年,随着全国西部大开发的启动,巴彦淖尔市开始实施飞播造林工程。飞播造林主要集中在乌兰布和沙漠、巴音温都尔沙地、苏集沙地、套内零星沙丘等。造林主要植物品种有杨柴、花棒、籽蒿、柠条、白茨、冬青、沙打旺等。2001—2003年,全盟完成飞播造林面积9.33万公顷。2004—2007年,完成飞播造林3.67万公顷。2008—2010年,在乌拉特前旗、乌拉特中旗、乌拉特后旗和磴口县完成飞播造林4.13万公顷。

第二节　义务植树

1989年,巴盟首次实行义务植树登记卡制度,建立义务植树基地,将义务植树纳入制度化、基地化管理。1989—1995年,全盟义务植树实际参加人数527万人,完成植树4153万株,占计划义务植树任务的245%。

2000年,巴彦淖尔市采取多种形式对群众开展义务植树宣传教育,提高广大人民群众对义务植树的认识。通过宣传教育,群众对义务植树的认识逐步得到提高,并积极投身于义务植树活动中。据统计,1996—2010年,全市累计参加义务植树人数2700余万人次,植树1.27亿株,平均每年植树500余万株,折合造林面积7.7万公顷。全民义务植树已形成制度,是每年4月间必须开展的一项绿化重要任务。

第三节　种苗生产

一、种子采集

1986—1998年,巴盟有林木种子基地32处,种子林面积634公顷,年均采集7.48万千克。1999年,对乌拉特后旗梭梭林、磴口县大白柠条等9处采种基地进行扩建新建,建成年均采集各类种子20万千克的生产基地。2000—2010年,全市年采收林木种子198万千克。

2010 年巴彦淖尔市采种基地建设一览表

表 21－2－1

种子基地名称	建设地点	主要树种	建设面积（公顷）
市林业局沙生灌木良种基地	磴口县哈腾套海苏木	梭梭、杨柴花棒	66.67
市沙生灌木采种基地	磴口县巴彦高勒镇	沙冬青、白茨、梭梭	733.33
磴口县柠条锦鸡儿采种基地	哈腾套海苏木	柠条锦鸡儿	666.67
杭锦后旗柽柳采种基地	召庙乡、三道桥镇东风林场	柽柳	666.67
乌拉特后旗梭梭采种基地	巴音温都尔苏木	梭梭	2000
乌拉特后旗梭梭采种基地	乌力吉苏木西尼乌素嘎查	梭梭	1000
乌拉特前旗小叶锦鸡儿采种基地	小佘太乡阿力奔苏木	小叶锦鸡儿	66.67
乌拉特前旗柽柳采种基地	蓿亥林场	柽柳	666.67
乌拉特中旗柠条锦鸡儿采种基地	海流图林场	柠条锦鸡儿	666.67

二、种苗繁育

1986 年，巴盟造林绿化所需苗木主要由国营林场苗圃繁育提供，林木种苗生产面积 66.67～133.33 公顷，年产各类树苗在 1000 万株左右。树种主要以新疆杨和小美旱为主，占各种树苗总和的 80%。1989—1998 年，随着造林绿化面积不断增加，种苗生产面积由原来的 133.33 公顷增加到 333 公顷，种苗生产数量 3000 万～6000 万株，植树造林所需的种苗基本自给自足。

2000 年，林业六大工程在巴盟启动实施，林木种苗需求量骤增，特别是 2000—2003 年，由于种苗价格不断上涨，激发起个体、私营企业繁育种苗的热情，种苗生产形成以国营苗圃、林场为主，以私企、合作社和个体为辅种苗生产格局，育苗面积增长 8～10 倍。河套地区成为自治区新疆杨种苗集散地。2000—2005 年，全市累计完成育苗 6500 公顷，年产苗量约 2 亿多株，总产苗量近 10 亿株，采收林木种子 108 万千克，完成容器育苗 7185 万袋，苗木自给率 100%。2006—2010 年，全市累计完成育苗 2500 公顷，累计出圃苗木 2 亿余株，完成容器育苗 6700 万袋。

三、优种引进

巴盟乡土树种主要有旱柳、胡杨、小叶杨、家榆、柽柳、锦鸡儿、梭梭、花棒、杨柴、叉子圆柏、宽叶水柏枝以及乌拉山的油松、侧柏、山杨、白桦和狼山的杜松、灰榆、黄刺梅、蒙古扁桃等。20世纪80年代,为选择合适的造林树种,巴盟引进小美旱、新疆杨和苹果梨。90年代,随着小美旱大面积增加,光肩星天牛随之大面积发生。鉴于害虫危害状况,巴盟及时调整林木结构,大力开发乡土树种,改变树种单一局面。2000—2005年,先后引进30多个树种进行栽培试验。13种树种适应气候环境,并由引进树种培育出河套一、二号杨树新品种。截至2010年,巴彦淖尔市引进外来树种有20余种,其中,引进用于园林绿化的乔木树种有:垂柳、河北杨、国槐、龙爪槐、白蜡、垂榆、樟子松、云杉、桧柏、侧柏、油松、山桃、山杏、丝棉木、各类彩叶树等;灌木树种主要有榆叶梅、丁香、连翘、水蜡、红叶小檗、玫瑰、珍珠梅、紫穗槐、沙地柏等。

四、种苗质检

20世纪90年代,巴盟种苗质检按照林业部门制定的《巴彦淖尔盟主要林树种分级标准》执行,种苗规格的分级可实现数字表达的只有胸径和苗高两个指标,其他的生命指标只有凭借质检人员目测及经验来判断苗木质量。2000—2005年,投资80万元,为种苗检验机构配备种苗质量检验所需的检验仪器、设备和药品。2007年,巴彦淖尔市成立林木种苗质量监督检验站。2007—2010年,林木种苗质量监督检验站共抽检各类林木种子90万千克,苗木4000余万株,未出现误检现象。

第四节　造林重点工程

一、"三北"防护林建设

20世纪70年代末,国家启动的"三北"防护林建设工程,截至1985年,巴盟完成造林15.93万公顷,是自治区下达7.52万公顷任务的211%,保存及成活面积9.17万公顷,是自治区下达4.93万公顷任务的196%。其中,河套农田防护林总面积2.34万公顷。林网控制面积18.93万公顷,林网化程度66.1%。

1986—2000年,巴盟在实施"三北"防护林二期、三期工程时,引进技术承包制、合作经营制、股份制和外资造林,推行"三荒"拍卖、社会筹资、义务植树等措施。实行防护林、平原绿化、经济林、速生丰产林齐发展共同利用的方针,实现由公益林业向公益、效益兼顾的综合型林业转型。全盟累计完成造林12.07万公顷,林网控制农田面积75%以上。特别是实施三期工程期间,全盟将林业建设重点逐步向山旱区、牧区、沙区等生态环境条件恶劣地区转移。在林种、树种结构调整方面,逐步加大苹果梨、枸杞等名优经济林和速生丰产用材林的比重。造林树种由过去的杨、柳单纯林逐步向多树种、乔灌草合理配置的混交林转变。

2001—2005年，巴彦淖尔市制定《2001—2015年林业生态建设规划》，明确林业生态建设"四区五线"战略布局，提出每年造林6.67万公顷。完善植树造林奖励办法，激活林业奖励机制，推行造林"直补"，落实"任务、投资、责任"三到户政策。同时改革项目计划管理，变指令性计划为指导性计划，按照完成任务下达生产计划。2005年，全市套区农田林网化和平原绿化水平大幅度提高，绿色通道全线贯通、城防林建设步伐加快，110国道初步形成带、网、片、点相结合，层次多样，结构合理的绿色长廊。

2006—2010年，巴彦淖尔市制定《新农村造林绿化"以奖代投"实施办法》《巴彦淖尔市林业建设"以奖代投"考评奖励办法》，采取财政支持、义务植树和社会筹资等多种渠道，广筹造林资金。在坚持"谁造谁有谁受益"的基础上，以林权为核心，明确所有权，不造无主林。推行"花钱买活树"和造林"直补"政策。采取公开拍卖宜林排干沟、宜林渠道等宜林地造林，解决造林资金不足。在套区开展"户植千棵树、人均年增收1000元"工程。动员广大农民在房前屋后、田间地畔、渠沟路旁见缝插绿。累计完成"三北"防护林四期工程5.58万公顷。

二、京津风沙源治理

2000年，中国北方地区连续发生12次沙尘暴天气。因其发生时间早、频率高、范围广、强度大，给当地及周边地区造成严重影响。5月15—16日，自治区党委、政府召开紧急启动京津风沙源周边地区内蒙古沙源治理工程工作会议，工程建设包括巴盟在内的8个盟市53个旗县，国家下达巴盟人工播种造林面积1.92万公顷，涉及乌拉特前旗、乌拉特中旗、乌拉特后旗。2001年，国家下达的造林任务全部完成。

三、退耕还林(草)

2000年，巴盟按照中央关于退耕还林条例规定，将杭锦后旗、乌拉特中旗纳入退耕还林试点，两旗退耕6000公顷。2002年，全盟退耕还林(草)工程启动。按照突出重点，集中连片，分区治理的原则，将退耕还林工程建设任务安排在乌兰布和沙区、山旱区、沿黄河一线和阴山南麓水土流失区，以及乌梁素海周边阴渗耕地。

2007年，为确保退耕还林成果得到巩固，巴彦淖尔市延长对退耕农户直接补助，第一轮每年每亩160元补助到期后，再延长8年补助。补助标准是每年每亩90元，剩余的70元作为成果巩固资金，用于退耕农户的基本口粮田建设、农村能源建设、生态移民、补植补造以及后续产业培植等。截至2010年，巴彦淖尔市共完成退耕还林19.91万公顷。其中，退耕造林4.83万公顷，荒山荒地造林13.81万公顷，封山育林1.27万公顷。

第五节　病虫害及其防治

1986—1989年，巴盟森林病虫害主要有大青叶蝉、杨十斑吉丁虫、白杨透翅蛾、春尺螻、沙枣木虱等。采用“养困法”防治白杨透翅蛾,用“涂干法”防治大青叶蝉,用“性诱剂”防治白杨透翅蛾和山楂粉蝶。1990—1994 年,光肩星天牛快速流行,危害极大。为尽快消灭光肩星天牛,群众采用“砍伐熏蒸,拔点除源”的防治办法。砍伐虫害木 30 万株,熏蒸处理木材 2.22 万立方米。1995 年,全盟发生林木病虫害 2.67 万公顷,其中光肩星天牛发生 1566 公顷,砍伐熏蒸虫害木 16 万株,防治率及防治效果均达 100%。1996 年,林木病虫害发生面积 3.1 万公顷,其中光肩星天牛防治 866 公顷,虫株率由上年的 5% 下降到 1% 以下。1997 年,林木病虫害发生面积 3.57 万公顷,其中苹果梨食心虫防治 42 公顷,使食心虫蛀果率降到 5% 以下。1999 年,对光肩星天牛防治采用人工、化学、生物防以及调整树种结构综合防治措施,推广使用新技术、新方法、新药剂,防治效果良好。天牛发生面积由上年的 1.67 万公顷降低到 8413 公顷,虫株率由原来的 37.48% 下降到 8.1%,虫株下降率达 78.4%,虫口减退率达 76.6%。2000—2010 年,以梭梭林鼠害治理为主,同时开展大青叶蝉、光肩星天牛防治。

2000—2010 年森林病虫害防治情况表

表 21-2-2

项目	发生面积(万公顷)	防治面积(万公顷)	成灾率(%)	防治率(%)	监测准确率(万公顷)	产地检疫率(%)
2000	3.51	3.43	9.4	92.14	93	97
2001	3.68	3.35	10.17	93.29	95	98
2002	4.62	4.1	15.34	88.2	94	99.9
2003	4.14	3.69	27.35	90.5	95	99.8
2004	7.24	6.93	12.64	92.86	95	99.8
2005	7.45	7.30	11.35	98	93.7	99.2
2006	7.50	7.32	13.18	76	87	99.2
2007	7.86	7.50	11.2	77.7	96.6	100
2008	0.87	6.61	5.89	86.2	91.6	98.7
2009	6.91	6.55	7.39	84	93.5	100
2010	6.81	6.56	3.74	90	98	100

第六节 林业产值

1986 年,巴盟有果园面积 1328 公顷,年产水果 352.7 万千克,其中苹果 140.6 万千克,梨 227.4 万千克,葡萄 4.5 万千克。1990 年后,巴盟大力发展果园产业,截至 1996 年,全盟果园面积 2.22 万公顷,生产水果 9522 万千克。

2003 年，巴盟拥有果园面积 8670 公顷，其中，苹果园 347 公顷，梨园 8241 公顷，葡萄园 51 公顷，山楂园 1 公顷。年产水果 8488. 8 万千克，其中生产苹果 498. 2 万千克，生产梨 7959. 8 万千克，葡萄 28. 5 万千克，其他园林水果 2. 1 万千克。

2006 年，巴彦淖尔市拥有果园 5066 公顷，其中，苹果园 452 公顷，梨园 4546 公顷，葡萄园 39 公顷，山楂园 28 公顷。年产水果 7042. 1 万千克，其中，苹果 423. 9 万千克，梨 6523. 7 万千克，葡萄 24. 1 万千克，其它园林水果 7. 4 万千克。2010 年，拥有果园 3194 公顷，其中，苹果园 313 公顷，梨园 2845 公顷，葡萄园 33 公顷。年产水果 6508. 8 万千克，其中，苹果 389 万千克，梨 6086. 5 万千克，葡萄 28. 6 万千克，其他园林水果 4. 7 万千克。

1986—2010 年巴彦淖尔市林业生产、产值情况表

表 21－2－3

年度	林业产值（万元）	生产水果（万千克）	采伐采集	年度	林业产值（万元）	生产水果（千克）	采伐采集
1986	3725. 3	352. 7	采种 2. 09 万千克，采伐原木 2716 立方米，生产柳编条 181. 7 万千克	1999	11419. 7	841. 3	采伐原木 28505 立方米
1987	2194	778. 7	采伐原木 2211 立方米	2000	19027. 5	9920. 7	采伐原木 1000 立方米
1988	1568. 6	795. 4	采种 0. 2 万千克，采伐原木 5729 立方米	2001	28421. 4	9415. 5	采伐原木 7434 立方米
1989	1686. 3	848. 9	采伐原木 2476 立方米	2002	34494	9055. 6	采伐原木 5283 立方米
1990	3387. 8	958. 5	采伐原木 6035 立方米	2003	28445. 3	8488. 8	—
1991	3171. 2	1689. 1	采伐原木 9850. 70 立方米	2004	29035. 5	9515. 2	—
1992	3174. 8	2380. 3	采伐原木 14010. 9 立方米	2005	364311. 1	6826. 6	—
1993	4877. 9	3292. 6	采伐原木 14010. 9 立方米	2006	27046. 8	7042. 1	—
1994	5793. 7	—	采伐原木 14958 立方米	2007	24016. 8	7484. 5	—
1995	6857. 4	7763. 9	采伐原木 15062 立方米	2008	28784. 1	7068. 3	—
1996	6653. 5	9522. 0	采伐原木 198561 立方米	2009	30683. 4	6245. 3	—
1997	11452. 2	10410. 5	采伐原木 20680 立方米	2010	31877. 2	6508. 8	—
1998	10888	10941	采伐原木 20656 立方米	—	—	—	—

第七节　科研与推广

1986 年,巴盟林业局首次推行技术承包责任制,盟、旗县、乡镇三级技术人员按所承包的项目、内容、规模、标准进行具体的技术指导,为承担项目的单位(户)提供技术服务。1987—1991 年,在 7 个旗(县、区)范围内的灌溉区、山前冲积扇地带、后山高平原区推广冬贮苗等水造林技术,新植幼林推广使用"防啃剂"和杨树大苗培育技术、丰产型苹果梨栽培技术、庭院栽培果树、胡杨盐碱地造林、容器育苗造林等 8 个项目。1992 年,在全盟建设样板点 291 个,项目涉及造林、育苗、治沙、果树、庭院经济、平原绿化等;开展 11 项林业技术推广项目,完成面积 1005 公顷。1993 年,在全盟推广"河套苹果梨丰产栽培技术"。与推广前相比,存活率平均提高 10%,公顷结果量提高 0.9 万千克,投入产出比由 1:6 提高到 1:8.5。1998 年,巴盟组成集技术指导、药品供应、器械销售与维修、果品促销等系列服务于一体的"灵通经济林综合开发技术服务中心",开展技术服务果农工作。2000—2005 年,将引进新优树(品)种及造林技术作为技术推广的重点,首次引进的有新世纪梨、红提葡萄、红南果、大扁杏、红丰杏、368 快杨、中林 46 号、欧美 107、108、2000 号等。在盐碱地造林和抗旱造林技术中,重点推广应用康地宝、保水剂、911 生根素等新科技成果;引进打井深栽、覆膜座水等抗旱造林技术及容器育苗技术;引进液压植树机造林,建立造林苗木低温冷藏窖,提高林业建设的科技含量。2006—2010 年,巴彦淖尔市完成自治区下达指令性推广适用技术 10 余项。主要有抗旱造林系列技术、机械化造林技术、飞机播种造林配套技术、封育区育林技术、"两行一带"造林技术等;完成自治区"三北"站下达示范推广项目 5 项。主要有乌兰布和沙漠封沙育林示范项目、抗盐碱新树种造林、梭梭人工接种肉苁蓉、抗天牛新品种引进试验示范等项目。

为推广新技术,组织编写《巴彦淖尔市林业适用技术手册》《内蒙古自治区林业技术汇编》和《巴彦淖尔市农牧区适用技术手册》等用于教学用书,共培训技术人员及农牧民 5000 余人次。

1986—2010 年林业科技成果情况表

表 21－2－4

项目名称	项目来源	项目建设规模(亩)	项目建设地点	项目投资规模(万元)	项目起止(年、月)	项目完成单位	评审、鉴定时间(年)	获奖时间(年)	颁奖单位
巴彦淖尔盟河套灌区引种樟子松抚育苗试验	其他单位委托	0.2	巴盟林业科学研究所试验地	0.04	1985.05 至 1985.11	—	1986	1987	巴盟科技局

续表 21－2－4

项目名称	项目来源	项目建设规模（亩）	项目建设地点	项目投资规模（万元）	项目起止（年、月）	项目完成单位	评审、鉴定时间（年）	获奖时间（年）	颁奖单位
胡杨育苗造林技术研究	其他单位委托	3	巴盟林业科学研究所试验地	—	1980.07至1986.10	—	1986	1987	巴盟林业局
新疆杨地膜覆盖育苗试验	自选	0.18	巴盟林业科学研究所试验地	0.026	1984.03至1986.10	—	1987	1987	巴盟林业局
内蒙古河套灌区长胜试区盐碱化综合防治合理利用科学管理试验研究	省、市、自治区	10000	前旗长胜	73.64	1984.07至1989.12	—	1991	1990	内蒙科委
乌拉山野生山楂改造利用的试验研究	巴盟科技处	62	乌拉山大桦北	1.7362	1989.03至1991	巴盟林业科学研究所	—	—	巴盟科技局
巴盟苹果梨浓缩汁及其综合加工可行性的调查研究	自选	—	调查全盟各果品加工厂	—	1990.02至1990.10	巴盟林业科学研究所	—	—	—
克隆珠美海棠引种试验	自选	11	临河、前旗	1.6	1991.09至1993.09	巴盟林业科学研究所	1993	1995	巴盟科技局内蒙林业厅
枣树引种试验研究	自选	4	巴盟林业科学研究所试验地	2	1990.04至1993.09	巴盟林业科学研究所	1993	—	—
河套灌区杨树引种与选优试验	自选	1	巴盟林业科学研究所试验地	0.5	1991.07至1994.09	巴盟林业科学研究所	1994	1996	巴盟科技局
河南桧柏大苗移植试验研究	自选	1	巴盟林研所试验地	1.2	1992.03至1995.11	巴盟林业科学研究所	1995	1997	巴盟科技局
河套灌区农田防护林耗水特性及防护效益的研究	内蒙古自治区科委下达	—	巴彦淖尔市八一乡	—	2001	内蒙古农业大学巴彦淖尔市林业科学研究所	2001	2001	内蒙古科技局

续表21-2-4

项目名称	项目来源	项目建设规模(亩)	项目建设地点	项目投资规模(万元)	项目起止(年、月)	项目完成单位	评审、鉴定时间(年)	获奖时间(年)	颁奖单位
河北杨引种试验	自选	3	巴盟林研所试验地	1.3	1999.01至2002.12	巴盟林业科学研究所	2002	—	河套灌区国
槐引种试验	自选	1	巴盟林研所试验地	1.02	1999.01至2002.12	巴盟林业科学研究所	2002	—	—
大叶白蜡引种试验	自选	1	巴盟林研所试验地	2.5	1999.01至2002.12	巴盟林业科学研究所	2002	2006	巴彦淖尔市科技局
山杏育苗试验	自选	4	巴盟林研所试验地	0.9	1999.01至2002.12	—	2002	2006	巴彦淖尔市科技局

第三章　生态保护

第一节　天然林保护

2000 年，自治区政府将巴盟纳入黄河上中游地区天然林保护工程实施范围，工程覆盖 7 个县、旗、市，建设期为 2000—2010 年。工程主要以天然林资源保护为重点，以增加和恢复林草植被为中心，调整和优化经济结构，从根本上治理水土流失，改善黄河流域的生态环境。

实施天保工程，巴彦淖尔市从健全机构、制定制度入手，先后印发《巴彦淖尔市天然林保护工程森林资源管护办法》《巴彦淖尔市天然林保护工程核查验收办法》《巴彦淖尔市天然林保护工程招标和承包管理办法》《巴彦淖尔市天然林保护工程档案管理实施意见》《巴彦淖尔市森林生态效益补偿管理办法》等一系列政策性文件，指导天保工程的实施。全市各旗(县、区)按照文件精神，制定相应工作措施，明确目标和责任，层层签订责任状。截至 2010 年 12 月，全市森林面积 64. 8 万公顷，比天保工程实施前增加 37. 67 万公顷，活立木总蓄积由 782. 16 万立方米增加到 1314. 18 万立方米。

第二节　湿地保护

2001 年，国家将湿地纳入野生动植物保护范围后，巴彦淖尔市启动实施乌梁素海湿地水禽自然保护区示范一期工程。2006 年，对磴口县境内的湿地、湖泊进行调查，将县属不具备划建自然保护区的阿茨海子等 34 处 4732 公顷湿地和黄河、总干渠 2 处 5679 公顷河流湿地批准建立湿地保护小区。2007 年，乌梁素海湿地水禽自然保护区二期保护工程启动，完成管护点、瞭望塔、监测站、管护码头、巡护航道等基础设施建设。2008—2009 年，乌梁素海湿地连续爆发“黄苔”，巴彦淖尔市采取机械打捞、人工打捞、水体消毒、畅通核心区水域与大海水域流通通道等紧急措施，促进湖水置换与更新。2010 年，全市建立湿地自然保护区 2 处，即乌梁素海内蒙古自治区级湿地水禽自然保护区和巴彦淖尔市黄河湿地自然保护区，面积 12. 28 万顷。同时建立湿地保护小区 33 处，面积 5100 公顷。

第三节　封山(沙)育林

一、封育区划

巴彦淖尔市全市有宜封面积 77. 3 万公顷。根据不同地貌、不同植物特点，封山(沙)育林主要分布在 3 个区域，即乌拉特高平原梭梭、白刺、锦鸡儿等植物群落，可封育面积 56.7 万公顷；山地丘陵松树、山榆、蒙古扁桃等群落区，可封育面积 16.7 万公顷；乌兰布和沙梭梭、白刺、沙冬青、柠条等群落区，可封育面积 3.9 万公顷。

二、封育状况

2001—2002 年，巴盟在乌拉特后旗和巴盟治沙站开展荒山、沙漠封育实验。实验采取围封措施，在封育区撒播籽蒿 1.07 万公顷。分别两次对实验区植被进行抽查，抽查面积 3060 公顷，合格 2853 公顷，合格率 93.9%。2003—2007 年，对荒山、荒漠、盐碱滩实施大面积封育。为保证封育成果，2008 年印发《巴彦淖尔市围封禁牧暂行规定》的通知，成立围封禁牧专项调查组，对全市封山育林情况按照国家标准验收，每年平均封育 2.09 万公顷，共完成封育 16.67 万公顷。

第四节　自然保护区

1986 年，巴盟境内有自治区乌拉特后旗努登梭梭林自然保护区一个。1998 年，成立乌梁素海湿地水禽自然保护区。2001 年 10 月，经自治区批准成立乌拉特国家级梭梭林—蒙古野驴自然保护区。2005 年 7 月，经国务院批准，将内蒙古自治区哈腾套海自然保护区晋升为国家级自然保护区，成为巴彦淖尔市继乌拉特梭梭林—蒙古野驴自然保护区之后的第二个国家级自然保护区。

2010 年，巴彦淖尔市已建成各级自然保护区 7 处，总面积 58.17 万公顷，占全市总土地面积的 8.8%。其中，国家级自然保护区 2 处，乌拉特国家级自然保护区、哈腾套海国家级自然保护区，保护区面积 25.54 万公顷；内蒙古自治区级保护区 3 处，乌梁素海湿地水禽自然保护区、阿其山叉子圆柏自然保护区和乌拉山天然次生林保护区；地市级保护区 1 处，黄河湿地自然保护区；旗、县级保护区 1 处，乌拉特后旗北山羊自然保护区。

通过建设，乌拉特国家级自然保护区内以梭梭为主的天然植被得到有效的恢复，复壮更新速度明显加快。以蒙古野驴、鹅喉羚、盘羊和黄羊等野生动物资源种群相对稳定，数量有所增加。乌梁素海地区野生鸟类总数由 1996 年的 181 种增加到 2010 年的 240 种。哈腾套海自然保护区植被覆盖度由 1995 年的不足 15% 已恢复到 2010 的 30% 以上。

2010年巴彦淖尔市自然保护区基本情况一览表

表21-3-1

保护区名称	位　置	范　围	面　积（万公顷）	保护类型	保护级别
内蒙古乌拉特梭梭林——蒙古野驴国家级自然保护区	位于乌拉特中、后旗	北纬41°50′~42°27′，东经106°15′~108°00′	13.18	荒漠生态系统类型自然保护区	国家级
内蒙古哈腾套海国家级自然保护区	磴口县	北纬40°30′~40°57′，东经106°9′~106°50′	12.36	荒漠生态系统类型自然保护区。	国家级
乌梁素海湿地水禽自然保护区	乌拉特前旗	北纬40°47′~41°03′，东经108°43′~108°57′	6	湿地生态系统类型自然保护区。	自治区级
乌拉山天然次生林自然保护区	乌拉特前旗	北纬40°38′~41°20′东经108°42~′109°49′	11.67	森林生态系统类型自然保护区	自治区级
阿其山叉子圆柏自然保护区	乌拉特中旗	北纬41°36′~41°46′，东经108°45′~108°56′	1.48	野生植物类型自然保护区。	自治区级
黄河湿地自然保护区	位于磴口、杭锦后旗、临河、五原、乌拉特前旗	北纬40°10′~40°30′，东经106°52′~109°26′	6.28	湿地生态系统类型自然保护区	地市级
乌后旗北山羊自然保护区	乌拉特后旗	北纬41°42′~42°09′，东经105°54′~106°15′	7.2	野生动物类型自然保护区	旗县级

第五节　森林防火

1989年，巴盟武装森林警察大队成立，是巴盟专业护林灭火队伍，并制定《森林草原防扑火预案》《森林草原防火工作的各项制度》。编发《森林草原防火工作手册》，首次将森林草原防火工作列入盟委议事日程。

2004年，巴盟撤盟设市后，进一步加强专业森林消防队伍建设，除内蒙古武警森林总队在市内派驻一个直属中队外，在杭锦后旗建成一支由189人组成的森林防火队伍。乌拉特前旗招聘30名专职护林消防队员，在乌拉山林场设置136名专职森防员。未设专职森防员的其他旗（县、区），由各乡镇苏木、林工站工作人员和从农牧民中聘用的护林防火员组成半专业森林消防队伍。2010 年,全市有半专业森林防火队 32 支,消防员 1774 人。

第六节　林业执法

1994 年,巴盟在全盟开展打击盗滥伐林木、乱捕滥猎、乱采滥挖专项行动,共出动警力 819 人次,查处涉林案件 96 起。1996—1997 年,开展"百日攻势"打击盗伐滥伐木材、无证调运木材、牲畜毁林行为。共出动警力 690 人次,查处各类林业案件 112 起,挽回经济损失 7 万余元。2000—2001 年,先后出动警力 1135 人次,车辆 437 台次,开展"跨世纪保卫绿色"专项行动。行动中,查处各类森林及野生动物案件 159 起,查处各类违法人员 168 人,挽回经济损失 10 余万元。2001 年,出动警力 652 人次,警车 219 台次,查获各类案件 48 起,处理违法人员 52 人。收缴野生动物活体 1909 只,收缴野生动物产品 179 千克。并且在全盟开展"天保行动"。行动出动警力 822 人,警车 254 台次,共查处各类涉林及野生动物案件 98 起,打击各类违法人员 131 人,挽回损失 5.08 万元。收缴木材 47.1 立方米,收缴枪支 9 技,子弹 100 余发,没收网套片 16 片 500 余米,没收野生鸟类 221 只,停业整顿木材加工点 12 个,取缔非法加工木材点 10 个,清理非法经营加工野生动物产品摊点 30 个。

2002—2004,先后开展"春雷行动""绿剑行动"等专项行动,共出动警力 11171 人次,出动警车 1927 台次,查处各类涉林案件 759 起,处理违法人员 919 人次,清理整顿木材加工场点 120 家。2010 年,全市秋冬季森林资源保护专项行动共出动执法人员 1926 人次,车辆 548 台次,查处各类涉林案件 69 起,违规放牧案件 278 起,处罚违法人员 367 人次,收缴罚没款 22.55 万元。

第二十二篇

工　业

第一章　机构与改革

第一节　管理机构

1984年,撤销巴盟行署经委和工业局,成立经济处。1986年,巴盟行署设经济处,主管工业生产。1987年改称经委。1993年,在原经济处的基础上组建经贸局,巴盟二轻处(原手工业局)、化工公司(原化工局)退出行政序列转为经济实体,行政职能交给经贸局。1995年,商业、外经贸局退出行政序列,职能交给经贸局,负责全盟工交、商贸、外经外贸的工作。2002年,经贸局更名为经济贸易委员会。2004年,经济贸易委员会将商贸职能分离,成立商务局、安监局,巴盟经济贸易委员会更名为巴彦淖尔市经济委员会。2010年,在经济委员会的基础上,将原市政府信息网络中心、市发改委部分职能纳入,组建成立巴彦淖尔市经济和信息化委员会,挂中小企业局牌子。

第二节　体制改革

1984—1992年,按照国务院、自治区的统一部署,在国有工业企业中全面推行承包经营责任制。具体方法是"包死基数、确保上交、超收多留、歉收自补"。1990年,全盟大部分国营中、小型企业实行承包经营。实行承包经营的企业,由国家先征收一定比例所得税和地方税,然后对税后利润做出不同处理。1993年,根据国务院《全民所有制工业企业转换机制条例》,全面落实企业的生产经营决策权、产品和劳务定价权、企业劳动人事权、工资奖金分配权、企业留用资金分配、资产处置和投资决策及企业进出口权。巴盟选择18户大中型重点企业,以建立现代企业制度目标。以产权制度改革为核心,以搞活企业提高企业综合实力为方向,对企业进行公司制改革。

1994—1998年,按照国务院《全民所有制工业企业转换机制条例》,制定出台《关于贯彻落实〈全民所有制工业企业转换经营机制条例〉的实施办法》《关于进一步搞活全盟国有重点骨干工交企业的若干规定》,采取因企制宜、分类指导的原则和思路,对大型龙头企业进行集团化重组。重组坚持以优势产业为核心,名牌产品为龙头,以资本为纽带,扩大产业面为原则,实施整体联动,优势互补,强强联合战略。首先对恒丰、兆峰两家大型面粉加工企业进行资产重组,实现同行业的联合,使集团化经营与产业化战略有机地衔接起来。1998年末,全盟改造为有限责任公司的企业40多家，150多家企业转换经营机制。1999年，围绕建立、规范和完善现代企业制度，巴盟采取要求企业的出资人要到位，依法行使股东权力；依照《中华人民共和国公司法》和公司章程，董事会行使管理决策权；确立经理对董事会负责的体制；对新设企业的董事长、经理原则上分设。对企业经营水平高、经济效益好，且职工拥护的董事长由总经理兼任的可暂时继续兼任，待条件成熟时逐步规范。理顺转制企业股东会、董事会、监事会和党委会、工会、职代会的关系。按照"双向进人"的办法，国有独资及控股公司的党委负责人，通过法定程序进入董事会、监事会。在企业法人治理结构中，董事会和监事会必须有职工代表参加。董事会、监事会和经理层及工会中的中共党员负责人，按照有关规定进入党委会。党委书记和董事长由一人兼任。1999年，全盟建立、规范和完善现代企业制度的企业60多家。为确保各项措施的落实，巴盟印发《巴彦淖尔盟股权管理试行办法》，进一步规范股权管理、性质确认，股本增破、转让赠与、继承质押等制度。同时，要求转制企业对职工的参保问题，从转制方案制定到具体操作实施，将职工参加社会养老保险放在首位，确保职工切身利益不受侵犯。年内，批准成立巴盟汇丰有限责任公司、巴盟达兴建筑有限公司、巴盟普立建筑有限公司、巴盟昌旗交通建筑有限公司、巴盟鑫宝达矿产有限公司、巴盟洁宇有限公司、巴盟国宏建筑有限公司、巴盟热力公司、巴盟农机有限公司和乌拉特前旗宏伟建筑有限公司、临河鸿基房地产开发有限公司、磴口虹凯建筑有限公司、乌拉特前旗华泰建筑有限公司、临河民兴建筑有限公司、杭锦后旗兰宝建筑有限公司、临河二疫山绒制品有限公司、磴口粮台有限公司、五原国泰玻璃制品有限公司、临河倡源自来水有限公司。批准了巴盟第二建筑公司小佘太铁矿、巴盟临河第一建筑安装公司、巴盟农垦运输公司、巴盟汽修厂、巴盟房管局建筑公司、巴盟磴口面粉厂、巴盟盟委印刷厂、巴盟地毯厂、巴盟中滩绝缘材料厂等11家企业的转制方案。2000年，巴盟完成内蒙古黄河皮革化工厂、巴盟热力公司、北辰板纸厂、塞外星纸浆厂、五原玻璃厂、磴口化肥厂、乌拉特后旗水泥厂、巴盟皮革制鞋厂、巴盟油厂、五原油厂、中滩糖厂、乌拉特前旗临海化工厂、黄河机械厂、巴盟运输集团、农管局齿轮厂、五原铁合金厂、临河得利斯公司、磴口农机厂等企业转制方案。

2001年，巴盟完成乌拉山化肥厂、金川啤酒厂、巴盟热力公司、磴口化肥厂、巴盟皮革厂、巴盟油脂厂、五原油脂厂、中滩糖厂、黄河机械厂、巴运集团、磴口农机厂、巴一建、巴二建13户企业转制或重组。批复设立乌拉特前旗天建筑、临河市政，巴盟新禹水利水电、万里川建筑、巴盟东道铁路贸易、铁源贸易、铁兴贸易、铁运贸易、乌拉特前旗盛华建筑，临河天成设计等10个有限责任公司。2002年，巴盟重点企业——炭窑口硫铁矿政策性破产得到国务院的批准，企业4000余人得到妥善安置，安置率达95%以上。临河中药厂被内蒙古富方泰公司重组。获各琦铜矿被西部矿业公司收购。2003年，巴盟重点完成对金川啤酒厂改革方案的修订审核、审报等转制前期工作，为金川啤酒厂下放旗县市管理后的改革打下了基础。临河中药厂进入破产程序，绝大部分职工已得到妥善安置。鑫宝达矿业公司被众兴集团整体兼并，生产经营步入良性发展轨道。黄河机械有限公司与天津一家企业签订收购协议。磴口糖厂、天饮公司等资不抵债、长期亏损的企业，经与银行协商，加大企业破产力度。2004 年，巴彦淖尔市地方国营工业企业、集体企业全部实现了民营化改造。

第二章　工业构成

第一节　结构与产值

一、所有制结构

1986 年，巴盟有全民所有制工业企业 147 家，集体所有制工业企业 402 家，全民与私人合营工业企业 1 家，城镇合作经营工业企业 5 家，城镇个体工业 1399 家，农村牧区合作经营工业 130 家，农牧区个体工业 4194 家。

1996 年，巴盟有国有工业企业 138 家，集体企业 448 家，私营企业 92 家，联营企业 1 家，股份制企业 10 家。

1998 年，全盟工企单位数达 12989 家，其中国有 60 家，产值占 15.3%；集体 368 家，产值占 12%；股份合作 23 家，产值占 0.6%；联营 19 家，产值占 1%；有限责任公司 48 家，产值占 12%；股份有限公司 8 个，产值占 4.2%；私营企业 350 个，产值占 13%；“三资”企业 17 家，产值占 7.2%；其他企业 1 家，城乡个体工业 12095 家，产值占 38%。

2000 年，巴盟有国有工业企业 42 家，集体企业 155 家，私营工业企业 295 家，联营企业 11 家，个体经济 7113 家，股份制企业 66 家，外商及港澳台投资企业 11 家，其他 20 家。

2002 年，巴盟有国有工业企业 25 家，集体企业 84 家，私营企业 313 家，联营企业 5 家，股份制企业 90 家，外商及港澳台商投资企业 15 家，其他 13 家，个体工业企业 6982 家。

2004 年，巴彦淖尔市国有及国控企业 19 家，集体企业 3 家，股份合作企业 2 家，有限责任公司 158 家，股份有限公司 7 家，私营企业 67 家，其他企业 7 家，港、澳、台商投资企业 3 家，外商投资企业 4 家。

2010 年，巴彦淖尔市有工企单位总数 6650 家，其中，规模以上企业 282 家，工业总产值 777.46 亿元，占 93.36%；规模以下企业 495 家，工业总产值 34.26 亿元，占 4.12%；个体户 5873 家，工业总产值 21.01 亿元，占 2.52%。其中，国有及国控企业 6 个，工业产值 39.32 亿元，占 4.72%；集体企业 1 家，工业产值 3.66 亿元，占%0.4%；股份合作企业 2 家，工业产值 9.16 亿元，占 1.10%；有限责任公司 173 家，工业产值 412.6 亿元，占 49.55%；股份有限公司 7 家，工业产值 24.36 亿元，占 2.93%；私营企业 79 家，工业产值 191.6 亿元，占 23.01%；港、澳、台工业企业 4 家，工业产值 49.47 亿元，占 5.94%；外商投资企业 7 家，工业产值 43.53 亿元，占 5.23%。

二、行业结构

1998年,产业结构中有近30个行业的300多种产品。1998年巴盟主要工业行业中,食品加工业,总产值为9.3亿元;纺织业,总产值为4亿元;化学原料及制品制造业,总产值3.8亿元;造纸及纸制品业,总产值3.4亿元;电力热水生产供应业,总产值2.8亿元;非金属矿物制品业,总产值2.7亿元;饮料制造业,总产值2.1亿元;服装及其他纤维制品制造业,总产值2.1亿元;有色金属矿采选业,总产值1.7亿元和非金属矿采选业0.7亿元。2010年,巴彦淖尔市的工业基本完善,主要行业中煤炭开采洗选业,总产值58.78亿元;石油和天然气开采业,总产值4.84亿元;黑色金属采选业,总产值52.97亿元;有色金属采选业,总产值48.82亿元;非金属采选业,总产值7.41亿元;农副食品加工业,总产值108.35亿元;食品制造业,总产值76.36亿元;乳制品制造业,总产值16.76亿元;调味品发酵制品制造业,总产值56.26亿元;饮料制造业,总产值25.85亿元;纺织业,总产值87.78亿元;服装鞋帽制造业,总产值2.48亿元;木材加工制造业,总产值11.7亿元;家具制造业,总产值0.27亿元;造纸及纸制品,总产值13.62亿元;化工原料及产品业,52.9亿元;医药制造业,总产值17.09亿元。非金属矿物制品业,总产值26.83亿元;黑色金属冶炼及压延业,总产值15.39亿元;有色金属冶炼及压延加工业,总产值72.63亿元;金属制品业,总产值2.81亿元;电力热水生产供应业,总产值88.54亿元;电力热力的生产和供应业,总产值87.06亿元。

三、工业产值

巴彦淖尔支持工业做大做强,全民所有、集体所有、城镇合作经营以及城镇农牧区个体工业呈现蓬勃发展势头,产值逐年速增。

1986—1993年不同所有制工业企业产值情况表

表22-2-1 单位:万元

项目 年份	工业生产总值	其中				
		全民所有工业	集体所有制工业	城镇合作经营工业	城镇个体工业	农牧区个体工业
1986	43507.3	31484.3	29.8	107.5	—	—
1987	53548	37701.7	38.2	-52.14	28	1970
1988	75809.2	51047.8	18637.2	14	1602.2	3192
1989	103653.9	71878.5	23110.4	124	726	6409
1990	107568.2	76152.6	980	42	1055	6541
1991	124385.4	90986	20409.4	25	1358	9363
1992	141600	102723	22095	—	1695	12017
1993	180300	111000	27500	14900	26900	—

2004—2010年巴彦淖尔市规模以下及个体工业企业产值情况表

表22-2-2　　　　单位:万元

年　度	规模以下工业企业产值	个体工业企业产值	年　度	规模以下工业企业产值	个体工业企业产值
2004	109458.4	104653.9	2008	—	—
2005	218645.5	140625	2009	267446	179761
2006	219553.5	141080.1	2010	342600	210100
2007	464618	163198	—	—	—

第二节　产品及产量

巴彦淖尔支持工业多元化发展，并大力发展农副产品加工。矿山及冶金工业，工业产品品种丰富，产量不断增长。

1986年巴盟主要工业品及产量情况表

表22-2-3

产品名称	单　位	产　量	产品名称	单　位	产　量
原煤	吨	389259	配混合饲料	吨	19908
铁矿原矿量	吨	108857	棉布	万米	3370
萤石	吨	3360	布鞋	万双	126.09
硫铁矿	吨	31086	服装	万件	31.59
工业原料云母	吨	9	皮鞋	万双	4.39
石墨	吨	14216	鞣制皮革	张	111854
原盐	吨	400	重革	吨	4
发电量	万千瓦时	73424	轻革	平方米	74872
面粉	吨	71074	毛皮制品	万件	2.37
食用植物油	吨	12196	日用毛毡制品	吨	29.92
糖	吨	32809	地毯	平方米	23991
罐头	吨	146	机制纸浆	吨	12222
饮料酒	吨	11353	机制纸及纸板	吨	15221
合成氨	吨	76977	农用化学肥料	吨	53524
酒精	吨	5045	中成药	吨	118
火柴	箱	44133	塑料制品	吨	978
水泥	吨	39657	砖	万块	39769
瓦	万片	935	日用玻璃制品	吨	3741

续表 22－2－3

产品名称	单　位	产　量	产品名称	单　位	产　量
日用陶瓷制品	万件	727	黄金	千克	53. 19
工业水泵	台	770	小型拖拉机	台	48
机引耕作机械	台	1614	种植机械	台	1569
机动脱粒机	台	300	农用拖车	辆	1581
医疗器械	万元	6. 90	交流电动机	千瓦	10408
干电池	万(只)	160	机动饲料粉碎机	台	231
聚烯烃编织袋	万条	264. 2	中小农具	万件	41. 46
马鞍子	座	220	面粉机	台	322

1990 年巴盟主要工业产品、产量情况表

表 22－2－4

产品名称	单　位	产　量	产品名称	单　位	产　量
原　煤	吨	380400	呢绒	万米	5. 26
铁矿石原矿量	吨	126773	毛毯	条	10600
铁矿石成品矿	吨	45738	服装	万件	38. 71
石墨	吨	8030	皮鞋	万双	4. 47
硫铁矿生产量	吨	207434	布鞋	万双	190. 99
硫铁矿运出量	吨	83065	家具	万件	6. 49
原盐	吨	270	机制纸浆	吨	20040
发电量总计	万吨	144050	机制纸及纸板	吨	20351
自来水供应量	万吨	266	地毯	平方米	29754
面粉	吨	95475	硫酸	吨	10820
食用植物油	吨	28133	元明粉	吨	16521
糖	吨	36371	合成氨	吨	97086
罐头	吨	323	农用化肥	吨	67543
乳制品	吨	171	酒精	吨	4367
饮料酒	吨	13157	火柴	件	75652
其中：白酒	吨	4270	中成药	吨	189
啤酒	吨	8887	塑料制品	吨	1628
配混合饲料	吨	18036	水泥	吨	57753
纯棉布	万米	147. 16	砖	万块	41980

续表 22－2－4

产品名称	单　位	产　量	产品名称	单　位	产　量
瓦	万片	531	小型拖拉机	台	150
水磨石板材	万平米	5.77	拖内配件	万元	361
玻璃纤维布	万米	324	机引耕作机械	台	3533
日用玻璃制品	吨	10009	机动脱粒机	台	1722
日用陶瓷器	万件	451	中小农具	万件	11.46
铸铁暖气片	吨	4800	摩托车	辆	447
网围栏	万米	50	干电池	万(只)	163
电焊条	吨	1501	面粉机	台	1454
泵	台	973	—	—	—

1995 年巴盟主要工业产品及产量情况表

表 22－2－5

产品名称	单　位	产　量	产品名称	单　位	产　量
原煤	吨	766699	小麦粉	吨	454786.9
铁矿石原矿量	吨	342100	小麦粉制品	吨	2600.5
铁矿石成品矿	吨	119879	其中:挂面	吨	2402.5
铬矿石原矿量	吨	8510	食用植物油	吨	40321.6
铜金属含量(铜精矿含铜量)	吨	4202	鲜冻畜肉	吨	3155
金块矿含金量	千克	549	糖	吨	50901
白云石成品矿	吨	20000	配合饲料	吨	19991
硫铁矿(实物量)	吨	101178	混合饲料	吨	53072.5
硫铁矿(折硫 35%)	吨	73270	饲料添加剂	吨	277
原盐	吨	3185	糖果	吨	45
石墨	吨	14654	糕点	吨	1097.1
发电量	万千瓦小时	137276	饼干	吨	126
其中,火电	万千瓦小时	136634	方便主食品	吨	1698.5
水电	万千瓦小时	642	乳制品	吨	519.7
供热量	万百万千焦	24	其中,奶粉	吨	443

续表 22－2－5

产品名称	单　位	产　量	产品名称	单　位	产　量
自来水生产量	万吨	3476	发酵酒精	吨	6707
自来水供应量	万吨	2884	其中:蜜糖酒精	吨	5658
饮料酒	吨	24411	人造板	立方米	17891
其中:白酒	吨	8610	刨花板	立方米	11342
啤酒	吨	15801	家具	件	208321
软饮料	吨	854	机制纸浆	吨	45136
棉布	万米	88.3	机制纸	吨	30305
毛条	吨	133.5	机制纸板	吨	32260
毛毯	条	1483	硫酸(折 100%)	吨	28947
其中:纯毛毛毯	条	1483.3	无水硫酸钠(元明粉、无水芒硝)	吨	11294
服装	万件	134.9	红矾钠	吨	1907
布鞋	万双	243.6	合成氨	吨	114325
鞣制皮革(自然张)	张	23732	氮肥	吨	88657
牛皮革(自然张)	张	4784	硫酸一铵(实物量)	吨	14860
羊皮革(自然张)	张	18948	其他复合肥(实物量)	吨	3214
轻革	平方米	5597	火柴	件	80000
皮鞋	万双	7.8	中成药	吨	251
毛皮(自然张)	张	46584	塑料制品	吨	3612
其中塑料薄膜	吨	1290	铸铁暖气片	吨	9803
水泥	吨	125561	金属门窗	吨	8812
砖	万块	89853.9	铝合金门窗	吨	113
瓦	万片	1705.5	电焊条	吨	1040
日用玻璃制品	吨	21302	泵	台	243
日用陶瓷	万件	314.1	粮食加工机械	台	3327
生铁	吨	94	中小农具	台	5076
黄金	千克	1240.2	电线	公里	1921

2002 年巴盟主要工业产品及产量情况表

表 22－2－6

产品名称	单　位	产　量	产品名称	单　位	产　量
原煤	吨	265273	硫化碱	吨	25126
铁矿石原矿量	吨	343538	碳化钙(电石)	吨	11000
铁矿石成品矿	吨	186517	商品液氯	吨	3304
铜精矿含铜量	吨	15175	合成氨	吨	129683
铅精矿含铅量	吨	3993	农用氮、磷、钾化学肥料	吨	85943
锌精矿含锌量	吨	28477	硫化碱	吨	25126
原煤	吨	265273	红矾钠	吨	6108
铁矿石原矿量	吨	343538	碳化钙(电石)	吨	11000
铁矿石成品矿	吨	186517	商品液氯	吨	3304
铜精矿含铜量	吨	15175	合成氨	吨	129683
铅精矿含铅量	吨	3993	农用氮、磷、钾化学肥料	吨	85943
锌精矿含锌量	吨	28477	氮肥(折含 N100%)	吨	85943
金矿含金量	千克	16. 85	尿素	吨	25007
硫铁矿	吨	64843	油漆	吨	10
发电量	万千瓦小时	147408	炸药	吨	655
供电量	万千瓦小时	150884	塑料制品	吨	6292
供热量	万百万千焦	170. 01	塑料薄膜	吨	2345
自来水生产量	万吨	2614	塑料棒管材	吨	112
小麦粉	万吨	61. 99	日用塑料制品	吨	425
食用植物油	吨	44545	水泥	万吨	27. 78
鲜、冻畜肉	吨	5577. 7	水泥排管	吨	8918
机制糖	吨	18026	水泥电杆	吨	40555
配混合饲料	吨	31941. 3	水泥预制构件	立方米	6789
方便主食品	吨	2228	砖(折标准砖)	万块	58208
乳制品	吨	1497	瓦	万片	160
发酵酒精	吨	1763			

续表 22－2－6

产品名称	单　位	产　量	产品名称	单　位	产　量
饮料酒	吨	62305.32	花岗石板材	平方米	12975
白酒	吨	24168.32	平板玻璃	重量箱	1200
啤酒	吨	38038	日用玻璃制品	吨	34196
软饮料	吨	2462	生铁	吨	2950
瓶(罐)装饮用水	吨	2330	成品钢村	吨	1320
服装	万件	244.75	铁合金	吨	32696
西服及西服套装	万件	45.99	十种有色金属	吨	4510
缝制帽	万顶	68.07	黄金	千克	495
布鞋	万双	5.92	炒制品	吨	10168
皮鞋	万双	2.58	播种机	台	3109
锯材	立方米	26876	铸铁暖气片	片	88652
人造板	立方米	39180	建筑用石灰	吨	338175
纤维板	立方米	37462	水磨石板	平方米	80546
刨花板	立方米	1718	玻璃纤维布	平方米	396
家具	件	86296	白灰	吨	21145
纸浆	吨	124443	沙石料	吨	754288
机制纸	吨	45931	水泥砖	万块	5288
凸板板	吨	7908	硅石	吨	2728

2004 年巴彦淖尔市主要工业产品及产量情况表

表 22－2－7

产品名称	单　位	产　量	产品名称	单　位	产　量
原煤	吨	356796	儿童服装	万件	8
天然原油	吨	45710	皮鞋	万双	2
铁矿石原矿量	吨	1062020	人造板	立方米	62491
铜精矿含铜量	吨	11428	胶合板	立方米	8000
铅精矿含铅量	吨	10624	纤维板	立方米	50844
锌精矿含锌量	吨	95801	刨花板	立方米	15072
硫铁矿	吨	232435	家具	件	111017
发电量	万千瓦小时	170438	木制家具	件	83807

续表 22－2－7

产品名称	单　位	产　量	产品名称	单　位	产　量
火电	万千瓦小时	170438	软体家具(包括床垫、沙发)	件	28149
水电	万千瓦小时	846	纸浆	吨	116272
小麦粉	万吨	76	机制纸	吨	54553
食用植物油	吨	85095	胶印书刊纸(含凸板纸)	吨	40845
配混合饲料	吨	24858	机制纸板	吨	9883
糕点	吨	4899	纸制品	吨	12685
方便主食品	吨	5845	纸箱	吨	12657
乳制品	吨	105300	本册	万本	383
酱油	吨	2828	硫酸(折 100%)	吨	64528
饮料酒	千升	72544	盐酸	吨	78608
白酒	千升	21914	氢氧化钠(折 100%)	吨	42595
啤酒	千升	50551	碳化钙(电石)(折 300 升/千克)	吨	48780
软饮料	吨	20157	合成氨	吨	178957
碳酸饮料	吨	162	农用氮、磷、钾化学肥料总计	吨	159549
液体乳	吨	104163	氮肥(折含 N100%)	吨	135930
冷冻饮品	吨	16865	尿素	吨	41721
瓶(罐)装饮用水	吨	19995	磷肥	吨	917
服装	万件	222	塑料树脂及共聚物	吨	5117
梭织服装	万件	215	聚氯乙烯树脂	吨	5117
西服及西服套装	万件	46	中成药	吨	263
衬衫	万件	9	塑料制品	吨	3852

2006 年巴彦淖尔市主要工业产品及产量情况表

表 22－2－8

产品名称	单位	产　量	产品名称	单位	产　量
原煤	万吨	28. 34	瓶(罐)装饮用水	万吨	2. 61
天然原油	万吨	7. 81	冷冻饮品	万吨	3. 2
铁矿石原矿量	万吨	880. 93	服装	万件	156. 24
铜选矿含铜量	万吨	4. 15	梭织服装	万件	156. 22
铅选矿含铅量	万吨	1. 55	西服及西服套装	万件	56. 07
锌选矿含锌量	万吨	11. 07	衬衫	万件	0. 91
硫铁矿石	万吨	46. 1	儿童服装	万件	3. 59
发电量	万千瓦小时	458712	皮鞋	万双	3. 01
火电	万千瓦小时	458712	人造板	万立方米	21. 78
成品糖	万吨	2. 71	纤维板	万立方米	10. 66
小麦粉	万吨	76. 09	刨花板	万立方米	11. 11
食用植物油	万吨	7. 59	家具	件	48853
配混合饲料	万吨	5. 58	木制家具	件	32341
糕点	吨	7215. 6	软体家具（包括床垫、沙发）	件	2665
速冻米面食品	吨	510. 6	纸浆	万吨	3. 44
方便面	吨	46	机制纸及纸板	万吨	4. 35
乳制品	万吨	29. 54	书写印刷纸	万吨	2. 33
液体乳	万吨	28. 96	箱纸板	万吨	0. 27
酱油	吨	2543	纸制品	万吨	2. 22
饮料酒	千升	86344. 1	瓦楞纸箱(纸箱)	万吨	2. 22
白酒（折 65 度商品量）	千升	20652	本册	万本	546
啤酒	千升	64738	硫酸	万吨	41. 21
软饮料	万吨	2. 61	盐酸	万吨	15. 63

2008 年巴彦淖尔市主要工业产品及产量情况表

表 22 –2 –9

产品名称	单位	产　量	产品名称	单位	产　量
原煤	万吨	116.45	味精	万吨	5.29
洗煤	万吨	72.3	软饮料	万吨	13.89
天然原油	万吨	9.07	瓶(罐)装饮用水	万吨	11.85
铁矿石原矿量	万吨	781.54	含乳饮料	万吨	1.25
铜金属含量	万吨	2.44	服装	万件	107
铅金属含量	万吨	2.84	针织服装	万件	4
锌金属含量	万吨	13.91	梭织服装	万件	103
硫铁矿石	万吨	155.08	毛纱	吨	550j
发电量	万千瓦小时	665277	毛条	吨	139
火电	万千瓦小时	599600	人造板	万立方米	32.08
风力发电量	万千瓦小时	56521	纤维板	万立方米	13.48
自来水(生产量)	万立方米	2656	刨花板	万立方米	17.39
食用植物油	万吨	7.35	纸浆	万吨	9.6
配混合饲料	万吨	5.82	机制纸及纸板	万吨	7.65
焙、炒加工的坚果及果仁	万吨	3.99	纸制品	万吨	7.12
鲜冷藏冻肉食品	万吨	1.55	其中:瓦楞纸箱	万吨	6.78
乳制品	万吨	25.25	家具	件	3972
液体乳	万吨	24.94	硫酸	万吨	51.88
番茄酱	万吨	13.81	盐酸	万吨	16.71
饮料酒	千升	112568	甲烷	万吨	19.38
白酒(折 65 度商品量)	千升	21802	环氧乙烷	吨	454
啤酒	千升	78492	重铬酸钠(红钒钠)	吨	3500
氢氧化钠(烧碱)	万吨	17.26	商品混凝土	立方米	4088
碳化钙(电石)	万吨	26.62	水泥混凝土电杆	根	3116
合成氨	万吨	30.75	天然花岗石建筑板材	平方米	12391

续表 22-2-9

产品名称	单位	产　量	产品名称	单位	产　量
农用氮、磷、钾化学肥料总计（折纯）	万吨	45.52	天然大理石建筑板材	平方米	6000
氮肥（折含 N100%）	万吨	43.24	石墨及碳素制品	万吨	2.18
尿素	万吨	12.82	生铁	万吨	4.61
氢氧化钠（烧碱）（折 100%）	万吨	17.26	商品混凝土	立方米	4088
碳化钙（电石）（折 300 升/千克）	万吨	26.62	水泥混凝土电杆	根	3116
合成氨	万吨	30.75	天然花岗石建筑板材	平方米	12391
农用氮、磷、钾化学肥料总计（折纯）	万吨	45.52	天然大理石建筑板材	平方米	6000
氮肥（折含 N100%）	万吨	43.24	石墨及碳素制品	万吨	2.18
尿素	万吨	12.82	生铁	万吨	4.61
磷肥（折合 P205100%）	万吨	2.28	铁合金	万吨	42.2
聚氯乙烯树脂（PVC）	万吨	10.23	铜	万吨	2.45
聚苯乙烯树脂	吨	13	锌	万吨	10.44
化学药品原药	吨	50	黄金	千克	2718
中成药	吨	277	白银（银锭）	千克	734
塑料制品	吨	19949	硅	吨	5772
塑料薄膜	吨	1533	稀土化合物	千克	15590
农用薄膜	吨	1361	单一稀土金属	千克	32000
塑料制管子及其附件	吨	2433	混合稀土金属	千克	72
塑料编织袋	吨	5372	稀有稀土金属合金	吨	82
塑料包装箱及容器	吨	9393	金属包装容器	吨	3050
日用塑料制品	吨	627	农作物清洁、分选机械	台	373
窑外分解窑水泥熟料	万吨	35.06	播种、种植机械	台	10814
水泥	万吨	96.97	电力电缆	千米	1265
石灰	万吨	6.61	金属制窗及窗框	吨	328
水泥熟料	万吨	112.57	锅炉用辅助设备及装置	台	310

2010 年巴彦淖尔市主要工业产品及产量情况表

表 22 - 2 - 10

产品名称	单位	产　量	产品名称	单位	产　量
原煤	万吨	110.7	啤酒	千升	125416
洗煤	万吨	647.2	冷冻饮品	万吨	6.9
天然原油	万吨	11.4	软饮料	万吨	12.5
铁矿石原矿量	万吨	961.1	包装饮用水类	万吨	1.5
铜金属含量	万吨	2.1	服装	万件	231
铅金属含量	万吨	2.6	针织服装	万件	23
锌金属含量	万吨	14.0	梭织服装	万件	208
硫铁矿石(折含 S35%)	万吨	99.5	人造板	万立方米	44.3
发电量	亿千瓦小时	95.1	纤维板	万立方米	18.7
火电	亿千瓦小时	74.1	刨花板	万立方米	25.6
风力发电量	亿千瓦小时	21.0	纸浆	万吨	2
自来水(生产量)	万立方米	4234	机制纸及纸板	万吨	4.1
食用植物油	万吨	12.6	纸制品	万吨	10.4
配混合饲料	万吨	1.4	其中:瓦楞纸箱	万吨	10.3
小麦粉	万吨	82.8	家具	万件	5.4
鲜冷藏冻肉食品	万吨	3.9	硫酸(折 100%)	万吨	111.5
乳制品	万吨	29	盐酸(含量 31% 以上)	万吨	17.1
液体乳	万吨	27.3	氢氧化钠(烧碱)(折 100%)	万吨	4.6
饮料酒	千升	150577	碳化钙(电石)(折 300 升/千克)	万吨	19.9
白酒(折 65 度商品量)	千升	20719	合成氨	万吨	34.5
农用氮、磷、钾化学肥料总计(折纯)	万吨	20.1	水泥混凝土电杆	根	20.2
氮肥(折含 N100%)	万吨	13.6	天然花岗石建筑板材	平方米	37750

续表 22－2－11

产品名称	单位	产　量	产品名称	单位	产　量
尿素	万吨	8	石墨及碳素制品	吨	21145
磷肥	万吨	6.5	生铁	万吨	5.1
聚氯乙烯树脂	万吨	6.2	铁合金	万吨	19.3
化学药品原药	吨	107	硅铁（折合含硅75%）	万吨	13.7
中成药	吨	1745	锌	万吨	17.9
塑料制品	吨	21258	黄金	千克	4216
塑料薄膜	吨	2148	白银（银锭）	千克	816
农用薄膜	吨	2093	多晶硅	千克	156
塑料制管子及其附件	吨	3907	农作物收获机械	台	1942
塑料丝、绳及编织品	吨	14441	场上作业机械	台	762
泡沫塑料	吨	380	变压器	千伏安	42520
日用塑料制品	吨	364	砖	万块	49552
水泥熟料	万吨	152.5	铸造机械	台	24119
窑外分解窑水泥熟料	万吨	39.2	铸钢件	吨	1783
水泥	万吨	228.2	—	—	—

第三章　矿产业

第一节　概　况

巴彦淖尔市是自治区矿产资源丰富的地区之一。具有矿产种类多、分布较集中、资源储量规模大的特点。开展勘探工作以来,截至2010年共发现矿产68种,探明资源储量的有50种,主要分布在狼山—渣尔泰山硫多金属成矿带。有色金属、黑色金属、贵金属、化工原料、建材非金属等矿产资源具有明显优势,其中硫、锰、铅、锌、镍、钴、金(岩金)、沸石、珍珠岩、蓝晶石、红柱石、晶质石墨、瓷石等矿种,保有资源储量列自治区首位,铁、铬、铜、银、镉、膨润土等6种矿种列自治区第二位,钼、白云岩等2种矿种列自治区第三位,尤其是有色金属矿产构成自治区西部重要的矿产集中区。其余能源矿产、冶金辅助原料非金属矿产、建筑材料非金属矿产、特种非金属矿产、宝玉石类矿产等矿产资源潜力大,具有明显优势,开发利用的前景十分广阔。

依托资源优势和区位优势,巴彦淖尔市重点形成铜、锌、铅、钢铁、黄金五大产品的探采选冶加一体化产业链条,积极发展硅铝合金、镁合金等冶炼项目。截至2010年末,全市共有各类矿山企业330户,其中,大型矿山企业5户,占全市矿山总数的1.5%;中型矿山企业9户,占全市矿山总数的2.7%;小型矿山企业316户,占全市矿山总数的95.8%。在全市矿山企业中金属矿山企业70户,占矿山总数的21.3%,非金属矿山企业252户,占矿山总数的76.5%,其余有煤矿5户,水气矿产3户。全市规模以上冶金及矿山工业企业达到69户,实现增加值68.4亿元,年均增长50.9%;销售收入超亿元的企业达到38户。有色金属的采选能力600多万吨/年,其中,铜的采选能力200多万吨/年,铅锌的采选能力400多万吨/年。黑色金属的采选为1160万吨/年。铜冶炼能力10万吨/年,锌冶炼能力20万吨/年。黄金生产能力5吨/年。实现工业总产值152亿元,实现增加值59.5亿元,占全部规模以上工业比重的30%。实现税收10.8亿元。

2010年,全市矿业总产值43.68亿元,其中,金属矿山企业35.33亿元,占总产值的80.9%,非金属矿山企业6.28亿元,占总产值的14.4%,其余煤、水气矿山占总产值4.7%;实现税金9.8亿元,其中金属矿山企业8.28亿元,占总产值的84.5%,非金属矿山企业0.67亿元,占总产值的6.9%,其余能源矿山、水气矿山等占总产值的8.6%。矿山从业人员近1.5万人。经济总量赶超位居第一的农畜产品加工业。销售收入超亿元的企业达到38户。丰富的矿山资源采选冶炼工业已经成为巴彦淖尔市工业经济的主要行业之一。

第二节　煤炭　石油　天然气

1986年,煤炭开采与洗选业巴盟有煤炭工业企业17个,年产值40594.6万元。1990年,有煤炭工业企业14个,年产值1466.4万元。1995年,有煤炭工业企业15个,年产值1037.6万元。1998年,有煤炭工业企业9个,年产值2447.3万元。2001年,按照国家和自治区有关文件精神,巴盟对煤炭业进行整顿,保留煤矿企业5个,年产值597.3万元。

2004年,巴彦淖尔市有规模以上煤炭采选和洗选工业企业1个,规模以下煤炭采选和洗选工业企业1个,年产值16499万元。2008年,有规模以上煤炭采选和洗选工业企业4个,其中,烟煤和无烟煤开采、洗选3个,褐煤开采、洗选企业1个,年产值109197.9万元。2010年,有规模以上煤炭采选和洗选工业企业9个,其中,烟煤和无烟煤开采、洗选8个,褐煤开采、洗选企业1个,年产值587817.2万元。

2002年,石油和天然气开采业中,巴盟建成石油天然气生产企业1个。

2004年,有规模以上石油和天然气开采企业1个,年产值51817万元。2008年,有规模以上石油和天然气开采企业1个,年产值47898.5万元。2010年,有规模以上石油和天然气开采企业1个,年产值48410万元。

第三节　矿山采选业

一、有色金属矿采选业

1990年,巴盟有色金属矿采选5个,年产值95.6万元。1995年,巴盟有色金属矿采选企业14个,年产值7692.9万元。1998年,巴盟有色金属矿采选企业31个,年产值17260.6万元。2001年,全盟有有色金属矿采选企业20个,年产值10376.4万元。

2004年,巴彦淖尔市有色金属规模以上采选企业8个,规模以下有色金属规模采选企业9个,年实现产值751249万元。2008年,全市境内有色金属矿采选单位12个,其中,铜矿采选企业34个,锌矿采选企业5个,镍钴矿采选企业1个,贵金属矿采选企业2个,年产值465816.7万元。

2010年,全市市境内有色金属矿采选单位8个,其中铜矿采选企业3个,锌矿采选企业4个,镍钴矿采选企业1个。年采铜矿铜金属含量2.1万吨,开采铅金属矿铅金属含量2.6万吨;开采锌金属矿,锌金属含量14万吨。年产值488209.6万元。采选矿企业主要有西部矿业400万吨铜矿石选矿、建新集团130万吨铅锌采选、大中矿业400万吨铁矿采选、前旗大中和后旗双利等企业近1000万吨铁矿采选、300万吨铁精粉生产等一批矿山企业相继建成投产。

二、黑色金属矿采选业

1986 年,巴盟有黑色金属矿采选企业 3 个,年采原矿石 10. 11 万吨,年产值 260. 6 万元。1990 年,巴盟有黑色金属矿采选企业 3 个,年产值 260. 6 万元。1995 年,巴盟有黑色金属采选企业 11 个,年产值 3142. 2 万元。1998 年,巴盟有黑色金属采选企业 12 个,年产值 4644. 1 万元。2001 年,全盟有黑色金属矿采选企业 310 个,年产值 3258. 8 万元。

2004 年,巴彦淖尔市有规模以上黑色金属矿采选企业 6 个,规模以下 20 个,年产值 261595 万元。2008 年,巴彦淖尔市有黑色金属矿采选企业 14 家,其中,铁矿采选企业 13 个,其他黑色金属矿采选企业 1 个,年产值 290257. 3 万元。2010 年,巴彦淖尔市有黑色金属矿采选企业 22 家,年产值 529681. 9 万元。规模以上企业有产能铁矿石处理量 1800 多万吨/年,重点企业有前旗大中矿业(530 万吨)、后旗双利矿业(80 万吨)、前旗芙蓉矿业(60吨)、前旗金达辉矿业(50 吨)等 22 户企业。

三、非金属矿采选业

1986 年,巴彦淖尔盟有非金属矿开采单位 38 家,开采萤石 2400 吨,石墨 2. 04 万吨,开采石棉 18 吨、云母 30 吨、原盐 400 吨。总产值 488. 6 万元。1990 年,巴盟有非金属矿采选企业 37 个,年产值 488. 6 万元。1995 年,巴盟有非金属矿采选企业 36 个,年产值 5265. 2 万元。2001 年,全盟有非金属开采企业 20 个,年产值 1519. 6 万元。

2004 年,巴彦淖尔市有规模以上非金属矿采选企业 1 个,规模以下建材及非金属矿采选企业 19 个,年产值 130715 万元。2008 年,全市有规模以上非金属采选企业 2 个,年产值 32257. 8 万元。2010 年,全市有规模以上非金属采选企业 2 个,年产值 70456. 7 万元。

第四节　冶炼及压延加工业

一、金属冶炼

“十一五”期间是巴彦淖尔市有色金属冶炼加工产业起步扩量、快速发展的重要时期。先后引进西部矿业、甘肃建新、山东齐华、福建紫金、深圳飞尚、大中矿业等一大批实力雄厚的矿山企业,矿产资源采选规模扩大,产业集中度提升,矿业开发初具规模,矿产品结构得到进一步延伸。并通过技改新建铜冶炼厂、锌冶炼厂、铅冶炼厂、硫酸厂,提高共伴生矿的选矿回收率和综合利用率,基本形成矿产资源采、选、冶初级加工的开发利用产业链。

在有色金属冶炼方面,重点建设项目有紫金矿业一期 10 万吨锌冶炼、18 万吨硫酸、1. 5 万吨锌基合金、8000 吨锌粉的生产能力;深圳飞尚集团 10 万吨铜冶炼;艾芬豪集团控股的太平公司一期年产 3. 6 吨黄金等。在黑色金属冶炼方面,重点企业有前旗大中矿业(球团 120 万吨)、前旗包钢还原铁(球团 120 万吨)、后旗双利矿业(球团 60 万吨)、前旗三才铁合金(12

万吨)、前旗永鑫源铁合金(12 万吨)、前旗恒久铁合金(5 万吨)等 24 户企业。

二、黑色金属冶炼及压延加工工业

1986 年,巴盟黑色金属冶炼及压延加工工业 1 家,总产值 8.1 万元。1990 年,有黑色金属冶炼及压延加工工业 2 家,年产值 145.6 万元。1995 年,有黑色金属冶炼及压延加工工业 4 家,年产值 2078 万元。1998 年,全盟有乡及乡以上黑色金属工业企业 15 个,其中,铁矿 11 个,铬铁矿 1 个,黑色金属冶炼及延压加工企业 3 个。全年完成工业总产值 1.2 亿元(占冶金工业总产值的 40.1%)。主要企业有巴盟小佘太铁矿、乌拉特中旗永兴矿业公司、内蒙古蒙藏铁合金公司、乌拉特中旗铬铁集团总公司、海燕实业公司、巴盟电力实业总公司。

2004 年,巴彦淖尔市有规模以上黑色金属冶炼及压延加工工业 20 个,规模以下黑色金属冶炼及压延加工工业 28 个,年产值 633199 万元。2008 年,有规模以上黑色金属冶炼及压延加工工业 20 个,其中炼铁企业 1 个,铁合金冶炼 19 个,年产值 349252.3 万元。2010 年,全市有规模以上黑色金属冶炼及压延加工工业 19 个,其中,炼铁企业 1 个,钢压延加工企业 1 个,铁合金冶炼 17 个,年产值 153943.2 万元。

三、有色金属冶炼及压延加工工业

巴盟的有色金属工业主要是在 20 世纪 80 年代以后开始发展的。1995 年,巴盟有有色金属冶炼及压延加工企业 11 个,年产值 1569 万元。1998 年,全盟有乡及乡以上有色金属企业 34 个,其中,铜矿 7 个,铅锌矿 4 个,金矿 17 个,稀土金属矿 3 个,冶炼及延压加工企业 3 个。全年完成工业总产值 1.79 亿元(占冶金工业总产值的 59.9%),比上年增长 42.1%。主要企业有内蒙古获各琦铜矿、图古日格金矿、乌拉特中旗华特矿业公司、海辰金矿公司等。

2004 年,巴彦淖尔市有规模以上有色金属冶炼及压延加工企业 3 个,规模以下有色金属冶炼及压延加工企业 6 个,年产值 239126 万元。2008 年,全市有规模以上有色金属冶炼及压延加工企业 7 个,其中,铜冶炼企业 1 个,铅锌冶炼企业 1 个,其他常用金属冶炼企业 1 个,稀有稀土金属冶炼企业 3 个,年产值 4333004.8 万元。2010 年,全市有规模以上有色金属冶炼及压延加工企业 7 个,其中,铜冶炼企业 1 个,铅锌冶炼企业 1 个,其他常用金属冶炼企业 1 个,贵金属冶炼企业 22 个,稀有稀土冶炼企业 2 个,年产值 736336.9 万元。

四、金属制品企业

1986 年,巴盟有金属制品企业 34 个,年产值 1164.1 万元。1990 年,有金属制品企业 37 个,年产值 1844.9 万元。1995 年,有金属制品企业 37 个,年产值 5237.4 万元。实现利润 53.6 万元。1998 年,有金属制品企业 29 个,年产值 5266.4 万元。2001 年,全盟金属制品企业 10 个,年实现产值 983.9 万元。

2004 年,巴彦淖尔市有规模以下金属制品企业 11 个,年产值 9124 万元。2008 年,全市有规模以上金属制品工业企业 2 个,其中,结构性金属制品制造企业 1 个,集装箱及金属包装容器制造企业 1 个,年产值 9364.4 万元。2010 年,全市有规模以上金属制品工业企业 5 个,年产值 280667.6 万元。

第五节 重点企业

内蒙古包钢还原铁有限责任公司是由包钢集团公司与大中矿业公司共同投资兴建的以生产氧化球团矿为主的股份制企业。公司 120 万吨氧化球团项目于 2006 年 6 月 25 日动工建设,2009 年 4 月建成投产,月均产氧化球团 10 万吨以上。2010 年,公司累计生产氧化球团 120 万吨,实现销售收入 10.8 亿元,实现利税总额 5268 万元。

2009 年 5 月,内蒙古大中矿业股份有限公司成立。内蒙古大中矿业股份有限公司在原大中矿业有限责任公司的基础上整体改制设立。公司主要从事铁矿开采、选矿、生产与销售等业务。拥有 6 座大中型铁矿矿山,年生产能力为 460 万吨,年选矿能力为 530 万吨。2010 年,公司生产铁矿石 211 万吨,生产铁精粉 96 万吨。

2003 年 6 月,广信矿业有限责任公司成立。公司经营矿区 0.8 平方千米,主要开采赤铁矿、镜铁矿,年设计生产原矿 30 万吨。2010 年,公司生产铁矿石原矿 45 万吨,工业产值 1.8 亿元。

1998 年,巴盟铬铁集团改制,永兴矿业开发有限责任公司,成立永兴矿业开发有限责任公司。公司主要生产铬精粉,年产能力 2000 吨。2000 年,公司筹建年产铬酸钠 3000 吨生产线,对原有的铬镁矿资源进行深加工,利用成熟的工艺技术和市场,实现采矿、选矿、加工一体化。2002 年,公司出资购买乌拉特中旗原铬铁集团冶炼厂,与吉林省桦甸永隆铁合金有限责任公司联合开发铬系列合金制品,在乌不浪口筹建 1 座 3600 千伏安冶炼炉,生产高铬合金。2003 年,公司兼并乌拉特旗水泥厂,生产铬盐酐、铁合金、水泥。2007 年,按照国家产业政策,先后关闭铬盐厂,永铬冶炼厂,团羊水泥厂等,只保留铬矿选矿厂和石墨加工厂。

2003 年,银泰铁合金有限责任成立。公司拥有 6300 千伏安矿热炉 1 台,2200 千伏安精炼炉 1 台,用于冶炼高碳铬铁、低碳铬铁。2004 年,生产铁合金 1571 吨。2005—2006 年,年均生产高碳铬铁 7000 余吨,硅铬 3000 余吨,低碳铬铁 3500 余吨。2007 年,生产铁合金产量 9477 吨,总产值 12669 万元。

2003 年,上海电器集团公司投资建成金诺化工有限责任公司。公司拥有 12500 千伏安硅铁电石冶炼炉 2 台。2004 年,生产冶硅铁 4500 吨。2007 年,生产冶硅铁 28524 吨。2008—2010 年,公司年均生产冶硅铁 2.5 万吨以上。

2004 年 10 月,紫金有色金属有限公司公司成立为国内大型有色金属冶炼企业、自治区重点工业企业和循环经济发展示范企业，为首批通过工业和信息化部全国《铅锌行业准入条件》审核的8户铅锌企业之一。2010年，公司有控股矿山1座，参股矿山1座，控制锌资源金属量300多万吨。具备年产锌锭22万吨、硫酸40万吨的能力。

2008年，西部铜材有限公司由矿山资源企业巴彦淖尔西部铜业有限公司与电缆生产企业北京中科英华科技发展有限公司共同投资创建。公司位于巴彦淖尔经济开发区（东区），主要从事铜资源深加工业务。公司一期项目于2008年9月开工建设。2010年，项目总投资2.2亿元，年产电解铜5万吨。

第四章　农产品加工业

第一节　概　况

巴盟是以农牧业为主的地区，为发展食品工业提供优越的条件。中共十一届三中全会以来，巴盟的食品工业发展较快。20 世纪 90 年代，全盟食品工业已形成以粮、油、糖加工为主的门类较为齐全、结构较为合理的食品工业体系，在全盟工业中处于主导地位。有粮食及饲料加工、植物油加工、甜菜制糖、饮料制造、肉类加工，乳制品制造、糕点糖果制造以及调味品、淀粉、豆制品制作 3 个行业 10 多个门类的乡及以上 170 个企业，遍布全盟 7 个旗、县、市。

1998 年，巴盟食品工业主要产品有 30 多种，其中年产量较多的有小麦粉 44. 38 万吨，配混合饲料 12. 59 万吨，食用植物油 4. 75 万吨，机制糖 4. 16 万吨，鲜、冻畜肉 5202 吨，糖果 5 吨，方便主食品 305 吨，乳制品 754 吨，罐头 620 吨，酱油 2802 吨，淀粉 5230 吨，冷冻饮品 941 吨，白酒 9819 吨，啤酒 2. 73 万吨，软饮料 6450 吨。巴盟主要食品企业有恒丰食品工业公司、巴盟制油厂、五原植物油厂、陕坝植物油厂、乌拉特前旗面粉油脂厂、临河市得利斯食品公司、金川保健啤酒总厂、河套酒业公司、田力制糖有限公司（临河糖厂）、磴口糖厂、陕坝糖厂、昌河饲料公司，临河市饲料加工厂、泰顺兴业食品公司、京洋食品公司、乌拉特中旗索伦肉联公司等 30 多个企业。巴盟乡及乡以上食品工业总产值达 11. 83 亿元，占全盟乡及乡以上工业总产值的 31. 4%，占乡及乡以上轻工业总产值的 50%。其中，食品加工业 9. 29 亿元，食品制造业 0. 41 亿元，饮料制造业 2. 13 亿元。乡及乡以上食品工业总产值比上年下降 4. 2%，比 1983 年增长 7. 39 倍，15 年间平均每年增长 15. 2%。

2002 年，巴盟有独立核算食品加工业 96 个，饮料制造业 18 个，全年累计完成工业总产值 412630. 1 万元（占全盟独立核算工业企业全部工业总产值的 86. 4%），其中食品加工业总产值 93966. 9 万元，饮料制造业总产值 47964. 3 万元。主要产品产量是小麦粉 61. 99 吨，食用植物油 4. 45 万吨，机制糖 1. 8 万吨，饮料酒 6. 23 万吨，番茄酱 2. 27 万吨。年内，巴盟主要制造业企业有恒丰食品工业（集团）股份有限公司、河套酒业集团股份有限公司、金川保健啤酒高科技股份有限公司。

第二节　农副食品加工业

1986 年，巴彦淖尔盟有农副食品加工企业 44 个，年产值 5526. 2 万元。1990 年，巴盟有农副食品加工企业63个,年产值16973万元。1995年,巴盟有农副食品加工企业342个,年产值187730万元。1998年,有农副食品加工企业116个,年产值92880.8万元。2001年,全盟有农副食品加工企业94个,年产值47534.6万元。

2004年,巴彦淖尔市有规模以上农副食品加工企业36个,规模以下农副食品加工企业92个,年产值1581511万元。2008年,全市规模以上农副食品加工企业45个,其中,谷物磨制企业11个,饲料加工企业3个,植物油加工企业5个,屠宰与肉类加工企业13个,畜禽屠宰企业16个,蔬菜水果和坚果加工企业18个,其他农副食品加工企业43个,年产值590336.3万元。

2010年,全市有规模以上农副食品加工企业58个,其中,谷物磨制企业14个,饲料加工企业3个,植物油加工企业3个,屠宰与肉类加工企业16个,畜禽屠宰企业16个,蔬菜水果和坚果加工企业10个,其他农副食品加工企业4个,年产值1083517.9万元。

第三节　食品制造业

1986年,巴盟有粮食加工企业35个,糕点糖果制造企业12个,制糖企业4个,年产值9399.5万元。1990年,有糕点、糖果、制糖企业17个,年产值11906.4万元。1995年,有制糖、糖果制造、食品制造、方便食品制造等企业82个,年产值34893.7万元。1998年,有制糖、糖果制造、食品制造、方便食品制造等企业37个,年产值4157.4万元。

2002年,巴盟共有独立核算食品制造企业96个,全年累计完成工业总产值93966.9万元(占全盟独立核算制造业工业企业全部工业总产值的22.8%)。主要食品加工企业有内蒙古恒丰食品工业(集团)股份有限公司、内蒙古双福面业有限责任公司、内蒙古金河套(金雪)面粉有限公司、内蒙古昌河饲料发展有限公司、临河市恒丰植物油厂、乌拉特蒙康油脂有限责任公司、五原县植物油厂、磴口县糖厂、巴盟中滩糖厂、内蒙古得利斯食品有限公司、临河市正弘屠宰加工有限公司、巴盟宏宝肉联厂、泰顺兴业食品有限公司等26个。

2004年,巴彦淖尔市有规模以上食品制造企业10个,规模以下食品制造工业企业22个,年产值1027570万元。2008年,全市有规模以上食品制造企业22个,其中,糕点、面包制造企业1个,饼干和其他焙烤食品制造企业1个,液体乳及乳制品企业4个,调味品、发酵制品企业15个,其他食品企业1个,总产值465415.5万元。

2010年,全市有规模以上食品制造企业28个,其中,糕点、面包制造企业1个,饼干和其他焙烤食品企业1个,液体乳及乳制品企业5个,调味品、发酵制品企业20个,其他食品制造企业1个,年总产值763594万元。

第四节　酒及饮料制造业

1986年,巴盟有饮料制造企业8个,年产值1666.2万元。1990年,有饮料制造企业5

个,年产值3706.7万元。1995年,有饮料制造企业11个,年产值10611.4万元。1998年,巴盟有饮料制造企业17个,年产值21264.5万元。2001年,有饮料制造企业14个,亏损企业5个,年产值18703.3万元。2004年,巴彦淖尔市有规模以上饮料企业5个,规模以下饮料企业14个,年产值677422万元。2008年,全市有规模以上饮料企业7个,其中,酒精制造企业6个,白酒制造企业2个,啤酒制造企业1个,黄酒制造企业1个,其他酒制造企业1个,软饮料制造企业1个,年产值129990.8万元。

2010年,全市有规模以上饮料企业9个,其中,白酒企业3个,杭锦后旗河套酒业集团、中旗河套酒业集团乌拉特公司、河套酒业集团五原公司,酿造白酒2.07万千升,实际生产白酒3万千升;啤酒制造企业1个,临河金川保健啤酒厂,啤酒酿造生产量15万千升,实际生产啤酒12.5万千升;黄酒制造企业1个,杭锦后旗河套酒业集团保健酒,生产保健酒8000千升;其他酒制造企业1个,杭锦后旗河套酒业集团奶酒,生产奶酒2000千升。年产值258483.3万元。其中,河套酒业集团、临河金川保健啤酒厂是全国著名企业。

第五节　制糖工业

河套地区种植、生产甜菜历史悠久,20世纪80~90年代,单产和总产量两项指标均高居自治区首位。巴盟制糖工业起步于70年代初,90年代已有5座糖厂,其中大型糖厂2座、中小型糖厂3座。达到日加工甜菜5300吨,年加工甜菜75万吨;日加工番茄1300吨,年加工番茄6万吨;日加工胡萝卜400吨,年加工胡萝卜4万吨的综合加工能力。全行业年产糖7.5万吨,颗粒粕3.5万吨,酒精0.8万吨,番茄酱1万吨,胡萝卜汁0.3万吨,冰糖500吨,谷氨酸600吨,生产系列饮料、建筑材料、复合肥,共16种产品。非糖系列产品现价产值比重为24%,白糖的现价产值比重由七十年代的95%下降到1998年的64%,正逐步走向“一业为主、多种经营”的经营方式。5座糖厂分布在巴盟五个重点农业旗、县、市。

1986—1995年的10年中,全行业投入近亿元对原料生产和产品生产线及配套水电气系统进行重点技改。糖、酒精、颗粒粕、番茄酱、胡萝卜、冰糖、谷氨酸7种主要产品的22条生产线中,田力公司(临河糖厂)番茄酱和胡萝卜汁3条线是90年代引进意大利的全自动流水线,具有国际90年代的先进水平;磴口糖厂两条番茄酱线是90年代国内先进的全自动流水线;其余17条是国内80年代末期的水平。在制糖和制粕线上,共引进国际90年代先进水平的11台(套)关键设备。在加工劣质甜菜方面总结出一整套科学合理先进的加工技术,同等质量甜菜巴盟加工水平在全国同行业名列前茅。田力公司颗粒粕能耗水平、单线生产能力全区同行业第一。1991年以后,制糖行业编制推行《甜菜高糖优质丰产栽培技术》和《甜菜按质论价收购办法》,经过3年攻关,巴盟地区甜菜含糖由1990年的13.75%提高到16.3%,提高2.55个糖度。先进的技术和收购办法经国家轻工总会认定后并在全国推行。

制糖行业是全盟农副产品主要加工业，为农民增产增收创造了条件。据统计从1990—1998年，全行业共支付农民原料款11亿元，甜菜种植收入占农户年人均纯收入的约五分之一；带动运输业的发展每年约支付各种运费2000多万元；全行业共实现税金1.33亿元；共支付给各有关银行利息2.23亿元；全行业社会贡献率高达20%以上；现价产值占全盟工业现价产值的十分之一，是全盟的重点支柱工业。由于甜菜种植效益下降，糖农种植面积不能满足加工的需求，按自治区统一部署，制糖行业只能走“停二改三”的结构调整模式，规模在萎缩；加之巨额拖欠农户甜菜款，农企矛盾、社企矛盾突出；企业历史包袱沉重，亏损加剧，社会负担重等原因，制糖企业开始转产停产，5个旗、县的大型国有制糖企业相继衰落破产或转产。

第六节　亮点企业

一、制糖企业

（一）白彦花糖厂

1969年，内蒙古生产建设兵团农二师十七团在白彦花镇投资25万元，建设日处理甜菜30吨白彦花糖厂。1982—1983年，由内蒙古农管总局与巴盟农管局联合投资，新增加糖厂部分设施设备，使生产能力达到日处理甜菜185吨。1992年后，随着国内市场白糖的价格下跌，糖厂的经济效益低下，亏损越来越严重，以致无法发放工人工资，企业濒临破产。2000年，巴彦淖尔盟经济改革委员会下发《关于对中滩糖厂转制方案的批复》，同意糖厂转制。

（二）临河糖厂

1972年，内蒙古生产建设兵团农三师投资在临河建成临河糖厂，设计日处理甜菜500吨。1985年，临河糖厂改进生产工艺，购进先进设备，使生产规模达到1700吨。同时，将酒精车间生产能力扩大到日产20吨。1995年后，临河糖厂，在国际白糖市场的波动和原料的涨价的影响下，生产成本不断增加，企业连年亏损，以至于无法正常生产。1998年，临河糖厂实施公司化改造，组建成立内蒙古田力公司，同年9月挂牌运营。公司有制糖、制酒精、制颗粒粕、制冰糖、制番茄酱、制胡萝卜汁6条生产线。

（三）五原糖厂

1971年，五原县根据土地面积广、耕地盐渍化程度较高特点，向行署提出在五原建设糖厂的报告。行署责成有关部门进行实际调查和可行性研究，报自治区计划委员会批准后，1972年开始筹建，1974年11月糖厂建成投入试产。新建五原糖厂占地13万平方米，建筑面积8766平方米，共完成投资总额418万元，形成固定资产总额原值372.5万元。

1999 年 10 月，经行署批准，五原糖厂转为民营。

（四）磴口糖厂

1973 年，由内蒙古生产建设兵团农一师在巴彦高勒镇建成磴口县糖厂。1976 年 11 月，投入运行。1985 年，为扩大生产，糖厂筹资 800 多万元，对生产设施设备进行更新，将日处理 500 吨增加到 750 吨。1995 年，世界白糖市场的持续低迷，造成库存加大，甜菜款不能按时兑现，种植户与企业矛盾与日俱增，甜菜种植面积逐年下降，以致无原材料，糖厂被迫停产。2003 年 8 月，经盟行署批准，磴口糖厂宣布破产、拍卖。

（五）陕坝糖厂

1973 年，根据杭锦后旗申报，经自治区计划委员会批准，1975 年陕坝糖厂开工建设。1985 年，陕坝糖厂建成。

新建陕坝糖厂占地 40 万平方米，建筑面积约 2. 8 万平方米，形成固定资产 9100 余万元。糖厂投产后，因水质问题，导致糖分损失严重，产糖率一直很低，造成连年亏损。1999 年 9 月，根据糖厂生产的实际，经上级批准，这座拥有多台世界先进制糖设备的企业被迫拍卖。

二、制酒企业

（一）河套酒业股份有限公司，原内蒙古河套酒厂，创建于 20 世纪 50 年代。1986 年酒厂拥有总资产 2 亿元，形成独具特色的白酒生产工艺，年产纯粮白酒 2 万吨，企业经过几年的不断壮大和发展，在同行业竞争中异军突起，成为内蒙古酿酒行业的龙头企业。1997 年 9 月，内蒙古河套酒厂进行股份制改革，正式更名为内蒙古河套酒业集团股份有限公司。公司新建的年产 5000 吨“河套王”原酒生产基地，进入快速发展的时期，企业综合实力和竞争能力不断增强，规模不断扩大，经济效益连年增长，知名度显著提高。“河套”品牌已经成为全国性品牌，“河套”文字和图形商标被国家工商总局认定为“中国驰名商标”，成为全自治区酒类行业唯一一家拥有两个“中国驰名商标”的企业，企业被认定为首批“中华老字号”企业，被中国酿酒工业协会白酒技术委员会评定为“北方第一窖”。2005 年，河套酒业被评为中国轻工业酿酒行业十强企业、国家 AAAA 级标准化良好行为企业，已进入中国大企业集团行列。被人事部、全国轻工业联合会评为全国轻工行业先进集体，被标准评审委员会审定为奶酒国家标准起草制定单位，被中国轻工业联合会评选为 2010 年度中国轻工业酿酒行业十强企业，河套品牌连续七年被世界品牌实验室评为中国 500 最具价值品牌，河套王原酒生产基地被中国酿酒工业协会认定为“中国北方第一窖”，率先推行的酿酒机械化生产，确立行业中生产方式革新上的领先地位。

集团总资产已达到 40 亿元，拥有企业 24 家，职工 8800 多人，占地面积 228 万平方米，主导产品有“河套王”“河套老窖”系列为代表的浓香型白酒、以“金马酒”为代表的复合香型白酒、以“河套陈藏”为代表的清香型白酒和以“御膳春”保健酒、“百吉纳”奶酒为代表的营养滋补型四大系列多个品种。河套酒业集团是全区白酒行业唯一的科技先导型企业,建有自治区级技术中心和国家级检测实验中心,拥有国家级白酒评委7人,自治区级酒类评委11人,其他各类技术人员400多人。

(二)燕京啤酒内蒙古金川有限公司,以前是内蒙古金川保健啤酒高科技股份有限公司。公司建于1982年,1985年正式投产。1986年12月,“金川啤酒”被评为自治区优质产品。1989年8月在全国啤酒行业质量评比中被评为优质产品,1994年底,还清全部基建技改贷款本息1025万元,五年期间价值又达到新建1座啤酒厂。企业名称也由最早的内蒙古临河啤酒厂、内蒙古金川保健啤酒总厂演变为内蒙古金川保健啤酒高科技股份有限公司,产品名称也由最早的“塞边牌临河啤酒”“金川啤酒”演变为“金川保健啤酒”。2005年,企业顺利实现转制,842名职工的国有身份一次进行置换,企业实现股份制改造,实现改制民营,同年启动“五改十”技改扩建工程,由5万吨/年的生产能力扩建到10万吨/年。2010年11月加盟燕京啤酒集团完成重组,企业历经近三十年的发展,经济效益稳步上升。主要生产“金川牌系列啤酒”,品种有600毫升金川啤酒、600毫升金川草原啤酒、500毫升金川天然源啤酒、600毫升燕京清爽和雪鹿原生、清爽啤酒、金川扎啤及330毫升和500毫升易拉罐。产品采用河套优质矿泉水和经获专利的水处理技术及特殊工艺精酿而成,已取得ISO 9001质量体系和QS质量安全认证。2010完成啤酒产量65809.56吨;完成产品销售收入18381.04万元;实现税金2572.69万元。

三、面粉

恒丰内蒙古恒丰食品工业(集团)股份有限公司始建于1958年,20世纪80年代,公司引进具有国际先进水平的意大利面粉生产线,在国内首创“雪花粉”系列产品,使产品行销全国。1992年改组为集团公司,1993年定向募集改组为股份有限公司,发展成为自治区最大的小麦粉加工企业。注册资本6000万元。公司总资产3.6亿元。公司设备先进,技术力量雄厚,拥有三条先进的意大利等级面粉生产线,日处理小麦1000吨,还有年产2500吨的挂面生产线以及面包、馒头、手拉面生产线。集团公司现有1个全资子公司、1个控股公司、9个参股公司,还有16个驻外办事处,50个分销处,销售网络覆盖全国27个省、市、自治区的130多个地区,为国家大型二档企业。恒丰集团公司以河套优质小麦为原料,使用先进设备和工艺生产“河套”牌雪花粉、高筋粉、面包粉、特制粉等五大系列25个品种的专用面粉及法式面包、麦胚等各类食品,其中“河套”牌雪花粉、高筋粉、面包粉、富强粉系列面粉被评为国家质量达标食品,公司开发的高档次、富营养的绿色富硒营养保健面粉,被外经贸部、科技部等五部委联合评为国家级重点新产品。产品多次被评为国家质量达标食品、消费者信得过产品,被中国粮食行业协会授予“放心面”称号,并荣获“内蒙古自治区消费者协会推荐商品”称号。市场遍及全国27个省、市、自治区,并出口日本、俄罗斯、蒙古、朝鲜、越南等国。“河套”牌雪花粉系列产品是享誉国内外的名牌产品。1996年取得国家绿色食品资格证书和自治区首批免检产品。曾多次荣获国家有关部门颁发的金奖、银奖,被自治区消费者协会及国内其他城市消费者协会评为消费者信得过产品。1998年7月,被农业部中国特产经济开发办公室评定为中国唯一的“中国河套优质面粉生产基地”。1999年通过了ISO 9000国际标准质量体系认证,2000年被中国食品工业协会评为“中国食品工业质量管理名企名牌”企业。2002年,恒丰集团公司“河套”商标被认定为全国面粉加工行业首家“中国驰名商标”“国家免检产品”称号,恒丰集团被批准成为国家级高新技术企业。2003年,恒丰集团被国家工商行政管理总局评为“守合同重信用”企业。“河套”牌系列面粉通过QS认证,获得全国工业产品生产许可证。成为自治区级农业产业化重点龙头企业。2005年12月,被农业部授予“全国农产品加工业示范企业”和“全国农产品加工企业技术创新机构”荣誉称号。2006年被中国粮食行业协会授予“放心粮油进农村先进企业”荣誉称号。

四、植物油生产企业

巴彦淖尔市20世纪90年代以油葵为原料,盛产食用油、色拉油序列产品久负盛名。曾是地方的支柱产业,带动地方经济发展。著名的企业有巴盟制油厂、五原植物油厂、临河临鄂油厂、陕坝植物油厂。其中,陕坝植物油厂前身为陕坝面粉厂油脂车间,经过1982年、1991年两次改造扩建,发展成为占地面积25119平方米,拥有干部职工237人,总资产2016万元的粮油加工中型企业。企业主要生产食用油脂,形成年处理油葵20000吨,年产国标一级油6000吨,年产色拉油2000吨的生产规模。成为巴盟4家骨干油脂加工企业之一,被巴盟行署列为重点追踪扶持企业。

2004年,上海佳格集团在磴口工业园区投资3000万元,成立佳格食品有限公司。建成年产20000吨葵花油榨油厂,当年投入生产。2008年,公司再投入5000万元,建成年产60000吨的精炼油项目。到2010年,公司产值达3.27亿元。

1999年,巴彦淖尔市宏发食品有限公司,以生产葵花籽油为主,原名巴彦淖尔市宏发油脂有限公司,2013年5月更名为巴彦淖尔市宏发食品有限公司,并正在巴彦淖尔经济开发区(临河区东)筹建新厂,建设以豆油为主的综合性油脂加工项目,设计产能为600吨/日。宏发食品公司是内蒙古西部区最大的油脂加工企业,多年来诚信经营,获得多项荣誉称号,被评为农牧业产业化龙头企业、自治区诚信单位。

2006年,山东鲁花集团有限公司在巴彦淖尔市经济技术开发区兴建大型食用植物油生产企业,内蒙古鲁花葵花仁油有限公司于当年3月动工,11月建成投产,年生产能力10万吨,拥有6条现代化生产线。公司占地28.07公顷,有职工230余人,技术人员81人。

依托河套平原优质的油葵资源，利用鲁花独创的“5S 纯物理压榨”工艺，主要生产、销售浓香葵花仁油、亚麻籽油等各种高档食用油、葵花籽制品，总资产 1.6 亿元，形成葵花籽剥壳、压榨、过滤、包装一条龙的模式，同时公司还生产压榨亚麻籽油，年生产纯正压榨葵花仁油 10 万吨，亚麻籽保健油 1 万吨，销售收入达 10 亿元，年产值达到 15 亿元，已成为中西部地区最大的葵花仁油和亚麻籽油生产加工基地。

五、乳业

内蒙古永欣乳业有限责任公司位于杭锦后旗陕坝镇，占地面积 2.2 万平方米，总资产 1600 多万元，日加工优质鲜牛奶 40 吨，是当时内蒙古自治区西部最大的现代化乳制品加工企业。被巴盟行政行署确定为私营企业跨世纪千万元工程企业，实行重点保护，重点扶持。

1997 年底企业完成股份制改造。1998 年，已形成强化营养型、普通型和乳饮料 3 个系列十几个品种的比较完善的产品格局。主导产品“阴山”牌系列奶粉是以自治区河套平原所产的无污染、优质鲜牛奶为原料，采取先进工艺生产的乳制精品。“阴山”牌奶粉自投放市场以来，以其“天然纯真”的优良品质而屡获殊荣：1991 年获首届中国国货精品博览会优秀奖；1997 年在国家乳制品质量监督检验中心对全国乳制品统检中获特级品荣誉，并被自治区质量监督检验所推荐为名优上榜品牌，同年被中国质量协会评为知名品牌；1998 年被中国质量无投诉活动委员会评为质量无投诉企业。

20 世纪 70 年代末，乌兰布和乳业有限公司以生产冰棒、冰激凌为主。1999 年，公司投资 300 万元进行扩建。2000 年，公司产品被评定为中国放心食品荣誉品牌，获得农业部全面质量管理达标证书。到 2010 年，公司生产的三个系列（冰棒、冰激凌、雪糕）150 多个产品，全部通过了 ISO 14001 环境管理认证和 QS 认证，年产值达 2.39 亿元。

2003 年投资建设蒙牛（磴口分公司）有限责任公司，于 2004 年建成投入生产。公司拥有可储存 9000～10000 吨成品牛奶的立体库房，21 条无菌生产线，生产中性奶、纯牛奶、乳饮料 3 个系列，日处理鲜奶 430 吨。公司生产的产品全部通过 SO 22000、ISO 14001、QHSE. SA 8000 四大认证体系。2010 年，公司收购鲜奶 30.2 万吨，年产量 18.9 万吨，产值 10.3 亿元。

2009 年 10 月，巴彦淖尔伊利乳业有限责任公司注册成立，其前身伊利集团巴彦淖尔分公司是伊利集团于 2004 年 7 月在巴彦淖尔市杭锦后旗新建的生产型分公司，公司占地 7 公顷，厂房面积为 28523 平方米，有职工 400 余人。公司引进瑞典利乐先进的液态奶生产线 10 条，包括 2 条利乐砖 TBA22 生产线、3 条利乐枕生产线，1 条高速枕 A1 生产线，4 条常温酸奶生产线（新增安慕希项目投资 1.7 亿元）。主要生产安慕希、纯牛奶系列和优酸乳系列产品，产品主要销往自治区西部地区、宁夏回族自治区、成都、重庆、上海、南昌等地。

第五章　畜产品加工制造业

第一节　规模和产值

一、皮革、皮毛、羽毛(绒)及其制造业

1986 年,巴盟有皮毛、皮革制品企业 16 个,年产值 909.6 万元。1990 年,有皮毛、皮革制品企业 13 个,年产值 1292.7 万元。1995 年,有皮毛、皮革、羽绒及其制品制造企业 8 个,年产值 4361.4 万元。1998 年,有皮毛、皮革、羽绒及其制品制造企业 3 个,年产值 6285.5 万元。2001 年,有皮毛、皮革、羽绒及其制品制造企业 2 个,年产值 3911 万元。2004 年,巴彦淖尔市有规模以上皮革、皮毛、羽毛(绒)及其制造企业 1 个,年产值 5752 万元。

二、纺织业

1986 年,巴盟有纺织工业企业 14 个,年产值 824.8 万元。1995 年,有纺织工业企业 36 个,年产值 20567.5 万元。1998 年,有纺织工业企业 60 个,年产值 40480.4 万元。2001 年,有纺织工业企业 28 个,年产值 81397.4 万元。

2002 年,有纺织业企业 38 个,纺织业总产值 103073.4 万元,羊绒衫 42.79 万件,无毛绒 1295 吨。2004 年,巴彦淖尔市有规模以上纺织工业企业 15 个,规模以下企业 30 个,年产值 1689986 万元。2008 年,全市有规模以上纺织工业企业 24 个,其中,毛条加工企业 1 个,毛染整精加工企业 15 个,毛针织品机编制品制造企业 8 个,年总产值 668362.2 万元。

2010 年,全市有规模以上纺织工业企业 25 个,其中,毛条加工企业 2 个,毛纺织工业企业 2 个,毛染整精加工企业 14 个,毛针织品机编制品制造企业 7 个,年总产值 877772 万元。

第二节　毛绒纺产业

巴彦淖尔市的绒纺产业主要是在 20 世纪 90 年代逐渐壮大的。在五原县、乌拉特中旗、杭锦后旗有零星分布,大部分集中在临河地区。于 20 世纪 80 年代初,经过流通—集散—梳洗—纺纱—制衫—高档精品等渐进提升发展历程。绒纺产业几经起落,从低档到高端、从作坊到集团,在探索和曲折中前进,基本完成原始积累。2010 年基本形成集原料购、洗、梳、纺、染、织、售于一体的完整产业链条,成为全市重要支柱产业和国内五大绒纺重要基地之一。

2010年规模以上毛纺企业总体情况

表22－5－1

	企业单位数（个）	亏损企业（个）	工业总产值（当年价）（万元）	工业销售产值（当年价）（万元）	出口交货值（万元）	流动资产（万元）	固定资产（万元）
毛条加工	2	0	7833.9	7533.9	0	4125.8	260.9
毛纺织	2	1	3763.3	4549.2	0	5310.7	8868.5
毛染整精加工	14	2	565819.5	520361.3	0	19927.1	61651.3
毛针织品及编织品制造	7	0	300655.3	274754.7	11754.2	103500.3	98773.4

在毛纺企业的发展中，形成了十多家技术先进、产品多样、品质优良的集团和公司，并成为巴盟的支柱产业。

一、维信羊绒集团

1992年，成立是拥有12家生产企业、贸易公司的跨国企业集团，主要生产羊绒系列制品。集团引进德国、意大利、瑞士、日本等国际先进成套设备，有年生产能力无毛绒600吨、羊绒粗纺、精纺纱线600吨，羊绒衫200万件、羊绒围巾、披肩200万条、羊绒粗纺面料50万米、羊绒精纺面料50万米，高档羊绒服装8万件。在锡林郭勒大草原建设100平方公里的牧场，饲养5万多只种羊，成为带动地区经济发展的龙头企业。“维信商标”被国家工商总局认定为“中国驰名商标”，维信羊绒制品被国家评定为“中国名牌产品”“国家免检产品”“原产地标记注册产品”“中国环境标志绿色产品认证”。维信KVV01\BBC无毛绒是欧美、日本等国大型纺织企业的首选原料、品质在全球首屈一指。公司被农业部评为农业产业化国家级重点龙头企业，被国家质检总局评为出口纺织品一类企业，被国家海关总署评为A类企业，被商务部评为促进企业诚信建设先进企业，被自治区人民政府确定为“重点大企业（集团）”“高新技术企业”“先进纳税企业”。

二、春雪羊绒有限公司

1997年成立，引进世界先进的生产设备及工艺技术和国际通行的ISO 9000:2000质量管理体系，专业从事无毛绒、羊绒制品的生产与销售，成为中国西部地区羊绒行业的知名民营企业。形成羊绒分梳、纺纱、羊绒时装、围巾全流程生产流水线。拥有世界一流的羊绒联合分梳机18（台）套，年生产无毛绒500吨；意大利制造的奥克蒂尔梳毛机、毕伽俐B6型细纱机4（台）套，年生产羊绒纱300吨；德国产斯托尔全自动电脑横机50台，普通横机200台，剑杆织机10台，年产高档精纺羊绒衫50万件，羊绒围巾100万条。年创产值5亿元，税金1000万元。

三、大兴羊绒制品有限公司

1993年创建,总部位于巴彦淖尔经济开发区西区,在北京设有分公司和纺纱厂,在中国香港设有办事处,并出资控股内蒙古顺天力纺织有限公司,现已发展成为当地具有一定规模的大型现代化纺织企业。截至2010年,已形成羊绒精选、换洗、分梳、染色、纺纱、纺织、检测等全套生产线,年生产能力达无毛绒1000吨、羊绒纱800吨、羊绒衫制品50万件(套),年创产值逾5亿元。

四、浩森羊绒有限公司

1993年成立,原为巴彦淖尔盟电力商贸公司,2000年更名为浩森羊绒制品有限责任公司,注册资本5000万元,总资产103467万元,年产值70941万元,上缴利税146万元。公司有年洗绒2000吨的大型洗绒设备一套;分梳优质无毛绒1200吨的机电一体化联合分梳机33套,单机99台;年产50万件羊绒衫的精纺设备500余台(套);年产高级羊绒面料60万米的高科技13梳13纺的纺织机等。产品门类由原来的无毛绒纤维收购加工业,到电力、冶金及城市供水、供热等优势互补的多元化密集型企业。

五、双河羊绒集团有限公司

1993年,内蒙古双河羊绒集团有限公司创办,是一家以羊绒加工业为主导,兼营房地产开发、矿业、建筑、种养殖、物业服务等跨行业的民营集团企业。公司依托当地和毗邻地区盛产优质“二狼山白”“阿尔卑斯”“阿拉善”白山羊的绒为原料,从事山羊绒的选、洗、分梳加工,具有年分梳无毛绒600吨的生产能力。公司产品2002年通过了IS0 9001:2000国际质量管理体系认证。

六、恒源绒毛制品有限责任公司

1997年4月成立,是一家集农畜产品收购、生产、加工、商贸、销售于一体的综合性民营企业,并享有自营进出口经营权。公司有羊绒分梳机20台,年生产山羊无毛绒150吨,驼绒50吨,所生产的无毛绒系列产品已销往意大利、日本、英国等国家和香港地区,以及区内外多家企业。年创产值8000余万元,实现利税300万元。2004年成功收购原临河凯利羊绒公司,并迁入新址。梳绒机数量达到42台、和绒机1套、回梳机4台,年生产能力基本达到300吨以上。

七、巴彦淖尔天马羊绒制品有限公司

1997年10月成立,是一个全新的民营股份制企业,拥有先进的选洗、分梳、染色、统纺、织造、整理、粗纺生产设备和加工能力。所生产的羊绒围巾、披肩、被单等全部为外销产品。

八、九士祥羊绒制品有限公司

成立于1997年,是一个以羊绒加工业为主导产业的民营中小企业,位于巴彦淖尔经济开发区,有分梳车间、纺纱车间、针织成衣车间。生产销售羊绒、驼绒系列产品,年生产无毛绒100多吨,年生产羊绒针织衫、围巾、披肩的等八大系列100多个花色品种10万件的能力。

九、金天阳纺织科技有限公司

2007年成立,是一家以粗梳毛纺羊绒纱、针织羊绒制品为主的纺织生产企业,公司处在巴彦淖尔经济开发区东区,建成现代化厂房16000平方米,包括动力车间、污水处理车间、染色车间、梳纺车间等,自动染色设备15套,是国内最先进的供应商,班产1.5吨染色绒。梳纺设备购至英国泰德汉、意大利康玛泰克斯等知名厂商,梳毛、细纱、络并捻等各类设备14套,可实现年生产300吨优质羊绒纱的任务。

十、利一泰商贸有限责任公司

2001年成立,是一家以羊绒原料收购、加工和销售为主导产业的民营企业。已引进各种先进的洗、梳绒设备达103(台)套,改扩建空调车间4600平方米,产值3.5亿元。

十一、圣绒羊绒制品有限公司

2004年10月成立,由佳兵羊绒制品有限公司改制组建。年生产无毛绒200吨,羊绒衫30万件,羊绒围巾10万条。

十二、维可欣纺织品有限公司

2005年注册成立,处在巴彦淖尔市临河经济开发区东区,2008年取得外贸部授予的自营进出口经营许可权。公司先进机器设备有洗毛机2台(套),年产洗净毛2200吨,洗绒机2台(套),年产洗净绒1100吨,分梳机80台(套),年产无毛绒120吨,辅助设备有开松机、和毛机、回收机、烘箱等,针织设备有半自动电脑横机设备40台(套)、慈星全电脑横机20台(套),年产毛绒制品20万件。

十三、兴盛绒业发展有限公司

2000年成立,公司有分梳车间、绒毛水洗车间、打包车间三大部分。分梳车间拥有梳绒机21台,主要生产无毛绒、驼绒,绵羊绒及其制品,同时公司发展外来料加工业务,洗毛车间拥有临河区较大的水洗机,年洗毛量达1000多吨。

十四、东源羊绒有限公司

2006年初成立,位于五原县工业园区。公司主要生产无毛绒、纱线、羊绒围巾、披肩等羊绒制品,有纺纱、织造、后整理三条生产线,年设计生产能力产羊绒围巾、披肩100万条。企业产品主要为出口。年实现产值42209.6万元,上缴税金161万元。

第六章　其他制造业

第一节　行业及产值

一、电器机械及器材制造业

1986 年,巴盟有电器机械及器材制造业工业企业 5 个,年产值 696.3 万元。1990 年,巴盟有电器机械及器材制造业工业企业 6 个,年产值 1328.2 万元。1995 年,巴盟有电器机械及器材制造业工业企业 9 个,年产值 2053.8 万元。1998 年,巴盟有电器机械及器材制造业工业企业 5 个,年产值 231.2 万元。2001 年,有电器机械及器材制造业工业 6 个,年产值 304.1 万元。

2004 年,巴彦淖尔市有电器机械及器材制造业工业企业 4 个,年产值 1859 万元。2010 年,全市有规模以上电器机械及器材制造工业企业 1 个,年产值 2012 万元。

二、服装、鞋、帽制造业

巴盟的服装工业进入 20 世纪 90 年代以后有较大发展。1986 年,巴盟有服装、鞋、帽制造工业企业 24 个,年产值 1087.4 万元。1990 年,有服装、鞋、帽制造工业企业 14 个,年产值1793.6万元。1995 年,有服装、鞋、帽制造工业企业 13 个,年产值 1334.2 万元。1998 年,有服装、鞋、帽制造工业企业 9 个,年产值 20599.5 万元。2001 年,有服装、鞋、帽制造工业企业 19 个,年产值 27645.6 万元。

2004 年,巴彦淖尔市有规模以上服装、鞋、帽制造工业企业 1 个,年产值 17321.9 万元。2008 年,巴彦淖尔市有规模以上服装、鞋、帽制造工业企业 2 个,规模以下服装、鞋、帽制造工业企业 10 个,年产值 92609 万元。2010 年,巴彦淖尔市有规模以上服装、鞋、帽制造工业企业 3 个,年产值 24782 万元。

三、医药制造业

1986 年,巴盟有医药制造企业 2 个,年产值 174.9 万元。1990 年,有医药制造企业 3 个,年产值 390.9 万元。1995 年,有医药制造企业 8 个,年产值 844.5 万元。1998 年,巴盟有医药制造企业 6 个,年产值 751.5 万元。2001 年,全盟 6 个医药制造企业,年实现产值 931 万元。

2004 年,巴彦淖尔市有规模以上医药制造企业 1 个,规模以下医药制造企业 2 个,年产值 24479 万元。2008 年,全市有医药制造规模以上企业 3 个,其中有化学药品原药制造企业 2 个,中成药制造企业 1 个,年产值 66444.3 万元。2010 年,全市有医药制造规模以上企业3个,其中,有化学药品原药制造业企业2个,中成药制造企业1个,年产值170911万元。

四、木材加工业

1986年,巴盟有木材加工企业9个,年产值82.4万元。1990年,巴盟有木材加工企业4个,年产值61.6万元。1995年,巴盟有木材加工企业14个,年产值1755万元。1998年,有木材加工企业15个,年产值2465.9万元。2001年,全盟6个木材加工工业企业,年产值3841.7万元。

2004年,巴彦淖尔市有规模以上木材加工企业3个,规模以下木材加工企业7个,年产值125053万元。2008年,巴彦淖尔市有规模以上木材制造企业3个,其中纤维板制作企业1个,刨花板制造企业2个,年产值64560.9万元。2010年,巴彦淖尔市有规模以上木材制造企业3个,其中,纤维板制作企业1个,刨花板制造企业2个,年产值117007.8万元。

在材料加工企业的发展上,形成了几家规模比较大,生产能力强、产品质量优的企业。

1998年,内蒙古河套木业有限责任公司成立,位于杭锦后旗陕坝镇,是在原国有造纸企业的基础上转制成立的民营企业,2001年更名为"内蒙古河套木业有限责任公司",是西北地区最大的中密度纤维板和拷贝纸等特种纸生产企业,兼营家具制造和林业基地建设。形成年加工能力5万立方米。截至2010年,已营造速生丰产林0.67万公顷,带动农户1万多户,使农户每亩收益达到2000元。

1999年,内蒙古福蒙木业有限责任公司在杭锦后旗陕坝镇成立,公司拥有细木工板、刨花板、模板3条机械自动化生产线,形成年产细木工板1万立方米、刨花板1万立方米、模板3万立方米的生产能力。

2009年,巴彦淖尔市天赐木业有限责任公司一期工程在杭锦后旗工业园区开工建设,投资8000万元,占地4.87公顷,于2010年9月竣工投产,形成年产3万立方米高档板材及延伸生产符合市场需求的高档家装、家具、办公用品的能力。

五、建材及其他非金属制造业

1986年,巴盟有建材及其非金属制造企业102个,年产值3055.7万元。1990年,有建材及其非金属制造企业118个,年产值5909.5万元。到1995年底,全盟建材工业总产值达到2.45亿元,占全盟工业总产值的6%,主要产品产量中生产水泥12.6万吨,机砖9亿块,玻璃纤维1000吨,其他建筑材料发展到40余种,全盟乡及乡以上建材工业企业数增加到200余户。

1998年,有建材及其非金属制造企业189个,年产值26689.1万元。2001年,全盟有建材及其非金属制造企业130个,年产值17541.8万元。全盟水泥生产能力已达30万吨,黏土空心砖生产线已发展到30余条,生产能力达4亿块。石材开采企业有12户,石材加工企业有14户,形成年开采荒料4000立方米,年加工花岗岩板材12万平方米的生产能力。

2004 年,巴彦淖尔市有规模以上建材及其非金属制造企业 12 个,规模以下建材及其非金属制造企业 50 个,年产值 274579 万元。2008 年,有规模以上非金属制造企业 9 个,其中,水泥及石膏制造企业 2 个,玻璃及玻璃制品制造企业 2 个,水泥制造企业 6 个,年产值 108242.3 万元。2010 年,巴彦淖尔市有规模以上非金属制造企业 14 个,主要企业是乌拉特后旗水泥厂、河套玻璃纤维制品有限责任公司。其中,水泥及石膏制造企业 4 个,玻璃及玻璃制品制造企业 1 个,石墨及其他非金属矿物制品制造企业 2 个,年产值 268329.4 万元。

六、家具制造业

1986 年,巴盟有家具制造企业 14 个,年产值 371.3 万元。2001 年,全盟有家具制造企业 6 个,年产值 411.8 万元。

2004 年,巴彦淖尔市有规模以下家具制造企业 6 个,年产值 6046 万元。2010 年,全市有规模以上家具制造企业 1 个,年产值 2667.2 万元。

七、装备制造业

巴盟装备制造业始于 20 世纪 70 ~ 80 年代,有面机厂、水泵厂、齿轮厂、车辆厂、力车配件厂,农机修造厂等 30 余家国营(集体)生产厂,在经济体制的改革中,由于设备落后管理不善,装备制造企业纷纷解体倒闭,以小型农机制造企业和个体经营为主的装备制造业开始发展。1998 年,全盟有乡以上机械工业企业 34 个,其中锅炉、泵、紧固件、齿轮、铸件等普通机械工业企业 9 个,粮油工业、农机、农机修理等专用设备制造企业 12 个,交通运输设备制造企业 6 个,电气机械及器材制品企业 5 个,电子通信设备制造企业 2 个。全年完成工业总产值 5216.6 万元。其中主要有内蒙古黄河机械厂、巴盟锅炉制造厂、磴口县农机厂、内蒙古中滩绝缘材料厂、巴盟汽修厂等。

八、专用设备制造业

1986 年,巴盟有专用设备制造企业 2 个,年产值 357.6 万元。1990 年,有专用设备制造企业 2 个,年产值 14.5 万元。1995 年,有专用设备制造企业 13 个,年产值 4525.4 万元。1998 年,有专用设备制造企业 12 个,年产值 3369.7 万元。2001 年,全盟专用设备制造企业 13 个,年产值 1424.5 万元。2008 年,全市有规模以上食品、医疗、烟草及饲料生产专用设备制造企业 1 个,年产值 1565.7 万元。2004 年,巴彦淖尔市有规模以上专用设备制造企业 1 个,规模以下专用设备制造企业 12 个,年产值 23507 万元。2010 年,全市有规模以上专用设备制造企业 2 个,年产值 5918.0 万元。

九、交通运输设备制造业

1986 年,巴盟有交通运输设备制造企业 12 个,年产值 301.3 万元。1990 年,巴盟有交通运输设备制造企业 9 个,年产值 352.4 万元。1995 年,有交通运输设备制造企业 9 个,年产值369.6万元。1998年,有交通运输设备制造企业6个,年产值283.8万元。2001年,全盟有交通运输设备制造企业4个,年产值150.6万元。2004年,巴彦淖尔市有交通运输设备制造企业2个,年产值3912万元。

十、工艺美术品制造工业

1986年,巴盟有工艺美术品制造工业企业29个,年产值830.4万元。1990年,有工艺美术品制造工业企业28个,年产值1684.8万元。1995年,有工艺美术品制造工业企业21个,年产值1323.5万元。1998年,有工艺美术品制造工业企业21个,年产值1630.7万元。2001年,全盟有印刷、记录媒介、文化体育用品等制造企业10个,年产值1474.5万元。2004年,巴彦淖尔市有规模以上印刷、记录媒介、文化体育用品等制造企业1个,规模以下印刷、记录媒介、文化体育用品等制造企业11个,年产值15628万元。2010年,全市有规模以上印刷业和记录媒介的复制企业1个,年产值5383.7万元。

第二节　重点企业

内蒙古森普利毛皮服装厂(原武警五三〇三工厂一分厂)创办于1989年,隶属于国务院国资委新兴铸管集团有限公司的国有独资企业,是解放军、武警部队被服生产专业厂家。2003年1月,武警部队将工厂移交给国务院国资委新兴铸管集团有限公司。2005年4月,企业更名为内蒙古森普利毛皮服装厂。2007年,内蒙古森普利毛皮服装厂划归新兴铸管集团公司所属际华轻工集团公司管理。同年9月,正式成立内蒙古际华森普利服装皮业有限公司。企业占地面积35800平方米,拥有员工1000余人,设备1180台(套),资产总值1.2亿元。主要产品为军用被服产品、行业制式服装、民用产品3大类100多个品种。军用被服产品主要包括皮革、服装、鞋帽、手套、装具等。行业制式服装包括公安、检察、法院、工商、税务、铁路、交通、城管、环保等。民用产品包括"森普利"牌各式服装、羊剪绒产品、细杂皮制品、劳动防护用品以及其他各种毛皮制品。

内蒙古河套木业有限责任公司　内蒙古河套木业有限责任公司创办于1998年,为国有企业。2001年,经内蒙古自治区工商局批准,更名为"内蒙古河套木业有限责任公司"。公司是西北地区最大的中密度纤维板生产企业。公司通过"公司+基地+农户"模式,截至2010年,营造速生丰产林0.67万公顷,年生产中密度纤维板5万立方米,带动农户1万多家,使农户每亩收益达到2000元,成为巴彦淖尔市农牧业产业化龙头企业。

内蒙古福蒙木业有限责任公司　内蒙古福蒙木业有限责任公司创办于1999年。公司拥有细木工板、刨花板、模板3条机械自动化生产线,年生产细木工板1万立方米、刨花板1万立方米、模板3万立方米。产品于2006年7月已通过ISO 9001:2000质量管理体系认证。2007年,被巴彦淖尔市农牧业产业化办公室认定为市级农牧业产业化龙头企业。

内蒙古河套包装有限责任公司 2005年,由内蒙古河套酒业集团等六个企业共同投资,在大顺城工业园区建成内蒙古河套包装有限责任公司。公司先后引进四色胶印成套彩箱、彩盒生产设备和纸板生产线、水印机、横切机等水印包装生产设备,可承印各类彩箱、包装盒、草箱、商标、宣传画册、手提袋等几大类百余种产品,具备年产4000万套酒盒、1200万平方米纸箱的生产能力。

内蒙古同泰玻璃制品有限公司 公司创建于20世纪70年代,为国有企业。2000年,企业转制为股份制民营企业。2010年,并入内蒙古河套酒业集团。公司拥有4座玻璃窑炉及配套的机械化制瓶生产线,年生产能力4.5万吨,是中国西部地区最大的日用玻璃生产企业。产品以晶白料烤花白酒瓶为主,可生产不同料性、不同颜色、不同规格、不同档次的六大类二百多个品种。产品销往西北九省区100多个厂家,长期出口蒙古国和中亚市场。2003年,公司产品通过ISO 9001:2000质量体系认证。2007年,被评为内蒙古自治区民营企业100强。

杭锦后旗农业机械制造厂 1998年,是内蒙古国营杭锦后旗农机厂经转制组建成立的。公司集科研、生产、销售为一体,拥有各种机械加工设备50余台。主要产品有种植施肥机械、收获后处理机械两大类10多个品种。产品销往呼和浩特、包头、鄂尔多斯及新疆、甘肃、宁夏、陕西部分地区和盟内各旗、县。

磴口县农业机械制造厂 磴口县农牧业机械厂在1986—1995年按照国家生产计划组织生产,产品由国家包销。主要生产播种机、脱粒机、扬场机、平地机等。1996—2003年,企业开始自主经营,国家计划指标逐年减少,企业勉强维持生产。2004年,在城镇经济改革中,磴口县农牧机械厂宣布破产拍卖。转制拍卖时,农机厂尚有国家资产1950多万元,能够生产农牧机械九大系列1000多个产品。

蒙龙机械制造有限责任公司 内蒙古蒙龙机械制造有限责任公司创办于2001年。公司是一家集科研开发、生产制造、经营销售于一体的高新技术企业。产品主要有精量、覆膜滴灌播种机系列,粮食清选机系列,谷物烘干机系列,自走式玉米联合收获机等20多个单机产品。产品销售到内蒙古、黑龙江、吉林、辽宁、陕西、甘肃、宁夏、河北、山西、新疆等十多个省、自治区。企业先后获得内蒙古自治区级“百佳诚信企业”“文明诚信单位”“全区新产品科技创新企业”荣誉称号。

五原县科原电力设备有限责任公司 五原县科原电力设备有限责任公司创建于2006年。公司能够独立完成组装生产各型号10千伏高供、高计、带补偿、高供低计、带集抄、远程、高容量/低容量各型号箱式变电站和高低压开关柜、10千伏开关、配电箱等产品,可组装S-11型系列不分机卷铁芯式变压器,不需冲剪,无接缝,磁路合理的各容量油浸式变压器。

第七章　化学造纸工业

第一节　化学工业

一、基本情况

1986年,巴盟有化肥制造、火柴制造企业18个,年产值5995.6万元。1990年,全盟有基本化学原料、化肥、日用化学产品制造企业26个,年产值15412.1万元。1995年,有化学原料及化学制品制造全部工业企业和生产单位26个,年产值34297万元。1998年,全盟有乡以上化工企业57家,其中硫铁矿5家、基本化学原料制造企业7家、化肥制造企业6家、化学农药1家、有机化学企业2家、炸药及火工企业2家、日用化学品企业2家、化纤制造及橡胶制品企业各1家、塑料制品企业30家。全年完成工业总产值6.97亿元,占乡以上工业总产值的18.5%,在十五年中平均每年增长15.4%。2001年,全盟有化学原料及化学制品制造全部工业企业18个,年产值34328.2万元。

2002年,巴盟有化学原料及化学制品制造业22个,实现工业产值46012.1万元。主要产品产量为:硫铁矿(折硫35%)16.64万吨,硫酸(折100%)4.26万吨,氢氧化钠(折100%)6536吨,硫化碱9524吨,红矾钠4724吨,合成氨9.64万吨,农用化学肥料(折纯)8.48万吨,塑料制品5840吨,其中塑料薄膜1385吨。在十多年化工企业发展中主要企业有内蒙古碳窑口硫铁矿、东升庙硫铁矿、乌拉山富兴化肥有限责任公司、五原县化肥厂、临河化肥工业集团总公司、磴口化肥厂、内蒙古黄河皮革化工总厂、内蒙古亿利公司富川分公司、磴口县国营塑料厂、临河市天水塑料厂等近20个。

2004年,巴彦淖尔市有规模以上化学原料及化学制品制造工业企业15个,规模以下化学原料及化学制品制造工业企业29个,年产值1106575万元。2008年,全市有规模以上化学原料及化学制品制造工业企业25个,其中,无机酸制造企业2个,无机盐制造企业15个,其他基础化学原料制造企业1个,氮肥制造企业2个,磷肥制造企业1个,有机肥料制造及微生物肥料制造企业1个,农药制造企业1个,合成材料制造企业1个,专用化学产品制造企业1个,年产值423715.7万元。2010年,全市有规模以上化学原料及化学制品制造工业企业25个,其中无机酸制造企业1个,无机盐制造企业14个,其他基础化学原料制造企业1个,氮肥制造企业2个,磷肥制造企业1个,复混肥料制造企业1个,有机肥料制造及微生物肥料制造企业1个,农药制造企业1个,合成材料制造企业1个,专用化学产品制造企业2个,年产值528975.4万元。

二、主要企业

联邦制药2007年5月,经内蒙古自治区环保局环评和内蒙古自治区发改委核准,临河联邦制药在巴彦淖尔经济开发区开工建设。公司占地面积130多万平方米,建筑面积28万平方米。公司一期年产5000吨6-APA工程,二期年产3000吨6-APA、阿莫西林原料药和药物制剂项目。2009年4月,联邦制药主体建筑工程完成。2010年6月,通过了自治区环保局组织的竣工环保验收。2010年11月,巴彦淖尔市与联邦制药再签订制药四期工程,项目投资15亿元,其中建设年产5000吨6-APA项目和4×2.5万千瓦自备热电联产项目,形成固定资产7亿元。

内蒙古黄河皮革化工总厂 始建于1966年,位于内蒙古巴彦淖尔盟磴口县巴彦高勒镇。原称为“巴彦高勒皮革化工厂”,1993年改称为内蒙古黄河皮革化工总厂。是中国较早建成的中型皮革化工企业,是原轻工业部定点铬盐系列产品生产基地,是自治区唯一一家铬盐生产厂家,是全国铬盐生产行业中规模最大、品种最全、产业结构最为合理的集团化经营企业之一。

总厂下设无机盐厂、发电厂、塑料制品公司、多种经营总公司、销售公司等2厂3公司,以及生技部、质计环监测中心等职能部门。全厂有职工1126人,厂区占地面积15万平方米。年总产值8000万元,年创利税约800万元。产品销往全国25个省、市、自治区,同时出口美国、韩国、德国、南非及东南亚地区。1998年,工业总产值6147万元,实现利税758.7万元。

总厂所属无机盐厂年产铬盐系列产品8000吨,其中,重铬酸钠5000吨,铬酸酐1000吨,盐基性硫酸铬1000吨,氧化铬绿500吨,铬粉500吨,均系自治区优质产品,其中重铬酸钠和铬酸酐为自治区名牌产品。

总厂所属发电厂装机容量6000千瓦,用旋风炉处理无机盐生产废渣以达到解毒排放目的,是国内少有的“三废”治理较为彻底的综合性铬盐生产厂家。

2000—2002年,企业改革中,经自治区政府批准,企业改制为民营。

内蒙古亿利科技实业股份有限公司富川化工分公司 原为巴盟农管局化工厂,由原内蒙古生产建设兵团一师于1969年创建。农管局时代,化工厂曾是巴盟地区重点骨干企业,磴口县利税大户。1991年被评为自治区先进企业。1997年被自治区党委、人民政府授予“自治区文明企业”称号。工厂占地15万平方米,建筑面积2.4万平方米。主产品有年产16000吨硫化碱(其中低铁硫化碱占50%)、4000吨超细硫酸钡、3000吨硫代硫酸钠、1500吨硫氢化钠。同时具有Ⅰ、Ⅱ类压力容器以及机械、化工设备的制作、安装能力。1998—1999年,巴盟农管局化工厂被鄂尔多斯亿利集团公司收购,成立内蒙古亿利科技实业股份有限公司富川化工分公司。

内蒙古北方化学矿产工业公司 组建于1992年,1993年7月正式开业。国有大型二档国家重点化学矿山企业。公司总部位于巴彦淖尔盟临河市,为全国十一个重点化学矿产基地之一。下辖10个企业,主要生产企业有内蒙古炭窑口硫铁矿、东升庙硫铁矿、东升庙铅锌矿,其他为经营性企业。是一家集采矿、选矿、制酸、冶炼、井建、建筑安装、汽车铁路运输、建材制作等为一体的大型联合企业。拥有总资产21185万元,公司职工总人数3801人,其中各类专业技术人员550人。企业年采矿60万吨,选矿57.5万吨。主要产品有硫铁矿成品矿、硫精矿、锌精矿、铜精矿、硫酸、机制砖等。正常年份可创总产值6900万元,销售收入6900万元,上缴税费900万元,实现利润220万元。

内蒙古乌拉山富兴化肥有限责任公司 原为内蒙古乌拉山化肥厂,始建于1970年,是全国56家中型氮肥企业之一,也是内蒙古唯一一家中氦企业。注册资金7488万元,总资产23606.9万元,产品商标“乌拉山”牌。1998年生产合成氨9.2万吨,主导产品硝酸铵13万吨,多孔硝铵3万吨,尿素4万吨,副产硫黄700吨,氧气36万立方米。年工业总产值1.3亿元,利税1500万元。主导产品“乌拉山”牌硝酸铵1996年获“内蒙古自治区名牌产品”称号。“乌拉山”牌不结块硝酸铵销售市场不仅畅销巴彦淖尔盟,而且远销冀、豫、鲁及河西走廊等地,已形成一个以生产化肥为主,兼营机械安装、加工制售氧气、建筑、运输、宾馆服务多种经营的现代化企业。1997年由于产品单一、销售等问题,产品大量积压、资金严重短缺,年亏损1345万元。1998年开始转制重组。2001年9月28日,由原内蒙古乌拉山富兴化肥有限责任公司(中型一档)改制重组而成。是一个社会自然人控股、员工人人参股的民营股份制化肥生产企业,有员工1200人,总资产2.4亿元,年工业总产值2亿元。主要产品有硝酸铵、尿素、多孔硝酸铵、液铵和稀硝酸等,其中硝酸铵为内蒙古名牌产品。2002年,公司实现工业总产值20293万元,实现销售收入20500万元;完成工业增加值6236万元;利润总额963万元。

五原化肥厂 五原化肥厂组建于1977年,为国有中型一档企业。曾连续四年被评为“全区石化行业优胜单位”和“全区石化行业科技进步先进单位”等荣誉,被化工部评定为全国化肥生产先进企业和小氮肥事业做出突出贡献先进单位。

1993年,五原化肥厂学习邯钢经验法,创造性地提出并坚持实施“连环式民主监督管理办法”,在生产管理中坚持实施“否决式”生产管理法,在产品质量的提高方面,树立牢固的质量求生存理念。1996年,主要产品“两狼山”牌碳酸氢铵成为内蒙古自治区免检产品,获采用国际标准产品认证证书,1998年又被评为全区化肥产品中质量认可推荐产品,产品除在巴盟地区销售,还远销到山东、河南、湖北等地。在全国化肥行业仍处于困境、普遍亏损的形势下,实现效益持平。在全年7个月的生产期内共生产碳铵6506.2吨,完成产值

2559万元,创历史最高水平。

磴口化肥厂　1977年8月正式投产,合成氨生产能力达到15000吨,碳酸氢铵6万吨。1994年扩产5000吨商品液氨装置,年产2万吨稀土多元复合肥和年产500吨无公害植物农药装置。属国有中型二档企业。通过开展"学涿化",推行责任成本管理,1995、1996两年连续盈利百万元以上,受到内蒙古自治区、巴盟盟委、行署的表彰奖励。1997年在市场销售不利的形势中,开展有效的销售措施克服不利因素,实现了持平。1998年,由于资金、销售、供电等因素,出现亏损,开始转制重组。

第二节　造纸及纸制品业

一、基本情况

1986年,巴盟有造纸及纸制品企业8个,年产值2113.3万元。1990年,有造纸及纸制品工业企业10个,年产值6186.6万元。1995年,有造纸及纸制品工业企业20个,年产值26625.7万元。1998年,有造纸及纸制品工业企业25个,年产值34135万元。2001年,全盟22个造纸及纸制品工业企业,年产值42659.8万元。2002年,造纸及纸制品业23个,造纸及纸制品业总产值44439.2万元,机制纸4.59万吨;主要造纸及纸制品制造骨干企业有内蒙古塞外星纸浆有限责任公司、内蒙古华章纸业集团股份有限公司、内蒙古北辰板纸有限责任公司等5个。

2004年,巴彦淖尔市有规模以上造纸及纸制品工业企业4个,规模以下造纸及纸制品工业企业20个,年产值425166万元。2008年,全市有规模以上造纸及纸制品工业企业3个,其中造纸企业2个,纸制品制造企业1个,年产值8569万元。2010年,全市有规模以上造纸及纸制品工业企业4个,其中纸浆制造企业1个、造纸企业2个、纸制品制造企业1个,年产值136220万元。随着工业经济的发展和人们环保意识的增强,4户造纸企业先后进行淘汰落后产能、停产、关闭退出历史。

二、主要企业

内蒙古华章纸业集团股份有限公司　原为西山咀造纸厂,是国家大型二档、自治区重点企业。有员工2000多名,各类专业技术人员158名,中高级技术工人占员工总数的40%以上。公司以当地乌梁素海盛产的优质芦苇为主要原料,配以废纸、木浆,生产纸、纸板、苇浆板。产品主要有双胶纸、胶印书刊纸、书写纸、有光纸、书皮纸、单面白纸板、涂布白纸板等12个品种30多种规格。拥有总资产2.46亿元,固定资产原值1.77亿元,净资产9506万元,大小纸机9台,年生产能力5万吨。年工业总产值和销售收入均在1.3亿元左右,利税达2000多万元。1997年和1998年企业综合经济技术指标跻身全国同行业百强之列,自治区同行业首位,所有工业企业第20位。1988年以来,公司一直是自治区先进企业,多次获得全国和自治区级诸多荣誉称号。

内蒙古北辰板纸有限责任公司　位于乌拉特前旗西山嘴镇。1992年11月,从原乌拉特前旗造纸厂分立出来,以时转时停的箱板纸条生产线,几间破旧的厂房,逐渐发展壮大成为拥有总资产8000万元,固定资产4500万元,净值3500万元,注册资本2124万元的造纸企业。公司员工680人,拥有3条配套生产流水线,主要生产各种规格的挂面牛皮箱板纸、漂白浆板和涂布箱板。"蒙"字牌箱板纸是自治区优质产品,白浆板各项物理指标均达到或超过部颁标准,涂布箱板填补了自治区空白,蒙字牌商标1998年被认定为自治区著名商标,已成为优质品牌产品销往北京、天津、河北、江苏、山东、宁夏回族自治区以及内蒙古自治区各地,享有较高的市场声誉。已形成年产产品50000吨、年创产值1.2亿元、创利税800万元的规模,属制浆造纸中型一档企业,是乌拉特前旗六大骨干企业之一。

内蒙古塞外星纸浆股份有限公司　是国内较大的草浆生产企业,年产能力8万吨。公司有46年的建厂史和31年的制浆造纸历史,拥有员工1600人,其中各类工程技术人员138人。公司下设12部、1室、6个生产车间与1个运输车队。公司占地面积180000平方米,其中建筑面积58600平方米。已形成固定资产16000万元,拥有多网多缸1600毫米商品草浆生产线3条,长网多缸1760毫米文化用纸生产线1条,1575毫米卫生纸生产线4条,1092毫米卫生纸生产线3条。并配有与制浆造纸相配套的制漂生产系统、亚硫酸钠生产系统和废水处理厂。1997年12月顺利完成股份制改造。公司产品有"塞外星"牌漂白苇浆、漂白麦草浆、文化用纸和卫生纸等,各项物理指标均达到或超过国家标准。

内蒙古北辰纸业股份有限公司　原身是乌拉特前旗造纸厂,2001年11月开始由有限责任公司转制为股份有限公司,12月1日起正式启用新的公司名称。2002年11月通过中国方圆认证中心的初次审核。新建卫生纸车间1240平方米,成品库750平方米,材料库820平方米。解决300多人就业安置,尤其是接收各类大中专毕业生和退伍军人50人。2002年,累计生产各种产品33284吨,其中,箱纸板全年累计生产6967吨,白浆板全年累计生产25803吨,现价工业总产值累计完成8595.3万元,累计实现销售收入7982.4万元,利税684万元,工业增加值完成1976万元,工业品产销率93%,综合效益指数10,资产负债率为68%。

第八章　电力工业

第一节　发电厂

1959年，巴彦高勒发电厂投产以后，又逐步形成巴彦高勒、临河、西山咀三个自成体系的小火力电。1975年乌拉山发电厂建成投产后，自治区西部电网逐步延伸到巴盟各旗县。同时，还有自备电、水力发电和风力发电等补充形式。

截至1998年底，巴彦淖尔盟有中型火力发电厂1个，装机容量20万千瓦，全年发电量13.47亿千瓦时，其中火电13.39亿千瓦时，水电794万千瓦时；供电量10.06亿千瓦时。旗、县、市、苏木乡镇和绝大多数嘎查、村、社农牧户都已通电。

风力发电始建于1985年，自治区制定出“凡在本地区购买小型风力发电机则每台给予补贴200元”的优惠政策，促进了小型风力发电机的普及。截至1987年底，全盟5427户农牧民分散安装了风力发电机5135台，总容量511.9千瓦。

1996年，由于西部电网延伸牧区，绝大部分用户被电网供电所取代，其余部分因为年长日久，设备老化，均已报废。针对牧区仍有居住较为分散牧民的用电问题，2001年实施“送光明工程”，又制定“凡在本地区购买300瓦及以上的配套的小型风力发电机一套，一次性补贴3000元并上门免费安装”的优惠政策。截至2004年底，300瓦的小型风力发电机在乌中旗已安装302户，风力发电机装机容量三年增加了90.6千瓦。

2005年后，陆续在乌拉特草原发展大型风电场建设，先后有鲁能乌中旗风电有限责任公司、龙源巴彦淖尔风力发电有限责任公司、乌中旗富汇(图古日格)风电有限公司等大型风电企业落户巴彦淖尔。

一、乌拉山发电厂

乌拉山电厂位于自治区乌拉特前旗境内，是隶属于内蒙古电力(集团)有限责任公司的中型发电企业。一期工程2×50兆瓦机组始建于1968年，1975年7月和12月两台机组相继投产发电。二期工程1×100兆瓦机组于1985年5月破土动工，1987年8月投产发电。装机容量200兆瓦，是中国自行设计、制造、安装和调试的高温高压火力发电厂，也是蒙西电网的主力调峰电厂。

建厂以来，创造了三个安全生产超千天纪录，安全生产跨入全国发电企业先进行列。两个文明建设取得丰硕成果，是全国计划生育先进集体，内蒙古电力(集团)有限责任公司、华北电力网局、全国电力系统“思想政治工作优秀企业”和“双文明单位”，是内蒙古自治区思想政治工作优秀企业和文明企业，1993 年被中国工商银行内蒙古分行评为特级（AAA）信用企业。

在转换企业经营机制，建立现代企业制度过程中，乌拉山电厂从实际出发，积极探索，锐意改革，大胆实践，“三项制度”改革逐步深化，人均产值比改革前翻了近一番。近几年来，在电力市场化程度越来越高，厂网分开、竞价上网逐步推行的市场竞争环境中，乌拉山电厂采取减人增效，增加设备的科技含量，抓好“品牌机组”工作，高峰时顶得上，低谷时压得下，努力降低运营成本，在市场竞争中赢得主动。1998 年完成发电量 12.5996 亿千瓦时，完成年计划的 100.8%；供电煤耗完成 411 克/千瓦时，比计划低 1 克/千瓦时；厂用电率完成 7.46%，比计划低 0.34 个百分点；发电单位成本完成 136.06 元/千千瓦时，比计划低 4.15 元/千千瓦时；全员劳动生产率为 123477 元/人·年；实现总产值 9446 万元，上缴税金 1123 万元，资金上缴率为 100%。

三期扩建项目。2003 年 8 月 15 日开工，2006 年 5 月 17 日 4 号机组正式并网发电，5 号机组于同年 9 月 13 日并网发电。乌拉山电厂第三期工程，是自治区“十五”期间的重点项目之一，由北方电力联合有限责任公司独资建设。所采用的直接空冷凝汽器系统填补国产设备在本项目上的空白，是国家发改委确立的试点工程。对国家电力产业资源优化配置、电力设备国产化和国家西部大开发战略以及带动地区及周边经济的发展具有重要的作用。

二、巴彦高勒发电厂

始建于 1958 年，是巴盟建设的第一座火力发电厂。1987 年 5 月对除尘器再次进行更新改造，引进安装了 XS—20A 型除尘器，经测试除尘效率可达 80% 以上。更新后的除尘器不仅减轻环境污染，而且还能减轻吸风机叶轮的磨损，使叶轮的使用周期提高 1 倍。由于属老电厂，设备、技术都十分落后，20 世纪 90 年代被淘汰。

三、北方联合电力临河热电厂

北方联合电力临河热电厂（以下简称临河热电厂）筹建于 2004 年 2 月，投资 26.6 亿元，建设规模 2×30 万千瓦供热机组，临河热电厂 2007 年 4 月 24 日，实现两台机组双投产。

临河热电厂的建成，缓解了巴彦淖尔地区和蒙西电网的缺电局面，改善巴彦淖尔地区的空气质量，对巴彦淖尔地区国民经济发展具有重要的作用。工程投产后，年发电量 30 亿千瓦，供热面积 900 万平方米，年创产值 6 亿元，年平均利润 1.1 亿元。

四、特米尔热电有限公司

内蒙古特米尔热电有限责任公司位于巴彦淖尔市杭锦后旗陕坝镇，始建于 2003 年，是由上海浩森羊绒制品有限公司、内蒙古河套木业有限责任公司等三家企业共同出资组建的独立法人企业。热电项目建设规模为75吨/时循环流化床锅炉3台、12000千瓦双抽式汽轮发电机组1台、6000千瓦抽背式汽轮发电机组1台。2005年3月30日,1号发电机组经过168小时试运行并网发电。2号发电机组在同年4月10日经过168小时试运行并网发电。

五、龙源巴彦淖尔风力发电有限责任公司

国电龙源风力发电公司规划装机总容量40万千瓦风电场地处乌中旗川井苏木。一期4.9万千瓦项目于2006年7月28日开工。220千伏风电场升压站于9月投入使用,风力机基础浇筑及风力机吊装等同步进行。2007年底一期和三期工程共投产114台风力机。二期4.93万千瓦项目从2006年8月开始前期工作,2007年4月18日取得内蒙古自治区发改委的批复文件;施工准备工作完成,5月底风机基础开挖,2008年1月开始吊装工作。龙源风电场一期机组于2007年10月14日正式并网投入商业运行。

六、鲁能乌中旗风电有限责任公司

2007年4月6日,一期项目总投资4.82亿元,工程建设安装60台750千瓦的风电机组,发电装机容量45万千瓦。规划容量为40万千瓦的风电场主体工程开工,9月10日,站内服务设施正式投入使用,9月20日升压站倒送厂用电成功,主变、35千伏母线正式受电。9月22日,第一台风机调试完成并网发电,10月6日,57套风机基础浇筑完成,12月31日,风机吊装完成57台,风机调试完成并网发电47台。

七、乌中旗富汇(图古日格)风电有限公司

乌中旗图古日格风电有限公司经自治区发改委批准,计划总规模20万千瓦,一期4.95万千瓦项目,2006年5月25日开始土建工程,2007年6月一期工程4.95万千瓦风力发电项目正式开工,全场18.5千米,共79基杆塔,分线截面面积为240平方厘米。6月30日66台风机基础二次浇筑完成,升压站土建8月5日开工,9月15日开始组塔,28日完成全部塔基础,10月5日第一台风机吊装完成,设备安装10月25日开工,主变12月8日安装完成,12月10日组塔全部完成,12月15日架线全部完成。安装单机容量750千瓦风力发电机66台,与蒙西电网连接。

八、中电投山西漳泽电力股份公司乌中旗风力发电厂

中电投巴音杭盖风电场一期工程计划总规模为20万千瓦,一期4.95万千瓦项目于2005年12月经自治区发改委核准,于2006年7月全面开工建设。

升压站建设:土建2007年9月15日开工,9月17日工地施工电源接通,9月20日工地施工水源接通。设备安装11月1日开工,主变到场时间12月20日,12月29日安装完成。风场建设,9月15日开始动工挖风机基础,9月19日风机基础开始垫层,11月3日20台风

机基础二次浇筑完成，11 月 28 日第一台风机塔筒开始安装，12 月 20 日第二十台风机吊装完成。线路施工，全场 80.7 千米，共 221 基塔，导线截面积为 400 平方厘米，9 月 13 日开始校桩，11 月 10 日完成全部塔基础，11 月 20 日开始组塔，12 月组塔全部完成，12 月 3 日开始架线，12 月 22 日架线全部完成。

第二节　电力、热力的生产与供应

1986 年，巴盟有电力生产和供应工业企业 10 个，年产值 4728.2 万元。1990 年，有电力生产和供应工业企业 10 个，年产值 10611.8 万元。1995 年，全盟有电力、蒸汽、水的生产供应独立核算企业 17 个，年产值 22654.8 万元，产品销售收入 28114.2 万元。1998 年，有电力、蒸汽、热水的生产与供应企业 9 个，年产值 28037.5 万元。2001 年，全盟电力、蒸汽、热水的生产与供应企业 11 个，年产值 32111.5 万元。

2004 年，巴彦淖尔市有规模以上电力、蒸汽、热水的生产与供应企业 15 个，规模以下电力、蒸汽、热水的生产与供应企业 21 个，年产值 1276257 万元。2008 年，全市有规模以上火力发电企业 2 个，其他能源发电企业 4 个，电力供应企业 5 个，热力生产与供应企业 8 个，水的生产与供应企业 2 个，年产值 571314.1 万元。2010 年，全市有规模以上电力、燃气、热水的生产与供应、水的生产与供应共 29 个，其中电力生产企业 11 个，电力供应企业 5 个，热力生产与供应企业 10 个，自来水的生产与供应企业 2 个、污水处理及其再利用企业 1 个，年工业产值 885423.6 万元。

第九章　工业园区建设

第一节　园区建设情况

2002年,巴盟新规划建设工业园区14个,其中食品加工、制造工业园区5个,高载能工业园区4个,矿产开采、冶炼工业园区4个,绒毛加工园区1个。园区初步实现“五通一平”或“六通一平”。入驻企业38户,其中矿产开发和金属冶炼企业7户,食品加工企业20户,绒毛加工企业1户,高载能企业10户。园区形成资产规模13.3亿元,其中引进资金4.2亿元。2003年,巴盟在工业园区建设中,继续加大园区资金投入,14个工业园区累计投入1.7亿元,园区基本达到“五通一平”的标准;加大招商引资力度,提高为客商的服务质量,共入驻各类企业116户。2006年,根据国家产业政策和巴彦淖尔市工业园区发展实际,对全市工业园区进行整合,将14个工业园区缩减到7个,基本是一旗县1个,并确定4个工业园区为自治区级以上工业园区。2007年,按照“建设一个园区,带动一片产业,形成一个新型城市”的发展思路,持续加大园区基础设施建设投入,全年累计投入建设资金27.5亿元,入驻企业增加到274户,实现产值200亿元。2008年,全市工业园区7个,累计投入基础设施建设资金37.2亿元。园区实现“七通一平”或“五通一平”。入驻各类企业300余户,其中包括紫金、天河、鲁花、联邦制药、北方电力、中粮番茄、真心食品、西部铜业、东矿公司、飞尚铜业等集团企业20多家。园区工业实现产值300亿元。

第二节　巴彦淖尔经济技术开发区

巴彦淖尔经济技术开发区的前身为1991年筹建的临河市经济技术开发区,1992年经自治区人民政府批准建立的省级开发区,2006年国家清理整顿开发区后再次核准保留为省级重点开发区,2010年,被自治区列为以“呼包鄂”为核心打造沿黄西部经济带重点工业集中区(园区)之一。享有地区级审批权限和省级开发区及西部大开发的优惠政策。总规划面积为40平方千米,由万丰、章嘉庙、宏兴及八一工业园区四片组成,其中万丰区面积为4平方千米,八一工业园区规划面积36平方千米。

1992年8月批建至2001年11月,名称为“临河经济技术开发区”,隶属原临河市人民政府,管委会为科级建制。批建区域为临河城郊万丰、章嘉庙、宏兴三区,构成了开发区的雏形。

2001年11月至2004年4月,原临河经济技术开发区上划,隶属原巴彦淖尔盟行署,同时经自治区政府批准"临河经济技术开发区"更名为"巴彦淖尔经济技术开发区",开发区管委会升为处级建制,属行署派出机构。原盟行署重新调整了开发区的管辖区域,即万丰区归开发区管理,独立行使规划、建设、管理权,实行封闭运行,章嘉庙、宏兴区划归原临河市管理。2004年4月后,原盟行署召开会议,研究整合巴彦淖尔经济技术开发区和临河工业园区,解决临河地区产业集中度不高、布局分散和重复建设的问题。按照"建设一个园区,发挥两个积极性"的整合方案,开发区和临河工业园区合二为一统称"巴彦淖尔经济技术开发区",开发区实行"双重领导、属地管理、封闭运行、财政独立"的管理体制和运行机制。2006年国家发改委重新核准更名为"巴彦淖尔经济开发区"。

2001年,原盟行署为加快工业发展进程,赋予开发区特殊政策,进一步优化发展环境,2001—2003年经济年均增速25%,2003年经济总量达到14亿元。2004年园区整合后,开发区创新发展理念,重新予以定位,科学规划、完善政策、合理配置生产要素,优化投资软硬环境。开发区生产总值以年均40%以上的速度快速增长,2007年工业总产值达到64.5亿元,工业增加值达到24亿元。绒纺、食品、冶化、医药产业中一批经济实力强,投资规模大的企业迅速发展壮大,有维信、鲁花两家国家级农牧业产业化龙头企业;有秋林、浩森、双河、恒丰、全得妙、金雪面粉、万野、科河公司八家自治区级农牧业产业化龙头企业;大兴、双河、浩森三户绒纺企业进入自治区百强工业企业行列。先后引进了四川天河、香港联邦制药、北方联合电力等大型项目,成为地区经济跨越式发展的引擎。2007年开发区工业总产值占全市工业总产值的19%,占临河地区工业总产值的56%。2010年,园区已先后有维信、鲁花、秋林、浩森、双河、恒丰、全得妙、金雪面粉、万野、科河、四川天河、香港联邦制药、北方联合电力等一批经济实力强、投资规模大近百家的企业入驻,引进资金17亿元,从业人员近2万人,形成固定资产16.5亿元,累计实现产值90亿元,实现利税11.7亿元,上缴税金2亿元,每年平均出口额达2500万美元,年生产总值以年均40%以上的速度增长。

第三节　磴口工业园区

磴口工业园区原为磴口经济开发区,2003年6月经巴彦淖尔盟行政行署批准成立,2006年经国家发改委审核批准为自治区级工业园区,2007年被巴彦淖尔市委、市政府确定为市、县共建的工业园区。园区位于磴口县城巴彦高勒镇北部,包兰铁路、110国道、京藏高速公路从园区中部穿过,交通、运输、通信、水利、电力十分便利,土地资源、自然资源十分优越。总控区域面积为36.1平方千米。入驻企业35家,其中外资企业4家,收入超亿元企业3家。

开发区总体布局为"一区三园"。"一区"即内蒙古磴口经济开发区,"三园"分别是蒙牛食品园、黄河生化园、沙金重化工业园。截至2005年8月底,开发区入驻企业19家,另被纳入开发区管理的企业有8家。其中农副产品加工企业有13家:化工类企业有5家;乳品类企业有2家;制造类企业有5家;纸业类企业有1家:供水、供热类企业各1家。

磴口县工业高速增长主要依托开发区的乳品加工、化工、食品加工三大类产业,其快速增长引领磴口县工业经济总量大幅扩张。2004年三大支柱产业共实现产值9.4亿元,增幅达122%,占规模以上工业企业总产值的90%,其中乳品加工业实现产值5.43亿元;化工业实现产值1.97亿元;食品加工业实现产值1.98亿元,上缴税金2389万元。2005年10月底开发区企业完成工业总产值97965.5万元,同比增长44.5%;产品销售收入84079.7万元,同比增长64.6%;工业增加值35267.6万元,同比增长32.4%;利润总额5622.8万元,同比增长62.7%:上缴税金2206.9万元,同比增长13.2%;产品销售率达84.67%,同比增长1.3%。

2006年,经国家发改委审核,磴口工业园区晋升为自治区级工业园区。经过三年的建设发展,政府累计完成投资总额1.62亿元。其中,修路、电力、通信等基础设施建设投资7000余万元,土地征用投资6000余万元,为蒙牛建厂投资3200余万元。开通朝霞路、贺兰路、蒙牛路、巴哈路、迎宾路、利民路。铺设黑色路面9千米,架设开发区专用高压线路12千米、邮电通信主干线一条6000米,基本实现"七通一平一绿",与巴镇城镇建设总体规划相衔接。全县贯通,形成磴口工业新区的整体框架。

2008年,园区有蒙牛乳业、中粮番茄、上海佳格、内蒙丹路生物工程、盘古集团、泰顺兴业食品、金牛煤电、华油天然气、恒泰天然气、德胜天然气、元泰天然气、金诺煤焦、润鑫煤焦、泰兴能源、华鑫能源、腾达物流、华气物流等51户企业入驻,初步形成以化学工业、电力工业、食品工业、沙(草)产业加工业、五金制造业、机械制造业、建材工业、仓储物流业。工业园区的性质确定为以发展食品工业、电力工业、化学工业、商贸流通业为主的综合性循环工业园区。

第四节 杭锦后旗工业园区

内蒙古杭锦后旗工业园区属正处级建制的自治区级工业园区,是自治区20户重点工业园区之一,是自治区销售收入超百亿元的工业园区之一。位于巴彦淖尔市杭锦后旗境内。2002年开始筹建,2006年由国家发改委审核通过,自治区人民政府批准为自治区级工业园区,运行模式为"一区两园"即陕坝工业园和蒙海物流加工园。2008年,园区入驻企业58户,其中有中粮集团、伊利集团、四川隆鑫、重庆盐业等国内大企业集团12户,世界五百强企业1户,已初步形成以食品加工制造、煤化工、氯碱化工、金属压延、电力、物流等为主的十大产业群。

按照“规划特色化,项目产业化,建设市场化,管理服务化”的发展方针,以提升配套水平为载体,以招商引资为动力,立足河套,面向国内外,大跨度整合资源,实施优势项目,全力推进现有企业增产增效和新建项目投产达产,培育规模、总量、效益高速增长。2010 年,河套食品工业园区工业总产值达到 100 亿元,年均递增 40% 以上;上缴税金 6.5 亿元,年均递增 25% 以上;安置就业人员达到 30000 多人。把河套食品工业园区建成聚集各先进生产要素的平台和自治区西部一流的新型工业化园区。

一、陕坝工业园区(原杭锦后旗工业园区)

2000 年开始建设,先后完成 9 条主干道和 4 个住宅小区建设项目,园区建有供热、供电一体的热电企业、专业供水公司,局域网与企业联网配套,厂区平整,美化、绿化、亮化。始建于 2002 年,园区的产业定位是发展以农畜产品精深加工为主的绿色食品加工业和特色产业。核定规划面积为 3.1 平方千米,拓展为 6.31 平方千米,园区总体规划已完成,并通过自治区建设厅的批复。2004 年末,河套食品工业园区入园企业已达 166 户,其中,工业企业 46 户,工业固定资产投资达到 20 亿元,实现工业增加值 5.4 亿元,占到全旗工业总量的 82%,上缴税金 1.7 亿元,占到全旗工业对财政贡献的 94.4%,安置就业达到 12000 多人。2005 年,入园企业达到 48 户,实现产值 11.6 亿元,实现工业增加值 4.15 亿元,上缴税金 1.12 亿元。已形成以酒类酿造、保鲜乳品、肉类加工、番茄果蔬、籽类炒货、玉米转化、高筋面粉、木材造纸、精炼油脂、沙草枸杞等十大产业化工程。2006 年 5 月 31 日,通过国家发改委审批,内蒙古杭锦后旗工业园区成为全区 39 个省级开发区(工业园区)之一。2006 年 7 月,杭锦后旗工业园区进入全区 20 户重点园区行列。

二、蒙海物流加工园区

蒙海物流加工园区设立于 2005 年 8 月,是市、旗两级共建的园区。园区位于杭锦后旗三道桥镇西北端,距旗政府所在地陕坝镇 27 千米,距三道桥镇 7 千米;距青山工业园区 3 千米。青协线三级油路横穿蒙海物流加工园区,向北与固察线相接,向南达省道临哈线,交通十分便利。园区规划面积 20 平方千米,一期实施 7.6 平方千米。园区的产业定位是依托蒙古国、沿阴山区域的矿产资源和临策铁路、京新高速便利的交通条件,以及本区域内丰富的水资源,重点发展煤化工、金属冶炼、氯碱化工、建材、物流等产业。

第五节　乌拉特前旗工业园区

乌拉特前旗工业园区创建于 2002 年,规划建设面积 72 平方千米,其中工业生产区 37.5 平方千米,商贸物流区 9 平方千米,配套生活区 4 平方千米。

园区产业依托包钢集团项目建设,重点发展冶金及下游产业、新型煤化工产业、商贸物流产业、装备制造业和战略性新兴产业,适度发展新型建材产业、冶金及下游产业,重点建设氧化球团、特种钢、异型钢材、金属镁和镁合金等项目;煤化工产业重点建设煤焦化、煤焦油深加工、粗苯加氢精制、焦炉煤气综合利用、煤制乙二醇项目;装备制造业重点建设汽车零部件加工,工程机械零部件制造,特种运输机械、新能源汽车项目;新兴产业重点建设太阳能电池组件、锂电池正极材料、稀土永磁材料、液化天然气等项目;环保型建材重点建设耐火材料、建筑陶瓷、高档玻璃、膨润土加工、高档石材加工等项目;商贸物流业以钢材、煤炭等大宗原材料集散交易为重点,发展专业交易市场、仓储配送物流和集散贸易。2010年,园区总建成面积16平方千米,入驻企业70户。

第六节　乌拉特后旗工业园区

乌拉特后旗工业园区创建于2002年。2006年,被自治区确定为区级工业园区、自治区第三批循环经济示范工业园区。青山工业园区位于乌拉特后旗呼和温都尔镇,总规划面积12平方千米。以陕青线、固察线为框架,规划四横十纵公路网络。工业园区分两期建设,一期工程占地1.5平方千米,已完成通路、通水、通电、通讯、防洪等工程,总投资为1000万元;二期工程规划面积为10.67平方千米,园区以煤炭综合利用、有色和黑色金属冶炼加工为主导,构筑完善的工业循环经济产业链,逐步打造成内蒙古自治区现代煤化工生产示范基地及有色和黑色金属生产加工基地。2010年,园区建成面积20.4平方千米,入驻企业46户,主要有齐华矿业有限公司、飞尚集团铜业公司、双利铁矿产业有限公司、金地铜业公司、瑞峰公司、宏泰化工有限公司、华泰化工有限公司、益丰西化工有限公司。初步形成有色金属采选及冶炼、铁采选及冶炼、新能源、硫化工、高载能、建材这六大板块产业群。其中,铅、锌、铜、铁、硫采选企业5户,年采选规模873万吨;铅、铜、锌冶炼企业3户,年冶炼粗铅、粗铜、锌锭等40万吨;新能源企业2户,年产多晶硅5000吨,太阳能发电10兆瓦;建材企业5户,硫酸、化工、加工企业6户,年产水泥100万吨、硫酸100万吨、化肥40万吨。工业总产值61亿元。标志着乌拉特后旗"探、采、选、冶、加"五位一体的格局已经基本形成。

第七节　乌拉特中旗工业园区

乌拉特中旗工业园区原为金泉工业园区,2003年经自治区政府批准设立。位于巴彦淖尔市乌拉特中旗境内,地处阴山山脉南麓,东西长6.5千米,南北宽0.3~3千米,规划面积10平方千米。根据资源和区位优势,2006年改批为重化工基地,园区依托甘其毛道口岸,利用境外资源建设以煤炭综合利用、有色和黑色金属冶炼加工为主导的国家级进口战略资源加工基地。

基地地势平坦,地域开阔,自然条件十分优越。进驻有恒德矿业、荣华矿业、永兴矿业、银泰铁合金、金诺化工、希里科硅材料等企业，金泉工业基地具有资源富集、交通便利、环境优越的发展优势。基地周边有矿产62种，煤炭、铁、锌、铅、石灰岩、硅石等矿产资源储量大，易开采，运距短。毗邻蒙古国南戈壁省境内煤、铜储量位居世界前列，铁、锰、铅、锌、石油资源也非常丰富，易于引进开发冶炼；电力设施完善，工业基地实现“七通一平”，有500千伏超高压变电站、110千伏变电站各一座，已开工建设220千伏变电站一座，电力能源供给保障良好；地下水资源丰富，单井日出水量达1500～2000立方米，距总排干16千米，水资源充足，完全可满足大型工业项目的需求。

交通便利，省道固查、海五公路交会贯穿而过，距包头市200千米，距110国道30千米，距包兰铁路五原站55千米，距中蒙边境口岸甘其毛道口岸160千米，地理位置优越，随着中蒙经贸大通道的建成，金泉工业基地公路、铁路纵横相通，交通将十分便利，是基地引进企业的一大优势。基地主要企业有内蒙古恒德矿业开发有限公司、乌拉特中旗荣华矿业有限责任公司、乌拉特中旗永兴矿业开发有限责任公司、乌拉特中旗银泰铁合金有限责任公司、乌拉特中旗正轩化工有限责任公司、乌拉特中旗希里科硅材料有限责任公司、乌拉特中旗金诺化工有限责任公司主要产品为精煤、焦炭、甲醇、焦油、硫铵、粗苯、工业硅、铬铁、水泥、机砖等。

第十章 著名产品和品牌

第一节 名牌产品

“河套牌”河套面粉 “河套”面粉商标,由内蒙古恒丰食品工业(集团)股份有限公司注册。公司拥有三条具有国际领先水平的面粉生产线,日处理小麦850吨;拥有日处理油葵250吨的植物油生产线和年产2500吨的挂面生产线,为自治区AAA特级信誉企业、绿色食品优秀企业和中国食品工业名牌企业。被中国特产开发办认定为“中国河套优质面粉生产基地”,并通过ISO 9002国际标准质量体系认证。

“河套牌”河套老窖 由河套酒业集团以优质高粱为主料,将现代技术和传统酿造工艺融为一体,精心酿造而成。“河套牌”河套老窖清澈透明,口感绵软柔和,清香纯正,深受消费者喜爱。产品于1991年获北京国际诗酒节博览会金爵奖,1992年获巴黎国际名优酒展评会金奖。1993年在全国优质白酒精品推荐活动中与“河套宴”双双获“中国驰名白酒精品”称号。1995年被自治区人民政府命名为“内蒙古名牌产品”,进入国家名酒行列。

“金川牌”保健啤酒 “金川牌”保健啤酒由内蒙古金川保健啤酒总厂生产。产品泡沫洁白,色泽透明,挂杯持久,杀口力强,是国内唯一经国家最高卫生权威部门鉴定为具有保健功效的保健啤酒,并获得吉尼斯保健啤证书。1995年,被内蒙古自治区人民政府命名为“内蒙古名牌产品”。

“维信牌”羊绒衫 “维信牌”羊绒衫由外商独资企业生产。产品于1998年已通过ISO 9001系列国际认证,并连续3年被国家评为“消费者信得过产品”。1998年,被自治区人民政府命名为“内蒙古名牌产品”。

“巴化牌”重铬酸钠 由内蒙古黄河铬盐股份有限公司(原内蒙古黄河皮革化工总厂)生产。产品是制革、电镀、染料、医药等行业及国防建设不可缺少的化工原料,为内蒙古自治区优质产品。1996年,“巴化牌”重铬酸钠被内蒙古自治区人民政府命名为“内蒙古名牌产品”。

“乌拉山牌”硝酸铵 “乌拉山牌”硝酸铵由内蒙古乌拉山化肥有限责任公司(原乌拉山化肥厂)生产,产品曾获国优、部优、全区质量信得过产品称号,质量达到国际一等品、工业优等品水平。1996年,被自治区人民政府命名为“内蒙古名牌产品”。

“河套”牌雪花粉 是恒丰食品工业公司的主要产品,也是巴盟的拳头产品。“河套牌”雪花粉以河套优质小麦为原料,引进意大利进口设备精制而成,年生产能力10万吨。雪花粉蛋白质含量12.2%,面精质含量31.8%,其粉质细腻、洁白如雪,是制作面包、水饺、烧卖等食品的最佳原料。产品畅销国内十八个省、市、自治区,并出口蒙古、越南和俄罗斯等国家。雪花粉先后获自治区“优秀新产品”和“优质产品”称号,自治区那达慕大会名优新特产品展销会金奖,“七五”全国“星火计划”成果博览会金奖;1994年4月经全国社会评价中心调查,被确认为中国公认名牌产品,1994年12月被授予自治区首批免检食品;1996年又被自治区消费者协会评为“消费者信得过产品”,1995年被自治区人民政府命名为“内蒙古名牌产品”,1998年通过复评。

得利斯牌低温火腿肠　临河市得利斯食品有限公司生产的得利斯火腿肠,是使用具有世界先进水平的德国肉食品加工设备和意大利食品加工技术,采用国际先进的低温灭菌蒸煮加工工艺,选用河套优质肉食原料生产加工而成。其产品有三明治火腿肠、圆火腿肠、增嫩鸡火腿肠、香辣肠、啤酒肠、大红肠等10大类30多个品种,企业已形成3000吨/年生产能力。与国内同类产品相比,得利斯产品不破坏肉内蛋白结构又保持产品中的鲜嫩口味,产品具有蛋白高、脂肪低、营养丰富、风味独特、口感鲜美的优点,是佐餐佳品。1996年被内蒙古自治区人民政府命名为“内蒙古名牌产品”。

昭君牌防蛀储香驼绒健康被　是五原昭君驼绒制品有限公司的主导产品。它采用中外驰名的内蒙古双峰驼绒原料,根据中医学治疗原理和绒毛的特殊功能,以杀灭细菌,远红外线加热,电脑横缝等工艺,精工制作而成,企业已形成20万条/年生产能力。产品主要销往北京、天津、上海、江苏等20多个省、市、自治区,并出口到韩国、日本、俄罗斯等国家。昭君驼绒被评为内蒙古自治区优秀新产品,获全国精品博览会银奖等。1995年被自治区人民政府命名为“内蒙古名牌产品”。

鱼跃牌单面涂布白纸板　是内蒙古华章纸业集团股份有限公司1994年开发的内蒙古自治区级新产品,具有白度、平滑度、印刷光泽度高,印刷表面强度、挺度大等特点。具体表现在印刷方面,吃墨均匀、印刷适应性好,印刷画面色彩鲜艳,立体感强。产品销往西安、无锡、太原、武汉、宁波、广州、包头、呼和浩特等地。1996年被内蒙古自治区人民政府命名为“内蒙古名牌产品”。

第二节　中国驰名商标

“河套”(面粉)商标　内蒙古恒丰食品工业(集团)股份有限公司注册商标。公司现有总资产3.2亿元,其中固定资产1.7亿元。拥有三条具有国际领先水平的意大利面粉生产线,日处理小麦850吨,还拥有日处理油葵250吨的植物油生产线,年产2500吨的挂面生产线,年产300吨的面包生产线和年产350万条编织袋生产线。先后被评为中国行业50

家最佳经济效益工业企业第五名、中国食品行业百强企业、自治区 AAA 特级信誉企业、绿色食品优秀企业和中国食品工业名企名牌企业,被中国特产开发办认定为“中国河套优质面粉生产基地”,并通过 ISO 9002 国际标准质量体系认证。该公司生产的“河套牌”雪花粉系列产品,多次被评为中国公认名牌产品、中国名牌食品、内蒙古自治区免检产品、消费者信得过产品和国家质量达标食品。1996 年取得国家绿色食品资格证书,2001 年被国际田联地区发展中心·北京指定为“专用产品”,被中国粮食行业协会评为“放心面”,被评为“内蒙古自治区消费者协会推荐商品”。2002 年,公司拥有的“河套”商标被工商局认定为“中国驰名商标”。公司开发的高档次、富营养的绿色富硒营养保健面粉,被外经贸部、科技部等五部委联合评为“国家级重点新产品”。恒丰集团公司的销售市场已遍及全国 26 个省、市、自治区的 130 多个地区,出口日本、俄罗斯等 8 个国家,市场规模及占有率均居全国同行业前列。

第二十三篇

旅游　生活服务业

第一章　旅游业

第一节　机构与改革

巴彦淖尔旅游局组建于1998年9月,为准处级事业单位。2004年,机构升格为正处级政府职能部门。编制12人,行政编10人,事业编2人。内设办公室、旅游促进科、质量管理科。2006年增设旅游质量监督管理所,编制15人。7个旗、县、区全部成立旅游局,2010年内设机构未有变化。

第二节　旅游管理

一、产业政策

1996年,对旅游开发和经营的所有税费原则上三年内全部免收。1999年,旅游市场由政府审批,包括:一、二星级旅游饭店评定和旅游涉外定点单位审批。审核事项六项,即旅行社设立初评,新建、改建、扩建旅游企业审核,盟级旅游度假区的审核认定,三星级以上旅游饭店初评,旅游景区(点)质量等级初评,优秀旅游城市初评。备案事项两项,即旗、县旅游业发展规划出台,旅行社门市部设立。

2004年,制定出台《关于取消行政许可项目的初步意见》,取消两个行政审批项目,即一、二星级旅游饭店评定和旅游涉外定点单位审批。2005年,根据国务院新修订的《旅行社管理条例》,针对撤盟设市后旅游市场出现的新变化,重新修订《关于加快旅游业发展的决定的实施意见》《巴彦淖尔盟旅游管理办法》《巴彦淖尔盟旅游资源开发管理暂行办法》。规定取消设立旅行社门市部、旅游涉外定点单位、旅游饭店星级初评、国家级景区初评审批和全国工农业旅游示范点初评审批。

2006年,市委、市政府出台《关于加快旅游业发展的决定》《巴彦淖尔市旅游管理办法》《巴彦淖尔市旅游资源开发管理办法》。完成全市旅游业发展总体规划和4个旗、县的旅游业发展规划。

二、标准化建设

1992年,开始会同公安局进行旅游涉外饭店的评定,到1997年,共评定旅游涉外宾馆饭店10家。2000年5月,按照《旅行社管理条例实施细则》和自治区有关旅行社设立审批的要求,对巴运旅行社进行初审,并按照“边发展、边规范”的原则,协助旅行社通过内蒙古自治区旅游局审批,使其成为当地第一家依法设立的国内旅行社。2001年,按照《旅行社管理条例实施细则》《旅行社投保旅行社责任险规定》,对旅行社、导游、星级饭店进行审核检查。对不合格的饭店提出整改或限期整改。对申报星级饭店的五原电力宾馆、五原政府宾馆、乌拉特前旗蒙兴大酒店进行初评。后经自治区旅游局验收,五原电力宾馆、乌拉特前旗蒙兴大酒店被评为一星级饭店,五原政府宾馆被评为预备二星级饭店。2003 年,针对巴盟旅游业起步晚、旅游市场不成熟、旅游经营不规范的状况,开展以清理整顿旅游市场为主要内容的“打假打非”专项行动和“春雷”专项行动。

2004 年,印发《关于加快全市旅游景区(点)质量等级评定工作的通知》,决定首批开展 6 个 A 级景区(点)和 2 个农业旅游示范点创建工作。经过国家和自治区旅游局实地考察,临河区隆胜星月生态农业旅游区顺利通过国家旅游局验收,成为全自治区首批 7 个全国农业旅游示范点之一。2005 年,维信国际高尔夫度假村和镜湖生态旅游区均通过国家和自治区旅游局的验收,分别成为全市首家国家 AAAA 级旅游景区和首家国家 AA 级旅游景区。2007 年,在对 20 家旅行社年检中,按照旅行社遵守政策法规、遵循服务标准的具体表现,吊销旅行社经营许可证 1 家,不予通过年检 1 家,暂缓通过年检 3 家,并取缔跨旗县设立的旅行社营业部门。

2006 年,乌梁素海 AAAA 级景区开发项目建设正式启动,总投资 3. 2 亿元。注册成立内蒙古乌梁素海生态旅游有限责任公司,并投资 150 万元完成《乌梁素海旅游发展总体规划》。启动乌拉特前旗的乌拉山草原生态园、杭锦后旗大自然生态园、五原县孟王栓海子、磴口县乌兰布和生态旅游区、乌拉特中旗乌梁素太生态旅游基地五大旅游开发项目建设。

2008 年,推进乌前旗阿拉奔草原,乌中旗甘其毛道口岸、北墅苑文化生态旅游基地,乌后旗阴山山地观光探险旅游区,农垦牧羊海旅游区总体规划编制工作,纳林湖、乌拉山国家森林公园控制性详细规划,中国河套大院、走西口中国民俗第一村的总体规划、控制性详规和修建性详规。乌梁素海一期工程完工,盘古生态旅游区冬青湖景区、中国河套大院、冯玉祥誓师广场等 12 处旅游项目开工建设。

2010 年,乌梁素海二期建设开工。塞上园旅游区、走西口中国民俗第一村、冯玉祥誓师广场、乌布浪口风蚀冰臼景区、温更塔拉旅游接待中心、阳山大佛旅游区、巴音善岱庙、高阙塞、匈奴城旅游区、拉僧庙、四大姑庙等景区的一期工程完工。

第三节 旅游景区景点

一、主要景区

(一)河套文化旅游区 河套文化旅游区位于巴彦淖尔市临河区,总面积 35. 2 平方千米。景区以“总干渠”为轴心,按照黄河生态景观带、总干渠观光休闲带、永济渠生态景观带,河套文化观光区、河套文化体验区、河套文化度假区、河套文化养生区、河套湿地运动区

“三带五区”规划进行开发建设，总体布局中全方位、多角度展示黄河文化、草原文化、农耕文化和移民文化在河套地区聚集、融合、传承、积淀的历史，展示河套文化兼容并蓄的特点。景区包括湿地公园、黄河水利文化博物馆、黄河观凌塔、酒庄老镇、富强村等景点。为国家级水利风景区和国家级龙舟竞赛赛点，曾成功举办过多次全国性龙舟赛事。

（二）阴山岩画旅游区　阴山岩画在巴彦淖尔市东西340千米、纵深6千米范围内均有不同密度分布，乌拉特中旗地里哈日山最多，其次为磴口县和乌拉特后旗境内的狼山。乌拉特中旗地里哈日山岩画群东西绵延5千米，南部有岩画1000多幅，西南部有900余幅。磴口县境内的北托林沟2～3米就有一幅岩画，最远间隔不超过10米。最密集的岩画群有两处，一处在默勒赫图沟，东西约50米，高约20米，约由80个人头像组成。另一处在格和尚德沟中段，宽约5米，高约15米，由50个个体画组成。岩画中最大的一幅正方形岩画面积为400平方米，凿刻在乌拉特后旗大坝沟口西畔巨石上，已被列为自治区重点保护文物。

岩画取材广泛，画中动物有山羊、绵羊、盘羊、羚羊、岩羊、大角鹿、白唇鹿、赤鹿、麋鹿、驼鹿（罕达犴）、狍子、马、骡、驴、驼、牛、野牛、羚牛、狗、龟、野猪、兔、狐狸、蛇、狼、虎、豹等。狩猎画面占相当比例，是岩画中的精髓。狩猎画中表现各种各样的猎手、武器、狩猎方式等场面性图像，无论独猎或群猎，还是引弓射猎或围捕野兽的场面，通常都表现其最紧张的一刹那，突出猎手对野兽致命处的打击过程，表现出猎人获得野兽的强烈愿望，反映出原始人类的文化艺术来源于人类同大自然的搏斗这一根本途径。

除动物画和狩猎画外，数量上占有较大比例的是放牧画。放牧画产生于青铜器时代晚期，并一直延续到元、明、清时代。虽然时间相距甚远，但其内容却大体相近。如出牧图、倒场图一条鞭式和满天星式、牧羊图、牧马图等。此外，人物舞蹈、车辆及出行、骑士、骑士列队、征战图、庐毡帐、人面形、人手足印、兽禽蹄足印、原始数码、图画文字、星图等岩画，以及反映原始宗教的神灵图像等，在整个岩画中也占有一定的比例。特别是几处天体星象岩画，在世界岩画中也是不多见的。岩画不仅反映了阴山地区古代居民的生产生活，也反映出古代居民的宗教信仰、美学观和世界观。

（三）乌梁素海旅游区　位于乌拉特前旗，距旗政府所在地西山咀镇12千米。乌梁素海是一个由黄河最后一次改道而遗留的牛轭湾，后经山洪汇集、灌溉渗漏、套区排水逐渐使面积扩大。乌梁素海不仅是中国黄河流域最大的淡水湖，全国八大淡水湖之一，也是全球荒漠半荒漠地区极为少见的大型草原湖泊。

乌梁素海南北50千米、东西20千米，水域面积293平方千米，最深为2.5米，库容量3亿立方米。盛产鲤鱼、鲫鱼、草鱼、鲇鱼、鲢鱼等。年水产在150万～400万千克之间。乌梁素海还是全球八大候鸟迁徙通道。每年春、夏、秋季，1000多种珍禽异鸟栖息在遮天蔽日的苇丛中，尤以国家重点保护动物——大天鹅、疣鼻鹅、班咀鹈鹕最具观赏、研究价值。

（四）黄河三盛公国家级水利风景区　位于黄河干流的上中游，地处自治区巴彦淖尔市磴口县、鄂尔多斯市杭锦旗、阿拉善盟阿左旗接壤处；分布于磴口县巴彦高勒镇（原名三盛公）东南的黄河干流两岸，景区规划总面积129.3平方千米，核心区8.3平方千米，集历史文化遗存、丰富的自然、人文景观、庄严雄伟的三盛公水利枢纽工程和"闸、水、馆、林、雕塑、沙漠、地貌"为一体，是全国资源类型较多和实体较大的水利风景区，被誉为"万里黄河第一闸"，包括鄂尔多斯地台自然景观、黄河三盛公拦河大闸、总干渠进水闸、库区围堤大坝、包兰线黄河三盛公铁桥、京藏高速公路跨河大桥、天下第一锁、天下第一古筝、金属雕塑园等。景区为国家地质公园景区、国家级水利风景区、国家AAA级旅游景区、自治区文物保护单位和爱国主义教育基地。2005年被水利部批准为第五批"国家级水利风景区"。

（五）温根塔拉草原景观旅游区　温根塔拉草原景观旅游区位于乌拉特草原，为国家AA级旅游景区，是巴彦淖尔市最大的草原旅游胜地。"温根塔拉"为蒙古语，意为"纯洁的、圣洁的、处女地大草原"。景区创建于2010年，占地面积20公顷。景区每年举行祭敖包仪式和隆重的"那达慕"大会，届时开展赛马、射箭、摔跤、赛骆驼等竞技活动。

（六）抗日烈士陵园　位于五原县隆兴昌镇。1940年3月22日，五原战役胜利结束后，为掩埋在这次战役中浴血奋战、壮烈牺牲的爱国将士和受难同胞的忠骨，在隆兴昌城外建烈士公墓。公墓占地6.67公顷，埋葬烈士遗骨1000多具。1942年，根据群众的意愿，由绥远政府拨款，对烈士公墓进行修缮，建成烈士灵堂，供奉阵亡将士，并定名为"抗日烈士陵园"。"文化大革命"中，因疏于管理，陵园遭到一定程度毁坏。2005年，为纪念抗日战争胜利六十周年，五原县启动陵园修复工作。2006年，陵园修复工程全面完成。修缮后的陵园，高耸的纪念碑上"抗日烈士陵园"六个大字鲜红醒目，园内整洁干净，绿树成荫。在隆兴昌镇中心，建有冯玉祥五原誓师台。台高约30米，筑有冯玉祥将军和共产党员刘伯坚塑像。

（七）河套酒业景区　河套酒业景区位于杭锦后旗陕坝镇，是内蒙古河套酒业集团全面展示草原酒文化和现代化酿酒工艺为主题的景区。景区以内蒙古酒文化博物馆和"中国北方第一窖"为中心，包括原酒储存库区、公主泉等主要景点，占地180万平方米。以中国酒文化和河套白酒生态酿造为旅游主题，是国家工业旅游示范点、国家AAAA级景区。内蒙古酒文化博物馆展示了内蒙古5000多年来酿酒、饮酒历史风情，是全国少有的酒文化研发、展示基地。镇馆之宝——汉代古酒将河套酿酒史追溯到了西汉时期，也为华夏酒源地找到了实物证据。流淌着昭君出塞美丽传说的公主泉，是自治区重点文物保护单位。

（八）匈奴城生态旅游景区　匈奴城生态旅游景区位于乌拉特后旗呼和温都尔镇那仁乌布尔嘎查，景区背靠阴山、南眺套区平原，毗邻国家重点文物高阙塞遗址，占地400公顷，距临河78千米。景区以"草原文化、北疆特色、休闲度假、生态旅游"为主题，突出"中华游牧文明驿站"这个招牌，打造内蒙古西部自驾游营地，是内蒙古唯一一处以古城建筑形式体现并承载游牧文化的生态旅游景区。景区集游览、餐饮住宿、休闲度假、自驾游为一体，设游客接待区、餐饮住宿区、匈奴古战场模拟区、敖包区、那达慕会场、跑马场、赛驼场、射箭场、自驾露营区、休闲观光区等。每年5月份开业，届时举办游牧文化旅游节。

（九）兵团文化红色旅游景区　兵团文化红色旅游景区位于磴口县乌兰布和农场境内，是全国唯一一个在原址上利用原有建筑建立起来的兵团文化旅游景区，也是自治区第一个以兵团文化为主题的旅游景区。景区由三层建筑的内蒙古兵团博物馆、兵团战士雕像、石浮雕、大礼堂以及周边建筑群等组成。博物馆中收藏着毛主席语录、兵团战士往来信函、纪念图文影像资料、生产生活用品、通讯医疗设施等750多件展品。在兵团文化红色旅游区参观游览，能够触摸到在特定环境中、特定的一群人在艰苦环境中用生命和热血铸就的不朽丰碑——兵团精神。兵团文化红色旅游景区已成为引导和教育后人传承兵团精神的一块重要阵地。

（十）维信国际高尔夫度假村、大桦背景区　位于乌拉特前旗白彦花镇，背靠乌拉山国家森林公园，南临黄河，是港资企业维信集团兴建的集运动、休闲、度假、娱乐于一体的西部五省区唯一具有国际标准的草原高尔夫球场，国家AAAA级景区，总占地333.33公顷。已建成33.33公顷自然草原观光区，可同时开展垂钓、网球、桌球、沙弧球、赛马等体育活动。高尔夫球场属国际标准18洞72杆锦标赛级旅游观光球场，占地面积100公顷，球道全长7128码，充分利用自然景观和植物，借鉴苏格兰林克斯风格，设有大面积的原始沙地和茂密的荒草，高品质的本特草球道碧绿如洗，苏格兰式直壁沙坑尽显不凡，整个球场自然、古朴、宁静、耐人寻味。独具匠心的战略性设计，使每条球道都有不同的击球路线，适合不同水平的球手，趣味性与挑战性共存，是国内唯一的沙地林克斯球场，被誉为中国的圣安德鲁斯皇家高尔夫球场。度假村内有13000平方米豪华会馆、66栋高雅别墅、33.33公顷园林景观花园、室内外游泳池、温泉洗浴中心、健身房、赛马场、儿童游乐场、游戏室、会议室、中西式餐厅等。

大桦背位于乌拉特前旗巴音花镇北的乌拉山国家森林公园，南距110国道和包兰铁路20千米。大桦背为乌拉山主峰，海拔2322米。环峰山峦起伏，沟壑纵横、流水潺潺、桦树成片、松柏参天、草木繁盛，是消夏避暑胜地。

二、主要景点

阿贵庙　位于磴口县沙金套海苏木境内。阿贵庙（藏语，全名为拉西布仁嘎定林阿贵）是我国西北地区最大的藏传佛教（红教派）唯一活动的场所，尊莲花生为师祖，建成于嘉庆三年（1798年），清理藩院赐名“宗乘寺”，并赐满、蒙古、藏、汉文寺名大匾，鼎盛时有僧人400多人。庙宇坐落于山坳，周围异峰突起，唯一一条山间道路通往外界。庙周边悬崖峭壁上有神秘洞穴5个，分别为莲花生洞、上乐金刚洞、护法神洞、仙女洞、洪洋洞。每年农历七月初十和九月二十五为庙会。届时信徒到庙烧香拜佛，参与迎神、送神活动。阿贵庙已被自治区列为12个重点寺庙之一。

纳林湖　位于磴口县境内,阴山脚下、乌兰布和沙漠腹地,距巴彦高勒镇40千米。是在黄河故道牛轭湖和沙漠风蚀坑的基础上,经长期灌溉渗漏、渠水流失逐渐形成的。湖泊水域面积1200公顷,四周沙丘环绕,湖中芦苇丛生,水深平均3米,是黄河鱼类重要产地,也是水鸟迁徙必经之地。集自然生态、科考人文于一体,成为巴彦淖尔市极具特色的生态旅游景区、国家西部自驾车旅游的最佳驿站和旅游线路核心景区,规划面积2000公顷,湖泊湿地1200公顷。被国土资源部列为巴彦淖尔国家地质公园、被国家林业局列为国家级湿地公园、被国家旅游局批准为国家AAAA级旅游景区。

鸡鹿塞　位于磴口县沙金套海苏木巴音乌拉嘎查。城堡筑在距沟底19米的平台上,呈正方形,边长约68.5米,占地2000平方米;城墙残垣高7~8米,上端宽3.7米,下端5.3~5.5米;东南角有一长方形小围墙,疑为瓮城出口;东、南墙内侧和西北角砌有登道。城堡两侧烽火台遗迹尚存,绵延数里。堡下山沟为通道。据专家考证,此城堡为西汉重要军事设施。现为自治区级重点文物保护单位。

三盛公天主堂　位于磴口县巴彦高勒镇城关村,是一处中西合璧的砖木结构建筑,建成于1893年,曾是西蒙古主教府、宁夏教区主教府。教堂高10米,占地面积675平方米。原建筑大门顶部建有钟楼,高10米,有合金大铜钟两口,洪亮的钟声10里可闻,“文化大革命”时铜钟被毁。教堂附属建筑有修女院、育婴堂、小学、医务室等。现只存教堂和小城堡,以及恢复教会活动后建成的辅助设施。

甘露寺(常素庙)　位于临河区新华镇哈达村,距临河40千米,建于1929年,占地13公顷,建筑面积2500平方米。甘露寺在内蒙古西部地区具有较大影响,是河套地区重要佛教文化遗产。每年农历二月十九、六月十九和九月十九日为庙会。届时人流络绎不绝,高峰时日达到15万人次以上。

甘其毛道口岸　位于中国内蒙古自治区巴彦淖尔市乌拉特中旗境内,地处中蒙边境上,又称288口岸。甘其毛道口岸与蒙古国南戈壁省汉博格德县嘎顺苏海图口岸隔界相望,是中蒙两国人民友好往来的重要通道和进行货物贸易的主要场所。

1989年12月20日,内蒙古自治区人民政府批准甘其毛道为对蒙古国边境贸易临时过货点,1992年6月4日,甘其毛道被正式辟为国家一类季节性双边口岸,2009年8月18日,甘其毛道由季节性口岸正式成为常年开放口岸。这里有集商店、旅社、食堂为一体的商业服务区,有庄严的“中华人民共和国”和中蒙第288号界碑,有边防哨所。商人云集,人来人往,车水马龙,十分繁华。到口岸旅游,既可游览辽阔的草原,又可以体察牧民生活,还可以领略异国风情。

镜湖　镜湖生态旅游区位于巴彦淖尔市临河区北侧,距城区9千米,占地面积167公顷,南部是绿色的草原,西部是200公顷连绵起伏的沙漠,北面是农田,80公顷平静的湖面居中。湖内“骑士庄园、弓箭俱乐部、水上迷宫、绿岛餐厅、休闲群岛、野炊餐饮岛、大观园饭店”等旅游、度假、娱乐、生态建设景观各具特色。四周绿树掩映，芳草连天，鱼跃鸟翔，芦苇丛生，可与宁夏的“沙湖”媲美。畅游九曲十八弯的水上乐园、踏上连绵岛屿的微缩万里长城、悬坐惊险刺激的高空索道，仿佛进入仙境，令人心旷神怡，流连忘返。

青春湖　青春湖位于临河区西南3.5千米处，110国道以北，是一处以湿地风景为主的自然淡水湖。四周风光无限，芳草连天，鱼跃鸟翔。以青春湖景区33.3公顷油菜花花海为基地，在油菜花盛开的季节游人可以欣赏美丽的花海。

小佘太秦长城　是巴彦淖尔市境内秦长城遗址保护最完好的一段，长达2000余米，始建于嬴政二十八年（前219年）。长城遗址位于乌前旗原小佘太乡东北部，整段长城就地取材，所用石料基本是人工敲砸而成的条状、长方体石块，间杂少量自然石块，采用层层交错叠压的方法垒砌而成，内外壁面规整。在山脊或山沟转角处常有外贴壁，显得格外险峻。在长城南侧较为平缓的山脊上，大约每隔500～1000米有土筑眺望台，每隔5千米左右较高的山顶上均筑有烽火台。

巴仁宝勒格旅游度假村　位于乌拉特中旗海流图镇东北5.8公里处，度假村总面积达120公顷，中心是巴仁宝勒格水库，水面达19万平方米。水库由天然矿泉水汇集而成，水质优良、清爽甘甜，四季长流不息。度假村邻水畔建有现代化蒙古包14顶，为游客提供餐饮服务。可开展划船、钓鱼、游泳、休闲度假、祭敖包、观赏乌拉特民俗婚礼表演、品尝民族风味套餐等活动，是一处集旅游观光和休闲度假于一体的具有民族特色的旅游度假村。

德岭山水库　地处巴彦淖尔市乌拉特大草原，距乌拉特中旗海流图镇20千米，省道S212（一级公路）经过景区，距乌拉特机场28千米，南临国家二级公路固查线。为国家AAA级旅游景区，国家水利风景区。

狼山水库　位于巴彦淖尔市，依托狼山水库而建，景区面积15.58平方千米，其中水域面积1.26平方千米，属于水库型水利风景区。狼山水库始建于1975年，总库容3300万立方米，是一座以防洪为主兼顾灌溉的中型水库。近年来，景区管理单位通过狼山水库除险加固、灌区生态治理、文化景观提升改造等工程措施，形成了河套灌区总排干沟绵长、调蓄滞洪功能完备的水系网络；将水利工程与民族文化风情相结合，形成了集库塘、灌区、生物、地文等多种类型于一体的自然生态系统。景区地处乌拉特草原腹地，北部草原与南部阴山山脉交相辉映，蒙古民族风情浓郁。

乌不浪口秦长城　乌不浪口，古文献中又称“满夷谷”，位于乌拉特中旗海流图镇正南28千米处，是中原地区连接塞外草原的重要通道之一。乌不浪口秦长城在乌不浪口穿越南北向的公路，修筑于公元前214年，为秦大将蒙恬率部众所建。是秦利用赵长城并将其加高加宽进行维修而形成的秦长城。在长城附近，每隔0.5～1.5千米，便有一处高大的石头堆。这就是长城线上用作警讯的烽火台。抗战时期，这里是曾点燃了抗日烈火的地方，绥西抗战中，乌不浪口3000中国官兵对入侵之敌进行了英勇抗击，留下了可歌可泣的抗日史话。

希热庙　位于巴彦淖尔市乌拉特中旗政府所在地海流图镇以东12千米处的希热山中。建于清康熙十九年（1681年），由第一代呼勒庆贵禅师在康熙的资助下建成，为巴彦淖尔地区首座喇嘛寺庙，也是藏蒙地区重要的喇嘛教活动场所之一，为东方21个佛教圣地之一。希热蒙语意为“桌子”，根据所在火山口的形状而得名。希热庙占地面积50万平方米，兴盛时希热庙有僧人300多名，香客西至拉萨，东至乌兰浩特，北至大库热（现乌兰巴托），名扬四海。庙内有三眼泉水川流不息，它是希热庙的灵魂。常饮可延年益寿，祛病驻颜。该泉水经国家专门机构化验鉴定为天然优质饮用矿泉水。

第四节　景区服务

一、导游

1997年，乌梁素海度假村开业开始聘用景区专职导游（讲解员）后，2010年，在维信国际高尔夫度假村、乌拉山国家森林公园、黄河三盛公国家水利风景区、纳林湖生态旅游区、镜湖生态旅游区、青春湖旅游区、隆胜星月国家农业旅游示范点、河套酒业国家工业旅游示范点、河套酒文化博物馆、巴彦淖尔市博物馆（原阴山岩画博物馆）、五原县博物馆、乌拉特后旗恐龙化石博物馆、杭锦后旗文化科技会展中心（傅作义纪念馆）、五原抗日烈士陵园聘用专职导游。

二、餐饮住宿

全市旅游业开发较晚，旅游服务从业人员普遍存在旅游服务意识不强的问题。1998—2006年，旅游部门组织旅游服务公司、酒店、宾馆、度假村、农家乐等从事旅游服务人员参加旅游工作会议。通过参会接受旅游教育培训。同时，根据旅游工作的实际需要，每年举办一次贯彻新法培训班及全盟旅行社责任保险投保培训班，聘请旅游部门专家进行统计业务培训。2007年后定期对中层管理人员和一线服务人员进行岗位培训。实施培训的企业主要有各旅游星级饭店、旅行社和重点旅游景区（点）管理人员。培训多为短期培训，以改善行为习惯为主，以提高思想素质为辅。培训原则是坚持统一培训和分类培训相结合。培训内容主要有政策法规培训、礼仪礼貌及行为习惯培训、旅游业消防和治安培训，重点是消费心理、风俗习惯、重点景区情况培训。分类培训内容主要有管理人员培训，客房、餐厅、前厅服务人员培训。特殊岗位人员的培训内容有导游、业务员、财务人员、售票员、检票员、船工、救生员、维修人员，警卫、门童、引领员、车辆看管人员的培训。为加强专业知识的培训，在河套大学开设旅游饭店管理、导游、餐饮服务与管理课程。每年招收旅游专业3年制学生。在临河区第一职业中专旅财分校开设3年和2年制市场营销、旅游管理专业、酒店管理专业课。

三、集散地

为壮大旅游产业，在临河区国际饭店设立旅游集散中心。中心集团队旅游、散客旅游、自助旅游、客房预订、票务预订、旅游商品展销等为一体，除推出精品旅游线路外，展出、销售以“佘太玉”和“阴山雪玉”为代表的手镯、项链、玉雕等各种玉制品和具有蒙古族特色的奶制品、奶茶、肉干以及河套特产葵花籽、枸杞、肉苁蓉等产品。

第五节　旅游资源

巴彦淖尔地处从草原到荒漠的过渡带，景观类型丰富，河套平原灌区、乌拉特草原、蒙古高原、乌兰布和沙漠、阴山山脉等景观都具有地域特色。境内有1处国际重要湿地、1处国家级自然保护区、1处国家级森林公园和4处自治区级自然保护区。河套平原是著名的“塞上江南”的重要组成部分，拥有特色鲜明的农家院落，其独特性和大规模构成巴彦淖尔市重要的农业观光旅游资源。巴彦淖尔市境内历史文物古迹丰富，已发现不可移动文物分布点319处，有重要的旅游开发价值。有比较丰富的宗教文化和寺庙建筑和大面积的恐龙化石分布，具有重要的科考旅游价值。

巴彦淖尔市旅游资源类型比较丰富，根据现有的200多个旅游资源单体，对照《旅游资源分类、调查与评价》（国家标准），巴彦淖尔市旅游资源8个主类全部具备，31个亚类中拥有27种；155个基本类型中拥有77种，分别占全国旅游资源亚类和基本类型的87.1%和49.68%。

一、旅游资源类型

巴彦淖尔市旅游资源涵盖标准国家所列的8大主类，主要有地文、水域、生物、天象、遗址、特色商品、人文等。

地文景观类旅游资源。有内蒙古自治区西部最大的天然次生林区，集山、水、树、石、花、草、古庙为一体的乌拉山大桦背景观区，以盛产白山羊绒而闻名海内外的二狼山风景区，我国八大沙漠之一的乌兰布和沙漠，由晶莹透亮、光彩夺目的玛瑙石组成的玛瑙湖，堪称恐龙化石宝库的巴音满都呼恐龙化石保护区，《白马飞飞》《铁骑》等多部影视片的外景地，被称为“塞上奇石林”的同和太奇石林，获各琦铜矿产地、小佘太褶曲景观、敖包山、小庙沟峡谷、希热庙火山口、白音查干沙地、海里斯沙地、狼山呼和巴什格景观区、牛心山、宝日恒图木化石群、乌梁素海长岛、乌梁素海周宝城岛、宝音图风蚀景观（川井）、洪羊洞、乌后旗阴山峡谷通道景观、河套农业景观区、后套五原景观区、巴音戈壁、本巴台戈壁、乌后旗蒙古高原等共26处。

水域风光类为黄河流域、沙漠湖泊风光。有被誉为“沙漠古镜”的沙顶湖；有黄河流域最大的淡水湖泊，素有“塞外明珠”之美称，被林业部列为湿地生态保护示范工程项目和自治区湿地水禽自然保护区的地球相同纬度最大湿地，也是国际重要湿地的乌梁素海；有地处乌兰布和沙漠腹地的纳林湖;有拥有天然优质饮用矿泉水的希热圣水和阿贵神泉;还有仰狼沟瀑布景观、阿拉奔天池、小庙沟瀑布、前旗黄河观光区、孟王栓海子水体、塔尔湖(烂韩柜海子)、阿尔善热水、乌兰布和沙漠三湖等共计13处。

生物景观类旅游资源。有内蒙古自治区西部面积最大的区级圆柏生态保护区叉枝圆柏生态保护区;有生态环境建设示范点的哈腾套海自然保护区;有面积约13333公顷保存较好的天然梭梭林—布格提梭梭林;有草原风情阿拉奔草原、沙德盖草原和乌拉特草原;有我国濒危动物红皮书列为濒危(E)级动物梭梭林~蒙古野驴保护区;有鸟类栖息地、鸟类观赏点、孟王栓海子观鸟点、纳林湖观鸟点;有天然河柳林、宝勒根塔拉神树、隆盛合镇生态园区、三苗神树和千年古榆等共15处。

天象与气候景观类旅游资源。有黄河冰凌景观、巴彦淖尔市避暑气候地及荒漠地区的大漠落日。

遗址遗迹类旅游资源。有石器时代的达日盖新石器时代遗址、阿拉奔新石器时代遗址和后契勒陶力盖遗址;有古代军事遗址、古战场、古道、废弃寺庙、德岭山备战地道、宝日恒图山古庙遗址、呼鲁斯太遗址、善岱古庙、宝音图汉代烽火台、长胜东湾小学革命遗址、西山咀晚唐遗址、光禄塞古城遗址、三顶帐房古城遗址、沃野镇古城遗址、五原烈士陵墓、五份桥古城、临河八一乡古城遗址、哈日格那峡谷、临戎古城遗址、三封古城、窳浑古城遗址、西受降城遗址、新忽热古城遗址、获各琦古铜矿遗址、五原誓师台、鸡鹿塞汉石城遗址和乌梁素海受降城;有长城遗迹德岭山赵长城遗迹、乌拉特后旗古长城遗址(边墙)等共28处。

建筑与设施类旅游资源。有以康乐、健身、消闲、疗养、度假为主要功能的场所,达拉盖度假村、呼格吉勒浩特、乌拉特蒙古大营等,还有杭锦后旗综合性体育馆、补隆淖汉墓群、哈腾汉墓群、沙金套海古墓群、阿力奔古墓群、朝阳乡汉代墓群、公庙子汉代墓群、三顶帐房汉代古墓群、乌不浪口抗日烈士陵园、三湖口渡口、小佘太长城、乌不浪口秦长城、乌拉特后旗阴山岩画群、小佘太阴山岩画、小佘太秦长城、石棺墓、砖石墓、狼山石刻、乌拉山赵长城、拉丹高速公路黄河公路大桥、黄河浮桥、星月世纪广场、公庙子军用机场人工洞、乌拉特前旗生态移民村、大佘太水库、增隆昌水库、巴仁宝勒格水库、磴口沙生植物园、稀有树种园、汇源河套乳品饮料公司、黄河农业生态园、海镇鹿苑、内蒙古巴盟林业局生态基地、黄河三盛公游乐园、丽水庄园、南渠西丽湖、陕坝公园、头道桥旅游度假村、花都儿童乐园、临河蒙古大营、南海子、永济游乐园、宝音图民俗村、乌梁素海鸟类标本馆、乌拉特中旗博物馆、人民公园、章嘉庙、林海公园、补隆淖天主教堂、渡口天主教堂、金堂庙、三盛公天主教堂、大悲寺、陕坝清真寺、陕坝天主教堂、慈仁寺、马道桥清真寺、哈日朝鲁庙、大佘太清真寺、德布斯格庙、小庙沟乌日图高勒庙、常素庙、千里庙、四大股庙、五原清真寺、公庙子军用机场、包兰铁路黄河双向铁路大桥、葵花雕塑、磴口阴山岩画、乌拉特中旗鬼谷岩画、磴口黄河休闲堤坝、德岭山水库、红格尔水库、狼山水库、义和渠、磴口蒙牛科技食品工业园区、纳林套海农场、河套酒业生产线、隆胜星月生态农业高科技园、乌梁素海渔场、海镇生态园、中国林科院沙漠林业实验中心、边防哨所(阿拉格巴音)、阿贵山庄、博威生态旅游开发区、河套源头、镜湖休闲度假村、巴仁宝勒格旅游度假村、瑙干塔拉、内蒙古酒文化博物馆、阴山岩画博物馆、乌拉特后旗博物馆、五原县档案馆、宝莲寺、甘露寺、善达古庙、希热庙、黄河三盛公水利枢纽工程、甘其毛道口岸、维信内蒙古草原高尔夫度假村、阿贵庙、花都花卉市场、葵花交易市场、巴彦淖尔市图书馆、河套大学、狼山蒙古包、维信羊绒生产线等共计110处。

旅游商品类旅游资源。有独具地方特色的河套老窖、河套牌雪花粉、蒙古烤全羊、蒙古手扒羊肉、蒙古羊背子、凯音牌番茄酱;有质量优良的肉苁蓉、枸杞、纳林甜瓜、南瓜粉系列、沙枣、五原县葵花、河套蜜瓜、河套西瓜、戈壁双峰红驼、二狼山白绒山羊、甘草;传统民族乐器马头琴等16种。

人文活动类旅游资源。有古代昭君出塞的历史传说,近代历史人物傅作义、冯玉祥的传奇故事;文艺团体乌拉特后旗乌兰牧骑、乌拉特中旗乌兰牧骑、乌拉特前旗乌兰牧骑、五原县歌舞剧团、市歌舞团、市晋剧团、市歌剧团、临河区歌舞剧团、杭后河套艺术团和磴口县乌兰牧骑;还有阿贵庙庙会、乌拉特民俗婚礼、希热庙庙会、乌拉特舞、四大股庙庙会、中国河套葵花节、回族开斋节、回族宰牲节、祭敖包、那达慕大会、甘露寺庙会、金堂庙庙会、磴口华莱士节民俗传统活动。

二、高品质旅游资源

巴彦淖尔市旅游资源中,有国际重要湿地乌梁素海;有乌拉山国家森林公园,乌拉特梭梭林—蒙古野驴国家级自然保护区,有国家陆路口岸甘其毛道口岸和被列为一级文物保护单位的小佘太秦长城;还有4处自治区级自然保护区;被列为自治区重点文物保护单位的有获各琦古铜矿遗址、鸡鹿塞汉石城遗址、格尔敖包沟阴山岩画、大坝口阴山岩画和沙金套海古墓群;被列为自治区爱国主义教育基地的有黄河三盛公水利枢纽工程、乌梁素海和五原抗日烈士陵园。

三、旅游线路

(一)河套文化与农业旅游线

以110国道为主轴,沿黄河一线,涉及维信内蒙古草原高尔夫度假村、黄河观光旅游区、枸杞之乡农业观光园、中国葵花之乡旅游区、义和渠带状公园、五原历史文化体验旅游区、孟王栓海子生态旅游区、隆胜星月农业观光园、镜湖休闲度假旅游区、河套酒文化观光区、头道桥度假村、河套文化大观园、环城休闲游憩带、草原加工业旅游观光区、甘露寺宗教旅游区、陕坝镇购物旅游区、黄河三盛公水利风景区、乌兰布和沙漠旅游区、纳林湖旅游区等旅游景区。

(二)边境荒漠探险旅游线

沿中蒙边境一线,主要有甘其毛道边境商贸旅游区、高原避暑度假旅游区、乌后旗戈壁探险旅游区、乌中旗荒漠探险旅游区、神秘高原文化旅游区、乌拉特梭梭林—蒙古野驴生态旅游区等旅游景区。

(三)沙漠探险、历史探秘及森林旅游线

沿阴山山脉一线,涉及乌拉山国家森林公园、阴山古迹与阿贵庙旅游区、乌盖佛教文化旅游区、阴山峡谷风貌旅游区、小庙沟地质旅游区、小佘太历史文化观光区、狼山休闲度假旅游区等旅游景区。

(四)湖泊与草原旅游线

沿省道从乌前旗经五原县至乌中旗一线,涉及维信内蒙古草原高尔夫度假村、乌梁素海与阿力奔草原度假区、乌梁素海湿地生态与观鸟旅游区、阿尔善温泉度假区、同和太牧场草原风情旅游区、红格尔草原人家旅游区、海流图生态园、瑙干塔拉草原旅游区、希热庙宗教旅游区等旅游景区。

第二章　餐饮业　服务业

第一节　餐饮业

1986 年,全盟餐饮行业有全民所有制餐饮机构 37 个,集体所有制餐饮机构 170 个,个体有证餐饮经营户 1247 个,从业人员 4352 人。1987 年全盟餐饮业有全民所有制机构 1955 个,集体所有制餐饮机构 174 个,个体有证餐饮经营户 1737 个。1988 年,有全民所有制餐饮机构 177 个,从业人员 5582 人;集体所有制餐饮机构 200 个,从业人员 1381 人;个体有证餐饮经营户 1525 个,从业人员 3591 人。1989 年,餐饮行业有餐饮机构 1660 个。其中,有全民餐饮机构 48 个,从业人员 646 人;集体所有制餐饮机构 202 个,从业人员 1334 人;个体有证餐饮经营户 1410 个,从业人员 3419 人。1990 年,巴盟餐饮行业有餐饮机构 1670 个。其中,全民所有制餐饮机构 49 个,从业人员 675 人;集体所有制餐饮机构 176 个,从业人员 1185 人;个体有证餐饮经营户 1445 个,从业人员 3234 人。1991 年,巴盟餐饮行业有餐饮机构 1761 个。其中,全民所有制餐饮机构 48 个,从业人员 598 人;集体所有制餐饮机构 190 个,从业人员 1281 人;个体有证餐饮经营户 1523 个,从业人员 2667 人。1992 年,全盟餐饮行业有餐饮机构 1951 个,从业人员 5445 人。其中,全民所有制餐饮机构 49 个,从业人员 595 人;集体所有制餐饮机构 176 个,从业人员 1238 人;个体有证餐饮经营户 1726 个,从业人员 3612 人。

第二节　其他服务业

1986 年,全盟有服务业机构 1459 个,其中,全民所有制服务业 108 个,集体所有制服务业 116 个,个体有证服务业 1235 个。1987 年,全盟有服务业机构 2358 个,其中,全民所有制服务业 64 个,集体所有制服务业 200 个,合营服务业 1 个,个体有证服务业 1993 个。从业人员 6516 人。按行业分,旅馆业 415 个,理发业 459 个、浴池业 7 个、洗染业 2 个、摄影业 186 个、日用品修理业 1007 个、其他居民服务业 282 个。1988 年,巴盟有服务业机构 2521 个,从业人员 4880 人。其中,全民所有制服务业 61 个,集体所有制服务业 232 个,合营服务业 4 个,个体有证服务业 2224 个。按行业分,旅馆业 431 个、理发业 424 个、浴池业 6 个,洗染业 2 个、摄影业 193 个、日用品修理 1225 个、其他居民服务业 240 个。1989 年,全盟有服务业机构 2873 个,从业人员 5063 人。其中,全民所有制服务业 85 个,从业人员 631 人;

集体所有制服务业241个,从业人员996人;个体有证服务业2547个,从业人员3436人。按行业分,旅馆业397个,从业人员1320人;理发业717个,从业人员1007人;浴池业10个,从业人员59人;洗染业3个,从业人员18人;摄影业168个,从业人员348人;日用品修理业1315个,从业人员1913人;其他居民服务业269个,从业人员423人。1990年,全盟有服务业机构3066个,从业人员5091人。其中,全民所有制服务业85个,从业人员654人;集体所有制服务业239个,从业人员968人;个体有证服务业2742个,从业人员3469人。按行业分,旅馆业405个,从业人员1231人;理发业798个,从业人员1038人;浴池业8个,从业人员73人;洗染业5个,从业人员24人;摄影业161个,从业人员321人;日用品修理业1317个,从业人员1848人;其他居民服务业372个,从业人员556人。1991年,全盟有服务业机构1906个,从业人员4833人。其中,全民所有制服务业83个,从业人员682人;集体所有制服务业243个,从业人员971人;个体有证服务业2580个,从业人员3180人。按行业分,旅馆业435个,从业人员1321人;理发业731个,从业人员973人;浴池业20个,从业人员86人;洗染业8个,从业人员34人;摄影业1231个,从业人员372人;日用品修理业1082个,从业人员1424人;其他居民服务业399个,从业人员623人。1992年,全盟有服务业机构2812个,从业人员5020人。其中,全民所有制服务业87个,从业人员691人;集体所有制服务业245个,从业人员1118人;个体有证服务业2480个,从业人员3211人。按行业分,旅馆业463个,从业人员1261人;理发业839个,从业人员1176人;浴池业41个,从业人员141人;洗染业27个,从业人员66人;摄影业142个,从业人员271人;日用品修理业1109个,从业人员1572人;其他居民服务业301个,从业人员533人。

1993年,巴盟实施国家新统计制度,指标体系包括的口径范围均执行国家的标准。

1994年全盟餐饮机构、网点、人员情况表

表23-2-1

分　　类	法人机构	网点	人员
总计	34	2318	5804
按经济类型分组:	—	—	—
其中:国有经济	9	15	584
集体经济	22	27	717
私营经济	2	2	19
个体经济	—	2273	4459
BH按企业规模分组:	—	—	—
其中:小型企业	34	2310	5700

1995 年全盟餐饮机构、网点、人员情况表

表 23－2－2

分　　类	法人机构	网点	人员
总计	32	3161	7956
按经济类型分组,其中:			
国有经济	11	27	590
集体经济	17	27	717
私营经济	4	9	278
个体经济		3091	6262
按国民经济行业分组:			
正餐	32	2737	7201
快餐	287	459	
其他餐饮行业	137	296	
按企业规模分组,其中:			
重型企业	1	1	140
小型企业	31	3143	7698

1996 年全盟餐饮机构、网点、人员情况表

表 23－2－3

分　　类	法人机构	网点	人员
总计	53	2964	10399
按经济类型分组,其中:			
国有经济	3	49	1245
集体经济	32	51	1073
私营经济	7	7	98
个体经济		2865	7973
股份制经济	1	1	10
按国民经济行业分组:			
正餐	53	2412	9050
快餐	－	490	1183
其他餐饮行业	62	166	

1997年巴盟餐饮业销售情况表

表23-2-4

项目	营业收入(万元)	商品销售额(万元)
合计	36530.8	34093.0
一、按经济类型分组:		
国有经济	9104.9	7516.1
集体经济	5629.3	4960.3
私营经济	1582.0	1582.0
个体经济	19299.6	19299.6
股份制经济	735.0	735.0
二、按企业规模分组:		
大中型企业	1193.0	981.0
小型、个体	35157.8	33112.0

1998—2010年部分年份巴盟餐饮服务业营收情况表

表23-2-5

年度	类型	营业总收入(万元)
1998	限额以上企业	1328.9
	限额以下企业	44765.2
1999	限额以上企业	620
	限额以下企业	48902
2006	限额以上零售	3013.4
	限额以下零售	5659.8
	个体餐饮经营户零售	72497.6
2010	限额以上零售	8636.2
	其中:个体经营户	1503.2
	限额以下及个体经营户	165326.8
	住宿	3217.3

1986—2010年全盟(市)社会消费品零售总额情况表

表23-2-6

年度	总额(万元)	年度	总额(万元)	年度	总额(万元)	年度	总额(万元)	年度	总额(万元)
1986	69699.2	1991	120731.22	1996	225210	2001	353041.4	2006	609662.3
1987	93917.2	1992	132718.38	1997	243336	2002	383576	2007	727027.2
1988	1160585.82	1993	129598	1998	271206	2003	410023.8	2008	907329.9
1989	113299.9	1994	167812	1999	291724	2004	487724.4	2009	1087932
1990	116624.93	1995	199735	2000	322355	2005	524347.5	2010	1242556.7

第三章　水　暖　气供应

第一节　供　水

1986年,全盟有自来水生产与供应企业3个,年产值68.7万元。1990年,有自来水生产与供应企业4个,年产值138.7万元。1995年,有自来水生产与供应企业9个,年产值675.3万元。1998年,有自来水生产与供应企业9个,年产值1142.3万元。2001年,全盟有10个自来水生产与供应企业,年实现产值1637.7万元。

2004年,巴彦淖尔市有规模以上自来水生产与供应企业7个,规模以下企业7个,年产值33118万元。2008年,全市有规模以上水的生产和供应企业2个,年产值7650.7万元。2010年,全市有规模以上水的生产和供应企业3个,其中,自来水的生产和供应企业2个,污水治理及其再生利用企业1个,年产值148.8万元。

城市供水方面1986年,临河市区给水主干管道总长15.7千米,支干管道长5.4千米。1987—2001年新铺设给水管道47.98千米。

第二节　供　暖

一、集中供热

1986—2005年,全盟主要以分散小锅炉或散户炉灶供热。

2006年,在临河糖厂转制解体后利用原厂供热系统,组建巴彦淖尔富源热力公司,建成5×58兆瓦热源厂一座,铺设供热主干管道23千米,新建改造供热交换站23座,供热能力新增加480万平方米,城区集中供热正式开始,供热范围主要在西苑路和朔方路之间。

2008年阳光能源开始实施热电联产集中供热后,巴彦淖尔市临河区集中供热企业主要有阳光能源集团、富源热力公司两家供热企业。热源可以满足市区供热需求。

2010年,随着阳光能源集团有限公司承建的临河区热电联产集中供热二期工程项目完工,临河区热电联产集中供热面积达到1785万平方米,其中新建一级管网120公里,更新管网90千米,新建换热站160座,新建热源厂4×70兆瓦。完成新建管网建设119千米,更新管网90千米,建成换热站144座。二期工程项目设计,供热负荷由热电厂解决1233.3万平方米,调峰锅炉解决552.3万平方米。

二、巴彦淖尔盟热力公司

始建于1984年,在原有城市集中供暖的主业上,又延伸出建筑施工、锅炉制造、房地产开发及石油销售等副业。公司位于临河市区,是巴彦淖尔盟效益好、管理科学、影响力较大的国有中型一档企业。总资产4580万元,有长年固定员工168人,临时用工200多人。

供暖是公司的主要产业,13个城市集中供热站分布于临河市区,使用供暖锅炉23台,有170万百万千焦的供暖能力,向市区300多个单位、7000多户居民的80万平方米的住宅、机关、公共场所提供冬季取暖服务,是全国供热专业网会成员之一。公司自己组建运输队、储煤场,采取用户提前缴费、自储煤自用煤的低价位购煤、储煤办法,避开冬季高价期购煤。在煤、水、电等原材料的消化指标监控和资源综合配置管理上形成了一套较为科学合理的体系,使得临河市区暖费价格一直处于全国、全区同行业最低水平。

下属的巴盟富源建筑工程有限责任公司是由热力建筑公司转制后成立的企业,初步实现了"技术力量达标、机械设备及配套设施先进、检测手段完善"的预期目标,跨入国家三级建设施工企业的行列。公司建设的内蒙古河套酒厂生产车间、五原县房管局的商品楼、杭锦后旗奋斗中学实验楼、磴口县的城市排污和道路工程、临河市的富源欧式商贸城、巴盟体育馆等建筑,有多项被评为样板工程。

锅炉制造厂是内蒙古西部区唯一经劳动人事厅、冶金机械厅颁证布点的锅炉生产厂家,主要经营锅炉及设备的制造、安装、修理、清洗等业务,生产的每小时发热量0.35兆瓦~7兆瓦各种型号的热水锅炉,经鉴定各项指标均达到部颁标准,填补了巴盟工业生产的空白。

巴盟热力公司在长期的改革实践中,总结出一整套国有企业综合配置人力、财力、物力等各种资源,参与市场竞争,求得最大效益的管理办法。在人力资源上,实行"每人两技、两栖劳动力"的满时效工作法;在产业选项上,实行以主业为中心,扩散性外延的链条式循环发展方式;在综合宏观管理上,实行"以人为本""以资金为本""以科技超越"的两本一超方法。1993年后,企业连续6年产值、利税高速增长。1998年公司完成产值3366万元,实现利税543万元。先后被授予自治区级"文明单位""重合同守信用单位""思想政治工作优秀单位""爱国主义教育先进单位""党的基层组织先进单位""全区学邯钢抓管理示范企业"以及盟市级多种荣誉称号。

第三节　供　气

2006年11月9日,独资成立腾洁燃气有限责任公司,投资人民币1000万元,承担巴彦淖尔市临河区及六旗县的城市天然气输配工程的建设及建成后的生产运营。重点建设主要供气设施,建设门站、压缩天然气母站、分输站及控制中心,铺设主管道27.2千米,中低压管道111千米。可实现集中供气6万~7万户,年供气1600万立方米,城市集中供气普及率70%以上,临河市区铺设天然气管道56.6千米。

2007年,集中供气工程建成门站、压缩天然气母站、分输站及控制中心,铺设主管道27.2千米及中低压管道111千米。2008—2010年,天然气工程完成城区管网工程建设24.3千米,其中主管道8.53千米,支管道15.77千米。

2008年8月2日长庆气田—乌海—临河天然气管道正式投产运行。长庆气田—乌海—临河天然气管道在巴彦淖尔市境内全长73.62千米,其中磴口县境内42.8千米,杭锦后旗境内3.17千米,临河区境内27.65千米。管道途经磴口县南粮台—杭锦后旗—临河区黄羊木头镇脑高村—临河末站。

巴彦淖尔市腾洁燃气有限责任公司于2007年9月至2009年6月完成临河门站建设。门站内建设主控大楼、生产辅助用房各一座,调压、计量、过滤、加臭等配套设备一套,占地面积1.39公顷。2009年3月完成磴口门站建设。门站内建设综合办公楼、生产辅助用房各一座,调压、计量撬一套,占地面积1.07公顷。已开工建设的还有杭锦后旗储配站,占地面积0.89公顷;五原县储配站,占地面积0.99公顷;乌拉特前旗储配站,占地面积0.27公顷;乌拉特中旗储配站,占地面积0.98公顷;乌拉特后旗储配站,占地面积1.13公顷。

截至2010年底,临河区共敷设天然气管道56.6千米,天然气管道覆盖区域为西至金沙路,东至富源路,南至沃野街,北至五原街;六旗县共敷设天然气管道29.7千米。巴彦淖尔市累计安装天燃气居民用户20710户,安装公建商业用户19户,工业用户3户。

天然气销售价格按内蒙古自治区发展和改革委员会文件“内发改价字〔2010〕2006号”文件执行,巴彦淖尔市临河区居民生活用气(含居民供热用气及各类学校、幼儿园)临时销售价格每立方米2.18元,其他用气价格每立方米2.43元;磴口县居民生活用气(含居民供热用气及各类学校、幼儿园)临时销售价格每立方米2.18元,其他用气价格每立方米2.43元;在天然气主管道通气前,暂通过汽车运输供气的五原县、杭锦后旗、乌拉特前旗、乌拉特中旗、乌拉特后旗居民生活用气(含居民供热用气及各类学校、幼儿园)临时销售价格每立方米2.78元,其他用气价格每立方米3元。

第四章　供电　用电

第一节　机构与改革

一、巴彦淖尔市电业局

1986 年,巴彦淖尔电业局挂巴盟农电管理局的牌子,负责巴盟地区电力供给与管理。1992 年 10 月,根据巴盟行署《关于全盟四个趸售旗县实行行业归口管理的通知》,于 11 月 8 日将 4 个趸售旗县农电企业上划巴彦淖尔盟农电管理局代管。1998 年,按照内蒙古电力公司《关于巴彦淖尔盟四个趸售农电企业组建有限责任公司的批复》,于同年底,组建杭锦后旗、五原县、乌拉特中旗、乌拉特后旗 4 个电力趸售有限责任公司。

2005 年,按照内蒙古自治区经贸委《关于将巴盟农电管理局地区城供电业务移交电力部门管理的批复》(〔2000〕50 号文)、内蒙古电力公司"内农电〔2005〕第 62 号"、巴彦淖尔市政府办"巴政办〔2005〕212 号"文件精神,12 月 13 日,正式成立巴彦淖尔农垦供电有限责任公司。公司成为巴彦淖尔地区第五个电力趸售企业。1998 年之后,电力行业电网建设步伐加快,积累了大量固定资产。2007 年,为加强对国有资产监管,经自治区政府批准,成立内蒙古电力农电资产管理有限责任公司,将全区各县级趸售公司上划内蒙古电力农电资产管理公司统一管理。内蒙古电力公司直属各盟市电业(供电)局,成为内蒙古电力公司直属单位,但也是内蒙古农电资产管理公司的分公司,并对其所在盟市趸售旗县农电企业的安全生产、经营管理等各项工作负责,对所属趸售旗县农电企业的国有资产保全运营进行管理考核,确保国有资产的增值保值。2010 年,巴彦淖尔电业局辖直属单位 17 个,内设职能处室 15 个,趸售电力公司 5 个。

二、制度建设

1986 年 9 月,全民所有制企业实行党委领导下的厂长负责制,经营方式转为企业方针目标管理。1988 年,巴彦淖尔电业系统全面落实中央 3 个条例,即《厂长工作条例》《中国共产党工业企业基层组织工作条例》《职工代表大会条例》精神,生产经营实行厂长负责制、厂(局)长任期目标管理制,电业局局长与内蒙古电管局签订目标责任状,编制全局经济责任制、计划目标等,将目标层层分解到基层单位,直到班组和个人,按年、季、月进行检查考核,年终进行奖罚。

在农村,针对乡村用电管理混乱现象,巴彦淖尔电业局开始撤销乡级电管站,成立由旗、县供电局(电力公司)直接领导的乡级供电营业所,统一管理农村电网和供电,要求做到管理到户,服务到户,减少中间环节,避免乱加价、乱收费、乱摊派等。2001 年,巴彦淖尔电业局将 102 个乡级电管站合并为 58 个乡镇供电营业所,并通过考试考核,招聘乡村电工 820 人。

第二节　电网建设与改造

一、电网建设

1986 年,巴盟地区有 110 千伏线路 5 条,长度为 321.2 千米;有 35 千伏线路 35 条,长度为 887.84 千米。1992 年 12 月,乌拉山—临河 220 千伏输变电工程建成投产,成为巴彦淖尔盟地区第一条 220 千伏输电线路。1993 年 12 月,陕坝—东升庙 110 千伏输变电工程建成投入运营。1993 年 12 月 24 日,海渤湾—临河 220 千伏输电工程建成投入运营。1994 年 6 月,五原—海流图 110 千伏输变电工程竣工投入运营。2010 年 12 月,巴彦淖尔市 500 千伏主网架基本构成,220 千伏电网贯穿全境,110 千伏经路实现全覆盖。

2010 年 12 月巴彦淖尔市 110 千伏线路一览表

表 23－4－1

序号	线路名称	线路长度(千米)	起点	终点	导线型号	投运时间
1	临西线 东郊—T 接点	18 16.16	临河东郊	临河西郊	LGJ－150 LGJ－150	2009 年 7 月
	T 接点—西郊 T 接点—牵引站	1.89 0.73	临河西郊	临河牵引站	LGJ－150 LGJ－150	2009 年
2	陕万线	25.07	杭后旗陕坝	临河万丰	LGJ－240 LGJ－185 LGJ－120	2009 年 5 月
3	西万线	11.53	临河西郊	临河万丰	LGJ－240 LGJ－185	2009 年 5 月
4	临陕Ⅱ回	32.9	临河东郊	杭后旗陕坝	LGJ－185	1996 年 9 月
5	陕东线	22.8	杭后旗陕坝	乌后旗东升庙	LGJ－120	2004 年 11 月
6	新陕线	47.1	杭后旗陕坝	临河新华	LGJ－150	1999 年 1 月
7	陕碳线	30.92	杭后旗陕坝	乌后旗炭窑口	LGJ－120	2004 年 3 月
8	陕磴线	60.6	杭后旗陕坝	磴口北郊	LGJ－150	2001 年 9 月
9	新五线	55.67	临河新华	五原西郊	LGJ－150	2008 年 8 月
10	临八线	3.65	临河东郊	临河八一	LGJ－240/30	2007 年 9 月
11	新八线	34.74	临河新华	临河八一	LGJ－240/30 LGJ－185	2008 年 8 月

续表 23－4－1

序号	线路名称	线路长度（千米）	起点	终点	导线型号	投运时间
12	前西Ⅰ回	4.94	乌前旗前锋	乌前旗西山咀	LGJ－240/30	2004年10月
13	前西Ⅱ回	6.16	乌前旗前锋	乌前旗西山咀	LGJ－120	2004年10月
14	前胜Ⅰ回	6.07	乌前旗前锋	乌前旗胜利桥	LGJ－240/30	2005年6月
15	前胜Ⅱ回	6.76	乌前旗前锋	乌前旗胜利桥	LGJ－240/30	2005年6月
16	西五线	56.17	乌前旗西山咀	五原西郊	LGJ－150	1975年12月
17	前佘线	49.09	乌前旗前锋	乌前旗大佘太	LGJ－120	1990年12月
18	西苏线	46.28	乌前旗西山咀	乌前旗苏独仑	LGJ－120	1999年3月
19	隆羊线	31.69	五原隆兴昌	乌中旗西羊场	LGJ－150	1999年
20	隆苏线	42.04	五原隆兴昌	乌前旗苏独仑	LGJ－150	2003年1月
21	金海线	34.70	乌中旗金泉	乌中旗海流图	LGJ－150/20	2002年11月
22	金羊线	6.08	乌中旗金泉	乌中旗西羊场	LGJ－150/20	2007年7月
23	文海线	7.26	乌中旗文更	乌中旗海流图	LGJ－240/30	2004年9月
24	文巴线	66.63	乌中旗文更	乌中旗巴音杭盖	LGJ－240/30	2004年9月
25	胜巴线	42.86	乌前旗胜利桥	乌前旗巴音花	LGJ－240/30	2005年2月
26	公纳线	46.73	磴口三盛公	磴口纳林套海	LGJ－120/30	2004年12月
27	公磴线	6.05	磴口三盛公	磴口北郊	LGJ－150/30 LGJ－120	2004年12月
28	隆五联络	10.01	五原隆兴昌	五原西郊	LGJ－240	2002年12月
29	临南线	4.82	临河东郊	临河南郊	LGJ－240/30	2005年11月
30	临中线	6.42	临河东郊	临河中心	LGJ－240/30	2005年11月
31	中南线	5.15	临河中心	临河南郊	LGJ－240/30	2005年11月
32	朝阳线	11.94	乌前旗沙德格	乌前旗朝阳	LGJ－150/20	2004年9月
33	厂炭线	7.5	乌后旗厂汉	乌后旗炭窑口	LGJ－240/30	2004年10月
34	胜化Ⅰ回	4.19	乌前旗胜利桥	乌前旗化肥厂	LGJ－150	2005年2月
35	胜化Ⅱ回	4.19	乌前旗胜利桥	乌前旗化肥厂	LGJ－150	2005年2月
36	沙佘线	40.44	乌前旗沙德格	乌前旗小佘太	LGJ－240/30	2006年
37	文楚线	51.22	乌中旗文更	乌中旗楚鲁图	LGJ－240/30	2006年9月
38	前化线	2.95	乌前旗前锋	乌前旗临海化工厂	LGJ－240/30	2006年12月
39	沙宝线	39.82	乌前旗沙德格	乌前旗宝泉	LGJ－185/25	2008年7月
40	巴图线	18.05	乌中旗巴音杭盖	乌中旗图古日格	LGJ－240/30	2004年9月
41	获那线	21.68	乌后旗获各琦	乌后旗那日宝力格	LGJ－240/30	2008年3月

续表 23－4－1

序号	线路名称	线路长度（千米）	起点	终点	导线型号	投运时间
42	布东线	8.21	乌后旗布拉格	乌后旗东升庙	LGJ－240/30	2004 年 11 月
43	布紫Ⅰ回	0.65	乌后旗布拉格	乌后旗紫金	LGJ－240/30	2009 年 4 月
44	布紫Ⅱ回	0.65	乌后旗布拉格	乌后旗紫金	LGJ－240/30	2009 年 4 月
45	祥巴线	22.96	乌前旗吉祥	乌前旗巴音花	LGJ－240/30	2003 年 5 月
46	祥牵线	6.17	乌前旗吉祥	乌前旗白彦花牵引站	LGJ－150	2009 年
47	祥中线	2.63	乌前旗吉祥	乌前旗中滩	LGJ－240/30	2003 年 11 月
48	祥金线	3.23	乌前旗吉祥	乌前旗金辉	LGJ－240/30	2008 年 12 月
49	巴牵线	14.02	乌前旗巴音花	乌前旗白彦花牵引站	LGJ－150/20	2009 年
50	临牵线	16.67	临河东郊	临河牵引站	LGJ－150/20	2009 年
51	公牵线	3.77	磴口三盛公	巴彦高勒牵引站	LGJ－150/20	2009 年
52	磴牵线	16.67	磴口北郊	巴彦高勒牵引站	LGJ－150	2009 年
53	新牵线	33.75	临河新华	五原景阳林牵引站	LGJ－150	2009 年
54	刘牵线	16.18	五原套海	五原景阳林牵引站	LGJ－150/20	2009 年
55	前牵线	16.93	乌前旗前锋	乌拉山牵引站	LGJ－150	2009 年
56	胜牵线	10.01	乌前旗胜利桥	乌拉山牵引站	LGJ－150/20	2009 年
57	隆牵Ⅰ回	30.27	五原隆兴昌	西小召牵引站	LGJ－150/20	2009 年
58	隆牵Ⅱ回	30.27	五原隆兴昌	西小召牵引站	LGJ－150/20	2009 年
59	宏电Ⅰ回	9.1	五原隆兴昌	五原宏珠电厂	LGJ－150/20	2009 年 11 月
60	宏电Ⅱ回	9.1	五原隆兴昌	五原宏珠电厂	LGJ－150/20	2009 年 11 月
61	隆荣线	8.53	五原隆兴昌	五原荣丰	LGJ－240/30	2009 年
62	荣刘线	23.82	五原荣丰	五原套海	LGJ－240/30	2005 年 9 月
63	纳万线	35.53	磴口纳林套海	万泉	LGJ－150/25	用户设备代维护
64	天新线	25.73	五原天吉泰	临河新华	LGJ－185/25	1999 年 1 月
65	天八Ⅰ回	35.41	五原天吉泰	临河八一	LGJ－185/25	2007 年 9 月
66	天八Ⅱ回	21.90	五原天吉泰	临河八一	LGJ－240/30	2007 年 10 月
67	天牵线	33.37	五原天吉泰	五原景阳林牵引站	LGJ－150/20	2009 年
68	万牵线	12.58	临河万丰	临河牵引站	LGJ－150	2009 年
69	宝佘线	4.13	乌前旗宝音太	乌前旗大佘太	LGJ－185	2010 年
70	宝同线	11.6	乌前旗宝音太	乌前旗同达	LGJ－240	2010 年

2010年12月全市220千伏线路情况表

表23－4－2

序号	线路名称	线路长度（千米）	起点	终点	导线型号	投运时间
1	河临Ⅰ线	2.81	临河东郊变	临河热电	LGJ－2×400/35	2006年2月
2	河临Ⅱ线	2.73	临河东郊变	临河热电	LGJ－2×400/35	2006年2月
3	临公线	76.98	临河东郊变	磴口县三盛公	LGJ×400/35	2006年2月
4	库临线	77.5	库布其	临河东郊	LGJ－2×240	1994年10月
5	天隆线	70.45	五原县天吉泰	五原县隆兴昌	LGJ－400	2002年11月
6	天临Ⅱ线	20.04	五原县天吉泰	临河东郊	LGJQ－400	2010年12月
7	天前线	101.91	五原县天吉泰	乌前旗前锋	LGJ－2×240	2009年1月
8	天临Ⅰ线	19.95	五原县天吉泰	临河东郊	LGJ－2×240	2010年12月
9	前隆线	65.89	乌前旗前锋	五原县隆兴昌	LGJQ－400	2004年10月
10	祥前Ⅰ回	68	乌前旗吉祥	乌前旗前锋	LGJ－400/30	2008年11月
11	祥前Ⅱ回	68	乌前旗吉祥	乌前旗前锋	LGJ－2×240/30	2008年11月
12	乌前Ⅰ线	13.96	乌拉特新厂	乌前旗前锋	LGJ－2×630	2004年10月
13	乌前Ⅱ线	13.87	乌拉特新厂	乌前旗前锋	LGJ－2×630	2004年10月
14	都德线	26.52	包头昆都仑	乌前旗沙德格	LGJ－2×240/30	2004年5月
15	德文Ⅰ线	52.31	乌中旗德岭山	乌中旗文更	LGJ－2×240/30	2005年8月
16	德文Ⅱ线	52.38	乌中旗德岭山	乌中旗文更	LGJ－2×300/25	2005年8月
17	套厂Ⅱ线	3.319	乌后旗青山镇河套北	乌后旗厂汉	LGJ－2×240/30	2010年8月
18	套临Ⅰ线	61.28	乌后旗青山镇河套北	临河东郊	LGJ－2×240/30	2010年8月
19	套厂Ⅰ线	4.18	乌后旗青山镇河套北	乌后旗厂汉	LGJ－2×240/30	2010年8月
20	套琦线	49.243	乌后旗青山镇河套北	乌后旗获各琦	LGJ－2×240/30	2010年8月
21	德隆Ⅰ回	44.94	乌中旗德岭山	五原县隆兴昌	LGJ－2×240/30	2005年8月
22	德隆Ⅱ回	34.47	乌中旗德岭山	五原县隆兴昌	LGJ－2×240/30	2005年10月
23	德金Ⅰ线	10.56	乌中旗德岭山	乌中旗金泉	LGJ－2×240/30	2006年12月
24	文鲁线	66.24	乌中旗文更	乌中旗巴音杭盖	LGJ－2×240/30	2006年12月
25	文龙线	46.5	乌中旗文更	乌中旗川井	LGJ－2×240/30	2006年12月

续表 23－4－2

序号	线路名称	线路长度（千米）	起点	终点	导线型号	投运时间
26	文漳线	80.72	乌中旗文更	乌中旗巴音杭盖	LGJ－400/35	2008 年 1 月
27	素获线	18.83	乌后旗获各琦	乌后旗海力素	LGJ－2×240/30	2010 年 7 月
28	吉素线	29.91	乌后旗海力素	乌后旗乌力吉	LGJ－2×240/30	2010 年 8 月
29	临布线	52.06	临河东郊	乌后旗布拉格	LGJ－2×240/30	2008 年 12 月
30	厂布线	17.42	乌后旗厂汉	乌后旗布拉格	LGJ－2×240/25	2006 年 5 月
31	公华线	3.1	磴口县三盛公	磴口县华润金牛	LGJ－300/25	2009 年 4 月
32	赛宝线	34.4	乌后旗赛乌素	乌后旗宝日布	LGJ－2×240/30	2009 年 9 月
33	宝获线	25.74	乌后旗宝日布	乌后旗获各琦	LGJ－2×240/30	2009 年 9 月
34	别获线	35.62	乌后旗别里奇	乌后旗获各琦	LGJ－2×240/30	2009 年 12 月
35	德宝线	52.38	乌中旗德岭山	乌前旗宝音太	LGJ－2×300/25	2011 年 11 月

2010 年 12 月全市 35 千伏线路分旗、县、区一览表

表 23－4－3

序号	线路名称	线路长度（千米）	起点	终点	导线型号	投运时间
	乌前旗					
1	胜公线	27.72	胜利桥 110 千伏	公庙子 35 千伏	LGJ－70	1972 年
2	西北线	25.93	西山咀 110 千伏	北圪堵 35 千伏	LGJ－70	1966 年
3	苏树线	26.31	苏独仑 110 千伏	树林子 35 千伏	LGJ－95	2005 年
4	北泰线	5.3	北圪堵 35 千伏	泰盛 35 千伏	LGJ－70	2004 年
5	沙西线	15.12	沙德格 220 千伏	西关井 35 千伏	LGJ－70	2005 年
6	苏总线	19.98	苏独仑 110 千伏	总排 35 千伏	LGJ－70	1981 年
7	巴白线	15.40	巴音花 110 千伏	白彦花 35 千伏	LGJ－70	1977 年
8	海太线	15.19	海流斯太 35 千伏	西关井 35 千伏	LGJ－50 LGJ－70	2007 年
9	佘台线	22.88	大佘太. 110 千伏	台梁 35 千伏	LGJ－70	1991 年
10	佘马线	17.37	大佘太 110 千伏	马卜子 35 千伏	LGJ－70	1992 年
11	佘阿线	17.03	大佘太 110 千伏	阿力奔 35 千伏	LGJ－70	1997 年
12	胜水Ⅰ回	23.06	胜利桥 110 千伏	水源地 35 千伏	LGJ－70	1974 年
13	胜水Ⅱ回	23.15	胜利桥 110 千伏	水源地 35 千伏	LGJ－70	1977 年

续表 23－4－2

序号	线路名称	线路长度（千米）	起点	终点	导线型号	投运时间
14	乌兰忽同线	3. 85	在佘台线 T 接	乌兰忽同 35 千伏	LGJ－70	2004 年
15	T 白音线	15. 76	在佘阿线 T 接	白音 35 千伏	LGJ－70	2006 年
16	沙明线	9. 50	沙德格 220 千伏	明安 35 千伏	LGJ－70 和 LGJ－120	2007 年
17	宝台线	18. 17	宝泉 110 千伏	台梁 35 千伏	LGJ－120/20	2008 年
18	小佘线	1. 22	小佘太 . 110 千伏	小佘太 . 35 千伏	LGJ－120	2006 年
19	西总线	33. 15	西山咀 110 千伏	红圪卜 35 千伏	LGJ－95	1977 年
20	宝白线	13. 01	宝泉 110 千伏	白音 35 千伏	LGJ－120/20	2008 年
21	公庙子线	18. 12	乌拉山电厂	公庙子 35 千伏	LGJ－70	1977 年
22	T 树梁线	5. 52	大佘太 . 110 千伏	树梁 35 千伏	LGJ－120/20	2009 年
23	朝公线	21. 81	朝阳 110 千伏	公益民 35 千伏	LGJ－70	2004 年
24	朝明线	16. 7	朝阳 110 千伏	明安 35 千伏	LGJ－70	1977 年
25	佘乌线	13. 84	大佘太 . 110 千伏	乌兰忽同 35 千伏	LGJ－70	1991 年
26	T 十九份子线	3. 04	大佘太 . 110 千伏	十九份子 35 千伏	LGJ－95	2009 年
27	T 营盘湾线	3. 78	朝阳 110 千伏	营盘湾 35 千伏	LGJ－70	2004 年
28	小鑫线	20. 15	小佘太 . 110 千伏	鑫宝达 35 千伏	LGJ－95 和 LGJ－120	2006 年
29	试验基地线	2. 28	沙德格 220 千伏	靶场 35 千伏	LGJ－70	2008 年
30	西倾线	20. 4	西斗铺 110 千伏	巴钢 35 千伏	LGJ－120	1983 年
	30 条 474. 798 千米					
	临河区					
31	新狼线	12. 33	新华 110 千伏	狼山 35 千伏	LGJ－70	1992 年
32	新份线	16. 88	新华 110 千伏	份子地 35 千伏	LGJ－95	2005 年
33	农场线	57. 5	新华 110 千伏	隆胜 35 千伏	LGJ－50 和 LGJ－95	1972 年 2005 年
34	新白线	23. 8	新华 110 千伏	白脑包 35 千伏	LGJ－95	2009 年 7 月
35	万隆线	17. 38	万丰 110 千伏	隆胜 35 千伏	LGJ－50 和 LGJ－95	2005 年 9 月
36	白昌线	6. 65	白脑包 35 千伏	昌胜	—	2011 年 5 月
	6 条 134. 54 千米					

续表 23-4-3

序号	线路名称	线路长度（千米）	起点	终点	导线型号	投运时间
	磴口县					
37	兵团线	30.7	磴口 110 千伏	哈腾 35 千伏	LGJ-120	1970 年
38	七团线	16	纳林 110 千伏	太阳庙 35 千伏	LGJ-120	2004 年
39	纳太线	37.6	纳林湖 35 千伏	太阳庙 35 千伏	LGJ-120	1970 年
40	纳南线	30.52	纳林 110 千伏	南粮台 35 千伏	LGJ-120	2006 年
41	纳仁线	13.06	纳林 110 千伏	那仁布勒格 35 千伏	LGJ-150	2007 年
	5 条 127.88 千米					
	五原县					
42	刘民线	32.32	套海 110 千伏	天吉泰 35 千伏	LGJ-95	1999 年
43	五和线	17.11	五原 110 千伏	和胜 35 千伏	LGJ-95	1991 年
44	新塔线	28.77	新华 110 千伏	塔尔湖 35 千伏	LGJ-95	1999 年
45	五永线	18.32	五原 110 千伏	永利 35 千伏	LGJ-95	2007 年
	4 条 96.52 千米					
	乌中旗					
46	五丰线	41.69	五原 110 千伏	宏丰 35 千伏	LGJ-95	1985 年
47	五加线	25.24	五原 110 千伏	五加河 35 千伏	LGJ-95	1992 年
48	西德线	16.4	西羊场 110 千伏	德岭山 35 千伏	LGJ-95	1990 年
49	石河线	31.79	楚鲁图 110 千伏	石哈河 35 千伏	LGJ-150	2008 年
50	佘甲线	26.86	大佘太 110 千伏	甲胜盘 35 千伏	LGJ-95	1999 年
51	德电线	18.64	德岭山 500 千伏	德岭山 35 千伏	LGJ-95	2005 年
52	西镁Ⅰ、Ⅱ回	6.491	西羊场 110 千伏	富邦镁业 35 千伏	LGJ-150	2006 年同杆双回
53	巴甘线	56.68	巴音杭盖 110 千伏	甘其毛道 35 千伏	LGJ-150	2007 年
54	金矿线	29.66	楚鲁图 110 千伏	豪竣金矿 35 千伏	LGJ-120	2007 年
55	温莱线	27.93	海流图 110 千伏	温莱 35 千伏	LGJ-120	2006 年
56	西里科线	0.7	西羊场 110 千伏	西里科硅厂 35 千伏	LGJ-185	2001 年
57	巴图线	18.3	巴音杭盖 110 千伏	图古日格 35 千伏	LGJ-120	2004 年
58	永荣线	5.5	西羊场 110 千伏	永兴铬盐厂 35 千伏	LGJ-240	1999 年
59	正林线	0.14	西羊场 110 千伏	正林 35 千伏	LGJ-185	2001 年
60	海鑫线	2.31	海流图 110 千伏	金鑫铁厂 35 千伏	LGJ-150	2006 年
	15 条 308.356 千米					

续表 23－4－4

序号	线路名称	线路长度（千米）	起 点	终 点	导线型号	投运时间
	乌后旗					
61	东获线	63.25	东升庙 110 千伏	获各琦 220 千伏	LGJ－70 和 LGJ－95	1991 年
62	东矿线	4.2	东升庙 110 千伏	东升庙矿区 35 千伏	LGJ－95 和 LGJ－120	2002 年
63	东钙线	7	东升庙 110 千伏	硅钙厂 35 千伏	LGJ－120	2007 年
64	东乌线	24.6	东升庙 110 千伏	乌盖 35 千伏	LGJ－95	1988 年
65	东赛线	46.8	东升庙 110 千伏	赛乌素 35 千伏	LGJ－70	1988 年
66	海力线	24.87	获各琦 220 千伏	海力素 35 千伏	LGJ－50 和 LGJ－120	2006 年
67	铜矿线	2.87	获各琦 220 千伏	铜矿 35 千伏	LGJ－150	2006 年
68	西矿线	2.21	获各琦 220 千伏	西矿 35 千伏	LGJ－185	2006 年
69	碳乌线	21.3	炭窑口 110 千伏	乌兰哈哨 35 千伏	LGJ－95	2007 年
70	明路线	12.3	厂汉 220 千伏	明路 35 千伏	LGJ－120	2007 年
71	脱氧线	0.86	获各琦 220 千伏	脱氧剂厂 35 千伏	LGJ－240	2007 年
72	厂呼线	2.87	厂汉 220 千伏	呼和温都尔 35 千伏	LGJ－240	2007 年
73	获赛线	17.68	东获线 T 接	赛乌素 35 千伏	LGJ－95	2008 年
74	双利线	6.8	获各琦 220 千伏	双利 35 千伏	LGJ－150	2010 年
75	毕其线	3.43	获各琦 220 千伏	毕其尔 35 千伏	LGJ－195/15	2010 年
76	富山线	19.5	乌盖 35 千伏	东富山 35 千伏	LGJ－85/25	2010 年
	16 条 260.54 千米					
	杭后旗					
77	陕头线	28	陕坝 110 千伏	头道桥 35 千伏	LGJ－95	1993 年
78	陕三线	16	陕坝 110 千伏	三道桥 35 千伏	LGJ－95	1985 年
79	陕沙线	13.63	陕坝 110 千伏	沙海 35 千伏	LGJ－95	2002 年
80	陕东线	8	陕坝 110 千伏	东部 35 千伏	LGJ－95	1997 年
81	陕红线	20	陕坝 110 千伏	红星 35 千伏	LGJ－95	1991 年
82	陕北线	20	陕坝 110 千伏	北郊 35 千伏	LGJ－95	2007 年
	6 条 96.63 千米					

二、变电站建设

德岭山变电站包头高新至乌拉特中旗德岭山 500 千伏输变电工程是内蒙古西部电网

延伸到巴彦淖尔市的第一个500千伏工程。高德500千伏线路工程,起于包头高新500千伏变电站,止于乌拉特中旗德岭山500千伏变电站。线路全长148.28千米,铁塔组立344基。德岭山500千伏变电站安装ODFSZ－750000/500主变压器1台,容量为75万千伏安。该工程于2004年10月15日开工,2005年7月30日完工,工程完成概算5811.3万元,8月30日投入运行。

河套北变电站乌拉特中旗德岭山至乌拉特后旗青山镇500千伏变电站,线路全长169千米,变电站安装ODFSZ－750000/500主变压器1台,容量为75万千伏安。工程于2010年8月竣工,总投资22923万元。

截至2010年12月,巴彦淖尔市有110千伏变电站28座,主变压器46台,总容量1877兆伏安;有35千伏变电站63座,主变压器124台,总容量785.55兆伏安;500千伏变电站2座,主变压器2台,总容量1501千伏安。

2010年全市110千伏变电站一览表

表23－4－4

序号	变电站名称	主变压器型号	容量（兆伏安）	制造厂家	投运时间
1	临河西郊	1号SZ9－50000/110 2号SZ9－50000/110	50 50	上海正泰电气 上海正泰电气	2009年7月 2009年7月
2	临河南郊	1号SFSZ9－40000/110 2号SFSZ9－63000/110	40 63	南通友邦 江苏华鹏	2003年8月 2005年3月
3	临河中心	1号SFZ10－40000/110	40	江苏南通友邦	2005年11月
4	杭后旗陕坝	1号SFSL－20000/110 2号SFSL－31500/110	20 31.5	山西太原 济南变压器厂	1980年6月 1996年9月
5	五原西郊	1号SFSZ8－31500/110 2号SFSL－15000/110	31.5 15	青岛变压器厂 保定变压器厂	1998年11月 1980年6月
6	乌中旗西羊场	1号SFSZ7－31500/110 2号SFSZ10－63000/110	31.5 63	内蒙古变压器厂 哈尔滨变压器厂	1999年3月 2004年1月
7	磴口北郊	1号SFSZ9－31500/110 2号SFSZ9－20000/110	31.5 20	内蒙古变压器厂 哈尔滨变压器厂	2001年9月 2002年7月
8	磴口纳林套海	1号SFSZ8－16000/110 2号SSZ9－50000/110	16 50	银川卧龙 哈尔滨变压器厂	2009年5月 2008年5月
9	乌前旗巴音花	1号SFSZ9－63000/110 2号SFSZ9－63000/110	63 63	江苏华鹏 青岛青波	2005年6月 2003年5月
10	乌前旗中滩	1号SFSZ9－63000/110	63	南通友邦	2003年11月
11	乌前旗西山嘴	1号SFSZ9－50000/110 2号SFSZL7－16000/110	50 16	青岛青波 内蒙古变压器厂	2002年12月 1994年6月

续表 23－4－6

序号	变电站名称	主变压器型号	容量(兆伏安)	制造厂家	投运时间
12	乌前旗朝阳	1 号 SFSZL7－16000/110 2 号 SFSL－7500/110	16 7.5	内蒙古变压器厂 保定变压器厂	2010 年 9 月 1989 年 12 月
13	乌前旗胜利桥	1 号 SFSL7－10000/110 2 号 SFSZ9－31500/110	10 31.5	内蒙古变压器厂 山东现代达驰	2005 年 7 月 2005 年 6 月
14	乌前旗苏独仑	1 号 SFSZ9－20000/110	20	内蒙古变压器厂	2000 年 5 月
15	乌后旗东升庙	1 号 SFSZ－50000/110 2 号 SFSZ9－50000/110	50 50	银川卧龙 江苏华鹏	2008 年 5 月 2004 年 11 月
16	乌后旗炭窑口	1 号 SFSZ9－63000/110 2 号 SFSZ10－63000/110	63 63	银川卧龙 哈尔滨变压器厂	2008 年 5 月 2004 年 3 月
17	五原套海	1 号 SFSZ9－50000/110	50	江苏华鹏	2005 年 9 月
18	临河新华	1 号 SFSZ7－20000/110 2 号 SFSZ9－50000/110	20 50	内蒙古变压器厂 上海正泰电工	1999 年 1 月 2008 年 8 月
19	乌中旗巴音杭盖	1 号 SFSZ9－63000/110	63	哈尔滨变压器厂	2004 年 9 月
20	乌中旗楚鲁图	1 号 SFSZ9－40000/110	40	银川卧龙	2006 年 9 月
21	乌中旗海流图	1 号 SFJL－7500/110 2 号 SFSL7－16000/110	7.5 16	内蒙古变压器厂 内蒙古变压器厂	1999 年 3 月 1993 年 5 月
22	临河八一	1 号 SSZ9－63000/110 2 号 SZ9－63000/110 3 号 SZ9－63000/110	63 63 63	上海正泰电气 上海正泰电气 哈尔滨变压器厂	2007 年 10 月 2007 年 9 月 2009 年 5 月
23	临河万丰	1 号 SSZ10－63000/110	63	济南变压器厂	2009 年 12 月
24	乌前旗大佘太	1 号 SFSZ9－40000/110 2 号 SFSZ8－31500/110	40 31.5	沈阳变压器厂 内蒙古变压器厂	1998 年 9 月
25	乌前旗小佘太	2 号 SFSZ9－50000/110	50	哈尔滨变压器厂	2006 年 9 月
26	乌前旗宝泉	1 号 SFSZ9－50000/110	50	山东达驰	2008 年 7 月
27	乌前旗金辉	1 号 SZ9－25000/110	25	用户自备	2008 年 12 月
28	乌前旗临海化工厂	1 号 SZ9－63000/110	63	用户自备	2006 年 12 月

2010 年 12 月全市 220 千伏变电站情况表

表 23 – 4 – 5

序号	变电站名称	主变压器型号	容量（兆伏安）	制造厂家	投运时间
1	临河东郊	1 号 OSFPSZ – 120000/220 2 号 OSFPSZ9 – 120000/220	120 120	保定变压器厂 江西变压器厂	1992 年 12 月 1999 年 9 月
2	五原隆兴昌	1 号 SFPSZ9 – 120000/220	120	江西变压器厂	2000 年 11 月
3	乌前旗前锋	1 号 SFSZ9 – 150000/220 CYW32 号 SFPSZ10 – 150000/220	150 150	新疆变压器厂 青岛青波	2004 年 10 月 2007 年 1 月
4	乌后旗厂汉	1 号 SFPSZ9 – 150000/220 2 号 SFPSZ9 – 150000/220	150 150	江西变压器厂 江西变压器厂	2004 年 10 月 2006 年 6 月
5	乌中旗文更	1 号 SFPSZ9 – 120000/220	120	辽阳易发式	2004 年 9 月
6	磴口三盛公	1 号 SFPSZ9 – 150000/220	150	南通变压器厂	2004 年 12 月
7	乌前旗沙德格	1 号 SFPZ10 – 150000/220 3 号 SFPSZ10 – 150000/220	150 150	青岛青波 青岛青波	2004 年 5 月 2004 年 5 月
8	乌后旗获各琦	1 号 SFPSZ9 – 120000/220	120	南通友邦	2006 年 9 月
9	乌中旗金泉	1 号 SFPSZ9 – 150000/220	150	江西变压器厂	2007 年 7 月
10	乌前旗吉祥	1 号 SFPSZ10 – 240000/220	240	上海正泰电工	2002 年 11 月
11	乌后旗布拉格	1 号 SFPSZ11 – 180000/220	180	杭州钱江	2009 年 4 月
12	五原县天吉泰	1 号 SFPSZ10 – 180000/220	180	江苏华鹏	2010 年 12 月
13	乌前旗宝音太	1 号 SFPSZ10 – 180000/220 2 号 SFPSZ10 – 180000/220	180 180	江苏华鹏 江苏华鹏	2010 年 8 月 2010 年 8 月

2010 年全市 35 千伏变电站分旗、县、区情况表

表 23 – 4 – 6

序号	旗县区名称	线路条数	线路长度（千米）	主变压器台数	主变压器容量（兆伏安）
1	乌前旗	30	474. 79	46	245. 05
2	临河区	6	134. 54	8	52. 95
3	磴口县	5	127. 87	8	33. 4
4	五原县	4	96. 51	10	40. 9
5	乌中旗	16	308. 36	16	132. 45
6	乌后旗	16	260. 54	24	214. 7
7	杭后旗	6	96. 63	12	66. 5

续表 23－4－6

序号	变电站名称	主变压器型号	容量（兆伏安）	制造厂家	投运时间
	乌前旗				
1	乌拉山	1 号 SZ9－5000/35 2 号 SZ9－5000/35	5 5	保定变压器厂	2007 年 6 月
2	红圪卜	1 号 SJL－1800/35 2 号 SJL－1800/35 3 号 SJL－1800/35	1.8 1.8 1.8	内蒙古变压器厂 内蒙古变压器厂 呼和浩特供电局	1976 年 10 月 1976 年 10 月 1995 年 5 月
3	北圪堵	1 号 SJL－2500/35 2 号 SZ9－5000/35	2.5 5	内蒙古变压器厂 保定变压器厂	2007 年 6 月 1990 年 1 月
4	明安	1 号 SJL－5000/35 2 号 SZ9－10000/35	5 10	保定变压器厂 哈尔滨变压器厂	2002 年 6 月 2007 年 6 月
5	公庙子	1 号 S7－5000/35 2 号 S7－3150/35	5 3.15	沈阳变压器厂 包头变压器厂	2006 年 1992 年 11 月
6	白彦花	1 号 S7－5000/35 2 号 SJL－7500/35	5 7.5	包头变压器厂 内蒙古变压器厂	1992 年 5 月 1995 年 5 月
7	乌兰忽同	1 号 SZ9－10000/35 2 号 SZ9－2500/35	10 2.5	包头变压器厂 内蒙古变压器厂	2004 年 11 月 2005 年
8	台梁	1 号 S7－6300/35 2 号 SJL－12500/35	6.3 12.5	包头变压器厂 内蒙古变压器厂	1992 年 4 月 2006 年
9	马卜子	1 号 SZ9－8000/35 2 号 SZ9－8000/35	8 8	包头变压器厂 沈阳变压器厂	1992 年 4 月 2007 年 6 月
10	阿力奔	1 号 SZ9－5000/35 2 号 S7－6300/35	5 6.3	青岛华东 包头变压器厂	2002 年 4 月 2002 年 2 月
11	树林子	1 号 SJL－3150/35 2 号 SZ9－10000/35	3.15 10	内蒙古变压器厂 哈尔滨变压器厂	1993 年 6 月 2007 年
12	十九份子	1 号 SZ9－10000/35 2 号 SZ9－2500/35	10 2.5	保定尼尔 内蒙古电机	2009 年 12 月 2009 年 12 月
13	树梁	1 号 SZ9－10000/35 2 号 SZ9－2500/35	10 2.5	包头巨龙 浙江电工	2009 年 12 月 2009 年 12 月
14	总排干扬水	1 号 SJL－3150/35 2 号 SJL－3150/35	3.15 3.15	用户自备	1991 年 5 月 1991 年 5 月
15	小佘太	1 号 SZ9－5000/35 2 号 SZ9－10000/35	5 10	上海中特变 常州中特变	2004 年 4 月 2004 年 4 月
16	白音	1 号 SZ9－8000/35 2 号 SZ9－10000/35 3 号 SJL－7500/35	8 10 7.5	包头飞天 保定尼尔 保定变压器厂	2006 年矿山自备 2006 年矿山自备 2006 年矿山自备

续表 23－4－6

序号	变电站名称	主变压器型号	容量（兆伏安）	制造厂家	投运时间
17	九公里	1 号 SJL－750/35 2 号 SJL－750/35	0. 75 0. 75	乌拉山电厂自备	1973 年 1973 年
18	十九公里	1 号 SJL－1800/35 2 号 SJL－1800/35	1. 8 1. 8	乌拉山电厂自备	1973 年 1973 年
19	鑫宝达	1 号 SFZ9－10000/35 2 号 SFZ9－6300/35	10 6. 3	包头飞天 包头飞天	2008 年 6 月 2008 年 6 月
20	金星纸业	1 号 SZ9－8000/35 2 号 SZ9－3150/35	8 3. 15	保定尼尔 保定特种	2002 年 9 月 2002 年 9 月
21	西关井	1 号 SZ9－8000/35	8	包头飞天	1986 年 2 月
22	试验基地	1 号 SJ－2400/35	2. 4	内蒙古变压器厂	2003 年 9 月
		46 台，245. 05 **兆伏安**			
	临河区				
23	狼山	1 号 SZ9－12500/35 2 号 SL7－3150/35	12. 5 3. 15	保定北方电磁 内蒙古变压器厂	2007 年 8 月 1985 年 9 月
24	隆盛	1 号 SZ9－5000/35 2 号 SZ9－3150/35	5 3. 15	中国北海银河 中国北海银河	2005 年 9 月 2005 年 9 月
25	份子地	1 号 SZ9－3150/35 2 号 SZ9－8000/35	3. 15 8	保定特种 保定尼尔	2005 年 1 月 2009 年 7 月
26	白脑包	1 号 SZ9－8000/35 2 号 SZ9－10000/35	8 10	保定尼尔 保定尼尔	2009 年 7 月 2009 年 7 月
		8 **台，**52. 95 **兆伏安**			
	磴口县				
27	哈腾套海	1 号 SZ9－3150/35 2 号 SZ9－1600/35	3. 15 1. 6	山东变压器厂 山东变压器厂	2005 年 10 月 2005 年 10 月
28	太阳庙	1 号 SZ9－1000/35 2 号 SZ9－2500/35	1 2. 5	包头变压器厂 包头变压器厂	2005 年 10 月 2005 年 10 月
29	纳林湖	1 号 SZ9－4000/35 2 号 SZ9－2000/35	4 2	保定变压器厂 保定变压器厂	2005 年 10 月 2005 年 10 月
30	南粮台	1 号 SZ9－3150/35	3. 15	山东变压器厂	2005 年 10 月
31	那仁布勒格	1 号 FSZ9－16000/35	16	山东变压器厂	2007 年 11 月
		8 **台，**33. 4 **兆伏安**			

续表 23－4－6

序号	变电站名称	主变压器型号	容量（兆伏安）	制造厂家	投运时间
	五原县				
32	塔尔湖	1 号 SZ9－6300/35	6.3	保定特种变压器厂	2007 年 6 月
		2 号 SZ9－3150/35	3.15	保定特种变压器厂	2007 年 12 月
33	和胜	1 号 SZ9－5000/35	5	保定特种变压器厂	2007 年 7 月
		2 号 SZ9－2500/35	2.5	保定特种变压器厂	2007 年 12 月
34	天吉泰	1 号 SZ9－5000/35	5	保定特种变压器厂	2005 年 7 月
		2 号 SZ9－6300/35	6.3	保定特种变压器厂	2005 年 7 月
35	永利	1 号 SZ9－5000/35	5	保定特种变压器厂	2008 年 1 月
		2 号 SZ9－2000/35	2	保定特种变压器厂	2007 年 5 月
36	复兴	1 号 SZ9－3150/35	3.15	保定特种变压器厂	2007 年
		2 号 SZ9－2500/35	2.5	保定特种变压器厂	
		10 台，40.9 兆伏安			
	乌中旗				
37	乌加河	1 号 S7－3150/35	3.15	内蒙古变压器厂	1992 年 5 月
		2 号 S7－6300/35	6.3	内蒙古变压器厂	1992 年 5 月
38	石哈河	1 号 S7－3150/35	3.15	内蒙古变压器厂	1979 年 7 月
		2 号 S7－6300/35	6.3	内蒙古变压器厂	1996 年 8 月
39	德岭山	1 号 S7－3150/35	3.15	内蒙古变压器厂	1986 年 6 月
		2 号 SZ9－10000/35	10	保定尼尔	1992 年 6 月
40	宏丰	1 号 SZ9－4000/35	4	保定尼尔	1992 年 5 月
		2 号 S7－3150/35	3.15	内蒙古变压器厂	1985 年 5 月
41	甲胜盘	1 号 SZ9－10000/35	10	河北保定尼尔	2002 年 6 月
		2 号 SZ9－12500/35	12.5	江苏苏能特	2007 年 9 月
42	甘其毛道	1 号 SZ9－6300/35	6.3	包头巨龙	2007 年 8 月
43	温莱	1 号 SZ11－6300/35	6.3	包头巨龙	2006 年
		2 号 SZ9－3150/35	3.15	内蒙古变压器厂	
44	长山壕	1 号 SZ9－5000/35	5	沈阳天通	2006 年 11 月
45	富帮	1 号 SFZ10－25000/35	25	银川卧龙	2006 年
		2 号 SFZ10－25000/35	25	银川卧龙	
		16 台，132.45 兆伏安			
	乌后旗				
46	矿用	1 号 SZ9－5000/35	5	包头飞天	2002 年 7 月
		2 号 SZ9－5000/35	5	包头飞天	2002 年 7 月
		3 号 SFZ10－20000/35	20	银川卧龙	2007 年 6 月

续表 23－4－6

序号	变电站名称	主变压器型号	容量（兆伏安）	制造厂家	投运时间
47	赛乌素	1 号 SZ9－10000/35	10	保定特种	2007 年 8 月
48	乌盖	1 号 SZ9－8000/35 2 号 SZ9－8000/35	8 8	正泰电气 包头巨龙	2005 年 9 月 2005 年 8 月
49	铜矿	1 号 SZ9－10000/35 2 号 SZ7－5000/35	10 5	北京第二变压器厂 内蒙古变压器厂	2004 年 10 月 1997 年 4 月
50	海力素	1 号 SZ9－6300/35	6.3	包头飞天	2001 年 7 月
51	西矿	1 号 SZ9－10000/35 2 号 SZ9－10000/35 3 号 SC9－10000/35	10 10 10	北京第二变压器厂 北京第二变压器厂 上海深工	2006 年 9 月 2006 年 9 月
52	明路	1 号 SZ9－8000/35 2 号 SZ9－8000/35	8 8	保定尼尔 保定尼尔	2007 年 7 月 2007 年 7 月
53	乌兰哈哨	1 号 SZ9－2500/35	2.5	包头飞天	2007 年 12 月
54	呼和温都尔	1 号 SZ9－12500/35 2 号 SZ9－12500/35 3 号 SZ9－6300/35	12.5 12.5 6.3	江苏苏能特 江苏苏能特 常州恐龙	2008 年 8 月 2008 年 8 月 2011 年 3 月
55	东富山	1 号 SZ11－6300/35 2 号 SZ11－6300/35	6.3 6.3	包头巨龙 包头巨龙	2010 年 5 月 2010 年 5 月
56	双利	1 号 SZ11－10000/35 2 号 SZ11－10000/35	10 10	包头巨龙 包头巨龙	未投运 未投运
57	毕其尔	1 号 SZ11－12500/35 2 号 SZ11－12500/35	12.5 12.5	保定尼尔 保定尼尔	2010 年 11 月 2010 年 11 月
		24 台，214.7 兆伏安			
	杭后旗				
58	东郊	1 号 SZ9－6300/35 2 号 SZ9－5000/35	6.3 5	河北变压器厂 河北变压器厂	2008 年 6 月 2008 年 6 月
59	北郊	1 号 SZ9－12500/35 2 号 SZ9－10000/35	12.5 10	北京第二变压器厂 河北变压器厂	2007 年 8 月 2008 年 6 月
60	沙海	1 号 SZ9－3150/35 2 号 SZ9－2000/35	3.15 2	北京第二变压器厂 河北变压器厂	2001 年 7 月 2008 年 6 月
61	江星	1 号 SZ9－3150/35 2 号 SZ9－2000/35	3.15 2	河北变压器厂 河北变压器厂	2008 年 6 月 2008 年 6 月
62	三道桥	1 号 SZ9－4000/35 2 号 SZ9－4000/35	4 4	天津变压器厂 河北变压器厂	2008 年 6 月 2008 年 6 月
63	头道桥	1 号 SZ9－4000/35 2 号 SZ9－10000/35	4 10	河北变压器厂 河北变压器厂	2008 年 6 月 2009 年 7 月
		12 台，66.5 兆伏安			

三、电网改造

农网改造一期工程1998年开始,2000年完成。工程共投资36416.76万元。其中,临河区改造投资6114.74万元,乌拉特前旗改造投资8418万元,磴口县改造投资6012.1万元,五原县改造投资4348万元,乌拉特中旗改造投资4225.26万元,乌拉特后旗改造投资2993.66万元,杭锦后旗改造投资4305万元(总投资中10千伏及以下工程投资25679.76万元)。改造投资主要项目是新建西羊场、苏独伦、巴音花和纳林套海110千伏变电站共4座,架110千伏线路117千米,更换主变压器4台,共103000千伏安。

农网改造二期工程总投资36151.43万元。其中,临河区完成投资4330.7万元,乌拉特前旗完成投资7899.18万元,磴口完成投资5426.9万元,五原县完成投资5372.3万元,乌拉特中旗完成投资5857.55万元,乌拉特后旗完成投资2586.8万元,杭锦后旗完成投资4680万元(全部为10千伏及以下工程)。改造工程中新建10千伏线路640千米,新增配电变压器344台,2840千伏安;改造10千伏线路3817千米,更换高耗能配电变压器2485台,169159千伏安;新建低压线路617千米,改造低压线路4882千米,更换配电变压器及台架1856套等。

2008年,农网改造升级工程投资18231万元,新建0.4千伏线路242千米,10千伏线路327.5千米,35千伏线路120千米;新建35千伏工程6项,续建35千伏工程1项,改造35千伏工程6项,新增配变284台,159623千伏安。2009年,农网升级改造工程共投资21428万元。工程完成新建0.4千伏线路969千米,10千伏线路577千米,35千伏线路71.4千米;新建110千伏工程1项,35千伏工程3项,续建35千伏工程1项,改造35千伏工程2项,新增配变1078台,容量为165670千伏安;新建光纤通道70千米。

2010年,农网升级改造工程,投资共34202万元。工程完成新建0.4千伏线路307千米;新建10千伏线路535千米,新建110千伏工程2项,扩建1项,新建110千伏线路96.8千米;新建35千伏线路211.5千米,新建35千伏工程9项,改造4项;新增主变431台,容量为238927千伏安;新建光纤通道337.6千米。

“户户通”工程2007年启动。“户户通”工程在全市7个旗、县,42个乡镇,3个农场,5个苏木,5个连队,446个自然嘎查、村、分场进行建设,总投资6786.40万元。工程新建、改造10千伏线路879千米,新建、改造低压线路584千米,新建、改造配电变压器402台,容量为33423千伏安。总通电户数为4851户。其中临河通电户数594户,磴口通电户数209户,五原通电户数1666户,乌拉特中旗通电户数261户,乌拉特后旗通电户数214户,乌拉特前旗通电户数422户,杭锦后旗通电户数1320户,农垦通电户数165户。

四、经营管理

1986年,巴盟电力由电业局电力调度所调度,调度所负责1个220千伏变电站和8个

110 千伏变电站及乌拉山发电厂的运行、事故处理和倒闸操作的指挥。2004—2006 年，各逐售旗县电力公司设调度所（临河和磴口地区因为 35 千伏变电站较少，未成立调度所，其 35 千伏输变电设备暂由巴彦淖尔市电力调度所代行调度），负责各旗、县所管辖的 35 千伏输变电及 10 千伏设备的调度工作。2007 年，巴彦淖尔市电业局调通中心将 8 个 110 千伏变电站调度权下放到旗、县级调度所。2010 年，电业局调通中心更名为调度处，负责全地区 13 座 220 千伏变电站和 12 座 110 千伏变电站的调度管理工作。

1986—1991 年，巴盟地区电力系统电网调度通信采用电力载波通信方式。1992 年，乌拉山发电厂—临河东郊 220 千伏输变电工程投产后，同时投入电业局调度所至临河东郊 220 千伏变电站光纤通信系统。1992 年，巴盟电业局建立以临河为中心覆盖全地区的无线通信网。1995 年，建成乌拉特前旗无线通信网，实现无线与有线互通。2010 年 12 月，巴彦淖尔市电力通信网由光纤传输网络、电力载波传输网络及音频电缆等多种传输介质组成，实现与 11 座 220 千伏变电站，29 座 110 千伏变电站，7 个旗、县级供电部门的互联。

1986 年，巴盟地区有继电保护装置 400 余套。1995 年开始，巴盟电网从普通电磁型、感应型保护装置和晶体管保护装置向微机保护发展，首套微机保护 WXB－11 在陕坝 110 千伏变电站安装使用。1998 年，一座自动化水平较高、全站微机保护装置的新华 110 千伏变电站一次验收启动成功。2002 年，隆兴昌 220 千伏变电站实现 220 千伏主变压器保护配置双重化。2004 年，沙德格、文更、厂汉、前锋、三盛公 220 千伏变电站保护装置均采用综合自动化技术。2007 年，自动继电保护装置全系统共有 669 套。截至 2010 年，巴彦淖尔市电力系统已投入运行的光纤线路保护装置有 37 套。

1986 年，巴盟电业系统设有安全监察机构，构建起三级安全机构网络，安全生产规章制度基本完善，各项生产管理、运行、检修工作步入制度化、正规化。每周一次“安全日”活动。每年开展春、秋两季安全大检查，重大活动和节日前的安全大检查。每年进行一次电业安全工作规程学习考试。1992 年，电业局和各二级单位均成立安全委员会。2000 年，电业局安监部成立，为适应新形势要求，重新编制 15 种安全管理制度，汇编《岗位安全责任制》手册。2001 年，成立安全教育室，组织事故分析会、反事故演习、现场问答、安全培训等。2004 年后，开展百日岗位练兵、百日安全知识竞赛、百日安全劳动竞赛和安康杯等活动。2005—2010 年，每年投入人力物力，印刷各种生产安全知识材料、张贴用电安全广告、发放安全用电传单，开展安全生产教育。

五、用电及结构

“六五”末，全社会用电量总计为 32855 万千瓦时。其中工业用电量 24234 万千瓦时，占社会总用电量的 73.2%；农业用电量 6157 万千瓦时，占社会总用电量的 5.34%；交通运输用电量127万千瓦时,占社会总用电量的0.044%;市政及城乡居民用电量2337万千瓦时,占社会总用电量的14.06%。"七五"至"九五"期间,社会用电总量逐渐增长,但由于电力发展的历史性欠账和发展滞后,电力供应仍较为紧张。在市场经济的发展中,供电企业实行公司化改组,巴盟电业电网建设步伐的加快,社会用电的供需矛盾逐步缓减,特别是2004年地方经济结构调整,乌拉特后旗矿山工业、乌拉特前旗工业园及其他产业发展,地区社会用电量的结构发生变化。2010年,巴彦淖尔市全社会用电总量为947168.66万千瓦时,比"六五"末增长288.28%。其中,工业用电量781373.96万千瓦时,占全社会总用电量的82.5%,比"六五"末增长322.4%;农林牧渔水利用电量68205.66万千瓦时,占全社会总用电量的7.2%,比"六五"末增长110.77%;交通、通信、邮电用电量1834.11万千瓦时,占全社会总用电总量的2.24%,比"六五"末增长167.29;城乡人民生活用电量8129万千瓦时,占全社会总用电量的4.88%,比"六五"末增长197.9%。人均用电量为4773.24千瓦时,"六五"末人均用电量增加226.46千瓦时,增长209.11%。

1986—1991年全盟用电量统计表

表23－4－7

年　份		1986	1987	1988	1989	1990	1991
全盟总计	用电量	35489	40459	42505	48046	52995	55348
	增长率	—	14	5.06	13.04	10.3	4.44
乌前旗供电局	用电量	6249	6991	6701	8007	9657	11683
	增长率	—	11.87	－4.15	19.49	20.61	20.98
	占地区电量比重	17.61	17.28	15.77	16.67	18.22	21.11
临河供电局	用电量	4068	3489	4377	5367	6057	6805
	增长率	—	－14.23	25.45	22.62	12.86	12.35
	占地区电量比重	11.46	8.62	10.3	11.17	11.43	12.29
磴口供电局	用电量	2040	1741	1780	2581	2480	2725
用电处	用电量	23132	28238	29647	32090	34761	31135
	增长率	—	22.07	4.99	8.24	8.32	－10.43
	占地区电量比重	65.18	69.79	69.75	66.79	65.59	56.25

续表 23－4－7

年　　份		1986	1987	1988	1989	1990	1991
五原电力	用电量	3296	3816	3891	4645	5192	4689
	增长率	—	15.78	1.97	19.38	11.78	-9.69
	占地区电量比重	9.29	9.43	9.15	9.67	9.80	8.47
	增长率	—	-14.66	2.24	45	-3.91	9.88
	占全区电量比重	5.75	4.3	4.19	5.37	4.68	4.92
乌中旗电力	用电量	1425	1921	2022	2097	2617	3440
	增长率	—	34.81	5.26	3.71	24.80	31.45
	占全区电量比重	4.02	4.75	4.76	4.36	4.94	6.22
乌后旗电力	用电量	580	824	871	1017	1229	1425
	增长率	—	42.07	5.70	16.76	20.85	15.95
	占地区电量比重	1.63	2.04	2.05	2.12	2.32	2.57
杭锦后旗电力	用电量	1923	1966	2065	2259	2631	2935
	增长率	—	2.24	5.04%	9.39	16.47	11.55

1992—1997 年全盟用电量统计表

表 23－4－8　　单位：万千瓦时、%

年　　份		1992	1993	1994	1995	1996	1997
全盟总计	用电量	59441	64542	73164	79010	87256	89609
	增长率	7.40	8.58	13.36	7.99	10.44	2.70
乌前旗供电局	用电量	12234	12636	12842	14502	16205	16205
增长率	4.72	3.29	1.63	12.93	11.74	0.00	
	占地区电量比重	20.58	19.58	17.55	18.35	18.57	18.08

续表 23－4－8

年　份		1992	1993	1994	1995	1996	1997
临河供电局	用电量	6345	8899	10687	11687	13275	13733
	增长率	－6. 76	40. 25	20. 09	9. 36	13. 59	3. 45
	占地区电量比重	10. 67	13. 79	14. 61	14. 79	15. 21	15. 33
磴口供电局	用电量	2578	2916	2759	3124	3508	3516
	增长率	－5. 39	13. 11	－5. 38	13. 23	12. 29	0. 23
	占地区电量比重	4. 34	4. 52	3. 77	3. 95	4. 02	3. 92
用电处	用电量	30780	40091	46877	40706	54268	54687
	增长率	－1. 14	30. 25	16. 93	－13. 16	33. 32	0. 77
	占地区电量比重	51. 78	62. 12	64. 07	51. 52	62. 19	61. 03
五原电力	用电量	6036	5785	7934	9608	10753	10335. 1
	增长率	28. 73	－4. 16	37. 15	21. 10	11. 92	－3. 89
	占地区电量比重	10. 15	8. 96	10. 84	12. 16	12. 32	11. 53
乌中旗电力	用电量	3473	4509	4666	4967	5531	5363
	增长率	0. 96	29. 83	3. 48	6. 45	11. 35	－3. 04
	占地区电量比重	5. 84	6. 99	6. 38	6. 29	6. 34	5. 98
乌后旗电力	用电量	1712	1868	2501	2906	3410	3761
	增长率	20. 14	9. 11	33. 89	16. 19	17. 34	10. 29
	占地区电量比重	2. 88	2. 89	3. 42	3. 68	3. 91	4. 20
杭锦后旗电力	用电量	3240	3276	3778	4158	4608	4612. 2
	增长率	10. 39	1. 11	15. 32	10. 06	10. 82	0. 09

1998—2003 年全盟用电量统计表

表 23－4－9　　单位:万千瓦时、%

年份		1998	1999	2000	2001	2002	2003
全盟总计	用电量	93548	104406	117028	114011	139919	183948
	增长率	4.40	11.61	12.09	－2.58	22.72	31.47
乌前旗供电局	用电量	14623	22800	24717	27409	29065	29426
	增长率	－9.76	55.92	8.41	10.89	6.04	1.24
	占地区电量比重	15.63	21.84	21.12	24.04	20.77	16.00
临河供电局	用电量	13268	18987	18526	17728	19852	22486
	增长率	－3.39	43.10	－2.43	－4.31	11.98	13.27
	占地区电量比重	14.18	18.19	15.83	15.55	14.19	12.22
磴口供电局	用电量	3592	3516	3317	4233	5576	7376
	增长率	2.16	－2.12	－5.66	27.62	31.73	32.28
	占地区电量比重	3.84	3.37	2.83	3.71	3.99	4.01
大用户	用电量	62065	51103	70468	64642	85426	124660
	增长率	13.49	－17.66	37.89	－8.27	32.15	45.93
	占地区电量比重	66.35	48.95	60.21	56.70	61.05	67.77
五原电力	用电量	9347.3	9317.9	10139.6	9677.1	10293.6	11365.8
	增长率	－9.56	－0.31	8.82	－4.56	6.37	10.42
	占地区电量比重	9.99	8.92	8.66	8.49	7.36	6.18
乌中旗电力	用电量	5431	6105	6120	6630	8295	9750
	增长率	1.27	12.41	0.25	8.33	25.11	17.54
	占地区电量比重	5.81	5.85	5.23	5.82	5.93	5.30
乌后旗电力	用电量	4300	4609	5741	6705	6688	11248
	增长率	14.33	7.19	24.56	16.79	－0.25	68.18
	占地区电量比重	4.60	4.41	4.91	5.88	4.78	6.11

续表 23－4－9

年份		1986	1998	1999	2000	2001	2002
杭锦后旗电力	用电量	5133.1	5713.4	6531.1	6149	7246	9358
	增长率	11.29	11.31	14.31	－5.85	17.84	29.15
	占地区电量比重	5.49	5.47	5.58	5.39	5.18	5.09

2004—2010 年全市用电量统计表

表 23－4－10　　　　单位：万千瓦时、%

年份		2004	2005	2006	2007	2008	2009	2010
全市总计	用电量	292348	393588	506155	693265	720446	680030	827060
	增长率	58.93	25.88	37.54	36.97	3.92	－5.61	21.62
乌前旗供电局	用电量	28585	41147	45414	85927	87400	93000	102000
	增长率	－2.86	43.95	10.37	89.21	1.71	6.41	9.68
	占地区电量比重	9.78	11.18	8.97	12.39	12.13	13.68	12.33
临河供电局	用电量	24732	29232	30693	35067	62000	77000	101800
	增长率	9.99	18.20	4.90	14.25	76.80	24.19	32.21
	占地区电量比重	8.46	7.94	6.06	5.06	8.61	11.32	12.31
磴口供电局	用电量	9018	12237	16843	14684	15500	14000	18000
	增长率	22.26	35.70	37.60	－12.82	5.56	－9.68	28.57
	占地区电量比重	3.08	3.33					
大用户	用电量	230048	285389	413203	557589	413500	347365	423500
	增长率	84.54	24.06	44.80	34.94	－25.84	－15.99	21.92
	占地区电量比重	78.69	77.55	81.64	80.43	57.40	51.08	51.21

续表 23－4－10

年　份		2004	2005	2006	2007	2008	2009	2010
五原电力	用电量	14655.2	20700.4	23058.1	21929.3	20251	21171	27286
	增长率	28.94	41.25	11.40	－4.90	－7.65	4.54	28.88
	占地区电量比重	5.01	5.63	4.56	3.16	2.81	3.11	3.30
乌中旗电力	用电量	15630	20313	27928	31775	33723	36976	50430
	增长率	60.31	29.96	37.50	13.77	6.13	9.65	36.39
	占全区电量比重	5.35	5.52	5.52	4.58	4.68	5.44	6.10
乌后旗电力	用电量	17530	31661	43581	48307	61040.9	542000	594700
	增长率	55.85	80.61	37.60	10.84	26.36	787.93	9.72
	占地区电量比重	6.00	8.60	8.61	6.97	8.47	79.70	71.91
杭锦后旗电力	用电量	9358	11160	12181	15188	15468	15483.35	18829.42
	增长率	0.10	－7.73	29.15	19.26	9.15	24.70	1.84
	占地区电量比重	2.28	5.09	3.82	3.31	3.00	2.23	2.15
农垦电力	用电量	11160	12181	15188	15468	15483.35	20407.22	18829.42
	增长率	19.26	9.15	24.70	1.84	0.10	31.80	－7.73
	占地区电量比重	3.82	3.31	3.00	2.23	2.15	3.00	2.28

1986—2010年全社会分行业用电量统计情况表

表 23－4－11

用电分类	1986		1987		1988		1989	
	用电量（万/千瓦时）	比重（%）	用电量（万/千瓦时）	比重（%）	用电量（万/千瓦时）	比重（%）	用电量（万/千瓦时）	比重（%）
全社会用电总计	38760	—	44069	—	45998	—	52344	—
一、农、林、牧、渔、水利	5408	13.95	6708	15.22	7005	15.23	8019	15.32
二、工业	28383	73.23	30911	70.14	32272	70.16	36410	69.56
三、地质普查勘测	91	0.23	109	0.25	161	0.35	113	0.22

续表 23－4－11

用电分类	1986		1987		1988		1989	
	用电量(万/千瓦时)	比重(%)	用电量(万/千瓦时)	比重(%)	用电量(万/千瓦时)	比重(%)	用电量(万/千瓦时)	比重(%)
四、建筑业	116	0. 30	41	0. 09	36	0. 08	21	0. 04
五、交通、通讯、邮电	156	0. 40	557	1. 26	477	1. 04	542	1. 04
六、商业公共饮食	247	0. 64	961	2. 18	806	1. 75	1233	2. 36
七、其他事业	1215	3. 13	1379	3. 13	1473	3. 20	1709	3. 26
八、城乡人民生活	3145	8. 11	3423	7. 77	3768	8. 19	4297	8. 21
1. 乡村	1420	—	1939	—	2272	—	2552	—
2. 城市	1725	—	1484	—	1496	—	1745	—

用电分类	1990		1991		1992		1993	
	用电量(万/千瓦时)	比重(%)	用电量(万/千瓦时)	比重(%)	用电量(万/千瓦时)	比重(%)	用电量(万/千瓦时)	比重(%)
全社会用电总计	68381	—	60122	—	64394	—	—	84795
一、农林牧渔、水利	10139	6. 71	12653	21. 05	12181	18. 92	12419	14. 65
二、工业	48921	71. 54	46094	76. 67	38426	59. 67	56735	66. 91
三、地质普查勘测	90	0. 13	64	0. 11	55	0. 09	116	0. 14
四、建筑业	33	0. 05	64	0. 11	173	0. 27	94	0. 11
五、交通、通信、邮电	660	0. 97	717	1. 19	833	1. 29	1402	1. 65
六、商业公共饮食	1197	1. 75	1445	2. 40	1996	3. 10	2220	2. 62
七、其他事业	1681	2. 46	1720	2. 86	1640	2. 55	1096	1. 29
八、城乡人民生活	5660	8. 28	7385	12. 28	9090	14. 12	10713	12. 63
1. 乡村	3470	—	4520	—	5422	—	5911	—
2. 城市	2190	—	2865	—	3668	—	4802	—

用电分类	1994		1995		1996		1997	
	用电量(万/千瓦时)	比重(%)	用电量(万/千瓦时)	比重(%)	用电量(万/千瓦时)	比重(%)	用电量(万/千瓦时)	比重(%)
全社会用电总计	95097	—	101717	—	111104	—	96436	—
一、农林牧渔、水利	12839	13. 50	15536	15. 27	16930	15. 24	18273	18. 95
二、工业	66005	69. 41	68401	67. 25	74800	67. 32	58953	61. 13
三、地质普查勘测	66	0. 07	56	0. 06	62	0. 06	138	0. 14
四、建筑业	70	0. 07	98	0. 10	150	0. 14	500	0. 562
五、交通、通讯、邮电	1105	1. 16	1101	1. 08	1206	1. 09	1458	1. 51
六、商业公共饮食	2748	2. 89	2845	2. 80	2629	2. 37	2204	2. 29
七、其他事业	1704	1. 79	1841	1. 81	2189	1. 97	2154	2. 23
八、城乡人民生活	10560	11. 10	11839	11. 64	13138	11. 82	12756	13. 23
1. 乡村	7009	—	7472	—	8260	—	6115	—
2. 城市	3551	—	4367	—	4878	—	6641	—

续表 23－4－11

用电分类	1998		1999		2000		2001	
	用电量(万/千瓦时)	比重(%)	用电量(万/千瓦时)	比重(%)	用电量(万/千瓦时)	比重(%)	用电量(万/千瓦时)	比重(%)
全社会用电总计	100621	—	112528	—	125774	—	122963	—
一、农林牧渔、水利	20665	20.54	24839	22.07	24327	19.34	24758	20.13
二、工业	58109	57.75	64723	57.52	76284	60.65	72351	58.84
三、地质普查勘测	115	0.11	165	0.15	167	0.13	153	0.12
四、建筑业	297	0.30	468	0.42	432	0.34	476	0.39
五、交通、通讯、邮电	1655	1.64	1963	1.74	2139	1.70	1576	1.28
六、商业公共饮食	2433	2.42	2411	2.14	2721	2.16	3095	2.52
七、其他事业	2153	2.14	2155	1.92	2373	1.89	2383	1.94
八、城乡人民生活	15194	15.10	15804	14.04	17331	13.78	18171	14.78
1. 乡村	7433	—	6190	5.50	6087	4.84	7080	5.76
2. 城市	7761	—	9614	8.54	11244	8.94	11091	9.02

用电分类	2002		2003		2004		2005	
	用电量(万/千瓦时)	比重(%)	用电量(万/千瓦时)	比重(%)	用电量(万/千瓦时)	比重(%)	用电量(万/千瓦时)	比重(%)
全社会用电总计	150884	—	198093	—	313971	—	393587	—
一、农林牧渔、水利	26973	17.88	33839	17.08	42416	13.51	49800	12.42
二、工业	96604	64.03	133979	67.63	238642	76.01	304832	77.45
三、地质普查勘测	88	0.06	97	0.05	225	0.07	1453	0.37
四、建筑业	466	0.31	620	0.31	858	0.27	1944	0.49
五、交通、通讯、邮电	1274	0.84	1459	0.74	1687	0.54	904	0.23
六、商业公共饮食	3171	2.10	3757	1.90	4490	1.43	4568	1.16
七、其他事业	2214	1.47	2988	1.51	3538	1.13	2848	0.72
八、城乡人民生活	20094	13.32	21354	10.78	22115	7.04	2556	0.65
1. 乡村	8004	5.30	8489	4.29	8729	2.78	—	—
2. 城市	12090	8.01	13004	6.56	13386	4.26	—	—

用电分类	2006		2007		2008		2009		2010	
	用电量(万/千瓦时)	比重(%)	用电量(万/千瓦时)	比重(%)	用电量(万/千瓦时)	比重(%)	用电量(万/千瓦时)	比重(%)	用电量(万/千瓦时)	比重(%)
全社会用电总计	537315	—	729744	—	805862.54	—	768667.43	—	947168.66	—
一、农林牧渔、水利	50279	9.36	51036	6.99	45136.37	5.60	62804.59	8.17	68205.66	7.20
二、工业	440905	82.06	627655	86.01	697949.78	86.61	625377.48	81.36	781373.96	82.50
三、地质普查勘测	1093	0.20	1452	0.20	2258.39	0.28	2082.06	0.27	2866.1	0.30
四、建筑业	1797	0.33	1655	0.23	2021	0.25	13603.43	1.77	21246.68	2.24
五、交通、通讯、邮电	1046	0.19	1361	0.19	1629	0.20	1853.01	0.24	1834.11	0.19
六、商业公共饮食	6045	1.13	7253	0.99	9087	1.13	11478.97	1.49	13349.8	1.41
七、其他事业	4135	0.77	4923	0.67	5903	0.73	3975.43	0.52	3805.6	0.40
八、城乡人民生活	3448	0.64	4190	0.57	5277	0.65	6423.87	0.84	8219.31	0.87

1986—1996 年电业局主要经济指标情况表

表 23 -4 -12

项目 年份	售电量（万千瓦时）	收入		成本（万元）	税金（万元）	利润（万元）	平均电价（元/万千瓦时）
		销售收入（万元）	营业外收支净值（万元）				
1986	35489.00	2608.40	—	837.60	290.60	1480.20	734.90
1987	40459.00	3084.90	58.00	957.70	340.00	1777.20	762.50
1988	42505.00	3641.10	—	1286.60	383.00	1998.10	856.60
1989	48046.00	4894.80	—	1439.50	518.10	2937.20	1018.80
1990	52995.00	5933.30	—	1548.20	646.80	3702.30	1120.50
1991	55348.00	6641.30	—	1926.50	702.60	4012.20	1199.90
1992	59411.00	7639.10	—	2485.40	829.00	4324.70	1285.80
1993	64542.00	9760.80	—	3922.20	1060.60	4778.00	1512.30
1994	73164.00	10998.50	—	4619.70	1901.20	6143.80	1503.20
1995	79010.00	12500.30	—	5271.30	2172.80	6920.50	1582.10
1996	87256.00	15563.80	—	5764.20	2976.60	9742.20	1783.70
1997	17748.00	25.00	6566.00	67.00	10645.00	89609.00	1980.60
1998	18646.00	-28.00	7712.00	72.00	9288.00	93548.00	1993.20
1999	20698.00	-25.00	7633.00	78.00	11218.00	104406.00	1982.40
2000	24417.00	-1410.00	8411.00	92.00	12886.00	117028.00	2086.40
2001	25522.00	-499.00	9771.00	96.00	13940.00	114011.00	2238.50
2002	31171.00	19.00	10329.00	102.00	19835.00	139919.00	2227.80
2003	41751.00	-455.00	15679.00	119.00	23524.00	183948.00	2269.70
2004	69771.00	47.00	20589.00	203.00	45829.00	292384.00	2557.30
2005	94575.00	37.00	31187.00	282.00	63069.00	393588.00	2569.90
2006	134121.00	307.00	39690.00	358.00	93766.00	506155.00	2649.00
2007	192386.00	-203.20	47631.80	614.00	143937.00	693265.00	2767.00
2008	211218.50	218.00	34339.00	680.00	1596.30	720446.00	292.96
2009	208414.00	153.00	54273.00	609.00	146792.00	680030.00	305.45
2010	269185.10	290.30	69671.60	829.00	193483.60	827060.00	324.18

第二十四篇

商贸粮供流通业

第一章　粮油供销

第一节　体制改革

一、管理机构改革

1986—1994年,巴盟设立粮油总公司,下设7个旗、县、市粮油公司,75个粮库,5个油脂面粉加工厂,1个糙米加工厂和粮食干部培训学校,粮油贸易中心,劳动服务公司,粉丝厂等。负责全盟城镇人口的口粮供应。1995年,成立巴盟粮油集团总公司,恢复巴盟粮食局,实行一套管理机构二块牌子的管理体制。对7个旗、县、市的粮油公司以及所有的国有粮食企业实行垂直管理。1996年,撤销巴盟粮油集团总公司,组建内蒙古河套粮丰(集团)有限责任公司。1998年,按照国务院《关于进一步深化粮食体制改革的指导意见》,实行政企分开,撤销内蒙古河套粮丰(集团)有限责任公司,保留盟粮食局。粮食局下设7个旗、县、市粮食局以及所有的粮油企业。

2004年,撤盟设市,盟粮食局改称市粮食局,内设5个科室,下设军粮供应中心、生态粮供应中心两个事业机构和五原油脂储备库、小麦批发市场两个企业。

二、管理制度改革

1986—1991年,巴盟粮油实行统购统销制。根据全盟粮食市场实际,在粮食系统推行目标管理责任制。责任制以粮油收购、销售、调拨、加工及"四无库站厂"、文明粮店为目标,分别制定考核原则,奖惩办法。1992—1993年,巴盟取消延续40余年的粮油征购制,实行合同制收购,粮食市场部分开放,合同外余粮由农民自行处理。1995年4月,组建粮油集团总公司。集团行使粮油行政管理职能。在经营上实行政策性业务和商业性经营单独核算,双轨运行。1996年6月,为促进全盟粮油种植、收购、加工、销售和服务各个环节的有机结合,推动农业产业化,以原粮油集团总公司为主体,吸收恒丰食品工业集团公司等粮油工业企业,组建河套粮丰集团公司。河套粮丰集团公司及其所属各个旗、县、市粮油公司兼有粮食管理职能。新组建的公司较原粮油集团总公司,仓储能力从1.1亿千克扩大到3.8亿千克。面粉生产由年产3500万千克增加到2亿千克,油脂生产能力达150万千克,饲料年生产能力达2.5亿千克。1998年4月,国务院召开粮食流通体制改革会议后,巴盟决定撤销河套粮丰集团公司,恢复巴盟粮食管理局。粮食局与巴盟粮油总公司人、财、物彻底脱钩。同时,粮食事权由原盟级垂直管理变为旗、县、市分块管理。2003 年,根据《内蒙古自治区人民政府关于进一步深化粮食流通体制改革的意见》,为加快推进粮油流通体制改革和国有粮食购销企业改革,引导和促进国有粮食购销企业全面走向市场,取消粮食收购保护价制度,全面放开粮食市场,粮油价格由市场决定;取消粮食运输凭证制度,允许多种经济成分的市场主体直接到农村随行就市收购、运销粮油。粮食市场全面放开后,为保证军粮、生态建设补助粮、救灾粮供应和应付其他不测事件所需粮源,按照国家有关规定,建立盟级粮食储备制度。同时,将库存锁定的 22165 万千克小麦,按照每千克补贴 0. 20 元的标准一次性作价销售给企业和个体,2840 万千克陈化小麦种作为饲料用于退牧还草供应。对于粮食系统 3512 名职工,2005 年,全部实行身份置换,占应置换人数的 98% 。

第二节　粮油购销

1986 年,全盟征购粮食 14340. 5 万千克,其中征购小麦 13556 万千克。销售粮食 9443 万千克,其中小麦 5152 万千克。征购油料 1488. 8 万千克,销售油脂 192. 4 万千克。1988 年,全盟收购粮食 22260. 4 千克,其中,商业部门收购 18764. 4 万千克,工业和其他部门收购 2602. 5 万千克,非农业居民向农民收购 893. 5 万千克。收购食用植物油 1854. 4 万千克,其中,商业部门收购 1743. 3 万千克,工业和其他部门收购 71. 5 万千克,非农业居民向农民收购 39. 6 万千克。1990 年,全盟收购粮食 260390 万千克,其中,合同订购粮食 13981 万千克,销售 111920 千克,库存 93020 千克。收购食油及油料折油 47854 万千克,销售油脂 1601 万千克,库存 20207 万千克。1991 年,全盟收购粮食 37854. 4 万千克,其中,商业部门收购 24699. 6 万千克,工业和其他部门收购 12225. 2 万千克,非农业居民向农民购买 292. 6 万千克。收购食用油及植物油料 6405. 5 万千克。1998 年,全盟定购粮 1. 37 亿千克,顺价销售粮食 0. 6 亿千克。2002 年,全盟国有粮企收购粮食 32197 万千克,拍卖特储粮 2135 万千克。

2005 年,全市共收购入库粮食 52013 万千克,其中,国有粮食购销企业收购 38817 万千克,其他重点非国有粮食经营企业收购粮食 7738 万千克,重点转化用粮企业收购粮食 5458 万千克。全市共销售粮食 40720 万千克,其中,国有粮食企业销售粮食 30900 万千克,重点非国有粮食企业销售 5132 万千克,重点转化用粮企业转化用粮 4866 万千克。2006 年,全市共收购粮食 62903 万千克,其中,国有企业收购 44368 万千克,非国有企业收购 14086 万千克,粮食转化企业收购 4490 万千克。

第三节　粮食储备

1998 年,争取到中直库—头道桥国储库建设投资 7400 万元,是新中国成立后是国家对巴盟粮库建设史上投资最多的一年。争取到农发行建仓贷款500万元，新增旧库容量2500万千克。2002年，投资1800万元完成乌拉山国储库扩建工程，仓储增容3000万千克；投资900万元扩建临河车站国储库，仓储增容1500万千克；投资180万元，乌加河、五原车站粮库钢罩棚建设完成。2005年，协助有关部门加强中央和自治区储备粮管理，协调财政、农发行落实首批1750万千克市级粮食储备，实现市级粮食储备"零"的突破。2009年，按照国务院的安排部署，本着"有库必到、有粮必查、查必彻底"的原则，对辖区内所有中央储备粮、国家临时存储粮、地方储备粮、国有粮食企业储存的商品粮等进行普查。经查各承储企业均做到了数量真实、质量达标、储存安全、账实相符、账账相符、专人保管、专人记载。

第四节　粮油供给

一、供应人口

1986年，全盟有粮油供应人口386047人，其中，定量供应人口307230人，菜农供应人口11117人，牧民供应人口51235人，其他供应人口15864人。1987年，全盟粮油供应人口406584人，其中，定量供应人口329682人，菜农供应人口11830人，牧民供应人口51605人，其他供应人口13467人。1990年，巴盟粮油供应总人口460587人，其中，定量供应人口382255人，菜农供应10439人，牧民供应人口54061人，其他供应人口13832人。1992年，全盟粮油供应总人口469046人，其中，定量供应人口397276人，菜农供应1466人，牧民供应人口55047人，其他供应人口15257人。

二、供给范围及标准

1985—1993年，粮食供应分为居民口粮、工商业用粮、农村用粮、牧区用粮和军粮。

居民口粮供应根据城镇居民的劳动强度、年龄大小制定若干等级，每个等级定量标准不同。供粮以户口为单位发放购粮证，凭证按月供给。在定量范围内的粮油结余部分归己所有。工商业用粮按照用粮性质分为工业及手工业用粮、食品加工用粮、副食品用粮、酿造业用粮4大类。饲料用粮供应范围包括运输部门的使役畜、种畜、国家机关和牧区苏木骑乘、国营单位的种公畜、奶牛场奶牛、国营饲养单位以生产畜产品（肉、蛋、奶、皮毛等）为目的的家畜家禽养殖。

农村供应对象主要是针对菜农。牧区供粮则根据牧民生活习惯、交通条件等分别对待。边远牧区粮油供应凭证不限量，但不允许将供粮凭证借给他人购粮。

1986—1993 年全盟按劳动强度口粮供给标准情况表

表 24－1－1

特重体力劳动（千克/月）			重体力（千克/月）			轻体力（千克/月）			机关干部（人）	乡级干部（人）
甲	乙	丙	甲	乙	丙	甲	乙	丙		
27.5	25	23	21.5	20	15.5	16.5	10.5	14.5	14	15

1986—1993 年全盟按年龄口粮供给标准情况表

表 24－1－2

大学中学中专学生（千克/月）	初中学生（千克/月）	十周岁以上（千克/月）	不满十周岁（千克/月）	不满九周岁（千克/月）	不满八周岁（千克/月）	不满七周岁（千克/月）	不满六周岁（千克/月）	不满五周岁（千克/月）	不满四周岁（千克/月）	不满三周岁（千克/月）	不满二周岁（千克/月）	不满一周岁（千克/月）
17	15	13.5	12.5	12	11	10	9	8	7	6	5	4

第二章　国有集体商业

第一节　国营商业

一、机构与改革

1982年前，巴盟设立商业处，是国营商业的行政主管部门。盟商业处直管企业有百货纺织、糖烟酒、五金交化、食品、饮食服务等几大公司和巴盟糖果食品厂等企业。1994年9月，商业处在行政体制改革中将行业管理职能移交巴盟经贸委，在经营实体和民贸公司合并后成立具有独立法人资格的巴盟商业总公司，成为自治区西部地区国营大中型商贸流通企业之一。公司属全民所有制企业，实行总经理负责制。主要经营百货、针纺、五金、交通、化工、家电、电器、糖酒、副食等2万余种商品，集批发、零售、农畜产品收购、供应和饮食服务为一体的综合性公司。所属预算内企业有巴盟百货站、针纺站、五交化批发公司、家电电器批发公司、糖业批发公司、酒类副食品批发公司、巴盟糖果食品厂、金原市场、食品公司、饮食服务公司、金桥商场；所属预算外企业有巴盟商业工业品购销公司、食品工业公司、多种经济开发公司、贸易公司、农副畜产品分公司、食品饮料厂、边境贸易经营部、农畜产品经营部、恒运经营部、华通经营部、综合经营部、民贸汽车修理厂；所属集体企业有巴盟商业劳动服务公司。同时对国有大型商业企业实行政企职责分开，简政放权，下放企业自主经营权。企业内部管理推行精简结构，承包经营，改变以管理型为服务型，企业职工全民所有制身份不变。

1995年，随着社会主义市场经济的确立，盟商业总公司改为股份制企业，企业职工全民所有制身份不变，职工购买股票，实行“买一配二”的优惠办法。1996年，按照巴彦淖尔盟《关于加快小型商流企业转换经营机制的暂行规定》，巴盟商业由国营全部改造成民营，巴盟商业总公司撤销，职工身份由原来的全民所有制转变为社会自然人，结束全民所有制商品流通体制。1997年4月，开始实施转制。1998年，盟商业总公司根据盟城镇经济体制改革领导小组《关于对盟商业、物资总公司转制方案的批复》提出的“妥善安置离退休职工和在职职工，妥善处理银行贷款和其他债务，做到资产人格化，经营民营化”的要求精神，基本完成改制的任务。妥善安置离退休人员。商业总公司总人数1207人，其中离退休250人，全部交盟社保局，每人缴纳养老保险金，缴纳资产和现金4万元，合计1000万元。企业离休职工16人，每人缴财政4万元资产，医疗费用由财政承担。在职职工全部安置。商业总公司在职职工957人，按照转制方案确定的“8+4”的原则，采取一次性脱钩补贴办法。

每人基础补贴8000元,工龄补贴每个工龄400元。总公司所属企业可根据各自历年经营状况区别对待。截至年底,已安置职工949人,带走资产和现金16041元,未安置8人。处理因向银行贷款形成的债务。总公司欠银行贷款本息5789万元。通过与有关三家银行进行协调,建行的贷款本息1083万元,全部抵清。工行与人行的以资抵贷已经落实,只待银行接收;合理安排剩余资产的使用。经过离退休人员的安置,抵偿债务和在职职工脱离后,企业有部分剩余资产,主要用于退休职工医疗费统筹,每个退休职工应交5000元,计110万元;补交历年拖欠社保局的养老统筹费118万元;清偿企业的应付货款;积极组建股份制企业。为了适应现代企业制度的需要,为下岗职工营造再就业的良好环境,总公司以金桥商场为基础,拟定《关于组建股份制企业的方案》,批复后施行。2004年,经济贸易委员会将商贸职能分离,恢复成立市商务局。

二、经营管理

从1983年国家逐步放开百货、五金、糖业、土产、日杂等小商品的个体零售行业的个体经营,1986年,巴彦淖尔盟城镇商业继续以商业为主。日用工业品已经全部取消统购包销形式,农副产品取消统销派购,普遍推行合同订购、选购、议购和自销等多种办法。计划管理品种由137种调减为13种,放开小商品的经营自主权和企业定价权,放宽购销政策,促进生产,活跃市场,方便了群众。改革旧的封闭式、分配式的商品流通体制。商业批发企业打破了固定供应对象,固定供应区域,固定作价办法,除了少数品种外,实行自由购销。在全盟范围内,兴建一批工业品贸易中心和农畜产品批发市场,实行开放式经营、多功能服务。商业供应改革措施从根本上打破了封闭式、多环节、低效益的流通体制,向着开放式、多渠道、少环节、高效益的流通体制改革。初步显示促进生产,搞活流通的明显作用;改革商业管理体制,实行简政放权。1987年6月根据国家政策,实行所有权和经营权分离。大中型企业以"包死基数、确保上缴、超收多留、歉收自补"的措施,实行承包经营责任制,小型企业实行改、租、包、卖等多种形式的改革,进一步激发和调动经营者的积极性。1994年商业总公司成立时有国有资产总值7879万元,其中,固定资产2592万元,流动资产5264万元,库存商品额2114万元。成立时有职工1243人,其中,干部284人。总占地面积17.2万平方米(不包括头道桥饲养场29.13公顷),总建筑面积近5.5万平方米,有库房90余栋,仓储能力近20万立方米。

第二节　物　资

1958年8月,建立盟计委物资管理局,专职管理工作和经营物资。1960年9月,改设为盟行署物资局。1964年,各旗、县物资局相继成立。1958—1978年,物资分配体制均实行单一的计划分配、调拨制度。中共十一届三中全会后,解除了生产资料不是商品的思想束缚,开始用计划调节和市场调节相结合的办法组织物资流通和供应。1981 年,全盟实行划小核算单位、政企职责分开的改革。盟直和旗、县都陆续建立了独立核算的物资专业公司,改变政企合一的管理体制。建立的专业公司主要有木材、金属、建材、轻化、机电、燃料、生产资料服务、金属回收、物资承包配套供应、物资加工等。物资局成为各级政府管理物资的职能部门,又兼任物资经营业务。中共十四大以后,物资由计划向市场转轨,逐年减少最终取消指令性指标,放开价格,企业走向市场。1993 年 12 月,盟物资局退出行政系列,转为经济实体,改设为巴盟物资总公司,行业管理职能移交同年成立的盟经贸委员会。各旗、县、市同时进行改制。1997 年转制前,盟直和 7 个旗、县、市物资公司共有在职职工 2723 人,其中盟直 801 人;资产总计 12739 万元,其中固定资产 7582 万元,流动资产 5157 万元。

1997 年,中共巴盟盟委、巴盟行署根据物资企业债务重、亏损大、经营难以及大多数企业资不抵债,面临破产的实际情况,制定以产权制度改革为主,实行公有民营、民有民营和离退休职工一次性安置、在职职工一次脱离、债务一次抵清、转制一次到位的一系列改革措施。使企业转变体制,强化机制,从根本上将企业和职工推向市场。

将企业资产划拨出一部分作为养老保险金抵交社保局,使企业离退休职工全部进入社保享受终身养老,领取退休金,得到妥善安置。以发放脱离补贴等办法,在职职工与企业一次性脱离。补贴数额全盟基本标准是基础补贴 5000～8000 元,工龄补贴为每年 400 元。补贴形式有资产补贴(将企业资产直接量化给职工)和货币补贴两种,以资抵债。盟直物资企业划出抵贷资产 2700 多万元,占银行贷款的 94% 以上。其中磴口县、五原县物资公司采用破产办法,用资产妥善安置离退休职工和在职职工以后,剩余资产全部用于抵债。通过资产重组,发展民营企业。职工脱离以后,进入社会自谋职业,持资重组。离职的职工采取独资、合资入股的办法,组建民营、股份实体。企业由国有转为私有,同时也保持物资市场的优势。盟直和旗、县物资部门仍然保留国家政策经营的行业,盟直、乌拉特前旗、乌拉特中旗、乌拉特后旗等地区的民用爆破器材专营公司以及物资资源再生利用、报废汽车回收等业务。转制后,一批充满生机活力的私营、个体、股份、民营物资企业逐步发展壮大起来。

根据全盟工农业生产、建设的需要,大力组织、供应计划内外物资,开展经营管理。中共十一届三中全会以后,物资企业改变了计划经济时期重计划调拨、轻经营管理的倾向,开始推行经营责任制。1987 年,全盟物资企业统一实行承包经营责任制,一轮承包 4 年中,实现利润 1585. 6 万元,年均 396. 4 万元,创利税 1980 万元,经济效益创历史最高水平。1993 年下半年,国家实行宏观调控政策,生产资料价格大幅下跌,企业库存盘升,亏损加剧。1996 年,全盟物资企业累计亏损 3622. 9 万元,欠债总计 7412. 1 万元,负债率 110% 。

第三节 供销合作社

一、机构与改革

1986 年,巴盟供销合作社开始进行以职工集体承包为主的经营体制改革,供销合作社所属企业有土产、畜产、农产、副食品、经贸、回收和供销大厦等企业。

1988 年,按照国务院《关于深化供销合作社改革的意见》和自治区《关于自治区供销合作社改革方案报告的通知》精神,制定《巴盟供销合作联社办成经济实体改革方案》,以下简称《方案》。《方案》明确供销合作社是自主经营、自主管理、自负盈亏、自我发展,向国家纳税的集体所有制的经济组织。供销企业对外实行承包,第一轮承包期 1988 年 1 月 1 日至 1990 年 12 月 31 日。为完善承包责任制,还制定《供销社经济体制改革和承包方案》。

1991 年 6 月,盟财政处与 7 户供销企业签订为期三年"包死基数,确保处理遗留问题增盈减亏全留,减盈增亏不补"责任书。1993 年 1 月,巴盟供销合作联社转为实体。1997 年,根据盟行署办发〔1997〕58 号文件精神,巴盟供销合作社实行民营,职工由国有职工转为社会自然人。

1998 年,巴盟供销合作社对直属企业进行全面转制,对所属土产、畜产、农产、副食品、经贸、回收、雪原绒毛制品、捷成有限责任等公司和供销大厦共 9 户资不抵债的企业,依法实行破产。由盟供销社统一组织安排,集中划出供销大厦营业楼和土产公司南库区两块资产抵偿 9 户破产企业所欠盟农业银行的所有债务。对所有破产企业的人员进行妥善安置。以集中划拨出盟供销社办公楼、土产公司办公院两部分资产,筹集 50 万元现金划归盟社保局,解决 194 名企业离退休人员的退休金发放问题。统一变卖畜产公司办公楼、农产公司办公院两处资产及库存商品,妥善解决企业职工养老保险问题及离退休人员的医疗保险问题。1998 年末,巴盟供销社直属企业保留农牧业生产资料公司和劳动服务公司。保留原有职工 47 名。其中:盟供销社机关聘用 27 人,劳动服务公司聘用 10 人,生产资料公司聘用 20 人。经过 1998 年的企业改制,巴盟供销合作社系统从根本上解决长期困扰企业的历史债务和人员两大困难,转制后,为今后供销企业再创业、开辟新的局面创造了有利条件。1998 年末,全盟供销系统的改制工作基本完成。

二、经营管理

巴彦淖尔供销合作社 1977 年第二次恢复后,全面加强了对基层供销社和零售商业网点的领导,使基层社和零售商业网点在原有的基础上又有了很大的发展。1988 年底,全盟供销系统已有经营管理机构和零售商业网点 1345 个,职工人数达到 11684 名,购进商品总值 3.76 亿元,商品纯销售 4 亿元;社员发展到 80 多万人,股金达 2071 万元。

随着农村牧区个体商业的发展,经过羊绒、瓜子等激烈的市场收购后,1990 年开始,巴盟供销系统的经营业务开始滑向低谷。1992 年,在承包经营的基础上,五原县、杭锦后旗率先推行“商品全额风险抵押制”。1993 年,全盟供销系统普遍实施“商品全额风险抵押制”和租壳卖瓤的经营机制,商品、资产尽可能量化到个人,人员的分流工作开始起步,企业提供部分铺底资金,鼓励职工个人承包、经营。1996 年,供销社的改革工作进一步深化,转换经营机制的工作延伸到直属企业和基层供销社,一个以人员分流、社会统筹、企改资售、重组重建的改革顺利进行。

第四节　对外贸易

一、机构与改革

1983 年机构改革中,将盟外贸局改称对外经济贸易处,增挂“对外经济贸易公司”的牌子,业务归属自治区外贸厅管理。1988 年,巴彦淖尔盟按照国务院《关于加快和深化对外贸易体制改革若干问题的规定》,在全盟推行对外贸易承包经营责任制,明确划分外贸行政管理部门的职能,逐步实行政企职责划分,下发权利,精简机构等改革。1992 年,自治区为加强对外贸易的管理,提高经济效益,将经贸处财务和人事下划地方管理。在体制改革的不断推进中,1993 年 2 月,盟对外经济贸易处退出行政编制序列转为经济实体,保留“巴盟对外经济贸易公司”名称,属全民所有制企业,实行计划单列,经委行业管理,财务属财政处管理。行业管理职能移交同年成立的盟经济贸易委员会。

1995 年 5 月,盟对外经济贸易公司改组为股份制企业,职工全民所有制身份不变。

2000 年,盟对外贸易公司实行转制重组,职工身份由原来的国有职工转变为社会自然人。

二、经营管理

1993 年以前自治区外贸公司的出口货源由巴盟公司供应配额货物,1993 年以后,巴盟取得自营进出口经营权。1993—1997 年的 5 年间,全盟进出口总值由 426 万美元增加到 1718 万美元,后 4 年平均每年增长 41.7%,其中 1995 年增长 160.4%。1989—1997 年全盟累计直接利用外资 2598 万美元。1998 年,克服东南亚金融危机带来的不利因素,完成进出口总值 1250 万美元(其中进口总值 287 万美元)。在出口总值中,一般贸易出口完成 944 万美元,易货贸易出口完成 19 万美元。生产型自营进出口企业完成 359 万美元,占全部出口总值的 37%;流通型外贸企业完成 119 万美元。初级产品出口比重占 3.5%,工业品出口比重占 96.5%。主要工业产品出口有番茄酱、羊绒制品、颗粒粕和硫化碱,分别占全部出口总额的 46%、27%、11% 和 5%。1999 年,全盟外贸进出口贸易总额为 2375 万美元,其中,进口总额 175 万美元,出口总额 2200 万美元。2000 年,全年进出口贸易总额为 2737 万美元,其中,进口总额 127 万美元,出口总额 2610 万美元。2002 年,巴盟进出口总额 6063

万美元，其中，进口总额 213 万美元，出口总额 5850 万美元。三资企业出口总额 2788 万美元，私营企业出口总额 1657 万美元。2003 年，全年一般贸易出口累计 6103. 39 万美元，进口 947. 63 万美元；加工贸易出口 622 万美元，加工贸易进口 166 万美元。中蒙边境口岸小额贸易 5559. 8 万元，其中，进口额 3555 万元，出口额 2004. 8 万元。出口的主导产品有羊绒及其制品、番茄酱、化工产品、轻纺产品、玩具、塑料制品、脱水蔬菜、果仁等。

2005 年，全市进出口贸易总额 1. 26 亿美元，其中，进口完成 2600 万美元，出口 1 亿美元。出口番茄酱 10 万吨，总值 5000 多万美元。中蒙口岸贸易额 2 亿元人民币，进口煤 45 万吨，瓜果蔬菜出口 120 多吨。2006 年，全年外贸进出口总额为 12326 万美元，其中，出口总额 9043 万美元，进口总额 3283 万美元。出口绒毛及绒毛制品货值 2464. 89 万元，番茄自营出口 2319. 88 万美元，化工产品出口 1441. 06 万美元。与蒙古国边贸进口 2520. 16 万元，其中煤炭进口 2398. 04 万元，占边贸进口的 95. 2%。2007 年，全市外贸进出口总额 8623万美元，其中，出口 10440 万美元，进口 8182 万美元。在外贸出口产品中，羊绒制品出口总值 2629. 63 万美元，农产品出口总值 4909. 93 万美元，化工类产品出口总值 621. 05 万美元。在进口中，煤炭总值 7667. 4 万美元。2009 年，全市外贸进出口总额 3. 47 亿美元，其中，出口 1. 45 亿美元，进口 2. 02 亿美元。在进口中，煤炭完成 327 万吨。2010 年，外贸进出口总额 53270 万美元，其中，出口 15973 万美元，进口 37297 万美元。煤炭进口 812 万吨。

第三章　专卖商业

第一节　石　油

一、体制改革

1986年,巴盟石油销售实行业务专管,在巴盟经营石油专卖的公司全称为内蒙古自治区石油公司巴盟分公司。各旗、县石油公司为巴盟分公司的支公司。1988—1990年,巴盟石油系统实行承包经营。在三年承包中,计划供应指标逐年减少,议价销售量逐年提高。1991年,在完成第一轮承包后,根据自治区石油公司统一安排,企业实施第二轮承包经营,签订承包经营合同。第二轮承包在经营责任上,新增加的企业进行素质和效益指标的考核。1992年,为促进石油系统改革,巴盟石油公司按照上级有关规定,制定出台《关于深化改革,转换经营机制,搞活企业的实施意见》《关于深化劳动人事、分配制度的实施方案》《吨油含量工资试行方案》等。1993年,巴盟石油分公司按照组织、协调、监督、服务的原则,对机关人员、内设机构进行调整,将14个科室调整为11个,并对有创收能力的部门和人员,从机关中分离出去,充实到新创建的企业中。1994年,巴盟石油公司落实自治区总公司1993年11月包头会议精神,从抓基础管理工作开始,加大改革力度,对各部门实行任务目标管理责任制,将全年各项任务和工作分解到各部门,签订责任状。1998年6月,自治区石油总公司所属盟分公司、旗、县支公司整体划给中国石油天然气集团公司管理。巴盟石油分公司改称"中国石油内蒙古销售公司巴盟分公司"。旗、县仍为巴盟分公司的支公司。中国石油内蒙古销售公司巴盟分公司成为巴盟地区具有成品油批发经营资格的国有成品油流通主渠道,也是巴盟地区唯一具有调运存销成品油全部作业能力的国有成品油专营企业。

1999年,内蒙古石油总公司巴盟分公司依据成品油销售核心业务,将公司所属油库、加油站全部划入中石油股份公司。

二、石油供给

1986—1998年,巴盟石油分公司供应范围除巴盟地区(不包括营盘弯煤矿)外,还供应伊克昭盟三个公社和105支地质队。供油原则按照国务院〔1980〕50号文件和内蒙古自治区人民政府〔1980〕138号文件通知精神,载货车辆按车吨年生产1.5万~2万吨千米核定。其他机关企事业单位和农村社队按车吨年生产1万~1.5万吨千米核定。载客车辆、县团级以下(不包括县团级)单位除边境牧区公社和哨所外,非生产用大、小轿车和吉普车如工作需要,报经县、团级以上主管部门批准供给。对于技术状况不好,没有修复改造价值的高耗油老、旧车辆,油料消耗超过自治区交通厅颁发的行车燃料消耗定额大于20%以上的费油车辆、私人购买的汽车、拖拉机等大型车辆一律不准供油料。

车辆定编根据国务院〔1981〕58号文件《关于节约成品油的指令》和自治区人民政府《关于对机动车辆实行定编和加强管理规定》,小汽车盟级干部3~5人配备公用小车1辆。盟属各委办局配备小车1至2辆,县级独立企、事业单位配备小车1辆,县级以下单位除边境牧区公社、哨所外一律不配备小车。

提倡社会节油,社会节油工作主要以交通运输部门和用油量大的厂矿企业单位为重点工作对象。为保证生产和正常的公务活动,石油公司每年抽调大量人员深入交通部门和用油量较大的工矿企业单位进行调查了解,帮助用油单位建立健全油料领用、收发、保管等制度。在提倡节约用油的同时,加强废油回收利用。石油公司成立炼油厂,用废油生产11#柴机油、14#柴机油、8#稠化油、20#、30#机械油等。售卖石油的价格根据进货渠道、进货价格加运输费用进行销售。批零差价,汽油类、柴油类、润滑油类、润滑脂类批零差率为10%,煤油类批零差率为15%。

为支援农牧业生产,降低农业成本,扶持农牧业机械化的发展,增加农牧民收入,国家对农用油品实行限价补贴政策。具体办法是社队牧业和林业生产用油视同农业生产用柴油给予补贴。补贴标准是农区各种马力柴油机补贴比例为80%,城郊区社队补贴为40%;牧区社队的胶轮拖拉机补贴为50%;半农半牧区柴油车补贴比例统一为10%,链轨拖拉机补贴比例为80%。补贴定额是农牧渔业生产用柴油按每吨补贴120元。

1998年6月,全盟油品销售市场放开,政府取消一切补贴。

三、购销

1986年,国有商业和供销社购进汽油66666吨,销售23972吨,年末库存1779吨。购进柴油665吨,销售330吨,年末库存823吨。1990年,全盟国营商业和供销社购进汽油1126吨,销售26022吨,年末库存3727吨。购进柴油501吨,销售999吨,年末库存192吨。1995年,全盟大中型批发、零售贸易企业批发汽油18117吨,零售1971吨,年末库存4595吨。批发柴油25416吨,零售1609吨,年末库存1980吨。2002年,全盟销售石油91988吨,其中零售62989吨。2004年,全市销售石油148125吨,其中零售116803吨。

四、石油市场监管

1994年6月,成立石油市场监督管理领导小组,组织有关部门对全盟61个加油站点进行清理整顿。对不具备经营条件的站、点予以取缔。对经营不规范的站、点限期整改。并根据有关要求,重新核发营业执照、消防许可证、计量许可证等。同时,按照工商、公安、石油三家联合制定下发的《关于设立公路检查站的通知》，在全盟内主要出入口设立公路检查站，对非法流入盟内的油品进行检查。1996年，巴盟石油市场监管查封了临河市马场地土炼厂，查没劣质油品15吨。1997年，全年查封无证或超范围经营加油站点28家，取缔8家，责令停业整改20家，没收劣质油品28吨。捣毁土炼厂1座，没收原油5吨和部分生产原料。

第二节　食　盐

一、体制改革

1986年，自治区盐务管理局在临河设置盐业分公司（行使盐务局职能）。分公司下设乌拉特前旗、磴口县、五原县盐业支公司。1990年5月，临河盐业分公司在杭锦后旗设置支公司，对杭锦后旗、乌拉特后旗食盐市场实施监督管理。1991年2月，自治区盐务管理局将临河盐业分公司改建为内蒙古自治区盐业公司巴彦淖尔盟分公司，挂巴盟盐务管理局牌子。各旗、县、市盐业支公司增挂盐务管理局的牌子。1998年，全盟盐业公司（盐务管理分局）按照各旗、县、市经济发展状况，设立杭锦后旗、五原县、磴口县、乌拉特前旗、乌拉特中旗盐业支公司（盐务管理局）。2002年，巴盟盐业分公司（巴盟盐务管理局）辖乌拉特前旗、五原县、磴口县、杭锦后旗、乌拉特中旗5个盐业支公司（盐务管理局）和临河批发部。机构设置截至2010年未变动。

二、盐品

1986—2010年，巴盟盐业市场经销的盐品有食用盐、工业盐、畜牧业用盐等。

食用盐有碘原盐、碘粉碎盐、碘洗粉盐、碘精盐及腌制盐。

工业盐有原盐、粉碎盐。

畜牧业用盐有盐砖、自制盐粉、饲料盐粉、肠衣盐。

多品种盐有锌盐、加钙盐、低钠盐和雪花盐等。

三、购销

1986年，全盟国营商业和供销社购进食盐9992吨，销售6863吨。2002年，全盟购进各类盐14629吨，销售16838吨。2007年，巴彦淖尔市购进各种盐品27281吨，销售24862吨。其中，原盐增销903吨，食品工业盐增销4226吨，多品种盐增销13吨，小袋盐减销2142吨，肠衣盐减销615吨，牧业盐减销90吨。

四、食盐市场监管

2002年，盟盐务管理局按照《巴盟治理整顿小盐湖实施方案》，与各地相关部门紧密配合，采取深挖深翻等措施，对乌拉特前旗宿亥滩和五原县锦秀堂盐湖进行多次治理。捣毁私设盐田40多公顷，销毁劣质私盐505吨。并在禁产区周边蹲坑设点，集中查处一批私盐贩卖分子，查处倒卖私盐违法案件 76 起，没收违法盐品 328 吨。2003 年，查处盐业违法案件 99 起，没收违法盐品 117 吨。2007 年 4 月，市盐务局会同五原县、乌拉特中旗盐务局，对牧羊海禁产区 1.33 公顷盐田进行彻底捣毁，毁盐 300 余吨。2008 年，巴彦淖尔市盐务局与包头盐务局联合执法，检查巴、包头两市 14 个乡镇的 29 个村嘎查，检查食盐零售店 291 家、养殖户 154 户、兽药店 26 家、饭店 30 家、食品加工作坊 25 家、腌皮户 26 家、入户抽检 137 户。发放联合执法指挥部举报卡 1100 多张。

第三节　烟　草

一、体制改革

1986 年，盟烟草专卖局（烟草分公司）一套人马两块牌子，局内设劳动人事科、办公室、财计物价科、专卖管理科、经营销售科 5 个职能科室。下辖杭锦后旗、五原县、乌拉特前旗、磴口县 4 个旗、县局（公司）。1989 年，专卖局增设纪检监察、审计科。1994 年，增设乌拉特中旗烟草专卖局（公司）。1997 年，增设乌拉特后旗烟草专卖局（公司）。1995—2000 年，巴盟烟草分公司增设网建办、卷烟配送中心及专卖稽查大队。

2005 年，旗、县级烟草经营机构更名为“卷烟营销部”，取消县级烟草公司法人资格，实行报账制，资产、负债和所有者权益均划入市公司。2010 年，巴彦淖尔市烟草专卖局设 14 个科室，下辖 1 区 6 旗、县营销部。

二、市场监管

1986—1991 年，烟草实行“统一领导、垂直管理、专卖专营”国控体制。盟烟草专买局（公司）在专营卷烟批发业务的同时，承担烟草专卖管理行政职能。盟、县两级设有专卖管理机构，负责辖区烟草专卖零售许可证发放、无证运输查处及市场管理职能。

1992 年，盟烟草专卖局（公司）根据烟草法加强烟草专卖管理，在盟境内的乌拉特前旗白彦花镇及磴口县拦河闸设置联合检查站，对无证运输、跨区域运输等违法经营活动进行查处打击。2002 年，根据自治区局统一部署，盟烟草专卖局（公司）按照零售户布局、经营状态及类别建立零售户台账，开展市场户籍化动态管理。通过市场整顿，“专销结合”“两网并举”“三线互控”的自律体系基本形成。2003 年，巴盟烟草专卖（公司）根据卷烟网络建设日益成熟，撤销各地专卖临时检查站，专卖市场监管由堵卡设点检查向划分片区、定区域、定路线开展服务和管理转变。

2004 年，市烟草专卖局借鉴先进地区卷烟零售市场经验，创新专卖管理模式，按照零售户守法程度和经营状态划分诚信等级，建立健全完善卷烟零售市场诚信等级管理体系，并根据零售户合理布局要求按年换发卷烟零售许可证。对存在严重违规、经常性违纪经营行为的零售户不予换发证件。2008 年，按照国家局整顿和规范市场经济秩序“五查两落实”的工作要求，巴彦淖尔市烟草专卖局建立行业内部专卖管理监督检查长效机制，修订完善内部管理制度。2007—2010年，巴彦淖尔市烟草专卖局通过执法检查，查获非法卷烟案3597起，非法卷烟2280.51万支。其中，假烟案1187起，查获假烟411.18万支，罚款共计94.09万元；破获符合国家局、公安部标准的百万元以上销售假烟网络案件7起。

三、卷烟营销

1986—1997年，卷烟销售主要依靠不同隶属的代批单位经营。代批单位又对名优品牌采取加价销售或垄断经营，造成市场混乱，影响市场供需均衡。

1997年，随着《烟草专卖法实施条例》的颁布实施，烟草公司直接经营批发卷烟的经营模式取代代批制，销售渠道逐渐畅通。

1998年，盟、县两级自建卷烟批发部，城区、乡镇均设立卷烟批发网点。

2000—2001年，烟草专卖随着经济改革的深入，在烟草行业全面推行访送分离模式，即由“坐商”变“行商”。烟草公司销售渠道不再主要依靠自有批零店进行销售，而是向批发、零售一条龙网络化服务转变。

2002年，盟局（公司）建立访销中心，由访销经理上门采集卷烟订单，目的是将部分有效紧俏货源合理配置到零售户，最大限度地满足客户需求。物流配送中心负责卷烟仓储及辖区卷烟配送，并根据日访销量配送至各县级公司，各县级公司负责二次配送到辖区零售户。

2004年，市局（公司）成立营销中心，全市卷烟订购由人工采集品牌需求量模式优化为电访员通过订单采集系统与客户电话采集日订单，后由送货员根据系统票据信息直接送货上门，一并现金结算货款。

2008年，市局（公司）开展“集中呼叫、一库配送、分拣到户、打码到条、一户一码”的卷烟销售网络新模式建设。2010年，巴彦淖尔市烟草专卖实现了“网上订货、电子结算、现代物流配送”模式。零售户通过电脑客户端自由选择品牌与数量，企业通过银行转账与客户账务电子化传递，货物则通过企业配送中心按时送达到客户。

第四章　国内贸易

第一节　商业网点

1986年，全盟有商品批发零售机构12268个。其中，全民所有制780个，集体所有制机构2337个，个体有证商户9151个。1990年，全盟有商业机构11313个。其中，全民商业机构845个，集体所有制商业机构2880个，有证个体经营户7588个。1992年，全盟有商业机构12013个。其中，全民所有制商业机构853个，集体所有制商业机构2899个，有证个体经营户8261个。1994年，全盟有批发贸易机构305个。其中，国有经济183个，集体经济114个，私营经济7个，联营经济1个。有零售贸易机构235个，其中，国有经济89个，集体经济131个，股份制经济2个。共有营业网点12982个。1996年，全盟有批发贸易机构1338个。其中，国有经济199个，集体经济124个，股份制经济5个，私营经济8个，联营经济3个。有零售贸易201个，其中，国有经济90个，集体经济101个，股份制经济2个，私营经济7个，港澳台投资经济1个，共有营业网点15695个。2001年，全盟有限额以上批发零售贸易企业19个。2003年，全盟有限额以上批发贸易企业12个，其中，国有及国有控股企业12个；有零售企业10个，其中，国有及国有控股企业2个。2006年，全市有限额以上批发贸易企业13个，其中，国有及国有控股企业8个；有零售企业17个，其中，国有及国有控股企业1个。2008年，全市有限额以上批发贸易企业25个。其中，国有企业13个，集体控股企业1个，私人控股企业10个，其他控股企业1个；有零售企业24个，其中国有企业4个、集体企业1个、有限责任公司7个、股份有限责任公司1个、私营企业10个，港澳台企业1个。2010年，全市有限额以上批发贸易企业21个。其中国有企业7个，集体控股企业1个，有限责任公司9个，股份有限责任公司1个，私营企业3个，其他控股企业1个；有零售企业22个，其中，国有企业2个，有限责任公司7个，股份有限责任公司2个，私营企业11个。

第二节　社会消费品零售总额

1986年，全盟社会消费品零售总额31421.9万元。其中，商业零售总额27837.5万元，饮食业零售总额466.2万元，工业零售总额1470.5万元，其他行业零售总额890.6万元，农民及非农业居民销售总额757.1万元。1988年，社会消品零售总额116085.93万元。其中,商业零售总额 92062 万元,饮食业零售总额 2947 万元,工业零售总额 9099 万元,其他行业零售总额 3497 万元,农民及非农业居民销售 8478 万元。1990 年,社会消费品零售总额 116085.93 万元。其中,商业零售总额 92042 万元,饮食业零售总额 3073 万元,工业零售总额 10116 万元,其他行业零售总额 2334 万元,农民对非农业居民销售 9051 万元。1992 年,社会消品零售总额 132718.38 万元。其中,商业零售总额 103014.24 万元,饮食业零售总额 3543.89 万元,工业零售总额 10885.44 万元,其他行业零售总额 6001.14 万元,农民及非农业居民销售 9273.67 万元。1993 年,社会消费品零售总额 129718.6 万元。其中,国营经济销售 54654 万元,集体经济销售 24674 万元,私营经济销售 585 万元,个体经济销售 38672 万元,其他经济销售 11013 万元。1995 年,社会消费品零售总额 199734 万元。其中,国有经济销售 63029 万元,集体经济销售 22205 万元,私营经济销售 880 万元,个体经济销售 104099 万元,股份制经济销售 927 万元,其他经济销售 11604 万元。1997 年,社会消费品零售总额 243336 万元。其中,国有经济销售 62181 万元,集体经济销售 27322 万元,私营经济销售 1348 万元,个体经济销售 118864 万元,股份制经济销售 3264 万元,其他经济销售 12249 万元。1999 年,社会消费品零售总额 291724 万元。其中,批发零售贸易业 173691 万元,餐饮业 48399 万元,制造业 20163 万元,农业生产者 27328 万元,其他销售 10860 万元。2001 年,社会消费品零售总额 353041 万元。其中,批发零售贸易业 231324 万元,餐饮业 68479 万元,其他销售 35238 万元(制造业销售 18642 万元),农业生产者 26762 万元。2003 年,全盟社会消费品零售总额 410023.8 万元。其中,批发零售贸易业 283972.4 万元(限额以上销售 21330.8 万元,限额以下及个人销售 262641.6 万元),餐饮业 73199.6 万元,其他销售 52851.8 万元。2006 年,全市社会消费品零售总额 609662.3 万元,其中,限额以上 93875.9 万元,限额以下 85852.2 万元,个体户 304807.5 万元。餐饮业 81170.8 万元,其中,限额以上 3013.4 万元,限额以下 5659.8 万元,个体餐饮业 27497.6 万元,其他 34955.9 万元。2008 年,全市消费品零售总额 907329.9 万元;其中,批发业 172336 万元(限额以上批发贸易额 83293.7 万元,限额以下批发企业及个体批发贸易总额共 89043.1 万元);零售贸易额 553104.2 万元(限额以上 57594.6 万元,限额以下及个体户 494509.6 万元);住宿和餐饮 144376 万元(限额以上餐饮业 4701.3 万元,限额以下餐饮及个体户 139674.7 万元);其他 38521.9 万元。2010 年,全市消费品零售总额 1242556.7 万元。其中,批发业 143069 万元(限额以上 68522.5 万元,限额以下及个体经营户 74546.5 万元);零售贸易额 922307 万元(限额以上 119773.9 万元,限额以下及个体经营户 802533.5 万元);餐饮业 173963 万元(限额以上餐饮业 86362 万元,限额以下餐饮及个体户 165326.8 万元;住宿业 3217.3 万元。

第二十五篇

非公有制经济和乡镇企业

第一章　非公有制经济

第一节　兴起与发展

中共十一届三中全会以后,全国改革开放步伐加快,巴盟改革开放中逐步放开流通业、服务业、小手工行业经营,城乡群众逐步开始摆摊设点、从事各类经营活动。1986 年,全盟有私营个体工业 5731 个,从业人员 16364 人,总产值 1743.9 万元;个体私营商户 6720 户,从业人员 10850 人。1988 年底,全盟有个体工商户 20075 户,从业人员 29312 人;私营企业 327 户,从业人员 3108 人,分布在商业、餐饮、服务、修理、理发等八大行业。

1993 年开始,巴盟盟委、行署两次制定和完善《关于进一步放宽政策和加快发展个体和私营经济的决定》,全方位为个体、私营经济发展创造有利条件。一大批集中连片的各级各类市场建设,为个体私营人员提供发展场所、经营软环境,使全盟非公有经济进入第一次快速发展期。特别是 1997 年中共十五大后,盟委、行署明确提出"盟域主体经济非国有化"的指导思想,制定《巴盟发展个体私营经济三年规划》。各级各部门采取各种有效措施,大力发展个体私营经济,实行五个结合。发展非公经济与深化国有企业改革相结合,至 1998 年底,全盟已有 60% 以上的小型国有企业改制为民有民营,70% 以上的原国有企业职工和原国有身份脱离;与农业产业化结合起来,在进行农业综合开发、龙头建设、市场培育、发展乡镇企业方面,让个体私营经济成为主角;与基础建设结合起来,在交通、通信、场地等方面提供较好的硬环境,大力发展小城镇建设;与机构改革、下岗再就业结合起来,全盟机构改革分流人员有一半左右加入到个体、私营者行列,有 1.9 万名下岗职工从事个体私营经济,占下岗职工总数的 63%;与加强个体、私营者的教育培训结合,不断提高经营者的素质。1998 年末,巴盟个体私营经济迎来第二个快速发展期。全盟个体工商户达 49371 户,从业人员 88865 人,注册资金 6.1 亿元,分别比 1997 年增长了 10.73%、32% 和 23%,私营企业发展到 1280 户,从业人员 17273 人,注册资金 4.3 亿元。个体工商户、私营企业全年上缴税金 9250.6 万元,占全盟工商税收总额 25%,个体工商户、私营企业营业额达 13.5 亿元,产值 6.3 亿元,安置下岗职工和待业人员 1.7 万余人,引进盟外资金 2 亿多元。

非公有制经济发展在全社会经济活动中呈现出六个特色:发展速度明显加快;经济实力逐渐增强,私营企业注册资金达到 100 万元的有 53 户,达到 500 万元至 1000 万元的有 5 户,达到 1000 万元以上的有 4 户;产业结构逐步趋于合理,从事一、二产业的私营企业达到总数的 36.9%;科技含量逐步提高,科技型私营企业达到总户数的 2.1%;人员结构日趋优化，整体素质不断提高，一批有知识、懂管理的现代企业家队伍逐步壮大，党政机关分流人员、大学毕业生和国营集体企业下岗人员加入到个体私营队伍行列；个体私营业主地位有很大提高，参政议政能力增强，全盟有30多个个体私营者成为各级人大代表和政协委员，有300多个个体私营者受到各级党委、政府的表彰和奖励，有3户被自治区命名为跨世纪亿元工程企业，受到重点保护。

2004年撤盟设市后，加快市内7大工业园区的建设，一大批非公有制经济入园区发展。2005年2月24日，国务院颁布《关于鼓励支持和引导个体私营等非公有制经济发展的若干意见》，国家有关发展非公经济的法律、法规和政策的陆续颁布和实施，全市民营经济取得了实质性发展，已从原来的"小规模、低水平"开始向投资几千万、几亿元、几十亿元的大企业、集团化、高科技方向迈进。一些民营企业开始追求循环经济效益。2007年，全市资源综合开发利用水平不断提高，矿山开发品位持续降低，共伴生、有益组分得到综合利用。西部铜业可利用铜矿石品位降到0.5%以下，甲胜盘铅锌矿企业可利用铅锌品位下降到2%以下，图古日格金矿矿石入选品位由2.5克/吨下降为1克/吨。全市铜、铅、锌、金等几大矿种的回采率均达到90%以上，选矿回收率提高到85%以上。大中矿业公司新建选厂配套的浓缩池循环水和尾矿库循环水等节水工程设施，每处理1吨原矿取用水量0.6立方米，较原单位产品耗水量减少0.9立方米。紫金公司建成的"三废"综合循环利用系统，用水量由原设计的300万吨减少为100万吨，水循环利用率达到96%以上，二氧化硫转化率达到99.6%以上。在生产工艺技术、设计制造方面开始追求高、精、尖。特别是金属冶炼和农畜加工产品企业中，有许多技术性指标甚至达到全国先进水平。如紫金公司的锌冶炼工艺，河套酒业公司的奶酒工艺，联邦制药的6-APA技术指标都实现引领全行业的最高标准；鲁花压榨精炼植物油和秋林元真有机奶，均以高营养、纯天然、无污染的品质代表了同行业的最高水平。随着非公有经济的做大做强，对社会的贡献率也直线上升。1998年全盟个体工商户、私营企业全年上缴税金9250.6万元，占全盟工商税收总额的25%，占地方财政收入的20.85%，个体私营企业从业人员占城镇从业人员总数的63%。2002年个体工商户、私营企业全年上缴税金1.6亿元，占全盟工商税收总额的36%；2005年以后个体工商户、私营企业上缴税金就突破全市工商税收的50%，2010年达到70%以上，成为名副其实的社会贡献主导者。

第二节　政策与扶持

一、政策

1993年，盟委、盟行署将发展个体私营经济纳入全市经济增长点之一，制定《关于进一步放宽政策和加快发展个体和私营经济的决定》，决定中主要是放宽从业对象、范围、经营方式;为注册资金、简化办事程序提供方便;依法保护个体私营经济合法权益,实行执法部门“收费许可证”“明白卡”制度,坚决制止“三乱”,减轻不合理负担;创造好的舆论环境,为个体私营经济正名,大力表彰先进,树立典型;各级领导亲自抓,解决实际问题。各有关部门协调配合和制定扶持个体私营经济的具体措施。

1997年,盟委明确提出“盟域主体经济非国有化”的指导思想,制定《巴盟发展个体私营经济三年规划》。在具体工作上,实行五个结合:发展私营经济与深化国有企业改革相结合。1998年底,全盟已有60%以上的小型国有企业改制为民有民营,70%以上的原国有企业职工和原国有身份脱离;发展个体经济与农业产业化相结合。在进行农业综合开发、龙头建设、市场培育、发展乡镇企业方面,让个体私营经济唱主角;促进私营个体经济发展与基础建设相结合。在交通、通信、场地等方面建设便利的市场环境,大力发展小城镇建设。尤其是与机构改革、下岗再就业结合起来。全盟机构改革分流人员有一半左右加入个体、私营者行列,有1.9万名下岗职工从事个体私营经济,占下岗职工总数的63%;在市场经济中加强个体、私营者的教育培训结合,不断提高经营者的素质。

2001年,坚持以“三个有利于”为标准,制定和实施了一系列优惠政策和鼓励措施,营造亲商、助商、安商、富商的服务环境,积极主动地吸引全国各地人才和资本投入到全盟个体私营经济的发展之中。采取特事特办、急事急办和延时服务等多项措施,扶持第三产业发展。全市个体、私营企业共吸纳下岗失业人员、高校毕业生、复转军人、残疾人等弱势群体达1万余人;鼓励引导上述人员创建私企32家、注册个体工商户4900余户,减免各项费用达260余万元。2002年末,全盟已有98%以上的小型国有企业改制为民有民营,75%以上的原国有企业职工和原国有身份脱离。全盟机构改革分流人员有一半加入了个体、私营者行列,有2.6万名下岗职工从事个体私营经济,占下岗职工总数的90%。2003年,全盟工商系统率先在全区开辟了登记审核绿色通道,实行一次告知、即来即核、协助办理等制度。2006年,推行“一审一核制”。

二、建设经营市场

1986—1998年,全盟共兴建各类市场127处,集市贸易成交额达到12亿元,占全盟当年社会商品零售总额的38%,其中综合市场52个,农副产品市场52个,工业品市场5个,生产资料市场8个,生产要素市场10个。各类市场共安置下岗职工和待业人员1.9万人。

三、开拓国内国际市场

各级有关部门通过组织农产品生产企业参加“法国国际食品博览会”“俄罗斯投资洽谈会”“阿联酋中国商品交易会”和“东盟博览会”“广交会”“第二届中国民族商品交易会”等国内外重要会展;加强实施“中华老字号”等品牌建设工程,提升出口企业市场影响力,全市20家企业与170多家国外客商进行接洽,其中有8家企业与50家国外客户签订合作协议和订单，建立稳定的贸易关系。改变以往被其他公司代理，只能收取微薄工费的状况，初步实现由生产加工向加工和贸易并重转型。五原美宇焘、杭后三平公司等四家企业积极实施“走出去”战略，主动开拓国际市场，分别在德国和阿联酋设立办事处，加快企业转型的步伐。推动出口产业升级，提升出口产品附加值和国际竞争力。通过政策资金引导、加大进口先进设备和高端技术力度等措施，大力发展番茄酱小包装、番茄汁；引进葵仁检测设备和脱水菜冷脱工艺，增加检测和冷脱品种；发展法式羊排和各类深加工产品。出口产品附加值平均提高25%，国际市场占有率不断提高；加强质量安全体系建设。利用国家近千万元政策资金，支持30多家企业引进国外先进制造装备220多台（套）；6户农畜产品加工和流通企业建设完成万吨冷链仓储。3家企业建立产品质量溯源体系，1家企业建立了公共技术服务平台；40家自营进出口企业获得ISO、HACCP、GAP等国际认证，1家获得有机食品认证。大力发展电子商务。建立中国国际电子商务中心巴彦淖尔分部；开通在线法国巴黎博览会、在线“广交会”；开通GTM服务系统。

四、保税物流园区建设

巴彦淖尔现代农产品保税物流园区，总体规划以“一园、两港、三区”为布局，农产品保税物流园区、公路港和铁路港、保税区、非保税区、配套区。战略选择上实施“四联动”，与加工产业规模扩张和转型升级联动；与天津港、甘其毛道口岸的区域联动；与有出口竞争力的大企业联动；与国家贸管政策联动。功能设计上保证“六要素”，港口通关、保税加工、保税物流、贸易中转、市场销售、产业研发。路径方式上推行“八措施”，高端市场引领、特色产业主导、大型企业支撑、配套加工扩张、保税物流增值、区域通关联动、政府搭建平台、物流企业运作。

五、网络建设

为探索充分发挥网络的聚集辐射功能，巴彦淖尔市首创三级跳战略，加强门户网站建设，提高搜索引擎功能，完善提高一级跳，大力构建和推进信息供应链平台建设，重点推进二级跳，建设现代农畜产品产业信息园，不断拓展功能，推进业态升级，逐步形成区域性资源配置中心，启动规划三级跳。

在流通网络建设上，继续完善创新，实施“221”工程。主要措施是完善提高二个体系，完善网络体系和配送体系；达到二个升级，业态升级和产业升级；突出一个重点，抓好二级和三级配送。经过三年的努力，“万村千乡市场”工程建设成效显著，有效地拉动农村消费，农村社会消费品零售总额三年平均增长2.5个百分点。消费格局发生新变化，消费总额占全市社会消费品零售总额比重由过去的不足六分之一上升到四分之一。农村消费市场的扩大，极大地改善了农村消费环境，提高了农民的生活质量。

六、市场准入

2008 年,随着政府行政审批中心的建成运营,开通了便企利民的网上年检系统。进一步降低门槛、简化程序、减少环节、放宽权限,为企业建立便捷、高效的市场准入服务体系,并与实施“市场富农”“产业兴农”“经纪活农”结合,开展社会主义新农村建设,引导农村个体私营企业向农产品加工业、种养业及农业生产服务业拓展;引导农村个体私营专业户、专业村、专业乡的发展;引导支持农民从事有特色经济作物的种植和畜禽类的养殖业,为全市新一轮经济发展奠定了基础。2010 年“两费”停收以后,不仅为个体、私营企业减轻负担,也为发展营造更加广阔的空间。

第三节　企业与效益

1988 年末,全地区有个体工商户 20075 户,从业人员 29312 人;私营企业 327 户,从业人员 3108 人,分布在商业、餐饮、服务、修理、理发等八大行业。1998 年末,全盟个体工商户达 49371 户,从业人员 88865 人,注册资金 6.1 亿元,个体工商户、私营企业全年上缴税金 9250.6 万元,占全盟工商税收总额的 25%,个体工商户、私营企业营业额达 13.5 亿元,产值 6.3 亿元,安置下岗职工和待业人员 1.7 万余人,引进盟外资金 2 亿多元。个体私营经济呈现出蓬勃发展态势,效益增加,吸纳社会劳动力多的良好局面,为巴盟社会发展注入了新的活力,发展速度明显加快;经济实力逐渐增强,私营企业注册资金达到 100 万元的有 53 户,达到 500 万元至 1000 万元的有 5 户,达到 1000 万元以上的有 4 户;产业结构逐步趋于合理,从事一二产业的私营企业达到总户数的 36.9%;科技含量逐步提高,科技型私营企业达到总户数的 2.1%;人员结构日趋优化,整体素质不断提高,一批有知识、懂管理的现代企业家队伍逐步壮大,党政机关分流人员、大学毕业生和国营集体企业下岗人员加入个体私营队伍行列;个体私营业主地位有很大提高,参政议政能力增强,全盟有 30 多个个体私营者成为各级人大代表和政协委员,有 300 多个个体私营者受到各级党委、政府的表彰和奖励,有 3 户被自治区命名为跨世纪亿元工程企业,受到重点保护;对地方和社会的贡献率提高,1998 年个体私营企业上缴税金占地方财政收入的 20.85%,个体私营企业从业人员占城镇从业人员总数的 63%。

2000 年,全盟个体经济和乡镇企业实现增加值 73.2 亿元,其中工业增加值 28.2 亿元;实际入库税金 2.61 亿元。全盟乡镇企业户数达到 65698 户;从业人员达到 35 万人,其中下岗职工再就业 3 万多人。全盟个体工商户发展到 63656 户;个体及私营企业纳税 1.25 亿元,同比增长 25%。个体工商户、私营企业和乡镇企业全年共支付职工工资 126948 万元,为全盟农牧民增加收入人均 100 元。用于支农建农及社会公益事业资金 6676 万元。全盟个体户、私营企业和乡镇企业间接或直接出口脱水蔬菜、无毛绒、羊绒衫、枸杞、面粉等产品,全年完成出口交货值36832万元。至年末,巴盟个体户、私营企业和乡镇企业拥有固定资产原值达到384633万元。

2002年,全盟个体工商户达66986户,从业人员107826人,注册资金81073万元。私营企业发展到2305户,从业人员22793人,注册资金77507万元。个体工商户、私营企业全年上缴税金1.6亿元,占全盟工商税收总额的36%。营业额达到4058万元,产值3882万元,引进资金1.3亿多元。2004年,全市个体工商户达26988户,其中城镇18990户。

截至2006年10月31日,全市共发展各类企业5299户,注册资金1764603万元;个体工商户38989户,注册资金75527万元。

2010年,全市新增各类企业1191户,注册资本50.23亿元,从业人员1.83万人;新增个体工商户4302户,注册资本1.1亿元,从业人员6773人。

第二章　乡镇企业

第一节　机构与改革

1983年前，全盟乡镇企业归社队企业管理局管理。1983年11月，与盟供销联合社合并。1984年6月，又与盟供销社分设，成立盟乡镇企业联合公司。1985年5月，改为盟乡镇企业管理处。同年，各旗、县、市管理机构改为乡镇企业管理局，1995年6月，盟乡镇企业管理处改称乡镇企业局，1998年内设机构有办公室、人事科、计划财务科、产业指导科、个体私营企业管理科、科教中心、经营管理中心、信息协作中心和机关服务中心。2000年，盟乡镇企业局和巴盟个体私营经济管理局为一个机构两块牌子，是盟行署的职能部门，具有对全盟乡镇企业和个体私营经济规划、指导、协调、监督、服务的职能。局机关设办公室、人事科、产业指导科、个体私营企业管理科、科教中心、经营管理中心、经济信息协作中心8个职能科室。各旗、县、市均设有管理机构。2004年，撤盟设市时撤销盟乡镇企业局和个体私营经济管理局，职能划归市经贸委。

第二节　发展与效益

1984年，中共中央、国务院批转农业部《关于开创社队企业新局面的报告》，自治区、巴盟相继做出关于发展乡镇企业的决定，从所有制形式、原料供应、资金来源、税费收取等各个方面给予宽松和优惠，“乡镇企业”的称谓也从此正式使用，乡镇企业进入稳定发展时期。1984—1988年，全盟乡镇企业现价总产值平均每年以55.6%的速度快速增长。1989年，自治区、巴盟又相继出台关于大力发展乡镇企业的有关决定和政策规定，各旗、县、市也都制定相关优惠政策。1989—1991年，巴盟乡镇企业注重内部挖潜改造，整体素质和运行质量有了较大的提高，总产值以平均每年15.9%的速度持续增长。到1991年末，全盟乡镇企业数增加到27631个，从业人数达到57702人，现价总产值达到38535万元，利润、上缴税金等指标也都同步增长。

1993年，中共中央、国务院下发了《关于加快中西部地区乡镇企业发展的决定》。全盟乡镇企业进入快速发展时期。1996年，全盟乡镇企业数增加到59341个；现价总产值达到914686万元，平均每年增长88.4%；利润、上缴税金分别增长21.7倍和13.7倍。

1997年，乡镇企业法公布实施，中共中央、国务院批转农业部《关于我国乡镇企业情况和今后改革与发展意见的报告》，巴盟乡镇企业进入改革、发展与提高阶段。全盟乡镇企业以市场需求为导向，以质量效益为中心，不断深化改革，结构和布局进一步优化，整体素质、运行质量和效益得到一定提高。1998 年，全盟乡镇企业数增加到 62987 个，从业人数达 250021 人。两年间，现价总产值平均每年增长 44.1%，利润和上缴税金平均每年分别增长 29.8% 和 24.3%。在全盟农村牧区社会总产值中农村牧区非农行业总产值所占比重和在全盟工业总产值中乡镇企业工业总产值所占比重都达到 40% 以上。

1998 年，把加快发展乡镇企业作为振兴地方经济的重要突破口，进一步落实党政主要领导负总责、亲自抓的领导责任制度，进一步强化、完善层层分解签订责任状的目标管理责任制，推行领导包乡联村挂企业制度。从盟到旗、县、市采取一系列保证措施。年初，盟委、行署召开了全盟乡镇企业表彰奖励暨工作会议，提出工作思路，确定目标和任务。9 月，盟委召开书记办公会议，总结 1—8 月乡镇企业发展运行情况，具体部署后 4 个月的工作。从 9 月开始在全盟范围内开展“百日攻坚”活动，采取深入企业调查、集中分析研究、现场解决问题等办法，有力地推动乡镇企业发展。年底，全年实现现价总产值 1898445 万元，销售收入 1716944 万元，可供分配利润 216238 万元，实际入库税金 18302 万元。拥有固定资产原值 319080 万元。全年间接或直接出口脱水菜、无毛绒、羊绒衫、枸杞、面粉等产品，完成交货值 36805 万元。

2002 年，全盟乡镇企业、个体私营经济实现增加值 45 亿元（新口径），其中规模以上企业增加值 7.3 亿元，实际入库税金 2.94 亿元。个体工商户发展到 30089 户，私营企业 2120 户。全盟乡镇企业个体私营企业间接或直接出口的脱水蔬菜、无毛绒、羊绒衫、枸杞、面粉等产品，完成交货值 3.2 亿元。全年开发新产品 11 项。

2003 年，巴盟乡镇企业个体私营经济遇到了极大的困难，主要是受黄河引水严重短缺的影响，种植业结构调整中，以农副产品加工业为主的个体私营经济、乡镇企业的原料供给问题显得尤为突出；由于非典型肺炎疫情发生，严重地影响商品流通、交通运输、餐饮服务、文化娱乐等第三产业的正常经营。全盟个体私营经济、乡镇企业完成增加值 55 亿元。其中规模以上企业增加值 8 亿元。实际入库税金 3.72 亿元。规模以上企业 88 户，其中农副产品加工企业 51 户。个体工商户 28828 户，私营企业 2155 家。出口交货值 3.6 亿元。

1986—1998 年全盟乡镇企业发展情况

表 25－2－1

年度	现价总产值（万元）	工业总产值（万元）	收入（万元）	利润（万元）	应缴税金（万元）	企业数（个）	从业人数（人）	现价增加值（万元）
1986	13360	2006	13615	2327	490	21330	45501	—
1987	16432	2436	16869	2804	561	23702	50160	—
1988	24734	3604	25081	3669	821	25881	57869	—
1989	29421	4986	30178	4440	922	25776	57378	—
1990	34405	7389	34684	5100	1298	26912	60616	—
1991	38535	6670	38430	5653	1205	27631	57702	—
1992	50244	25199	49231	7259	1506	29466	63312	—
1993	87195	41162	86863	11834	2541	33339	79127	—
1994	155963	74553	157001	21673	4369	40956	108097	—
1995	394190	182014	391980	53890	10040	51158	143737	111682
1996	914686	417874	855941	128301	17695	59341	162018	233959
1997	1476772	640115	1375561	186238	24054	62818	192582	354885
1998	1898445	76946	1716944	216238	27327	62987	250021	518137

第三节　科技进步

1986—1997 年，乡镇企业设备、工艺不断更新和改进。粮食加工由原来的畜力、人工磨面，发展到机组生产等级粉、雪花粉；油料加工从手工小作坊生产毛油发展到规模生产精炼油、色拉油；制砖从马蹄窑、手工砖发展到机制空心砖等。一些先进的技术和设备在乡镇企业中得到推广和运用，如饲料加工企业采用计算机自动控制系统、绒毛加工企业使用电脑横机等。

1998 年，巴盟各地积极引导乡镇企业特别是骨干企业采用新技术、新工艺，努力提高企业技术装备水平和产品科技含量，积极开发新产品。乌拉特前旗津蒙油脂厂、长胜油脂厂，临河市小召玉米淀粉厂、戎霸羊绒集团公司，杭锦后旗头道桥乳品厂等一大批骨干企业引进资金、技术、设备，进行技改。技改后的产品有的达到盟内先进水平。杭锦后旗南渠暖气片厂、粮机研究所等自行研制出新产品。临河市八一亨河梳绒厂，五原县双福面粉厂，乌拉特前旗树林子肉联厂、饲料厂等 20 多家企业与大专院校、科研单位建立技术合作关系。

2002年底,全盟个体私营经济、乡镇企业投入技改资金5.4亿元,比2001年增加2.6亿元。完成固定资产投资100万元以上的技改项目45项,比2001年增加13项。乌拉特中旗铬盐厂投资1060万元进行技改扩建,五原县同泰玻璃厂投资1000万元进行一号炉技改,临河佳兵羊绒制品公司投资2000万元进行扩建,杭锦后旗鸣兴食品公司投资200万元完成1000吨脱水蔬菜技改项目,蒙煦绒毛制品公司投资700万元完成年加工10万件绒衫、裤技改项目,磴口县南瓜粉厂投资1200万元进行技改扩建,利川公司、永安公司等骨干企业也投入大量资金进行技改扩建,乌拉特前旗金花油脂公司引进清华、内大两位教授研发的技术,从葵粕中提取活性蛋白获得成功,填补自治区空白。杭锦后旗引进北京唐人康保健食品公司研发新技术,利用枸杞叶开发出地仙茶新产品,填补了盟内空白。

2003年,全盟个私经济、乡镇企业开工建设的固定资产投资100万元以上项目共225项。其中,千万元以上项目49项,投资超过亿元以上项目8项。临河富方泰药业公司已完成投资2600多万元,于2004年4月份正式投产运行;维信公司总投资1.8亿元的50万米高档羊绒面料生产线,已到位资金9500万元;浩森公司羊绒针纺项目总投资8000万元,年加工针织品8万件。五原真心食品公司一期工程总投资1200万元,年处理花葵2万吨,8月底建成投产。磴口县蒙牛公司总投资3亿元,新上的15条液态奶生产线,日处理鲜奶300~450吨。年末,百万元以上技改、扩建项目108项,占开工100万元项目总数的48.2%,投入技改资金64亿元,日兆食品公司扩建工程总投资9140多万元,一期工程的土建及设备安装已完成,二期工程开始建设,年底全部建成投产。宏发色拉油技改项目,年生产色拉油2万吨,8月底投入生产。五原同泰玻璃制品四号炉一炉六组,投资1100多万元进行技改,10月底投产,年增加产量4000吨。磴口县制定出台鼓励企业技改的优惠政策,泰顺公司扩建、科发公司超高压瓜果汁、日健苹果梨高浓缩汁、利川公司无水硫化纳等技改投资1000万元以上的项目进展顺利。乌拉特后旗绝大部分矿山企业进行了技改扩建。2003年新上项目中产业化项目占40%以上。如蒙牛集团磴口分公司、真心集团五原食品公司、宏发油脂公司等。蒙牛公司磴口分公司液态奶处理、科发公司超高压瓜果汁处理、日健苹果梨浓缩汁生产工艺、机械设备属国内一流,在国际上也属于领先地位。紫兰花公司的苦菜益身茶等产品获国际专利,填补巴盟工业产品在申请国际专利方面的空白。

第四节　行业结构

中共十一届三中全会之前,全盟乡镇企业主要以磨坊、粉坊、烘炉、手工挂面、马蹄窑、小林场、猪场等为主。以行业分类,主要有工业、农业和建筑业。经过20年的发展,已形成工、农、运输、建筑、贸易、饮食、服务7大门类47种行业、400多种产品、36个服务项目。1998年,全盟有农业企业637个,占企业总数的1%;总产值103798万元,占全部乡镇企业总产值的5.5%。主要有畜禽场、渔场、果园等。工业企业11294个，占企业总数的17.9%，总产值769747万元，占全部乡镇总产值的40.5%。建筑企业1225个，占企业总数的1.9%，总产值242205万元，占全部乡镇企业总产值的12.8%。交通运输企业23675个，占企业总数的37.6%，总产值308113万元，占全部乡镇企业总产值的16.2%。贸易企业16851个，占企业总数的26.8%，总产值319692万元，占全部乡镇企业总产值的16.8%。饮食旅游服务企业7378个，占企业总数的11.7%，总产值134263万元，占全部乡镇企业总产值的7.1%。其他企业1927个，占企业总数的3.1%，总产值20628万元，占全部乡镇企业总产值的1.1%。

乡镇工业企业以行业分类，有煤炭、黑色金属矿、有色金属矿、非金属矿、食品加工、食品制造、饮料、纺织、服装、皮革、毛皮、木材加工、家具、造纸、印刷、文体用品、化学、塑料、非金属矿物、黑色金属、有色金属、金属制品及农机具制造等。

1983年，乡镇企业主要以乡办和村办为主，以集体所有制为主。1984年以后，联办、个体办的企业相继出现，形成“乡办、村办、联办、个体办”的“四轮驱动”格局。在所有制方面基本上是集体所有和个体经济两种类型。乡镇企业的发展，随后又出现私营、股份合作制等经济类型。1998年，全盟乡镇企业共有集体企业1279个，占企业总数的2%，总产值26亿元，占全部乡镇企业总产值的13.7%；私营企业4181个，占企业总数的6.6%，总产值37亿元，占全部乡镇企业总产值的19.6%；个体企业57527个，占企业总数的91.3%，总产值126亿元，占全部乡镇企业总产值的66.7%。

第五节　扶持措施

一、思路举措

1998年6月，巴盟行署批转了盟乡镇企业局《关于巴盟乡镇企业发展情况和今后改革与发展意见的报告》。明确了乡镇企业在经济发展中的地位和作用，认为乡镇企业是全盟国民经济的重要组成部分和农村牧区经济的主体力量，为巴盟国民经济和社会发展做出重要贡献。今后发展要以市场为导向，按照全盟“农牧业为本、工业立盟、产业化推进”的战略思想，紧紧围绕当地资源优势、农牧业产业化和小城镇建设，全盟确定了“一调”，调整产业、产品结构；“二转”，向农牧业产业化、贸工农一体化转移，向股份合作、混合经济转移；“三改”，深化改革、技术改造、资产改组；“四放”，放宽政策、放手发展、放胆改革、放开经营；“五突破”，在延伸产业链上有新突破，在所有制结构多元化上有新突破，在联合引进上有新突破，在科技进步上有新突破，在综合服务上有新突破的工作措施。各旗、县、市也按照情况，制定新思路，采取新举措。五原县确定“以石材加工为重点，扩大规模，发展沿路乡镇企业经济带”两条主线。乌拉特中旗提出实施发展乡镇企业“184”书记工程。年末时工程共申报立项 131 项,当年开工建设 124 项,完成投资 230.37 万元。已建成投产的 115 项,占申报立项的 87.8%,完成财政收入 127.9 万元。杭锦后旗以大力发展农畜产品加工业和建筑、建材、运输、保鲜、储藏等业,促进农村经济再上新台阶的发展方式。乌拉特后旗规划,以企业改革多样化和矿产、建材、农畜产品加工三龙起步的工作格局。在实际工作中,以巴音布拉格镇为企业转制试点,以布拉格嘎查、团结村分别为牧区、农区的产业化试点。磴口县提出抓龙头、强基地,组建炒货集团的工作思路。临河市强调以发展龙头企业,推动产业化进程和发展个体私营经济的工作思路。在发展龙头企业、推进产业化上,重点配套完善羊绒加工、脱水菜加工、玉米淀粉加工、肉类加工等,以龙头企业发展蔬菜种植,鸡、猪、奶牛等规模饲养业。乌拉特前旗提出"双开、四靠、三线"突破的战略措施。

2003 年,全盟各地将个体私营经济、乡镇企业作为县域经济的主导经济,作为全面建设小康社会的重要突破口,从工作安排到精力投入上重点转移到非公有制经济,完善主要领导负总责制度和分管领导包扶重点企业的各项工作制度。各旗、县、市及农垦系统、临河经济开发区根据各自实际,调整发展思路,强化工作措施,实施多种形式求发展、扩规模、提效益的一系列重大举措。

杭锦后旗主要领导、分管领导用二分之一的时间,其他领导用三分之一的时间抓项目、抓招商引资,拿出 200 万元作为招商引资前期费用。确立"抓基地就是抓工业,扶龙头就是扶农民"的新思想,以发展杭锦后旗食品厂、福州百联、浙江大好大、鸣兴脱水菜公司等龙头企业建设为主,加大基地建设力度,逐步形成为养而种、为加而种、为加而养、种养加结合的新型产业链条。旗政府出台《关于加快七个产业化基地建设的决定》等有关文件,根据各乡镇的地域条件及优势,围绕七大产业,分片建立养鸡、养羊、奶牛、花葵、蔬菜、枸杞、苹果梨等原料基地。2003 年,落实 1.5 万头奶牛、100 万(只)肉羊、500 万(只)肉鸡、2000 公顷食用花葵、6670 公顷无公害枸杞、2670 公顷脱水菜、6670 千公顷速生林,全旗 70% 的耕地成为企业的主要原料基地。

磴口县按照"依托工业化发展产业化"的思路,做大做强龙头企业,带动全县农业调整和优化,订单农业比重逐渐增加,农牧民市场风险相对降低。将原确定的"经济基础环境治理年"调整为 2003 年的"畜牧发展突破年",全面实施奶牛饲养和奶站建设的"双百工程",构建西北乳业硅谷。全县番茄、南瓜、青椒等以龙头企业建设的基地和订单农业达到 13340 公顷,占总播面积的 80%。为保证蒙牛公司磴口分公司生产原料,建立稳定的奶源基地,全县动员,集中精力发展养牛业,全面实施"双百工程",在全年建立 100 个奶站,100 个百牛社,养殖奶牛 1 万头,有力地拉动了畜牧业的发展。全盟 100 多家脱水蔬菜企业与农民签订 8670 公顷蔬菜种植合同,解决农民"种难、卖难"问题,既增加农民收入,又保证企业生产原料。

临河市全面开展“投资环境治理年”活动，完善经济“110”举报制度、首问责任制、限时办结制度等一系列高效运作制度，出台相关优惠政策，全力改造投资环境，构筑经济发展平台。杭锦后旗通过以全面开展“经济环境治理年”活动，努力改善发展环境。2003年又适时提出全力开展“基地建设年”活动，强基地、活龙头、推动产业化上台阶。

五原县全面开展“规模经济扩张年”活动，构筑经济新格局，实现县域经济发展新跨越。

乌拉特前旗实施大开放、大引进、大联合、大经贸战略，全力打破行政区划、条块分割、行业垄断三个壁垒，实行旗、乡领导干部跟踪招商项目制和引进资金重奖制，推动全旗经济快速发展。

乌拉特中旗将2003年确定为“工业经济发展年”，成立重大项目领导小组，排除障碍，疏通关卡。旗财政每年至少拿出300万元资金支持重点工业项目建设，后发快动求发展，全力推动工业化进程。

乌拉特后旗因地制宜提出“山前集中，山后收缩，集中力量抓工业”的经济战略及“全旗工作围绕经济工作转，经济工作围绕工业经济转，工业经济围绕矿山工业转，矿山工业围绕矿山企业转”的发展思路，以矿山工业为突破口，实现全旗经济快速崛起。

农垦系统调整确立“畜牧坐正、工业兴垦、三化创新、产业化推进”的发展战略，稳农、兴工、活商、努力实现经济发展新跨越。

二、管理服务

全盟在投资环境、经济环境和服务管理中实现工作作风的转变。通过广泛的学习、培训教育，进一步增强改善巴盟发展环境的紧迫感，环境就是生产力的理念逐步深入人心，对优化环境的重要性有了新的认识，参与性、积极性明显提高。各旗、县、市、农垦系统、临河经济开发区及盟直各部门都认真查摆问题，制定整改措施，规范执法行为和行政行为，进一步完善“一厅式办公”和“一站式服务”工作制度，普遍推行了党委、人大、政府、政协领导包扶重点企业和重点项目责任制、挂牌保护制度，开通举报电话，实行举报奖励、对口服务、联合审批、限时办结工作制度，普遍开展对执法和条管部门的行风评议和质询活动，提高服务质量和服务水平。杭锦后旗通过全面开展“经济环境治理年”活动，发展环境得以很大改善，引入大批龙头企业。2003年在总结经验的基础上开展“机关形象年”创建活动，提出“变无限政府为有限政府、变管理型政府为服务型政府、变指令型政府为指导型政府、变强政府为强企业”，对政府部门的职能进行重新定位，推行“首问责任制”“末位淘汰制”和听证公示制度，实行旗领导定期走访调查企业、召开外商投资例会。进一步规范收费行为，实行“一费一卡一时”收费制度，所有行政事业性收费必须在规定时间内进行，并进行“三公开”，取消所有罚没款收费任务，从源头上治理整顿“三乱”行为。临河市全面开展“投资环境治理年”活动,完善经济110举报制度、首问责任制、限时办结制度等一系列高效运作制度,全面推行“进一个门办成、盖一个章办好、收规定费办完、按承诺日办结”的服务标准。并出台相关的优惠政策,全力改善投资环境,构筑经济发展平台。磴口县对外来投资项目实行“一门受理,联合审批,一口收费,限时办结”的审批制度,减少环节,提高效率。先后取消29项行政事业性收费,全县行政事业性收费减少20%。采取工商部门进驻规模企业的措施,帮助企业解决具体困难和问题。在硬环境建设上更加配套。全盟各地将工业园区建设作为招商引资的重要条件,加大投入,加强园区软硬环境建设,落实优惠政策,完善配套基础建设,工业园区建设步伐明显加快。杭锦后旗大顺城工业园区、河套酒业工业园区、临河八一工业园区、乌拉特前旗高新技术工业园区、磴口高科技食品工业园区等,达到了“五通一平”的标准。乌拉特中旗海流图镇南工业园区、胜盘工业园区、乌不浪口工业园区,乌拉特前旗前山和后山两个高载能工业园区,乌拉特后旗青山工业园区等基础设施也有了很大改善,吸引大批企业入驻。全盟初具规模的16个工业园区,入园企业达到80多家,投资规模达到19.5亿元。

三、企业改革

“七五”计划(1986—1990年)初期,巴盟乡镇集体企业试行承包经营责任制,在取得经验基础后,在全盟乡镇集体企业中普遍推行。1998年,全盟乡镇企业改革以“三个有利于”为标准,因地制宜,因厂施策,采取承包、租赁、拍卖、破产、股份合作制、股份有限责任公司、组建集团七种形式,普遍转换经营机制。到年末时,全盟1279户乡镇集体企业中已有1252户进行转制,转制率达到98%,其中实行新一轮承包制的约占转制企业的60%以上。

四、典型带动

1998年,按照“依靠乡镇企业推进农牧业产业化,在推进农牧业产业化中加快乡镇企业发展”的工作规划,抓龙头,拓市场,建基地,涌现出一批符合当地实际的产业化典型。

龙头企业带动。乌拉特前旗树林子乡以肉联厂、饲料厂为龙头,组合种猪场、生猪公司、肉鸡公司等7个企业和10个村级畜牧分公司、300个重点户形成企业集团,外联市场、内联千家万户,实行分散饲养、集中加工、统一销售、社会化服务。通过集团形式将种植业、畜牧业、加工业链条紧紧地对接在一起,实现农畜产品—工业原料—工业产品—农业生产资料交接过程的体内循环,降低成本,提高效益。乌拉特前旗京洋食品有限公司外联市场,内联农户,以企业带动基础产业,以基础产业推动企业发展。公司油脂厂年处理油葵750多万千克,调整种植结构,带动周边油料的种植。1998年全厂实现增加值690万元,利润122万元,为全乡农民平均每人增加纯收入650元。公司脱水蔬菜厂直接与农户签订购销合同,并通过优惠政策调动农户的种植积极性。公司为签订合同的农户赊销化肥、农药、种子等。凡每年交售1500千克辣椒的农户,公司为之代付一个人的“三提五统”费。通过多种措施与农户初步结成较为稳定的利益共同体。

种养加结合。乌拉特后旗巴音布拉格镇布拉格嘎查以肉联厂为龙头，饲料基地为依托，组建阴山开发总公司，实行“北繁南育，种养加结合”的经营方式，分户饲养、统一加工、统一销售，初步形成了种养加一体化，产供销一条龙的生产经营格局。

市场拉动型。杭锦后旗二道桥乡农副产品集散地，1998 年购销量达 4000 多万千克，交易额 1.5 亿多元。巴盟近 1/5 的花葵、1/4 的籽瓜子由二道桥销往全国各地。同时，将当地的小麦、玉米、瓜果等农副产品也销往外地。二道桥与全国 20 多个省市自治区建立常年购销关系，为当地调整种植结构、解决农民卖难问题、增加农民收入、传递信息等方面做出积极贡献。

集团带动型。巴盟脱水蔬菜集团公司拥有成员厂 20 家，实行“三协调、六统一”的经营方针，分散加工，统一包装，统一销售，密切了农企关系。各成员厂均有自己稳定的原料基地，并以合同的形式固定。1998 年，新增原料基地 620 公顷。

中介组织带动型。临河绒毛协会本着传递信息、推广科技、协调关系、解决矛盾和问题的宗旨，加强企业自我约束、自我服务和自我管理，不断规范行业行为，增强行业优势。1998 年末，协会拥有成员厂 46 家，形成了年加工绒毛 2000 吨的生产能力。

五、先进企业

随着全盟私营经济的蓬勃发展和个体经济的迅速壮大，涌现出一批先进企业，引领着巴盟的社会经济发展。

乌拉特前旗贵超羊绒制品有限责任公司　公司位于乌拉特前旗西山咀镇，始建于 1991 年 4 月，1995 年 7 月扩建并更名为乌拉特前旗贵超羊绒制品有限责任公司。拥有固定资产 1500 万元，流动资金 200 万元。年产羊绒衫 8 万件，加工无毛绒 50 吨。有员工 165 名，其中高中级专业技术人员 7 名，大中专毕业生占职工总数的 15%。1998 年实现总产值 10420 万元，销售收入 9000 万元，利润 1000 万元，上缴税金 90 万元。

乌拉特前旗津蒙油脂厂　位于乌拉特前旗呼和苏木，是由呼和苏木黄河开发有限公司与天津武清县植物油厂共同投资兴建的股份制企业。1995 年 4 月破土动工，10 月份投产。总投资 3284 万元，其中固定资产投资 1284 万元。占地面积 4 万平方米，其中建筑面积 5000 多平方米。生产规模为日处理原料 100 吨，年处理 2 万吨，年产一级食用油 7400 吨，葵粕等油渣 1 万吨。全厂有员工 210 名，其中高中级专业技术人员 18 名。1998 年创产值 3471 万元，实现利润 120 万元，上缴税金 177 万元。

乌拉特前旗长胜油脂厂　内蒙古京洋食品有限公司长胜油脂厂位于乌拉特前旗长胜乡，是长胜乡与日本五洋株式会社共同投资兴建的合资企业。1995 年 5 月筹建，1996 年 10 月正式投产，固定资产投资 460 万元，占地面积 2.6 万平方米，年处理油葵 10000 吨，生产国标一级食用植物油3000多吨,产葵粕4000吨。有职工186人,其中高中级专业技术人员21人。1998年投资200多万元进行技改,产品达到"五脱",可生产色拉油,填补了盟内空白。拥有固定资产943万元,流动资金730万元。1998年创产值2775万元,实现销售收入2446万元,利润122万元,上缴税金24万元。

乌拉特前旗长胜脱水菜厂 是乌拉特前旗长胜乡与日本五洋株式会社及香港辉明国际有限公司共同兴建的合资企业。1993年7月动工兴建,1994年10月正式投产,固定资产投资85万元,占地面积10000平方米,其中建筑面积1800平方米。年产各种脱水蔬菜300吨,产值1100万元,利税296万元。主要产品有脱水青椒、红椒、胡萝卜、洋葱等十几个品种,产品销往日本、韩国、美国、马来西亚等国家,以及香港、广州、天津、安徽、江苏等地。

乌拉特前旗康林集团公司 乌拉特前旗康林集团公司位于树林子乡,组建于1996年4月,下设饲料加工厂、肉联厂、种猪场、油脂厂、生猪公司、肉鸡公司、技术服务部7个集团企业和10个村级畜牧分公司及300个重点畜牧户。拥有固定资产1500万元,流动资金800万元。1998年实现产值6160万元,利润520万元,上缴税金128万元。其骨干企业,饲料加工厂属乡办企业,1995年4月筹建,11月投产,固定资产投资450万元,总占地面积8000平方米,其中建筑面积1500平方米。生产能力为年产标准全价饲料3万吨。工艺流程采用国内较先进的计算机自动控制系统,从原料储存、加工到成品全部实现自动化。可生产猪、鸡、牛、羊、鲤鱼、鲢鱼全价饲料15个系列。1998年创产值2143万元,实现利润210万元,上缴税金18万元。肉联厂属乡办企业,1992年5月开始筹建,1994年6月正式投产。固定资产投资400万元,年处理生猪5万头,冷库库容量200吨,急冻库容量15吨,总占地面积20100平方米。1998年创产值1790万元,销售收入1700万元,实现利润145万元,上缴税金10万元。种猪场属乡办企业,筹建于1996年6月,总投资150万元,年出栏父母代种猪2000头,仔猪4000头。总占地面积1万平方米,其中建筑面积5000平方米。1998年出售种猪1980头,出售商品猪800多头,创产值160万元,实现利税32.9万元。

五原县恒安卫生用品公司 公司位于五原县隆兴昌镇,是隆兴昌镇与福建恒安集团公司共同兴建的股份制企业。筹建于1997年4月,6月正式投产,总投资300万元,有员工80人,主要产品为妇女卫生巾。

五原藏蒙铁合金有限公司 公司位于五原县隆兴昌镇,于1996年1月正式成立,是由原五原县铁合金厂经过企业转制后组建的有限责任公司。公司注册资金528万元,总占地面积16000平方米,其中建筑面积4000平方米,年生产5000吨碳素铬铁。有职工88人,其中专业技术人员16人。1998年创产值3256万元,实现利润398万元,上缴税金180万元。

五原县双福面粉厂 始建于1992年9月,属私营企业。当时厂内只有11人,日处理小麦15吨,是生产大众面粉的小型面粉厂。1994年、1996年先后两次进行技改,固定资产投资累计达160万元。日处理小麦50吨,可生产雪花粉、高级饺子专用粉、强力粉、特一粉、特二粉等六大类面粉,成为巴盟乡镇企业面粉加工的骨干企业。1998年创产值2500万元,实现利润130万元,上缴税金40万元。

临河市曙光宏胜养殖场　该场位于临河市东郊章嘉庙境内,紧靠110国道,距市区8公里,是临河市曙光乡宏胜村的村办企业。总投资1130万元,其中固定资产投资880万元。有职工58名,其中高级技术人员3名,中级技术人员6名。于1996年6月开始筹建,第一期工程于9月投产。工程全部完工后,年可饲养蛋种鸡7000套,出售商品鸡4000只,出售雏鸡80万只,种蛋60万枚,提供白条鸡6.9万千克。年实现销售收入1252万元,创利税65.8万元。

临河市禾力绒毛有限公司　建于1995年,拥有固定资产720万元,流动资金960万元。有职工320名,其中专业技术人员15名。1997年后,连续4次进行技改,年可产无毛绒180吨,洗毛800吨,纺纱80吨,加工羊绒衫3万件。1998年创产值650万元,利润142万元,上缴税金8万元。

临河市宇龙羊绒衫有限公司　位于临河市万丰经济开发区,属私营企业。筹建于1994年5月,固定资产投资420万元,拥有流动资金1260万元。年生产无毛绒30吨、羊绒衫8万件、羊绒围巾5万条,有职工170名。1998年创产值2100万元,实现销售收入2016万元,利润210万元,上缴税金20万元。

临河丰河食品有限公司　筹建于1996年10月,总投资500万元,其中设备投资80万元,年处理原料能力3500吨,总占地面积1.4万平方米。有固定职工40多人。主要产品有:白瓜子、黑瓜子、葵花籽三大炒货系列28个品种。产品运销武汉、长沙、石家庄、大连、北京、天津、上海等地。

杭锦后旗南渠水暖铸造厂　始建于1985年,是在原南渠修配厂铸工车间的基础上组建起来的一家私营企业。随着产品销售市场的不断拓展,1993年又在伊克昭盟碱柜建立分厂,1994年又投资80余万元,对原厂进行大规模改造,年产量由原来的40万片增加到80万片。有职工230人,车间面积3000平方米。办公室、宿舍面积6000平方米,固定资产总值达200万元。主要生产四柱760、660、M132、改型M132四种类型的暖气片及配件。产品以其造型美观、质量优良等特点,产品畅销伊克昭盟、乌海市、阿拉善盟、银川市及巴盟等地。

杭锦后旗晨光粮机研究所　建于1984年,属于私营企业,有职工40人,固定资产85万元,营业场地500平方米,下设晨光面粉厂、晨光再生造纸厂、汽车配件门市部、主要经营面粉加工、粮食加工机械设计安装、技术改造产品销售。产品有双组三组四组自动上料面粉机,各种面粉、包装纸、汽车配件、面粉机配件等。

第二十六篇

财政　税务

第一章 财 政

第一节 机 构

1986 年,盟财政处内设政秘科、预算科、企财科、农财科、行财科、综合计划科、农牧业税科、科研室、控购办公室。1987 年 7 月,增设监察科,农财科更名为农牧业科,成立财政计算站。1995 年 6 月,巴盟财政处更名为巴盟财政局。2000 年 2 月,巴盟财政局增设政府采购中心、会计集中核算中心。

2004 年 8 月,撤盟设市,更名为市财政局,内设办公室、预算科、国库科、综合科、条法税政科、行政政法科、教科文科、经济建设一科、经济建设二科、农牧业科、社会保障科、企业科、涉外科、会计科、监督检查科、国有资产监督管理科。2005 年,财政局增设国库集中支付中心。2010 年 12 月,市财政局内设办公室、预算科、国库科、行政政法科、教科文科、经济建设科、经济贸易科、农牧业科、社会保障科、工业交通科、条法税政科、涉外科、会计科、综合科、政府采购管理科、综改办等。

第二节 财政体制改革

1986 年,全盟财政实行“核定收支、定额补助、超收留用、自求平衡、一定五年”的财政管理体制。1988 年,自治区政府将自治区企业的车船使用税、房产税、批发环节营业税和城建税,下划盟财政管理。1994 年,财政开始实行分税制改革。1995 年,按照分税制对原财政包干体制中的定额上解或定额补助适当调整。主要是分类核定各旗县的财政供养人数,一般不再增编,从财力上适当照顾;分类核定旗、县最低人均开支标准,测算旗、县正常支出需要;根据地方财政收入,核定税收返还基数及原体制中的补助情况,计算各旗、县实有可用财力;根据财政本级实际承受能力,核定财政对困难旗县的配套补助数额。1996 年开始,逐步实行过渡期转移支付。由于分税制财政管理体制采取全国统一政策,提高中央财政收入占地方财政总收入的比重,自然也从欠发达地区拿走一块财力,使原本财政支出方面很困难的民族地区,收支矛盾更加突出。为解决这一问题,逐步缩小发达地区与不发达地区在公共财力方面的差距,中央财政通过转移支付的办法,主要解决全盟欠发工资、公用经费不足、可用财力不足等问题。2002—2003 年,对全盟财政体制进行调整。调整内容主要是盟级财政固定收入、旗、县、市财政固定收入,盟与旗、县、市财政共享收入,上划中央税收返还,结算改变过去那种“统收统支”,采取“一个基数、三个共享”的办法。

2006年,进一步调整完善市与旗、县、区财政收入体制,主要是市与旗、县、区财政收入的确定和划分、市级财政固定收入、非税收入中的国有资产经营收益,行政事业性收费,罚没收入,排污费收入以及临河开发区和农垦局征收的税收和非税收入。财政新体制基本确立,市与旗、县、区共享经济发展成果基本确立。在上划中央和自治区税收的基础上,对属于地方收入中的营业税、增值税、企业和个人所得税、资源税税收部分,实行基数加环比增量分成的办法,市本级分成比例为20%。

第三节 财政收入

一、财政总收入

1986—1990年,全盟财政收入每年以29.65%的速度递增,五年总收入6.21亿元,1988年,财政收入首次突破“亿元”大关,达到1.27亿元。1991—1995年,财政收入平均年递增15.37%,五年财政总收入12.88亿元,比“七五”时期增加107.42%。财政快速增长得益于分税制管理体制的改革。改革规范了中央和地方分配关系,调动起地方争取基数和保持利益的积极性,使收入有超常增长的势头。1996—2000年,财政收入继续稳定快速增长,年平均递增15.19%,五年中财政收入有4次大的突破。1996年突破4亿元,实现4.89亿元。1997年突破5亿元,实现5.58亿元。1998年突破6亿元,实现6.06亿元。2000年突破7亿元,实现7.34亿元。

2001—2005年,巴盟确定“以工业化为龙头,以项目和投资为中心,以招商引资和对外开放为突破”的经济发展模式,努力扩大经济总量,拉动财政收入快速增长,五年间,财政收入从8亿元增加到21.23亿元,增加了13.23亿元,年增长速度由8.97%提高到36.1%。其中,税收收入增长速度由14.67%提高到47.2%,提高近32个百分点。税收收入占财政总收入的比重由78.11%提高到83.59%。

2006—2010年,贯彻落实中央和自治区经济工作会议精神,以工业化为龙头、以招商引资为重点,加快经济发展;以转变经济发展方式,继续实施积极财政政策,重点是保障和改善民生,不断完善公共财政运行机制,推动经济社会快速发展,为财政收入的稳定持续增长奠定了基础。五年间,全市财政收入逐年上升,2006年财政收入为27亿元,2007年财政收入近40亿元,2008年突破50亿元,2010年财政收入为68亿元,年均递增26%。

1986—2010年的25年,盟(市)财政总收入为3652685万元,其中工商税收类收入2856698万元,占财政总收入的78.21%;农牧业税收类收入117942万元,占财政总收入的3.23%;非税收入(含预算外收入和基金收入)678045万元,占财政总收入的18.56%。

1986—2010 年财政收入情况表

表 26－1－1

时间 项目		当年总收入（万元）	其中									上级补助收入（万元）
			上划中央税（万元）	基金收入（万元）	上划自治区（万元）	一般预算收入（万元）	其中					
							企业收入（万元）	工商税收（万元）	农牧五税（万元）	地方自筹（万元）	其他收入（万元）	
“七五”时期	1986	7038	—	—	—	7038	112	5567	1430	—	153	17262
	1987	9576	—	—	—	9576	80	7503	1537	—	456	20038
	1988	12733	—	—	—	12733	811	9478	1651	—	793	20615
	1989	15319	—	—	—	15319	725	11691	2002	—	901	21572
	1990	17447	—	—	—	17447	1017	12853	2354	—	1223	21137
“八五”时期	1991	19206	—	—	—	19206	1060	13474	2286	—	2386	22177
	1992	19484	—	—	—	19484	966	14476	2818	—	1224	28566
	1993	23739	—	—	—	23739	1176	18236	3013	—	1314	20241
	1994	30192	12106	—	—	18086	1391	9301	4367	—	3027	29903
	1995	36211	12778	—	—	23433	1499	11581	5560	—	4793	31969
“九五”时期	1996	48893	14203	—	—	34690	2202	13848	11372	—	7768	36593
	1997	55847	14225	3107	—	38515	1750	16147	12740	—	7878	39859
	1998	60638	14984	1760	—	43894	2378	18499	13217	—	9800	46620
	1999	67166	15698	2746	—	48722	2993	21024	14566	—	10139	60756
	2000	73443	16957	2874	—	53612	4969	22350	14940	—	11353	75433
“十五”时期	2001	80028	19554	4776	—	55698	5387	25548	12021	—	12742	134387
	2002	92853	29153	3718	—	59982	4544	27709	12291	—	1538	157046
	2003	115109	37462	4757	—	72890	3996	37080	12339	—	19475	180080
	2004	155983	49724	7450	—	98809	7846	57338	8016	—	25609	201640
	2005	212296	76774	13014	—	122508	8615	88467	3056	—	22370	242807
“十一五”时期	2006	294320	115375	21179	20929	136837	14525	89058	2874	—	30380	342689
	2007	455048	180911	55656	30542	187939	—	145271	—	—	42668	421982
	2008	502940	224873	72316	39285	238782	—	187704	—	—	51042	581312
	2009	558360	212438	215100	45939	299983	—	233035	—	—	66948	727115
	2010	688864	249422	196460	56654	382788	—	269474	—	—	113314	831391

1989—2010 年财政收入占国内生产总值比重情况表

表 26 - 1 - 2

指标名称 年份	国内生产总值 (亿元)	财政总收入 (亿元)	财政收入占 GDP 比重 (%)
1989	21.81	1.53	7.02
1990	23.85	1074	7.32
1991	25.86	1.82	7.03
1992	27.89	1.95	6.99
1993	35.7	2.37	6.65
1994	50.04	3.02	6.03
1995	63.43	3.62	5.71
1996	82.46	4.89	5.93
1997	95.01	5.58	5.88
1998	101.1	6.06	6
1999	103.31	6.72	6.5
2000	111.07	7.34	6.61
2001	120.26	8	6.65
2002	128.77	9.29	7.21
2003	151.37	11.51	7.6
2004	189.49	15.6	8.23
2005	217.03	21.23	9.78
2006	278.23	29.43	10.58
2007	355.15	45.5	12.81
2008	439.06	50.29	11.45
2009	509.86	55.84	10.95
2010	603.33	68.89	11.42

二、财政收入构成

1986—2010年，巴彦淖尔各地各部门深化财政税收改革，大力增收节支，广泛拓展税源，税收结构更趋多元，税收收入快速增长。

1986—2010年工商各税分税种计征情况表

表26－1－3

科目 年度	工商各税		其中							
	合计（万元）	占财政收入比重（%）	产品税金额（万元）	增值税金额（万元）	消费税金额（万元）	营业税金额（万元）	所得税金额（万元）	调节税金额（万元）	盐税金额（万元）	其他工商税金额（万元）
1986	5566.6	79.1	2501.6	49.1	—	2127.3	482.8	—	26.2	379.6
1987	7502.7	78.5	2993.7	328.3	—	2689.9	617.6	1.6	36.4	835.2
1988	9478.1	74.6	3321.5	1069.2	—	3430	598	3.8	14.8	1040.8
1989	11691	76.5	4050.2	1221.7	—	4073	705	44	11.1	1586
1990	12852.9	73.8	4306	1554.7	—	4539.2	613.1	34.9	13.2	1791.8
1991	13474.1	70.3	3849.2	1994.9	—	4845.4	527.1	444	13.7	1799.8
1992	14476	74.4	4127	2441	—	5272	640	735	18	1243
1993	18236	76.8	5449	4123	—	5951	378	901	19	1415
1994	21407	70.8	—	13928	1556	2750	475	745	—	1953
1995	24359	67.3	—	14699	1754	3624	1212	554	—	2516
1996	28051	57.4	—	16070	2162	3954	1864	682	—	3319
1997	30372	54.4	—	16266	2025	4718	2383	713	—	4276
1998	35894	59.2	—	17209	2077	5469	5651	927	—	4561
1999	39412	58.4	—	18239	2019	6254	6091	1376	—	5163
2000	39307	53.5	—	4943	—	8412	7893	—	—	5358
2001	45102	56.4	—	5440	—	9854	10044	—	—	30360
2002	56862	61.2	—	6689	—	12710	5452	—	—	35132
2003	74542	64.8	—	8440	—	19265	4939	—	—	40246
2004	107062	68.6	—	10537	—	33148	7864	—	—	47260
2005	165241	77.8	—	17642	—	49606	11536	—	—	43724
2006	241595	82.1	—	21206	6778	41515	15505	—	—	156591
2007	356724	78.4	—	30831	7300	44856	29772	—	—	243965
2008	451862	89.8	—	34891	7920	45418	43033	—	—	320600
2009	491412	88	—	27396	12639	63309	47773	—	—	340295
2010	575550	83.6	—	33803	19003	77832	49139	—	—	395773

1986—2005 年农业税计征情况表

表 26－1－4

年度	应征金额(万元)	实征金额(万元)	实征应征差额(万元)
1986	1383	1398	15
1987	1466	1507	41
1988	1597	1576	－21
1989	1662	1733	71
1990	1735	1835	100
1991	1691	1733	42
1992	2071	2119	48
1993	2077	2177	100
1994	3010	2990	－20
1995	3759	3753	－6
1996	8162	8093	－69
1997	8542	8355	－187
1998	8761	8793	32
1999	9390	9328	－62
2000	8495	8380	－115
2001	7610	7600	－10
2002	10970	10983	－13
2003	10740	11042	302
2004	5871	5883	－12
2005	—	18	—

1986—1999 年牧业税计征情况表

表 26－1－5

年度	计征牲畜				计征税额(万元)	免征税额(万元)	应征税额(万元)	实征税额(万元)
	大畜	绵阳	山羊	合计				
1986	87	299	636	1022	34. 1	1. 8	32. 3	32. 3
1987	53	238	749	1040	27. 8	0. 8	27	27. 3
1988	53	238	709	1000	27. 8	—	27. 8	26. 9
1989	33	1126	853	2012	253	3	250	64. 6

续表 26－1－5

年度	计征牲畜				计征税额（万元）	免征税额（万元）	应征税额（万元）	实征税额（万元）
	大畜	绵阳	山羊	合计				
1990	36	1475	1153	2664	334	16.9	317.1	348.6
1991	33	1374	1246	2653	337.2	13.4	323.8	356
1992	25	1378	1251	2654	334.7	4.8	329.9	369
1993	25	1232	1221	2478	315.7	14.5	301.2	330.2
1994	30	1330	1200	2560	322	6	316	381
1995	40	2050	1550	3640	347	9	338	377
1996	30	1650	1260	2940	942	59	883	886
1997	40	1680	1580	3300	1078	9	1069	1076
1998	30	1760	1520	3310	1079	10	1069	1073
1999	20	1770	1540	3330	1087	—	1087	1077

1986—1998年农业特产税计征情况表

表 26－1－6

年度	计征税额（万元）	减免税额（万元）	应征税额（万元）	实征税额（万元）	当年尾欠（万元）	实征附加（万元）	备注
1986	13.9	—	13.9	13.3	0.6	1.6	—
1987	24.3	—	24.3	22.5	1.8	2.5	—
1988	29.4	—	29.4	27.2	2.2	3.1	—
1989	214.7	—	214.7	157	57.7	14.2	—
1990	138.5	—	138.5	149.2	—	13.2	实征数内有回收历年尾欠
1991	191.3	—	191.3	181.5	9.8	17.3	
1992	306	19	287	326	—	29	实征数内有回收历年尾欠
1993	528	—	528	532	—	49	
1994	1162	153	1009	998	12	43	实征数内有回收历年尾欠1万元
1995	1305	14	1341	1365	—	—	实征数内有回收历年尾欠
1996	3647	—	2302	2302	—	—	—
1997	4784	—	2897	2896	1	—	—
1998	5430	2217	3221	3233	—	—	—

第四节　财政支出

一、总支出

1986—1990 年,巴盟财政支出总额为 159591 万元。1988 年,上级财政对原来定额补助 10% 的环比增长予以取消,影响全盟财力,造成地方财力出现较大缺口。1991—1995 年,财政支出总额为 235977 万元,比“七五”时期支出增加 76386 万元,增长 47.86%,年平均递增 6.82%。支出迅速增加的原因主要是两次提高工资,仅个人部分支出年递增 20.17%,超过总支出增长速度。1996—2000 年,财政支出总额为 462569 万元,比“八五”时期支出增加 302978 万元,增长 1.28 倍,年平均递增 17.61%。2001—2005 年,财政支出总额为 1294630 万元,比“九五”时期支出增加 832061 万元,增长 1.8 倍。

2006—2010 年,全市财政支出总额为 3165393 万元。1986—2010 年,财政总支出为 6319176 万元。

1986—2010 年财政支出一览表

表 26-1-7

项目	时间	当年支出合计(万元)	其中											
			基金支出(万元)	一般预算支出(万元)	其中									
					基建(万元)	挖潜(万元)	简易建筑(万元)	科三项(万元)	支农(万元)	农口事业费(万元)	工交事业费(万元)	流通事业费(万元)	文体事业费(万元)	教育事业费(万元)
“七五”时期	1986	24146	—	—	306	686	192	148	2632	3138	350	42	6202	—
	1987	28840	—	—	296	873	101	44	2993	3212	593	64	6665	—
	1988	32272	—	—	205	955	120	79	2914	3452	443	29	7778	—
	1989	35324	—	—	293	1342	150	53	3738	3597	600	44	8774	—
	1990	39009	—	—	465	1079	139	93	3877	3945	552	52	9620	—
	小计	159591	—	—	1565	4935	702	417	16154	17344	2538	231	39039	—
“八五”时期	1991	41170	—	—	508	179	148	81	3673	4005	567	67	10032	—
	1992	48022	—	—	294	1732	109	100	3986	4230	643	85	10583	—
	1993	43329	—	—	40	3161	49	49	3902	4364	4364	133	11836	—
	1994	49208	—	—	65	2797	111	79	2505	5825	867	137	14886	—
	1995	54248	—	—	348	1718	117	82	2964	6138	689	349	17168	—
	小计	235977	—	—	1255	9587	534	391	17030	24562	7130	771	64505	—

续表 26-1-7

项目	时期	当年支出合计（万元）	其中												
			基金支出（万元）	一般预算支出（万元）	其中										
					基建（万元）	挖潜（万元）	简易建筑（万元）	科三项（万元）	支农（万元）	农口事业费（万元）	工交事业费（万元）	流通事业费（万元）	文体事业费（万元）	教育事业费（万元）
“九五”时期	1996	67287	—	—	1442	2250	210	80	3523	7490	718	203	19706	—
	1997	77861	2674	75187	2160	2080	160	340	4693	7160	781	320	2920	13693
	1998	91712	2284	89428	7437	1855	283	578	5065	7584	957	59	3103	16412
	1999	103643	2214	101429	9899	3087	—	582	3935	8893	1830	220	3444	19740
	2000	122066	1993	120073	18195	1582	—	897	4160	11066	1105	259	3646	22333
	小计	462569	9165	386117	39133	10854	—	2477	21376	42193	5391	1061	32819	72178
“十五”时期	2001	184074	3102	180972	38132	3622	—	1395	—	22228	1935	298	5245	31740
	2002	210369	2873	207496	36277	3902	—	1109	—	23927	2602	335	6016	39662
	2003	249552	4252	245300	45417	4739	—	1195	—	24078	3864	444	5992	40065
	2004	296262	7770	288492	34859	5975	—	900	—	48160	5638	503	6899	48228
	2005	354373	11797	342576	50576	5821	—	1103	—	51366	5484	665	7963	51524
	小计	1294630	29794	1264836	164261	24059	—	5702	—	169759	19523	2245	32115	211219
“十一五”时期	2006	503911	23366	450770	75713	4265	—	1175	—	81079	18796	—	5789	60347
	2007	677200	79557	597620	—	—	—	—	—	102633	31089	—	8215	79330
	2008	804596	71782	732814	—	—	—	—	—	152812	37432	—	11335	105540
	2009	1054775	216961	837814	—	—	—	—	—	188100	80793	—	14244	133512
	2010	1235282	220548	1014734	—	—	—	—	—	228153	48240	—	21451	162573
	小计	4275764	612214	3633732	—	—	—	—	—	752777	216350	—	61034	541302

续表 26-1-7

其中															
其中															
科学事业费（万元）	卫生事业费（万元）	其他事业费（万元）	抚恤社救（万元）	社会保障支出（万元）	行政管理（公共服务）（万元）	武警支出	公检法（公共安全）（万元）	政策补贴（万元）	城市维护（万元）	支发支出（万元）	专项支出（万元）	城乡社区事务（万元）	资源勘探电力信息（万元）	环境保护（万元）	其他支出（万元）
103	—	771	514	—	3643	—	717	1143	2113	—	23	—	—	—	1423
252	—	987	550	—	4619	—	—	4675	1634	—	14	—	—	—	1268

续表 26－1－7

其中															
其中															
科学事业费(万元)	卫生事业费(万元)	其他事业费(万元)	抚恤社救(万元)	社会保障支出(万元)	行政管理(公共服务)(万元)	武警支出(万元)	公检法(公共安全)(万元)	政策补贴(万元)	城市维护(万元)	支发支出(万元)	专项支出(万元)	城乡社区事务(万元)	资源勘探电力信息(万元)	环境保护	其他支出(万元)
284	—	1095	678	—	4632	—	1115	2753	1827	373	58	—	—	—	482
296	—	1310	590	—	4816	—	1460	5466	1588	417	80	—	—	—	711
354	—	1397	723	—	5984	—	1641	6426	1581	356	118	—	—	—	607
1289	—	5560	3055	—	23694	—	4933	23462	8743	1146	293	—	—	—	4491
364	—	1288	814	—	6324	—	1537	6328	1702	169	233	—	—	—	2151
386	—	1542	1008	—	6769	—	1817	11782	1441	140	310	—	—	—	1065
395	—	1606	918	—	7858	—	2054	2459	1930	110	356	—	—	—	1490
566	—	2017	1340	—	9696	—	2650	1090	2033	70	467	—	—	—	2037
616	—	3020	1409	—	10999	—	2937	245	1974	129	690	—	—	—	2936
2327	—	9473	5489	—	41614	—	11195	21904	9080	618	2056	—	—	—	9679
647	—	3993	1284	—	12984	—	3559	1519	2960	76	1077	—	—	—	3566
733	5325	5547	1347	—	14251	313	4393	1866	3347	728	—	—	—	—	3030
819	5636	4882	1313	1592	15911	323	5606	2549	3248	404	1328	—	—	—	2484
935	5525	5863	1538	2418	17266	310	6404	1013	33347	785	1238	—	—	—	3167
966	7039	6644	1665	2725	19683	251	7241	1277	4328	994	1270	—	—	—	2647
4100	23525	26929	7147	6735	80095	1197	27203	8224	47230	2987	4913	—	—	—	14894
1199	8122	7700	2119	8243	26435	488	8849	2495	5480	1706	1418	—	—	—	2123
1385	8626	10076	3619	7174	31545	368	10267	1757	8857	2821	1861	—	—	—	5310
1510	11992	13404	4916	12217	36593	514	10941	251	10162	3749	1883	—	—	—	11374
1653	10636	15387	5590	14455	43233	565	13212	47	12334	2718	4119	—	—	—	13382
1703	12645	17639	8246	16473	52087	881	16474	335	20366	2334	5227	—	—	—	13661
7450	52021	64206	24490	58562	189898	2816	59743	4885	57199	13328	14508	—	—	—	45850
3147	15485	2136	13609	20026	79257	1242	21139	805	22345	3299	6717	—	—	—	25003
3190	25933	10354	—	89984	100818	—	32086	—	—	—	—	64274	12601	37073	42480
4327	33917	18156	—	120300	112701	—	43884	—	—	—	—	109812	15128	39252	102959
3726	61592	28872	—	159414	122638	—	44417	—	—	—	—	122949	13102	69530	11886
8524	70187	22817	—	177357	131558	—	76731	—	—	—	—	112144	13971	62824	22817
22914	207114	82335	—	567081	546972	—	218257	—	—	—	—	409179	54802	208679	205145

二、支出构成

一般预算支出　1986—2010年的25年，一般预算支出累计5284685万元，占财政总支出的比重达到83.6%。支出项目有基本建设支出、企业挖潜改造支出、科学事业和科技三项支出、农业林业基础建设支出、工业交通部门事业费、教育医疗卫生支出、抚恤和社会福利救济、社会保障、行政管理、公检法及公共安全、城市维护及城乡社区服务费、环境保护等费用。

基金预算支出　主要项目有工业交通部门基金支出、商贸部门基金支出、文教部门基金支出、社会保险基金支出、农业部门基金支出、土地有偿使用支出、其他部门基金支出等。

预算外资金支出　主要用于基本建设、更改大修、城市维护、科技三项费用、行政事业单位上缴两金、税金及其他支出等。

1986—2003年预算外资金支出情况表

表26－1－8

项目 金额 年度	合计	基建支出（万元）	更改大修支出（万元）	城市维护（万元）	科技三项费用（万元）	福利奖励支出（万元）	行政事业支出（万元）	乡镇统筹支出（万元）	上缴两金（万元）	税金（万元）	其他支出（万元）
1986	7380	827	1925	165	182	866	1763	—	347	—	1305
1987	8912	1047	2081	177	878	1387	1886	—	479	—	977
1988	11633	1393	3060	443	679	1415	2724	—	743	—	1176
1989	13404	1686	2897	129	178	2126	2963	—	1363	113	1949
1990	17105	1882	3664	177	252	2069	4735	—	1380	515	2434
1991	17243	1601	3790	218	382	2353	5844	—	1193	145	1717
1992	21423	2764	4386	243	272	2241	8250	—	1279	76	1912
1993	8857	1461	—	402	—	627	5053	—	157	88	1069
1994	8709	1579	—	257	—	521	4967	—	117	—	1268
1995	10228	1774	—	508	—	724	6195	—	104	—	923
1996	19357	1817	103	830	—	—	11859	—	3091	—	1657
1997	18925	655	—	538	—	—	12795	—	3181	—	1756
1998	20795	1904	—	1662	—	—	16568	—	—	—	661
1999	19366	24388	—	56	—	—	15706	—	—	—	166
2000	19430	1671	—	26	—	—	17528	—	—	—	205
2001	19775	168	—	1130	—	—	10405	3627	—	—	4445
2002	20123	—	—	62	—	—	16727	539	—	—	2795
2003	23169	—	—	652	—	—	21100	—	—	—	1417

第五节 财政监督检查

一、大检查

1987年,由税务、审计、财政等部门共同配合,在全盟开展税收、财务、物价大检查,查出违纪金额441万元。1988年,在财政例行检查中,查出违纪违规资金816万元,应上缴金额635万元,上缴442万元。1989年,在全盟税收财务物价大检查中,检查出违纪金额1051.7万元,应入库金额756.3万元,入库603.8万元,占应入库金额的79.8%。大检查期间清理职工欠款253.7万元,清理各种形式的“小金库”资金39.2万元。1990年,全盟税收财务物价大检查共查出违纪金额1003万元,加上自查违纪金额132万元,全盟共查出违纪金额1135万元,其中应缴财政收入为771万元,入库金额412万元,占应入库余额的53.4%。同时还查出“小金库”37万元,清理职工欠款81万元。1991年,将税收、财务、物价检查与促“增收节支、增产节约”工作相结合,以堵塞漏洞,改善管理、建立健全各项财务规章制度为重点,在全盟开展大检查,共查出违纪金额822万元,应入库金额548万元,入库金额442万元,占入库80.6%。1992年,共查出违纪金额75.6万元,其中:“农业五税”违纪金额13.6万元,占违纪金额的18%,部分支农资金违纪金额62万元,占违纪金额的82%,按规定进行了处罚。1993年,在财税检查中,查出违纪金额966万元,应入库金额263万元,已入库225万元,占应入库金额的86%。1994年,在财务例行检查中,查出各类违纪金额1051万元,其中,偷漏工商各税861万元。1995年,重点开展“小金库”专项检查工作,按自治区政府文件精神,对全盟2887个单位“小金库”情况进行检查,对565个单位进行重点抽查,查出“小金库”资金56万元。1996年,全盟共查出各类违纪金额1858万元,应入库金额1238万元,已入库金额1097万元,入库率达88.6%。1997年,全盟共计查出违纪金额1613万元,应上缴中央和地方财政金额1041万元,已上缴入库1009万元,入库率96.92%。1998年,国务院取消一年一度的税收、财务物价大检查。

二、《会计法》执法检查

1999年,对盟田力制糖有限责任公司、临河保健啤酒总厂、巴运集团总公司、巴盟热力公司4个企业执行国家会计法情况进行检查,纠正企业在会计业务操作过程中存在的问题。2002年,开展会计信息质量检查,检查行政事业单位75户,查出违规金额19万元。2003年,在会计信息质量检查中,检查企业和行政事业单位181户,查出违规金额468万元。2005年,在会计信息质量检查中,检查企业事业单位6户,查出主要问题是会计核算账目不完整,会计岗位职责不清;资金结算不健全,欠缴税款;主管部门无固定资产明细账,有意隐瞒收入,逃避财政管理,收入不记账等问题。2007年,在对部分单位会计信息质量检查中,查出各类违规金额1070万元。2008年,对财政内部、农村信用合作社、国土资源等

27 个单位会计信息质量例行检查，规范财务管理制度，化解财政风险。

三、清理“小金库”

2009 年，根据自治区文件精神，集中开展“小金库”检查，共检查 435 个单位，查出有“小金库”问题单位 44 个，查出“小金库”金额 721 万元。2010 年，继续对“小金库”资金进行检查，全市检查社会团体、事业单位、国有企业 331 个，查出“小金库”资金 139 万元。

第六节　国有资产管理

一、清产核资

1991—1995 年，对全盟国有企业及企业化管理的事业单位进行清查。全盟有国有企业及企业化管理的事业单位 428 户。按行业划分：工交建筑系统 104 户，商业系统 106 户，粮食系统 99 户，物资系统 80 户，外贸系统 15 户，农机系统 8 户，其他 16 户。428 户国有企业、企业化管理的事业单位账面资产总额为 35.4 亿元，重估核实为 45.8 亿元；账面负债 29 亿元，清查核实为 33.1 亿元。1996 年，在全盟范围内开展行政事业单位资产清查和产权界定，清查和产权界定行政、事业单位 1204 户。1204 户占用国有土地 19028 万平方米，房屋 232 万平方米，汽车 3120 辆，专用仪器设备 6443 台，非经营性资产转经营性资产 1954 万元，总资产 13.7 亿元，负债 1.3 亿元。

二、产权登记

1991 年，按照财政部、国有资产管理局联合发布的《行政事业单位国有资产管理办法》《企业国有资产产权登记管理实施细则》《行政事业单位国有资产产权登记实施办法》及内蒙古自治区政府办公厅有关通知精神，对盟直各行政、事业单位、国有及国有控股、参股企业办理产权登记。对于不办理产权登记、年检的单位和企业，将按照国务院第 91 号令《企业国有资产产权登记管理办法》等规定中处罚办法进行处罚。在产权登记中，将产权登记、年检和工商对企业营业证照年检同时进行。先办理产权登记、年检手续，再办理营业证照年检，基本做到产权登记、年检不重不漏。2010 年 12 月，全市登记国有资产共计 106.27 亿元，其中市本级 47.11 亿元。

第二章 税 务

第一节 机 构

1986—1988年,设盟税务处,负责全盟的税务工作。1989年4月,税务工作划归自治区税务局垂直管理。盟税务处下辖7个旗、县税务局,1个税务分局,30个基层税务所。1992年3月,盟税务处改称盟税务局。1994年,实行税制改革,盟税务局在改制中分别设立国家税务局和地方税务局。

国家税务局 1994年8月,巴盟成立国家税务局。1996年5月,巴盟国税直属征收分局成立涉外税务所。1997年2月,撤销涉外税务所,成立巴盟国家税务局涉外税收管理分局。2004年3月,撤销巴盟国家税务局涉外税收管理分局,成立国家税务局国际税务管理科。2005年3月,撤销国际税务管理科,涉外企业实现完全属地管理。2004年,巴彦淖尔撤盟设市,巴盟国税局改称巴彦淖尔市国税局。2010年12月,巴彦淖尔市国家税务局内设12个科室,3个直属机构,3个事业单位;下辖8个旗、县、区局。设置派出机构21个,其中税务分局14个、税务所7个。

地方税务局 1994年8月,巴盟地方税务局成立,正处级建制,受内蒙古自治区地税局和巴盟行政行署双重领导,以自治区地税局垂直领导为主。内设办公室、税政管理一科、税政管理二科、税政管理三科、税政管理四科、税收管理科、计统征收科、监察审计科、财务装备科、税务稽查局、人事科、宣传教育科、机关事务中心。下设7个旗、县、市地税局和巴盟直属征收管理局、乌拉山征收管理局,1995年,地税局增设培训中心、信息中心,调整成立人事教育科、税政管理法规科、监察室、农税局等。2002年6月,撤销乌拉山征收管理局并入乌拉特前旗地税局;增设临河经济技术开发区地方税务局。2003年7月,成立巴彦淖尔盟农垦地方税务征收分局。

2004年,撤盟设市,盟地方税务局更名为市地方税务局,将原人事教育科分为人事科、宣传教育科,税收管理科分为税收管理科、发票科、检查科,稽查局上划自治区地税局垂直管理。2006年,发票科并入税收管理科,税政法规科分为税政科、法规科。2010年,地方税务局内设机构未变动,下辖7个旗、县、区地税局和临河经济技术开发区地方税务局、农垦地方税务征收分局。

第二节 税种及税制改革

1986—1994年,在税收中开征33个税种,包括营业税、产品税、增值税、建筑税、奖金税、城市维护建设税、固定资产投资方向调节税、车船使用税、印花税、牲畜交易税、城市房地产税、城镇土地使用税、资源税、屠宰税、筵席税等。1994年,取消国营企业奖金税;将原征收产品税的产品全部改征增值税;增加消费税、车辆购置附加费、国家能源交通重点建设基金和国家预算调节基金。1996年1月起,停征国家能源交通重点建设基金和国家预算调节基金。1997年4月,按照自治区地方税务局、国家税务局通知,旗县级的金融保险企业营业税由各旗、县、市国家税务局负责征收,盟级金融保险企业营业税由盟直属分局负责征收。2001年1月,根据《中华人民共和国车辆购置税暂行条例》,车辆购置附加费改为车辆购置税,由交通部门负责代征,所征税款归中央财政收入。2002年1月起,按照国家规定,企业所得税实行中央和地方共享,国、地两税原征管企业范围不变,新办企业的所得税归各级国税部门征管。国税部门征收管理范围不断扩大,税款收入也有所增长。所征税款按规定比例分别缴入中央金库和地方金库。2003年1月,巴盟国税部门退出对金融保险企业营业税的征收管理。2005年1月,根据国家税务总局《车辆购置税征收管理办法》规定,车辆购置税正式由国税部门负责征收。地税停征农业税,启征社保五费、水利建设基金、工会经费、残疾人保障金。2009年1月1日起,允许企业抵扣新购入设备所含的增值税,购进机器设备等固定资产的进项税金在销项税金中抵扣;取消进口设备免征增值税和外商投资企业采购国产设备增值税退税政策;将工业和商业小规模纳税人的增值税征收率统调低至3%;将产品增值税税率恢复到17%。增值税由"生产型增值税"转为"消费型增值税"。

第三节 国家税务管理

一、发票和票证管理

1995—2010年,按照国家税务总局《增值税专用发票存储运输安全保管暂行办法》,相继制定《巴彦淖尔盟国税系统内部发票管理暂行规定》《以票管税制度》《增值税专用发票月检制度》《增值税专用发票旬报制度》《以票管税试行办法》《以票管税审核稽查实施意见》等。在发票的印制、领购、存放、保管、押运、缴销等方面严格履行手续。

在票证的管理上,国税部门对各征管局增值税专用发票的领取、使用、保管、安全保卫等方面进行定期、不定期检查。在对专用发票申领手续的检查中,全市各管理局对申请购领专用发票的审批手续严格按照审批程序进行。在专用发票账务检查中,各管理局做到专人记账、账目清楚、账实相符、财务核算符合等要求,票款严格按照收支两条线及时就地缴入中央金库;在安全保卫方面符合"双人上岗""四专五防""六不准"的要求。2005年,票证中心推行剪贴式发票。

二、税收管理

1995年,国家税务局出台《关于强化税收征管,加快税收工作重心转移的实施方案》。方案就实现税收工作重心向征管转移:对税源较集中的地区实行纳税申报、税务代理、税务稽查三位一体的税收征管模式;对于税源分散,管理难度较大,地域偏远的农村牧区,继续完善“征管、检查”两分离的征管模式,分步推行“分片管理、按期轮换、交叉检查、调离审计”的征管办法。2000年,实行税收征管改革,推行“以网络化管理、纳税人申报和集中征收办法征收。2004年,巴彦淖尔市为进一步规范国税征管,依据《国家税务总局征管业务规程》,围绕国税系统人力资源管理体系,坚持以简化、优化办税流程,方便纳税人办税为原则,对征管业务流程重新进行梳理和优化。通过简化事前审批环节,强化事后监督管理,使各项征管业务更加条理化和标准化。形成“前台受理,后台审批,内部流转,办结回复”的新型闭环式工作流程。2005年,税收征管体制进一步完善,规范征管岗责设置。2006年,国税围绕“规范管理年”工作方案,进行税收征管改革,规范机构,优化流程,科学合理设置办税厅岗位和服务内容;建立起税源管理预警机制,构建起横纵贯通的立体化税收分析体系;进一步完善税收管理员工作内容、工作职责、工作要求和工作程序。结合人力资源、双向选择、竞争上岗制度,使一批高素质的税务干部走上税收管理员工作岗位;以换证为契机,建立起税政稽核、清查、复查机制。1996—2010年,各旗、县、市在组建办税服务厅后,由纳税人主动到办税厅直接纳税申报。

三、税源管理

1995—2003年,巴盟国税税源管理主要推行新的模式,按照属地原则,以行政区域划分征管责任范围,在区域内的纳税人均由所在地税务机关统一征管;在税务所管理范围内,对纳税人划片,分配征管人员进行巡回管理,征管人员在管片内选择一个常驻点,定期对纳税户进行集中辅导和宣传,办理申报纳税事宜;各旗、县、区税务机关对税源大、生产经营和税收征管复杂,其纳税情况对全年税收收入影响较大的企业,派出人员或工作组进行管理;在巩固1995年、1996年城镇农村牧区税收征管改革成果后,对纳税人实行分类管理,集中征收;根据纳税人的纳税观念、办税质量、申报质量、税款缴纳情况、财务核算水平以及发生的税务违法违章行为等情况,把纳税人评定为若干信誉等级,实行分类管理;按照征管法及实施细则规定的纳税人以及申报纳税有异常现象的纳税人,应纳税额进行测算、分析、评估、核定的一种规范性的税收管理方法。2004年,国税推出更加精细化管理模式,建成“以户籍管理为基础,以税负管理为核心,以纳税评估为手段”的税源管理模式。2005年后,以“宏观分析把握整体、微观分析力求精细、业务与技术有机统一”的工作方法,进一步完善税源管理制度,建立纵横联系、多层次、全方位税源管理网络。

四、纳税方式

各企业及纳税人根据税法规定，自行计算税额，自行填写税收缴款书，自行按期向国库经收处缴纳税款并向税务机关申报，由税务机关进行检查；纳税人根据税法规定，自行计算应纳税款，向税务机关申报，税务机关审核后，填写税收缴款书由纳税人在限期内向国库缴款。再经税务机关查账检查后，对缴纳的税款多退少补；税务机关在纳税人按规定申报纳税后，对纳税户的生产经营规模、从业人员数量、产品销售情况以及一般盈利程度进行调查测算，实地查证与纳税有关的对象，以确定业户的计税依据和税额，业户按期依率缴纳税款；查验征收是税务机关对应税货物的入库、出库、运输和销量进行现场检查验证，按规定确定计税依据和计征税款的一种征收方法。查验征收适用于零星分散、流动性大、季节性和临时性经营的税源的税款征收；定期定额征收也叫"双定"征收，是税务机关根据纳税人自报，按规定程序，核定纳税人在一定经营时期内的应纳税额及收益额，以此为计税依据，确定业户应纳税额并定期征收税款的一种征收方法；代收代缴是按税法规定确定的代收代缴单位和个人在向纳税人收取款项和交货时，依法收取税款的一种方法；委托代征是税务机关委托某些单位代为征收税款的一种征收方法。

五、纳税户

1994 年，全盟国税管理各类纳税户 14910 户，其中，内资企业 2755 户，港澳台独资企业 18 户，外商投资企业 8 户，个体工商业户 12099 户，其他 30 户。1998 年，国税管理的纳税户共 14910 户，其中，内资企业 2755 户，港澳台独资企业 18 户，外商投资企业 8 户，个体工商业户 12099 户，其他 30 户。2000 年，国税对全盟管户进行清理整顿，全盟国税系统在册管户 17638 户。2002 年，在对个体工商户税负调查的基础上，加大对个体工商户的管理力度，使纳税户数由 11088 户增加到 14872 户。纳税户率由 66.22% 提高到 80.14%。户均纳税额由 138 元提高到 161.21 元。

2004 年，全市国家税务局管理各类纳税户 21579 户，其中，增值税纳税人户数 12910 户。增值税一般纳税人 695 户，增值税小规模纳税人 12215 户。按纳税规模划分，重点税源企业 72 户，其他企业 1639 户，个体户 19868 户。2005 年，国税管理各类纳税户 20283 户。增值税纳税人户数 19870 户，其中，一般纳税人 781 户，小规模纳税人 19089 户。按纳税规模划分，重点税源企业 84 户，其他企业 1671 户，个体户 18528 户。2006 年，全市管理各类纳税户 22302 户，其中，企业 2170 户，个体 20132 户，增值税一般纳税人企业 963 户。重点税源企业 88 户，500 万元以上企业 26 户。2007 年，全市管理正常纳税人 25498 户，重点税源企业 104 户，其中，增消两税在 500 万元以上企业 41 户，100 万元以上企业 89 户，50 万元以上企业 104 户。全市 14918 户个体工商户享受到提高起征点的优惠，占全部个体工商户的 70%。2008 年，市国税系统共管理各类纳税人 25733 户，其中，重点税源企业 121 户，500 万元以上企业 46 户，100 万 ~500 万元的企业 60 户，50 万 ~100 万元的企业 15 户。

2009 年,国税管理各类纳税户 25182 户,有重点税源企业 11 户,其中,增值税和消费税入库 500 万元以上企业 36 户,入库 100 万元以上企业 85 户,入库 50 万元以上企业 111 户。2010 年,全市国税管理各类纳税户 27563 户,有重点税源企业 94 户,其中,“两税”入库 500 万元以上企业 46 户,入库 100 万元以上企业 85 户,入库 50 万元以上企业 94 户。

六、税收服务

1996—2010 年,为提高办税效率,减少纳税人办税程序,巴盟各旗、县、市国家税务局相继建成办税服务厅。在征收服务厅设税务咨询、发售发票和税务文书资料、税务登记、纳税申报、税款征收和信息资料归集等,方便纳税人查询、咨询。1997—2010 年,在个体纳税户中推行“完税标志卡片”,并为纳税人在完成纳税后兑现承诺。

七、税务监督检查

1994 年,制定稽查制度是根据计算机占有的数据资料进行分析、对比、排列和组合,从中发现异常,发出警报,列出税务稽查的重点对象;税务稽查人员按照税收法律、法规、规章及稽查方案所确定的稽查范围、种类、方式和内容等要求,依据稽查标准,采取科学有效的方法,有目标、有步骤地进行稽查的实物操作活动;在查明案件事实的基础上,依法对纳税人、扣缴义务人或者其他当事人是否有违法行为,应否处以什么行政处罚或者作其他处理的审查判断过程;将发生法律效力的税务处理决定付诸实施的活动。1998 年,全盟共查处各类涉税案件 2359 起,查补税款 732.5 万元。1999 年,为强化税务稽查工作,保证稽查工作有的放矢,巴盟国税局召开全盟国税稽查工作会议,安排部署 1999 年的稽查工作并讨论研究稽查工作中存在的一些亟待解决的问题,制定下发《巴盟国税系统稽查工作规程(试行)》和《巴盟国税系统稽查工作考核办法(试行)》两个文件进一步规范稽查运行程序。同时将稽查查补收入任务明确分解落实到各征收局,从而统一思想,明确奋斗目标。全年全盟共稽查纳税人 1500 户,其中有问题的 773 户,共查补税款 1376 万元,加收滞纳金和罚款 235 万元,共计 1611 万元,入库税款 133 万元,入库滞纳金和罚款 166 万元,共计 1503 万元。2001 年,国税共办理责任追究案件 544 件,追究责任人 1056 人次,其中直接责任人 560 人次,间接责任人 25 人次,连带责任人 471 人次。2002 年,国税对 56 户纳税企业进行日常检查,查出就地纳税企业虚报亏损 3.22 万元,查增应纳税所得额 21.11 万元,查增所得税 6.43 万元,滞纳金及罚款 2.13 万元,营业税 0.3 万元;对 30 户企业进行专项检查,查增应纳税所得额 24 万元,查增所得税 7 万元,滞纳金及罚款 2 万元;组织工行、农行、信用社、石油、邮政、电信、烟草企业开展所得税税收专项检查,检查企业 46 户,查补所得税 13.8 万元,罚款 6.1 万元,滞纳金 0.24 万元;对就地纳税 154 户企业开展 2001 年度企业所得税纳税检查,查增应纳税所得额 22 万元,查增所得税 6.5 万元,罚款及滞纳金 4.6 万元;对 39 户汇总纳税企业进行 2001 年度企业所得税纳税汇算清缴检查,查增应纳税所得额 48.54 万元,查增应纳所得税额 16.88 万元,罚款 6.48 万元,滞纳金 0.23 万元;完成全盟外商投资企业和外国企业的所得税汇算清缴工作；对临河地区绒毛企业税负情况进行调查，增加税款14万元，补缴税款57万元。2004年，为进一步规范国税征管，依据《国家税务总局征管业务规程》，以巴盟国税系统人力资源管理体系，坚持以简化、优化办税流程，方便纳税人办税为原则，对征管业务流程重新进行梳理和优化。通过简化事前审批环节，强化事后监督管理，使各项征管业务更加条理化和标准化，形成“前台受理，后台审批，内部流转，办结回复”的新型闭环式工作流程。2006年，全市累计检查运输发票2344份，其中属于录入错误941份，地税局漏报119份，正常发票1136份，一般性违规68份，转稽查立案74份，其他6份；累计检查废旧物资发票916份，其中录入错误155份，正常发票652份，转稽查立案109份；累计检查海关完税凭证162份，其中录入错误1份，正常发票106份，转稽查立案55份；累计检查增值税专用发票19份，属于正常发票。2007年，市国税局共检查纳税人98户，初审有问题81户，查补税款471万元，滞纳金87万元，罚款267万元，共计825万元。移送司法机关案件1起，曝光税务违法案件1起，税收违法公告12起。2008年，市国税系统追究执法过错行为185项，涉及执法责任人185人次，追究金额8270元，追究率为100%。市局共审理案件16件，其中重大案件6件，一般案件10件；审结案件12件，查补税款193万元、滞纳金37.5万元、罚款84.8万元。2009年，市国税系统追究执法过错行为97项，涉及执法责任人144人次，追究金额6540元，追究率100%。2010年，市国税系统追究执法过错行为420项，涉及执法责任人191人次，追究金额6380元，追究率100%。开展稽查自查43户，自查税款1952万元。开展检查59户，检查税款1628万元。自查检查合计完成税款3580万元。

八、信息化建设

1995年，盟国税系统完成“金税一期工程”建设任务，实现了国税局与自治区国税局、国家总局广域网互连。2000年8月，着手“金税二期工程”建设。7月1日，“金税工程”在全市国税系统顺利开通。2003年，完成人力资源管理信息系统软件的开发和推广。

第四节　地方税务管理

一、税源管理

1999年，盟地税局负责管理和监督的纳税人共有21486户，其中，国有企业607户，非国有企业1491户，个体19388户。此外有农牧业纳税农牧户24.6万户，计税土地面积35.73万公顷。

2000年，地税系统税收实施信息化建设，重点建成全盟网络视频会议系统、桌面视频系统、IP网络电话，形成集视频会议召开、远程互动教育、办税服务监控、领导桌面办公于一体的的多功能网络。相继完成与区局广域网对接，标准化税务所（中心税务所）广域网接入,在全区率先实现区、盟、旗(县市)、税务所四级联网。

为加快全盟征管数据集中处理步伐,对全盟近3万户纳税人基础信息重新采集录入。结合纳税人信用等级管理,将网上纳税申报业务扩大到全盟。

2002年,地税局进一步拓展集中征收的深度和广度,在城镇,以办税厅为基础,实行定额公开、程序公开、征税公开、计算机打票,对业户定额和欠税情况进行公告,增强纳税透明度。在农牧区,推行定时定点集中征收办法,严格落实"五到户一公开"制度。加强"七率"的监控管理,对各征管局"七率"达标情况进行督查检查。在全盟地税系统局域网的基础上,建成全盟广域网,实现盟局与各旗、县征管局远程计算机的征管数据信息共享和办公自动化。

2003年,在全盟饮食行业全面推行有奖定额发票。餐饮业用票户由原来的771户上升至3240户,增长321%,发票领用率达到100%,堵塞征管漏洞;全面实行"一窗式"管理,简政放权、简化程序,提高办税效率。全盟七个旗、县、市全面推行信息化支持下的农业税定时定点集中征收方式和会计集中核算办法,逐步取代传统的驻站征收或到户征收模式。加强车船使用税、圈占地土地使用税、营利性医疗机构的税收征管,对房地产开发、建筑安装企业和加油站行业的纯益率进行调整,新增税源1000万元左右。强化社保费征缴监控,建立起全盟社保费征缴管理数据库。加强税收法制建设,全面建立以执法责任制和责任追究制为核心执法责任体系,进一步规范税收干部行政执法行为。开展全盟发票和税收票证检查,对检查中发现的严重问题依据执法责任制进行严厉的责任追究,健全发票和税收票证管理。

2005年,制定《税源分级分类分片户籍管理办法》,在全系统全面实行税收管理员制度和管户报告责任制,对辖区管户实行划片管理,建立户籍档案,制作"户籍式"分级、分类、分片管理户籍式示意图,形成管理清晰、责任明确、监督有力的税源管理机制。

2007年,进一步加强对重点税源的监控,准确把握重点税源的生产、经营状况,形成有效的重点税源监控机制和组织收入运行保障机制。以税收科学化、精细化管理为基点,以制度规范征管,靠制度提高效率,税收征管的质量明显提高。市地税局制定《建筑、房地产业税收征收管理办法》《交通运输业税收管理办法》和《矿山业税收管理办法》,建立由当地政府牵头,国税、地税合署办公的矿山企业征收管理机构,切实加强对当地税源管控。构建市局、旗县局、基层所三级发票管理体系,进一步规范发票管理。"以票控税"的作用得到充分发挥。税务稽查与日常检查互动协查机制,将案件稽查与日常检查结合起来,遏制偷、逃、骗、抗税等涉税违法行为的发生。

2008年,市地税局整合税收管理资源,推进管理机制与制度创新,以"户籍"管理为模式,规范标准,以岗定责,完善落实税收管理员加分析员制度,使税源得到有效控管。以制度建设和信息化建设为保障,经济税收分析、纳税评估、税源监控、税收检查"四位一体"税源管理互动机制得到有效落实。对纳税人的纳税信息进行采集、分析、评估,并通过"数据大集中”系统实现信息共享，提高税源科学化、精细化管理水平。拓宽获取外源信息的渠道，制定与发改委、国税、工商、土地、房管等部门定期信息交流制度，及时进行信息比对，分析管户差异，堵塞税源管理漏洞。推进税务登记管理科学化，基本实现机外无户、机外无税、机外无票的“三无”管理。以强化检查为切入点，加强对房地产业、矿山企业、典当业等重点行业管理。以房地产税收“一体化征收窗口”为依托，加强对房地产税收的征管。搭建“地税社保”信息网络，全面推行社保费征缴管理合署办公，实现参保登记、基数核定、地税征缴、票据传递、账目核对“一站式”服务。

2009 年，在税源管理上以稳定税源、拓宽税基、强化管理为工作重点，以数据分析、数据增值应用和系统网络运维为核心，按照“户籍式”管理模式，切实加强管户管理，完成基础户籍信息的采集、清理、修正工作，建立与工商、国税部门信息交换共享机制，开展信息比对，分析管户差异，通过建立动态数据指标考核体系，推进“人机一体化”管理，有效堵塞征管漏洞。

重点税源的跟踪管理，重点税源分级分类管理责任的落实，推行领导干部重点税源管户联系制，实行重点税源月度分析评估和纳税预警制度，切实加强对重点税源的管理。特别是针对重点建设项目，研究开发重点建设项目监控管理系统，及时获取项目投资、工程进展、资金落实等最新信息，保证重点建设项目应征税款的及时入库。加强发票印制防伪、库存保管、调拨发售、监督检查等各环节的管理。依托“数据大集中”系统，对用票户纳税信息综合评估，发现并堵塞发票管理漏洞。在全区搭建首家纳税服务平台，纳税人可以通过电话、短信、批量语音、电子邮件、纳税服务网和视频语音等多种方式享受提醒、公告、在询、咨询、预约、投诉、需求日志、服务定制等服务。

二、税务登记

1994 年，全盟地方税务局办证户数 4233 户。其中，国有经济 154 户，集体经济 339 户，私营经济 14 户，个体经济 3703 户，其他经济 23 户。

1999 年，全盟地税办证户数 20089 户。其中，国有经济 589 户，集体经济 599 户，股份制企业 12 户，联营企业 4 户，有限责任公司 236 户，股份有限公司 104 户，私营经济 317 户，三资企业 17 户，个体经济 18138 户，其他企业 38 户，其他经济 42 户。

2002 年，全盟地税办证户数 21421 户。其中，国有经济 530 户，集体经济 539 户，股份制企业 64 户，有限责任公司 275 户，股份有限公司 145 户，私营经济 268 户，其他企业 26 户，三资企业 18 户，个体经济 19397 户，其他经济 159 户。

2004 年，全市地税系统负责 18 个地方税种和社会保险 5 个险种的征收管理工作。管理的企业及个体工商户 3.1 万户，农牧业户 26 万户。

2006 年，地税换发税务登记证 28044 户，完成 97.68%。清查漏征漏管户 565 户。

2008 年，地税征收管理纳税户 38614 户，其中，企业纳税户 4946 户，个体纳税户 33668

户。全市社会保险费缴费户数为99778户。

2009年，全市税务登记户数为42793户。其中，国有企业262户、集体企业162户、股份合作企业30户、联营企业3户、有限责任公司3755户、股份有限公司196户、私营企业472户、其他企业15户、港澳台投资企业17户、外商投资企业54户、个体经营36912户、其他经济915户。

截至2010年，巴彦淖尔市地方税务局税务登记户数为45201户。其中，国有企业259户、集体企业128户、股份合作企业38户、联营企业9户、有限责任公司4897户、股份有限公司217户、私营企业555户、其他企业23户、港澳台投资企业16户、外商投资企业46户、个体经营37921户、其他经济1092户。

三、纳税服务

1995年9月，根据国家税务总局《关于进一步加强税收科技工作的通知》，巴彦淖尔地方税务局建立办税厅，税收进入电子网络化管理。

1997年，盟地税局制定税法公告，内容有税收政策、征收管理、稽查检查、票证管理、行政复议、税务代理、违章处罚、法律责任等。

1999年6月，盟地税局印发《纳税服务辅导暂行办法》。辅导内容有税务咨询服务、税务政策公示服务、办税事宜辅导。

2003年，为给纳税人提供更完善的服务，地税开通"12366"纳税服务热线电话。"12366"纳税服务内容主要有税收政策咨询，地税部门征收的营业税、所得税、房产税、城镇土地使用税、车船使用税、印花税、资源税、城市维护建设税、教育费附加、地方教育附加费、文化事业建设费和农业税收共17种税费的基本税收政策；社会保障费咨询，包括养老保险费、医疗保险费、失业保险费、工伤保险费、生育保育费的征收等；减免税政策咨询，下岗失业再就业、科技成果转化、西部大开发、扶持个体私营经济、资源综合利用、国产设备投资抵免、校办企业、福利企业税收优惠政策以及个人所得税方面的优惠政策；办税指南，巴盟地税局机构简介、职能简介、征管税种范围简介、工商税办税程序简介、农村税收办税简介；税务公告，新税收政策公告、纳税人须知事项公告、办税服务公告、纳税人权利和义务以及税务机关的权利和义务；投诉与举报，包括对纳税人偷逃税举报、对税务人员违法违纪行为的投诉与举报、对有奖发票使用情况的投诉与举报。同时，还就"12366"纳税服务热线的使用方法作出说明。

2005年，市地税局在办税服务厅，设立咨询电话、公告栏、宣传栏、办税引导牌、意见箱、留言簿、电子触摸屏、电子显示屏、排队机等。

2008年，地方税务局整合优化服务手段，在"12366"服务热线基础上，开发、拓展"12366"服务功能，搭建具备综合服务能力的纳税服务平台。纳税服务平台集语音、邮件、短信、网站、视频、柜台等多种方式为一体，具有提醒服务、公告服务、查询服务、咨询服务、预约服务、投诉服务、需求日志、服务定制等服务功能和电话、短信、批量语音、电子邮件、纳税服务网和视频语音等 6 种服务。

2009 年,地税系统以“税法宣传、纳税咨询、办税服务、权益保护”为重点宣传工作,解决纳税人最关心及税收服务中最困难的问题,制定《纳税服务指南》以下简称《指南》。《指南》分为信息服务、办税服务、咨询服务、援助服务、其他服务五个部分,涉及纳税人办理涉税事宜的各个环节。

四、税务监督

1995—1997 年,受理各类举报 115 起,查补税款、滞纳金、罚款 256 万元。

1998 年,盟地税系统通过 3 个月税收专项检查,查出漏征户 207 户,漏管户 1042 户,查补税款 22025 万元。

2000 年,地税稽查工作认真贯彻“加强征管、堵塞滑洞、惩治腐败、清缴欠税”的工作方针,将日常检查与重点检查相结合,规范稽查管理,全年完成稽查任务 2801 户,查补各项税款 620. 31 万元,加收滞纳金 88. 79 万元,执行罚款 55 万元。

2001 年,盟地税局抽调 113 人,组成 8 个工作组,深入全盟 7 个旗、县、市,97 个乡镇(苏木),13 个国有农牧场开展漏征漏管户清查。全盟共清查出漏征漏管户 9800 多户,占地税总管户的三分之一,查补税款 131. 6 万元。从根本上解决“关系税”“人情税”“自留地”等长期存在的问题。将清查出的漏征漏管户全部纳入微机管理,办税厅集中征收。转引税款等扰乱税收秩序的行为得到遏制,农业税收的“五到户一公开”政策得以全面贯彻落实。

2002 年,盟地税局按照自治区地税局实行一级稽查体制的要求,全盟设立盟地税局税务稽查分局,同时稽查分局的稽查业务以及人、财、物等上划自治区地税局稽查局垂直管理,旗、县地税局稽查机构全部撤销。

2003 年,盟地税加强“两权”监督,对全盟 9 个征管局、45 个股所进行全面内部审计。对内审中发现的违规违纪问题给予严肃处理,并对征管局进行处罚,进一步规范财经纪律。

2004—2005 年,地税系统先后对货物运输业、医药生产和销售、房地产行业、煤炭行业、汽车修理、石油加油站等行业进行专项检查。针对查处的问题,根据《巴彦淖尔市地税系统行政执法过错责任追究管理办法》,对 31 名税务管理人员处以 5850 元罚款。

2007—2010 年,地税系统对重点行业、重点企业进行稽查,共查补税款、滞纳金、罚款 8528. 4 万元。

第五节 税收收入

1986—1994 年,盟税务局共开征 33 个税种,包括营业税、产品税、增值税、建筑税、奖金税、城市维护建设税、固定资产投资方向调节税、车船使用税、印花税、牲畜交易税、城市房地产税、城镇土地使用税、资源税、屠宰税、筵席税等。

1986—1990 年各项税收情况表

表 26－2－1

	1986	1987	1988	1989	1990
总计	96455601	121071278	131158000	159768000	174244000
工商税	64898695	83213378	103933000	132785000	144947000
产品税	28855975	33584950	35819000	47248000	49815000
增值税	497164	3363889	12963000	13518000	17175000
营业税	23751443	29970021	37636000	45674000	50275000
特种消费税	—		—	18000	9000
国有企业所得税	24793900	29872400	17030000	11807000	10942000
集体企业所得税	5129777	5947019	5400000	5794000	4435000
城镇个体户所得税	253728	591257	865000	2147000	2558000
私营企业所得税	—		—		4000
个人所得税	9600	22516	16000	—	
个人收入调节税	—	22146	50000	220000	243000
国有企业工资调节税	—		—	241000	173000
国有企业奖金税	841543	319741	139000	759000	817000
事业单位奖金税	221240	42626	4000	19000	27000
集体企业奖金税	153155	98771	49000	32000	146000
屠宰税	369755	441928	469000	524000	625000
牲畜交易税	68542	76385	155000	55000	38000
车船使用税	—	632850	644000	852000	982000
建筑税	1834529	3070792	3109000	4769000	6025000
房产税	—	1408672	2229000	2093000	3492000
印花税	—		267000	1080000	615000
资源税	—		—	15000	56000
筵席税	—		6000	46000	30000
城镇土地使用税	—		48000	1629000	1988000
城镇维护建设税	2522515	2996129	3492000	4323000	4719000
能源交通基金	6763066	7985500	9712000	10474000	10798000
预算调节基金	—		—	4631000	7476000
罚款补税	108051	249549	425000	617000	567000
盐税	281678	374137	148000	112000	133000
其他收入	—		483000	71000	81000
外商企业所得税					
固定资产投资调节税					

注:国有企业所得税、能源基金、调节基金、其他收入四项合计:1986—1990 年为 152919806 元。

1991—1994 年各项税收情况表

表 26－2－2

	1991	1992	1993	1994
总计	181872000	187211000	218304000	249015000
工商税	152289000	159332000	200067000	244492000
产品税	45294000	4355000	57723000	—
增值税	20983000	24406000	42107000	145851000
营业税	54412000	52720000	69320000	31369000
特种消费税	—	—	—	15590000
国有企业所得税	11683000	12875000	9247000	14343000
集体企业所得税	3305000	3672000	1077000	2095000
城镇个体户所得税	3123000	2731000	3981000	—
私营企业所得税	1000	2000	1000	22000
个人所得税	—	—	—	6732000
个人收入调节税	281000	260000	570000	—
国有企业工资调节税	267000	213000	255000	—
国有企业奖金税	717000	298000	332000	—
事业单位奖金税	65000	28000	34000	—
集体企业奖金税	94000	57000	7000	—
屠宰税	639000	538000	676000	151000
牲畜交易税	55000	104000	21000	—
车船使用税	1181000	702000	1250000	1566000
建筑税	5759000	476000	—	—
房产税	4210000	3769000	4110000	5812000
印花税	532000	459000	517000	405000
资源税	42000	306000	518000	1956000
筵席税	36000	15000	—	11000
城镇土地使用税	2069000	1807000	1599000	2255000
城镇维护建设税	4677000	4517000	5813000	8660000
能源交通基金	9685000	7447000	3116000	627000
预算调节基金	6719000	5364000	3727000	532000
罚款补税	371000	252000	179000	124000
盐税	138000	175000	195000	—
其他收入	1496000	2193000	2147000	3065000
外商企业所得税	—	—	—	60000
固定资产投资调节税	4038000	7284000	8846000	7789000

一、国税收入

1995—2010 年，国税主要税种有：增值税、消费税、营业税、所得税、车购税等。

1994—2010 年国税税收情况表

表 26－2－3

年份	增值税（万元）	消费税（万元）	营业税（万元）	所得税（万元）	涉外企业所得税（万元）	个人所得税（万元）	车购税（万元）	其他收入（万元）	合计（万元）
1994	14065	1556	0	0	0	0	0	285	15906
1995	14809	1754	2	0	70	0	0	792	17427
1996	16335	2163	0	0	0	0	0	161	18659
1997	15990	2025	730	274	79	0	0	142	19240
1998	17483	2077	1038	244	22	0	0	0	20819
1999	18307	2019	921	141	27	8	0	0	21423
2000	19870	2128	711	184	373	1339	0	4	24609
2001	21733	3233	606	194	597	2122	0	0	28485
2002	26868	3635	290	652	580	2144	0	0	34169
2003	33949	4733	23	1209	44	2049	0	0	42037
2004	46976	6323	0	3033	0	2237	0	0	58569
2005	71002	6543	0	3257	70	2412	5761	0	89045
2006	106263	6778	0	5617	493	3297	11226	0	133674
2007	156208	7299	0	12959	207	3654	12274	0	192601
2008	178935	7921	0	15809	0	2130	15598	0	220393
2009	142310	12638	0	23179	0	762	15190	0	194079
2010	178094	19003	0	34974	0	166	28269	0	260506

二、地税税收

税种 1994 年，国家税收与地方税收分离后，地方税务局负责征收管理的税种有 18 个，即企业所得税、营业税、个人所得税、资源税、房产税、城镇土地使用税、车船使用税、印花税、土地增值税、城市维护建设税、屠宰税、筵席税、固定资产投资方向调节税、牧业税、农业税、农业特产税、耕地占用税、契税。

2004 年，牧业税免除。2005 年免除农业特产税、农业税。增加社保五费、水利建设基金、工会经费、残疾人保障金。2009 年，增加煤炭价格调节基金。2010 年，地方税务局负责征收管理的税种共 20 个，即企业所得税、营业税、个人所得税、资源税、房产税、城镇土地使用税、车船使用税、印花税、土地增值税、城市维护建设税、屠宰税、筵席税、固定资产投资方向调节税、耕地占用税、契税、社保五费、水利建设基金、工会经费、残疾人保障金、煤炭价格调节基金。

税率　营业税。1994年1月，按照内税一字〔1994〕30号文件规定，起征点营业额200元。2002年12月，按次纳税起征点由1994年每次（日）营业额50元提高到每次（日）营业额100元；按期纳税月销售额提高为1000元。2006年4月，个体工商业户起征点月营业额提高为3500元。2009年4月起，营业税起征点提高至月营业额5000元。

个人所得税。2006年1月1日起，工资、薪金所得费用扣除标准从每月800元提高到每月1600元。

原煤税。1999年，非统配煤矿煤炭资源税税额为每吨1.5元。2004年7月1日起，煤炭资源税税额为每顿2.3元。2006年1月1日起，煤炭资源税适用税额标准统一为每吨3.2元。2007年2月1日起，焦煤的资源税适用税额标准为每吨8元。

铁矿石税。1994年，铁矿石资源税减征40%，按规定税额标准的60%征收。1996年7月1日起，铁矿石资源税在减征40%的基础上，再减征20%，即按规定税额标准的40%征收。2002年4月1日起，对冶金联合企业矿山铁矿石资源税税额标准的40%征收。2006年1月1日起，调整对冶金矿山铁矿石资源税减征政策，按规定税额标准的60%征收。

盐税。2007年2月1日起，北方海盐资源税每吨按15元征收；南方海盐、湖盐、井矿盐资源税每吨按10元征收；液体盐资源税每吨按2元征收；地下天然卤水晒制海盐和井矿盐，每吨20元和12元征收。

有色金属矿税。1996年，有色金属矿的资源税减征30%，即按规定税额标准的70%征收。2006年1月1日起，取消对有色金属矿资源税减征30%的优惠政策，恢复全额征收。

其他矿税。2006年1月1日起，钼矿石资源税适用税额标准：一等税额标准为每吨8元；二等税额标准为每吨7元；三等税额标准为每吨6元；四等税额标准为每吨5元；五等税额标准为每吨4元。锰矿石资源税2006年1月1日每吨由2元调整到6元。铅锌矿石2007年8月1日起，一等矿山石每吨20元；二等矿山石每吨18元；三等矿山每吨16元；四等矿山每吨13元；五等矿山每吨10元。铜矿石2007年8月1日起，一等矿山每吨7元；二等矿山每吨6.5元；三等矿山每吨6元；四等矿山每吨5.5元；五等矿山每吨5元。钨矿石2007年8月1日起，三等矿山每吨9元；四等矿山每吨8元；五等矿山每吨7元。铅锌矿石，一等矿山每吨20元；二等矿山每吨18元；三等矿山每吨16元；四等矿山每吨13元；五等矿山每吨10元。耐火黏土和萤石资源税，2010年6月1日起，耐火黏土中的高铝黏土（包括耐火级矾土、研磨级矾土等）和焦宝石的资源税适用税额标准为每吨20元，其他耐火黏土的资源税适用税额标准为每吨6元；萤石（也称氟石）的资源税适用税额标准为每吨20元。

房产税。根据《内蒙古自治区人民政府关于统一内外资企业城市房地产税计税依据和适用税率的批复》规定,按房产原值扣除10%后的余值,按1.2%的税率征缴城市房地产税。对房产租金收入按12%征收城市房地产税。

土地增值税。转让普通住房为1%,转让非普通住房及其他旧房的一律实行2%的征收率。2010年7月1日起,商品房销售价格每平方米不超过3000元的,土地增值税预征率为1%;销售价格每平方米超过3000~4000元的,土地增值税预征率为1.5%;销售价格每平方米超过4000~6000元的,土地增值税预征率为2.5%;销售价格每平方米超过6000~8000元的,土地增值税预征率为4%;销售价格每平方米超过8000元的,土地增值税预征率为6%。单套商品房销售价格每平方米不超过3000元的,核定征收率为5%;单套商品房销售价格每平方米超过3000元不超过5000元的,核定征收率为6%;单套商品房销售价格每平方米超过5000元不超过8000元的,核定征收率为8%;单套商品房销售价格每平方米超过8000元,核定征收率为10%。

收入 1999年,全盟地方各项税收收入累计完成34531万元。其中,一般税收收入完成19936万元,农牧业税收完成1458万元。2002年,全盟税费总收入累计完成54991万元。其中,一般税收完成30514万元,养老保险费完成8406万元,失业保险费完成895万元,医疗保险完成2843万元。2003年,地方税费总收入累计完成54991万元。其中,一般税收完成30514万元,养老保险费完成8406万元,失业保险费完成895万元,医疗保险费完成2843万元。

2004年,累计组织地方税(费)收入94888万元。其中,一般收入66338万元,社会保险费收入20533万元。2005年,累计征收各项税收103666万元。其中,社保费收入24792万元,征收水利建设基金359万元,残疾人保障基金118万元,代征工会经费72万元。税费收入总量达到129007万元。

2006年,全市各项税费收入累计入库157184万元。其中,税收总收入入库125866万元。社会保险费累计入库29866万元,水利建设基金累计入库718万元,工会经费累计入库466万元,残疾人保障基金累计入库268万元。2007年,地方税费总收入23亿元,在税费总收入中,税收收入完成185266万元,征收水利建设基金1670万元,代征工会经费508万元,征收残疾人保障金265万元。2008年,地税系统累计完成各项税费收入333796万元。其中,税收收入累计完成256666万元,累计征收社会保险费70563万元,征收残疾人保障金426万元,征收水利建设基金5361万元,征收工会经费668万元,征收文化事业建设费112万元。

2009年,全市地方税费收入438366万元。其中,税收收入累计完成321958万元,征收社会保险费109870万元,征收残疾人保障金、水利建设基金、工会经费、文化事业建设费、煤炭价格基金6538万元。

1994—2002年地税收入情况表

表26－2－4

收入科目	1994	1995	1996	1997	1998	1999	2000	2001	2002
营业税	2732	3622	3595	4717	5472	19098	8723	10388	13349
企业所得税	1292	1222	1838	1923	2421	6494	3467	4523	4554
个人所得税	259	634	1847	2383	3212	2392	4046	4920	5757
资源税	169	149	227	206	158	3671	223	171	351
城镇土地使用税	217	227	421	492	495	264	588	569	696
投资风向调节税	744	554	681	713	928	586	176	19	0
城市维护建设税	794	884	969	1225	1251	1377	1527	1673	2012
印花税	38	46	57	62	88	1415	339	307	364
土地增值税	0	0	12	1	11	228	81		228
房产税、城市房地产税	560	702	962	1210	1396	4	1435	93	1886
车船使用税、车船使用牌照税	113	167	226	405	467	1377	524	1503	579
屠宰税	12	167	308	390	499	518	485	550	33
宴席税	1	9	41	73	199	575	169	429	0
农业税	0	3752	11373	8659	13219	197	8335	47	10983
牧业税	0	377	8149	1071	8793	9329	981	12019	5
农业特产税	0	1346	886	2882	1079	1079	5112	7600	397
耕地占用税	0	60	2266	62	3227	3999	343	0	84
契税	0	25	41	65	33	8	172	3970	823
教育附加费	226	244	31	760	87	153	874	121	1134
地方教育附加费	0	0	632	212	657	798	336	328	307
文化事业建设费	0	0	14	1	304	298	26	966	26
其他罚没收入	8	10	0	19	5	17	0	317	8
基本养老保险费	0	0	0	0	0	0	0	9	8610
基本医疗保险费	0	0	0	0	0	0	0	9139	819
工伤保险	0	0	0	0	0	0	0	6344	3274
生育保险	0	0	0	0	0	0	0	684	
水利建设基金	0	0	0	0	0	0	0	2111	13
煤炭价格调节基金	0	0	0	0	0	0	0	0	8
工会经费	0	0	0	0	0	0	0	0	0
残疾人保障金	0	0	0	0	0	0	0	0	0
文化整数调节建设费	0	0	0	0	0	0	0	0	0

2003—2010 年地税收入情况表

表 26 - 2 - 5

收入科目	2003	2004	2005	2006	2007	2008	2009	2010
营业税	20005	34041	50155	51897	56779	58228	82222	102413
企业所得税	5753	9674	15748	26673	56608	92453	101831	86117
个人所得税	6302	8593	11178	12378	20802	27727	29598	40618
资源税	517	860	3626	6860	11591	20435	19881	24512
城镇土地使用税	845	1095	2102	2769	5187	12966	15367	18793
投资风向调节税	0	0	0	0	0	0	0	0
城市维护建设税	2566	4414	6984	7360	8836	9168	10173	13388
印花税	521	992	1261	1785	2435	2839	3233	4316
土地增值税	553	640	1004	1380	2940	2480	3738	6232
房产税、城市房地产税	2033	2676	2863	3336	5156	6058	7418	8930
车船使用税、车船使用牌照税	699	673	1034	1162	1131	2965	2949	3614
屠宰税	0	0	0	0	0	0	0	0
宴席税	0	0	0	0	0	0	0	0
农业税	11042	5883	3056	3781	0	0	0	0
牧业税	348	0	18	38	0	0	0	0
农业特产税	208	790	0	0	0	0	—	0
耕地占用税	744	1344	0	0	1045	5331	27045	17939
契税	1474	2259	861	795	3633	6621	9326	14856
教育附加费	—	—	2177	2948	6229	6785	6611	8515
地方教育附加费	301	333	3673	4604	2076	2262	2206	2837
文化事业建设费	50	55	834	1524	0	0	0	0
其他罚没收入	17	33	62	79	540	348	362	458
基本养老保险费	10354	13205	14932	19611	28690	54048	89300	75440
失业保险	—	1160	1251	1335	1531	1584	1754	2038
基本医疗保险费	1156	6085	8378	8336	10096	13383	17008	19243
工伤保险	4272	59	184	506	836	1308	1534	2058
生育保险	53	24	47	80	128	240	274	392
水利建设基金	28	0	359	718	2734	5361	4869	7060
煤炭价格调节基金	0	0	0	0	0	0	222	582
工会经费	0	0	72	466	551	668	836	1036
残疾人保障金	0	0	118	288	343	426	491	595
文化整数建设费	0	0	0	0	101	112	120	134

第二十七篇

金　　融

第一章　金　融

第一节　金融机构

一、管理机构

中国人民银行巴彦淖尔市中心支行　1986 年,中国人民银行巴盟分行,辖磴口县、杭锦后旗、临河市、乌拉特后旗、乌拉特中旗、五原县、乌拉特前旗 7 个旗县(市)支行。1999 年,农业银行与农村信社分设后,7 个农村信用合作联社由人民银行监督管理。2003 年,银监局和内蒙古信用联社相继成立,农村信用合作联社退出人民银行的管理,人民银行只履行监督服务的职能。2010 年,中国人民银行巴彦淖尔市中心支行内设办公室、货币信贷科、调查统计科、会计财务科、国库科、内审科、外汇管理科、人事科、纪检监察办公室、保卫科、后勤服务中心、科技科、宣传群工部、事后监督中心、货币金银科、营业室。辖五个旗、县、区支行。

银监分局　2004 年 6 月,经中国银行业监督管理委员会批准,成立市银监分局,为银监会派出机构。银监分局内设办公室、人事科、统计信息科、监管一科、监管二科、监管三科、乌拉特前监管办事处、乌拉特中监管办事处、五原监管办事处、乌拉特后监管办事处、磴口监管办事处、杭锦后监管办事处。2005—2009 年,银监局根据工作需要,经过多次调整,2010,巴彦淖尔市银监局设办公室、人事科、统计信息科、监管一科、监管二科、监管三科、财务会计科、监察科。

二、经营机构

中国农业银行巴彦淖尔市分行　1986 年,农行巴盟中心支行内设 16 科室,辖 7 个旗、县、市支行,1 个城区营业部,1 所干部学校,67 个营业所,10 个储蓄所,7 个信用联社,120 个信用社。1993 年,巴盟支行内设部(室)由 16 个调整到 13 个。新增电脑服务公司、房地产信贷部,新建网点 22 个,其中临河新建网点 11 个,其他旗、县共新建网点 11 个。1996 年,按照国务院《关于农村金融体制改革的决定》,农行巴盟支行完成农业银行与农村信用社、农业银行与农业发展银行分设。1997 年,中国农业银行巴盟中心支行更名为中国农业银行巴盟分行。

2004 年,撤盟设市,盟分行更名为市分行,临河市支行更名为临河区支行。2005—2006 年,农行巴彦淖尔市分行撤并一批低效、无效网点,增设保险代理部,审计办事处。

2007 年,农行巴彦淖尔市分行将原内设 10 个部(室)、4 个中心和 1 个风险资产经营部,调整为 8 个部(室)、4 个中心。2010 年 12 月,中国农业银行巴彦淖尔市分行辖 6 个旗、县支行,3 个城区支行,26 个分理处,5 个二级支行。

中国工商银行巴彦淖尔市分行 1986 年,工商银行巴彦淖尔中心支行成立,下设磴口、杭锦后旗、临河、五原、乌拉特前旗、乌拉特中旗、乌拉特后旗支行。2004 年工商银行巴盟中心支行改设为工商银行巴彦淖尔市中心支行。

中国建设股份有限公司巴彦淖尔市支行 1986 年,中国人民建设银行巴彦淖尔盟中心支行内设办公室、人事科、拨款贷款科、财务会计科、综合计划科、建筑经济科、工会、审计科。辖乌拉特前旗、乌拉特中旗、乌拉特后旗、杭锦后旗、五原县、磴口县、炭窑口硫铁矿专业支行和临河办事处 8 个分支机构。1997 年,中国人民建设银行巴盟中心支行更名为中国建设银行巴盟分行。

2004 年,巴彦淖尔撤盟设市,中国建设银行巴盟分行更名为中国建设银行巴彦淖尔市中心支行。2010 年 12 月,巴彦淖尔市建行内设:大客户一部、大客户二部、批发业务部、小企业业务部、风险管理部、业务检查部、财务会计部、办公室、人力资源部、工会、安全保卫部、房地产金融与个人信贷部、个人金融部、信用卡中心、纪检监察部、信息技术部、电子银行部、营运管理部等部门。辖乌拉特前旗、乌拉特前旗水利北路、乌拉特中旗、杭锦后旗、五原县、磴口县、分行营业室、分行胜利南路支行、分行胜利北路支行、分行临河支行、分行胜利路支行、分行建设路支行、分行 110 线支行、分行朝阳支行、新华东街支行、新华西街支行等 16 个营业网点。

中国农业发展银行巴彦淖尔市分行 1996 年 12 月,中国农业发展银行巴盟分行挂牌成立。下设磴口县、杭锦后旗、临河区、五原县、乌拉特前旗、乌拉特中旗 6 个旗、县支行。2001 年 3 月,农业发行银行巴盟分行下设 4 个三类支行和两个四类支行,即杭锦后旗、临河、五原、乌拉特前旗和磴口、乌拉特中旗支行。

2004 年 8 月,巴盟撤盟设市,中国农业发展银行巴盟分行更名为中国农业发展银行巴彦淖尔市分行。2010 年 12 月,农业发展银行巴彦淖尔市分行下设杭锦后旗、临河区、五原县、乌拉特前旗、磴口县、乌拉特中旗 6 个支行。

中国银行股份有限公司巴彦淖市分行 1988 年 5 月,中国银行在临河设立分行。1993 年,中国银行临河分行在乌拉特前旗,杭锦后旗设立支行。2000 年,撤销杭锦后旗支行。2005 年 9 月,中国银行临河分行更名为中国银行股份有限公司巴彦淖尔市分行。2006 年 9 月,临河新华西街分理处和建设北路分理处升格为经营性支行。2007 年,临河胜利路分理处、胜利北路分理处、乌拉特后旗巴音宝力格分理处升格为经营性支行。2008 年,临河大世界分理处迁址新华东街中兴泰富小区,更名为中国银行巴彦淖尔市中兴支行。2010 年,解放西街分理处升格为经营性支行。2010年12月，中国银行股份有限公司巴彦淖尔市分行下设分行营业部，分别在临河区设胜利南路支行、车站支行、新华东街支行、新华西街支行、建设北路支行、胜利北路支行、胜利路支行、新区支行、团结北路支行、乌拉特前旗东风西街支行、乌拉特中旗支行、乌拉特后旗支行、杭锦后旗支行。

农村信用合作社　1996年7月，全国农村金融体制改革工作会议后，根据《国务院关于农村金融体制改革的决定》精神，农村信用合作社与中国农业银行脱离行政隶属关系，其监管职责交由人民银行承担。2004年，巴彦淖尔市成立银监分局，信用合作社管理由人行移交银监局。2005年8月，自治区成立农村信用合作社联合社，农村信用合作社纳入自治区农村信用联社管理体系。

2010年，巴彦淖尔市有信用合作联社7个，分别在临河、杭锦后旗、乌拉特前旗、五原县、乌拉特中旗、磴口县、乌拉特后旗设信用合作联社。

邮政储蓄银行巴彦淖尔市分行　2008年3月，中国邮政储蓄银行在巴彦淖尔市设立分行。2010年，中国邮政储蓄银行设立乌拉特后旗支行、乌拉特中旗支行、磴口支行。

包商银行巴彦淖尔分行　2007年8月29日，成立包商银行巴彦淖尔分行，为包商银行一级分行。2009年8月14日，包商银行巴彦淖尔分行利民支行成立。

第二节　金融监管

一、金融监督

1986年，根据《国务院批转〈中国人民银行关于全面开展信贷检查通知〉的通知》的精神，由人民银行牵头组成稽核检查组，对全盟金融系统信贷工作进行全面稽核检查。1987年，稽核检查工作以旗、县、市支行为重点，稽核的银行有工商银行、农业银行、建设银行、信用社等。稽核的主要项目是1986年12月份各项贷款、1986年新增贷款、1987年企业流动资金贷款等19个项目。稽核发现的主要问题有流动资金贷款中逾期贷款多，周转缓慢；违反信贷政策，发放不合理贷款；银行流动资金贷款被企业不合理占用；支付收购资金中强行搭配储蓄存单。1988年，根据国务院和总行、分行开展信贷现金大检查工作的部署，人民银行抽调20人组成信贷现金检查组，对全盟84个金融机构和245个企业进行检查。查出不合理贷款5000多万元，超库存现金17.2万元。1989年6月，根据总行、分行要求，在全盟开展“用流动资金贷款搞固定资产投资”的稽核。对37个企业稽核，发现有67笔1131万元贷款有问题。其中，用于流动资金贷款搞固定资产投资的801万元，企业挤占挪用流动资金搞固定资产投资的330万元。7月，开展对工、农两银行执行“现金管理暂行条例”情况的稽核。发现的主要问题是坐支现象严重，超库存限额和白条顶库较为严重，消费基金没有控制在规定的限额内。造成以上现象的原因主要是企事业单位没有领会到现金管理的意义,未能认真执行现金规定;与专业银行贯彻制度不力,处罚不严有关。9 月,开展对工、农、建三家银行九个下属行 1989 年上半年贷款投向的稽核。发现的主要问题有给“五小”企业发放贷款、企业挤占挪用流动资金搞固定资产投资等。年末,全盟金融系统共查处案件 20 起。其中,万元以上的 15 起,10 万元以上的 5 起,金额共计 208 万元。1990 年 5 月,在全盟工、农、中、建、邮政储蓄银行中开展对储蓄业务的现场的稽核,重点是公款私存。查处公款私存 102 户,金额 86. 19 万元。6 月对工、农、中、建四行进行稽核。稽核发现普遍存在利率文件收到晚,执行时间不统一,且执行错的利率未及时纠正;个别专业银行为多吸收存款而抬高利率的问题。7 月,对全盟 1990 年上半年的贷款投向进行现场专项稽核。检查发现个别银行未严格执行货币信贷政策,该压缩限制的,没有完全压下来,贷款还息和行政干预信贷问题。9 月,开展对乱收费情况的检查。10 月,对盟内各专业银行的汇划往来业务进行专项稽核,查出各专业银行在汇划业务过程中延压、不及时清算资金,凭证在途时间长等不正常现象及违反结算有关规定的现象。全盟金融系统共立案查处各类经济案件 38 起,其中,百万元以上 1 起,10 万元以上 3 起,万元以上 17 起,涉及金额 274. 7 万元,涉及人员 38 人,追回赃款 100. 7 万元。1991 年,人行磴口分行稽核工作完成总分行必查项目 9 个,盟行自定项目 2 个,旗、县自定项目 27 项,查出违规金额 7730 多万元。根据有关金融法规作处理,年内共收回少缴存款准备金 52 万元,收回少缴财政性存款 49 万元,罚款 4. 3 万元,罚息 3. 6 万元,追回多付利息 2 万元。1992 年,完成稽核任务 24 项次,其中,专项稽核 12 项次,常规稽核 2 项次,内部稽核 3 项次,报送稽核 4 次,风险监督试点 2 项次。稽核各金融机构 224 家,共查出违规金额 33708. 7 万元,罚息 2. 39 万元,罚款 5. 6 万元,追收利息 0. 23 万元,补缴财政性存款 2463. 3 万元,补缴存款准备金 18423. 1 万元。1993 年,完成各项稽核任务 35 项次,其中完成上级行的必查项目 2 项次,盟行自选项目 2 项,旗县自选项目 20 项次,常规稽核 4 项次,内部稽核 2 项次,委托稽核 1 项,报送稽核 4 项。稽核各类金融机构 198 家,查出各类违规金额 29575 万元,罚息 5 万元,罚款 25 万元,纠正违规金额 23680 万元。1994 年,人行磴口分行完成各项稽核工作任务 36 项次,其中,完成上级行的必查项目 10 项次,巴盟行自选项目 5 项次,旗县自选项目 21 项次,委托稽核 1 项次,金融业务报送稽核 4 项次,固定资产贷款稽核 2 项次,农副产品收购资金专项贷款稽核 2 项次。稽核各类金融机构和非金融机构 175 家,共查出各类违规金额 51649 万元,罚款、罚息 21. 5 万元。1995 年,完成稽核项目 29 项次,其中,上级行必查项目 12 项次,巴盟行自选项目 2 项次,旗、县、市自选项目 11 项次,金融业务和报送稽核 4 项次。稽核各类金融机构 178 家,查出各类违规金额 4652 万元,罚款罚息 7. 6 万元。稽核项目是:对全盟 27 家专业银行、2 家房地产信贷部、1 家资金市场、7 家保险公司和 12 家城市信用社证券回购业务进行现场专项稽核。1996 年,稽核各类金融机构 87 家,查出各类违规金额 9845 万元,罚款罚息9.9万元。1998年,金融稽核对57家金融机构进行抽查,查出违规问题13个,涉及违规金额8705万元;对农发行巴盟分行6个分支机构的粮油收购资金使用情况进行专项稽核检查;对邮政储蓄业务进行现场稽核检查;对人民银行违规批设金融机构、债权债务清理情况进行专项调查;对四家商业银行1998年前三季度贷款发放及使用情况进行稽核调查。1999年,对231家金融机构1998年度的经营状况、内部管理进行现场检查。对查出的不良贷款占比高、资产质量低、亏损严重、个别金融机构违反规定迁新址留旧址,未经人民银行审批等问题提出处理意见及整改建议。2000年,金融系统开展现场大检查9次,查处违纪金额49115万元,对7名责任人进行行政处理。2001年,金融稽查完成对农业银行巴盟分行11个分支机构2000年末不良贷款专项检查;完成对全盟372家国有商业银行、农业发展银行和邮政储蓄机构的年检工作;配合呼市监管办完成对工商银行巴盟分行2000年不良贷款的专项检查。通过检查批复,储蓄所升格为分理处3个,撤销金融机构38个,搬迁机构18个、机构更名35个、机构降格2个。查处违规金额78437万元,对22家金融机构处以警告、罚款的行政处罚。2002年,严格金融机构市场准入,共批复撤销金融机构38家,搬迁机构15家,机构更名12家,升格3家。审核、批复、备案3家国有商业银行,21个分支机构开办中间业务。

2005年,金融监督加大外汇检查力度,规范国际收支核查制度,开展对进出口付收汇核销管理自查。对辖区内授权外汇指定银行2004下半年办理的所有国内外汇贷款及资本金结汇业务进行现场检查。进出口企业进出口逾期未核销情况进行全面清理,对出口逾期未核销企业进行立案处理。2006年,人民银行继续开展账户清理核实,对各商业银行账户管理情况、执行支付清算制度、空头支票及印鉴使用等情况进行专项检查。2007年,对全市14家银行业营业机构进行反洗钱现场检查,查阅会计资料588份,检查账户1300个,检查支付交易821笔,发出事实确认书16份;对辖内7家银行业金融机构的14个营业网点的账户管理工作进行检查,清理规范核准类账户213户,备案类账户109户。2008年,对外汇指定银行开办的国内外汇贷款业务、授权外汇指定银行办理资本金结汇业务情况等进行检查。通过检查,进一步完善反洗钱协调机制,加强反洗钱现场监管,加大对洗钱活动的预防打击力度。2009年,按照"扩内需、调结构"的信贷政策要求,人民银行加强对各金融机构的信贷引导,督促金融机构加大金融支持经济发展力度;加强支农再贷款管理,支持"三农"经济发展;加强对支农再贷款借款人的监测考核,督促建立涉农贷款台账;组织开展对辖区外汇指定银行办理外汇业务合规性专项检查、银行贸易信贷政策执行情况专项检查和银行个人外汇业务合规性专项检查。针对银行、企业在执行外汇管理政策中存在的违法违规,责成被检查对象全面进行整改,追回恶意透支金额11.69万元。2010年,按照呼和浩特中心支行的部署,人民银行对辖内工商分行及两个一级支行开展综合执法检查。查出四大类22个问题,并提出相关整改措施;组织完成邮政储蓄银行个人外汇业务检查等7项专项。针对检查中发现的未按规定为企业办理待核查账户中预收货款资金的结汇或划转业务、违反规定为不在名录企业付汇等问题,责成被检查单位全面进行整改;继续加大反洗钱现场检查力度,稳步提升反洗钱工作。

二、现场监管

现场检查 2006年,按照内蒙古银监局"以风险监管为核心"的监管要求和现场检查的工作部署,银监分局重点开展对国有商业银行贷款分类偏离度、土地和固定资产投资项目贷款进行检查;对农村信用社开展超比例大额贷款、重要空白凭证、内控制度执行情况、增资扩股真实性、法人治理结构和信息披露情况的现场检查;对农发行开展信贷管理及贷款风险分类实施了检查;对邮政储蓄开展内控制度建设及执行情况等进行检查。检查中,银监分局先后派出现场检查组30个,派出现场检查人员147人次。检查辖内金融机构292个次。针对查出的问题,提出监管意见或整改建议59条,取消高级管理人员任职资格5人。2007年,银监局先后派出现场检查组30个,派出现场检查人员262人次,投入3911个工作日,完成内蒙古银监局现场检查项目25项,发现违规问题146个。针对存在的问题,提出监管意见和整改建议183条。同时,银监分局结合实际,自行组织安排对辖区农村信用社贷款业务的后续检查,发现应整改违规贷款3254笔,金额12823万元。2008年,银监局先后派出现场检查人员193人次,投入4954个工作日,检查银行业金融机构329个次,发现各类违规问题251个,提出监管意见和建议229条,向被查行发出事实评价书和整改建议书65份。2009年,银监局派出检查人员205人次,开展现场检查40项,查出违规问题253个。2010年,银监局组织开展现场检查64项,查出违规问题123个,涉及违规金额19.85亿元。

非现场监管 2005年,市银监局针对非现场监管分析中发现的问题,共实施"窗口指导"41次,风险预警提示47次,高管人员约见会谈17次,违规通报8次。2006年,继续开展按月监测、按季考核不良贷款的增减变化情况,并将考核结果在全辖区通报。对个别内控薄弱、不良贷款占比高的金融机构,采取约见高管人员、监管提示、窗口指导、加大现场检查频率等方式,督促其采取有效措施努力完成"双降"任务;建立农村信用社主监管员制度,明确监管工作职责,做到人盯机构,全面反映被监管机构基本情况和存在的问题;按照《股份制商业银行风险评级体系(暂行)》的有关要求,对辖内工、中、建三家已完成股份制改造的国有商业银行2005年度的资产质量、内控状况、管理及盈亏状况等风险评级中相关定性因素进行试评,分别上报风险评级评分报告。2007年,非现场监管进行窗口指导17次,风险提示16次,约见会谈5次,发出监管工作情况通报1份。2008年,非现场监管完成"分支机构监管信息系统"的推广应用,实现了辖区所有银行业金融机构非现场数据的合并汇总;建立银监分局内部非现场监管分析例会制度,加强对辖内大额不良贷款、十大贷款客户和十大关联企业集团客户的监测分析；完善各类动态持续监管档案，扩大数据采集范围；对辖区银行业机构的主要风险点实行台账式监管，分别建立起国有商业银行十大关联企业集团客户信息台账、农发行不良贷款监测台账、农村信用社500万元以上大额贷款台账，并按季分析监测。针对非现场监管发现存在的问题，提示风险预警32次，约见谈话3次。向被监管行提出建议调整高管人员1人，实施行政处罚五件，罚款金额总计14万元。2009年，银监局进一步建立健全非现场监测分析报告制度，加强对银行业机构贷款质量迁徙、分类偏离度等情况的监测分析；对重点业务和风险实施持续跟踪监测，并及时进行风险预警。针对贷款管理、高管准入、不良贷款、流动性管理等风险进行风险提示25次、窗口指导62次、约见会谈4次，下发监管意见书38份。2010年，银监局利用已建成的非现场监管信息系统，加强数据分析，引领现场检查工作；加强数据的研判，对存在的风险及时进行风险提示和窗口指导。针对各类金融风险，提示风险预警22次，监管谈话23次，监管走访28次，窗口指导48次。组织受理行政审核事项67件，组织高管人员任职资格考试19次。针对农业银行临河支行解放分理处丢失金融许可证未报告的违规事实，在全辖区进行通报，并给予3万元行政处罚。

第三节 信 贷

一、央行贷款

1986年，人民银行巴盟支行按照央行有关精神，在用好“三项贷款”的基础上，对直接管理的“开放性贷款”“老、少、边、穷发展经济贷款”和“购置外汇贷款”的三项贷款，提出“择优扶持”项目和对象，报内蒙古分行审批后，予以支持。全年提报支持的项目为新办河套大学发放开放性贷款100万元，给五原县化肥厂技术改造升级提供民族地区发展经济贷款789万元，以及支持贫困县磴口塑料厂技术改造。1987年，人行进一步加强和改善金融宏观管理，配合有关部门开展增产节约、增收节支运动。与巴盟行署协商选定开放性和技改项目18个，争取专项贷款指标1590万元。1989年，针对全盟经济发展中的突出问题，有重点地安排主要农副产品的收购和建设项目启动资金，累计发放支持老、少、边、穷地区经济发展贷款786万元，经济开发贷款230万元。1996年，为支持地方经济发展，在短期融通资金核定限额的前提下，采取集中管理、定向分配、到期收回、周转使用的办法，累计发放短期融通资金2亿元。1998年，分行灵活使用再贴现、再贷款这两种货币政策工具，调剂国有商业银行和城乡信用社资金余缺，累计办理再贴现157笔，金额20811万元。累计发放短期融通资金16910万元、向农村信用社发放短期贷款1065万元。1999年，加强再贴现、再贷款的管理和使用和管好用好支农再贷款，累计发放支农再贷款3.15亿元，办理再贴现业务131笔，金额1.7亿元。2000年，配合巴盟抓住西部大开发历史机遇，加快全盟经济发展，分行多渠道筹措资金，支持辖区重点建设项目和农牧业发展。全年累计发放短期融通资金 11500 万元，支农再贷款 27730 万元，发放保支付再贷款 5800 万元。2001 年，继续将支持农业经济发展放在信贷工作首位，加大对农牧业再贷款的投放力度，完善支农再贷款的专户管理，确保支农再贷款专款专用。全年累计发放支农再贷款 39400 万元，发放短期融通资金 8600 万元。2002 年，按照天津分行有关要求，本着为"三农"服务的宗旨，以合理、高效使用支农再贷款为原则，把 80% 的限额下达给各旗、县支行；加强对旗、县联社支农再贷款使用、管理工作的指导和监督，坚持在建好台账的基础上，对支农再贷款严格实行专户管理。全年累计发放支农再贷款 4. 9 亿元，发放短期融通资金 5500 万元。2003 年，分行按照巴盟确定的"坚持一条主线，加快两个转变，主攻三化互动，加速推进新型工业化、农牧业产业化和城镇化进程，实现强盟富民"的发展战略，通过多渠道融资。全年累计办理再贴现业务 5 笔，金额 4600 万元；发放支农再贷款 4. 1 亿元，占全盟农村信用社新增贷款的 32. 9%；累计发放短期融通资金 5300 万元。

2004 年，累计发放支农再贷款 35 笔，金额 46200 万元。2005 年，全年累计发放支农再贷款 45 笔 6 亿元，其中，种植业 50118 万元，养殖业 9382 万元。2006 年，全年累计发放支农再贷款 30 笔，金额 5. 85 亿元，其中种植业 5. 4 亿元、牧业 0. 45 亿元。2007 年，发放支农再贷款累计发放 39 笔，金额 7. 91 亿元。2009 年，全市累计发放支农再贷款金额 14. 1 亿元，累计收回支农再贷款金额 11. 6 亿元。2010 年，全市累计发放支农再贷款 17. 2 亿元，支农再贷款余额达 9 亿元。

二、农业银行巴彦淖尔支行信贷业务

1986 年，农业银行巴盟支行对主要信贷业务进行调整，在上年的基础上采取分地区、分项目、有条件、有目标、有重点的调整信贷资金投放重点，保证全盟 33 万公顷农作物的资金需要。1987 年，农行信贷重点支持"种草兴畜、农牧结合"产业发展，并且积极稳妥地支持乡镇企业的发展。1988 年，农业信贷提高对农业生产贷款的比重，增加对农业生产的投入，支持两万个农牧结合户和 6. 67 万吨粮高产攻关田的建设；继续择优支持乡镇企业骨干项目的建设和农民脱贫致富项目。1989 年，采取"三保""三压"的措施，在总贷款中压缩不合理的工商业贷款，保农牧业贷款；在种养业贷款中适当压缩生产费用贷款，有计划地增加商品粮、畜基地建设和开发性贷款。1991 年，农信贷在资金有限的情况下，将有限资金向农业科技双向集团承包倾斜，支持以生产资料购销和农副产品收购为主的农村商品流通。1993 年，农业信贷全力以赴增加农牧业信贷投入，支持高产、优化、高效农业稳定发展，支持农村牧区搞活商品流通，做好农副产品收购资金供应工作。1994 年，农信贷在保证农业生产急需资金中，积极支持农牧业基础建设、乌兰布和沙区治理。1998 年，农业银行巴盟支行继续适应市场发展，做好业务调整，将信贷工作立足点放在支持农牧业产业化建设上。

重点支持科技含量高、经济效益好的项目和涉农私营企业。1999 年,为开创农行工作新局面,提出“存款就是经营,存款就是效益”的经营发展理念,在一手抓存款、一手抓储蓄的同时,采取“扶优限劣、有保有压”的信贷政策。2000 年,农行将存款放在城市和大集镇,信贷重点投放电信、电力、供热、烟草、文化教育等优势领域的同时,积极开发“以住房贷款信贷为主”的个人金融业务。2001 年,农行信贷抓住西部大开发机遇,以优势领域和行业为重点,信贷资金全力向优良客户倾斜。2003 年,农行按照公司类客户与个人类客户并重的原则,积极拓展存单质押贷款、消费贷款、贴现、票据结算等低风险信贷业务。

2005 年,农行业务调整采取五点措施,围绕提高资金效益为目标,加大资金营运力度,合理安排上存资金期限结构及收益结构,做到既能保证业务正常运转又能实现收益最大化;加大贷款结构调整力度,坚持实行“有保有压”“有进有退”“有所为有所不为”的贷款投放策略;对优势行业,优势产业,优良客户的信贷加大支持,确保增量贷款和存量盘活部分进一步扩大。2007 年,农行立足于全市农牧业产业化优势,主要营销鲁花公司、河套水务公司、双利铁矿、大中矿业、金信房地产公司、大成房地产开发公司等优势企业;贯彻落实区行《关于做好自治区第一批成长型小企业的营销工作通知》精神,加大对小企业的扶持力度,推动县域业务的深入发展;做好贷款客户的拓展和维护工作,扩大优质客户基础,前台部门根据信贷新规则、新要求,集中精力加大对大型优质客户的营销和维护力度,充分运用差别授权和授信等有力的营销措施,进一步提高优良客户占比;贯彻落实宏观调控政策,努力防范产业信贷风险。

2008 年,坚持“总量控制、分类指导、有保有压、分季调控、逐笔下达”的原则,对重点地区、重点行业和重点客户的信贷需要,优先配置信贷规模,对“两高一剩”及宏观调控限制行业的贷款计划严格控制;明确营销重点,优化信贷结构。按照全力维护存量、积极拓展增量的原则,积极对重点行业、重点项目和重点客户进行积极介入和支持;以消费信贷为重点大力拓展个人信贷业务。2009 年,农业银行信贷采取的措施主要是重点支持综合收益高,比较优势大、竞争能力强、对农民增收具有较大带动和辐射作用的涉农企业和项目;支持县域高端个人客户。2010 年,农行在信贷资源配置上,继续向“三农”倾斜外,重点挖掘存量客户资源,全面深化与优良客户的合作。

1986—1992 年农行巴彦淖尔市支行各项贷款情况表

表 27－1－1

年份	各项贷款（万元）	工业贷款（万元）	商业贷款（万元）	技改贷款（万元）	乡企贷款（万元）	农牧贷款（万元）
1986	29141	44117	18378	5253	993	8094
1987	35134	4299	20891	8398	1546	8275
1988	36748	5487	17369	11091	2802	8769
1989	66631	291	50905	532	3088	11637
1990	97134	385	80677	672	3191	12034
1991	111757	729	93277	637	3414	13550
1992	129693	806	108719	894	3534	15538

1993—2005 年农行巴彦淖尔市支行各项贷款情况表

表 27－1－2

年份	各项贷款（万元）	工业贷款（万元）	商业贷款（万元）	技改贷款（万元）	乡企贷款（万元）	农牧贷款（万元）
1993	150966	66252	7118	40041	37555	—
1994	109223	35327	5249	17393	51259	—
1995	122779	35152	3960	19642	64326	—
1996	135703	35400	2778	31171	66355	—
1997	141305	36426	7420	33720	21409	42332
1998	140321	41178	1676	5125	50895	41453
1999	143988	31178	1026	2964	67329	41492
2000	90353	30417	15200	2050	31629	11057
2001	83296	31588	20189	1230	18050	12243
2002	88924	34529	19153	5713	17377	12152
2003	164611	42020	37915	347	36073	48256
2004	198149	58224	51643	2614	37456	48212
2005	214952	63086	32965	8369	38465	48236

2006—2010 年农行巴彦淖尔市支行各项贷款情况表

表 27－1－3　　单位:万元

年份	各项贷款（万元）	工业贷款（万元）	商业贷款（万元）	技改贷款（万元）	乡企贷款（万元）	农牧贷款（万元）
2006	279159	238829	24850	120	14590	770
2007	293262	250879	22594	440	18579	770
2008	215641	202371	12614	656	—	—
2009	342013	300967	39750	1295	—	—
2010	506716	418963	87175	—	578	—

三、工商银行巴彦淖尔市分行信贷业务

1986—2010 年工行巴彦淖尔市分行开办的贷款业务有国有企业流动资金贷款，大、中

型企业技术改造贷款，中小企业短期周转贷款。重点支持铁路建设、公路建设、电网改造和科技含量高、经济效益好、带动作用强的支柱产业和产品的发展。

2003—2010 年工商银行各项贷款情况表

表 27－1－4

年份	个人贷款（万元）	公司贷款（万元）	小企业贷款（万元）	贸易融资（万元）	票据贴现（万元）
2003	36275	232035	0	0	4045
2004	50857	274378	0	0	1686
2005	50542	290677	0	0	140
2006	34441	374097	0	0	3941
2007	34478	413717	0	0	11462
2008	36142	473049	0	0	8018
2009	64180	524150	5100	5502	23153
2010	116347	578178	29128	23216	6437

四、建设银行巴彦淖尔市支行信贷业务

建设银行巴彦淖尔支行在 1996 年商改前，主要针对国营单位发放基本建设贷款、技术改造贷款、设备储备贷款等固定资产类贷款和建筑企业流动资金贷款。1996 年，建设银行完成商业化改革后，贷款范围延伸到工商企业、房地产开发企业和事业单位。1998 年，贷款扩大到个人住房按揭贷款（一手房贷）。2001 年，开办个人商用房贷款。2006 年，开办个人二手房贷款和消费贷款。个人消费贷款包括购车、住房装修和购买耐用消费品。2010 年，建行一手房贷款、二手房贷款、商用房贷款最高额度 200 万元；个人消费贷款最高额度 50 万元。贷款期限一手房贷款、二手房贷款不超过 30 年。商用房不超过 10 年，消费贷款不超过 5 年，助业贷款不超过 3 年。

1986—2010 年建设银行巴彦淖尔市支行各项贷款情况表

表 27－1－5

年份	总计（万元）	公司（单位）贷款			个人贷款				
		合计（万元）	固定资产贷款（万元）	流动资金贷款（万元）	合计（万元）	个人住房按揭贷款（万元）	个人二手房贷款（万元）	个人商用房贷款（万元）	个人消费贷款（万元）
1986	7041	7041	6061	980	—	—	—	—	—
1987	7822	7822	6767	1055	—	—		—	—
1988	8107	8107	6973	1134	—	—	—	—	—
1989	8608	8608	7008	1600	—	—	—	—	—
1990	9933	9933	7744	2189	—	—	—	—	—
1991	12932			2905	—	—	—	—	—
1992	15340			3165	—	—	—	—	—
1993	23460	23460	18017	5443	—	—	—	—	—
1994	28509	28509	20419	8090	—	—	—	—	—

续表 27 - 1 - 5

年份	总计(万元)	公司(单位)贷款			个人贷款				
		合计(万元)	固定资产贷款(万元)	流动资金贷款(万元)	合计(万元)	个人住房按揭贷款(万元)	个人二手房贷款(万元)	个人商用房贷款(万元)	个人消费贷款(万元)
1995	31447	31447	20887	10560	—	—	—	—	—
1996	35011	35011	22386	12625	—	—	—	—	—
1997	44457	44457	24623	19834	—	—	—	—	—
1998	47581	47581	25024	22557	1000	1000	—	—	—
1999	58190	58190	29453	28737	3584	3584	—	—	—
2000	46224	46035	14945	31090	9549	9549	—	—	—
2001	60174	46450	29208	17242	10841	9932	—	—	909
2002	66441	55258	38018	16165	9664	8372	—	740	552
2003	44140	35326	21121	14121	8554	7740	—	919	195
2004	43328	28704	25996	2709	5624	5186	—	432	6
2005	96641	78408	68208	10200	3743	3474	—	269	0
2006	154100	149558	122024	27534	3805	3618	—	187	0
2007	139949	127263	93748	33515	12792	10276	116	146	2254
2008	162187	144448	92748	51700	17736	11747	464	746	4779
2009	280364	235148	174948	60200	45215	33427	1472	2492	7824
2010	433792	342998	190748	152250	92930	76677	2744	3855	9654

五、农业发展银行巴彦淖尔市分行信贷业务

农业发展银行贷款业务主要有国家专项储备贷款、收购贷款和调销贷款,粮油加工企业贷款,其他粮食企业贷款,粮棉油产业化龙头企业贷款,农业生产资金贷款,简易建仓贷款和粮食仓储设施贷款,粮油种子贷款,化肥储备贷款,基础设施建设贷款。

1996—2010 年农发行巴彦淖尔市分行粮棉油收购贷款余额情况表

表 27 - 1 - 6

年度	余额(万元)	年度	余额(万元)
1996	77585	2004	66891
1997	103660	2005	109082
1998	87369	2006	176723
1999	97830	2007	128098
2000	121418	2008	104431
2001	115975	2009	120200
2002	82199	2010	70471
2003	87319	—	—

六、中国银行巴彦淖尔分行信贷业务

1988年,中国银行逐渐办理信贷业务。2006年,中国银行开办个人住房按揭贷款、个人存单质押贷款、个人汽车消费贷款和个人循环贷款额度业务。

1988—2010中国银行各项贷款余额情况表

表27－1－7

年度	各项贷款(万元)	年度	各项贷款(万元)	年度	各项贷款(万元)
1988	2099	1996	20452	2004	68654
1989	2653	1997	27899	2005	105258
1990	3558	1998	36302	2006	132964
1991	4829	1999	43332	2007	147447
1992	6579	2000	49084	2008	226225
1993	10123	2001	46180	2009	304151
1994	14085	2002	54096	2010	365063
1995	16702	2003	61998	—	—

七、农村信用社信贷业务

农村信用联社开办的贷款业务有农户小额信用贷款、农户联保贷款、商户联盟贷款,其中主要是种养殖户联保、农区个体商户联保、新型农业经营主体保证、城区商户联保、商会保证等小微企业贷款。个人、公司抵押类贷款,青年创业贷款,下岗再就业贷款,存货质押贷款,助学贷款,贷款对象是农户,农村土地承包经营户,个体工商户、个体合伙经营户和私营企业,贫困大学生助学,下岗再就业(青年创业)和其他符合贷款条件的经济组织和实行企业化经营的事业单位。

1986—2010年各农村信用社贷款情况表

表27－1－8

	临河(万元)	乌拉特前旗(万元)	五原(万元)	杭锦后旗(万元)	乌拉特中旗(万元)	乌拉特后旗(万元)	磴口县(万元)
1986	1086	624	3081	10555	418	193.78	—
1987	1566	707	2181	12238	515	281.80	—
1988	2394	1294	1267	18259	1232	343.41	—
1989	3221	1664	1516	25348	1298	428.60	—
1990	3274	1707	5154	32335	1202	—	10880
1991	6371	2501	2722	31437	1329	474.42	1253
1992	9845	3252	2558	41380	1542	449.16	1808
1993	15393	4743	3521	51493	1611	603.83	1915
1994	22781	5063	3871	75768	2174	1551.9	2930

续表 27－1－8

	临河（万元）	乌拉特前旗（万元）	五原（万元）	杭锦后旗（万元）	乌拉特中旗（万元）	乌拉特后旗（万元）	磴口县（万元）
1995	28235	8165	7149	107276	3001	1872.2	2998
1996	30753	1045	10605	135264	3128	1996.2	3433
1997	34434	1364	11899	184523	4741	2638.93	3547
1998	51267	1981	13928	234300	5520	3348.82	4114
1999	53497	2245	14195	319801	7412	4955.74	4619
2000	56169	26194	16202	480252	11752	5665.64	4862
2001	60065	27219	15526	390717	12382	8454.52	9636
2002	70698	33047	24354	495352	14803	10040.5	8698
2003	78180	38139	30961	486192	16614	10785.4	11188
2004	87654	47063	37603	507355	19929	10811.3	13871
2005	11250	50559	45897	523186	23291	11482	19847
2006	134763	69320	59076	672076	30397	15627.1	23481
2007	163509	80930	67574	779410	32762	18589.7	35596
2008	225009	96366	103954	953942	37843	23139.3	—
2009	265047	104374	107070	1019264	57485	34606.8	35227
2010	282189	13277	124553	1299739	77467	34625.2	51938

八、邮政储蓄银行巴彦淖尔市分行信贷业务

邮政储蓄银行巴彦淖尔市分行开办的贷款业务有小额贷款、再就业小额担保贷款、小额循环贷款、肉羊养殖贷款、家庭农场（专业大户）贷款、个人商务贷款、小企业贷款、个人额度类消费贷款、个人房屋贷款和个人汽车消费贷款。2008—2010年，邮政储蓄银行巴彦淖尔市分行共发放贷款74800.51万元。

九、包商银行巴彦淖尔分行信贷业务

2008年贷款余额8.72亿元，2009年各类贷款余额8.57亿元，2010年各类贷款余额11.89亿元。

第四节　存款(储蓄)

一、中国农业银行巴彦淖尔市分行存款业务

巴彦淖尔各银行机构,坚持以效益为中心,以客户需求为导向,提升服务品质,拓展基础业务,存款实现逐年增长。

1986—2010 年农行市支行存款(储蓄)情况表

表 27－1－9

年份	各项存款(万元)	对公存款(万元)	储蓄存款(万元)
1986	29141	4517	5253
1987	35134	4299	8398
1988	36748	5486	11091
1989	38571	23204	15367
1990	52340	30650	21702
1991	55505	28598	26907
1992	53421	17621	35800
1993	65767	17947	47820
1994	119386	54702	64684
1995	95363	23653	71710
1996	100415	10565	89850
1997	117565	11675	105890
1998	141370	19644	122026
1999	160628	30328	130300
2000	178829	55283	123545
2001	200519	59060	141462
2002	232958	73808	159152
2003	270268	67913	202355
2004	323975	78831	245143
2005	397837	101564	296273
2006	475899	163824	312075
2007	573151	222463	350688
2008	658870	238949	419921
2009	802574	325823	476751
2010	928705	412481	516224

二、工行巴彦淖尔分行

1986～2010年工商银行存款(储蓄)情况表

表27－1－10

年份	对公存款(万元)	储蓄(万元)	各项存款(万元)
1986	6576	19989	26562
1987	8009	25157	33166
1988	12542	28600	41142
1989	8552	34515	43068
1990	9356	43524	52880
1991	10381	51068	61449
1992	12111	60373	72484
1993	10847	70783	81630
1994	12029	84768	96797
1995	14755	100373	115128
1996	17453	111034	128487
1997	19592	123741	143333
1998	24963	139098	164061
1999	31697	152891	184588
2000	41224	151272	192496
2001	54284	163396	217680
2002	73312	180881	254193
2003	94258	203563	297821
2004	125330	221237	346567
2005	155458	249895	405353
2006	158821	264760	423581
2007	186529	274646	461175
2008	239878	322615	562493
2009	361493	370147	731640
2010	420875	402357	823232

三、建行巴彦淖尔市支行

1986～2010年建行巴彦淖尔市支行各项存款、储蓄情况表

表27－1－11

年度	一般性存款(万元)	对公存款(万元)	储蓄存款(万元)
1986	2887	2887	—
1987	2857	2808	49
1988	3039	1264	775
1989	3644	1817	1827
1990	5938	2092	3846
1991	8836	3198	5638
1992	13788	5213	8575
1993	17698	4368	13330
1994	24380	5579	18801
1995	29957	5942	24015
1996	36188	5383	30805
1997	52432	9184	43248
1998	62992	11446	51546
1999	73836	17593	56243
2000	81645	27006	54639
2001	98595	33088	65507
2002	103580	25744	77836
2003	131110	37893	93217
2004	118767	38076	80691
2005	146704	52939	93765
2006	242300	128800	113500
2007	227441	109797	117644
2008	299892	133109	166783
2009	445282	239232	206051
2010	539386	300049	239337

四、农业开发银行巴彦淖尔市分行

1996—2010 年农业开发银行巴彦淖尔市分行各项存款情况表

表 27－1－12

年度	合计(万元)	企业单位存款(万元)	财政存款(万元)	同业定期存款(万元)
1996	1947	1561	386	—
1997	7617	7613	4	—
1998	6058	5322	736	—
1999	5310	4983	327	—
2000	7888	4476	3412	—
2001	11336	8639	2697	—
2002	15292	13629	1663	—
2003	23333	20739	2594	—
2004	40943	24732	16211	—
2005	50119	33344	16775	—
2006	68121	53488	12033	2600
2007	97729	63216	16811	17702
2008	97505	49276	16729	31500
2009	94960	56361	18599	20000
2010	122696	28451	11245	83000

五、中国银行巴彦淖尔市分行

1988—2010 年中国银行巴彦淖尔市分行存款(储蓄)情况表

表 27－1－13

年度	各项存款(万元)	外汇存款(万元)	年度	各项存款(万元)	外汇存款(万元)
1988	1469	2. 1	2001	72000	641
1989	3187	13	2002	74512	835
1990	5168	29	2003	94609	784
1991	7702	120	2004	121552	821
1992	10087	74	2005	153801	772
1993	12837	123	2006	207351	659
1994	17882	102	2007	240838	498
1995	23324	139	2008	308239	619
1996	28569	153	2009	409801	677

续表 27－1－13

年度	各项存款(万元)	外汇存款(万元)	年度	各项存款(万元)	外汇存款(万元)
1997	35665	192	2010	494829	2125
1998	46723	272	—	—	—
1999	57830	389	—	—	—
2000	61946	575	—	—	—

六、农村信用社存款

1986—2010 年巴彦淖尔市各信用合作社存款(储蓄)情况表

表 27－1－14

	临河(万元)	乌拉特前旗(万元)	乌拉特中旗(万元)	乌拉特后旗(万元)	五原(万元)	杭锦后旗(万元)	磴口(万元)
1986	5577	2784	1395	440. 61	4051	4558	996
1987	6440	3205	1738	485. 32	4738	5399	303
1988	7650	4201	1767	604. 31	3926	5328	1369
1989	8039	4630	1788	593. 48	3728	5606	1331
1990	10818	4540	2288	723. 68	5160	7055	1816
1991	16869	4863	2630	842. 43	4669	7323	2187
1992	15858	6881	2785	1099. 54	5678	9704	2715
1993	20466	8378	3710	1436. 82	7790	11687	3327
1994	28524	12469	5320	2292. 81	10428	16267	1436
1995	38209	9122	5164	1827. 95	12022	19828	5104
1996	41451	13829	6299	2373. 41	14578	21252	5117
1997	46895	20013	7800	3146. 40	18045	28476	6031
1998	74748	22040	9352	4116. 64	21342	32647	6378
1999	79138	22412	10329	5538. 99	20041	43433	7407
2000	91626	20523	15959	8111. 98	19801	43669	10448
2001	89019	33329	18174	10379. 86	25991	50493	11442
2002	98039	40802	20758	12187. 40	30938	54893	12529
2003	111529	53799	23972	14030. 67	39399	63787	14976
2004	130957	65031	31002	15844. 62	74875	74848	19634
2005	150489	84168	36915	19661. 70	71699	78647	19094
2006	181591	102368	40270	29203. 83	78837	88280	22063
2007	224661	112104	49031	28543. 84	90540	98560	25275
2008	257333	130296	55005	36045. 45	103954	118518	24613
2009	338529	148190	74138	41886. 60	127649	144249	53638
2010	409523	183390	102020	51452. 37	171463	178878	64239

七、中国邮政储蓄

2008—2010 年邮政储蓄银行巴彦淖尔市分行全口径各项存款(储蓄)情况表

表 27 - 1 - 15

年份	临河市区(万元)	五原县(万元)	磴口县(万元)	前旗(万元)	中旗(万元)	后旗(万元)	杭后(万元)	合计(万元)
2008	71138.52	29757.13	22909.92	29487.43	25515.07	21510.73	25799.97	226118.78
2009	83392.16	33186.55	25299.39	32062.50	26408.51	21917.53	29807.02	252073.65
2010	88230.69	32705.28	23851.30	33227.66	25482.38	22645.91	29668.91	255812.12

八、包商银行巴彦淖尔分行

2008 年存款余额 10.15 亿元,2009 年各类款存余额 26.31 亿元,2010 年各类存款余额 22.85 亿元。

第五节　其他业务

一、经理国库

1986 年,中国人民银行巴盟分行按照《国家金库条例实施细则》建立八个国库机构,即巴盟中心支库、临河支库、杭锦后旗支库、五原支库、磴口支库、乌拉特前旗支库、乌拉特中旗支库、乌拉特后旗支库。1987 年,全盟各级国库在做好国库预算收入、支出的同时,认购国库券 529 万元,兑付国库券 43.8 万元,认购国家重点建设债券 213.25 万元。1988 年,配合当地财政税务机关,完成各级预算收入 14415 万元,预算支出 32490 万元。同时,根据国库券管理有关规定,动员全盟各行政企事业单位和个人积极认购国家债券,开展历年国库券的兑付工作。年内共发行国债 2043 万元,兑付历年国库券 144.2 万元。1989 年,加强国库资金管理,保证税款及时、足额入库,防止库款延解占压。查出占压税款累计 1097 万元,占压债券款 7311 万元。完成各级预算收入 17199 万元,预算支出 35300 万元。发行国债 2110 万元,兑付国债 1458 万元。1990 年,按照新修订的《国库条例实施细则》《专业银行办理国库业务管理办法》《国家金库制度选编》等,严格业务凭证要素审核、规范操作,全年共完成各级预算收入 19259 万元,财政支出 39098 万元,发行国家债券 893.2 万元,兑付国家债券 898 万元。1991 年,继续贯彻实施《国库会计核算(规范)》《国库操作规程》等制度,强化基础工作,规范国库业务核算,全年共完成各级预算收入 20013 万元,支出 38383 万元,发行债券 919.8 万元,兑付历年国债 692 万元。1992 年,以总行国库司贯彻落实国库制度,开展国库会计业务和国库工作竞赛开展评比活动,全年完成各级预算收入 21007 万元,支出 41959 万元,发行债券 1600 万元,兑付历年国债本息 1017.1 万元。配合发行部门销毁 1981—1988 年国库券 334.4 万元。1993 年,实行国库主任按月检查国库业务制度,严把拨款、退款关；完善国库统计分析工作，加快信息反馈，全年完成各级预算收入24503万元，支出41186万元，发行债券3055万元，兑付历年国债1342万元。

1995年，配合地方财税体制改革和中国人民银行法的颁布实施，对查出的占压税款等违章行为罚款5921.81元，堵住违规集贸分成退库23.6万元。加强56个乡金库的建设和管理，将磴口县、乌拉特后旗、乌拉特中旗、乌拉特前旗4个旗、县国库与会计部门合并。开展旗县支库“三位一体”系统培训，将国库会计核算纳入会计、国库、发行“三位一体”事后监督系统。1998年，按照总行机构改革方案，临河支行改为盟行营业部。对季度税款入库情况进行检查，对查出的金融机构占压税款问题进行处罚。对财政、税务等征收机关在金融机构开设税款过渡账户的，进行清理撤销。年内完成各级预算收入59512万元，支出88403万元，发行国债3981万元，兑付国债本息277万元。2000年，完成各级预算收入71033万元，支出121271万元发行国债5840万元，兑付工作218万元。

2001年，开展国债的发行、兑付、国债票样的清理工作。完成各级预算收入73740万元，支出177650万元，发行三期国债6770万元，兑付国债本息23.1万元，组织销毁2000年度已兑付国债211万元。2003年，按照《内蒙古自治区基础工作规范化管理实施方案》要求，对营业部、乌拉特前旗、五原支库开展达标检查，撤销乌拉特前旗支库下设的乡级金库；配合审计部门完成对各级预算收入、支出等项目的重点审计；开展对所辖支库的科目使用情况、会计凭证、账务组织和账务处理、计算机管理、内控制度建设等方面的全面检查；增设农垦地税局征收机关的开户，完成盟级企业税收属地管理的调库工作；开展对征收机关和经收处税款入库情况的检查。对有意占压、截留税款及税款入库渠道不畅、在途时间长等问题给予警告，并提出整改意见和措施；继续做好国债兑付发行管理，加大国债发行宣传，督促商业银行加强对兑付网点人员的培训，提高反假、防假能力，杜绝误兑、混兑现象的发生。

2004年，在人民银行职能调整和财政国库管理制度改革中，进一步巩固国库基础工作，优化国库服务监督职能，提升国库调研分析水平；按照人民银行职能调整和“三定”方案要求，修订和完善国库岗位职责、内控管理制度、国库会计核算和资金清算制度；完成五原、乌拉特中旗、磴口支库的标准化管理达标验收；对全辖区20%的乡镇国库规范化管理进行验收，推行财税库现场对账制度；协同财政部门制定《巴彦淖尔市财政国库管理制度改革方案》等。年内完成各级预算收入158819万元，预算支出260733万元，发行国债3031万元，兑付国债本息7.9万元。2005年，配合会计部门开通“四集中”需求，国库部门提前开通同城票据交换和国库内部往来；组织辖内各支库开展实地业务的自查、抽查，同时也接受内蒙古自治区分库对中心支库和临河支库的国库业务实地检查；完成由农业银行乌拉特后旗支行代理国家金库乌拉特后旗支库的业务代理工作。2007年，开展对商业银行代理财政支付清算业务的监管，对全市商业银行直接支付、授权支付和非税收入等支付业务进行现场检查。全年共开展5次专项检查，提出相关措施40余条；完成各级预算收入606346万元，预算支出619953万元。发行五期凭证式国债、一期记账式国债，累计发行额2479万元，兑付无记名国债本息3万元。2008年，与财政部门沟通，率先推行财政预算外支出、纳入国库单一账户管理的改革；对农业银行乌拉特后旗支行代理支库的业务核算按季进行检查、指导；对各家商业银行的直接支付、授权支付和非税收入的国库业务进行现场检查；组织和协调商业银行开展凭证式国债的宣传、咨询和发售。全年，完成各级预算收入668705万元，预算支出935019万元，发行五期凭证式国债、二期储蓄式国债4685万元，兑付国债本息1.3万元。2009年，强化国库基础工作，完成《国库会计核算系统》4.1.0.0版本的升级；增加磴口支库、乌拉特前旗支库纳入直接办理国库集中支付业务范围，及时对“金财工程”横向联网系统进行维护；加强对商业银行办理国库业务的监管，对辖内各家商业银行的直接支付、授权支付和非税收入等国库业务进行现场检查；完成各级预算收入897460万元，预算支出1414653万元，发行凭证式国债5期、储蓄式国债6期，累计金额58140万元。兑付国债本息4.2万元。2010年，完成各级预算收入1097503万元，预算支出1582178万元。发行凭证式国债、储蓄国债5522万元。兑付国债本息0.7万元。

二、货币发行及反假币

货币发行　1986年，人民银行巴盟分行现金收入104190万元，现金支出123754万元。现金净投放19564万元，调入、调出发行基金68次。1987年，全年现金收入140089万元，现金支出166112万元。现金净投放26023万元。调入发行基金26次，金额32370万元。调出发行基金56次，金额35519万元。

1988年，由于全国现金供应紧张，现金回笼缓慢，居民手持现金增加，现金使用效率不高，造成巴盟现金供应的紧张局势，人行巴盟分行组织现金回笼，采取“总额控制、适当集中、合理摆布、灵活调动”的管理办法，保证全盟工资支出、储蓄存款支出和收购期间的现金供应。1991年，全年现金收入283834万元，现金支出323740万元。现金净投放39906万元。调入、调出发行基金98次。1994年，人行巴盟分行贯彻自治区分行“两个”暂行规定，全年现金收入903184万元，现金支出998993万元。现金净投放95809万元。调入、调出发行基金70次。1996年，货币发行工作以加强发行基金调拨、调剂，保证现金供应为中心，以强化“三防一保”、反假人民币为重点，全年现金收入1297215万元，现金支出1405666万元。现金净投放108451万元。调入、调出发行基金98次111295万元。1997年，在发行基金的管理上，坚持查库制度，强化发行库的科学化、规范化管理。在发行基金的调拨上，本着少调勤跑、先远后近的原则，合理摆布、灵活调剂，既保证现金供应，又保证了资金安全。1999年，根据地区经济金融形势和用现金形势，对未来可能出现的情况和问题进行分析预测，制定保证现金供应的具体方案，并针对库存结构不合理、小面额不足的状况，进行合理调配。全年现金收入 2122270 万元，现金支出 2281445 万元。现金净投放 159147 万元。调入发行基金 13 次，金额 61.7 亿元。销毁损伤人民币 1.3 亿元、销毁已兑付国库券 64 万元。2003 年，贯彻“适当集中、合理布局、灵活调度”的调拨方针，随时掌握各行库存，使调运工作安全有序运行。全年现金收入 7064819 万元，现金支出 7224442 万元，现金净投放 159623 万元。调入发行基金 13 次，金额 26.76 亿元。回收损伤人民币 2.82 亿元，销毁损伤券 9.09 亿元。2008 年，继续加大人民币管理，在辖区建立数十个监测网点，加强现金流通情况调查研究，增强计划调拨工作的前瞻性、主动性。全年现金收入 14122388 万元，现金支出 14276429 万元，现金净投放 154041 万元。收缴残损人民币 10.88 亿元。

1986—2010 年人民银行巴彦淖尔市中心支行现金投放、回笼情况表

表 27－1－16

年度	现金收入（万元）	现金支出（万元）	投放回笼（万元）
1986	104190	123754	+19564
1987	140089	166112	+26023
1988	187761	226780	+39019
1989	190632	230827	+40195
1990	243736	291349	+47613
1991	283834	323740	+39906
1992	400935	461106	+60171
1993	610491	687970	+77479
1994	903184	998993	+95809
1995	1182884	1307977	+125092
1996	1297215	1405666	+108451
1997	1664293	1803309	+139016
1998	1747826	1862847	+115019
1999	2122270	2281445	+159174
2000	3345832	3530317	+100621
2001	4253166	4395919	+142753
2002	5236247	5383636	+147389
2003	7064819	7224442	+159623
2004	8723067	8822789	+99722

续表 27 - 1 - 6

年度	现金收入（万元）	现金支出（万元）	投放回笼（万元）
2005	9571474	9762809	+191135
2006	11163759	11351527	+187768
2007	13354604	13412504	+57900
2008	14122388	14276429	+154041
2009	—	—	+268700
2010	—	—	+249300

反假币　2001 年，巴盟分行贯彻落实《中华人民共和国人民币管理条例》，通过多种宣传形式，开展反假币宣传，让广大人民群众认识到假币的危害性，增强人民群众依法维护自身权益和自觉抵制贩卖假币等犯罪活动。

2007 年，推进反假货币网络建设，确定全市 371 个固定反假工作站，定期组织开展反假检查，并对辖区金融机构 308 名临柜出纳人员进行反假币上岗资格证书考试。2008 年，分行系统组织举办反假币资格培训班 6 期，培训人员 420 名。年内收缴假币 5331 张，金额 377135 元。2009 年，人民银行巴彦淖尔市中心支行配合公安机关开展“09 行动”，专项整治假币犯罪活动。活动中收缴假币 14002 张，金额 815967 元。

国际业务　1999 年，工行巴彦淖尔市分行开办外汇业务。2007 年，建行巴支行开办国际业务。其种类包括结售汇、外币存款、外币兑换、信用证和贸易融资。2010 年，工行巴彦淖尔市分行针对国际业务市场竞争能力不强，业务发展缓慢状况，加大营销力度，实施重点客户、重点产品、重点突破发展策略，年内为双河羊绒办理一笔金额为 24.6 万美元的进口信用证业务。

第二章 保 险

第一节 财产保险

一、机构沿革

中保财产保险股份有限公司巴彦淖尔市分公司 1986 年,中国人民保险公司巴盟中心支公司设 7 个旗、县、市支公司。1996 年,中国人民保险公司巴盟中心支公司分为中保财产保险有限公司巴盟分公司和中保人寿保险有限公司巴盟分公司。1998—1999 年,中保财产保险有限公司巴盟分公司更名为中国人民保险公司巴盟分公司。2003 年 7 月,中国人民保险公司巴盟分公司更名为中保财产保险股份有限公司巴盟分公司。

2004 年,随着巴彦淖尔撤盟设市,公司更名为中保财产保险股份有限公司巴彦淖尔市分公司。2010 年,中保财产保险股份有限公司巴彦淖尔市分公司在全市设立支公司、营业部 11 个,代理网点 200 多个。

中国平安财产保险股份有限公司巴彦淖尔市支公司 2006 年 4 月,经自治区保监局批准,中国平安财产保险股份公司内蒙古分公司在巴彦淖尔市设立支公司。

中华联合保险股份有限公司巴彦淖尔市支公司 2005 年 9 月,经中国保监会批准,中华联合财产保险有限公司在巴彦淖尔市成立中心支公司。同时,在乌拉特前旗、五原县、临河区、杭锦后旗设立区级支公司。

二、财保产品

中保财产保险股份有限公司巴彦淖尔市分公司经营险种主要有企业财产保险、机动车辆保险、家庭财产保险、货物运输保险、产品责任保险、产品质量保证保险、雇主责任保险、公众责任保险、建筑安装工程保险、医疗责任保险、校园方责任保险、餐饮责任保险、职业责任保险、供电责任保险、物业责任保险、意外伤害保险、短期健康保险 100 多个险种。

中国平安财产保险股份有限公司巴彦淖尔市支公司经营的险种主要有车险、火险、责任险、意外健康险,开办的保险业务主要有:财产基本险、财产综合险、律师责任险、建筑工程意外险、货运险等几十个品种。

中华联合财产保险公司巴彦淖尔市中心支公司经营的险种有各种企业财产保险、机动车辆保险、货物运输保险、责任保险、信用保险、农业保险、健康保险、医疗保险、各种短期人身保险和以上业务的再保险。

三、收入与赔付

1986—2010年,巴彦淖尔财产保险实现快速发展,保费收入实现迅速增长,财产保险广度和深度明显提高,理财支出不断增长。

1986—1995年全盟财产保险收支情况表

表27－2－1

年份	保费收入(万元)	财产险储金收入(万元)	理赔支出(万元)	财产险储金给付(万元)
1986	—	—	—	—
1987	—	—	—	—
1988	143.9	—	87.8	—
1989	759	—	306.0	—
1990	851.8	0.3	400.7	—
1991	899.8	—	34.8	—
1992	1106.3	131.4	467.5	—
1993	1698.6	538.7	1071.8	—
1994	1832	145	1671	71
1995	3308	—	1290	—

1996—2010年全市财产保险收支情况表

表27－2－2

年度	保费收入(万元)	理赔支出(万元)
1996	21316	6781
1997	3296.4	1550.4
1998	3460.3	1624.0
1999	3145.7	2208.1
2000	3341.3	1415.9
2001	3550.0	1571.8
2002	39466	1792.6
2003	5268	2396
2004	5268	2396
2005	6907	3084
2006	7703.6	3711.8
2007	10896	5188
2008	24606.8	7153.0
2009	20740.6	11294
2010	29657	12230

第二节　人寿保险

一、机构沿革

中国人寿有限公司巴彦淖尔市分公司　公司为原中国人民保险公司巴盟分公司业务三科。1996 年，按照中国人民保险公司机构改革要求，财产保险与人寿保险分立。中保人寿保险有限公司巴盟分公司正式成立。分公司分别在临河市、乌拉特前旗，杭锦后旗设立支公司、在五原县、磴口县、乌拉特中旗、乌拉特后旗设立营业部。2003 年 8 月，随着改革的不断深入，公司转为股份制。2007 年，撤销五原营业服务部、乌拉特前旗营业服务部、杭锦后旗后营业服务部。2008 年，成立第一营销服务部、第二营销服务部、第三营销服务部。2010 年分公司设 10 个科室，下设临河区、乌拉特前旗、乌拉特中旗、乌拉特后旗、五原县、磴口县、杭锦后旗支公司，第一营业服务部、第二营业服务部、第三营业服务部。

二、保险产品

人身保险开办的险种主要有：团体人身保险、团体人身意外伤害保险、学生和幼儿团体平安保险及附加意外伤害医疗保险、学生和幼儿疾病住院医疗保险、基本安全保险、一路平安保险、特种安康保险、城乡居民意外伤害保险、全家福保险，个人养老金保险、子女教育婚嫁备用金保险、福寿安康保险、简易人身保险、个人购房贷款定期人寿保险、88 鸿利终身保险、99 鸿福终身保险、66 鸿运保险（A、B 型）、鸿寿养老保险等。险种涵盖意外伤害、健康、养老、子女抚养等。

三、收入与赔付

中国人寿有限公司巴彦淖尔分公司坚持以客户为中心，健全规章制度，提高服务意识，优化险种结构增长。

1986—1993 年全盟人寿保险收支情况表

表 27－2－3

保险收入（万元）	储金收入（万元）	赔付支出（万元）	退保金（万元）
1986	—	—	—
1987	—	—	—
1988	—	—	—
1989	267	—	64
1990	215.7	108.0	83.3
1991	233.6	132.6	97.7
1992	331.2	415.3	122.3
1993	507.7	1205.5	226.1

1994—2010 年全市人寿保险收支情况表

表 27 －2 －4

年度	保险收入(万元)	理赔支出(万元)
1994	1122	428
1995	841	517
1996	21316	6781
1997	3442. 1	564
1998	4655. 2	629. 3
1999	5895. 8	688. 4
2000	7574. 5	703. 57
2001	8664	1713
2002	12472. 6	4760. 21
2003	22758	3009
2004	22758	3008
2005	25441	4429
2006	29676	3053
2007	34490	6209
2008	46697	10941
2009	47238. 72	14247. 89
2010	47471	14247. 89

第三章　证券　典当　小额贷款公司

第一节　证　券

一、机构和人员

1997年7月31日，恒泰证券股份有限公司临河胜利北路营业部成立，正式入驻河套平原，经过十多年的发展，临河胜利北路证券营业部，由当初的传统经纪业务发展到以经纪业务为主导，以财富管理为核心，通过对多种金融工具的有效运用和对创新业务的大力推动，实现巴彦淖尔市证券市场的不断发展壮大，形成三个营销团队，共计32人的销售服务人员。发展成以临河区为中心，证券业务扩大到磴口县、五原县、乌拉特前旗、乌拉特中旗、乌拉特后旗、杭锦后旗等各个旗县，为巴彦淖尔市客户提供各类证券服务。截至2010年末，公司拥有40多名员工，为3万多个家庭和个人带来专业的证券投资与投资理财服务。

二、主要业务

公司开展的业务主要有股票账户开立、代理股票买卖、股票投资咨询、融资融券、基金销售、小额贷款、债券承销、资产管理、期货投资、另类投资等多个业务种类。

(一)证券账户开立　恒泰证券临河胜利北路营业部可以为客户开立上海、深圳A股、B股、沪港通、基金等各类理财账户，为巴彦淖尔市各族人民提供各种理财账户的开立。

恒泰证券临河胜利北路营业部年度收支情况表

表27－3－1

分支机构名称	时间年度	机构情况表				
		领导班子成员	职工人数（人）	营业收入（万元）	营业支出（万元）	盈利情况（万元）
临河胜利北路营业部	1998年	吕忠凯	18	67.42	52.12	16.9
临河胜利北路营业部	1999年	吕忠凯	20	101.23	67.12	35.54
临河胜利北路营业部	2000年	吕忠凯	20	203.14	89.20	115.34

续表 27－3－1

分支机构名称	时间年度	机构情况表				
		领导班子成员	职工人数（人）	营业收入（万元）	营业支出（万元）	盈利情况（万元）
临河胜利北路营业部	2001 年	李建欣	20	316.40	110.72	207.57
临河胜利北路营业部	2002 年	李建欣	20	392.41	155.42	238.59
临河胜利北路营业部	2003 年	李国春	20	481.2	197.52	284.78
临河胜利北路营业部	2004 年	李国春	20	552.19	202.14	348.35
临河胜利北路营业部	2005 年	王凤魁	20	604.21	207.18	399.13
临河胜利北路营业部	2006 年	王凤魁	23	806.11	332.65	473.46
临河胜利北路营业部	2007 年	刘全胜	24	3463.84	635.52	2833.3
临河胜利北路营业部	2008 年	刘全胜	66	2992.58	560.27	2429.09
临河胜利北路营业部	2009 年	刘全胜	40	5300.37	814.69	4485.68
临河胜利北路营业部	2010 年	康城	42	3083.09	700.23	2382.86

（二）证券咨询服务 恒泰证券临河胜利北路营业部依托公司总部，结合巴彦淖尔市当地实际情况，为各族人民提供包括证券、基金、信托、期货、另类投资等各类理财咨询服务，同时也在积极发展和储备私人理财服务人员，为巴彦淖尔市人民提供全方位、细致化、专业化的理财咨询服务。

（三）金融产品销售 恒泰证券临河胜利北路营业部代销各类基金、信托、资产管理、另类投资等各种金融产品，形成起点不同、收益各异、产品期限跨度大、收益各有特色的完善的金融产品销售体系，以满足巴彦淖尔市人民的不同的理财需求，也取得了金融产品销售的跨越式的发展,在当地树立了良好的口碑,同时也培育出一批忠实的理财客户。

第二节　典　当

典当是一种以物品或权利的抵(质)押获取融资的方式。历史上,典当曾在社会经济发展及人们的日常生活中起过重要的作用。现代典当业在金融体系中处于独立、边缘和弱势的地位,起一种弥补不足、调剂余缺的作用。在改革开放中,典当业在巴彦淖尔市逐步兴起和发展,成为金融体系中一种融贷资业务中的有益补充,迎来一个新的发展机遇。截至2010年末,巴彦淖尔市共开办典当行业9家。

第三节　小额贷款公司

小额贷款公司是金融服务的一种创新,是当时金融市场各种客观因素相互作用的必然金融产品。在主体金融部门不能满足所有市场需求情况下,小额贷款公司有效弥补了当前金融市场空当,也是社会需求的必然结果。在金融主管部门的积极正确引导下、规范民间融资行为,支持“三农”、中小企业、个体工商户的资金需求,并弥补金融市场不足、完善地方金融服务。

截至2010年,巴彦淖尔市共开办小额贷款有限公司36家,贷款余额10.98亿元。

第二十八篇

经济综合

第一章　发展与改革

第一节　体制改革

一、机构沿革

1986年,盟计划委员会内设办公室、综合科、农牧科、工交科、财文科、基建科、前期办、国土办。下辖盟经济信息中心(事业机构)。1995年,巴盟计划委员会改为计划局,设办公室、综合科、农牧科、工交科、商贸科、科社科、投资科、国土科、重点项目科和拨改贷办公室(投资咨询公司)等科室。下辖盟地矿局、盟旅游局和经济信息中心等二级事业机构。2002年,盟计划局改称盟发展计划委员会。2004年8月,巴彦淖尔撤盟设市,盟发展计划委员会更名为市发展和改革委员会。内设办公室、规划科、综合科、农牧科、工业科、基础产业科、高新技术产业科、社会科、投资科、服务业科、体改科、西开办12个科室。2010年,市发改委设办公室、规划科、综合科、农牧科、基础产业科、高新技术产业科、社会科、投资科、体改科、地区经济科、产业协调科、经贸科、能源科、稽查办、价格科、收费科等科室。下辖市发展研究中心、市价格监督检查局、市价格认证中心。

二、职能转变

1986—1990年,计划委员会职能主要是运用行政手段,通过制定指令性计划对全盟国民经济和社会发展所需物资统一组织生产、分配、调拨。1990年后,随着社会主义市场经济体制的确立和逐步完善,计划部门随着国家经济政策进行逐步调整,由制订、落实指令性计划开始向以市场为导向、按市场规律进行宏观调控。在计划制定方面,逐步缩减实物量指标,增加质量效益指标。2004年,发展和改革委员会将产业政策实施、科学技术发展规划、对外经贸合作、土地开发利用等具体职能转划归相关部门管理。

第二节　项目储备与报批

1988年,盟计划委员会对临河三万吨磷铵工程、东升庙铅锌硫选矿、临—陕公路、五原糖厂、盟硫酸厂、临河4800锭毛纺厂等10个基建项目进行可行性论证,并编制上报陕坝—东升庙、陕坝—临河东郊110千伏输变电工程和乌拉山—磴口220千伏输变电工程计划任务书。1994年,计划委员会共上报建设项目274个。其中,批准项目145个,待批项目129个。1996年,计划委员会共筛选上报各类项目216项,落实153项。1997年,落实自治区

50 周年大庆献礼项目 8 个,包括边境苏木通电、通邮、通路工程和临河市给水工程及教育卫生等项目。农牧业基地新建项目以及黄河险工治理、防沙造林、人畜饮水等多项工程。1998 年,先后落实重点建设项目 9 项,包括 110 国道改造、黄河公路大桥、城乡电网建设、文教卫生、城市供水、供热排污以及市场体系建设等项目。其中,临河市污水处理工程、临河市四季青市场由自治区计委立项。2001 年,全盟入库项目 117 个。2002 年,入库 500 万元以上、符合国家投资方向、切合全盟实际的各类项目 264 个。上报自治区计委作为争取项目 186 个,国家和自治区计委批准的各类项目 99 个,总投资 14. 1 亿元。

2004 年,围绕国家产业政策和投资方向,加快重点项目建设,特别是对地区经济社会发展带动力强、产业关联度高、地区资源优势得到充分发挥、提高经济竞争力的重大项目进行策划和筛选。全年共入库项目 299 个,其中亿元以上项目 188 个。策划投资亿元以上项目 58 个,总投资规模 507 亿元。争取到国家和自治区各类项目 143 个,总投资 7. 4 亿元。2005 年,策划项目 380 个,入库项目 678 个,争取到国家和自治区发改委批准的各类项目 143 个。2006 年,全市遴选入库项目 624 个,其中,亿元以上项目 349 个,总投资 5089. 94 亿元。争取到投资项目 189 项,投资 40484. 11 万元,其中,农牧林水 23272. 56 万元,城市建设 2331. 75 万元,公检法司 1973. 8 万元,社会事业 2235 万元,交通 9881 万元,工业 220 万元,服务业 420 万元,电子政务 65 万元。2007—2008 年,全市项目入库 619 个,争取到上级投资项目 343 项。项目按行业划分,其中:农林牧水 31 项,城市建设项目 22 项,服务业项目 10 项,高新技术项目 3 项,廉租房项目 5 项,电力建设项目 12 项,公检法司项目 45 项,信息化建设项目 2 项。总投资 75266. 6 万元,其中,国家预算内项目投资 59418. 6 万元,国债项目投资 10230 万元,自治区项目投资 5888 万元。

2009—2010 年,筛选入库项目 620 个,其中亿元以上项目 345 个。项目涉及农牧林水、工业、交通、城市建设、社会服务业。获得上级审批和核准的各类项目 33 个,其中,重大项目有新湖 501 万吨聚氯乙烯项目、乌化合成氨富氧制气节能技术改造项目、五原蒙兴氮化硅制品项目、乌拉特后旗恒望热电联产项目、杭锦后旗飞马热电联产项目、临河联邦制药项目、白彦花煤电项目和国电、中广核、大唐河北和国华四个风电项目等。

第三节　产业导向和项目实施

1999 年,根据国家、自治区产业政策和投资方向,向自治区计委上报高新技术产业化项目、国债项目、“十五”期间重点项目和西部大开发项目。重点实施农牧业基地建设、种子工程、农牧业产业化工程、生态环境治理工程、灌区节水工程、黄河险工治理、农电网改造、国储库扩建以及交通、城市基础设施等建设项目。2001 年,争取到国家和自治区投资 105 项、5. 7439 亿元,其中,河套灌区节水专项投资 7200 万元,黄河防洪工程投资 6920 万元，沙漠治理工程投资2112万元，天然林保护工程投资3748万元，退耕还林还草工程投资2700万元，生态移民工程投资1620万元，黄河滩区移民投资1007万元，优质小麦生产基地建设投资1430万元，固（原）—海（流图）公路项目投资1500万元，农电网改造项目投资6250万元，临河市污水处理投资3000万元，集中供热投资2500万元，雨水管网工程投资1500万元，临河车站国储粮库建设项目投资1069万元。乌拉特草原生态旅游区建设项目投资1200万元，以及农牧业基础建设、交通电力、城市建设、公检法司、教育、文化、卫生、旅游等其他各类中小项目。2005年，全市推进重大建设项目共32项。2008—2009年，完成的项目主要有临河过境高速、边防公路、海甘公路、乌梁素海旅游公路等重点公路项目建成通车；乌拉山至杭锦旗锡尼镇铁路项目和巴彦淖尔市机场建设项目获国家发改委核准；临策铁路、包惠铁路电气化改造完成；甘泉铁路、乌拉山国家级森林公园旅游道路开工建设。

第四节　固定资产投资

1986年，全盟固定资产投资完成1811万元，为计划的84.4%。其中，农牧林水完成投资459.9万元，城市公交完成投资37万元，城市建设完成投资90万元，黄灌区建设完成投资254.1万元，公路改造等基础设施建设完成投资970万元。1990年，全盟固定资产完成投资10586万元。1991年，固定资产完成投资1.3亿元。其中，生产性投资8234万元，非生产性投资3416万元，住宅投资1352万元。1993年，全盟固定资产投资总额37362万元，其中基本建设投资增长68.2%，商品房投资增长91%。1994年，全盟完成固定资产投资5.19亿元，其中，国有基础建设投资2.7亿元，国有企业改造完成投资0.63亿元。1996年，完成固定资产投资7408万元。1997年，固定资产投资完成7亿元。1998年，固定资产投资完成8.75亿元，其中交通、运输、邮电等基础设施建设投资比上年增加23.3%。1999年，全盟全年完成固定资产投资19.05亿元。其中，基础设施建设完成投资7.97亿元，更新改造完成投资2.3亿元。2000年，全盟固定资产完成投资28.9亿元，其中，国有经济完成投资14.5亿元，集体和其他经济完成投资3.6亿元，农村固定资产完成投资6.5亿元。2001年，全盟完成固定资产投资32.89亿元。其中，基础建设投资完成16.38亿元，更新改造投资完成4.49亿元，其他投资完成3.25亿元，房地产开发投资完成3.54亿元，城镇工矿区私人建房投资完成0.68亿元，农村固定资产投资完成4.53亿元。2002年，全盟固定资产投资总额38.35亿元。其中，基本建设完成投资22.12亿元，更新改造投资3.87亿元，房地产开发投资3.22亿元，其他投资完成2.9亿元。2003年，全盟共完成固定资产投资74.01亿元，其中，工业重点项目完成投资14.4亿元，生态建设完成投资3.6亿元。

2005年，全市完成固定资产投资总额158.38亿元。其中，中央项目完成投资2.13亿元，地方项目完成投资156.25亿元。固定资产投资中，第一产业完成投资10.91亿元，第二产业完成投资77.69亿元,第三产业完成投资69.78亿元。2006年,全市固定资产投资总额为210.15亿元。其中第一产业完成投资25.65亿元,第二产业完成投资122.02亿元,第三产业完成投资62.48亿元。2007年,固定资产投资总额达到271.78亿元。其中,第一产业完成投资21.58亿元,第二产业完成投资140.56亿元,第三产业完成投资109.64亿元。2008年,全市完成重大项目建设50项,总投资335.2亿元。其中,第一产业完成投资22.4亿元,第二产业完成投资186.3亿元,第三产业完成投资126.5亿元。

2009年,全市完成固定资产投资562.2亿元,其中,城镇建设完成投资489亿元,农村固定资产完成投资22.3亿元。2010年,全市固定资产投资完成565亿元。其中,农牧林水完成投资43亿元,工业完成投资275亿元,交通完成投资47亿元,城市建设完成投资160亿元,社会事业完成投资16亿元,商贸流通完成投资24亿元。

第五节　经济信息

1990年,按照上级要求,完成全盟固定资产投资项目信息数据采集,初步建成经济信息数据库。1991年,经济信息中心建设基本完成,能够召开信息发布会,开展宏观经济预测、定期为党、政领导和经济部门提供经济分析预测;建成与区内外联系,覆盖全盟的经济信息网络,可利用信息中心的人才、设备、技术优势为社会、企业提供信息服务。1997年,在与国家和自治区联网的基础上,拓展“内经网”在全盟覆盖面。1998年,在信息网络建设中,发展网络用户,新增网络设备,完善配套服务,推动信息系统建设。编发《预测与研究》16期,编发《宏观经济简报》26期,编发《信息桥》24期。通过《经济信息报》《预测与研究》为全盟各级机关、企事业单位、广大农牧民、个体工商户及时提供信息服务。2001年,经济信息完成局域网建设,实现机关办公自动化。2007—2010年,发展和改革委按月收集汇总全市各地区的经济社会发展指标,分析调度经济运行和项目进展情况;按季度发布经济形势分析报告,编发《发展改革动态》,随时发布国家、自治区有关政策及投资信息,编发《发展改革动态》100期,年均发布信息600多条。

第二章　统　计

第一节　机构与改革

1983年7月,盟统计局改称为盟行署统计处。1995年5月改称为盟统计局,隶属盟行署,处级建制。内设办公室、综合科、公交科、财劳科、农牧科、法制科等科室。下设城调队、农调队、咨询服务室、计算站4个事业单位,共56人。2004年,撤盟设市后,改称为市统计局,内设办公室、综合科、公交科、投资科、社会科、商贸科、法规科等科室。下设农调、城调、企业督查三个调查队(参照公务员管理),咨询室、计算站二个事业单位。2006年12月,成立国家统计局巴彦淖尔调查队,隶属国家统计局垂直管理,原由地方统计局承担的国家统计职能分离出去,市统计局只承担地方职能。内设办公室、综合科、公交科、投资科、商贸科、社会科等科室,下设农调队、城调队、企调队三个事业单位和咨询室、计算站二个事业单位63人。2010年,增设能源科,其他未变。

第二节　统计标准和调查项目

一、统计标准

国家统计标准主要有《国民经济行业分类》《三次产业划分规定》《文化及相关产业分类》《体育及相关产业分类》《科技统计产业分类》《高技术产业统计分类目录》《零售业态分类》《关于统计上划分城乡的规定》《统计用产品分类目录》《关于城乡企业登记注册类型的规定》《关于统计上划分经济成分的规定》《统计上大中小型企业划分办法》《轻重工业划分办法》等。

二、统计调查项目

国家统计调查　主要统计调查业务有国民经济核算、农业、工业、建筑业、房地产开发、批零住宿餐饮业、投资、能源、人口、劳动、社会、住户、价格等方面的统计调查项目。

部门统计调查　主要统计调查业务有财政、金融、税收、教育、卫生、科技、文化、体育、社会保障、交通运输、民政、计划生育、公检法、国土、水利、气象等行业的统计调查项目。

地方统计调查　是以县级以上地方人民政府及其部门的地方性统计调查项目,以满足地方政府管理需要为主要目的。

第三节 统计调查制度

国民经济核算统计调查 主要业务是地区生产总值核算制度、投入产出核算制度、资金流量核算制度、国民资产核算制度、国民经济账户制度。主要统计指标是国民生产总值(GNP)、国内生产总值(GDP)、总产出(现价/不变价)、中间投入(使用)、增加值、地区生产总值(现价/不变价)、最终消费、居民消费、政府消费、资本形成总额、固定资产形成总额、存货增加、货物和服务净出口、劳动者报酬、生产税净额、固定资产折旧、营业盈余、初次分配总收入、经常转移、可支配收入、总储蓄、资本转移、净金融投资、通货、存款、贷款、收益、直接投资、其他投资、储备资产增减额等。

农业统计调查制度 主要业务是农业生产条件、主要农产品、水果、林业、畜牧业、渔业生产情况等年报;农作物播种面积、农作物产量、畜牧业生产情况、蔬菜及特种作物生产情况等季报;农业产值统计;农产品价格统计;农产量抽样调查,内容有全年实测粮食产量、全年分品种粮食产量、畜禽生产规模户(单位)基本情况调查等年报;农户农作物播种面积,夏收、秋收粮食测产,生猪生产情况、牛生产情况、羊生产情况、家禽生产情况等季报。主要统计指标有农林牧渔业总产值、粮食产量、油料产量、水产品产量、猪、牛、羊肉产量、期初(末)畜禽存栏头(只)数、耕地面积、农作物播种面积、有效灌溉面积、农用化肥施用量、农用机械总动力、农林牧渔业劳动力等。

工业统计调查制度 主要业务是规模以上工业统计,包括主要工业产品产量、工业企业财务状况及产销总值、规模以上工业主要产品生产能力、信息化情况主要指标等年报;工业增加值、工业产销总值及主要产品产量等月报;工业企业财务状况、主要工业产品销售、库存、订货等季报;规模以下工业抽样调查。主要统计指标是工业总产值、工业增加值、工业销售产值、生产量、生产能力、销售量、库存量、实收资本、资产合计、负债合计、所有者权益、固定资产原价、固定资产净值、流动资产、产品销售收入、产品销售成本、产品销售税金及附加、产品销售利润、应交增值税、总资产贡献率、资产负债率、工业成本费用利润率、工业增加值率、流动资产内转次数、产品销售率、全员劳动生产率等。

建筑业统计调查制度 主要业务是建筑业企业生产情况、建筑业企业财务状况、建筑业企业房屋建筑完成情况、劳务分包建筑业企业生产经营情况等。主要统计指标是建筑业总产值(即自行完成施工产值)、建筑业增加值、房屋建筑施工面积、自有机械设备年末总台数、自有机械设备年末总功率、工程结算收入、工程结算利润、企业总收入等。

批发和零售业、住宿和餐饮业统计调查制度 批发和零售业、住宿和餐饮业统计调查包括月报、季报和年报。月报业务是批发和零售业商品销售情况、住宿和餐饮业经营情况、社会消费品零售总额、限额以上批发和零售业商品销售和库存、限额以上住宿和餐饮业经营情况、限额以下批发和零售业样本单位调查表、限额以下住宿和餐饮业样本单位调查表；季报业务是重要商品购进、销售和库存（成品油批发单位填报）、重要商品销售和库存（成品油零售单位填报）、重点批发和零售业企业主要经济指标、重点住宿和餐饮业企业主要经济指标等；年报业务是限额以上批发和零售业商品购进、销售和库存总额、限额以上住宿和餐饮业经营情况、限额以上批发和零售业企业财务状况、限额以上住宿和餐饮业企业财务状况、亿元以上商品交易市场成交情况、批发和零售业连锁经营情况、住宿和餐饮业连锁门店及配送中心分布情况、批发和零售业及住宿和餐饮业个体经营户基本情况。主要统计指标是社会消费品零售总额、商品购进额、批发额、零售额、期末商品库存额、消费品市场成交额等。

固定资产投资统计调查制度　主要业务是固定资产投资统计报表制度，包括城镇固定资产投资完成情况、农村非农户固定资产投资完成情况、部门固定资产投资管理信息综合表、国防、人防固定资产投资完成情况、固定资产投资统计基层标准表、亿元以上新开工项目报告等年报或月报；农村住户固定资产投资抽样调查方案，包括农户固定资产投资情况、农户建房投资情况、农户固定资产投资情况季报等报表。主要统计指标是固定资产投资、房地产开发投资、固定资产投资的资金来源、施工项目个数、当年投产项目个数、新增生产能力、房屋建筑面积、住宅建筑面积、竣工面积等。农村住户固定资产投资抽样调查主要收集本年新增固定资产原值、本年固定资产投资完成额、本年施工房屋面积、本年竣工房屋面积等。

房地产开发统计调查制度　主要业务是房地产开发统计调查，并且分为月报、年报两类。月报包括房地产企业（单位）投资、资金和土地情况、房地产开发企业（单位）施工、销售和空置情况、房地产开发企业（单位）资金情况表、房地产项目情况表、房地产项目销售及待售情况、5000家联网直报房地产企业商品房销售及待售情况等；年报包括房地产企业（单位）财务状况、房地产企业（单位）投资、资金和土地情况、房地产企业（单位）施工、销售和待售情况等。主要统计指标是计划总投资、本年完成投资、本年新增固定资产、资金来源、应付款、项目规划情况、土地购置和开发情况、房屋建筑面积、住宅建筑面积、施工面积、竣工面积、商品房屋销售面积、商品房销售额、商品房销售套数、商品房待售面积等。

劳动统计调查制度　主要业务是非私营单位劳动报表，包括单位从业人员和劳动报酬情况、单位从业人员变动情况、劳动情况等年报和季报；私营单位劳动工资统计报表，包括城镇私营法人单位基本情况、城镇私营单位工资情况等年报。主要统计指标是单位数、单位从业人员、非全日制人员、在岗职工、其他从业人员、离开单位后仍保留劳动关系的职工、城镇单位从业人员劳动报酬、在岗职工工资总额、其他就业人员劳动报酬、本单位使用的劳务派遣工劳动报酬、年末人数、平均人数、工资总额、平均工资等。

服务业统计调查制度　主要业务是服务业财务状况报表，包括教育事业财务状况、卫生事业财务状况、文化事业财务状况、文化企业财务状况、广播电视（事业）财务状况、广播电视（企业）财务状况、出版业（事业）财务状况、出版业（企业）财务状况、社会福利财务状况、社会组织财务状况、研究与试验发展状况、气象服务财务状况、地震服务财务状况、海洋服务财务状况等年报；部分服务业抽样调查，包括企业总量指标、企业总量指标与增长速度、服务业企业调查表等。主要统计指标：固定资产原值、当年收入合计、事业收入、经营收入、本年支出合计、工资福利支出、商品和服务支出、福利费、劳务费、取暖费、差旅费、助学金、利润、税金、增加值、从业人员人数等。

价格统计调查制度　主要业务是流通和消费价格统计调查，包括居民消费价格指数、食品零售价格指数、农业生产资料价格指数等月报和年报；工业品价格统计调查，包括工业品出厂价格指数和原材料、燃料、动力购进价格指数等月报；固定资产投资价格统计调查，包括固定资产投资价格指数、建筑安装工程价格指数、建筑安装工程中材料价格指数、人工费价格指数、机械费价格指数、其他费用投资价格指数等季报；房地产价格统计调查，包括土地交易价格指数、房屋销售价格指数、房屋租赁和物业管理价格指数等月报和季报。居民消费价格总指数及食品等分类价格指数、商品零售价格总指数及食品等分类价格指数、农业生产资料价格指数及农业生产用物资和机具等分类价格指数等；工业品价格统计，包括工业品出厂价格总指数及按工业行业分类价格指数、原材料、燃料、动力购进价格总指数及按大类和工业行业分类价格指数等；固定资产投资价格统计，包括固定资产投资价格总指数及建筑安装、装饰工程等分类价格指数、建筑安装工程中材料价格指数、人工费价格指数、机械费价格指数、其他费用投资价格指数、分类工程固定资产投资价格指数等。

企业景气调查制度　主要业务是月报包括制造业采购经理和非制造业采购经理调查等；季报包括工业企业景气、建筑业企业景气、交通运输和邮政业企业景气、批发和零售企业景气、房地产业企业景气、社会服务业企业景气、信息传输、计算机服务和软件业企业景气、住宿和餐饮业企业景气等；年报包括企业基本情况等。主要统计指标是反映企业景气方面的统计指标，包括盈利（亏损）变化、流动资金、企业融资、货物拖欠、劳动力需求、固定资产投资、企业综合生产经营状况等；反映工业企业景气方面的统计指标，包括生产成本、生产总量、产品订货、产品销售、产品销售价格、产成品库存、设备能力利用、科技创新、主要原材料及能源购进价格、主要原材料及能源供应等；反映建筑业企业景气方面的统计指标，包括工程合同、国（境）外工程合同、建筑工程量、新开工工程量、技术设备能力、工程进度、工程结算收入、建筑材料购进价格、工程结算成本等；反映交通运输、仓储和邮政业企业景气方面的统计指标是业务预定、业务量、业务收费价格、业务成本等；反映批发和零售业企业景气方面的统计指标，包括购货合同、商品购进价格、商品销售、出口、商品销售价格、商品库存、经营费用、竞争能力等;反映房地产企业景气方面的统计指标,包括土地开发、完成投资、新开工情况、房屋竣工、商品房预售、商品房销售、商品房销售价格、待售商品房等;反映社会服务业企业景气方面的统计指标,包括服务预定、竞争能力、旅游客源、收费(服务)价格、业务量、营业成本等;反映信息传输,计算机服务业和人家企业景气方面的统计指标是产品销售(提供服务)、产品订货、竞争能力、销售(收费)价格、营业收入、营业成本等;反映住宿和餐饮业企业景气方面的统计指标包括业务预定、竞争能力、客房出租、收费(服务)价格、营业收入等;制造业采购经理调查指标,包括生产量、产品订货、出口订货、现有订货、产成品库存、采购量、进口、购进价格、主要原材料库存、生产经营人员、供应商配送时间等;非制造业采购经理调查指数,包括业务总量、新订单(客户需求)、国外新订单、未完成订单(业务)、存货、投入价格、收费价格、企业员工、供应商配送时间、业务活动预期等。

人口变动情况抽样调查制度　主要业务是人口变动和劳动力调查表、死亡人口调查表、事后质量抽查表等。主要统计指标包括应在本户登记的人数、出生人口、死亡人口、性别、出生年月、民族、户口性质、户口登记地、调查时点居住地、离开户口登记地时间、原因、一年前常住地、是否识字、受教育程度、学业完成情况、婚姻状况、生育状况、工作状况等。

劳动力调查制度　主要业务是包括月度劳动力调查和季度劳动力调查。主要统计指标包括劳动力性别、出生年月、户口登记状况、户口登记地、户口性质、受教育程度、工作状况等。

城镇住户调查制度　主要业务是城镇居民家庭的成员基本情况、现金收支、消费支出调查、非现金收入等。主要统计指标:城镇居民人均可支配收入、城镇居民人均消费支出等。

农村住户调查制度　主要业务是月报农村居民家庭现金收入与支出、农村住户劳动力就业与外出从业情况、农村居民家庭现金收支日记账、农村居民家庭实物收支台账等;年报农村居民家庭概况、农村居民家庭收入支出、农村劳动力就业与流动情况、农村住户所在村基本情况、农村居民居住情况、农业生产结构及技术应用情况等。主要统计指标包括农村居民家庭概况、农村居民家庭收入与支出、农村劳动力就业与流动情况、农村居民家庭现金收入与支出、农村居民劳动力外出从业情况、农村住户所在村基本情况、农村居民家庭基本情况、农村居民居住情况、农业生产结构及技术应用情况、农牧民人均纯收入等。

城市经济社会基本情况调查制度　主要业务是城市经济社会基本情况年报。主要统计指标包括城市行政区划、人口、劳动力及土地资源、综合经济、工业、交通运输、邮电通信、能源电力、贸易、外经、旅游、固定资产投资、教育、科技、文化、卫生、人民生活、社会保障、社会治安、市政公用事业、环境保护等。

能源统计调查制度　主要业务是能源统计调查,包括能源平衡表(实物量、标准量)、分行业能源消费量(实物量)、分行业能源终端消费量(实物量、标准量)、地区能源消费与单位 GDP 能耗、工业企业能源购进、消费与库存、全社会用电量情况、工业企业用水情况、主要耗能工业企业单位产品能源消耗情况,农林牧渔业生产经营单位能源消费情况等。主要统计指标包括能源购进量、购进量金额、能源消费量、工业企业的能源消费量、除工业企业以外的其他企业的能源消费、交通运输工具、能源加工、转化投入、液化投入、能源加工转换产出量、能源加工转换损失量、用作原材料的能源消费量、综合能源消费量、经济能源消费量、能源库存、取水量、付费水外供水量、地表水、地下水、自来水、雨水收集利用、其他水、重复用水量、河湖海冷却水用量、废水排放量、废水处理达标水排放量、废水未处理或未达标水排放量、煤炭、汽油、柴油、燃料油、电消费等。

第四节　统计制度改革

1998 年,制定《关于统计制度调查方法的几项改革措施》,将乡镇统计站由原来单一的农业统计向农村二、三产业统计扩展,实行“本地统计”,理顺农村社会统计的渠道,避免数出多门;改革中小型贸易业统计方法,由过去法人单位进行的全面调查改为抽样调查,减少大量的人力、物力,达到数据准确;对重点基本建设投资项目进行跟踪调查,及时掌握基本建设的投资趋势,为领导决策提供准确数据;统一 40 多种农副产品价格,消除由于价格不平衡而造成农业总产值的不平衡。

2000 年,为加快全盟统计制度方法的改革步伐,不断适应社会经济发展的需要,制定《关于进一步加快统计调查方法改革的意见》,进一步改进和规范国民经济核算重点从细化 GDP 核算入手,完善乡及乡以下统计资料的在地统计制度,制定实施村及村以下工业季报制度、农村私人建房投资和农村其他固定资产投资报送制度。在农牧业统计中增加“特色农业种植面积和效益”“生态建设”“农业成本调查”等项目;试编居民消费价格定基指数、工业品出厂价格指数,满足国民经济核算的需要;对全盟限额以下批零贸易餐饮业以盟为单位重新布点进行抽样调查。通过对以上统计调查方法制度的改革,进一步加强统计调查工作的科学性和适应性,较大程度地满足地方党政领导指导经济的需要。

2002 年,继续对统计方法进行改革,进一步加强 GDP 缩减指数与各行业价格指数的衔接,完善数据质量检查评估办法,强化部门指标数据的收集与核查;积极开展工业发展速度计算方法改革,运用新的工业品出厂价格指数缩减法计算工业发展速度;建立第三产业私营、个体统计报表制度。在农牧业统计中增加生态建设、退耕还林还草、优质经济作物、高效品种产量和效益等项目;完善个体工业产值和农村私人建房投资及农村其他投资的季报制度;建立商品零售和农资价格台账,做好数据收集前期工作;完善居民服务业滚动调查、城镇劳动力抽样调查、企业集团统计、季度企业景气调查和现代企业等各项跟踪监测制度。

通过调查方法制度的改革，进一步加强统计调查工作的科学性、适用性和数据的准确性。

2004 年，按照《巴彦淖尔市统计方法改革要点》，继续完善国民经济核算制度和 GDP 核算数据发布制度，完善新工业发展速度计算方法，满足常规统计报表和经济普查的需要；加强对生态建设、城市基础设施建设等投资项目的跟踪调查统计。2005 年，进一步规范 GDP 核算方法和数据质量评估，完善服务业增加值测算方法，完善工农业发展速度计算、农畜产品增加值核算、月度牲畜出栏头数统计方法；规范交通运输业统计，建立交通运输统计季度工作；完善和推行限额以下企业和个体私营企业的抽样调查制度和以旗、县为总体的人口变动情况抽样调查制度；完善生态建设、城市基础设施建设、工业园区建设等重点投资项目的跟踪调查、监测制度。

2006 年，制定出台《关于加强统计基层基础建设的意见》，结合乡镇苏木撤并后统计系统削弱的状况，按照在地统计的原则，狠抓苏木镇统计站、数据采集整理、统计服务等各项业务工作。各旗、县、区及时建立健全新的村、组调查网络，以责任制的形式进一步完善苏木镇、村、社三级统计调查网络的组织建设，建立分户、分村台账，确保苏木镇源头数据的准确。2007 年，完善和规范对旗、县、区 GDP 数据季度“下算一级”的核算办法，逐步建立符合实际的科学统一的单位 GDP 能耗统计指标体系和能源统计调查体系；健全重点服务行业国民经济核算年报调查制度，逐步建立健全第三产业有关行业增加值核算办法；建立反映工业经济运行监测、预警体系；建立健全能够客观反映全市非公有制经济增加值的测算方法，大力推进大中型工业企业、房地产企业、限额以上批发零售、住宿餐饮企业的联网直报；积极执行季度建筑业企业超级汇总，修订社会、环境综合统计制度。

2008 年，按照《巴彦淖尔市基层统计站建设发展规划》提出的指导思想和奋斗目标，积极推进统计体制创新、方法创新和手段创新；加大对基层的经费投入和扶持力度，继续完善和建设以“一纲三网”为支撑的新型统计调查网络；积极协助重点企业建立统计机构，配备专职统计人员，建立健全统计数据直报网；健全和完善部门统计资料报送制度、信息反馈和定点联系制度，确保国民经济核算基础资料的准确性和全面性。

2010 年，统计工作进一步改进统计方法，加强基层统计基础建设，完善统计指标体系。实施能源、产、购、销调查，保证能耗指标客观公正，准确反映全市能源的基本情况。加强自动化建设，加快推进“一网三纲”建设，完善基本单位名录库，逐步建立农牧民经营户名录、个体经营户名录库，基本建成城乡住户名录库。“四库”将 8000 多个基本单位、近 7 万个体经营户、25 万名农牧民、501 万名城乡住户按照调查对象的特征和基本情况分门别类、规范有序纳入其中。基层单位将纸质报表和台账数据输入计算机中变成磁介质报送。全市苏木镇所有统计站和 6 个国有农场统计站通过 VPN 技术接入统计专网系统，实现自治区、市、旗县、苏木镇四级网络传输。乡镇统计站实现了用计算机处理各类报表合同及台账。

除个别偏远地区用电子邮件,其他乡镇统计站都可以通过 VPN 登录统计内网,并利用 FTP 方式进行数据网上直报。

第五节 调查普查

1998 年,两级统计系统围绕全盟经济建设为中心任务和落实统计“七个一工程”,抓住统计数据质量和咨询服务两条主线,定期为政府提供农牧业生产、工业经济、物价指数、城乡居民收入、固定资产投资、国内生产总值等经济指标数据。为向盟领导提供超前决策信息,开展农民种植意向调查,小麦、甜菜实播面积调查,主要农畜产品库存调查,农牧区商品需求调查、下岗职工基本情况调查、城镇贫困阶层生活情况调查、中小学生收费情况调查、商品房现状调查、出租车数量等调查。为及时掌握陕坝至赛乌素油路铺设、110 国道临河绕城过境公路、头道桥国家粮食储备库、炭窑口硫铁矿一期二步工程等重大工程项目建设进度,对以上项目进行跟踪调查。1999 年,统计工作围绕盟委、行署的中心工作和社会经济生活中的热点问题,深入调查,认真分析,完成了农牧民种植意向、农牧业产业化、国有企业扭亏增盈、减轻农民负担、小康村建设等快速专项调查,形成一批调查报告和研究论文。2000 年,在各级领导的重视和社会各界的积极支持配合下,经过广大普查人员的努力,顺利地完成全国第五次人口普查工作和现代企业制度调查、企业景气调查。2001 年,在完成常规统计调查工作的同时,按照自治区的统一部署,完成全国第二次基本单位普查的一系列准备和在杭锦后旗的试点工作。完成全盟第五次人口普查编码以及人口普查光电录入、数据处理。2002 年,两级统计部门抓住盟、旗、县、市、乡三级统计部门为“纲”,完善“三网”建设,形成乡、村、社基层统计调查网;整顿规模以上企业单位统计报表制度,将辖区内所有农业生产活动单位、个体工商户、行政企事业单位全部纳入“一纲三网”中。基层统计站按照《巴盟基层统计站建设发展规划》提出的目标要求,以在地统计为原则,以业务建设为重点,推进统计体制创新、方法创新和手段创新,确保统计人员素质提高和统计法制工作的提高。

2004 年,巴彦淖尔市开展全国第一次经济普查。全市共普查登记 4657 个法人单位,6629个产业活动单位,57992 个个体经营户。2005 年,在全市开展 1% 人口抽样调查。调查完成全市乡镇街道办事处名称、数量、属性的核对和村级人口抽样调查地址码编写、区域地图的绘制。2006—2007 年,全市完成全国第二次农牧业普查工作。农牧业普查完成对 27 万名农牧户和 550 多个农牧业生产经营单位、78 个乡级单位、816 个村级单位的登记。2009 年,完成第二次全国经济普查;开展第六次全国人口普查,顺利通过自治区人口普查事后质量抽查工作。

第六节　统计服务

1998 年,两级统计部门为盟委、行署把关、审核各种会议材料 50 多件,提供咨询数据 15 万多笔。撰写经济分析报告 576 篇,其中,19 篇被国家级刊物刊登,240 篇被省级刊物刊登;按时完成《统计提要》《统计年鉴》《综合统计信息月报》和《1998 年巴彦淖尔盟国民经济和社会发展的统计公报》编写。

2000 年,统计工作按时完成《巴盟统计提要》《巴盟统计年鉴》的编印发行,改进《巴盟综合信息》的编印工作,全年编印 24 期,刊载经济分析文章 358 篇,为各级党政机关和社会各界提供咨询信息 4 万多条。2002 年,统计工作针对中国加入 WTO 后面临的机遇和挑战,通过对农业产业结构、小城镇建设、农村劳动力转移、生态建设、基础建设等方面调研,撰写成《对巴盟工业经济发展的一些思考》《商场建设红火后面有隐患》《促进转移,优化结构——“入世”后我盟农村劳动力就业问题探讨》等一批优秀统计分析精品,为领导决策提供大量基础性数据。2003 年,统计工作针对建设小康社会、工业化、产业化、城镇化、县域经济、“三农”问题、抗旱打井、非典型肺炎影响、固定资产投资等方面存在的问题,开展深入调查研究,撰写分析报告 547 篇,其中被全国性报刊和省级报刊采用 81 篇。按时完成《巴盟统计提要》《巴盟统计年鉴》《巴盟信息快报》和《巴盟综合信息》编辑出版。

2004 年,统计工作以“经济转型”“三大支柱”和提高财政收入、城乡居民收入为重点,及时收集整理经济社会发展中出现的新情况、新问题,主动向党、政各级部门建言献策、反馈信息,全年向社会提供信息 3 万余条。2005 年,撰写完成《1—5 月份全市国民经济运行情况分析》《矿山工业,怎样撑起巴彦淖尔市经济一片天》《巴彦淖尔市番茄产业怎样才能更红火》和《巴彦淖尔市土地流转和劳动力转移情况的调查报告》等,向社会各界提供各种统计信息 4 万余条。2006 年,统计工作继续加强统计参与决策的能力,全面提升服务水平。对重大建设目标开展按月、季、半年和全年统计分析评估;围绕新农村新牧区建设、转变经济增长方式、民营经济、生态环境建设等热点、难点,结合调查统计,撰写出一批有深度可供领导决策参考的精品报告。高质量地完成《巴彦淖尔市统计提要》《统计信息月报》《巴彦淖尔市综合信息》《巴彦淖尔市统计年鉴》的编辑出版。及时发布《巴彦淖尔市 2005 年国民经济和社会发展统计公报》。2008 年,围绕构建和谐社会、建设社会主义新农村、实现经济发展战略转型、生态环境建设、发展服务业、县域经济、民营经济等方面专题,展开深入调查研究,结合统计数据撰写经济分析调研报告 403 篇,并及时编印《巴彦淖尔市统计提要》《统计信息月报》《巴彦淖尔市综合信息》《巴彦淖尔市统计年鉴》,为社会各界研究分析经济社会发展提供翔实可靠的资料。2009—2010 年,统计局编印《2008 年巴彦淖尔市统计刚要》《巴彦淖尔市统计年鉴》。编发《统计信息月报》12 期、《统计信息》51 期,按时发布 2009 年、2010 年《巴彦淖尔市国民经济和社会发展统计公报》，撰写经济分析类报告 586 篇。

第七节　统计管理

1998 年，统计系统全面贯彻落实中办 7 号文件，广泛开展统计数据自查自纠。通过检查，查处统计违法案件 213 起，其中通报批评 92 起、经济罚款 87 起、警告 34 起。2002 年，通过统计检查，查处违法案件 237 起，占全区统计执法查处案件的 40%，其中，警告 197 起，通报 39 起，责令改正 1 起。

2004 年，在统计执法检查中，全年抽查各类单位 180 家，查处统计违法案件 125 起。2005 年，全市共立案查处统计违法案件 101 起，其中，行政罚款 17 起，通报批评 36 起，警告 45 起，责令限期改正 3 起，曝光案件 1 起。2007 年，全市统计系统对 351 家单位、企业进行统计执法检查，对存在迟报、漏报的单位企业发送催报通知书 110 余份，发出统计检查查询书 92 份。查处统计违法案件 77 起，对 45 家存在问题的企业发出限期整改通知书。2009—2010 年，对全市 14 个苏木镇和 463 家企业重点进行统计违法检查，立统计违法案 99 件，下达限期整改通知书 114 份。

第三章　审　计

第一节　机构与改革

1983年盟审计处成立，1995年5月更名为审计局。1997年，内设办公室、综合科、行政文教科、农牧业科、财政金融科、固定资产投资科、工交企业科、商粮贸企业科、审计指导管理科。2001年内设办公室、综合科、财政金融科、行政事业科、农牧业科、固定资产投资科、工交企业科、商贸企业科、审计指导管理科、培训中心等科室。2004年撤盟设市后，内设办公室、法制科、财政审计科、金融外资审计科、行政事业审计科、社会保障审计科、农业与资源环保审计科、固定资产投资审计科、经贸审计科、市经济责任审计分局。2007年增设机关党总支。2010年机构未变化。

第二节　财政税务审计

1986年，盟审计系统共审计375个单位，查出违纪资金1569万元，上缴财政173万元。审计查出的主要问题是行政事业单位挤占、挪用、转移专项建设经费、公款私存、随意开支、挤摊成本、截留隐瞒、挖占国家财政收入。1990年，审计机关审计单位（项目）1080个，审计总金额18.1亿元，查出违纪金额3624万元，上缴财政447万元。1994年，两级审计机关共审计1000个单位（项目），查出违纪金额6580万元，上缴财政490万元，查处千万元以上贪污贿赂案2起，并移送监察、司法机关处理。1997年，两级审计机关共审计1033个单位（项目），查出违纪金额2亿元，上缴财政1246万元，追还被侵占挪用资金2091万元，核减工程预决算1050万元，共为国家促进增收节支金额4390万元。查出百万元以上违纪单位12个，向司法机关移送案件12件。

1998年，两级审计机关开展本级财政预算执行情况审计，盟局对乌拉特后旗、磴口县、临河市财政决算情况进行审计，对全盟122个乡镇苏木财政财务收支进行审计。审计发现个别旗、县财政部门存在着隐瞒转移财政收入、挤占挪用专项资金、虚列财政收入和乡镇苏木向农牧民乱集资、乱摊派、乱收费、预算外资金未纳入财政专户储存、白条抵库、财政决算不实、偷漏税金等违规问题。

2000年，盟审计对本级财政预算、临河市、五原县1999年度财政决算、巴盟财校1998—1999年度财务收支、世行贷款妇幼卫生项目、乌拉特前旗改水项目进行审计。通过审计,反映出虚列预算收支、专项资金用于平衡预算和拨付不到位、挤占挪用专项资金、违规退税等违规问题。查出违规金额 6716 万元。

2001 年,盟审计部门对本级财政预算执行情况、乌拉特前旗、杭锦后旗 2000 年度财政决算进行审计。通过审计反映出挤占挪用各类专项资金、财政收支不实、预征税款、借款交税等违规问题。2001 年,按照自治区审计厅统一部署,审计机关对临河市、五原县 1999—2000 年财政支农资金投入、管理体制和使用效益情况进行审计。针对审计调查中存在的本级财政用于农业的投入减少、新增的农牧业税收未按规定安排使用以及挤占挪用专项资金和资金拨付不及时等问题加以纠正、完善和落实,确保国家有关增加农业投入的政策落到实处。2002 年,两级审计机关突出对掌管财政资金分配权和管理财政资金较多的重点部门、重点资金的审计监督。通过审计发现财政部门存在的主要问题是一些旗、县、市将上级下达专项资金未做分配兑现,形成隐性赤字;财政多列、少列预算收入和支出;无预算、超预算拨款;无资金结转;假配套及配套资金不到位。查出地税部门虚增税收收入,改变税种入库,多提代征代扣税款手续费、违规提取税务经费、漏缴税款等问题。预算单位截留坐支预算收入,挤占专项资金用于弥补公务费等。查出违规金额 21227 万元。

2004 年,市审计机关将审查预算分配和资金管理情况作为审计的重点内容,发现的主要问题是政策执行不到位、预算管理不规范等。在市本级预算执行审计中,重点审计市直部门预算编制、重点经费支出、专项资金使用等预算管理的薄弱环节。揭露出全市财政部门用专项资金平衡预算、无资金结转、挤占挪用专项资金、变相返还税金、应缴未缴预算收入等问题;税务部门积压税款、改变税种入库、应缴未缴收入等问题;市国土资源局、交通局、畜牧局等预算执行部门,应缴未缴预算收入、虚列支出、挤占、挪用专项资金等问题。2005 年,审计部门对市财政局、地税局 2004 年本级预算执行情况进行审计。审计的重点是加大规范财政部门和预算单位执行预算的行为,维护预算的严肃性;加大对市财政支出的农牧林水、教育等专项资金的审计力度,对存在问题提出整改建议;注重对部门综合预算"收支两条线"和政府采购制度的执行情况审计,跟踪财政转移支付的程序和效果。对本级财政预算中存在的问题依法进行纠正。

2006 年,市审计局围绕全市的经济发展战略,以加强预算管理、规范财政分配行为、促进预算进一步细化和提高财政资金使用效益为目标,将审查预算分配和资金管理情况作为审计的重点内容,全市预算执行审计和审计调查 60 个单位,查出违规金额 1.1 亿元,管理不规范金额 1.2 亿元。2007 年,两级审计机关本级财政预算执行和部门预算执行 92 个单位,查出违规金额 19190 万元,管理不规范金额 19078 万元,应归还原渠道资金 3354 万元,应调账处理金额 9520 万元,归还原渠道资金 2934 万元,调账处理金额 1152 万元。2010 年,市审计部门对全市 61 家非国有企业财务进行审计。审计发现个别企业内部经营管理混乱、财务制度不健全、偷漏税等严重问题。根据审计结果，对11名高管和中层干部集体降职、降薪，补缴税款522万元。在对市本级财政预算执行和部门预算执行情况进行审计时，查出违规、管理不规范、超预算列支等问题，及时给予纠正。

第三节　金融审计

1998年，全盟组织开展城乡信用社资产负债损益审计、保险公司系统审计。查出违规金额1773万元，挽回国有资产流失21万元，1999年，组织各旗、县、市审计部门对所在地工商银行进行全面审计，摸清工商银行的总体财务状况，揭露出盈亏不实、资产不实、违规经营、账外经营、经济实体脱钩过程中造成国有资产流失以及信贷资产质量低下、信贷资金损失严重、以物抵贷管理混乱等问题。在对全盟30个农村信用社和全盟世界银行贷款、援款项目执行单位审计中发现，农村信用社普遍存在信贷资产质量低、不良贷款占用比例高、资金周转慢、经济效益差的问题。审计查出违规行为金额2561万元。以涉嫌渎职、共同侵占银行资金向司法机关移送案件2起。2003年，对信用社系统、人寿保险公司进行审计，共审计129个单位，审计查出违规经营金额124万元，违规购建固定资产51万元，少计少交税金30万元，资产不实129万元。2005年，两级审计机关完成2004年度世界银行贷款结核病控制项目审计，共审计8个单位，审计项目投资总额578万元，其中外资425万元。查出违规金额32万元，管理不规范金额25万元。

第四节　粮食专项审计

1990年，根据审计署和自治区审计局《关于对全区粮食行业进行审计的通知》精神，盟、旗两级审计机关组织52名审计人员，分成17个审计小组，对全盟粮食系统85户企业1989年度的财务收支及承包经营状况进行审计，审计覆盖面达88%，审计总金额4.69亿元。查处各类违纪金额1226.33万元。1998年，在全盟开展粮食企业亏损及亏损挂账调查、组织实施全盟粮食清查审计。经过两个多月调查审计，查出粮食企业存在占有农发行贷款、新增财务挂账、截留粮食补贴、基层粮食企业损失浪费、贪污挪用等问题。查出违规金额2420万元，向司法机关和纪检监察部门移送案件12起。

第五节　农牧业项目审计

1998年，盟审计部门组织人力对全盟水利专项资金使用、林业生态建设专项资金进行审计。审计查出个别乡镇借水费名义向各村社摊收农田建设和水管人员经费、假发票报支、虚列支出、坐支预算外水利专项资金、隐瞒转移收入、私设“小金库”等问题。查出违规金额 1668 万元,促进增收节金额 242 万元,挽回国有资产流失金额 32 万元。1999 年,对 93 个农资单位进行审计,查出违规行为金额 1643 万元,处理处罚 266 万元,归还侵占挪用资金 112 万元,促进拨付资金 1641 万元;对第四期农业综合开发资金、区级贫困旗中的乌拉特后旗扶贫资金进行审计。审计查出专项贷款未投放到位、逾期未收回有偿资金、虚列支出、挤占挪用开发资金、挤占挪用扶贫项目资金、地方配套资金不到位、逾期未收回有偿资金等问题。2000 年,对四期农业综合开发资金的分配和使用情况、沙源治理工程、黄河上中游地退耕还林草试点示范工程进行审计。审计中发现的主要问题是配套资金到位不足,资金拨付不及时,资金被挤占挪用,下拨的有限资金又有一部分被抵扣等。查出违规金额 808 万元。2001 年,围绕西部大开发建设,对重点基础设施建设项目、退耕还林试点示范工程、农业综合开发、财政支农资金、扶贫等专项资金实施跟踪审计。审计发现资金拨付不及时、挪用种苗补助费、挪用粮食现金补助、银行违规扣收贷款利息、超限额使用现金等问题。

2002 年,对杭锦后旗 2001 年度农村牧区税费改革专项转移支付资金分配使用情况、巴盟本级 2002 年度扶贫资金使用情况、河套地区优质小麦基地建设资金、巴盟本级 2002 年风沙源治理工程资金和天然林保护资金的投入、管理和使用情况等 24 个单位(项目)进行审计,查出违规金额 1511 万元。2003 年,两级审计机关对全盟 7 个旗、县、市及盟本级 2002 年度扶贫资金的分配、管理、使用情况进行审计,审计资金管理部门和项目单位 98 个,审计资金总额 10590 万元。审计结果,巴盟扶贫工作在资金的管理和使用上主要存在地方应配套未配套或少配套扶贫项目资金、挤占挪用扶贫专项资金、变更扶贫项目建设地点、多收财政扶贫贴息、扶贫贷款投放不到位、虚列支出等问题。根据问题的不同性质,分别做出处理。2006 年,对全市 6 个项目旗、县、区,1 个农牧场管理局 2004—2005 年度农业综合开发项目资金的管理使用情况进行审计。经审计,有关部门归还原渠道资金 2770 万元,账外资金补记入账 947 万元,落实配套资金 222 万元。2007 年,对所属七个旗、县、区及农垦局 2005 年、2006 年粮食直补、生产资料补贴、良种补贴、农机补贴、农业专项资金、扶贫资金进行审计和审计调查。审计发现,部分项目单位存在核算不规范、虚列支出、挤占项目资金、存在着公款私存、挪用专项资金等问题。2008 年两级审计部门会同市纪检委、财政局、林业局、发改委 4 部门,对 7 个旗、县、区、农垦局中央新增投资、退耕还林、退牧还草和其他专项资金开展审计调查。审计查出各类违规金额 3.6 亿元。2009 年,审计部门对全市新增退耕还林、退牧还草和其他专项资金开展审计。审计乡镇 39 个共 160 个行政村。审计查出存在的突出问题是虚报冒领退耕还林和退牧还草补助、挤占挪用各类专项资金、收支不纳入单位财务统一核算、不履行招投标程序、地方配套资金不到位等问题进行审计,查出各类违规金额 3.6 亿元。2010 年,对全市退耕还林、退牧还草审计 10 年“回头看”,涉及80个苏木镇，20.3万名农牧民和85个单位，涉审资金15.3亿元。查出各类违法违规资金1.5亿元，追缴单位和个人侵占国家资金674万元，归还被挪用的专项资金1696万元。

第六节　行政事业收支审计

1998年，组织两级审计部门对1996年、1997年度职工养老保险基金和失业保险基金财务收支及管理情况、住房资金、新华书店1997年度财务收支情况、地矿系统1996年度、1997年度收支情况、救灾资金跟踪、乌拉特前旗医院财务收支情况、临河市公安局系统财务收支等进行审计，查出存在欠缴养老保险基金、欠缴失业保险基金、财政部门欠拨养老保险基金和基金管理存在挤占挪用、出借、经商办企业、购建固定资产、为贷款提供担保抵押、挤占挪用住房资金用于建房以外其他建设项目、低价出售公有住房、违反规定无息借给已享受优惠价购买公房的干部职工、对已享受优惠价购买公房的干部职工发放住房补贴、为个人贷款用于经商、漏缴税金、预算外资金未专储、公房出售收入未专储、白条列支等问题。查出违规金额2038万元，归原资金渠道607.55万元。1999年，两级审计部门对法检两院进行财务审计，查出两院财务管理混乱、私设“小金库”等问题。在对盟本级、各旗、县、市1998年度职工养老保险基金和国企下岗职工基本生活保障及再就业资金进行审计时，发现企业欠缴养老保险金、财政部门欠拨养老保险基金、挤占挪用养老保险基金、以物抵金等仍然严重。查出违规行为金额8633万元。2000年，审计工作重点对全盟1998—1999年扶贫资金的管理、使用情况的审计、全盟企业职工养老保险扩大覆盖面和养老保险基金收支预测审计、临河市工商局1998年度行政性收费、罚没收入收缴管理和1999年度财务收支审计、乌拉特后旗贫困地区义务教育工程专项资金的审计。通过审计，发现扶贫资金的管理使用仍存在许多问题，有的旗、县占用扶贫资金发放职工工资，有的用于建房、购车，有的滞留未拨资金，改变20多个原计划项目也未报有关部门批准和配套资金不能足额到位等。查出违规行为金额1556万元，处理处罚1556万元。2001年，两级审计机关分别对盟本级及7个旗、县、市1999年、2000年基本养老保险基金征缴、使用和管理情况进行审计。从审计结果看出资金管理中仍存在挤占挪用基本养老保险基金、未纳入财政专户存储、基金收入挂往来账、以物抵金变现造成基金损失、欠缴养老保险基金、财政部门累计欠拨养老保险基金等问题；对盟及7个旗、县、市2000年度普教经费投入、拨付、管理和使用情况进行审计；对全盟105所中小学各项收费及财政财务收支情况进行抽审。通过审计，查清全盟中小学收费的项目、标准，分清自立收费项目、超标准收费等违纪问题，纠正地方乱收费的行为。2002年，审计部门对各级政府采购、技术监督系统财务、职工医疗保险、职工基本养老保险基金等情况进行审计。共审计行政事业单位390个，查出违规行为金额12027万元。主要问题是应缴未缴、挤占挪用、虚列财政支出、乱收费、乱摊派、乱罚款等。2003年，对水利系统、司法局监狱系统、检察院系统、大中专院校等410个单位进行了审计。审计查出应缴未缴预算收入、隐瞒截留、挤占挪用、少计少缴税金、预算外收入未交专户、管理不善等问题。

2004年,市审计部门对全市2002—2003年下岗职工基本生活保障资金及失业保险资金进行审计调查。审计查出财政部门未及时分配下岗职工基本生活保障专项资金191万元;将上级专项资金用于下岗失业人员小额担保贷款180万元;资金拨付不及时23万元;欠拨失业保险基金111万元;劳动、就业部门挤占挪用专项资金38万元;未上解调剂金85万元;未经批准擅自收费18万元。同时对21户缴费的企事业单位进行审计调查,查出缴费单位少缴失业保险金283万元。对全市医院2003年度财务收支的审计,查出坐支药品收支结余、违规发放奖金、多收费等问题。对全市部分城镇中小学2003年度教育收费情况进行审计,并对部分农牧区中小学税费改革后学校公用经费的变化、保障情况进行审计调查。审计查出教育收费中存在经地方物价及教育主管部门同意收取费用、代其他单位收费、违反规定统一征订教辅用书、预收学生书款、扩大范围收费、学校坐支、收支未纳入财务统一核算的问题。2005年,两级审计部门对市工商行政管理局2003—2004年财务收支及行政事业性收费、罚没款收入的收缴和管理情况进行审计调查。对所属7个旗、县、区工商局全部实行"上审下",同时对部分工商所进行延伸。审计发现的主要问题是从收取的运输管理费中直接抵扣代征手续费117.7万元,未按营业收入而按吨位、座位定额收取运输管理费442.6万元,超范围收费0.6万元,公款私存28.4万元,收支未入账5.9万元,超限额使用现金149.4万元,虚列支出43.8万元,无预算、超预算支出128.7万元,超标准支出4万元。2006年,审计部门对全市职工养老保险、医疗保险、失业保险基金、再就业资金等15个涉及个人切身利益项目资金的征收、管理、使用情况进行专项审计。根据审计结果提出提高医疗保险个人账户记入金额,提高定点医院住院病人的报销比例,提高大额医疗保险的报销比例等措施。对住房公积金审计调查,将全市住房公积金征缴水平一律提高到6%。对全市6个旗、县、区2006年春节农村牧区义务教育保障经费、自治区财政2004年和2005年解决拖欠农村牧区中小学教师工资专项资金、中央下拨2005年秋季至2006年春季学生免费教材管理、发放情况进行专项审计。查出乱收费397万元、挪用专项资金32万元、少配套教育"一补"资金71万元。2007年,对市直2006年五项社会保险基金和7个旗、县、区2006年企业职工基本养老保险基金、城镇职工基本医疗保险基金、工伤保险基金、生育保险基金的资产、负债和基金收支结余情况进行审计。查出企业未按规定参加社会保险、企业欠缴社会保险费、多头开设社会保险基金专户、统筹医疗保险基金挤占个人账户及大病统筹基金等问题。2008年,根据自治区审计厅的安排,市审计部门对全市2007年底以前的基础教育经费的筹集、管理、使用进行审计。查出挤占挪用专项资金、配套资金不到位、违规收费等违规金额4482万元。对全市环保系统2006年、2007年排污费及其他环境保护专项资金进行审计时，发现个别环保单位少征收排污费、滞留收入等。2009年，审计系统对7个旗、县、区政府投资保障性住房资金进行专项审计；对全市五项社保基金管理使用情况进行了审计。帮助处理纠正财政欠拨社会保险费、企事业单位欠缴社会保险费等问题。2010年，两级审计机关对全市农村牧区扶贫资金，校安工程，5个旗、县、区新农合基金和农村医疗救助资金，农村牧区最低生活保障资金进行审计调查。通过审计，对存在的问题予以纠正。

第七节　工交审计

1998年，盟审计局组织审计人员对磴口糖厂1996年度资产、负债、损益进行审计；对杭锦后旗、乌拉特后旗、乌拉特中旗、巴盟农电局1997年度资产、负债、损益进行审计；对北化公司1997年至1998年上半年资产、负债、损益进行审计；对全盟公路管理系统财务收支进行了审计；对巴盟运管部门出租车计价器进行专项审计调查。共审计单位项目33个，查出违规资金2521万元，挽回国有资产流失金额229万元。1999年，两级审计机关对全市103个重点工业企业进行审计，查出违规行为金额9016万元。2000年，对内蒙古恒丰食品工业股份有限公司、黄河机械厂、河套酒业集团股份有限公司、五原县化肥厂的财务状况进行审计。发现企业资产质量差、核算失真、资产负债损益不实、拖欠银行贷款和国家税收、投资决算失误、流失等问题。2002年，两级审计机关重点对移动通信公司、烟草公司、乌拉山电厂、黄河工程管理局等41个单位进行审计，查出违规金额2665万元。主要问题是虚增资产、虚减资产、虚增负债、虚减负债、偷漏税金、国有资产流失。2003年，对粮食局、农机管理服务中心、自治区盐业公司巴盟分公司、田力制糖公司、农电公司、临河宾馆、五原油脂库等单位进行审计。审计查出虚报或隐瞒转移收入、少计虚列成本费用、账外资产等问题。

第八节　固定资产投资审计

1998年，盟审计局在全盟组织完成国税局基建项目竣工决算审计、农业综合开发办职工培训中心及职工住宅楼基建项目竣工决算审计、临河供电局生产调度楼工程竣工决算审计、畜牧科技开发示范基地肉联加工生产线及附属工程竣工决算审计、乌拉特后旗国家税务办公楼及住宅竣工决算审计。共审计单位项目32个，查出违纪金额4121万元，挽回国有资产流失金额673万元。1999年，根据自治区审计厅的授权，对黄河宁蒙段抢险工程项目、110国道绕城公路建设项目、头道桥国家粮食储备库建设项目、隆胜节水工程建设项目、第一批农村电网改造建设项目和资金使用情况进行审计。查出违规金额4749万元，处理处罚4557万元，纠正192万元，核减工程结算1142万元。2000年，对炭窑口硫铁矿一期工程、110国道巴盟段改扩建工程、温更煤矿技改工程、城乡电网改造等21个固定资产投资单位项目工程进行审计。审计项目总投资总额8178万元,查出违规行为金额1038万元。2001年,两级审计机关审计固定资产投资单位85个,审计项目投资46300万元,查出违规行为金额5527万元。2002年,两级审计机关审计建设单位98个,涉及项目投资总额131065万元,查出违规行为金额7262万元。盟局重点对临河市污水处理项目、110国道绕城公路、110国道技改建设3个投资达7.3亿元的重点基础设施和其他工程项目进行审计。审计查处和纠正专项资金分配、管理和使用中存在的拨付资金不及时、地方配套资金到位不足、挤占挪用专项资金、改变税种入库、账外核算、公款私存、建设项目未进行招标等违规问题。2003年,对盟中医院病房楼房工程,河套大学公寓楼工程,巴盟中学教学楼工程,巴盟中心血站业务楼工程,临河市集中供热一期工程建设项目,盟热力公司转制、农村电网改造,水利节水工程,盟计委、盟旅游局乌梁素海、阿拉奔草原综合旅游区一期工程建设项目进行审计。审计查出的主要问题是挪用侵占建设资金、虚结工程款、少计少交税金、招标投标违规、概预算编报不规范、超计划、超标准、超规模投资等问题。

2004年,全市审计系统完成固定资产投资项目审计91个,审计核减工程结算3680万元,节约建设资金3000余万元。2005年,全市审计机关共审计91个固定资产投资项目,审计核减工程结算6317万元,节约建设资金6000多万元。根据自治区审计厅授权,对市内重点公路建设项目——丹—拉高速公路包头到磴口段在建工程进行审计。发现挤占挪用征拆资金899万元,截留征拆资金86万元,以虚假花名套取征拆资金92万元,超限额使用现金220万元,公款私存102万元,转移征拆资金38万元。2006年,审计工作以国家投资政策调整和全市固定资产投资为重点,加大审计监督力度,突出对建筑领域行为的规范,全年两级审计机关共审计90个固定资产投资项目,核减工程结算9304万元。2007年,根据《巴彦淖尔市政府投资监督办法》,全市两级审计机关共审计建设项目118个,查出违规金额7821万元,管理不规范金额3102万元,核减工程结算5396万元。对临河垃圾处理建设项目实施跟踪审计中,发现垃圾填埋场规模不足86.33万平方米,垃圾处理未按转运站数量及场地建设标准建设等问题。2008年,审计部门对全市113个固定资产投资项目进行审计,查出违规金额13737万元,管理不规范金额19077万元;对赤峰到大板高速公路项目、河套灌区利用自治区专项资金节水改造工程、市党政办公楼、临河区集中供热二期工程、西环路道路建设等重大投资项目进行跟踪和竣工决算审计。2009年,对全市5座病险水库、临河城区基础设施建设项目等85项政府重点投资项目进行竣工决算审计,核减工程结算7794万元;对机场、临河新区12条道路、集中供热工程等11项进行了跟踪审计;对全市163个政府投资项目进行竣工审计。审计核减工程结算5600万元,核增林业局、体育场等6个建设项目建设经费6840万元。

第九节　内部审计

1998年,内部审计完成2154个项目,查出损失浪费金额1178万元,促进增收节支1404万元,纠正违规行为为17854万元,收缴部分单位扣缴款专户29.1万元。1999年,内审机构完成审计项目940个,查出损失浪费金额149万元,促进增收节支178万元,纠正违规行为金额727万元。2000年,审计单位2796个,查出损失浪费金额59万元,促进增收节支金额68万元。纠正违规行为金额2980万元。2001年,内审机构完成审计项目323个,查出损失浪费金额909万元,促进增收节支995万元,纠正违规行为金额1809万元。2002年,全年内审单位项目5008个,查出损失浪费173万元,发现大案要案线索2件,促进增收节支380万元,纠正违规金额4331万元。2003年,内审机构共审计4797个单位,移送司法机关1件,建议给予行政处分23人,移送司法机关处理1人,纠正违纪违规资金6557万元。

2004年,全市内审机构共审计了3351个单位。其中财务收支审计2303项、经济效益审计91项、经济责任审计267项、基本建设项目审计31项、专项资金审计379项、内控评审111项、其他审计170项。移送司法机关5件,建议给予行政处分26人,移送司法机关处理6人,已纠正违纪违规资金1067万元。2006年,全市内审机构共审计单位(项目)3149个,查出损失浪费金额159万元,发现大案要案线索1件,促进增收节支311万元,提出建议意见被采纳522条,向司法机关移送案件3件,建议给予行政处分20人。

第十节　经济责任审计

2001—2005年,全盟完成领导干部经济责任审计1153人。分别给予纠正、免职、降职使用和移送纪检监察机关处分。2006年,审计部门将国债、生态、扶贫、农业、水利、市政等专项资金管理和使用情况纳入领导干部任期经济责任审计内容。2006—2010年,两级审计机关共对737名领导干部开展任期经济责任审计,分别给予纠正、免职、降职使用和移送纪检监察机关处分。

第十一节　其他审计

2001年,按照自治区审计厅的统一部署,两级审计机关对全盟2000年度救灾资金的投入、拨付、管理和使用情况进行专项审计,对全盟21个乡镇、20个村、44户村民2000年度救灾资金的发放和领用情况进行抽查。针对审计中查出的救灾资金拨付不及时、挤占挪用、虚假配套资金等问题提出整改意见。2003年,两级审计部门完成对巴彦淖尔中信联合会计师事务所、巴彦淖尔河套会计师事务所以及五原县、乌拉特中旗的两个分所的验资、评估、会计报表审计等业务质量情况检查。2005 年，两级审计部门在全市组织开展城市维护建设税、城市市政公用设施建设配套费、城市公用事业附加的征收、管理、使用的情况进行审计。审计查出，用城市维护费列支基本建设支出 6754 万元，挤占、挪用城市维护建设资金 2892 万元；违规减免、截留上级城市维护建设费用 225 万元；违规减免少收城市市政公用设施建设配套费 4299 万元；截留延压城市公用事业附加 925 万元。另外还发现比较严重的"转引税"款和截留自治区、中央收入问题，导致财政收入不实。2009 年，两级审计部门对 2007 年、2008 年京津风沙源治理、自然保护区资金使用情况进行审计。发现未及时拨付生态工程建设资金 2595 万元、地方配套资金不到位 3293 万元、挪用生态建设资金 2607 万元、购买种苗进行政府采购 972 万元、公款私存 364 万元等问题。

第四章　工商行政管理　物价管理

第一节　管理机构

一、管理机构沿革

1986年,盟工商行政管理处内设机构有政秘科、工商科、专案科、物价科。下辖7个旗、县、市工商局。1988年,随着商品市场逐渐放开,因业务的需要,工商行政管理处对内设机构进行整合。调整后的工商局内设企业科、合同科、市场管理科、个体科、调统科、工交物价综合科、农牧物价科、农畜产品成本调查队、物价检查所。1999年,工商行政管理局对内设机构再次调整,内设办公室、人事教育科、审计科、法制科、商标广告科(含合同)、经检科、企业科、个体科、市场管理科、物价检查所、物价科、收费管理科、价格信息事务服务中心、农畜产品成本调查队、消费者协会、个体劳动者私营企业协会、广告事务所、生产资料市场管理所、车辆市场管理所。

2004年,撤盟设市,盟工商行政管理局改为市工商行政管理局,内设机关办公室、人事教育科、机关党委、纪检监察室、法制科、财务装备科、稽查室、企业注册科、商标广告科、市场规范管理科、公平交易和消费者权益保护科、物价检查所、价格管理科、收费管理科、价格认证中心、培训中心、信息中心、消费者协会、个体劳动者私营企业协会。下设7个旗县区工商行政管理局。2010年巴彦淖尔市工商行政管理局下辖7个旗县区工商局、2个直属分局,挂靠群团组织2个(个协、消协),工商所48个。

二、物价局

1986年,盟物价局与工商行政管理局合署办公,人、财、物统一管理。物价局设工交物价综合科、农牧物价科、农畜产品成本调查队、物价检查所、收费科、价格事务中心。下设7个旗县区物价局。1999年,工商行政管理实行垂直领导,物价局随同工商行政管理局上划自治区工商行政管理局实行省局直管。2010年,物价管理局划入发展改革委员会。2010年12月,物价局设价格科、收费科、物价检查所、价格认证中心和价格成本调查队。下设7个旗、县、区物价局。

第二节　注册登记

1986年,全盟乡镇企业涉及工业、建筑业、交通运输业、商贸餐饮业等7大行业。1998

年,全盟共有各类企业4485户,其中,国有法人企业739户,集体法人企业724户,非私营有限责任公司462户,其他企业23户。个体工商户49371户,从业人员88865人,注册资金6.1亿元。1999年,登记各类工商企业3439户,其中,国有法人企业520户,集体法人企业570户,非私营有限责任公司461户。个体工商户59872户,从业人员112686人,注册资金83227万元;有私营企业1742户,从业人员22731人,注册资金65388万元。2000年,全盟共有各类工商企业3181户,其中,国有法人企业349户,集体法人478户,非私营有限责任公司641户;个体工商户64727户,从业人员99021人,注册资金78361万元;私营企业1870户,从业人员25332人。2001年,全盟共有各类工商企业3444户,其中,国有法人企业257户,集体法人企业317户,非私营有限责任公司738户。有个体工商户达66798户,从业人员104205人,注册资金78331万元。2002年,巴盟共有各类工商企业3476户,注册资金311183万元,其中国有9024万元,集体21872万元,非私营有限公司196284万元;个体工商户66986户,从业人员107826人,注册资金81073万元。2003年,全盟个体工商户达31669户,从业人员16510人,注册资金4953万元;私营企业1601户,从业人员36823人,注册资金88055万元。

2004年,全市有内资企业2358户,内资企业注册资本为315558万元。其中,国有企业824户,企业注册资本67977万元;集体企业582户,企业注册资本20729万元;股份合作企业15户,股份合作企业注册317万元;公司制企业936户,注册资本226440万元;个体工商户26988户,注册资金65932万元,其中,城镇18990户,从业人员51375人,注册资金49557万元;农村牧区有工商户7998户,从业人员16526人,注册资金16375万元。2005年,全市新发展个体工商户4383户,注册资金达到7.07亿元。新发展第三产业经营户1834户,总数达到13223户。2006年,全市新登记各类企业563户,企业注册资金总额78.2亿元;新发展个体工商户4383户,注册资金7.07亿元;新发展第三产业经营户1834户,总数达到13223户。2009年,全市新登记各类企业1065户,新增注册资金26.5亿元;新增个体工商户3860户,新增注册资金2.9亿元。2010年,按照国家政策规定,停止个体、私营企业"两费"征收,为个体、私营企业的发展营造更加有利的市场环境。当年新增个体工商户4302户,注册资金1.1亿元;新增各类企业1191户,注册资金50.23亿元。

第三节 工商企业年检

1986年,全盟工商企业涉及工业、建筑业、交通运输业、餐饮业等7大行业,按照国家有关规定,企业实行年检制。1998年,经过年检,除已注销的543户和正在办理吊销的514户,实际通过年检3428户,参检率76%,合格率100%。通过年检的企业,注册资金共213516万元,实收资金181445万元,注册资金到位率85%。应检外资企业28户,拟吊销6

户,实际参检的22户。外商投资企业累计出资额3646.4万美元,占注册资金的66%。1999年,全盟有工商营业企业1869户,办理吊销的258户,实际通过年检3091户,参检率90%,合格100%。通过年检企业的注册资金167246万元,实收资金130767万元,注册资金到位率78%。通过年检的企业资产总额为636978万元,负债总额356855万元。应检外资企业49户,拟吊销9户,实际参检的31户。外商投资企业累计出资额3452.3万美元,占注册资金的97.65%。2000年,全盟有工商营业单位1688户,办理吊销的215户,实际通过年检2894户,参检率91%,合格率100%。通过年检的企业注册资金达232185万元,实收资金210931万元,注册资金到位率91%。通过年检的企业资产总额为915778万元。应检外资企业29户,实际参检的21户。外商投资企业累计出资额3581.73万美元,占注册资金的90%。

2001年,全盟有工商营业单位1516户,年检合格户数2852户,其中,法人企业1336户。通过年检企业的注册资本351320万元,其中国有企业、集体企业、非私营有限责任公司注册资金分别为79429万元、23466万元和2183万元。应检外资企业22户,实际参检的21户。外商投资企业累计出资3000.92万美元,实际出资额1841.8万美元。2002年,实际通过年检3260户,合格率93.8%。2004年,巴彦淖尔市共有内资企业2358户,其中,国有企业824户,集体企业582户,股份合作企业15户,公司制企业936户,全部通过年检。

第四节　个体私营经济管理

1988年,全盟有个体工商户20075户,从业人员29312人;私营企业327户,从业人员3108人。个体工商户主要集中在商业、饮食服务业、制衣、美发理发等行业。1993—1994年,在经济体制改革的不断深化中,国有、集体企业改组改制工作全面开展。为尽快使企业下岗职工实现再就业,采取“开通绿色通道”“简化办事程序”“设立下岗职工再就业摊区”等措施,促进个体私营业发展。1997年,全盟注册个体私营工商户9000多户。2001年,贯彻党对发展个体私营经济的方针、政策,坚持以“三个有利于”为标准,制定实施一系列优惠政策,全年共创建私企32家、开办个体工商户4900余户。2003—2006年,注册登记开辟绿色通道,推行一审一核制、简化程序、减少环节、即来即核等一系列行之有效措施,为个体私营业主注册登记提供便捷、高效的服务,使个体私营工商户数量迅速增加,发展各类企业5299户,注册资金1764603万元,个体工商户38989户,注册资金75527万元。2010年“两费”停止。

第五节　合同监督管理

1986年,全盟有15户企业获得“重信誉、守合同”单位称号。1987—1988年,在全盟连续开展“重信誉、守合同”8 次大检查,共检查合同 18228 份,合同金额 6 亿多元,确立无效合同 312 份。同时帮助企业建立健全经济合同管理、登记、检查、报告、归档等多项制度。1996 年,在严厉打击合同违法行为的同时,在全盟广泛开展“重信誉守合同”宣传教育活动。2004 年,巴彦淖尔市通过采取在农村集市设政策法规咨询台、发放宣传单或深入农民家庭、田间地头等形式宣传合同法,鼓励农民采取订单种植,促进“订单农业”快速发展。2010 年,全市“重信誉、守合同”单位达到 260 户,其中国家级 3 户、省级 63 户、市级 194 户。

第六节 商标管理

1986—1999 年,实施“品牌兴企,名牌强市”战略,各级工商部门积极为企业注册商标出谋划策,创意设计“河套”雪花粉、“河套”白酒、“金川”啤酒、“维信”羊绒等十多件商标和“巴运情”服务商标。2000 年,实施商品名牌战略,指导企业科学运用商标开拓市场,增强企业的商标意识和竞争力,全年全盟创建立商标联系点 17 个。

2004 年,本着“扶持一个龙头企业,创建一个‘著名商标’,带动一个农业产业,培养一个农产品市场,富一方百姓”的措施,加大对“品牌兴企,名牌强市”战略的培育,先后注册“大有公”香瓜集体商标、“磴口华莱士”瓜、“河套小麦”等地理标志商标。注册商标带动了全市瓜果、粮食、白酒等产业发展,使全地区近 30 万户农民脱贫致富。2005 年,加大推进农畜产品商标战略工程,全市共新增注册商标 110 件,新增农副产品商标 85 件,新增自治区著名商标 10 件。2006 年,制定和实施“政策惠农、市场兴农、红盾护农、经纪活农、合同帮农、商标富农、权益保农和价格助农”工程,指导农牧民、涉农涉牧企业申请注册农畜产品商标和地理标志,全市新增注册商标 125 件,其中,新增农副产品商标 91 件,新增驰名商标 1 件,新增著名商标 4 件。2007 年,全市新增注册商标 144 件,其中,农副产品商标 98 件。新增自治区著名商标 15 件。2008 年,工商行政管理部门推广使用合同示范文本 14 种,引导农民发展订单农业基地 20 余个,签订农业订单合同 7.3 万份。新发展农民专业合作社 76 家。2009 年,全市有注册商标 1458 件,新增 190 件。申报的“巴彦淖尔番茄”集体商标、“乌拉特羊肉”产地证明商标和一批农副产品商标在审批中。授权磴口县在全市范围内查处假冒“磴口华莱士瓜”商标的违法行为。签订农业种植合同 7.8 万份,订单面积占总播种面积的 53.6%。2010 年,全市累计注册商标 1268 件,其中,有中国驰名商标 3 件,著名商标 29 件,知名商标 46 件。

第七节 广告管理

1986 年,全盟有广告经营单位 1 户,从业人员 3 人。1988—1990 年,为促进广告市场健康、稳定、可持续发展,各级工商管理机关加大执法力度,规范广告业经营秩序,查处证件不全，手续不完备的广告121条，虚假广告64条。针对企业广告意识淡薄的实际，在盟工商局举办广告法律法规知识培训班，全盟有38家广告经营单位的120人参加学习。为配合国家工商总局、自治区工商局开展的"打虚假树诚信"广告专项整治行动，从2005年4月开始，市工商局在全市范围内开展"红盾为民维权广告百日执法大行动"，集中整治保健食品、药品、医疗、农资商品违章违法行为。并且成立广告专项整治工作领导小组，建立健全违法广告责任追究机制、聘请社会上关注广告业发展的热心人士任监督员，群策群力治理广告行业秩序。同时，做好广告经营单位换证工作，加强广告经营资格审查和广告监测，促进广告业健康发展。2009年，投资30多万元，购进广告监测设备，对广告经营单位所发布的广告实施全天候监测，有效地遏制广告"乱编""乱印""乱发"行为。2010年，全市有广告经营单位210户，从业员工932人。

第八节　物价监控

1988年，零售物价总指数为117.4%，消费品价格指数为117.4%，其中，食品类消费价格指数为119.6%，衣着类消费价格为113.2%，日用品消费价格为113%，文化娱乐用品消费价格119.3%，书报杂志类消费价格指数为142.8%，药品及医疗用品价格120.3%。1990年，全盟零售物价总指数为101.5%，消费品价格指数为101.5%，其中，食品类价格指数98.9%，衣着类价格指数107%，日用品价格指数102.8%，文化娱乐用品价格指数94.6%，书包杂志类价格指数111.3%，药品及医疗用品价格指数101.9%。1995年，全盟商品零售价格指数116.7%，居民消费价格总指数119.6%，其中，食品类消费价格指数126.5%，饮料、烟酒类价格指数108.4%，服装、鞋帽类价格指数112.9%，纺织品类价格指数111.7%，中、西药类价格指数111.8%，化妆品类价格指数105%，书报、杂志类价格指数117.2%，文化体育用品类价格指数108.9%，日用品类价格指数106.2%，家用电器类价格指数100.5%，首饰类价格指数97.2%，燃料类价格指数103.9%，建筑装潢材料类价格指数104.4%，机电产品类价格指数97.3%。1998年，全盟商品零售价格总指数96.4%，居民消费价格总指数98%，低于控价目标6.6和7个百分点。2001年，全盟商品零售价格总指数100.3%，居民消费价格总指数105%。

2003年，全盟居民消费价格总指数103.2%，其中，食品类消费价格指数102.1%，烟酒及用品价格指数100.9%，衣着类价格指数197.4%，家庭设备用品及维修服务价格指数100%，医疗保健和个人用品价格指数100.4%，交通和通信价格指数95.2%，娱乐教育文化用品及服务价格指数113.5%，居住价格指数105.8%。

2005年，推进城乡用电同价、公路客运票价、出租车价格、经济适用住房、煤炭、成品油、土地等各项常规价格调定价工作。居民消费价格总指数109.5%，其中，食品类消费价格指数 113.8%,烟酒及用品价格指数 104.8%,衣着类消费品价格指数 98.2%,家庭设备及维修服务消费价格指数 98.9%,医疗保健及个人用品价格指数 110.3%,交通和通信价格指数 94.3%,娱乐教育文化用品及服务价格指数 114.2%,居住价格指数 115.6%。2007 年,加强价格调控,保持价格基本稳定,谨慎出台涨价项目,控制出台教育收费、殡葬服务、天然气、供暖、水利工程、运输市场等收费标准。针对猪肉等副食品价格涨幅较大的情况,及时启动价格监测预警应急机制,对关系市民生活的重要商品价格实行一日一报制度,及时掌握市场价格动态。在全市范围内全面推开"价格服务进万家"活动。全年居民消费价格总指数 106%,其中,食品类消费价格指数 113.3%,烟酒类消费价格 101.6%,衣着类价格指数 99.1%,家庭设备用品及维修服务价格指数 99.6%,医疗保健和个人用品价格指数 101.5%。2008 年,物价围绕年初"两防"目标,出台涨价项目,控制出台商品、服务收费项目。针对猪肉等副食品价格上涨较大的情况,启动价格监测预警应急机制,确保节日期间市场供应和价格稳定。

2009 年,开展实施生活垃圾处理收费、车用燃油价格、供暖取暖价格、地方水利工程供水价格调整前期调研,运用电价政策服务全市经济发展。组织实施各类重要商品价格的监测,逐步规范经济适用住房价格,加强成品油价格、液化气价格管理,加快落实风电、热电联产项目上网电价和自来水供水价格、污水处理费、取暖费分时段收费报批。结合收费许可证年检,对国家取消的 100 项收费、自治区取消 108 项收费项目进行全面清理;对重点投资项目建设中的收费问题进行专项清理。全年取消收费项目 77 项 92 个标准。2010 年,全市居民消费价格总指数 102.0%,其中,食品类消费价格指数 108.4%,衣着类消费品价格指数 98.7%,烟酒类消费价格指数 100.7%,家庭设备用品及维修服务价格指数 97.1%,医疗保健和个人用品价格指数 100.4%,个人用品及服务 100.9%,交通和通信价格指数 98.9%,娱乐教育文化用品及服务 98.8%,居住消费价格指数 100%。

第九节　消费者权益保护

1994 年,颁布实施消费者权益保护法,盟消费者保护工作全面启动。通过庆祝"3·15"国际消费者权益保护日,举办消费者权益保护法知识竞赛、假冒伪劣商品展示、创办"3·15"消费维权网站等形式开展宣传教育,提高消费者识假辨假和自我保护意识。1997 年,在全盟相继开展"讲诚信,反欺诈""为了农村消费者""绿色消费""诚信维权"等消费主题宣传活动。为广大消费者提供科学、客观、公正、安全、健康的消费信息。

2004 年,确定 3 月 14 日为"3·14"红盾护农日,并决定一年一个主题,组织开展送法、维权宣传教育活动。2005 年,开展消费维权进社区、进商场、进村组、进学校、进企业的"六进"宣传教育活动。2007 年,在开展"红盾执法行动"中,结合"农村食品市场整顿年"活动，宣传国务院《关于加强食品等产品质量监督管理的特别规定》及《内蒙古流通环节食品经营行为规范》。

2005年开通的“12315”举报申诉平台，经过2006年和2008年两次改造升级，建立起快速受理，快速分拨，自治区、市、旗县区、工商所四级联动应急机制，2010年12月，按照“六个一”建设标准，全市“一会两站”建成192个，遍布全市城乡的消费维权网络让农民不出村，城市居民不出社区就可以就地就近投诉举报。

第十节　集贸市场管理

1986—1990年，全盟商品销售主要为商业和供销两个渠道，群众购买生产、生活用品多在百货公司门市部或乡下供销社购买。1990年后，商品市场逐渐放开，个体商户经营商品范围扩大。为适应形势的发展、满足群众需求，各旗、县纷纷建立集贸市场，1998年，巴盟有各类集贸市场127处，集市贸易成交额达到12亿元，占巴盟当年社会商品零售总额的38%，其中综合市场52个，农副产品市场52个，工业品市场5个，生产资料市场8个，生产要素市场10个。

1999年，全盟有各类市场117处，集市贸易成交额达到10.4亿元，其中，综合市场65个，农副产品集贸市场42个，工业品市场4个，其他市场6个。

2000年，全盟有各类市场119处，集市贸易成交额达11亿元，其中综合市场63个，农副产品市场34个，工业品市场12个，其他市场10个。

2004年，撤盟设市，在市场建设中，注意培育各个层面、各种规模、各具特色的市场，进一步放宽市场准入条件，缩短办照时限，提高办事效率和质量。建立市场准入绿色通道，优化全市投资创业和招商引资环境，全市新增集贸市场57处。2006年，培育农村牧区集贸市场，大力发展农牧区经济组织和经济人，新发展农牧区经济组织78户，发展经纪人4338名，实现农产品加工经营销售收入120.7亿元，为农民创造销售收入41.6亿元。2007年，新发展农村集贸市场主756户，协助农牧民签订订单合同7.3万份，订单面积占全市总播种面积的50.7%。2010年，农资连锁经营形成辐射全市80%的乡镇和50%的村社，集贸市场覆盖商品各个领域。

第十一节　市场监管

1986年，在全盟组织清理整顿“皮包”公司，共清理皮包公司12家，“四无”货栈被取缔。1993年，各级工商部门将严厉打击商业贿赂、侵犯商业秘密、虚假宣传、不正当有奖销售等违法行为作为公平交易工作的重点，先后开展“打假保春耕”“打假保节日”“打假保健康”等专项整治。专项整治中，检查市场经营主体5434户，查办行政处罚案件28139件，端掉黑窝点 125 个。2000 年，执法检查围绕跨越式发展战略，重点抓以食品批发市场、批发业户、食品配送商为监管对象，以城乡接合部和农村为重点监管部位，进行市场清理和源头追踪；以药品、医疗、保健品等违法广告为重点，查处和曝光违法广告行为；以农副产品购销、建筑、旅游、装饰装修市场为重点，推行 13 种示范文本；以电信服务、家电维修等领域为重点，查处产品质量不合格、虚假表示、虚假打折或夸大宣传等欺诈消费者违法行为；以农药、化肥、种子、农用地膜和农机具为重点，查处坑农害农违法行为；以猪肉市场为重点，建立和完善副食品市场挂牌公示、索证索票等制度，维护市场稳定；以煤矿、非煤矿山、烟花爆竹、危险化学品等行业及餐饮娱乐行业为重点，健全涉危行业主体准入和监管责任制度。同时，组织有关联合开展“无照经营百日大清理”“整顿网吧及校园周边秩序”“打击商业贿赂和反不正当竞争”等执法行为。

2004 年，组织全市执法力量开展查处连云港制售假冒美国二铵案件，为消费者赔偿损失 500 余万元，逮捕犯罪分子 14 人。2007 年，针对传销和变相传销活动猖獗状况，各级工商部门通过聘请“打传”义务监督员、向社区派驻“指导员”、制定“外来人口登记”和“房屋出租登记”等措施，宣传国务院《禁止传销条例》，建立群防群控体系，铲除滋生非法传销的土壤。在反传销活动中，查处传销团伙 2 起。2008 年，在农牧区创办食品安全示范店 96 个，取缔无照经营 1850 户，没收并销毁不合格食品 35 个大类 180 个品种，涉案价值 500 余万元。查办各类广告违法案件 168 件，监测各类广告 1400 余条，责令停止发布广告 43 条。查处各类商标违法案件 33 件，没收侵权商标标识 1.5 万件套。查办不正当竞争案件 380 件，查办商业贿赂案件 15 件，查处农资经营违法案件 82 件，取缔无照经营 17 户，查扣不合格化肥 7.5 吨，避免经济损失 98.76 万元。2009 年，工商部门将 5451 家食品经营主体纳入食品监管网系统，重新规范食品批发、送货、零售发票。加强食品安全监督检查，全年查办各类案件 7089 件，案值 4238 万元，罚没款万元以上的案件达 223 件。2010 年，集中整治虚假违法广告、侵犯注册商标专用权和合同欺诈、“傍名牌”以及“两虚逃”等违法行为。全年全市查处违法经营食品案件 624 起，清理取缔无照经营食品业户 177 户，捣毁制假窝点 13 个。查获、销毁假劣食品 1770.4 千克，下架退市不合格食品 1550 千克，价值 62.8 万元。

第五章　质量技术监督管理

第一节　体制改革

一、质量技术监督局

1987年10月,标准计量局成立。1992年,标准计量局更名为技术监督局,副处级建制。内设办公室、稽查队、质量科、标准化科、计量科。1999年,技术监督局更名为质量技术监督局,为自治区质量技术监督局的直属机构,正处级建制,下设7个直属旗、县、市局,临河市局、五原县局、杭锦后旗局、乌拉特前旗局、磴口县局、乌拉特中旗局、乌拉特后旗局。4个直属事业单位,即产品质量监督检验所、计量测试研究所、锅炉压力容器检验研究所、劳动安全检测站。2001年10月,质量技术监督局对内设机构进行调整,内设办公室、人事教育科、质量科、标准化科、计量科、锅炉压力容器及特种设备安全监察科、监督科(稽查队)。2004年,撤盟设市,盟质量技术监督局改称市质量技术监督局。2007年6月,增设质量技术监督局驻经济开发区分局。

二、制度建设

1999年,巴盟质量技术监督工作归自治区质量技术监督局直属机构后,管理体制的改革重新确定机构的性质和职能,负责统一管理和组织协调全盟标准化、计量、质量监督和管理、锅炉压力容器安全监察工作的职能部门。2002年,国家对工商部门和质量技术监督部门的职能进行调整,将监管的重心转变到“从源头抓质量提高工作有效性,从基层抓落实提高行政执法水平”的“两抓两提高”上来。立足于生产领域的产品质量监督管理,同时担负流通领域的计量、标准、特种设备的监督管理和产(商)品的检验检定工作。工作方式从过去主要采取行政手段,注重事后监督,转变为依法行政,坚持政府监管与企业自律相结合,事前把关与事后监督相结合,打假治劣与扶优扶强、市场引导相结合,实行强化政府监管,引导企业自律,发挥市场机制作用“三管齐下”的新型监管模式。

第二节　计量监管

一、计量宣传

1986年,国家计量法颁布实施后,通过组织干部职工集中学习、出动宣传车、在报刊上开辟专栏、悬挂横幅、张贴标语、举办知识竞赛、评选“质量计量信得过单位”等形式,广泛开展宣传计量法,增强人民群众的法律意识。

二、计量认定

1989 年 5 月,制定《巴彦淖尔盟金银计量管理暂行办法》,进一步规范全盟金银计量工作。1990—1998 年,质量监督局为 186 家企业进行计量定级,为 23 家企业进行计量升级,对全盟 13 家质检机构进行计量认证。2009 年 8 月,帮助上海佳格食品公司内蒙古有限公司和鲁花葵花籽油有限公司通过产品质量验收,获得国家计量保证能力“C”标志使用资格。2010 年,全市共为 890 家企业建立计量档案。新建计量标准 6 项,累计建标 74 项。可开展 71 种计量器具的检定/校准/检测和 5 种商品计量检测。有 12 家企业共建立 9 项企业最高计量标准。

三、计量监督

1994 年,按照国家《商用计量器具配备规范》,对大型集贸市场和商场在用计量器具进行不定期监督检查鉴定。1995 年,对定量包装产品生产企业进行监督检查。1996 年,首次开展商品房销售面积的计量监督检查。1998 年,在对医疗卫生计量器具进行监督检查中,受理计量投诉案件 106 起,为消费者挽回经济损失 1.4 万元。在对农产品收购计量监督中,严厉打击利用计量器具作弊克扣农民的违法行为,为农民挽回经济损失 28 万元。1999 年,整顿夏粮收购市场,对 73 个夏粮收购站点进行检查,对 20 家计量不准、克扣农民的不法收购商进行经济处罚。2000 年,加大对眼镜配置销售企业产品的定期抽查,对配镜不合格企业或业主给予行政处罚,并责令整改,并有 36 家配镜企业或业主通过配镜资格评审。为提高配镜行业人员业务水平,按照《眼镜制配计量监督管理办法》规定,每年举办配镜人员培训班,提高眼镜制配技术水平。2001 年,对环境、安全防护、医疗卫生等在用计量器具的监督检查,确保计量器具的准确度。2002 年开始,对农牧区、集贸市场和加油站计量器具进行监督检查鉴定。2003 年,在防控非典型肺炎疫情流行中,组织力量对全地区防护用品、消毒药品、治疗药品等计量进行全面检查,遏制假冒伪劣、过期用品药品的蔓延。2000—2006 年,开展电表、血压计、压力表、台案秤、水表等 8 种计量器具产品质量监督抽查,共检定计量器具 189 个批次,152963 台件。2010 年统计,全市共有在用计量器具 24100 台件,其中,燃油加油机 3133 台(抢),衡器(电子秤)5163 台,出租车计价器 2317 台,医疗卫生器具 1002 台,受检率 95%。

第三节　标准化监管

一、标准化宣传

1989 年,全盟标准计量工作会议在临河市召开。会议决定在全盟开展标准化法宣传,将每年 4 月份确定为全盟标准化法宣传月。1990 年,制定 21 项农业标准目录。2002—2008 年,围绕世界标准日的主题,运用标准化知识竞赛等形式,组织各旗、县、区质量技术监督局开展丰富多彩的宣传纪念活动，普及标准化知识，提高全民的标准化意识。围绕农业经济结构调整和产业化经营，采取汇报、协调、论证、召开现场观摩会等形式，调动旗、县、区组织开展农业标准化示范区建设的积极性和主动性。2010 年，在全市开展大型标准化宣传活动。

二、标准注册

备案 1988 年，按照《中华人民共和国标准化法》开始实施企业产品标准备案登记。1991 年 1 月，全盟首个企业产品标准质量——“河套雪花粉”样品诞生，正式将“河套雪花粉”企业标准及标准样品作为衡量全区调拨、销售雪花粉质量的依据。2000 年，春小麦、家庭牧场、秸秆养羊综合标准化等 5 个国家级和“籽瓜节水灌溉综合标准化”等 2 个自治区级农业标准化项目完成，全市主要农产品与国家、行业和地方标准相配套的标准体系基本建立，共制定市级农业标准 84 项。2010 年，新备案企业标准 336 项，办理组织机构代码证 9700 个，申请商品条码企业达到 150 家。

登记 1996 年，在全盟开展企业产品执行标准，其中主要包括国家标准，行业标准、地方标准和企业标准的注册登记。注册登记企业 3 家，产品 9 个。2001 年，全盟完成企业产品执行标准注册登记 37 家，产品 121 个。2010 年，全市工业企业产品标准新注册登记1398 家，产品 3570 种。

三、标准制订与示范区建设

1988 年，盟标准计量局组织盟农业标准化技术委员会和盟畜牧业标准化技术委员会制定《春小麦栽培技术规程》等 4 项农业标准和《羊绦虫防止技术规程》等 6 项畜牧标准。1991 年，自治区标准计量局与商业厅联合制定“河套雪花粉”企业标准及标准样品。1995—1996 年，国家技术监督局为河套灌区高产优质小麦制定 6 项标准。2003 年，完成“无公害食品春小麦栽培技术规程”等 12 项农业标准的制定。2003 年，向自治区质量监督局申报第四批全国农业标准化示范区项目，“食用葵花综合标准化示范区”“荒漠化草原生态治理综合标准化示范区”项目。2004 年，向自治区质量监督局上报 6 个第五批全国农业标准化示范项目，即乌中旗牧区生态牧场综合标准化示范区、磴口县华莱士瓜综合标准化示范区、乌后旗梭梭肉苁蓉人工栽培基地标准化示范区、五原县番茄综合标准化示范区、杭后优质饲用玉米综合标准化示范区、临河市肉羊胚胎移植基地标准化建设。2009 年 11 月，经自治区质量监督局审核，“草原宏宝牌鲜冻羊肉制品”“草原鑫河牌羔羊肉”“雪候鸟牌羊绒衫”被自治区政府评为内蒙古名牌产品。2010 年，向自治区质量监督局上报杭锦后旗奶牛养殖标准化生态牧场示范区、前旗薄皮甜瓜标准化示范区、临河育肥羊标准化示范区、杭锦后旗食用向日葵综合标准化项目、五原县甜菜种植综合标准化项目、五原县番茄种植综合标准化项目，并通过考核验收。2010 年，全市共建成“春小麦标准化示范区”“华莱士瓜标准化示范区”“肉羊胚胎移植基地标准化示范区”等全国农业标准化示范区 14 个，自治区农业标准化示范区 4 个，累计组织制定发布市级农业标准 73 项。

四、标准考核验收

1996 年,五原县承担的自治区标准化项目"籽瓜综合标准化"示范项目接受自治区技术监督局考评验收组的验收。1997 年,自治区技术监督局对巴盟标准化工作进行调研,并受国家局委托深入杭锦后旗、临河县、五原县、杭锦前旗四个点对国家级农业标准化项目"内蒙古河套灌区高产优质小麦综合标准化"示范区进行验收。1998 年,受国家技术监督局委托,自治区技术监督局对国家级农标项目"临河市春小麦标准化示范区建设项目"进行考核验收。1998 年,自治区技术监督局对杭锦后旗、乌拉特中旗、乌拉特后旗消灭无标生产工作进行考核验收。2002 年,自治区质量技术监督局、水利厅、科技局对乌拉特前旗节水灌溉标准化示范旗项目进行验收。2005 年,经国家标准化专家组对内蒙古河套酒业集团进行国家级标准化良好行为企业确认工作。经评审,企业在国内第一批获得"标准化良好行为企业"AAAA 级称号。2006 年 7 月,乌拉特前旗枸杞综合标准化示范区项目通过自治区质量技术监督局的考核验收。2006 年,国家标准委农标抽查小组对杭锦后旗食用葵花籽综合标准化示范区建设进行抽查。2007 年,中国食品工业标准化委员会酿酒会技术委员会专家到内蒙古河套酒业集团股份有限公司考察调研奶酒国家标准制定情况。2010 年,3 个第六批国家农业标准化示范项目,即杭锦后旗食用葵花籽综合标准化项目、五原县甜菜种植综合标准化项目、五原县番茄种植综合标准化项目通过国家考核验收。

第四节　产品质量监管

一、产品质量

1990 年,根据自治区 1987 年制定《内蒙古自治区工业企业推行全面质量管理实施细则及验收办法》,分阶段开展评优创优,有 35 种产品创自治区优质产品,3 种产品创部优,41 个 QC 小组荣获自治区优秀 QC 小组称号,有 39 户企业达合格水平。产品质量抽检合格率为 86.4%。2009 年,内蒙古草原宏宝食品有限公司的草原宏宝牌鲜冻羊肉制品、内蒙古草原鑫河食品有限公司的草原鑫河牌羔羊肉、内蒙古春雪羊绒有限公司的雪候鸟牌羊绒衫被自治区政府授予内蒙古名牌产品。2010 年,全市有 169 户企业获工业产品生产许可证,5 户企业通过 ISO14000 认证。有中国名牌产品 1 个,内蒙古名牌产品 18 个。

二、质量检验

2010 年,按照质量管理规程,开展纤维产品检验、工业产品检验、农副产品检验、畜牧产品检验和其他产品检验认证。全市有 ISO 9000 认证企业 55 户。

三、名牌战略

1995 年,根据自治区实施名牌的经济发展战略,印发《关于实施名牌战略,争创名优产品的意见》,确立实施名牌战略的"3152 工程"。名牌战略规划将轻纺、食品、冶金、机械、化工、建材行业40个企业的46种产品列入其中。2002年,恒丰食品工业股份有限公司生产的“河套”牌小麦粉系列产品和金穗食品工业有限责任公司生产的“胡杨”牌小麦粉系列产品获得国家免检资格。2006年,内蒙古乌兰布和冷饮厂的冷饮制品、内蒙古丹露生物有限公司复合菌肥料进入内蒙古名牌产品公示序列。2007年,推荐14个企业18个产品申报2007年“内蒙古名牌产品”。2009年,“草原宏宝牌鲜冻羊肉制品”“草原鑫河牌羔羊肉”“雪候鸟牌羊绒衫”被自治区政府授予内蒙古名牌产品。2010,全市有中国名牌1个,内蒙古名牌18个。

四、打击制售假冒伪劣商品

1998年,根据国家和自治区技术监督局“查处毒酒的紧急通知”,全盟质监部门组织全系统技术力量紧急行动,先后出动执法人员3000多人次,开展打击制售假酒的专项行动,检查销售网点678家,查获一批杏花酒厂白酒。1999年,按照自治区统一部署,全盟集中销毁价值10万余元的假冒伪劣商品。涉及的假冒商品有名烟、名酒、饮料、食品、化妆品、电工类产品、安全防护用品、油漆、茶叶等。捣毁1家奶粉制假窝点,当场查获劣质奶粉260件和用于造假的糊精粉2吨。在开展“查农资、保春耕”行动中,查获假冒伪劣化肥117.8吨,为农民挽回经济损失25.2万元。2000年,针对制售“地条钢”“土炼油”“黑心棉”等违法行为,质量监督局成立执法队,全力整顿市场。2006年,查获假冒伪劣产品标值256万元,整顿各类市场291个,捣毁制假售假窝点148个,受理质量申诉案件409起,涉及商品总货值146.8万元。元旦、春节期间,组织全盟质监系统开展专项整治活动,检查各类批发零售企业1496家,共对16个品种10995个批次的产品进行检查,查获假冒伪劣产品标值55.16万元。在“查农资、保春耕”行动中,全盟质监系统出动执法人员1592人、61车次,共查销售门点1193个,抽查农资产品8大类971个品种,查获假冒伪劣商品标值103.5万元。在开展“查建材、保建设“行动中,出动执法人员710人次,抽查各类建材产品8类98个品种批次,查获假冒伪劣商品标值46.395万元,办理违法案件183起,罚没款总额为8.06万元。2001年,在元旦、春节期间,组织开展化妆品专项打假行动,先后派出执法人员1355人次,对各类综合、批发零售商业门店618家和5个专业市场进行检查。检查商品16个品种1005个批次,查获假冒伪劣商品标值24.86万元。查获价值2.5万元的假冒“五粮液”酒,捣毁两个土炼油窝点,端掉一个制造假冒服装窝点。2003年,在防控“非典”期间,按照防治“非典”指挥部的要求,集中销毁“非典”期间查获的10大类、24个品种、2200多件假冒伪劣商品,货值达6.12万元。2005年,对全市食品生产加工企业开展春节执法大检查,出动执法人员159人次,车辆38台次,检查生产销售企业138家,产品284批次。查获无食品标签、无生产日期食品货值8900元。涉及的产品有饮料、面包、小食品、糖果、山楂片等。同时,依法取缔2家违法生产白酒企业。在开展农资市场执法检查中,检查农资生产经销企业128家,产品涉及农机具及配件、化肥、农药、种子、农用地膜等233种。查办各类违法案件

35 起，货值 1.24 万元。2007 年，组织开展“两打”活动中，打击食品黑窝点和使用非食用原料生产加工食品违法行为的行动中，检查企业 264 户次，检查产品 317 批次，查处无证食品生产企业 7 户。在组织开展严厉打击用非食用原料生产加工食品违法行动专项整治活动，共检查生产企业 475 户次，检查产品批次 635 个。检查商业企业 330 户次，检查商品 927 个批次，其中，无证食品生产企业 8 户，乳制品标识不规范企业 5 家。2008 年，在开展秋冬季执法打假活动，检查食品生产、经销企业 305 家，检查产（商）品 673 个批次，查获存在问题的产（商）品案值 6.3 万元，罚款 5.1 万元。在开展“农村商品市场检查”专项行动，查获存在问题的产（商）品案值 7.3 万元，罚款 7.6 万元，其中，立案查处违法案件 34 起，当场处罚违法案件 17 起。对 6 家存在掺假行为的煤炭交易市场下达责令整改通知书，对 4 家无标识烟花爆竹销售点给予了行政处罚。

第五节　代码标识管理

一、标识管理

1993 年，开始统一赋码组织机构代码证书。2000 年，使用开发升级的代码软件，实现组织机构代码的联网操作，开始发放代码 IC 卡。2004 年，根据自治区《关于核实、规范、完整代码数据，做好代码数据库开发准备的通知》，为保证代码数据真实、准确和完整，在开展清理和完善代码数据库工作。经过 4 个月的努力，全市八个组织机构代码数据库有效数据 6556 条，合格率达 99.7%。2005 年，根据自治区《关于贯彻落实全国组织机构代码数据清整工作的通知》，办理组织机构代码证 2140 份，变更 1510 份，IC 卡 1694 张，年检 3261 家。2007 年，开展代码档案扫描实时上报工作，实现代码档案电子化。2010 年，全市办理组织机构代码证 2536 份、变更 1354 份、年检 3309 家。

二、商品条形码申办

2002 年 10 月，实施行政审批制度改革，正式在巴盟行政服务中心设立服务窗口，办理组织机构代码证的审批。2010 年，全市申办商品条码企业 17 家。

第六节　特种设备监管

20 世纪 80 年代开始，每年的 5 月开展“安全月”活动。“安全月”活动的重点是安全生产大检查。主要检查企业建立和执行安全生产责任制的情况，对已知事故隐患的解决情况和对重大事故处理情况以及对已普查的五种毒物危害采取的防护措施情况等。1998—1999 年，针对部分建筑施工企业使用淘汰的起重机械和个别单位擅自将常压锅炉改装成承压锅炉运行等的情况，加大对企业擅自使用、改装的排查，将“预防为主”贯穿到安全监察工作中，把事故隐患消灭在萌芽中。先后开展三次安全生产大检查，检查企业 101 个次，查出事故隐患296处,指令整改269处,发出指令书限期整改27处。2000—2006年,质监系统累计出动执法检查人员3500余人次,检查各类特种设备生产、使用场所2700余家次,检查各类特种设备近5000余台套,发现安全问题和事故隐患2000余处,下达《特种设备安全监察指令书》672份。2010年,在用特种设备定期检验数量,锅炉435台、压力容器1381台、压力管道3348米、电梯323部、起重机械231台、场内机动车辆88台。

第六章　食品药品监督管理

第一节　机构设置

2001 年 10 月，成立盟药品监督管理局，为自治区食品药品监督管理局直属机构。2004 年 9 月，在市药品监督管理局的基础上，组建市食品药品监督管理局。局内设 7 个科室，下设 6 个旗、县分局和市药品检验所。

第二节　食品市场监督

1986—1994 年，贯彻执行国家食品卫生法、药品管理法，严把食品从业人员健康检查关口，完成生产、经营"三证"发放；严查麻醉药品，严防麻醉药品流入市场；取缔药品非法经营市场，取缔不符合开业条件个体诊所。食品卫生抽检覆盖率 100%，市场药品监督检查覆盖率 100%。

1995—1998 年，按照食品卫生法、药品管理法有关规定，制定出台《关于进一步治理食品、药品市场的通知》和《巴盟生物制品管理办法》等政策性文件。根据文件规定，两级卫生监督部门对盟内 7658 家饮食生产经营场所进行卫生监督监测，采集食品样本 708 份，抽检餐饮用具 1615 份，责令整改 337 户，提出警告 93 户，责令停业生产经营 47 户，销毁食品类产品 5.12 万千克。

1999 年，对外埠食品进行一次全面检查，索证率 100%，没收销毁变质食品 3776 千克。2000 年，对盟内 7667 家生产、经营、加工企业和专业场所进行卫生监督监测，每家月平均监测 2.5 次。2003 年，按照国务院《关于实施食品放心工程工作电视电话会议》精神，在全盟组织开展食品卫生大检查。检查食品生产经营单位 8010 户，其中，食品加工业 1027 户，批发零售业 2890 户，餐饮服务业 2703 户，集体食堂 274 户，食品摊贩 116 人，从业人员体检 17855 人。抽检食品 1301 份，合格率为 96.7%。

2004 年，按照《2004 年巴彦淖尔市食品放心工程实施方案》《食品卫生专项整治工作方案》《撤盟设市期间食品安全工作方案》，开展以粮、肉、奶制品、豆制品、水产品等为重点，以食品加工、批发、零售等为主要环节的"食品放心工程"和食品卫生专项整治行动。行动中，检查食品生产经营单位 7814 户，其中，食品加工业 825 户，批发零售业 2931 户，饮食服务业 2728 户，集体食堂 146 户，食品摊贩 1184 户。依法处理食品违法案件 1092 件，销毁伪劣食品3988千克。对易发生食物中毒的幼儿托管机构、学校食堂等2000多名炊管人员进行防食物中毒、实施量化管理、食品安全操作规程专题培训。2005年,巴彦淖尔市制定出台《全市食品卫生安全2005—2007年三年规划实施意见》《巴彦淖尔市2005年食品专项整治工作方案》,进一步完善食品卫生监督量化分级管理制度。2006年,全市有食品生产经营单位9937户,其中,食品加工业749户,批发零售业3883户,餐饮服务业4335户,集体食堂242户,食品摊贩728户。审核发放卫生许可证9937个。2007年,开展以食品卫生、学校卫生、保健食品等为重点的"卫监1~7号"专项监督检查行动。行动中,出动监督执法人员10425人次,检查各类医疗卫生单位14103家,处罚4315户次,罚款18.69万元,取缔267户,没收销毁三无食品11354千克,吊销卫生许可证21户。食品生产、经营行业发放卫生许可证10153个。2008年,继续加强食品卫生、学校卫生、职业卫生等监测检查。要求食品行业从业人员必须进行100%体检。对市场出售的各类鲜活肉食物原料索证率达100%,量化分级管理率96.7%。2010年,按照国务院办公厅《关于加强地沟油整治和餐厨废弃物管理的意见》和《内蒙古自治区学校及周边餐饮业、饮用水、公共场所专项整治方案》,对全市学校及周边食品环境、餐馆环境、食品添加剂等进行全面整顿。先后出动监督人员12933人次,车辆1738台次,检查餐饮行业3926家,提出警告331户,责令整改329户。

第三节　药品市场监督

1986—2003年,对群众特别关心的药品安全热点问题,不定期开展打击制售假劣药品违法行为,同时发放生产、经营许可证,逐渐将药品生产、经营引入法制化、规范化正轨。2004年,市食品药品监督管理局成立后,对药品市场采取日常监管和专项整治相结合方法,先后开展药品、医疗器械购销渠道的专项检查和中药饮片专项检查。检查涉药单位13522家次,查处假劣药品、医疗器械1343余个品种,货值98万元。查办案件2363余起,捣毁制假售假黑窝点30余个,销毁假劣药品货值300余万元。推进"双G"认证工作,全市两家药品生产企业,320家药品经营企业分别顺利通过"GMP""GSP"认证。推进农村药品"两网"建设。年末时,全市41个乡镇中大多数分布有药品零售企业,药品供应网点延伸至80%以上的行政村,药品监督网络已覆盖至90%以上的行政村。2005—2010年,依据药品管理法,每年对全市药品市场组织大检查4次。对检查发现的霉烂变质药品、过期失效药品统一销毁,对违法行为严厉查处。城镇药品市场监督检查覆盖率达100%,农村牧区药品监督检查覆盖率达92%。

第七章　国土资源管理

第一节　管理机构

1986年,根据国务院的文件要求,成立土地管理委员会,在农业处设办公室,专职土地管理工作。1987年11月,盟行政行署正式成立土地管理处,为巴盟行政行署直属机构。1989年,盟土地管理处增设土地监督检查科。1994年,土地管理机构实行自治区直管领导,盟土地管理处更名为盟土地管理局。局内设5科、1室、4个事业机构,下设7个旗、县、市土地管理分局。1996年,盟土地管理局增设临河市新华土地管理所、乌拉特前旗土地管理分局巴音花土地管理所、乌拉特中旗土地管理分局乌加河土地管理所、杭锦后旗土地管理分局黄河土地管理所、五源县土地管理分局巴彦套海土地管理所。1997年,土地管理局增设土地勘测设计队(巴盟土地勘测设计队为巴盟土地管理局二级事业单位,科级建制)。1999年,盟土地管理局内设计划财务科、人事教育科、法制与案件审理科、建设用地管理科、地籍管理科、办公室、土地监察支队、土地市场交易管理所、土地价格评估事务所、机关事务服务中心、土地勘测设计队和7个旗、县、市土地管理分局以及36个直属乡级管理所。2004年,撤盟设市后,对土地管理内设机构进行调整,盟土地管理局更名为市土地管理局,内设职能科室11个,成立临河城区土地收购储备中心。2005年,临河城区土地收购储备中心更名为土地收购储备中心;市国土资源整理储备中心更名为市国土资源整理中心;市地质环境监测站更名为市地质矿产调查院;市国土资源勘测院更名为市土地规划勘测院;市国土资源执法监察支队增挂市国土资源执法监察局牌子。2006年,市国土资源档案馆更名为市国土资源登记中心。市国土资源局分别设立农垦分局、开发区分局、临河分局、五原分局、乌拉特前旗分局、杭锦后旗分局、磴口分局、乌拉特中旗分局、乌拉特后旗分局。2010年,巴彦淖尔市土地管理局内设办公室、人事科、政策法规科、规划与科技科、测绘管理科、耕地保护科、地籍管理科、土地利用科、地质勘查科、矿产开发管理科、储量与环境科。分别下设临河分局、五原分局、乌拉特前旗分局、杭锦后旗分局、磴口分局、乌拉特中旗分局、乌拉特后旗分局等业务中心。

所属事业单位为市国土资源执法监察局、市地质矿产调查院、市地质公园管理局、市国土资源征费稽查局、市土地整治中心、市土地调查规划院、市国土资源登记局、市矿山监测中心等。

第二节　土地资源管理

一、土地调查

第一次土地调查

1984 年,巴盟启动第一次全国土地资源调查(详查)。调查工作历时 8 年,1991 年,调查工作全面结束。调查统计结果全盟土地总面积为 6.56 万平方千米(约合 656.52 万公顷),其中,耕地 478026.52 公顷,占总土地面积 7.28%;园地 1764.74 公顷,占总土地面积 0.03%;林地 89237.38 公顷,占总土地面积 1.36%;草地 3641481.67 公顷,占总土地面积 55.47%;城镇村及工矿用地 70632.88 公顷,占总土地面积 10.76%;交通运输用地 30640.88公顷,占总土地面积 0.47%;水域 209438.05 公顷,占总土地面积 3.19%;特殊用地 17384.75 公顷,占总土地面积 0.26%;难利用地 2014180 公顷,占总土地面积 30.68%。

第二次土地调查

2007 年,按照《中华人民共和国土地管理法》和国务院《关于深化土地管理体制改革的决定》精神,在全市启动第二次全国土地资源调查。

二、土地利用规划

1998 年,完成盟级土地利用总体规划修编和 7 个旗、县、市 127 个乡镇苏木,5 个国营农牧场土地利用总体规划编制,并通过自治区土地管理局验收。完成自治区下达的新增 16 万公顷基本农田保护区规划修编,将 18.25 公顷经改良后的优质耕地划入基本农田保护范围。

2004 年,经自治区土地管理部门批准,巴彦淖尔市对土地利用总体规划进行微调,调整土地 33 宗,面积 12873 公顷。2005 年,巴彦淖尔市根据经济社会发展的实际,分析 1998 年以后临河区土地利用规划情况,决定对临河区 12 个乡镇的土地利用总体规划进行调整。2007 年,经自治区审核,巴彦淖尔市土地利用增加 400 公顷。经多次争取增加 870 公顷,使土地利用计划指标总数达到 1270 公顷,其中,农用地 600 公顷,未利用地 670 公顷。2009 年,全市新一轮土地利用总体规划修编工作通过市级评审论证,第二轮矿产资源总体规划通过自治区国土资源厅预审。

三、基本农田保护

1996 年,按照国务院颁布实施的《基本农田保护条例》和农业部发布的《基本农田保护区环境保护规程》以及自治区人民政府制定的《关于印发〈内蒙古自治区基本农田(牧场)保护区规划试行办法〉的通知》精神,巴盟制定《巴彦淖尔盟基本农田保护管理暂行办法》。办法规定将全盟 59.9 万公顷耕地划入基本保护 49.12 万公顷,占耕地面积 82.1%,其中一级保护面积 28.78 万公顷,二级保护面积 20.35 万公顷。1998 年,巴盟实有耕地 59.77 万公顷,划入基本农田保护区面积 51.75 公顷,占耕地面积 86.58%,其中,一级保护地 30.09 万公顷,二级保护面积 21.67 万公顷。1999 年,按照土地管理制度,严格控制农地转为建设用地,并落实“占一补一”的耕地补偿措施,确保耕地和基本草牧场总量动态平衡。同时,依法督促检查土地复垦,完成耕地复垦 48.7 公顷。

2000 年,按照“落实规划、严控计划节地挖潜”的规划,完成生态退耕 6080.06 公顷,其中,退耕还林 4716.73 公顷,还草 1363.33 公顷;完成整理复垦 962.81 公顷,落实补充耕地 65.75 公顷。2001 年,巴盟建立耕地保护目标责任制,层层签订耕地保护责任状,完成基本农田调整规划 48.18 万公顷。2002—2003 年,全盟查出历年各类建设占用耕地 13 宗,占用耕地面积 68.71 公顷。按照基本农田保护率达 80% 的法定要求,完成补充耕地 13 宗,补充耕地 179 公顷。

2004 年,划定基本农田保护面积 48.18 万公顷,保护区块 31030 块,建立保护标志 71 块,保护率达到 80.1%。耕地规划控制面积 68.51 万公顷,列入基本农田保护区面积 59.87 公顷,占耕地面积 87.4%。2006—2007 年,巴彦淖尔市连续两年补划基本农田保护,基本农田保护面积达 49.22 万公顷,保护率 84.3%。

2009—2010 年,补充耕地 721.49 公顷,耕地规划控制面积达 73.42 万公顷,列入基本农田保护区面积 65.59 万公顷,占耕地面积 89.33%。

四、建设用地管理

1995 年,根据国家和自治区法律法规,制定《关于对全盟城镇、工矿区、国家大中型重点工程建设用地实行“五统一”管理的规定》,明确建设用地实行统一规划、统一征地、统一开发、统一出让和统一管理的土地“五统一”政策。

1998 年,巴盟全面推行建设用地的模式化管理,依法规范全盟建设用地秩序。按照《中共中央、国务院关于进一步加强土地管理切实保护耕地的通知》和中办《关于继续冻结非农业建设占用耕地的通知》精神,严把建设用地审批关和指标关,全年共审批各类非农业建设用地 101.8 公顷,占计划指标的 50.9%,节约指标用地 98.92 公顷。1999 年,在建设用地管理上,巴盟先后出台《建设用地模式化管理考评办法》《建设用地市在报批管理暂行规定》等办法,严格执行农用地转用审批制度和乡村建设用地盟批制度。全年全盟共审批各类建设用地 2173 宗,105.5931 公顷,其中,使用国有土地 139 宗 21.38 公顷,使用集体土地 1108 宗 59.48 公顷,涉及农地转用 14 宗 64.154 公顷。2000 年,依法审批报批各类非农业建设用地 2885 宗 312.93 公顷,其中,国有土地 472 宗 215.48 公顷,集体土地 2413 宗 97.45 公顷,涉及农地转用 27 宗 182.06 公顷。节约用地计划指标 250 公顷。报批占用耕地 22 宗 61.33 公顷,节约计划指标 101.67 公顷。2001 年,全盟审批国有建设用地项目 222 宗,其中,以划拨方式供应 98 宗 30.63 公顷,以出让方式供应 112 宗 63.13 公顷,审批临时用地12宗2.96公顷。全年储备建设用地11宗13.38公顷。2002年,对实施新法后各类用地审批情况进行清查,共清查出地方政府出台的与国家政策相悖的文件、规定及暂行办法9部;地方政府以会议纪要形式用土地出让金抵拆迁费、公益设施建设和道路建设费,免缴出让金16宗,免收出让金额2318.2万元;未按经济适用型规定开发销售,但已免收出让金项目9宗,免收出让金额822.95万元。

2004年,报自治区批准建设用地12宗187.77公顷,其中,涉及农用地转用5宗56.43公顷;征收土地11宗181.6公顷;市政府批准新增用地3宗8.08公顷,市政府批准使用原有建设用地23宗20.45公顷。2005年,全市依法审查各类建设项目用地31宗476.11公顷,其中征收土地27宗379.6公顷,农用地转用15宗147.49公顷。2006年,依法上报各类建设用地162宗。经国务院批准1宗,自治区批准39宗,共批准面积665.82公顷。市本级批准集体联营建设用地2宗5.1775公顷。2007年,上报各类建设用地83宗1614.4公顷,批准78宗932.82公顷。全市供应建设用地720.73公顷,以出让方式供地409.53公顷,以划拨方式供地311.21公顷。处置国有土地资产14宗15.81公顷。投入土地储备资金7亿多元,收购储备土地330公顷。2010年,全市建设用地11.26万公顷,其中,城镇、乡村及工矿用地9.64万公顷,占建设用地面积85.7%;交通用地1.18万公顷,占建设用地面积10.5%;水库水面及水利设施用地4303.08公顷,占建设用地面积10.5%。

五、地籍管理

1990年,根据国家有关法律、法规,制定出台《巴彦淖尔盟城乡土地管理暂行规定》。其中第九条规定,土地的所有权和使用权受法律保护,任何单位和个人不得侵犯;土地所有权在集体和国家之间的转移及国有土地使用权的有偿出让、转让、集体所有土地使用权的转让等权属变更,全部需经土地管理部门办理登记过户手续;在城镇规划区内的土地使用权的出让和转让,按照《中华人民共和国城镇国有土地使用权出让和转让暂行条例》的规定执行;城镇房地产交易行为由房地产管理部门管理,涉及的房屋所有权及土地使用权的权属转移,分别由房管部门和土管部门办理变更过户手续,互相协调配合,做好土地与房屋权属管理和房籍地籍资料的衔接工作。1998年,巴盟完成全盟乡镇苏木、村嘎查的非农业建设用地初始地籍档案建设,完成临河市区基准地价修编,完成干召庙镇、黄羊镇、新华镇、狼山镇、隆胜合镇、乌加河镇、温更镇、复兴镇基准地价评估。

1999年,制定出台《关于认真贯彻实施新〈土地管理法〉的通知》,确立了依法登记的土地所有权和使用权受法律保护,任何单位和个人不得侵犯。2000年根据国土资源部国土资发〔1999〕78号和自治区土地管理局〔1999〕75号文件精神,巴盟开展国有土地使用证年检、新版证书换证。全年核检证书105235宗,换发新证55096本。2002年,完成9个国有农牧场土地确权发证,解决多年国有农牧场与周边村、社土地权属矛盾。同时,开展集体土地所有权确权和城镇国有土地登记发证。完成7个旗、县、市336个行政村的确权发证，占全盟行政村的40%。完成城镇国有土地确权登记发证7423宗地，其中，初始登记6793宗，变更登记630宗。2003年，完成国有土地登记发证1575宗，办理国有土地使用权变更登记3062宗，完成集体土地所有权登记发证365宗，集体土地使用权登记发证911宗。

2004年，完成国有土地使用权登记发证123531宗，集体土地所有权登记发证751宗，国营农牧场土地确权发证9个。2005年，完成国有土地登记发证118581宗，集体土地所有权发证764宗；完成集体土地使用权发证229516宗，国有农牧场土地确权登记发证15个。完成商住楼土地分割登记1490宗，发证2120宗。2006年，办理各类土地确权登记发证353639宗，其中，国有土地使用权累计登记发证123901宗，集体土地所有权确权累计发证592宗。2009—2010年，全市发放国有土地使用权证6034本，发放集体建设用地使用证12335本。

六、土地征收及补偿

1991—2010年，征收集体土地严格按照国家新修订的《土地管理法》第四十七条和自治区人民政府2009年12月公布的《关于公布实施自治区征地统一年产值标准和征地区片综合地价的通知》精神予以补偿和安置，征收土地的，按照被征收土地的原用途给予补偿。征收耕地的补偿费用包括土地补偿费、安置补助费以及地上附着物和青苗的补偿费。征收耕地的土地补偿费，为耕地被征收前三年平均年产值的六至十倍。征收耕地的安置补助费，按照需要安置的农业人口数计算。需要安置的农业人口数，按照被征收的耕地数量除以征前被征收单位平均每人占有耕地的数量计算。每一个需要安置的农业人口的安置补助费标准，为耕地被征收前三年平均年产值的四至六倍。每公顷被征收耕地的安置补助费，最高不得超过被征收前三年平均年产值的十五倍。

1991—2010年征收集体土地情况一览表

表28－7－1

年度	征地面积（公顷）	其中耕地（公顷）
1991	691.3	17.83
1992	321.35	32.52
1993	318	48
1994	248.7	24.8
1995	1177.39	6.86
1996	388.59	68.6
1997	283	

续表 28－7－1

年度	征地面积(公顷)	其中耕地(公顷)
1998	72.77	0.04
1999	56.15	39.06
2000	181.99	61.33
2001	301.53	—
2002	95.38	37.37
2003	373.93	59.76
2004	356.38	—
2005	350.11	—
2006	1318.34	437.68
2007	1191.91	329.70
2008	717.86	243.54
2009	1576.67	689.41
2010	1218.56	345.26
合计	11239.91	2441.76

七、土地整理

1998 年,土地整理以土地复垦、治理“空心村”、清理砖瓦窑和迁坟复耕为主。全年,经整理达到复垦条件的土地有 12.3 公顷。2000 年,在全盟范围内开展闲置土地清查,查出 13.77 公顷,收归国有 6.74 公顷。全年复垦土地 6.67 公顷。2002 年,收回临河市向阳小区计划建设而未实施建设用地 2.87 万平方米。其中,财政局仓储用地 3022 平方米,社保局仓储用地 3637 平方米,原糖酒公司仓储用地 4680 平方米。2003 年,整理完成临河市西环路、北环路拓宽和新区建设征地工作,收购土地 16.34 公顷。编制完成土地复垦开发整理计划,落实自治区级土地整理项目 5 个,整理土地 366.83 公顷。2005 年,开展土地后备资源调查和存量土地、闲置土地的清查,清理闲置土地 156 宗 82.36 公顷;收储临河城区土地 6 宗,供应储备土地 6 公顷。2006 年,全市完成 1 个国家级,5 个自治区级的土地整理项目,整理面积 1861 公顷,新增耕地 297.3 公顷。对临河新区 5.91 平方公里土地拟征储。经上级审核,批回 157.1 公顷,其中包括耕地 102.3 公顷,当年收储且出让 14 宗,面积 29.94 万平方米。2008—2009 年,新建土地整理项目 14 个,整理总面积 1.26 公顷。

八、土地市场管理

1998 年,以规范土地市场交易行为、堵塞土地资产流失为重点,在土地供应中推行租赁供地方式,完善土地有偿、有限期、有流动使用制度。对土地一级市场实行批租和出租并举,对二、三级市场清理整顿和发放许可证。对经营性用地收取年地租,使土地市场交易行为逐步进入法制化轨道。1999 年,按照国家《关于进一步推行招标拍卖出让国有土地使用权的通知》精神,办理土地使用权出让143宗47.32公顷,其中拍卖61宗7.2公顷,协议出让78宗30.3公顷,租赁式供地4宗9.98公顷,转让土地543宗55公顷,出租土地2933宗10.6公顷,抵押442宗4367.1公顷。2000年,进一步加强对土地一级市场的管理,全盟依法办理土地使用权转让498宗51.96公顷,收缴出让金106.4万元;办理出租5466宗41.04公顷,收缴年租金92.65万元;办理抵押1057宗838.02公顷,收缴出让金12.23万元。2001年,运用收购、储备、整理、供应等办法,将收回的闲置土地、没收的土地公开拍卖,全年拍卖出让土地93宗19.3公顷。2002年,在临河市举行国有土地使用权拍卖会,拍卖土地面积847平方米,以203万元成交。在乌拉特后旗举行大坝口、三贵口、达拉盖口东西两侧共四处普通建筑用料石采矿权挂牌交易会,以250万元成交。2003年,全盟以招标拍卖挂牌方式出让土地39宗,面积28公顷,回收出让金2611.73万元。以土地资产形式安置企业职工抵出让金1506.64万元。

2004年,以出让的方式,拍卖土地55宗61.5公顷,其中招拍挂出让土地52宗,面积59.9公顷;协议出让土地3宗,面积1.6公顷;以拍卖方式出让采矿权26宗,协议出让砂石采矿权30宗。受自治区国土资源厅委托,以拍卖方式出让7个铁矿勘查区的探矿权。2005年,为切实保护农牧民利益,在上年清欠农牧民征地补偿费、安置补助费基础上,进一步规范“两公告,一登记”工作,严把征地关,遏制拖欠现象的发生。2006年,巴彦淖尔市制定《巴彦淖尔市闲置和空闲土地处置办法》。按照办法将临河城市区及近郊闲置空地227宗,以出让方式处置4宗9.66公顷,收取土地出让金296.03万元。2007—2010年,巴彦淖尔市供应土地416宗77539公顷,其中,招拍挂方式出让92宗,面积417.69公顷;协议方式出让168宗,面积257.41公顷。

九、土地违法查处

1989年,对全盟91个乡镇苏木,2010个国家和集体单位,18个国营农牧场的非农业建设用地进行清查,清查面积15757.1公顷,查出各类土地违法案件9762件,处理4777件,占案件总数的49%。收回违法占地11宗0.93公顷。拆除违法建筑39宗,收取罚没款22.96万元。1990年,查出1987年至1990年越权批地案件281件,涉及土地面积147.7公顷,纠正处理71件,结案率25%,其中,超越乡镇、苏木批地权限的257件,面积10.2公顷;超越旗、县、市批地权限的16件,面积48公顷;超越盟行署批地权限的8件,面积89.5公顷。1991—1996年,全盟查出土地违法案件2855件,受理国土资源信访事项94件,收缴罚没款167.35万元。拆除违法建筑6243平方米,调解土地权属纠纷240起。1997—1998年,全盟查处土地违法案件1932起,违法占地166.6公顷,收回土地9.5公顷,收缴罚款235.62万元,没收五层住宅楼两栋(占地面积10400平方米),申请法院强制扣押小汽车2台。1999年,按照“四查三促一树立”的工作方案,加大土地违法行为查处力度,全年立案查处土地违法案件353件,结案325件,收缴罚没款70多万元。2000年,组织开展土地执法监察动态巡查、办案质量评查和无违法批地、无违法管地、无违法用地“三无”乡镇创建活动。重点对未批先用、少批多用、随意减免出让金的违法行为进行查处。全年查处各类土地违法案件438件结案402件,结案率91.7%。2001年,受理土地权属纠纷54起,调解处理40起。2003年,国土资源部门进一步健全执法监察网络,完善国土资源执法动态巡查责任制,加大对国土资源违法案件的查处力度。清查无证采矿企业,查处越界开采,非法转让、转包矿山等违法行为。对乌拉特前旗境内生产设施简陋、开采条件差、安全无保障的小无烟煤矿依法封闭取缔。依法关闭铁路、公路沿线的砂石开采场。

2004年,先后对乌拉特中旗红旗店石墨矿、乌拉特前旗大佘太石灰岩矿区进行专项治理。石墨矿由原来的7家小矿整合为两家开采,石灰岩矿区取缔无证采矿企业。同时,对矿区开发制定专项规划,对矿区内的空白区实施储备,采取有偿出让。2006年,巴彦淖尔市在土地资源管理方面坚持“查防结合,以查促防”的工作方针,划定监察责任区,落实责任人,变被动为主动,变事后处理为事前防范,从源头上有效地遏制国土资源违法案件的发生,执法监察巡查覆盖率达95%以上。查处土地违法案件155件,收缴罚没款537.45万元;查处矿产资源违法案件63件,收缴罚没款59.44万元;办理自治区国土资源厅转办案件17件。2007—2010年,全市查处土地违法行为761起,立案查处761起,立案率100%。收缴罚没款1544.79万元。

第三节　矿产资源管理

一、矿产资源勘查

1986年,根据中央和国务院关于加快开发地下资源“放开、搞活、管好”的总方针,巴盟对20世纪50年代由地质部门保留下来的野外勘查资料进行整理分析,发现境内有矿床、矿点357处,其中,大型矿床26处,中型矿床30处,小型矿床73处,矿点228处。主要矿藏有燃料矿、放射性矿、黑色金属矿、有色金属矿、贵金属矿、稀土、特种非金属矿、冶金辅助原料非金属矿、化工原料非金属矿、建材原料矿等,其中,硫铁矿、有色金属在自治区占有明显优势,是境内最主要的矿产资源。1988年,根据分析研究,编制完成《巴彦淖尔盟矿产资源分布图》和《巴彦淖尔盟矿产资源概论》。2000~2005年,办理国家、矿业权人、个人勘查登记387个。投入勘查经费2433.43万元。分别开展黑色金属、有色金属、贵金属和非金属等矿资源勘查。勘查面积22162.42平方千米。

2006年,巴彦淖尔市编制完成2006—2010年《巴彦淖尔市矿产资源地质勘查规划》。按照规划以矿产资源可持续利用和是否符合国家有关法律法规为依据,将矿藏勘探划分为鼓励勘查区和限制勘查区。确定重要成矿远景区23个、优选找矿靶区51个。确立在规划期内完成市内基岩出露区的1∶ 5万区域矿产调查。

2007年，争取到自治区勘查资金5300多万元，商业性勘查资金2.5亿多元。探明可新增铅锌储量近300万吨，铜矿新增铜金属量50多万吨，铁矿新增近1亿多吨。2008年，为加强矿产资源勘查、合理开发利用与保护的宏观调控，保障矿产资源可持续供应，实现经济效益、资源效益、环境效益和社会效益统一健康发展。根据国家、自治区统一安排，结合矿产资源勘查、开发利用和资源特点，编制完成《巴彦淖尔市矿产资源总体规划（2008—2015年）》。此规划作为指导全市境内2008—2015年矿产资源勘查、开发利用与保护的宏观性、战略性、政策性和纲领性文件。2009—2010年，巴彦淖尔市开展矿产资源普查、详查，勘查面积6636.89平方千米。探获铁矿石量14692.6万吨，铜金属量2万吨，铅锌金属量321.1万吨，镍金属量2万吨，金金属量5850吨，银金属量9.49吨，钼金属量45万吨，萤石资源量53.18万吨，石英岩289.11万吨，膨润土1076万吨。发现大型矿产地2个、中型矿产地10个、小型矿产地36个。2010年12月，巴彦淖尔市境内发现和查明矿产地1127处，其中，大型矿床增加13处，中型矿床增加13处，小型矿床增加了289处。

全市已探明的矿产统计情况表

表28-7-2

矿产种类	编号	矿床数（个）	矿种	储量单位	上储量平衡表储量	未上储量平衡表储量	占自治区累计探明储量（%）	备注
					资源储量	资源储量		
能源矿产	1	16	煤	亿吨	26.8	—	0.76	
	2	4	油页岩	亿吨	—	50	—	
	3	1	石油	万吨	—	2525	—	
	4	11	铀（金属）	吨	—	590	—	
黑色金属矿产	5	121	铁（矿石）	亿吨	3.73	0.6151	9.1	
	6	7	锰（矿石）	万吨	1267.4	15.12	90.1	
	7	11	铬（矿石）	万吨	82.3	73.86	27	
有色金属矿产	8	17	铜（金属）	万吨	216.26	—	35.65	
	9	14	铅（金属）	万吨	236.39	0.52	26.45	
	10	15	锌（金属）	万吨	924.1	—	40.70	
	11	3	镍（金属）	吨	27536.58	26093.74	27.56	
	12	5	钴（金属）	吨	3719.51	1288.59	16.54	
	13	4	钼（金属）	吨	6055	450000	0.7	
贵金属矿产	14	35	金（金属）	吨	96.97	36.44	18.03	
	15	4	银（金属）	吨	3005	394.8	9.3	

续表 28－7－2

矿产种类	编号	矿床数(个)	矿种	储量单位	上储量平衡表储量	未上储量平衡表储量	占自治区累计探明储量(%)	备注
					资源储量	资源储量		
稀有稀土和分散元素矿产	16	9	铍(金属)	吨	—	50.69	—	
	17	10	铌钽(金属)	吨	—	383.69	—	
	18	1	锂(金属)	吨	—	3900	—	
	19	3	稀土矿	万吨	25.5	3.7	0.3	
	20	3	镉(金属)	吨	200	22689.27	1.1	
	21	1	铟(金属)	吨	—	531.05	—	
	22	1	镓(金属)	万吨	—	448.59	—	
冶金辅助原料矿产	23	4	萤石	万吨	11.52	—	0.4	
	24	6	白云岩	万吨	992.2	5148	0.98	
	25	4	菱镁矿	万吨	55.72	863.6	—	
	26	69	硅石	万吨	1904.8	32443.8	38.8	
	27	1	蓝晶石(矿石量)	万吨	1299.1	9320.9	100	
	28	1	红柱石(矿石量)	万吨	612.8	—	100	
化工原料非金属矿产	29	1	冰洲石	千克	—	8551.6	—	
	30	8	硫铁	万吨	44542	3671.54	85.43	
	31	3	磷	万吨	148.9	578.1	26	
	32	1	含钾岩石	万吨	—	1452	—	
	33	1	芒硝	万吨	—	28	—	
	34	1	卤水盐矿	万吨	—	3321.45	—	
建材原料及其他非金属矿产	35	3	蛇纹岩	万吨	—	23000	—	
	36	10	白云母	吨	7584	125.51	76.11	
	37	1	金云母	吨	110	—	1.1	
	38	3	石棉	万吨	—	63.1	—	
	39	19	水泥石灰岩	万吨	2094.9	8268.5	4.6	
	40	1	沸石	万吨	14970	—	70.56	
	41	5	膨润土	万吨	2516.4	308.55	11.37	
	42	1	珍珠岩	万吨	—	3634.72	—	
	43	1	陶瓷长石	万吨	4.80	—	100	
	44	2	透闪石	万吨	—	34.16	—	

续表 28 -7 -2

矿产种类	编号	矿床数(个)	矿种	储量单位	上储量平衡表储量	未上储量平衡表储量	占自治区累计探明储量(%)	备注
					资源储量	资源储量		
建材原料及其他非金属矿产	45	1	瓷石	万吨	—	176.8	9.81	
	46	6	晶质石墨	万吨	—	1547.25	—	
	47	2	隐晶质石墨	万吨	—	5204.06	—	
	48		蛭石	吨	—	257.38	—	
	49	1	石榴子石	万吨	177.7	—	—	
	50	1	饰面闪长岩	万立方米	56	—	—	
	51	14	饰面花岗岩	万立方米	0.6	9667.38	—	
	52	3	大理石	万立方米	105	7824.69	22.04	
	53	2	芙蓉石	吨	—	284.19	—	
	50	1	佘太翠	万立方米	—	353.94	—	

二、矿产资源开采

矿山资源开发始于20世纪70年代,2001年,全盟有矿山企业249户。开采矿产有煤、铁、铜、锌、金、石灰岩、黏土、砂料、石料等22种,总产值2.42亿元,占全盟工业产值的4.85%。

2004年,根据全市矿产资源储量、开发利用状况、资源潜力及产业发展目标和趋势等因素,制定矿产资源近期2010年开发利用总体规划:增加书记沟、东五份子、获各琦等矿区铁矿生产能力,争取年采铁矿石达到2000万吨。扩大获各琦矿区铜矿采选能力,实现铜矿年采选矿石量500万吨。以东升庙、获各琦、炭窑口、三贵口、甲生盘、山片沟等矿铅锌矿资源优势,实现年采选铅锌矿石1550万吨的目标,为铅锌深加工提供资源。进一步扩大乌拉特中旗浩尧尔忽洞金矿开采规模,年采选能力增至600万吨,实现年产黄金5吨以上的目标。推进白彦花煤田的整装开发利用进程,力争煤炭年采达到1050万吨。红柱石、蓝晶石、菱镁矿、珍珠岩、沸石、膨润土、晶质石墨、白云岩、硅石及碎云母等,力争实现年采选400万吨。扩大乌拉特前旗龙山和乌拉特后旗别力盖庙等重点矿区石灰岩矿的开采规模,使年开采水泥用灰岩矿达到350万吨。规划中将炭窑口、东升庙、获各琦、甲生盘、浩尧尔忽洞、巴音杭盖、欧布拉格、二八三、书记沟、东五份子等矿区或矿集区划定为重点开采区,共划定重点开采区25处。

2005年,全市有各类矿山开采企业298户,年采选矿1081.2万吨,总产值17.39亿元,占全市工业总产值的9.4%。2010年,有矿山企业354户,开发利用矿种32种,年采选矿

2501.81万吨，总产值61.19亿元，占全市工业总产值的21.33%。

第四节　开采管理

一、勘探采矿管理

1986年，矿产资源勘探、开采实行许可证制度。凡在境内进行矿物勘探、开采的单位或个人必须得到矿产部门的批准才可以作业。1988年，开始办理采矿登记和颁发采矿许可证，结束了巴盟无证开采的历史。1996年，巴盟在全区率先建立起采矿登记发证审批责任制，实行分级管理，层层把关。办证严把“五关”，严把范围关、资料图件关、数量期限关、制度关和政策关。采矿登记发证工作走向制度化、规范化。1997年底，全盟共有312家矿山企业，持证开采率达到98%。1998年，按照国务院《矿产资源开采登记管理办法》，规范采矿登记发证工作，新办国有证1个，新办集体、个体证36个，延续国有证3个，变更个体证4个，废止国有证4个，集体、个体证71个。2002年，进一步完善登记发证资料，建立一矿一档登记发证档案。按照换证的管理权限，全部办理采矿许可证。2003年，制定出台《巴彦淖尔盟采矿权招标拍卖挂牌出让暂行规定》，完成矿山企业年检工作，新办采矿许可证47个，延续采矿许可证91个，变更采矿许可证12个。以挂牌方式成功出让砂石采矿权7宗。

2006年，巴彦淖尔市有在期勘查、采矿许可证528个，其中，采矿许可证249个，勘查许可证279个。新办勘查证56个，延续勘查证175个。新办采矿许可证45个（厅审批7个），延续采矿许可证54个（厅审批11个）。变更勘查许可证12个，变更采矿许可证7个，注销和灭失探矿权32个。2006—2010年，全市新办勘查证101个，延续勘查证229个，变更勘查许可证19个，注销和灭失探矿权32个。

二、收费

1994年，按照国务院《矿产资源补偿费征收管理办法》，开始征收矿产资源补偿费。1997年末，全盟矿产资源补偿费征收面90%，征收率75%以上。

1998年，自治区对矿产资源补偿费实行三级征收，境内的东升庙硫铁矿、炭窑口硫铁矿、获各琦铜矿划归自治区征收。征收面和征收率分别达到90%和80%。

三、执法检查

1998年，开展重点矿区矿产资源开发利用调查，完成《东升庙矿区矿产资源开发利用调查报告》和《乌拉特中旗巴音杭盖金矿区矿产资源开发利用调查报告》，在全区率先实行年检意见书制度。对年检查出现的问题，以年检意见书形式提出整改意见或就地查处。2003年，进一步加强执法队伍建设，完善矿产资源执法动态巡查，加大违法案件的查处力度。全年清理取缔无证采矿企业41户，查处越界开采1户，以采代探1户，关闭混汞水碾子3台。对非法转让、转包矿山而坐收渔利的3家企业实施处罚。对乌拉特前旗境内矿区11家生产设施简陋、开采条件差、安全无保障的小无烟煤矿依法取缔。对过境铁路、公路沿线附近采矿活动进行专项整治,依法关闭铁路、公路沿线采砂场。

2004年,先后对乌拉特中旗红旗店石墨矿、乌拉特前旗大佘太石灰岩矿区进行专项治理。石墨矿由原来的7家小矿整合为两家,全部取缔石灰岩无证采矿企业,取缔无证采矿80户,查处以采代探12户,关闭土制白灰窑7孔,清理砂石采矿点80多户。2006年,下达停止非法采矿行为通知书65份,取缔非法采矿点38处,没收无证开采矿产品4000余吨,封存非法采矿工具30件。关闭16家小煤矿,对8家环境污染、浪费资源严重的非煤矿山责令改造重组。2007—2010年,对非煤矿山进行专项整治,查处无证勘查开采88起、以采代探8起、越界开采3起、不按设计开采3起、关闭矿山48个。查处矿产资源违法案件250件,收缴罚没款359万元。

第八章　安全生产监督管理

第一节　机构设置

1986年,在劳动人事处设立劳动监察机构,负责全盟生产安全监察、伤亡事故调查、职业危害及劳动保护、特种职业人员培训、合同签订与履行等监督工作。2001年,组建成立巴盟安全生产监督管理局,隶属于计划经贸委管理。2004年,巴彦淖尔市成立安全生产监督管理局,正处级建制,内设办公室、综合科、安全生产监督大队。2005年,各旗、县、区相继成立安生产监督局。

第二节　安全生产教育

1986—1995年,在安全生产管理中,长期存在着安全生产资金投入不足,劳动保护设施设备不完善,宣传不到位,专业技术力量薄弱和麻痹大意思想。特别是在经济转型初期,一些企业放松安全生产管理,安全生产法律、法规得不到落实,建筑施工企业使用淘汰的起重机械和不符合标准的防护用品,安全性能低,危险性大。个别单位和用户擅自将常压锅炉改装成承压锅炉,使生产事故隐患和职业危险未能彻底治理,生产事故时有发生,给人民生命财产造成巨大损失。1997—2001年,随着经济转型的加速,巴盟全面贯彻落实"安全第一、预防为主"的方针,监督存在职业风险的企业、部门建立健全事故防范安全机制,层层签订生产安全责任状,切实将安全生产落到实处,使生产事故逐年下降。

2002年,全盟各级工会组织建立安全生产监督检查队伍,保证安全管理令行禁止,措施落实到位。全盟新建工会劳动保护监督检查委员会110个,有监督检查员61人。另特聘有关职能部门工会劳动保护监督检查员6名。通过派出去学习或以会代训,适应性培训等形式,共培训劳动保护干部87人次。2004年,安全生产管理局成立后,组织各旗、县、区、有关部门、企业开展全市"安康杯"安全知识竞赛、技能比武活动。全市共有88个单位,近58万名职工参加竞赛。在市体育广场举行全市"安全生产月"活动,市、区两级安委会22个成员单位和部分企业参加活动。与职业技术学校合作,成立"安全生产培训中心",全年举办安全生产培训班15期,培训企业职工1218名,1193人通过职业技术考试。2006年,举办安全生产培训班14起,培训企业职工1431名,其中安全管理人员129名、特种作业人员1302人。经市安监局和自治区安监局考核,1421人通过考试、考核,合格率为99.3%。2007年,围绕"安全生产攻坚年"活动,安监部门在全市组织开展"安全月""百问百查”创建活动。继续推行发现重大缺陷奖励制度。全年发现并消除各类缺陷355项,奖励职工808人次。

第三节　安全生产执法检查

1999年,开展安全生产工作目标责任制和安全生产责任制落实情况大检查。共检查企业101个次,查处事故隐患296处,当场责令整改296处,发指令书限期整改27处。检查起重设备206台,检查厂内机动车82辆,检验专用锅炉362台,定检率100%。检验固定式压力容器872台,定检率90.2%。检验液化气钢瓶6100只。2000年,贯彻“安全第一,预防为主”的方针,先后组织三次全盟安全生产大检查。查出事故隐患26处,当场指令整改6处。杜绝了三人以上重大死亡事故,最大限度地减少不安全隐患和事故发生。2002年,巴盟总工会先后检查各类企业94户,其中,煤矿18户、非煤矿山企业19户、危爆物品库6个、餐饮娱乐商贸场所17个、建筑施工企业9个、液化气充装站2个。查出各类事故隐患266项,对安全生产措施不力、隐患现象严重的生产企业提出限期整改和停产规定。

2005年,全市共开展各类安全生产检查80余次,查处矿企死亡事故15起,发现事故隐患551处。对22个生产经营单位进行违章处理。下发整改指令书97份,提出各类整改意见619条,查处有关责任人19人。2006年,对高危行业实施全面安全生产监控,检查各类企业1276次,发处罚决定书41份,强制措施决定书38份。发现事故隐患820处,提出隐患整改意见782条。2007年,全市有189户非煤矿山企业、27户危险化学品生产运输企业、6户烟花爆竹生产企业、329个加油站取得经营许可证。对未取得经营办许可证的43个加油站实施关闭。

2009—2010年,按照安监部门要求,电力部门修订和完善了标准化作业指导书,开展变电站标准化管理,推行现场“手指口令”安全管理法。农机部门开展安全生产检查56735次,纠正违章3690车次,消除安全事故隐患9400多次。

第四节　安全生产事故

1998年,全盟各类企业共发生伤亡事故15起,死亡16人,重伤2人。其中,矿山发生11起伤亡事故,死亡12人,重伤1人。道路交通发生事故224次,死亡122人,受伤150人,直接经济损失482525元。火灾发生48起,死亡3人,受伤8人,直接经济损失665378元。2000年,全年全盟共发生伤亡事故16起,死亡18起,伤9人。2002年,发生伤亡事故20起,死亡24人,重伤2人。其中重大恶性事故2起。20起事故中,14起发生在矿山,占事故总数的70%。2005年,全市发生各类安全生产事故14起,死亡181人。

2006年,各类安全生产事故死亡人数151人,其中,工矿商贸企业死亡人数为11人,交通事故死亡136人。

第二十九篇

教　育

第一章　体制改革

第一节　机构与管理

一、机构沿革

1986年，设盟教育处，内设办公室、人事科、师资科、计财科、工农牧教育科、中教科、初教科、幼特教科、民族教育科、中等职业技术教育科、招生科、勤工俭学办公室、审计科、督导室、纪检组、工会。分别下设乌拉特前旗、乌拉特中旗、乌拉特后旗、五原县、临河市、杭锦后旗、磴口县教育局。1993年，将原人事科、师资科合并为人事师资科；中教科、初教科合并为普教科；审计科、纪检组合并为监察审计科；增设体育卫生科。1995年，增设成人教育科。2000年，教育处改称教育局。

2004年，撤盟建市，盟教育局更名为市教育局，临河市教育局改称为临河区教育局。2007年，将原法规督导科改为政策法规科。2010年，市教育局内设办公室、人事师资科、计财科、工农牧教育科、普教科、幼特教科、民族教育科、中等职业技术教育科、招生科、勤工俭学办公室、监督审计科、督导室、体育卫生科、成人教育科、政策法规科、工会等科室。分别下设乌拉特前旗、乌拉特中旗、乌拉特后旗、五原县、临河区、杭锦后旗、磴口县教育局。各旗、县、区根据工作需要，一般内设办公室、基础教育股、人事股、计审股、体卫艺股、民族教育股（保留民族学校的旗县）、特幼教股、成人教育股、安全股、教育工会、招生办公室、教育督导室、勤工俭学办公室等股室。

二、管理改革

学校管理　1986年，为保证正常的教学秩序，努力提高教育教学质量，制定《关于普通中学教育中几个问题的意见》。意见要求各学校要坚持按计划招生，做好后进生的转化工作，杜绝人为淘汰、劝退等错误做法；未经盟级以上教育行政部门批准，中学不准办全日制补习班等。2002—2003年，先后转发自治区教育厅《关于规范普通高级中学办学行为的几点意见》和《关于严格控制城镇中小学班额的通知》，要求高中学校要严格执行招生计划，严禁学校采取不正当手段争夺生源。各旗、县、市教育行政部门与学校要采取有效措施严格控制班容量，不断改善办学条件，缩小校际差距，严格控制“择校生”；未经教育主管部门同意招收的学生，不予建立学籍。各学校不得擅自招收初、高中毕业生成立复读班或插班复读。

2004年,制定《巴彦淖尔市民办教育机构管理意见》,就民办教育机构的设置标准、审批办法、管理与监督等作出具体规定。2005年,印发《巴彦淖尔市治理教育乱收费实施方案》,要求义务教育阶段学校认真贯彻执行"一费制"收费政策。高中学校招生坚持限人数、限分数、限钱数的"三限"政策。市教育局与旗、县、区教育局、市直各学校签订治理教育乱收费责任状,并每年对各旗、县、区学校的收费情况进行检查,除责令将违纪收费退还学生外,对情节较严重的一些学校与领导进行通报批评或行政处分。2008年,巴彦淖尔市下发《巴彦淖尔市普通中小学管理基本规范(试行)》,要求各学校坚持基础教育面向大众的办学方向,注重教育公平、规范办学行为。义务教育阶段不分重点班和非重点班。普通高中要合理分班,未经市教育局批准,不得举办实验班。高中指导学生选择发展方向不早于第二学年,尊重和保障学生通过选择课程实现选择发展方向和发展水平的权利。2010年,市教育局印发《巴彦淖尔市义务教育阶段学校招生工作意见》,要求小学和初中学校规模分别以不超过24个班和36个班为宜;小学和初中班额分别不超过55人和60人。严禁将义务教育阶段学校分为重点学校和非重点学校,学校严禁分设重点班和非重点班。

校长管理 1986年,盟直属学校处级校长由盟委和盟行署任免,科级校长由盟教育局任免;旗县直属学校的科级校长由旗、县、市委和旗、县、市政府任免,股级校长由旗、县、市教育局任免;学区和乡镇苏木中学校长由乡镇苏木党政与教育局协商任免;村嘎查小学校长由村嘎查教管小组聘请,乡镇苏木党政或教管会批准,旗县教育局备案。1990年,各旗、县、市逐步对校长实行以政绩为主的考核任用制。对政绩突出的校长,给予重用或奖励;对不适应做领导工作的校长进行调整;连续三年教育教学质量在同类学校中居落后位次的校长自动辞职。同时,对中小学校长的任职条件、岗位要求、主要职责、管理考核、任免奖惩等作出明确规定,并建立校长实绩档案。2000—2002年,鉴于巴盟教育人事制度改革尚未全面启动,全盟中小学校长的选拔任用仍以委任制为主,同时积极推进聘任制试点。盟级以上重点高中、职业学校校长由盟教育局提名并参与考核,按照干部管理权限考核任用;盟级以上重点高中、职业学校副校长,盟直及旗、县、市直属中小学、幼儿园的正、副职由所属教育主管部门提名并参与考核,按照干部管理权限考核任用;乡镇及以下小学校长的选拔任用以聘任制为主,由学校党组织或校委会提名,由所属教育主管部门按照聘用程序考核聘任,并按干部管理权限在同级组织人事部门备案。2003年,杭锦后旗奋斗中学、巴盟中学、巴盟蒙中等处级建制中学、中专学校的校长由盟教育局提名并参与考核,按照干部管理权限考核任用;旗、县、市直属中小学、幼儿园和事业单位正、副职由旗、县、市教育局提名并参与考核,按照干部管理权限考核任用。

2005年,学校校长实行聘用制。通过对报名应聘者的思想品德、学历、职称、教龄、任职年限、获奖情况及贡献的审查和笔试、面试、民意测验、考察考核及公示等选拔程序,实行对校长的公开选任。为加强对学校领导干部的监督管理,各级教育行政部门采取座谈、个别谈话、问卷调查、测评等方式对学校领导的德、能、勤、绩、廉进行年度全面考核。考核结果作为对校长使用与奖惩的主要依据,并存入本人档案。2009 年,巴彦淖尔市制定《巴彦淖尔市义务教育学校教师绩效考核工作实施意见》。意见要求各旗、县、区教育局采取定性与定量相结合,校长自评与教育局考核组评议、教职工、家长、社区评议相结合,对校长的规范办学、内部管理、队伍建设、办学成效等方面进行考核,并根据考核结果划分确定为优秀、合格、基本合格与不合格四个等次。同时,在全市各级各类学校实施"名校长、名教师建设工程"。评选的名校长将享受每月 500 元的津贴。

教师管理　1986 年,巴盟直属教育单位的人员由盟组织部、人事部门和教育处主管;旗、县、市直属教育单位的人员由旗县组织部、人事部门和教育局主管;乡镇苏木公办教师由乡镇党政部门主管,民办教师由村委会主管。1995 年,根据《中华人民共和国教师法》和自治区教育厅有关教师任职资格的意见,巴盟对各级各类学校教师的任职资格作出明确规定,即幼儿园教师应具备幼儿师范学校毕业及其以上学历;小学教师应具备中等师范学校毕业及其以上学历;初中教师和职业高中实习指导教师应具备大学专科毕业及其以上学历;高中、中专教师应具大学本科毕业及其以上学历。1999 年,根据"三级分工办学,两级统筹管理"的教育体制,旗、县、市直属学校的教师和乡镇苏木学校公办教师由旗县教育行政管理;乡镇民办学校教师定额编制、任用、辞退、培训及人事档案由旗、县、市教育局负责,其余由学区和乡镇苏木管理。中、小学教师根据其学历,试行聘请制,不合格的予以解聘或由主管部门采取调整工作岗位、办理退休、病休或保留公职自谋职业等方式解决。2000 年起,各旗、县、市陆续实行教职工聘任制度。2003 年,国家实行教师资格认定制度。全盟教师资格认定实行分级分类审批。幼儿园、小学、初中教师由旗、县、市教育局审核;高中、中专教师由盟教育局审核;专科以上高等学校教师由自治区教育厅审核;师范院校毕业生一般在毕业年度由院校向驻地教育行政部门申请办理。

2004 年,根据《巴彦淖尔市教育事业单位选聘大中专毕业生实施办法》,选聘教师须学校向教育主管部门提出申请,经同级编制部门审核同意,由当地人事、教育、编办等部门,按照"凡进必考、公开选聘、择优聘用、合同管理"的原则。经笔试、面试、试讲、用人单位评价或答辩等考核程序选聘教师。2006 年,根据自治区中小学教师编制的规定,巴彦淖尔市结合实际情况制定中小学教职工编制标准:即农村小学每班 1.5 人;农村乡镇中学 40 人以上每班 3.2 人,40 人及以下每班 3 人;旗、县、区直属小学每班 3.4 人;普通高中、职业高中每班 3.8 人。另凡有寄宿学生的中心校,每 100 名寄宿生配备 1 名管理人员。旗、县、区直属小学具备现代化办学条件的,每班增加 0.1 个编制。2009 年,巴彦淖尔市制定印发《巴彦淖尔市义务教育学校教师绩效考核工作实施意见》。通过对教师工作量、师德建设、教育教学及班主任工作等进行考核，作为教师资格认定、岗位聘任、职务晋升、表彰奖励的重要依据。

教学管理 1986 年，根据自治区教育厅《关于按教育规律办事，建立和保持中学正常教学秩序减轻学生课业的若干规定》，各级教育行政部门要求学校严格执行教学计划，建立和保持中小学正常教学秩序，减轻学生课业负担。同时特别强调，学校必须对全体学生负责，不得只抓毕业班，忽视非毕业班；只抓少数尖子学生，忽视和放弃大多数学生。学校要重视和加强基础年级的教学工作，各重点中学不得再分快慢班。1992 年，制定印发《巴盟中小学教学常规》和《中小学课堂教学评价方案》。对教师的备课、讲课、批改作业、课后辅导等环节都制定具体要求与标准。1998 年，根据素质教育的要求，取消中小学各种形式的统考。同时要求旗县教育行政部门、学校不再搞分数排队，不以分数高低作为衡量学校与教师的唯一标准，并积极探索建立素质教育评价体系。2002 年，为进一步规范学校教学行为，促进学生全面发展，市教育局通过下发文件和专项检查，要求各学校严格审核教辅用书，严格控制留作业量和学生在校时间，严禁双休日、节假日、寒暑假有偿补习文化课或上新课，以切实减轻学生课业负担。要求各级学校加强艺术教育，克服只重视少数，忽视面向全体，只重视比赛，忽视常规教学的错误教学法。并克服艺术教育中存在的应试教育倾向。要求各级学校认真落实国家体育课程标准，在充实提高体育教师教学水平的同时，加强场地建设和器材设施的更新添置，以满足教学和活动的需要。1997 年起，针对一些学校为追求升学率，擅自减少或取消非考试科目的授课时间，对中考学科和项目进行调整改革，并形成一套多种方式录取新生的较为完善的招生制度。2008 年，巴彦淖尔市印发《普通中小学管理基本规范（试行）》，要求全市中小学执行统一的校例，以强化中小学课程计划的落实。2009 年，为保证高中新课程的顺利实施，巴彦淖尔市在《关于做好实施普通高中新课程前期准备工作的通知》中，要求各高中学校严格控制学校规模和班容量，保证有足够的场地开设选修课程和校本课程。

安全管理 1986 年，针对一些学校学生受社会骚扰侵害事件的屡屡发生，全盟各级政府强化学校学生的安全教育与保护，在初中以上学校配备专职保卫干部。1990 年后，各级政府进一步加强中小学生安全管理，要求各学校把交通法规的宣教和学习列入教学计划。在每年全国中小学生“安全教育日”，举行以交通安全为主题的“大手拉小手交通安全齐步走”活动，并制定具体的安全防范措施。为有效杜绝火灾发生，本着“预防为主，防治结合”的原则，盟教育局与各旗县（市）教育局签订消防安全责任状，并每年对可能存在安全隐患的配电室、锅炉房、教室宿舍火炉及供电线路进重点检查。2000 年，全盟教育系统，根据盟教育局下发的《关于加强中小学生安全保护工作的通知》，各学校设置综治副校长和专职治安保卫人员，旗、县、市教育局与各学区校签订安全工作责任状，实行安全工作“一票否决制”。通知还要求各级各类学校,特别是中小学,要对危房及时拆除,未经教育行政部门批准,教师不得自行组织学生外出旅游。2002年,根据《卫生部、教育部关于开展学校食堂与学生集体用餐督查工作的紧急通知》的要求,教育、卫生、公安、消防等部门组成联合检查组,对全盟42所学校、幼儿园的食堂、小卖部的食品卫生安全进行全面检查。对不符合卫生标准的食堂和具有安全隐患的宿舍,立即关停。2007年,根据自治区教育厅《关于加强中小学校外租房学生安全管理的紧急通知》,市教育局要求学校主动争取公安、卫生等部门的支持,对校外租房学生的住房状况及周边环境进行安全检查,对出租屋房主就住宿条件、安全问题等提出明确要求。对校外租房学生进行防止不法分子侵害、防煤气中毒、防食物中毒、防交通事故等有针对性的安全教育。2008年,市教育局制定印发《全市教育系统突发公共事件应急预案》,并成立相应的领导机构。根据市教育局下发的《关于加强中小学生住宿安全管理工作的紧急通知》,要求各寄宿制学校加强学生宿舍管理,尤其加强对女生宿舍的安全管理,认真落实值班、巡查制度。针对一些地方频发的校车事故,市教育局要求相关中小学、幼儿园建立健全校车和承租车辆的安全管理制度,明确责任人,消除学生交通事故的安全隐患。2010年,按照巴彦淖尔市政府规定,全市各级各类学校、幼儿园全部聘请专业保安公司的保安员担任学校的门卫和巡逻工作。学生在1000人以内的,聘用保安员3名;1000人以上的,聘用保安员5名。

体卫管理　1986年,盟教育处设置专管体卫工作的体卫科,各旗、县、市教育局也配备体育卫生干部,每年对中小学生进行一次体检,体检项目包括:身高、体重、胸围、坐高4项形态指标及肺活量、血压等机能指标和视力、沙眼、龋齿、扁平足、脊柱弯曲等。1990年,根据教育部制定的《学校卫生工作条例》和《中小学生近视眼防治工作方案》,巴盟印发《关于对旗、县、市教育局、学校体卫工作的目标管理与评估标准》。按照体育卫生标准,各级各类学校进一步完善体检制度,并在各学校配备专职或兼职的卫生保健人员,将卫生保健工作作为学校一项重要的常规性工作,对学生进行眼睛保健、龋齿预防、青春期健康等宣传教育工作。2001年,盟教育局、卫生局联合下发的《关于中小学实施儿童计划免疫接种的通知》,全盟各托幼机构、学校在儿童办理入托、入学时,全部进行预防接种证检查,并对在校园儿童全部进行麻疹疫苗、白喉疫苗等的接种。2003年,根据自治区教育厅《关于建立学校对突发性公共卫生和安全事件长效机制的决定》,要求旗、县教育行政部门和学校健全对各类传染性疾病的预防机制。依据《学校卫生工作条例》的规定,要求中小学要按照600:1的比例配备专职卫生保健人员。同时要求每两周开设不少于1课时的健康教育课。而且制定了《巴彦淖尔盟中小学心理健康教育实施规划》。《规划》要求,从2003年秋季开始至2005年,包括乡镇苏木所在地以上中心小学和农村中学要全部开设心理健康教育。其余学校、教学点要积极创造条件,逐步做到在全体学生中开展心理健康教育。2007年,各级各类学校全面实施《国家学生体质健康标准》,并将学生测试数据填入国家学生体质健康标准登记卡,列入学生档案,随学生进入更高一级学校,作为学生毕业、升学的重要依据。2008 年,巴彦淖尔市印发《巴彦淖尔市关于加强青少年体育增强青少年体质实施方案》,要求各地学校坚持"以人为本,健康第一"的指导思想,建立健全卫生工作机制;培养青少年健康的生活方式,加强健康教育;建立学生体质健康评价制度,定期对食品卫生、饮用水、传染病防治等进行监督检测。2009 年,全盟中小学推行新的眼保健操,进一步加强和改进心理健康教育与卫生防疫教育。

第二节　教师队伍建设

一、教师结构

1986 年,全盟教职工总数为 21654 人。其中,大专院校在职职工 254 人,中等中专在职职工 888 人,职业学校在职职工 816 人,教师进修在职职工 196 人,技工学校 320 人,中学 7023 人,小学 11498 人,幼儿园 659 人。小学、初中、高中教师学历合格率分别为 57%、17.7% 和 23.9%。民办、代课教师占教师总数的比例为 33.9%。1990 年,在推动"普九"教育达标过程中,针对中小学教师,特别是初中教师学历合格率明显偏低的状况,各旗、县、市通过多种形式提高教师的学历和业务水平。根据国家教委等四部委联合下发的《关于进一步改善和加强民办教师工作若干问题的意见》,解决长期困扰农村教育发展的民办教师问题。2000 年,全盟小学、初中教师的学历合格率分别提高到 98.1% 和 85.8%。2000 年后,陆续毕业的大中专毕业生被分配到中小学任教,同时在职教师通过不同形式提高学历层次,使全盟中小学教师学历、合格率逐渐提升。2004 年,小学、初中、高中专任教师合格率分别为 99.27%、95.03% 和 68.86%。2010 年,巴彦淖尔市启动研究生引进计划,引进研究生 69 名,并与内蒙古师范大学合作举办在职教育硕士班,教师学历层次进一步提升。全市小学、普通初中、普通高中专任教师合格率分别提高至 100%、99.66% 和 92.42%;职业高中教师合格率上升为 82.01%。在任 15808 名教师中,正高职称教师 17 人(河套大学专任教师)、特级教师 54 人(含退休)、副高职称教师 3600 余人(含退休)。

二、教师培训

1986 年,出台《关于进一步加强中小学教师培训工作的几点意见》。意见中特别强调"教什么,学什么""缺什么,补什么"的原则,要求盟及旗、县、市教育行政部门及相关单位重点培训对教学有困难和虽具有初步教学能力但未学习过所教学科专业知识的中青年教师,授权巴盟教育学院负责初中教师、蒙语文授课的小学教师和学校行政干部的培训;旗、县进修学校负责本旗、县、市小学教师和学校行政干部的培训。1990 年,按照《关于加快初中教师学历培训的实施意见》,全盟有 900 余名初中教师参加盟教育学院业余函授培训。

盟及各旗、县、市通过开办继续教育班、委派中小学教师讲师团深入学校示范讲学、承办自治区中青年教师能手赛及开展上岗练兵、以老带新和青年教师"拜师"等活动形式，强化教师培训工作。2000年，为适应素质教育的要求，盟及各旗、县、市相继制定包括职务胜任培训、骨干教师培训、教师资格培训和新教师上岗培训等形式的中小学教师继续教育规划，对全盟中小学教师开展有计划、有步骤、分阶段的继续教育培训；组织教师赴包头、乌海等地观摩学习，通过专家讲学、观摩、教案分析等，提高教师对新教法、新课程的了解和更深层次的认识。2002—2005年，对全盟45周岁以下初中、小学、幼儿园、教研室在职教师进行信息技术培训，使教师初步掌握信息技术应用基础、操作技能和应用于教育教学的能力。同时，利用暑期，组织教师外出观摩。2008年，组织全市856名中小学教师，参加加拿大某大学与河套大学联办的以中小学英语课程、教材教法、课堂口语、听力与口语表达为主要内容的英语培训。2009年，培训中小学校长、幼儿园园长400余名，中小学骨干教师2200余名。2010年，对9个学科的1000余名高中教师进行培训。全年参加市级以上各类培训的教师共9242人次。

三、职称评聘

1988年，根据中央和自治区职称改革精神与实施办法，全盟中小学教师职称考核评审工作全面展开。并对确认各级任职资格的教师予以任命，兑现职称工资。1990年，各级各类学校有高级职称教师197人，中级职称教师2881人，初级职称教师6390人。1995—2000年，按照国家规定，资格评审与聘用分离。依据学校类型、规模、编制部门批准的单位编制、年度工资总额，教师高、中、初级职务结构比例、教育教学工作需要和教育事业发展等条件设置中小学教师各级职务岗位。学校根据教师的教学能力、工作态度、任职考核，实行低职高聘或高职低聘，并与工资、奖金分配直接挂钩。聘任过程中，学（区）校按照当地编制部门核定的编制数和内蒙古自治区教育厅编制的标准工作量，确定岗位和名额。2001年，全盟各级各类学校实行评聘分离后，出现取得中、高级教师职务资格的人数与学校中、高级教师岗位编制数额的差距。2010年，全市各级各类学校有正高级职称教师（河套大学）17名，副高级职称（含退休）3700余名。

四、教师待遇

1986年，全盟公办中小学和幼儿园教师工资分为基础工资、职务工资、工龄津贴、奖励工资四个组成部分，再加10%的津贴和每月4元洗理费。依据工作年限加3至10元的教龄津贴。小学班主任津贴分别为4元、5元、6元。中学班主任津贴每月分别为5元、6元、7元。

民办教师中、小学年平均月工资分别为900、800余元。1993年，中学班主任津贴分别由过去每月5元、6元、7元增加至15元、18元和21元。小学班主任津贴分别过去4元、5

元、6元提高到12元、15元和18元。1995年，对于自愿长期在边远贫困乡镇从事教育工作的教师和主动要求到边远贫困乡镇从事教育工作的教师，予以补贴；对从事教育工作30年以上的退休教师，其退休金比例在国家规定的基础上提高5%；旗县、乡镇两级政府通过各种措施，改善民办教师的待遇，使其工资收入逐步达到同类公办教师的三分之二。1996年，根据自治区人事厅《关于事业单位3%人员晋升工资档次的通知》，学校每年根据考核为3%评为优秀等次的人员晋升一个工资档次。2000年，根据上级有关规定，教职工年度考核定为优秀、称职等次者发放年终一次性奖金，金额为本人当年12月份的基本工资。2001年，根据自治区关于调整机关事业单位工作人员工资实施方案，对各级各类学校教职工的工资予以调整。调整后的工资包括职务工资（占70%）和津贴（占30%）。2009年，根据《巴彦淖尔市义务教育学校教师绩效考核工作实施意见》，义务教育学校实行绩效工资。绩效工资分基础性绩效工资和奖励性绩效工资，二者比例为70%和30%。绩效工资制度的实行，较大幅度地提高义务教育学校教师的工资待遇，其整体水平逐渐高于各行业的平均水平。2010年，根据《巴彦淖尔市人民政府关于加强农村牧区教育工作的意见》，对农村牧区学校在编在岗教师根据教龄每人每月给予50～200元不等的奖励及每人每月不低于50元的交通补贴。同时规定，农村牧区任教的班主任每人每月津贴补助不低于100元。

第三节　学校德育

20世纪80年代，全盟各级各类学校为加强学生的爱国主义教育，按照《中华人民共和国国旗法》，在每学期开学、平日星期一早晨和重大节日或纪念日都举行升国旗仪式。90年代，各学校把培养有理想、有道德、有文化、有纪律的一代新人作为学校教育的基本工作，在继续贯彻落实《小学生守则》《小学生日常行为规范》的同时，全面贯彻落实中央《中小学德育工作纲要》《内蒙古自治区中小学德育工作规程（试行）》。围绕《爱国主义教育实施纲要》，通过班会、队会、第二课堂对学生进行“两史一情”（中国近代史、世界近代史和中国国情）思想教育，使学校德育工作逐渐形成“五育”（德、智、体、美、劳）一起抓，课内外一齐抓，校内外一齐抓的新格局。

2000—2006年，学校德育工作结合新世纪新形势，及时印发《关于进一步加强和改进学校思想政治工作的意见》。根据意见，各学校认真落实教书育人、管理育人、服务育人，确立学校无小事，事事育人的全员德育意识。明确学校（区）成立由支部书记、分管校长、政教处组成的专职德育工作机制。按照中、小学生身心发展，构建以民主与法制教育、心理健康教育、生活与劳动教育为核心的学校德育体系。小学的道德内容，在坚持规范行为习惯，培养学生良好道德品质和文明行为的基础上，注重时代精神与民族传统美德相结合；在继承中华民族传统美德的基础上，逐步培养现代社会合格公民所应具有的道德价值观和行为习惯。特别把诚信作为道德教育的重点,改变长期把政治教育置于学校德育工作首位的传统思想与做法。各小学在建立健全各种规章制度,加强校风学风建设,创造良好的育人环境的基础上,发挥少先队的作用。引导学生自己管理自己、自己教育自己。培养学生正确世界观、人生观、价值观,使学校的道德教育成为提升全社会公民道德水准的基础工程。在实施德育教育的过程中,各旗县把增强爱国情感、弘扬和培养以爱国主义为核心的价值观与了解近代中华民族深重灾难的历史和中国人民英勇奋斗紧密结合在一起,培养学生的民族自尊心、自信心和自豪感。根据小学生的心理认知与知识储备的特点,利用传统节日、重大纪念日、团队活动日等开展教育。2008 年,各学校根据《巴彦淖尔市普通中小学管理基本规范(试行)》,将心理健康教育、生命教育和乡土文化教育作为德育工作新的重要内容。各学校还利用新生入学、班会、团组织活动在学生中广泛开展"崇尚科学、关爱家庭、珍惜生命、反对邪教"宣传教育,增强学生识别邪教、抵制邪教的能力。2009 年,印发《关于在全市中小学深入开展"我爱我的祖国"主题教育活动实施方案》,各学校利用思想品德课,运用宣传图片、多媒体等形式,围绕新中国成立 60 年来特别是改革开放 30 年取得的辉煌成就,深入开展中国特色社会主义、民族精神和时代精神、基本国情和形势政策等爱国主义宣传教育活动。

第四节　勤工俭学

1986 年,根据国务院公布的《全国勤工俭学条例》,结合当地区实际,在农村牧区学校,普遍推行利用校田种植枸杞、葵花及其他经济作物或饲养家畜家禽创收。在城镇,鼓励各学校创办食品厂、废品站、印刷厂、缝纫厂、木工厂等。1990 年,全盟勤工俭学总收入 537 万元,占国拨教育经费的 9.2%。1990 年后,各旗、县、市借助国家无息贷款支持学校勤工俭学政策和盟、旗、县、市出台的一系列扶持校办企业的优惠政策,全盟勤工俭学从规模、项目、管理、效益等方面都有明显提升。1999 年,全盟通过勤工俭学创收,每年用于教育的经费都在 1000 万元以上。2000—2004 年,各级各类学校将学校后勤保障和为师生服务作为勤工俭学新内容,相继成立教学用品服务公司和勤工俭学教育基地。2005—2009 年,巴彦淖尔市根据《内蒙古自治区农村牧区学校劳动生产实践教育基地建设标准》,为农村牧区学校落实劳动生产基地 438.5 公顷,其中,农田 255.2 公顷,林地 43 公顷,鱼塘 13 公顷,草场 127 公顷;养牛 431 头、猪 792 口、羊 1185 只、鸡鸭 6550 只,孵化小鸡 10 万多只。2010 年,要求各旗、县、区认真抓好农村学校勤工俭学项目和劳动实践基地建设,发挥劳动生产基地的育人功能、创收功能、服务功能和健体功能,实现勤工俭学由"经营型向管理型""创收型向服务型"的转变。

第五节　教学改革

一、课堂教学

小学课堂教学一直以来贯彻以教师为主导、以学生为主体、以训练为主线的教学方法。注重创设和谐民主的课堂气氛和生动形象的教学情境。通过启发学生思维,激发学生兴趣,加深学生对知识的理解与掌握。根据素质教育面向全体的指导思想,教师在对学困生给予热情关怀的同时,帮助其掌握学习方法,激发学习兴趣,使其在轻松和谐的学习环境中逐步转化进步。根据新课标提出的"知识与技能、过程与方法、情感态度与价值观"的三维教学目标,倡导学生自主、合作、探究式的学习方法。

基础知识与基本技能的"双基"教学基本要求,教师在教学过程中坚持精讲多练,做到讲中练、练中讲。并运用学生日常生活中熟悉的事物讲解教材中的一些基础的概念、法则。为培养和提高学生的语文能力,在规定学生完成阅读篇目的同时,要求学生做读书笔记、摘抄好词、好句、好段落,以积累说、写素材。根据不同年级,要求学生由写一两句话到写日记、做读书笔记,培养学生勤于练笔的习惯与写作兴趣。通过开设选修课和组织书法、美术、雕刻、刺绣、棋类、小报编辑、红领巾合唱队等多种课外兴趣小组,进一步开发学生的智力,培养学生探索未知世界的兴趣。

初中在课堂教学中,教师改变以往过分拘泥教材,偏重空洞说教的教学方法,根据学生年龄特点,结合教材,坚持正面引导。通过创设情境,激发兴趣,寓理于情等方式方法,唤起学生的情感共鸣,提高教学的科学性与实效性。废止"满堂灌"与"注入式",提倡教师精讲,学生多练。同时把加强基础知识教学和基本技能训练作为教学的主要目标。教师通过指导学生办板报、剪报,组织学生参加各类讲座、课外活动等多种形式,扩大学生的知识领域和视野,培养学生学习的兴趣与积极性。

2000年,印发《普通中学教学常规》,对教师备课、讲课、批改作业和辅导学生作业各个教学环节都提出具体要求。教师在备课过程中认真领会大纲精神,不仅备教材,针对学生实际备方法、备学生、备练习。教师讲课不但要求更精准,而且留给学生提问题时间,鼓励学生大胆质疑。在教学中,加强巩固与练习。教师布置作业适量精选,全批全改。

高中在课堂教学中,在重视"双基"提倡精讲多练的基础上,注重对学生智力的开发和能力的培养。引导学生分析总结规律,强化逻辑思维,达到"导航开窍"的目的。物理、化学等课程,通过加强实验课教学,增强学生的动手操作能力及加深对基础知识的认知,探索启发式和讨论式教学,激发学生独立思考意识,让学生感受、理解知识产生和发展的过程。同时注重培养学生收集处理信息的能力、获取新知识的能力、分析和解决问题的能力、语言文字表达能力以及团结协作和社会活动的能力。教师在教学实践中,增加预习、自学、讨论、质疑问难等环节；发挥群体的智慧，成立学科集体备课组，在对教学大纲（或课程标准）和教学内容集中研究学习的基础上，各自写出自己的教案，经集体讨论形成共案。

2000年秋季开始，根据《巴彦淖尔盟高级中学学生军事训练工作规划》的要求，全盟各高中学校，对入学新生采取校内集中组织或基地分批轮训的方式进行军事理论和军事技能训练活动，以增强学生的国防意识和强化学生的组织纪律性。

二、体卫教育

2000年后，全盟各中小学以落实面向全体，促进学生全面发展的“两全”教育为重点，强化德育、重视智育发展的同时，通过开展“33211工程”（体育与健康课、音乐课、美术课，早操、课间操、眼睛保健操，体育锻炼活动、科技文体活动，运动会，艺术节）和大课间体育活动，保障和促进学生的健康全面发展。

2002年，相关部门组成联合检查组，对全盟42所学校、幼儿园的食堂、小卖部的食品卫生安全进行全面检查。对不符合卫生标准的食堂和具有安全隐患的宿舍，立即关停。2003年，根据自治区教育厅《关于建立学校对突发性公共卫生和安全事件长效机制的决定》，巴盟各级各类学校建立健全传染性预防机制；按照国家《学校卫生工作条例》的规定，在各级各类教育机构按照600∶1的比例配备专职卫生保健人员。同时要求每两周开设不少于1课时的健康教育课。

2004年，制定《中小学心理健康教育实施规划》。《规划》要求各级各类学校逐步开设心理健康教育课。2007年，在各级各类学校实施《国家学生体质健康标准》，并将学生测试数据填入《国家学生体质健康标准登记卡》，列入学生档案，随学生进入高一级学校，作为学生毕业、升学的重要依据。2008年，印发《关于加强青少年体育增强青少年体质实施方案》。要求各级各类学校坚持“以人为本，健康第一”的健康教育思想，建立健全卫生工作机制，培养青少年健康的生活方式；建立学生体质健康评价制度，定期对食品卫生、饮用水、传染病防治等进行监督检测。2009年，巴彦淖尔市中、小学推行新眼保健操。

三、网络建设

1986年，巴盟电化教育进入课堂。1990年，临河市、五原县、杭锦后旗已构建起以政府驻地为中心、乡镇苏木学校为站（点）的电教系统网络。1990年，巴盟绝大部分乡镇建立起卫星地面接收站，录音机、幻灯机、大屏幕的两机一幕教学模式逐渐走进学校各级课堂。在“普九”教育达标过程中，各旗、县、市加大资金投入，不断完善电化教育基础设施，2000年，中、小学每班配齐“两机一幕”。部分学校建成计算机教室，开设计算机教育课程。2002年，巴盟率先在全区启动现代化远程教育建设工程，农牧区小学卫星接收系统的配备率达100%，农牧区中学的计算机网络教室配备率达到了90%。

2007年，巴彦淖尔市被国家教育信息中心纳入全国28个国家级教育管理信息化标准实验区。2008 年，教育部批准巴彦淖尔市为实施全国教育管理信息化标准应用示范区。年末时，全市农村中小学卫星接收系统配备率、农村牧区中学卫星接收计算机网络教室配备率均达 100%。在城镇学校“班班通”的基础上，农村中小学全部实现“班班通”。2009 年，投资 730 万元，实施新一轮教育城域网扩建工程。7 个旗、县、区和市直属 13 所学校投入 1600 多万元，实施网络中心建设及设备配置。

四、“两基”达标工程

根据《中华人民共和国教育法》和自治区有关实施义务教育规定，巴盟从 1993 年开始，在全盟实施普及九年义务教育工程。

在实施“普九”教育过程中，主要抓住四项重点工作，大力加强和改进中小学德育工作，认真贯彻落实上级有关指示精神，不断加强德育工作队伍建设。健全“教书育人、管理育人、服务育人”的体制和办法；加强校容校貌建设，优化育人环境，加强教学管理，提高教育质量和办学效益；建立健全学校各项规章制度，完善学校财务财产管理，加强教学常规管理，规范教育教学行为；认真执行教学计划，开足开齐各类课程，积极开展教研教改活动。

为确保“普九”教育各项措施的落实，各级政府在地方财政困难的情况下，采取各种措施，多方筹措，使国家对教育的投入逐年增加，初步形成以财政拨款为主，多种渠道筹措教育经费为辅的教育经费筹措体制，基本保证了公办学校有稳定的经费来源。1998 年，各级财政对教育的投入达到 4795.39 万元，广大人民群众和社会各界集资办学和捐资助学投入1234.4 万元，各级各类学校勤工俭学和其他用于改善办学条件的投入达到 1271.2 万元，专门用于发展教育的教育费附加 1142.29 万元。教育部门使用以上资金，对所有中、小学校舍进行了改建扩建，购置图书仪器，建教职工住房。校园成为当时巴盟城乡最好的建筑。

1999 年，经国家教委和自治区人民政府“两基”教育验收，7 个旗、县、市“普九”义务教育全部达标。经自治区组织评估，有 27 所中、小学分别被评为盟级、自治区级义务教育示范学校，8 所和 5 所中、小学分别被评为盟级和自治区级义务教育实验学校。

在基础教育实现“两基”达标后，各旗、县、市结合撤乡并镇，在调整学校布局的同时，对初中学校进行较大规模的建设与改造，使学校教学环境与教学设备进一步改善。2002 年，为巩固“普九”达标成果，控制初中学生辍学，各地各级教育行政部门采取多种办法遏制辍学。其中五原县采取乡镇与村社签订责任状，乡镇、村领导、法庭干部、校长、教师四级联动的办法控制辍学。临河市召开联动控辍现场会，推广依法控辍、教改控辍、扶贫控辍、管理控辍。杭锦后旗采取补贴交通费和先报名上学，后交或缓交、免交杂费的办法控制辍学。

2004 年后，全市初中课程改革实验全面展开。其间，随着素质教育与课程改革的实施，初中毕业考试与高中招生制度经过十余年的调整逐步完善。办学条件的改善，教育改革的不断深入和“控辍”责任制的落实，保证了“普九”教育成果的巩固与提高。

第二章　学前教育

第一节　办学规模

1986年，全盟有各级各类幼儿园239所，在园学前儿童8000余名，幼儿教职工659名；小学附设学前班的343所，学龄前儿童约1.43万名。1990年，全盟幼儿园247所，学前班868个。3～6周岁幼儿入园、入学前班率，城镇为71.03%，农村为51.53%。1990年后，巴盟教育部门设立专职幼教管理机构，根据“积极鼓励、大力支持、正确引导、依法管理”的原则，在大力发展城镇幼儿园同时，鼓励乡、村、社投资和群众集资，创办乡镇、村社幼儿园（班），推动民办幼儿园的健康发展。2010年，全市有公办幼儿园19所，民办幼儿园76所。其中巴彦淖尔市直属幼儿园4所、临河区30所、五原县17所、磴口县8所、乌拉特前旗18所、乌拉特中旗4所、乌拉特后旗3所、杭锦后旗6所。

第二节　学制与教学内容

幼儿园是对学龄前儿童实施保育和教育的场所，其适龄幼儿为3～6周岁。幼儿园一般根据幼儿年龄段分小、中、大班，学制为三年。幼儿园及学前班的教育内容一般为语言、计算、常识、音乐、体育、美术、游戏和自我服务劳动等。2000年，根据教育部《幼儿园教育指导纲要（试行）》，制定印发《巴彦淖尔市幼儿园教育常规管理办法（试行）》，各幼儿园在全面落实健康、语言、社会、科学、艺术等五个领域教育内容的基础上，坚持保教结合和以游戏为基本活动的原则，科学、合理地安排幼儿一日活动，做到动静结合、室内外结合、教师组织与幼儿自主活动结合，保证幼儿的一日愉快生活与学习。

第三章　义务教育

第一节　小学教育

一、办学规模

1986 年,全盟有小学 846 所,其中蒙校 34 所,在校学生 196014 人,有蒙古族学生 6535 人,在职教职工 9656 人。1990 年,有小学 839 所,其中有蒙古族学校 30 所,在校学生 171797 人,教职工 11590 人,专任教师 10236 人。1995 年,有小学 844 所,其中蒙古族学校 31 所,在校学生 178558 人,毕业学生 31006 人,在职教职工 13144 人,专任教师 11875 人,其中有民办小学教师 3029 人。2000 年,有小学 724 所,其中蒙古族小学 11 所,小学生在校人数为 154865 人,其中蒙古族小学在校学生 2691 人,小学毕业学生 33219 人,小学招生 23657 人。小学在职教职工 11305 人。

2005 年,全市有小学 484 所,在校学生 116671 人,毕业学生 21712 人。有专任教师 8098 人。2010 年,有小学 119 所,有专任教师 7283 人,在校学生 94271 人,毕业学生 19525 人。

二、学制与课程

1986 年,小学教育按照国家教委有关规定,实行五年制,开设课程有语文、数学、思品、自然、音乐、美术、体育、科技文娱、手工、健康教育,地理(四至五年级)、劳动技术(三至五年级)。1990 年,各旗、县、市根据当地特点,编写一些学以致用的劳动技术教材,增开劳动技术课。1996 年,按照国家有关规定,小学改为六年制(城镇),农牧区仍实行五年制。小学课程设置有语文、数学、思品、音乐、美术、体育、科技、环保、自然(一至四年级)、社会(三至六年级)、英语(三至六年级)、劳动(三至六年级)。2002 年,从秋季开学,临河市作为新课程实验区,小学一年级开始实施新的课程改革方案。2005 年,新课纲实验在全市实施。新课纲包括品德,其中,一、二年级为“品德与生活”,三至六年级为“品德与社会”,科学是三至六年级,语文、数学、英语,三至六年级、体育、音乐、美术;综合实践活动包括信息技术教育,三至六年级、研究性学习,二至六年级,社区服务社会实践是每学年一周、劳动技术教育,每学年一周。自治区规定课程有:手工制作是一至三年级,阅读是一至三年级,科技小制作是三至六年级。校本课程为心理健康教育是一至六年级,巴彦淖尔人文教育是四年级。

第二节　初中教育

一、办学规模

1986年,全盟有初级中学116所,在校学生72934人,其中蒙古族学生3342人。1990年,有初级中学113所,其中包括蒙古族学校4所。在校学生77092人,毕业学生22222人,招生25056人。1995年,有初级中学106所,其中有蒙古族学校6所。在校学生72556人,其中有蒙古族学生2966人。2000年,有初级中学85所,包括蒙古族学校5所。在校学生80635人,专任教师4440人。2005年,全市有初级中学64所,在校学生69287人,专任教师3851人。到2010年,全市有初级中学44所,在校学生60563人,毕业17577人,招生19287人,有专任教师3447人。

二、学制与课程

1986—1992年,初中学校开设的课程有:政治、语文、数学、外语,物理是二至三年级,化学是三年级,历史是一至二年级,地理是一至二年级,生物是一至二年级、生理卫生是(三年级)、体育、音乐、美术和劳动技术,每年4周。城镇中学的劳动技术教育课一般结合相关课程开设植物栽培、动物饲养、钳工、电工、无线电技术、烹饪、缝纫、自行车修理等项目。农村中学则以农业生产技术教育为主。

1993年,按照国家教委《关于在中小学语文、历史、地理等学科教学中加强思想政治教育和国情教育的意见》,巴盟组织编写了《巴彦淖尔历史》《巴彦淖尔地理》作为乡土教材,列入初中教学计划。2001年,初级中学开设的课程包括:品德、历史与社会其中或选择历史与地理、科学(其中选择生物、物理与化学)、语文、数学、外语、体育、艺术(其中或选择音乐与美术)信息技术、社区服务与社会实践、劳动与技术教育。2002年秋季开始,所有农牧区初中全部开展职业教育。在初中阶段的劳技课时和地方课时中安排300课时左右的“绿色证书”教育课程。

2005年,组织编写《巴彦淖尔人文读本》,作为地方教材在全市初中试用。2006年,巴彦淖尔市制定《关于进一步落实中小学课程计划的指导意见》。《意见》规定,除国家规定课程外,地方课程在七年级开设工艺品制作,职业技术教育在(七年级开设,八、九年级选修),科技制作在八年级选修,再生能源在八年级选修,生态与经济在九年级选修,民族团结与法制教育在九年级选修。校本课程在七、八年级开设心理健康教育,巴彦淖尔人文教育(在九年级)。学校自主开发或选修的校本课程,也可与心理健康教育、职业技术教育或巴彦淖尔人文教育合并开设。初中每学期教学时间为37周,每周按5天安排教学,周活动总量为34课时。2009年,各学校开设有科技制作、实验能力培养、内蒙古历史与文化、内蒙古生态与环境、民族团结与法制教育、安全教育、生命教育。2010年,将课程计划中八、九年级的体育课课时调整为每周3课时。

第四章　高中教育

第一节　普通高中

一、办学规模

1986 年,全盟有高中学校 29 所,在校学生 12443 人,毕业学生 3442 人,招生 4362 人。1990 年,有高中学校 27 所,其中蒙古族学校 4 个,在校学生 12019 人,毕业学生 3314 人,招生 4016 人。有专任教师 932 人。1995 年,全盟有高中学校 26 所,其中有 2 所蒙古族学校,在校学生 14110 人,其中有蒙古族学生 837 人,毕业 3066 人,招生 6011 人。2002 年,巴盟制定《巴彦淖尔盟高中阶段教育“十五”计划和 2010 年发展规划》,提出到 2007 年全盟基本普及高中教育,高中教育进入快速发展快时期。截至 2010 年,巴彦淖尔市有完全中学 10 所,高级中学 6 所。高中在校生 29514 人,毕业学生 12264 人,招生 10056 人。有教职工 2546 人,其中专任教师 2064 人,教师合格率 92.42%。

二、学制与课程

高中学制:1986—2010 年,普通高中学制为三年。

课程设置:1986—1989 年,普通高中开设的课程有政治、语文、数学、外语、物理、化学,其中一年级有历史课、二年级有地理课、三年级有生物课、每年有四周体育和劳动技术课。1990 年秋季起,普通高中历史课由原来只在高一年级每周开设 3 课时,改为在高一、高二两个年级开设,每周 2 课时;外语、物理、化学三科由原来三个年级开设改为只在高一、高二两个年级开设。课程改革的目的是增加中国近现代史的教学内容,扭转高中生文理偏科,知识结构不合理,学生课业负担过重的现象。2009 年开学,巴彦淖尔市按照国家教委对普通高中教学计划的调整,将高中课程分为必修课和选修课两部分,并通过学分记录学生的课程修习状况。高中每学期教学时间为 40 周,每周按 5 天安排教学,周活动总量 35 课时。

第二节　职业高中

一、办学规模

1986 年,采取多种措施积极发展职业高中教育。办学形式在普通高中设置职业班;将一些农村中学改为以职业教育为主的中学;普通教育中增加职业教育。1989 年,巴盟建成职业中学 19 所,104 个教学班,在校生 3789 名,占高中阶段在校生总数的 23.1%。1990

年，在办好高中职业教育的同时，兴办初级职业中学，教学按照"3＋1"模式，开设3年文化课，1年职业技术课。特别是在农牧区，针对未能进入高中学习的学生，各地初级中学40%的学校创办"3＋1"班。2000年，全盟职业中学发展到45所，其中，初中31所，高中14所。职业技术教育学校在校生达22227人，其中初中生17579人，高中4648人。

2000年后，随着全国高校的发展，高中职业教育生源出现短缺，甚至无生可招。面对招生困难局面，旗、县、市职业学校和技校进行整合，组建职教中心。2002年，全盟有职业高中6所，其中，国家级重点职业高中2所，在校生5879人。2007年，印发《巴彦淖尔市人民政府深化职业教育改革与发展的实施意见》，明确全市职业教育改革与发展的目标，制定加强重点学校建设、提高办学水平等相关措施。对全市职业教育进行评估，确定全市设职业技术学校8所，共11个专业为市级精品专业。2010年，全市有职业高中6所，其中，教育部门办5所其中有含高中附设中职1所，五原县高级职业中学和杭锦后旗职业教育中心为自治区级重点职业学校。

2010年巴彦淖尔市职业高中学校基本情况表

表29－4－1

校　名	成立时间（年）	教职工数（人）	专任教师（人）	班级数（人）	在校生（人）
临河区第三中学	1998	293	158	29	1686
五原县高级职业中学	1976	241	170	60	2250
乌拉特中旗职业中学	1985	102	12	15	547
杭锦后旗职业教育中心	1999	81	70	32	1260
磴口县职业教育中心	2010	55	40	2	44
正阳职业技术学校	2007	9	9	5	248

二、学制与课程

职业中学学制一般为三年，其中未有"3＋1"班。职业中学课程除开设高中阶段公共课外，其他课程各地根据不同特点有所侧重。各地职业学校开设的专业课程有农业、林业、牧业、兽医、电工、幼师、无线电、工艺美术、摄影、服饰制作、纺织工艺、工业与民用建筑、园艺、食用菌栽培、淡水养鱼、护士、妇幼保健、财会、营销、音乐、美术装潢、公共关系、乳品加工、计算机、旅游、公关营销、机电工程、应用电子技术、机械制造及自动化、化工、选矿与冶炼、食品加工工艺、医学、汽车驾驶与修理、路桥建筑、民航、金融物流等30多个专业。

"3＋1"班，开三年高中课，加一年专业课。专业课则根据学校实际安排。

第五章 中等专业技术教育

第一节 中等专业技术学校

一、师范学校

师范学校是巴盟地区成立最早的教资教育培训机构,创办于1943年。1986年,巴盟师范学校在校生801人,有教职工157人。1990年,师范学校在校学生951人,毕业390人,有教职工391人,其中专任教师95人。1995年,巴盟师范学校毕业学生327人,有在校生872人,专任教师89人。1996年,巴盟师范与巴盟电大联合创办小教大专班,学制为五年。2000年,经自治区人民政府批准,巴盟师范学校并入河套大学。

二、农牧学校

巴盟农牧学校创办于20世纪70年代。1980年由狼山旧校址搬迁至临河市章家庙。1986年,巴盟农牧学校在校生461人,教职工170人。学校有化学、家畜解剖、生理、植保等实验室8个。开设农学、牧医,其中有蒙语授课,园艺、农田水利等专业。除农学师资班和牧医干部班学制为2年外,其余专业班学制均为3年。2004年,随着巴盟教育布局的调整,农牧学校并入河套大学。

三、农机学校

巴盟农机校创办于1958年。1986年,巴盟农机学校招收30个中专班,毕业24个班,共1100余名学生。培训农机技术干部74名,拖拉机驾驶员1200余名。1990年,学校毕业学生78人,新招生81人,在校学生242人,有教职工81人,专任教师42人。1995年,巴盟农机学校开设机电、财电、电子技术、经贸、计算机、家电维修6个专业,有14个教学班,在校生395人,教职工115人。2004年,巴盟农机学校与巴盟技工学校合并,组建成立巴盟职业技术学校。

四、水利学校

1958年,巴盟创办水利学校。1986年,学校有10个教学班,在校生400余名,教职工120名。开设专业课有农田水利工程、水利工程建筑、水利工程管理、计算机应用、工业与民用建筑5个专业,学制4年。1990年后,巴盟水利学校招收高中中专班、职业中专班和电大班。2004年,水利学校并入河套大学。

五、卫生学校

卫生学校创办于1960年,学制均为3年。1986年,卫生学校开设护士、检验士、医士、助产士、妇幼医士、放射医士、公卫医士、药剂士等8个班。1990年后,学校先后建成基护等12个教学实验室,附属医院内科、外科、五官科等用于学生实习。2000年,学校已发展成为一所具有一定规模与教学水平的中等专业学校,被自治区确定为自治区重点中等专业学校。2004年,巴盟卫生学校并入河套大学。

六、艺术学校

1980年,内蒙古艺术学校在临河建立巴盟分校,学制均为3年。学校开设晋剧、舞蹈、乐器三个专业。1986年,内蒙古艺术学校巴盟分校改称为巴盟艺术学校。2006年,学校开设的课程有舞蹈、声乐、乐器、播音主持专业。学制仍为3年。在校生187人,教职工32人,其中专任教师28人。2010年,学校在校生179人,专任教师24人,其中副高级、中级教师职称9人。

七、少年体育学校

少年体育学校创办于1973年。1986年,学校设初中、高中班,开设田径队、篮球队、排球队等专业课。2008年,学校除开设九年义务教育课程外,体育课有:田径、摔跤、柔道、跆拳道、散打、拳击、举重、篮球八个大项目。2010年,学校有文化课教师14名,专业教练员22名,在校生191名。

第二节　技工学校

1986年,全盟有技工学校12所,即巴盟技工学校、临河市技工学校、临河市糖厂技工校、磴口县棉纺厂技工校、乌拉特前旗技工学校、五原县技工学校、杭锦后旗技工学校、乌拉山电厂技工校、巴盟电力技工校、内蒙古水利技工学校、巴盟交通技工学校、巴盟建筑工程技工学校。

1988年9月,自治区计划委员会和劳动人事厅对全盟技工学校整顿验收,取消临河市糖厂技工学校、磴口县棉纺厂技工校、巴盟建工三所技校办学资格。1990年,巴盟农管局创建技工学校。学校开设农田水利、计算机应用、电算财会、幼师、营销、餐厅服务、汽车驾驶与维修、办公事务、工民建等专业。

1999—2009年,鉴于技工学校招生难、就业难的问题,对全盟技工学校进行整合,将生源缺乏的技工学校合并、撤销或划给各旗、县、市教育部门管理。

2010年,全市有技工学校四所,市技工学校、内蒙古水利技工学校、市交通技工学校、市建筑工程技工学校。这四所技校虽保留技校牌子,只有建筑工程技工学校招生。

1986—2010 年技工学校招生、在校生情况表

表 29－5－1

年　份	项　目	人　数(名)
1986	招　生	250
	在校生	240
1987	招　生	250
	在校生	—
1988	招　生	700
	在校生	—
1989	招　生	1000
	在校生	2531
1990	招　生	1100
	在校生	2800
1991	招　生	1000
	在校生	3100
1992	招　生	700
	在校生	2800
1993	招　生	1200
	在校生	2900
1994	招　生	1400
	在校生	3300
1995	招　生	1400
	在校生	4000
1996	招　生	1300
	在校生	4100
1997	招　生	1500
	在校生	4200
1998	招　生	566
	在校生	3366
1999	招　生	412
	在校生	2478
2000	招　生	501
	在校生	1324
2001	招　生	520
	在校生	1374
2002	招　生	675
	在校生	1643

续表 29－5－1

年　份	项　目	人　数(名)
2003	招　生	928
	在校生	1964
2004	招　生	847
	在校生	2394
2005	招　生	860
	在校生	2541
2006	招　生	808
	在校生	2373
2007	招　生	991
	在校生	2574
2008	招　生	895
	在校生	2694
2009	招　生	805
	在校生	2691
2010	招　生	774
	在校生	2474

第六章　高等教育

第一节　教育学院

20 世纪 80 年代初,巴盟教师进修学校改建为巴盟教育学院。学校开设的课程有中文、数学、化学、生物、政治、历史、地理、体育、财会、英语等。教育学院根据民族地区特点,采取蒙语与汉语授课相结合、长班与短班相结合、脱产与函授相结合、师训与干训相结合的办学形式。从 1986 年至 1990 年的五年中,学校共培养、培训师范专科毕业生 1044 人,高师函授本科毕业生 310 人;培训初中、小学教育行政干部 860 人。2000 年,学校有各级各类在籍学员 3340 名,专任教师 96 人,其中包括高级职称 15 人、中级职称 62 人。2001 年,巴盟教育学院撤销并入河套大学。

第二节　河套大学

1984 年,巴彦淖尔盟行政行署与河套籍内蒙古师范大学教授陈良壁联合向自治区人民政府呈报《关于创办河套大学的请示》。1985 年,经自治区人民政府批准,河套大学开始筹备创办。1986 年,国家教委批准河套大学为短期职业大学,纳入国家招生计划,参加全国高校统一招生。1993 年,河套大学被教育部确定为具有学历教育招生资格的高等专科学校,开设课程有文秘、法律、财税、金融、水利、民用建筑、财会、淡水养殖、工企管理、矿山机电、农学、畜牧、英语、中医、城市建设、应用计算机、财会电算化等专业。2001 年,经自治区人民政府批准,巴盟教育学院、巴盟师范学校并入河套大学。

2004 年,经自治区人民政府批准,巴盟电大、巴盟财校、巴盟卫校、巴盟农牧学校、临河水利学校并入河套大学。学校与内蒙古师范大学合作共建“内蒙古师范大学西部学院”,招收本科学生。2010 年,河套大学占地面积 46.17 万平方米,建筑面积 24.42 万平方米。仪器设备总值 4352.16 万元,图书 73.92 万册。在校生 7425 人,教职工 1031 人,专任教师 508 人。其中正高级职称 17 人、副高级 169 人、享受国务院特殊津贴专家 1 名。招生范围以自治区为主,涉及 15 个省、市、自治区,形成以农学、社会学科、工学、法学、管理学、医学、美术教育、作物生产技术等 40 个招生专业。学校有自治区级“精品课程”14 门,自治区“优质精品课程”2 门,4 项教学成果获自治区政府教学成果奖。

第七章　民族教育

第一节　小学教育

民族教育创办于1951年。1986年,全盟有蒙古族小学55所,学制与课程设置与汉语小学学制、课程安排基本相同。在校蒙古族小学生6535人,蒙语授课教师499人。1990年,全盟有蒙古族小学30个,在校蒙古族小学生6119人,专任教师619人。1995年后,为促进少数民族教育事业进步,采取人员编制、经费投入、师资培训、招生、校舍建设、图书仪器配备倾斜政策,民族教育得到快速发展。2010年,全市有少数民族学校、幼儿园13所,其中,蒙古族小学4所,在校生1924人,教职工305名;蒙古族幼儿园4所,在园幼儿1039人,教职工147名。有回族学校1所,在校学生346人,其中,中学生95人,小学生251人。

第二节　中学教育

1962年,在磴口县创建一所蒙古族中学,称巴彦淖尔盟蒙文中学。1986年,全盟有蒙古族完全中学4所,巴盟民族中学、乌拉特前旗民族中学、乌拉特中旗民族中学、乌拉特后旗民族中学;有初级蒙古族中学5所,五原县蒙古族中学、乌拉特前旗第二蒙古族中学(其中附设小学班)、杭锦后旗蒙古族中学(其中附设小学班),磴口县蒙古族学校(其中附设初中班)、乌拉特中旗民族职业学校。在校蒙古族高中学生1366人,初中生3342人。有教职工274人。1995年,巴盟蒙古族学校中初、高中班招生1038人,毕业679人,在校学生2723人。

2000年,盟蒙古族中学教育步入快速发展的时期,办学条件得到改善,教学质量大幅度提高。2010年,巴彦淖尔市有民族中小学、幼儿园14所,其中完全中学4所,小学4所,九年一贯制学校1所,幼儿园4所,回族学校1所。蒙授学生、幼儿3426人,其中,高中生821人,初中生524人,小学生1844人,幼儿435人。蒙授中小学、幼儿园专任教师629人。专任教师学历合格率幼儿园100%、小学100%、初中100%、高中94.82%。专任教师学历小学专科以上比例95.76%、初中教师本科以上比例60.55%。

第八章　其他教育

第一节　民办教育

1986 年,临河铁路车务段、农管局、炭窑口硫铁矿创办的幼儿园、中小学;在乌拉山有乌拉山电厂创办幼儿园和中小学;在乌梁素海和营盘湾有渔场和煤矿创办的中小学。1990 年后,国家鼓励民办教育,在政策支持下,民办幼儿园、中小学迅速发展壮大。2001 年,全盟民办中学有临河开发区中学、临河河套中学、临河树人中学、临河中山学校、临河励业中学、临河旭日中学、乌拉特前旗旭日中学、乌拉特前旗北成中学、乌拉特中旗聚星中学、巴盟才源中学、巴盟新世纪中学、五原同德中学、五原旭日中学、杭锦后旗发展中学、杭锦后旗启智中学、杭锦后旗陕坝中学、磴口利生中学等。民办学校在校生 8000 余名,其中,初中生 6482 名,高中生 1722 名,教职工 628 名。民办教育中还兴办起一批艺校、技校。1995 年后,随着公办学校的发展及国家“两免一补”政策的实施,民办学校的生源逐年减少,民办学校也相应减少或停办。2010 年,全市有民办幼儿园 76 所,民办小学 1 所,民办初级中学 4 所,分别是五原同德中学、五原旭日中学、临河旭日中学、临河中山学校。民办职业高中 3 所,分别是巴彦淖尔市艺苑职业学校、正阳职业技术学校和河套五四职业技术学校。

第二节　特殊教育

1986 年,全盟有智力残疾儿童培智班 2 个,智力残疾儿童康复园 1 个。1991—1994 年,全盟有 480 名残疾儿童、少年在普通学校随班就读,有 68 名残疾考生被国家高、中等专业院校录取,62 名毕业生顺利分配工作。1995 年,在临河市创办第一所聋哑学校,在杭锦后旗实验小学设培智班,在东马路小学设置聋哑班。1996 ~ 2000 年,盟聋哑学校共招生 180 余名,506 名残疾儿童在普通学校随班就读,残疾儿童入学率比“八五”期间提高 5—6 个百分点。2001—2005 年,着重发展残疾儿童基础教育,完善残疾儿童教育发展格局,在各级各类小学分别附设聋儿语训班、培智班,5 年共招生 380 名,有 337 名残疾儿童、青少年随班就读,残疾适龄儿童、青少年入学率 78% 以上。2006—2010 年,按照《内蒙古自治区人民政府批转〈关于农村牧区义务教育阶段承担经济困难学生实行“两免一补”制度的意见〉》,将适龄残疾儿童、青少年全部纳入“两免一补”范围,形成以特殊教育学校为骨干,普通学校附设特教班为主体,城乡兼顾的特殊教育发展新格局,使义务教育阶段在校残疾学生发展到1930名，入学率达到95%，其中，有在校残疾高中学生119人，在校残疾大学生75人。为帮助更多贫困残疾儿童、青少年完成学业，全市先后筹资30多万余元，资助贫困残疾小学生332名、高中生200名、大学生68名完成学业。

截至2010年，全市有特殊教育学校3所，教学班21个，在校生97名，教职工54名，其中专任教师43名。

第三节　党校教育

1989年，盟党校与中央党校联合举办党政干部学历教育大专班和本科班。

1989—1994年，党校函授教育招收学员6届2593人。经过2~3年学习，有1714人取得大专学历，745人取得本科学历。1995—2004年，党校函授教育招收学员9523人，其中，专科招生5675人，本科招生3848人。经过两年半到三年自学、面授，学员毕业率达95%。2005年，市党校开办在职研究生学历教育。2010年，市党校在职研究生教育已连续举办经济管理专业研究生8届，法律专业研究生1届。经济管理专业毕业学员938名，法律专业毕业学员91名。

第四节　职工教育

20世纪80年代初，各工矿、企业事业单位为提高职工科学文化素质，利用业余时间对职工进行科学文化教育，开设的课程一般为初中数学、语文和技术课。1986年，经教育、劳动人事等部门对7个旗、县、市84个盟直单位的职工教育工作进行检查验收，有18310名职工文化课合格，合格率60.05%。

2000年后，随着教育事业的不断发展和职工文化程度逐步提高，文化课补习、岗位技能培训逐渐被自学考试、成人学历教育所替代，行业（系统）技工学校相继停办。

第五节　教师业余教育

1986年，巴盟师范开办高师函授，在各旗、县、市设立函授站，学区设函授分站，自办中师函授教育。函授对象是尚未达到中师学历的小学教师。教材选用自治区编印的小学教师中师课本。开设的课程主要有语文、数学小学教材教法及教育学等。函授采取分散学习，集中面授外的形式，函授教师每学期到函授站巡回讲课2~3次。1990年后，除旗、县、市教师进修学校继续承担中师培训外，巴盟教育学院、河套大学等高校面向中学教师开展高等师范类培训，其中河套大学所属继续教育学院专门对中学教师进行各学科培训。2010年，全市有教师进修学校3所，临河区教师进修学校、五原县教师进修学校和乌拉特中旗教师进修学校。

第六节　扫盲教育

1986—1989年,按照国务院关于扫盲的决定,在全盟范围内开展“一堵”,抓好普及小学教育,采取多种形式,组织学龄儿童入学,真正达到小学毕业程度,“二扫”把12~45周岁的少年、青年、壮年中的文盲基本扫除,“三提高”对已脱盲的继续组织学习,进一步巩固和提高扫盲教育。

1990年,为在全盟实现基本扫除青壮年文盲的目标,在各旗、县、市及乡镇苏木成立扫盲工作领导小组,配备专、兼职扫盲干部,健全档案,编制教材。通过目标管理责任制、承包制和考核奖惩制细化和明确扫盲工作责任与目标,扫盲工作在全盟积极主动地开展。2000年,经自治区人民政府组织的“两基”达标验收,全盟基本达到扫除青壮年文盲的目标,青壮年人口中非文盲率达95%以上。2000年后,巴盟扫盲工作继续执行“一堵二扫三提高”的方针和包教、包会、包巩固的“三包”责任制。按照第五次人口普查基数,各旗、县、市重新制定扫盲规划,乡镇苏木印制“一卡五表六册”,进一步规范扫盲档案,强化扫盲工作及脱盲人员的巩固,从而使全盟青壮年人口非文盲率、脱盲人口巩固率始终保持在良好水平。2010年,按照第六次人口普查方法统计,全市青壮年非文盲率达99.8%,位居自治区前列。

第七节　老年教育

2009年11月25日,经巴彦淖尔市人民政府批准,巴彦淖尔老年大学成立。

老年大学以促进老年人身心健康为宗旨,以丰富老年人生活为目标,开设计算机、绘画、舞蹈、书法、音乐、摄影、太极拳、太极剑、蒙文书法、蒙古族音乐、文学欣赏、外语、医学保健、法律常识、家庭理财、食疗与营养、孙辈教育、编织手工、戏曲表演、健美操、棋类、球类等课程。学制为一至二年。

学校聘请知名专家教授、社会名流、离退休教师任教。学员根据自己的特点、兴趣、爱好自愿选择专业学习。教师采取快乐教育、和谐教育、寓教于乐、学习活动相结合的教学方法授课。

2010年,老年大学除在市党校院内设教学点,又在田家炳外国语学校东校区(原河大附中)设教学点,两个教学点共有学员1400余人。

第八节　农牧民科技培训

1986年,在积极推进扫盲教育的同时,针对农牧民开展实用技术培训。

1987年,在全盟建设旗、县、市级科技培训中心两个,乡镇级科技培训中心(站)15个,举办培训2308期,近20万名农牧民接受了各种形式的科技培训。1990年,全盟建成旗、县、市科技培训中心6个,乡镇苏木培训站83个,村级311个。建成“燎原计划”示范乡11个,完成农牧民家庭技术员培训3万余人,完成农牧民全员培训57万人。1992年,根据自治区人民政府《关于为农村、牧区培养家庭技术员的决定》精神,在旗、县、市及乡镇苏木、村嘎查建成农牧民科技培训三级网络。各培训机构根据农时季节采取集中培训与现场指导相结合,理论与实际相结合,脱产与业余相结合,请进来与送出去相结合等多种形式对农牧民进行培训。培训内容主要有作物栽培、田间管理、林果种植、蔬菜脱水、牲畜饲养、疫病防治、淡水养殖、饲料加工、农牧机械使用与修理等基础实用技术。

2000年后,随着经济与城市化的迅速发展,农牧民培训的形式、内容均有明显变化。除传统农牧业技术培训外,针对农村剩余劳动力转移、进城务工就业,各旗、县利用职业学校资源,配合劳动、就业、农牧业等部门,开展就业再就业、劳动力转移、阳光工程等培训。

第九章　教学科研与招生

第一节　科研

1986 年,根据上级文件精神,制定《巴盟中小学教学改革意见》。要求各学校在全面贯彻党的教育方针,提高教学质量,减轻学生学业负担的同时,积极开展教学科研活动。教学科研对象主要是研读教学大纲、分析驾驭教材和改进教学方法。1990 年,为加强教学科研,各学校在自我探究的基础上,不断派出教师到教改先进地区观摩学习,邀请国内著名学者、专家来巴盟讲学,引进新理念、新教法。并在全盟推广上海市青浦教改实验和小学语文教学整体改革实验等。教学研究从注重教法向注重学法转变。1994 年,在临河市四中推广上海市青浦教学实验,在教学过程中,引导学生边听、边想、边尝试,让学生在学习中发现问题、提出问题、分析问题和解决问题。1995 年,小学语文教学整体改革(简称小语教改)试点在临河四小启动。学校经过几年时间在实践中不断改进,2000 年,自治区通过测试、观摩及学生书法、绘画、音乐、体育活动展示,认为四小小学语文教学整体改革具有创造性和较强的操作性,特别在培养学生自学能力方面成果显著,具有大范围的推广价值。之后"小语整改"逐步在全盟小学中推广。

2001 年,各学校在深入开展教研的同时,引进和学习推广外地成功经验。初中学校大面积学习江苏省泰州市洋思中学"先学后教、当堂训练"的教学模式。在高中推广学习河北省衡水中学强化训练,大面积提高教学质量的教学方法和陕西师范大学张熊飞教授的"诱思探究"教学理论、内蒙古师范大学李龙教授的整体优化教学法、中学语文教学整体改革实验等。2003 年,全盟教育系统召开首次全盟教育科研工作会议。会议制定出《巴彦淖尔盟关于"十五"期间教育科研工作的若干意见》《巴彦淖尔盟课题管理办法》《巴彦淖尔盟课题指南》和《巴彦淖尔盟教育科研实验基地建设的意见》等。全盟教育科研工作以提高认识、转变观念、普及教科研知识为重点,成立组织,构建网络,制定规章。针对当地课堂教学中存在的问题开展研究。

2007 年,临河一中、杭锦后旗北马路小学等 15 所学校被确定为自治区级教育科研实验学校;五原三中、磴口实验小学等 32 所学校被确定为市级教育科研实验学校。2010 年,巴彦淖尔市印发《关于加强农村牧区教育工作的意见》。按照意见,全市各级教科研机构实行向农牧区倾斜、向薄弱学校倾斜、向薄弱学科倾斜的"三个倾斜"政策。通过深入旗、县、区农村中小学举办主题讲座和教学指导，定期组织中小学、幼儿园讲师团送教下乡，集中教研力量支持和帮扶农村学校，鼓励和支持城镇、农村学校手拉手活动等，进一步促进农村中小学办学效益和质量的提高及全市基础教育的均衡发展。

第二节　成果

2003年，组织相关人员对全盟15个教育科研实验学校的教育科研工作进行评估验收。经评估，“洋思经验”“中语整改”取得阶段性成果；“小语整改”研究成果得到自治区肯定，并在全区推广；“大量阅读双规运行”“小学生创造性学习方法研究”和“新课程背景下蒙古族中学生管理研究”等15项自治区课题相继结题，其中，反映一些课题研究成果的论文集，由《内蒙古教育》出版。“心理健康，塑造完美人格”研究获教育部专项成果一等奖。“整体优化教学法”、蒙授“三语”教学法等被国家定为“十一五”规划课题进行推广。

2008—2010年，全市审批市级立项课题247项，自治区立项课题84项，国家立项课题11项。依据立项学校申报，各级主管部门或委托下级主管部门通过查阅资料、听课及相关测试等程序进行评估验收。经验收，市级结题125项，自治区级教研结题29项，国家级结题5项。“尝试教学法”“题组教学法”“小学阅读五步教学法”“洋思经验”“271教学模式”“杜郎口教学模式”等10项科研成果在全市推广。其中“学案教学法”获国家教学科研成果二等奖；“整体优化教学法”被国家确定为“十二五”规划课题。市教研室被评为全国教育科研先进集体，两名教研员被评为全国教育科研先进个人；10所学校被自治区评为全区教育科研先进单位，12名教师和教研员被自治区评为教育科研先进工作者。全市教师在省级以上（含省级）出版发表论文、著作近1000篇（部）。

第三节　招生

一、考试

1986—1998年，初、高中招生考试由旗、县、市教育局组织实施。初中考试科目为语文和数学。高中招生考试的科目为语文、政治、数学、外语、物理、化学。其中语文满分为120分，其他各科满分为100分。

为保证课程计划的全面落实，促使学校开足开齐课程，1998年，巴盟对中考科目进行调整改革，在原有语文、数学、外语、政治、物理、化学6科的基础上，将历史、地理、生物（3科合卷，按6:3:3，满分120分）列入中考科目范围。2001年起，历史学科单独设卷，满分为100分。生物、地理以初二结业考试成绩的30%计入中考成绩。同时，增加理化实验操作40分与体育测试30分。

2009年，根据重新修订的《巴彦淖尔市初中毕业考试与高中招生制度改革工作方案》，高中学校通过对学生的学业评价、综合能力和综合素质三方面的综合评价进行录取招生。学业评价为6科9卷,其中语文、数学、外语各120分,物理与化学200分,思想品德与历史200分(开卷),生物与地理200分(在初二结业时进行),共960分;综合能力考查包括实验操作40分,信息技术30分与体育测试30分,共100分;综合素质评价主要考查学生"道德品质与公民素质""学习与交流合作""运动与健康""审美与表现"等基础性发展目标,共120分。评价方法以学生成绩报告册等相关资料为依据,以学生和教师评价为主。学生综合素质评价优秀等级比例以旗、县、区为单位,不突破30%。校际、班际之间上下浮动比例不超过5%。对辍学严重的学校适当降低优秀等级的比例。为保证评价的公平、公正,学生综合素质评价结果必须有班主任、学校、学生或家长的共同签字。学生的学业考试、综合能力考查、综合素质评价,各科由原始得分换算为等级。各科等级分为优秀(A+、A)、良好(B+、B)、合格(C+、C)、D(待提高)四等七级。并赋予相应的权重分,从而形成了有利于全面推进中小学实施素质教育和基础教育课程改革的"多元化评价、等级制呈现、多样化招生"的中考改革方案。

高中毕业会考,根据国家教委颁发的《关于试行普通高中毕业会考制度的意见》,自1991年秋季入学的高中一年级起试行会考制度。高中毕业会考的时间和科目分别为高一年级结束为地理、历史;高二年级结束为数学、政治、物理、化学、生物;高三学年第一学期结束为语文、外语。除笔试外,还包括物理、化学、生物学科的实验操作考查。考试成绩不合格者,翌年进行补考。若语文或其他学科两科以上不及格者,不予颁发毕业证。高中毕业会考成绩是学生学籍的重要内容,同时也是高校录取的参考项目。

二、录取

1986年,小学招生实行划片的办法,主要是考虑适龄儿童就近入学。初中和高中则根据学校录取分数线结合考生志愿择优招生。各旗、县、市初中和绝大多数高中学校招生范围限定在本行政区,其中杭锦后旗第一中学和巴盟中学可以在外旗县招收部分高中生。1998年起,为保证九年义务教育的实施,根据《巴彦淖尔盟实施素质教育暂行规定》,初中招生实行划片招收、就近免试入学。针对进城务工人员的不断增加,各地遵循以流入地为主、以公办学校为主的原则解决其子女入学问题。

巴盟在教学事业多年的发展过程中,形成了教学水平高,高考升学率高和优秀毕业生多的第一中学和奋斗中学。

巴彦淖尔市第一中学　始建于1978年4月,原名"巴彦淖尔盟师专附属中学",1980年更名为"巴彦淖尔盟中学",2004年初、高中分离,成为完全高级中学,同年随着巴彦淖尔盟撤盟设市,改名为"巴彦淖尔市中学",后迁入新校区正式更名为"巴彦淖尔市第一中学"。

学校拥有全市一流的师资力量和教学设施，尤以经验丰富和精力充沛的中青年教师为主力军。现有专任教师225名，特级教师5名，国家级骨干教师4人，区级骨干教师5人，高级教师84人，一级教师68人，本科学历115人，研究生105人，均在全市处于领先水平。教师中有全国优秀教师7人，区级优秀教师7人，自治区教学能手12人，自治区课堂教学竞赛奖32人，市级能手143人，均居全市之首。在近年的快速发展过程中，市一中新校区投资3.4亿元，教学设施一流，所有配套设备均达到了国家级示范高中的标准。每位教师均配备了笔记本电脑，每间教室都配有计算机，并安装了交互式电子智能白板等多媒体设备，校园内可即时有线或无线上网，互联网实现了校园无缝隙覆盖，网络资源共享，全力打造数字化校园，教学资源丰富，居自治区领先水平。

内蒙古西部区名校巴彦淖尔市第一中学是一所具有影响力、辐射力、示范性的高级中学。学校屡获殊荣，多次受到全国、自治区、市级的嘉奖。2002年、2007年、2011年连续3次通过自治区教育厅评估验收，被命名为自治区示范性高级中学，实现关键性的跨越，现又向全国示范高中迈进。学校连续多年位居全市重点中学应届高考升学率、重点率前列。1996—2013年，学校有19名学生获得全市文理科状元，升入清华、北大的学生43人，在全市重点高中升学率中占比较大。北大、清华、浙大、南开等国内名牌大学和美国的加利福尼亚大学、耶鲁大学等世界著名学府都有第一中学的毕业生。

杭锦后旗奋斗中学　奋斗中学于1942年由爱国将领傅作义将军在陕坝创办。1952年私立奋斗中学与教会普爱中学、公办陕坝师范合并，称陕坝中学。1958年，学校更名为“杭锦后旗中学”。1961年，学校更名为杭锦后旗第一中学。1986年，杭锦后旗第一中学有30个教学班，教职工160余名。1989年，杭锦后旗第一中学恢复原奋斗中学校名。1990—2009年，奋斗中学开拓创新，积极进取，创造条件，不断改善办学环境；强化师资力量，学校教育教学水平不断提升。2010年，奋斗中学占地总面积26万余平方米，建筑总面积15万余平方米，有高中教学班92个，在校学生5566人。教职工335人，其中，中学特级教师4人，中学高级教师93人，国家级优秀教师3人，国家级骨干教师1人，全国教学能手2人，自治区优秀教师3人，自治区学科带头人3人，自治区骨干教师5人，自治区教学能手9人，教师学历合格率达99%。学校先后被命名为或获得“内蒙古自治区示范性普通高级中学”“国家教育质量管理示范基地”“北京2008奥林匹克教育示范学校”“全国学校规范化管理示范单位”“全国师德建设示范基地”等称号。

第三十篇

科学技术

第一章　科　技

第一节　机构与改革

一、机构沿革

1986 年，巴盟设立科学技术处，负责全盟的科技规划、科研课题制定研究和新技术推广等工作。所属事业单位有农业科学研究所、畜牧科学研究所、林业科学研究所、水利科学研究所、农机化科学研究所、工业科学研究所、科技情报研究所。各旗、县、市设置相应管理机构。1992 年 10 月，盟科学技术处更名为盟科学技术委员会。1995 年，原科技情报研究所更名为科技信息研究所。1996 年，盟科学技术委员会更名为盟科学技术局。1997 年，原农业科学研究所、畜牧科学研究所、林业科学研究所、水利科学研究所由科级单位升格为副处级单位。2003 年，农业科学研究所更名为农业科学研究院。

2004 年，撤盟设市后，盟科学技术局更名为市科学技术局。2006 年，原畜牧科学研究所并入农业科学研究院，更名为农牧业科学研究院，升格为正处级单位。2008 年，原工业科学研究所更名为能源环境监测站。

2010 年，市科学技术局内设有办公室、政策法规科、财务科、社会发展科技科、高新技术发展科、农村牧区科技科、知识产权科。所属二级事业单位有市科技信息研究所、市技术市场管理办公室、市科技素质教育中心。各旗、县、区设科学技术局。

二、体系建设与改革

1986 年，根据《中共中央关于科技体制改革的决定》和《国务院关于深化科技体制改革的决定》精神，全面贯彻落实“经济建设必须依靠科学技术，科学技术工作必须面向经济建设”的科技发展方针，修订全盟科学技术发展规划、科技发展相关政策、细则、规定等，采取委派科技副职的办法，将科技发展与干部政绩挂钩，使全盟科技管理逐步走向科学化、规范化、法制化。对于科技人员管理，采取评定技术职称、岗位聘任制、科技问责制、职称与工资岗位挂钩、科技成果奖励制等措施，推动科学技术进步。课题的设置与研究，实行科研所长任期目标责任制、课题承包、有偿服务、技术入股、技术转让等形式，打破“铁饭碗”，增强科研所内部活力。加强服务体系建设，促进农牧区科技服务体系改革。2009 年，全市科技示范体系实现县有中心、乡有站、村社都有技术员的新型科技服务体系。开通农技服务热线“96048”和“12396”科技信息服务热线，为“三农三牧”提供全程技术服务。

第二节　科技队伍

1986年,全盟各级各类学校教师总人数为3421人,其中蒙语授课教师931名。各级各类医疗卫生机构有技术人员5798人。其中中医师136人、蒙医师59人、西医师598人、护师35人、药师43人、其他技师29人。1990年,全盟有各类科技人员26181人。其中教育系统科技人员19658人、农牧业科技人员394人、医疗卫生技术人员6129人。2010年,巴彦淖尔市有各类科技人员32161人,占全市人口比重1.9%。其中教育系统科技人员16548人,占科技人员总数的51.5%;工程技术人员6390人,占科技人员总数的19.9%;医疗卫生技术人员4781人,占科技人员总数的14.8%;农牧业科技人员4648人,占科技人员总数的14.5%。在全市科技人员中,男性15639人,占48.6%;女性16522人,占51.4%;少数民族科技人员3192人,占9.9%,汉族科技人员28969人,占全市科技人员的90.1%。全市有正高职称214人,占全市科技人员总数的0.7%;副高职称3907人,占全市科技人员的12.2%;中级职称有9798人,占全市科技人员的30.8%;全市有初级职称人数18242人,占全市科技人员的56.3%。

第三节　科普活动

1986—1996年,科普活动主要通过发放科普宣传资料,举办科普讲座等形式普及科学技术知识。1997年开始,通过每年举办文化、科技、卫生"三下乡"活动,宣传科学文化知识。1999年,抽调各行业科技人员30多人,组成科普知识宣传及,科技实用技术培训讲师团,分两组深入乡镇、农牧场、企业,举办科普、科技实用技术讲座35场,播放科技录像20种,发放科普宣传资料40余万份册;组织"三下乡"活动26次,发放科技资料15.89万份册;举办科技实用技术讲座30余场,播放科技录像45场次。2000年,按照自治区党委宣传部、科协的部署安排,巴盟在临河市隆胜镇举办全区文化、科技、卫生科普大集。集市期间,全盟有68个单位或部门,500多名医疗技术人员为群众提供义诊、咨询服务,向群众发放科普宣传材料19.76万份册,赠送科普书籍1480册、科普挂图9套。并邀请内蒙古农业大学4名教授讲解农牧业生产节水技术、高效温室大棚种植技术、畜牧养殖技术等;在全盟第五届科普活动宣传周期间,组织盟农、牧、林、水、气象、农机、卫生、计生、环保、土地、地震、消防、共青团、妇联及企业等20多个单位,在盟影剧院广场举行盛大的科普宣传;利用青少年科技活动日,组织7个旗、县、市的中小学科技辅导员和100多名学生,参加青少年科技培训班,并到沙区进行沙生植物实地研究讲解。2001年,组织各行业科研部门、学会的科技人员,带着新产品、新技术,深入农村牧区参加一年一度的科普宣传周活动。活动期间,开展各种形式的科技活动171次,举办大型科普宣传活动21场,举办实用技术培训班1375

场次，举办科普展览16次，送科普图书、资料、挂图5.4万份册；组织全盟110名中小学生参加全国奥林匹克计算机竞赛；配合“七一”党建活动，组织全盟中小学生开展科技小发明、小制作展评。

2005年，各旗、县、区组织涉农部门科技人员，深入乡镇苏木将农民急需的种、养、加技术送到农民手中，结合各地主导产业和新兴产业发展现状和农时要求，聘请具有较高理论水平和实践经验丰富的科技人员为群众解忧释惑；组织卫生、环保、计生、消防、气象、水利、司法、妇联、城管、防范办等部门科技人员开展进公园、进社区科普宣传活动。全年举办科普活动135场次，制作展板2960块次，发放科普资料64.6万份册，播放音像资料360盘次；组织中小学生参加了全区第二十届青少年科技创新大赛。2006年，巴彦淖尔市两级30多个科普部门，组织科技人员深入农村牧区，举办科技、文化、卫生“三下乡”活动。活动期间，向乌拉特前旗乌加河镇政府赠送价值2660元的《生态环境保护》等5种580幅科普挂图及实用技术资料。向临河区八一办事处赠送科普挂图500套、科普书籍12.6万份册、展板37块。2007年，开展科技、文化“三下乡”“科技进村嘎查”活动，发放技术资料4万余份册，赠送科普书籍300多册。2008年，在杭锦后旗沙海镇举办科技活动周暨全市第十三届科普宣传周。活动中，科技人员深入乡镇苏木、社区、学校、企业，发放各种科普材料28万份册，展示科普展板、发放挂图590多块幅，展示农机具130台套。2009年，按照《巴彦淖尔市“十一五”科技发展规划》，举办大型科普宣传活动16场，参加宣传的科技人员、机关干部2800余人；按照《关于进一步加强新时期青少年科技教育工作意见》，在“六一”儿童节期间，举办少年儿童“学科学，爱科学”知识竞赛和“建设我美好家园”创新科普活动。全市有5万多名师生参加比赛，有300名学生获得自治区级以上竞赛奖；按照《全民科学素质行动计划纲要》，以全国科技周暨自治区科普宣传周“科普之春”“全国科普日”等为载体，举办各类科普活动130多次，科普讲座580多场，展出各类展板210块、展品250多件次、发放科普资料10万多份册。2010年，举办“熙城国际杯迎‘六一’少年儿童科普剧竞赛”和“河套王杯”第三届青少年科技节暨创新大赛；启动实施“我的低碳生活2010年青少年科学调查体验活动”；组织参加全国、自治区青少年科技创新大赛和奥林匹克计算机竞赛。

第四节　科研与成果

1986—1997年，先后开展“粮草轮作农牧结合”研究、“种肥分层播种”实验研究、“盐碱地综合治理”研究、“节水灌溉”研究、“小麦新品种巴丰5号”种植实验研究、“玉米新品种科河8号”种植实验研究、“棉花种植”实验研究、“巴美肉羊新品种”养殖实验研究、“防畜啃树剂”课题实验研究、“富硒增产素”实验研究等科研项目，取得一批科研成果，其中，“小麦玉米吨粮田”研究，取得“小麦垫底、大豆缠腰、玉米封顶、葵花镶边”的立体种植模式,创造了北纬40度线上的奇迹。1998年,在杭锦后旗开展12种粮经菜等作物间复合套种栽培模式研究。重新确立吨粮田栽培课题,研究缩米增豆技术;在乌拉特后旗设立"北繁南育"养殖技术研究课题,为加速羔羊育肥,保护草场自然环境,减轻草场载畜量,探索出一条高效畜牧业发展新途径;根据河灌总局课题,开展非充分灌溉条件下作物需水量及经济效益分析研究;在临河市白脑包乡,杭锦后旗光荣、南小召乡开展生态农业典型户建设研究;在磴口泰顺、临河恒丰集团和金川啤酒厂等企业开展产业化运行机制研究;在农畜产品加工流通领域,选择杭锦后旗二道桥农产品市场、乌拉特前旗先锋乡枸杞市场、磴口县补隆淖和协成乡华莱士市场,开展巴盟农畜产品加工流通现状分析与发展相关比例及布局动态模式研究。

科研成果主要有内蒙古河套灌区水工建筑物防冻胀破坏研究获特等奖;巴麦6号新品种选育、苹果瘿螨畸果病发生与防治、自动化量水设备研制与应用、河套农业综合开发规划等获一等奖;粮豆荞立体种植、高产栽培研究、前列腺增生手术改进、松散磨耗层砂石公路养护工艺流程、高效益规范化草库伦种草技术、巴盟肉羊产业技术开发、蛋鸡生产模式化饲养技术推广等获二等奖;汽车油耗标准换算、巴盟地区稳定控制布鲁氏菌病、希玛止泻宝防治羔羊腹泻推广等获三等奖。

1999年,确立农业科研18项31个课题。其中,小麦课题16个,玉米课题3个,向日葵课题4个,蜜瓜蔬菜课题4个;农机科研开展甘草机械化人工栽培和机械收获技术研究、葵花收割粉碎联合机研究、番茄生产机械化、温室大棚科学种植研究;水利开展节水布置模式试验研究、非充分灌溉条件下的作物需水及经济效益分析研究;林业开展7个课题的研究,主要有河套灌区苹果梨选优及模式化栽培实验、果树优质高效新技术综合试验研究、三倍体毛白杨引种育苗试验研究、河北杨育苗试验研究、美国黑核桃育苗试验研究、国槐臭椿白蜡杆引种试验研究、山杏山桃播种育苗试验研究。

2000年,农业科研围绕农业结构调整优化及农业增效、农民增收这一主题,开展科研19项。当年完成小麦课题16个,玉米课题4个,向日葵课题4个,蜜瓜蔬菜课题4个。小麦新品种"新春6号""富硒蜜瓜专用肥研究""无公害富硒大白菜研究""蒙麦24号"等项目获内蒙古科技进步奖。畜牧业科研确立3项,其中"VM营养缓释丸"研究,经过6次改方后,取得明显的经济和社会效益,并通过农业部验收。水利科研重点是生活用水除砷、氟研究。经过两年不间断探索,其成果通过自治区科委鉴定。

2001年,启动自治区"十五"重点攻关课题"河套灌区下游地区灌溉新技术与农业结构优化模式实验研究",当年完成项目计划任务书、合同书、实施方案的编制、审批立项;河套灌区长胜试验区盐碱地节水灌溉研究与示范技术成果推广,项目被科技部正式立项;农牧民饮水除砷、除氟装置实用新工艺研究成果报水利部、科技部,申请农业科技成果转化;林业在乌拉特中旗德岭山乡开展“黑金子保水剂应用研究和鱼鳞坑整地蓄水、保水措施应用研究”“黄柳(沙柳)生物再生沙障营造技术研究”“梭梭嫁接肉苁蓉技术研究”。当年,农业科研课题“优质专用面包小麦”进入生产示范和大面积推广阶段。2005年,全市组织申报的国家级星火计划六大类17个项目,其中“那氏778”作物基因诱导剂技术转化推广等7个项目被批准立项。2006年,组织申报自治区各类计划研究项目45个。经上级科研部门审查,批准确立国家级科技项目2个、自治区级14项。全年征集到各类科技项目137项,上报自治区科技厅科研课题3项,申报科技部科研项目10项。有4项获科技部批准。2008年,上报国家科技计划项目10项,批准立项2项。上报自治区科技计划项目34项,批准立项16项;市本级科技计划项目征集101项,确定实施十大类32项。2010年,全市设立试验研究项目162项,其中市级科研项目87项,旗、县、区75项。全市科研成果获国家级奖励7项。其中国家发明奖1项、国家科技进步二等奖1项、科技进步三等奖5项。获自治区级奖励43项,其中科技进步一等奖3项、二等奖9项、三等奖31项。获市级奖励293项,其中科技进步特等奖2项、一等奖54项、二等奖102项、三等奖135项。科技成果转化率达60%以上。全市科研成果授权专利总数875件,其中,发明专利190件,实用新型专利513件,外观设计专利172件。专利实施率达60%以上。

第五节　技术推广

1986—1997年,全盟先后推广应用“地膜覆盖栽培技术”“小麦缩垄增行技术”“合理用水技术”“间作套种技术”“病虫害防治技术”“畜禽品种改良”技术、“肉羊快速育肥饲养管理技术”“白绒山羊增绒技术”“盐碱地造林技术”“太阳能风能利用技术”等。1989年,巴盟制定《巴彦淖尔盟农牧业发展“十项工程”》,印发《“十项工程”技术质量考核验收标准》《“十项工程”各级干部奖励办法》《“十项工程”种植、养殖“状元”评比奖励条件》和《“十项工程”下乡科技人员评奖办法》,绘制编印《全盟农牧业“十项工程”任务分布图集》《全盟“十项工程”任务分解及技术指标和技术规程》。1999年,种植业新技术在乌拉特中旗、乌拉特前旗推广自治区科协推广的ABT小麦、土豆生根增产技术。实验播种小麦14.35万公顷,效果良好;推广节水灌溉造林新技术,营造速生丰产林15.67万公顷;推广牲畜繁育技术,改良牲畜645.2万头(只)。

2000年,推广科研成果18项。其中,中华绒螯蟹养殖、速生杨新品种“368”引种等推广项目获得成功;缩米增豆技术、VM营养缓释丸等技术达到普及性推广。全盟自有成果转化率达到40%,应用率达到80%左右,引进成果应用率85%。

2005年,全市推广农业科技项目25项。国家、自治区批准“植物色素染色KVXM羊绒制品”“除砷降氟净水设备开发应用”“制造业信息化管理示范”立项。2006年,重点推广

25 项农牧业适用生产技术，同时引进、示范、推广农牧业高新技术 4 项，并有针对性地在农作物栽培、节水灌溉、牲畜优良品种选育、饲养模式研究等方面开展农牧业科技攻关。2008 年，巴彦淖尔市推广农牧业生产适用技术 25 项。2010 年，全市确立推广农牧业先进适用技术 25 项，当年实际推广农牧业新技术 153 项，引进各类新品种 200 多个。截至 2010 年 12 月，全市适用技术推广应用率达 95% 以上，农作物良种覆盖率达 98% 以上；牲畜良种改良种比例达 95% 以上；农机耕、种、收综合机械化率 70% 以上；农作物秸秆及附料加工转化率 65% 以上；农作物标准化种植 87% 以上。

第六节　示范园区建设

1986—1997 年，在巴盟先后创办秋林农牧业科技园、民隆设施农业科技示范园、乌拉特戈壁红驼繁育基地、二狼山白山羊繁育基地、巴美肉羊良种繁育基地、小水面养鱼基地、盐碱地综合治理基地。

1998 年，根据河套 5 个旗、县、市不同的区域经济特点，确定 5 个自治区级科技示范基地。磴口县厚皮甜瓜综合技术示范基地，基地以引进的美国香瓜、日本网纹、台湾台农 2 号、蜜世界、北京新白兰等 14 个甜瓜品种开展试种实验。实验采用黑籽南瓜嫁接甜瓜、甜瓜营养钵育苗移栽、甜瓜吊蔓上架等提高密度技术及膜下暗灌、渗灌、滴灌降湿增温节水灌溉技术等，均获得成功应用。杭锦后旗名、优、特、稀水果大棚生产试验示范基地。基地从国家北方果树研究所引进丹墨、早红霞、早红株、瑞光一号、阿姆肯、京优、京亚、红玛瑙、矮化李、矮化杏等油桃、葡萄、李、杏 4 个种类的 10 种温室水果名优新品种。示范技术有高效能温室建造技术、高效立体栽培技术、膜下暗灌技术等。其骨干配套技术能为巴盟高效水果生产开辟新途径。临河市保护地高效农业科技示范基地，基地引进国内外各类名特稀新品种，采用二氧化碳气肥施用技术、反光幕增温补光技术、四茬轮作栽培技术、全覆膜下滴灌技术、起垄覆膜技术、草莓套架豆、鲜食玉米、木耳菜等立体套种技术，实验均获得成功。五原县水产养殖开发基地，实验技术有革胡子鲇高密度饲养技术、新鱼种高产饲养技术，鲤鲢鱼浅水稀养增效技术、特种鱼饲料配方技术，鱼病综合防治技术，多鱼种混养搭配技术等。通过实验，实现亩增效 3000 元以上。乌拉特前旗种养加综合技术开发基地。基地引进农作物高效立体栽培技术，以名优花卉、节水灌溉、高效经济林种植配套技术、科学养殖配套技术为对象，开展实验研究，使基地成为经济效益、生态效益、社会效益同步提高的种养业示范样板。2000 年，集中人力、物力、财力，大力推进农牧业产业化进程，分别在临河市章家庙、隆胜镇，杭锦后旗南渠乡，磴口县坝楞乡、补隆淖镇，五原县塔尔湖镇，乌拉特前旗长胜乡等地建新技术开发基地，示范优质小麦高产栽培、高效温室大棚种植技术和牲畜改良、肉羊育肥、科学养猪、养鸡等新技术。

2001年,全盟建成农牧林业新科技示范园区59个,其中旗、县级以上重点科技示范园区25个。园区实施试验示范项目166项,辐射带动面积4.67万公顷。2005年,按照"一个旗、县、区重点建设一处农业科技园区"的规划,在临河区隆胜乡、五原县隆兴昌镇和磴口县补隆淖镇建成具有一定规模的、集农牧林一体的高科技园区,形成各具特色的产业格局。各旗、县、区根据各自的特点,建成3~5个综合科技园区和产业化基地,将大量的试验示范项目都安排到科技园区内,提高园区的辐射带动作用。2006年,各旗、县、区立足实际,相继制定长远规划,成立农业科技园区管委会,突出抓特色、绿色、有机科技产业化发展基地建设,建成特色产业化生产基地8个,占地面积0.67万公顷。2008年,建成自治区级农牧业科技园区3个,市级农牧业科技园区9个,特色产业化基地11个,旗县级农牧业科技园区和产业化基地50多个,辐射面积3万多公顷,产值3亿多元。2009年,在继续抓磴口县、临河区、乌拉特中旗3个"全国科普示范县"工作基础上,在全市组织开展科技示范苏木镇(农场及分场)、嘎查村和科普示范户创建活动,全市共创建示范苏木镇8个,示范嘎查村15个,示范户4000户。2010年,全市建成市级农业科技示范园区3个,县级农牧业科技示范园区9个,乡镇级农技示范园区20个,综合信息服务站120个。临河秋林等4家被自治区认定区级农牧业科技示范园区,7家被认定为市级农牧业科技示范园区及特色科技产业化基地。旗、县、区认定农牧业科技示范园区14家。科技示范园区形成乡有万亩园,村有千亩田,社有百亩示范片。涌现出"一乡一业""一村一品"特色产业基地。

第七节　科技培训

1986—1998年,全盟通过举办种养大户培训班、种养加能手培训班、经纪人培训班、农牧民技术员培训班等形式,每年完成培训农牧民45万人次以上。要求被培训的农牧民必须掌握2~3项农牧业先进适用技术。1999年,组织盟内科技人员,聆听内蒙古大学、中国农业大学两名教授课题研究报告,开阔科技人员的视野。在学术带头人和技术骨干遴选中,经过严格审核把关,选拔出全盟跨世纪学术带头人9名。2000年,全盟举办高效农、牧、林种养技术、互联网信息技术、企业发展科技和节水新技术培训班148期,培训管理干部、科技人员、农牧民1.6万人次。2001年,围绕重点产业,先后聘请自治区内外80多名专家教授对管理干部、科技人员、农牧民进行种草养畜、林业科技、节水灌溉、特种蔬菜无土栽培等专业培训,培训基层农技人员6000多人次,接受适用技术教育的农牧民约45万人次。2005年,全市举办科技辅导员科技创新大赛,培训师资90多人。2006年,举办农牧民科技培训班5期,集中培训农牧民350人;举办实用技术讲座2场,培训农民300多人;组织推荐2名村支书到华西村培训学习,9名科技人员参加国际考察交流。2007年,全市被国家、自治区认定9所星火培训学校,培训青年农牧民8000多人;继续完善临河区八一办事处联丰农牧民科技远程教育培训阵地,开展技术培训10余次,培训农民600多人次。2008年,全市开展科技培训3086场次,培训乡、村、社级干部及农村党员、经纪人18115人次,农牧民51.56万人次,培训农牧民技术骨干3.57万人次。2009年,启动实施市级"科普惠农工程",开展农村牧区科技培训,举办各类农牧民科普知识讲座、培训班100多场,培训农牧民近10万多人;开展适用技术培训及再就业培训6场,培训农牧民进城务工人员1500余人。2010年,组织农牧林水科技人员深入48个苏木镇、640个嘎查村开展巡回培训,举办各类农牧民科普知识讲座、培训班50多场,培训农牧民近10万多人;组织科技骨干赴上海、海南等参观学习,参观"中国科协英特尔求知计划"培训。截至2010年,全市建成国家、自治区认可的星火培训学校11所,市级星火培训学校4所,有5万名农牧民获得"绿色证书",农牧民技术骨干发展到2.6万人。

第八节　学术交流

2001年,派出17名科研人员参加在呼和浩特市举办的2001年国际农、牧、林、水、沙设备与技术博览会;组织20多名科技人员参加中国科协在大连举办的全国科技工作者学术交流。2005年,全市围绕主导产业、新兴产业和社会发展中的科技问题召开交流研讨会,来自农牧、林业、水利、教育、规划、卫生、国土资源、企业等20多位科技人员参加会议,10位科技人员代表就经济社会发展的状况,从各自专业技术角度,提出新观点和新见解。2010年,组织科技人员参加中国科协年会、自治区第三届青年论坛、第八届海峡两岸休闲农业发展学术研讨会等活动。

第二章　地　震

第一节　机构设置

1986年,巴盟设立地震处,负责监测巴盟地区地震活动情况。下辖乌拉特前旗、五原县地震局和乌拉特中旗、乌拉特后旗、杭锦后旗地震观测站。1990年,巴盟地震处增设震情值班室。1995年,巴盟地震处改称巴盟地震局,行使政府职能,属事业单位。1997年,增设工程地震科。2004年,巴盟撤盟设市,巴盟地震局改称巴彦淖尔市地震局。2008年4月,经自治区人事厅批准,地震局参照《中华人民共和国公务员法》管理。东升庙地震台、八一地震台为地震局的二级事业单位。

第二节　台网设施建设

1985年,在北纬40°51′25″东经107°37′30″利用长庆油田在临河市八一乡新道村的石油勘探井(5269米),配置SW－40型水位自记仪,建立八一地震前兆观测室,开展地下水位、流量观测。1987年,在东升庙地震台、八一观测室和各旗、县、市地震局(站),配置DSJ数字记录仪,增加动物观测项目,1990年,在盟震情值班室配置FT－80C100W无线电台,确保震情信息与自治区地震局和各旗、县、市快速准确传递。1991年7月,八一地震前兆观测室改称八一地震前兆观测台,增加地下水观测项目,配有SD－1型双道自动测氡仪、XG－4型测汞仪。1994年4月,盟地震处无线电通信网建成。1998年8月,在东升庙地震台、八一地震台和乌拉特前旗地震局增设CO_2观测项目,进行地震预报短临跟踪;盟地震局更换联想386微机为586;在磴口县小官井新设水位观测项目,配有SW40－1型水位自记仪。1999年7月,投入70余万元在临河新建自治区西部区地震遥测台网办公楼。2005年,在八一地震台新设地下水位观测设施。2006年,对八一地震台观测环境、观测条件进行改造、扩建和装修,新增水温、水位、气氡、汞等地下流体观测仪器。2007年,完成东升庙地震台的数字测震仪器安装;完成八一地震台测汞、测氡、气象三要素以及水温、水位仪器的安装和调试。2010年,增加东升庙地震台卫星电话、发电机、GPS定位仪、对讲机、应急包等设施和现场采集信息专用的摄录像辅助用品。

通过国家、自治区地震数字化改革"十五"项目的实施完成,结束了三十多年监测手段模拟化的落后状况,实现监测手段向记录(处理)数字化、传输光纤化的转变。观测项目由过去单一测震发展为综合监测,包括测震、测汞、测氡、气象三要素、水温、水位以及地磁、地倾斜等综合观测。新建的七个强震台,使预警能力明显增强。M_S3_0 级以上地震触发自动报警,专门观测预警和监测强震动参数。

第三节 地震监测

1990 年 7 月,盟地震局处第一次承担自治区地震局在磴口西敖伦布鲁格历时半年的野外流动测震,为分析这一地区小震群活动提供大量的详细监测资料。1995 年 3 月,根据河套地区地震形势,在临河市召开全盟地震工作会议,完成对磴口县巴彦高勒镇地震灾害预测工作。1996 年 5 月 3 日 11 时 32 分,观测到乌拉特前旗与包头交界地区,地理坐标北纬 40°45′、东经 109°43′处发生 Ms6.4 级强烈地震(简称包头西地震)。这次地震是从 1923 年有地震记载以来发生在巴盟境内最严重的一次地震,震中烈度 8 度。1997 年 10 月 21 日 14 时 33 分,在杭锦后旗团结乡北纬 40°09′、东经 107°22′处发生了 Ms5.0 级地震。2001 年 4 月,根据乌加河地震台自然电位、水平摆和八一地震台气氡出现的异常,成功预报 6 月 5 日发生在乌拉特前旗的 4.8 级地震,完成乌拉特前旗 4.8 级地震、磴口 4.0 级地震现场考察、震害评估。2004 年 4 月 27 日,成功监测发生在磴口县境内的 3.2 级有感地震。2008 年,针对汶川地震,与自治区共同承担中国地震预测咨询委员会研究项目“2008 年汶川 8.0 级特大地震后对华北地区地震形势分析”,并以翔实的资料、新颖的证据,论证华北地区面临的地震形势;完成《巴彦淖尔市防震减灾应急联动指挥中心项目建设可行性报告》的编撰工作。2009 年,监测到巴彦淖尔市境内发生 4.0 级地震 1 次,4.5 级有感地震(乌拉特后旗内)。2010 年,与中国地震局合作完成“大华北地区 2011 年地震形势的紧迫性和严峻性”的课题研究。

第四节 震害防御

一、应急预案

1989 年,按照上级要求,结合实际,对《巴盟地震应急预案》进行第一次修订。1992 年,对《巴盟地震应急预案》进行第二次修订。1995 年,第三次对《巴盟地震应急预案》修订。1996 年 6 月,与乌拉山复兴化肥有限公司、乌拉山发电厂合作,完成两个企业的《破坏性地震应急预案》。1998 年,对《巴盟地震应急预案》进行第四次修订。

2003—2004 年,为完善《巴盟地震应急预案》,对全盟各旗、县危旧房屋进行调查。调查统计结果,全盟 1970 年以前建筑的危旧房屋合计 141.55 万平方米;对磴口、临河境内防洪堤、油库、加油站等重要工程实施检查,协助相关单位制定完善防震预案及备震物资落实。2007 年,重新修订完善《巴彦淖尔破坏性地震应急预案》,并对全市防震减灾领导小组成员进行调整。2008—2010 年,每年均对《巴彦淖尔破坏性地震应急预案》进行重新修订完善,并对小组成员进行调整。

二、灾情速报网

2004 年,按照国务院关于"三网一员"中推进地震宏观测报网、地震灾情速报网、地震知识宣传网,乡镇设置防震减灾助理员建设要求,对全市 28 个宏观点和灾情速报点的工作进行全面详细的统计调查,进行重新登记造册。对不符合工作规范要求的网点予以纠正和完善。2005 年,对全市各旗、县、区及乡镇苏木面积、人口、各类建筑物做进一步详细统计。2007 年 3 月,对全市"三网"工作进行重新整顿、梳理、建档,对不符合要求的网点进行整改,使全市"三网"工作步入正规化管理轨道;按照中国地震局启用"12322"震灾速报平台的要求,2008 年重新核实上报灾情速报人员和应急志愿者名单,并组织模拟测试,明确短信息用语约定和发送格式。2010 年,按照国家地震局灾情速报的规定,配合国家救援中心编制联络电话,重新与网络运营商签订线路租用合同,保证软件系统和传输系统工作正常。

三、防震抗震

1995 年 3 月,完成对磴口县巴彦高勒镇地震灾害预测工作。2001 年,完成东升庙锌选矿厂烈度复核和选址工作。2002 年,完成盟医院门诊大楼、国税大楼、海天城的烈度复核工作。2004 年 2—4 月,完成临河热电厂、磴口电厂地震安全性评估、东升庙锌冶炼厂烈度复核;对小佘太大中矿业、哈—磴高速公路通过段在施工生产中给村民和城镇居民的住房造成不同程度的破坏得出科学震害评估;对乌拉特前旗拟建火力发电厂项目做抗震设防监管和安全性评价。2006 年,完成中兴泰富广场、峻峰华庭、金泰小区三个项目的动参数复核工作;对市宏发生物质能热电项目和五原宏珠热电项目进行地震安全性评价。2007 年,完成华澳大酒店、巴彦淖尔市电力调度指挥中心、乌拉特前旗医院门诊大楼、磴口县天然气站地震安全评价。2009 年,完成巴彦淖尔市水务调度大楼、乌拉特后旗风电厂 500 千伏汇集站输变电工程、乌拉特后旗青山工业园区 3000 吨多晶硅项目地震安全性评价。2010 年,完成市广电传媒中心大楼、妇女儿童活动中心大楼、森林防火指挥中心大楼、乌拉特后旗电力公司调度大楼、乌拉特前旗大成大厦、市行政事业集中收付中心、市发改委、地质二院等工程的地震性评价。

四、防震宣传教育

1992 年 7 月,举办全盟防震减灾知识电视大奖赛。1994 年 5 月,在全盟各级党校、中小学开展形式多样的防震减灾知识科普教育,建立长期化防震制度。2007 年,针对巴彦淖尔市地震防灾实际,在全市中小学开展防震减灾科普知识宣传活动。同时,结合建设社会主义新农村,编印适合农牧区民居抗震设防的《北方农村民居建筑抗震知识》和《地震与防灾》手册。通过全方位的科普宣传,使广大市民特别是农牧民、中小学生增强防震减灾意识。按照应急救援需要，各地相继组建以消防队为主体的地震紧急救援队，组织地震应急救援演练。2009 年，先后在临河第二实验小学、临河区第四小学，五原县第三中学，杭锦后旗六中、奋斗小学，乌拉特中旗第一小学，磴口县二完小、磴口县补隆小学开展防震减灾知识教育，与市教育局签订《共建防震减灾示范学校协议书》，分别在第二实验小学、临河区第四小学、乌拉特前旗乌加河镇职业中学建立防震减灾示范学校。依靠学校教育，广泛普及防震减灾科普知识。2010 年，先后在临河区第三小学、第五中学，杭锦后旗六中、奋斗小学、实验小学、职业教育学校，乌拉特前旗四中、五中、六中、三完小，乌拉特中旗蒙古族幼儿园、三完小、乌加河中学开展防震知识科普教育和应急演练。

第五节　服务与管理

一、行政审批

2009 年，将建设工程抗震设防要求管理纳入行政审批程序，并于 3 月正式进入政府审批大厅开展工作。

二、行政执法

2006 年 5 月，推行行政执法责任制，对影视大厦、五原宏珠热电厂、磴口红柱石精选和硅铝合金冶炼、乌拉特中旗金属镁等项目进行执法检查。2007 年，开展地震行政执法 3 次。在执法过程中，坚持持证执法，严格执法权限，执法程序。2008 年，为发挥法律法规的作用，依法推进执法工作，巴彦淖尔市举办地震行政执法培训班，邀请中国地震局研究员、自治区地震局执法大队和市法制办学者专家授课。2009 年，全市开展地震行政执法 6 次，其中磴口县对全县城镇规划区及各苏木镇的各类建筑物房屋进行了一次全面执法检查，建立校舍安全档案，准确掌握每一栋校舍的安全信息。2010 年，配合自治区地震执法大队，在全市开展 3 次地震执法检查。对高度超过 50 米的建筑物和易引发火灾、水灾、爆炸以及储存剧毒、强腐蚀性、放射性物质的工程追踪监管。

第三章　气象测报

第一节　设施设备建设

巴盟气象观察起始于20世纪50年代初。1986年全盟有气象观察台(站)8个,报文传递业务主要由手工抄报为主。1987年后,逐年购置现代化设备。1993—1997年,随着我国科学技术的进步和地方经济建设的需要,开通巴盟气象局联结自治区的微波线路,实现海流图气象站、海力素气象站、临河气象站与自治区气象局的数据传输,建成上下行收发报、天气预报会商、气象服务4个子系统的气象台局域网;建立农牧业气象服务中心,实现与农气研究所和人工防雹降雨的微机联网;开通盟气象台至杭锦后旗、临河气象局的电话数传;开通巴盟气象局到旗县局分组数据交换网。盟局各科室全部实行微机入网,完成9210LAST站初步安装任务,实现全国地市以上气象局卫星通话,气象业务现代化建设全面完成并通过自治区气象局验收和鉴定。1999年,巴盟投资10万元,引进电视天气预报制作系统,各旗、县气象局在地方财政资助下,全部安装VSAT单收站(卫星接收系统),实现0210工程(国家气象现代化工程)。2000年,全盟气象通信网络升级工作提前完成,PC—VSAT站全部进入正常业务运行。9210工程在盟内完全实现主业务化切换,米开扑斯的二次开发在天气预报中的短期降水、短时气候预测方面得到进一步完善。两个科研课题组的成果被选入自治区气象局预报经验交流会参加交流。各气象局办公自动化完成上行、下行及横向科室计算机联网。2001年,按照自治区气象局和"十五"气象事业发展规划,投资10多万元更新盟局设备,安装完成全盟气象NOTES电子系统和旗、县、市站多媒体卡,开通上至区局、下至各旗、县、市局、内通盟局各科室的电子邮件网络。人工增雨作业引进GPS全球定位系统。在巴盟政务信息网站上制作气象主页,将全局机构设置、主要业务、技术力量、科技手段、合作意向及对外服务形式、内容、方法等公布于互联网,用以信息沟通。2002年,引进一套卫星遥感接收系统,一套信息服务系统,一套"121"电话答询系统。开通"巴盟农经网"和"巴盟科技信息服务台""农牧业气象服务系统"。利用3S技术,建立作物、牧草产量评估模式。设立2个研究项目,完成WWW技术在旗县站延伸。在自治区局中标的两项科研项目进展顺利。2003年,以提高业务水平和增强服务能力为核心,按照建设"一流装备"的要求,推进现代化建设。引进卫星遥感图像接收设备,安装CTL－713C天气雷达系统,完成风云2B卫星云图接收器的调试运行,海力素气象站和乌拉特前旗、乌拉特中旗、临河市、磴口县气象局的自动站建设提前一个月试运行。

2004年，完成全市8个节点宽带网的安装和调试工作，平稳安全进行了X. 25(9600BPS)到SDH(2M)宽带业务的过渡和调整，在市局范围内开通IP电话，升级改造7个旗县局和市局局域网，将网速由10兆提升为100兆。开通大佘太站的拨号发报线路，安装电子邮件系统和发报软件，结束了全市最后一个站的话音传报工作。2007年，气象系统完成新一代卫星数据广播系统安装调试、资料查询系统以及区域自动站等建设并投入使用。完成全市网站更新改造。引进干旱监测预警评估系统在市气象台安装试用。开设10兆光缆通信及50EC PRS通信。建成16个区域自动站中1个六要素、15个两要素。完善公众服务平台和预警服务平台，实现业务流程化和服务规范化。2008年，投资3000多万元，完成8个气象局站的NTS系统的安装调试，建成海力素北斗一号卫星发报系统。2009年，建成区域自动站16个，其中国家级无人自助站3个、强风站1个。完成全市所有防雹站现代化建设。

第二节　气象服务

1986—1994年，气象部门主要围绕天气要素开展预报服务。1995年，为加强气象科技为农牧业服务，做好各级政府农牧业决策咨询参谋助手作用，并为广大用户提供科技信息含量高、实用性强的气象科技产品，制定《巴盟农业气象社会化服务大纲》。大纲要求气象部门抓住春播、汛期、收获以及突发性自然灾害开展预报，并提出应对措施。1998年，针对立春后气候的反常现象，在春播期间，为临河县、杭锦后旗、五原县、乌拉特前旗、磴口县及时提供春播天气情况预报和生产建议；为防止冰雹袭击，高炮作业319次，发射炮弹10958发，减少冰雹成灾面积1.95万公顷；在乌拉特中旗、乌拉特后旗、磴口县、乌拉特前旗4个旗、县设火箭降雨点17个，累计作业21日次，发射火箭降雨弹885发，总增雨面积27610平方千米，累计增雨量208.4毫米，总增加雨水3.08亿吨；编发《农业气象》简报289期，其中情报207期，各类预报82期。1999年，针对牧区春夏季节多雷阵雨等较强对流天气特点，全盟设火箭点19个，其中固定点9个，移动点10个，累计作业63次，消耗火箭668枚，增雨面积23230平方千米，增雨量119毫米，总增加雨水127094160立方米。88门三七高炮在13个降雹日作业267次，消耗炮弹11033发，成灾面积减少1.33万公顷，经济效益比为1:50。气象服务还增加蔬菜批发价格、气象知识问答、高考期间天气形势和对考生的饮食、学习、生活影响等形式多样的内容。

2000年，春夏连旱，山旱牧区尤为突出，牧草返青困难，牲畜死亡数量剧增，降水量较历年同期减少6%～33%。为降低旱灾带来的经济损失，实施飞机增雨三次，火箭增雨52次，消耗火箭弹1082枚，累计增雨面积2645平方千米，增雨量144.7毫米。据测算，直接经济效益1360万元。年内出现冰雹天气11次，全盟96门三七火炮作业213次，消耗炮弹8450发，因冰雹受灾面积由1.77万公顷降到6100余公顷，测算减少经济损失3417.15万元。高考期间，开设专为考生服务的07信箱，内装考生关心的天气信息和考生应对饮食起居和心理等方面问题的信息。黄河凌汛期间，气象预报采取长、中、短期相结合的服务方式，派出人员沿河岸实地考察，分析入冬后气候特征，参照黄河水情，及时作出预报。2001年，启动山旱牧区飞播造林种草工程，气象部门承担作业区短、中、长期天气预报，保证飞机作业安全。年初发布年景预报，指出年内降水量比常年少2～3成，气温偏高1～2度，多大风、沙尘天气，且有可能出现春夏连旱。实况与预报基本相符，为全盟抗旱赢得了主动。全年发布各类气象情报97期，气候评价4期，编发《巴盟农业气象》简报45期。2001年，气象部门对巴盟境内的生态工程项目，进行GPS卫星定位监察工作，完成5个旗、县8个项目区的野外勘测定位和相关计算，并完成项目区生态评估报告。全年完成飞机增雨作业4次，火箭增雨作业43次，发射降雨火箭858枚，累计增雨面积15031平方千米，增雨78226943立方米，增加雨量14.22毫米。年内出现降雹天气过程15次，高炮防雹作业343次，耗弹11456发，成灾面积减少2.71万公顷，减少经济损失7686.5万元。2002年，实施飞机增雨作业6架次，人工移动增雨作业18车次，累计增加雨量120.3毫米，增雨面积6750平方千米。高炮防雹作业184次，减少冰雹成灾面积1.15万公顷，减少损失3268万元。年内，根据本地区生产实际，设立冬季农田土壤水分测定项目；利用3S技术，对环境变化与建设等方面的问题症结进行科研攻关；对黄河开河、封河日期的预测、形势、特点进行研究；与农、林、牧、水等部门合作，筹建巴盟科技信息服务台；与巴盟电视台影视频道达成节目制作意向，推出《天气与生活》节目；在“121”信息服务中，开办天气与健康、交通与气象、皮肤护理与天气、金融与气象、保险与气象等内容。2003年，为农业部门提供当年和近5年旱涝趋势分析报告；准确预测了4、5月份多雨和6月出现阶段性干旱预报；为河灌总局提供黄河上游地区天气气候预测和降水情况，提出继续加强抗旱节水工程建设和水情调度的建议；准确预报封、开河时间；开通“科技服务信息台”“科技通讯服务台”。在生产过程中，定时发布各类情报、预报、气候评价、决策咨询专题分析等进行社会化服务。利用多媒体技术制作天气预报节目，在电视台播6次。

2004年，市气象部门抓住6月2—5日的天气过程，紧急从乌海赊回几十万元的火箭弹和火箭架，开展增雨作业，使山旱牧区普降大到暴雨。解除旱情同时，抑制了正在草原蔓延的蝗灾。年内，在保持中部增雨基地作业规模基础上，利用新建成的西部增雨基地，扩大作业范围和规模，共进行飞机增雨作业10架次，发射各型火箭482枚。全市各旗、县、区95门高炮防雹累计作业300多次，消耗炮弹6228发，将雹灾损失降到最低的程度。防霜冻气象服务，为杭锦后旗挽回损失上亿元。利用手机短信技术，向各级党政部门领导开展气象预警预报服务。2005年，为最大限度地开发和利用空中水资源，利用两个基地，租用两架飞机共进行飞机增雨作业7架次。同时，进行地面火箭增雨作业，累计火箭增雨作业34

次,消耗火箭弹397枚,作业影响面积7750平方千米。在乌拉特后旗的青山镇、乌拉特中旗的石兰计、五原县的塔尔湖东部、乌拉特前旗小佘太和明安乡之间增设四个防雹作业点,高炮防雹作业12天108次,消耗炮弹15210发,保护面积3920平方千米。2006年,全市范围内先后发生暴雨、干旱、冰雹、霜冻、沙尘暴等气象灾害。气象局及时发布道路结冰、沙尘暴、寒潮预警信号和暴雨、霜冻预警信息。全年出现17次降雹过程,高炮防雹累计作业508次,消耗炮弹两万多发,雹灾面积减少1.67万公顷。2007年,全年开展高炮作业237次,消耗炮弹10081发。飞机增雨作业3架次,火箭增雨作业20次,发射新型火箭83发。2008年,气象部门为社会提供《气象服务》521期,其中,天气预警29期,专题预报75期,中、长期预报51期,气候评价14期,农业气象与生态产品76期,气象参考55期,天气公报15期,气候概况34期,重要天气报告、通报11期,西部灾害性天气联防信息4期,发布雨情分析115期,天气预报服务总结27期。在学生高考、中考期间,制作"高考专题预报""中考专题预报",每天上、下午提供天气预报及要素预报。奥运会、残奥会期间,按照《内蒙古自治区气象局奥运气象服务方案》,为鄂尔多斯气象局发送上游观测气象数据资料。在"神舟七号"载人航天飞船从发射到回收期间,按照中国气象局的部署提供7天至10天探空加密观察资料。黄河开封期间,气象部门及时为防汛部门提供黄河沿线天气变化情况。在春播期间,及时编发《气象参考》,通过媒体发布天气气候趋势及对农业生产的影响和生产建议。年内发生三次霜冻天过程,市气象台都作出准确预报,并发出红色预警。针对番茄晚疫病,市气象局每天出一期"番茄晚疫病"专题预报,提出"番茄晚疫病"防御措施及防治方法建议,发送市政府。年内出现冰雹性过程3次,降雹过程16次,高炮作业125次,消耗炮弹4022发,高炮控制区未发生雹灾。与白塔机场配合,实施飞机增雨作业2架次、地面火箭增雨作业37次,发射火箭弹203发。2009年,巴彦淖尔市大部分地区降水量偏少,气温偏高,日照充足,大风、沙尘暴偏少。干热风、潮塌严重,鼠疫及草原病虫害等气象均有发生。虽然气象部门在灾害来临前作了预报和预警,但仍给农牧业生产造成一定损失。2010年,气温异常,高温出现持续时间长,给农牧业生产带来严重危害,干旱农作物病虫害及牲畜疾病频发,通过及时预报、预警和积极防治,农业及畜牧业损失减少。

第三节　气象学研

1980—1995年,全盟气象系统共承担各类课题30多项,和有关单位协同攻关,先后在改进小麦栽培灌溉制度、预防小麦干热风、病虫害防治、节水灌溉、地膜覆盖、立体种植、吨粮田建设和超吨粮田建设、科技扶贫、品种引进试验示范等方面取得成果。先后获巴盟科技进步一等奖2项,二等奖2项,三等奖2项;获自治区科技进步一等奖1项,二等奖1项;获气象局科技扶贫二等奖、三等奖各1项。1996年,与农业部门合作的科研成果"吨粮田基础理论研究与模式化栽培技术研究”,获国家科技进步三等奖。1999 年,气象系统完成早熟小麦引种试验示范研究和春小麦生长发育全程气候研究。发表《立体多熟种植中小麦边际温湿映射效应的研究》等 3 篇论文,其中《适应气候变化规律,调整种植业结构》等 2 篇论文被中科院选入论文集。2000 年,成立 8 个科研课题小组,就常规预报、米开扑斯二次开发应用、西部生态环境建设等有关课题进行科研攻关。2003 年,向上级部门和地方申请项目,其中,一个项目列入自治区计委项目库,3 个项目在自治区气象局中标。气象系统自设 5 个业务应用课题,有 2 篇论文被选为国际气候大会发言材料,5 篇论文被自治区自然科学技术年会评为优秀论文,其中 2 篇获二等奖。

第三十一篇

文化　体育

第一章　文化艺术　创作出版

第一节　机构与改革

一、机构沿革

1983年体制改革，文化局与体委合并，成立盟行政行署文化体育处，内设办公室、人事科、艺术科、文化科、体育科、调研室。1988年6月成立盟社会文化管理委员会，设办公室、人事科、艺术科、文化科、体育科、调研室、文化市场管理科，工作人员59名。1990年5月撤销盟社会文化管理委员会，更名为盟文化体育处，增设纪检组，内设机构未变动，工作人员42名。1995年6月盟文化体育处更名为盟文化体育局，内设机构未变动，工作人员45名。

1996年12月盟文化体育局设办公室、人事科、艺术科、社会文化科、体育科、调研室、文化市场管理科，增设审计科、机关事务服务中心，工作人员共25名。文体局下辖盟图书馆、群艺馆、展览馆、博物馆、歌舞团、民间歌剧团、晋剧团、文物站、艺校、电影公司、巴彦淖尔影剧院、体校、体育场、老年体协和文化稽查队15个单位。2002年1月，全盟党政机关机构改革，市文体局机关核定行政编制17人，局领导5人、科长11人、科员1人。内设文化科、艺术文物科、群众体育科、竞赛训练科、文化市场管理科、人事科和办公室，8月巴彦淖尔盟体育彩票站成立，科级建制，工作人员5名。

2003年4月，经盟机构编制委员会批准，盟文体局加挂盟行政行署新闻出版（版权）局牌子。2004年8月26日巴彦淖尔市正式成立，盟文体局更名为“巴彦淖尔市文化体育局”。2004年9月机构改革，市文化体育局设办公室、人事科、文化科、艺术文物科、文化市场管理科、竞训科、群体科，工作人员21名。

2010年10月机构改革，市文化体育局设办公室、人事科、文化艺术科、文化遗产保护科、产业发展与市场管理科、竞技体育科、群众体育科，工作人员17名。12月，在下属文化纠察队基础上成立巴彦淖尔市文化市场综合执法局，副处级建制，下设5个科（副科建制）：综合科、文化体育监察科、广播电影电视监察科、新闻出版监察科、文物保护监察科，工作人员26名。

二、事业单位

（一）巴彦淖尔市文化市场综合执法局

1989年，盟文体局成立文化市场管理所，开始对集中型文化市场进行管理。1997年，更名成立盟文化稽查队,编制5人。2001年更名为盟文体稽查队,人员编制11人。2004年文体稽查队更名为巴彦淖尔市文体稽查队,科级建制,领导职数1正1副,编制11人。

2008年自治区人事厅内人发〔2008〕79号文件批准,市文化体育稽查队参照公务员法管理。2010年12月7日,依据自治区编委《关于组建盟市文化市场综合执法机构的批复》(内机编发〔2010〕70号)精神,经市编委会2010年第二次会议研究,决定成立市文化市场综合执法局。市文化市场综合执法局由原市文化体育稽查队、原市广播电视稽查大队合并组建,副处级事业单位,由市政府委托市文化体育局管理,核定市文化市场综合执法局事业编制26个,设局长1名(副处级)、副局长2名(正科级)。内设五个科队(副科级),综合科、文化体育监察科(对外称文化体育监察大队)、广播电影电视监察科(对外称广播电影电视监察大队)、新闻出版监察科(对外称新闻出版监察大队)、文物保护监察科(对外称文物保护监察大队)。负责全市文化体育市场、广播电影电视、新闻出版、文物等领域的综合行政执法工作;负责对旗、县、区文化市场综合执法工作进行监督、检查、指导、考评和重大案件的查处。

(二)巴彦淖尔市(盟)图书馆

盟图书馆1962年成立,科级建制,按照巴机编发(1997)59号文件“五定”方案精神,经盟机构编制委员会审核批准,核定盟图书馆工作人员编制为45人,其中科级领导3人,专业技术人员37人。单位内设机构有:综合办公室(含业务办公室)、研究辅导部(内含盟图书馆学会办公室)、文献采编部、参考咨询部、图书流通部(含基藏书库)、少儿阅览部、期刊阅览部、报纸阅览部、民族地方文献部、古籍文献管理部、蒙文工作部、网络技术部(包括电子阅览管理)、老年活动中心服务部。

(三)巴彦淖尔市(盟)电影发行放映公司

1986—1993年,盟电影公司一直实行的是“事业单位、企业管理”模式,人员工资扔执行事业单位工资标准,人事管理归地方,业务实行双重管理。1999年,电影公司内部实行改革:独立处理盟内35毫米影片发行任务和社区分散放映任务。人员、费用自负,独立核算。电影放映厅,实行内部承包经营,承担对外放映收入。落实国家电影“2131”工程计划,成立流动放映队,实施对农牧区电影的供片、机械维修、业务指导、新科技影片的推广服务以及主管部门交予的任务。2001年,电影体制改革,中断与内蒙古公司的供片关系,发行职能丧失,职工工资只能靠经营三产,出租门店维持。至2005年为解决职工工资问题,更换公司领导、引进合作单位。2006—2008年,靠过去库存的拷贝组织零星的专场放映及坚持对社区及农牧区的公益放映。2009年2月,按照国家改革政策,将各地电影放映机构划入广播电视部门管理。

(四)新华书店

1986—1988年,盟新华书店由盟文化局领导。1993年4月,全区新华书店系统归属自治区新华书店,盟新华书店改称自治区新华书店巴彦淖尔盟分店。经过深化改革,2006年12月,内蒙古新华发行集团股份有限公司挂牌成立,内蒙古新华书店集团巴彦淖尔市分店(市新华书店)由有限责任公司改为股份有限公司并更名为内蒙古新华发行集团股份有限公司巴彦淖尔市分公司。

(五)巴彦淖尔市(盟)展览馆

1964年11月,盟社会主义教育办公室组建"社会主义教育展览组",有工作人员7人,组成美工、摄影、文字三个小组。1967年,改为盟展览办公室,1970年12月,改为盟展览馆。1976年,盟展览馆撤销建制,人员并入群艺馆。1981年5月,重建盟展览馆。展览馆编制42人,内设美工、摄影、文字、后勤四个组。2002年,机构改革,盟展览馆为科级建制,定编25人。2004年,盟展览馆更名为市展览馆,搬入市文体大楼,占地面积1100平方米,其中展厅600平方米。

市展览馆建立后,为配合党和政府的各项中心工作及开展本职业务工作,先后举办不同内容、多种形式的展览,其中规模较大的展览主要有:

1985年,精神文明建设展览;"全盟整党工作展览""冒牌药品展览""纪念抗日战争和世界反法西斯战争胜利40周年展览""民族团结共同繁荣展览"。

1991年5月,策划编辑出版《全盟名优特产品》画册;7月,承做巴盟参加内蒙古首届那达慕大会商展业展销会展览,被自治区评为特等奖。

1997年6—7月,承做巴盟参加自治区成立50周年大庆那达慕入场式4辆彩车,获得自治区优秀奖;8—9月,承做大连国际农业博览会巴盟展厅部分,获布展一等奖。

1999年,盟展览馆参加在山东潍坊举行的全国中青年农业科技商洽会展览巴盟展区的制作布展,以巧妙的构思和精湛的技艺,被团中央评为布展一等奖。

2006年,组织参加第八届上海国际摄影节"走进大草原——今日内蒙古"活动。

2010年,举办市第一届民俗民风图片展览,市第一届河套民俗民风图片展览,"多彩河套"全市摄影艺术作品展览,市第二届"西部情"蒙文书画作品展览,"辉煌40年——庆祝乌拉特后旗建旗40周年成就展览",中华之魂——阴山岩刻"五个一百"大型采风、创作、展出活动,阴山岩刻申遗中国名家书画艺术大展。

(六)巴彦淖尔市(盟)民族歌舞剧院

歌舞团 1986年,盟歌舞团科级建制,有演职人员为102人。剧团内设办公室、乐队、声乐队、舞蹈队、舞美队。1986—1994年,演出曲目主要以现代歌舞、民族歌舞和二人台为主。1986年剧团开始改革,在体制改革中破除大锅饭,择优用人,组成演出团体,跨省区进行演出;引进当时最为流行的通俗音乐,完全按市场化的方式进行演出;大胆创新,剧团在缺乏经费的情况下,歌舞团从银行贷款10万元,购置现代最先进的电声乐器、音响设备和舞台装置,先后排演了“中国西北摇滚音乐会”和“先锋‘1987’音乐会”。1995年,随着演艺事业改革,歌舞团为了生存,多渠道筹措资金,购进一批电声乐器和西洋乐器,使剧团设备得到很大改善。剧团组织演员走出去,首次在自治区体育场演出成功后,先后赴宁夏、甘肃、陕西、山西、河北等地演出数百场。

歌剧团 1986年,盟民间歌剧团科级建制,有演职人员48人,内设演员队、乐队、舞美队。1986—2003年,剧团以自编自演“二人台”曲目为主,每年演出200余场,足迹遍及巴彦淖尔城镇乡村。其中,编创的现代舞台剧《红请帖》在内蒙古电视台和地方电视台多次重播;《相爱在火葬场》获得自治区文艺会演“优秀节目奖”和“创作奖”;二人台现代剧《老牛赞》获全盟“五个一工程奖”。

晋剧团 晋剧团创办于1979年。剧团自成立后,始终坚持“文艺为人民服务”的宗旨,常年深入农村牧区、工矿企业巡回演出,为生产第一线的群众送戏上门,受到广大群众的赞扬。为晋剧在巴盟的发展与传播培养了大批人才。1979年组建至2003年合并的25年中,剧团每年完成演出近200场,演出遍布巴盟的农村牧区,覆盖面达80%以上,为了开展艺术交流,剧团每年还赴呼和浩特市、包头市、乌海市、伊盟等地巡回演出。

民族歌舞剧院 2003年,巴彦淖尔盟委、行署对原盟歌舞团、晋剧团、歌剧团进行了三团整合,新组建成立盟民族歌舞剧团。2006年,歌舞剧团更名为民族歌舞剧院。歌舞剧院成立后,坚持“二为”方向和“双百”方针,深入农村、牧区、军营、厂矿演出,先后创作演出各类剧目214个,其中器乐曲30余首,声乐节目109个,舞蹈46个,戏剧7台,小品12个,曲艺10个。有35个剧目及其演员在全国、全区各类大赛中获奖,有40多个剧目被中央电视台、内蒙古电视台电台播放。截至2010年,有演职人员120人,其中艺术副高占31%,艺术中级占54%,内设创编室、舞蹈队、声乐队、戏剧队、乐队、舞美队、办公室、演出中心,已形成艺术门类全、实力较强的专业艺术表演团体。

(七)巴彦淖尔市(盟)群众艺术馆

1976年10月筹备成立巴彦淖尔盟群众艺术馆,科级建制,全馆工作人员12人,内设文艺组、美术组、摄影组。

1992年11月,群艺馆设有文艺辅导部、美术辅导部、摄影辅导部、调研编辑部、办公室和创艺影像社、音像发行社、四宝堂、娱乐厅四个文化经济实体。馆中有国家级协会会员3人,自治区级协会会员8人。

1997年,根据巴机编发(1997)59号文件下发的“五定”方案核定编制总数为28人,其中科级领导职数3人。

2004 年,巴彦淖尔盟群众艺术馆,更名为巴彦淖尔市群众艺术馆,全馆在岗人员有 17 人,其中副研究馆员 4 人、馆员 5 人、助理馆员 7 人。馆内设文艺辅导部、美术摄影辅导部、调研部和办公室。

2005 年,改组成立非物质文化遗产办公室,全面开展非物质文化遗产保护工作。

2009 年有职工 20 人,其中副高 4 人,馆员 7 人,助理馆员 7 人。馆内设机构为三部一室,文艺辅导部、美术书法摄影辅导部、调研编辑部(包含非遗部)、办公室。

(八)内蒙古河套文化博物院

1979 年 10 月 1 日成立巴彦淖尔盟文物工作站,科级建制,有专业工作人员 6 人,后扩编为 34 人。1990 年 7 月,盟编办正式批复成立盟博物馆,为科级建制,定编 10 人,一套人马,两个牌子。

1997 年机构改革之后缩减为 20 人,站内设机构有办公室、档案室、历史文物部、民族文物部、革命文物部和安全保卫部,专业技术人员有副研究馆员 2 人、馆员 7 人、助理馆员 6 人。

2001 年 6 月,盟行署批复同意盟博物馆更名为盟阴山岩画博物馆,科级建制,工作人员 28 名。2006 年,市政府批复同意市阴山岩画博物馆更名为市博物馆。

2008 年 12 月机构改革,原市文物工作站、博物馆合并,成立内蒙古河套文化博物院,科级建制,工作人员 28 名。

2009 年,市博物馆馆舍拆迁。同时,市政府在临河区五一街北侧、河套文化主题公园南侧,启动总建筑面积 6.4 万平方米的文博中心大楼建设工程项目,其中包括新馆建设项目——内蒙古河套文化博物院,其建筑面积为 29000 平方米。

(九)巴彦淖尔市文物管理站(所)

1979 年 10 月 1 日,盟文物工作站正式成立,科级建制,工作人员 6 名。1988 年磴口县文物管理所、乌拉特前旗文物管理所、乌拉特中旗文物管理所和乌拉特后旗文物管理所同时成立,业务归盟文物工作站指导。

在对文物保护法、文物保护条例的深入宣传贯彻中,各级文物保护机构逐步建立,全盟的博物馆建设发展,文物保护工作进入依法管理阶段。2000 年,盟行署专门召开全盟文物保护工作电话会议,对全盟文物保护工作提出具体要求并进行全面部署,有力推动文物保护工作的有效落实。

2005 年,成立市文物行政执法稽查队,会同市文管所及各旗、县文管所对全市境内的文物保护重点单位和区域进行安全巡查,同时,对考古发掘现场、建筑施工工地以及省文保单位、古玩交易市场开展监督防控,认真贯彻和宣传文物保护法和国家有关文物保护工作的政策,有力地保证了不可移动文物和发掘现场的安全。

（十）巴彦淖尔市（盟）民族艺术学校

1980 年 5 月 7 日，为了给专业艺术团体培养后备人才，自治区文化局批准，由巴盟出资 1.5 万元，盟文教局落实校舍，抽调 8 名教师，建立“内蒙古艺术学校巴盟分班”。校址选在临河县人民公园。1986 年，艺校占地面积 0.21 公顷，仅有练功室（与歌剧团共用）、教室、宿舍、办公室共 12 间。学校教务设舞蹈教研组、戏曲教研组、声乐教研组、器乐教研组、文化教研组和总务组。教职工 27 人，在校学生 30 人，毕业学生 80 人。

1996 年 4 月，艺校搬迁至万丰开发区八一街，学校占地面积 0.67 公顷，建筑面积 2800 平方米，在职教职工 44 人，在校学生 90 人。

1997 年改称为“内蒙古艺术学校巴盟分校”。1998 年，学校正式成立教务处、团支部、学生会、后勤处。教务处下设舞蹈教研室、声乐教研室、器乐教研室、文化教研室。舞蹈设男女舞蹈；声乐设美声、民歌和通俗唱法。器乐专业包括中西乐器 16 种，文化课设语文、英语、数学、政治、历史、乐理、视唱。

1998 年 12 月，学校在深圳市宝安区松岗镇建立教学实习基地。基地实习学生 15 名。

2005 年，市委、市政府为艺校重新在临河万丰开发区规划新校址，校址占地面积 2.33 公顷，建筑面积 5700 平方米。投资 800 余万元，开工建设新校区。

2006 年，自治区人民政府批复同意内蒙古艺术学校巴盟分校独立设置。经市编制委员会同意，更名为“巴彦淖尔市民族艺术学校”。

2007 年 8 月 20 日，学校正式搬迁至新校区。新校区内各种设施和设备齐全，有排练厅、教室、宿舍、阅览室、师生食堂、办公室、浴室等，学校环境得到彻底改善，成为内蒙古西部教学基础设施较好的专业艺术学校。学校教职工编制 38 人，在编在岗 37 人。在岗教师中，正高职称 1 人，副高 7 人，中级 12 人，7 人被评为“双师型”教师。

三、体制改革

（一）人事制度改革

市（盟）文体局的人事制度改革始终坚持“二为”方针，不断深化人事制度改革，以出人才、出精品为重点工作方向，建立长效激励机制，鼓励演艺人员成名，激励编创人员全身心投入艺术精品创作中，以精品出人才，人才促精品，使艺术精品能常演不衰，让人才和精品走出内蒙古，走向全国。同时，大胆的引进艺术人才，采取高薪聘请编创人才，与知名优秀演员签约，外聘急需专业演员等形式，及时充实了专业演员队伍，提高编创演艺质量。

（二）企业管理改革

内蒙古新华发行集团股份有限公司巴彦淖尔市分公司（巴彦淖尔市新华书店）是临河地区唯一的国有图书发行企业，承担着临河地区的图书发行任务和中小学教材发行任务。1988 年，盟店向社会公开招聘经理。1993 年 4 月，全区新华书店系统归属自治区新华书店，巴彦淖尔盟新华书店改称内蒙古自治区新华书店巴彦淖尔盟分店。经过深化改革，2006年12月，内蒙古新华发行集团股份有限公司挂牌成立，内蒙古新华书店集团巴彦淖尔市分店（市新华书店）由有限责任公司改为股份有限公司并更名为“内蒙古新华发行集团股份有限公司巴彦淖尔市分公司”。

（三）表演团体改革

1986年巴彦淖尔盟歌舞团开始改革。一是体制改革，破除大锅饭，择优用人，组成演出团体，跨省区演出。二是引进当时最为流行的通俗音乐，完全按市场化的方式演出。三是大胆创新，剧团在没有经费的情况下，从银行贷款10万元，购置了现代最先进的电声乐器、音响设备和舞台装置，先后排演了“中国西北摇滚音乐会”和“先锋‘1987’音乐会”。

2003年为贯彻中共中央组织部、宣传部、人事部、文化部《关于深化文化事业单位人事制度改革的实施意见》（人发〔2003〕14号）文件精神，凝聚地方演艺实力，巴彦淖尔盟委、行署决定对原盟歌舞团、晋剧团、歌剧团进行整合，组建了巴盟歌舞剧院。组建的巴盟歌舞剧院，大胆引进艺术人才，采取高薪聘请编创人才，与知名优秀演员签约，外聘急需专业演员等形式，既充实了专业演员队伍，又增强了编创、演艺实力和知名度。

第二节　文化设施建设

一、巴彦淖尔市（盟）群艺馆

1980年，自治区文化厅和盟财政处、边防办、民族事务处共同投资，筹建蒙语说书厅（含群艺馆馆舍），其馆舍面积为500平方米。

1994年春，自治区文化厅和盟文体局投入资金，加上盟群艺馆自筹的部分经费，对馆舍进行整修和全面更新设备。

2004年，盟群众艺术馆，更名为巴彦淖尔市群众艺术馆，并迁入新落成的市文体大楼。共占用面积1100平方米，其中展厅400平方米，排练厅200平方米，书画室60平方米。

二、内蒙古河套文化博物院

巴彦淖尔市博物馆（后称巴盟阴山岩画博物馆）始建于1988年，总建筑面积1200平方米。1990年7月，巴盟编办正式批复成立巴盟博物馆，建筑面积增至2400平方米，展厅使用面积600平方米，馆藏展出文物300多件套。

1998年6月，经盟行署同意，由临河西贝餐饮公司注资扩大博物馆建筑面积1200平方米，由西贝公司租用一、二楼，三楼为博物馆展厅。

2009年，巴彦淖尔市博物馆馆舍拆迁。市政府在临河区五一街北侧、河套文化主题公园南侧，启动总建筑面积6.4万平方米的文博中心大楼建设工程项目，其中包括新馆建设项目——内蒙古河套文化博物院，其建筑面积为29000平方米。

2007—2010 年,巴彦淖尔市博物馆先后征集两批总计 400 余件(套)文物藏品,使本馆文物藏品数量达到 700 余件(套)。

三、巴彦淖尔市(盟)图书馆

图书馆 1986 年新建 800 平方米的资料楼,使图书馆面积达 1900 平方米。2000 年,通过逐年添置达到书架 2000 个、阅览桌 80 个、椅子 300 个、卷柜 30 个、目录柜 13 个。并自筹资金购进 1 台复印机、3 台电脑、2 台打印机方便顾客需求。

2005 年图书馆原址拆迁改造新建图书大厦,2008 年竣工后,图书馆搬入新华西街图书大厦,2 层交付使用,2009 年其他 3 层也相继交付使用,图书馆服务面积达到 3450 平方米。购置新的办公设施,使书架达到 261 个、文件柜 16 个、期刊架 10 个、存放报纸架 60 个、办公桌 22 个、办公椅 30 把、阅览桌 70 个、阅览椅 420 把、目录柜 6 组、会议桌 28 个、会议椅子 56 把、密集书架 50 组、电脑 11 台、笔记本电脑 1 台、数码摄像机 1 台、打字机 2 台,阅览设施得到改善。图书总入藏量近 30 余万册,其中,蒙古文图书 2200 余册,地方文献资料 2000 余册,中文期刊累计入藏有 900 多种,报纸累计近 300 种;1.8 万册古籍线装藏书,还有 10 多种近 2000 册满文古籍。

四、巴彦淖尔新华书店

1986—2006 年,市新华书店门市部面积为 230 平方米,位于临河新华西街 1 号。1994 年 2 月,盟新华书店将柜台部分拆除,改封闭柜台售书为开架售书。2006—2008 年,市新华书店经过改造,建成临河图书大厦,新华书店位于图书大厦二层、三楼,营业面积 320 平方米,内设开放式书架、存包柜、查询电脑等设施供读者使用。

五、集中建设设施

2008 年,通过争取上级投资、资产置换、政府投入等多种筹资方式,筹集资金 5000 多万元,建成市体校新校区、市图书馆,临河市、磴口县和乌拉特前旗全国文化信息资源共享工程县级分中心,投入使用。乌拉特后旗、磴口县博物馆进行装修布展,启动西区河套文化博物馆和文化艺术中心建设。认真实施基层文化站室建设和农牧民体育健身工程。新建和改扩建文化站 18 个,新农村新牧区示范点文化室 56 个和农牧民健身工程点 63 处,为其配备价值 197 万元的文化体育器材。还争取到 20 个“草原书屋”建设项目。

2009 年,抓住国家扩大内需、加大文化基础设施建设的有利时机,积极编制上报乡镇综合文化站和旗、县、区图书馆、文化馆、乌兰牧骑排练厅、博物馆、非物质文化遗产展示中心、社区文化活动中心等项目,初步建起全市公共文化建设项目库。同时加大项目争取力度,争取到 16 个文化站、4 个全国文化信息资源共享工程县级分中心、2 个农牧民体育健身广场、40 个点的农牧民体育健身工程、25 个草原书屋和 7 套送书下乡工程的设备等。

2010 年,投资总额在 500 万元以上的乌拉特中旗宣传文化中心,杭锦后旗河套酒道馆均已完工。基层文体基础设施建设进一步加强，全市先后投入上级和政府资金4200多万元，建成34个综合文化站、6个社区文化中心、31个文化室、756个全国文化信息资源共享工程和远程教育服务站、276个“草原书屋”，为12个综合文化站争取各补贴设备配置费4万元，为24个文化站争取各价值5万元的全国文化信息资源共享工程设备，为3个旗、县争取到各价值60万元的流动舞台车，为62个农牧区文化站室和社区文化中心、民间文艺协会配送乐器496件套，为3个苏木镇争取各20万元的农牧民体育广场项目，为40处农牧民健身场地配套各1万元的体育器材、新建了4个农牧民老年门球场。各项目采取集约方式投入，产生了良好的集中效果。

六、农牧区文化站建设

苏木乡镇综合文化站建设是国家、自治区和市委、市政府改善农村基层公共文化基础设施条件和提高农村基层公共文化服务水平的一项“惠民工程”。1986—1999年，农牧区有乡级文化站132个。1997年自治区政府增加对“彩虹文化计划”的投入，推动了全盟农村牧区文化建设的快速发展，2000年，为完善农村牧区文化设施，采取多渠道筹资，新扩建农牧区文化站10个，新建村嘎查文化室161个，发展社文化室797个。2002年，制定出台《巴盟2002—2005年文化基础设施建设规划》《巴盟边境文化长廊2002—2010年建设规划》《巴盟电影“科普之春”活动方案》和《巴盟文化进社区活动方案》。按照规划，建成二级文化站3个、三级文化站6个，达标村嘎查综合文化室56个，综合达标社文化室106个。

2004年，撤盟设市后，把文化建设纳入各级领导干部实绩考核目标。按照“彩虹文化计划”“边境文化长廊建设规划”和全盟小康文化建设“十五”规划，通过协调社会各方面力量，多方筹集资金，到2010年，建成乡镇苏木二级文化站5个、三级文化站21个，综合达标村嘎查文化室178个，综合达标社文化室340个。

第三节　文艺活动

一、群众文化活动

（一）传统文化活动

20世纪80～90年代盟文体局、临河市政府在每年的正月十五，大都要举办元宵晚会、踩高跷、社火等庆祝活动。

2007年3月4日（正月十五），在巴彦淖尔市人民广场组织举行《“巴运情·金川夜”和谐巴彦淖尔市元宵焰火文艺晚会》，演出精彩文艺节目15个，观众达2万余人次。

2008年1月，组织举办了“庆元宵”二人台专场晚会。

2009年1月10—17日，组织举办《纪念改革开放三十周年——巴彦淖尔市青年书法家五人作品展》，共展出作品百余幅。农历正月十五（2月28日），在影剧院广场组织举办

“庆元宵·临河地区业余二人台节目展演活动”，来自东环、新华等六个社区的30余位演员参加演出，观众累计达3万余人次。

2009年12月，组织全国第十五届“群星奖”各类作品的组织征稿工作，共征集有音乐、美术、摄影等七大类共计91件艺术作品，精选出74件优秀作品上报自治区参加初评。

（二）民族文化活动

每年的腊月二十三，是传统的蒙古民族过年，市、旗政府每年举办一次民族联欢活动。使蒙古民族过年习俗正常开展，增进了民族团结，和谐相处。

2007年8月，组织举办全市农牧民业余歌手大赛，来自全市7个旗、县、区的70多名业余歌手参加比赛。9月20日，庆祝“河套二人台艺术学会”成立暨喜迎“十七大”全市二人台优秀节目展演在巴彦淖尔市影剧院隆重举行。同年组织举办“乌拉特服饰图片展”。

2009年8月19日，为了传承和弘扬民族优秀传统文化，彰显乌拉特民歌的独特魅力，市群艺馆组织举办2009年中国·河套文化艺术节“美尔雅”全市乌拉特民歌优秀节目展演。

2010年8月26日，组织举办“蒙情·晋运”巴彦淖尔、乌兰察布、阳泉、晋城四市书法篆刻联展。9月26日至10月15日，组织举办“巴彦淖尔市政协书画作品展”，共展出书画作品百余幅，观众累计约2000人。11月底，举办“阴山岩刻申遗”名家书画作品创作笔会。

（三）节庆文化活动

1986—2010年，每年的“五一”、中秋、国庆、元旦、春节等节日，全市组织和举办各种形式的节日庆典文艺娱乐活动，增加节日欢乐气氛和活跃丰富群众文化生活。

1987年、1997年分别举办自治区成立40、50周年庆典。2007年6月30日至7月30日，组织举办庆祝建党86周年暨自治区成立60周年全市文艺会演，连续演出文艺节目三场，共有42个单位的61个节目参加演出，观众累计达3万人次。

“2007中国·河套文化艺术节”期间，举办“巴运情·金啤韵”全市业余文艺节目展演和“经纬情·建设者之歌”民营企业家节文艺晚会。

2008年8月，组织举办《“纪念中国改革开放30周年”巴彦淖尔市第一届老年书画展》，共展出作品200余件，观众累计5000人。9月，组织举办“迎国庆”暨纪念中国改革开放30周年市直机关优秀文艺节目会演，共演出优秀文艺节目2场，表演精彩文艺节目28个，参演演员153人，其中年龄最大的56岁，年龄最小的5岁。精彩的演出博得了广大群众的一致好评。

2009年9月，组织举办全市首届群众合唱节暨庆祝新中国成立60周年“爱国歌曲大家唱”群众性歌咏比赛5场；来自全市各条战线的60个单位、7000余人参加比赛。

（四）社区文化活动

2007 年,举办“走进社区”电业系统文体活动。

2008 年 4 月,组织“蒲公英”青少年优秀艺术新人巴彦淖尔市赛区选拔赛,市群艺馆艺术培训中心选送的 37 名参赛小选手,经过激烈角逐,有 33 个人入选参加北京“蒲公英”青少年优秀艺术新人总决赛,并分别荣获金、银、铜奖和优秀奖;其中荣获少年组琵琶独奏金奖的小选手樊娟彤被琵琶演奏家吴玉霞收为学生。

2008 年 5 月,市群艺馆与沁艺文化传媒公司和市红十字会联合组织“5 · 12”赈灾义演,现场为汶川地震灾区同胞募捐善款 2 万余元,得到社会各界的广泛赞誉。

2010 年 2 月 28 日(正月十五),协助临河区文体局组织举办《临河地区 2010 年“巴运情”元宵节二人台专场文艺演出,共演出优秀节目 23 个;来自临河地区的 8 个乡镇,社区代表队参加演出。

(五)企业文化活动

2007 年 5 月,指导巴彦淖尔电业局举办电力系统职工健美操大赛和举办电力系统干部职工书画展。

2009 年 8 月 18 日,组织举办 2009 中国 · 河套文化艺术节全市第三届“民营企业节”暨河套二人台优秀节目展演,共组织 15 个优秀节目参加演出。展演活动集中展示河套二人台艺术学会成立两年来所取得的艺术成果,同时满足全市城乡群众的精神文化需求。

2010 年 8 月 13 日,组织举办第六届电力系统职工书画工艺作品展。

(六)“三下乡”活动

送文化、科技、卫生“三下乡”活动是广大文艺工作者密切联系广大群众服务基层群众的有效途径,2006 年全年,市歌舞剧院精心组织、认真排练了体现建设社会主义新农村、新牧区为主要内容的二人台小戏、对唱、歌舞、小品、魔术等节目。在农牧民农闲季节,深入市域乡镇、苏木、军营、学校、社区进行送文化下乡演出活动,演出 30 多场。全年累计演出 92 场,观众 10 万人次。

2007 年,组织举办“今日内蒙古——走进大草原”全区摄影巡回展览,并组织作品赴乌拉特前旗举办巡回展。

2008 年,市群艺馆业务人员下基层辅导人均超过 3 个月,分别为市直机关工委、巴彦淖尔市医院、市林业局、临河区国税局、市法院等单位开展业务辅导工作,辅导单位累计约 45 个,辅导文艺节目累计近 60 个;所辅导节目参加同行业比赛,均取得优异成绩。

2009 年 3 月,为落实“春雨工程”,市群艺馆派业务人员随普查小组深入市内各旗、县、区,对所属的 70 余个乡镇苏木的基础文体设施建设情况进行摸底调查;根据调查了解的基本情况,为各旗、县、区捐赠总价值 50 万元的体育用品和乐器。

活动开展以来,全市持续开展“送文化下乡”活动,共送戏 470 多场、送书 4380 册,完成

1 万多场电影放映工作。

二、文艺团体活动

(一)巴彦淖尔市民族歌舞剧院

三团合并后,巴彦淖尔市歌舞剧院集民族歌舞、河套二人台、晋剧、现代歌舞于一体,是内蒙古西部地区演出阵容较大的专业艺术表演团体。

剧院致力于发展乌拉特民族歌舞、河套二人台和晋剧等艺术。共创作、生产、演出各类节目 214 个,其中,器乐曲 30 余首,声乐节目 109 个,舞蹈 46 个,戏剧 7 台,小品 12 个,曲艺 10 个。有 35 个剧节目及其演员在全国、全区各类大赛中获奖。有 40 多个剧节目被中央电视台、内蒙古电视台、电台播放。成功地举办了祁玉梅个人演唱会和王占昕舞台艺术展演。推出了王占昕、祁玉梅、姜兰、冀秀珍、赵春霞、娜木罕、刘海等,在自治区有一定影响、在巴彦淖尔有一定知名度的表演艺术家、歌唱家、编导、知名主持人。

在巴彦淖尔撤盟设市庆典、中国·河套文化艺术节、全区专业文艺调演、庆祝自治区成立 60 周年等大型活动中,创作演出"甜蜜的巴彦淖尔""和谐巴彦淖尔""八百里河套·八百里歌""岁月如歌""巴彦淖尔可爱的家乡"等大型歌舞晚会,演出取得了很大成功。其中《甜蜜的巴彦淖尔》在全区专业文艺调演中获团体铜奖;二人台呱嘴《王婆骂假》获中国第五届艺术节精品奖、自治区第八届艺术创作"萨日娜"奖;王占昕荣获第四届中国曲艺牡丹奖·表演奖;歌曲《牧人摇篮》荣获"感动中国·2008 年全国首届新创歌曲、歌词大赛"一等奖;歌曲《沙窝窝》荣获第十一届中国人口文化奖;现代戏《乌兰图克》、歌曲《沙窝窝》同获内蒙古第八届艺术创作"萨日娜"奖、第九届"五个一工程"奖;舞蹈《月》获自治区第九届"五个一工程"奖。在自治区首届曲艺、小品电视大赛和首届"娜仁花"奖戏剧大赛中歌舞剧荣获组织奖。参赛作品《选举》《自作自受》《不可救药》及演员获二、三等奖。2008 年参加中国. 滨州"博兴小戏艺术节"河套二人台小戏《称婆婆》《调查》《中秋时节》获优秀推荐剧目奖,同时 5 位演员获优秀演员奖。

剧院坚持"二为"方向和"双百"方针,深入农村、牧区、军营、厂矿演出,受到了广大人民群众的欢迎和赞誉。5 年累计演出 449 场,接待演出 235 场。

(二)内蒙古河套艺术团·河套酒业文工团

2003 年,河套艺术团实行文企联姻,一套人马、两块牌子,名称为内蒙古河套艺术团·河套酒业文工团。文企联合以后,杭锦后旗政府每年只负责 9 万元的办公经费,河套酒业集团每年投入 130 万 ~140 万元,用于人员工资、设备购置、节目编排、外出宣传演出;艺术团每年完成政府各种会议和节假日演出任务及河套酒业各种会议演出、外出演出任务。每年外出四个多月,演出 120 多场。2004—2006 年,艺术团共外出 370 多天,演出 320 多场,历经宁夏、甘肃、陕西、内蒙古、山西、河南六省区,120 多个市、县、旗,行程五万余公里。

2005年，艺术团代表巴彦淖尔市在自治区首府广场参加“中国呼和浩特第六届昭君文化节”演出和自治区第三届农牧业科技博览会演出。

（三）业余团体活动

1986年后，巴彦淖尔地区的业余文化团体如雨后春笋不断涌现。截至2010年底，临河区有业余文化团体14个，其中有文化馆威风锣鼓队伍1个；各社区街道办秧歌队伍11个；老年大学百人合唱团1支和解放办事处老年合唱团1支。

五原县有文艺队20支，秧歌队27支，座腔班、二人台队伍20支，文化大院18个，文化户12个，文化活动中心2个，民营文艺团体2个，县城广场健身舞表演队10支，乡镇广场健身舞表演队12支，社区合唱队3支，舞龙队2支、舞狮队4支。文艺骨干人数1277人，成为基层群众文化建设的骨干队伍。

杭锦后旗有二人台小剧团5个，演员48人。有小型舞台设备、服装、道具、乐器，常年巡回演出。秧歌队48支，每队平均人数达30人。其中，20支秧歌队配有锣鼓、服装。老年合唱团2个，演职人员168人。配有基本演出设备，能定期开展演出活动。

乌拉特中旗有文艺学会2个、文艺宣传队46支、文艺人才300多人，海流图镇有东街办事处蒙古族老年合唱团1个，西街办事处有二人台业余演出队1个，全旗有秧歌队14支。2006年成立乌拉特民歌学会和二人台学会；2009年成立海流图镇二人台剧团、乌加河镇二人台剧团、德岭山镇乌镇村二人台剧团；2009年成立海流图镇民歌合唱队。

2000年乌拉特前旗成立由旗文化馆职工24人组成的威风锣鼓队。文化馆出资购买1个大鼓、6个小鼓、8个铙、8个钹、30套服装，邀请山西省专业的威风锣鼓老师教学辅导。2003年，乌拉特前旗文化馆20名职工成立管乐队。职工自筹资金，购买了长号、圆号、次中音号、小号、萨克斯、长笛、黑管等乐器，聘请专业老师利用业余时间进行教学辅导。每年参加专场演出、节庆活动等约60余场，曲目有国内名曲《歌唱祖国》《在希望的田野上》和《拉德斯基进行曲》《欢乐颂》《多瑙河之波》等世界名曲共几十首。2005年，乌拉特前旗还组成二人台、晋剧演出队，由旗曲艺界前辈及曲艺爱好者组成，原乌兰牧骑、退休干部组成。每周定期在文化馆老年活动室排练、打坐腔、坐唱活动，参加一些小型演出及文化馆组织的专场。2006年，成立的乌拉特前旗文化馆爱心合唱团，有企业退休干部、旗文化馆专业老师成员20余人，坚持每周集中训练一次，排练曲目20多首。有小合唱、小组唱、表演唱、独唱、四重唱等多种形式。2006年，相继成立乌梁素海秧歌队、夕阳红歌舞秧歌队、先红成文艺演出队、先锋兰虎社秧歌队等多个秧歌表演队。成员来自社区群众和农村村民，每队成员在40人以上。

2002年10月，磴口县自发组成的业余夕阳红艺术团，全部为离退休人员，2008年已有演职人员68人。以健康快乐，发挥余热为主旨，积极参加全县性的各种庆典活动，主动到农村牧区宣传党的政策、法律知识,广受群众好评。并且在县、市举办的文艺比赛中多次获奖,2006 年被自治区文化厅评为全区十佳民间剧团,2007 年代表磴口县参加全市“庆七一”文艺演出,获优秀组织奖、优秀表演奖。2008 年参加全国中老年艺术展演,舞蹈《草原情深》获二等奖。2005 年,成立银河之星艺术团,2008 年有演职人员 22 人。艺术团自创曲目有《喜看磴口新面貌》《老两口喜看工业园区》《二人台唱成万人台》《庆“五一”喜迎奥运》等。这些自编曲目短小精悍,寓教于乐,深受群众喜爱。2005 年,美夕阳艺术团成立,2008 年有演职员 30 人。主动参与春节、华莱士节等广场文艺活动,利用农闲到农村牧区宣传演出。创作的二人台《王公卖瓜》《新挂红灯》在演出中引起群众广泛好评,并在市刊《社会主义新农村文艺专辑》上报道。公地乡计划生育宣传队,将计划生育的政策条文,变成有声有色的,群众喜闻乐见的小戏、小品、快板等。通过表演群众熟悉的人与事,在潜移默化中使群众受到教育。在 2000 年时发展成为有 50 多名演员,器具齐全的一支综合性文艺队伍,他们活跃在村间地头,以群众喜闻乐见的形式即时将党和国家的方针政策宣传到每家每户。县教育系统业余文艺宣传队,是由各学校师生组成的,利用业余时间排练,培养了文艺人才,每逢过年过节,组织参加广场文化活动。

1995 年,渡口乡文艺表演队成立,是由当地农村民间老艺人、文艺爱好者组织起的一支秧歌队,他们自备器具,利用农闲时间聚在一起踩高跷、扭秧歌,逢年过节上街表演,既热闹又锻炼身体。2008 年,渡口乡文艺表演队演员已发展到百余人,表演器具一应俱全,表演项目也由秧歌、高跷、旱船、舞狮、舞龙发展到相声、快板、小品等文艺节目。他们用纯正的方言土语,诙谐幽默地批判封建迷信,热情洋溢地宣传社会主义新风尚,受到群众的普遍赞誉。

三、集体文艺活动

全市 2008 年围绕庆祝北京奥运会和庆祝改革开放 30 周年两大重要活动,先后举办临河地区 2008 年春节元宵节文体活动、“迎国庆”暨改革开放 30 周年市直机关优秀文艺节目会演、河套文化建设成就展、全市河套二人台艺术优秀节目展演、全市庆祝改革开放 30 周年成就展、全市第一届老年书画展等大型文体活动 50 多场,观众达 50 多万人次。组织书画、摄影作品参加全区、全国和国际大赛共获奖 13 项;参加北京“蒲公英”青少年优秀艺术新人总决赛,有 33 人次获奖。2 个集体和 3 个人被评为全区农村电影放映先进集体和个人。

2009 年,先后举办全市首届群众合唱节暨“爱国歌曲大家唱”群众性歌咏比赛、社保专场晚会、纪念“五四”运动 90 周年暨巴彦淖尔市第三届十大杰出青年颁奖晚会、“庆六一、迎国庆”临河地区少儿舞蹈优秀节目展演、草原文化遗产保护日宣传活动、巴彦淖尔市庆祝新中国成立 60 周年成就展、巴彦淖尔市改革开放 30 年成就展及旗、县巡回展、全市美术书法作品展、企业风采展示会、全市蒙文书法作品展、“庆祝改革开放三十周年”巴彦淖尔市青年书法家五人作品展、全市中小学师生书画作品展等大型示范性活动。先后组织参加由文化部、国家民委、广电总局等6部委共同主办的第七届中国西部民歌(花儿)歌会,中国西部原生态山歌(民歌)“金嗓子”柳州赛歌会等比赛。二人台小戏《打金钱》和乌拉特民歌《鸿雁》分别荣获西部民歌歌会银奖和铜奖,韩秉义、张慧表演的《沙窝窝》,获得了柳州赛歌会“最佳金嗓子对唱演唱奖”和“最佳金嗓子风采奖”两项大奖。组织送文化下乡活动,共送书8900册、送碟片1000张,受到农牧民的欢迎。

2010年,成功举办“2010年中国河套文化艺术节”的4个方面13项文体活动,共有4000余人参与文艺演出、群众合唱比赛、全民健身活动和书画摄影展览活动。各旗、县、区独具特色的节庆活动、消夏广场文化活动规模大、持续时间长,得到了社会各界的好评。特别是乌拉特后旗建旗40周年庆典暨国际那达慕、磴口华莱士节、临河啤酒节等。以节日文体活动为重点,全市安排文艺演出、社火表演、书画摄影展览、全民读书月等送文化下乡活动100多项,观众达50多万人次。市群艺馆爱乐琵琶中心、磴口县夕阳红剧团赴中国台湾、韩国演出均获金奖。

四、文化活动网络

20世纪,全盟十分缺少文化网络活动,只有极少数的地方有文化活动场所,而且场所大多是自备。如乌拉特前旗先锋镇三顶村陈壕村四社中老年活动中心、三应河头活动中心,山咀乡来福营子活动中心,呼和布拉格嘎查活动室,阿日齐嘎查活动室等。

进入21世纪,随着经济的繁荣发展,人们对精神文化有了更高的要求。市文体局积极争取国家专项资金,新建综合文化大楼,大力推进和积极完善群众文化网络建设。在市委、市政府的领导下和文化系统的共同努力下,采取财政出资、动员社会各界集资等措施,多方筹集资金用于社区文化活动室、文化大院(站)、村(嘎查)文化室等的建设。全市各旗、县、区、乡镇、苏木镇大部分建起社区文化活动中心、文化大院(站)、社村(嘎查)文化室等文化活动场所,形成以各旗、县、区文化馆为中心,以乡镇为依托,以村、社、嘎查活动室为活动点的群众文化网络。政府每年都有一定的资金投入,用以更新设备,改善活动条件,使文化大院、文化站等建成一个集文化、娱乐、体育健身于一体的综合活动场所,深受当地群众的欢迎。并且十分注重村级文化园地建设,积极争取上级有关部门的支持,发展村级文化活动室,广受人民群众欢迎,日渐成为农民群众劳作之余的“精神家园”。

第四节　非物质文化遗产

巴彦淖尔是河套文化的发祥地和传承地之一。千百年来,黄河文化、草原文化和农耕文化在这里相互融合、传承,形成了兼容并蓄、具有鲜明民族地域特色的河套文化体系,孕育了大量珍贵的历史文化遗存和独具历史文化内涵的民间音乐、舞蹈、美术、民间文学、民间手工技艺、民俗风情、民间传说等优秀的非物质传统文化,丰富多彩,历史悠久的文化基因,深深扎根于河套地区。为使这些珍贵的非物质文化遗产薪火相传,得以更好地传承发展,非物质文化遗产保护工作被列为非常重要的社会系统工程,市委、市人大、市政府予以高度重视。2005 年以来,巴彦淖尔市根据国家、自治区相关文件精神,结合本地资源实际,坚持保护挖掘并举、传承创新并重,制定实施普查保护规划、落实相关工作措施,各项普查保护工作协调运作、稳步推进。

一、非遗普查

2005 年,成立由分管副市长为组长,文化广电、财政、科技、建设、水利、农业等部门为成员单位的市非物质文化遗产普查保护工作领导小组。领导小组办公室设在市文化广电局,责成市群众艺术馆全面开展非物质文化遗产保护工作,明确目标任务、工作职责和推进工作开展的具体措施。同年市政府制定《巴彦淖尔市非物质文化遗产普查保护工作方案》。

市文体局组织文化科、群众艺术馆、各旗、县、区文体局、文化馆有关人员参加由自治区文化厅组织召开的"全区非物质文化遗产保护工作会议暨普查培训班",提高对非物质文化遗产保护工作重要性和紧迫性的认识。

2006 年,市群艺馆具体组织承办"全市非物质文化遗产普查培训班",对市里非遗项目、民间文学、艺术、工艺、美术等非遗项目做深入详细的讲解及如何开展申报等基础性工作。2007 年,"乌拉特民族服饰图片展"在市群众艺术馆展厅举行,成为全市非物质文化遗产普查成果的第一次公开展示。

2008 年,开展非遗摸底普查工作,各级普查保护机构严格按照自治区、市普查领导小组关于普查工作的指导思想和工作原则,结合工作实际,进行走访、座谈,对全市范围内非物质文化遗产的种类、数量、分布、生存环境、保护现状等情况展开了全面、真实、系统的田野调查工作。工作人员对每一项非物质文化遗产的历史沿革、具体特点、分布区域、活动内容、传承方式等情况,都进行了详细认真地记录、整理、录像,建立市级、旗、县、区级非物质文化遗产保护名录的文字、图片和影视档案,保证普查工作的广度和深度,普查资料的全面性、真实性和代表性。建立非物质文化遗产信息网络中心,完善各级非物质文化遗产保护的信息搜集、整理和上报工作体系。

2009 年初,制定上报《巴彦淖尔市非物质文化遗产保护工作意见》等实施方案,巴彦淖尔市在全区率先成立市非物质文化遗产保护中心,由 38 人组成的全市非物质文化遗产项目评审专家库。各旗、县、区也先后成立相应的普查保护领导小组和工作机构,明确职责、分工,形成良性工作机制。

二、项目及传承人选定及申报

非遗项目启动后,经过详细认真地普查工作后,基本了解和掌握了全市境内非物质文化的情况,建立健全非遗档案。通过对项目及传承人的深入调查、挖掘、整理、经过鉴定遴选确定和集中报送工作,2006 年 12 月,按照自治区《关于开展第一批自治区级非物质文化遗产名录申报工作有关事宜的通知》,巴彦淖尔市对第一批申报非遗名录进行鉴定。经专家筛选、论证、审核,确定将民间文学(口头)、民间美术、民间音乐、民俗四大类28 个项目的非遗名录申报材料报送自治区文化厅。

2009 年底,通过积极整理报送了乌拉特蒙古族老人过寿仪式、乌拉特蒙古族擀毡工艺、乌拉特民歌、乌拉特婚礼四个第三批国家级非遗项目,通过系统地搜集、整理,建立了电子档案,文字、图片、录像等备案,已通过自治区非物质文化遗产保护中心的两次检查审阅,得到好评,为下一步通过文化部的评审奠定了基础。

三、非遗成果及传承保护

2007 年,推荐 18 位第一批国家级非物质文化遗产项目代表性传承人,经文化厅组织专家论证评审,巴彦淖尔市民间音乐类爬山调、传统医药类蒙医色布苏疗术 2 个项目入选第一批自治区级非物质文化遗产名录。

非物质文化遗产特有的文化启迪和精神滋养,促进了巴彦淖尔市独特的文化根脉和地域风貌的传承和弘扬,2007 年底,成立“巴彦淖尔市河套二人台艺术学会”,会员人数达 200人。2008 年,市河套二人台学会出版《群众演唱》,乌拉特中旗出版非物质文化遗产普查成果专集《溯源文明》《乌拉特民歌》。

2009 年,河套“爬山调”经自治区审核,被列入国家级第二批非物质文化遗产名录。中国·河套文化艺术节全市第三届“民营企业节”暨河套二人台优秀剧节目展演在巴彦淖尔市隆重开演,集中展示了河套二人台艺术学会成立两年来所取得的艺术成果;2009 年中国·河套文化艺术节“美尔雅”全市乌拉特民歌优秀节目展演也相继展开,为传承和弘扬民族优秀传统文化,彰显乌拉特民歌的独特魅力,展示巴彦淖尔非物质文化遗产的保护成果添彩。

2010 年,乌拉特民歌被列入国家级第三批非物质文化遗产名录,9 月 3 日,成立“巴彦淖尔市乌拉特民歌艺术学会”,入会人员 237 人。

在全国第五个“文化遗产日”之际,举办巴彦淖尔市保护阴山岩画启动仪式和非物质文化遗产保护专项宣传活动。并且召开“巴彦淖尔市河套二人台艺术学会第二届会员代表大会暨换届选举大会”,参会人员 102 人,新增会员 269 人。举办“2010 年中国·河套文化艺术节”,开展三场非物质文化遗产保护成果专场展演活动,进行“乌拉特民歌优秀节目展演”“全市二人台优秀节目展演”和“首届农牧民优秀文化节目调演”活动。节目内容丰富、形式多样,充分展现巴彦淖尔市非物质文化遗产的独特魅力。通过展演,提高人们对非物质文化遗产价值的认识,激发起群众保护非物质文化遗产、传承和弘扬非物质文化遗产,造福巴彦淖尔人民的热情。

第五节　图书电影音像

一、图书发行

新华书店承担着临河地区政治读物及一般图书的发行任务和中小学教材发行任务。

(一)新华书店图书、课本发行情况

1986 年,盟新华书店发行各类图书和中小学教材等 153 万元。

1990 年,盟新华书店发行各类图书和中小学教材等 325 万元。

1995 年,盟新华书店发行各类图书和中小学教材等 665 万元。

2000 年,盟新华书店发行各类图书和中小学教材等 1327 万元。

2005 年,市新华书店发行各类图书和中小学教材等 1168 万元。

2010 年,市新华书店发行各类图书和中小学教材等 1291 万元。

(二)新华书店重点图书发行情况

1986 年 5 月 1 日,盟新华书店开展“优质服务双月活动”,营业员轮流走出柜台在街头摆摊售书和到机关单位开展新书征订,在每周六、日延长 1 小时营业时间,以满足读者夜间购书需求。

1987 年,盟新华书店重点发行《坚持四项基本原则反对资产阶级自由化》《要坚持改革开放》(中共十一届一中全会以来重要文件)。

1988 年,主要发行《全国人大七届会议文件汇编》《政府工作报告》和配合政治理论学习的有关材料。

1989 年,主要发行了中共中央十三届五中全会会议文件《关于进一步治理整顿和深化改革的决定》、江泽民《在庆祝中华人民共和国成立四十周年大会上的讲话》和《邓小平关于坚持四项基本原则反对资产阶级自由化的论述》等学习文件。

1990 年,先后发行《党政干部行为准则》《共产党员修养读本》等政治读物和《中华英模连环画画丛》《学雷锋》《爱我中华爱我家乡》《我爱你,中国》等优秀青年和少儿读物。

1993 年,发行《毛泽东的女儿们》《巍巍丰碑——重唤毛泽东》和《邓小平文选》第三卷等著作。

1995 年,发行了《中共十四届三中全会文件》《党的好干部孔繁森》《新三字经》等书。

1997 年,发行江泽民在十五大上的报告《高举邓小平理论伟大旗帜,把建设有中国特色社会主义事业全面推向二十一世纪》及十五大相关学习书籍。

1998 年,发行九届全国人大一次会议文件等。

2000 年，发行十五届五中全会相关文件和“三个代表”重要思想相关书籍。

2002 年，发行十六大上报告《全面建设小康社会，开创中国特色社会主义事业新局面》和《十六大文件汇编》等重要政治学习书籍。

2003 年，发行“科学发展观”相关书籍和“非典”相关知识书籍。

2007 至 2010 年，发行十七大报告《高举中国特色社会主义伟大旗帜，为夺取全面建设小康社会新胜利而奋斗》《十七大文件汇编》《理论热点面对面》等重要政治学习书籍。

二、图书阅览

盟图书馆 1986 年采购图书 2547 册，订阅期刊 480 册，报纸 91 种，年接待阅览量达 4.2 万人次。

二十世纪八十年代，盟图书馆年均采购图书 2800 多册，订阅期刊 490 多册，报刊 90 多种，年平均接待阅览 4.5 万人次；九十年代，年均采购图书 480 多册，订阅期刊 380 多册，报纸 80 多种，年均接待阅览 5 万人次；二十一世纪，年均接待阅览 6.2 万人次。

三、音像

1991 年 8 月 30 日，经新闻出版署、国家工商管理局批准新华书店总店经营录音录像制品和相关音响设备、视频产品的批发业务，原则上同意各级新华书店经营录音录像制品的批发、零售、租赁和有关的音响设备、视频产品（不包括电视机）的业务，盟新华书店开始经营录音和录像制品。2000 年底，全盟文化市场经营单位总数达 1400 余家，其中音像制品经营单位 150 家。

2001 年，按照自治区和盟委、行署关于整顿规范文化市场秩序工作的统一部署，认真落实《文化市场管理责任制》，加大执法力度，成立由文化、公安、工商、电信等部门组成的领导小组，各旗、县、市相继成立领导机构。持续开展电子游戏、网吧、音像出版物等市场的专项治理整顿工作。同时，采取组织经营用户集中学习、举办法规培训班、开展法规宣传日活动、集中销毁非法文化制品等多种形式，加强对文化经营者的法制教育宣传。盟和大多数旗、县、市对所辖文化经营户参加集中学习培训后进行考试，对成绩合格者核发经营上岗证。盟文体局每两年开展一次全盟文明文化市场评比工作。

2007 年，按照自治区和市扫黄办的具体工作部署，突出以中小学校周边和城乡接合部、音像书刊经销店、电子市场等为重点区域，认真组织开展第十九次全市“扫黄打非”集中行动、“反盗版天天行动”和音像市场集中执法行动，开展音像、图书、电子软件、教材、印刷和印刷复制业、录像放映等专项治理行动，强化对网络文化市场的治理整顿工作，加强对全市电子游戏经营场所的监督管理。

四、电影播放

1986 年，全盟已建成 35 毫米胶卷集镇电影院、影剧院 32 座。在经济社会发展中，特别是电视、影像的普及,电影放映逐步退出市场,再未新建影剧院。2000 年底,全盟大多数电影院经营萎缩、业务萧条、入不敷出、面临破产;只有盟影剧院勉强维持放映。

1986 年,农村牧区电影队已基本饱和,未有大的发展。1997 年自治区政府组织实施“彩虹文化计划”,推动巴盟农牧区文化工作的发展,农村牧区电影队恢复新建 92 个,其中有 50 个电影队完成年度放映任务。1999 年,按照文化部制定下发的“2131”电影放映规划要求,全盟各地对农牧区电影队的恢复放映工作进一步加强。2000 年末,全盟农牧区电影队已达到 121 个。

2001 年,电影体制改革,华北区成立电影集团公司,实行院线制供片管理。巴盟电影公司此时中断与内蒙古公司的供片关系,盟电影公司的发行职能丧失,职工只能靠经营三产,出租门店维持业务经营。

2005 年后,数字电影完全取代传统的胶片电影,市电影发行放映公司无实力加入数字院线公司,已濒临破产改制。

第六节 文物及管理

一、文物遗存

巴彦淖尔市是自治区文物大市之一。巴彦淖尔悠久的历史和灿烂的文化留下了大量珍贵的历史文化遗产。阴山岩画是世界上最大的岩画宝库;巴音满都呼出土大量恐龙化石和其他哺乳类及爬行类动物蛋化石;境内战国时期的赵、秦及汉长城,蔚为壮观;全市各地遍布古城址和古墓葬群,尤其是乌兰布和沙漠地区的汉墓群的数量之多、分布面积之广为国内罕见。全市境内发现不可移动文物分布点 604 处,其中,国家级重点文物保护单位 4 处、自治区级重点文物保护单位 32 处,旗、县级重点文物保护单位 115 处。古文化遗存类型主要有古长城遗址、古城遗址、古墓葬、古遗址、古民居、古窑址、古寺庙、阴山岩画和古生物化石区等。国有文博单位馆藏的出土文物有 6010 件(套),其中国家一级文物 10 套 20 余件、二级文物 38 件、三级文物 119 件。

2001 年,《内蒙古河套开发史陈列》入选参加在浙江杭州举行的全国博物馆十大精品评奖,获提名奖。完成内蒙古河套开发史电视专题片。并对巴盟河套地区秦汉时期行政建制沿革、古文化遗址和古河道变迁等进行实地考证,为研究河套早期历史和西部大开发提供了珍贵资料。

二、文物管理

2000 年,盟行署主持召开全盟文物保护工作电话会议,对全盟文物保护提出六点要求,对推动此后巴盟的文物保护工作具有重要作用。10 月 8 日举行巴盟阴山岩画博物馆开馆暨内蒙古河套历史文物展览剪彩仪式,自治区人大、文化厅、盟主要领导和自治区及各盟、市文博单位负责人出席，中国科学院古脊椎动物研究所、宁夏博物馆等单位发来贺电、贺信。展览以河套开发、阴山岩画及恐龙化石等为重点，分九大部分，以600平方米的陈列展览室，真实再现巴彦淖尔从远古至今的沧桑巨变，古生物的产生与灭绝和各民族的生产生活及创造的重要文化成果等。观展单位达150多个，观众3万余人。

2005年，成立市文物行政执法稽查队，联合市文管所及各旗、县文管所对全市境内的文物保护重点单位和区域进行安全巡查，对考古发掘现场、建筑施工工地以及文保单位、古玩交易市场开展监督防控，认真贯彻和宣传文物保护法和国家有关文物保护工作的政策，有力地保证了不可移动文物和发掘现场的安全。

2005年，市文物站配合自治区文物鉴定专家组对全市馆藏二、三级文物进行全面鉴定，完成了全国馆藏文物腐蚀病害损失调查在巴彦淖尔市境内普查。协助央视十套完成了专题片《牧人的帝国》《塞外列城》的拍摄工作。

2006年开始，市委宣传部和中央电视台10套科教频道《探索·发现》栏目经过近4年努力，共同制作出反映内蒙古河套地区历史考古的大型系列电视纪录片《河套长烟》，分为《远古密语》《阴山史记》《青铜岁月》《河套箫声》《河神往事》5集。2009年8月17日开始在中央电视台第十频道《探索·发现》栏目首播，在央视频道共播出20多次。

2007年，4月3日，五原抗日烈士陵园纪念碑揭碑仪式举行。

2007年，由市委宣传部和上海古籍出版社联合编制出版大型画册《阴山岩画》。

三、文物保护

（一）长城及古城保护

2001年，制定小佘太秦长城维修保护和利用总体方案，在内蒙古文物考古研究所的支持下，完成乌拉特前旗小佘太秦长城及长城沿线古文化遗存的考古调查和测绘工作。修复小佘太秦长城出水沟至雀毛沟段1500米，使修复总量达到2100米。

2006年，对磴口县的鸡鹿塞石城落实“四有”工作，树立起保护标志碑，2007年修筑防洪堤坝共计130米。

2008年，对乌拉特中旗乌不浪口公路东段长750米的秦长城进行修缮加固。

2010年，完成乌拉特中旗德岭山水库段长1258米的秦长城的修缮加固工程。

（二）阴山岩画（刻）保护

2007年8月24日，举行阴山岩画抢救性保护普查启动仪式。开展阴山岩画调查、建立岩画记录档案，做好阴山岩画保护与研究工程的基础工作，为编制《阴山岩画保护总体规划》《岩画保护条例》，建立健全保护岩画的法规制度，理顺管理体制，规范阴山岩画的开发保护利用奠定了坚实基础。

2007年8月27日，为了使阴山岩画得到更好保护和更深的研究，在国家、自治区有关部门和岩画保护研究的专家、学者的大力支持下,内蒙古岩画保护研究会正式挂牌成立。

2007 年 9 月 18 日,市委宣传部、北方民族大学和上海古籍出版社三方合作出版《阴山岩画》大型文献合作签约仪式。

2008 年 6 月 11 日,阴山岩画视频监控系统工程正式签约,也是贯彻巴彦淖尔市委常委会决议、加快河套文化建设步伐、打造河套文化品牌的重要措施,同时标志着对阴山岩画这一全国重点文物保护单位实施科学保护序幕的正式启动。

在磴口县格尔敖包沟支沟默勒赫图沟岩画区进行了太阳能电子视频监控系统一期工程的施工,安装 5 个摄像头,机房设在牧民家可以 24 小时监控,达到人防机防统一。视频监控系统的安装经过专家的充分论证,属国际首次利用高科技手段对岩画进行有效保护,开创了文物保护的先例。

2008 年 7 月 10—13 日,举办“2008”阴山岩画年国际科考活动周活动。

2010 年 2 月,巴彦淖尔市二届人大三次会议确定阴山岩刻申报世界文化遗产。

2010 年 3 月 18 日,巴彦淖尔市委、市政府召开专题会议,举行阴山岩刻申报世界文化遗产项目与以自治区文化厅副厅长、文物局局长安泳锝为组长的自治区文物专家组座谈会。

2010 年 4 月,巴彦淖尔市委办公厅、政府办公厅联合印发《关于成立阴山岩画申报世界文化遗产工作筹备委员会的通知》(厅发〔2010〕27 号),成立工作机构,正式启动巴彦淖尔市阴山岩刻申报世界文化遗产工作。

2010 年 9 月 6 日,自治区政府副主席刘新乐主持召开会议,专题听取关于阴山岩刻申报世界文化遗产的汇报。

2010 年,在磴口县格尔敖包沟岩画区及默勒赫图沟进行了太阳能电子视频监控系统二期工程施工,增加 4 个摄像头,控制中心迁至巴音乌拉,视频信号传输距离达到 27.8 千米,实现了通过网络可以进行实时监控。

(三)重点文保单位

1996 年巴音满都呼恐龙化石区、获各琦古铜矿冶炼遗址、鸡鹿塞遗址被公布为第三批自治区级重点文物保护单位。

2006 年,在国务院公布的第六批全国重点文物保护单位中,巴彦淖尔市境内的汉代朔方郡古城、沃野镇古城址和阴山岩画等 4 处文化遗址名列其中。

2006 年巴音乌拉石板墓、宗乘寺(阿贵庙)等 29 处文物保护点被自治区政府公布为区级保护单位。

2009 年巴彦淖尔市公布第一批市级重点文物保护单位名单,有 71 处文化遗址被列入保护名录中。被公布为旗、县级重点文物保护单位 115 处。

（四）文物执法

1990 年 4 月，磴口县境内沙金套海古汉墓发生一起古墓盗掘案件，磴口县文管所积极配合公安机关开展调查，抓获 2 名盗掘的犯罪嫌疑人，缴获文物 13 件，其中 1 件国家三级珍贵文物。

2006 年 11 月，磴口县沙金套海古汉墓发生一起盗掘古墓葬的案件，磴口县文管所积极配合公安机关破案，抓获 1 名嫌疑人，追缴文物数件。

2006 年，在自治区文化厅、公安厅联合举办的“全区打击盗掘古遗址、古墓葬、走私文物犯罪活动专项斗争”表彰奖励活动中，磴口县文物管理所被评为文化文物部门先进集体，有 4 人被评为先进个人。

2008 年 12 月在磴口县境内国家级文物保护单位，朔方郡临戎古城遗址，发生一起因农民开拓荒地导致的遗址内 14 座古墓葬被破坏的案件，磴口县文管所积极配合公安机关展开调查，抓获犯罪嫌疑人 2 名，保护文化遗址的安全。

四、文物场馆建设

2000 年 10 月 8 日，举行了阴山岩画博物馆开馆暨内蒙古河套历史文物展览剪彩仪式。

1999 年和 2000 年乌拉特后旗博物馆、巴彦淖尔盟阴山岩画博物馆相继建成开馆。2002 年 9 月，中国西部首家企业自建酒文化博物馆——内蒙古酒文化博物馆正式开馆，2003 年，乌拉特中旗博物馆正式开馆，2006 年河套教育民俗博物馆相继开馆，2007 年五原县古郡博物馆开馆，2009 年磴口县汉代郡塞博物馆，国有首家乡村博物馆——乌拉特前旗公田村博物馆开馆，2010 年乌拉特前旗博物馆建成开馆。

五、文物考古发掘

1988 年先后有中国、加拿大，中国、比利时恐龙联合考察队多次到巴音满都呼实地考察、挖掘出土了一大批距今 7000 万年的白垩纪恐龙化石和多种哺乳爬行类动物蛋化石。其中一原角龙全骨骼化石属世界罕见，三窝完整的原龙长形蛋化石，填补了我国晚白垩纪哺乳类动物化石的空白。巴音满都呼成为中国乃至中亚最重要的，也是最大的晚白垩纪恐龙化石产区，堪称恐龙化石宝库，被自治区定为“重点恐龙化石保护区”。

1992 至 1994 年，为配合巴彦淖尔盟开发乌兰布和沙漠为第二个河套农业基地，巴彦淖尔盟与自治区考古研究所组成专业考古发掘队，对磴口县乌兰布和沙漠区汉代古墓葬群中的河壕汉墓群、纳林套海汉墓群、哈腾套海汉墓群、沙金套海汉墓群及小关井汉墓群进行抢救性发掘，共发掘清理汉代墓葬 150 余座，出土文物 2000 余件。对研究汉代历史、政治、军事、军屯、民屯、民俗及河套地区的农业开发等，提供珍贵的实物资料，也为后来的博物馆建设提供了丰富的文物藏品。

1994 年，自治区考古研究所与巴彦淖尔市文物站组成联合考古队，对乌拉特后旗获各琦古铜矿冶炼遗址进行抢救性发掘,清理古炼炉 3 座,出土大量木炭、炼渣,基本了解了炼炉的形制、结构、冶炼方法、冶炼技术。为研究以鄂尔多斯青铜器为代表的北方青铜器的原料来源及冶炼制作等,提供了实物资料。

2003 年,市文物站完成了丹达高速公路乌拉特前旗至磴口县段沿线古文化遗存的调查勘探及抢救性发掘工作。共发掘古墓 30 座,获得大量具有很高研究价值的实物资料,填补了巴盟文物史多项空白。尤其是磴口县汉墓中发现一批青铜器,出土了一件装有酒的青铜器,这一液态文物的发现在全国较为罕见。

2004 年,市文物站抢救清理了哈磴高速公路所涉及境内的临戎古城汉墓,共清理墓葬 21 座,抢修文物 60 多件。

2005 年,配合内蒙古考古研究所完成了甘其毛道至万水泉铁路、临河至阿拉善盟策克铁路沿线的文物地表勘探工作。

2007 年 3—7 月,发掘清理临河至阿拉善盟策克铁路沿线古文化遗址 2 处,面积 850 平方米,烽火台遗址 1 处,古墓葬 10 座。

2011 年 6—8 月,配合甘其毛道至万水泉铁路建设,在乌拉特前旗进行了佘太召遗址发掘 1 座,约 15 万平方米。其中包括大殿遗址 1 处、塔基 2 座、配殿 2 处。出土有砖、瓦、瓷器残片、铜钱、泥塑、描金木质构件等。

六、文物普查

1986 年至 1988 年在第二次全国文物普查过程中,盟、旗文物部门组成联合普查队,以旗县为基本单元展开普查。经过普查数据统计,全盟境内共发现不可移动文物 349 处。

2008 年 1 月至 2010 年 4 月在第三次全国文物普查中,全市普查文物点 604 处,其中新发现 425 处,复查 179 处,消失点 13 处。

2007 年 7 月至 2009 年 10 月进行为朔三年的阴山岩画抢救性普查,探查总面积超过 20000 多平方公里,行程 60000 余公里,采集岩画照片资料 15000 余张,线描图 9600 余幅,拓片 1000 余张,卫星定位 100000 余点,文字描述 10000 余张,发现岩画 50000 余幅,总数居全国之首。并运用先进的科技手段建立了阴山岩画数据信息库。巴彦淖尔市在阴山岩画野外普查及数据资料采集工作,得到了国家文物局、国内外知名专家学者的肯定,为申遗工作奠定了良好的基础。

2007 年 5 月到 2009 年 10 月进行了长城资源野外调查,共调查长城 313105 米,烽火台 467 座、马面 6 座,障城、关堡 13 座。

七、学术研究

为了深入挖掘河套文化,2005 年开始,巴彦淖尔市委、市政府连续三年举办了中国河套文化研讨会,是国内大规模集中研讨河套文化的专题会议。按照合理规划、分步实施的原则，河套文化研讨会成为挖掘河套文化精髓、传承和弘扬河套文化的基础工程。

2005 年 8 月 24—26 日，首届·中国河套文化研讨会暨河套文化研究促进会成立大会，在巴彦淖尔市维信高尔夫度假村召开；研讨主题是河套文化的内涵特征。

2006 年 8 月 22—24 日，2006 年中国·河套文化研讨会暨河套文化研究会年会，在人民大会堂及北京会议中心召开，研讨主题为人文与水文；2007 年 8 月 24—27 日，2007 年中国·河套文化研讨会暨河套文化研究会年会在巴彦淖尔市杭锦后旗河套酒业集团召开，研讨主题为河套文化——农耕文明与游牧文明的交融；2008 年 10 月 18—19 日，2008 年中国·河套文化研讨会暨河套文化研究会年会，在呼和浩特市召开，研讨主题为阴山岩画——中国北方民族文明之印记；2009 年 8 月 24—27 日，2009 年中国·河套文化研讨会暨河套文化研究会年会在后旗巴音宝力格镇召开，研讨主题为河套文化——战争与和平之演进；2010 年 9 月 17—19 日，2010 年中国河套文化研讨会暨阴山岩画等北方岩刻联合申报世界文化遗产研讨论证会在巴彦淖尔西区召开，研讨主题为阴山岩画——人类文明的印记，世界文化的瑰宝。

第七节　文化市场管理

随着改革开放的不断深入和人民生活水平的不断提高，以娱乐经营为主的各类文化经营活动开始活跃，巴盟文化市场从小到大，从无序到规范，得到迅速发展，并成为全盟整体市场经济体系不可缺少的重要组成部分。2000 年底，全盟文化市场经营单位总数达 1400 余家，其中歌舞娱乐等场所 55 家，音像制品经营单位 150 家，电子游戏经营场所 35 家，营业性演出团体 25 家，印刷企业 186 家，网吧 175 家，书报刊 80 家，其他经营单位 694 家。固定资产总值 1.6 亿多元，从业人员 4150 人；实现营业收入 1.3 亿元，上交各项税金 1100 万元。初步形成了娱乐市场、音像市场、书报刊市场、演出市场、美术市场、电影市场、文艺培训市场、印刷市场、互联网上网服务场所等的综合型市场体系和以国有制为主体、多种经济成分共同开发建设文化市场的多元化经营格局。2006 年末，全市文化产业机构 1091 个、从业人员 2579 人，共 10 个门类、33 个小项，固定资产净值 8836.3 万元、缴纳税金 499.7 万元。

一、文化经营许可证制度

随着社会主义市场经济的确立，各种文化经济体应运而生，社会上呈现出一些非法经营、不健康的混乱问题。甚至一些不法分子乘机兴风作浪，扰乱社会治安，给社会带来部分不安定因素。为遏制资产阶级自由化泛滥，巩固社会主义先进文化的发展，1994 年，巴盟按照文化部《关于实行文化经营许可证制度的规定》，严格文化市场经营准入机制，对盟内开办文化娱乐、美术品、音像、演出、业余文化艺术培训等文化经营活动，在申请工商登记注册前,必须报经所在地县市以上(含县市)政府文化行政管理部门审查批准,领取文化经营许可证。许可证有效期为一年。有效期满后,持证单位或个人须向原发证部门申请核验换证。按规定取得许可证的单位或个人,必须依法经营,并接受文化行政管理部门的指导、监督、检查。对违法经营者实施严厉打击。

二、文化稽查"扫黄打非"

2001年开始,按照自治区和盟委、行署关于扫黄打非和整顿规范文化市场秩序工作的统一部署,以落实《文化市场管理责任制》的各规定,加大执法力度,成立由文化、公安、工商、电信等部门组成的领导小组,各旗、县、市也相继成立领导机构。持续开展电子游戏、网吧、音像出版物、印刷业、教辅读本等市场的专项治理整顿工作。同时,采取组织经营用户集中学习、举办法规培训班、开展法规宣传日活动、集中销毁非法文化制品等多种形式,加强对文化经营者的法制教育宣传。盟联合领导小组和大多数旗、县、市对所辖文化经营户集中培训后进行考试,对成绩合格者核发经营上岗证。盟文体局每两年开展一次全盟文明文化市场评比工作。

2003年,盟文体局举办全盟文化市场管理人员法规知识竞赛。开展队伍作风整顿工作,出台十条禁令十项服务承诺。

2004年,市文体局在优化文体市场环境工作中,以制度建设为重点,全面清理压缩行政审批和罚款项目,缩短审批办证时间,办事效率明显提高。并聘请10名行风评议员和文体市场义务监督员,对经营者和管理者实行双向监督。与市公安、工商部门联合开展全市网吧等级评定工作;与市教育部门开展"加强学生德育工作暨告别网吧宣誓签名"活动。完成全区网吧计算机三级网络监控平台建设的软件交费任务。

2005年,通过建立违规档案、安装网吧监管系统、开展网吧等级评定、设立举报电话等方式,加大对网吧监管力度。开展市政府及其各部门办公软件正版化工作。以加强行政效能建设、转变政风行风为重点,全面清理压缩行政审批项目,取消所有文化、体育、新闻出版市场经营户的年检验证收费,简化审批程序,缩短办证时间,对所有审批和罚款缴费项目实行对社会公开。

2006年,在全区率先实施网吧零点断线行动,有力遏制网吧超时营业。设立"12318"举报电话,进一步完善举报案件查处回复制度,建立健全举报案件接听受理和处理情况反馈档案,强化责任追究,加大群众监督力度。组建成立"临河地区网吧协会"。以规模化、连锁化为方向,鼓励网吧和娱乐场所连锁收购、兼并、联合、重组,逐步引导经营上规模、上档次。同时,市直36个部门完成正版软件的安装工作,基本实现通用办公软件正版化。

经过多年对文化市场的治理整顿后,全盟文化市场管理体制逐步理顺,基本形成以文化行政管理部门为主管,公安、工商、电信等部门分工负责,协作配合的文化市场管理体制。

盟和旗县市、乡镇三级文化市场管理网络得到建立健全,并在巩固中不断完善。全盟已有文化市场管理机构12个,专兼职稽查人员49名,初步形成以法制手段为主,综合运用行政、经济、舆论等多种管理手段的全方位管理模式。

2007年,按照自治区和市扫黄办的具体工作部署,突出以中小学校周边和城乡接合部、音像书刊经销店、电子市场等为重点区域,认真组织开展第十九次全市“扫黄、打非”集中行动、“反盗版天天行动”和音像市场集中执法行动。开展音像、图书、电子软件、教材、印刷和印刷复制业、录像放映等专项治理行动,强化对网络文化市场的治理整顿工作,加强对全市电子游戏经营场所的监督管理。

2008年,按照自治区和市里关于扫黄打非和奥运保障行动的工作部署,严格执行属地管理的要求,结合全市文化市场监管体制和机制的调整,统一步调,突出重点,严查重罚违规经营,落实文化市场行政执法各项工作,全面开展以“和谐奥运执法季攻坚行动”“维护未成年人身心健康”文化市场主题执法行动等为主要内容的6个阶段7个专项行动。

2009年,全面开展以“净化社会文化环境,维护未成年人身心健康”的网吧、电子游戏市场执法月行动、“网络执法百日行动”“文化市场集中执法行动”“扫黄、打非”攻坚战、“迎庆建国60周年文化市场保障执法季行动”等为主要内容的7个阶段11个专项整治行动,有力地整肃了全市文化市场秩序,基本禁绝网吧超时经营、无实名登记和电子游戏经营赌博活动问题,违规接纳未成年人上网的现象明显减少,有效改善净化了文化市场环境。

2010年,以“网吧专项整治”和“出版物市场专项整治”为平台,以“净化社会文化环境”和“扫黄打非”为工作目标,以净化春节、两会期间文化市场环境和迎世博营造良好文化环境为工作重点,及时组织开展元旦春节期间文化市场专项整治行动、全国“两会”期间文化市场集中整治、打击手机网站传播淫秽色情信息专项整治行动、净化社会文化环境和打击盗版音像制品两个专项行动、校园周边文化市场集中整治等专项整治行动,有效净化了全市社会文化环境。

第八节 文艺创作及作品

1986—1999年,全盟文艺工作者共创作出版长篇小说20部,其中蒙文版6部;创作出版中、短篇小说20部篇,其中蒙文版8部篇;创作出版诗歌17集,其中蒙文版4集;散文、报告文学7集;民间文艺(民俗)集5集,其中蒙古文版2集;文艺研究著述4集;戏剧、曲艺作品集2集;美术作品(剪纸)1集。

刘敬亭的影评《草原遥看近却天》获全国首届影评“星光奖”。齐·敖特根其木格的中短篇小说集《阿日查河畔》获第四届全国少数民族文学创作奖。乌兰托亚的摄影作品《诞生》获得国家级一等奖。张善林等创作的电视连续剧《黄敬斋》获第二届全国少数民族体裁电视艺术“骏马奖”。段祥武作词的歌曲《旋转舞台》获中央电视台“旋转舞台”主题歌征集评选奖。刘正华作词、赵海远作曲的歌曲《草原的月亮》获中央人民广播电台“全国广播新歌”征集评选银奖。韩永亮的歌曲《圆一个金色的梦》获第五届全国文学艺术规范作品奖。常五亮的国画《骏马》在中国美术馆举行第五届国际书画展中获金奖。史学军的摄影作品《阳光》获第八届全国文学艺术规范作品创作奖。

2000年后,在建设民族文化大区、文化大市,打造河套文化品牌战略工作中,全市文艺创作进入了繁荣创作的新时期。文艺作品发表率、获奖率、展演率逐年提高。文艺作品集出版、农民作家群、女性作家群等现象不断涌现。2000—2010年,巴盟文艺工作者共创作长篇小说27部,其中蒙文版8部;中、短篇小说16部篇。创作出版蒙、汉文诗歌、报告文学集100余集,创作蒙、汉文民俗、文艺评论集1000余集,创作蒙、汉文戏曲、美术、书法、摄影作品集1000余集。优秀的书法作品获中日国际科技文化成果博览会、“环保世纪行”中日美术书法摄影比赛金奖。常五亮的作品《草原骏马》获第六届国际书画展银奖。朱越海创作的摄影作品《归程》获第三十四届国际摄影沙龙铜奖章;刘翠娥的摄影作品《嘎小子》、包文灿的摄影作品《敖包山的诉说》、朱越海的摄影作品《策马扬鞭》在中国上海第五届国际摄影作品展览中获得优秀奖。常五亮的《奔马图》在国际美术大赛中获世界美术大奖。张志坚的作品《向日葵》在第一届“兰馨杯”中国书画家作品大赛中获精品奖。星宇的诗集《北方牧歌》获第七届全国少数民族文学创作“骏马奖”。刘先普的二人台数板《王婆卖瓜》、相声《夸河套》获第十一届全国文学艺术规范作品银奖和优秀奖。赵海远曲、李小平词的歌曲《沙窝窝》在国家人口与计划生育委员会、中华人民共和国文化部、广播电影电视总局、妇联、文联、作家协会、中国文化促进会联合主办的“第十一届中国文化奖”评奖中获中国人口文化奖。朱越海的摄影作品《回归》获国际摄影沙龙傲萨铜奖。史学军的摄影作品《出牧》入选中国第十一届国际摄影展并获奖。白宝玉的一块“石尚天成”在昆明第七届国际奇石博览会上荣获金奖。王占昕获第四届中国曲艺牡丹奖表演奖。邢秀的书法作品自作诗《七律河套情》在中国书法家协会主办的《中日自作诗书法展》20周年纪念大展比赛中入展,并荣获佳作奖。高长明的书画作品在“克勤杯”国际书画交流赛中荣获三等奖。柴茂的书画作品在第四届加拿大华人诗书画大展中荣获二等奖。陈雪琴的剧本《羊羔二百万》在第七届中国戏剧文学奖评选中获全国戏剧文化三等奖。

第二章　党史　地方志　档案

第一节　党史资料征集

一、机构与改革

1986年,盟委党史办为盟委的临时常设事业机构,内设征集科、撰写科、秘书科,编制10人。1987年为准处级建制,内设机构为准科级建制。1996年盟委党史办公室为副处级事业单位。1997年,巴盟机构编制委员会确定巴盟党史资料征集研究办公室是盟委领导下的全盟党史资料征集、研究、编写、出版、宣传和利用的专设机构,是隶属于巴盟盟委办的副处级事业单位,核定事业编制8人,其中主任1人(副处级)、副主任1人(正科级)。1999年盟委党史办内设两个科,即业务科、行政科,均为正科级建制。2007年市委党史办列入参照公务员法管理范围。主要职能职责是承担和组织全市党史资料征编、党史宣传教育、党史研究、党史咨询、党史遗址遗迹保护和党史书籍编审出版等工作。

二、资料征集

党史资料征集征访、专题编写和宣传教育是党史办的基础性任务和工作,主要是广泛征集各地区各部门的口述史资料和回忆录,积极征访老同志、知情者、见证人,积极主动抢救保存"活资料"。制定党史资料征集工作规划和党史资料抢救性征集计划,集中收集老干部个人留存的党史资料,通过实地和信函征访等形式征访老干部、老同志和相关知情者。先后多次派出业务骨干赴北京、江苏、宁夏、山西、陕西及巴彦淖尔市周边盟市的档案馆、方志馆、革命老区和革命遗址,查阅相关档案资料,摘抄复印资料,核实重要历史史实。对现有的党史资料和党史书刊进行全面清查登记,集中整理党史书刊及图片音像等资料,并将文字档案归档;按照"分时期、列专题、深入研讨"等方式,开展党史专题资料的征编工作,特别是加强新中国成立初期党史专题研究,推出高质量的党史研究成果。先后完成国民经济恢复时期(1949—1952年)的生产建政、剿匪肃特、镇压反革命、减租反霸、土地改革、抗美援朝、"三反""五反"等专题资料30万字;完成《抗战时期中国人口伤亡和财产损失(巴彦淖尔地区)》课题调研报告5万余字;为自治区编纂的《崛起的内蒙古》一书撰写了《巴彦淖尔篇》。2008年,按照上级党史部门的要求,组织开展革命遗址普查工作,全市有革命遗址28处,其中革命遗址15个,其他遗址13个;推动中共党史教育基地建设,通过开展纪念活动、举办展览等形式,大力开展宣传教育活动。注重发挥报纸、电视、广播、互联网等媒体的独特优势,利用好史、志、鉴、刊、网、馆等史料资源,通过展览、展演、展示等形式,集中创作和展示了一批党史文化精品,提高宣传教育和党史知识普及的覆盖面。整合全市党史资源,总结提炼共产党人在革命时期和新中国成立以来的鲜活事迹和动人故事,扎实推进红色旅游文化活动的开展,使党史工作在社会主义文化建设中发挥更大作用。

三、编研成果

1.《巴彦淖尔盟党史资料》(第二辑),1983 年 7 月出版;

2.《巴彦淖尔盟党史资料》(第三辑),1984 年 7 月出版;

3.《巴彦淖尔盟党史资料》(第四辑),1985 年 1 月出版;

4.《巴彦淖尔盟党史资料》(第一辑)单行本,1985 年出版;

5.《巴彦淖尔盟党史资料》(第五辑、第六辑),1985 年 7 月出版;

6.《巴彦淖尔盟党史资料—革命烈士传》(第七辑),1986 年 9 月出版;

7.《中共巴彦淖尔党史纪实》(民主革命部分),1988 年 7 月出版;

8.《巴彦淖尔盟组织史资料》(第一辑,1926—1987 年),1988 年 10 月出版;

9.《巴彦淖尔盟党史资料》(第九辑),1988 年 12 月出版;

10.《巴彦淖尔盟党史资料》(第八辑),1991 年 6 月出版;

11.《巴彦淖尔盟党史大事记》(第一辑,1926—1995),1997 年 12 月出版;

12.《巴彦淖尔盟组织史资料》(第二辑,1988—1991 年),1999 年 10 月出版;

13.《新时期农村牧区变革》(巴彦淖尔卷),1999 年 10 月出版;

14.《难忘岁月》(巴图巴根在巴盟),2002 年 6 月出版;

15.《中共巴彦淖尔盟党史人物》(上、下册),2004 年 10 月出版;

16.《巴彦淖尔盟党史大事记》(第二辑,1996—2005),2007 年 5 月出版;

17.《巴彦淖尔改革开放 30 年纪实》(1978—2008 年),2009 年出版。

四、对旗、县、区党史编研工作的指导

多年来,市委党史办向各旗县党史部门出题目、交任务、压担子,督促和指导各旗、县、区党史办围绕中心、服务大局,拓展资政育人的新途径,扩大党史工作的权威性和覆盖面,充分发挥党史的功能和作用。同时,对旗、县、区开展经常性的督促检查和指导活动,就贯彻落实全市党史工作会议精神情况、党史工作进展情况进行全面调研,加大与当地党委的组织协调力度,解决了一些实际困难和问题。在此基础上,市委党史办通过开展党史重要课题、党史专题研究和党史宣传教育合作、总结推广典型经验等方式,加大了各旗、县、区之间党史业务工作的交流与合作力度,实现了党史信息与资源共享,推动全市党史工作整体水平的提高。

第二节 地方志工作

一、机构与改革

1984年,巴盟行署成立巴盟地方志编纂委员会,委员会主任由行署盟长兼任,下设办公室,简称巴盟地方志办公室,属盟行署直属具有行政职能的准处级建制的事业单位。1985年,乌拉特前旗成立修志机构,与党史办合署办公。1982—1985年,巴盟较大的直属部门设置史志科,没有设科的其他部门配备专兼职人员。盟志办对全盟的修志人员进行集中培训,拟定盟志编纂纲目。2000年底有工作人员6人。巴盟所辖7个旗、县、市除磴口县政府单独设置修志机构、五原县在县档案局配备有专职志史人员外,其他5个旗、县、市政府的修志机构均与中共旗、县、市委党史办公室合署办公。全盟各旗、县、市专职修志(合署办公的含党史工作人员)人员数分别为临河市、乌拉特前旗各8人,乌拉特中旗3人,磴口县、五原县、乌拉特后旗和杭锦后旗各2人。

二、主要工作

1986—1988年,各地区各部门以及盟地志办集中精力全面细致地搜集整理历史资料。盟地志办还编印8集《巴彦淖尔史料》约200万字,对旗、县、市志和盟直专业志编纂纲目进行审定。

1988年之后,盟地志办在旗、县、市和盟直各部门的专业志稿基础上又经过3年多时间的统编,1994年12月,修出盟志评审稿,约300万字。1997年5月,经过评审、最后修改验收,巴彦淖尔有史以来首部通志《巴彦淖尔盟志》(汉文版,240万字,上限远古,下限1985年,主编王治国),由内蒙古人民出版社出版发行。同时,《杭锦后旗志》(下限为1985年)、《乌拉特后旗志》(下限为1988年)、《乌拉特中旗志》(下限为1987年)、《五原县志》(下限为1994年)、《临河市志》(下限为1990年)、《磴口县志》(下限为1987年)陆续出版发行。巴盟直属部门共印刷或出版专业志20余部。全盟提前两年完成了国家和内蒙古编纂出版首届社会主义新方志的规划任务。

1998年,巴盟行署根据中国地方志指导小组和自治区政府办公厅文件精神,决定逐年编纂出版《巴彦淖尔年鉴》,成立盟年鉴编辑委员会,与盟地方志编纂委员会为一个机构两块牌子,具体事宜由盟地志办组织实施。盟、旗、县、市修志机构完成《内蒙古年鉴》1998年卷巴彦淖尔部分的撰稿任务。在全国志书评奖活动中,《乌拉特后旗志》获二等奖。巴彦淖尔盟、乌拉特前旗、乌拉特中旗、乌拉特后旗、临河市、五原县地志办被自治区地方志编纂委员会、政府办公厅、人事厅评为修志先进集体,原盟地志办主任王治国记二等功,副主任张建国记三等功。

1999年,完成《巴彦淖尔年鉴》1999年卷(创刊号)的总纂及出版发行工作和《巴彦淖尔年鉴》2000年卷的组稿工作。同时,完成了《内蒙古自治区志·政府志》巴盟行署部分和《内蒙古年鉴1999/2000》巴盟部分的撰稿任务。

2001年6月,下发《巴彦淖尔年鉴》2001年卷通知,2002年3月编纂完毕,同年6月出版发行。开始《巴彦淖尔年鉴》2002年卷征稿工作。2002年盟地志办还完成《内蒙古年鉴》2002年卷巴盟部分的撰稿任务。临河地志办出版《临河年鉴》(1999—2001年)卷,乌拉特中旗地志办开始编纂《乌拉特中旗年鉴》2000—2002年卷。

2003—2010年,每年完成一卷《巴彦淖尔年鉴》和《自治区年鉴》巴彦淖尔部分的编纂任务。

第三节　档案管理

一、机构改革

1986年,盟档案馆为准处级建制,为行署职能部门。下辖7个旗、县档案局(馆)。1991年,盟和旗、县两级档案局(馆)按照内蒙古自治区《各级地方综合档案馆业务建设规范标准》文件精神,制定档案管理达标的7项标准(包括37子项103小项)。以1000分制为考核依据,进行定级升级考核,巴盟得分934分,晋升自治区二级档案馆。1995年,档案馆挂巴盟档案局和巴盟档案馆牌子。1998年,经自治区档案局考评组考评,巴盟档案馆以919分的成绩晋升为自治区一级档案馆。2001年,巴盟档案馆在全区档案馆考核中,以总分968.5分通过自治区档案局考评验收,晋升为内蒙古自治区特级档案馆。

2004年,撤盟设市,盟档案局改称市档案局,实行局、馆合一管理体制,对外保留档案馆牌子,归市委办公厅管理。2008年,经自治区党委组织部批准,市档案局(馆)参照公务员管理,实行局、馆合一管理体制,对外保留档案馆牌子,正处级建制。2010年,市档案局(馆)内设4个科室,下辖7个旗、县、区档案馆。五原档案馆、乌拉特后旗档案馆被评为自治区特级馆;临河区、乌拉特前旗、乌拉特中旗、磴口县、杭锦后旗档案馆被评为自治区一级馆。

二、档案馆建设

(一)设施　1986年,盟财政投资55万元,新建盟档案馆新址,新址占地面积2072平方米。1988年,五原县建成档案馆新馆,占地面积870多平方米;杭锦后旗将档案库由110平方米扩大到229平方米;临河市档案馆库由118平方米扩大到350平方米。2007年10月,市档案局迁址临河区胜利南路金泰园综合写字楼三、四层。新办公室占地面积3160平方米,其中库房面积700平方米。档案库房配备密集架、防磁柜、安装档案防盗、防火自动报警等设备。2010年,市及旗、县两级档案馆普遍实现档案计算机管理。

(二)馆藏　1986年,盟档案馆馆藏全宗112个,案卷总数51466卷册。其中,有中华人民共和国成立前历史档案1827卷册，中华人民共和国成立后文书档案35558卷册，科技档案378卷册，专门专业档案13703卷册，声像档案107盒张。7个旗、县、区档案馆馆藏档案全宗446个，档案总数105231卷册。其中有中华人民共和国成立前历史档案4961卷册、中华人民共和国成立后文书档案86105卷册、科技档案530卷册、其他专门专业档案13635卷册、声像档案1053盒张。2010年，市档案馆馆藏全宗187个，档案总数105524卷册。其中，有中华人民共和国成立前历史档案2102卷册，中华人民共和国成立后文书档案、科技档案、专门专业档案103422卷册、图书资料28427册，照片档案7685张，录音录像档案12盘，电子（磁盘、光盘）档案72张。7个旗、县、区档案馆馆藏档案全宗549个，档案总数323705卷册。其中有中华人民共和国成立前历史档案11620卷册，中华人民共和国成立后文书、科技、专门专业等档案312085卷册。

（三）历史档案　巴盟档案馆馆藏1931—1950年绥西行署、绥西水利处、绥西赈济委、国民党第35军等单位与国民政府绥远省政府之间的文电往来、机构编制、土地图标、水文测量等反映民国时期后套地区的政治、经济、军事、文化基本情况珍贵档案2102卷册；馆藏革命烈士刘伯坚、郭北宸照片、传略，临河、陕坝、安北地下工作、抗日斗争回忆文字材料；乌拉特草原革命先驱恩克巴雅尔照片及材料等。

乌拉特中旗档案馆馆藏1861—1949年清代咸丰、同治、光绪时期中公旗（今乌拉特中旗）、清理藩院文件、咸化寺、活佛喇嘛来往信件、伊盟地图、藏文证件、唐卡、民国中公旗地图等珍贵档案、日伪时期纪念建立"蒙古青年社"一周年专刊、乌东公旗全图、绥远8旗牧场地图及残缺的敌伪报纸等688卷。

临河区档案馆馆藏1930—1949年民国世成实验农场、绥远省临河县政府、司法处、狼山县党部等单位机构编制、职员花名册、工作条例、国民党党员履历、名册、户政、农业技术、水利、赈济、水文测量等档案1191卷；馆藏反映一完小地下党组织建设档案1卷。

五原县档案馆馆藏1931—1954年原晏江县党部、政府、司法处的文件、会议记录、战乱期人员调整任免奖惩和受奖人员名单、农作物调查、经费划拨、道路桥梁规划图、水利工程规划、户籍花名、审判材料等档案2585卷。

杭锦后旗档案馆馆藏1940—1949年陕坝市政处、陕坝邮电局、陕坝地方法院、陕坝文教局、米仓县司法处、米仓县政府、米仓县文教局、米仓县各乡镇、陕坝公路处等12单位产生的各种文件材料档案1194卷。

乌拉特前旗档案馆馆藏1942—1949年原安北县司法处的刑事案件判决书等466卷。

磴口县档案馆馆藏1940—1949年国民党磴口党部档案14卷。

巴盟(市)、旗、县、市(区)两级馆藏档案数量变化情况表

表31－2－1

项目	年代	馆藏档案										馆藏资料(册)
		全宗(个)	合计(卷)	已整理编目档案						录音录像影片档案(盒)	照片档案(张)	
				新中国成立前档案			新中国成立后档案		其他专业档案(卷)			
				全宗(个)	案卷(卷)	历史档案(卷)	文书档案(卷)	科技档案(卷)				
市档案馆	1986年	112	51466	1	1827		35558	378	13703	5	102	7853
	1996年	147	74264		2102		72162			64	2339	25178
	2006年	150	78342		2102		76240			109	4396	25879
	2010年	187	105524		2102		103422			12	7685	26785
旗县区档案馆	1986年	446	105231	3	4961		86105	530	13635	64	989	47549
	1996年	487	142133		6038	668	136095			91	1765	74204
	2006年	520	195775		6078	689	189697			170	3281	76370
	2010年	549	323705		11620	1192	312085			541	5671	81834

三、档案编研

1986—1990年,巴盟档案馆和旗、县、市档案馆编制各类档案检索工具27种520本册。1991—1995年,巴盟和旗、县、市档案馆编写《全宗指南》502本册,建立《全宗卷》583个,《案卷文件目录》757本册,编写各种人名索引、卡片、著录条目(卡)等81700余张。编写出版《巴彦淖尔商品粮基地简介》《杭锦后旗城镇经济简介》《巴盟瓜果基地简介》《巴盟党务文件汇编》等档案史料50余种482万字。1997—2007年,按照自治区党委办、政府办文件精神,档案局组织各旗、县、区市直属单位,乡镇苏木等,编写完成本部门、本单位、本系统《大事记》《组织机构沿革》《重要文件汇编》《党组织史》。1997—2010年,市档案馆和旗、县、区市档案馆编制各类检索工具35种6227本册;编写《党和国家领导人在河套》《巴彦淖尔盟党史大事记》《党务、政务文件汇编》《磴口县生态环境演变及生态建设沿革》《抗日英雄巴云英》《中国共产党原绥远省安北县组织史料》《安北县土地改革运动》《十一届三中全会以来农村工作文件汇编》《组织史》《上三级文件汇编》《地政地界文件汇编》《临河组织史附录》《中共巴盟组织史》《城镇经济改革企业转制重要文件汇编》《档案志》《母亲河畔的五原》《乌拉特后旗档案志》等史料86种312万字。正式出版《中国共产党巴彦淖尔盟党史大事记》、内部出版《党和国家领导人在河套》《巴盟农村变革十七年》《党务文件、政务文件汇编》。提供历史档案与电视台制作内蒙古自治区成立60周年大庆专题节目。

四、开放利用

（一）开放档案

1988 年，根据《中华人民共和国档案法》规定，巴盟档案馆、杭锦后旗档案馆、五原县档案馆、乌拉特中旗档案馆首批向社会开放历史档案 2213 卷，44198 件，其中，巴盟档案馆开放 1080 卷，旗、县、市档案馆开放 1133 卷。

2010 年，市、旗、县、区两级馆先后分期分批向社会开放历史档案 200 多万件。

（二）档案利用

1986 年，巴盟两级档案馆接待查阅利用档案 21771 卷册。其中为编史修志查阅利用档案 9277 卷次、为工作查考查阅利用档案 6985 卷次，为学术研究查阅利用档案 6 卷次、为经济建设查阅利用 2836 卷次，为其他方面利用查阅档案 2667 卷次。1996 年，两级档案馆接待查阅者 1814 人次，利用 1949 年前档案 4381 卷次，利用 1949 年后档案 19153 卷次。其中，为编史修志查阅利用档案 2074 卷次，为工作查考利用 1086 卷次，为经济建设利用 120 卷次，为其它方面利用 20254 卷次。2006 年，巴彦淖尔市两级馆接待利用者 2275 人次，利用 1949 年前档案 43 卷次，利用 1949 年后档案 7967 卷次。其中，为编史修志查阅利用 2299 卷次，为工作查考查阅利用 1946 卷次，为学术研究查阅利用 35 卷次，为经济建设查阅利用 531 卷次，为宣传教育查阅利用 1133 卷次，为其他方面查阅利用 2066 卷次。2010 年，巴彦淖尔市两级馆接待利用者 3063 人次，利用 1949 年前档案 323 卷次，利用 1949 年后档案 9856 卷次。其中为编史修志查阅利用 2277 卷次，为工作查考查阅利用 4449 卷次，为经济建设查阅利用 784 卷次，为宣传教育查阅利用 564 卷次，为其他方面查阅利用 1977 卷次。

巴盟市、旗、县、区档案馆几个年度档案开放利用情况表

表 31－2－2

<table>
<tr><th rowspan="3">年代</th><th rowspan="3">接待利用（人次）</th><th colspan="9">本年利用档案</th><th rowspan="3">利用图书资料（卷册）</th></tr>
<tr><th rowspan="2">合计</th><th colspan="2">利用档案所属年代</th><th colspan="6">利用档案用途</th></tr>
<tr><th>1949 年前档案</th><th>1949 年后档案</th><th>编史修志</th><th>工作查考</th><th>学术研究</th><th>宣传教育</th><th>经济建设</th><th>其他方面</th></tr>
<tr><td>1986</td><td>5137</td><td>21771</td><td>2548</td><td>15139</td><td>9277</td><td>6985</td><td>6</td><td>—</td><td>2836</td><td>2667</td><td>1297</td></tr>
<tr><td>1996</td><td>1814</td><td>64692</td><td>4381</td><td>19153</td><td>2074</td><td>1086</td><td>—</td><td>—</td><td>120</td><td>20254</td><td>620</td></tr>
<tr><td>2006</td><td>2275</td><td>8010</td><td>43</td><td>7967</td><td>2299</td><td>1946</td><td>35</td><td>1133</td><td>531</td><td>2066</td><td>845</td></tr>
<tr><td>2010</td><td>3063</td><td>10179</td><td>323</td><td>9856</td><td>2277</td><td>4449</td><td>—</td><td>564</td><td>784</td><td>1977</td><td>776</td></tr>
</table>

五、业务指导

（一）档案整理　1986 年，盟档案局指导各旗、县、市档案馆、盟直各档案馆（室）、乡苏木镇、村嘎查档案馆（室）清理会计档案 86 万多卷册，其中，包括 1966 年之前档案 9 万多卷册,1967—1985 年档案 76 万多卷册。1995 年,为全面贯彻落实自治区政府关于《内蒙古自治区苏木乡镇档案管理办法》,巴盟档案局指导全盟 128 个苏木乡镇对库存档案进行详细清理整顿。1996 年,巴盟档案管理系统共整理档案 11 万多卷。其中,文书档案 3 万多卷,科技档案 0.4 万多卷,财会档案 4.2 万多卷,其他专业专门档案 2.6 万卷。

(二)村级建档　1997 年,按照上级有关文件精神,巴盟档案局组织人员深入农村牧区,指导村嘎查委员会筹建档案室。经过一年努力后,全盟 834 个村嘎查依据《村嘎查级文件材料归档范围》,完成村级建档 362 个,建档 2.9 万卷册,占全盟村嘎查 43%。2010 年,巴彦淖尔全市村级行政管理机构建档率达到 90%。

(三)指导转制企业建档　1998 年,随着社会经济体制改革的深入,为防止企业档案流失,按照档案局《关于国有企业资产与产权变动档案处置暂行办法的通知》,巴盟制定《关于盟物资、商业、外贸等企业转制后档案资料的处置办法》。根据办法,1998—2001 年,两级档案馆对转制企业的档案进行整理鉴定入库。2002 年,转制企业档案入库 190 多家。

(四)指导民营企业建档　2000 年,巴盟档案局依据《民营企业档案管理暂行办法》,从维信集团公司、三和集团公司,开始为民营企业建档。之后,两级档案馆逐渐扩大民营企业建档范围。2008 年,包括华裕集团、金川保健啤酒高科技股份有限公司、河套酒业集团在内的 14 家民营企业通过验收晋升为自治区级、国家二级档案管理。

(五)指导重点工程建档　2003 年,按照自治区《关于加强重点建设项目档案工作的通知》,巴盟档案局决定对投资在一亿元以上的国内、区内重点建设项目、重点工程建档。在盟、县两级档案馆调查摸底的基础上,首批填报建档企业或项目有临河热电工程、国家储备粮库头道桥国储库、临河区高速绕城公路、天河化工集团、乌拉山电厂三期工程、县城电网建设与改造工程、河套灌区节水改造工程以及牧区休牧退牧还草工程等。

(六)指导城市社区建档　2003 年,按照《内蒙古自治区社区档案管理办法》要求,市、旗、县、区两级档案部门为城镇社区建设,在全市建立 7 个建档典型试点社区,对所属社区下岗职工、失业人员、孤寡老人及居民健康情况建档。对特殊需要建档用户给予建档帮助。2004 年,在全市 35 个街道办事处建立社区档案室,配备专兼职人员 38 人,保管各类档案 5275 卷 6363 件。召开全市社区档案(信用档案)工作会议,通过典型发言与观摩,提升工作水平。2007 年,全市 203 个城镇社区中,已建档 107 个,建档率 52%。2009 年,档案局为临河团结办、车站办、先锋办等 9 个办事处建立低保档案 583 户。之后,两级档案部门进一步开展家庭建档工作,先后为 3527 户城镇居民建立家庭档案,其中,为乌拉特后旗巴音乌兰苏木 16 个嘎查 1676 户牧民建立家庭档。

(七)林权建档　2009 年,为切实保护好国家、集体和农民群众的利益,巴彦淖尔市两级档案馆与林业部门配合,完成 50 个苏木镇,648 个行政村,22.5 万户农户林权建档,档案主要有各种文件、材料、图表、声像、数据等共8412卷。

六、宣传与执法

（一）档案法宣传　1987—2010年，巴盟（市）档案系统按照上级有关文件精神，将档案法落实在档案管理各个工作环节，将档案法宣传教育列入“三五”“四五”“五五”普法规划，利用法制宣传日，通过电视、广播、报纸等媒体开展档案法宣传。

（二）执法检查　1988—1991年，盟、旗两级档案管理部门在盟司法局的配合下，在全盟开展执法检查70多次，涉及机关、事业单位和企业及苏木乡镇4600余个。1993年，盟旗两级档案联合有关部门，组织2个检查组对盟直企业、旗、县6个乡镇的档案管理进行检查。1996年，盟档案局对7个旗、县、市档案管理工作开展了全面检查，对检查中发现存在的问题限期整改。2000年，盟、旗两级档案管理部门在有关部门的配合下，对全盟394个单位的档案管理情况进行专项执法检查。2003年，盟档案局与人大工委、依法治盟领导小组、司法局组成联合执法督查组，对3个旗、县、市23个机关企事业单位档案管理工作进行执法检查，发现问题后及时发送执法限期整改通知书。2008年，自治区人大常委会执法调研组就档案法、档案法实施办法及档案条例的贯彻执行情况，对杭锦后旗、乌拉特后旗、临河区、五原县进行执法调研，解决制约档案事业发展的实际问题。之前为配合这次行动，市档案局会同市人大教科文卫委于9月份对市林业局、国土资源局、民政局、房管局、市医院等5个单位涉及民生方面档案的归档、保管、利用情况进行专项检查指导。各旗、县、区档案局在人大、依法治理办、司法局等部门的配合下，对15个苏木镇、378个机关事业单位也开展相应执法检查。

七、教育培训

（一）培训　1987年，盟档案局举办系统学习班13期，参培人员300多人次。1988年，盟档案局与自治区档案局联合举办档案管理人员培训班，全盟168人参加培训。同时，各机关单位开展档案法律常识宣讲，培训1000余名专兼职档案人员。1990—1993年，巴盟档案局组织举办档案管理业务培训班16期，培训旗、县档案馆档案管理人员300余人，并全部通过结业考试。1994—1996年，巴盟档案局组织举办档案法培训班15期，培训各级各类档案管理人员678人。1998年，档案系统结合岗位培训，举办为期5天的全盟第一、二期档案专业人员短训班，234人次参加档案法学习。2000年后，根据《内蒙古自治区档案人员培训管理办法》，制定《档案人员继续教育登记制度》《档案人员继续教育考核、评估和表彰制度》及《档案人员继续教育任课老师评议制度》等一系列规章制度。依据制度加强对档案教育培训全过程的有效管理，做到每期培训班办班前，都要与有关部门做好协调工作。开班后，加强教学管理和后勤保障工作，及时解决学习中出现的问题，严格考勤制度，严肃课堂秩序，严明考试纪律，抓好培训中的教务、考务、学籍等各项教学管理。培训结束后，通过下发调查表,了解学员对教师讲课水平和办班管理情况的评价,听取学员的意见和要求,及时进行调整,使教师的授课水平和教学质量不断得到提高。

(二)继续教育　“八五”“九五”期间,内蒙古大学历史系、内蒙古管理干部学院档案学专业开设大专档案专业班,巴盟档案系统先后选送多名档案管理人员脱产学习。巴盟电大开设“档案专业”大专班,河套大学开设“文秘档案”专业,先后有120余人参加脱产学习,并取得毕业证书。1998年,巴盟档案系统有77人参加“文秘档案”专业自学考试,专业课考试及格率91%,三门公共课及格率54%。1995年,档案系统有30人参加“文秘档案”专业自学考试,四门正考课程及格率64%,4门复考课程及格率20.8%。1997年,有55人参加“文秘档案”专业自考,两门专业课及格率95%,两门公共课及格率35%。1998年,巴盟档案系统有77人参加“文秘档案”专业自考194科次,两门专业课及格率91%,三门公共课及格率54%。1999—2005年,巴彦淖尔市档案管理系统注册自考生164人,其中36人通过考试取得大学专科毕业证书,2人取得本科毕业证书。

(三)职称评审　1987年,盟档案系统有10人通过自治区专业职称评审委员会档案馆员资格评审,盟内自评通过助馆43人,管理员66人。1988—1995年,巴盟档案系统共有5人通过馆员评审,275人通过助馆评审,105人通过管理员评审。1996—2001年,巴盟档案局共向自治区档案管理评审委员会推荐职称评审人员173人。通过档案管理副研究员1人,助馆108人,管理员161人。2002—2010年,巴彦淖尔市档案管理系统共有90多人通过中级职称评审,150多人通过初级职称评审,54人通过副高职称评审,2人通过国家级评委正高职称评审。

(四)科研成果　1997—1998年,盟档案学会开展档案学论文评选,推荐论文45篇,评出一等奖2名、二等奖8名、三等奖19名、鼓励奖36名。1999—2000年,巴盟档案学会向内蒙古档案学会报送学术论文19篇,有7篇获奖,5篇作为交流论文入选;向《档案与社会》推荐论文30余篇,其中17篇发表在《档案与社会》。2001—2003年,巴盟档案学会召开“档案工作如何为西部大开发服务”理论研讨会,会上有13篇论文作会议交流。经评选,获一等奖1名、二等奖2名、三等奖3名、鼓励奖若干名,其中有11篇发表在自治区《档案与社会》刊物上,8篇发表在《巴彦淖尔社科》,1篇获盟直机关党委党建论文二等奖。

2004—2006年,市档案学会推荐的五原县义长灌域管理局文档一体化软件开发,五原县和胜乡“农户建档”分获自治区档案科研进步二、三等奖,组织4名会员参加华北地区第四次档案学术研讨会、全区档案利用服务研讨会,有3篇论文进行大会交流;《建立名人档案浅谈》荣获2006年第八届社科优秀成果三等奖。2008—2009年,学会组织市及旗、县、区两级向自治区级、市级、旗、县级报刊投送业务文章90篇,其中,省级刊物发表8篇,市级报刊19篇,旗县级发表53篇;组织参加全区第六次档案学会代表大会,组织30篇论文参加华北地区档案学术讨论会，其中，10 篇论文作大会交流，1 篇论文获国庆 60 周年征文优秀奖。

八、信息化建设

2004 年，市及各旗、县、区档案局(馆)开始应用计算机等现代化设备，完成巴彦淖尔市档案局(馆)与国际互联网的链接。2005 年，巴彦淖尔市印发《巴彦淖尔市加快全市档案信息化建设实施方案》，要求全市(馆)加强档案信息网站、档案数据库建设，旗、县、区档案机构按照一次性规划、分步实施、逐年完成的原则，每年增加档案信息化建设经费，逐步提高各级档案机构信息化管理水平。2007 年，市档案局(馆)投入 3 万元铺设计算机室防静电地板，购置电脑、投影仪、打印机等设备。2010 年，巴彦淖尔市印发《巴彦淖尔市档案工作领导小组会议纪要》，决定市财政每年拨款 25 万元用于档案馆档案信息化建设。年内，巴彦淖尔市档案局投资 6.3 万元，购置电脑、打印机、传真机等 12 台档案信息化基础设备；磴口县档案馆投入 1 万元安装档案管理软件系统，购置打印扫描一体机；临河区档案局购置 4 台电脑，联通互联网；五原县档案馆被确定为内蒙古自治区档案信息化管理示范点。

九、重点档案保护

2006 年，市档案局争取到国家重点档案抢救与保护费，抢救与保护重点档案 16639 卷 3198 件 1190 页。2009 年，市档案局对 7 个全宗 1356 卷档案逐卷逐页进行鉴定，摸清需要裱糊、字迹褪变严重档案数量，为抢救档案工作做好前期准备工作。

第三章　体　育

第一节　体育场地

1986—1998 年，全盟有体育行政管理机构 8 个，运动场 8 个，小运动场 4 个，篮球场 147 个（其中有灯光设备的 5 个），排球场 46 个，网球场 10 个，旱冰场 2 个，体育活动场所 20 余处。1999 年，临河市投资 1000 多万元，新建星月世纪健身广场；杭锦后旗筹资 90 万元，新建占地约 4 公顷的体育活动中心；磴口县对原灯光篮球场进行改建；五原个人投资 40 万元，建成标准化游泳池。2002 年，杭锦后旗、乌拉特前旗、磴口县、乌拉特中旗先后新建综合性体育馆。2008 年，巴彦淖尔市投资 120 万元，为 63 处农牧民健身工程点配备体育健身器材。2010 年，老年人体育“123”工程在五原的新公中、杭锦后旗的陕坝镇，磴口县的巴彦高勒先后建成老年人活动中心。

第二节　体育教育

1986—1989 年，各中小学按照体育教学大纲进行教学。重点中、小学体育活动达标率为 80%，普通中小学体育活动达标率为 60%；城镇中小学生体育达标率为 72%，乡镇苏木中学生体育达标率为 67.4%，小学生体育达标率为 61.5%。1990 年后，巴盟为加强中小学生体育教育，制定了“注重实效、抓好基础、强化巩固”的教育方针。按照这一指导思想，中小学体育教学积极探索新途径、改进教学方式，提高教学科技含量，到 2003 年全盟中、小学生体育达标率为 84%。

第三节　专业训练

1986 年，全盟体育教育除 5 所专业学校外，中小学有体育训练点 29 个，年均参加训练的学生 300 余人。1998 年，全盟体育专业训练点发展到 64 个，年均坚持系统训练的学生 1000 余人，12 名学生被输送到自治区级运动队，75 人考入体育大中专院校。2000 年，为进一步完善体育教育训练网络，建成业余训练点 95 个，长年坚持系统训练的学生为 1392 人。2002—2004 年，体育训练点发展到 103 个，年均坚持系统训练的运动员为 1600 余人。期间向内蒙古自治区运动队输送运动员 15 名，有 87 人考入体育大专院校，2 人晋级国家一级运动员，86 人晋级国家二级运动员。

2005—2009年,巴彦淖尔市有体育业余训练点103个,长年坚持系统训练的学生1800余人。其间,有108人考入体育大专院校。2010年,全市有体育业余训练点67个,年平均坚持训练人数为2000余人。

第四节 体育竞技

1986—1993年,全盟有2295人次参加了自治区以上级各项体育赛事,在10多项比赛中获冠军,涌现出高凤莲、吕诚、大革命、敖特跟毕力格等一大批体坛精英。1994年,在自治区举办的全区运动会上,巴盟体育代表队以团体总分938分和金牌总数20枚的成绩名列两个第四位。田径以396分获项目团体总分第1名。1997年,在全区举办的那达慕大会上,巴盟代表队获1000米、2000米、3000米、5000米赛驼4枚金牌,那达慕大会60%的奖牌由巴盟夺得。在全国第八届运会上,巴盟运动员获得自由式摔跤金牌1枚,武术散打银牌1枚,古典式摔跤获得1枚铜牌。1998年,在全区第九届运动会上,巴盟派出285名运动员,参加网球、棋类等13个甲类项目和田径、摔跤等7个乙类项目比赛,获得金牌3枚,有2人破全区4项纪录。2000年,在全区第十二届"天龙杯"中青年网球赛上,巴盟代表队获中年男子组团体第一名。在参加的田径、摔跤、举重、柔道等7个项目中,获得金牌6枚、银牌8枚、铜牌12枚。2002年,在全区十运会上,巴盟代表队在8个乙类项目的比赛中,以突出成绩获得金牌21枚、银牌13枚、铜牌14枚。2003年,在全区第十七届青少年(中小学生)网球赛上,巴盟代表队参加五项赛事,其中三项取得第三名。在全国青少年西北区(兰州赛区)V-15足球比赛中,磴口县一中足球队代表巴盟参加比赛,获第六名。

2004年,巴彦淖尔市体育代表队在全区第五届农牧民运动会和第二届残疾人运动会上,获得1金2银1铜牌。2005年,在全区第十一届运动会期间,巴彦淖尔市体育代表队参加13项竞技,获得金牌16枚、银牌18枚、铜牌29枚,其中1人破全区青少年纪录。在全区第十届中学生运动会上,有3个代表队分别获田径乙组团体总分第一名、甲组团体总分第四名、男子排球第二名。在全国少儿游泳分区赛上,2名选手分别获得200米混合泳第一名和第五名。在全国中学生沙滩排球锦标赛上,巴彦淖尔市代表队获2个第六名、1个第七名。2006年,在全区十一届运动会上,巴彦淖尔市体育代表队获团体总分第6名、田径总分第二名。在乒乓球、棋类、健身、健美操等31个比赛项目比赛中,获金牌29枚、银牌35枚、铜牌40枚,2人破自治区纪录。在全区第六届民运会上,获得2金3银3铜。2007年,组队参加了全国及全国分区摔跤、排球、游泳等5项赛事,获得金牌4枚,银牌2枚,铜牌3枚。在参加的田径、柔道、举重等全区青少年12项赛事中,获得金牌25枚、银牌17枚、铜牌24枚。2009—2010年,选派528名运动员参加了全区十二届运动会,获得金牌13枚,银牌19枚,铜牌23枚。在全国第十一届运动会上,巴彦淖尔市籍运动员韩刚获得马拉松金牌、刘相蓉夺得女子铅球第四名、胡旺夺得拳击第五名、梅泽峰夺得男子铁饼第五名。在巴彦淖尔市举办的中俄蒙首届青少年运动会上,巴彦淖尔市体育代表队获得2枚铜牌。参加国际比赛共获14枚金牌、3枚银牌,破亚洲纪录3次;参加全国比赛共获43枚金牌、6枚银牌、7枚铜牌,破全国纪录4次。

1986—2010年参加国际、国内比赛突出成绩统计表

表31-3-1

姓名	比赛名称	取得成绩	破纪录	
			国际	全国
高凤莲	1986年第四届世界女子柔道锦标赛	72千克以上级冠军	—	—
高凤莲	1986年第四届国际女子柔道锦标赛	72千克以上级第一	—	—
高凤莲	1987年第五届世界女子柔道锦标赛	72千克以上级冠军	—	—
高凤莲	1987年第五届世界女子柔道锦标赛	无差别级冠军	—	—
高凤莲	1988年第二十四届奥运会女子柔道表演赛	72千克以上级亚军	—	—
任　钦	1988年第二十四届奥运会	摔跤第五名	—	—
高凤莲	1988年亚洲女子柔道锦标赛	无差别级冠军	—	—
高凤莲	1989年第六届泛太平洋柔道锦标赛	72千克以上级冠军	—	—
高凤莲	1989年第六届泛太平洋柔道锦标赛	无差别级冠军	—	—
高凤莲	1989年世界女子柔道锦标赛	72千克以上级冠军	—	—
贺建国	1991-1993全国拳击锦标赛	冠军(多次)	—	—
贺建国	1991-1993国际拳击邀请赛	冠军(多次)	—	—
安　虎	1996-1998全国散打锦标赛	冠军(多次)	—	—
呼比斯拉图(大革命)	全国运动会	摔跤冠军	—	—
呼比斯拉图(大革命)	全国摔跤锦标赛	冠军(多次)	—	—
潘明琦	全国第一届青少年运动会	800米亚军	—	—
潘明琦	全国第三届中学生运动会	110米栏冠军	—	—
管淑敏	全国青年锦标赛	跳高冠军	—	—
韩　刚	1997年全国田径运动会(3分38秒40)	冠军	—	1
敖特跟毕力格	全国摔跤锦标赛	冠军(多次)	—	—
敖特跟毕力格	1997年全国第八届运动会	摔跤冠军	—	—
刑玉梅	全国田径锦标赛	冠军(多次)	—	—
安　虎	1999年世界散打王争霸赛	冠军	—	—

续表 31－3－1

姓名	比赛名称	取得成绩	破纪录	
			国际	全国
王咏梅	全国青年锦标赛	1500 米冠军	—	—
王咏梅	全国青年锦标赛	3000 米冠军	—	—
王咏梅	巴塞罗那世界杯	3000 米第七	—	—
杨　飞 李珍珠 刘相蓉	2001 年全国青少年比赛中被选为 2008 年奥运会苗子	—	—	—
张翼征	全国拳击锦标赛	冠军	—	—
杨宇春	全国散打锦标赛	冠军	—	—
赵子龙	全国散打王争霸赛	冠军	—	—
赵子龙	全国武术散打锦标赛	季军	—	—
赵子龙	全国武术散打冠军赛	第五名	—	—
赵子龙	首届国际搏击大赛	亚军	—	—
宋子平	2002 年全国散打锦标赛	季军	—	—
韩　刚	2002 年北京国际马拉松赛	第八	—	—
韩　刚	2003 年全国田径锦标赛	5000 米冠军	—	—
曹智强	2003 年全国青年锦标赛	铅球亚军	—	—
曹智强	全国大奖赛	铅球季军	—	—
韩　刚	2004 年参加雅典奥运会	—	—	
宋子平	2004 年第二届中日对抗赛	冠军	—	—
宋子平	全国散打王争霸赛	冠军	—	—
刘保宏	2004 年全国青少年田径锦标赛	铅球亚军	—	—
刘保宏	2004 年全国田径大奖赛铅球	铅球亚军	—	—
刘保宏	2004 年全国田径特许赛	铅球亚军	—	—
韩　刚	2005 年上海国际马拉松赛	冠军	—	—
胡　旺	全国拳击锦标赛	冠军	—	—
李珍珠	2006 年全国田径锦标赛	女子 3000 米障碍冠军	—	1
李珍珠	2006 年全国田径冠军赛	女子 3000 米障碍冠军	——	1
曹智强	2006 年世界消防大赛军事五项、铁饼、标枪	三项冠军	—	—
刘保宏	2006 年全国大力士冠军赛	季军	—	—
李珍珠	2007 年全国田径冠军赛	女子 3000 米障碍冠军	亚洲 1	—

续表 31 -3 -1

姓名	比赛名称	取得成绩	破纪录	
			国际	全国
刘相蓉	2007 年亚洲田径锦标赛	女子铅球冠军	—	—
刘相蓉	2007 年全国城运会	女子铅球冠军	—	—
李珍珠	参加 2008 年北京奥运会	—	—	—
刘相蓉	2009 年世界田径锦标赛	女子铅球第十	—	—
李珍珠	2009 年东亚运动会	女子 3000 米障碍冠军	—	—
刘相蓉	2009 年亚洲锦标赛	女子铅球亚军	—	—
韩　刚	2009 年全国十一运会	马拉松冠军	—	—
刘相蓉	2009 年全国十一运会	女子铅球第四	—	—
梅泽峰	2009 年全国十一运会	男子铁饼第五	—	—
胡　旺	2009 年全国十一运会	男子拳击第五	—	—
韩　丽	2009 年全国十一运会	女子柔道 战胜北京奥运会杨秀丽	—	—
曹智强	2009 年全国高尔夫长打王比赛	冠军	—	—
郭　凯	2009 年全国竞走冠军赛	50 公里季军	—	—
李珍珠	2010 年全国田径冠军赛	女子 3000 米障碍冠军	—	—
刘相蓉	2010 年亚洲田径大奖赛	女子铅球冠军	—	—
杨　乐	2010 年全国田径冠军赛	男子 3000 米障碍季军	—	—
丁卫业	2010 年全国田径冠赛	男子铅球季军	—	—

第五节　群众体育活动

全盟体育运动普及项目主要有田径、篮球、排球、足球、乒乓球、羽毛球、蒙古族摔跤，蒙古族赛马、象棋等。

1998 年，举办职工运动会、农牧民运动会等大型体育活动 10 余次。1999 年，举办职工运动会、农民运动会等大型群众体育赛事 17 场次，单项比赛 33 项次。2000 年，开展贯彻落实体育法全民健身宣传周活动。活动中，临河市举办临河地区 2000 年全民健身宣传周启动仪式万人长跑和广播体操会操表演，乌拉特前旗举办大型广播体操会操比赛，磴口县举办全县第三届乒乓球赛，杭锦后旗举办全旗农民职工篮球、象棋比赛等。2002 年，巴盟承办全区一级社会体育指导员培训班，培训一级社会体育指导员 75 名，三级社会体育指导员 112 名。2003 年，启动全民健身活动周。活动期间，开展第三届“财经杯”乒乓球友谊赛、第二届“公路杯”乒乓球比赛、“消防杯”网球赛、老年门球邀请赛等。在农村牧区利用春节、“五一”“七一”“十一”等节假日或农闲时间举办农牧民运动会。

2004 年，为启动全民体育健身月活动，举办体育赛事 50 余次，参加体育健身活动人数达 659659 人，占到全市总人口的 38.2%。2006 年，成功举办全市首届台球邀请赛、“海尔杯”乒乓球邀请赛和机关、企事业单位干部职工运动会、教育系统干部职工篮球赛、全市田径运动会、河灌系统职工篮球赛、篮球协会首届男子篮球赛、人大“乌拉特后旗杯”第三届乒乓球邀请赛等体育活动。2007 年，举办万人健步行、大众广播操、霸王鞭表演、信鸽放飞、拔河、篮球赛、足球赛、钓鱼、乒乓球、羽毛球、网球、门球等多项体育活动，参与人数达到数十万人。在“全民健身活动月”的引领下，广大市民走出户外，在公园、广场、街道、操场、路边开展晨练，全民健身活动蔚然成风。2008 年，按照“普及与提高结合，提高人民群众的身体素质和生活质量”的群众体育发展思路，举办迎“奥运会”农牧民万人跑活动、“联通杯”羽毛球比赛、“公路杯”乒乓球赛等赛事、承担“2008 年东方马拉松汽车越野赛”巴彦淖尔段和“奥运会火炬传递”组织实施工作。2009—2010 年，在春节期间，组织群众体育健身运动项目 20 多项；“五一”“五四”期间组织赛事 30 多项，国庆节期间组织赛事 30 多项。与此同时，全市各旗县相继举办农牧民趣味运动会和那达慕。

第六节　民族体育

巴彦淖尔市民族体育活动项目主要有摔跤、赛马、射箭、赛驼等。1986—2010 年，地处乌拉特草原的乌拉特前旗、乌拉特中旗、乌拉特后旗和磴口县每年都举办那达慕大会。大会期间开展摔跤、赛马、射箭、赛驼、叼羊等体育比赛。

2000 年，巴盟蒙古族中学组织举办全盟首届蒙古族中学田径运动会和全盟蒙古族学校搏克邀请赛。2003 年，在乌拉特中旗举办首届国际那达慕大会。会间邀请蒙古等友邻国家参加搏克、赛马、赛骆驼比赛。同时，制定蒙古族体育运动比赛评分标准。根据评分细则，命名巴彦淖尔盟蒙古族中学为全盟传统摔跤项目教育学校。

第三十二篇

广电　报纸

第一章　广播电视

第一节　机构改革

1986年，设盟广播电视处，负责管理全盟广播电视事业。1992年3月，根据巴机编发〔1992〕11号《关于对广播电视处（台）机构设置和人员编制等有关问题的批复》文件，盟广播电视处核定事业编制32人，内设机构有办公室、人事科、技术科、保卫科、纪检组。成立巴彦淖尔人民广播电台和巴彦淖尔电视台，两台为广播电视处二级单位，隶属盟广播电视处管理，均为科级建制，事业性质。领导职数1正1副。

1995年，盟广播电视处更名为巴盟广播电视局。1997年，盟机构编制委员会批准盟广播电视局及所属事业单位的“五定”方案，将监测台从电视台内设机构中独立，成为局直属单位，广播电视报编辑部由电视台内设机构调整为广播电视局内设机构。广电局及二级单位均为事业单位。局内设办公室、人事教育科、计划财务科、审计科、总编办公室、总工办公室、技术科、社会管理科、保卫科。核定事业编制30人，其中，处级领导职数3人（1正2副），科级领导职数16人（9正7副）。局属二级单位10个，电台、电视台副处级建制，其内设部室为科级建制。其他8个下属单位中巴彦淖尔有线电视台、巴彦淖尔“黄河之声”广播电台、盟微波总站、“691”广播发射台、“733”广播发射台、“786”电视发射台、监测台以及新成立的盟有线电视联网中心均为科级事业单位，共核定事业编制287个。

2000年，“691”广播发射台、“733”广播发射台和乌拉特后旗广电局管理的“871”发射台上划自治区广电局直管。2001年5月，临河市广电局整建制上划盟广电局。12月，盟广播电视局列入行政行署机构序列。

2002年，盟广电局对所属机构进行精减，内设办公室、人事教育科、计划财务科、总编室、技术科、社会管理科、保卫科。核定行政编制17人，其中，局长1名，副局长4名（含纪检组长），科级领导职数11名（7正4副）。局下设巴彦淖尔人民广播电台、巴彦淖尔电视台、“786”电视发射台、“905”调频广播发射台、监测台、微波总站、广播电视管理中心（稽查大队）。

2003年5月，盟广电局根据业务调整后的实际，将“黄河之声”广播电台与临河人民广播电台并入巴彦淖尔人民广播电台；临河电视台并入巴彦淖尔电视台；巴彦淖尔有线台与临河有线台合并后划归内蒙古广播电视信息网络巴盟分公司。局属二级单位中有电台、电视台、微波总站、“786”电视发射台、监测台、联网中心，核定事业编制 388 人。

2004 年，撤盟设市，盟广播电视局改称市广播电视局。2010 年 7 月设立市广播电影电视局，内设机构有办公室、人事科、宣传管理科、电影电视剧管理科、传媒机构与网络视听节目管理科、科技科、规划财务审计科，另设机关党委、离退休人员工作科。12 月，由市人民广播电台、电视台、“905”广播发射台、“786”电视发射台合并组建巴彦淖尔市广播电视台，副处级事业单位。

第二节　广播

一、建设与发展

巴彦淖尔广播事业起始于 20 世纪 50 年代末。1985 年开始，按照中办、国办“四级办广播”精神。将旗、县、市广播站全部改建为有线调频广播电台，开办自办广播节目，主要是当地新闻、专题、文艺、广告等节目。1988 年末，全盟有 63 个乡镇也实现调频传送广播信号，逐步淘汰旗、县（市）到乡镇的有线广播节目传输方式。

1995 年，巴盟广电局投资 40 万元，建成“巴彦淖尔黄河之声立体声调频广播电台”，发射功率 2.5 千瓦；同时，建成一座 50 瓦的蒙语转播台。

1998 年，巴盟广播拥有中波广播电台 1 座，中波广播发射台 3 座，调频广播电台 8 座，各种小调频广播差转台 26 个。广播事业形成以盟广播电台为中心，以旗、县、市广播电视台（站）为骨干，以乡镇、苏木广播电视站为基础的有线、无线广播传输覆盖网络，每天有 10 多套广播节目与城乡广大听众见面。

2002 年，巴彦淖尔人民广播电台、黄河之声调频广播和临河人民广播电台三台合一，设置两套节目，其中第一套节目中波频率 1152 千赫，调频 106 兆赫；第二套节目调频频率 106 兆赫。两套节目每日播出 25 小时 45 分钟。

2004 年，巴彦淖尔市电台实现数字化播出。第一套中波频率 1152 千赫，调频频率 106 兆赫；第二套节目调频频率 100.7 兆赫。第一套节目每日分两次播音，全天播音 13 小时 40 分；第二套节目每日 1 次播音，全天播音 12 小时 05 分。开设的节目有《巴彦淖尔新闻》《巴彦淖尔大地》《临河之窗》《新闻》《新闻博览》《蒙语十五分》《法律与生活》《一路平安》《今夜晚风》《老年茶座》《校园在线》《七彩屋》《生活空间》《信息立交桥》《文艺早茶》《司机你好》《彩虹音乐间》《快乐有约》《幸运降落伞》《音乐百味》《金色黄河湾》《电波咖啡屋》《相聚 106》《106 点歌台》《蒙语综艺》。

2006 年，巴彦淖尔市广播有中波发射台 3 座，总发射功率为 45 千瓦，播出频率 8 个；调频发射台 7 座，发射机 13 部，总发射功率为 14.5 千瓦，播出频率 13 个，节目 11 套，广播人口覆盖率达 93%。巴彦淖尔人民广播电台一套为新闻综合频道，每天播出 16 个小时，开办栏目13个，其中蒙语每天播出20分钟。开办栏目有蒙语《巴彦淖尔新闻》《蒙古语文艺》。第二套为文艺生活频道，每天播出13个小时，开办栏目21个。2007年，广播电台按照频道专业化、栏目特色化、节目精品化的要求，对过去27个栏目进行评审、整合定位。对同质栏目进行合并，淘汰听众较少栏目，保留24个栏目。将第二套节目定位为交通频道。2008年，巴彦淖尔人民广播电台增设第三套节目。第三套节目主要以宣传临河为主，每天播出18个小时，开办栏目4个。截至2010年，巴彦淖尔人民广播电台自办3套节目，实行有线广播、中波、调频广播同步播出。一套为新闻综合频道，每天播出16小时，开办栏目20个，其中蒙语每天播出20分钟。二套为交通文艺频道，每天播出13小时，开办栏目14个。

二、节目设置

巴彦淖尔人民广播电台新闻综合、文艺生活、都市生活三个频率现在每天播出52.5小时。自办节目主要有《巴彦淖尔新闻》(1989年开播，录播节目)、《巴彦淖尔大地》(1989年开播，录播节目)、《快乐的星期天》(1989年开播，录播节目)、《节目预告》《天气预报》《广告音乐》《蒙语十五分》(1999年开播，录播节目)、《临河之窗》(2001年开播，录播节目)、《新闻》(2000年开播，录播节目)、《新闻博览》(2000年开播，录播节目)、《法律与生活》(2000年开播，直播节目)、《一路平安》(2000年开播，直播节目)、《今夜晚风》(2000年开播，直播节目)、《老年茶座》(2000年开播，直播节目)、《校园在线》(1989年开播，青年节目，直播节目)、《七彩屋》(2000年开播，少儿节目)、《生活空间》(2000年开播，直播节目)、《信息立交桥》(2000年开播，直播节目)、《文艺早茶》(2000年开播，直播节目)、《司机你好》(2000年开播，直播节目)、《彩虹音乐间》(2000年开播，直播节目)、《快乐有约》(2000年开播，直播节目)、《幸运降落伞》(2000年开播，直播节目)、《音乐百味》(2000年开播，直播节目)、《电波咖啡屋》(2000年开播，直播节目)、《相聚106》(2000年开播，直播节目)、《106点歌台》(2000年开播，直播节目)、《蒙语综艺》(1999年开播，直播节目)、《金色黄河湾》(1995年开播，录播节目)、《行风热线》(2004年开播，直播节目)、《纵横107》(2008年开播，录播节目)、《魅力巴彦淖尔》(2008年开播，录播节目)、《107信息超市》(2008年开播，直播节目)、《新闻随身听》(2008年开播，直播节目)、《广播剧场》(2008年开播，录播节目)、《大家说法》(2008年开播，录播节目)、《107点歌台》(2008年开播，直播节目)、《美食乐翻天》(2010年开播，录播节目)、《河套娃娃》(2008年开播，少儿节目)、《都市夜未央》《977边走边唱》《音乐典藏》《非常时光》《百家讲坛》《977音乐榜中榜》《977信息直通车》《空中车友会》《977一路同行》《977娱乐晚高峰》《开心一刻》《听那些歌》《悠扬早班车》《青春加气站》《一路平安》《向快乐出发》《电影时光隧道》《爱在路上》《音乐末班车》等。

三、设施设备

1982 年,投资 45 万元建立巴盟广电局“691”广播发射台。主要承担中央人民广播电台第一套节目、内蒙古人民广播电台蒙汉语广播节目的转播和巴彦淖尔人民广播电台节目的播出任务。“691”发射台使用(中波 1152 千赫,功率 10 千瓦)为巴彦淖尔人民广播电台发射节目。1999 年巴彦淖尔人民广播电台新增一部 3 千瓦调频发射机(由 905 发射台负责播出电台节目)。1995 年 12 月成立黄河之声调频广播电台,发射功率 2. 5 千瓦由 905 发射台负责播出。2009 年巴彦淖尔人民广播电台新增一部 3 千瓦调频发射机(由 905 发射台负责播出都市生活频率节目)。

第三节　电视

一、无线电视

1978 年开始建设无线电视。仅有 1 千瓦电视发射机一台,覆盖面为全盟总面积的 6%,电视接收率为总人口的 30%。整个发射、节目采编、制作都在两间 30 平方米的房间进行。节目源靠翻录 16 毫米电影胶片和派人驻北京、呼和浩特市录像解决。1986 年,自治区广播电视厅划拨给巴盟一套地面卫星接收设备。地面卫星接收站建成使用后,解决了电视台长期靠驻北京、呼和浩特市录像解决节目源的问题。巴盟电视大学建起一座地面卫星接收站,各旗、县、市相继建起电视台。1988—1998 年,先后建成无线电视台 8 座,电视发射台、转播台、差转台 51 座,地面卫星接收站 500 多座。2000 年,临河电视台有 1 千瓦发射机、主备机各 1 部;五原电视台有 1 千瓦电视发射机 1 部,50 万瓦电视差转机 2 部,有线电视传输 24 套,拥有城市用户 6300 户,农村用户 1000 余户,MMDS 传输 18 套电视节目,电视人口接收率为 95%;磴口电视台有 1 千瓦和 300 瓦电视发射机各 1 部,有线电视传输 23 套电视节目,有城市用户 6300 户,农村用户 1000 户,农村能接收 8 套电视节目;乌拉特中旗电视台有 1 千瓦电视发射机 1 部,乡镇苏木有电视站 9 座,电视人口接收率为 85%,有线电视传输 21 套电视节目,城市用户 3500 户,卫星地面电视接收用户 18 户;乌拉特前旗电视台有 50 瓦和 10 瓦电视发射机各 1 部,有线电视传输 24 套节目,有电视用户 8000 户,卫星地面电视接收用户 83 户;乌拉特后旗电视台有 1 千瓦电视发射机 2 部,50 瓦电视发射机 2 部,电视人口接收率 89%。有线电视传输 21 套节目,有城镇用户 1700 户。山前东升庙区采用 NNDS 系统传输电视节目,用户 100 多户。卫星地面电视接收用户 150 户;杭锦后旗电视台有 1 千瓦电视发射机 1 部,有线电视传输 24 套电视节目,有线电视城镇用户 7000 余户,接收 MMDS 系统电视节目的农村用户 2000 多户。

2002—2004 年,对电视节目进行整合,设置 4 套电视节目播出,巴—1(原巴彦淖尔电视台,6 频道播出),巴—2(原临河电视台,10 频道转播),巴—3(原巴盟有线电视台,12 频道转播中央电视台一套节目）。电视台自办节目有《巴彦淖尔新闻》《社会立交桥》《生活直通车》《关注》《百姓生活》《风火轮》《歌海心桥》《戏曲选段》《金色田野》《草原上的人们》等10个栏目。

2005—2006年，投资200万元，开通电视数字化改造暨新闻光缆回传工程，采编制播设备名列全国地市级电视台的先进行列，处于自治区盟市台的前列，电视台除发射系统外全部实现了数字化。节目播出质量明显提高，略播、错播、误播的概率减小，每年节省机器维护费用大约10万元，节省录像带磁带等费用25万元，节约新闻、专题留资料用的数字录像带的费用大约2.3万元；有发射转播台13座，发射机20部，发射总功率21千瓦，播出频道12个，节目39套，电视人口收视率达92.7%。电视台自办3套节目，以无线、有线、MMDS三种方式传输。一套为新闻综合频道，每天播出18个小时，开办栏目10个，其中蒙语每天播出1小时。二套为经济生活频道，每天播出18个小时，开办栏目6个，主要以宣传临河为主；三套为文艺综合频道，每天播出18个小时，开办栏目4个。

2008年，投入资金700多万元，完成电视台采、编、播数字化改造工程，购置数字摄像机电视摄像摇臂机，5套非编机，实现了电视非编系统数字化；购进13套网络管理自动监测系统，改造装修电视演播室，完成电视无线覆盖发射东片工程。乌拉特前旗、五原县、乌拉特中旗增设发射机11台。截至2010年，巴彦淖尔电视台自办3套节目。一套为新闻综合频道，每天播出18小时，开办栏目10个，其中蒙语每天播出1小时；二套为社会生活频道，每天播出18小时，开办栏目5个，主要以宣传临河为主；三套节目为影视娱乐频道，每天播出18小时，开办栏目4个。

二、有线电视

1992年，有线电视工程启动。1993年，在临河市发展有线电视试点，开通有线电视。各旗、县自筹资金发展有线电视。1998年，巴盟有线电视网覆盖河套地区5个旗、县、市所在地以及以临河为中心的50多个乡镇，入户总数51200户。有线电视每天播出14小时，分别转播中央、自治区、巴盟电视台共8套节目。

2000年，有线电视台自办节目有《流动时空》《与您同乐》《荧屏亮点》等栏目。全年加密频道播出6556小时，自办频道播出3935小时。

2002年，内蒙古广播电视网络有限公司在原巴彦淖尔有线电视台和临河有线电视台基础上组建巴彦淖尔分公司。2005年，有线电视投资100多万元，完成MMDS数字化改造，使农村有线电视由18套增加到25套。2006年，有线分公司完成6个旗、县二级分公司整合，进入企业化经营，实现市及旗、县垂直管理。有线电视联网农村7万多户，用户点达1900个（自然村）。市及旗、县、区政府所在地群众能够收看30多套电视节目，农村联网用户可收看18套模拟电视节目、30套数字节目。截至2010年，巴彦淖尔市有线电视有传输、自办电视节目32套,并为用户提供70多套数字电视节目。新增有线电视宽带上网业务,公安、消防、教育、森警等专网业务。农村联网用户可收看18套模拟电视节目、49套数字节目。

三、微波工程建设

呼和浩特市经巴盟经阿拉善盟巴彦浩特的广播电视传输微波工程中,巴盟境内线路长359千米。1985年,巴盟内工程开始动工,总投资800余万元,1987年5月建成投入使用。微波线路的开通,从呼和浩特市至巴彦浩特正向4个高频波道传输两套彩色电视节目,两套伴音,两路广播信号。提供呼和浩特市至5个盟、市间的两条长途话路,反向设两个高频波道,回传一套彩色电视节目,一路伴音及两条长途话路,为巴盟与全区进一步沟通新闻、经济、教育、文化等信息打开了一条新的通道。微波系统巴盟设微波总站,下有9站,1个枢纽站:临河站。1999年,巴彦淖尔广播电视微波系统完成内蒙古蒙语和汉语电视节目、蒙语和汉语广播节目、内蒙古有线电视台节目(汉语)、载波电话、向自治区反传巴盟新闻、新闻捷讯寻呼等传输任务。全年蒙语汉语电视节目传输5000小时,广播节目传输2600小时,载波电话传输8760小时。

四、广播电视"村村通"

根据自治区政府统一部署,巴盟从2000年5月全面建设广播电视"村村通"工程。经过四个多月的艰苦努力,9月底"村村通"工程竣工。10月24日,乌拉特前旗召开全盟"村村通"总结大会,宣布巴盟广播电视"村村通"工程以100%的合格率通过自治区"村村通"工程验收小组的验收。

在全盟广播电视"村村通"工程建设中,通过卫星接收,建立小型有线电视站34座,开通户数1897个;采用无线2+1方式建立73个,开通户数2643个;建立MMDS接收方式62个,开通户数633个;个体接收方式225户。全盟134个盲点共计开通2+1(或以上)标准广播电视用户5298户,每个盲点平均开通40余户。

以解决盲村、嘎查为重点工程,对部分旧设备进行更新改造。在磴口县新建包尔盖电视转播台,采用高增益定向天线,使覆盖半径达30千米;改造石哈河差转台,更换全固态设备和更新天线,解决乌拉特中旗山旱区4个贫困乡镇3万多人收听、收看广播电视难的问题;新增五原县、乌拉特后旗、临河市3座MMDS中继设备,使巴盟广播电视局的MMDS传输系统覆盖范围进一步扩大;五原县新购高增益电视缝隙天线和更新1部1千瓦调频固态发射机,收视人口扩大到30多万人;改造乌拉特前旗电视发射天线,增益在10dB以上,普遍增加4dB,覆盖距离较原来扩大1.5倍。

2004—2005年,"村村通"工程完成299个自然村建设任务。2006—2008年,完成7个旗、县20户以上自然村入网工程,广播电视混合覆盖率为98%以上。

五、好新闻获奖

1998年，在全区广播电视好新闻评比中，电视汉语新闻获二等奖3个，三等奖5个；专题节目2部集，获二等奖1部，获三等奖1部；蒙语电视节目获新闻类一等奖1个，二等奖1个，三等奖3个；广播节目获新闻类二等奖1个。2000年，广播电台4篇新闻作品获一、二、三等奖，3篇专题作品获一、三等奖；黄河之声调频广播专题“公开公正顺民意”“审计制度说明了什么”“绿色的呼唤”等获好新闻奖；专题“戈壁红驼出路何在”获自治区和国家二等奖；蒙语新闻4篇获自治区三等奖；电视专题报道“巴盟乌拉特草原进入大批蒙古野驴”获内蒙古自治区三等奖。2002年，广播电台选送的9篇获奖；电视台少儿文艺节目在全国少儿艺术比赛中获三等奖；电视台蒙汉语获新闻社教类一等奖1个、二等奖6个、三等奖10个。2003年，广播新闻有9件获自治区二、三等奖；电视台有17件作品荣获全区好新闻奖，其中论文“硬盘自动播出系统在中小型电视台播出系统中的应用及发展前景”荣获自治区广电学会优秀论文一等奖。2008年，有20件广播电视新闻作品获自治区第十六届广播电视新闻奖、内蒙古广播影视奖、八省、区蒙古语电视节目奖，其中一等奖3件、二等奖6件、三等奖11件。2010年，广播电台有5件新闻作品在全区新闻评奖中获奖，4件新闻作品在全国评奖中获奖；市电视台选送的14件蒙文作品在全国评奖中获奖。

第二章　报纸发行

第一节　机构与改革

一、机构沿革

1986 年，巴彦淖尔报社设内部机构要闻部、经济部、政文部、科教部、总编办、采通部。1987 年，要闻部与经济部合并，称要闻经济部；政文部与科教部合并，称政文科教部；总编办与采通部合并，实行采编通合一。1988 年，报社恢复原设机构，要闻部、经济部、政文部、科教部、采通部，增设总编办公室、美摄部。8 月，组建新闻图片部。1992 年，报社增设科技信息咨询服务部、人才交流大众服务部。1996 年，按照盟委下发的事业单位机构方案，《巴彦淖尔报》（汉语版）取消要闻部，成立编辑部；蒙编部整合为总编办。2002 年，撤销通联部、新闻研究室，成立蒙汉总编办。汉编设总编办、要闻部、综合新闻部、专版部、周末部、新闻思考部、新闻超市部、记者部，在旗、县、市设记者站。2004 年 11 月，《临河晚报》划转《巴彦淖尔日报社》管理。2008 年 6 月，成立《巴彦淖尔日报》新闻评论部。截至 2010 年 12 月，巴彦淖尔报社共设 18 个科室。

二、制度建设

1986 年，社会各种新闻媒体逐渐增多，竞争日趋激烈，报社为了适应新的媒体发展的形势和报纸媒体存在的问题召开专题会议，制定责任制、奖罚制等工作制度，加强对职工的教育，提高政治思想素质和业务技能，建立健全奖罚机制。1992 年，报社决定编辑部内部实行改革，恢复完善过去在改革中建立的编辑采访制度；建立完善评报制度；完善优化组合，以岗定职，建立编辑人员岗位责任制。1993 年，报社编采变包版制为统一画版制，加强总编办工作，建立岗位职责量化管理考核制和好新闻评选委员会。1997 年，结合实际，制定巴彦淖尔报社 18 项管理制度，其中对编委会的职责任务作出具体规定。1998 年，在编辑部实行量化管理、考核聘用试行改革。采编报酬量化考核，人员双向选择，并设置考核办，严格履行考核工作。1999 年，进一步完善人事分配制度，在蒙编部内部首先实行聘用制试点，在取得经验基础上，全社各部门推广实施。2000 年，出台《巴彦淖尔报社用人、分配制度和报纸改革总体方案》。方案从各部门任务、工作量、分配等六方面作出具体规定。2002 年，报社进行第二次用人、分配制度改革，并对第一次改革设置的部门、岗位进行适当调整，修订完善考核制度。2009 年，报社制定三项制度，当日新闻次日见报制、执行主编制、周会制。并规定按职责权利相统一原则，工资与工作量挂钩，薪酬浮动，超额奖励。

三、队伍建设

1986—1988年，报社注意新闻队伍建设，加强人员思想、业务知识学习和培训，举办业务技能、政治理论学习班，组织全员学习。1989—1994年，报社在内部改革中，突出新闻队伍建设，加强采编人员政治理论、党性、职业道德教育；组织采编人员到外地参加新闻业务培训班。1995年，报社为提高新闻队伍的整体素质，鼓励更多的编采人员参加《人民日报》新闻函授及其他形式的刊授、函授学习，先后有50多名干部参加各种函授、刊授教育和电大学习。1996年，报社专题研究制度建设问题，其中最主要的就是关于编采队伍的人才培养与储备。1997年，要求采编人员加强言论写作，对典型报道、重要内容要配发社论、评论员文章、编前、编后、编者的话、点评等。1999年，在抓好编采人员培训的基础上，突出抓通讯员的培训工作，先后培训通讯员1000多人次。2000—2002年，组织蒙汉编采人员进行各项学习和业务培训，提高编采人员的职业素质和职业道德。2003年，为使报道更加贴近实际、贴近群众、贴近生活，增强报道的针对性、实效性和可读性，重点抓5项工作建设，认真贯彻“民主、求实、团结、稳定、鼓劲”的10字方针，加强各部门工作作风改进，力避放大事实；以培育和弘扬地方文化为目的，加大各地特色文化事业发展报道；贴近群众生活，加大公民道德建设、精神文明建设方面的报道；弘扬正气，加大了对先进个人、先进集体的宣传报道；为让全社会各界更关注再就业工程，加大再就业方面典型人物的宣传报道。

2005年，报社制定新5年规划，将队伍建设作为最重要工作任务，制定采编队伍建设目标，将建设学习型单位坚持下去；努力营造尊重人才、培养人才、留住人才、引进人才、用好人才的环境和氛围，从德、能、勤、绩方面全面考查，公平公正考核人才；加大引进人才力度；提高优秀人才待遇，留住人才，逐步实现由档案工资向计酬工资转变。2007年，报社进一步完善用人机制，以“职工培训年”为重点业务工作，组织建立一支政治理论强、工作作风硬、纪律作风严的新闻工作者队伍。2009年，制定三项制度，当日新闻次日见报制、执行主编制、周会制，并规定按职责权利相统一原则，工资与工作量挂钩，薪酬浮动，超额奖励。在三项制度执行中，创新新闻形式和宣传方法，提高可读性和指导性，增强针对性和实效性、亲和力和感染力，新闻宣传的市场化意识进一步树立。2010年，报社出资100万元，支持中青年采编人到全国各地考察、培训、学习。

第二节　报纸发行

一、《巴彦淖尔报》

《巴彦淖尔报》，创办于20世纪50年代，为巴彦淖尔盟党报。1986年，《巴彦淖尔报》汉文版为周六刊，蒙文报为周四刊。1994年，《巴彦淖尔报》（蒙汉文版）增加《周末》版。

《周末》版定位在“坚持党性原则”中,集可读性、娱乐性、知识性、趣味性为一体,力争为读者欢乐的周末再办出一份轻松。《周末》为四开四版,每逢周六出版。整报分为“社会大看台”“人闻大观园”“周末大排档”“生活大参考”四个版块。1995 年,《巴彦淖尔报》增加《星期天专刊》。报纸定位在领导干部的决策参考,农牧民的生活顾问,中小学生的良师益友,人民群众的生活导向。1996 年,《巴彦淖尔报》增加《新闻思考》。《新闻思考》是主报《巴彦淖尔报》的补充和延伸,刊登重大新闻、理论探讨、深度报道。《新闻思考》为四开四版,与主报捆绑发行。

1997 年,《巴彦淖尔报 · 星期天专刊》更名为《巴彦淖尔报 · 周日专刊》。经与团委协商,《河套青年报》《巴彦淖尔青年报》与《巴彦淖尔报》合办,挂《巴彦淖尔报》的版面,成为《巴彦淖尔报》的一张副报。

2001 年,《巴彦淖尔报》由小报改为大报,汉文版由四开四版周七刊,改为对开四版周六刊;蒙文报由四开四版周六刊,改为对开四版周三刊。改版后,《巴彦淖尔报》汉文版每周主报 5 期,副报 2 期;蒙文报版每周主报 3 期,副报 1 期。《巴彦淖尔报 · 周日专刊》更名为《巴彦淖尔报 · 新闻超市》。《新闻超市》为四开四版周刊。

2002 年,《巴彦淖尔报》调整汉文主副报结构,主报由每周四刊调整为周五刊。同时将《新闻思考》《周末》《新闻超市》三张副报整合为一张——《巴彦淖尔报 · 新闻超市》。

2004 年 7 月,《巴彦淖尔报》更名为《巴彦淖尔日报》。2008 年,《巴彦淖尔日报》增至周 6 期,扩版至周 40 版。

二、《巴彦淖尔晚报》

2005 年 2 月,巴彦淖尔将原《临河晚报》《巴彦淖尔日报 · 新闻超市》整合为全新的《巴彦淖尔晚报》,3 月 1 日正式出版发行。《巴彦淖尔晚报》为周五刊,4 开 16 版,彩色印刷,每周一、二、三、四、五出版。

2010 年 1 月,《巴彦淖尔晚报》扩版。扩版后的《巴彦淖尔晚报》在原有 16 个版的基础上,每周二、四再增加 8 个版,按 AB 两叠 24 版出版。其中 A 叠 16 个版,涵盖本地新闻、国际国内新闻、文体娱乐等内容;B 叠 8 个版,以“民生”为主题,做足、做细、做深民生新闻,使《晚报》成为巴彦淖尔人的民生大全。10 月 15 日,《巴彦淖尔晚报》更名为《黄河晚报》。

三、《临河晚报》

1993 年 10 月,临河市委创办《临河晚报》,盟内发行。1995 年,《临河晚报》由周报改为周二刊。1997 年增为周三刊,1998 年增为周四刊。2005 年,《临河晚报》与《巴彦淖尔日报 · 新闻超市》整合为《巴彦淖尔晚报》。

四、印刷发行

1986 年,为了提高报纸的印刷质量、扩大发行量,盟财政下拨专项资金更新报社印刷设备,新购进 TS2101 型对开双面胶印刷机 1 台,T4102 四开单色胶印机 1 台,对开球型磨版机 1 台,对开烘版机 1 台。1990 年,报纸印刷改用平版胶印机。1993 年,购进“华光”计算机照排系统。1994 年 4 月,报纸印刷结束铅印操作。1996 年 10 月,通过融资方法,购置“北大方正”计算机和照排系统。1998 年 4 月,报社针对报纸印刷设备陈旧落后问题,向盟行署申请技改专项经费,财政拨款 185 万元,购进与排版和图片扫描设备配套的 05 胶印机,淘汰正在使用的 20 世纪 70 年代由铅印机改装的胶印机,报纸印刷质量显著提高。1999 年,印刷厂全部更新制版设备。2004 年,斥资购进 P19 彩色轮转胶印机和 F6000 彩色照排机。2010 年,筹资 90 万元购入英国生产的雕龙 CTP 直接制版设备。新设备的引进,使报纸印刷质量提高,印刷成本下降。

1986—1996 年,《巴彦淖尔报》按照预订份数印刷,通过邮政发行。1997 年,随着改革的不断深化,《巴彦淖尔报》开始自行发售。1999 年后,《巴彦淖尔报》经过两年自行发售运行,发现存在一些弊端,特别是行政事业单位拖欠报款严重,影响报纸正常发行。经盟行署研究决定,《巴彦淖尔报》仍由邮政部门按照预订份数发行。

第三节　宣传报道

1986—1987 年,为贯彻落实自治区和巴彦淖尔盟两级会议精神,《巴彦淖尔报》作为盟委机关报,开展“念草木经、兴畜牧业”的宣传报道,并引导社会各界展开讨论。1989 年,报纸报道以“治理经济环境,整顿经济秩序”展开报道。报道总的指导思想是“抓质量,重效益”。蒙文版《巴彦淖尔报》则突出民族特点,重点报道牧区草库伦建设和水利建设。1991 年,报纸以“八五”计划发展经济为主要任务,以继续抓好经济建设为工作目标、在改革开放中拓宽思路、科技兴农、科技致富,引导思考如何发挥地方资源优势,稳定家庭联产承包责任制、乡镇企业改革、精神文明建设等展开宣传报道。抓住自治区召开那达慕大会的有利时机,抽调人力,开辟专栏,向区内外广泛介绍巴彦淖尔盟 40 年在政治、经济、文化、科学技术等方面取得的成就,特别是改革开放 10 年,巴彦淖尔盟发生的巨大变化。1993 年,报社重点宣传邓小平建设中国特色社会主义理论,用邓小平理论武装干部群众的思想,调动一切积极因素,为改革开放服务。

1995 年,有针对性、指导性地经济建设为中心,安排部署各旗、县、市工作的重点、热点报道。同时,要求编采人员深入基层,深入实际,用鲜活生动实例,撰好每一篇新闻稿件。1997 年,在庆祝香港回归和自治区成立 50 周年之际,各报为做好宣传报道工作,精心制定工作方案,调整报纸版面,组成多元报道结构,全力开展“迎回归、贺大庆”的报道。1998 年,将宣传党的路线、方针、政策,宣传全盟各族人民在中国特色社会主义建设中取得的新成就作为重点内容展开宣传报道。1999 年是新中国成立 50 周年,又是新千年即将开始,盟委决定举行一系列庆祝活动。为及时做好报道工作，报社抽调业务骨干，组成强大的报道组，深入全盟城镇、乡村、牧区，报道新中国成立50年来各行各业发生的巨大变化，用生动的事例颂扬社会主义的优越性和中国共产党的伟大。

2000年，在抓好日常宣传报道的同时，在报道我国西部大开发中，开辟"西部大开发论坛""西部大开发走笔""投身大开发兴盟做贡献""西部大开发热线传递"等栏目，突出报道基础设施建设、生态环境建设、经济结构调整；配合全盟阶段性中心工作，宣传投资环境、投资优惠政策、资源优势、区位优势、人文环境、风土人情和市场潜力；宣传巴盟优质农畜产品资源、矿产资源、特色产业资源和绿色食品资源，让全国各地进一步了解巴盟、认识巴盟，为全盟招商引资，扩大开放营造舆论环境。在国有企业改革报道中，突出重点企业转制报道和新兴非国有制企业成长报道。在农牧区经济建设报道中，重点报道产业结构调整、优良品种推广、新科技应用和高效农牧业、产业化进程。2001年，报社按照盟委宣传部下发的年度新闻报道要点，拟定年度报道提纲和季度报道提要。提纲、提要围绕盟委扩大会议围绕"加快全盟经济和社会发展"为主题，全力展开巴彦淖尔盟深化改革，扩大开放，实施"农牧业为主、工业立盟、科教先行、产业化推进"经济发展战略的报道。在具体报道中，编发《认真开展"三个代表"重要思想学习教育活动》《突出"三围绕"工作思路，全面落实工业立盟实施方案》《以经济结构战略性调整为主线，千方百计增加农牧民收入》《扶持龙头企业，推动农业产业化进程》《发展才是硬道理》等理论文章。言论重点配发《卓有成效地开展"三个代表"重要思想学习教育活动》《全面实施"工业立盟"战略、观念更新一个依然沉重的话题》。2002年，将报纸宣传工作定位在改革、开放、团结、稳定、鼓劲和为党、为人民服务上，及时宣传报道党中央、国务院，自治区党委、政府，盟委、行署的重大决策、工作部署以及各级干部群众贯彻落实党的路线、方针政策的过程。在中共十六大召开之际，围绕会议精神，报社做出周密策划，增加版面，全力报道十六大会议消息。十六大闭幕后开辟"深入学习贯彻十六大精神"专栏，与旗、县、市有关领导和专家约稿，结合本地区、本部门实际，畅谈学习十六大文件精神的体会，将学习领会十六大文件精神引向深入。2003年，各报社在获悉黄河供水量较往年减少一半的信息后，立即组织人力报道各地节水抗旱情况。4月围绕"非典"防控展开报道，并开辟"众志成城抗非典团结一心搞建设""在抗击非典第一线""科学防控非典""给您提个醒"等40多个专栏，刊登有关抗击非典的典型人物、典型事例。

2004年，巴彦淖尔撤盟设市，报社组织人力展开50年光辉历程、50年峥嵘岁月的报道。开辟《撤盟设市求发展》《回顾与展望》《奋进中的巴彦淖尔》《重点项目建设巡礼》等栏目。在巴彦淖尔市第一次党代会、人代会、政协会召开期间，各报社开设"盛会连民心""代表关注""委员心声""记者随感""会场内外"等专栏14个，共刊发各类新闻稿件227

篇。在优化经济发展环境宣传报道中,《巴彦淖尔日报》在一版和二版分别开辟“优化环境看行动”“优化经济环境、促进经济发展”等栏目。通过动态新闻、综述、言论、服务承诺等多种形式,反映各地在优化环境活动中的问题、整改措施及收到的效果。

在农村版开辟《中央一号文件在基层》《学习中央一号文件、提升服务三农水平》《今日农村》《三农视点》《村社园地》《金秋话丰收》《村社纪事》《乡野新风》等栏目,集中报道粮食直补和为农民减负给农民带来的实惠。2005 年,在蒙古南戈壁省访华团到巴彦淖尔市的参观访问前后,《巴彦淖尔日报》蒙文版用大量篇幅介绍巴彦淖尔市资源状况、经济实力、历史文化、风土人情、民风民俗。

在中国首届河套文化艺术节开幕之际,报社为宣传好首届盛会,提前从记者、设施、设备等多方面进行充分准备,开辟专栏。在一个月时间内刊发稿件 300 篇。2006 年,在开展保持共产党员先进性教育中,报社为配合盟委教育工作,《巴彦淖尔日报》开辟专题 16 个,专版 10 块。稿件多以“先进性教育成果展示”“先进性教育巡礼”“荣辱观教育”为主要内容。在巴彦淖尔市第二次党代会召开前后,日报、晚报分别派出记者,对第二次党代会进行全程报道。围绕第二次党代会贯彻落实第一次党代会经济调整工作任务,把加快推进农业主导型经济向工业主导型转变作为主攻方向,以加快工业发展为核心,推动工业化、农牧业产业化和城镇化,实现“三化”良性互动。为宣传“十一五”规划,报社派出采编人员,采访报道市政协一届三次全委会和市人大一届三次会议消息。2007 年,围绕“邓小平理论”和“三个代表”重要思想、“十七”大会议精神,汉文版《巴彦淖尔日报》约稿 25 万字,刊发理论文章 50 余篇;蒙文版开辟 11 个言论专版,刊发言论 270 多篇。《巴彦淖尔晚报》累计摘登理论文章、时评、观点等 1000 余篇。围绕新农村、新牧区建设,三报共开设栏目 28 个。为庆祝内蒙古自治区成立 60 周年,报社开辟“60 年记忆”“迎大庆做贡献”“发展看 60 年”“美丽的草原我的家”“巴彦淖尔名人”“今日内蒙古”等 10 余个专栏。2008 年 5 月 12 日,四川省汶川发生特大地震,各报为配合抗震救灾,及时刊发全国人民积极参与抗震救灾的报道。年内,各报用 20% 的版面开展舆论监督。监督内容包括落实市委、市政府重大决策情况、重点工作和重大项目进展情况及存在的问题;目标完成情况和存在的问题;创造性工作情况;领导干部履职情况;违反党纪国法、地方法规和市委、市政府明令禁止的行为;阳奉阴违或恶意曲解顶住不办的行为;败坏社会道德、违背精神文明,人民深恶痛绝的行为等。2009 年,在开展学习贯彻科学发展观活动中,报社认真组织策划宣传工作,开辟《实践科学发展观、促进经济社会发展记者行》《科学发展在身边》等栏目。围绕市委二届七次和二届八次全委扩大会议提出的战略思路和工作重点,报社先后开设《放眼巴彦淖尔看发展》栏目,共刊发稿件 24 篇,图片 24 张;开设《农民说增收》栏目,共刊发稿件 6 篇,图片 6 张;开设《新农村新牧区建设成就展》栏目,刊发稿件 15 篇,图片 15 张;《新农村的幸福生活》栏目，共刊发稿件12篇，图片12张；《保增长、保稳定、保民生》栏目，刊发稿件21篇。在庆祝新中国成立60周年之际，为全面展示巴彦淖尔市60年来各族人民团结拼搏取得的辉煌成就，日报组织策划《精彩巴彦淖尔辉煌60年》《庆祝新中国成立60周年爱国歌曲大家唱》等系列栏目和报道。在春节、“五一”劳动节等重大节日，组织开展“过一个祥和欢乐的春节”专题报道。

2010年，日报社组织记者及时对市委二届九次会议和两会展开报道，及时刊发市委、市政府、人大、政协领导讲话，邀请市政协委员和人大代表接听热线，让群众反映的问题及时传递到两会。紧紧围绕市委、市政府确定的经济工作总体目标，以“求稳定、促发展”为主题，及时宣传报道了市内的重大经济活动，重大项目开工的消息和民生报道，包括：棚户区改造专版10多块，发稿100多篇，多方面反映全市改善民生的成果；科学发展观宣传深入开展，创先争优、人口普查报道有序展开，共发稿50多篇；抓好“三问平台”工作，加强对群众监督的宣传报道，开设“关注”“三问评论”“新闻调查”“三问通报”等专栏，刊发专版；专版推出了大型策划旗、县、区文化成果展示专版，集中报道基层文化建设的点点滴滴，发专版6块，开设“文化新风”“读报杂谈”等专栏，发稿60多篇。同时，关注报道高考、中考的情况，共发专版3块，发稿30余篇。对河套文化研讨会暨阴山岩画等申遗工作进行了全方位深层次关注，开辟《申遗进行时》等栏目，共发行专版5块，发稿70多篇，形成了宣传声势。

第三十三篇

医疗　卫生

第一章 医 疗

第一节 体制改革

一、机构沿革

1986年，巴彦淖尔盟行署卫生处，内设办公室、医政科、防疫科、人事科、药政科、爱卫办、科技教育科、公费医疗办、地病科、红十字会。所属二级单位有盟医院、盟中医院、盟蒙医院、盟卫生防疫站(地病站)、盟妇幼保健所、盟医疗器械所、盟卫生学校、盟药品检验所、盟结核病防治所。

1990年，内设科室增加初级卫生保健办公室，内设机构办公室、医政科、防疫科、人事科、药政科、爱卫办、科技教育科、公费医疗办、地病科、红十字会、初级卫生保健办公室。所属二级单位有9个未变。

1993年，成立妇幼科，所属二级单位中原巴盟妇幼保健所人员分流，牌子保留，由妇幼科履行全盟妇幼保健工作管理和指导职能，初级卫生保健办公室挂靠在医政科。所属二级单位调整为8个:盟医院、盟中医医院、盟蒙医医院、盟卫生防疫站(地病站)、盟医疗器械所、盟卫生学校、盟药品检验所、盟结核病防治所。

1994年，内设科室有办公室、医政科、防疫科、人事科、药政科、爱卫办、科技教育科、公费医疗办、地病科、妇幼科。原内设科室红十字会独立出去。所属二级单位未有变化。

1995年，内设科室有办公室、药政科、医政科、爱卫办、人事科、科教科、地病办、防疫科、公费医疗办、妇幼科。所属二级单位中原巴彦淖尔盟妇幼保健所又再次恢复，调整后的二级单位有盟医院、盟中医医院、盟蒙医医院、盟卫生防疫站(地病站)、医疗器械所、盟卫生学校、盟药品检验所、盟结核病防治所、盟妇幼保健所。

1996年，原盟卫生处内设科室药政科职能划出组建成立巴彦淖尔盟药品监督管理局。内设科室调整为办公室、医政科、人事科、科教科、地病办、爱卫办、防疫科、妇幼科、公费医疗办。

1997年，公费医疗办职能划拨盟社保局并成立医保办，内设科室调整为办公室、医政科、人事科、科教科、地病办、爱卫办、防疫科、妇幼科。新成立巴彦淖尔盟中心血站，新成立巴彦淖尔盟医药卫生稽查大队，属于巴彦淖尔盟行署卫生处直属二级单位，撤销盟地病站(与盟卫生防疫站合署办公)。所属二级单位调整为盟卫生学校、盟医院、盟中医医院、盟蒙医医院、盟卫生防疫站、盟医疗器械所、药品检验所、盟结核病防治所、盟中心血站、盟医药卫生稽查大队。

2002 年,巴彦淖尔盟行署卫生处更名为巴彦淖尔盟行政行署卫生局。拨划药政、药检职能由盟药品监督管理局承担,巴彦淖尔盟药品检验所划归盟药品监督管理局管理,医疗保险职能划拨盟劳动和社会保障局承担。转变的职能:将专业技术培训考试、自学考试等服务性具体工作交予事业单位。内设职能科室增加卫生法治与监督科、中蒙医科(从医政科分出来)。内设科室为办公室、人事教育科、医政科、保健科、疾病控制科(挂盟爱国卫生运动委员会办公室牌子)、中蒙医科、卫生法治与监督科、干部保健科。所属二级单位有盟卫生学校、盟医院、盟中医院、盟蒙医院、盟卫生防疫站、盟医疗器械所、盟结核病防治所、盟中心血站、盟医药卫生稽查大队、盟妇幼保健所。

2004 年 10 月,撤盟设市后,巴彦淖尔盟行署卫生局更名为巴彦淖尔市卫生局。划拨的药政、药检职能交由市药品监督管理局承担,医疗保险职能交由市劳动和社会保障局承担。并将专业技术培训考试、自学考试等服务性具体工作交予事业单位。内设职能科室调整撤销保健科,增加基层卫生妇幼科,调整后的科室有办公室、人事教育科、医政科、基层卫生妇幼科、疾病控制科(挂市爱国卫生运动委员会办公室牌子)、中蒙医科、卫生法治与监督科、干部保健科。2004 年教育体制改革时巴彦淖尔盟卫生学校并入河套大学;2004 年将巴彦淖尔盟妇幼保健所与临河区妇幼保健院进行合并。所属二级单位调整为市医院、市中医医院、市蒙医医院、市卫生防疫站、市医疗器械所、市结核病防治所、市中心血站、市医药卫生稽查大队。

2006 年,内设科室 8 个,恢复 2014 年的机构设置,所属二级单位中巴彦淖尔市卫生防疫站因机构改革分为巴彦淖尔市疾病预防控制中心和巴彦淖尔市卫生监督所,其中巴彦淖尔市卫生监督所由原巴彦淖尔市卫生防疫站内设的卫生法制与监督科与原巴彦淖尔盟医药卫生稽查大队经职能整合后组建而成。调整后的二级单位有市医院、市中医医院、市蒙医医院、市疾病预防控制中心、市卫生监督所、市医疗器械所、结核病防治所、市中心血站。

2008 年,内设科室有科教科、疾控科、医政科、基层卫生妇幼科、法监科、办公室、人事科、蒙中医科。二级单位中巴彦淖尔市卫生监督所更名为巴彦淖尔市卫生监督局。所属二级单位调整为市医院、市中医医院、市蒙医医院、市疾病预防控制中心、市卫生监督局、市医疗器械所、市结核病防治所、市中心血站。

2010 年,内设机构有办公室、人事科、疾病预防控制科(市爱国卫生运动委员会办公室)、农村牧区卫生管理科(市新型农村牧区合作医疗办公室)、妇幼保健与社区卫生科、医政药政与基本药物制度科、中蒙医科、食品安全综合协调与医疗卫生服务监督科、保健科。另设党委办公室、离退休人员工作科。所属二级单位中医疗器械所因机构改革职能转变而撤销，成立巴彦淖尔市120急救指挥中心。所属二级单位调整为有市医院、市中医医院、市蒙医医院、市疾病预防控制中心、市卫生监督局、市结核病防治所、市中心血站、市120急救指挥中心。

二、制度建设

1986—1997年，巴盟医疗卫生体制实施改革，在各级医疗卫生机构推行目标管理责任制、干部聘任制；建立职工代表大会制度，实行民主管理；开展收费服务，推行计划免疫保偿制，扩大卫生机构自主权；建立健全基层卫生防保组织，实行防保任务承包责任制；调整个体开业布局，加强对个体医疗机械开业质量的考核。1998年，巴盟对公费医疗制度实施改革。在临河市、乌拉特前旗的职工中开展医疗保障试点，实行包干经费，超支不补，结余留用，定院就诊制；推行乡镇卫生院管理体制改革，乡镇卫生院统一实行政府公办、条块结合、系统管理，工资实行全浮动、半浮动制；进一步完善各级医疗卫生机构人员和科室质量考评体系，实行责任、收入、质量、态度、效益配套管理。1999年，根据《国务院关于城镇职工基本医疗保险制度的决定》，制定印发《关于认真贯彻落实农村牧区推行合作医疗制度的实施意见》《关于进一步加强农村牧区卫生三项建设工作意见》《巴彦淖尔盟妇幼卫生监测实施方案》《巴盟卫生局1999年至2000年乡村医生培训工作实施意见》《关于乡镇苏木卫生院实行分类建设的通知》《关于进一步搞好创建花园式卫生院活动的通知》《巴盟大中型食堂卫生设施标准》等政策性、规范性文件，加快推动医疗卫生体制改革。2000年，依据国务院办公厅批转中央8个部委《关于城镇医药卫生体制改革的指导意见》，推行医药分开核算工作，确定巴盟医院、临河市医院为全盟试点单位，实行医药分开核算；制定出台《巴彦淖尔盟药品联合招标采购试点工作方案》和《巴盟药品公开招标联合购药管理办法》，在盟、旗、县、市面两级医疗单位先采取药品统一招标。全盟7个旗、县、市及乡镇卫生院全部实行“县办县管”体制。各卫生院充分调动工作人员的积极性，工资分配实行浮动制和业务比例提成制，“上不封顶、下不保底”。临河市、五原县、乌拉特前旗等旗、县、市向社会公开招聘卫生院院长。2003年，巴盟推行药品集中招标采购制，不断扩大招标采购品种和范围。举办2期药品集中招标活动，22家旗、县、市级以上非营利性医疗卫生保健机构参与集中招标采购活动，有563种994个规格药品中标，药品采购率100%。

2005年，巴彦淖尔市按照中组部、人事部、卫生部《关于深化卫生事业单位人事制度改革的实施意见》的精神，在全市各医疗卫生机构推行“按需设岗、按岗聘用、竞争上岗、科学考核”为核心的人事制度改革。2006年，加强医疗机构、大型设备、技术项目和从业人员的准入管理，规范医疗机构执业行为。加强医疗机构诊疗科目的审定工作，规范新增科目和诊疗项目的审批程序。年内市医院通过自治区三级乙等医院复审。临河区医院、杭锦后旗医院通过自治区二级甲等医院复审。五原县医院、乌拉特前旗医院通过自治区二级甲等医院的评审。实施中央和自治区补助地方公共卫生建设项目 14 个,投资 2147 万元,完成 6 所旗、县综合医院重症监护室、手术室设备配置建设;完成 29 所镇苏木卫生院的建设和 35 所卫生院基本医疗设备的装备,为 16 所卫生院配备救护设施;落实培训费用 926.4 万元,完成 300 名镇(苏木)村卫技人员的年度进修任务。

加强公共卫生体系建设和计划免疫工作。投资 5129 万元,支持新型农村牧区合作医疗和社区卫生服务建设。投资 7000 多万元,新建五原县医院、乌拉特前旗人民医院门诊病房大楼,乌拉特后旗蒙医医院和乌拉特中旗、磴口县妇幼保健院门诊住院部。

2007 年,制定下发《巴彦淖尔市区域卫生发展规划(2006—2010 年)》,全面推行人事分配制度改革,推行院长公开选聘、任期目标责任制、全员聘用等制度。继续推行病人选择医生、住院患者一日清单制、单病种最高限价等改革措施。

2008 年,按照《巴彦淖尔市 2008 年新型农村牧区合作医疗工作方案》,继续完善落实农牧民患者自主择院、现场报销、市内"一证通"等便民政策,完善新型农村合作医疗信息管理平台建设。成立就诊转诊服务办公室,与自治区及北京地区的部分医院建立协作关系,专门为保健对象和参合农牧民提供就诊转诊服务。

第二节 医疗机构

一、医院

1986 年,巴盟有旗、县级以上综合医院、中蒙医 36 所,其他医院 7 所。有结核病防治所 1 所,卫生防疫站 9 个,妇幼保健所、站 6 个,药品检查所 1 个,其他卫生事业机构 5 所。医疗卫生系统有在职职工 7109 人,其中,中医师 153 人,蒙医师 66 人,西医师 638 人,护师 35 人,药师 34 人,其他技师 39 人。医疗卫生系统有床位 3561 张。2010 年,巴彦淖尔市有医疗卫生机构 1501 所。其中县级以上综合医院 8 所,疾病预防控制机构 8 所,中蒙医医疗机构 9 所,专科医院 3 所,中心血站、器械所、结防所、防保所各一所,民营医院 7 所。全市有卫生技术人员 10059 人。其中执业医师 4017 人,注册护士(师)2578 人。病床 6828 张。

二、妇幼保健机构

1986 年,巴盟有妇幼保健机构 7 个,其中旗、县级 6 个,婴儿死亡率 51.36/10 万,孕产妇死亡率 81/10 万。1994 年,在全盟开展爱婴医院创建活动。1998 年 12 月,全盟县、乡两级有妇幼保健机构 28 所,孕妇住院分娩率 66.7%,新生儿接生率达到 100%。1999 年,巴盟妇幼保健三级网络综合能力进一步增强,五原县妇幼保健所与城关镇卫生院合并组建五原县妇幼保健院。巴盟中医院、杭锦后旗蛮会镇卫生院分别创建成为"爱婴医院"。乌拉特前旗妇幼保健院达到自治区级二级甲等妇幼保健院标准。2000 年,在全盟开展孕产妇健康教育,实施"卫 VI"项目,全盟投资 2088 万元,受益人口占全盟总人口的 91%。新建扩建产房和培训基地，增置设备8999台件，购置救护车7辆，创建爱婴医院和卫生院39所。2003年，妇幼保健工作坚持以“一法两纲”指导，开展妇女保健、儿童保健、生殖保健监测、信息统计、健康教育规范管理等工作，使孕妇、婴儿生命健康有了更大保障。母子两系统管理率达93%，住院分娩率达88%，婴幼儿死亡率降至12.5‰，孕产妇死亡率降至31.06/10万，母乳喂养率92%，婚前医学检查率53%。

2007年，全市继续强化妇幼保健工作，通过逐级实行目标管理，促进各项服务工作有序开展。母子两系统管理率和住院分娩率分别为95.65%、94.2%和98.5%。5岁以下儿童死亡率、婴儿死亡率分别为11.59‰和10.59‰。2008年，争取到上级妇幼保健院建设资金434万元，启动杭锦后旗、乌拉特前旗、乌拉特后旗、五原县妇幼保健院基础设施和出生缺陷防治项目建设，使7岁以下儿童保健管理率达到94.7%，5岁以下儿童死亡率12.3‰，婴儿死亡率11.1‰。同时，落实免疫规划，将原来的6苗7病扩大到12苗13病，12月龄儿童“五苗”接种率99%以上，新生儿乙肝首针接种率96%。2010年，在全市范围内开展“妇幼保健工作示范年”活动，实施“出生缺陷防治”“降低孕产妇死亡、消除新生儿破伤风”“妇幼卫生健康项目”。强化妇产科医生的专业技术培训，加强县、乡、村三级妇幼人员的培训和网络建设，对农村牧区妇女提供住院分娩补助，使广大农村牧区妇女宫颈癌和乳腺癌得到了早发现早治疗。妇幼保健机构发展到8所，孕妇保健管理率为96%。7岁以下儿童管理率为93.86%，3岁以下儿童管理率为97.5%，5岁以下儿童死亡率为10.57‰，婴儿死亡率为9.39‰。

三、乡村卫生院(室)

1986年，全盟有乡镇苏木卫生院124个，村嘎查医疗卫生所139个。

1991—1995年，巴盟加大对乡村医疗卫生机构建设，按照《实施基层卫生建设工程方案》，5年内三级政府配套资金1632.58万元，改善农牧业区医疗卫生设施设备和交通工具，一批具有现代化水平的先进设备投入临床，农牧区医疗卫生环境得到好转。1996—1997年，巴盟贯彻落实中共中央、国务院《关于卫生改革与发展的决定》和新时期卫生工作方针，基层卫生组织“三项建设”进程加快，两年共计投资2400万元，建立村卫生室641所。1998—2000年，巴盟实施《巴彦淖尔盟基层卫生百所医院配套建设工程方案》。按照“科学规划、合理布局、加强中心、提高一般、完善网络、增加功能、突出配套、体现效益”的原则，完成全盟108所乡镇卫生院基本配套达标建设，占卫生院总数的85.04%；687个村嘎查(社区)卫生室基本达到“初保”标准，占应建卫生室的92%。对基层卫生机构添置各类医疗器械643台件，提前两年实现2000年人人享有初级卫生保健的目标。

1999年，巴盟基层医疗卫生三项建设总投资1067.89万元，完成21所乡镇苏木卫生院“花园式”建设，创建甲级村卫生室281所，村嘎查(社区)卫生室覆盖率达到100%。2002

年,继续推进乡镇苏木卫生院体制改革,以多种方式筹资377.85万元,建成一级甲等卫生院88所,合格村卫生室651所,甲级村卫生室546所。2003年,各旗、县、市以“初级卫生保健标准”为目标,坚持4个措施不变,将80个乡镇苏木建成标准卫生院,占全盟乡镇苏木卫生院83.3%。实施“农牧民健康工程”,引进先进仪器设备50台件,其中大型器械X光机4台、心电图4台、B超3台。

2004年,巴彦淖尔市有一级甲等中心卫生院88所,合格村卫生室651所,甲级村卫生室546所。在临河区开展新型农村合作医疗试点,筹集到合作医疗资金482万元,其中家庭账户资金193万元,大病统筹资金289万元。为2860人次报销医药费用206万元,800多名孕产妇得到补偿,76704人次报销门诊医药费用105万元。2006年,巴彦淖尔市投资1035万元,完成35所卫生院购置基本医疗设备,为16所卫生院配备救护车。按照国家“农村牧区医疗卫生基础设施建设和设备购置项目”计划,投资100万元,为五原县新公中镇卫生院、杭锦后旗三道桥乡中心卫生院、乌拉特前旗树林子乡卫生院、磴口县沙金苏木卫生院、乌拉特后旗宝音图苏木中心卫生院购置医疗救护设备44台(件)。为村级培训医疗卫生技术人员300名。上级医院对口扶持农牧区卫生院15所,村级卫生室69个。2007年,在全面推行新型农村牧区合作医疗制度,完善筹资机制,规范运行程序,提高筹资水平,使新型农村牧区合作医疗工作步入良性运行轨道。全市参合人数824767人,占全市常住农牧业人口的90.33%;为115007人次参合农牧民报销门诊医药费用214.6万元;为41619人次参合农牧民报销住院医药费用3267.4万元,人均补偿785元;为2807名住院分娩产妇补助28.16万元。2008年,全市投入公共卫生服务补助资金911万元,建成规范化村卫生室100所,社区综合医疗卫生服务中心6个。2010年,全市有苏木乡镇卫生院112所,嘎查村卫生室836所,社区卫生服务机构49所,个体诊所447个。

第二章　卫　生

第一节　传染病防控

1986年,巴盟乌拉特前旗卧羊台发现两例鼠感染鼠疫病例。1987年,巴盟落实国家和自治区的有关法律、法规,开展广泛防疫宣传教育,层层建立疫病防控机制,落实防控责任。1990年,全盟县级以上单位全部建立健全疫病防控体系。1991—1995年,巴盟进一步加强传染病防控体系建设,增加防控网点,同时扩大儿童“四苗”接种防疫,强化小儿麻痹糖丸发放,糖丸投服率97%以上,“四苗”接种率85%以上。1996—1998年,依据《全国学生常见病综合防治方案》,在全盟学校开展为期两年的驱虫药投放,两年在中小学校中共投放驱虫药21万人次,投服率81%以上;连续6年对近8万名儿童进行脊髓灰质炎、卡介疫苗、麻疹疫苗、百日破、麻痹糖丸强化免疫,城镇新生儿乙肝疫苗接种率97%,相关传染病降至5.1/10万。1999年,报告乙类传染病11种2075例,发病率119.2/10万;投服糖丸63000人。报告急性迟缓性麻痹病例6人。计划免疫“四苗”合格接种率95%以上。乙肝疫苗城镇接种率98.47%。对7个旗、县、市36家高危人群组织调查417人,确诊首例艾滋病感染者。同年,还在临河发现首例流行性出血热患者;对乌拉特前旗、乌拉特中旗鼠疫疫源地监测10000多平方千米,走访群众调查1080人次,发放宣传手册2000份,剖验啮齿动物635只,培养68组547匹,检查鼠血清82份。2000年,在全盟开展性病、艾滋病高危人群调查体检,检出性病患者42人。全年报告法定传染病2407例,其中发现“急性迟缓性麻痹”病例4例,总发病率132/10万人。全程4种疫苗接种率99%,乙肝疫苗接种率城镇97.5%,农村91.5%。开展消灭脊灰“扫荡式”两轮免疫活动,应种儿童16000人,实种15936人,接种率99.6%。根据自治区“鼠疫监测方案”,对乌拉特中旗、乌拉特前旗鼠疫自然疫源地的52个历史疫点8000多平方千米进行监测,捕获剖验啮齿动物520只,蚤培养66组,血凝试验93份。2002年,巴盟发生乙类传染病12种,共计2843例,发病率为154.85/10万人。全盟“五苗”接种率保持在98.2%以上。落实结核病规范管理病例326人,其中涂阳病人14个,涂阴病人308人。加大对乌拉特中旗、乌拉特前旗鼠疫点的监测,调查面积9000平方千米,剖验啮齿动物522只,皆为阴性。2003年,全盟报告法定传染10种,2042例,总发病率为110.8/10万。对采集血清样进行HIV检验,全部阴性。在对五原县海子堰子和杭锦后旗团结乡流行性出血热监测中,采集血清样260分,检测244分,检出阳性15份,隐性感染率为6.1%。捕鼠270只进行鼠肺带毒检测,检出阳性7份,带毒率为4.8%。按照自治区卫生厅《关于在分部地区开展消灭"脊灰"强化免疫活动》要求,在磴口县、乌拉特中旗、乌拉特后旗开展消灭脊灰强化免疫,两轮接种率97%以上。对12月龄内儿童"五苗"接种率分别为:卡介苗99.1%,小儿麻痹糖丸98.5%,百白破99.3%,麻疹疫苗98.3%,乙肝疫苗99.7%。依据《巴盟2001—2005年布病防治规划》,对乌拉特前旗、乌拉特中旗、乌拉特后旗布鲁氏菌高危人群血检608份。

2004年,全市在总结上年春季防控"非典"防疫工作中修订完善《人感染禽流感防控预案》,印发《关于在全市认真做好今冬明春呼吸道传染病防治工作的通知》,召开全市防控非典型肺炎、流感暨结核病防治工作会议,全面启动防控呼吸道传染病机制。同时,对全市33所各类医疗机构法定传染病报告及信息网络管理工作进行考核。经查,传染病报告及时率73.85%,漏报7.85%。三轮接种继续加强,免疫分别达到92.2%、93.1%和92.7%。三针全程接种率92.7%。启动结核病防治项目,项目覆盖率100%。完成全市消灭"脊灰"强化免疫,完成12月龄内儿童计划免疫,及时进行AFP、麻疹、新生儿破伤风监测报告,保持全市无"脊灰"状态,并接受全国计划免疫综合审评验收,达到国家标准。

2005年,在防疫工作中,以病毒性肝炎、艾滋病、流行性出血热、布病、炭疽为重点,全面加强传染病监督、监测、疫情报告管理,使两轮"脊灰"强化免疫接种率分别为99.37%和99.21%。新生儿首针接种及时率96.98%。12月龄内儿童卡介苗接种率为99.74%,脊髓灰质炎疫苗接种率为99.88%,百白破疫苗接种率为99.87%,麻疹疫苗接种率为98.43%,乙肝疫苗接种率为99.93%。对有吸、贩毒品人员,卖淫、嫖娼行为被收容人群和重点场所的服务人员、性病患者进行定点、定时、定量监测。根据《中华人民共和国传染病防治法》,通过大面积实地调查,在两块疫源地调查样方51公顷,捕获各种鼠类303只。经测算,疫源地内平均每公顷鼠类密度为5.94只,其中乌拉特前旗为5.5只,乌拉特中旗8.24只。剖验各类啮齿动物1178只,检验各类鼠类584只,检验各种蚤112组1325匹。采集各种鼠类血清115份,未查抗体阳性血清。按照国务院《突发公共卫生事件应急条例》,在临河地区组织开展人禽流感疫情模拟防控演练,及时发现人禽流感预防控制工作中存在的问题。

2006年,在对旗、县、区计划免疫考核中,随机抽样54个乡镇苏木,调查适龄儿童522人,全程免疫率占98.5%,达到国家要求标准。对辖区40955名常住人口儿童和2412名流动人口儿童实施消灭"脊灰"强化免疫接种,全程免疫率97.5%。对9所AFP病哨点医院督导检查,完成上报AFP病例10例,全部阴性。加强劳教所、戒毒所、收容所、桑拿浴池、歌厅及涉嫌吸贩毒、卖淫嫖娼、性病患者和外来务工人员管理。采集血样2270份,检验确诊艾滋病阳性感染者4人,累计确诊艾滋病阳性感染者共9人,其中巴彦淖尔市1人、户籍外人员3人。开展鼠疫疫源地疫情监测，乌拉特中旗疫区平均每公顷啮齿类动物为5.2只，乌拉特前旗密度为6.8只。剖验啮齿动物506只，检验蚤67组626匹，检验鼠血清66份，全部阴性。对河套平原5个旗、县、区鼠情调查，捕获夜间活动鼠1129只，以子午沙鼠为优势种群。流行性病学调查高危人群血检1825人，检出阳性50人，阳性率为2.74%。对205名与畜产品接触从业人员血清血检，检出阳性17名，感染率为8.3%。确诊新发布病患者10人，患病率为4.88%。布鲁氏菌病呈上升趋势，累计确诊布病患者56例。

2007年，继续加强传染病监测设备的装备和人才培养，提高流行病学调查、实验室检验检测和现场处置等各项工作能力。制定《巴彦淖尔市突发公共卫生事件应急预案和救援应急预案》等，完善工作规范和各项制度，开展应急培训和演练，提高突发公共卫生事件监测、预警、报告、指挥、决策和应急处置能力。全年发生法定传染病19种，6810例，总发病率为392.96/10万。加强艾滋病防治，采集血样2270份，确诊3例为HIV感染者。落实结核病控制项目，接诊肺结核病人1230例，其中，新涂阳肺结核病人605例，新涂阳肺结核病人发现率77.5%，治愈率达92.6%。开展计划免疫工作，12月龄儿童“五苗”接种率为99%以上。完成2189名蒙古族人群现场流行病学调查体检和样本资料收集工作。

2008年，加强县级疾病预防控制中心建设。全年发生法定传染病18种，7650例，发病率438.90/10万。发现肺结核病人1326例，其中新的结核菌痰涂片阳性肺结核病人760例，复治结核菌痰涂片阳性病人72例，治愈率95%。妥善处置了应急突发公共事件2起。手足口病、鼠疫、碘缺乏、布鲁氏菌病、流行性出血热等传染病得到有效控制。2010年，根据《中国结核病控制规划十年终期评估》，对巴彦淖尔市十年项目工作进行全面总结评估，发现肺结核患者12286例，其中新涂阳患者6327例，复治涂阳892例。

第二节　地方病、职业病防治

1986年，在临河、杭锦后旗、五原、乌拉特前旗，开展地方性砷中毒调查。1995年，确定病区529个社，发现病人945例。完成防砷改水工程10处，受益人口23184人。1998年，为防治地方病、职业病，巴盟加大宣传力度，落实食盐加碘，发放宣传材料35500份，电视宣传150条次。调查碘盐覆盖率100%，抽检合格率98.9%。在组织开展砷中毒调查中，发现水砷超标涉及7个旗、县、市127个乡镇苏木，确诊砷中毒患病人数1688例。为确保砷超标地区人畜饮水安全，在杭锦后旗、五原县、临河市、磴口县、乌拉特中旗、乌拉特后旗投资2669.98万元，完成68个地方病重灾区改水工程，受益人口4.5万人。1999年，开展碘缺乏病宣传，各旗、县通过设点咨询、放映录像、散发传单等多种形式，宣传碘缺乏病的危害。同时，组织力量开展碘缺乏病防治评估，对儿童甲状腺和碘盐、尿碘指标进行检查，查出儿童甲状腺肿大率小于10%。启动地方性砷中毒防治研究国际间交流合作项目，在临河主持召开全区防砷改水协调会,会议主要是研究部署地方性砷中毒防治工作,在会议中全盟签订首批84个村防砷改水责任状。年内,完成五原县海子堰乡3个村防砷改水工程,700多人受益。2002年,按照碘缺乏病监测方案的要求,配合内蒙古自治区完成全国第4次碘缺乏病抽样调查,完成盐样监测9829份,检出不合格碘盐2份。对全盟7~12岁学龄儿童进行碘缺乏病调查,查出甲肿学生1432人,投服碘油丸2000余粒。加强对全盟46处防氟改水工程的水质监测,配合有关部门完成29处改水工程的水源、水质采集监测。2003年,巴盟各旗、县、市监测碘盐抽样2664份,合格率为99.93%。调查中小学生26524人,查出甲肿学生1347人,甲肿率为5.08%。对905名学生补碘治疗免费投服碘油丸1800粒。按照《内蒙古自治区防氟防砷改水工程水质监测方案》要求,对全盟34处砷改水工程进行枯水期和丰水期监测,其中发现水砷含量超标井有9处,超标率为26.47%。对各旗、县、市开展拉网式水砷调查,随机抽取水样27000份,查出高砷水600余份。全年检查有职业危害企业206家,查出接害人员9371人,接害作业点1594个。与自治区疾控中心协作,对磴口县、杭锦后旗、临河市、五原县、乌拉特前旗144名从事放射工作人员进行为期一年的个人剂量照射监测,完成放射线从业人员体检135人。对34家射线装置使用单位的射线装置许可证进行审核验证。全年确诊Ⅰ期尘肺5人,Ⅱ期2人,观察对象12人。

2004年,巴彦淖尔市启动中美合作水砷动态监测项目,在水砷区打压把井97眼,建改水监测点10处,采样771份,分别对水砷、水氟、pH值、井位的经纬度、气温、气压等项目进行监测。配合自治区地病中心完成中美合作项目生物标志的现场调查采样工作,对五原县和杭锦后旗的2个乡6个行政村21个社的635人进行流行病学调查及体检,查出砷中毒病人139人。2005年,全年开展3次大规模的水砷与居民砷中毒病情调查,完成全市7个旗、县、区227个乡镇、苏木及农牧场的7266个自然村的4623眼水井的调查,检测水样累计51530份,查出超标水井5241处,饮用高砷水人数达53.56万,查出砷中毒病人7850人。组织乌拉特前旗、杭锦后旗、磴口县3个旗、县完成中央补助地方公共卫生专项资金地方性氟中毒调查项目。调查涉及3个旗、县的10个乡镇、苏木的21个村民小组,采水样91份,检出超标水样60份,超标率为65.93%。水氟最高浓度为每升3.9毫克。对2处防氟改水工程进行水质监督监测,其中一处水氟含量超过国家标准。

开展水碘调查与高碘区病情调查,查出7个旗、县、区都不同程度地存在高碘饮用水。完成乌拉特前旗和杭锦后旗2个旗的中央补助地方公共卫生专项资金高碘调查项目,并对其余5个旗、县、区及农垦局的部分居民饮用水进行水碘调查工作。调查水样882份,查出高碘水样129份,涉及7个旗、县、区29个乡镇苏木(农场)69个行政村(分场)157个村民小组(分场),水碘含量最高达每升948.6毫克,饮用高碘水人口达4万余人。对杭锦后旗和乌拉特前旗19个高碘乡镇8~10岁儿童进行病情调查,查出甲状腺肿大儿童463名,肿大率为12.18%;B超检查学生996名,查出甲肿127名,肿大率为12.75%。组织乌拉特前旗、乌拉特中旗、乌拉特后旗3个旗开展布氏病监测,检查高危人群血清607份,其中乌拉特前旗207份,乌拉特中旗200份,乌拉特后旗200份,结果全部为阴性。对临河区周边地区的从事养殖、收购皮毛及屠宰人员中的疑似布病病人进行血清学检查,检查19名,检出阳性14名,阳性率74.68%,均为新发病人。2006年,巴彦淖尔市对5个旗、县、区140人放射工作人员进行剂量外照射监测,对旗、县、区所在地41家医疗单位62台X线装置、5家放免实验室放射剂量进行监测,共有职业危害企业124家,接害人员5789人,接害作业点881个。监测作业点819个,合格率93%。

第三节　卫生监督

1999年,巴盟卫生监督机构对盟内70所医疗保健机构、50所美容院卫生进行监测,合格率分别为58.9%和92%。2000年,巴盟卫生监督部门对生产、经营、加工企业和专业场所进行卫生监督监测,体检食品行业从业人员14467人次,公共场所行业管理人员4056人,体检合格率90.2%。开展中小学生肠道蠕虫调查489人,感染率5.11%。对全盟70所医疗保健机构进行卫生监督,采集检验样品397份,合格率为90.5%。监测50所创伤性美容院,检验样品77份,合格率为87%。与自治区防护所协作,对111名从事放射工作人员进行为期1年的个人剂量监测。2002年,巴盟依照传染病防治法及消毒管理办法,对医疗保健单位消毒管理制度的执行情况、使用的消毒剂、物体表面、医务人员、重点科室空气、高压灭菌器的灭菌效果、紫外线辐射强度等进行监测。采集检验各类样品821份,合格率为84.4%。对全盟8个一次性卫生用品厂家进行监测,采样46份,合格率为97.8%。对4个一次性塑料袋生产厂家的消毒卫生监督,采集样品4份,全部合格。2003年,卫生监督执法工作以防治非典型肺炎为中心,贯彻国务院《关于实施食品放心工程工作电视电话会议》精神,在全盟范围开展食品卫生、化妆品卫生、公共场所、医疗卫生服务、医疗卫生用品、卫生消毒为重点的整顿治理。全年共出动执法检查人员14098人次,出动车辆1122台次,检查单位53190户次。在公共场所新布监测点555个,监测3885项次。实施日常性卫生监督40050户次,体检从业人员17855人,检出"五病"患者165人。对县级以上医疗保健单位消毒卫生监测采样384份,合格321份。对一次性卫生用品抽样检测样品50份,合格47份。在巴盟医院、中医院、临河市医院、铁路医院查阅病历2639份,查出有感染病的记载47份,感染率1.78%。年内,行使行政处罚2776户次,责令改正2430户,停业整顿274户,取缔无证经营70户。

2005年,巴彦淖尔市7部门联合下发《全市打击非法行医专项行动工作实施方案》。按照方案集中开展专项整治工作。执法部门出动监督执法人员660人次,车辆230余台次,检查旗、县、区级以上医疗机构 24 家、乡镇卫生院 43 家、个体诊所(厂医、校医)750 余家次;查处违法医疗机构 315 家,查处非法无证行医 74 起,取缔非法义诊 7 家,没收器械 10 件,没收药品 4 箱,罚款 6 万元。按照《全市化妆品卫生专项整治工作方案》,对化妆品批发市场、132 家较大型美容美发店和 246 种化妆品进行检查,查获一批"三无"产品,并予以销毁。2006 年,按照自治区卫生厅统一部署,在全市范围内开展打击非法行医的"卫监打非 1 号"行动。行动中,出动执法人员 1120 余人次,车辆 610 余台次,检查各类医疗卫生机构 2200余家次,查处违法行为 342 起,取缔无证行医 22 家。查处聘用非卫生技术人员 54 人,查处超范围经营 23 家,取缔非法义诊 4 起,收缴药品 24 箱,没收器械 25 件,罚款 14 万元。查处违法医疗广告 6 条,涉及医疗机构 5 家。2007 年,开展以食品卫生、学校卫生、公共场所、保健食品、打击非法行医、打击非法采供血等为重点的"卫监 I ~ 7 号"专项监督检查行动。行动中,出动监督执法人员 10425 人次,检查各类医疗卫生单位 14103 家,处罚 4315 户次,罚款 18.69 万元,取缔 267 家,没收销毁"三无"食品 11354 千克,没收不合格化妆品 103.6 千克,吊销卫生许可证 21 户,责令停止非法医疗广告 13 家。查处非法义诊活动 5 起,没收药品 15 箱,没收医疗器械 3 件,移交法院强制执行 5 起。

第四节　教学与科研

1996—2000 年,巴盟按照《巴彦淖尔盟"九五"人才培训规划》和《实施细则》,开展乡村卫生正规化中等学历教育和初、中级以上卫生技术人员继续教育,全盟有 16 所旗、县、市以上医疗卫生单位对口支持乡镇卫生院,有 76 名中级以上职称技术人员到乡镇苏木卫生院进行技术传、帮、带。2002 年,继续强化医护人员进修学习,全年有 3925 人参加医学继续教育,其中,临床 3425 人,预防 500 人;有 359 人参加执业医师资格考试,合格 165 人;362 人报考临床和预防医学自学考试。举办各类医学培训班 13 期,培训乡村医生 630 人次。确定区级学科带头人 2 人,盟级学科带头人 48 人,推广适用技术项目 115 项,上报科研课题 12 项。2003 年,开展医学科研新项目、新技术 184 项,确定重点学科、重点实验室 25 个,学科带头人、技术骨干 112 人,发表国家级论文 87 篇。

2004 年,按照《巴彦淖尔市 2001—2010 年乡村医生队伍教育规划》,对乡村医生进行"双化"教育;组织无学历乡村卫生人员到内蒙古专业学校学习培训;选派中心卫生院技术骨干到内蒙古医学院、包头医学院接受成人大专学历教育和全科医学知识培训;派遣旗、县级以上专业技术人员进行传、帮、带等。通过多种形式,提高基层医疗卫生人员的专业技能。争取到自治区科研项目 4 个,确定重点学科、重点实验室 33 个,确定学科技术带头人 33 名,确定技术骨干 150 名;新增万元设备 88 台,开展新项目、新技术 267 项。全年医疗卫生系统发表国家级论文 98 篇,自治区级论文 100 篇。2007 年,继续落实《巴彦淖尔市卫生技术人才培养“十一五”规划》《镇(苏木)卫生院和村(嘎查)卫生室人才培养规划》和《巴彦淖尔市乡村卫生技术人员培训进修工程》,先后有256名临床在岗乡村医生报名参加学历教育,22名中心卫生院技术人员被选派到内蒙古医学院、包头医学院接受成人大专学历教育,对75名符合资质的社区医护人员进行全科医学教育培训。2008年,根据《巴彦淖尔市领先学科、重点学科、重点实验室建设标准》《巴彦淖尔市继续医学教育管理办法》《巴彦淖尔市继续医学教育项目管理办法》《巴彦淖尔市继续医学教育学分授予办法》《巴彦淖尔市继续医学教育学分授予标准》等,继续加强在职教育。通过各级各类培训机构,先后培训乡镇卫生院以下医疗卫生技术人员800余人次,其中有300多人获得初级以上专业技术职称。在二级以上医疗机构强化重点学科、重点实验室建设,加强技术骨干队伍建设,创建领先学科4个。旗县以下医疗卫生机构继续加强人员的继续教育,提高医疗卫生技术人员的技能,继续教育覆盖率达到91.1%。年内全市有4个科研课题项目列为自治区级项目,其中一类1个。

在教学和科研工作中,以医院级科研工作为重点,成为培养和培训医务人员的重要基地,在开展诊疗和教学中发挥重要作用。全市的医疗、教学、科研中发挥着骨干作用。

一、巴彦淖尔市人民医院

巴彦淖尔市人民医院前身为陕坝专署医院。1958年,随着新巴彦淖尔盟的成立,陕坝专署医院迁到磴口县巴彦高勒镇,更名为巴彦淖尔盟人民医院。1972年,巴彦淖尔盟人民医院搬迁往临河县。1986年,巴彦淖尔盟人民医院拥有固定资产3508万元,在职职工696人,其中高级职称63人、中级149人。年门诊约20万人次。

2004年,巴彦淖尔撤盟设市,巴彦淖尔盟医院改称巴彦淖尔市医院。2010年,巴彦淖尔市医院有科室85个(包括临床科室44个,医技科室15个,行政后勤科室26个),有职工1698人。其中,高级职称231人,中级职称380人,初级职称649人。博士、硕士研究生22人。年门诊量43.5万人次,出院3.7万人次,手术1.01万例。固定资产3.2亿元,床位1300张。医院已完成三级医院必备项目156项,重点项目150项。

学科建设　急诊医学科为内蒙古自治区重点学科。腔镜下胃肠道肿瘤根治术达到国内先进水平。泌尿外科开展的腹腔镜肾癌根治术、肾上腺肿瘤切除术和妇产科开展的腹腔镜子宫肌瘤剥除术、子宫全切术处于区内领先水平。全膝关节置换术、脊柱侧弯矫形术、脊髓高颈段肿瘤切除术、喉癌全喉并颈部淋巴结清扫术、急性心肌梗死脑梗溶栓治疗等技术在自治区级具有较高的治疗水平。

医学科研　1997年,医院自承担内蒙古医学科研项目后,有1项科研项目获解放军总后勤部科技进步二等奖,1项科研项目通过自治区科技厅鉴定,11项科研项目通过市科技局鉴定。荣获自治区科技进步奖5项,市级科技进步奖16项,内蒙古自然科学基金课题

2项。

二、巴彦淖尔市中医院(第二人民医院)

巴彦淖尔市中医医院始建于1969年,以前为内蒙古生产建设兵团三师医院,1984年更名为“巴盟中医院”。1986年,巴彦淖尔盟中医院建筑面积3076.6平方米。1998年,巴盟中医院被正式批准命名为国家“三级乙等中医综合医院”。

2004年,巴彦淖尔撤盟设市,巴盟中医院改称巴彦淖尔市中医医院。医院临床设内科、儿科、外科、妇产科、针灸科、痔瘘科、正骨按摩科、皮肤科、检验科、放射科、功能科、理疗科、药剂等科室。

学科建设与科研。医院先后开展急性非淋巴细胞白血病、中枢神经系统白血病、过敏性紫癜、紫癜性肾炎的治疗、“外给药”手术后镇痛、艾滋病血清抗体、梅毒血清抗体、丙肝血清抗体筛选、松动牙、脱径牙固定术、四肢动静脉造影术和术中胆管造影术、膀胱结石术、前列腺增生电切术、膀胱肿瘤切除术、肝癌部分切除术、胆囊癌根治术、肛管瘤切除术、胸腺瘤切除术、奇静脉断流术、肺心病等晚期康复疗法、肺心病、糖尿病、高血脂、银屑病治疗、宫腔镜治疗宫颈糜烂、黏膜下肌瘤、子宫内膜切除术、子宫肌瘤切除术、AF钉内固定治疗腰椎滑脱、带锁髓内针治疗四肢长骨骨折、Y钉治疗股骨转子间骨折、倒钉治疗股骨下段骨折、钛板螺钉用于颅骨缺损修补、外固定支架治疗骨盆骨折脱位、重建钢板成形术治疗颈椎病、滑移钢板治疗股骨胫骨折、椎板形成术治疗颈椎病等37项科研,并取得重大突破。

第三十四篇

精神文明

第一章　公民道德教育

第一节　规划部署

20 世纪 80 年代，巴盟以精神文明建设为重要工作，在全社会积极弘扬社会正气，树立良好风尚，提高公民素质为主要目的的教育，并将精神文明纳入政府工作的主要目标任务，采取行之有效的措施，搞好精神文明建设工程。

1986—1987 年，巴盟安排部署“两德”（职业道德、社会公德）、“三优一学”（优质服务、优良秩序、优美环境和学雷锋、学先进）活动及培养“四有”（有理想、有道德、有文化、有纪律）教育。1988 年，为把精神文明建设引向制度化、经常化，将精神文明建设纳入各级政府工作目标管理之中，与经济建设指标进行双考核，各级政府签订目标责任状。1989—1995 年，巴盟制定印发《职业道德建设宣传提要》《社会公德教育宣传提要》，推广张家港经验，宣传先进人物，弘扬社会正气。1996 年，制定《关于认真贯彻十四届六中全会精神，进一步加强精神文明建设的实施意见》，提出群众性精神文明建设基础在农村，重点在城镇，关键在党政机关和行业部门。要求从党政和行业部门带头树立精神风尚，做好表率，带动全社会精神文明建设。2002 年，全面贯彻实施《公民道德建设实施纲要》，制定《创建河套文明长廊 2004—2007 规划》，“河套文明长廊”建设正式实施。

第二节　创建活动

1986—1987 年，围绕“两德”教育、“三优一学”“四有”新人教育，在全盟开展“讲究职业道德和优质服务”活动。活动期间，印发《前进中的文明单位》等 9 个专题材料，拍摄《闪光的铺路石》等介绍文明单位的专题片，召开行业现场会 69 场次，评选出优质服务先进集体 37 个、优质服务先进个人 93 人。1988—1989 年，在全社会城乡普遍开展“实现四化、振兴中华”“移风易俗”“遵守社会公德、做文明市民”“环境保护教育”活动。1990—1994 年，在全社会组织开展“学习雷锋精神，做‘四有’新人”“扫黄打丑”“破除迷信”教育活动。活动中，听取自治区学习雷锋先进人物报告团先进事迹报告；在临河市组织 1.3 万余人次参加学雷锋益民活动；组织全盟学雷锋先进个人报告团的先进事迹，在全盟作巡回演讲 21 场；表彰学雷锋先进集体 21 个、先进个人 62 个。1995—1999 年，在庆祝中国共产党成立 75 周年、红军长征胜利 60 周年活动中，举办各类歌咏比赛、知识竞赛、文艺会演等群众性活动120场次;组织开展向孔繁森、李国安、李如刚学习的活动;邀请段永胜烈士事迹报告团在各旗、县巡回报告28场;围绕自治区成立50周年、香港回归、党的十五大三件盛事,在临河市举行“迎接香港回归倒计时100天万人升旗仪式”;纪念“五四”运动八十周年期间,《巴彦淖尔日报》组织纪念“五四”运动八十周年有奖征文;组织开展以美国为首的北约集团轰炸我驻南使馆的群众性声讨活动;配合有关部门开展揭批邪教组织活动。2000年,邀请公安系统先进人物事迹报告团、“六十佳”先进人物宣讲团、“三八”巾帼建功先进个人宣讲团做先进事迹巡回报告;“五一”“五四”期间,表彰劳动模范和“百佳”青年,在电视台、电台、周报等对劳动模范、先进个人和集体、文明单位进行系列报道。2001年,继续开展以“学雷锋、讲文明、树新风”为主题活动。各地以“树立良好道德风尚,密切社区人际关系”为主题,广泛开展“三德”教育;以中国共产党建党80周年庆祝活动为主题,组织老党员报告团开展“爱党、爱国、爱社会,弘扬科学、反对迷信”为主要内容的教育活动。2002年,组成公民道德建设宣讲团,深入基层宣讲200余场;举办两次“反对邪教、崇尚科学”大型展览。2003年,面对突如其来的“非典”疫情,在影剧院广场举行“自觉告别随地吐痰、随地便溺、乱扔垃圾、滥食野味、群食共餐、厕所脏臭、懒得洗手、不爱洗澡、共用毛巾、咳嗽打喷嚏不掩口鼻等十大不文明”行为万人签名活动;在全社会开展学习党的好干部郑培民、廷·巴特尔、“12·14”英雄群体等先进人物和典型事迹学习活动。

2004—2007年,以农牧民、企业、中小学生诚信建设为重点,在全市开展向牛玉儒同志学习宣传活动。2008年,为深入宣传学习《公民道德建设实施纲要》,印制《公民道德宣传手册》、“八荣八耻”宣传画册、《文明市民公约》等数十万份宣传资料向社会发放;清明期间,按照中央文明办的号召,在全市组织缅怀革命先烈、弘扬民族精神清明节祭扫和网上祭英烈活动,全市1.2万名各族群众、机关干部、武警官兵、中小学师生参与了活动;在学习宣传的同时,按照中办、国办文件精神,组成联合检查组对网吧、音像、书刊、电子软件、网站等进行检查,收缴盗版书籍430册,盗版音像制品1890盘,盗版电子软件370张;组织全区首届道德模范评选表彰活动,有2名被评为全国道德模范,7名获全区道德模范提名奖;组织开展第二届“百佳文明诚信私营企业、百家文明个体工商户”评选表彰活动,评出文明诚信私营企业68家、文明个体工商户86名;开展第二届全国道德模范、全国“双百”(100位为新中国成立作出突出贡献的英雄模范人物和100位新中国成立以来感动中国人物)典型人物、“草原儿女英雄赞”“十佳道德模范”“十佳致富状元”等推荐、评选活动,乌拉特后旗边防大队士官魏巍被评为全国见义勇为模范;路明泉、阿拉腾其其格被评为全市十佳道德模范和十佳致富状元。

第三节　文明工程

一、助学工程

2002年,巴盟实施“送温暖献爱心”“西部助学工程”。经过认真调查、筛选、审核,资助家庭贫困、品学兼优大、中、小学生500余名。2003年,继续实施“送温暖献爱心”“西部助学工程”“三下乡”等扶贫帮困活动,为9名贫困大学生每人资助2万元,将11名品学兼优、家庭贫困的高一学生推荐到“宏志班”,全部免费上学。2004—2006年,“西部开发助学工程”资助农牧区贫困大学生7人,每人2万元;资助“宏志班”贫困学生41人,每人3000元,其中农牧区学生占90%。

二、文化工程

2002年,巴盟组织实施“百县千乡宣传文化工程”,在杭锦后旗召庙镇、五原县胜丰镇、磴口县隆盛合镇建成3个标准文化站。2003—2004年,“百县千乡宣传文化工程”中,建成文化中心1个、文化站1个。2006年,争取到上级“百县千乡宣传文化工程”资金100万元,建成乌拉特中旗海流图镇建设文化中心。

三、文明长廊工程

2002年,巴盟确立“河套文明长廊”建设的思路和创建“河套文明长廊”的总体规划。创建活动以黄河风情线、国道文明线、北疆风景线基础设施、文化设施、生态环境建设为重点,加快“五横八纵十三出口”主骨架路网文明建设。2010年,全市80%的苏木乡镇、60%的嘎查村实现通油路,95%的嘎查村实现通班车,以此为契机全市广泛开展文明走廊创建活动。

第二章 文明城镇建设

第一节 规划部署

1987年,巴盟制定《巴彦淖尔盟关于加强社会主义精神文明建设实施意见》。1993年,召开全盟文明城镇建设工作会议,提出"人民城镇人民建、人民城镇人民管"的指导方针。1995年,按照自治区统一部署,在全盟范围内开展星级文明城镇竞赛活动。1999年,巴盟制定《全盟星级文明城镇竞赛验收工作方案》《巴盟文明社区建设三年规划》及《验收考核细则》。按照中央、自治区要求,部署全盟"讲文明、树新风"活动,重点将"倡导文明新风,共建美好家园"活动向社区延伸。2001年,以"倡导文明新风,共建美好家园"为主题,通过加强基础设施建设、物业管理及各类服务网点建设和开展绿化、美化、硬化、净化等多种形式,进行旧区改造和新建小区的工作。2002年,按照《巴盟创建"河套文明长廊"实施规划》,确定"河套文明长廊"的总体规划和主要内容,制定创建"河套文明长廊"的具体项目。

2004年,巴彦淖尔市重点对城镇大环境卫生、市容市貌进行集中督查,部署全盟开展"百城万店无假货"活动。2005—2010年,继续加大力度推动全区第五届创建十星级文明城市系列竞赛。

第二节 创建活动

1990—1994年,按照文明城镇建设工作会议,先后在各旗、县、市所在地和包兰铁路、包银公路、边防公路沿线的大集镇开展"三优"竞赛。经过三年努力,旗、县、市所在地全部达到全区爱国卫生"阿吉奈"甲级标准。1995年,在临河地区组织"创星级文明城镇万人签名仪式"和"向不文明言行告别"万人签名活动。1997年,在全盟星级文明城市竞赛活动中,评定出丙级组三星级文明城镇3个、二星级2个、一星级1个。临河市被评为全区乙级组三星级文明城市。1998年,巴盟确定文明示范街(路)8条,文明示范小区10个。临河市解放办事处第一居民小区、健康小区、临河市胜利路被确定为全区创建文明城市活动文明小区示范点、文明街道示范点。1999年,在全区星级文明城镇验收中,临河市被评为乙级组"四星级"文明城市。2000年,启动"畅通工程"大会,一场以"倡导文明新风""共建美好家园""讲文明树新风"为内容的群众性创建活动逐步开展。2001年,对"星级文明城镇"建设工作进行评估、考核、筛选,申报的十佳文明城镇杭锦后旗陕坝镇被自治区确定为全区

“十佳文明城镇”。在第三轮“星级文明城镇”丙级组竞赛中，经自治区验收，五原县隆兴昌镇、杭锦后旗陕坝镇、磴口县巴彦高勒镇被命名为“五星级文明城镇”；乌拉特前旗西山咀镇、乌拉特中旗海流图镇被命名为“四星级文明城镇”；乌拉特后旗赛乌素镇被命名为“三星级文明城镇”。临河市团结办事处第二居委会、新华办事处第三居委会、五原县新建办事处、乌拉山发电厂家属区4个社区被命名为盟级文明社区。临河市税华小区、绿岛新村、豪绅家园、五原县富民小区、乌拉特前旗华章小区、乌拉特中旗电业小区、杭锦后旗联润小区、磴口县工商局小区8个小区被命名为盟级文明小区。2002—2003年，在“星级文明城镇”创建活动中，杭锦后旗陕坝镇、磴口县巴彦高勒镇、五原县隆兴昌镇被评为丙级组六星级文明旗、县城关镇；乌拉特前旗西山咀镇、乌拉特中旗海流图镇为丙级组五星级文明旗、县城关镇；乌拉特后旗赛乌素镇为丙级组三星级文明旗、县城关镇；磴口县巴彦高勒镇被评为“十星级文明旗县城关镇”；临河市乌兰图克镇被评为“十佳星级文明镇”；乌拉特前旗北圪堵乡公田村为“十佳星级文明村”。

2004年，巴彦淖尔撤盟设市，在临河区市容市貌进行集中整治中，开展“百城万店无假货”活动。2005年，在全区第五届十星级文明城市系列竞赛活动中，临河区被自治区党委、政府、内蒙古军区命名为十星级文明城市（区）工作先进单位，“七星级文明城市”（甲组）；磴口县巴彦高勒镇被自治区党委、政府、内蒙古军区命名为十星级文明旗县城工作先进单位；磴口县巴彦高勒镇、杭锦后旗陕坝镇被自治区命名为七星级文明旗县城（丙组）。

第三节　单位文明创建

1987—1988年，根据《巴彦淖尔盟关于加强社会主义精神文明建设实施意见》，在商业等服务行业开展以“六职”为主要内容的职业道德教育；组织临河地区十大宾馆、饭店、招待所参加优质服务竞赛评比活动，奖励3个优胜单位和10名最佳服务员、12名优秀服务员；对1982年后命名的672个旗县级以上文明单位进行复查，取消文明单位称号5个，验收19个单位为全盟创建精神文明建设先进单位，其中2个为自治区级文明单位。1989年，按照《职业道德建设宣传提要》《社会公德教育宣传提要》标准，在宾馆、招待所、大中型百货商场等行业开展优质服务竞赛活动，临河百货大楼和车站商场获全区大商场优质服务竞赛西片组第一名；临河宾馆、金龙饭店获“自治区甲级宾馆饭店”称号。1991年，在企业开展“双基”教育中，有70%的企业参与，受教育面80%，有5个单位参加全区“双基”教育经验交流会。1992年，对前三年创建的盟级文明单位进行复查，撤销盟级文明单位1个，新创建24个盟级文明单位。1993年，组织金融系统开展优质服务竞赛，参赛单位43个，参赛人数3900人，评出最佳优胜单位2个、最佳工作者43名、优秀工作者74名。2000年，确定在商贸、电业、交通、教育、卫生、金融、税务、工商、城建、水利、邮电、政法、民政、气象等单位广泛开展文明行业创建活动。活动中，电业局、国税局被命名为盟级文明行业，取消1992年以前命名的文明单位44个。对各旗县推荐的103个文明单位进行验收，有88个单位符合要求，被盟委、行署命名为盟级文明单位。2001年，根据自治区文明委通知精神，对1999年以前由自治区命名的5个区级文明单位标兵、62个文明单位进行重新考核认定，命名巴盟河灌总局等70个单位为2001年度盟级文明单位。2003年，对1998—1999年盟级文明单位进行复查验收，有62个单位符合盟级文明单位的标准，保留荣誉称号，10个单位被取消盟级文明单位的称号。对新申报的文明单位进行验收，有42个单位被命名为盟级文明单位，30个单位被命名为盟级文明单位标兵。五原农电局等7个单位被命名为盟级文明行业。杭锦后旗移动公司等9个窗口被命名为盟级文明示范窗口。磴口县镇南社区等2个社区被命名为盟级文明社区。乌拉特后旗巴音宝力格镇电力小区等4个小区被命名为盟级文明小区。五原县育人小学等3个单位被命名为盟级爱国主义教育基地。

2004年，巴彦淖尔电业局被命名为全国文明单位。五原电力有限责任公司、市房地产管理局、巴彦淖尔市交通征费稽查分局、北方联合电力有限责任公司乌拉山发电厂被命名为全国精神文明建设工作先进单位。新命名自治区级文明单位标兵3个，自治区级文明单位20个。重新认定自治区级文明单位标兵9个，自治区级文明单位68个。新命名市级文明行业3个、市级文明单位标兵25个、市级文明单位149个、文明示范窗口3个、文明社区3个、文明风景旅游示范点1个、爱国主义教育基地1个。2006年，重新命名自治区级文明单位标兵14个，自治区级文明单位93个。2007年，全市共建成市级以上文明单位546个。其中，全国文明单位1个，全国创建精神文明建设工作先进单位4个；自治区级文明单位标兵12个，自治区级文明单位88个，自治区级文明社区6个，自治区级文明风景旅游示范点1个；市级文明行业13个，市级文明单位标兵65个，市级文明单位331个，市级文明示范窗口11个，市级文明社区2个，市级文明小区7个。

第三章　乡村文明建设

第一节　规划部署

1994 年,巴盟制定《十星级文明户标准及其考核细则》《建设 110 国道"文明长廊"实施意见》,明确 110 国道所经 5 个旗、县 15 个苏木乡镇文明创建的意义、内容、标准、方法。110 国道"文明长廊"创建活动全面开展。1997 年,分别在磴口县隆盛合镇,临河市召开精神文明建设经验交流会和小康村建设现场会,并对 110 国道"文明长廊"一期工程进行验收。1998—2000 年,巴盟印发《关于"讲文明、树新风"活动向农村牧区延伸的意见》,广泛开展创建"星级文明集镇""文明村嘎查""十星级文明户"活动,确定 28 个重点乡镇苏木所在地参加全盟竞赛。2001 年,按照自治区《关于在全区深入开展以城带乡,以乡促城,城乡共建精神文明活动的意见》精神,结合实际,以全面建设小康社会为目标,以"讲文明树新风"为重点,在全盟开展以城带乡、以乡促城、城乡共建精神文明活动,共建 211 个城乡共建对子;以小康村、小集镇建设为依托,以铁道、国道、省道、县道、乡村道路以及沿线两侧基础建设和环境建设为重点,以创建文明村镇和发展路边经济为目标,利用三年时间将全盟各级道路建成"文明长廊"。2003—2010 年,巴盟开展三联三创,扶贫帮困城乡共建活动,选取区、盟、旗县级文明单位与贫困村组结对子,城镇文明单位为贫困村组送科学、送技术、送资金。开展单位联村、干部联户、领导联点创建小康文明乡镇、嘎查村,确定乌拉特前旗白彦花镇塔汉其嘎查为全区生态文明村示范点。

第二节　文明创建

1991—1996 年,为推进"十星级文明户"创建活动,巴盟各旗、县、市成立创评领导机构,完善创评机制和管理机制,并在乌拉特前旗大佘太镇开展试点工作。

1998 年,在"文明村嘎查""十星级文明户"评选和小康村建设中,全盟 100% 的苏木、乡镇、嘎查村,80% 的农牧户参与"十星级文明户"评选。评选出五星以上文明户 15 万人,全部挂牌;建成旗、县级以上文明集镇 32 个,农村牧区文明单位 496 个。乌拉特前旗巴彦花镇、大佘太镇南苑村被确定为全区创建文明村镇、文明村示范点。有 11 个村镇被评为盟级文明村镇示范点。1998—2001 年,在"文明集镇、文明嘎查村""十星级文明户"评选中,8 个村被评为自治区百佳嘎查村。对参赛的 28 个苏木乡镇进行考核验收,命名 9 个集镇为二星级文明集镇、9 个集镇为一星级文明集镇。临河乌兰图克镇红旗等 10 个村命名为盟级文明村。2003—2005 年,在全区第五届创建十星级文明城乡系列竞赛活动中,临河区隆胜镇、新华镇、乌拉特中旗乌加河镇被自治区党委、政府、内蒙古军区评为十星级文明镇(苏木乡)工作先进单位;乌前旗北圪堵乡公田村、磴口县协城镇小康中心村被自治区党委、政府、内蒙古军区评为创建十星级文明村(嘎查)工作先进单位。2008 年,确定乌拉特前旗巴音花镇塔汉其嘎查为全区生态文明村示范点。

人　物

人物传略

达理扎雅（1906—1968）又名达锐荪，男，蒙古族，原阿拉善旗王爷，清朝末代皇帝溥仪的堂妹夫，光绪三十一年（1906）1月6日出生在阿拉善旗定远营，10岁后，跟随父母定居北京，曾先后就读于求实中学和北京大学。

1931年，承袭阿拉善旗札萨克和硕亲王。1936年，成立阿拉善旗区防司令部，任少将司令。1938—1944年，被马鸿逵软禁于兰州。1946年，恢复阿拉善旗区防司令部，晋升为中将司令。1949年9月23日，随宁夏和平起义后，达理札雅以阿拉善霍硕特扎萨克的名义，代表全旗向毛泽东主席发去致敬电，阿旗部队改编为中国人民解放军。1950年5月，人民政府将旧旗政府改组为宁夏省阿拉善旗自治政府，任命达理扎雅为主席。阿拉善旗自治政府的诞生，标志着统治阿拉善旗263年的封建制度宣告结束。

1953年，达理扎雅被选为宁夏省人民政府副主席。1954—1955年，先后任宁夏省蒙古自治区（州）主席、甘肃省巴音浩特蒙古自治州州长、甘肃省人民政府副主席。1956年，任内蒙古自治区人民政府副主席兼巴彦淖尔盟盟长、阿拉善旗旗长。1958年，河套行政区并入巴彦淖尔盟后，任内蒙古自治区人民政府副主席兼巴彦淖尔盟盟长，一至三届全国人大代表。1968年11月8日，因"文化大革命"含冤离世。1979年2月13日，内蒙古自治区党委和人民政府在呼和浩特为达理扎雅和夫人金允诚女士举行了隆重的追悼大会，为其彻底平反昭雪，恢复名誉。

达理扎雅在巴彦淖尔盟工作期间，参与领导了巴彦高勒市、三盛公黄河枢纽工程、三盛公黄河铁路大桥建设和开挖总干渠，为巴盟在新中国成立初期恢复生产、巩固人民政权和各民族团结做出了积极贡献。

李　贵（1915—2002）男，汉族，1915年11月出生于内蒙古临河县，1937年参加革命，1938年6月1日加入中国共产党，1939年赴延安。1957年后，历任中共大兴安岭林业局党委副书记、林业管理局局长、内蒙古自治区林业厅副厅长、中共呼和浩特市委第一书记。1972年9月，任包头市委副书记。1974年5月，任中共巴盟委员会书记。1977年，调中共中央统战部任常务副部长，同年当选为中共十一大代表。历任全国人大五届、六届、七届代表，五届、六届、七届全国人大常务委员会委员，全国人大民族事务委员会副主任、五届全国人民代表大会民族事务委员会党组书记。2002年，因病医治无效，在北京逝世。

1974年6月，李贵由包头市委调任巴彦淖尔盟委任第一书记之初，就深入基层下乡、蹲点、调研,分析河套灌区土地盐碱化成因、探索治理措施。1975 年 10 月,在他的支持下,盟委作出疏通总排干和建设十大排干的决定。同年 11 月,疏通总排干工程正式启动。7 万多名干部群众背着行李、担着箩头从四面八方汇聚于西起杭锦后旗太阳庙公社,东到前旗乌梁素海数百公里总排干。至此,一场战天斗地、可歌可泣,注定要被载入史册的历史性壮举在八百里河套上演。年届六旬的李贵,作为工程总指挥,亲临工地,挖土挑土,背冻块一点儿不少干。在他的带领下,70 天的工期,动土方 1150 万立方米。有人算过,若把这 1150 万土方一方一方连起来,长达 1.15 万千米,可从内蒙古到海南岛铺个来回。

总排干的疏通,使河套灌区年可排盐 80 万—90 万吨,土壤含盐量显著下降,粮食总产量由 1975 年的 40.4 万吨增加到 1976 年的 49 万吨。之后,短短几年,巴彦淖尔的农业发展几乎是一日一新,粮食单产由“上纲要”“过黄河”到“跨长江”,甚至出现“吨粮田”,这都得益于排干的疏通。如今,吨粮田已成为过去,人民生活今非昔比。李贵不仅带领人民重新改变了河套的面貌,更重要的是留下了共产党人不忘初心、为人民谋福祉的精神财富!

杨力生(1916—1996)原名杨春山,男,汉族,1916 年 2 月生于陕西省澄城县冯原镇西仁卓村的下隗园。1932 年参加抗日救亡活动,1934 年 7 月 1 日参加中国共产党。1934—1940 年,历任地下党支部书记、县委组织部部长、县委书记。1941 年,调回陕西省委工作。不久,调任陕甘宁边区关中分区任新宁县二区书记,新正县马兰区区长,新正县教育科长。1946—1948 年,先后任中共澄城县工委书记兼县支队政委,中共黄龙地委城工部长等职。1949—1952 年,任宁夏省磴口县委书记。1953—1955 年,先后任宁夏省蒙古自治区工委副书记、自治区政府副主席,甘肃省蒙古自治州党委副书记、副州长。1956—1958 年,任巴彦淖尔盟盟委副书记、副盟长。1976—1979 年,任中共乌海市委书记。1980—1982 年,任中共阿拉善盟委书记兼军分区政委。1983—1989 年,任内蒙古自治区顾问委员会委员。1990 年 3 月,离休。1995 年 1 月 28 日,因病逝世。

新中国成立之前,磴口县地处边远,傍依沙漠,土匪猖獗,流氓横行,社会动荡不安。社会环境恶劣,风沙、洪水肆虐,十年九灾,人民饥寒交迫。新中国成立后,以杨力生为书记的中共磴口县委,为巩固政权,恢复生产,在剿匪反霸的同时,带领各族人民掀起以治理沙漠、黄河为主要内容的生产建政工作。从 1950 年到 1955 年,经过五年艰苦奋战,沿沙漠建成长 154 千米、面积达 0.6 万余公顷防风固沙林带,沿黄河筑起 20 余千米的防洪堤坝,为遏制风沙和洪灾侵袭起到决定性作用。

刘光子(1921—1997),男,汉族,1921 年出生于米仓县召庙乡一户农民家庭,因贫穷,从小给地主打短工,扛长工。1946 年,加入中国人民解放军,曾任 63 军 187 师 561 团 1 营排长。在三年解放战争中,他先后参加过甘肃省兰州十里山追击战、沙漠遭遇战和著名的太原攻坚战,先后荣立两次战功,多次受到嘉奖。1951 年,朝鲜战争爆发,他自愿报名参加抗美援朝。在参加第五次战役中,他一人活捉了63个英国鬼子(这群英国兵属英军著名的29旅格罗斯特团),荣获朝鲜最高人民委员会授予的“十级战士勋章”和“二级孤胆英雄”称号,受到朝鲜劳动党总书记、国家主席金日成的接见。1952年回国后,曾受到毛主席、周总理等党和国家领导人的亲切接见。中共绥远省陕坝地委、陕坝专员行署、中国人民解放军陕坝军分区授予他“爱国功臣”荣誉匾。1958年,他自愿转业回乡工作。1960年出席全国民兵群英会期间,再次受到毛主席、周总理的接见,周总理还亲自赠送他一支半自动步枪。他曾先后当选为第四届、第五届全国人民代表大会代表,第五届内蒙古自治区人民代表大会代表。历任杭锦后旗召庙乡党委副书记兼武装部部长、巴盟贫协副主任、杭锦后旗人大常委会专职委员(副县级)。1997年,刘光子因病医治无效去世,享年76岁。1999年,根据他的英雄事迹摄制成纪录片,选入《抗美援朝精彩战例》。当年他在雪马里战斗中用过的冲锋枪,如今仍被珍藏在中国军事博物馆中。

人物简介

第一节 革命烈士

仝继明 男,汉族,1976年出生,生前系巴彦淖尔盟磴口县第三中学初一学生。1991年8月25日17时,在磴口县东风渠为抢救两名落水儿童不幸光荣牺牲。1995年2月16日,经内蒙古自治区人民政府批复,追认为革命烈士。

郭伟华 男,汉族,1969年7月生,系乌拉特前旗火车站派出所干警。1992年8月20日晨,因制止犯罪分子持枪杀人英勇牺牲。1996年,经内蒙古自治区人民政府批复,追认为革命烈士。

刘文宇 男,汉族,1963年3月出生,系内蒙古有色地质勘查局511队职工,助理工程师。1992年8月27日19时,在乌拉特后旗获备琦铜矿欧布乞水源地参加抗洪抢险时英勇牺牲。1996年,经内蒙古自治区人民政府批复,追认为革命烈士。

武永飞 男,汉族,1965年出生,1983年参加工作,生前系乌拉特前旗司法局劳动服务公司副经理。1993年1月21日,被犯罪分子报复杀害。1996年,经内蒙古自治区人民政府批复,追认为革命烈士。

阎　斌 男,汉族,1968年出生,1983年11月参加工作,系乌拉特前旗公安局树林子派出所民警。1994年10月26日晚,在执行堵卡任务时为抢救同事而光荣牺牲。1996年,经内蒙古自治区人民政府批复,追认为革命烈士。

段永胜 男,汉族,1957年9月生,生前系杭锦后旗三道桥乡永跃村村民。1995年11月26日15时许,因抢救滑冰落水儿童英勇牺牲。1996年,经内蒙古自治区人民政府批复,追认为革命烈士。

郝成龙 男,汉族,1948年生,中共党员,生前系临河市公安局局长。1996年11月22日,被犯罪分子报复杀害。1996年,经内蒙古自治区人民政府批复,追认为革命烈士。

林文成 男,汉族,1982年生,生前系临河市八岱乡棋盘村一社农民。1994年1月17日,为保护人民群众财产,在与盗窃犯罪分子搏斗中英勇牺牲。1997年,经内蒙古自治区人民政府批复,追认为革命烈士。

第二节　全国劳动模范

1989—2010年巴盟获全国劳动模范名册表

表33－2－1

序号	姓名	性别	出生年月	民族	工作单位及职务	荣誉称号及时间	备注
1	马维兴	男	1938.6	汉族	杭锦后旗查干敖包乡甲一村村民委员会副主任	1989年全国劳模	
2	姚庭九	男	1952.1	汉族	原临河糖厂	1989年全国劳模	
3	赵永恒	男	1942.4	汉族	市政协	1995年全国劳模	
4	张庆义	男	1943.2	汉族	河套酒业集团	1995年全国劳模	
5	王贵荣	男	1944.8	汉族	金川商贸大厦	1995年全国劳模	
6	苏培礼	男	1953.1	汉族	杭后查干乡甲一社	1995年全国劳模	
7	王建中	男	1957.1	汉族	乌拉山化肥厂	2000年全国劳模	
8	额尔墩苏	女	1960.10	蒙古族	沙金苏木包勒浩特嘎查	2000年全国劳模	
9	邬志光	男	1955.5	汉族	乌前旗西小召公田村	2000年全国劳模	
10	曹风光	男	1941.4	汉族	五原县老干局	2000年全国劳模	
11	贾亮平	男	1948.2	汉族	乌拉山电厂	2005年全国劳模	
12	乌兰其其格	女	1952.3	蒙古族	乌后旗	2005年全国劳模	
13	罗伟	男	1941.9	汉族	河套酒业集团	2005年全国劳模	
14	刘三明	男	1969.8	汉族	杭后头道桥镇连丰村	2005年全国劳模	
15	李满贵	男	1960.1	汉族	乌后旗公路管理分局	2005年全国劳模	
16	全二平	男	1973.1	汉族	乌前旗小佘太邮政局	2010年全国劳模	
17	刘俊芳	女	1958.1	汉族	河套大学	2010年全国劳模	
18	张志德	男	1968.2	汉族	临河区双河镇农业专业合作社	2010年全国劳模	
19	边慧琴	女	1969.3	汉族	巴运集团杭后分公司	2010年全国劳模	

第三节　科技工作者

韩文愈　1931年出生，中共党员，巴盟农研所工作，国家农业推广研究员，享受政府特殊津贴。参加工作40多年，一直从事小麦育种工作，先后选育出内麦17号、内麦19号、巴选1号、蒙麦26号、蒙麦27号等新品种，为自治区全区小麦品种的5次更新换代提供了良种，发表论文10多篇。

候德胜　1934年出生，中共党员，巴盟农业科学研究所高级农艺师，国家农业推广研究员，享受政府特殊津贴。支援边疆建设40年，先后主持参与“河套灌区甜菜、向日葵灌溉制度试验”研究项目，填补了自治区空白；主持“巴盟长胜试区盐碱化综合防治、合理利用、科学管理试验”研究项目，经济效益显著。撰写的《内蒙古河套灌区土地盐碱化及其综合防治的研究》获自治区农学会首届“科技兴农奖”。

孙理　1935年出生，1983年5月入党，巴盟畜牧局总畜牧师，国家农技研究员。参加工作后，一直从事中国草原红牛新品种以及细毛羊繁育研究，获得自治区“内蒙古草原红牛”新品种特级科技进步奖等，国家科委培育“中国草原红牛”新品种成果科技进步二等奖。先后在国家级刊物上发表论文20余篇，获奖10余篇。

白栋才　1935年出生，1950年参加工作，中共党员，在巴盟农技部门工作，总农艺师，国家农技推广研究员，享受政府特殊津贴。在农技科研与推广中，先后获得各级科技成果奖21项次，其中获国家科技进步奖一项，全国和自治区农牧丰收奖三项。

李富保　1935年出生，1971年入党，享受政府特殊津贴。1987年起，在农机科研方面先后获巴盟科技进步一等奖1次，内蒙古科技进步三等奖1次，内蒙古农牧业丰收奖二等奖1次，农业部全国农牧渔业丰收奖二等奖1次，三等奖1次，农业部部级科技进步三等奖1次。

张敏　1935年出生，中共党员，杭锦后旗医院主任医师。在巴盟医院、旗医院工作期间，先后多次主持腹部、上腹部手术多次，无一失误。施行对因脑损伤昏迷19天的患者手术获得成功，荣获科技进步奖。论文《假性肠梗阻》获自治区优秀论文三等奖。

李春长　1936年出生，1983年入党，退休前在乌拉特前旗畜牧系统工作，国家农业技术推广研究员。工作期间曾多次参与畜牧业生产中、长期规划，开发项目可行性论证，技术方案的汇编，新技术引进与推广等。

赵俊　1936年出生，1975年入党，巴盟卫校主任医师。科研成果“鼓膜修补术15例”获巴盟科技进步二等奖，“支气管异物诊断和治疗术”获巴盟科技进步二等奖，“全喉切除发音修补术”获巴盟科技进步二等奖，“气管异物335例临床分析”获巴盟科技进步三等奖。

赵祯　1937年出生，1972年入党，农业推广研究员，享受国家特殊津贴。研制的IBE－6型四用联合作业机、IBE－7型、IBE－3型河套牌种、肥分层播种机，获巴盟科技进步二等奖。IBE－3型七行种肥分层播种机推广应用技术，获内蒙古科学技术进步一等奖。

董心澄　1937年出生，中共党员，高级农业技术推广研究员，享受政府特殊津贴。主要研究“春小麦套种覆膜玉米高产栽培技术”和“玉米地膜覆盖高产栽培技术”课题，分别获得自治区科技进步一、二等奖，成为河套灌区实现亩产吨粮田的主要栽培模式。主持育成早熟、抗性强、耐瘠、稳产、高产的春小麦新品种“内麦11号”，获巴盟科技进步一等奖，曾成为河套灌区各旗县的主栽品种,并推广区内外种植。主持研究《五原县综合农业区划》和《五原县中低产田调查及改造利用规划报告》,分别获巴盟和自治区区划成果二等奖。在国家级和省级学术刊物上发表多篇学术论文,并多次被评为优秀论文。主要有《春小麦套种玉米地膜覆盖栽培对根系植株生长生育的影响》《土壤耕层积漏对玉米根系及植株生长影响》《地膜覆盖对玉米生育期及产量的影响》《春小麦叶龄模式》及《施用“肥力高”对小麦、甜菜、西红柿的产量和品质的影响》等。参编专著《玉米地膜覆盖越培》一书,为盟、县主编《农业基础知识》《作物栽培》《植物及植物生理》《土壤肥料》《“两高一优”农业实用技术手册》等农技科普教材十几册,100 多万字。工作业绩入编《中华劳模大典》《中华英模大典》《中华骄子·专业人才卷》《科学中国人·中国专家人才库》专著。

林复宏　1938 年出生,中共党员,高级农艺师,农业推广研究员,享受政府特殊津贴。利用有色小拱棚研究不同光质对甜菜产量质量的影响,并应用其机理研制成甜菜增糖剂。还研制成甜菜、玉米、小麦、葵花四种作物专用肥,经试验效益显著。在甜菜地膜覆盖栽培技术及甜菜高产高糖栽培技术方面也有较深的研究,曾获自治区科技进步奖 5 项。撰写论文 16 篇。

张齐良　1937 年出生,中共党员,在杭锦后旗草原站工作,农业推广研究员,享受政府特殊津贴。科研项目“内蒙古河套灌区盐碱地种植优良牧草”获国家科技进步三等奖,自治区农业丰收二等奖 1 项。

苗振　1937 年出生,中共党员,巴盟家畜改良站高级畜牧师,农业推广研究员,享受政府特殊津贴。科研成果曾获得国家丰收一等奖 1 项,二等奖 2 项,自治区一等奖 2 项,二等奖 2 项,盟科技进步一等奖 2 项。

王奋灵　1937 年出生,1980 年入党,巴盟医院外科主任医师。参加工作 40 年,多次主持开展普外、脑外等重大疾病的诊治。指导各旗县医院外科业务工作,为巴盟培养了大批技术骨干。发表省级以上医学刊物发表论文 10 余篇。

辛忠和　1938 年出生,1987 年 8 月入党,退休前在巴盟草原站工作,农业技术推广研究员,享受政府特殊津贴。一直从事草原科技工作,先后获得巴盟科技进步一等奖 3 项;内蒙古科技进步二等奖 1 项,三等奖 2 项;国家科技进步三等奖 1 项。工作业绩入选《当代中国科学家与发明家大辞典》。

贾珍　1938 年出生,1978 年入党,农业技术推广研究员,享受政府特殊津贴。在巴盟工作几十年,一直从事甜菜研究,并取得明显的经济效益和社会效益。1986 年获巴盟科技进步二等奖,1987 年获内蒙古科技进步三等奖。在国家级《甜菜糖业》等刊物上发表论文多篇。

郭雨　1938 年出生,1979 年 9 月入党,乌拉特前旗人民医院主任医师。在长期的医疗实践中,积累了丰富的临床经验。尤其是在外科手术方面,多次成功完成骨科、脑科、胸外科重大手术。论文《休克的诊断和处理》《回肠阑尾重复畸形一例报告》《妊娠子宫嵌顿症的诊治体会》等在省级刊物上发表。

郭尚斌　1938年出生,大学本科学历,1992年入党,巴盟医院神经科主任医师。在职期间,诊治精神病人168万人次。撰写医学论文20余篇,分别发表在省级和国家级杂志上。

耿家容　女,1939年出生,中共党员,巴盟农研所植保站工作,国家农业推广研究员,享受政府特殊津贴。科研成果获得内蒙古、巴盟科技进步奖10项,在国家级刊物上发表论文4篇。

范定邦　1939年出生,1976年入党,巴盟水利科研高级工程师,享受政府特殊津贴。参加工作后一直从事水利科研,主持"内蒙古河套灌区耕层土城盐演化调查""灌凝农业土城冻融期水盐运动规律研究""小麦需水量研究""吨粮田耗水规律与灌溉制度研究""春小发、玉米、甜浆水利灌溉工程增产效益分摊研究"等项目。主持完成巴彦淖尔节水灌溉、乡镇供水、灌溉面积发展和水利中长期供求规划。

杨俊　1939年出生,中共党员,退休前从事盐碱土改良工作,享受政府特殊津贴。30多年工作期间,先后主持参加过十几个水利项目的研究。特别是"灌区秋浇制度""盐碱地综合防治"的研究取得显著的经济和社会效益。曾在国家、自治区级报纸、杂志发表论文多篇,参加《内蒙古河套灌区灌溉排水与盐碱化防治》一书的编写。曾多次获巴盟、自治区、国家科技进步奖。科研成果的推广和应用对推动河套灌区盐碱地改良及中低产田改造起了重要作用。

王月城　女,1940年出生,1982年入党,临河市卫校主任医师。在临河卫校工作期间,她亲自授课,辅导学生实习,培养出1500多名中级卫生人员,为巴盟地区的医疗工作奠定了人才基础。

张万业　1940年出生,中共党员,从事巴盟科协工作,高级农艺师、研究员。主持研制的农作物"富硒增产素"获国家发明专利;0.6%喷可杀植物杀虫剂(绿色农药)、复合肥、专用肥列入巴盟西部大开发推广项目;选育的蒙麦24号、内麦19号、河套灌区小麦丰产栽培技术等推广应用取得了很好的经济效益。在省级、国家级刊物上发表论文16篇。工作业绩被入编《中国当代农业科技专家名典》《中国当代学者大辞典》。

周景武　1940年出生,中共党员,从事巴盟植保站工作,国家农技推广研究员。在从事"杜邦巨星麦田化学除草剂"研究推广中,获内蒙古农业丰收一等奖。在"向日葵小菌核病综合防治大面积推广"中获自治区科技进步一等奖。

周仁德　1940年出生,从事巴盟农业技术推广工作,国家农业技术推广研究员,享受国务院特殊津贴。主持或参与科研项目“巴盟春小麦综合栽培技术”“春小麦套种覆膜玉米高产栽培技术”获自治区科技进步一等奖。撰写的《经济合理施用化是优质高效持续农业的关键》论文选入《中国现代农业库》;编著的《内蒙古河套覆膜玉米亩产650千克栽培模式图表》在区内外发行;编写的《覆膜玉米亩产600~750千克地方标准栽培规程》由巴盟行政行署发布实施。

苑启明　1940年出生,1964年入党。1986年编著的《巴盟林业区划》获自治区科技进步三等奖、巴盟科技进步一等奖。1987年,编著《土壤普查》获自治区科技进步二等奖。1996年,编著《内蒙古牧场防护林遥感卫星技术》获国家科技进步一等奖。

席文钦　1941年出生,1985年入党,杭锦后旗医院主任医师。1990年,带队参与中华医学会心血管主办的全国CEI—AMI科研协作手术,取得成功。1992年参与了急性心肌梗死溶栓疗法试验。论文《糖尿病非典型临床表现》《甘露醇的用途》分别发表于《中国医疗卫生荟萃》和《医务人员临床荟萃》。

刘仲生　1942年出生,1966年毕业于内蒙古农牧学院,中共党员,国家农业技术推广员,享受政府特殊津贴。

邹俊贤　女,1942年出生,中共党员,杭锦后旗医院主任医师。1990年至1995年,参加北京中华医学会心血管分会的CEI—AMI科研协作项目,科研成果在世界著名医学杂志上发表。论文《长托普利对前壁及干壁心机梗死作用差异的临床试验》在《中华心血管》刊物发表,有4篇论文分别发表在《内蒙古医学》《临床荟萃大内科》等刊物上。

刘察　1942年出生,中共党员,乌拉特前旗人民医院院长、主任医师。参加工作数十年,长期从事中医临床实践,擅长中西医结合治疗内、妇、儿科疾病。论文《试论治疗心脏病求其本》《中医治疗中风病12例临床体会》《先天性巨结肠诊治》先后发表在《内蒙医药》《中医杂志》。工作业绩被入编人事部《中国专家大辞典》。

敖·胡和哈思　女,1943年出生,乌拉特前旗中医院主任医师。长期从事医疗工作,擅长内、妇、儿科常见病及疑难重症诊治。科研成果《中医学治疗中风病10例体会》《中医药治疗先天性直肠》《小儿发热》编入《内蒙中医论文汇编》。论文《中医药治疗唇癌1例》被入编《全国少数民族专家》《中国专家大辞典》。

田强　1943年出生,1985年入党,巴盟畜牧兽医研究所研究员。一直工作在生产第一线,从事畜牧业科学研究。在新品种培育、动物营养、家畜饲养管理等方面做了大量的研究和推广工作。主持了多项科研课题,推广科技成果40多项。先后获国家、省部级、地区级科技进步奖、星火奖、丰收奖、业绩奖30多项。在国家级杂志发表论文15篇,获优秀论文多篇,发表科普文章30余篇,编著养殖业科普读物5本。其科研成果《富硒增产素及其应用技术》《反刍家畜VM营养缓释丸及其制剂》获得专利。

李尚廉 女，1944 年出生，中共党员，巴盟家畜改良站高级畜牧师，国家农业推广研究员。科研成果获国家丰收二等奖 1 项，自治区丰收一等奖 3 项，二等奖 2 项，盟科技进步奖一等奖 1 项，二等奖 3 项。

闫东涛 1944 年出生，1984 年入党，五原县医院主任医师。在长期的外科临床工作中，积累了丰富的实践经验，成功地完成了 3 例胰十二指肠切除术和 1 例肝左叶切除手术获得成功，填补了巴盟地区的空白。10 篇医学论文分别发表在国家级、省级杂志上。论文《原发性甲状腺功能亢进症手术治疗 200 例临床分析》，获内蒙科技三等奖。

苏荣巴图 蒙古族，1944 年出生，1985 年 5 月入党，巴盟文联国家一级创作员。主要创作成果有短篇小说集《清清的通拉嘎河水》（蒙文版），中篇小说《绿火 · 红水》（蒙文版），散文纪实文学集《多汁原上草》和《中国蒙古部落民情风俗》大型专题片第一部《察哈尔婚俗》（艺术片）。译文集有《热 · 却纳木中短篇散文集》。学术论文有《文艺期刊编辑心得》《编辑工作的个体性与观念更新》《编辑工作的社会性与观念更新》《论编辑学》。主编《96 严打纪实》83 万字报告文学集，“跨世纪内蒙古作家文集”丛书 37 部。曾获内蒙古《花的原野》1980 年、1984 年优秀作品奖、内蒙古首届《索龙嘎》文学三等奖、自治区文化厅《影剧》优秀剧本奖、内蒙古巴盟优秀作品奖、巴盟文艺作品一等奖、内蒙古期刊优秀编辑奖。

师贵生 1945 年出生，中共党员，巴盟农业多种经营高级农艺师，国家农业技术推广研究员。主要从事果树、蔬菜等经济作物栽培和技术推广工作。在 20 世纪 60 年代后期参与了苹果梨的引种、试栽，1975 年又引进了早酥、锦丰、锦香等 6 个梨树品。科研成果 1989 年、1994 年两次获全国农牧渔业丰收一等奖，1999 年获自治区“百千工程”一等奖。

冯锦 1945 年出生，中共党员，1971 年分配到巴盟广播电视发射台工作，教授级电子技术高级工程师。长期从事广播电视建设事业，多次主持巴盟广电系统重大工程建设、科研课题，其中 10 余项成果、20 余篇论文具有科技创新价值。

石金顺 1946 年出生，1986 年入党，在磴口县草原站工作，高级畜牧师，国家农业技术推广研究员。一直从事畜牧、草原科研工作，曾获县、盟、区、国家奖励 25 次，其中科技进步奖 11 次，县、盟一等奖 4 次，二等奖 5 次。发表论文 9 篇 18 万字。

王树年 1947 年出生，中共党员，杭锦后旗农林局总农艺师，国家农业推广研究员，享受国家政府特殊津贴。参加工作以来，一直从事农业技术工作。主持的“高产攻关田基础理论与模式化栽培技术研究”获内蒙古科技进步二等奖；“巨星除草剂在河套灌区的应用推广”获内蒙古丰收计划一等奖；“吨粮田理论研究及模式化栽培技术创新”获国家科学进步三等奖。1999 年自治区党委、政府授予“优秀专业技术”奖，并记一等功。

贾忠良 1947 年出生，1985 年入党，国家农业推广研究员，享受政府特殊津贴。主持开展全盟大规模的人工种草，饲料加工，草原鼠虫害防治，草场生产力普查，草场病、虫害普查及草场生产力年度预报等一系列草业基础工作，在全盟组织实施了“五五”“六五”“七五”“八五”草业规划，使全盟的草业工作不断向纵深发展。先后多次组织了大规模的草场飞播牧草，草场灭虫及人工降雨，使全盟牧区草场的鼠虫害得到较好的控制。1980—1981年，在牧区主持了人工种草改良天然草场的试验研究，获得了成功。

秦格勒泽布　1948年出生，蒙古族，中共党员，巴盟医院内科主任医师，内蒙古医学院兼职内科教授。从医几十年，重点开展体外膈肌起搏治疗、血气分析、纤微支气管镜检查等。1979—1980年，兼职巴盟卫校首届牧区医士班内科教学工作期间，在国内尚无蒙文版西医内科学的情况下，将130万字的汉文版西医《内科学》译成蒙文。1989—1991年，主持开展“巴盟天然矿泉水普查及饮用与医用价值”课题研究，证实了阿贵庙矿泉水治病机制，推翻了内蒙古西部区没有饮用、医用矿泉水的传统看法。1991年与他人合作开展的“蒙古族、达斡尔族、鄂伦春族体质和体形及半个多世纪来的变化”和“蒙古族的体格、体型和半个多世纪来的变化”研究项目获1999年内蒙古自治区医药卫生科技进步一等奖。与他人合作撰写的《血小板膜蛋白IB(GPIB)在我国蒙古族人群中分布的多态性》论文发表在《中国组织化学与细胞化学》杂志上，同年被《中国医学文摘、基础医学》和《美国化学文摘》收录。1995年与他人合作撰写《内蒙古四个少数民族体型的研究》和《蒙古族青少年体型的研究》发表在1999年《人类学报》第18卷。

刘惠忠　1949年出生，1970年12月入党，在内蒙古河套灌区管理总局工作，高级工程师，1996年被批准享受政府特殊津贴。

革命　1949年出生，蒙古族，中共党员，巴盟草原站研究员。主持的“巴盟高寒牧区地膜饲料玉米的引进推广”获内蒙古科技进步三等奖，“内蒙古自治区大规模推广应用青贮饲料技术”获内蒙古丰收计划二等奖，“内蒙古草地资源调查及开发利用研究”获内蒙古科技进步二等奖，“中国重点牧区草地资源调查”获农业部科技进步二等奖，“种草养畜综合配套”项目获农牧渔业部丰收三等奖，“高效益、规范化配套草库伦建设技术”获内蒙古丰收计划二等奖。

银芳梅　1949年出生，女，1971年入党，巴盟医院功能科主任医师。对各类癫痫、脑外伤、各种脑炎、周围神经损伤、偏头痛等诊断有独到之处。论文《应用脑电图诊断颅脑损害10例分析》《86例椎——基底动脉供血不足TCD检测分析》《66例植物性癫痫的脑电图分析》《218例脑动脉硬化症在TCD中的诊断》先后在国家、省级医学刊物上发表。

范建生　1950年出生，1991年入党，巴盟医院主任医师。从事医务工作以来，先后在国家级、省级的医学刊物上发表论文26篇，其中10篇参加全国性学术交流。《脑血管病知识讲座》《癫痫病知识讲座》等科普文章，曾在广播、电视节目中连续播出。

李建成　1951年出生，中共党员，乌拉特前旗草原工作站高级畜牧师，国家农业技术推广研究员。从事畜牧专业技术工作以来,主持多项科研课题及推广项目。其中“荒漠草原牧草引种试验”“荒漠草原样条定位观察研究畜收平衡”课题研究分别获巴盟科技进步二、三等奖。“荒漠草原家庭畜群草库伦技术”推广、“高寒牧区地膜玉米覆盖技术”推广,分别获自治区科技进步二等奖、自治区丰收计划一等奖、国家丰收计划二等奖。

李文魁 1952年出生,中共党员,临河市人民医院主任医师。从医20多年来,多次独立开展了胰十二指肠切除、乳腺癌根治及小切口胆囊切除等手术和前列腺、肾、输尿管等手术。

邱民泽 1954年出生,中共党员,内蒙古巴盟结核病防治所所长、主任医师。1985年以来,潜心中医及中西医结合治疗,对各种疑难性结核病研究治疗颇具造诣,有效率在97%。在国家、省级医学刊物上发表论文30余篇,在各类地方报纸发表科普文章20余篇,其中《现代结核病管理方法探讨》《中药回生灵治疗难治性肺结核》《中西医结合治疗骨结核》等论文被国际、全国学术大会评为优秀论文。《中药回生灵治疗难治性肺结核的临床疗效》,荣获1997年香港国际中西医结合学术大会金奖。工作业绩被内蒙古人民出版社编入“内蒙古当代人物风采”“迈向新世纪”丛书。同时还被录入《中国大陆名医大典》《世界名医大全》(中国卷)、《世界优秀医学专家人才名典》《世界名医文献库》《现代名医大典》和《中华成功者大典》等大型权威书典。

格　勒 1957年7月出生,蒙古族,1985年入党,巴盟蒙医院主任医师。通过多年临床实践,不断探讨研究应用蒙西医治疗疑难皮肤病,尤其对牛皮癣、痤疮的治疗效果显著。1998年参加《性病的诊断与治疗》一书的编写。在国家、省级医学刊物发表《蒙成药嘎木珠尔治疗皮肤病的观察》《蒙药浴塔温阿日沙治疗常见皮肤病37例观察》《蒙医皮肤病学初探》《家人同患梅毒三例报告》《蒙药治疗扁平疣181例疗效观察》《蒙古医药学在皮肤性病方面的贡献》等多篇论文。

巴音毕力格 1959年出生,蒙古族,中共党员,乌拉特中旗人民医院主任医师。在长期临床医疗工作,擅长内科疑难病症的诊断、治疗及危重病人的抢救,并进行了尿激酶、肝素治疗急性心肌梗死、不稳定型心绞痛、短暂性脑缺血、脑血栓形成等病症的诊治。在省级刊物上发表《急性心肌梗死后左室重构的超声心动图分析》《尿激酶治疗不稳定型心绞痛疗效观察》《中等剂量尿激酶静脉内溶栓治疗急性心肌梗死24例》。

郝爱枝 1962年出生,女,1982年分配到巴盟水科所从事盐碱地改良工作,高级工程师。1984—1993年,在盐碱地综合防治、合理利用、科学管理科研项目中,分别获巴盟科技进步一等奖,内蒙古自治区科技进步二等奖,国家科技进步三等奖。1991—1998年,在承担自治区科委、水利厅科技攻关项目“盐碱中低产田改造与重盐荒地开发利用”中,获自治区科技进步二等奖。

附　录

附录一

巴盟党委办公室文件

巴党办发〔1993〕64号

关于印发《全盟商贸企业转制意见》的通知

各旗、县、市委人民政府，盟直各有关单位：

现将《全盟商贸企业转制意见》印发给你们，望认真贯彻执行。商贸企业转制是全盟深化企业改革的重大突破，也是我盟从商贸企业的实际出发，尽快使商贸企业走出困境的大胆尝试。各旗、县、市、有关部门要从实际出发，进一步解放思想，开拓思路，加大力度、加快进度，大胆尝试，大跨度推进。要紧紧围绕全盟商贸企业改革会议精神，尽快部署本地、本部门的企业转制工作，在全面抓好商贸零售企业转制的同时，重点要抓好二、三级批发企业的转制工作。因企制宜，分类排队，有计划、分步骤、大跨度地推进企业转制进程，力求在1994年底前全面完成。财政、税务、工商、银行等监督、管理部门，一定要紧密配合，通力合作，加强协调与服务，统一步调，统一行动，为实现商贸企业转制开“绿灯”，保驾护航，全程服务，为搞活商贸企业、振兴全盟经济做出贡献。

中共巴盟委员会办公室　巴盟行政行署办公室

1993年10月22日

全盟商贸企业转制意见

一、指导思想

根据邓小平同志提出“三个有利于”的原则，从当前我盟商贸企业改革的实际出发，以理顺产权关系为突破口，加大力度，加快进度，分类推进，整体突破，使商贸企业彻底转换经营机制，进入市场。真正成为“自主经营、自负盈亏、自我约束、自我发展”的经济实体。

二、原则

1. 坚持从实际出发，实事求是的原则。因地因企业制宜，采取多种形式转制。

2. 坚持国家、集体、职工利益相结合的原则。通过转制，盘活国有资产存量，促进生产要素优化配置，增强企业活力和发展后劲，达到财政多收、企业多留，职工收入逐年增加的目的。

3. 坚持眼前利益与长远利益相结合的原则。要用辩证的、发展的观点认识和解决转制中的问题,推动商贸企业的转制工作顺利完成。

4. 坚持先易后难,能快不慢,循序快进,力争一步到位的原则。在做好充分准备工作的前提下,集中时间,集中精力,大跨度推进,大范围过渡。

三、转制的方法

深化商贸企业改革,搞好转制工作要按盟委、行署〔1993〕14 号文件《关于在国有企业中实行租赁、兼并、股份制改组和出售的试行办法》执行,当前主要采取出售、股份制改组、国有民营、公有民营等方法转制:

(一)出售

第一,凡具备条件的企业,可由主管部门会同财政、国有资产管理部门提出意见,报转制领导小组同意后进行出售。

第二,成立由有关部门组成的企业出售工作组全面负责清理企业资产、债权、债务;审核在职职工和离退休职工工资、退休金、工龄;进行资产品评估,制定出售价格(包括土地有偿使用价格);确定结余资金的分配方案;组织出售工作实施;监督出售后交接等工作。

第三,企业出售工作组评定出售底盘价后,可先在本企业职工中拍卖,以出价最高者购买。本企业职工不愿购买应向社会公开拍卖,以出价最高者中标购买。

第四,购买者全面付清出售价款和利息后,被出售企业的产权归购买者所有,办理有关手续。企业土地所有权仍归国家所有,购买方只拥有土地使用权。

(二)股份制改组

第一,凡有条件或通过创造条件能够改组为股份制的批发、零售企业,都要主动地、尽早地实行股份制改组。经济效益好、条件成熟的企业可改组为国家、法人和职工个人持股的股份有限公司;条件不够成熟的企业可改组为全体职工既是劳动合作者,又是资金合作者的股份合作制企业。

第二,改组后的股份制企业要坚持自主经营、自负盈亏、自我约束、自我发展、依法纳税、自主分配、股权平等、同股同利、利益共享、风险共担的原则。国家所有,或作为国有资产入股,或交有偿使用费。

第三,企业改组,要在地区转制领导小组领导下进行,由主管部门、银行、财政及其他有关部门、本企业负责人组成工作组,集体企业还要吸收职工代表参加。工作组组织人员进行下列工作:

1. 组织企业自行清产核资,核实资产、债权、债务,在此基础上由审计部门进行全面财务审计确认。

2. 由政府授权有资产评估资格的机构进行资产评估和产权界定，出具资产评估与产权界定报告，经认定，填写“资产产权登记表”。

3. 确定划资折股办法，确定股数与股额。

4. 按规定制定股份制企业章程。

5. 上报转制领导小组审批。上报时应附企业股份制改组发起人协议，发起人基本情况、资本金数额，拟认股额，股份制企业试行方案，企业章程；资产评估与产权界定报告，主管部门及产权单位意见。

6. 报告批准后协助组建企业。监督收缴股金出具验资证明，发给股权证；按章程选举产生董事会、监事会、董事长、经理、聘任副经理及其他管理人员；办理企业注册、转户、登记、职工脱钩等手续；召开大会，宣告股份制企业成立。

（三）国有民营、公有民营

1. 部分大中型零售企业可继续实行柜组承包经营责任制或全员全额转售转贷承包经营责任制。目前应注意以下两方面并继续完善。

第一，强化企业和柜组的负亏机制，切实做到自主经营、自负盈亏、自我约束、自我发展。

第二，建立适应全员、全额转售转贷柜组承包的企业组织机构和领导体制。经职工代表大会选举出企业各方面领导和职工代表组成的企业委员会，实行企业委员会领导下的经理负责制。

2. 有出租条件的商贸企业可以实行租赁。

第一，承租方不受地区、单位、所有制的限制，城乡、盟内外、国内外的个人、集体、全员（企业全体职工），企业都可以承租。

第二，可以对企业全部资产租赁，也可以只对部分资产租赁。

第三，承租方必须出具与租赁企业资产成一定比例的财产和现金做担保，并委托自然人或法人做保证人。

第四，出租方与承租方、保证人在公证部门监督下签订具有法律效力的租赁合同。

第五，如承租方是企业全体职工，所交纳的租金累计计算等于企业固定资产净值，经出租方同意企业资产可按职务和工龄折股给企业的全体职工，全建制转为股份合作制企业，职工原身份应取消。

四、转制中应落实的几项政策

第一，自治区和各级政府对企业转制前的各项优惠政策在国家、自治区没有做出新规定前仍继续执行。

第二，转制后的股份企业、国有民营企业可按集体企业对待，国家出台新规定按新规定执行。这些企业的所得税税率、税前还贷、征“两金”等政策继续按内政发〔1993〕20号文件执行,企业职工个人收入超过个人收入调节税纳税标准部分,如用于本企业再生产(包括入股)的,可报请税务部门免征或缓征。

第三,对资产评估过程中查出的在企业执行新会计制度前的原有坏账损失,经核实后要按规定程序予以核销,不留尾巴。企业资产评估结果经各方确认划分经营性资产和非经营性资产。非经营性资产不列入企业资本金,要单独立账,在明确其归属权的前提下由企业代管,或变为独立经营实体。

第四,国有商贸企业产权的界定工作按照国有资产管理局等部门颁发的《企业国有资产所有权界定工作暂行规定》进行,集体企业资产产权界定工作要本着“有账按账,无账协商”的原则,依照国家有关法规进行。以往政府对集体企业实行减免税等各项优惠政策如同国家对“三资”企业,私营、个体企业的优惠政策一样,不宜作为国有资产界定的依据。

第五,企业转制处理债权、债务时,可以采取以下办法,一是资产大于债务或基本持平的企业,实行净资产折股出售的,其债务由转制后的企业承担;实行整体出售、租赁、柜组或全员全额转售转贷承包的企业债务应由原企业所有者承担,从转让、租赁、承包费中偿还。二是资不抵债但整顿尚能恢复生机的企业,可将企业现有资产按重置价出售,所收款部分用于偿还债务。仍还不清部分,可与有关部门协商处理,或由银行接收企业全部资产,变债权人为产权人。接收后银行优先优惠租给原企业职工。

第六,转制后的企业税后利润的分配顺序,由企业自主决定。对于企业国有资产转让收入,租赁和承包费收入要实行专项管理,用于企业生产性收入。实行股份制的企业中,国家股分得的红利,在转制后的一定期限内经当地政府批准可留给企业,作为国有资产的增值部分,支持企业扩大再生产。

第七,做好离退休人员和富余人员的安置工作。具体原则是:原企业离退休职工由转制后企业通过企业养老社会统筹办法负责安置。原国有企业转为股份制企业的其统筹费可从国家股红利中提出一部分支付,或在企业资产折股时按一定比例留出一部分资产交给企业做统筹费基金。企业实行出售、租赁、柜组或全员全额、转售转贷承包的可以在转让费,租赁、承包费中解决。也可以由劳动部门或保险部门从企业转让、租赁、承包收入中合理提取一定比例的资金,建立社会统筹基金,负责离退休人员的安置。

五、实施步骤及组织领导

全盟商贸企业的转制工作要在1994年底以前搞完,具体安排各旗、县、市可根据企业实际,按照先易后难的原则对企业分类排队,做出分期实施方案,春节前各地要集中一段时间广泛宣传企业转制的意义,做好思想准备。春节后商贸淡季,集中一段时间组织实施,形成高潮。

商贸企业的转制工作由各级党委、政府成立的转制领导小组统一领导，各级转制办公室统一负责协调和处理日常工作。由于这项工作涉及面广、政策性强、工作量大，体改、经贸委、财政、税务、工商、土地管理、劳人等部门要通力配合，保证质量，力争如期完成。

中共巴盟委员会　巴盟行政行署

关于加快小型商流企业转换经营机制的暂行规定

（一九九五年五月二十三日）

为了更好地调整商流企业经济类型结构，实现生产要素的优化组合，充分调动职工的积极性，提高企业经济效益，盟委、行署对加快小型商流企业转换经营机制，加大改革力度，特作如下暂行规定。

一、转制的原则

坚持“三个有利于”的原则；坚持实事求是，因地制宜，一切从实际出发的原则；坚持妥善安置职工，正确处理改革、稳定、发展关系的原则；坚持综合配套、整体推进和重点突破相结合的原则；坚持在动态中搞活国有资产的原则。

二、转制的任务

九四年未转制的企业，九五年上半年要全部完成转制，并对全部转制企业进行“回头看”，按转制的标准逐户检查验收，不符合标准的限期改正；走过场的要重新再转。

三、转制的形式

商流批发企业，具备设立公司条件的，可按照《公司法》改组为有限责任公司。暂不具备条件的可实行一企多制。

商流骨干零售企业继续实行国有民营或公有民营，积极完善柜组租赁或柜台租赁。

小穷亏企业以股份合作制、合伙经营或个体经营作为主要转制形式，通过折股出售、拍卖，使产权向职工或经营能手转移。改变其原有国营、集体性质，直接向民有民营过渡。

在合理安置职工和离退休人员，保证国有资产完整的前提下、鼓励个人或集体租赁企业。时间可适当放宽到三至五年。

鼓励有发展前途的骨干企业通过兼并、购买、持股等形式吸纳商流企业，进行资产重组。

长期亏损、扭亏无望，不能清偿到期债务的企业，在妥善安置职工的前提下，应依法破产。

四、转制的基本程序

企业提出转制申请后，由国有资产管理部门、企业主管部门、企业负责人、职工代表组成专门班子，负责对职工的宣传动员，清产核资，草拟转制有关文件。

由政府批准的评估机构进行资产评估、产权界定，作出评估报告，国有资产管理部门审定确认。

向转制领导小组提交转制的各项文件，包括申请报告、实施方案、章程、资产评估报告和产权界定书、验资确认书及审批部门要求的其他文件。

转制领导小组审批方案，行文批复。

实行脱钩补贴的职工到劳人部门办理脱钩手续，企业到工商部门登记，领取新的营业执照。

向土地管理部门申请土地变更登记，颁发国有土地使用证书。

设立股份有限公司，报盟体改委初审后，转报自治区体改委审批。设立有限责任公司由盟体改委审批后，报自治区体改委备案。其他转制形式，由当地转制领导小组审批。

一九九四年以前由旗、县、市审批设立的股份有限公司和有限责任公司，要在一九九五年上半年补办审批手续，否则其法律地位不予承认。

五、转制的有关政策

在继续贯彻执行巴署发(1994)44 号文件的基础上对有关政策作如下补充：

实行公司制或股份合作制的企业，允许将国有资产划出一部分，按照工龄和贡献折股给职工，作为对职工的脱钩补贴。同时职工与劳人部门办理脱钩手续。实行承包制以来国有资产保值增值好的企业脱钩补贴数额可高于资产保值增值差的企业。剩余资产，职工可用现金购买作为股本，不愿购买的可作为国家股(一般为优先股)，也可作为企业对国资部门的债务，同国资部门签订还债合同，分期偿还。

允许股权向少数人手中转移，以利于企业的经营风险适当集中，使经营责任心和股份利益更好地结合起来，真正促进经营机制的转换。

在转制中，企业净资产由本企业职工购买的，可以优惠，优惠幅度为出售价的 15% ~ 20%，出售价款可以分期交付，但最长不得超过五年，一次付清的还可优惠 20%。

经营门点少，而库房、办公室较多的批发企业，在进行有限责任公司改组时允许实行“买一配二”的政策，即买一股，配二股。所配股终极所有权属于国家。只限职工终身使用，不准转让、继承，职工调离、辞职、解聘、死亡，仍收归国家所有。

对无净资产或资不抵债额较少的企业，在合理安置职工和离退休人员，承担原企业债务的前提下经政府批准，可转让本企业职工或有实力的经营者，银行贷款相应转入个人名下。

为妥善安置破产企业职工,银行可将破产企业资产优惠出租或出售给原企业职工,以利于他们开辟新的生产经营渠道。

企业必须参加养老保险。实行拍卖和内部出售的企业,应从拍卖或出售收入中提取一定比例交统筹部门解决该企业离退休职工的养老保险问题;也可以从拍卖出售收入中拿出一定比例一次性解决离退休职工的养老费用,公司制或股份合作制改组的企业,允许从国有、集体资产中切出部分资产作为养老统筹基金,其红利用于弥补养老金的不足。

租赁企业按期交付租金,所交付的租金累计与所组企业净资产相当时,产权可归承租方所有。

企业进行股份合作制改组时,企业间的债权关系经协商可以转为股权。

由于政策性因素或不可抗拒原因造成的亏损挂账,可按国办发〔1993〕29 号文件和有关政策的规定精神,经有关部门审核,分别冲销公积金、资本金,贷款余额经银行同意可计息缓收。

改组为股份合作制的企业,达到一定规模的可以冠以"××股份合作公司"名称,工商部门应准予注册。

鉴于目前多数企业经营困难,为促进企业转制的顺利进行,对转制过程中的各种收费,各有关部门均应按规定标准的最低限额收取。确有困难的企业,经同级政府批准可以缓收、减收或免收。

六、加强领导、精心组织实施

各地体改领导小组要在各地党委、政府的领导下统筹规划,集中精力抓好实施工作。要深入实际,实事求是地主动协调解决转制中的热点、难点、焦点问题。各部门应从深化全盟改革、搞活全盟经济的大局出发,互相支持、共同配合,不能借口某些条文影响改革。对于资不抵债、问题较多的企业,各级领导要亲自抓,采取一企一策的办法解决。

要把转换企业经营机制和建立新的企业制度结合起来,企业转制后,要帮助企业选好经理,建好班子;加强企业内部管理,向管理要效益;深化企业人事、劳动、分配制度的改革,充分调动职工群众的积极性;理顺党组织,工、青、妇组织,计划生育管理等关系,做到"扶上马,送一程"。

本规定适用于商业、物资、外贸、供销、粮油商业性经营的企业。

巴盟党委办公室文件

巴党办发〔1996〕74号

关于“九五”期间巴盟工商企业改革的意见

一、改革的目标

国有大中型企业都要建立现代企业制度的组织形式和机制。

国有小型企业要通过产权和债务重组，改组为灵活多样的组织形式和适合本企业发展的经营机制。

基本完成全盟国有工商企业的战略性改组，择优扶强，抓好一批重点骨干企业，组建一批主导全盟经济发展的企业集团，使其成为全盟经济发展的支柱。

企业优胜劣汰机制初步形成，公有制为主体，多种经济成分共同发展的格局进一步趋于合理。

政府的社会经济管理职能与国有资产管理职能分开，国家的终极所有权与企业法人财产权分开。

养老保险、失业保险进一步完善，医疗保险、工伤保险在试点的基础上加快步伐，扩大覆盖。

所有企业都要成为自主经营、自负盈亏、自我约束、自我发展的经济法人实体。

二、主要任务

（一）完成大中型企业的战略性改制、改组、改造。

1. 1996年组建四个盟级企业集团；河套粮丰集团、巴盟造纸工业集团、巴盟制酒工业集团、临河化工集团。1997年组建制糖工业集团，同时创造条件组建以商贸企业为龙头，以销售当地农副产品和工业品为主的贸工农一体化的企业集团，充分发挥国合商贸企业的龙头作用。

2. 1996年在恒丰股份有限公司、河套酒厂和西山咀造纸厂3户企业进行现代企业制度试点的基础上，1997年再扩大到临河糖厂、五原糖厂、磴口糖厂、巴盟运输公司、临河化肥厂等5户企业。1998—1999年完成其余的13户重点骨干企业的现代企业制度试点。至此，到1999年全盟21户工业重点骨干企业全部按现代企业制度运转。

3. 盟属商业、外贸、物资总公司 8 户企业,于 1997 年建成国有资产经营公司,进行母子公司体制的改组工作,1998 年进行农管系统母子公司体制的改组工作。

4. 所有重点骨干企业,都要按巴党发〔1996〕13 号文件实行资产经营责任制,建立和完善法人治理结构,落实资产保值增值的责任指标。

5. 针对大中型企业普遍存在的债务包袱重、富余人员过多、企业办社会负担问题,探索解决的办法和途径。

6. 学习邯钢经验,把市场机制引入企业内部管理,模拟市场核算,实行成本否决的管理机制。

(二)加大国有小企业的改革力度

1. 鼓励各地各部门进行多形式、多途径的探索,可实行不涉及产权变更的,如联合、租赁、托管、委托经营等,和涉及产权变更的,如收购、兼并、公司制、股份合作制、出售、拍卖等。提倡"银行债务一次用资产顶清,离退休人员一次安置,在岗职工一次脱钩补贴买断原身份,企业产权一次明晰,企业改制一步到位(民有民营)"。

2. 小企业改革以盘活存量资产为突破口,以资产出售为重点,坚持执行政策与企业实际相结合,坚持以安置职工就业为主,稳定处置各种关系,实事求是地解决问题。

3. 对那些与大企业关联度较密切的小企业主要通过兼并、划转、让大企业带动其发展。对众多的小企业要按照巴党发〔1995〕12 号和 13 号《关于进一步深化国有小型工业企业改革的暂行规定》和《关于加快小型商流企业转换经营机制的暂行规定》,采取有限责任公司、股份合作制、租赁经营、出售产权、国有或公有民营、职工借股经营、无偿奉送、抵贷返租、依法破产等办法进行彻底转制。

(1)凡符合国家产业政策、发展稳定、效益好、达到设立有限责任公司条件的企业,可将国有净资产的全部或部分出售给职工改组为有限责任公司。出售给全员职工的,按出售价优惠 20%。出售价款可分期支付,但最长不超过五年,一次付清的还可优惠 20%。

(2)亏损、微利、负担重的小穷亏企业视企业资产情况,可采取借股(即将国有净资产的部分或全部折成等额股份,借给职工,经营权在企业,终极权所有权在国家,职工享有分红权,国家向借股者收取一定数额的利息,并要求职工匹配一定比例的个人股)的办法改组为股份合作制企业。

(3)微利、亏损小企业也可以将评估后的净资产按照工龄、贡献量化到职工,职工与原身份脱钩,将原企业改组为公司制或股份合作制企业,职工脱钩时要与劳动部门办理脱钩手续,进行法律公正。

(4)债务沉重、银行停贷、无法启动的企业,可采取个人或合伙抵押租赁经营的办法。租赁期一般三至五年,条件是承租人保证安置原企业职工、负责缴纳养老保险统筹费,保证国有资产完整保值，承担原企业债务。承租人新投入的资产归承租人所有。

(5)对众多的小企业，经债权人同意，将资产切为三部分：一部分用于离退休职工生活费，一部分抵顶债务，一部分安置在岗职工，做到三兼顾、三满意。

(6)国合商贸企业，要大力贯彻抓大放小的方针，围绕企业结构调整，视地区和行业特点，精心抓好少量国家控股、国有专营的大公司、大集团的改组、改造，并积极与区域性或全国性的大厂商或商社结成伙伴，寻求扩大代理业务，发展规模经营，对绝大多数零售商店和小企业要彻底转为民有民营。

(7)商业批发企业进行公司制改组时，允许吸收职工入股，允许实行"买一配二"的政策，即买一股配二股。配股的终极所有权属于国家，只限职工终身使用，不准转让、继承，职工调离、辞职、死亡，仍收归国家所有。

(8)对资不抵债，用其他途径无法搞活的企业，依法破产。

(三)抓好配套改革，为搞活企业创造良好环境。

1. 推进国有资产管理体制改革，促进政企分开、政资分开。1996 年对新组建 4 户企业集团进行国有资产授权经营，1997 年扩大试点，并出台国有资产授权经营暂行办法，1998 年建立全盟国有资产营运体系。

2. 积极推进社会保障制度和住房制度改革。

(1)全面落实《巴彦淖尔盟城镇企业职工养老保险制度改革实施方案》，切实扩大保险覆盖面，把所有企业职工有效地纳入实施范围，逐步提高社会化服务程度。

(2)积极推进医疗保险改革试点。1996 年拟选择临河市先行试点，取得经验后，逐步扩大，力争 21 世纪末全盟各旗、县、市都要建立医疗保险制度。

(3)完善失业保险金的缴纳、管理、使用办法，确保失业保险金的 80% 以上用于失业人员的生活救济和必要补贴。

(4)完善住房公积金制度，搞好经济适用住房、国家安居工程建设，加快企业房改步伐。

(5)进一步理顺社保管理制度，强化社会保障基金的监督、管理运营。

(6)以生产要素为重点，大力培育和健全市场体系。

巴盟党委文件

巴党发〔1996〕13 号

中共巴盟委员会　巴盟行政行署
关于国有工业企业资产经营责任制试行办法

（一九九六年三月十四日）

第一章　总　则

第一条　为了加强国有企业（以下简称企业）财产监督管理，维护国有资产所有者权益，落实资产经营责任，提高国有资产的经营效益，根据《国有企业财产监督管理条例》及国家经贸委、劳动部《关于印发〈国有企业资产经营责任制暂行办法〉的通知》，结合我盟实际，制定本办法。

第二条　本办法所称国有企业财产即国有资产，是指国家以各种形式对企业的投资和投资收益形成的或者依法认定取得的国家所有者权益，包括资本金、资本公积金、盈余公积金和未分配利润等。

国有资产保值增值，是指企业在考核期内，期末国家所有者权益等于或大于期初国家所有者权益。

第三条　企业必须进行清产核资，重估资产价值，核实国家资本金，明确产权责任。

第四条　资产经营责任制，是落实《全民所有制工业企业转换经营机制条例》和企业法人财产权，落实企业及其法定代表人对企业全部法人财产和净资产承担保值增值责任的一种资产管理方式。

第五条　实行资产经营责任制，目的是促进理顺企业产权关系，明晰企业法人财产权和企业资产经营责任，促使企业经营机制转换，强化企业内部约束机制，提高企业经营管理水平，提高资产运营效益，实现国有资产的保值增值。

第六条　资产经营责任制原则在本盟未进行公司制改组、租赁、转体的国有工业企业中实行，资不抵债的企业不实行资产经营责任制。政府部门应按《全民所有制工业企业转换经营机制》条例的要求，转变职能，落实企业十四项经营自主权；按照政企职责分开的原则，依法对企业进行协调、监督和管理，为企业提供服务。

第二章　资产经营责任制的形式和内容

第七条　企业实行资产经营责任制、应由同级体改领导小组组织企业主管部门或政府授权部门与企业法定代表人签订资产经营责任书。

资产经营责任书作为考核企业法定代表人的依据。

第八条　资产经营责任书一般应包括下列主要内容：

（一）签约双方的名称和法定代表人姓名；

（二）资产经营责任期限；

（三）资产经营责任考核指标；

（四）经营者应缴纳的风险抵押金和返还抵扣办法；

（五）对资产经营者的报酬和奖罚办法；

（六）签约双方的权利和义务；

（七）资产经营责任书的调整、变更和终止；

（八）违约责任；

（九）其他需要约定的事项。

第九条　资产经营责任书应同时报送同级经贸局（计经局）、国有企业监督考核部门体改办备案。

第三章　企业及资产经营者

第十条　企业依法独立支配国家授予其经营管理的财产。企业对其全部法人财产及净资产承担保值增值责任。

第十一条　企业享有法人财产权的各项权利，包括：

（一）独立占有国家授予其经营管理的财产；

（二）独立使用国家授予其经营管理的财产进行投资、购置、生产、运营；

（三）依法决定企业实物财产的有偿转让、租赁、抵押、报废等。

（四）独立收取企业以现金、实物、无形资产或者购买股票、债券等有价证券方式，向其他单位投资后分得的利润或股利；

（五）法律、法规规定的其他权利。

第十二条　企业实行资产经营责任制，应当履行下列职责：

（一）履行资产经营责任书规定的各项权利和义务；

（二）维护国家作为国有资产所有者的权益；

（三）以其全部法人财产独立承担民事责任；

（四）遵守国家法律、法规和有关政策，遵守职业道德，依法经营；

（五）建立健全企业内部经济责任制，提高经营管理水平。

第十三条 企业应当建立资产经营情况报告制度。每年由经营者向监事会、企业职工代表大会报告本企业资产经营情况，有关企业分立、合资、重大投资等重要决策还应及时向企业主管部门或投资主体报告。

第十四条 企业实现国有资产保值增值目标或完成年度考核指标的，在按国家规定的企业工资总额调控办法提取的工资总额内，自主确定本企业职工增加工资或奖励水平。

第十五条 企业不得擅自转让产权。

第十六条 厂长（经理）作为企业的法定代表人，即资产经营者，对企业全部法人财产及其净资产的保值增值状况承担经营责任，对履行资产经营责任书规定的各项权利和义务承担责任。同时享有责任书规定的各项权利和待遇。

第十七条 经营者的责任期一般为三年。

第十八条 经营者上岗必须按规定缴纳一定数额的风险抵押金。风险抵押金专项存储，交同级财政部门保存，责任期满经审计，按责任书规定返还或抵扣。

第四章 企业主管部门

第十九条 企业主管部门是指各级人民政府直接管辖企业的有关部门或者政府授权管理企业的有关部门。

第二十条 企业主管部门对管辖企业行使下列职权：

（一）依照法定权限和程序，对经营者提出任免（聘任）、解聘建议。监督机构对其监督的企业经营者的任免，有建议权。

（二）确定经营者的责任期。

（三）确定经营者应缴纳的风险抵押金数额，负责收缴到同级财政部门。

（四）根据国家有关规定和经营者承担的责任提出经营者的年收入意见。

（五）考核企业国有资产保值增值等指标完成情况。企业主管部门可以委托经政府有关部门认可的中介机构对企业进行考核。

（六）依照法律、法规应决定或批准的有关事项。

第二十一条 企业主管部门对其管辖企业履行下列职责。

（一）履行资产经营责任书规定的各项权利和义务；

（二）维护企业法人财产权及其合法权益；

（三）培训企业经营管理人员；

（四）协调企业与其他单位之间的关系，协助企业解决实际困难；

（五）为企业提供法律、法规和有关政策方面的信息服务。

第二十二条　企业主管部门在履行职责时，不得侵犯企业法人财产权，不得干预企业经营权。

第二十三条　除法律、行政法规另有规定外，企业主管部门不得以任何形式抽取注入企业的资本金，不得调取企业财产，不得向企业收取任何费用。

第二十四条　政府确定的投资主体依法享有资产受益、重大决策和选择管理者的权利。

第五章　考　核

第二十五条　第八条（三）款所称的资产经营责任考核指标应包括：利润总额、国有资产保值增值率、净资产收益率、总资产收益率、资产负债率、成本费用利润率。

计算公式为：

（一）利润总额 = 营业利润 + 投资收益 + 营业外收支净额

（二）资产保值增值率 =（期末国家所有者权益 ÷ 期初国家所有者权益）×100%

（三）净资产收益率 =（税后净利 ÷ 国家所有者权益）×100%

（四）总资产收益率 =（税后净利 ÷ 资产总额）×100%

（五）资产负债率 =（负债总额 ÷ 资产总额）×100%

（六）成本费用利润率 =（利润总额 ÷ 成本费用总额）×100%

第二十六条　资产经营责任考核指标一年一定，各项指标的确定原则是：一般以本企业前三年平均实现数为基数，还应参照行业的平均水平或平均先进水平，以企业近期经营水平（包括发展预测水平）作适当调整，暂不考虑货币时间价值以及物价变动因素的影响。

第二十七条　资产经营责任考核指标按下列程序确定：经贸局系统的企业由经贸局组织企业主管部门、财政等有关单位提出方案报政府审批后，组织签订责任书；其他企业由体改办组织企业主管部门、财政等有关单位，提出方案报政府审批后，组织签订责任书。列为盟骨干企业的责任书应报盟考核监督办公室备案。

第二十八条　实行资产经营责任制的企业按年度考核、兑现。考核、兑现按下列程序进行。

（一）企业在年终决算的基础上，向主管部门提交本年度经营情况分析报告，列为盟骨干企业的分析报告应抄报盟国有企业考核监督办公室。

（二）经贸局系统的企业由经贸局组织企业主管部门和有关单位组成考核组按责任书进行考核，提出考核兑现意见，上报同级政府；其他企业由体改办组织企业主管部门和有关单位组成考核组进行考核，提出考核兑现意见，上报同级政府。列为盟骨干企业需由盟考核、监督办公室复核后，再报政府。

(三)政府讨论审定后批复兑现。

第二十九条　经营者任职期满离任后，如重新发现考核结论与实际不符，需重新追究责任的，除追究原经营者责任外，还要追究参与离任考核部门和负责人的相应责任。

第六章　法律责任

第三十条　监督机构或企业主管部门有下列行为之一的，由政府责令改正，造成严重后果的，对主管领导人员和直接责任人员，由上级机关或者所在单位给予行政处分；构成犯罪的由司法机关依法追究刑事责任。

1. 违反本办法规定，不履行资产经营责任书规定的；

2. 未按照《国有企业财产监管条例》规定履行监督职责，对企业财产流失情况不掌握、不反映、不采取相应措施的；

3. 超越权限干预企业经营权、侵犯企业合法权益的；

4. 滥用职权、谋取私利、造成国有资产损失的。

第三十一条　企业有下列行为之一，由企业主管部门责令改正；造成严重后果的，由主管部门提出意见对厂长(经理)和直接责任人员给予经济处罚，免除(解聘)其职务或者给予降职、撤职处分；构成犯罪的由司法机关依法追究刑事责任。

1. 违反本规定，不履行资产经营责任书规定的；

2. 没有完成考核指标的；

3. 在责任期内，企业经营管理混乱、连续两年亏损，亏损继续增加的；

4. 违反《国有企业财产监督管理条例》规定，以各种名目侵占企业财产的；

5. 擅自转让企业资产权的；

6. 低价出售、转让或私分国有资产的；

7. 未按照规定进行清产核资，产权登记、资产评估以及不如实填报报表，隐瞒真实情况的。

第七章　附则

第三十二条　本办法原则适用于已实行公司制改组的国有独资公司。

实行资产经营责任制的企业，在责任期满之前已具备公司改组条件的，可以依照有关法律、法规进行公司制改组。

第三十三条　本办法由巴盟体改领导小组负责解释。

第三十四条　本办法自一九九六年一月一日起实行。

中共巴彦淖尔盟委员会文件

巴党发〔1998〕31号

中共巴盟委员会　巴盟行政行署
关于稳定和完善土地承包关系的实施意见

（1998年11月4日）

稳定党的农村政策，关键是稳定以家庭承包经营为基础、统分结合的双层经营体制，稳定土地承包关系，这是党的农村政策的基石。去冬今春，根据盟委、行署的统一安排部署，各旗、县、市在延长土地承包期工作上取得一定成效，全盟普遍进行了延包政策宣传和土地清查，有的乡镇、村组已经完成或基本完成土地延包工作，为今年继续搞好这项工作打好了基础。为进一步贯彻落实好中办发〔1998〕16号《关于进一步稳定和完善农村土地承包关系的通知》和十五届三中全会通过的《中共中央关于农业和农村工作若干重大问题的决定》精神，在今年冬季完成土地延包工作，现根据有关法律、法规和政策，结合我盟实际，提出如下实施意见：

一、把握政策，坚持原则

搞好第二轮土地承包是党在农村的基本政策，各地在延包工作中，要不折不扣执行中央和自治区的政策法规，坚持原则。

集体土地实行家庭联产承包制度是一项长期不变的政策。二轮土地承包必须坚持30年不变的原则，各地不得以任何借口和理由改变国家规定的承包期。已经做了延长土地承包期工作的乡镇，承包期不足30年的，要延长到30年。营造林地和“四荒地”治理等开发性生产的承包期可以更长，已属于乡镇、村集体经济组织所有的耕地、林地仍由原集体经济组织经营管理，但也要实行承包经营，承包形式、承包期限由乡镇政府、村民委员会根据实际确定。

土地延包必须坚持“大稳定、小调整”的原则。第二轮承包要使大多数农户承包土地继续保持稳定。近几年已做过小调整的地区经群众讨论同意可直接延包。需进行小调整的要在稳定的前提下，在个别农户之间进行。土地调整必须尊重群众的意愿，做到公开、公正、公平，及政策公开、办法公正、土地数量和等级公平。小调整方案要经村民大会或村民代表大会三分之二以上成员同意，并报乡镇人民政府和旗、县、市人民政府农业行政主管部门批准。少数土地分配严重不均和矛盾突出的村组，确需进行大调整的，必须经过充分调查论证、群众酝酿、绝大多数村民同意，并经旗、县、市人民政府批准，方可实施，调整方案要实行张榜公布制度。调整不得打破原所有权界限，不得将原承包地打乱重新发包，不得提高承包费，加重农民负担。

必须坚持“承包田”一种制度，不再搞“两田制”。因种种原因过去推行的“两田制”经营形式，必须按中央的土地承包政策认真进行纠正。一些地区村民小组保留的原已到户的自留地、饲料地、林地也要纳入承包地。

严格控制和管理“机动地”。“机动地”是指村组集体经济组织掌握的从可发包耕地中留下的不纳入村民分包的耕地。原留有机动地的，面积必须控制在发包耕地的5%以内。原未留有“机动地”的村组，原则上不再新留，确需的可从新增耕地中解决。留“机动地”的目的是增加集体收入，解决村组必要的开支，减轻农民负担以及用于个别农户的小调整。“机动地”的使用和管理要经村民委员会研究决定，其收入要定期向群众张榜公布。

坚持政策的连续性。要继续鼓励和支持国家、集体和个人对可利用土地的开发，多渠道加大农业投入。近年经村组集体组织同意开垦的土地，仍坚持谁开垦、谁经营、谁受益的原则，严格履行合同。农户在承包地周边少量开发的弃耕地和荒地，在不影响农田建设规划的前提下，可承认现实，纳入合同管理。凡未经集体组织批准的规模较大的开发地和弃耕地复耕，这次原则上要统一收回，重新发包，其中属于林地草原的必须退耕还林、还牧。个别村民小组确因人均分包土地偏少，而新开发土地较多，使绝大多数村民因耕地少、收入水平难以提高的，可在协商一致的原则下调整适量开发地用于分包。调整工作必须在村民委员会集体研究、村民三分之二以上同意、开发者愿意的基础上进行，并给开发者合理补偿。今后新开发土地必须符合乡镇土地利用总体规划。不论哪级经济组织和个人开发集体所有土地，必须经村民大会或村民代表大会三分之二以上成员同意，并报乡镇人民政府和旗、县、市土地行政主管部门批准。新开发土地经营，必须进行严格的合同管理。

坚持统一规划、相对集中连片的原则。各级在延包工作中，要正确处理土地整治与家庭承包经营的关系；正确处理统分结合的关系；正确处理眼前利益和长远利益的关系。引导农户在自愿的基础上，通过组织调整和农户之间对换，使土地相对集中连片，以利于农户经营管理、机械化作业、农作物病虫害防治和节水灌溉，为农业持续快速发展奠定基础。

搞好农管系统的土地承包。农管系统的土地属国有土地，绝大多数人员是国营职工，在土地经营上有其特殊性。要认真贯彻落实中央、自治区的基本精神，在稳定土地经营关系，调动农工生产经营积极性，有利于农垦事业发展的基础上，结合深化企业改革的有关政策，根据各场的实际搞好承包工作。必须坚持承包到户长期不变的原则；经营期限可按各分场的实际确定；必须加强对土地的管理工作，加大投入，培肥地力，防止掠夺性经营和改变耕地用途。农管局要在十一月底前拟定《土地承包方案》，报盟委、行署批准后执行。

二、严格程序，规范运作

搞好土地延包和土地经营是一项政策性很强的工作，各级必须进行规范化管理，认真操作。

（一）做好延包前土地清查、清丈工作。承包前都要对现有土地进行大量，公开张榜，建立土地台账。全面、真实、准确地掌握耕地面积。清丈工作要成立专门组织，组织内要有村民代表参加。经过土地丈量，做到权属合法、面积准确、等级清楚、群众满意。

（二）规范承包合同。土地承包合同具有法律效力。各级人民政府必须认真贯彻《内蒙古自治区农牧业承包合同条例》，按照自治区政府制发的合同统一样本，印制规范的合同文本。合同文本由乡级农经站以村组为单位负责填制，做到填写规范三章齐全，手续完备。即在一式三份土地承包合同书上，发包方由村集体经济组织或村委会盖章、村长和组长签字，承包方由农户户主签字盖章，鉴证方由乡镇农经站负责人签字、加盖鉴证专用章。在签字承包合同的基础上 1999 年 6 月底，全部发放《土地承包经营权证书》。旗、县、市、乡镇政府和行政村都要建立健全土地承包档案、旗、县、市要有分户土地承包登记册，乡镇、村必须有土地台账承包合同书等档案资料。做到合同文本规范化，合同鉴定法律化，合同管理制度化，合同档案正规化。

（三）建立规范的土地管理制度。农村集体土地承包经营权的流传，是家庭联产承包责任制的延续和发展，有利于农业生产力的提高，应纳入承包合同管理的范围。要坚持强化所有权、明确发包权、稳定承包权、放活使用权的原则，在不改变土地用途的前提下，促进土地经营进入生产要素市场。允许农户在承包期内对其承包的土地依法转包、转让、互换、入股、继承，其合法权益受到法律保护。土地使用权的流转，要建立在农民自愿有偿的基础上，不得强迫命令，更不能平调。转包、转让、入股土地必须经村（组）委会同意，不得改变原承包合同规定的内容。

加强耕地保护。耕地应依法受到保护。承包经营者，要采取切实措施，维护排灌工程设施，改良土壤，提高地力，防止土地荒漠化、盐渍化、水土流失和污染。严格控制将农用地变为非农业用地，禁止占用耕地建窑、建坟、建房、挖沙、采石、采矿、取土等。除特殊自然因素，严禁将耕地撂荒、弃耕。承包经营耕地的单位或个人连续两年弃耕撂荒的，原发包单位应终止承包合同，收回发包耕地。

（四）乡镇管理的国有集体土地和村组集体土地承包收益必须纳入“三提五统”，实行民主管理。任何组织和个人在使用上均不得违反“三提五统”的有关规定，违者追究领导和当事人的责任。同时，承包经营国有、集体土地者必须承担各种税费，任何一级组织均不准以任何理由将上述税费均摊到农户。

三、提高认识，加强领导

我盟是一个以农业为主导产业的地区，土地是农业最基本的生产要素，是农民最基本的生产保障。第二轮土地承包涉及千家万户，与农民的利益密切相关。各级领导要站在农业经济持续发展、农民增收、农村社会稳定的政治高度来认识，把中央这一举措实实在在变为推动农村经济发展的动力。各级党委和政府要把延长土地承包当作今冬农村工作的重点，统筹考虑，抓紧抓实。要成立专门领导机构和办事机构，实行由主要领导挂帅、分管领导具体负责的责任制，各级领导必须强化法制概念，政策观念、组织观念，坚决克服工作中的随意性。延包工作时间紧、工作量大，是非常敏感的问题，各级制定的方案要科学合理，操作性强，避免出现失误、引发社会矛盾。对问题较多，矛盾突出的地区，旗、县、市、乡镇要组织专门的工作班子，深入基层，具体指导。

盟委、行署要求各地延包工作在十二月底基本结束，春节前扫尾。明年三月份，盟委、行署要组织检查验收组，对这项工作进行全面验收。衡量这项工作好坏的基本标准是：是否不折不扣地落实了中央和自治区延包工作的政策法规；是否绝大多数群众满意，激发了广大农民生产和投入的积极性；是否强化了对土地的管理，有利于耕地的综合利用。

附录二

抗击非典纪实日志

3月底　临河铁路医院职工李松、磴口县广电局副局长赵玉善在北京出差期间感染非典型肺炎（SARS），分别于27日和29日返回临河和磴口，成为巴盟境内非典型肺炎的传染之源。

4月2日　李松在巴盟医院被初步确诊为疑似非典患者，医院即对其实施隔离治疗。并向盟卫生局汇报，盟卫生局立即召开会议，责成盟防疫站迅速开展流调工作。盟医院成立专门小组，尽快诊断治疗，并请求呼、包二市专家会诊。

同日　李松之父临河正大中医诊所大夫李智厅出现相关症状，在家自行治疗。此为盟内首例继发感染非典病例。

同日　赵玉善在磴口县出现发热症状，在个体诊所就诊。

4月4日　赵玉善入住磴口县中蒙医院，按普通患者接受治疗。

4月5日　自治区妇幼保健院院长张文廷、包头医学院一附院主任医师王慧敏两位专家到巴盟医院会诊，高度怀疑李松患非典型肺炎。

4月6日　在得知盟医院有疑似SARS患者住院的消息后，行署副盟长郭宇立即召集盟卫生局和盟医院负责人详细了解患者情况及治疗情况，并要求卫生医疗部门要高度重视，认真做好防治等相关工作。

4月7日　盟卫生局制定下发了《巴彦淖尔盟非典型肺炎防治预案（试行）》。

同日　赵玉善自行离开磴口县前往宁夏医学院附属医院治疗，被临床诊断患非典型肺炎。当日在磴口县，与赵玉善有接触的6人出现咳嗽、胸闷、咽痛症状，其中1人入住磴口县医院治疗。

4月8日　行署副盟长郭宇召集盟卫生局、盟防疫站、盟医院、临河铁路医院、临河市政府、临河市卫生局负责人召开紧急会议。会议决定对正大中医诊所进行隔离监控，并部署加大接触人员流行病学调查工作。由盟卫生局向自治区卫生厅请求技术支援。

4月9日　盟卫生局召开卫生系统紧急会议，部署非典型肺炎防治工作。会议决定，对疑似非典型肺炎病历按传染病报告制度立即上报自治区卫生厅和疾病控制中心，成立医院专家、防疫机构专家共同组成的专家组，负责全盟非典防治，并立即做好应急相应准备等工作。

同日　李松之父李智厅病情加重，入住巴盟医院。

4月10日　盟非典型肺炎预防控制领导小组成立。盟委副书记、行署盟长乌兰任组长，副盟长郭宇及行署办、盟卫生局负责人任副组长。盟卫生局、宣传部、军分区、财政局、公安局、教育局、交通局、旅游局、药监局、临铁工委、广电局、报社、防疫站的领导为成员。领导小组下设：办公室、预防治疗专家组、宣传组、维护稳定组，同时开展工作。

同日　自治区卫生厅下派的专家组一行4人到临河指导巴盟非典型肺炎防治工作。经临床诊断，确诊李松及其父亲李智厅患非典型肺炎。

4月10—11日　李松母亲、弟弟、弟媳及其父诊所的护士共计5人相继发病，分别入住巴盟医院和临河市医院。非典型肺炎的传染表现出明显的家庭聚集性传染特征。

4月11日　盟委、行署领导明确要求要把防治非典作为当前全盟的头等大事抓紧抓实，紧急宣布盟、市旗县两级大规模的流行病学调查全面展开。

4月12日　李智厅因病情恶化抢救无效，于12:05死亡。这是巴盟境内首例非典死亡病例。截至4月12日12点30分，巴盟临河市区共发现类似非典型肺炎病例10例，其中确诊3例，疑似5例，观察治疗1例，监控1例，均系李松家庭成员和密切接触者。

同日下午　盟卫生局召集临河市卫生局和市区各大医院负责人召开紧急会议，研究部署非典型肺炎防治工作。要求加大流行病学调查力度；盟医院、临河市医院开辟专门病区，同时下发关于实行传染性非典型肺炎日报告和零报告制度的通知。

4月13日　自治区政府副主席连辑一行到巴盟调研指导疫情防控工作。要求巴盟迅速建立健全非典型性肺炎预防体系，切实加强领导，落实各项预防措施。

同日　全盟范围内实施非典型肺炎病例日报告、零报告制度和24小时值班制度。

同日　临河市非典型肺炎预防控制领导小组成立，政府市长周玉峰任组长，下设六组一室。

同日　自治区卫生厅副厅长曹殿云率专家组一行4人到巴盟检查非典型肺炎防治工作。

4月14日　巴盟行署下发了《关于加强非典型肺炎预防工作的紧急通知》。盟非典型肺炎预防控制领导小组增补副盟长云治厚、行署办副主任杨继光、临河市副市长斯庆为领导小组副组长。

同日　盟委副书记、行署盟长、盟非典型肺炎预防控制领导小组组长乌兰，行署副盟长、领导小组副组长郭宇、云治厚召集领导小组会议，听取疫病预防控制情况汇报，贯彻落实自治区电视电话会议和连辑副主席视察巴盟时的主要指示精神，部署全盟防治非典工作。会议议定建立盟领导小组主要成员“日碰头”制度，对重点部位进行拉网式排查，加强学校、交通运输和公共场所的监控预防，同时确定盟医院、临河市医院、临河铁路医院为非典型肺炎定点治疗医院，要求药监、工商物价部门加大对医药市场检查力度，防止不法分子利用人们的恐慌心理非法涨价敛财。

同日　盟卫生防疫站向社会开通2部非典型肺炎防治知识咨询电话。

同日　磴口县成立非典型肺炎预防控制工作领导小组，后在领导小组基础上成立指挥部，政府县长张元胜任总指挥。

4月15日　盟医院非典一线的一名护士被感染并住院治疗，这是巴盟在收治非典患者期间首例院内医护人员被感染非典型肺炎。

同日　全盟新增非典型肺炎临床诊断病例4例，全盟累计报告7例。

4月16日　全盟非典型肺炎防治工作会议在临河召开。盟领导乌兰、张向阳、昝振英、高瑞明、郭宇、张建方及各旗、县、区主要领导和盟直有关部门负责人参加会议。会议贯彻自治区电视电话会议精神，通报了当前全盟非典型肺炎防治工作，听取了各旗、县、市情况汇报，安排部署了下一步工作，明确提出"早发现、早治疗"的防治理念，要求出门戴口罩、不聚众、不举办大型活动、不出入聚集场所，要开展一场全民防控的人民战争。

同日　临河火车站设立非典型肺炎监控站。监控站设观察室、隔离室，配置了应急抢救设备。

4月17日　晚8时，盟委召开紧急会议，研究部署非典防控工作，并听取了磴口县委、县政府专题汇报。

同日　巴盟地区防病中草药价格暴涨，板蓝根冲剂的价格由最初的每袋3~4元涨到18元。

同日　全盟新增非典型肺炎临床诊断病例4例，累计报告11例。

4月18日　盟委召开扩大会议，专题研究部署非典型肺炎预防和控制工作。盟党政领导及各旗、县、市主要领导、盟非典预防控制领导小组成员参加会议。

同日　盟委办、行署办联合发出《关于进一步加强非典型肺炎预防控制工作的紧急通知》。

同日　盟委书记郭启俊亲赴磴口县督促指导非典预防工作。听取磴口县非典型肺炎预防控制工作汇报，并指示要组织医疗和流调专家支援磴口县非典防治工作。

同日　盟医院非典型肺炎临床诊断病例死亡1例，全盟累计死亡2例。

4月19日　巴盟物价局向全盟发出《关于预防非典型肺炎期间维护市场价格秩序的紧急通知》，对预防和治疗非典型肺炎的药品、用品价格作了明确的规定。

同日　全盟440多家公共娱乐场所全部停业、关闭。

4月20日　包头市支援巴盟非典治疗专家谢美云、尚瑞香、金兰花到巴盟开展治疗工作。当日非典型肺炎临床诊断病例死亡1例。全盟累计死亡3例。

4月21日　行署盟长乌兰深入临河汽车站、火车站、防疫站、临河一中、巴盟蒙古族中学和部分药店，督查非典型肺炎预防控制工作，并看望防治非典一线医护工作人员。

同日　磴口、临河等重点疫区的中小学陆续开始放假。

4月22日　磴口县首例输入性非典患者赵玉善在宁夏医学院附属医院死亡。

同日　全盟非典型肺炎临床诊断病例新增3例，累计报告14例。

4月23日　鄂尔多斯支援巴盟非典治疗医疗队副主任医师孟柯一行3人到巴盟开展治疗工作。当日非典型肺炎临床诊断病例新增6例,全盟累计报告20例。

同日　磴口县对在非典预防控制工作中违犯纪律的9名干部职工分别进行了免职和暂停公职的处理。

4月24日　盟党政领导参加了卫生部等5部委召开的非典防治电视电话会议。

同日　盟委书记郭启俊在对部分旗县、企业督查非典防治工作时再次强调,要把防治非典作为全盟的头等大事,要全力以赴抓好各项措施的落实。即日起全盟公路客运统一实行旅客健康申报表办法。

同日　全盟非典型肺炎临床诊断病例新增5例,全盟累计报告25例,成为全区、全国重点疫区之一。

4月25日　在盟非典防控领导小组的基础上,成立盟防治非典指挥部。盟委副书记、行署盟长乌兰任总指挥,盟委副书记、盟纪检委书记邓秀英,盟委副书记王晓成,盟委委员、盟政法委书记王有义,盟委委员、宣传部长王迎希,行署副盟长郭宇、黄志江、云治厚任副总指挥。指挥部下设流调控制组、市场供应保障组、预防和宣传组、执法检查组、流动人口控制和社会治安组、治疗组、综合办公室,后增设督查组。又增补盟委委员、盟委秘书长张向阳,盟委委员、临河市委书记弓占维为副总指挥。

同日　杭锦后旗非典防控指挥部成立,政府旗长武银星任总指挥,下设九组一室。

4月26日　以卫生部纪检组组长张凤楼为组长的国务院非典型肺炎防治工作督查组在自治区副主席连辑的陪同下,到巴盟督查指导非典防治工作。盟委、行署召开会议,向督查组汇报巴盟近期非典型肺炎防治情况。

同日　盟委书记郭启俊,行署盟长乌兰,行署副盟长郭宇带领卫生、计划、财政、司法等部门负责人到原先锋监狱就改建SARS急救治疗中心一事进行现场办公。

同日　乌拉特后旗预防控制非典型肺炎工作指挥部成立,政府旗长格日乐甲木任总指挥,下设十组一室。

4月27日　由自治区党委副书记杨利民带队的防治非典型肺炎工作组一行来到巴盟,帮助、指导巴盟防治非典型肺炎工作。盟委、行署召开汇报会,盟委书记郭启俊主持会议并讲话,行署盟长乌兰汇报了巴盟目前预防控制非典型肺炎的具体工作和采取的主要措施。下午,盟党政领导参加全国防治非典电视电话会议,认真听取了温家宝的讲话。

同日　盟防治非典指挥部召开第一次全体会议。盟委书记郭启俊和指挥部全体领导出席会议。会议根据目前疫情仍呈上升趋势的严峻形势,做出对外来和外出返乡人员强制隔离监控15天,在各进出口设立防疫消毒检查站等相关决定。

同日　五原县防控非典指挥部成立,政府县长王耀飞任总指挥,下设七组一室。

同日　五原县首例非典输入病例王英入住五原县医院。至是日,全盟非典型肺炎临床诊断病例新增1例，全盟累计报告26例。

4月28日　自治区党委副书记杨利民在行署盟长乌兰陪同下，先后深入河套大学、维信公司、恒丰集团、火车站、农贸市场、部分商店和社区察看非典防控和市场供应情况。到巴盟疾病防控中心看望医护人员代表，到巴盟SARS急救治疗中心了解筹建情况。针对存在的突出问题提出加强防治工作具体指导意见。

同日　巴盟SARS急救治疗中心开工建设。

同日　乌拉特前旗防控非典指挥部成立，政府旗长王建国任总指挥，下设八组一室。

同日　全盟非典型肺炎临床诊断病例新增21例，累计报告47例。

4月29日　自治区党委副书记杨利民在盟委书记郭启俊、行署盟长乌兰陪同下，到磴口县检查指导非典防治工作。

同日　乌拉特中旗防控非典指挥部成立，政府旗长李克任总指挥。至此，全盟7个旗、县、市全部成立防控非典指挥部。

同日　全盟非典型肺炎临床诊断病例新增1例，全盟累计报告48例。盟医院当日死亡1例，临河市医院死亡1例，全盟累计死亡5例。

4月30日　自治区党委副书记杨利民在行署盟长乌兰等领导陪同下，到乌拉特中旗检查非典防治情况，检查中杨利民指出，要弘扬中华民族精神，打好非典防治攻坚战。

同日　全盟非典型肺炎临床诊断病例新增3例，全盟累计报告51例。临河市医院当日死亡1例，全盟累计死亡6例。

5月1日　自治区党委副书记杨利民在邓秀英陪同下，到磴口县医院看望医护人员代表，并同磴口县委、县政府研究加强防治工作的措施，要求加强医疗队伍建设。

同日　全盟非典型肺炎临床诊断病例新增10例，全盟累计报告61例。

同日　奋战在抗击非典一线的临河市医院6名医护人员，由于表现突出，经本人申请，被批准火线加入中国共产党。

5月2日　自治区党委副书记杨利民同志召开工作组会议，传达国家自治区主要领导同志关于加强我区防控非典工作的重要指示。研究进一步加强巴盟防治工作的措施。

同日　广州市第二人民医院感染科主任王锡瑜、北京市佑安医院呼吸内科主任张彤、北医大第一医院呼吸内科主任阙呈立组成卫生部专家组到巴盟培训救治非典的医护人员，并到有关医院进行会诊。包头市师范学院杜学武主任医师、内蒙古医院刘艳茹副主任医师到巴盟支援非典救治工作。

同日　自治区人事厅、妇联、卫生厅联合做出决定，授予临河市医院感染科自治区“三八”红旗集体荣誉称号。

同日　全盟非典型肺炎临床诊断病例新增3例，全盟累计报告64例。

5月3日　巴盟非典疫情分析会议在临河召开。自治区党委副书记杨利民及自治区工作组、专家组、督查组成员和盟委书记郭启俊，盟防非典指挥部成员出席会议。杨利民要求，非典防治工作要一手抓控制，一手抓治疗。

同日　全盟非典型肺炎临床诊断病例新增17例，全盟累计报告81例。

5月4日　自治区党委副书记杨利民根据国务院温家宝的批示，在给盟委书记郭启俊、行署盟长乌兰的批示中要求，要积极做好非典患者的思想工作，正面疏导，多方关爱，增强信心；同时加强对治疗工作的领导，千方百计救治；对已确定治愈的患者做好宣传报道工作，增强全社会抗击非典的信心。

同日　全盟非典型肺炎临床诊断病例新增1例，全盟累计报告82例。

同日　全盟客、货车辆全部停运。统一由交通、运管、交警部门监控。

同日　巴盟SARS急救治疗中心建成，占地60多万平方米，其中病区1万多平方米，分5个病区，121张床位。

5月5日　盟防控非典指挥部召开会议，自治区党委副书记杨利民在会上指示，要严格控制疫情向农村牧区扩散蔓延；继续采取严格措施，有效控制医院内部交叉感染，积极稳妥做好盟医院和磴口县医院的封闭工作；在抓好非典治疗工作的同时，抓好当前的工农业生产。

同日　经专家组会诊非典型肺炎患者李松已痊愈，可以出院。此为全盟境内首例治愈病例。

同日　全盟非典型肺炎临床诊断病例新增1例，全盟累计报告83例。

5月6日　盟党政领导郭启俊、乌兰等参加全国农村防治非典电视电话会议，并于会后连夜召开会议研究部署贯彻落实温家宝的讲话精神。

同日　临河市医院副院长杨志平同志由于在SARS救治一线表现优异，经盟委研究并报自治区党委组织部同意，被破格提拔担任巴盟医院副院长兼巴盟SARS急救治疗中心主任。

5月7日　全盟非典型肺炎临床诊断病例新增6例，全盟累计报告89例。

5月8日　自治区党委副书记杨利民及驻巴盟工作组、督查组的同志在盟领导郭启俊、张向阳、弓占维、云治厚的陪同下，深入临河市医院、临河铁路医院、巴盟医院慰问奋战在抗击非典一线的医护人员。

同日　全盟非典型肺炎临床诊断病例新增12例，全盟累计报告101例。

5月9日　自治区党委副书记杨利民到五原县检查防非典工作，并看望一线医护人员。

同日　自治区派郄桂彩、肖镇等9名医疗专家到巴盟支援非典救治工作。

同日　全盟非典型肺炎临床诊断病例新增3例，全盟累计报告104例。临河市医院死亡1例，全盟累计死亡7例。

同日　磴口县医院12名非典患者转入巴盟医院新改建非典病区。

同日　据调查显示，全盟粮、油、肉、蛋、奶、药品及生活用品供应货源充足，价格平稳，企业原料供应基本得到保证。

同日　全盟公路交通开通客运线路11条，投入运行车辆19台，班次42个，皆为“一票到站制”，即旅客在始发站进行消毒测温和登记，中途实行封闭运行，抵达终点站经巴运各客运站负责人验表和验票后，不再采取隔离15日或劝其返回措施。当日共运送旅客403人次。

5月10日　自治区党委副书记杨利民在盟委书记郭启俊陪同下，到杭锦后旗检查工作。杨利民在检查工作中指出，要改变紧张状态，开始正常的生产、生活，搞好经济建设，弥补非典对巴盟经济造成的损失。

同日　呼铁局局长郑明理到巴盟解决铁路运输紧张问题，与盟领导交换了意见。

同日　巴盟致信宁夏回族自治区人民政府和宁夏医学院附属医院，对收治巴盟非典患者表示感谢。

同日　乌海市支援巴盟非典救治医疗队15名医务人员到磴口县医院参加非典治疗工作。

同日　五原县医院非典型肺炎临床诊断病例死亡1例，磴口县医院死亡1例，全盟累计死亡9例。

5月11日　磴口县医院7名非典患者及疑似病人分别转送巴盟医院2例，临河铁路医院5例。

同日　临河铁路医院非典型肺炎临床诊断病例死亡1例，五原县医院死亡1例，全盟累计死亡11例。

5月12日　自治区党委副书记杨利民与盟委书记郭启俊、行署盟长乌兰等盟领导研究磴口县医院12名非典患者转入巴盟SARS急救治疗中心进行治疗的转院运送方案。

同日　自治区人大常委会副主任云秀梅到巴盟视察非典救治工作，并与自治区党委副书记杨利民视察了巴盟SARS急救治疗中心，详细了解接受病人转院的准备工作。当日晚磴口县12名非典患者按计划顺利转入巴盟SARS急救治疗中心。巴盟SARS急救治疗中心正式开始接治非典患者。

同日　鄂尔多斯市医疗队11名医务人员到巴盟支援非典救治工作。

同日　临河铁路医院非典型肺炎临床诊断病例治愈出院1例，全盟累计治愈出院3例。

5月13日　盟防治非典指挥部召开新闻发布会，盟委副书记、盟长乌兰在会上强调，全盟下一步工作的总体思路是一手抓防治非典，一手抓经济建设。

同日　磴口县医院非典型肺炎临床诊断病例死亡1例，全盟累计死亡12例。

5 月 14 日　自治区党委副书记杨利民在行署盟长乌兰陪同下到乌拉特后旗、杭锦后旗了解非典防治工作和经济运行情况。

同日　卫生部派江苏省人民医院主任医师黄茂、南京医科大学第二医院副主任医师冯旰珠、南通医学院附院主治医师吕学东 3 位专家到巴盟指导非典救治工作。

同日　盟委、行署决定,高三年级于 5 月 25 日复课,盟防治非典型肺炎指挥部下发了《关于对 2003 年参加高考学生复课前进行健康监测的紧急通知》,要求各旗、县、市有关学校认真做好参加高考学生的复课前身体状况监测工作。

同日　全盟非典型肺炎临床诊断病例新增 2 例,排除 4 例。全盟累计报告 102 例。巴盟 SARS 急救治疗中心治愈出院 1 例,全盟累计治愈出院 4 例。

5 月 15 日　自治区党委副书记杨利民到临河市城关镇和东环办事处了解非典防控情况,要求社区基础党组织,在防控非典中发挥战斗堡垒作用。

同日　自治区党委常委、宣传部部长张国民到巴盟考察工作,并在盟委副书记云飞和盟委宣传部部长王迎希的陪同下,看望了采访报道非典一线的新闻工作者。

同日　磴口县医院 5 名、乌拉特前旗医院 2 名非典患者转入巴盟 SARS 急救治疗中心接受治疗。

同日　临河市医院非典型肺炎临床诊断病例治愈出院 3 例,全盟累计治愈出院 7 例。

5 月 16 日　磴口县医院非典型肺炎临床诊断病例治愈出院 1 例,全盟累计治愈出院 8 例。

5 月 17 日　卫生部疫情分析报告督查组到巴盟检查非典防治工作。盟委书记郭启俊汇报了巴盟防治非典工作情况,自治区党委副书记杨利民出席汇报会。

同日　临河市医院非典型肺炎临床诊断病例治愈出院 1 例,全盟累计治愈出院 9 例。

5 月 18 日　自治区党委副书记杨利民在行署盟长乌兰陪同下,到磴口县考察蒙牛公司分厂建设工程进展情况,并看望被封闭隔离的巴彦高勒镇小北盖村村民。

同日　巴盟医院非典型肺炎临床诊断病例治愈出院 8 例,全盟累计治愈出院 17 例。

5 月 19 日　盟委、行署召开党政联席会议,传达自治区党委常委会议精神,研究部署下一步工作,自治区党委副书记杨利民出席会议并作重要指示,同时对巴盟防治非典和经济工作给予充分肯定。

同日　全盟公路客运开通线路 20 条,参运客车 39 辆,当日运送旅客 1290 人。同时逐步开放区内外货车通行线路。临河市百货大楼、河港商城、金川贸易大厦等大型商场已转入正常营业,其他路段 80% 以上的商业门点也恢复正常营业。磴口县小商场已基本启动营业,乌拉特前旗关门的营业点有 70% 开始营业。

同日　杭锦后旗医院非典型肺炎临床诊断病例治愈出院 1 例,全盟累计治愈出院 18 例。

5月20日　自治区党委副书记杨利民在郭启俊、乌兰等盟领导陪同下，到乌拉特前旗检查指导工作。并于当日率驻巴盟非典防治工作组返回呼和浩特市。

5月21日　安全部副部长邱进一行到巴盟安全局检查指导非典防控和业务工作。

5月23日　全国防治非典指挥部派出督导组一行5人到达巴盟，督查指导非典防治工作。

5月25日　巴盟医院非典型肺炎临床诊断病例治愈出院11例，全盟累计治愈出院29例。

5月26日　巴盟网上应急指挥及远程医疗会诊系统与自治区联网。

5月26—27日　盟委召开第四次（扩大）会议，听取审议了行署党组2003年全盟国民经济和社会发展建议、2003年盟本级财政预算安排、临河市2003年城市建设管理工作方案，分析当前工作中的具体问题，安排部署下一阶段全盟经济工作。盟委书记郭启俊在讲话中指出，今年巴盟遇到了两个前所未有的特殊情况，一是夏灌水源大幅度减少，二是突如其来的“非典”疫情，经济和社会发展受到不同程度的影响。面对严峻形势，我们要坚定信心，迎难而上，在抗击“非典”的同时抓好经济建设，用抗击“非典”的精神打一场发展经济的硬仗，努力完成今年的各项经济建设任务。

5月27—28日　自治区卫生厅厅长杨成旺到巴盟检查非典防治工作。听取了盟委、行署非典防治工作汇报，并看望了支援巴盟的医疗专家。

同日　巴盟SARS急救治疗中心非典型肺炎临床诊断病例治愈出院13例，全盟累计治愈出院42例。

5月29—31日　自治区党委副书记、政府代主席杨晶带领自治区政府办公厅、计委、财政厅、卫生厅、经贸委、统计局负责人，在盟主要领导陪同下，到乌拉特前旗、五原县、临河市、杭锦后旗、乌拉特后旗考察工业企业和农牧区防治非典及生产经营情况。通过考察杨晶对巴盟的非典防治和经济工作给予充分肯定。同时要求继续抓好非典防治工作，解放思想，振奋精神，努力加快经济发展。

同日　巴盟医院非典型肺炎临床诊断病例治愈出院7例，铁路医院治愈出院5例，全盟累计治愈出院54例。

5月30日　自巴盟发现第1例非典疑似病例以来，全盟流行病调查对象累计达13505人，有5679人实行家庭监控或集中隔离监控。至当日，已解除监控5332人，仍有145人实行家庭监控，202人实行集中监控。

5月31日　巴盟医院非典型肺炎临床诊断病例治愈出院1例，巴盟SARS急救治疗中心治愈出院6例，全盟累计治愈出院61例。

6月1日　磴口县最后2名非典患者转入巴盟SARS急救治疗中心。为保证安全，支援巴盟非典救治的卫生部、自治区4位专家全程同车监护。至此全盟各旗、县、市医院非典患者和非典疑似患者全部转入巴盟SARS急救治疗中心。

6 月 2 日　巴盟医院 5 例非典患者和 3 例疑似患者转入巴盟 SARS 急救治疗中心。全盟所有非典患者和疑似患者全部转入巴盟 SARS 急救治疗中心。

同日　盟防治非典指挥部召开全体会议,研究建立长效非典防控机制,决定盟医院除开设发热门诊和留观病房外,开始正常接诊,同时要求加强对高考和中小学复课的管理。

同日　巴盟医院非典型肺炎临床诊断病例治愈出院 4 例,全盟累计治愈出院 65 例。

6 月 3 日　自治区党委副书记杨利民致信《巴彦淖尔报》,向全盟广大新闻工作者致以崇高的敬意。

同日　盟领导郭启俊、张向阳、杨志民、王迎希召集有关部门负责人召开座谈会,分析非典疫情对巴盟经济发展的影响,总结非典防治工作经验。

同日　盟防治指挥部决定成立非典患者出院随访小组。

6 月 4 日　支援巴盟非典救治工作的卫生部、自治区 7 位专家启程返回。盟委书记郭启俊,行署盟长乌兰,行署副盟长郭宇、云治厚举行欢送仪式,为专家送行。

同日　盟 SARS 急救治疗中心非典型肺炎临床诊断病例治愈出院 4 例,全盟累计治愈出院 69 例。

6 月 5 日　盟 SARS 急救治疗中心非典型肺炎临床诊断病例治愈出院 1 例,全盟累计治愈出院 70 例。

6 月 6 日　盟委副书记、盟长乌兰,盟委委员、副盟长庄国京深入磴口县、临河市两个重点疫区的高考考点,检查非典防控工作。并详细了解高考期间各考点的消毒检查和学生安全防护情况。

6 月 7 日　全盟高考工作顺利进行,未发现有发热等症状的学生。磴口县启用 1 个备用考场,专门安排 1 名非典期间留观的考生参加考试。

同日　全盟非典型肺炎流行病学调查家庭监控人员全部解除监控。盟 SARS 救治中心非典型肺炎临床诊断病例治愈出院 2 例,全盟累计治愈出院 72 例。

6 月 9 日　盟 SARS 救治中心非典型肺炎临床诊断病例治愈出院 11 例,全盟累计治愈出院 83 例。

6 月 10 日　自治区非典防治督查组结束了在巴盟的督查工作。认为巴盟的非典防治工作一是认真地贯彻了中央、自治区非典防治战略部署,领导有力;二是流调排查工作成效卓著;三是救治工作及时到位;四是建立了严密的群防群控网络;五是执法执纪力度大;六是高考及中小学返校防控准备工作扎实有效;七是 SARS 急救治疗中心建设高效规范。

同日　盟 SARS 救治中心非典型肺炎临床诊断病例治愈出院 1 例,全盟累计治愈出院 84 例。

6 月 13 日　全盟防治非典流行病学调查监控对象全部解除监控。

6 月 15 日　盟 SARS 救治中心非典型肺炎临床诊断病例治愈出院 4 例,全盟累计治愈出院88例。

6月16日　全盟最后2例非典型肺炎临床诊断病例治愈出院。在防治非典期间，全盟共有102例临床诊断非典型肺炎病例，其中治愈90例，死亡12例。

同日　全盟领导干部大会在盟委会堂召开。盟委书记郭启俊作重要讲话，行署盟长乌兰通报了全盟“非典”防治工作及上半年经济运行情况，安排部署了全盟下半年各项工作和目标任务。

6月18—20日　卫生部与世界卫生组织（WHO）专家组抵达巴盟考察非典防治工作，专家组先后到巴盟卫生防疫站、巴盟医院和SARS急救治疗中心及磴口县防疫站、县医院、渡口乡中心医院进行考察。盟委书记郭启俊向专家组汇报了巴盟防治非典工作情况。

6月19日　自治区副主席连辑率自治区有关部门负责人在盟领导张向阳、郭宇及磴口县主要领导陪同下，深入磴口县检查指导非典防控工作。并要求一定要加快建立防控疫情的长效机制，进一步巩固成果，争取实现抗击非典和发展经济的双胜利。

同日　盟医院正式复诊对外开放。

6月23日　经盟防治非典指挥部流动人口控制和社会治安组批复同意，全盟省际、盟市际、旗、县、市际客运班车全面恢复开通。

6月26—27日　自治区党委书记储波，自治区党委常委、秘书长任亚平带领自治区经贸委、财政厅、计委负责人在郭启俊、乌兰等盟领导陪同下，深入巴盟磴口、乌后旗、临河等地进行考察。储波书记在听取巴盟工作汇报后作了重要讲话，高度评价了巴盟防治“非典”和发展经济取得的成绩，要求巴盟各级领导干部进一步解放思想，更新观念，深入贯彻十六大精神，掀起学习贯彻“三个代表”重要思想的新高潮。强调围绕全面建设小康社会的目标，找准发展定位，完善发展思路，努力实现新突破。

7月1日　全盟最后2例治愈出院临床诊断病例随访工作结束，至此所有治愈出院的非典患者均无异常，健康恢复正常。

7月3—4日　由农业部、财政部、卫生部组成的联合调查组受国务院委派，在自治区有关部门领导陪同下到巴盟调查在SARS防治工作中采取的措施、存在的困难和问题、遭受损失等情况。调查组听取了盟行署的专题汇报。全盟累计支出非典防治经费13910万元，其中治疗费886万元，流调控制费用5171万元，医护人员补助费1012万元，医护人员轮休场所、租用宾馆、设施购置等费用375万元，医疗设备、防护用品等支出2450万元，公共消杀药品支出365万元，定点医院改造、改建SARS急救中心等支出1903万元，宣传、村社整体封闭、各级指挥部办公费等其他支出1748万元。疫情对巴盟造成重大损失，按疫情两个月计算，全盟GDP减少6亿多元，经济增长幅度下降4.8个百分点，财政减收7000多万元。调查组组长刘登高指出，中央领导很重视巴盟的SARS防治工作，组织调查组进行专题调查，调查组一定会把巴盟的情况如实向中央反映上去，争取中央对巴盟最大的支持。

7月4日 全盟自发生非典疫情以来,共收到社会各界捐款捐物1244万元。全盟共投入防治非典专项资金13910万元。自治区先后下达防治非典资金3934万元。

7月21日 巴盟行政行署发布《关于终结执行防治非典型肺炎期间所发通告的通知》,盟防治非典指挥部办公室印发《关于非典防治工作转入常态管理后有关问题的通知》,将日常工作交由盟卫生局负责,其他各工作组职责范围内的工作交由各有关部门负责。全盟非典防治工作取得阶段性胜利,转入常态管理。

7月25日 盟委召开全委扩大会议。会议传达了自治区党委七届四次会议和对外开放会议精神,会议要求要按照自治区党委七届四次会议精神,在全盟掀起学习贯彻"三个代表"重要思想新高潮;进一步完善巴盟经济发展思路和战略;狠抓各项工作任务的落实,全力夺取防控非典和经济建设双胜利。

8月3日 全国抗击"非典"英雄模范事迹报告会在盟委小礼堂举行。来自北京、广东、山西等地的抗击非典英雄模范,为巴盟500多名干部群众讲述他们在抗击非典中的感人事迹。

8月22日 全盟防治非典工作总结表彰暨英模报告大会隆重召开。大会回顾总结了全盟防治非典型肺炎取得阶段性胜利的伟大实践,全盟抗击非典英模代表作了先进事迹报告。大会表彰奖励了50个"全盟防治非典工作先进单位",16个"巴盟防治非典工作最佳支持单位",300名全盟防治非典工作先进个人和35名支援巴盟防治非典工作先进个人。巴盟磴口县巴彦高勒镇党委、巴盟SARS救治中心党总支、巴盟卫生防疫站党委、巴盟医院抗击非典一线党支部、巴盟临河市卫生防疫站党支部、巴盟磴口县卫生局机关党支部6个先进基层党组织;李素芳、崔树平、张培丽、刘立基、范金、孙淑、范锦华、王义、韩剑峰、张志钢、牛万忠11名优秀共产党员,受到自治区党委表彰。先进基层党组织巴彦淖尔盟临河市人民医院党委,优秀共产党员杨志平、张世英受到中组部表彰。

附录三

巴彦淖尔市特色产品简介

一、特色产品目录

序号	名称	所属旗县区
1	临河巴美肉羊	临河区
2	临河巴马香猪	临河区
3	临河黄河鲤鱼	临河区
4	临河早酥梨	临河区
5	临河糯玉米	临河区
6	临河新华韭菜	临河区
7	临河红辣椒	临河区
8	临河葵花籽	临河区
9	临河花菇	临河区
10	临河番茄	临河区
11	临河蜜瓜	临河区
12	巴彦淖尔驼峰油	临河区
13	乌拉特前旗黄芪	乌拉特前旗
14	乌拉特前旗佘太翠	乌拉特前旗
15	乌拉特玉	乌拉特中旗
16	二狼山白绒山羊	乌拉特中旗
17	乌拉特蒙古马	乌拉特中旗
18	乌拉特红驼	乌拉特后旗
19	乌拉特苁蓉	乌拉特后旗
20	乌拉特锁阳	乌拉特后旗
21	乌盖蒙餐	乌拉特后旗
22	杭锦后旗早酥梨	杭锦后旗
23	杭锦后旗甜瓜	杭锦后旗
24	杭锦后旗酿皮	杭锦后旗
25	杭锦后旗焖面	杭锦后旗
26	杭锦后旗河套硬四盘	杭锦后旗
27	五原灯笼红香瓜	五原县

序号	名称	所属旗县区
28	五原黄柿子	五原县
29	五原甜糯玉米	五原县
30	五原葵花籽	五原县
31	五原蜜瓜	五原县
32	五原羊肉	五原县
33	五原小麦	五原县
34	五原白梨儿脆香瓜	五原县
35	五原麒麟西瓜	五原县
36	五原贝贝南瓜	五原县
37	五原黄瓤西瓜	五原县
38	五原甜红玉蜜瓜	五原县
39	五原早黄蜜瓜	五原县
40	五原大白菜	五原县
41	磴口白莲脆	磴口县
42	纳林甜瓜	磴口县
43	乌兰布和沙漠山药	磴口县
44	磴口肉苁蓉	磴口县

二、特色产品介绍

(一)临河区

1.临河巴美肉羊

特定品质:临河巴美肉羊体格较大,无角,体质结实,结构匀称,胸宽而深,背腰平直,四肢结实,后肢健壮,肌肉丰满,呈圆桶型,肉用体型明显;其肌肉色泽为暗红色,色泽鲜艳;脂肪呈现乳白色,具有大理石花纹,肉质紧密;肌纤维有韧性,具有羊肉固有的气味,无异味;肉质表面微湿润,不粘手;煮沸后,肉汤透明澄清,无异味;无肉眼可见杂质。

产地环境:临河深处内陆,属于中温带半干旱大陆性气候,云雾少、降水量少、气候干燥,年降水量138.8mm,平均气温8°C,昼夜温差大,日照时间长,年日照时间为3389.3小时,是我国日照时数最多的地区之一。光、热、水同期,无霜期为153天左右,适宜于农作物和牧草生长。

区位优势:临河区位于内蒙古西部巴彦淖尔市,南邻黄河,北靠阴山,地处黄河平原腹地,地势平坦,交通便利,临河现有耕地面积14万公顷,草场面积4.3万公顷,林地面积3.3万公顷。临河区地势平坦,土壤肥沃,水资源丰富,草场丰富,为发展肉羊产业奠定了基础。

2.临河巴马香猪

特定品质:临河巴马香猪肌肉为暗红色,有光泽,脂肪呈乳白色;肌肉截面有大理石花纹,肉质紧密清晰,有坚实感,外表及切面湿润,不粘手,煮熟后无腥不腻,汁多味美,具有香猪特有的芳香气味。

生猪产业是农畜产品产业链重要的一部分。近年来,随着人们生活水平的提高,消费群体对猪肉的要求也逐步改变,瘦肉型猪和生态猪都非常受欢迎,也开辟了一片广大的市场。临河区借助当地的环境优势,对生态草猪的养殖给予大力支持,临河巴马香猪通过选育优质种猪,培育优质猪仔,养殖生态化,使得成品肉质低脂高蛋白,营养价值高于普通猪肉。

3. 临河黄河鲤鱼

特定品质:临河黄河鲤鱼其体型为梭形,侧扁而腹部圆,体侧鳞片为金黄色,背部稍暗,腹部色淡而渐白,黏液为无色;肌肉组织紧密有弹性,具有鱼肉固有的色泽和气味,有光泽,眼睛清亮,颜色正常;体表无伤痕、无变色现象,无外来杂质。

区位优势:临河区坐落在黄河"几"字弯上方,水源充沛,灌溉便利。黄河流经河套平原345千米,年径流总量315亿立方米。地下水开采量达18亿立方米。河套灌区由黄河三盛公水利枢纽自流引水灌溉,每年引水量40亿~50亿立方米,是亚洲最大的一首制自流引水灌区,充足的水资源和灌排系统为渔业养殖提供了良好的生存条件,而且水量充沛,无工业污染。

4. 临河早酥梨

特定品质:临河早酥梨单果重约260g,果实呈纺锤形,果型端正,果梗完整,果皮呈绿色,表面光滑,果皮薄;果肉洁白,细脆鲜嫩味甜汁多,果实酸甜可口,无异味或非正常气味。

区位优势:临河区境内地势平坦,土壤肥沃,临河早酥梨含铁量高、口感好,深受消费者欢迎。临河全境水源充沛,灌溉便利,是全国八大自流灌溉农区之一。气候具有光能丰富,日照充足,昼夜温差大,降雨量小的特点。

5. 临河糯玉米

特定品质:临河糯玉米每根长约21~25cm,外观呈淡黄色,其颗粒完整、饱满,排列整齐紧实;煮熟后外观颗粒饱满晶莹,口感细嫩甜糯。

区位优势:巴彦淖尔市境内的河套平原为内蒙古自治区黄河沿岸冲积平原,处于农作物生长的黄金纬度——北纬40°左右,是内蒙古重要的农业和商品粮基地,被誉为"塞外粮仓"。这里海拔900~1200米,日照充足,年平均日照时间长3000~3200小时,使玉米营养丰富;昼夜温差大,让玉米皮薄软糯香甜;黄河水自流灌溉,优质高产,独特的地理位置,生长出的玉米粒粒饱满,是膏腴之壤的肥美之地。糯玉米软糯香甜,深受消费者喜欢,鲜糯玉米产业已经成为农民增收、种植业结构调整的新兴产业。

6. 临河新华韭菜

特定品质:临河新华韭菜为多年生宿根草本植物,成品高度30~50cm,叶宽0.5~

0.8cm，叶片宽厚，叶鞘粗壮，品质柔嫩，香味浓郁，叶色浓绿，叶面鲜亮，无病虫害侵袭现象。

区位优势：新华镇位于内蒙古西部美丽富饶的河套平原腹地，是"北方羊城"——临河北部重要的交通枢纽和商品集散中心。地理坐标为东经107°22′~107°44′，北40°59′~41°17′，海拔1029~1034米。东西长29千米，南北宽34千米，总面积53374.6公顷。新华镇全境为黄河冲积平原，引黄自流灌溉，享有蔬菜之乡的美称。该区属温带大陆性气候，年平均气温6.9°C，全年降雨少，蒸发量大，日照时间长，昼夜温差大。年平均降水量为156.2mm，无霜期为127天，太阳辐射总量为152.38千卡/平方厘米，积温为4255°C。这里水源充足，土地肥沃，发展农林牧渔业生产有着得天独厚的自然资源优势，是自治区重要的优质农畜产品基地。

7. 临河辣椒

特定品质：临河辣椒在临河区范围内，在其独特的生长环境下，外形纤细修长，个头较均匀，长约12~14cm左右。内在品质维生素C、可溶性固形物、可滴定酸、可溶性糖、蛋白质、铁、锌、硒均高于参考值，综合评价其符合全国名特优新农产品名录收集登录基本条件和要求。

区位优势：临河深处内陆，属于中温带半干旱大陆性气候，云雾少降水量少、气候干燥，年降水量138.8mm，平均气温6.8°C，昼夜温差大，日照时间长，年日照时间为3389.3小时，是我国日照时数最多的地区之一。光、热、水同期，无霜期为153天左右，适宜于农作物和牧草生长。灌区的主要耕作土壤是灌淤土，其表土层为壤质灌淤层，土壤肥沃，耕地性良好，pH值在7.5~8.0之间，有机质含量高，微量元素丰富，含有丰富的有机质，具有良好团粒结构，上层土宜保苗，下层土宜营养供给，适宜辣椒的生长发育。水源充沛，灌溉便利。自流引水灌溉，水质良好，矿物质含量丰富，无工业污染，为优质红辣椒生产创造了得天独厚的自然条件。

8. 临河葵花籽

特定品质：临河葵花籽实主色为黑色，籽实条纹颜色为白色。长卵形，扁而长，颗粒饱满；籽实长约2.5~2.8cm，百粒重约25g；具有葵花籽固有的颜色和色泽，口感油香可口；无虫蛀粒、未成熟粒、病斑粒、霉变粒。

产地环境：临河深处内陆，属于中温带半干旱大陆性气候，云雾少、降水量少、气候干燥，年降水量138.8mm，平均气温6.8°C，昼夜温差大，日照时间长，年日照时间为3389.3小时，是我国日照时数最多的地区之一。光、热、水同期，无霜期为153天左右，适宜于农作物和牧草生长。

区位优势：灌区的主要耕作土壤是灌淤土，其表土层为壤质灌淤层，土壤肥沃，耕地性良好，pH值在7.5~8.0之间，有机质含量高，微量元素丰富，含有丰富的有机质，具有良好团粒结构，上层土宜保苗，下层土宜营养供给，适宜向日葵的生长发育。水源充沛，灌溉便利。自流引水灌溉,水质良好,矿物质含量丰富,无工业污染,为优质葵花生产创造了得天独厚的自然条件。

9. **临河花菇**

特定品质:临河花菇菇盖直径约4.0~5.0cm,菇盖厚度约1.5~2.0cm,菇形规整、表面褐色着白色龟裂花纹,菌褶淡黄色。菌肉厚实,菌褶紧实。煮熟后口感滑嫩鲜美,味道浓郁。花菇种植是"低耗、高效、生态"的生态产业,具有不与农争时,不与人争粮,不与粮争地,不与地争肥的优势,是现代农业和生态农业的典型范例。花菇种植通过土地流转、生产销售等方式,可解决农村劳动就业问题,同时也增产增收。

10. **临河番茄**

特定品质:临河生产的番茄有红色素高、粘度高、霉菌低、固形物高等优点。临河番茄属茄科,果形椭圆,平均果重60克左右,成熟果实为红色,果面光滑,果实肉厚,可以生食、煮食、加工番茄酱、汁或整果罐藏,并有促进消化、利尿、抑制多种细菌等作用。口感好、酸甜适中、清润鲜美、汁多爽口。临河番茄果实营养丰富,番茄红素含量11.0~13.0毫克/100克左右,可溶性固形物含量4.5%左右,维生素含量18.2毫克/100克。

11. **临河蜜瓜**

特定品质:临河蜜瓜呈椭圆形,单个重量约960g,果皮色泽金黄带有浅灰色网纹,果肉乳白色,肉质细嫩酥脆,汁液饱满,香甜可口。

区位优势:巴彦淖尔市境内的河套平原为内蒙古自治区黄河沿岸冲积平原,处于农作物生长的黄金纬度——北纬40°左右,是内蒙古重要的农业和商品粮基地,被誉之为"塞外粮仓"。这里海拔900~1200米,日照充足,年平均日照时间长达3000~3200小时,使蜜瓜营养丰富;昼夜温差大,让蜜瓜甜度积累;黄河水自流灌溉,优质高产,独特的地理位置,生长出的蜜瓜香甜可口,是膏腴之壤的肥美之地。

12. **巴彦淖尔驼峰油**

巴彦淖尔驼峰油是在戈壁红驼的脂肪及驼峰内提取而成的一种胶质脂肪,具备较高的医用和食用价值。巴彦淖尔驼峰油含有18种脂肪酸,特别是棕榈酸750.6~799.8毫克/千克,油酸862.1~897.6毫克/千克,还有丰富的钙、磷、铁及维生素A、维生素B1、维生素B2和烟酸等多种有益于人体健康的营养成分。稳定的脂肪酸结构具有很强的保水能力且脂肪球小易被人体吸收。能促进皮肤通透性与增加表皮的渗透性。

《本草纲目》中记载,驼脂具有治疗顽痹风骚、恶疮毒肿、肌肉僵硬等作用;在《蒙古族食谱》中记载,驼脂对恶性疮和肿瘤有好的治疗效果;而在蒙古族传统医术中,常用黄油作为药引服用,可以起到驱寒补气的作用,在治疗关节炎、冻疮、胀气、耳鸣方面有很好的疗效。

匈奴时期,牧民在游牧的过程中,发现驼脂可以有效防止皮肤干裂,逐渐被当做肌肤保湿、防晒伤的修护作用而使用，被形象地比作为“成吉思汗军队的皮肤外衣”。后来一些牧民用驼峰油及羊尾巴油熬炼制作成皂，并逐渐形成非遗技艺传承下来，第四代孙光明：古法新制，冷制皂制作技艺与蒙本草文化融合创新与推广。

“驼峰油冷制皂”制作工艺是传统的手工艺结合巴彦淖尔戈壁草原独有的草本植物和精炼的驼峰油为配比，饱含了手工艺匠人的思想感情和丰富的想象力，蕴藏了巴彦淖尔灿烂的河套文化和多彩的草原文明，形成了具有本牧区个性和地域性特点，也为巴彦淖尔驼峰油在美容养颜等实用价值和审美艺术价值提供了新的方向。

(二)乌拉特前旗

1. 乌拉特前旗黄芪

乌拉特前旗出产的黄芪主根较直、偏短，圆柱状，末端为爪形。根本紧致，外皮土黄色，断面韧皮部白玉色，肉质紧致，木质部淡黄色，具有清晰的“菊花心”和“金井玉栏”，药材粉性大，豆腥气足，口尝微甜。黄芪甲苷($C_{41}H_{68}O_{14}$)含量不低于0.080%，毛蕊异黄酮葡萄糖苷($C_{22}H_{22}O_{10}$)含量不低于0.020%，浸出物不低于17.0%，总灰分含量不超过5.0%。

区位优势：明安、大佘太、小佘太川的土壤、地下水、气候等条件满足了黄芪性喜凉爽，耐寒耐旱，怕热怕涝，适合黄芪次生代谢产物的积累。特殊的自然环境造就了乌拉特前旗黄芪根粗直、分枝少，色正、味甘、质密、糖分多、粉性足、质量优的独特品质。

2. 乌拉特前旗佘太翠

产地环境：在内蒙古自治区乌拉特前旗发现的一种天然绿色石英岩，成分颇似北京的东陵石、河南的密玉和贵州的贵翠，并有其独到之处。由于它产自佘太镇附近，且绿似翡翠，故名佘太翠。

特定品质：佘太翠产于中元古代渣尔泰群地层中，为沉积变质石英岩。矿物成分主要为石英(占89%左右)及少量的白云母和绢云母。颗粒细小，粒度均匀，彼此镶嵌紧密。佘太翠结构致密，质地细腻，较透明，半油脂光泽。密度2.659g/cm^3，硬度为7，属中档玉料。用它制作的玉雕品晶莹剔透，翠绿娇艳，十分可爱。乌拉特前旗佘太翠年古老、硬度高、颜色丰富、质地致密、色泽亮丽、单块体积大，令专家、学者、业内人士惊叹不已，中国地质博物馆已将佘太翠样品作为国宝馆藏，还有专家认为“和氏璧”可能出自乌拉特前旗佘太翠，乌拉特前旗佘太翠是近年来世界上发现的仅有的露天玉矿，中国五千年来文明史中发现的最具使用价值的玉石之一。

乌拉特前旗佘太翠成分、颜色、硬度、密度、透明度、光泽：

成分：佘太翠矿属浅海相沉积深变质石英岩玉，其化学成分主要为二氧化硅。

颜色：颜色不仅是评价玉石质量优劣的重要标准，而且也是划分玉石种类的主要依据。佘太翠本身含有锌、铁、铜、锰、镁、铬、钛、锂、钙、钾、钠等多种微量元素，所以呈现的色彩纯正、丰富。佘太翠的颜色与国内外其他地区的硬玉相比，色调较多，自成系列，具体来说有白色、青色、翠色等三种基本色调，还有一些过渡色，如青白色、灰白色、豆绿色、墨绿色等。

硬度：硬度佘太翠摩氏硬度，又称相对硬度，是鉴定佘太翠的最重要标志之一，佘太翠的摩氏硬度为6.9~7.2之间，不同品种略有区别。一般来说白玉硬度稍大于翠玉。

密度：密度是玉石单位体积的重量。佘太翠的体重经用小体重样测定，为2.65~2.85。不同品种略有差别，白玉为2.85，青白玉为2.65，翠玉为2.7。一般而言，通过密度检测玉石比较麻烦，且不完全准确。

透明度：透明度是玉石允许可见光透过的程度，这主要与玉石对光的吸收强弱有关，矿物学上一般分为透明、半透明、微透明体、非透明4种。翡翠多数为半透明，甚至不透明。佘太翠属于微透明体，在一般情况下，能透过光，但看不清透过物象。

光泽：光泽是玉石对光反射的能力。佘太翠光泽属玻璃光泽。这种光泽不强也不弱，既没有强光的晶灵感，也没有弱光的蜡质感，柔润细腻，油光可鉴。一般颜色鲜嫩漂亮，质地较透明，玻璃光泽强者为上品。

佘太翠的由来：说起佘太翠就不由联想佘太君。佘太君，名赛花，封号大君，原不姓“佘”而姓“折”，杨家将门英烈佘太君的丈夫和几个儿子，女儿杨八姐都战死沙场。她为了儿孙们出征不再夭折。将自己认为不吉利的“折”姓，毅然改为“佘”。

佘太君和杨继业青梅竹马，从小一起长大，共同的战事经历和志向，在感情上打下了坚实的基础。一年秋天，契丹派兵五万侵犯府州，佘太君向父亲请战后。一方面借辽军使者下战书相威胁之际，将计就计，拖延交战时间。一方面派人前往火山王杨信那里求援，辽兵在佘杨两支抗辽雄军的夹攻下大败。这次战斗大获全胜，佘太君受到父亲佘德扆和杨家父子的赞扬。战毕，杨继业与佘太君更是互为尊重，爱慕中两人相约以武相会，跨双骑，持刀枪，在府州城南的野外打将起来，你来我往，枪来刀去，都想胜对方，但又怕伤害了对方，战了无数个回合，杨继业想，我身为男子总不能让妻子把我打败。于是卖个破绽，佯装败逃，佘太君紧追不舍，当追至七星庙前，杨继业瞅准时机，使出了杨家的看家本领“回马枪”，一抢挑定佘大君的战袍将妻子挑下马背，佘太君落马也不示弱，抛出了走线铜锤，将杨继业缠住拉下马来，两人双双落马，互相担心对方是否受伤，杨继业查看佘太君腰部是否受伤，但见腰中有一块碧绿的玉佩，杨继业问此为何物：佘太君说乃是关外玉山所得，府上工匠费时多日雕琢而成，不知其名，杨继业为了讨未婚妻的欢喜，随口就说“佘太翠”吧。

马头琴是蒙古族的一种乐器，也是最能表达和抒发民族情感的乐器。佘太翠玉马头琴，是用当地一种特别的佘太翠玉玉石制作而成。玉琴的最神奇之处，就是它材质的神奇和乌拉特部落能工巧匠的神奇。内蒙古鑫龙哈斯乐器有限公司将蒙古族标志性乐器马头琴和佘太翠玉完美结合，经过6年多的潜心研发，2017年“世上第一把佘太翠玉马头琴”诞生了。2018年佘太翠玉马头琴、托布秀尔在中国国家博物馆当代工艺美术双年展展出，展会期间经专家评定佘太翠玉马头琴被中国工艺美术馆收藏。哈斯马头琴作为国礼馈赠给蒙古国总统呼日勒苏赫先生。

(三)乌拉特中旗

1. 乌拉特玉

乌拉特玉质地细腻,柔和滋润的光泽,很少有瑕疵、油脂或蜡状光泽,具滑感。有较高的玉器工艺加工价值和商业价值。经内蒙古自治区第二地质矿产勘查开发院勘探查明,乌拉特中旗甘其毛都镇境内拥有面积5.93平方千米的蛇纹玉石矿,该玉石矿资源储量为886.89万吨,乌拉特玉包含碧玉、墨玉及五彩玉三种玉石。以近三年玉石原矿平均价格为参照,本玉石矿市值已逾1000亿元,是目前国内首个发现并已核实探明的最大蛇纹玉石矿山。为传承乌拉特玉石文化,保护和促进玉石资源的开发及产业发展,提升蛇纹玉的美誉度和知名度,特将蛇纹玉命名为“乌拉特玉”。

2. 二狼山白绒山羊

二狼山白绒山羊是一个历史悠久,绒肉兼用型的地方良种,主要分布在山区及丘陵地区,1987年乌拉特中旗有山羊598044只。二狼山白绒山羊体大肉多,品质优良,体质结实,四肢强健,性情活泼,行动敏捷,善登高山峭壁,耐粗饲,抗病力强。二狼山白绒山羊外层被毛由光滑良好的细长毛组成,内层由柔软纤细的绒毛组成。绒好毛长,丝洁白光亮,按其被毛的长短粗细,大致可分为细长毛型、粗长毛型、粗短毛型毛三种类型。细长毛型毛长15~21厘米,被毛白色具丝光;粗长毛型毛长15~23厘米;粗短毛型长在8厘米左右,绒短,毛短而且粗。绒毛的厚度以细长毛型和粗长毛型为优。二狼山白绒山羊具有很强的繁殖性和泌乳性能。山羊绒是精纺工业的主要原料,二狼山白绒山羊绒在国际市场有很高的声誉,被誉为天然纤维“宝石”、毛巾之王。山羊皮是皮革工业的主要原料。

3. 乌拉特蒙古马

乌拉特中旗是一个以牧为主、农牧结合的少数民族聚居旗,具有北牧南粮,农牧兼备的条件,发展马产业有着得天独厚的资源优势。养马业成为乌拉特中旗的致富产业和优势产业,是农牧民转型升级发展旅游的基础。全旗马饲养量达到4.4万匹。近几年来,国家和地方政府加大对马规模化养殖的支持力度,规模养殖场(户)的建设速度加快,经营管理方式也有了快速转变。乌拉特草原属大陆性干旱气候。海拔1020~1400米。多年平均降雨量在115~250毫米之间,平均蒸发量在1900~2953毫米之间,无霜期99~145天,年平均气温3.0~7.0℃。四季分明,昼夜温差大,光照充足,干旱少雨等气候特点,适宜牧草的生长。草原属于荒漠草原畜牧业的典型地区。天然草原面积3.8万平方千米,幅源辽阔。可利用草场占天然草场的90%,在乌拉特草原上生长的植物中野生植物和优质牧草种类近1000多种,其中饲用植物600多种,优质牧草400种,药用植物426种。天然草地牧草的营养成分中能量、粗蛋白、矿物质微量元素含量丰富,适口性好,水、草资源未受任何工业及农药的污染、生态系统独特,为畜牧业提供了无污染、优质丰富的饲草料资源。牧区有饲草料基地2008处,6000公顷,发展马产业有着独特的区位优势和丰富的饲草资源优势。

乌拉特蒙古马基本情况:1、数量4.4万匹,其中母马2.7万匹。2、主要特征是:蒙古马体格矮小,平均体高120～142厘米,体重267.7～372千克,头大颈短,体魄强健,胸宽鬃长,皮厚毛粗,毛色多为枣溜棕色黄色,耐寒冷。由于长期自然环境选择的原因,与其它蒙古马区别,耐寒冷,耐干旱,耐粗饲,个体较小,长途奔跑能力和耐力强。

(四)乌拉特后旗

1.乌拉特红驼

乌拉特红驼主要分布在阴山以北和中蒙边境线以南的戈壁地区,其中乌拉特后旗是乌拉特红驼的集中产地。乌拉特红驼毛色棕红、体形匀称、身姿优美、耐力好、奔跑速度快、性情温顺,对恶劣环境有较强的适应力;兼有毛、肉、皮、乳、役等多种用途,是经济价值较高的牲畜。

据历史调研查证,20世纪80年代以后,乌拉特后旗的牧民开始逐步定居下来,大量地饲养牛羊、马匹、骆驼等,乌拉特红驼是当地牧民往来贸易的主要交通工具,红驼乳也成为主要的奶源。直至1982年,建旗十年之后乌拉特红驼种群数量增至3万峰,对当地的经济发展作出巨大的贡献。但是,在过去的20年,由于经济社会的迅速发展以及生态环境的影响,乌拉特红驼数量一度下降,时至2002年数量仅存4130峰。从21世纪初开始,面对红驼即将绝种的危险,当地政府意识到红驼生物资源的可贵性,为保存乌拉特红驼纯种生物资源,乌拉特后旗政府决心恢复红驼数量、保留乌拉特红驼独特的生物资源,先后成立内蒙古乌拉特戈壁红驼事业协会、注册成立公司和合作社,在一定范围内组织红驼的养殖和贩卖,并协调驼奶和驼肉的加工,从而实现合理定价,保障正当竞争。据统计,乌拉特红驼数量已经从保护区成立时的4000多峰发展到7万多峰,其经济价值也得到更多的重视和开发。

为合理保护和利用乌拉特红驼珍贵的纯种遗传资源,当地注释并解析了乌拉特红驼种群基因组奥秘。通过基因组测序发现,乌拉特红驼群体基因组中变异位点与地理位置上相比邻的苏尼特双峰驼和阿拉善双峰驼存在一定的差异,且群体系统发育树的结果显示,乌拉特红驼可形成独立的一簇,说明红驼基因组纯度较高。现如今,在乌拉特后旗195千米的边境线,不时可以看到成群的乌拉特红驼悠然自在地在草原上觅食歇息,乌拉特后旗的边境地区真正成为了乌拉特红驼繁衍生息的乐园。

2.乌拉特苁蓉

苁蓉为列当科植物,别名“大云”,一年生寄生草本,素有“沙漠人参之称”。乌拉特苁蓉一般高约30厘米至1米,最高的可达2米,如短柱状。茎叶黄褐色、茎肉质丰,叶互生,鳞片状。夏天茎的上部开花,成穗状,唇形花,包紫褐。果为球状硕果。地下根茎成块状,扁柱形,表面灰黑色或棕褐色,密被鳞片,质软、肉丰、体重,断面黑色。苁蓉为名贵草药,药用其肉质根茎。该药性味甘、温;有补肾壮阳润肠通便之功能。乌拉特后旗是全国主要苁蓉产地之一,年产量约10万千克。

3. 乌拉特锁阳

锁阳为锁阳科多年寄生草本植物,别名地毛球,蒙语名“乌兰告亚”。乌拉特锁阳高20~50厘米,其形如笋,呈圆柱形。鳞片状叶在茎的基部密集,呈覆瓦状排列,色棕褐,柔软肥润,断面有粉性。分布于乌拉特后旗生长白刺的草地和沙漠地带。乌拉特后旗年产量约7.5万~10万千克。锁阳为补益壮阳药,性味甘,微温,有补肾、壮阳、益精、润燥养筋之功能。

4. 乌盖蒙餐

特定品质:“乌盖蒙餐”已有牛羊驼奶四个品类、108道佳肴可供食客品尝。从极适应牛马羊驼的黄金生长环境,到“吃着中草药、喝着山泉水”的天然饲养条件,再到选材全部取用畜产品中的贵族品种——后山畜肉,再到加工时遵循自然、还原食物本真味道的理念,共同成就了天然绿色纯正的“乌盖蒙餐”4大类108道,道道都是滋补精品。主菜品沙葱羊肉包子,皮薄馅大味美;烤驼掌脂厚筋满、软糯可口,让前来品尝的食客流连忘返、念念不忘。特色菜品水晶羊背子、手把肉补虚益气,肚包肉、石头烤肉健脾暖胃,被著以“常吃羊肉赛人参”的美称。还有枣红光亮、皮酥里嫩的烤全羊、烤羊腿,香气浓郁、味道鲜美的血肠、肉肠,奶质纯正、十里飘香的锅茶、奶食品,更有肉质紧实、食之垂涎欲滴的爆炒驼肉、红烧牛排等,一道道美食,被乌盖苏木烙印在身上的天赋,赋予了“乌盖蒙餐”自由与天然的味道。

产地环境:乌拉特后旗地处内蒙古自治区西北部,幅员辽阔,阴山山脉横亘东西,自然形成了“南粮、北牧、中矿山”的格局,自古便是蒙汉文化深度融合之地。这里辖有草原面积242.8万公顷,盛产戈壁红驼、二狼山白绒山羊、草原黄牛、蒙古马等无污染绿色畜产品,是我国极负盛名的优质畜产品输出基地。向东迈一步,便是美食之乡——乌盖苏木。作为“乌盖蒙餐”的发源地,这里草肥水清,农耕与游牧文化相交织,自元代以来便形成独具特色的蒙餐文化。

区位优势:乌盖苏木——北纬41°形成了天赋的黄金牧业产业带,无垠的内蒙古大草原一碧千里;在这里,生长着300多种优质牧草和药用植物,成群的牛马羊驼食之健美;在这里,阴山赐予了甘甜的富锶山泉水,无数的牛马羊驼啜饮壮肥;在这里,农耕与游牧文化的深度交融,地道的乌盖蒙餐由此发源。

(五)杭锦后旗

1. 杭锦后旗早酥梨

1949年,杭锦后旗就有早酥梨等果树种植。1978年后,全旗林果产业有了较快发展。杭锦后旗早酥梨定植后3年即开始结果,以短果枝结果为主,占91%。果实多呈卵圆形或长卵形,平均单果重约250克,较大者可达800克。果皮黄绿或绿黄色,果面光滑,有光泽,具棱状突起,果皮薄而脆。果肉白色,质细,酥脆爽口,石细胞少,汁多,味甜稍淡,含可溶性固形物11% ~14%,可溶性糖7.23%,可滴定酸0.28%,维生素C3.70毫克/百克,品质较佳。

2.杭锦后旗甜瓜

在当地厚皮甜瓜被称为"河套金瓜",种植历史悠久,在20世纪20年代引入河套地区。杭锦后旗是河套地区最早栽培甜瓜的地区之一,品种主要有哈密瓜、白兰瓜、镇香瓜、白莲脆、灯笼红等,在20世纪60年代就广泛种植,种植面积由零星种植发展到2020年的3000多公顷。栽培形式有大田种植、温室、中棚、露地小拱棚等,基本实现全年生产、通年上市。果实的形状通常为球形或长椭圆形,果皮平滑,有纵沟纹,或斑纹,无刺状突起,果肉白色、黄色或绿色,汁多,口感具有香甜味;内有种子,为白色或黄白色。杭锦后旗甜瓜远销到北京、天津、呼和浩特等地,已成为农民致富的特色产业。

3.杭锦后旗酿皮

用河套优质面粉做成,杭锦后旗酿皮的调料有香油、辣椒、葱花等十余种,再加西红柿、黄瓜、芹菜、白菜等绿色蔬菜做辅料,调出来的酿皮红绿点缀,色、香、味俱全。既可作主食,也充当下酒冷盘,冷热均宜,四季可食。

4.杭锦后旗焖面

杭锦后旗焖面历史悠久,早在民国时期,陕坝的大户人家就常吃焖面,后成为当地百姓餐桌上常见的食物。焖面选用优质河套面粉、时鲜蔬菜和猪肉焖制而成,焖好后将菜和面条搅拌均匀,看起来色香味俱全,闻起来香喷喷,吃起来爽口油香,备受河套人的喜爱。

5.杭锦后旗河套硬四盘

这道菜在清朝时就享有盛名,在河套地区流传着"有宴必有'硬四盘'"的说法。杭锦后旗河套硬四盘是红烧扒条肉、黄焖鸡块(酥鸡)、清蒸羊肉、牛肉丸子四道菜的统称,它的制作分别以河套猪肉、鸡肉、羊肉、牛肉为主料,加鸡蛋、淀粉、葱、蒜、食盐、花椒和大料等十余种调味品,经煮、蒸、炸等七、八道工序而制成。它是河套地区办红白事宴、过年待客的必备佳肴。

(六)五原县

五原县特色农产品区位优势:五原特色农产品风味独特,深受消费者青睐,品种独特是内因,更主要的是光热水土环境适宜,孕育出天然好味道。五原县地处北纬41°黄河至北(黄河几字弯的最北端),是"农作物种植黄金带",中温带大陆性气候,平均海拔1102.7米,具有光能丰富、日照充足、昼夜温差大、降雨量少而集中的特点。利于糖分积累,不利于病虫害越冬,从而减少使用农药,极大地提高了果实含糖量和品质。五原县地处河套平原腹地,主要耕作土壤是灌淤土,耕作性好,含钾量高。这里水源充沛,引黄灌溉便利,全县有

5 大干渠,9 条分干渠,135 条农渠,密如蛛网的毛渠灌溉着 15.33 万公顷土地,每年引水量 10 亿~11.6 亿立方米。

1. 五原灯笼红香瓜

灯笼红香瓜因外形酷似灯笼,故得名。五原灯笼红香瓜瓜型呈阔梨型,瓜皮新鲜呈灰绿色,单个重量约320g,瓜瓤外层绿色,内层淡黄色,香脆爽甜,芳香浓郁,营养丰富,具有很强的地域特色。五原县 20 世纪 50 年代开始种植,2011 年被评为巴彦淖尔市知名品牌,2014 年被农业农村部登记为农产品地理标志和全国一村一品示范村镇,2019 年被收录为全国名特优新农产品。2021 年实施了农产品地理标志保护工程。

五原县灯笼红香瓜年种植面积 200 公顷、产量 4000 吨,价格随上市期不同从 5~50 元/斤不等,年产值 9000 万元。生产主要集中在隆兴昌镇和胜丰镇,生产方式包括温室、大中小拱棚和露地等多种形式,产品供应从 4 月份至 11 月份货源不断,畅销区内外,成为远近闻名的知名品牌。

产地选择:灯笼红香瓜要求土壤条件好的地块,盐碱地不宜保苗,品质差,故须选择土质疏松肥沃、无盐碱、土层深厚的砂壤土或轻壤土。pH 酸碱度为 7.0~8.0,无霜期 130 天以上,年活动积温在 3000℃以上。

产品内在品质特性:五原灯笼红香瓜果实营养丰富,经检测,维生素 C 含量为 22~32mg/100g,含钾量为 150~200mg/100g,可溶性固形物含量为 8~14%,能量为 140~200kj/100g。产品有促进消化、抑制多种细菌作用。

2. 五原黄柿子

五原黄柿子属茄科,是五原县的地方特色品种,该品种平均果重 200~250g 左右,颜色金黄,个大肉厚、含水量少、沙甜可口、营养丰富,深受广大消费者青睐。近年来,随着五原县设施农业的快速发展,温室黄柿子种植规模不断扩大,而且产品质量好,种植效益高,成为增加菜农收入的新兴产业。

黄柿子是五原县的特色产业,年种植面积 200 多公顷,产量 7000 吨,种植区域集中在隆兴昌镇、胜丰镇和胜乡、新公中镇、塔尔湖镇等 11 个乡镇办事处,颜色金黄、酸甜适度、口感好。随着经济的发展和人民生活水平的提高,黄柿子因其个大肉厚、含水量少、沙甜可口、营养丰富等品质,逐步受到广大消费者青睐,成为具有较强影响力的五原县特色农产品。于 2014 年申请了农产品地理标志登记保护,2017 年被原农业部认定为全国一村一品示范村镇,2019 年被农业农村部收录为全国名特优新农产品。

产品内在品质特性:五原黄柿子营养丰富,经检测,维生素 C 含量 20~30mg/100g,可溶性固形物含量为 2%~6%,总酸(以柠檬酸计)含量为 0.4~0.65g/100g,产品有促进消化、抑制多种细菌作用。

产品内在品质特性:五原黄柿子营养丰富,经检测,维生素 C 含量 20~30mg/100g,可溶性固形物含量为2%～6%，总酸（以柠檬酸计）含量为0.4～0.65g/100g，产品有促进消化、抑制多种细菌作用。

3. 五原甜糯玉米

五原甜玉米个体长约16cm，外观呈金黄色、颗粒完整、饱满，软糯兼具、口感香甜，具有丰富的营养物质，每100g甜玉米富含蛋白质4.54g，可溶性糖3.35g，铁1.98mg，锌1.53mg，脂肪1.6g，深受消费者喜爱。2020年被收录为全国名特优新农产品，大丰粮油傻小胖香糯玉米2021年获得绿色食品申报认证。五原甜糯玉米主要种植品种为万糯8号、万糯2000，2022年种植面积1333公顷，产量3万吨，亩产1500千克，亩均纯收入在2400元。

五原县从2003年开始种植甜玉米，种植区域为隆兴昌镇、胜丰镇、复兴镇、塔尔湖镇、巴彦套海镇、新公中镇、银定图镇、天吉泰镇和胜乡、荣丰办事处、丰裕办事处等9个乡镇2个办事处，其中塔尔湖、新公中、套海镇、丰裕办事处最集中。为保证甜糯玉米新鲜、好吃，农户种植的甜糯玉米成熟后，从采收到企业加工处理全部采用1小时锁鲜工艺，在最短时间内进行生产加工和包装。由于当地的甜糯玉米口感清甜且营养价值丰富，受到越来越多消费者的青睐，市场空间不断扩大，以“傻小胖”“馨河富硒”等商标销往北京、上海、深圳等一线城市及全国各地。

4. 五原葵花籽

五原葵花籽具有口感油香可口的特性。内在品质蛋白质、赖氨酸、亮氨酸、天冬氨酸、粗纤维、铁、锌、亚油酸/总脂肪酸均高于参考值。

理化指标

产品独特性	测定值	参照值	单项结论
蛋白质	26.3g/100g	19.1g/100g	高于参考值
脂肪	40.0g/100g	53.4g/100g	低于参考值
水分	5.30%	7.80%	低于参考值
粗纤维	8.98g/100g	2.69g/100g	高于参考值
铁	13.14mg/100g	2.9mg/100g	高于参考值
锌	6.39mg/100g	0.50mg/100g	高于参考值
硒	3.7μg/100g	5.78μg/100g	低于参考值
赖氨酸	970mg/100g	610mg/100g	高于参考值
亮氨酸	1640mg/100g	1081mg/100g	高于参考值
天冬氨酸	2520mg/100g	1800mg/100g	高于参考值
亚油酸/总脂肪酸	72.50%	65.13%	高于参考值
总不饱和脂肪酸	39.70%	46.30%	低于参考值

5. 五原蜜瓜

五原蜜瓜具有单瓜重约700g,其心室小,肉瓤,果肉为深黄色,果肉鲜嫩,肉质细软,味道香甜的特性。内在品质维生素C、可溶性固形物、可溶性糖、铁、锌、硒均高于参考值,可滴定酸优于参考值,其维生素C含量高于参考值近两倍。

理化指标

产品独特性	测定值	参照值	单项结论
可溶性糖	11.88%	5.70%	高于参考值
可溶性固形物	14.60%	9.00%	高于参考值
维生素C	23.1mg/100g	12.0mg/100g	高于参考值
可滴定酸	0.07%	0.14%	优于参考值
铁	0.82mg/100g	0.5mg/100g	高于参考值
锌	0.24mg/100g	0.13mg/100g	高于参考值
硒	2.0μg/100g	1.1μg/100g	高于参考值

6. 五原羊肉

五原羊肉具有肉质紧密、有坚实感,肌纤维有韧性,肉质表面微湿润,不粘手,具有羊肉正常气味,煮沸后,肉汤透明澄清的特性。内在品质蛋白质、钙、铁、锌、硒、蛋氨酸、亚油酸/总脂肪酸均高于参考值,剪切力、蒸煮损失均优于参考值,满足标准要求,胆固醇、脂肪优于参考值。

理化指标

产品独特性	测定值	参照值	单项结论
水分	74.30%	72.50%	高于参考值
蛋白质	20.8g/100g	18.5g/100g	高于参考值
总不饱和脂肪酸	2.56%	3.20%	低于参考值
脂肪	4.0g/100g	6.5g/100g	优于参考值
胆固醇	40.7mg/100g	82mg/100g	优于参考值
铁	14.99mg/100g	3.9mg/100g	高于参考值
锌	4.04mg/100g	3.52mg/100g	高于参考值
硒	6.4μg/100g	5.95μg/100g	高于参考值
剪切力	30.7N	< 60N	优于参考值,满足标准要求
亚油酸/总脂肪酸	13.10%	7.20%	高于参考值
蛋氨酸	470mg/100g	389mg/100g	高于参考值
天冬氨酸	1630mg/100g	1832mg/100g	低于参考值
钙	52.68mg/kg	16mg/kg	高于参考值
蒸煮损失	22.90%	< 35.0%	优于参考值,满足标准要求

7. 五原小麦

五原小麦具有千粒重约42.42g，颗粒呈卵形，粒色为黄褐色，颗粒饱满整齐、粒质坚硬的特性。内在品质膳食纤维、赖氨酸、天冬氨酸、淀粉、铁、锌、湿面筋均高于参考值，脂肪等于参考值。

理化指标

产品独特性	测定值	参照值	单项结论
脂肪	1.3g/100g	1.3g/100g	等于参考值
铁	6.73mg/100g	5.1mg/100g	高于参考值
锌	3.42mg/100g	2.33mg/100g	高于参考值
湿面筋	34.10%	25.50%	高于参考值
淀粉	74.6g/100g	62.4g/100g	高于参考值
膳食纤维	9.453g/100g	9.0g/100g	高于参考值
谷氨酸	3852mg/100g	4074mg/100g	低于参考值
赖氨酸	345mg/100g	271mg/100g	高于参考值
天冬氨酸	636mg/100g	529mg/100g	高于参考值

8. 五原白梨儿脆香瓜

五原白梨儿脆香瓜具有皮薄肉厚，果肉细嫩，口感香甜的特性。内在品质维生素C、可溶性固形物、钾、天冬氨酸均高于参考值，总酸优于参考值。综合评价符合全国名特优新农产品营养品质评价规范要求。

理化指标

产品独特性	测定值	参照值	单项结论
维生素C	41.8mg/100g	15.0mg/100g	高于参考值
可溶性固形物	10.30%	9.00%	高于参考值
总酸	0.18%	0.24%	优于参照值
钾	282mg/100g	139mg/100g	高于参考值
天冬氨酸	45mg/100g	41mg/100g	高于参考值

9. 五原麒麟西瓜

五原麒麟西瓜具有个体偏小，沙绵多汁，甘甜爽口的特性。内在品质可溶性固形物、维生素C、钾均高于参考值，总酸优于参考值。

理化指标			
产品独特性	测定值	参照值	单项结论
维生素 C	10.9mg/100g	7.0mg/100g	高于参考值
可溶性固形物	9.80%	≥ 8.0%	高于参考值
钾	152.3mg/100g	97mg/100g	高于参照值
总酸	0.09(以苹果酸计)%	0.20%	优于参照值

10. **五原贝贝南瓜**

五原贝贝南瓜具有瓜色为墨绿色,其色泽较均匀,单瓜重约240g,瓜肉颜色为橙黄色,其肉质细腻味甜的特性。内在品质维生素 C、可溶性固形物、锌、淀粉、β-胡萝卜素均高于参考值。

理化指标			
产品独特性	测定值	参照值	单项结论
维生素 C	58.2mg/100g	8.0mg/100g	高于参考值
可溶性固形物	8.80%	6.90%	高于参考值
锌	0.65mg/100g	0.14mg/100g	高于参考值
淀粉	19.80%	7.94%	高于参考值
β-胡萝卜素	3320μg/100g	2946μg/100g	高于参考值

11. **五原黄瓤西瓜**

五原黄瓤西瓜具有单瓜重约2.8kg,瓜皮纹路清晰,底色呈绿色带有深绿色窄条带,瓜瓤呈黄色,皮薄肉厚,肉质松软,汁水饱满,香甜可口的特性。内在品质维生素 C、可溶性固形物、钾、铁均高于参考值,总酸优于参考值

理化指标			
产品独特性	测定值	参照值	单项结论
维生素 C	7.8mg/100g	7.0mg/100g	高于参考值
可溶性固形物	9.10%	≥ 8.0%	高于参考值
总酸	0.056g/100g	0.2g/100g	优于参考值
钾	114mg/100g	97mg/100g	高于参考值
铁	0.58mg/100g	0.4mg/100g	高于参考值

12. **五原甜红玉蜜瓜**

五原甜红玉蜜瓜单个重约1.6kg,外观呈椭圆形,成熟时瓜皮新鲜光滑,呈乳白色,瓜瓤呈黄色,皮薄肉厚,肉质细腻,柔软多汁,口感香甜。该产品具有成熟时瓜皮新鲜光滑,呈乳白色,瓜瓤呈黄色,皮薄肉厚,肉质细腻,柔软多汁,口感香甜的特性;内在品质维生素 C、可

溶性固形物、钾、锌均高于参考值,总酸优于参考值。

理化指标

产品独特性	测定值	参照值	单项结论
维生素 C	25.9mg/100g	12.0mg/100g	高于参考值
形物	12%	≥ 10%	高于参考值
总酸	0.09%	≤ 0.2%	优于参考值
钾	272mg/100g	190mg/100g	高于参考值
锌	0.168mg/100g	0.13mg/100g	高于参考值

13. 五原早黄蜜瓜

五原早黄蜜为厚皮甜瓜,果实短椭圆形,果皮橘黄色覆密网纹,外观艳丽,果肉白色,香气扑鼻,汁水四溢、入口绵甜、肉质鲜嫩,甜润宜人,甘之如饴。全县种植面积大约 67 公顷,其中大田 47 公顷,塑料拱棚 13.3 ~20 公顷,日光温室 6.7 公顷左右,温室 12 月 ~2 月移栽,4 ~6 月份上市;塑料拱棚一般 3 月 25 日左右移苗,5 月中旬 ~6 月底上市;大田 5 月种植,7 月 ~8 月上市。亩产一般 3000 ~3500 千克,单价 1.6 元/千克,产品大部分以大宗商品形式销往呼包鄂,北京河北山西等地,少部分五原早黄蜜以礼品瓜形式销往周边地区。五原县全县 9 个乡镇 2 个办事处均可种植。

白菜

大白菜营养丰富,菜叶可供炒食、生食、盐腌、酱渍,外层脱落的菜叶尚可作饲料,具有一定的药用价值。五原大白菜全县种植面积大约 133.3 公顷,主要品种为青麻叶、抱头白,亩产 7500 ~10000 千克,单价 0.4 元/千克。

(七)磴口县

1. 磴口白莲脆

“磴口白莲脆”香瓜是磴口县的一大特产,口感脆,甜度高。如今很多农户利用先进的生产设备、优质的技术服务进行提前种植,加上河套地区土壤肥沃、日照充足、昼夜温差大的优势,对于种植香瓜具有得天独厚的地理条件和气候条件,适合香瓜的生长。种出来的香瓜口感清爽、味道甜美、营养丰富。让香瓜的含糖量更高。

2. 纳林甜瓜

磴口县纳林套海农场的“纳林甜瓜”在年日照时长达 3300 小时,昼夜温差 18 度,水土光热充足,国家气象局认证的“北纬 40 度黄金种植带”种植,瓜型呈椭圆形,瓜瓤呈深黄色,内在品质可溶性固形物、维生素 C、钾、天冬氨酸均高于参考值,总酸优于参考值,瓜肉鲜嫩,香甜多汁,被纳入全国名特优新农产品名录。

3. 乌兰布和沙漠山药

磴口县种植的乌兰布和沙漠山药有着得天独厚的地理优势，这里的沙质土壤、充足光照，生长出的山药有机质和淀粉含量高、品质好，口感软糯香甜。山药含有淀粉酶、多酚氧化酶等物质，有利于脾胃消化吸收；山药含有大量的黏液蛋白、维生素及微量元素。磴口县种植的乌兰布和沙漠山药远销全国各地，不仅鼓起了农民的“钱袋子”，也让乌兰布和沙漠得到了有效治理，真正意义上实现了经济发展与生态治理共赢。

4. 磴口肉苁蓉

磴口肉苁蓉在巴彦淖尔市的种植历史：为古地中海遗种，具有1800余年的使用历史，最早记载于《神农本草经》，列为上品，位列中华“九大仙草”，在历代补益药方中出现频率仅次于人参，具有补肾阳，益精血，润肠通便，抗疲劳，抗阿尔茨海默病，保肝、护肝等功效。在巴彦淖尔市磴口县、乌拉特后旗有野生资源分布，2003年开始在巴彦淖尔市磴口县人工种植。

后　记

《巴彦淖尔市志(1986～2010)》是《巴彦淖尔盟志》的续志。该志启动比较晚,2013年4月正式下发通知成立巴彦淖尔市地方志编纂委员会,制定编纂方案,编制《篇目大纲》和《修志手册》。市政府于2014年5月8日召开全市二轮修志启动电视电话会议,市委常委、政府常务副市长斯庆作动员讲话,自治区地方志办公室主任杨泽荣传达上级指示精神,全市各部门、单位分管领导及供稿人员189人参加会议,7个旗、县、区在分会场参会达700多人。会后以会代培进行专业指导培训。第二轮修志工作正式展开。在第一阶段的培训、指导中,市地志办人员主动深入各单位上门服务,针对各部门职能职责,讲解《巴彦淖尔市志篇目大纲》,将篇、章、节具体任务落实到单位和人员。在第二阶段的供稿中,由于机构改革、撤并、搬迁等原因导致资料遗失严重,尤其是商业、供销、物资、外贸、二轻、乡企、制糖、医药等部门,职能归属不明,资料收集困难较大,无法开展工作,史料供稿工作一度停滞;由于个别单位重视不够,史料编辑人员水平有限,所供资料不完整。有些单位工作迟缓,未能及时供稿,造成迟迟不能按时完成,修志工作遇到前所未有的困难。为了加快各单位、部门供稿进度,市政府责成督查室配合地志办进行两次专项督查指导,针对供稿存在的问题,对症协调解决困难,要求克服各种困难完成供稿。2017年初,供稿达到80%时,我们组织人员开始编纂。按照《篇目大纲》分门别类,随时发现问题及时补充完善,协调解决供稿存在的问题;对于资料缺失的问题,编志人员及时到档案馆、报社,查阅大量资料补充完善。2018年6月进入总纂形成初稿,经初审提出修改意见,对调整归类不当,查遗补缺等进行补充修改后,形成评审稿报自治区评审,2020年1月16日通过自治区地方志办公室领导、专家和地方相关人员组成的评审委员会评审。根据形成的评审意见认真修改后,由主编进行最后修改完善,对篇章结构又作较大调整,对缺失内容进行重新编写,对不完善的内容作大量补充完善,对"凡例""概述""修志始末"亲自编写;对照片作最后审定;2020年6月完成修改稿后报自治区验收。经自治区地志办领导、专家认真审阅于8月3日出具验收合格意见,市地志办全面落实验收意见,最终交付出版印刷。其间,得到各级、各部门、各单位领导的重视、支持和供稿修编人员的辛勤耕耘,在此表示由衷的感谢!在志书编纂过程中,自治区地方志编纂委员会给予正确指导和大力支持,特别是编委会领导、专家们和出版社审稿专家提出非常中肯的指导修改意见,为最终志稿成书奠定了坚实基础,特此表示感谢。

全志运用辩证唯物主义和历史唯物主义的立场、观点、方法,精心谋篇,广征博采,引经据典、去粗取精,系统记述了巴彦淖尔的自然、人文历史和社会变迁,较完整地记载了改革开放以来辖区内各级、各部门、各行业广大劳动群众在中国共产党领导下，万众一心、改造山河、振兴经济，建造了八百里河套国家重要商品粮基地、乌拉特草原畜牧业基地、构建了以农畜产品加工业、矿山工业、化学工业和能源电力工业等优势特色产业等一个又一个奇迹，不失为一部朴实、严谨、科学的历史资料文献。对于帮助当地以及国内外读者进一步深入准确了解巴彦淖尔、热爱巴彦淖尔、建设巴彦淖尔，具有鉴古知今、经世致用的有益作用。

在全体编志人员的辛勤努力下，历尽六个寒暑的呕心沥血，最终顺利完成志书编纂任务。由于原始资料不全、编修时间仓促、编修人员能力水平有限，要做到全面、翔实确实不易，不免也有疏漏之处，恳请有识之士、各界读者批评斧正，以达到编者之初心；为建设更加富裕、文明、和谐的巴彦淖尔做出更大贡献、谱写新的华章！

编者

2020 年 7 月 6 日